中国近代人物文集丛书

文廷式集

（增订本）

一

奏议 诗文

汪叔子 编

中华书局

图书在版编目(CIP)数据

文廷式集/汪叔子编.—增订本. —北京:中华书局,2018.9
(中国近代人物文集丛书)
ISBN 978-7-101-10380-9

Ⅰ.文… Ⅱ.汪… Ⅲ.文廷式(1856~1904)-文集
Ⅳ.Z425.2

中国版本图书馆 CIP 数据核字(2014)第 202599 号

书　　名　文廷式集(增订本)(全四册)
编　　者　汪叔子
丛 书 名　中国近代人物文集丛书
责任编辑　张玉亮　吴冰清
出版发行　中华书局
　　　　　(北京市丰台区太平桥西里 38 号　100073)
　　　　　http://www.zhbc.com.cn
　　　　　E-mail:zhbc@zhbc.com.cn
印　　刷　北京瑞古冠中印刷厂
版　　次　2018 年 9 月北京第 1 版
　　　　　2018 年 9 月北京第 1 次印刷
规　　格　开本/850×1168 毫米　1/32
　　　　　印张 65⅛　插页 18　字数 1600 千字
印　　数　1-2000 册
国际书号　ISBN 978-7-101-10380-9
定　　价　268.00 元

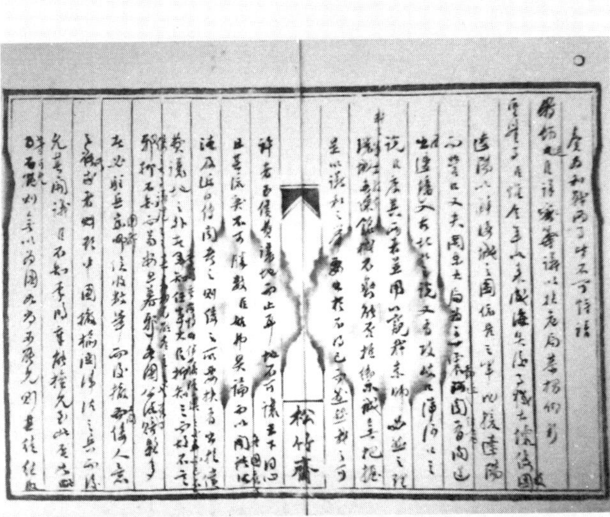

和战皆不可恃请饬廷臣详密筹议以扶危局折稿

平等说

冬夜絶句

甲午冬寓宣武城内，於時海水群飛，物情惶駭，惟余寂然閒居，雖有危苦之詞，不改秉燭之度，與李木齋前輩、沈敦甫同年昕夕談讌，淡然鎮靜中遊熱也。今歲已期矣，寸陰當惜，況在徂年，風鶴塲揭不異，瞻昔去歲有冬夜絶句，今友屠緝之，總南北之游蹤，敘友朋之歡宴，世有知者，得無哭其未諧時變乎。

來雲久戲玉皇家，那信寒威折虎牙。海色霜松巖穴裏，暫時堪賞只唐花。

平生不解箏琵興，住近城南亦應秘。自是太平供奉慣，教坊佳劇已寥寥。[illegible]

南指臺澎祇一隅，西看東里亦區區。挑燈自理迂生業，細注皇朝職貢圖。

樓臺繞樹樹莊嚴，此境高寒萬象兼。昨夜夢中詩句好，月華初到夜明簾。[illegible]甚爲徵賞，兩聯醒以下不復記憶。

枯禪偶入空花觀，爛睡如遊覩史天。卻恨故人多聞訊，時時驚我日高眠。

蚨度汪汪千頃波，伯鸞遺跡五噫歌。我今重過邯鄲道，奈爾吳船聽雨何。[illegible]

冬夜绝句

山居

澗水瀉檐白叢篁掩壁青吾渾無入室月暗虎窺庭但
吾醫蘇遠時聞雜葉聲倚巖眺遠壑心與萬緣冥

臨江仙 壬午廣州舊作

伏雨初收闌檻潤，葛衫蕉扇新涼。一年休負好時光。詩
教鸎婢讀，酒對馬軍嘗。　他日誰修輿地志，嶺南即是
吾鄉。異名擬拾補羣芳。龍牙和粥椀，鸎爪壓釵梁。

浪淘沙

手接水精簾，靜香添。薄寒已是掩吳縣。鏡裏修眉天
上月，一樣纖纖。　閒檢道書籤，懶卸花鈿。嬌羞却趁翠
帷前。坐又不成眠又起，良夜厭厭。

鷓鴣天 上幼衡御史得其友人自江南獨寄江槐浅圖作狀窗懷遠圖屬題為賦此闋

鬢滿花簪世已更，題讀碑猶記篆名屢。梁月落懷人
夢，易水霜寒變徵聲。　家國恨，古今情，鏡中白髮可憐
生。君知六代無無否，今夕沙邊有雁鶯。

临江仙（壬午广州旧作）

目　　录

卷二　文录

卷三　诗录

文廷式集

文廷式集

文廷式集

文廷式集

卷六　史志下

卷七　书简

卷十　笔记下

卷十一　日记

附　录

序　言

文廷式是近代诗人、词家、学者，在政治上倾向于改良变法。他在甲午战时主战反和，在维新运动期间拥帝反旧，是晚清政治斗争中的重要人物之一。他的撰著很多，不少未曾刊行，《文廷式集》将其奏议、文录、笔记、书简、日记、诗词等汇辑成书，为研究中国近代历史和文廷式思想提供了一份可贵资料。

一

文廷式（1856—1904），字道希（一作道爔），号云阁（一作芸阁），又号芗德、罗霄山人，晚号纯常子，江西萍乡（今萍乡市）人，生于广东潮州，曾入广州学海堂肄业。同治十一年（1872），受业于陈澧之门，为菊坡精舍高材生。光绪八年（1882），以附监生领顺天乡荐，中式第三名，渐与京师“清流”交接，并钻研西学，读几何、格致之书，“文誉噪京师，名公卿争欲与之纳交”，与福山王懿荣、南通张謇、常熟曾之撰称“四大公车”。

初，文廷式在广东时，曾客广州将军长善幕府，与其嗣子志锐、侄志钧相友善。光绪十五年（1889），光绪皇帝大婚，册封志锐、志钧之妹瑾妃、珍妃为嫔侍，渐获宠任；文廷式也因与瑾、珍二妃是世交，在光绪心目中有着一定地位。这年，他考取内阁中书第一名。

次年,中式恩科贡士,由户部带引见,复试一等第一名,殿试第一甲第二名,赐进士及第,授职翰林院编修,旋充国史馆协修、会典馆纂修、本衙门撰文。二十年(1894),大考翰詹,光绪亲擢廷式一等第一名,升授翰林院侍读学士,兼日讲起居注官。

这时,清政腐败,外患日逼,慈禧掌握国柄,光绪没有实权,随着中国社会半殖民地化的加深和封建统治阶级的分化,不满后党的官僚、文人、名士日益增多,翁同龢等竭力结纳以清议见长的士大夫,文廷式、张謇、黄绍箕、沈曾植、盛昱、丁立钧等时相过从,形成帝党。光绪二十年,发生了中日战争,后党的屈辱引起了社会舆论的攻击。以翁同龢为首的帝党,利用时机,围绕着光绪进一步结合起来,向后党进行挑战。九月,集李盛铎等于谢公祠松筠庵联衔封奏阻款议,且请联英、德以拒日,由廷式属稿。十二月,御史安维峻以劾直督李鸿章获罪褫职,戍军台,廷式集银以送其行。

二十一年(1895),马关议起,割地赔款,廷式极言其不可从,有"辱国病民,莫此为甚","何以见列祖列宗于地下"等语。慈禧怒,议欲重谴。盛昱劝廷式稍避,乃乞假南归。秋,入都销假,参与筹设强学会,和维新派相结合,"欲开风气,挽世变"。强学会原定总董四人,即陈炽、文廷式、沈曾植、沈曾桐[①],都是帝党。冬,后党御史杨崇伊参劾强学会"植党营私","专门贩卖西学书籍,并钞录各馆新闻报,刊印《中外纪闻》,按户销售。犹复借口公费,函索外省大员,以毁誉为要挟,请饬严禁"[②]。强学会被封禁,改立官书局,孙家鼐请廷式总理其事。

---

① 汪大燮光绪二十一年九月二十四日《致汪康年、诒年书》,又十月初三日《致汪康年、诒年书》,见《汪穰卿先生师友手札》,上海图书馆藏。

② 《德宗景皇帝实录》卷三八一第八页。

光绪二十二年二月十七日(1896 年 3 月 30 日),御史杨崇伊又劾文廷式"遇事生风,常于松筠庵广集同类,互相标榜,议论时政",被"革职永不叙用,并驱逐回籍"①。既削职,即南归,过上海,至长沙,以为"中国积弊极深","徒欲亟亟变法者,犹非国手之弈也";"明于各国之大势,明于五洲之性情,明于吾今日受病之处与他日病愈之效,则可与言救急方矣"②。

光绪二十四年(1898),政变作,廷式虑祸及,乃走日本。二十六年(1900)新正,应日本同文会之邀,渡海东行,考察新政。三月,自日本回上海。五月,八国联军入侵。七月,唐才常等组正气会,又易名自立会,廷式也参与。不久,起事失败,唐才常遇难,廷式屏居上海,忧时之念,仍萦胸臆,曾推衍《周礼》古义以阐论新政。次年,在萍乡约同绅士发起收回上株岭铁矿。旋出游南昌、金陵、上海,病归萍乡,卒于里第。

二

文廷式学问渊博,涉猎广泛,沈曾植《文君云阁墓表》说:"窃尝以为先汉微言、东京纬候、魏晋玄风、宋元儒理,以君识学所积,专精一业,无不足以名家。顾君以资平议而已,终不屑屑纂述。君才于史部为尤长,穷其所至,亭林、竹汀,不难鼎足。晚颇亦有意于是,而日薄崦嵫,盛业不究,竹帛所存,千百什一。君所论内外学术,儒佛元理,东西教本,人材升降,政治强弱之故,演奇而归本,积微以稽著,于古学无所附,今学无所阿。九州百世以观之。呜呼!岂得谓非有清元儒、东洲先觉者哉!"

---

① 《德宗景皇帝实录》卷三八六第二页。

② 文廷式:《罗霄山人醉语》。

文廷式的著述宏富，刊行的仅有《补晋书艺文志》、《闻尘偶记》、《纯常子枝语》、《云起轩诗钞》、《云起轩词钞》、《文道希先生遗诗》等。另在《青鹤杂志》上发表过《旋江日记》、《吴轺日记》、《越缦堂日记批注》、《知过轩日钞》、《知过轩随笔》；《同声月刊》载有《罗霄山人醉语》、《琴风杂谈》和部分书牍。还有大量著作未曾付梓，仅有稿本、抄本或传抄本。近人赵铁寒摭拾遗篇，纂成《全集》，仍多缺漏。

江西社会科学院汪叔子同志搜求文廷式遗文已久，记得六年前，他曾过沪见访，谈到编辑《文廷式集》，我也认为此项工作由江西承担甚为相宜。此后，他除就近在萍乡访问故旧、探询遗闻外，又到北京、上海、湖北各地爬梳佚文，雠校异同，重行辑集，泐成本书。它较过去所出各本，以至台湾出版的《文芸阁(廷式)先生全集》(下简称“赵本”)有如下特点：

第一，注意搜辑奏稿。评价文廷式在晚清政治斗争中的地位和作用，奏稿无疑是很重要的依据了。但他的奏稿，在光绪二十一年道出上海时，突然“亡去”。《申报》载：“翰林院侍读文芸阁学士，前由上海启行时，失去衣箱三只，函请黄大令饬捕”①，且言“内有紧要文件”②。黄大令，即黄承暄，号爱棠，时任上海知县。胡思敬也说：“文廷式……乃乞假回籍修墓，上海道刘麒祥，鸿章姻党也，闻其来，迎入署中，备极款洽。临别，失行装四箧，麒祥为缉获之，启钥完好如故。及归启视，他贵重物俱在，唯亡去奏稿二册，中一疏语涉离间，甫脱草，未上也，麒祥得之大喜，以献鸿章，鸿章密

① 《申报》光绪二十一年九月二十四日。

② 《申报》光绪二十一年十二月二十二日。

白太后，且授意御史杨崇伊劾之，遂削职”①。顾家相《五馀读书廛随笔》以至汪大燮、吴樵写给汪康年信中均言其事②。那么，文廷式的奏稿在沪遗失，且与杨崇伊的劾奏有关，以致文廷式的奏稿未见传本，仅少数散载各书而已。“赵本”搜稽丛残，已属不易，但限于条件，未查原档。汪叔子同志则在中国第一历史档案馆中仔细查访，重行辑录，除来源原始，可纠正“赵本”沿钞失误外，在数量上也远远超过了“赵本”。这样，基本上可以反映光绪二十年至二十二年间文廷式的政治思想面貌，成为目前文廷式奏稿比较完备之本。

第二，辑录未刊作品。如《文录》，本书选录各体文章，内半数是未刊稿，中有“赵本”未曾收录的；《笔记》中《撷芳录》为戊戌政变后匿避湘潭农舍所作，也是未刊稿本；《日记》部分，“赵本”仅收《南旋日记》、《湘行日记》、《东游日记》，本书所增《丙子日记》也未经刊布；《书牍》中，致汪康年、梁启超、麦孟华、程秉钊、宗方小太郎、朱子涵诸函，都是根据未刊手迹辑入；律赋、联语、笔话等，也为“赵本”所无。

第三，抉择已刊各本。文廷式著作已经刊布的，本书也选择较早或较好版本，且经校核。如《补晋书艺文志》，“赵本”据《二十五史补编》收入，虽从宣统元年长沙刊本，但有改易、误刊，今据原刊本收入。《闻尘偶记》有稿本、抄本、刊本、节刊本等八种，本书也抉择校勘。《词录》有刊本多种，本书选择龙沐勋重校本为底本，并增补《拾遗》。又如《新译列国政治通考》，有光绪癸卯原刊本，不著撰译者姓氏，但书端有文廷式署名的叙言，知是他主持编译的。本书

① 胡思敬：《戊戌履霜录》卷四《文廷式》。

② 见拙著《戊戌变法人物传稿》增订本第三〇一——三〇四页，中华书局一九八二年版。

也将此书的叙言、总目等列入，以见文廷式对“西学”的态度。

此外，本书奏稿、文录等都按年月为序，对读者了解文廷式的思想脉络，也较便捷。

《文廷式集》的出版，学术界期望已久，今中华书局将汪叔子同志所编付印，列为“中国近代人物文集”之一，实在是一件很有意义的事，因赘数言，作为“序言”。

汤志钧

一九八六年十一月二十二日于上海

辑校说明

一、本集所收奏议、文章、诗词等,除少数残缺太甚或内容价值不高者外,一般均就所见予以全收。其笔记则酌收反映作者政治思想、学术考订及记述清末史实者,其他多种从略。《纯常子枝语》已有刻本及影印稿本等刊行,皆源于所谓"四十册"本(原徐行可旧藏稿本之以册标记者,都四十册),篇幅颇巨,未宜全收。兹唯择录"适斋藏稿"本《纯常子枝语选抄》一种,略示鳞爪。盖虽寥寥数十条,却独出自"六十一册本",即最接近文氏晚年改定足本者也。文氏史著不少稿本未曾刊印,限于篇幅,仅予选录。《补晋书艺文志》素为学界熟悉,然坊间翻刻或致鲁鱼,故取其初刊本校订录入。至文氏辑佚等作,为数甚众,仅撷一二,以存梗概。译作《新译列国政治通考》、《铁木真帖木儿用兵论》卷帙甚繁,只录其叙、总目或总说、目录及部分正文。

二、本集所收文氏撰著中,有少量虽刊印时并未署名或托以他名,经考证核实为文氏之作,则收入本集正文。其虽署名但未能确断及尚待补证者,则暂作附录收入。此外,有些资料与文氏著作有密切关系,酌选部分附录文氏有关篇章之后。为便于读者了解文氏生平及著作概貌,编者拙作数种,附置书末。

三、本集按文体分类编纂,计分奏议、文章、诗、词、史志、书简、笔记、日记、译述、律赋、联语、笔谈等类。一般以一类为一卷,篇幅较多的,则酌分为上、中、下等几卷。全集厘为十六卷。各卷内篇目的次第安排,《译述》、《律赋》所收悉在文氏生时编定,仍遵原式。《补晋书艺文志》,《二十五史补编》本作六卷,但初刊本实无卷次,而分作四部六篇,今复其旧貌。《日记》、《笔谈》即以记时循序。《奏议》按其撰草或上奏时间排列。其他各卷中,有若干篇撰时难以确考,则约略推计排列,或参照底本诠次。

四、本集收录所据底本,尽量采用文氏手书原件或复印件、照片;刊本尽量采用初刊本。有数种稿本、刊本的,择其善者。版本出处以题注说明。文字残缺或漫漶不清者用□表示,原文中的□则加注说明;衍字、误字用(　)括去,脱字、正字用〔　〕括出;原文的夹注,用小五号书宋体表示;原文的眉批、夹批、补批,用小五号书宋体加黑鱼尾括号排入相应处;原文的校批,用页末圈码注出。因稿本改易或各本文义歧异较大者,用页末圈码注出。原文缺字较多者注以【前缺】等,编者所删文字注以【前略】等,节录者注以【节录】。关于本篇的版本、内容等说明,以*注于该篇题下。

五、本书编订的过程中,得到苏州钱仲联,上海汤志钧、盛巽昌,北京熊德基、汪向荣、陈铮、吴杰、陈东林、杜春和、庄建平、王晓秋、刘方、孔祥吉、王凡,福建戴学稷,江西刘美崧、姚公骞、王咨臣、邓光钧、李笠农、许智范等许多前辈、师友的帮助;得到了文氏亲属梅韬、张同礼等先生的热心支持。汤志钧、王咨臣、李笠农、许智范、刘方等同志为本书提供了部分资料;吴杰先生为本书从日文翻译了文氏《与内藤湖南笔话》及有关资料。本书初版并承汤志钧先生作序,顾廷龙、姚公骞先生题签;中国第一历史档案馆、中国社会科学院近代史研究所资料室、国家图书馆、首都图书馆、北京大学图书馆、上海图书馆、湖北省图书馆、江西省图书馆、萍乡市图书馆、萍乡市博物馆等单位,为本书的资料搜集及复印、摄照工作,提供了许多方便与大力协助。江西省社会科学院和江西省萍乡市的有关领导和同志们,给予了难忘的支持,在此谨表深切的谢意。在本书最初开始搜集资料的时候,曾给过编者以热心帮助的郭家俊、李实红两位友人,早已相继逝世,谨志怀念。

文廷式著作的搜集整理,前人如陈诗、徐乃昌、叶恭绰等已做过若干工作。近年台湾出版的赵铁寒所编《文芸阁(廷式)先生全集》,尽管所收未足称全,编订亦犹多可商榷之处,亦功不可没。对文廷式的研究,如钱仲联、汤志钧等前辈都曾取得精宏独到的成就。本书尽量借鉴并部分吸取了这些可贵的成果,于此郑重申明。

六、本书增订再版过程中,又见到文廷式之八股文写本一册,考虑到文廷式对旧学所持之反对态度,兼之限于时间与本人学识、难以遽断此册真伪,故此次整理暂不收入。又承责编张玉亮先生见告,陈烈先生主编之《小莽苍苍斋藏清代学者书札》(人民文学出版社 2012 年)中有文廷式手书一通,陆有富先生校点之《文廷式诗词集》(上海古籍出版社 2017 年)中文廷式与友人集句词三阕为本书未尝收录者,因排版已定,姑列于此,并向诸位谨致谢忱。

致赵福书

小庄先生大人阁下:

前接惠函,以事迟迟未覆。承嘱馆事,前托敝友人王御史懿荣致信清帅,今春王君得其回信,云此事照办,已分付首县矣。比闻善化新任又有谋夺尊馆之人,想必无碍,若有碍,再托人写信不迟。不然,似不宜屡渎也。川督告病又赏假,然闻其去志甚坚，新任非浙抚即江抚。令郎馆事俟局面定，当托人谋之。张蔼卿观察远任建昌道，于盐厘不甚相关也。清帅已知执事老成持重；似无被人夺馆之理，若果夺去，亦可托人写信要回。务请放心。馀事续函。病初愈，不能详尽。专请道安。顺颂潭祺不戬。

愚弟文廷式顿首　二月十七日

齐天乐

乙未九月二十日集四印斋，用张叔夏过鉴曲渔舍会饮韵联句

（录自《粤西词载》）

青鞋踏遍苍松路，长安故人稀少。道希。万里风沙，千条柳色，秋入塞垣幽窈。子苾。离心似草。问谁共餐英，小园霜晓。半塘。且访东皋，此生宜向醉乡老。子蕃。　谁家今夕梦好？敞纱窗银烛，光被遮了。梦湘。易水东流，医巫北峙，齐入乱云孤抱。道希。新愁旧恼。尽付与江头，去帆烟鸟。子苾。后夜怀君，屐尘休更扫。半塘。

沁园春

用稼轩韵，集四印斋，饯张子苾联句

（录自《粤西词载》）

横览九州，地棘天荆，君去何之。道希。叹终南山色、谁吟秀句，灞桥流水、我起悲思。子苾。狂拨秦筝，轻挑赵瑟，回首京华云共飞。子蕃。平生泪，拚仰天洒尽，化作长霓。梦湘。

榆关西去崔嵬。且漫著，心情恋故溪。半塘。看儒冠虽误，一囊书剑，穷边好树，十丈旌旗。道希。缚取降王，功成上相，留得青山头白归。子苾。书生志，愿凭阑酾酒，桥柱同题。梦湘。

浪淘沙慢

联句旧作，时同社道羲有浮湘之赋，歌以饯之

（录自郑文焯《比竹馀音》）

盛游续，秋凉积水，望转晴堞。壬秋。单舸冲风未发，繁弦带雨已阕。叔问。正漠漠、歌尘□暗结，过重九、菊瘦谁折。子复。念去后、湘波荡帆影，衔杯镇凄绝。道羲。　望切，碧云渐满空阔。暂载酒、囊琴缘溪去，细雨蝉共咽。壬秋。嗟吴霜鬓缕，能几销别。壮情漫竭，携夜珠、帘底窥人如月。子复。岚翠侵衣愁纹叠，幽花谢、旧芳未歇。道羲。待重认、沙痕莲瓣缺。壬秋。怕江上、乱落芙蓉，澹暮色，谁家笛里飘红雪？叔问。

七、本集编纂、辑校及增订虽历时颇久，而限于学养，其疏漏失妥之处，在所不免，皆敬祈识者教正是幸。文氏遗文尚有若干仍待访求，殷望海内外学人赐助致搜，使本集更趋完备。

汪叔子

1986 年 8 月 20 日于江西省社会科学院

2018 年 9 月 2 日于广州市社会科学院

卷一 奏议

为升用侍读学士谢恩折稿*

（光绪二十年四月初八日）

跪奏为恭谢天恩、仰祈圣鉴事：

本月初八日，内阁奉上谕：此次考试翰詹，一等第一名文廷式，著以侍读学士升用，钦此。窃臣学本迂疏，世蒙秩养。句胪唱第，幸参芸馆之班；江介持衡，旋拜芝纶之宠。涓埃无补，兢惕方深。兹复渥被隆施，超迁华选。论俸则未周三岁，除官则骤历五阶。况当陶尧铸舜之余鉴，及坠露轻尘之末风，宠荣逾格，寤寐难安。臣惟有勉竭驽骀，倍勤职分。读书养气，益厉鹤鸣九泽之时；浃髓铭恩，惟觉鳌戴三山之重。

所有微臣感激下忱，理合缮折叩谢天恩，伏乞皇上圣鉴。谨奏。

---

* 据文廷式手稿。

为授补侍读学士实缺谢恩折稿*

（光绪二十年四月二十四日）

奏为恭谢天恩、仰祈圣鉴事：

本月二十三日，内阁奉上谕：据吏部奏，黄卓元所遗翰林院侍读学士一缺，应将大考一等第一名、钦奉谕旨以侍读学士升用之编修文廷式奏补。奉旨："依议，钦此。"窃臣猥以菲材，滥邀宠遇，初蒙特擢，旋得真除。迭颁朵殿之纶，卿云彰焕；幸视花砖之影，湛露恩酥。臣惟有心惕冰渊，学勤志谐。葵忱自矢，敢忘箴献以陈言；藜照分辉，愿效管窥而颂圣。

所有微臣感激下忱，理合缮折叩谢天恩，伏乞皇上圣鉴。谨奏。

---

* 据文廷式手稿。

为派补日讲起居注官谢恩折稿*

（光绪二十年五月二十四日）

奏为恭谢天恩、仰祈圣鉴事：

五月二十四日，奉旨：文廷式著充补日讲起居注官，钦此。窃臣学谫才庸，遇蒙拔擢，抚衷维分，方惧弗胜，复兹渥荷宠光，俾司记注。近依彩仗，已超华省之崇班；常□丹毫，愿记彤廷之盛事。臣惟有勉修职业，自厉清严。稽古进言，必本三代正经之说；瞻天记动，敬识九重兢业之心。

所有微臣感激下忱，理合缮折叩谢天恩，伏乞皇上圣鉴。谨奏。

---

* 据文廷式手稿。

敬陈管见折稿*

（光绪二十年六月初）

奏为敬陈管见、仰祈圣鉴事：

窃臣以疏远小臣，蒙恩超擢，兹复备员记注，学谫才陋，诚恐不克胜任。然区区之愚，有愿效其一得者，敬为我皇上陈之。

臣伏读近日谕旨，凡职事之废弛、缉捕之疏懈、礼节之舛误，事事悉荷圣裁，每一训饬，无不肃观听而振颓靡。此诚致治之机，生民之大幸也。

顾臣以为政有大小，事有先后；治必中其肯綮，弊必去其太甚。就时势而论，我皇上所亟宜留意者，大端有三：曰人材，曰民事，曰洋务。三者至今积弊皆已甚深，而所以整饬而维持之者，则在明其条目，得其次第，而不参以因循苟且之说，乃能期其效焉。

我朝任官之途，科甲、恩荫、捐纳、保举四者并用。设科、任子，前代所行；保举亦官人成法。惟捐纳，则不得已而用之，非经久之制也。盖凡人之求仕，未有不欲正其始者。独捐纳一途，则输财之时，已预计取偿之地。而入仕之后，又每为士论所轻。此其心欲效

---

* 据赵铁寒编《文芸阁先生全集》所载影印手稿。此折正式上奏日期为光绪二十年六月初四日（1894 年 7 月 6 日）。按，此折另有草稿两件，内容大同，文字则异别颇多，今手迹俱存。

忠于国者，盖十无一二焉。其余则竭智尽力以谋自利而已。光绪初年，朝廷尝决然停止矣；无何而巧仕者不便，疆臣又不知大体，于是以一时用费之缺，而坏经国远大之图。甚可惜也。

臣闻近来所收捐款，岁不过数十万。国家何惜此区区之项，而令吏治久不肃乎？且每年各省局用之虚糜，劣员之侵蚀，实隐已偿捐款矣。既以行之既久难尽停，则内之郎中、员外、主事，外之道、府、厅、州、县，皆清要之班，出政治民之地，宜先不准捐纳。各种花样，名尤不正，应请概行停止，以维政体。

臣尝默计光绪十年以前，每岁督、抚所劾者必百余人。近七八年，则所保者不下千百，而举劾者或经月而不见一人，或经年而不过数人。市恩滥保，姑息邀名，仕路何由而疏通？官方何由而澄叙？近来言者，颇陈保举之弊，而不知容忍劣员，任其恣肆，尤有害于民生也。应请旨严责各督、抚，如有袒庇劣员者，一经举发，从重究治。每到任及年终甄别、三年大计，不得(以但)〔但以〕一二□职佐杂塞责。

吏治整饬，人材亦因以奋发矣。夫一时之用，可以震动天下之耳目；而所以培植而教养之者，则尤不在当时之近功。朝廷〔加〕一意焉，他日必获一效。此如草木受膏泽于天地，露雨肥硗，铢两不得而自隐也。若夫豪杰，故必养其廉耻，而后可得气节之士；〔实〕其节目，而后可以多干济之才。学校之教，既毕于三代矣，则夫惩劝之方，操取舍之法，不可不推求尽善也。

民俗之厚薄，吏治为之。然吏治之所治者，衣食稍足之民耳。其穷极而无赖者，则不能尽责于吏治，而本原常在朝廷。

数年以来，盗贼窃发者不下十数起；其小小劫掠，几乎无日无之。或以为会匪之悍，或以为散勇之多。文武员弁，劳于缉捕，而不思所以清其源，岂持久之道乎？

臣以为兵兴至今四十余年,大乱虽平,元气未复。农民既苦于下,工商之利又攘夺于外。加以风俗浮侈,远过昔时;舟车转徙,易于曩日。民气动而难静,实由于此。

臣以为国家既收农家之赋税,则当思所以恤农;征商贾之赢余,则当思取以卫商。必使谋食较易,自不至流而为非。其事如归并各省厘卡、流通货物、开垦荒田、讲求水利(之类,抵制洋货)、〔抵制洋货之类〕,条目繁多,臣未能一一遽举,要在任事大臣勿视为迂论、置为缓图而已。

洋人交涉之事,虽曰"和议",实兵机也。其欲挠我之权、夺我之利者,皆兵家之术也。夫兵家之要,在于"知己知彼"而已。今世之持论者,必欲事事效之,此不知己之说也;或以为一切仍旧,可以久安,此又不知彼之说也。

中国立国之根本,与西人异。尚礼义而绌诈伪,重公分而抑私情,此数千年治法之防大,不得与洋人合者也。民情达而无不伸之气,政事实而无虚饰之文,此洋人之所长,而中国所当略采其意者也。至于工艺器械之精利,营阵步伐之整齐,则中国古制颇与之同,相时制宜,去损取益,固不必震而惊之矣。

今总署办理洋务既深闭固拒而恐人知,士大夫又若事不切于己而置之不讲,及一旦有事稍出于意计之外者,则茫然罔措,不得不托诸市井庸劣、一彼一此之人。有万国之环伺,无十年之预筹,可不谓狃安于目前乎!

臣闻皇上深虑中外大局,即语言文字之末,亦不厌考稽。顾其事甚劳,而为益甚少。臣之愚虑,尤愿皇上深察其隐谋,于通商、传教诸事，力求所以制之[1]。而中外大臣亦宜仰体圣心，默图良法，于数十年来洋务孰得孰失之故，一一明其所以然。观其由往事以察将来，则洋人意之所在，亦了然可睹矣。徒欺众人之耳目，幸己身之不见变端，大臣谋国之忠，谅不忍出此也。

夫人才多则吏治修，吏治修则民生裕，然后整军经武，以备非常。自古以来，未有国平治而外人敢生觊觎者，此自然之理，必可收之效也。臣闻皇上几余每览《大学衍义》、《中庸衍义》诸书，深求治法。然则所以制治保邦之理，昔人固详言之矣；其所以因时而变通者，圣心必自有权衡焉。臣愿皇上宏大纲，持坚断，博采古今，详录众论，择其大者、远者次第行之，则天下幸甚！

臣非敢妄议□政，念受特达之知，不敢同于缄默，略陈愚陋，不胜悽悽之至！是否有当，伏〔乞〕皇上圣鉴。谨奏。

---

① 此三句，初作"朝鲜之衅，日本所以敢于狡然思逞者，以二十年前台湾"等字。

请饬北洋大臣妥筹朝鲜兵事扼要制人片稿*

（光绪二十年六月初）

再，近来朝鲜内乱，中国调兵前往。其事秘密，外人无由得知。然闻日本遣兵已将万人，且据要地。臣思日本练兵以来二十余年，从未有此大举。此其深求诡计，盖非偶然。臣恐东渡之师，或狃于议和，日本乘其不备，潜师袭我，则仓卒之际，恐有损失。应请旨饬下北洋大臣，谋所以扼要制人之术，无使失算于前，复受侮于后；疆场之事，庶有转机。

臣愚昧之见，谨附片具陈，伏乞圣鉴。谨奏。

附：上谕**

（光绪二十年六月初四日）

谕内阁：翰林院侍读学士文廷式奏请饬各督、抚甄别属员，严

---

* 据《文芸阁先生全集》所载影印手稿。原附《敬陈管见折稿》之后，并有文廷式尾批："光绪二十年六月初四日。"当系文廷式《敬陈管见折》之附片，正式上奏日期与该折同，亦为光绪二十年六月初四日。

** 据《清德宗实录》。

加劾治等语。

各省属吏贤否,全在该管上司认真举劾,方足以进退人才。近来明保密保之案,各省纷至沓来,惟于贪劣不职之员,往往意存容隐,参劾无多,于吏治民生,殊有关系。嗣后著责成各该督、抚,将不肖官吏,随时秉公参奏,毋得瞻徇情面,贻误地方,用副朝廷澄叙官方、激励人才至意。

又谕:翰林院侍读学士文廷式奏捐纳非经久之制,请概行停止,以维政体等语。

国家开设捐例,原属不得已之举。近来仕途拥挤,人品混淆,颇滋流弊。道府大员,有监司表率之责,尤非未谙吏治、捐赀滥列者所能胜任。著户部即将道、府两项捐例,先行停止。其余各项实官花样,应如何分别停止之处,并著该部悉心妥议具奏。

朝鲜事机危迫条陈应办事宜折*

（光绪二十年六月初十日）

日讲起居注官翰林院侍读学士臣文廷式跪奏，为倭人要挟、朝鲜事机危迫，谨条陈应办事宜，恭折仰祈圣鉴事：

窃惟中国屏藩之国，莫重于朝鲜，利害相关，形势相倚，人人所共知也。此次倭人无故忽用重兵，名为"保商"，实图朝鲜，亦人人所共知也。事涉数月，而中国之办法，尚无定见；北洋之调兵，亦趑趄不前。近闻倭人于朝鲜南五道已改官制，设炮台，征商税，又以四条挟我；必不可行，而议者尚怀观望。是使中国坐失事机，而以朝鲜俾倭也。

夫以西洋强敌，越南之事，中国犹不惜竭兵力以争之，故能稍安十年。今以区区倭人，而令得志，如此数年之后，天下事尚可问乎？臣以为事无可疑，敌不可纵。谨就愚见所及，酌拟数条，为我皇上密陈之：

一曰明赏罚。中国练海军，已近十年，糜费至千余万。责以一战，亦复何辞？然臣不能不谅创始之难也。顾臣所以不可解者，倭人之练海军，亦不过二十年，何以此次出兵，北洋即不敢与之较？

---

* 据《光绪朝中日交涉史料》。按《文芸阁先生全集》有影印手稿，文字与此略有不同，稿末有文廷式批语曰，"光绪二十年六月初十日上，奉旨留中"。

臣闻丁汝昌本一庸材，法、越之役，避敌畏惧，至于流涕。俾以提督重任，实属轻于择人。又海军驾驶，尽用闽人，党习既深，选才亦隘。查英、法水师章程，科条严密，人以为苦。而中国则保举既优，得利尤厚，人每视为美差；而于测量、驾驶、炮准、阵法，讲求之人，十无二三；又复赏罚不公，贤愚莫辨。故不待有事，而皆知其无用矣。

臣又闻叶志超近日亦有退保平壤之议。查牙山僻处一隅，已失地利，然犹足牵掣倭人汉川之师。若退扎平壤，则王京以南，尽为倭有矣。应请旨切责丁汝昌、叶志超等，务当实力抵御，以待兵集；如有怯懦退避情节，必用军法从事。使其畏国法甚于畏倭人，或可以收尺寸之效。其偏裨中有深通兵法能立功效者，应请不次超擢。从来战事即练兵之实，此古人经武之大法也。臣检各国师船表，倭人铁甲不过数艘。中国若能实事讲求，一转移间，不难与之折冲海上也。

一曰增海军。从前因伊犁、越南两次办理海防，臣所知者，浙江藩库三百余万以防俄而尽，江宁藩库二百余万以防法而尽。由此推之，各省所耗，每次殆过千万矣。臣以为，与其节节设防，备多力分，款归无着，不如令各省合筹三四百万金，速购铁甲船一二号，快船七八号，配足军械，挑选水师，会同现在南洋、闽、粤各船，梭巡海道，北则游弈于对马、长门之滨，南则伺察于长崎、横滨之口，则倭人亦将多方设备，外足以分其谋韩之力，内足以生其下怨之心。而我之定海、台湾、琼州等处，皆得互相联络，将来南洋水师，即可由此经始。此一举而数善备者也。

一曰审邦交。法、越之役，倭人阴以兵助法，故法人德之。英人喜倭人之改制，引为己类。俄人之欲得朝鲜，尤甚于倭。此次三国出而调处，其无实心求益于我，较然可知也。然以各国形势论之，则朝鲜之在东方，犹土耳其之在西方。土耳其扼黑海之冲，俄不得之，不能逞志于西洋。朝鲜扼黄海之冲，俄不得之，不能逞志于东洋。故居朝鲜之旁，而耽耽虎视者，俄之可畏，较甚于倭。倭人亦知之。故凡其积年筹画、伺便猝发者，非独与中国争一日之长，亦深虑俄人占一着之先也。今者内揆国势，外察敌情，万一果开兵衅，中国仅与倭争体制，各国必袖手旁观。倭人或阳予我以朝贡之名，而阴已得取朝鲜之实。若中国意之所在存朝鲜以拒俄，则英、德诸国，见我之老谋深算，虑无不竭力维持以保东方大局者。倭人知中国能见其大，兼隐受拒俄之益，亦必降心回虑，与中国别筹协力之谋。此天下大势所存，利害非一国受之，权力亦非一国能专之。将来为战、为和，为迎、为拒，皆当本此以相衡。此时英人之言，意或在此。近闻北洋大臣颇倚信俄人韦贝之说。臣闻韦贝在朝鲜时诪张为幻；此次急于出京，必将逞其诡谋，自益而损我。应请特谕总署，勿为所惑。至倭事既定，我之谋朝鲜者，或量为改制，或特设重兵，当预筹一劳永安之计，是在圣谟之密运耳。

一曰戒观望。总署之设，原以办理洋务，而非以遥制兵机。前者法、越之役，各省事事禀命于总署，典兵者既预为卸责之地，总署遂隐窃本兵之权。顾忌太多，兵家之大忌也。且各国之事，如法人方言和而兵已攻基隆矣；俄人未尝失和而兵已取帕米儿矣。此时倭兵之在朝鲜，未必不师其故智，以和议欺总署，而伺便一击中国。前敌诸军，未接电信，虽有利便，不敢开炮。是常处于后而让敌以先，万无胜理。应请旨饬下北洋，无论旧练新募，速调万人，或由海道以迫汉川，或行陆路以趋王京，务使力足以敌倭人。如彼有狡然思逞情形，则我军不妨先发，一切可以便宜从事，惟不得借口退兵，致干军法。总署则但司传电及条款诸事，而不复遥制军情，似亦补偏救弊之要着也。

以上数条，臣见闻褊隘，不能详悉。至于奇谋秘计，瞬息千变，亦非纸上所谭。

顾臣所深虑者，李鸿章立功之始，借资洋人，故终身以洋人为可恃，而于中国治法本源、军谋旧法，皆不甚留意。至今日而天下之利权归于赫德，北洋之兵权制于德璀琳。故一有变端，旁徨而罔知所措，必然之理也。淮军之驻天津，已二十余年。宿将劲兵，十去六七。今所用者，大抵新进未经战阵之人。虽无倭、韩之衅，他日正烦宸虑。臣以为，宜令李鸿章慎择将弁中忠勇朴诚者，列保一二十人，送部引见，候旨录用，或即分统各营，或令身临前敌，庶使将士皆知共戴天恩，感奋思报，亦驭将之一术也。

至朝鲜之事，有争无让，事在不疑，尤望宸断始终坚持，不为浮议所惑，则各邦不至环而生心。此治乱之大关键也。

臣愚昧之见，是否有当，伏乞皇上圣鉴。谨奏。

战事已开请饬在事大臣力祛壅蔽折稿*

（光绪二十年六月下旬）

奏为战事已开，请严饬在事大臣力祛壅蔽，谨披沥上陈，仰祈圣鉴事：

窃惟倭、韩事起，四阅月矣。必欲保护朝鲜，力顾大局，然后唇齿之势日固，疆场之事可为，此皇上之心，即天下臣民之公心也。甘心让敌，图安目前，而不顾后患，此李鸿章之心，亦天下臣民所共见也。今海上之船已为日本所掳，朝鲜王京已为日本所据。我皇上赫然命战，而前敌之军士未奉将令；我皇上未尝允和，而驻英之使臣已得密电也。

臣以为军事不足虑，边防不足办，而任事大臣敢于违皇上之意旨，而不敢摘李鸿章之谬戾者，乃天下之大患也。然臣闻前敌各军，有慷慨请行者，李鸿章皆抑而不用。铁甲各艘，尽收入口，而不使护送援军、断敌接济。本月二十一日之战，日本竟先开炮，用法人马江之故智矣，而李鸿章犹隐忍待之。津门人士来言，李鸿章密商枢廷、译署，不候谕旨，电致驻英使臣龚照瑗，嘱其托英国与日本议和，尽许其所要挟各条；而日人有进无退，示期五日决战。诸大臣置若罔闻。臣不知此等情形，皇上尽知之否。如果和战大事，皆

---

* 据《文芸阁先生全集》所载影印手稿。此折是否正式上奏及上奏具体日期未详。

不候谕旨而专辄为之，及有敌人电报又不复呈览，则此患较贻误封疆尤大，实微臣所不忍言也！臣诚不解任事大臣何以于皇上之意旨则多所依违，于李鸿章之密谋则曲为调护。今大局败(怀)〔坏〕，敌焰日张，犹不思补救于将来，而希冀和议于万一，谋国如此，岂可谓成？

又闻日本近逼朝鲜国王，条目□多。该国王以□所劫持，概从允许；惟不认中国藩属一节，该国坚执不从。是其拳拳之忠，尚堪节取。臣恐救援不至，终为日本要盟；而疆臣又将以该国王负恩为辞，请置之不顾矣。

总之，李鸿章一味求和，而朝廷责之以战，实非本意，故偃蹇不应，而固结私党，与为维持。夫上下不一心，而强与敌人从事，未有能济者也。

臣以为此时宜责李鸿章以守天津、筹饷糈；而前敌之事，特派知兵大臣督办。将来无论为战为和，必俟宸断，而不许诸臣私商外洋，庶几大权不致旁落，边事或有转机矣。

臣言太切直，明知众所不容，然念受恩至深，夙夜徬徨，欲茹不忍；且仰见皇上一人焦劳于上，而海内臣民愤激于下，徒为偷安富贵者壅隔其间，致坐失事机，隐生觊觎，其贻患实有不可胜言者，故敢披腹心为圣主一言，不胜悚惶迫切之至！是否有当，伏乞皇上圣鉴。谨奏。

敌纵飘忽宜预筹防剿折*

（光绪二十年七月初五日）

日讲起居注官翰林院侍读学士臣文廷式跪奏，为敌纵飘忽，宜预筹防剿，恭折密陈，仰祈圣鉴事：

窃臣伏读诏书，宣示战事，义正词严，薄海臣民无不同仇敌忾，区区倭夷不足平也！惟近闻仁川海口倭船悉去，不知所之。以臣愚虑，南、北洋办防有素，闽、粤地形足守，倭人船械无多，皆未敢轻易窥伺。倭之行事，每仿西洋。度其狡谋，非犯定海，则扰台湾耳。定海一隅之地，不足以牵动大局。宜令本处自筹守备，而以舟师为之声援。敌人恫喝技穷，势将自退。台湾海道，北通江浙，南接广东。论其险要，北则基隆、沪尾，南则鹿耳门。鹿耳门地，潮涌异常，每至四月以后，舟难近岸；港外尚有炮台，形势扼要。闻法、越有事时，法船曾到，不过停轮数时，一闻炮声，即行驶避。此天险也，一勇将可守之地。惟基隆去沪尾约三十里，门户不甚严密，一望汪洋，船易入港。度倭人之计，仍当骤攻台北。臣以为此时宜密饬南、北洋大臣，于数日内速调海军，会齐十艘，作为一队，梭巡江

---

* 据中国第一历史档案馆藏档。《文芸阁先生全集》影印手稿中收此折稿，与《纠参丁汝昌贻误事机请旨革职片稿》、《纠参邵友濂张惶失措请予开缺片稿》合载，篇末有文氏手批："以上七月初五日奏，奉旨留中。"文字有所不同。

浙闽广之间。如敌人径犯台湾,则由福州或厦门驶往救援,水程不过二十点钟之久。即使江浙有事,援剿亦复不难。此制敌之要着也。

臣查《万国公法》第四卷论交战之权有云:局外之旗,不能护敌国之货。今封港之后,应请旨饬海军,如遇船只可疑者,或稽察,或捕拿。总署先依《公法》遍行晓谕,俾可遵办。庶不致为敌人所惑,而海疆兵事必渐有起色矣。

臣愚昧之见,是否有当,伏乞皇上圣鉴。谨奏。

纠参丁汝昌贻误事机请旨革职片*

（光绪二十年七月初五日）

再，海军提督丁汝昌本无将略，臣前折已略言之。闻此次开船出海，只在近处游观数日，托言不见敌船而回。又欲请假，李鸿章抑而未许。平日高爵厚禄，克扣名粮，怠玩操练；一旦有事，既不能邀击敌船，又不能护送军士。巽懦规避，贻误事机，律以军法，罪在不宥。夫战阵之事，赏罚不明，而能使将士用命者，未之有也。应请旨将丁汝昌即行革职拿问治罪，以儆将来。仍令李鸿章于诸将中择忠勇有胆略者接统巡海，断敌接济。倭军铁舰无多；使我之海军得力，实足以制其进退，在诛赏间能作士气耳。

是否有当，谨附片陈闻，伏乞圣鉴。谨奏。

---

* 据中国第一历史档案馆藏档。此件为前录《敌纵飘忽宜预筹防剿折》之附片。按，《中国近代史资料丛刊续编·中日战争》第一册（戚其章编，中华书局1989年）所载中国第一历史档案馆编《中日甲午战争档案》收录此片之“军机处原折”，标注日期作“光绪二十年七月初六日（1894年8月6日）”。

纠参邵友濂张皇失措请予开缺片*

（光绪二十年七月初五日）

再，台湾一省孤悬海外，然形势险阻，粮食充裕，制敌虽不足，而自守颇有余。

臣闻台湾巡抚邵友濂抵任数年，毫无振作。一闻倭人有事，张皇失措，至欲募浙勇以资捍御，南省传为笑谈，似不足胜海疆之任。近闻朝廷已派刘永福办理台防。然封疆之事，巡抚不得力而专恃客军，必多偾事者矣。应否特予开缺之处，伏候圣裁。

臣为慎重海疆起见，谨附片具陈，伏乞圣鉴。谨奏。

* 据中国第一历史档案馆藏档。此件亦为前录《敌纵飘忽宜预筹防剿折》之附片。

请振刷军士激厉帅臣折*

（光绪二十年七月二十六日）

日讲起居注官翰林院侍读学士臣文廷式跪奏，为战事方兴，军心未奋，敬陈愚虑，恭折仰祈圣鉴事：

窃惟言事之要，先时而发，每见嗤于众人；后时而陈，又无裨于实事。倭、韩事起，自夏徂秋。宣战以来，又将一月。群策并进，每渎宸聪。或已见诸施行，或难期其实效。既经会议，必协机宜。然臣有愚虑三端，尤望预筹至当。

丁汝昌屡经弹劾，罪状昭然。林泰曾、刘步蟾怯懦昏庸，情尤可恶。虽经严旨切责，而李鸿章护庇有加，以为临敌不宜易将。夫两军将战，自不便改易元戎。若丁汝昌等，见风辄逃，永无临敌之时，安有易将之虑？如谓姑从使过，俾赎前愆，试问举朝大臣，孰能保其后效？有罪不罚，人谁畏威？倘使敌军仍来，正恐尺寸莫展。此海军之可虑者一也。

平壤军士万五千人，分为四枝，莫相统摄。论其势众，则盛军七千最多。然传闻之辞，以为卫汝贵启行之始，逃散者二营；及至朝鲜，掳掠焚烧，民不堪命。纪律如此，安望有成？且军无统帅，则

---

* 据《光绪朝中日交涉史料》。此件折稿见《文芸阁先生全集》影印手稿，内容基本相同。

败不相救,胜则争功。若复互相猜疑,转授敌人以隙。此陆军之可虑者一也。

海军既不得力,则转运尤难。而李鸿章本心,都无战志。属僚承其意恉,谁能力顾饷糈?又前敌诸军,不皆淮将。或粮发有先后,或器械有精粗,皆足生其忌心,怠彼壮志。况闻运道至今未定,粮台亦尚乏人,若此需迟,深虞匮乏。此粮饷军械之可虑者又一也。

凡此竭蹶不遑之端,皆由内外异心之故。比者乏材任使,故轻重悉听北洋。臣惟李鸿章曾立功名,任兼将相,筹防守者二十余年,费帑项者百千亿万。虽复侵寻暮气,要亦无以易之。然赏罚者国家之大权,是非者天下之公义。今者迁延规避,概不加诛,公论既抑而不伸,大权亦几于旁落。李鸿章如归诚君父,则不宜庇昏庸之将领,致误戎机;李鸿章即深畏敌人,亦宜择勇略之人材,自顾区宇。何乃欺朝廷则智,筹攻战则愚;抗廷议则勇,御敌兵则怯;甘受凌侮,屡失事机。晚节末路之难,臣不能不为该大臣惜也。应请旨特撤丁汝昌及林泰曾、刘步蟾三人;令李鸿章督饬海军,力图功效;其平壤诸军,或即令叶志超监护,或特命大臣督师,事权必专,庶免互相观望。至卫汝贵所统是否有掳掠情事,应令李鸿章详细查办,毋得护前。至于粮械,尤关要着,应派大员管理,庶几责有攸归。

倭人近颇谧如,度必别生诡计。臣知其国小患贫,则欣然而喜;而自顾帅臣骄惰,又惄然以忧。时日易遒,战争方急,而举中国之大安危,专在北洋,岂可不长思?岂可不深虑?臣所以临食忘餐,思患而不得预防之道也。惟深望朝廷,以赏罚之大权,振刷军士;采是非之公论,激厉帅臣。庶使收之桑榆,则天下幸甚,诚不胜区区之至!

谨专折具陈,伏乞皇上圣鉴。谨奏。

请饬刘坤一派员开采煤矿并严禁日货销售片*

（光绪二十年七月二十六日）

再，南洋机器、轮船，多购倭煤。数月以来，彼国禁煤出口，遂致匮乏。遣员采买，远及衡、湘，深恐缓不济急。臣闻徐州利国矿及池州矿产煤皆极丰厚，以经理无术，遂致封闭。又沿江沿海，煤矿至多；前于光绪初年，曾经奉旨停采。此时军事既亟，似当设法变通。应请饬下刘坤一等速派干员，择地开采，以济要用。

至开战之后，倭人货物，仍复销售如常，显违绝市定章。亦应请旨饬各省督、抚，严查禁止，以符定例。

臣愚昧之见，是否有当，伏乞圣鉴。谨奏。

---

* 据《光绪朝中日交涉史料》。此件系前录《请振刷军士激厉帅臣折》之附片，片稿见《文芸阁先生全集》影印手稿，内容基本相同。

请派李秉衡赴津查察防务及李鸿章病情片稿*

（光绪二十年七月下旬）

再，电报本以便通消息。比来各省电奏，均由北洋转达，殊非政体。而津海关道盛宣怀，实总其成，密电码号，皆有私录，诪张变易，听其所为。前者法、越之役，即有漏泄密电情事。李鸿章近来老病，凡有军事专听其言，一切密谋皆与商酌，盖由平日宦囊所积，悉交盛宣怀为之营运故也。而该员天性嗜利，专务逢迎，不知大体，深恐贻误事机。津中人来，谓防务至今未能整理。

闻新任山东巡抚李秉衡向来办事认真，可否请旨饬令绕道天津，查饬一切，并察看李鸿章病体如何，是否有改易情性之处，奏闻以纾宸廑。

又闻津中军械，所存无多；侵蚀挪移，皆所不免。若所言皆实，深以为虑。应如何查办严惩之处，出自圣裁。

臣愚昧之见，谨附片具陈，伏乞圣鉴。谨奏。

---

* 据《文芸阁先生全集》所载影印手稿。此件亦为前录《请振刷军士激厉帅臣折》之附片。稿末有文氏手批："二十日奏。"但考其正式上奏日期应同该折，为光绪二十年七月二十六日。

请特简大员管理福州船政片稿*

（光绪二十年七月下旬）

再，福州船政局，创始于前大学士左宗棠，而沈葆桢实踵成之。经营八九年，规模始定。其始制造不甚精良；后乃改造快船，颇称坚利。前之“扬武”，近之“广乙”，皆能与敌开战，胜负相当。以此推之，非无成效。惟督办之大臣，如吴赞诚、黎兆棠、裴荫森等，虽称勤谨，于西学素非所长，多受欺朦，转滋口实。近年改归闽浙总督兼管。省城距马尾四十余里，不能按时督率，工役懈弛，成船益属寥寥。

臣以为西法制造，本属专门，非一意讲求，不能精进。总督事务繁剧，万难兼顾船工；而已成之规模，若令废置，深为可惜。似宜仿驻藏大臣、领队大臣之例，设为专缺，特简廉公敏练、深通西法之员，畀以斯任。责令多造船，讲求节费；其有无成效，归南洋大臣查核。至一切委员、工匠，不得专用闽人，以除把持积习，必能渐有起色。

是否有当，伏乞圣鉴。谨奏。

---

* 据《文芸阁先生全集》所载影印手稿。此件为前录《请振刷军士激厉帅臣折》之附片，正式上奏日期同该折。篇末有文氏批：“以上四件，七月二十六日奏，折入，奉旨留中。”

附：军机处商阅发下折件电信拟旨进呈片（节录）*
（光绪二十年七月二十六日）

蒙发下折件电信，臣等公同商阅：

余联沅奏疆臣贻误大局一折，查临敌易将，兵家所忌，该给事中亦既知之，况李鸿章身膺重寄，历有年所，虽年逾七旬，尚非衰耄，且环顾盈庭，实亦无人可代此任者。所奏毋庸置议。

文廷式折与余联沅折大略相同；惟片内请派李秉衡绕道津门，察看李鸿章病体一节，查李秉衡现已陛辞，尚未出京，拟请寄谕该抚，于过津面晤李鸿章时，察其精神气体，有无衰病情状，据实具奏。

又片奏福州船政请特简大员管理一节，前经钟德祥陈奏，已交海军衙门会同南、北洋大臣议奏，现经咨商，尚未复到，应从缓置议。

---

* 据《光绪朝中日交涉史料》。

请严饬海军与倭决战折*

（光绪二十年八月二十日）

日讲起居注官翰林院侍读学士臣文廷式跪奏，为事机已失，宜亟图补救，谨具折密陈，仰祈圣鉴事：

窃惟朝鲜一役，枢、译两署，专恃北洋，然始则调兵稽迟，继则海军畏怯，近且粮运濡滞，师徒挠败。以臣所闻，本月十四日，平壤诸军已有战败之耗。北洋来电，特种种掩饰耳。顾第就所言而论，平壤亦必不守。计倭人起衅以来，已及两月，攻威海后亦一月有余。而我之海军出战不能，运兵不敢；李鸿章以为不可轻于一掷。夫以十年备御之师，使之应敌，乃谓一掷，不知购此铁甲何用？遂使陆军远涉，饷械不继，是不忍掷一丁汝昌，而忍于掷平壤之万八千人也！李鸿章袒护劣员，贻误军事，罪无可辞；朝廷仅予薄惩，尤未足尽其欺饰之咎。

臣以为海军不易将，则边事无可为。洋人用兵，凡两国战事，隔海者以先得海面为胜。倭船之最大者不过四千吨，我船则七千吨；其炮径大者不足四寸，我船则七寸有余；速率虽不及，而厚又过之。前者彼伪攻威海，正恐我军击其接济耳。乃李鸿章外中敌计，

---

* 据《光绪朝中日交涉史料》。此件折稿见《文芸阁先生全集》影印手稿，内容基本相同。

内合己私，藉口防守，使海军逍遥无事，而迁延逾月，前敌竟不添一兵。故今日之失机，实出于筹画之疏谬，万万无辞者也。此时若仍恃该大臣一人调度，必至忿恚弃师，不可收拾。从前法、越一事，屡奉旨饬盈廷集议；此次事机，关系尤大，非合群策群力，断难希冀挽回。臣愚以为应请特旨，严饬海军选择勇将，令在洋面与倭决战；一面饬下廷臣，会议善法，以补将来。庶不致敌焰日张、藩封坐失。此诚今日之亟务也。

臣不胜愤悒之至，谨披沥上陈，伏乞皇上圣鉴。谨奏。

林国祥全力奋战请超擢任用片*

（光绪二十年八月二十日）

再，朝鲜小阜岛之战，倭人突出击我运船，“济远”既伤，“操江”被掳，独“广乙”兵船管带林国祥奋不顾身，与之鏖战，倭三舰皆受伤。及船身被炮将沉，犹能激厉士卒，开足机力，突撞倭“松岛”铁舰之腰，与之俱没。盖粤东四舶，本系木质轮船，惟船头碰铁一枝，尖利坚劲。该管带出全力以御敌，遂能尽此船之用。事后倭人深讳其败；而各国海军之观战者，均啧啧然称仰其人。幸船没后，凫水得救。

似应请旨超擢任用，以为忠勇敢战者劝。是否有当，伏乞圣鉴。谨奏。

---

* 据《光绪朝中日交涉史料》。此件为前录《请饬海军与倭决战折》之附片。片稿见《文芸阁先生全集》影印手稿，内容基本相同。

张之万庇私忘公请予惩处片稿*

（光绪二十年八月中旬）

再，大学〔士〕张之万，向来宦绩，本无足数，近复年老昏庸，于好观戏剧、照应私人之外，一无所长。臣于琐琐之事，向不屑形之笔墨。惟闻该大学士于此次用兵，坚护淮军，而诋各军为不足用，（调）征调稽迟。又与李鸿章同年进士；自入军机后，申以婚姻。故事□为之袒庇，顾私交而忘公义，非仅安庸劣之可比。且秉政十年，希荣恋职；疆场之事，一至于斯。四海之望，于何逃责！

应否予以惩处之处，出自圣裁。谨附片具陈。谨奏。

---

* 据《文芸阁先生全集》所载影印手稿。此件系前录《请饬海军与倭决战折》之附片，其正式上奏日期同该折，为光绪二十年八月二十日。

请开去盛宣怀关道实缺以慎重军报片稿*

（光绪二十年八月中旬）

再，电线舞弊，已屡经廷臣参劾。尤可怪者，每至事机败坏之后，则电线必断。盖所以挪展时日，便于矫饰听闻故也。津海关道盛宣怀久任此事，责无旁贷。非该员亲管电局，则诸事有所借口。可否请旨将盛宣怀开去关道实缺；如有漏泄、改易及私自断割诸弊，惟该员是问，庶能保护无虞。

臣为慎重军报起见，谨附片具陈，伏乞圣鉴。谨奏。

附一：军机处电寄李鸿章谕旨**

（光绪二十年八月二十一日）

奉旨：有人奏，“广乙”兵船管带林国祥，于朝鲜小阜岛之战，奋不顾身，出力御敌，请超擢任用等语。著李鸿章查明该管带如果奋勇得力，即行破格擢用，以昭激劝。钦此。八月二十一日。

---

* 据《文芸阁先生全集》所载影印手稿。此件系前录《请饬海军与倭决战折》之附片，正式上奏日期同该折，为光绪二十年八月二十日。篇末有文廷式手批：“以上八月二十日奏，奉旨留中。”按，“以上”云云，即指《请饬海军与倭决战折》及附片《张之万庇私忘公请予惩处片》、《林国祥全力奋战请旨超擢任用片》与本件，此四件。

** 附一、附二均据《光绪朝中日交涉史料》。

附二:军机处电寄李鸿章谕旨

（光绪二十年八月二十九日）

奉旨:前在牙山海面,“广乙”管带林国祥,以孤船当劲敌,战阵奋勇,力竭船沉。著暂行革职,委署“济远”管带,以观后效。东沟之战,倭船伤重,“镇远”、“定远”将士苦战出力。著李鸿章酌保数员,以作士气。钦此。八月二十九日。

合词吁请特起重臣以维国脉折稿*

（光绪二十年八月二十九日）

奏为事关大局，贻误已深，请特起重臣，以维国脉事：

窃维倭、韩之役，以地利民情而论，胜算皆自我操。乃以迟误迁延，致一败于牙山，再败于平壤。倭人喜出愿外，遂将近犯陪都。薄海臣民，无不愤叹。伏读前月两次谕旨，我皇太后既发帑三百万，又谕停颐和园受贺典礼。臣等仰维圣德，且感且惭。盖深宫恒以万姓为心，而臣等寔怀多垒之辱也。

伏念同治初年，外侮内讧，过于今日。于时皇太后定计于上，恭亲王禀承于下，遂能以次底定，中外乂安，二十余年，渐臻康阜。后以病蒙恩闲养；十年以来，宿疴闻已渐痊。今者敌势日张，事机危迫。将士则(豪)〔毫〕无调度，饷糈又莫与筹维，任事大臣断不能辞其咎。若圣慈仍与姑息，诚恐诸臣悚仄之后，莫展寸长。用敢合词吁请特旨起用恭亲王任事，必能感激图报，攻守兼筹。该亲王总理译署多年，夷情素所深悉；各国闻其起用，亦当倍固邦交。其措置规模，尤所素裕。如此，则军务可望转机矣。

---

* 据《文芸阁先生全集》所载影印手稿。此件之拟稿日期，据《缘督庐日记钞》，为光绪二十年八月二十九日。次日正式上奏。列名者计秦绥章、樊恭煦等五十七人。篇末有文廷式手批："此折合奏学士绥章、樊侍御恭(照)〔煦〕等五十七人同奏，九月初一日上。蒙旨见廷式，谕以事属可行云。"

比来外间传闻倭人将以三路进兵，又有一月内力攻奉天之说。情形（危）万分危急。臣等既有所见，不得不披沥上陈，伏望圣明俯垂鉴纳，天下幸甚！臣等不胜悚惶待命之至！谨合词恭折具陈，伏乞皇上圣鉴。谨奏。

附：上谕*

（光绪二十年九月初一日）

谕：朕钦奉慈禧端佑康颐昭豫庄诚寿恭钦献崇熙皇太后懿旨，本日召见恭亲王奕䜣。见王病体虽未痊愈，精神尚未见衰。著管理总理各国事务衙门事务，并添派总理海军事务，会同办理军务。

谕：朕钦奉慈禧端佑康颐昭豫庄诚寿恭钦献崇熙皇太后懿旨，恭亲王奕䜣，著在内廷行走。

* 据《光绪朝东华录》。

军事危急非先除内奸难御外侮折稿*

（光绪二十年九月初）

奏为军事危急，非先除内奸，难御外侮，恭折密陈，仰祈圣鉴事：

臣维自古误国之臣，其败露有先、后，则受祸分浅、深。唐之卢杞，宋之蔡京、贾似道，皆以专且久召大乱，而国事殆不为。我朝二百余年，大权未尝旁落。故臣下多庸懦之咎，而鲜有专恣之患。乃以今日兵事言之，枢臣之欺蔽、疆臣之骄恣，则不独我朝所无，即秦汉以来亦未有如是之甚者也。

倭人之谋我已十余年。军械则造册而知，炮台、海道皆测量而得。日夜淬励，以伺我之瑕。而枢臣则酣歌恒舞于内，疆臣则安位养交于外，一若天下无事、长治久安也者。宋人所云招罗易制之人才，玩愒有为之岁月。盖祸机潜伏，已不待智者而知之矣。

及朝鲜事起，倭人所要挟者，或可从，或应驳，若能明白宣示，兵端亦无自而开。乃竟迁延推宕，置之不顾。及六月之初，则人人皆知倭之必出于战矣。而任事大臣犹懵无所觉，一切惟李鸿章之命是听。调兵则彼日增而我无继，运饷则彼有路而我无从。委牙

* 据《文芸阁先生全集》所载影印手稿。此件上奏日期，据文氏自记，为光绪二十年九月初六日（1894年10月4日）。

山一军以饲之，仁川海口以予之。在李鸿章之意，以为彼得朝鲜已满其欲矣。岂知北洋之军械、淮军之无用，久为倭所深悉；六月以前，其奸细已遍布于中国。此其志不仅在朝鲜，洞然而无疑也。牙山一败，我军据平壤，犹未尽失地利也，又委而畀之，不设援兵、不筹粮道，一如在牙山时，遂致溃败决裂、不可收拾。疆臣之乖谬如此，而枢臣之庇护之者尤可愤叹：我皇上有所谴责，则多方为之斡旋；盈廷诸臣有所弹劾，则极力为之壅遏。论者皆知其今日肆意欺蔽之恶，而臣则推原祸始，敢详悉为我皇上陈之。

从古治国之道：人才在政治；况当四方环伺之际、国家多难之余。而枢廷诸臣自受事以来，政以贿成，门多滑吏，其间结纳赃私之状，昭昭在人耳目。士之稍有风节者，皆目为怪人；武臣之来京者，非有重资，则虽颇、牧之才，皆置之不顾。其精神所专注者，惟在严防言路，酬应外官。而徐用仪之在总署，则沿边之地悉让外人，教案之兴专雠百姓。此等怙权弄势之臣，得一人已足倾宗社矣；乃又联为党与，蔽塞圣明。数年之间，道路以目。若不致今日之祸，则臣言亦何敢上达宸聪！盖不待词毕而已遭斥革矣。

比闻倭人以九万兵径趋北洋。天津来人，皆言备御疏乏，山海关以内尤觉空虚。臣闻此信，寤寐难安。宿将劲兵，零落殆尽。各省疆吏，大半当事之私人，当时既以贿得之，及今而责其内治外攘，必无可望。则一切之事，唯祈天幸而已！其措设之方，臣诚知其一无可恃也。

臣诚愚憨，敢恳皇〔上〕立奋乾断，罢斥诸臣；然后整饬六师，广延奇士。下情既通，国势自振。汉、唐以来，救败之道，皆如此也。

臣受恩深重，无可图报；时事艰危至此，臣何忍不一言！若此诸臣尚能支持,且所贻误或未至此,则臣言为谬,甘受严谴所不敢辞。若皇上洞察群情,不尽以舆论为误,则危急之际,何可再为因循?臣恐一月之内,军情将有不忍言者矣。臣不胜愤激,谨披沥上陈,伏乞皇上圣鉴。谨奏。

请饬查办卫汝贵及褒嘉汉诺根片稿*

（光绪二十年九月初）

再，卫汝贵一军未发之前，人人知其必将溃败。及至朝鲜之后，则掳掠焚烧，无所不为。臣前疏已言之。

此次平壤军败，皆言该军先溃，以致城不能守；及渡鸭绿江之后，所剩不过千人，余者尽入于倭。而李鸿章巧为弥缝，委罪他人，而置该镇于不闻。道路愤恨，情罪昭然。应请旨饬下裕禄、宋庆，查明实情。如果属实，即以军法从事。

又洋将汉诺根，此次海战，极为出力。闻其受伤之后，来谒北洋，李鸿章拒而不见。如此，则不独沮将士之气，且必寒〔他〕国之心。应请旨特予褒嘉，以酬劳勚。

赏罚为用兵之大事，颠倒至此，尚望其能振乎！臣既有所见，用敢附陈，伏乞圣鉴。谨奏。

---

* 据《文芸阁先生全集》所载影印手稿。此件为前录《军事危急非先除内奸难御外侮折》之附片，上奏日期，据文氏自记，为光绪二十年九月初六日。篇末有文廷式手批："九月初六日奏。"据赵影稿本，兹折、片两稿相连接，是当指前录《军事危急非先除内奸难御外侮折》及其附片即此篇一并上奏之日期。

联衔密陈敌情叵测宜出奇计以弭兵衅折*

（光绪二十年九月初九日）

日讲起居注官翰林院侍读学士臣文廷式等跪奏，为敌情叵测，宜出奇计以弭兵衅，恭折密陈，仰祈圣鉴事：

窃维自古驭夷之道，不出和、战二端。能和而不能战，则和亦不可恃；战败而遂求和，则国必不复振。故孙子之论兵法曰："善败者不亡。"盖操纵之方，补救之法，诚有转败以为功者也。

朝鲜为我之藩属，有乱请兵，何能不应？倭人无礼，多所要求，未即允从，遽尔生衅。在中国毫无欲战之心，而彼遂有失和之举。其敢于出此者，封疆大臣不能折其气，在廷大臣不能戢其谋，使彼有以窥我之短长。盖无论如何曲从，而识者知其必出于战矣。

顾筹战之事未可轻易，而议和之举则非战胜之后，尤所难言；仓卒而成，必有贻无穷之患者。道路传闻，以为赔款割地之举。朘生民有限之脂膏，蹙祖宗世传之基业，度圣明在上，必不肯出此下策，以偷安一时。

然倭人乘胜之时，震惊陪都，窥伺近甸。我虽布置严密，尤虑

---

* 据《光绪朝中日交涉史料》。

瑕隙未周。比闻倭将以倾国之兵，道出黄海。此时李鸿章既有暮气，而所调诸将，或多新募，或未成军。且闻倭人军械船只，多由西贡拨来。则其藉兵法人，已属共闻共见。彼既私合他国以谋我，我何能以一国独受其弊？

战国之时，秦攻齐，则韩、魏救之；攻韩、魏，则赵救之。唐之藉兵，远及大食；宋之谋金，兼约西辽。此时倭人得志，势将不利于英；法人与其兵谋，德国亦所深忌。故闻英人颇有藉端与倭开衅之志，兵船五十余号已尽集南洋。德人亦特厚于我，凡将弁之效力于中国者，其主皆特赏宝星；又任中国购买军火，藉资驭敌。此非偏有所厚也，卫我即所以自卫也。

臣等愚见，以为宜及此时，特派亲信重臣与之商议，资其兵费，使伐倭人。闻英、德使臣皆已微示其意，湖广督臣张之洞亦经密与商谋，大约不过二千万金上下，便可遵办。倭人既暗约法、俄，何能禁我之密连英、德？且与其议和而用为赔费，何如战胜而出以犒师？得失甚明，可无疑议。虽他日或有恃功之意，如回纥之需索于唐，然两祸相权，其轻于受侮于倭则已多矣。

事贵早图，若及倭兵已薄榆关，则恐缓不济急。用敢合词吁请宸断，速定戎机；转危为安，在此一举。闻北洋又待俄使言和；前已为其所误，今将更受其欺矇。迁延岁时，寇且日迫，然后责其误国之罪，其可及乎？

臣等愚昧，际此时事艰迫，固当知无不言，不胜悚惶待命之至。谨合词恭折具陈，伏乞皇上圣鉴。谨奏。光绪二十年九月初九日。

日讲起居注官翰林院侍读学士臣文廷式，翰林院侍讲学士臣文海，日讲起居注官翰林院侍讲学士臣秦绶章，日讲起居注官翰林院侍讲臣樊恭煦，翰林院编修臣陆系辉、臣丁立钧、臣黄绍箕、臣周克宽、臣华焊、臣冯煦、臣沈曾桐、臣陈邇声、臣徐世昌、臣周承光、臣陈田、臣吴炳、臣柯劭忞、臣李盛铎、臣周树模、臣费念慈、臣王同愈、臣熙瑛、臣余诚格、臣吴嘉瑞、臣恽毓鼎，检讨臣陈曾佑，编修臣叶昌炽、臣吴荫培、臣余朝绅、臣曾广钧、臣鹿瀛理、臣谢佩贤、臣杨捷三，检讨臣阎志廉，编修臣汪诒书、臣蔡元培，修撰臣张謇，编修臣尹铭绶。

附：军机处商阅发下电报折件拟缮谕旨进呈片（节录）*
（光绪二十年九月初九日）

蒙发下电报、折件，臣等公同阅看：【中略】文廷式等折，俟臣奕䜣今日传询赫德后，再行商酌复奏。【下略】

---

* 据《光绪朝中日交涉史料》。

军务紧急敬举人材以资器使折*

（光绪二十年九月十二日）

日讲起居注官翰林院侍读学士臣文廷式跪奏，为军务紧急，敬举人材，以资器使，恭折仰祈圣鉴事：

臣惟今日之时势，与古昔异。古者边防不过一隅，今之边防遍及寰海；古之遐裔大半鄙僿，今之遐裔颇著文明。是以古之边才，专重武猛之士；今之办理夷务，则非深通学问者不足以济其穷。当此情事孔亟，变故日多，兵谋使命，皆资材彦，似不宜拘泥常格用人，致多遗佚也。臣敢略举所知，用备采择：

查有湖北候补道裕庚，器局宏达，才具敏练。自咸丰十年外洋兵事初起，即预军谋。同治年间，屡赞戎幕；平定皖、东、豫各捻，历著劳绩。光绪十年，刘铭传在台湾驭敌，一切筹画，多出其手。其后在安徽、湖北迭办洋务要案，措置得当，众所共推。实于洋情、军务堪称深通机变之才。该员现以祝嘏在京，若蒙恩命于总署、海军署加以任使，必能联络邦交，藉资得力。

又，直隶候补道徐建寅，才大心细，诚朴耐劳。同治年间，曾经山东抚臣丁宝桢以奇材异能保荐。后充出使德国参赞，“镇远”、“定远”铁舰，即其手定，洋人至今称之。其缮译机器书至数十种，

---

* 据中国第一历史档案馆藏档。此件折稿见《文芸阁先生全集》影印手稿。

于攻战防守之事，尤所熟谙。该员现办金陵机器局差。若蒙恩命饬下随同办理江海防务，必能规画机宜，确有把握。

又，候选道员黄遵宪，规模远大，明练有为。前曾充出使日本参赞，深知倭人情弊；所著《日本(图)〔国〕志》四十卷，钜细毕赅。又阅历洋务多年，应变之中，能见其大。闻该员现充新加坡领事官。若蒙恩命饬于南洋诸岛中招罗奇士，购运船械，必能阴谋制敌，有益戎机。

以上各员，皆于时务极有裨益。臣为事变需才起见，见闻既确，用敢冒昧直陈，伏乞皇上圣鉴，采择施行。谨奏。

请饬令直隶候补道谭文焕募军片*

（光绪二十年九月十二日）

再，闻倭人近日兵聚大同江内，诡秘难防。山海关至乐亭一带，甚为吃重。近闻有旨令吴大澂督勇万人，相机防剿。但地势绵长，兵力既分，仍形单薄。

查有直隶候补道谭文焕，向在贵州、广东带勇多年，忠勇素著。嗣在山东办理海防营务，颇称得力。可否饬下吴大澂，檄令就近赴山东等处，添募十数营，克日成军，择地扼扎，以资捍御之处，出自圣裁。谨奏。

附：上谕**

（光绪二十年九月十二日）

〔谕内阁〕：直隶候补道徐建寅，交吏部带领引见，钦此。

---

* 据中国第一历史档案馆藏档。此件为前录《军务紧急敬举人材以资器使折》之附片。该折及此附片之草稿均见《文芸阁先生全集》影印手稿，末有文廷式手批："以上九月十二日奏。是日奉旨，命裕庚预备召见。又谕内阁：直隶候补道徐建寅着交吏部带领引见。"

** 据《谕折汇存》北京撷英书局刊本。中国第一历史档案馆藏光绪二十年十一月初一日《吏部知照军机处咨文》称，该年十月十八日，"明保直隶候补道徐建寅一员带领引见，军机大臣面奉谕旨：本日引见之直隶候补道徐建寅，著于十九日豫备召见，钦此"。

条陈和议不宜太易折*

（光绪二十年九月二十一日）

日讲起居注官翰林院侍读学士臣文廷式跪奏，为和议不宜太易，敬陈愚见，仰祈圣鉴事：

窃惟自古驭夷之道，不外和与战之两端。和，固非中国讳言之事也。且天下必无疲民以逞，使之久罹锋镝，而不思弭兵者。倭、韩之事，其终必归于和，亦人人而知之也。然臣谓言和尤难于言战，且因言和而遂不筹战，则害有不胜言者。

洋务之起，六十年矣。初困于英、法，继绌于德、俄。而文武嬉愉，优游养慝。不日进，且日退。遂至今日而受侮于东倭。

夫倭者，天下不齿之微国也。朝鲜者，又中国之手足也，其地较边省为近，不独非越南、缅甸之可拟也。乃不战而兵溃，两逃而遂失之。不治将弁之失律，不耻措置之乖谬，而惟以怼词归过朝廷。

盖未战以前，人皆知北洋有弃朝鲜之志矣。于是而有各国公同保护之议，于是而有偿兵费之议。此两说者，李鸿章与枢臣久已商定之言，至今日而托英使以宣露者也。故其战而求败，正欲使朝

---

* 据《光绪朝朱批奏折》（中国第一历史档案馆编，中华书局 1995 年）之原折影迹录入。按《文芸阁先生全集》有此折草稿，文字稍异。

廷必出于此,以遂其徇倭之愿耳。

臣谓今日之事,无论兵费不可偿,朝鲜不可弃;即使勉为一时之计,亦不宜使李鸿章干预此事。盖李鸿章,帅臣也。帅臣但宜言攻战,不宜言和,此天下万国之公义。若使言和言战皆仅恃李鸿章一人,恐天下各国从此但知有李鸿章,不复知有皇上矣!

且皇上试观今日倭夷之情伪,果爱我而欲和乎、抑力绌而未能遽进乎?如谓爱我而欲和,度诸臣亦不若是之愚。如其力绌而未能遽进,则姑以和饵我,怠我之气,而后惟所欲为,必然之道也。法、越之役,草约既成,而基隆失矣。本月十五日,英使来议和,既已允之,而十七日倭夷于义州又进兵矣。以吃紧之岁月,而坐耗于言和;以支绌之金钱,而欲筹以饵敌。谋国如此,深可愤叹!

且今日交侵之患,岂独一倭?俄伺东方,英窥西藏。台湾、定海,海外孤悬。各国争先,惟恐或后。臣知此次和议若以苟且成之,必无一日之安,且有四方之虑,可预决也。

臣之愚虑,窃愿皇上宸断,将诸臣酌定之和议,发交廷议。交涉大事,全局所关。其利害天下共之,断非一二大臣率其私衷所可定议。仍当饬下将帅,速筹进兵。沿海各口,严加守御。必使倭人驯伏,就我范围,然后俯予息兵,方足以张国威而毖后患。

臣受恩深重,知无不言。诚知触当事所忌,赖圣明鉴察之耳。不胜愤懑之至!谨缮折具陈,伏乞皇上圣鉴。谨奏。

请查办盛宣怀转运采买兵米弊情片*

（光绪二十年九月二十一日）

再，津海关道盛宣怀，管理电报，诸多舞弊，曾经臣附片参奏。

近闻本年派办转运采买兵米，浮冒多至数十万金，人言啧啧。又闻天津招商局突被火焚，兵米付之一炬。该员于局务转运，皆有专责，宜如何先事防范，乃竟全毁于火，难保无侵蚀后希图掩饰之弊。

应请旨查办议处以示惩儆。是否有当，伏乞圣鉴。谨奏。

---

* 据中国第一历史档案馆藏档，系前录《条陈和议不宜太易折》之附片。片稿见赵铁寒编《文芸阁先生全集》。其上奏日期，文廷式于片稿后自记为光绪二十年九月二十二日（1894年10月20日），藏档纸背墨批作光绪二十年九月二十一日（1894年10月19日）。

请饬海军迅图出洋及任汉诺根祀邓世昌片*

（光绪二十年九月二十一日）

再，近闻倭人知我战舰待修，一切仁川防守概行撤去。此时如有海军往攻，必能得手。即虚声进讨，亦足牵掣其北路之兵。拟请旨饬下海军，迅图出洋，毋再延缓，致失事机。

洋员汉诺根，既著成效，应请授以实官。其馀洋将，亦应酌给奖励，俾资得力。

又，副将邓世昌，殉难勇烈，洋人慨慕，至铸铜像之。可否请旨准于威海卫建立专祠，以昭激劝。

海战为中国自强之要道。赏罚之际，尤贵严明。臣愚昧之见，谨附片陈明。谨奏。

---

* 据《光绪朝朱批奏折》之原折影迹录入。亦系前录《条陈和议不宜太易折》之附片。按《文芸阁先生全集》有此片草稿，文字小异，系与《条陈和议不宜太易折》、《请查办盛宣怀转运采买兵米弊情片》草稿合载，文氏尾批曰“以上九月廿二日入奏，奉旨留中”。

联衔具陈敌情狡诈宜斥奸说以振国威折稿*

（光绪二十年九月下旬）

奏为夷情狡诈，宜斥奸说，以振国威，恭折仰祈圣鉴事：

臣闻《传》曰：弈者举棋不定，不能胜其偶。自古及今，未有日日欲和而战能胜者，未有使求和之人筹战而国事不贻误者。事变至此，上下一心，并智竭力以备战事，犹惧敌之未易平。乃近今枢密之地，调兵则分布无方，运饷则粮台未设，一切置之可有可无之列；而所恃为密谋秘计者，则在“和”之一字。诚使深通夷情，熟知敌计，不受大害，而能弭兵息民，岂非至愿！然臣等采之舆论，验之时势，知和议之未易遽成；而枢臣之受其欺者，且至再至三而不悟。国事之危，即在旦夕，可为寒心！

英使欧格讷之申和议也，于倭人要求之端，尚未尽露。即其所说者，则各国保护朝鲜、中国赔偿兵费二事。夫朝鲜固不可，然犹得谓今日兵力未能遽复，姑徇列邦之请，暂纾藩属之忧。至于赔偿兵费，已属万不可从。何则？中、倭大小显分，赔款颜面所关，必将传为讥笑。且倭人贫窘，正乏军赀，若得多金，购炮置船，后将窥我

* 据《文芸阁先生全集》所载影印手稿。此折是否正式上奏及何时上奏，未详。

疆圉，不知何以御之；各国复起效尤，又可翘足而待。养奸资寇，贻患何穷！而庸臣无策，但欲苟一时之安，信彼尝试之言，惊为莫大之幸。臣等实深耻之。然使敌人果有愿和之心，欧使决无不信之说，该大臣等实有凭据，然后仰达圣聪，犹可说也。乃一无把握，坐受欺诬，不独竟以琐渎宸严，更敢上烦慈虑，优游旬日，企听回言，徒有宰嚭信越之愚，未测张仪诳楚之诈。于是欧使不来，而俄使喀西尼亦托疾不至矣。我之军心因此而懈，我之国论由此而纷。虽复申饬司员、力防言路，而义州之倭兵日进矣，鸭绿之浮桥已成矣。其胜也，则将直薄陪都；其败也，仍可复申前说。敌人处处得计，而我则在在失机。

一廷之内，心意各殊；旬月之间，和战数变。垂误至此，岂独敌人视为可侮，伏莽亦将从而生心。道光年间，和议既成，而金田匪起，有明征也。

夫殷忧启圣，古有恒□；安危之机，间不容发。皇上若能独操乾断，抑塞邪说，则大有为之效，即在此时。若当军事万紧之际，犹任大臣异心，徇敌忘战，臣等知其贻误，有不忍言者矣。且未战之先，日日以和误我，使倭兵已集而我未尝益师者，非枢臣疆□误信英、俄两使之故乎！前事不忘，复为所惑，非唯不智，抑亦可耻之甚！应请严旨申饬，如再有徇和议、误国家者，交刑部治罪，以壹军心，以申公论。所关非细，臣等职在侍从清要之地，于国家大政事、大得失例得尽言，是以不惮再三渎陈，伏愿皇上圣览，训示施行，不胜迫切惶悚之至！谨奏。

寇侵大邦事机危迫请严饬枢臣以维国脉折*

（光绪二十年九月三十日）

日讲起居注官翰林院侍读学士臣文廷式跪奏，为寇侵大邦，事机危迫，请严饬枢臣以维国脉，恭折仰祈圣鉴事：

窃惟国事莫大于戎政；而敌国外患之敢于欺侮者，亦每视乎中国之人才。至玩寇养奸，而国随以病，即其身亦不自保者，伊古以来历历可数，诚不幸而今日有略似之者，臣敢披沥肝胆为我皇上陈之。

士气之不振，人材之消乏，民生之瘠苦，至今日而已亟矣！木之既腐，其病必有所发。于是倭人乘机而窥伺朝鲜。然其绘我地图、购我军械者，已数年于兹，其意固不专在朝鲜也。及至悍然开衅，攻我陆军，袭我海舰；牙山既失，平壤旋覆。斯时天下切齿，宵旰焦劳，即当盈廷一心，力筹攻战。而枢臣与疆臣各怀异志，但欲求和。不知倭人所攻必取，所谋必得，何恤于我而肯从和议哉？徒为所欺以延误岁月而已。

其调兵也，散漫而无纪；其督将也，庇恶而行私。上心所属，必

---

* 据《光绪朝中日交涉史料》。

多方以误之;众论所许,必尽法以挠之。果尔,和议未成,而倭恒额之兵败于蒲石河矣。其地仅去兴京三百余里,其间则无险可扼,无兵可恃。五日之内,倭人若长驱直入,不知何以御之?诚使枢、译诸臣,数月以前,肯略分欺蔽君上之心以揣量敌情,损防抑言路之功以绸缪战事,何遽败坏至此!

又闻倭轮三十艘直指大东沟,将图登岸。犹不思督海军以应敌,出奇计以捣虚;束手待攻,视若无事。

我皇上奉皇太后之训,敬先思孝,眷念松楸;顾此诸臣,任其贻误,得毋奉太庙之牲币,而有恫于心乎?且枢廷之职,每有克伐,则受封赏之恩;而疆埸侵陵,竟欲逭诛而佚罚,纲纪淆紊,国宪何存?

臣职司记注,窃恐圣恩过于优容,不足以垂示于天下;应请旨将枢臣及北洋大臣交部严加议处,以存国法。是否有当,伏乞皇上圣鉴。谨奏。

军火紧要纠参劣员贻误事机折*

（光绪二十年九月三十日）

日讲起居注官翰林院侍读学士臣文廷式跪奏，为军火紧要、劣员贻误事机，特疏纠参，仰祈圣鉴事：

窃自兵事之起，军情、敌势，莫不知视船炮强弱为权衡。朝廷不惜重赀；欧洲各厂，亦莫不希求善价。宣战之初，即闻寄谕出使英法大臣龚照瑗办理此事。而迄今数月，纷纭变幻，一事无成。海内传为笑谈，各国为之扼腕，大臣不问，疆吏漠然。此臣所不能不一为皇上陈之者也。

龚照瑗贪愚蚩鄙，本为乡党所不齿。近来年老官高，益复精神困惫。其平日文理尚不甚通解；船炮利弊、专门精术，更何从下手考求？徒以李鸿章庇护私人，心念购办优差，余润可沾，畀之龚照瑗，以慰其贪婪之愿。且亦与张士珩、盛宣怀交通声息，可以互相关照，不至令侵吞私弊经比较而或露端倪。朝廷不察，堕其术中。

现在倭人所购之船，克日将到东海；而龚照瑗所议者，一无把握也。倭人所购枪炮，陆续运过我境；而龚照瑗所办者，毫无头绪也。其请款则刻期难缓，其订议则画押复翻。其初谓大受客什所欺，其继乃仍倚客什为用。电文讹脱、奏报支离，不知其故为此以

---

* 据中国第一历史档案馆藏档。

淆视听耶，抑天性昏谬、颠倒至此耶？随员信至，皖士言传，佥谓其蓄心侵蚀。第与一二私人密筹秘计，他人不得与闻。故商情隔膜，终无成议。

方今海军战后，急待添船；陆军则招募日多，军械之需，尤属急于星火。平日所储之军械，既经张士珩盗卖于前；临事欲购之军械，复为龚照瑗延误于后。徒使千万貔虎，空拳白战，受困敌人。此而不惩，孰不可忍！龚照瑗交通津要，党护最多。应请皇上独伸乾断，立加谴斥，以速筹备而转事机。

其订购船炮一事，或即令许景澄另行筹办，或询问洋员能否在华定议。阿根丁、智利，诸船名目，为天下各国所共知；即英、德民厂所造者，亦未尝不可从容商酌。但使经理得人，在华与在洋无异，非订由出使大臣即能节省经费也。

臣为前敌久待军火紧要起见，谨专折陈闻，伏乞皇上圣鉴。谨奏。

附：军机处商阅发下电报折件拟缮谕旨进呈片（节录）*（光绪二十年九月三十日）

蒙发下电报封奏各件，臣等公同阅看：……【中略】文廷式奏参龚照瑗贻误事机折，臣等查龚照瑗屡议买船不成，办事未免颟顸；电报文理，亦欠明晰。拟请旨申饬；现有经手事件，暂缓更换。其余各折条陈，于现在办法未尽合宜，应无庸议。以上各节，臣等公商意见相同……【下略】

---

* 据《光绪朝中日交涉史料》。

为军事危急合词具陈补救办法折*

（光绪二十年十月初四日）

日讲起居注官翰林院侍读学士臣文廷式等跪奏，为军事危急，宜力图补救，谨拟办法条陈，恭折仰祈圣鉴事：

窃闻倭人攻陷九连城之后，诸将退扎大高岭，逃兵溃卒，不复成军。倭又从皮子口登岸数千，旅顺、大连，同时告警。辽沈之情形既急，自广宁、锦州以达山海，处处可虞。若不豫谋补救之方，将何以应无穷之变？

所有军情措置，有应急筹者，谨陈管见六条，伏祈圣明采择。

一、用兵之道，必先有不败之地，而后制胜有权。近代火器日精，善将者莫不先讲营垒之法。况现在诸军奔溃，胆落心摇。苟无设险之方，恐不能为旦夕之守。京东千里，备御空虚。应请迅派知兵大员，驰往京东迤北一带，沿途相度地势，建置炮台，挖筑地营，以资守御。查欧洲各国，近都之地，炮台林立，以备非常。现我山海关内外，并无大枝劲旅，足资捍御。其京东迤北一带有险可扼者，必宜仿照西人近都炮台之法，择要兴修，克期竣事。即宽平地面，为兵行所必经者，亦以次建设。多为犄角之势，庶遏敌人内犯

---

* 据《光绪朝朱批奏折》（中国第一历史档案馆编，中华书局1995年）之影印原折录入。

之冲。其建筑之法，请即用中法，聚泥沙、垒砖石为之，不必仿效西法，以致稽迟。至地营之法，上年法越之役，滇军用之，屡奏奇功，必当及今仿照挖筑。其要道之旁，有林木繁密、陂陀延属、可以屯兵设伏者，随地留心记出，以备出奇制胜之用。提督董福祥，将略最优，于用兵地形，必所夙究。似可即派该提督迅往筹备。俟甘兵一到，即可令其分布扼守，以备不虞。至由京到津、东南一带，亦关紧要。总兵牛师韩，卓著战功，才气可用，应亦令其任办此事。如蒙特旨派往，请饬其将南北洋测绘地图学生，电调数名随行。上海局刻《营城揭要》、《营垒图说》、《行军测绘》三书，亦宜携带备用。

一、闻倭有木质兵船数十只，装运陆军，游弋于大连湾。海滨已有数千人乘隙登岸，往袭金州。果尔，则旅顺之危急，不问可知。请速电饬海军，迅赴大连湾，剿逐敌船，断其后路。否则敌人得并力围攻旅顺，水师袭其前，陆军袭其后，万一旅顺不守，则北洋之门户不保，而大局益难支矣。

一、此次连战失利，实由军政不肃，赏重罚轻之故。卫汝贵罪不容诛，至今尚稽显戮。叶志超、丁汝昌，虽有微劳足录，而屡经贻误，一则仅加薄罚，一且滥冒恩施。功罪不明，人心何由振起？如不急为整顿，诸将相率效尤。将来节节溃散，处处奔逃，东路关隘几何，岂可再蹈覆辙？窃谓目前军事，第一以申明军法为先。应请皇上圣明独断，将卫汝贵立正典刑。叶志超情节较轻，亦应褫职遣戍。即宋庆孤军苦战，虽云力尽而退，亦不能不量加薄谴，以儆诸军，用示朝廷信赏必罚之意。闻九连城之败，宋庆电报，于淮军诸将，犹存假借之词。应请电谕申饬，令其据实陈明，毋稍瞻徇，自干同罪之罚。

一、自我军弃义州之后，韩人援绝，不能不听命于倭官吏，文牍已用明治纪年。而民情汹汹,尚未肯遽更冠服。云霓仰望,情足哀怜。倭以朝鲜诸道略定,遂得专力以攻奉省。我前敌诸军,既不能坚守以扼其长驱之势,不得不别筹办法以为牵制之方。现在荣和募猎手于东山,复有旨招韩效忠等,令其助战。此诸人即令成军以出,器械不精,不足以当倭人大队。而习于沿边形势,又与韩人言语相通。如用轻锐果决之将,帅之过江,则平安咸镜之间,所在必多响应。乘虚捣隙,随处招怀。但使倭有内顾之忧,即已掣其深入之势。此伐魏救韩之法。不须巨饷精兵,不必攻坚击锐,期以形势震荡之而已。

一、闻兵兴以来,各关各口,洋员来告奋勇者极多。李鸿章蓄厌战之心,概不招收抚纳。其实此等洋人,大都学成而无由自见者。其志在立功名,以成声望。用之得宜,皆良将也。戈登、华尔,旧事可征。汉诺根东沟之战,津人感颂盈途,尤动欧人欣慕。楚材晋用,机势可乘。应请速电谕饬南北洋,于报效洋员,加意抚接,散致诸军之内,佐筹捍御之方。其汉诺根一员,径可实授提镇,假以统帅之权,与宋庆、唐仁廉等,相资为用。苟能深达其性情,随事善施驾驭,安见契苾、黑齿之俦,不可再见于今日哉?再闻智利有船数艘,均系新式铁甲,极为坚利,炮位俱全,情愿售于中国。请饬出使大臣许景澄,转行购买。时势危急至此,万不可惜费迟疑,以至贻误。

一、总兵田在田,昏庸巧滑,本非有用之才。同治年间,在山东、淮北带兵,毫无功绩,为淮豫诸军所共知。比闻该员贿登荐牍,投托权门。现经招募成军,驻扎通州一带。此事窃有可忧。查该员成军太速,所招至滥,枭徒土匪,杂厕其中。有事难倚作干城,无事恐徒滋骚扰。闻抚臣李秉衡亦极言该员之不可恃。辇毂之下,须备非常。似宜调扎他处。另择素有纪律之军,驻扎通州为妥。

以上六条,臣等愚虑所及,谨合词具陈,伏乞皇上圣鉴,训示施行。谨奏。

翰林院编修臣丁立钧

翰林院编修臣黄绍箕

翰林院编修臣熊亦奇

翰林院编修臣沈曾桐

翰林院编修臣李盛铎

翰林院编修臣费念慈

请饬派洋员速率铁甲舰出海以救眉急折*

（光绪二十年十月十二日）

日讲起居注官翰林院侍读学士臣文廷式跪奏，为天气渐寒，倭将决战，定、镇二舰可用，请饬派洋员速率出海，以救眉急，恭折仰祈圣鉴事：

窃臣昨闻金州失守，大连、旅顺形势危急。宋庆竭蹶趋援，挫败之余、兵势甚单，亦恐难于得手。万一此军复挫，敌之长驱直进，势不可遏矣。

倭人根本在水师，然大半木壳商船，不足以当铁舰。东沟之战，事有明证。臣闻倭之图我有年，徒以定、镇两船，彼无其敌，迁延观望。逮后与丁汝昌及海军诸将潜相结纳，知其必不出战，而后有今岁之事，惟所欲为。以丁汝昌前后行径观之，敌来则避，敌去则归。除汉诺根强率一战之外，从未与倭船一矢相遗，掣其兵势。则此说必非无据，大可见矣。

敌能诱掖以堕我军威，我独不可用我利器以攻敌所忌乎？现在陆路既无可恃之兵，救急之计，惟有仰恳宸断，立即饬下督办军

---

* 据中国第一历史档案馆藏档。

务处，电饬汉诺根即日驰赴海军，率领各船，直赴大连湾一带，截击倭船，断其后路。其聚泊者击散之，转运者邀毁之。夺其军火，略其衣粮，碎其攻具，收其利器。以我二铁舰纵横于彼数十木质兵轮之内，纵彼环攻聚击，无难闯出重围。彼诸船受我牵制，往来行师，处处不得自如；即登岸陆军，亦必胆破心寒，无能自奋矣。

如此，纵旅顺暂失，无难规复。我之水军气盛，海面权力藉可收回。非但辽阳之守御可坚，即全局亦为之一振。事有因败以为功者，此类是也。臣内访专家，外谘洋将，今日转关回捩，舍此别无良图。惟望皇上断以行之，严以督之，国家安危，在此一举。

至如丁汝昌通倭背国，形同叛逆。留之适以涣诸将之心，杀之足以寒倭人之胆。近来屡奉严旨，仍复以倭人雷艇为词，潜逃威海。船坞且不欲救，安用此海军为？我皇上以万乘威权、九州公论，如不能诛此一人，则一切刑赏之权皆归无用矣。应请饬下恭亲王，密派干员，驰往军前，传旨将丁汝昌拿问治罪，以肃军政而维大局，天下幸甚！

臣愚戆之见，谨披沥上陈，伏乞皇上圣鉴施行。谨奏。

附：翰林院联名特参专权误国之大臣折*

（光绪二十年十一月初）

奏为特参专权误国之大臣，恭折仰祈圣鉴事：

---

* 据《赵柏岩集·光绪大事汇鉴》。此折作者，《光绪大事汇鉴》、《普天忠愤集》均作“翰林院联名”，《谕折汇存》（光绪癸卯选刊本）作“翰林院臣某某”；然据《翁文恭公日记》光绪二十年十一月初一、初二日记有封奏弹孙毓汶者，而注明作者为“文学士”即文廷式，计其时间与《光绪大事汇鉴》系此折上奏于“十一月”相合。

窃惟倭人犯顺，起自朝鲜，及于内地，兵连祸结，五月于兹。战既不胜，守必不固。天下嚣然，丧其乐生之气；而朝廷之上，亦廑宵旰之忧。风鹤频惊，骎骎内向，举世皆太息于将帅之失机、疆臣之偾[①]事。而推原祸始，固积十年之蕴毒，以成此一发不救之祸机。谁秉国钧，实阶之厉？此枢臣孙毓汶之专权误国，事至今日，不能不明白切实为我皇上备言之。

孙毓汶纨袴庸才，自其少时，酗酒纵博，为乡人所不齿。遭逢际会，滥列清班。咸丰年间，曾以胁众从军，为僧格林沁奏参革职。（其时）夤缘复任，恣为逾闲荡检之行，狎优比匪，败坏官常，昼夜荒淫，酣歌恒舞，其时朝士大夫风尚为之一变。及乎柄政以后，优伶贼类，不绝于门；市侩匪人，恣意往来；赃私巨万，货贿盈车；秽恶之声，闻于道路。此则该枢臣之贪污劣迹，众目昭彰者也。然此犹其罪之轻者。

国家设立枢垣，承旨传宣，职司喉舌，专矫明代阁臣秉笔弄权之弊。故历来当此任者，率清勤奉职，有具臣而无权臣。孙毓汶天性异人，骄恣忮刻。自入军机，视同侪皆昏庸阘冗，遂悍然以当国自居。其胁持之法，专以卖官黩货之利，分甘同列，以顺适其意，而己乃独专威福之权。凡廷臣之有才望、敢言事者，必摧折之；凡疆臣之有干略、能任事者，必排挤之。所引进以供奔走者，则无赖阴很之徒；所奖荐以示招徕者，率昏暮乞怜之士。其尤要关键，在抑塞言路，以便其私图，保其威福。此则孙毓汶一人之专长，亦即孙毓汶毕生之能事。十年以来，中外臣工，知有孙毓汶而不知有朝廷也，积威之渐，非一日矣。

---

① “偾”，《光绪大事汇鉴》误刊作“愤”，兹据《普天忠愤集》（光绪乙未孟冬校刊本）及《谕折汇存》（光绪癸卯选刊本）改正。

迨东事之兴，仓卒变生，手足无措，平日于洋情军务一无所知，于是一意与李鸿章相狼狈。一切调度指挥，阴依其意指，而阳托于主上之设施。倭之初动，可议和。和不成和，误于李鸿章之卤莽灭裂，而孙毓汶受命如响也。则疾首蹙额而告人曰：皇上轻率而言战。倭之既肆，必当战。战不成战，误于李鸿章之乖张悖谬，而孙毓汶推波助澜也。又疾首蹙额而告人曰：皇太后隐忍以求和。隐党疆臣，归过君上；牢笼同列，共肆欺蒙。

其办理军务也，于大小臣工条陈，非奉特旨允行，则概行驳斥。署理总宪，遇有呈请代奏事件，禁不上闻。出使日本使臣汪凤藻有管见条陈，闻已呈递矣，而孙毓汶饬其改削，以深匿倭事之实情。丁汝昌特予撤任，闻旨已书就矣，而孙毓汶密令延阁不行，徐待北洋之申救。索董福祥之门包常例，大寒将士之心；任田在田以辇毂重防，阴为自卫之计。种种凭权逞臆，任意诪张，大抵任事者无一不加抑制，偾事者无一不予曲全。

边事阽危，至于今日，犹复党同伐异，怙势作威，以国家数百万之生灵、数千里之封疆、数千兆之帑藏，甘心暴弃，用快恩雠。比来寅僚愤怼，里巷嘲讥，甚至外国使臣，亦以“国家事重、勿挟私见”之言，觌面揶揄；俯首受之，不能置辩。此其辱国贻羞，诸大臣相与隐护之，皇上固无从察知之也。

近以新简枢臣，事权相逼，疑皇上眷顾渐衰，乃益与李鸿章朋比为奸，行险侥幸。传闻李鸿章叠遣外国人私与倭人交结；孙毓汶亦与某国使署中人夜聚晓散，斗室密谋。揣其情形，无非潜树外援，曲成奸计。外间之言，谓割地赔费各款，朝廷虽踌躇斟酌，而孙毓汶、李鸿章已画有一定不移之局，勿论如何亏损，期于无不曲从。

其实我与倭人和战大局，专视兵事之利钝以为转圜；即各国调停，亦必度势揆幾，断不以我二大臣之屈体输情，遂勉与玉成之理。而孙毓汶、李鸿章者，情急智昏，以愚愎济其悖谬，唯欲专成款议，长保威权，而置皇上之天下于不顾。

近来孙毓汶引北洋以恫喝朝廷，业已事事挟持，使皇上不得径行己意；今复以国家大议，擅为威柄，推其恣睢跋扈之意，直欲天下万国皆知和战之权不在皇上，而惟在孙毓汶、李鸿章中外二大臣。将来事定息兵，孙毓汶内挟李鸿章，李鸿章外挟诸国，以慑四海而令群臣，皇上将何以振乾纲而临大政乎？

稽我祖宗之朝，凡专擅弄权之大臣，如和珅、肃顺，举(蒙)〔家〕显戮；即办理洋务辱国媚敌，如耆英、穆彰阿者，亦各严加诛谴，不事姑容。今孙毓汶实兼此四臣之罪，而朝列莫敢昌言，台谏为之结舌，坐使祸首罪魁泰然高视于百僚之上，臣等实耻之痛之。

比闻街巷传言，孙毓汶有赃私银数十万两，黄金数千两，公然由汇号寄至原籍地方为安顿，何胆大昧良一至于此！念自皇太后垂帘以及皇上亲政，因该枢臣貌似有才，无不礼遇有加，实心委任。而该枢臣之辜恩误国，一至于此！其藐玩圣朝之意，已罪无可逃，乃至臣子怨讪之语，上及于深宫，我皇上能听其晏然而已乎？

总之，窃弄威福之臣，国有常宪。即非此次军情贻误，亦应立予严诛。该枢臣与李鸿章表里为奸，不惟备战之事，非所乐闻，无不从旁掣肘；筹和之策，不从己出，亦无不隐相阻挠。寇深势急，诸大臣已彷徨无策，若再用此人颠倒簸弄于中，大局尚堪设想乎？

伏乞皇上立申乾纲，将枢臣孙毓汶严行治罪，以警其余，庶国法以申，朝纲以振，军事亦可望转机，宗社幸甚！天下幸甚！臣等不胜忧愤激切惶恐待命之至，谨合词具陈，伏乞皇上圣鉴。谨奏。

为奉派稽查右翼宗学谢恩折稿*

（光绪二十年十一月初三日）

奏为恭谢天恩、仰祈圣鉴事：

十一月初三日，吏部奏派稽查右翼宗学，奉朱笔圈出翰林院侍读学士文廷式，钦此。伏念臣供职词垣，愧无寸效。复荷殊恩于广陛，俾稽学术于仙源。臣惟有自矢慎勤，谘求得失。武达文通之选，必资学问而始成；凤毛麟角之才，并荷陶甄而有造。

所有微臣感激下忱，理合缮折叩谢天恩，伏乞皇上圣鉴。谨奏。

---

* 据文廷式手稿。

请饬令刘坤一驻扎天津整饬军务折*

（光绪二十年十二月十七日）

日讲起居注官翰林院侍读学士臣文廷式跪奏，为大军既集，宜筹控制之法，敬陈愚见，仰祈圣鉴事：

窃惟军事之起，于今半年。前者淮军遇敌辄溃，贼势几不可遏。既而宋庆受命帮办，聂士成收合余烬，勉力支持；朝廷于丧师失律之将不复姑息，军士始知惧奋。海城失后，我师日图进剿，倭人转而求守；虽未大克，而非复前日之鸱张豕突，略可见矣。

近者两江总督刘坤一到京，奉旨授为钦差大臣。事权既专，局势自振。甘、湘各军，戎容猛毅，足以张我国威。臣知张荫桓之行，在圣明别有深意，非真乞和也。

然臣观刘坤一之为人，忠诚鲠亮，条理秩然；而于权势之际，每有推而勿居之意。在服官固为美德，而兵事则非所宜。今受命以来，已逾旬日。诸军统将，不易一人：即军械、粮饷诸事，于李鸿章任用非人、措置乖方之处，亦未敢与闻。如此则所谓钦差大臣者，将来仅成二十一营之统帅而已，何以制偃蹇之疆臣？何以驭骄惰之将领？

---

* 据中国第一历史档案馆藏档。此件折稿，一见存手稿，一见《文芸阁先生全集》影印手稿，两稿文字互有小异，与正折亦稍有改易。

臣谓宜饬下刘坤一驻扎天津，整饬军务：一则铁路通便，于关内外诸军易于联络；一则粮械转运，可以自行筹画，不致仰给于人。既受其事，当任其难；通州近畿，非帅臣所宜驻节也。

至于钦差大臣之任，凡属将士，悉听指麾；固不必待亲调之营调齐始图防剿。现在各营军械多寡，既属不均；员弁勇怯，尤多物议。应请旨饬刘坤一迅行查明，分别遣撤调度，以资得力。其电报、机器等事，尤与军务相关。若复因仍贻误，隐忍相安，则李鸿章已优为之，朝廷何必重费经营，远调一刘坤一哉？

夫军事得失，机势为先；始钝其锋，后将不振。该大臣若不早筹，不独无以酬君上之知，亦将无以为自全之地，后虽悔之，亦无及也。至于督办军务处，自当和衷共济，无有所隐，不待臣之赘言。

臣为激厉帅臣、振兴军事起见，是否有当，伏乞皇上圣鉴。谨奏。

请扩充办理湖北枪炮厂片*

（光绪二十年十二月十七日）

再，兵兴以来，购买枪械，所费不赀。使各省皆有机器，能自造枪炮，何至受制若此？近闻倭人将由川沙厅登岸，攻我沪局。若然，则军械更属可虑。

臣闻湖北枪炮厂能造快炮快枪，皆属新式利器。如能加意经理，足以接济各军。应请旨特派大员，广筹经费，扩充办理，以图有效。军务固未有已时，即将来防守事宜，亦必资精械。其各省未设机器局、厂者，应请饬下该督、抚等，迅筹添造。武库充实，国势自强，非细故也。

愚昧之见，谨附片具陈，伏乞圣鉴。谨奏。

---

* 据中国第一历史档案馆藏档。此件为前录《请饬令刘坤一驻扎天津整饬军务折》之附片。片稿有二，一见手迹，一见《文芸阁先生全集》影印手稿，两稿文字互有小异，与正片亦略有改易。

漕督阘茸不能胜任请饬查办片*

（光绪二十年十二月十七日）

再，军事未定，转运尤关紧要。海道既未能畅行，明岁漕粮或将改行河运，似非精明廉干之员，不能胜任。

臣闻现任漕运总督松椿，莅任以来，毫无振作。营伍既听其缺额，属员专好其逢迎。甚至公事画行，付之妻女；地方利弊，悉听门丁。人言啧啧，当非无故。邓华熙素称“巧宦”，署任之际，亦唯囊橐是营，不能整顿。当此转输万紧之时，阘茸之材，岂宜久居要地！应请旨饬下张之洞就近查办。如实不能称职，即宜特简贤员，力图整顿，庶于地方、粮运，两有裨益。是否有当，伏乞圣鉴。谨奏。

---

* 据中国第一历史档案馆藏档。此件亦为前录《请饬令刘坤一驻扎天津整饬军务折》之附片。片稿有二，一见存手迹，一见《文芸阁先生全集》影印手稿，皆与该折及该折之另一附片《请扩充办理湖北枪炮厂片》合载，其后又都有文廷式之尾批：“以上光绪二十年十二月十七日奏，折入留中。”两稿文字小异，与正片亦稍不同。

请饬使臣体察情形预杜后患片稿*

（光绪二十年十二月中旬）

再，臣闻上海传言，俄、法两国现已私下定约：如中国果以巨款偿倭，则此后各为所欲，断不让倭人独利。如中、倭约一定，即以五条要挟中国：一内地各省会一律通商，一各省厘金概行免抽、局卡概行裁撤，其余三条亦皆必不可行之事。若不允从，辄开兵衅云云。此等或未免恫喝之心，然各国嗜利忘义，要亦不出情理之外。

应请旨饬询张荫桓、邵友濂，在沪体察情形：是否各国有此密意，若果和议吃亏之后能否决各国不启兵端。切实复奏，预杜后患。臣为慎重大计起见，谨附片密陈，伏乞圣鉴。

附：军机处进呈当日折件片**

（光绪二十年十二月十七日）

本日文廷式、戴鸿慈、高燮曾、钟德祥封奏折片共九件，内有奉旨交臣奕劻、臣刘坤一阅看暨交督办军务处、神机营三件。各原奏今日不及呈递。臣等遵旨于明日恭呈慈览。谨奏。

---

* 据《文芸阁先生全集》所载影印手稿，此片是否正式上奏及何时上奏，未详。

** 据中国第一历史档案馆藏档案。

贼情险诈请申天威以作士气折*

（光绪二十年十二月二十六日）

日讲起居注官翰林院侍读学士臣文廷式跪奏，为贼情险诈，薄海同仇，愿申天威，以作士气，恭折仰祈圣鉴事：

窃自东事之兴，宵旰焦劳，臣民痛愤；敌情军报，日异月殊。当其初起时，倭倾国以争一日之命，则我之懦将骄卒，诚不能与之力争。若夫大连之防，旅顺之守，果使疆臣勠力，诸将协心，则金城汤池，非不可恃。徒以军无斗志，将有异心，遂使东方大局，溃败不可收拾；而倭人封豕长蛇之势，日益骄横。当此之时，山海门户，岌岌可危；良将劲兵，仓卒未集。计无所出，乃就美使以言和。庸臣无识，盖无足议。

近日各省精兵云集，战胜守固，迥异从前。魏光焘、董福祥等皆知兵善战，非叶、赵、龚、卫之丧心卖国者可比。宿将视师，人思用命。朝廷不欲遽绝倭请，仍遣张荫桓等东行。而彼闻我遣使，乃益陷盖平，攻威海，蕲我以趋广岛，恫我以犯幽燕，变诈反复，愚侮百端：此夷情之狡狯，内怀不足，外示有余；大臣谋国者所宜洞悉情

---

* 据中国第一历史档案馆藏档。此件折稿，一见存手稿，一见《文芸阁先生全集》影印手稿，篇末俱有文廷式尾批，前者作“十二月廿六日具奏，附片四件，稿存别本。折入留中”，后者作“十二月二十六日具奏，折入留中。附片四件，稿存别本”。两稿及与正折，文字各有小异。

状，为之预防，不可误国计而张寇志也。

夫以中国之广土众民，皇太后以神武肃清寰宇，五洲仰望，震慑声灵，皇上缵绪图功，薄海企观新政。上当法粤、捻之削平，棱威遐厉；下当师法、越之前事，以战为和。十万雄师，声罪致讨，不能遏兹小丑，固已有损国威；若使转机可望之时，仍复隐忍求和，隳士气而张敌焰，其何以与万国共立地球之上乎？臣请为皇上切言之。

倭之强，万万不及法人。我能抗法人数路之攻，谓不能敌倭贼一隅之扰，无是理也。倭用兵师法德人，德将愿为我效力军前，譬如技击之家，率其师以角其弟子，犹谓不足相抗，亦无是理也。以二十万如火如荼之众，视为无用，而信一二臣奸罔欺蔽之言，必其有成，尤无是理也。向之屡败者，李鸿章及其党为之耳。

今既命刘坤一视师，吴大澂出关，湘军锐士，万众一心；淮人亦心非其帅所为，思振奋以湔叶、卫弃师之辱。为今之计，但当专倚畀以壹诸将视听，明黜陟以作诸将精神。枪械购求不易，当先给精兵良将，为速战之资；粮饷转运至难，宜广筹善法良图，为久持之势。闻前水师教习琅威理致书李鸿章云：中国言战，可百年不匮。若倭人战，不十年，必亡灭矣。旁观论势，确有明征，非李鸿章苟安旦夕之论也。

统观关内外形势，摩天岭为奉天东南险要，诸军虽强弱不齐，倭人势绌攻坚，此路必不能深入。辽阳扼奉省西南，长顺等角之于前，宋庆等掎之于后，但使两军能自立，倭必不敢越之径犯陪都。牛庄为商旅之途，非战守之地，万全之策，本难予筹。然仅患在一隅，不足以摇全局。应请旨饬宋庆等，约束全军，力图进取，不必顾此失彼，为敌所牵制，蹈兵家之忌也。

至于山海以内，近日情形，较秋冬间固已大异。旧有之兵，渐可出关。新到之兵，又将移扎。起关门以及大沽，可以进兵者不过二三路，而皆有一二万人当之。健将生军，日相磨砺，倭人未敢送死前来。观其越趄威海，且却且前，则其不敢直犯大沽与不敢径犯奉天，同一情状，步步回顾，非果锐深入之计决矣。我重兵环列京东，虑胜待时，简军练器，不以前敌之小胜负而轻于变计。成师而出，待其狡愤不能自忍，而后以全力制之。众寡相悬，劳逸复异，一胜之后，形势自生：已败之局，何不可转？已失之城，何不可复？何所畏而谨受小丑之恫喝、且谨受李鸿章之恫喝乎？

且倭小国，敢于侮我者，正由久悉李鸿章手握重兵，昏耄骄悖，将士离心，以彼少年锐往之酋当之，自必势如破竹耳。如见我庙谟明肃，命帅得人，分数精严，卒乘辑睦，未战而气象已殊，倭安得不思变计哉？如是而战，战可胜也；如是言和，和亦易也。抑臣更就和议一说为皇上熟筹之。

自古强邻启衅，朝臣之强者言战，弱者言和，两议交争，往往盈廷聚讼。而执两用中之主，常借言战者以立国家根本，务使武士奋于外，谋臣奋于内，发扬蹈厉，日振动以折敌人之气。故兵以久战而益强，即息事言和而国威亦不挫。

以旧事言之，则新疆之约，俄知我廷臣坚执，故受我使臣之争辨，而边衅不开；越南之役，法见我将士骁腾，故就我疆吏之范围，而兵端骤弭。皆借主战之力以成罢战之功。

以外事言之，则普、法之和，由法人之言战者举国同声，普度无以压制之，故许以和也；俄、土之和，由土人之甘战者万死不挠，诸国度无由分裂之，故助之和也。彼二国虽甚败而不亡。惟朝鲜伈伈伣伣，攘垢忍辱，率国人听命于党倭素著之臣，一于和而不敢有他，卒未尝动倭一念哀怜，而宗社因之以烬。由此观之，慷慨激昂之气可以战，亦可以和；偷惰苟且之思不能和，并忧不能自立。事理晓然，得不深思长虑乎？

且今之和议，固大有不可解者。英、法、俄、德之调停，虽未必助我以抑倭，亦非助倭以削我；倭不受而摈之，李鸿章等何事从而摈之？田贝庸奴，受倭饵而为其鹰犬，美之政府且不甚以所行为然；倭有利而重之，李鸿章等何事从而重之？

当今中国强弱之形，于五洲各国形势相为轻重。谋国者必兼察各国人心之向背，而后可屈伸进退黾勉以求一日之安。西洋各国之不愿倭势过强，昭昭矣。万一使者失辞，举中国之全利一矢口而全以畀倭，与之定约，彼各国环视而起，倭之所求可令均沾乎？倭独得过望，他国能勿觖望乎？倭之告各国曰：中国愚暗多疑，善待之不知感，恶视之不敢恨。西报之议倭事也，咸谓中国必堕倭逼和之计。各国政府尚欲持重以保太平，喜事者早料其必归于分裂。外情如此，可为寒心。在臣固未知大臣之密计何如，而旁观之言，其危悚至于此也。

臣愿皇上召诸臣而加之申警：战不可恃，诘以和之可恃者安在；战之患在于縻财弃地，和之利其能不縻财不弃地者，究竟如何？反复筹思，不存成见，但使有保国息民之善策，臣僚士庶孰不愿弭兵革而享太平？顾如今日之求和，诚恐诸臣苟以偷数日之酣嬉，而国家将贻无穷之患害耳。张荫桓等虽已启行，今贼势日逼，则和事万无可讲。应请旨特撤使臣还京，示天下以必战之意，则国体存而民志亦固，可以贻百世之安，在此举也。臣不胜忧愤迫切之至，谨披沥上陈，伏乞皇上圣鉴。谨奏。

胡燏棻本不知兵请另简知兵大员认真募练片*

（光绪二十年十二月二十六日）

再，广西按察使胡燏棻，以浙人冒籍安徽，与李鸿章拜认师生，屡膺保荐，遂致超擢。该臬司才本中人，现在天津办理粮台，头绪纷繁，已形竭蹶；且前者汉纳根洋练一事，尽意阻挠。近闻有饬令该臬司训练大枝劲旅之说，无论其本不知兵，而既握饷权，又综兵柄，诚恐才力支绌，贻误滋多。

所有练兵事宜，应请特简知兵大员，认真募练，方于时局有裨。愚昧之见，是否有当，伏乞圣鉴。谨奏。

---

* 据中国第一历史档案馆藏档案，为前录《贼情险诈请申天威以作士气折》之附片。

息借洋款不可拘定一国请饬张之洞筹办片*

（光绪二十年十二月二十六日）

再，近来军饷支绌，不能不借资洋款。当六、七月间，洋商之愿贷者颇多，以户部与总理衙门于贷息再四迟疑，因循不决，北路军情一紧，遂令各商裹足不前。而汇丰洋行，乃乘隙独专其利。

该洋行本非钜商，夷人素不相信。天津买办吴懋鼎，外结李鸿章、内结赫德及张荫桓为护符，把持借款。近闻所借五百万磅，屡经反覆而后定，本年所付不及十分之一，其余尚无定期，且有不准中国再向他国另借之说。其为把持，已可概见。万一届期不付，则数百营军饷，何从支应？实于大局有关。

臣愚以为借款一节，不可拘定一国，尤不可专任一商。贷息之重轻，视乎军情之缓急；时局艰紧，不可过事推求。署两江总督张之洞，前在粤东办理此事，最合机宜。应请饬下该督臣设法宽筹，早为布置，不可专待“汇丰”一款，以为搘柱。至购（辨）〔办〕军火，该督臣亦极留意；并令多方筹备，以期接济东征，俾无缺乏。

见闻所及，不敢不据实上陈，是否有当，伏祈圣鉴。谨奏。

---

* 据中国第一历史档案馆藏档，亦为前录《贼情险诈请申天威以作士气折》之附片。

请统一事权并严谴任意抗旨之陈湜片*

（光绪二十年十二月二十六日）

再，用兵之道，事权不一，无以图功。刘坤一既驻山海关，海军自应归其调度，方足以资策应。丁汝昌既经奉旨拿问，乃竟迁延不来；一切用人行军，仍专恃李鸿章办理。其不能转败为功，举国共知之矣；且朝廷即欲姑息李鸿章，亦宜早与量移；若使罪衅更深，恐有任法伤恩之事，转非保全之道也。

臣又闻江苏按察使陈湜奉命驻扎辽阳，乃竟置若罔闻，直赴沈阳，显存规避。似此自任私意，抗违朝旨，恐开尾大不掉之渐，与军事瞬变、移缓就急者有异。应请旨严加谴责，以儆效尤。该臬司多募游民，鬻卖营官；伊子分统，颇有刻扣。声名甚劣，颇为湘军之玷，未足恃为前敌锐师也。应请旨一并查办。

臣谨附片纠参，伏乞圣鉴施行。谨奏。

---

* 据中国第一历史档案馆藏档，此件亦为前录《贼情险诈请申天威以作士气折》之附片。片稿见《文芸阁先生全集》影印手稿。

京师情形吃重请破格用人以作新士气片*

（光绪二十年十二月二十六日）

再，近来大兵纷纷出关，刘坤一驻关调度，京师所存者，惟董福祥、程文炳数军。若开冻之后，关内一有警报，恐尚须续赴前敌。臣闻署广东陆路提督张春发，将略优长，谋勇兼著。前在越南，与法人接仗多次，洞悉洋情。若使募二三十营北上，必可深得其力。广东炮台坚固，水师提督郑绍忠素得民心，似已足资防守。京师情形吃重，尤宜广集将才。

又，前湖北抚臣胡林翼有言，兵事用提、镇不如用参、游，用参、游不如用都、守。以其官卑资浅，勠力求进之心较盛故也。臣以为，此次用兵，统领大都实缺提、镇，非无忠勇之士，而富贵既极不肯尽力者有之，菁华既竭不能复振者有之。若拔异材于末位，起豪杰于沉沦，则朝廷既有非常之知，士亦必有非常之报，断然而无疑也。

臣又闻已革云南鹤丽镇总兵覃修纲，善用地营，曾以胜敌；总兵衔副将刘良星，霆军旧部，诚朴有为。皆战阵之长材，足收臂指之效。且军中用人，不拘一格，或精测算，或解韬钤，至于一艺之

---

* 据中国第一历史档案馆藏档。此件亦为前录《贼情险诈请申天威以作士气折》之附片。片稿见《文芸阁先生全集》影印手稿。

长,皆应采录。倘蒙圣明诏举人才,天下必多奋然兴起。国势之振,恒必由斯。此又臣区区之愚,所愿皇上破格用人,以作新士气者也。

是否有当,谨附片具陈,伏乞圣鉴。谨奏。

附:军机处进呈当日折件片稿*

(光绪二十年十二月二十六日)

本日文廷式、端良、恩溥各封奏。除文廷式所保张春发一员,遵旨电询酌带旧部北上外,余无可办之件。

谨将各折片恭呈慈览。谨奏。

* 据中国第一历史档案馆藏档案。

海军失律请将在事人员分别惩办折*

（光绪二十一年正月十七日）

日讲起居注官翰林院侍读学士臣文廷式跪奏，为海军失律，请旨将在事人员分别惩办，恭折仰祈圣鉴事：

臣闻威海失后，海军旋覆。此中情弊，不问可知。丁汝昌向来驻“定远”船，而“定远”被轰之时，乃适在“镇远”，其为先知预避，情节显然。自去岁以来，盈廷弹劾，严旨拿问，而李鸿章护庇益悍，率至以国家利器殉于凶人之手，此实人神所共愤，天地所不容。

又，刘步蟾性本佥壬，加之怯懦，素无一战之绩，朝廷误信北洋，委之重寄。今日之事，谁任其咎？

又，海军营务处道员罗丰禄，阴险奸诈，惟利是图。闻倭人水师将弁皆所狎习，海军不战之故，该员实主其谋，故令军械缺乏，人心涣散，其罪不在丁汝昌、刘步蟾下。应请旨分别正法拿问，以泄天下之愤。

其会办北洋海军营务处道员张翼、总办北洋水师学堂道员严复，亦有应得之咎，应请旨一并议处。严复性尤狡猾，主持闽党，煽

---

* 据中国第一历史档案馆藏档。文廷式手稿中此件折稿篇末有文廷式尾批：“甲午正月十七日奏入留中”；《文芸阁先生全集》影印手稿中载此折别稿，尾批作“正月十七日奏入留中”。两稿与正折文字各有小异。

惑众心，似应从重查办。

倭人毁我铁舰之后，冰泮必犯北洋。李鸿章纵无求败之心，岂有御敌之用？皇上以天下为重，即不忍加诛，亦宜速为改移，以救然眉之祸。至一切辑和将帅，扼守险要，臣尚当勉竭愚虑，随时上陈，不胜忧愤迫切之至。

伏乞皇上圣鉴，谨奏。

时势阽危恳恩录用旧臣以维大局折*

（光绪二十一年正月十七日）

日讲起居注官翰林院侍读学士臣文廷式跪奏，为时势阽危，恳恩录用旧臣，以维大局，恭折仰祈圣鉴事：

窃惟尧有怀襄之难，而克明俊德，卒致时雍；周有集蓼之虞，而多士图功，遂贻哲命。毖外患必修内治，定祸乱必赖人才，明鉴昭彰，著于典训。臣窃见我皇上宵衣旰食，勤政爱民，一事之微，悉经宸虑，宜近无不肃、远无不怀；然而节廉之风未彰，富庶之效未著；用兵逾年，师徒挠败。此皆臣下未能务学术、殚心虑，贻误国事，而朝廷所以旁求俊乂、振兴民望者亦未尽也。

臣见闻隘陋，不足尽知天下之士。窃见前户部尚书崇绮，操履清正，识量渊深，进退之间必于礼义，虽门第崇赫，而服膺儒术过于寒素，士论翕然奉为楷模。前通政司通政使黄体芳，秉性朴忠，风裁峻整，慨然自任名教之重，彭鹏、郭琇殆即其人。前国子监祭酒盛昱，义存风轨，学究天人，持身敬于席珍，论事洞如观火，尤明于边备得失、地理险易之故，众莫能及。以上三臣，其立朝莅事并有

---

* 据中国第一历史档案馆藏档。此折与前录《海军失律请将在事人员分别惩办折》同日上奏，折稿一见《文芸阁先生全集》影印手稿，有尾批："乙未正月十七日奏，奉旨留中。"一见《文芸阁先生全集》排印手稿，尾批作"正月十七日。奉旨留中"。文字各有小异。

成效,曾荷圣明任使,无俟臣之赘言。前以养疴,皆辞职事,其静退之节,足以激懦惩贪。惟当国家多事之秋,正属臣子致身之日。该臣等优游京辇,已历岁时,趋奉阙廷,谅堪黾勉,伏望皇上特加录用,并列班联,则骐骥涉险,必获千里之功;钟镛在悬,可谐七始之咏。转移至捷,收效至神。《汉书》言"汲黯在廷,淮南寝谋",实销患之良规,非儒生之迂论也。至于下采岩穴之彦,旁及降谪之人,圣衷当有设施,臣亦未敢遽及。

谨援引古义,上渎宸聪,惟采纳而施行之,必有风草之效。臣不胜悚仄之至!是否有当,伏乞皇上圣鉴。谨奏。

附:军机处进呈当日折件片稿*

(光绪二十一年正月十七日)

本日文廷式奏参丁汝昌等请分别正法拿问折,又奏保崇绮等请特加录用折;殷如璋奏请饬速募洋人保险折。均奉旨存。

谨将原折三件恭呈慈览。谨奏。

---

* 据中国第一历史档案馆藏档案。

和战皆不可恃请饬廷臣详密筹议以扶危局折*

（光绪二十一年二月十四日）

日讲起居注官翰林院侍读学士臣文廷式跪奏，为和战两事皆不可恃，请特饬廷臣详密筹议以扶危局，恭折仰祈圣鉴事：

臣惟今年以来，威海失后，事机大坏。倭攻辽阳以解海城之围，依、长之军回援辽阳，而营口又失。关东大局震动。近闻倭寇有间道入古北口之说，又有攻岐口、洋河口之说。臣度其两者并用以窥我京师，必然之理。

我之军士散布，枪械不齐，能否抵御，诚无把握。是以议和之举，出于不得已而然。然我之可许者，至偿费让地而止耳。地不可让，天下同心，且其流弊不可胜数，臣姑弗具论。而以各国旧事及近日传闻考之，则倭之所要挟，有出于偿费让地之外者。李鸿章所恃，伊藤、陆奥之交而已。不知倭之大事，议院主之，其君相不能尽主之也。各国旧事，赔款多者，必驻兵国都，俟收数毕而后撤。又倭人近议欲中国撤榆关、津沽之兵，而后允其开议。臣不知李鸿章能擅允至此否。如此等可允，则无以为国；如尚不能允，则其徒往

---

* 据中国第一历史档案馆藏档。文廷式手稿中有此折稿二件，一不全，一全，文字与正折各有小异。

取辱，为张荫桓之续，无疑也。且倭之情计亦可见矣：我初托各国议和，则猛攻旅顺；迨张荫桓往，则猛攻威海；今李鸿章将往，已力扑营口；计其行踪既至，彼且径犯天津。我之求和也，如醉如迷；而彼之进攻也，乃不夺不餍。

方今时势艰危。战胜之难必，大臣必详言之矣。和议之难成，大臣亦尝知之，而为我皇上言之乎？臣恐李鸿章电报未来，而国事已不可问矣。应请皇上特责任事大臣：战事既无把握，和议若不能成，又当奈何？毋有所讳而不言，毋有所惮而不发。谋之于早，乃无后悔。若犹玩愒时日，侥幸于李鸿章之一行，则适授操纵之柄于敌人，懈军心而隳民志耳。若一旦仓卒为敌所迫，致有非常，谅诸大臣不能辞其咎也。

臣尤愿皇上广谘廷议，集思广益，以尽事势之变，折中而行，毋徒为偾事大臣所误，天下幸甚！

臣为事机危迫起见，是否有当，伏乞皇上圣鉴。谨奏。

请饬李秉衡详查海军失事情形片*

（光绪二十一年二月十四日）

再，此次战事败坏至此，其咎海军当居大半。丁汝昌畏怯自尽，不足蔽辜；且虚实尚未可定。刘步蟾、邱宝仁等，平日侵蚀饷项，结党营私，至酿大败，至今未奉谕旨宣示惩办。

臣以为：胜败兵争之常事，赏罚朝廷之大公。虽挫衄之馀，刑政岂可不肃？似应请旨饬下李秉衡，迅将海军失事情形，并平日致败缘由，详悉查明奏闻，以行军法；力求善后之策，以救将来。但使海道不尽予敌，兵事犹可为也。

臣愚昧之见，是否有当，伏乞圣鉴。谨奏。

---

* 据中国第一历史档案馆藏档。此件为前录《和战皆不可恃请饬廷臣详密筹议以扶危局折》之附片。文廷式手稿中有此件片稿，文字稍有不同。

请饬查究采买军火等事并派妥员经理片*

（光绪二十一年二月十四日）

再，购买军火，不可专信一人。洋人曼德，性情险诈，曾经弹劾。此次唐仁廉购买，及汉纳根采办，皆曼德承理。至今三、四月，杳无到华消息。或其才具不足规画此事，或阴受倭人指使，均未可知。应请饬下督办军务处查究。

近闻程文炳又欲领款购置军火。该提督亦偶信洋人，漫无把握。届时若复不到，战事何以支持？款项支绌之时，岂能浪费不得实用？似应请旨饬下部臣及督办军务处，嗣后如有采买军械等事，应派妥员经理。事有责成，可期必得；俟运到后分拨各营，庶得及时应用，款不虚糜。

是否有当，伏乞圣鉴。谨奏。

---

* 据中国第一历史档案馆藏档。此件亦为前录《和战皆不可恃请饬廷臣详密筹议以扶危局折》之附片。文廷式手稿内，该折之第一稿、第二稿，与此件片稿及该折之另一附片《请饬李秉衡详查海军失事情形片》稿，并合载，（载录次第亦如此）且有文氏自书尾批曰："以上一折二片，乙未二月十四日奏。"

附:军机处进呈当日折件片稿*

(光绪二十一年二月十四日)

本日翰林院代奏丁立钧等请饬廷臣详议早定大计折;文廷式奏和战两不可恃请详密筹议折,又奏请饬李秉衡详查海军失事情形片,又奏采买军火应派妥员经理片;陆宝忠奏程文炳勇营缺额克减口粮折,又奏参田在田吞蚀饷银、闪殿魁勇营逃散请旨饬查片。除闪殿魁遵缮电旨令刘坤一查奏外,馀均奉旨存。王鹏运奏割地请和万不可行折,奉旨存。又奏蓟州等处被灾情形片,遵缮寄信谕旨一道。

谨将各折片恭呈慈览。谨奏。

《近代史资料》第97期载翁同龢《随手记》

二月十四、十六日有阎殿魁,与田在田同时。

---

* 据中国第一历史档案馆藏档案。

和议难成恳速断大计以抒天下之愤折*

（光绪二十一年三月初一日）

日讲起居注官翰林院侍读学士臣文廷式跪奏，为和议难成，吁恳天威速断大计，以抒天下之愤，恭折仰祈圣鉴事：

臣惟倭人肆横，借端开衅，破我属国，犯我近畿，我皇上不忍生民罹于锋镝，隐忍屈己以蕲于和。德璀琳不克，继之以张荫桓；张荫桓不克，继之以李鸿章。李鸿章虽庸耄无能，固我邦之将相也。要我以赔款，则曰可议；迫我以让地，则曰可行。而不意战尚未停，已多要挟；上相在彼，仍攻台、澎。臣不知李鸿章等徇倭之心至此而稍醒悟否，皇上勉从大臣求和之言至此而可稍加诘责否。臣逖听之下，决眦嚼齿，愤不欲生。臣前疏策倭之言，诚不幸至此而悉验也。我皇上据天下之大势，统四万万之人民，竟无一人焉足以捍患难、定倾危、分宵旰之忧者乎？至此而犹不撤李鸿章回国，坐受侮辱，凡在臣民，皆当愧死矣！

夫战事尤博簺也，其机在气。气专则锋利，乃能制人而不制于人。今虽屡挫之余，诚使坚忍不挠，上下一心，唯战是务，誓不与倭人并立，劘以岁月，臣犹敢信倭之不足平。无如敌不肯和，我则坚求之；敌必欲战，我则姑应之。兵法曰：明其为贼，敌乃可服。今督

---

* 据中国第一历史档案馆藏档。文廷式手稿中有此件折稿，文字略有不同。

战则称之曰“贼”曰“寇”，求和又重之曰“君”曰“王”，士气安得而不隳、军心安得而不懈乎？①

从来多难之际，必令刍荛献纳，袍泽同仇。慷慨之言，激昂之气，在庸臣诚多不便，在国家岂有所伤？臣愿皇上亟惩前失，广纳群言；特旨撤李鸿章回国；遣使告倭人欺侮之罪于友邦；诏下言尺土一民皆当与倭为仇，永不复言和议。以十倍之地，仗至顺之理，卧薪尝胆，誓灭倭人，而谓始终不足以相抗，臣不信也②。至于战洋人与剿土匪异，御今日之夷患与历代异，臣固思之至熟。愿皇上合群策群力而用之。非常可喜之论，臣固未敢遽言；实事求是之功，臣诚知其次第。今日固非无可转之机，而无如任事者之狃于成见，失大有为之日也。

臣戆愚无状，不任区区之忱，谨缮折密陈，伏乞皇上圣鉴。谨奏。

---

① 自“兵法曰”至此，共七句，折稿初作：“犹左手画圆而右手画方，誉敌之矛而毁己之盾，必无一成之理。岂独臣民积愤，天下万国且环而笑之矣。”

② 自“臣愿皇上亟惩前失”至此，共十二句，同上初作：“臣愿皇上忧勤虚怀采纳，而大臣如孙毓汶、徐用仪者在疏远无从揣测（此句尝改作“而大臣中复有坚复前说者，出死力以相抵制，至今日而其效可睹矣”）。伏望圣明亟惩前失，而警将来（此句尝改作“图救将来”），毋仍为□时日，□□□□，致令壹任听不臧之谋，失可为之日，则天下臣民之福也。臣戆愚无状，屡有所陈，荷蒙厚恩，不加谴谪，诚知变端之未已，故复竭其区区。”

请开学校讲习武事片*

（光绪二十一年三月初一日）

再，倭人勇敢之性，材武之力，皆不如我。其所以屡胜者，将士出于学校，练习有素故也。

今者购械则专用洋器，战阵则仍狃旧法；或且仓猝召募，即以出师。不教民战，圣经所戒。臣愚窃愿皇上率先天下，破除成见，开学校以讲武，本节制以练兵。俾横经之士，并识军谋；一介之夫，咸知阵法。风气一变，国势自强；一年之间，决有成效。此即洋员汉纳根洋操之意；不必待战事之毕，而始图整顿也①。

又，武进士、举人、生员，皆年富力强，尤宜教以战阵，以资捍卫。庶干城之选，即出于兹，似亦国家长养人材之一道也。

臣愚昧之见，谨附片具陈，伏乞圣鉴。谨奏。

---

* 据中国第一历史档案馆藏档。此件为前录《和议难成恳速断大计以抒天下之愤折》之附片。文廷式手稿内，该折与此件，两稿合载，其后并有文氏自书尾批，曰："以上一折一片，乙未三月初一日，奏入留中。"

① 此句下，片稿有"外洋战阵之法，津沪各局所译，具有成书，尤望饬下南北洋大臣，勤加考核，刊刻流布，以资教练，庶知兵者多，不至仍胶成法"等字。

附:军机处进呈当日折件片稿*
(光绪二十一年三月初一日)

本日,文廷式奏和议难成请旨撤李鸿章回国折,又奏请讲求武备片,均奉旨存。

谨将原折片恭呈慈览。谨奏。

* 据中国第一历史档案馆藏档。

倭攻台湾请饬使臣据理争论折*

（光绪二十一年三月十二日）

日讲起居注官翰林院侍读学士臣文廷式跪奏，为倭人狡计专攻台湾，请饬使臣据理争论，以固民心而维国脉，恭折仰祈圣鉴事：

窃臣于和战大局，言之再三，明知天听不回而不惮冒渎者，诚以服膺经训，荷戴殊恩，陈善责难，是其职事，不敢有所隐以负神明也。

今日台湾之事，尤为存亡所关。李鸿章之行也，其秘计在割台湾，曾与孙毓汶、徐用仪密议于美国使署；虽大臣秘之，而举国皆知之。其言谓以散地易要地。夫奉天固要地矣；台湾关系江、浙、闽、广之得失，可谓之散地乎？乃近日有停战二十一日之说，曰“停北不停南”。同隶皇上之土宇，同为皇上之人民，何爱于北而恶于南？五洲万国，有此停战之法否？且恐倭之有所牵制，则停海城之攻以利之；虑倭兵饷之不足，则每日偿兵费以资之。此李鸿章父子恐台民之不受割，而劝倭人专力攻之也。其心路人所知，其事天下所骇。

夫战而失地，出于势之无可如何，百姓虽死亦无所怨。若朝廷隐弃之而不言，奸臣巧割之而不恤，四方之人，谁不解体？不独各

* 据中国第一历史档案馆藏档。文廷式手稿中有此件折稿，文字与正折小异。

国环起之可虑；当日金田粤匪，岂不由和议苟且召之乎？天下者，列祖列宗所留贻，尺寸之土皆关神灵缔造，皇上不得误信一二人而轻易弃掷者也。

应请旨饬李鸿章与倭辩论，若不能一律停战，则毋庸虚受此名，堕其术中。倭之欲离间民心久矣，安可复授以隙？此事径行，臣知不能苟安，而益增危乱，断断然也。伏望皇上念大业之艰难，鉴民心之不可失，天下幸甚！

臣有幽忧之疾，故敢终为一言，谨缮折密陈，伏乞皇上圣鉴。谨奏。

请勿轻许日人条款片*

（光绪二十一年三月十二日）

再，臣近闻倭人条款已到，索地索费，颇骇听闻，大致欲仿照德、法故事办理。

臣案法之于德，败挫已极，至献其都城为质，而后论和。今我国家全盛，无异昔时，所失者八九州、县之地而已。其再三议款者，盖圣人好生之仁；其万死不愿和者，实天下从公之义。倭人何恃而敢猖狂至此！然力阻和而必于战，臣非将帅，所不敢言。惟望议和大臣，既推皇上爱民之心而曲意以和，尤当体皇上裕远之谟而毋徇于敌。若割敌兵力未到之地，及偿款至万万以上，皆足使中国一蹶不振，不可许也。群臣日夜椎心，万民翘足待命，皇上君临天下，忍听其无所控诉乎？

臣冒渎已深，然伏自思惟，若有一毫私意于其间，无所逃罪。望圣明垂念而慎行之，今日能挽一分，则天下受百分之益矣。区区之忱，伏祈圣鉴。谨奏。

---

* 据中国第一历史档案馆藏档。此件为前录《倭攻台湾请饬使臣据理争论折》之附片。文廷式手稿内，该折与此件，两稿合载，其后有文氏自书尾批曰：“以上一折一片，乙未三月十二日奏。”

附:军机处进呈当日折件片稿*

(光绪二十一年三月十二日)

本日贵铎奏沥陈各军失利情形折,又奏举办乡团兼筹善后片;冯文蔚等奏参吴大澂损挫军威折,又奏请将马玉昆、徐庆璋破格奖励片;文廷式奏倭人专攻台湾请饬使臣据理争论折,又奏倭人条款不可轻许片。均奉旨存。谨将各折片恭呈慈览。谨奏。

---

* 据中国第一历史档案馆藏档案。

联衔具陈日人要挟过甚请饬使臣展缓商议折*

（光绪二十一年三月二十五日）

日讲起居注官翰林院侍读学士臣文廷式等跪奏，为倭人要挟过甚，一切应允，无以自存，拟请特饬使臣展缓商议，以防巨患，恭折仰祈圣鉴事：

窃惟和战两端，必权利害。战败而愿和者，原以冀目前之安；若既和而祸不旋踵，且从此不能复振，则不待智者而知其决不可从[①]。比闻倭人所索十款，事事出情理之外；而我使臣昏瞀无识，事事允从，辱国病民，莫此为甚。臣等请略言其巨谬者[②]：

偿兵费至二万万，而已踞之城邑不能赎回，未攻之台湾又欲割取。夫普、法之战，至于国都已献，犹退出所侵之地，而后取偿。今倭之待我，迥非其例。查[③]欧俗以战胜索地为格外之诛求，以割地

---

* 据中国第一历史档案馆藏档。文廷式手稿中有此件折稿，篇末有文廷式自书尾批曰："此折与戴少怀、陈荪石两庶子、秦佩鹤学士联衔，三月廿五日入奏，奉旨留中。"

① 此句，折稿初作"则天下之人愤郁无告，终必溃败决裂，而害不可胜言"。

② 自"而我使臣昏瞀无识"至此，共五句，同上初作"即如缴械交俘等事，皆足以激天下之变而不复为我朝"。

③ "今倭之待我，迥非其例查"此十字，折稿初作"今之台湾、倭何所"，继改作"今倭之索地赔款，数倍法国，查"，终改定作"今倭之待我，迥非其例。查"。

予人为非常之耻辱。土耳其一开此例，群起乘之，遂至分裂不可收拾。波斯、阿富汗战虽屡挫，竟不割地乞和，至今尚能为国。成鉴昭然，岂可妄蹈覆辙！

且通商遍及内地，土产悉变洋货，其为流弊，何可胜言！[①] 长江上下，中国大利所锺；沿江口岸虽开，内地犹可经营于出货之区，以保其商利。税厘所入，以供国用；无藉之民，赖以得生。今一旦听倭人其中，以机器改造土货，此后茶、盐、磁、铁，下至羽毛、竹木，倭人巧于制造，一切将皆为垄断，小民既无以为生。且其货皆为洋货，则中国之厘金亦不可复得，关税又减，利源更微，不知将来国债何款取偿，国用何从筹办？

又闻所有军械皆应缴出，得力将帅一概交俘。此尤开辟以来未有之事，不知我使臣何以概行画诺，岂有所仇于中国耶？

倭人条款繁碎，文字含糊，又有"一事不实力奉行，一日不能撤兵"之说。查各国立约，必有约之界限，而后事有所止。"实力奉行"之空语，果何所底止乎？若此后事事必如其意，则我之受屈难堪，稍不如彼意，即可谓之"奉行不力"。然则自今以后，彼得时时责我违约，我将终不能责彼撤兵。如此而和，果何所益？

又闻行船尚别有章程，通商尚别有章程，其苛细纠葛，更不知若何亏损。

夫倭用兵期年，渡鸭绿江后六阅月矣，而其兵力西不及榆关，北不至沈阳。岂爱我而不前？亦其钝而不能进也。今一旦资以厚利，予以膏腴，撤己之防，养彼之锐，自古及今，未有如是之拱手授人以柄者也。

---

① "其为流弊，何可胜言"此二句，折稿初作"中国之关税又减，厘金之进款全无，不知将来何处复筹国用"。

彼既永远驻兵，则我购船置械，皆可谓之违约，虽欲变法自强，其道无由。此次缴械交俘，以后召募，民谁肯应？不知更以何者立国？何恃而与各国周旋？此约若行，大变可计日待也①。

臣等固伏愿圣意更加详审，饬令使臣与之力辩，即勉强画诺之后，仍有可商，崇厚之事，是其旧例。《万国公法》所载，凡举国不从之事，即成约亦为废纸。比者津、沪传言，谓英、俄各国，皆有责言；法国于滇、粤又生窥伺。与其中、倭私和，而动旁观之新衅，何如广求朋助，而抑悍敌之凶锋？臣等愚忱，欲求皇上特饬总署速请各国斟酌条款，务在可行，以免事后之悔。至李鸿章受伤甚重，现在能否痊愈，尚未可知。李经方资望太浅，断难肩此重任。立约之事，亦可借此宕延②。海内喁喁，惟望朝廷慎之又慎而已。

总之，事关安危，苟有一分之挽回，必有一分之利益。倭之欲和急于我，固无虑因此速召其兵。惟我愈下，斯彼愈骄，故敢恣睢至此；揆之事势，断不可从③。

臣等职司记注，于天下大政事、大得失，例得进言。谨合词恭折具陈，伏乞皇上圣鉴。谨奏。

光绪二十一年三月二十五日

日讲起居注官翰林院侍读学士臣文廷式，侍讲学士臣秦绶章，四品衔詹事府左春坊左庶子臣戴鸿慈，詹事府右春坊右

---

① 自“彼既永远驻兵”至此，共一整段，折稿初作“且更闻前敌诸军皆将缴械献俘，此可谓之降，而不可谓之和。且自此中国虽欲战，而民不复应矣。利害之端，昭著若此”。

② 自“至李鸿章受伤甚重”讫此，共七句，折稿作“至李鸿章受创甚重，各国传言，或言病不可治，或谓日内已有不测。若如所说，李经方资望甚浅，性复轻剽，似难肩此重任。画押之事，亦可借此宕延”。

③ 自“总之事关安危”至“断不可从”，折稿无此段。

庶子臣陈兆文。

附一:军机处进呈当日折件片稿*

(光绪二十一年三月二十五日)

本日督办军务王大臣奏遵查董福祥所部各军情形请将总兵唐凤辉等撤差离营折,奉旨依议。文廷式等奏倭人要挟过甚请饬使臣缓议折。熙麟奏吴大澂不宜再任封疆折,又奏宋庆处分部议从严片。奉旨存。

谨将原折片恭呈慈览。谨奏。

附二:江西举人程维清等请改定和议条款公呈**

(光绪二十一年三月末四月初)

具呈江西举人程维清、岳琦、文廷楷、李翊煐、熊家琪、彭福焘、贺国昌、彭树华、胡拱炎、李文藻、帅元、萧名揄、宋功彦、余钰、宋功炜、张炳喆、胡家斌、陈策安、涂步墀、徐履端、黄翼斌、朱贤、郭廷钰、张光庭、鄢启询、康楷、萧廷彬、林春华、范炳南、黄树琦、饶懿

---

* 据中国第一历史档案馆藏档。

** 据第一历史档案馆藏档。此件投送都察院之确切日期未详,约在光绪二十一年三月三十日或四月二日。都察院代奏日期为四月初七日(据中国第一历史档案馆藏档案都察院是日《代递各省京官举人呈文折》)。按,是呈列名者,文廷楷即文龢,为文廷式之九弟;彭树华,为文廷式之妹夫;文廷桡即文彤,为文廷式之五弟;文景清,亦文廷式之同里族亲。其他同乡、同年、朋好等勿论。此呈与文廷式确有关系,唯呈文是否亦如下录《江南举人汪曾武等为和议窒碍难行请饬改议公呈》,系经文氏亲予改窜,犹未能必。故收为附录,用资参考。

原件篇末有行书墨批:"光绪廿一年四月初七日",似是军机处当时收档所注。

典、黄维翰、陈鸾翔、章心源、朱益湛、陈可佳、贺耀南、贺煜南、贺赞元、旷子椿、萧劲勋、刘辅德、程绍颐、程汝恒、高伟、高崧生、雷鸣盛、胡朋、夏敬恂、李钰辉、鲁藩、萧汉杰、汪骏声、孙振濂、熊冠英、杨鸣珂、沈庆林、张树蕃、罗志清、陈人杰、黄介、朱铭、刘芳蕃、邓曾頀、高善述、高镇东、刘肇尧、朱美南、熊继本、李人杰、胡廷楷、胡献琳、陈绍虞、邹树常、胡加璧、章朝瑞、魏焕奎、徐景濂、段笏、熊彬、余生芝、饶延年、胡士苹、沈兆禔、张凤书、袁炳照、丁凤章、余天随、石元鼎、曾传谟、刘裕谦、赵世猷、杨亨颐、傅启心、章烜、吴咸熙、李庐毓、涂兆霖、罗纲乾、谭篮、黄儒英、黄为熊、万和赓、万中闳、万中柱、杨荣荫、彭铭恭、彭榘、王庆嵩、王庆韶、翁桂馨、文廷桡、文景清、许受衡、夏学成、黄献炜、许宗泰、黄升国、裘兆沄、汪缙卿等，为呈请代奏事：

窃闻倭人议和，婪索多端，意存要挟。若悉如所请，则害无终极。其要割台湾、辽地以讲，非第觊觎我疆土，实欲摇动我人心。无论智愚，皆知不可。当轴者深知之，有言责者皆能言之，无待具论。即以江西一省而论，剥肤之痛、切近之灾，诚有不能已于言者。

江西地势居各省之中，惟九江为通商口岸。若倭人内地杂处，则形势尽失。万一有警，无险可扼。害一也。利源所在，以瓷器、茶叶、布匹、纸张为大宗。倭人设立机器制造，垄断居奇，一切利权均归他族。害二也。土货悉变为洋货，关税既少，厘金又绌。国用所资，无从措办。害三也。利源既失，富者皆贫，贫者益困，饥寒交迫，流而为盗。完善之区，皆成荆棘。害四也。具此四害，流毒无穷。心之所危，不敢不告！

至于赔款以赍敌粮，缴械以堕军实，毁台以便入寇之路，交俘以寒将士之心，则直为敌以报仇，非复常情所及料。

现闻李钦差业已画诺;又闻外国且愤且羡,狡然思启。是倒持太阿之柄而□天下之兵也。举人等读书论世,深鄙楼缓割地之谋;援古证今,窃怀鲁连蹈海之耻。谨合词呈诉,恳据情代奏,伏乞朝廷重与辨论,改定条款,庶不致误国病民,天下幸甚!

不胜迫切屏营之至！谨呈。

附三:江南省举人汪曾武等为和议窒碍难行请饬改议公呈*

(光绪二十一年四月初二日)

具呈江南省举人汪曾武、胡同颎、曹元忠、王凤璘、秦曾潞、周召齐、茅谦、徐秉璜、张继良、孙揆均、俞复、廉泉、范爨、朱柏、许士熊、胡祥鑅、沈恩孚、赵景崇、刘世珩、徐沅、孙济川、孙传骧、欧阳保福、杨宝森、李元鼎、姚鹏图、冯诚求、吴煦、钱树声、王嘉宾、陆是奎、包锡咸、徐鄂、费彝训、费绍训、刘景墉、崇朴、江廷玨、姜汝谟、杨宗海、杨寿朴、姜赞襄、凌泗、江忠振、袁祖光、齐尧年、程之廧、胡嘉楷、彭锡蕃、刘廷弼、陈恩浛、吴曾徯、潘浩、王廷俊等,为和议窒碍难行、请旨饬下改议、以维国脉,伏乞代奏事:

窃曾武等僻处海隅,食毛践土,累被天恩。只以属在草莽,虽怀图报之忱,未有建白之路。今者恭应会试,计偕入都,侧闻道涂藉藉,佥谓:和议已有成局,倭奴要挟多端;我皇上推宽大之恩,俯念两国民命,一切含容而曲徇之。此乃天下安危之机、亿万苍生性

* 据中国第一历史档案馆藏档。此呈都察院代奏日期在四月初八日(据中国第一历史档案馆藏档案都察院是日《代递选用道李光汉等条陈时务呈文折》)。按,此呈领衔者汪曾武,即文廷式之表弟。汪曾武并尝有自记,谓此呈系由文廷式为之“点窜”改定。又记光绪帝览及此呈,尝语南斋诸臣曰:此人(按指汪曾武)有胆有识！谓系闻诸王懿荣。

命之所系,有不得不为我皇上转陈之者:

一曰地不可割也。古语有之:“唇亡则齿寒。”高丽为东三省屏蔽,今为自主之国,则我已有东顾之忧,然犹有鸭绿江可画界而守也。今使割地自辽阳以南,则彼北趋兴京,西趋广宁、锦州,朝发夕至,猝不及备。千古未有寇盗在门而主人可以安枕者。利害切身,莫斯为极。且不特此也。陵寝重地,岂容他族实逼处此?度在天之灵,必有蹙然不安者。至台湾素称沃壤,诸国垂涎,持以与倭,必启争竞。其民不肯受割,必生反侧,又不待言。此其必不可行者一也。

二曰中国土货不得改造也。夫自互市以来,小民负贩之利,尽为外洋所夺。然犹幸出产土货,故百姓得以自食其力。今一旦设立机器局、改造土货,利权为其所操,小民衣食之计从此遂绝,市侩奸宄因而内讧,是使彼国坐享其利,而我深受其害。此其必不可行者二也。

三曰倭奴之在内地贸易者不得免税也。夫援各国通商之例,必曰利益均沾,从未有一国独利而可以称通商者。今吾中国与亚洲、欧洲各国通商,每年以羡补不足。即鸦片烟而论,流入外洋而无可抵偿者,已多至三千余万。夫精竭则身槁,财殚则国敝,此事理之显然易见者也。今若概免倭奴之税,则我一无抵偿之项,数年之后,皇上何以自给?且使各国从事效尤,其将何以处之?此必不可行者三也。

四曰苏、杭各口不可通商也。计今中国富庶之区、未通商者,苏州、杭州、沙市等各口耳。历年内府之供储、各省之水旱凶荒,莫不取给于是。是国家根本重地也。今一任其互市,洋商因之剥肤椎髓,国家根本从此划除。后有事变,将复何所仰给?且苏、杭向称儒林之薮、名教之邦,一经互市,则去人伦、无君子,士习民风,从此扫地。曾武等纵不能修忠信为甲胄、礼义为干橹，而裂冠毁冕之俗，誓必鸣鼓而攻之。此其必不可行者四也。

凡此四者，仅据已经宣露者言之。其余尚有万难允行者，因系传闻之词，亦未敢率尔妄渎。

曾武等非好博忠愤之名。惟念庚申之变，我文宗显皇帝应机立断，英夷虽多方恫喝，然犹曲予限制。今何忍使数十年前诸夷之所不忍遽发、不敢遽发者，一旦而为日本尽发之；亘古以来敌人之所万难要求、从未要求者，一旦而为日本尽要之。致使外夷快心、社稷蒙耻、天下同愤、千古贻讥?！此曾武等之所以愿蹈东海同声痛哭、而不愿闻有此等和议者也。且我朝养士二百余年，深仁厚泽，汪洚洋溢。今者倭奴之焰，横暴至此。豪杰之士，闻之已为短气，况乃一一听从其言，割地输财，无所不至！窃恐天下人心，从此解体；祸患之来，未有既极。夫事固有急求其成而适至于无成、急求免害而转贻大害者，今日之和议是也。曾武等诚伏愿皇上自此亲贤士、斩佞臣，乾纲独断，雷厉风行，宣布大义，明告众庶，乃复激厉将士，与之一战。凡在臣民，实共快心。藉曰力有不逮，亦可援《春秋》“同恶相恤”之义，暴倭奴之恶于欧洲各国，合俄、英、法、德、美各国，借其水师，资其器械，与之力并，则蠢尔岛夷，岂敢复肆其鸱张耶?

夫法兰西海外一部落耳，拿破仑时，几为德国所并，然犹于死伤枕藉之余，侃侃辨论、弗肯稍屈，故不及数十年后，卒能自强。可见有志振作者，其兴可翘足而待。今堂堂中朝，而惟倭奴之言是听，曾武等心窃痛之。故不敢避斧钺之诛，环求宪台据情代奏。

无任激切屏营待命之至！谨呈。

联衔具陈和约断难遽就战事尤当预备折*

（光绪二十一年四月初三日）

日讲起居注官翰林院侍读学士臣文廷式、四品衔詹事府左庶子臣戴鸿慈跪奏，为和约断难遽就，战事尤当预防，吁恳严饬沿海各路将帅，竭力防堵，用备不虞；一面联络邦交，协力相助，以挽危机，恭折仰祈圣鉴事：

窃以倭夷要挟奇横，事事出情理之外，海内之人痛心疾首，争欲食其肉而寝其皮。数日以来，内而宗室王公、部院、谏垣，外而直省督抚、前敌将领，莫不交章谏阻。闻各省会试举人亦呈请都察院代递，至有痛哭流涕者。岂恶安乐而乐战斗哉？诚以二万万之兵费，罄中国十数年之力尚不能偿，又复割我岩疆，扼我海口，甚至以机器制造土货、内地遍设行栈，使编氓失其生业，虽欲苟安旦夕，有所不能，故不得不披肝沥胆，迫切直陈于君父之前也。

臣等又闻俄、德、法三国，咸怀不平，谓毋遽许倭约；英人于台湾后亦必干预，或攘为己有，或借名保护，均未可知。中外人心如此，邻国情形如彼，虽我皇上深悯生灵荼毒，特为格外包涵，而事势

---

* 据中国第一历史档案馆藏档。按据文廷式自记，此折系用戴鸿慈所拟之稿。

实在难行，宜无不俯从舆论。

而臣等窃有虑者，现在和议将成之说，外间既已周知，壮士灰心，兵备懈弛。当游移未决之际，万一奸细暗通消息，彼将为先发制人之计，直指长驱，虽未必震撼京师，而要胁成和，势所必至；臣不敢保李鸿章等不出此谋也。倭夷佳兵骄偾，终取灭亡。我朝厚泽深仁，民心固结；直隶一带兵力已厚，当无他虑。今俄、德各国出持公论，中国臣民呼吁，我既废约有辞，彼当无从置喙。伏乞宸断电谕沿海各路将帅，加意严防，以守为战；尤在严明赏罚，振作士气。一面饬总理诸臣，甘言厚币，联络邦交，即以饵倭之资，为犒师之用，使三国协力相助。勿再猜疑，以误大局。天下幸甚！

臣等昧愚之见，合词具陈，伏乞皇上圣鉴。谨奏。

联衔请饬查询李鸿章病情片稿*

（光绪二十一年四月初）

再，李鸿章回津之后，其枪伤平复与否，闻未据王文韶奏闻。津中传言，或谓其形同傀儡，诸事不知；或谓其深藏密室，不令人见。然则每日挟持之电，果孰为之？① 又闻李经方尚未到津，其在何处迟延，益难测度。

臣等拟请旨饬下刘坤一诣李鸿章卧内，面询一切，将其患病情形详悉奏闻。如果人言属实，则前者和约画押直是倭人串通李经方等为之，可伸大义以废前说也。是否有当，伏候圣裁。谨奏。

---

* 据文廷式手稿。按文廷式手稿中，此件与下录《联衔请旨严催川广督臣交卸接任片》、《联衔纠参都察院迟延代奏京官及各省举人公呈片》之稿，手迹连缀，并有尾批曰："以上三片，四月初三日具奏，与戴少怀联衔。正折用少怀作，言和议断不可行，恐奸人潜行、倭人战舰前来胁和也。"是据文氏自述，此片亦为上录《联衔具陈和约断难遽就战事尤当预备折》于光绪二十一年四月初三日递奏时之附片；然据是日《军机处进呈当日折件片稿》（见下附录），此片未见记载。则此片果否确已上奏，犹俟续考。

① 此下，原有"马建"二字，乙去。按，疑其欲言马建忠。

联衔请旨严催川广总督交卸接任片*

（光绪二十一年四月初三日）

再，四川总督刘秉璋、两广总督李瀚章，皆蒙宸断特予开缺，臣民悦服。惟伊等既已开缺之员，呼应既属不灵，精神亦断难振作。而刘秉璋至今尚未交卸，李瀚章亦仍前办事，窃恐非宜。

拟请旨严催新任即日到省，或派员接署，以顺舆情。臣等愚昧之见，是否有当，伏乞圣鉴。谨奏。

---

* 据中国第一历史档案馆藏档。按此件为前录《联衔具陈和约断难遽就战事尤当预备折》之附片，亦与戴鸿慈合署，并随该折于同日上奏。

合词纠参都察院迟延代奏京官联衔及各省举人公呈片*

（光绪二十一年四月初三日）

再，都察院为通达民情之所。闻近日凡有京控之案，均遭驳回，人言啧啧，已成怨府。

此次各京官联衔及各省举人公呈，闻该堂官已允代奏，尚属知所缓急。惟闻事隔七八日，尚未进达宸聪。事关大计，如此迟延，使我皇上不得洞悉民情，未知何意！应请旨严行切责，以儆惰顽。谨附片纠参，伏乞圣鉴。谨奏。

附：军机处进呈当日折件片稿**

（光绪二十一年四月初三日）

本日，督办军务王大臣奏赞善贻谷等沥陈和倭利害折，附原呈一件。翰林院奏编修王荣商请饬统筹全局折；又奏编修杨天霖请暂缓批准和约折，附原呈一件；又奏编修黄曾源请熟权利害以维全

---

* 据中国第一历史档案馆藏档。按此件为前录《联衔具陈和约断难遽就战事尤当预备折》之附片，亦与戴鸿慈合署，并随该折于同日上奏。

** 据中国第一历史档案馆藏档。

局折,附原呈一件。文廷式等奏和约难就战事尤当预备折,均奉旨存;又奏李瀚章、刘秉璋应早交卸片,遵缮电旨一道;又奏京官联衔及各省举人公呈都察院代奏迟延片,奉旨交都察院堂官阅看。戴恩溥奏捐纳花样人员补缺请暂免扣限折,遵缮明发谕旨一道。易俊奏条约必不可允折,奉旨存。

谨将各折片并原呈恭呈慈览。谨奏。

恳恩赏假回籍修墓折*

（光绪二十一年四月十一日）

日讲起居注官翰林院侍读学士臣文廷式跪奏，为恳恩赏假回籍修墓，恭折仰祈圣鉴事：

窃臣自祖、父以来，久宦粤东，归葬萍乡。臣祖晟，咸丰九年在署嘉应直隶州任内殉难，蒙恩予恤，后归葬南昌。坟墓分隶两籍，涉境辽远。臣自己丑考取中书，供职京师，于今七年。癸巳冬间，江南试竣，蒙恩给假回籍，因急于复命，未敢稽延。去冬得接家信：因夏秋间雨水过多，南昌祖、父坟茔，均有冲损情形。近闻春间大雪尤甚。若不及早修理，更恐损坏日多。

为此寝馈难安，用敢冒昧陈请赏假三月，回籍修墓。事竣之后，赶即回京当差。蝼蚁之忱，伏惟鉴察。不胜悚惶之至。谨恭折具陈，伏乞皇上圣鉴。谨奏。

附：上谕**

（光绪二十一年四月十一日）

昨据通政使顾璜、侍讲张仁黼奏请赏假回籍省亲，当经允准。

---

* 据中国第一历史档案馆藏档。文廷式手稿中有此件折稿，文字小有异。

** 据《谕折汇存》（北京撷英书局刊本）。

本日又据翰林院侍读学士文廷式奏请赏假修墓,文廷式著赏假三个月,回籍修墓。现在时事多艰,在京各员,务当尽心职守,嗣后不得纷纷请假,以杜效尤。钦此。

为赏假回籍修墓谢恩折稿*

（光绪二十一年四月十一日）

奏为恭谢天恩、仰祈圣鉴事：

本月十一日，内阁奉上谕：翰林院侍读学士文廷式奏请赏假修墓。文廷式著赏假三个月回籍修墓，钦此。

窃臣得伸蚁悃，仰荷鸿慈，值寰海之销兵，受帡幪之曲被。望觚稜之丽旭，暂隔云霄；幸松柏之成行，得沾雨露。臣进礼退义，敢忘训诲之周详；浃髓沦肌，实感生成之优渥。所有微臣感激下忱，谨缮折叩谢天恩，伏乞皇上圣鉴。谨奏。

---

* 据文廷式手稿。

谭碧理末堪资镇抚请饬查处片*

（光绪二十一年九月十六日）

再，整军经武，必择将才。

臣闻江南提督谭碧理，本少战功，只以善于逢迎，滥居高位。近来营务废弛，标下竟无可用之兵。是以去岁今春，战事方殷，南洋大臣刘坤一等，不闻资其防守。及部议裁兵节饷，该提督多方阻挠，哓哓争论，以致营伍腾怨，事殆不行。似此庸冗之员，何足以资镇抚！应请旨饬查，如果不能得力，即予开缺，似于兵制稍有裨益。

是否有当，谨附片具陈，伏乞圣鉴。谨奏。

附：军机处进呈当日折件片稿**

（光绪二十一年九月十六日）

本日翰林院侍读学士文廷式奏统筹善后请维持湖北铁厂折。奉旨存。又，奏参江南提督谭碧理片，奉电寄谕旨：著张之

---

* 据中国第一历史档案馆藏档。此件片稿，见《文芸阁先生全集》排印手稿，稿末有“此片九月十六日上”等字，当是文廷式之尾批。

** 据中国第一历史档案馆藏档。

洞查明具奏①。

谨将原折片恭呈慈览。谨奏。

① 据中国第一历史档案馆藏档，光绪二十一年十一月十二日，张之洞《复陈遵查提督被参各款折》称，查明谭碧理"即不逢迎，已难免于素餐；虽未阻挠，究属不知大体。至松江系海疆要区，江苏门户，关系重大，现当力求自强、整饬海防之际，该提督才识庸陋，断难胜任；惟现在尚无别项劣迹。可否仰恳天恩，量调事务较简一缺之处，出自圣裁"。张之洞此折奏入后，据光绪二十一年十二月初三日《朱批单》，"奉旨留中"。

时势艰危请饬中外大臣力图振作折*

（光绪二十一年十月二十一日）

日讲起居注官翰林院侍读学士臣文廷式跪奏，为时势艰危，请饬中外大臣力图振作，恭折仰祈圣鉴事：

窃惟《大学》之道，首重"新民"；《春秋》之义，必通权变。前者战事不振，隐忍求和，薄海臣民实深愤激。然不能无望者，既和之后，修学校，整武备，务民事，裕财用，以期亡羊补牢，有备无患。

乃及今半年以来，朝廷之议论仍复不齐，中外之人才未闻特达。一学堂也，此省议增而彼省议减；一制造也，此处开拓而彼处停工。铁路屡议而举办无时，练兵有言而章程未定。理财之途至广也，而搜剔于厘捐民欠，则所得无几而敛怨已深；用人之术至多也，而征求夫笃老疲癃，则未必无才而所收亦隘。王文韶用揣摩之术，是以言二十年以内不必有为；刘坤一得便已之方，是以拥十数万之兵翛然高卧。徒使我皇上焦劳于上，枢府诸臣奔走于下。臣可决其一事未办，而各国之环而伺者又狡然而思逞也。他日款无可借、时无可为，而后追悔今日之犹疑废弛、玩愒失时①，不亦晚乎！

---

* 据中国第一历史档案馆藏档。此件折稿，见《文芸阁先生全集》排印手稿，与《请严饬南北洋大臣认真整顿海军片》、《广东会匪潜图叛逆请派大臣严缉片》三稿合载，其后并附录有文廷式之尾批："以上三件，十月十九日奏。"

① "犹疑废弛、玩愒失时"，折稿作"疑忌废弛、不能求才而御侮"。

甘肃之回匪，剿平非一日事，广东之叛民又将起矣；台湾之割地，痛尚未定，滇边、粤地之婪索又难拒矣。古人云：厝火积薪，自以为安。今则已在水深火热之中，犹晏然而自逸，诚可怪也！

恭亲王旧勋宿德久值廷枢[①]，翁同龢、李鸿藻皆屡膺重任，其勤勤于国事，外廷亦无异辞。而慎重之中，不免转有纡回之处。盖时至今日，无可因循；且万国之环而观我者，更有迫不及待之势。波兰、土耳其之事，令人寒心。在诸臣或尚有委蛇，臣愚以为作新之功，在宸谟英断而已[②]。

臣于中外之故[③]，略明得失，幸与从官，故敢进言。伏愿皇上明谕中外大臣，振刷精神，毋囿积习，毋徇私人，毋怯担当，毋怀观望，合群策群力而为之，庶有前沉后扬之一日耳。臣不胜忧虞企望之至，谨具折上陈，伏乞皇上圣鉴。谨奏。

---

① 此句，折稿作“恭亲王以众望复值枢廷”。

② 自“而慎重之中”至此，共十一句，折稿作“而其中委曲层累之端、转折纡回之故，不知有何牵制，而未能即日奋兴。岂时至今日，而尚可因循乎?！抑视天下之事，皆不可为、不敢为，而姑仍旧贯乎?！在诸臣或有才识能力未到之处；臣愚以为要在断、在必行，则一日归仁，事不在久也”。

③ 此句下，折稿有“洞思力学，逾二十年”等字。

请严饬南北洋大臣认真整顿海军片*

（光绪二十一年十月二十一日）

再，中国沿海七千里，欲固疆宇，不能不复设海军。然用不得人，则不如不设。

直隶道员罗丰禄，佥壬阴诈，万口同声。前者既设法倾轧琅威理而去之，于是主张闽党，立意不战，举十数船以降于敌，为我朝二百年来未有之耻。臣前者曾经弹劾，乃蒙国家隐忍，于大赏大罚竟不举行。近闻北洋大臣王文韶，又受其蒙蔽。降将溃卒，收罗至数百人，皆罗丰禄巧为说辞。他日所购铁甲，又将归其驾驶。若果如此，诚不如购送敌人之为愈也。该道员始以千总，旋改文员。充当海军营务之后，毫无功效，遂保举至记名关道。在烟台等处广开店铺，经营闽人将弁产业。大东沟一战，欲救方伯谦，私改汉纳根电报。后经汉纳根查出，且欲控之朝廷，始由北洋奏正军法。

总之，罗丰禄实为汉奸。海军复设，断不可用闽人旧党。此事关系至大，应请旨严饬南、北洋大臣，认真选择，速加整顿；于降敌弁卒，不准复留一人。

---

* 据中国第一历史档案馆藏档。此件为前录《时势艰危请饬中外大臣力图振作折》之附片。片稿见《文芸阁先生全集》排印手稿，与该折及该折之另一附片《广东会匪潜图叛逆请派大臣严缉片》三稿合载，其后并附录有文廷式尾批曰："以上三件，十月十九日奏。"兹据档案所存该折正本，定此件正式上奏日期为光绪二十一年十月二十一日。

臣查外洋海军,半出水师学堂,半由沿海渔户招充水手;战时且有勒充之举。王文韶等能稍为留意,不患无人;不得以“暂资熟手”巧为搪塞之语。

臣实为慎重军事起见,伏乞圣鉴,采择施行。谨奏。

广东会匪潜图叛逆请派大臣严缉片稿*

（光绪二十一年十月中旬）

再，广东会匪，潜图叛逆，事在九月中旬。臣得信最早。然闻现任两广督臣谭钟麟，至今尚无办法。窃恐首犯未获，暗长潜滋，终成大患。

臣生长粤东，深知该会匪等以南洋群岛为根本，以澳门、香港水域岛屿为聚集，以沿海岛屿为分支；有所谓“草鞋会”者供侦探之役，有所谓“红棍会”者利枪矛之用，有所谓“白扇会”者任书写之事，三会合为一；又或分为“红莲”、“大乘”等教，又或即以天主教为护符。其党与不下数十百万，遍布于各府、州、县，非一时所能解散。朝廷若顾念南服，则宜采威重明决之大臣，如张之洞、李秉衡者，为之督、抚，密设方略，严加访缉，兼约洋人，为吾伺察，庶可有济。至因时制变之道，固非书牍之所能尽。

臣为慎重地方起见，是否有当，伏乞圣鉴。谨奏。

---

* 据《文芸阁先生全集》所载排印手稿。此件为前录《时势艰危请饬中外大臣力图振作折》之附片。片稿与该折及另一附片《请严饬南北洋大臣认真整顿海军片》三稿合载，其后并附录有文廷式尾批曰：“以上三件，十月十九日奏。”兹据档案所存该折正本，及《德宗实录》所载有关此件之上谕（见下附录），定此件正式上奏日期为光绪二十一年十月二十一日。

沈寿龙等贪污狼戾请饬查办片*

（光绪二十一年十月二十一日）

再，江西吏治败坏，虽屡经惩创，而漏网尚多。如新淦县知县沈寿龙，贪暴妄为。息借商款，府派只五百两，沈寿龙借端勒派城外“王恒聚”五百两，各行店九百余两。又委员勒派永泰墟、三湖墟等处八百余两。此外，各典铺五百两、三百两不等。统计四千余两。仅批解一千五百两，余均入己。民人黄秉彝控监生皮品华一案，该县拘皮品华、黄聂氏，各诈赃数百两，勒两造具结完案；廪生胡懋修、董兰馨过付。又屡向属下铺户婪诈银洋，久则勒充捐项；由县丞程炳焜经手，借“王恒聚”五百元，作为捐修县署；乡征设局，尽责百姓供应。民怨沸腾。

又，大庾县知县刘光焕，贪酷异常。盗劫重案，不报不缉：祜源村朱泮龙家被劫，盗用洋枪击毙其子。因失单内开有契纸，该县不查署内契尾，辄将事主责押，诈赃数百两，而劫案置之不问。邓炳珠控陈汇江掘家抛骸，受屈上控，发回复讯。该县往勘，即宿陈家；收受多金，将邓炳珠迭次酷责，朦详拖案。廪生张家剑控谢鸿恩盗卖伊祖坟一案，该县勒谢鸿恩缴洋银千六百元入署，而置案不办。诸如此类，不胜枚举。

又，莲花厅同知崔祺，昏纵贪虐，信任官亲伊继耕、潘松亭、家丁阳

---

* 据中国第一历史档案馆藏档。此件为前录《时势艰危请饬中外大臣力图振作折》之附片。

占魁、常京山等，鱼肉平民。乡局征收，亦以官亲为之。每日督带亲兵差役数十人，按户逼催，所索规费，多于正供数倍。伊继耕讹诈谢敬斋不遂，潘松亭讹诈王景瑞不遂，该同知皆立发兵锁拿；谢敬斋及侄敷恩、王景瑞先后刑毙，其财物均被抄没。官亲曹秉礼逼毙郭伦初之父，范仲麟逼毙贺禄生，禀报即被刑押，勒写休结。彭王氏与王子红姑侄互控。曹秉礼、阳占魁知彭王氏家富，唆令崔祺将原抱刑押；恨彭乘风上控，带兵上门，开销至千余金。其兵皆用刺配军犯，尤为扰害地方。常京山在乡逼淫妇女，经生员王之璠面斥，常捏禀发兵焚抄，院司有案。茶陵匪徒欧阳寒山，率众焚劫，逼毙邹兴发之父，后拿获到案，家丁受贿释放，控院、控京有案。生员颜镳、监生贺庆祥、武生王庭桂等，皆因控家丁索诈被笞，多者至万四千。诸所作为，尽出情理之外。

又，前代理鄱阳县知县郑榜诏，因瓜代在即，设法将县署案卷尸格，受贿私改。一二旬内，得赃二三万金。

以上各员，皆贪污狼戾，实为病民之尤。臣既有所闻，适以江西察院无人，用敢附片直陈，为民请命，恳恩饬查惩办，以肃吏治。

是否有当，伏乞圣鉴。谨奏。

附一：军机处进呈当日折件片稿*
（光绪二十一年十月二十一日）

本日，翰林院侍读学士文廷式奏时势艰危请饬中外大臣力图振作折，奉旨存。又奏参道员罗丰禄片，查该员业经御史王鹏运奏参，于本月十八日奉寄信谕旨交王文韶查办，此次奉旨存。又奏参江西

---

* 据中国第一历史档案馆藏档。

新淦县知县沈寿龙等片，遵缮寄信谕旨交德寿查办。又奏广东会匪党与众多请饬严拿片，遵缮寄信谕旨著谭钟麟等严密查拿。御史杨福臻奏部存棉衣请饬拨交顺天府散给贫民折，奉旨著工部照数拨给。

谨将原折片恭呈慈览。谨奏。

附二：上谕*

（光绪二十一年十月二十一日）

谕军机大臣等：有人奏，广东会匪，在澳门、香港等处聚众滋事，有“草鞋”、“红棍”、“白扇”等名目；本年九月间，潜图叛逆；至今首犯未获，恐成大患等语。著谭钟麟、成允督饬员弁，严密缉拿，毋任漏网。

附三：上谕**

（光绪二十二年正月二十七日）

谕内阁：前据翰林院侍读学士文廷式奏参江西新淦县知县沈寿龙等各款，当经谕令德寿确查。

兹据查明复奏，新淦县知县沈寿龙，查无因案索贿情事。惟舆论不洽，人地未宜。著开缺另补。大庾县知县刘光焕，因案诈赃，查无实据。惟赴乡勘山，不知远嫌，致招物议。著交部议处。莲花厅同知崔祺，信任亲友，遇事讹索。著即行革职。代理鄱阳县知县郑榜诏，被参各节，均查无其事。著毋庸置议。余著照所议办理。该部知道。钦此。

---

* 据《清德宗实录》。

** 据《谕折汇存》（北京撷英书局刊本）。

外交日繁请编类成书以资典学开治法折稿*

（光绪二十一年十二月上旬）

奏为外交之事日繁，请旨编类成书，以资典学而开治法，恭折仰祈圣鉴事：

窃惟经济大原在学问，学问根柢在图书。六艺备而道生，九流博而术具。自天子达于士大夫，苟有志于开物成务，未有不造端于博学详说者也。宋臣之纳诲于君也，以《贞观政要》；明臣之纳诲于君也，以《大学衍义》。世变事殊，所值之时不同，则所用之书亦异；要以网罗浩博，纲领分明，择之至详，而后用之有效。

伏念我皇上万幾之暇，典学弥殷。问经史于疑承，谘方言于译史。祈寒暑(两)〔雨〕，讲幄常临。近以时事多艰，则瞽箴矇诵，卮言杂说，有若《洋务要言》、《盛世危言》等书，并蒙宣取，上尘乙览，九重向学，薄海钦风。惟此诸书，论说各限方隅，事物未云明备。

---

* 据《文芸阁先生全集》所载影印手稿。手稿内此折与《请特旨停捐举人片》、《请严饬刘坤一振奋精神讲求洋务片》、《参奏龚照瑗贻误封疆片》、《商务议约请谕枢臣坚持定论片》五稿合载（次第亦如此），稿后并有文廷式手书尾批，曰“以上一折并后四片，光绪二十一年十二月十一日上，奉旨留中”。另，《文芸阁先生全集》排印手稿亦载此五稿，然四片在前而折在后，稿末亦附录有文氏跋批，曰“以上一折四片，光绪二十一年十二月十一日上，奉旨留中”。文字各有小异。

即论语言文字，圣主考文之学，亦非一二翻译所能裨益高深。

臣尝考前代帝王之学，以经筵进讲为重；国朝圣学，则以开馆编书为先。恭惟圣祖仁皇帝以钦若奉天时，则集儒臣编《数理精蕴》、《历象考成》，而算术集百代之大成；以职方识地德，则命专家绘《内府舆图》、修《一统志》，而版章察九州之全势；以《幾暇格物编》研动、植形生之理，以《音韵阐微》握象鞮译寄之原。当时罗刹怀威，荷兰服义，北戡准噶，西闬卫藏，良由圣智日宏，无微不照，文思光被，武节以昭。综康熙六十年计之，三藩之变，噶尔丹之变，罗刹之侵边，第巴之毁教，其事体皆足以震撼一时，而不戁不悚，旋踵底定。圣谟之广运，则圣学之日新所布濩也。

世宗宪皇帝、高宗纯皇帝，继事述志，缵承勿替。于是以《历象后编》竟《考成》之绪，以《同文韵统》广《音韵》之通，修《图志》、《同文志》以定西陲，修《盛京通志》、重绘《舆图》以昭东顾。而又于香山试金川之碉楼，狝木兰莅蒙人之较猎。躬御西国火枪，名品十余，载在《通典》。一时流风所被，形响相因，士大夫多通敏之材，将帅亦极精微之思。丰功盛烈，炳铄寰区。

盖人材以化养日生，才智以见闻日扩。国家太平之盛在乾隆，而识者溯厥渊源，佥谓康熙一代君臣，上下以学相资，讲习编摩，积而成此。然则拨乱反正之略，安内攘外之功，其必不在乎无稽之言、弗询之谋，其将在乎敬教劝学，兴物前用，显谟承烈，成效昭然，诚可以一言决而终身行之者矣。

方今阳九厄运，元二灾年，事变迭生，海飞潮沓。而士大夫各持目论，诸卿相亦未有讦谟。国有大疑，则拱手结舌罔知注措，图新、由旧二者皆难；徒叹息乎乏才，不知其弊固由于不学。

臣之愚计，窃愿皇上遵列圣之宏规，修百王之坠典，特开文馆，汇纂西书。凡今日切要事宜,邦交为一类,国用为一类,商务为一类,兵学为一类,广搜博译,提要钩元,分别部居,加之论断。每成一卷,进取睿裁,神笔点定,示之准则,萃万国之图书,为一王之大法。皇上讲求于上,公卿百执事讲求于下,不及一年,人才辈出。西俗视艺学之精粗以觇国家之强弱。有此一举,亦足令其改视易听,阴消窥伺。折冲尊俎,其为用加,购船炮修铁路固万万不啻也。其承修即用翰林官,其总裁简命大学士、各部堂官,其采访翻译即用总署及同文馆人员。先辑已译之书,续翻未译之书。随译随编,日新月积。但得成书过半,边情洋务,人人昭晰无疑。纵令事变纷来,亦且应之有具,譬之设条例以待事,集方药以应病。事有执简驭繁、百举百效者,此类是也。

至于经武之方,则除开设学堂、储才、习器以外,臣尤愿皇上师乾隆中设健锐火器营意,简选八旗子弟、侍卫近臣,讲习新器,营构坚垒,日相磨砺,以备心腹干城之用。皇上于各式新械,亦宜随时宣取,躬自试验,以作士气,以示法程。

凡此皆转移要道、根本至计。惟断自宸衷,特旨行之,天下幸甚!臣不胜悃愊屏营之至,谨专折具陈,伏乞皇上圣鉴。谨奏。

请特旨停捐举人片稿*

（光绪二十一年十二月上旬）

再，捐纳举人，本非政体。乃去岁以军兴匮乏，言官条奏，部议勉从，于是限之以百名，重之以二万金，蕲在踊跃输将，而名器未滥。然臣闻开捐以来，已逾一稔，而捐纳者不过二人。朝廷有鬻卖科目之名，部库无广纳金钱之实。夫明经可售，唐代贻讥，名实两伤，不如其已。

臣愚伏望特旨停捐举人，以示天下以必取真才之意。是否有当，伏乞圣鉴。谨奏。

---

* 据《文芸阁先生全集》所载影印手稿，此件为前录《外交日繁请编类成书以资典学开治法折》之附片，上奏日期与该折同，据文廷式自记，皆为光绪二十一年十二月十一日奏上。

请严饬刘坤一振奋精神讲求洋务片稿*

（光绪二十一年十二月上旬）

再，论治于今日，非独当知古今，更应兼通中外。两江地大物博。从前诸事，以河、漕、盐为三大宗。自通商防海以来，则息息与外国相通，而非复寻常措置所能绝窥伺而图整顿。刘坤一素有清名，历任封疆，尚无大失。惟兵事则狃湘军之暮气，洋务则守昔日之迂谈；精神颇近衰颓，局面亦伤狭隘。

臣闻张之洞署任之日，于练陆兵、开铁路、设商局、行邮政诸事，皆已次第开办。此等图新之举，非有深识定力，蕲于必成，则朝令夕更，最足失信商民而贻讥敌国。

刘坤一即未必存成见，而新旧交替之际，宵小每从而设辞，务改前人之所为，以遂其私见。一反一复，而地方之受害匪轻。臣以少贱久历幕僚，深知此病。似应请旨严饬刘坤一，振奋精神，讲求洋务，知己知彼，乃可有为。毋受劣员之蒙蔽而坐失机宜，毋图省费之虚名而实多废弛。炮台必考求新式，商务必广集公司。此真卧薪尝胆之时，而非鸩毒晏安之日也。若摭摭其短，骤肆讥弹，臣

---

* 据《文芸阁先生全集》所载影印手稿。此件亦为前录《外交日繁请编类成书以资典学开治法折》之附片，上奏日期与该折同，据文廷式自记，并为光绪二十一年十二月十一日奏上。

固有所未忍；若任其将有为之地、可为之时，泄沓迁延，致生他变，则臣职在讲帷，固有应尽之责矣。伏望朝廷督责该督，力戒因循，庶保全其晚节，而地方亦有裨益。

是否有当，伏乞圣鉴。谨奏。

参奏龚照瑗贻误封疆片稿*

（光绪二十一年十二月上旬）

再，出使大臣龚照瑗，性本卑污，办事种种谬戾。臣去岁曾经参奏。乃近者缅界一事，尤为贻祸无穷。

光绪二十年中、英滇缅界之约，南一段在湄江左右，旧为车里宣慰土司地，画归中国。车里之南一段，议留为瓯脱，归中国管辖。

论车里十二孟土司全界，四孟在湄江之西，八孟在湄江之东、孟瓦江之西。《滇缅界约》指车里全界归我，而界线仅画至湄江西岸而止。法人以湄江上游左右系越属南掌柬浦寨故地、下游左右缅甸曾以归暹逻，欲攘湄江以东为己有。英欲以孟瓦江为界，法欲以湄江为界，皆争在车里。两国相持，以瓯脱为转圜之地。瓯脱既归我管辖，则车里全界在内，既不违英之约，亦可止法之争。

二十年九月，英、法会勘车里界。该大臣职守所系，自应详求利害，明告总署。乃该大臣懵无所知，希图苟且省事，遽电总署，言我争车里图虚言受实祸；不惟弃瓯脱，并欲置车里于不问不知。车里既入《滇缅界约》，而界线未定，我弃不问；归英则触法忌，与法则

* 据《文芸阁先生全集》所载影印手稿。此件亦为前录《外交日繁请编类成书以资典学开治法折》之附片，上奏日期与该折同，据文廷式自记，并为光绪二十一年十二月十一日奏上。

违英约。总署误信其言,遂致以车里之猛乌乌得酬法;而英索野人山补偿及梧州通商,法索龙州修接铁路,相继而起。

该使臣贻误封疆,咎有应得。至其购买船只,息借洋债,事事惟图己利,不顾国家。似此庸妄之员,不知朝廷何以笃加任信、贻讥外洋!臣不胜愤懑,谨附片参奏。是否有当,伏乞圣鉴。谨奏。

商务议约请谕枢臣坚持定论片稿*

（光绪二十一年十二月上旬）

再，臣闻近日商约开议，于“内地制造”一节，视若无关轻重，节节退让，任敌欺侮。全权惮于坚执，翻译巧肆诪张①；朝野忧骇，莫知所届。臣请为皇上切言之：

今日国帑空竭，仰屋无筹，惟恃借款为挹注之资；而借款亦仅仗海关为保偿之本。若内地制造税则一坏，则各国皆在中国自行制造，岂复有入口洋货？无入口货，则无入口税矣。出口土货，凡皆洋商贩往外洋以备制造者。若制造皆在内地，则亦并无出口税矣。无入口、出口税则无海关，无海关则兵费何由偿？已借之款何由还？将来练兵购船等事何从筹款？止条约数字之文，而国家命脉悬诸掌握！臣前疏论和议时固已先虑及此矣。

且议约异于要盟，停议亦非失信。日人未肆咆哮，大臣何故自生疑畏？此事理之大谬者也。马关之约无可言，然所失仅二万万，

---

* 据《文芸阁先生全集》影印手稿。手稿内《外交日繁请编类成书以资典学开治法折》、《请特旨停捐举人片》、《请严饬刘坤一振奋精神讲求洋务片》、《参奏龚照瑗贻误封疆片》与此件，五稿合载（次第亦如此），其后有文廷式手书尾批，曰：“以上一折四片于光绪二十一年十二月十一日具奏。闻商务一片，有严旨寄李鸿章；李每向人言深根‘自生疑畏’之语，盖深得其情也。”

① “任敌欺侮。全权惮于坚执，翻译巧肆诪张”此三句，《文芸阁先生全集》排印手稿载此片别稿作“任敌欺侮罔而李全权勇于自恣坚听信翻译巧肆诪张”。

尚有数可稽；若此约不力持，则所失不止十倍、百倍，无数可纪矣。税则为中国自主之权；倭人尚不能以无道行于朝鲜，岂能以无道行于中国！持以坚忍，必就范围。此天下公义，华、洋同声，不能以李鸿章畏徇敌人而置度支性命于一掷也。

臣不胜忧愤迫切之至，伏愿皇上密谕枢辅，坚持定论，勿为敌人挟持、草率定议，天下幸甚！谨附片密陈，伏乞圣鉴。谨奏。

附：军机处进呈当日折件片稿*
（光绪二十一年十二月十一日）

本日，翰林院侍读学士文廷式奏外交日（烦）〔繁〕请编类成书以资典学折，又奏请饬刘坤一回任后认真接办片，又奏参出使大臣龚照瑗片，又奏请停捐举人片，均奉旨存；又奏商务宜坚持定议片，遵缮寄信谕旨，令李鸿章坚持定见，力与磋磨，不准草率定议。

谨将原折片恭呈慈览。谨奏。

---

* 据中国第一历史档案馆藏档案。

条陈养民事宜折*

（光绪二十二年二月初四日）

日讲起居注官翰林院侍读学士臣文廷式跪奏，为条陈养民事宜，恭折仰祈圣鉴事：

窃维国家之设官，以为民也。然数千年来，于理财之道，但谋所以取民，而不谋所以养民，使各尽其一手一足之烈，而国家从而征之、税之，于是乎大利不兴，众力不集，民几不能自养，而国家亦因而患贫。时至今日，筹款之法已穷；邮政、银行诸端，未易一时措办。有以开源之说进者，或疑其迂阔而远于事情。臣以为为民兴利，计其效，远者三年，近者一年，亦可谓神速矣。中国地大物博，万里膏腴，西人推为天下第一大富之国。而国用匮乏、民情困苦如此，则养民之道失其传也。

五十年来所言西法，皆仅枝叶，其本在富国养民而已矣。此乃中国三代圣人之古法，"礼失而求诸野"可也。法国百年以前，上下贫窘；后乃兴种树之利，严伐树之禁，立劝民栽树之官，遂富甲欧洲、纵横四海。故英、美擅工商之利，而法、德、奥、意诸国，其大利皆在于农。中国从古重农，自应以农事为急。而农政之要，则以开

---

* 据中国第一历史档案馆藏档。此件折稿，见《文芸阁先生全集》影印手稿，稿末有文廷式尾批："光绪二十二年二月初四日具奏，附片三件。"

渠种树为先。应请旨明谕天下,各就本省可开之水道、固有之利源,董劝民间,妥筹兴办;民力不足,官助其成;不得故事奉行,亦不得借端苛扰。唐人讲水利,元代重农政,史书具在,成效昭然。至中国现有四大利,可以立致富强者,臣请为皇上详晰言之:

一曰蚕桑之利。《禹贡》九州,桑土居其七。今蚕桑之利仅存江、浙,则昔多今少可知矣。意大利种桑育蚕,垂百余年,而其丝之柔韧洁白,终逊中国。西人考求既久,始知中国蚕丝冠于各国,皆因太湖之水百倍肥腴,距湖稍远者则否。故大湖大泊,皆宜蚕桑。即太湖一隅,每岁之利将及万万;使推之洪泽、巢湖、鄱阳、洞庭及滇池、昆明等湖,皆种桑育蚕,如太湖之侧,则数万万金之大利已在掌中矣。

二曰棉花纺织之利。近年洋纱洋布销售中国者,岁值六千余万金。土布之利,全为所夺。向日西人织布皆用木棉,产于美国、印度两处。近中国自立纺织,各厂始知华棉丝长色白不及洋棉,而温暖坚厚过之。然洋棉每石需洋三十余元,华棉则每石十余元耳。故近年洋船回国,出口棉花骤增,至二千余万。而江西、安徽、湖广、江浙各省所出棉花,尤称上品。西人考求全地球人数,衣布者十人中止得三人,衣绸者十人中不及一人;此两项利源,有加无已。应请旨饬下江浙、安徽、江西、湖南北、云南各督抚,先筹款购买桑秧,沿洪泽、巢湖、鄱阳、洞庭、滇池、昆明等湖,广行栽种,劝谕民间大兴蚕利;高燥之地,遍植棉花。责成本地绅耆,详细开导,提款设局,官为维持,然后集款招商,广立缫丝织布各厂。使所出之蚕丝、纱布,媲美洋工。比及三年,其收利何止万万。大利所在,人所必趋。惟须实力实心,不得假手吏胥,徒增扰累。此大利之在南方者,其事至顺而易也。

三曰葡萄酿酒之利。北方数省,每岁销洋布四千万金。除羊毛、草帽边值银五百万金外,余无一物可以相抵。是岁耗三千五百万金矣。民安得不贫?法国有人游历北省,谓自黄河以北,无地不宜葡萄。即奉天一省,如能广种葡萄,其利已可敌法兰西一国。因葡萄性喜天寒,最宜沙土故也。查法国葡萄制酒之利,岁合中国银数九万万两;酒值一两,税亦如之,法国岁需,全资酒税。近日洋酒华人亦喜饮之,每岁入口已千余万。中国开此利源,无此重税,则物美而价必廉,即不能尽夺法国之利,而已可杜洋酒之源,是为北省之民岁增数千万金之进款矣。惟制酒葡萄其种与中国异,枝多、实繁、本大,略如吴越人之种桑。应请旨饬下出使法国大臣密派专员考求此事,购觅佳种,雇募西人,选购制酒机器来华。于直隶、山东先行试办,逐渐推行,则其事不劳而集矣。

四曰畜牧之利。畜牧为北方大利,古有明征,非止牛羊供食、驼骡负重也。西人剪羊毛以织呢羽,收驼毳以制毡绒,牛乳马湩,饮食必需。美国之北方,遂以此擅无穷之利。中国如东三省、热河、口外七厅、锡金河套及甘肃、新疆等处,地广人稀,最宜畜牧。小民愚昧,创始维难;边帅疆臣,又多习故安常,不知通变。应请旨饬下出使美国大臣访订精于畜牧及织造呢绒毡毯之人,至沿边相度,然后购买机器,开辟围场,提款派员,管理牧政。数年以后,美利大兴矣。此二事者,为北方绝大利源。创办之时,应先令使臣延订妥人,博求良法,以立中国富强之基。不得敷衍因循,贻误大局。俟试办有效,然后将其法行之内地,各督、抚及边疆大臣董劝商民,一律兴办。此利之在北方者,其事稍逆而亦非难也。

以上四事,本皆中国旧法;虽参用机器,兼资人工。可养无数贫民,即可销无穷隐患;既为闾阎广生计,更为国家增税厘。所谓因利而利，百姓足而君足者。较之搜骨剔髓，剜肉补创，害中于民，而国终受其祸者，其优绌、劳逸、迟速，相去何如也！惟中国可兴之利甚多，亦甚易，略举数事，以例其余；而大要仍在疆吏得人，先集巨资，力除积弊，刻刻以养民为念，则富国丰财之本计，已隐寓其中矣。

愚昧之见，是否有当，谨恭折具陈，伏乞皇上圣鉴。谨奏。

请饬同文馆及外省广方言馆添聘俄文东文教习片*

（光绪二十二年二月初四日）

再，办理洋务，专资翻译[①]。现在俄罗斯、日本交涉之事日繁，而通俄文、东文者绝少。每有文报，辄苦乏人。似宜请旨饬下同文馆及外省广方言馆，添聘俄文、东文教习，加增学生额数，俾得成材[②]，以供象译之用，似于洋务不无裨益。

臣愚昧之见，是否有当，谨附片陈闻，伏乞圣鉴。谨奏。

---

* 据中国第一历史档案馆藏档。此件为前录《条陈养民事宜折》之附片，即随该折递奏。此件片稿，见《文芸阁先生全集》排印手稿。

① 此二句，《文芸阁先生全集》排印手稿作“熟悉洋情，要资翻译”。

② 此句，同上作“俾数年之后，教练成材”。

请各省开矿片稿*

（光绪二十二年二月初）

再，开矿之事，上裨国用，下益民生。满、汉臣工，屡经陈请。乃既蒙皇上采纳，复有部臣主持而行之。各疆臣或任意迟延，或借端挠沮，卒使良法美意废遏不行，时事艰难至于此极。推原其故，厥有八端：

中国伊古以来，居官者以言利为戒。有明矿税之祸，尤为妇孺所知。鉴古虑今，则疑于招谤，一也。

循例援案之事，疆臣不须思索，可见施行。开矿则无例可循、无案可引。则苦于用心，二也。

一言开矿，即须集赀。官办则无款可提，且虞异日之亏短。商办则无人可信，更防成效之难期。则艰于措施，三也。

人情安常习故，因循观望，苟且惰息，又惑于风水之说。开办之始，难保不稍有争端。官吏因之遂生疑阻。则嫌于多事，四也。

开矿见功以后，利之所在，人所必趋。工人累万盈千，弹压匪易。则惮于聚众，五也。

定例：商人开矿，十分取二。较泰西各国二十分而税一，本属

---

* 据《文芸阁先生全集》所载排印手稿。此件亦为前录《条陈养民事宜折》之附片，其正式上奏日期与该折同。

太苛。又虑及洞老山空，工人星散，此项矿税无出；部中驳诘，大费周章。则畏于受累，六也。

各疆臣名位已高，惟欲保全，别无希冀。开矿见功，未必遽加褒赏；开矿有过，或将贻累子孙。属员望风，更相附和。则慊于无赏，七也。

疆臣年皆近耄。开矿之事，旷日始成。安能劳精费神为此分外不可知之事？则难于持久，八也。

有公、有私，而其断断不欲开矿之心，则一而已矣。方今天下大势，民穷财罄，识者寒心。而中国矿产之丰盈，复甲于地球各国。如人有重宝窖藏于地，而日日不免饥寒，愚莫甚焉。故欲富则必开矿；而以责之疆臣，决无能开之一日，不过迁延时日，卒以"无矿可采"一奏塞责耳。欲破群疑，别无奇策，臣请为我皇上陈之：

矿蕴于山、藏于地，非可携而怀也。志乘有记载，土人有传闻，西人之游历者有撰述，矿师识苗望气，一目了然。

今中外所艳称者，川、滇、二藏、东三省及齐、晋、江、皖、湖南北、新疆等处，应请饬下出使大臣，访订泰西各国著名矿师数人，议定薪水，咨送来华，听候录用。特派查矿大臣数员，携带矿师，周历各省；各省现开之矿若干，未开之矿若干，开采是否有利，转运是否得宜，一律绘图贴说，详悉查覆。然后明降谕旨，准民集赀开办，官为保护；商力不足，酌提官款助之；减轻矿税，二十分而取一。地方官吏，稽查督责，统照盐法之例；有成效者优加奖励，敢阻挠者予以严惩。持以十年，而各省矿产不开、国计民生不富者，未之有也。否则上下相蒙，内外相循，行查驳诘，徒托空言，即开矿一端，而天下官吏之泄沓因循，已可概见矣。仍惟圣明迅断施行，天下幸甚！

谨附片密陈，伏乞圣鉴。谨奏。

请修理京师街渠片*

（光绪二十二年二月初四日）

再，王道荡平，会归有极。古圣王邦畿千里，表正万邦，整齐画一之规，先自近始。未有堂堂上国，声明文物，四海所瞻仰，而听其街衢污秽、水泉咸苦，横生疾疫、贻笑邻封者也。

隋文帝初都咸阳。苏绰奏言：咸阳建都日久，秽浊之物，阏塞地气，井泉咸涩，瘟疫繁多。请于咸阳北牛首山另筑一城徙居之，名曰"长安"。唐代因之，享国弥永。京师自辽、金、元三朝建都于是，明永乐间稍迁而左，另筑新城，迄今亦五百余载。当日沟渠街道各有专官，岁岁修治，不惜巨帑。乃相沿日久，名存实亡；咸丰间改用大钱放项，再经折扣；延至今日，遂一切废弃不修。以致街巷崎岖，沟渠湮塞；合城井水，苦涩不堪；秽气熏蒸，酿为疾疫。去夏大疫，城内外传染不治者至十余万人。伤心惨目，莫此为甚！

夫辇毂之旁，耳目所接之地，芜浊若此，废弛若此，毒害生命之

---

* 据中国第一历史档案馆藏档。此件亦为前录《条陈养民事宜折》之附片，并随该折递奏。此件片稿，见《文芸阁先生全集》排印手稿，与《请饬同文馆及各省广方言馆添聘俄文东文教习片》、《请各省开矿片》，三稿合载，其后有文廷式尾批，曰"以上三件，并于二月初四日附奉奏"。

多又若此，何以为八方起化之原、万国同风之治乎？！去冬雪泽稀少，转瞬春温将发，其伤损人命又不知几何，我皇上爱民如子、上体天心，岂忍听斯民自生自灭乎？

今有言之而欲行之者，则必曰款项难筹也、办理不易也。国家每岁出入逾万万金，所糜费侵渔者何限？乃于上关国体、下全民命之事，而独靳之哉？若云街道难修，则用江宁碎石筑马路之法，运西山之土石以填之，可以一律平坦。上年芦沟桥运土之铁路，固犹弃置道旁也。若云沟渠难浚，则沟之浅者浮于地面、沟之深者入地数寻，自用新法造新沟；并于道旁另筑明沟，与暗沟相表里。如其办理得人，大约六十万金已足。嗣后派兵巡守，及常年修理之费，则取之车捐、房捐，日捐数文，已能敷用。其尤要者，宜用自来水管之法，引京西洁清之泉水，以济京师，俾万姓食德饮和，永除疾疠；以旧有井水，专供浣濯之需。

一转移间，而道路坦平，沟渠通达；天居严重，而民气安和。我国家亿万载无疆之休，即基于是矣。

愚昧之见，是否有当，伏乞圣鉴训示。谨奏。

附一：军机处进呈当日折件片稿*

（光绪二十二年二月初四日）

本日，翰林院侍读学士文廷式奏条陈养民四事折，又奏请饬同文馆及外省广方言馆添聘俄文东文教习片，奉旨"总理各国事

* 据中国第一历史档案馆藏档。

务衙门议奏”①。又奏请各省开矿片,奉旨“同御史陈其璋请开矿产折片一并核办”。又奏请修理京城街渠片,奉旨存。

给事中文郁奏参黑龙江将军恩泽贪劣各款折,又奏恩泽收受俄人金沙片,奉寄信谕旨令延茂查奏。

查应抄之件甚多,拟于明日再将原折片恭呈慈览。谨奏。

附二:上谕*

(光绪二十二年二月初九日)

谕军机大臣等:开矿为方今最要之图,迭经谕令各直省督、抚等,设法开办。

(前略)又据翰林院侍读学士文廷式奏,各省开办矿务,疆臣任意迁延,或借端阻挠,推原其故,皆由畏难等语。当此国用匮乏,非大兴矿务,别无开源良策。叠寄谕旨,业已剀切详明。各该督、抚,

---

① 据中国第一历史档案馆藏档案,总理各国事务衙门于光绪二十二年三月间上折复陈遵旨议奏养民事宜情形,称查文廷式“原奏条陈各节,实属救时要策,理宜设法施行”。如水利,则“但令地方官修旧开新,随时蓄泄,灌溉之利,周溥非难”。种树,则“在各省督抚加意振兴而已”。蚕桑,“就目下议振兴之法,自当于便水之地先发其端”,“拟请旨通行各省督抚,审察土宜,有可兴办之处,即令地方官设局开学,鼓舞绅商,广为兴办”。棉花,“拟令与蚕桑一体振兴”。又“应请饬下北五省督抚、东三省将军,仿照臣衙门奏定设立商局董章程,招集绅商,广为劝导畜牧及葡萄酿酒二节。并拟准如原奏所请,饬下出使法、美二国大臣,派员考求,延订专门,购求机器,一俟试办有效,即行随事扩充”,“各督抚统限以半年,具奏情形,定期开办。仍咨吏部,列入州县考成,庶足劝勤策惰”。总理各国事务衙门同时附片复陈遵旨议奏添聘俄文东文教习情形,称同文馆俄文教习“无须再行添聘”,学生亦“不乏人”。至东文,拟允驻日使臣裕庚之请,派遣学生去日本“就彼学堂肄业”,已由总署函复裕庚“迅速照办”。“至各省学馆,应咨行各该将军、督、抚,酌量添聘俄文、东文教习,量加学生额数”。总署此折及此片奏入后,皆于三月二十一日奉朱批“依议”。

* 据《清德宗实录》。

身膺重寄，与国家休戚相关，倘狃于故见，仍以空言搪塞，扪心自问，其何以仰对朝廷耶？

将此由四百里谕知王文韶、刘坤一、边宝泉、赵舒翘、德寿、廖寿丰、胡聘之，并传谕张汝梅知之。

条陈教士事宜折稿*

（光绪二十二年二月中旬）

奏为条陈教士事宜，恭折仰祈圣鉴事：

窃臣维治天下之大事，不外养与教两大端。臣前举养民数事，仰蒙圣明采鉴，将见施行。于育才之方，臣亦尝反复于古今得失之故、中外政教之理。而知选举之弊，易而科目；科目之失，变而保举；保举之穷，滥为捐纳。或是此而非彼，或与甘而忌辛。然大抵皆（断断）〔龂龂〕于取士之虚名，而不永教士之实理。是失在本源，而图其枝叶也。忧之田亩，不勤树艺，而听其自蕃自殖，纵不芜废，尚蕲其丰年乎！【下缺】

---

* 据《文芸阁先生全集》所载排印手稿。此折是否完稿上奏及何时上奏，未详。

代拟海防吃紧请调废员来浙襄理折稿*

（光绪二十五年夏秋间）

奏为海防吃紧、襄理需才，吁恳天恩电调废员以资臂助事：

窃〇受事以来，正当意大利婪索沙门湾、朝廷定议驳斥之时，昕夕筹防，百端待理。数月以来，意人虽尚未大举，然兵舰、运船，麇集海面，来往无定。而内地匪徒，借端闹教，温、台一带，骚动异常。浙省道府，人才虽多，而曾任海疆、通知洋务者，实不数觏。

臣查花翎三品衔、已革前署广东按察使、雷琼道杨〇〇，胆识俱优，才猷卓著。前在广东，历任德庆、香山、番禺各州县，清理词讼、修葺堤工、认真团练、惩办积匪等事，政绩昭著。经历任广东督抚臣张之洞、李瀚章、刚毅奏奖在案，咨升补罗定直隶州知州，改归道班引见后，奉旨以道员遇缺提奏。〇年〇月，特蒙圣恩简放广东雷琼兵备道。经前任广东抚臣马丕瑶奏参，奉旨革职、永

---

* 据文廷式手稿。该折稿以浙江巡抚之口气缮作，或系徇杨文骏之请求。所言意大利逼索浙江三门湾（此稿作“沙门湾”）事在光绪二十五年，按察使李光久受命督办浙省防务事在该年四月，故推断撰时或在是年夏秋间。继由浙抚刘树堂删改上奏，可参阅附件《浙江巡抚刘树堂奏恳破格录用革员折》。

不叙用。

该员在粤之时，正当法越、倭韩两次滋事，筹防、筹饷，卓有成劳。历任各缺，香山、雷琼等处，皆进近海壖。其在香山时，办小榄各都团练保甲，募设水陆壮勇，购置船艇器械，内外晏然。任雷琼道，莅任未久，力筹防务，增募委英炮台弁勇及亲兵多名，率同所部琼军，认真操练。饷不添支，兵皆能战。时奉旨息借商款，广东限五百万。该员素为商民所悦服，禀求督臣李瀚章电调该员赴省，妥议章程，因得集银二百五十万，分批解京；并自报效银四千两。查户部奏定集款至一万两以上，准将筹集之人先行奏奖。李瀚章未及核奏，仅予署理按察使。而马丕瑶到任未(及)〔久〕，辄误信倾轧之词，空言论劾，此公论所以不能不为人材惜也。

该员被劾以后，旋经督办铁路大臣盛宣怀会同升任直隶督臣王文韶、湖广督臣张之洞奏明，派委该员为汉口一局协理商董。奉朱批：该衙门知道，钦此。

现在浙江饷绌兵单，虽蒙圣恩特授李光久按察使办理防务，然沿海千里，险隘分歧，陆兵既难于遍防，饷糈尤艰于筹画；又一切渔团保甲等事，在在皆应举行。非得谙练干济之材，不足以资任使。杨○○历经洋务，皆能措置裕如。可否仰恳天恩，饬下总理衙门电行湖广督臣张之洞，即饬该员迅速来浙，办理海防等务，必有裨益。如蒙俞允，应俟防务稍松后，再由臣专折送部〔引〕见，以符定例。

臣为军务需材起见，专折〔具陈〕，不胜屏营待命之至，伏乞……云云。

附:浙江巡抚刘树堂奏恳破格录用革员折*

(光绪二十五年十月十四日)

头品顶戴浙江巡抚臣刘树堂跪奏,为革员才堪任使,前此被参冤抑,吁恳天恩,破格录用,以收得人之效,恭折仰祈圣鉴事:

窃维今日时势艰危,外侮纷乘,内讧迭见。非有通时达变、干济之才,不足以资措理。各省仕途冗杂,中材居多。圣朝求贤若渴,博采旁搜。臣受恩深重,亟当汲引才能,聊尽以人事君之义。

查有花翎三品衔、已革前署广东按察使雷琼道杨文骏,初在北洋,办理海防洋务多年,为大学士李鸿章所识拔。臣官畿辅,知之最深。

光绪十三年,部选广东德庆州知州。前两广督臣张之洞、李瀚章,均甚倚任。历署番禺县、香山县,筹办团练,拿获积匪,卓著政声。前督臣李瀚章,奏奖该员兴利除弊,治行为通省之冠。奉特旨,在任以知府即补。又因办理义仓积谷,深有成效,经前广东抚臣刚毅奏请奖叙,各在案。旋升罗定直隶州、过班道员,奉旨补授广东雷琼道。

值倭韩事起,筹办海防,亲率所部琼军,认真操练。因奉旨息借商款,前督臣李瀚章以绅董禀称该员素为商民悦服,奏调在省,会同司道督办。不数月,即集借银二百五十馀万两,以济要需。适臬司额勒精额升任,即委该员就近署理。

前抚臣马丕瑶到任未久,误听人言,遽以该员"贪酷轻佻,难居

* 据《光绪朝朱批奏折》(中国第一历史档案馆编,中华书局 1995 年)之影印原折录入。该折上奏后,得奉朱批:"杨文骏着送部引见。"

民上"奏参,奉旨革职,永不叙用。公论佥以人材为惜。

臣查广东督抚臣张之洞、李瀚章、刚毅,均系久任封圻,认真办事之人。而刚毅守正不阿,直声尤著。该员由香山县以至雷琼道,皆在刚毅抚粤之时。果有贪酷劣迹,刚毅察吏最严,必早予参劾,何肯率行保奖?

近阅邸抄,如奉天被劾道员张锡銮等,获咎情节,较该员为重,一经臣工奏保,胥蒙天恩录用。即该员同案被参之总兵黄金福,亦经奏请,开复原官在案。良以使功使过,朝廷各具权衡。而时局艰难,需材孔亟。与其掖登新进,不如起用明习吏事、历练有为之人。该员胆识俱优,才略出众。浙省现办海防洋务,需材正急。用敢不避嫌怨,仰恳天恩,俯准将该员交部带领引见,恭候谕旨量材录用,可否发往浙江差遣委用之处,出自逾格鸿施。

臣为人材难得起见,谨恭折具陈。伏乞皇太后、皇上圣鉴训示。谨奏。

卷二　文录

国朝经学家法论*

自道学盛而经学衰,元、明以来,不绝如线。沿及明末,而穷经好古之士起,如顾亭林、钱澄之、王夫之、毛大可、朱锡鬯、陈见桃、张稷若、黄梨洲诸人,无不生于明而学成于国朝。盖物极必反,亦天所以成一代风气也。顾其时翦除荆棘、荡涤浮秽,虽有门径,而尚无家法。

至康熙朝,阎百诗、胡朏明、万季野、陈泗源诸儒辈出。而《易》之河洛、《书》之古文,绌伪崇真,破千年之大惑。虽未明宗汉学,而其实事求是之风,已与汉学为近矣。

然雍正、乾隆两朝经学家,如汪灿人、顾震沧、江慎修、徐位山,仍汉、宋兼采,靡所专主。其专尊汉学者,实自惠氏始,而大江以南学者翕然宗之。而自刘申受诸人出,又以西京为主,而尽斥东汉之家法焉。至以郑康成注《尚书》用古文、笺《诗》用毛为傎,抑亦甚矣。

戴东原之学,虽出于江慎修,然聪明过之,笃实不逮也。至其博综载籍、折衷今古,其弟子如王怀祖、段懋堂、孔㢸轩、汪容甫皆一代通儒,亦可以雄视百代者乎!

---

* 据《菊坡精舍集》(陈澧编,廖廷相等校补。光绪丁酉刊本)。此篇为文氏在菊坡精舍从学陈澧门下之时所撰。

若夫全谢山、杭大宗诸人，则皆梨洲之派，博洽则有之，专家则未也。

综而论之：张皋文之《虞氏易》、王西沚之《郑氏尚书》、陈硕甫之《毛诗》、刘申受之《公羊春秋》，唐人注疏之风，汉何邵公之家法也。胡墨庄之《诗》、金蕊中之《礼》、庄绶甲之《周礼》、胡培翚之《仪礼》，虽专主一家，而亦不废异说者，南朝熊刘之风，郑康成之家法也。戴东原、王怀祖、程易畴、阮文达，博综诸家而每出新意者，徐遵明之风，许叔重之家法也。若崔述之好为疑古，则啖助、陆匡而已矣；毛大可之勇于攻击，则王肃、虞翻而已矣：皆非汉人之家法也。

愚以为：好为新意者，失之悍，其弊必至蔑前人、舍成说，而徒为纷纷；专主一家者，失之党，其弊必至争门户、易是非，而不尽得其所安。惟郑氏之家法为最正；然非闳通淹贯者，仍恐是其所非而非其所是也。盖能沉潜载籍、以求古人之精善，其有决不惬于吾之心者，然后博稽详考以明之，则所失者庶几鲜矣。

赵过代田论*

汉武帝末年，悔征伐之事，以赵过为搜粟都尉。过能为“代田”。一亩三圳，岁代处，故曰“代田”。当其时，民生之凋弊，供亿之烦苛，军旅之骚屑，盖有变在旦夕之虑。而自过为代田，至昭帝时颇有畜积。十余年间，效已如此，可谓有功矣。

今以其法考之：其除草附根之法，虽云出自后稷，实则与区田法颇相似，而简易过之。盖区田必用锹馒，必须灌溉，而牛犁不能用，车戽不能施，又费地独多。代田，则圳间为陇，陇圳分则牛犁可用矣；圳之首为衡沟，衡沟通则车戽尤便矣。此约陆桴亭《思辨录》语。而所收常过缦田亩一斛以上，虽所增不多，而地力亦不至太尽，此其可行之效也。

又，其法一亩三圳，一夫三百圳，则一百亩也。按《汉书·地理志》云：定垦田八百二十七万五百三十六顷。以百亩为顷，当得八万二千七百五万三千六百亩。以元始极盛之籍计之，口五千九百九万有奇。妇女去其半，老弱去其半，其工商、胥吏又去其三之一；其用力田间者，盖千万人耳。一夫百亩，数将适合，而又率多人者田日三十亩、少者十三亩，其田易垦辟，更何虑于旷土游民乎？此

---

* 据《菊坡精舍集》。此篇亦为文氏肄业于菊坡精舍时之撰。

又其可行之效也。

夫畿疆富则四方无转漕之劳，边郡足则兵士获屯田之利。过之教田，先于三辅，又教边郡及居延城。其后边城、河东、宏农、三辅、太常民皆便代田。至宣帝时，遂籴数郡谷供京师，省关东漕卒过半。夫使后汉行之，则虞升卿不必有屯田之奏。使宋人行之，则关中不至有溃师之虞。使唐至今行之，则东南不至受漕运之困。此尤其可行而宜亟行者也。

夫武帝之算缗榷酤、进用言利之臣，在在皆期于富国，而民日益贫，国亦不富。迨至用赵过，而十有余年遂能殷实。西汉不亡之基，实在乎此。则甚矣农政之不可不讲也。彼鳃鳃然以税商鬻爵为国计者，岂足为经远之谟哉！

《随山馆诗》序*

（光绪十年十二月）

尝读钟嵘《诗品》，于诸家之诗，必实其源自何人。论者或疑其附会，不知此古人分别流派之盛心也。然予犹惜其能辨文章之流别，而未能辨学术之流别。是以渊明之诗，儒家之言也，其意淡泊而有守；子建之诗，杂家之言也，其气惕佚而无制；许询近于道家；王俭近于礼家……如斯之流，未之分晰，遂使千载而下，篇章既佚，考索为难。斯读者可以深慨矣。

汪丈穀庵，今之隐君子也。其立身行志，皦然不欺，出于儒家，而其退然自居，不欲为天下先，则又得之于道家。故其为诗也，称物芳而志弥洁，出辞婉而情弥深。渊乎有忧世之心，而在言逾孙；泊乎有高世之概，而与物无争。《易》曰："遯世无闷。"《老子》曰："上德若谷。"三复斯编，殆于兼之矣。

余以谫陋，无所通解。然读君之诗，知君之志；又辱君两世交，闻其绪言。因以悉其学术之所在，故敢怂恿付梓；而君督之序，亦泚笔而不辞焉。

夫风雅道微，輶轩不采，下情无以上达；而作诗者又不能原本学术、考察民隐，淆然为无谓之辞，或仅仅雕镂虫鱼、极命草木，而

---

* 据汪瑔撰《随山馆诗简编》（光绪十七年刊本）。原无题，兹据刊本版心所镌为题。

诗学几为天下裂。顾安得如君者一二辈,起而振之?书至此,不禁三叹。亦愿后之读斯编者,推求至隐,以余之言为喤引焉。

光绪十年十二月,萍乡文廷式谨序

《东塾读书记》跋*

（光绪十五年十二月）

吾师之殁，八年于兹。山川邈然，神明在斯。书未及半，存者已而。《说文》谁上，礼堂不思。嗟余后死，抚卷涟洏！

己丑十二月，受业弟子萍乡文廷式题

---

* 据王欣夫《蛾术轩箧存善本书录》（鲍正鹄、徐鹏标点整理，上海古籍出版社2002年）“庚辛稿”卷三。谓文氏评点并题跋者，为“清番禺陈澧撰”、“《东塾读书记》十三卷又三卷（五册）”，“道希原本旧在刘氏嘉业堂普通书库中，因倩人传录”而得。按文氏评语，今另收于《笔记下》卷内。

《青山乌石叶氏续修族谱》序*

尝闻积厚者流光，郁久者必发。自古至今而知此理之毫厘不爽者，匪征之于数，实信之于德。

今观叶公辉儒老先生之谱，始自诸梁，源流世系，累代簪缨，(询)〔洵〕足夸耀于简册，何至今在萍功名仕宦，未能灿然昭人耳目，岂积之未厚也，郁之未久也？

式访闻君族，雅号旧家，乡居笃耕，勤俭自守，俨然有隐士风，一切嚣薄习气丝毫不染。然又非村僻自囿。间遇公事，能仗大义，较尺寸株守者大相径庭。读书如华翁、黄玉坡师，先式而冠军郡，(遇)〔偶〕谈论，觇其底蕴，发皇正未有艾，自当先式而达朝。何屡困场屋，未能获隽？瑞翁与式有文墨交，浑朴有馀，未了芹宫愿。小翁才思敏捷，素所仰慕，兼以书法圆润，伟器也，亦困厄若斯。是读书未可凭，德抑未可凭耶？

式尝过河南，经叶县，见夫连村接壤，二十里无间者，非皆叶公后裔乎？富贵利达，原难指数。后过粤东，又见叶君绍贤、叶君启

---

* 据高洪年《文廷式佚文四篇》，载于《萍乡高等专科学校学报》2008 年 4 月，第 25 卷第 2 期(承何东萍先生寄赠电子版)。为高洪年先生从萍乡谱牒发现文氏佚文诸篇之一(此“佚文提供者”为叶鱼良)。原见于萍乡安源青山乌石叶氏族谱，“为文氏手书清末刻版”，原题作“续修序”。已经高洪年先生校录且分段标点，今稍予调整，并酌拟今题。此篇撰时，高洪年先生考证谓在“1891 年秋”。

卓等，居大位，享大名，不下数十。他如福建之叶君大倬，典湖南乡试；直隶之叶君松轩，任陕西巡抚。即江西之新建，润书、润香，兄弟同榜；泰椿、人俊，叔侄连科。以式见贵族之达者，所在多有。式未见者谅亦不鲜。

景武乡先生，宋进士也，今数百年尚无嗣响，岂天地清淑之气钟于彼不钟于此？是又不然。则且馀而待，殷殷然莫改初心；则且缓而图，汲汲然当立大志。以德为体，以学为用。达则见诸当时，不达亦能芳诸后世。况有君族之积累，断未有不达者。君其勉之！式将盛京以俟之。

赐进士出身、内阁中书、钦点一甲二名、

姻愚弟文廷式顿首拜撰

德圃公夫妇八旬寿序*

（光绪十七年）

皇上御极之十有七载，海内协雍。民生敦庞，咸若其性。朝多黄耇，野有鲐背。生斯际者，每于务闲之馀，奉觞上寿，以娱其长老。而余姻丈德圃先生与姻母李孺人，均以是年，前后诞辰。族姓子弟欲为之谋觞于室，而以序来属。

廷式寄外日久，岁时不习过，凡乡先生之硕德而耆年者，末由瞻仰，而备闻其实。

己丑秋，乞假南旋，由粤而楚，越今夏，而汔吾邑。时有以先生之寿为言者，卒未敢效世俗俪妃之词，昧诗人颂祷之义。嗣阅先生弟子钟蕃所作以征序者，推阐先生之生平与得力于孺人之内助，觇缕而详尽焉。于是知先生之寿固有自，乃得扬言以进于众，曰：

宇宙庞鸿纯厚之气，物得之而遂昌，人得之而寿考。而于其中，能力持本根，导迎善气，昭兹来许，则尤强固植立，久而弗衰。

先生承累世积庆之后，处优游可乐之时，惧隳先业，撑持门户，

---

* 据高洪年《文廷式佚文四篇》，载于《萍乡高等专科学校学报》2008 年 4 月，第 25 卷第 2 期（承何东萍先生寄赠电子版）。亦高洪年先生从萍乡谱牒发现文氏佚文诸篇之一（此"佚文提供者"黄序铮）。原见于萍乡湘东下埠马迹塘黄氏（晚清曾任上海县令之黄承暄之家族，文廷式妹夫彭树华之女嫁入此黄氏家族）族谱（1932 年"木活字宋体"版），原署名于该篇标题下，作"文廷式萍乡榜眼"。已经高洪年先生校录且分段标点，今稍作调整。

挺然以艰钜自任，而尤拳拳于宗祀之或替。经纪祭田，用光祀典，蠲除修洁，旦暮必躬亲香火，萦萦然历十数年不倦，而丰俭出入，权子母以供祭费，常充然而有馀，谓祀事所关，毋俾家声自我忝也。今之在庭跄济，无少长老幼，群然序立，酬酢燕笑，咸以有事为荣，非先生之力与？然则为子弟者，欲有以寿我先生，固亦情之不容泯耳。

夫推不忘本始之意，而尊祖、而敬宗、而收族，旁及于急公近义之事，皆此一念之所发也。先生于族祖之莫继者，倡言建庙以祀焉。于里中，襄举公舍，殷殷诚后己者以公诚。又喜以立瘠泽枯为事。亦可谓得天之独厚矣。

尝诵《天保》之诗，而叹古人上下之间，其相与致其颂祷者，非徒夸张谀美之词为也。其颂之以日升月恒，南山松柏。而先之曰单(后)〔厚〕，美其仁也；曰多益，美其义也；曰戬穀，美其尽善也；曰孝享，美其承先也；曰质曰尔德，美其懿悫而理无不贯也。盖谓有是德，而天必保以是福云尔。士之特行可风，为闾里间所推重，岂或外乎？

荀子曰"美意延年"，先生兹验已。顾虽中年棘于世故，而孺子操作，遣画米盐，凌杂不以相烦，使先生之精神无泛应，益得以畅其所为，而毕遂其志者，又孺人之力也。抑尤有进焉者。先生方寄心似续，常缱绻不自安，孺人怂恿置侧室，至时以惠逮下，三十年来，无勃豀之声，得贞道矣。卒之世嗣蕃昌，孙曾并见，天之报施不爽。如妃匹之际，生民之始，万福之原，而有不并享其寿耶！

吾闻先生貌魁梧，腹尺，工饮啖。虽年登太耋，性情闲适，每与后进宴聚，辄接席举觥，示老人之无颓志。将见甃甓林泉，时蔬花果，供采撷四时而有也。晴和佳日，先生与孺人扶杖偕行，膝下弄含饴，相提携语笑，尤可以乐而弥永其年矣！

代翁同龢草撰礼部右侍郎童华墓志铭稿*

公姓童氏，讳华，字惟充。鄞县人。

曾大父讳忠镐，大父讳孝源，隐德不耀。考讳槐。嘉庆十年进士。官至山东按察使，迁通政使副使。生六子，公其次也。副使公名德硕学，尤善教人弟子，著籍者多通显。故公少时已骎骎知学问矣。

道光十五年，举于乡。又三年，成进士，选庶吉士，年二十一。明年，丁生母忧。二十四年散馆，授编修。自通籍至终于位，凡五十二年。朝廷论科第先后者，无与为比。

尝一充湖北乡试正考官、山东乡试副考官，再充顺天乡试副考官；一任江苏学政，屡为殿试、朝考读卷阅卷大臣。官自侍讲、侍读、左右春坊庶子、侍讲学士、侍读学士，历光禄、太常、大理寺卿，左副都御史，工部、刑部、吏部侍郎；以磨勘处分降二级调用，仍授左副都御史；未几，署兵部侍郎，擢吏部，迁左都御史，兼管顺天府府尹事务；京察开缺，以侍郎候补，补礼部侍郎。前后值上书房者

---

* 据文廷式手稿。原题作“礼部右侍郎童公墓志铭（代）”，今题为编者改拟。此篇撰时，应在光绪十七年间。承陈东林先生指示：篇内言“公之举于乡，先文端公实为举主”，又言“余又与公同官京朝者三十余年”云云，据此本篇应系文氏代翁同龢而作。

二十六年；再充经筵讲官，又为国史馆副总裁。赐紫禁城骑马，御书、珍玩、文绮、甘鲜之属，惠赉稠迭，不可胜纪。文臣之遇，可谓荣矣。

然公之自处，恒若不足，俭约类寒士。敦笃纯懿，殆老子所谓“全德”者。及其因事奋发也，秉正察远，不顾危殆。

光绪四年，以吏部侍郎奉命偕礼部尚书恩承查办四川事件。于时总督丁宝桢锐欲有所兴作，得失参半。其属官成绵龙茂道丁士彬、华阳县知县田秀栗等善为奸谄，遂因缘舞弊，政日益乱。公至蜀，勘灌县堤工。奏旧用竹笼，揭去后改用石工，加宽厚，逼河窄、水势湍激，冲刷一百三十丈；督臣原奏仅冲金刚墙三丈，不实。又奏机器局费用过侈，制造未精，应停止。因劾去丁士彬等。得旨：如所请行。

东乡知县孙定扬者，以加赋苛敛，民无所控、据寨自保，遂诬为变，禀请剿办。提督李有恒等，受前督臣檄，即率兵掳掠，冤杀数百千人。言官累疏论奏，朝廷迭派文格、丁宝桢及前两江总督李宗羲查办，皆有所护庇，不以实告。至是，公洞鉴本末，奏称：孙定扬加派捐钱，复张皇请兵，酿成重案；提督王照南与李有恒会攻千金碉等处，杀毙数十命；总兵刘楚华攻搜凤龙寨，致毙唐姓等男妇多名；游击方荣陞搜捕袁廷蛟，将僧普集掌责，致服毒毙命；知府张裕康、举人冉正灼具禀怂恿发兵，复请加收捐钱，均应论如律。疏入，朝野惟叹服其所允，有为诗歌以赞之者。

侍郎阎敬铭，与丁宝桢故相善也，未明君子不党之义，方查赈陕西，因摭华州途次供张之费劾奏使者。部议：失察家人需索，降三级留任。上重扰民，改革职留任。御史邓承修言：近来奉命查事，有关督抚者，皆敷衍了事。伏见恩承等查办东乡，数年之巨案、百姓之奇冤，一旦平反，敛怨必众。今言者据一纸之呈入告，便蒙罪责，适足以亵国体而快奸邪。时谕旨已行，朝廷亦不复追改也。及查热河围场、云南勇营事，皆能廉得其实。前后降调者二，革职留任者再，并坐几微小事。于时言官好伺察大臣过失，矫厉风采，亦无能掎摭于公者，则公可知也。

公事亲孝。己亥、丁未，两以内艰归，丧葬如礼。咸丰二年，副使公年八十，乞假归养，得奉事者六年。

所学以天文、舆地为尤粹。中岁以后，岁诵《五经》、《四书》一过，曰：对此如见故人也。

治官书毕，正襟端坐；图书、几砚，位置井井。夜则记旦之所业，又预计明日所当为事，书之于版，数十年如一日。凡其懿行谠言，不可悉书，举其大者。

公卒于光绪十五年，年七十二。夫人盛氏，有淑德，前卒。子二人：德厚，丁卯顺天举人，刑部候补郎中；秉厚，丙子浙江举人，正三品荫生，候选知县。女三人：长适陈寿祚，次适赵时桐，次者在坐。孙二人：承黻，监生；重佑，县学廪生。曾孙书敬。将以某月日葬公于某地，盛夫人祔焉，而来请铭。公之举于乡，先文端公实为举主。余又与公同官京朝者三十余年、谊不敢辞。铭曰：

丹穴秉灵，辰宿降精，是生名德，代传公卿。显允君子，既惠既淑，爰在弱冠，鸿飞在陆。瞻望庭闱，式咏陔兰，息我朝轨，求我亲欢。孝毕忠始，端是朝履，峨峨儒冠，翼赞邦美。学以诚邃，道以渊冲，秉清玉衡，映秀黄中。轺车载驰，风节弥懋，如彼鹙翰，扬声昆岫。匪砺其铓，匪快其私，剂我民病，惟帝之慈。回翔禁闱，难进退易，位不蕲荣，名不自致。上寿莫期，台晖掩照，同僚叹慕，皇心有悼。贞徽明德，久而可思，敢勒遗范，用诏来兹。

《老关登官张氏三修族谱》序*

（光绪十八年夏）

自《周礼》设立辨昭穆、奠世系之官，而后世之谱法以起。谱也者，原以定亲疏、别尊卑、笃恩义，亘古敬宗收族之良规也。前之人有以修之，后之人无以继之，则前虽可考，后之亲疏何由定、尊卑何由辨、恩义何由笃？甚矣谱固非一修而可不至再至三也。今登官张氏三修族谱，诚得敬宗收族之要矣。

吾萍张氏不一，惟登官最盛其族。美亭先生为余堂祖姑父，琼笙与余为诸生同年，德屏又与九舍弟廷楷同游泮水。姻谊、年谊，重叠相联，因悉其家世。自明成化七年，基祖海定公由安福梅溪迁萍，卜居登官，绵延三百馀年，人丁蕃衍。或选于朝、或贡于学、或游于胶庠、或登于仕版，代有伟人。

庚寅春，予叨馆选。辛卯乞假回籍，琼笙同年持所订《三修族谱》见示，并述族意请予序。予受而览之，条分缕晰，体例详明，窃叹张氏诸君子之用心至周且厚也。吾尝见世之为谱者矣，（如或）〔或如〕崔氏之三祖易位者有之，或如薛氏之五房失序者有之。今

---

* 据高洪年《文廷式佚文四篇》，载于《萍乡高等专科学校学报》2008 年 4 月，第 25 卷第 2 期（承何东萍先生赐寄电子版）。亦系高洪年先生从萍乡谱牒发现文氏佚文诸篇之一（此篇“佚文提供者”为张国顺）。原见于萍乡湘东老关登官张氏族谱，谓“为民国年间木活字版”，原题“三修序”。高洪年先生为校录分段标点，今略作调整，并酌加今题。

张氏族谱距初修四十馀年而即续修，距续修三十馀年而复谋三修。其所以拳拳于此者，恐年代久远，混淆莫明，数典而忘，致来籍父之讥。兹既及时汇修，尚何有崔氏、薛氏之衍哉！细阅终篇，始迁祖而上，派系昭垂；始迁祖而下，脉络分明。前所已辑者，重寿梨枣；前所未辑者，补付剞劂。由是亲疏定、尊卑辨、恩义笃，而敬宗收族之良规，即于是乎在。

予尤有感焉。张氏人文蔚起，诸君子皆负命世之行才，将策射金门，名标台辅，本敬宗收族之忱，以助成一代雍熙之化，匪特为家之庆，且为国之光矣！则张氏谱牒之修，岂惟是定亲疏、辨尊卑、笃恩义云乎哉？是为序。

清光绪十八年岁在壬辰夏月榖旦

翰林院编修、加一级、年姻愚弟文廷式敬撰

代徐郙草撰《大小雅堂诗词集》序稿*

自国家以丰功盛烈统一区夏，武达文通，于是设八旗学校，又特重满洲科目。名臣世家，藻采彪炳，迈于曩昔矣。

昔者金源、蒙古，享国日浅。耶律文正父子而外，若马伯庸、萨天锡、丁鹤年，咸以词章显称海内，至于余廷心，而规摹汉魏，抑扬潘、左，卓然成家，不独其忠义足以传后也。

吉林承尊生布政，以科第起家，仕道光咸丰间。于时天下久治，外侮内寇，相迭窃发。而君浮沉郎署中十余年，乃出官黔中。

黔中瘠贫，又贼之巢穴。筹防守策，军兴日不暇给。君间关夷险，艰苦之余，郁抑奇气，不获一试，慨然一发之于诗。

故综其集而观之，其意缠绵，其词芬芳：及其忧生念乱，又不禁悯天人之穷，而深患乎治乱兴衰之故。盖始乎风，卒乎雅，远寻乎汉魏乐府之意，而于近世其亦适在马伯庸、余廷心之间。

方君之殁也，年甫五十有二。盖骎骎向用，而中道顿丧。其不为余廷心者，所处之幸；而其事业之伟，不能及湛然与伯庸者，又其

---

* 据文廷式手稿。原题"承尊生大小雅堂诗词集序(代)"，今题为编者改拟。承尊生，即承龄，字子久，官至贵州按察使。撰《大小雅堂诗集》四卷(内《南谯集》、《燕市集》、《礼部集》、《黔南集》各一卷)附《冰蚕词》一卷，有光绪十八年刊本二册。首载"嘉定徐郙"署名之《序》，与此稿文字略有小异。此稿撰时，似即在光绪十八年间。

遇之穷也。

迩者，公哲嗣某某，刊公之遗集，及《大小雅堂（词）〔诗〕》四卷、《冰蚕词》一卷。诗又分子目：曰《南谯集》、曰《燕市集》，其侍宦滁州、还至京师之作也，出骚入雅，浸以大成；曰《礼部集》、曰《黔南集》者，则其久淹郎署及出守岩疆之诗。鸿丽博赡，而睠怀家国，有少陵忠厚之遗焉。其词则取法南唐，于宋人竹窗、圣与为近。近时南皮张尚书举国朝词人仅六家，而君与焉。其为名流推服如此。呜呼！使君得竟其用，本其性情，以推为治术，其培益元气，岂可量哉！

君会试出先君房。余生晚，不及周旋；而与君哲嗣某某雅故。又君之贤孙某某观察、某某侍读，皆箴化中外，声誉赫然。眉山之门，其文福未有艾！

刊既成，督序于余。余虽谫陋，谊不可辞，爰泚笔而为之序。

《大小雅堂集》跋*

（光绪十八年七月）

《元》有之：文以见乎质，辞以睹乎情。是故酆琅磊落者，其失夸；离屡连犿者，其失碎。绮则缛，朴则僿。强也健，而傒也弱。弊也久矣。

《大小雅堂诗词集》，承尊生阁学所作也。举要以会新，体奥而文炳。推其诣极观变之心，憬乎若思，茫乎若遗，恤恤乎履艰怀贞，而世莫之知。自沉渊之贤、镜机之子、山居之彦，皆其所师也。抑而为长短之言，则金荃之吐纳华实，白石之振掉风骨，蔑以加焉。国朝二百余年，经术彪炳，而艺苑寥阒。道光之间，龚、魏伤而不制，梅、刘朴而不赡。铏曹嶅跙，见乎斯集，诚质有其文、情载乎辞者矣。

嗟余凡猥，欲从末由。闻祎言于贤孙，察瓌光而钦宝。夙宵循诵，略通闳旨。敬为题后，深愧不知而言、而不昧乎商榷前藻之意也。

光绪壬辰七月，萍乡文廷式跋

* 据承龄撰《大小雅堂诗集》（附《冰蚕词》，光绪十八年刊本）。

重修詹事府记代*

詹事，自秦以来，为东宫官属。我朝不立储贰，特为翰林迁转之阶。事简职清，膺其任者，岁不数至。

府署建自有明。三百余年，迭圮迭修，载在前刻。自同治初元，以迄于今，昒阅一世，风雨摧剥，室宇倾裂。国家方内靖区宇、外辑海表，小小废置，未遑兴复。

前詹事某某，有慨于怀，乃驰书同寮，广集佽助，期年得银七千两有奇。乃诹吉兴工，役不稽时。始于某年月日，讫某年月日竣事。

堂庭载新，轮奂以崇。行者翘企，执事懽忭。诚图书之秘□、文轮之要区也。

某等未与其勤，聿观厥成，勒名□石，以慰以忻。语曰：前事之不忘，后事之师也。崇观初复，威仪甫将，敢不敬欤！用志颠末，以诏方来。詹〔事〕某某某等谨记。

---

* 据文廷式手稿。其题，尝改为"《重修詹事府至圣祠记》"，继改还。其撰时，约在光绪十七、十八年间。似代志锐而作。

代翁同龢草撰《壬辰会试录》序稿*

光绪十八年壬辰春，会试届期。礼臣以考官请，奉命以臣翁同龢为正考官，而以臣祁世长、臣霍穆欢、臣李端棻副之。既得士如额，择其之尤雅者，恭呈御览。臣例得飏言简端：

窃惟言者，心之声也。其洪纤钜细、抑扬抗坠之节，则内视乎其学，而外亦因乎其时。故审声以知音，观文以论世，大概可知矣。

自东汉以来，诸生试家法，文吏课笺奏，盖皆以言取人。《虞书》曰，敷奏以言，然后明试以功。此诚选举之程法也。

臣以猥陋，十年之间，两典乡试，再典会试。竭愚暗之识，蕲无材弃，以报国家。然而兢兢之虑，有发于夙夜而不自知者：

夫人有众于曩时，而学校之设或未遍；事有异于先代，而经纬之道或未通。乡里之士，攻帖括，言声病已矻矻不晥矣；及任之以事，其耳目之所涉历、念虑之所搏执，其能擙繁然而不乱乎？学之陋而辞之驳者，既不可取矣。然数千年来，儒家独任九流之弊。若荀卿、韩婴所谓"大儒"、"雅儒"者，果易成其一二乎？

国家养士二百余年，魁儒硕彦，咸出科目。如李光地、汤斌、陆陇其之根极性理、博通天人，则圣祖光明俊德之为之也。如朱珪、

---

* 据文廷式手稿。原题作"壬辰会试录序(代)"。今题为编者改拟。其撰时，当在光绪十八年春闱揭榜之后。

阮元、秦蕙田之甄综古今、闳识远览，则高宗久道化成之为之也。乃者潢池弄兵，骆秉章、曾国藩、胡林翼诸人起而平之，指挥大定，则文宗知人善任之为之也。上之所以兴化，下之所以报称，其大彰明较如此。

臣诚不自揆，窃愿推朝廷旁求之盛心，故不敢以小疵弃大纯，不敢以一艺定取舍。观其文词而才术可知也，阅其对策而记问可知也。使天下之士，咸式于三代之古训，又能择后王、识四裔，其造就岂可量哉？《书》称殷宗立贤无方，《诗》颂文王济济多士。臣敢不殚竭愚忱，冀收效于万一焉。谨序。

木犀轩藏刻本《通介堂经说》题记*

（光绪十八年冬）

远翁①，浙江绍兴人。自其父游幕广东，遂习刑名。历佐岭南节度使幕。晚年仕广西，官至候补知府升用道，曾一署庆远府知府。年七十四卒。生平著述甚多。有《说文段注订补》、《说文部首考》、《乐解考》等书；《经说》凡数十帙，已刊者仅十三卷；又有《灵洲山人诗录》六卷，已刊。

余年十四五，先君命见翁，谈论至洽。乙亥至京师，与翁同寓保安寺，凡五阅月。晨夕讲贯，精神矍铄。不久归广西，即闻其殁故。遗书恐悉散落矣。

今于木斋前辈斋中见此，如对先友，为之黯然！

壬辰冬日，萍乡文廷式记

---

* 据文廷式手迹。原题于李氏木犀轩藏书《通介堂经说》刻本（无刻书年月）正文首叶之天头。原无题，今题为编者代为拟加。

① 远翁，即《通介堂经说》作者徐灏，字子远。

光绪癸巳恩科江南乡试策问拟答稿*

问:治经之法,以名物训诂为先;及其既明,则竞求微言大义矣。顾得失之端,未易言也。《易》则象明数理,迭出不穷;

言象者,如荀、虞、郑;言理者,如王、程;言数者,如邵、朱之属。

《书》则今文、古文、中古文,从违莫定;

今文者,伏生《大传》之属;古文者,孔安国、司马迁及郑康成、马融之属;伪古文则今所传习孔安国伪《传》所增之二十八篇也。

《诗》之三家,博采宜也。必谓优于《毛传》,何必尽然?

其详见陈乔枞《齐鲁韩三家诗疏证》。

《周官》一经,征文具足,必谓出于汉人,何从取信?

汪容甫有《周官征文》;今考《礼记》、《吕览》,又得数条;足见《周礼》为周人制作。

《春秋》,天子之事也。《公羊传》义合《孟子》,而郑康成谓“善

---

* 据文廷式手稿。原无题。今题为编者代拟所加。其撰时,当在光绪十九年文氏奉命典试江南乡试之时。按光绪十九年癸巳恩科江南乡试,正考试官为徐会澧,文廷式是副考试官。是科正式考题(共三场),见《江南乡试题名录(光绪癸巳恩科)》(光绪刊本一册),内第三场策问题,文字稍有小异。

于谶”,试举《传》文证之。

郑君之说,见《穀梁·序》“疏”引《六艺论》。何邵公注《公羊》,引纬说不下数十条。

何氏注《公羊》,多引《论语》。于是说《论语》者,或亦附会《公羊》。然夫子之论为邦兼取四代,郁郁之文,自谓从周,与《传》义变周之文,从殷之质者,不显异欤?

何氏引《论语》者,近人俞荫甫尝摘出之。此不必悉数。

郑注《月令》、《礼器》、《祭义》,皆秦制。《左传正义》云:《礼记》,汉世书耳。徐彦之疏《公羊》,亦以《公羊》为汉人作。《穀梁》又在《公羊》之后。然则其言周制,宜互有出入,岂能执此以废彼欤?

皆见各经注疏。《左传》,“疏”在昭二十六年,言古人无骑,《曲礼》有车骑,故知汉世书也。《释文·序录》云:穀梁赤,乃后代传闻。

至于七庙之制、郊禘之义、宫室衣服之度数,则礼,是郑学所宜专主也。十一之税、诸侯朝宿之邑、朝庙告朔之制,许、郑异说,将何从也?我朝经学修明,旧学可据,试缕晰陈之。

礼是郑学,见孔颖达《礼记疏》。

许、郑之学,并采古、今,而多用《左氏》、《周礼》,不偏重古学欤?我朝经学修明,诸生习闻训故,试缕陈之。

见《五经异义疏证》。“正义”,系《郊特牲》“正义”。

问:声音之道,合气于微。三代以还,《乐》亡最早。盖审音者未能通算,知算者不必晓音。洞渊察微,宜望通识矣。

《通典》及《通志·乐律略》详之。

《晋书》列和之说、荀勖之议,论音致详。能博考而疏释之欤?

《宋书·律志》:晋泰始十年,中书监荀勖、中书令张华,出御府铜、竹律二十五具。太乐郎刘秀等校试其三具,与杜夔、左延年律法同;其二十二具,视其铭题尺寸,是笛律也。问协律中郎将列和。和对:笛之长短,无所象则。勖乃依《典记》,以五声十二律还相为宫之法,制十二笛象,记注图侧云云。史载其制,分厘毕具。今按:十二笛,笛当一律;每笛七孔,每孔又各当一律。是为八十四调。马融《长笛赋》云:十二毕具,黄钟为主。如十二正声以黄钟正声为主,余律皆统于黄钟,则虽有十二宫,总谓之一调可也。此徐氏说。笛七孔,只用三宫。

荀勖所以讥列和者,以弦歌皆从笛为正,列和不能名其宫、商、角、徵,则不知律也。

隋郑译论乐,借证于苏祇婆,犹荀勖之取应于列和也。而七均三调,大体判殊;附会经文,义同缘饰。此六代乐与唐、宋以后乐调之别。能博征群籍、言其得失欤?

《隋书·乐志》:郑译云,周武帝时,有龟兹人曰苏祇婆,善胡琵琶。其所奏,一均之中,间有七声。因而问之。答曰,父在西域,称为"知音";代相传习,调有七种。以其七调,勘校七声,□若合符。就此七调,又有五旦之名,旦作七律;以华言译之,旦者,则谓均也。又《何妥传》:妥耻己宿儒不逮译等,乃立议非其七调。曰,近代书记所载缦乐,鼓琴吹笛之人,多云三调。三调之声,其来久矣。请存三调而已。苏夔驳译曰:《韩诗》、《月令》,并言五音,不言变宫变徵。每宫应立五调;七调所出未详。按:苏祇婆〔善〕琵琶,西域则但知七声,不知有十二律也。中国古乐有十二律;胡乐但有七声,今俗乐亦但有七声，无十二律也。《隋志》所载郑译推演之法，以五旦应中国黄钟、太蔟、林钟、南吕、姑洗五均，而无大吕、夹钟、仲吕、蕤宾、夷则、无射、应钟七韵，明涉附会矣。《北史·斛斯徵传》亦云，译之所为不师古雅，乐无十六笙之理，云云。《燕乐考原》言其缘饰。

算律之法，或以勾股求之，或以连比例求之。试各演其法，课其疏密。

明朱载堉《乐律全书》，《钦定四库提要》云其十二律长短之数，则据栗氏"为量内方尺而圜其外"之文，谓圜径即方斜。命黄钟正律为一尺，用勾股求弦术，得弦为蕤宾倍律。盖黄正为勾股，则蕤倍为弦；蕤正为勾股，则黄正为弦。黄、蕤二律互为勾股也。其生南吕、应钟诸律，非勾股所能御，盖本于诸乘方、比例相求之法。载堉云，勾股者，饰词也。又云，仲吕可以反生黄钟；左旋、右旋，皆可径求次律；即诸乘方用连比例相求之法也。试列十三率明之。

丝声倍半相应，竹声倍半不相应，其理若何？古乐若何？试详论之。

《正义·后编》云：半太蔟，长四寸，其音比黄钟微低。再短一分，则恰与黄钟合。案：三寸九分为黄钟之宫，至是而昭然矣。盖丝声倍半相应；竹声倍半不相应，必半之而又稍短，乃相应，即京房所谓竹声不可以度调也。《律吕正义》又云：尝截竹为管，详审其音。黄钟之半律不与黄钟合，而合黄钟者为太蔟之半律。《吕氏春秋》以三寸九分之管为声中黄钟之宫，非太蔟合黄钟之义耶？又案：弦声倍半相应、竹声倍半不相应者，以西法点、线、面、体言之，则弦属线部，而管属体部。线则取其长之倍数、取其长之半数，即为倍半。若体部中之长圆体，则必长与径俱倍、或长与径俱半，而后可以言倍半，非仅取长之倍半也。故管体之积八倍、而长与径适一倍，管体之积八分之一、而长与径适一半，而皆与本管相应。是兼长与径而言，管音亦倍半相应也。

唐时乐曲，何书所载最详？

《唐会要》、《乐府杂录》二书。

《开元乐谱》一字一律，当如何歌之？

朱子《仪礼经传通解》，载《唐开元乡饮酒礼风雅十二诗谱》，云赵彦肃所传，以清声为调，一字一谱。按："鹿鸣"六诗所注"黄"字，乃七宫之黄钟；以七宫笛吹之，此翕笛声为浊宫声，即今低"上"字。"太"字为浊商声，即今低"尺"字。"姑"字为角，即今低"工"字。"蕤"字为变徵，即今低"凡"字。"林"字为徵，即今"合"字。"南"字为羽，即今"四"字。"应"字为变宫，即今"一"字。"黄清"为宫，即今"上"字。"太清"为商，即今"尺"字也。

《碣石幽兰》具载指法，于宋以后琴家指法，为异、为同？

《碣石调幽兰》，《古佚丛书》刻之。……①

宋世说燕乐者，沈括《梦溪笔谈》为最详；字谱则姜夔《歌曲》具之。两书其诸调所用字果一一相应欤？

《梦溪笔谈》曰：今俗乐亦以"合"字配黄钟，下"四"字配大吕，高"四"字配太蔟，下"一"字配夹钟，高"一"字配洗姑，"上"字配中吕，"勾"字配蕤宾，下"工"字配夷则，高"工"字配

① 此节所答未全，原稿于此节后空白二行，似犹欲补续也。

南吕，下“凡”字配无射，高“凡”字配应钟，“六”字配黄钟清，下“五”字配大吕清，高“五”字配太蔟清，紧“五”字配夹钟清。姜夔《歌曲·古今谱法》曰：合——黄，下四——大，四——太，下一——夹，一——姑，上——仲，勾——蕤，下工——夷，工——南，下凡——无，凡——应，六——黄清，下五——大清，五——太清，一五——夹清。《宋史·乐志》曰：蔡元定燕乐书，证俗失，以存古义。黄钟用“合”字，大吕、太蔟用“四”字，夹钟、姑洗用“一”字，夷则、南吕用“工”字，无射、应钟用“凡”字；各以“上”、“下”分为清、浊。中吕、蕤宾、林钟不可分；中吕用“上”字，蕤宾用“勾”字，林钟用“尺”字。其黄钟清用“六”字，大吕、太蔟、夹钟清各用“五”字；而以“下”、“上”、“紧”别之。

箫笛之比何若？琴筝之比何若？鼓宫宫动、鼓商商动，以何法验之？

此声学之能详也。

磬折之义、钟角之形，校以音理，当有确论。能折衷众说欤？试详举所知，备乐教焉。

此关算学、重学。

问：元代税额、盐法，视宋、金为减？

元太宗二年庚寅，始行盐法，每一引四百觔价银十一两。世祖中统二年，减为七两。至元十三年，既取宋，而江南之盐所入尤广，每引改为中统钞九贯。二十六年，增为五十贯。后屡增至百五十贯。太宗二年，耶律楚材奏张奂为河南路征致课税官廉访使，减元额四之一，公私便之。

蒙古西域以丁为户，元革其敝俗，用宽政中原。

太宗八年，初据中原，民户定赋税。时群臣欲以丁为户。耶律楚材以为不可。众皆曰：我朝及西域诸国莫不以丁为户，岂可不从？楚材曰：自古中原未尝以丁为户；若果行之，随即逃散矣。乃定赋税每二户出丝一斤云云。

当开国用兵，何遽能尔？其制可具述欤？

元制命官，有长有贰。汉人、南人，其委用之法若何？

案：世祖之世，中书省平章兼用汉人。成宗以后，汉人授平章者，不过李孟、张珪、王毅三人；右丞以下，始参以汉人。然南人初无入中书省者；顺帝时始有危素一人，亦仅得参政耳。色目三十一种，《辍耕录》载之；处其富贵者，回回、畏吾、康里、钦察、雍古数种而已。契丹、女直，谓之“汉人”，不在色目之列。

《兵志》有“四投下”、《术赤台传》有“五投下”，果部落之名否？

《元史》多用“投下”字。按：辽时谓之“投下”。《辽地理志》：头下军州，皆诸王外戚大臣及诸部从征俘掠或置生口，各建团，集州县以居之；自余不得建城郭。朝廷赐州县额。其节度使朝廷命之；以下皆本主部曲充之。官位九品之下，及井邑货税，各归头下。元时各“投下”不设节度，仍用辽制。《兵志》：木华黎收札剌儿兀鲁忙兀纳海“四投下”。又《术赤台传》：其先剌真八都以才武雄诸部，生子协建大业，太祖命其子孙因其名为氏，号“五投下”；《博鲁欢传》谓之“五诸侯”。《潜研堂文集》卷十三。

“斡耳朵”之分居、“四怯薛”之番直，能言其制度欤？

“斡耳朵”者，蒙古语，犹言“营盘”也。太祖曰，“斡耳朵”皆有皇后数人，分居各都《潜研堂文集》三十四。“四怯薛”：赤老温、木华黎、博尔术、博尔忽一曰也可怯之后也。一作“四集赛”。“怯薛”者,犹言番值宿卫也。亥、子、丑日,博尔忽领之。寅、卯、辰日,木华黎领之。巳、午、未日,赤老温领之;后赤老温后继常以右丞相领之。申、酉、戌日,博尔术领之;早止绝,太祖命以巴尔斯部代领之。又,元人《滦京杂咏》云,“铁番竿下草如茵”,注云“即斡耳朵也”。又诗曰,“四杰君前拜不名,轮番内直浃辰更”。又云,棕毛殿在斡耳朵。

琼华岛修于何处?

至元二年修琼华岛,即万岁山也。耶律铸《双溪醉隐集》有赋甚详。盖因金制,车驾岁巡上都,先宴百官于此。

漆水郡属于何方?

郡见《元史·耶律希亮传》。似即《金史·地理志·注》之“漆河”也。

科举之法,起于何年?

元贞二年,学士王恽奏请行贡举。皇庆二年,诏:以皇庆三年八月,天下郡县兴其贤者能者,充赋京师;次年二月会试京师,朕亲策焉。至元元年,伯颜矫诏罢科举。

海运之行,倡于何地?

初,伯颜平宋,遣朱清、张瑄,载宋库藏物,从海道入京。二人遂言海道可通。于是以清为中万户、瑄为千户,立海运万户府。以道由平江刘家港入海,经扬州路通州海门县黄连沙头万里长滩开洋,沿山屿抵淮安,历盐城、海州、海宁、东海县、密州、胶州,放灵山洋,云云。

畏吾为回纥之转音。史言高昌、北庭者,皆其部族欤?

回鹘之裔,音转为畏吾。唐末避居火州,统别失八里之地。唐北庭都护所治,大高昌国也。与元世为婚姻;国人入仕多知名者。《元史·氏族表》二。

唐兀为西夏之遗裔。其居贺兰于弥者,仍称旧氏欤?

唐兀,故西夏国元昊,本出拓拔,唐末赐姓李,宋赐姓赵。国亡,仍称李,河西羌族也。其居贺兰于弥者,又号于弥氏;或称乌密氏,亦称吾密氏。同上。

《西北地》之“钦察”,果即《汉书·西域传》之“奄蔡”欤?

耶律铸《双溪集》以为一地;后人或不谓然。

《河源附录》之“腾乞里塔”,果即《唐书·吐蕃传》之“闷摩黎山”欤?

大雪山,即古积石山。《元史》所谓“亦耳麻石莫剌”,此与“闷摩黎”声近。译言“腾乞里塔”,而误指为“昆仑”者,黄河依山南麓东流云云。见《水道提纲》、《唐书》。

圣世统壹寰区,八方在宥;诸生习知前史,其纵言之!

问:广川大谷,言语不同;沮诵、佉卢,形模各异。形方训道,象译宣传,兼采并收,盛世之治。自汉代匈奴以来,暨及后世,史册所载,简牍所存,书体凡几、孰异孰同,可得而详考欤?

《书史会要》略言之。

《汉书》屡言匈奴遗书,顾不言其文字。画革旁行,安息最古,小颜释以“胡书”。其在于今,当为何等文字也?

此或为拉丁文,或为帕尔西文,不为遽定。

婆罗门书,传自后汉。六代、唐人,递加详译。顾其字母,或多或少,自四十一字以至五十字,诸家同异,可胪列而论述之欤?

《隋经籍志·小学类》,有“《婆罗门书》一卷、《外国书》四卷”。《钦定同文韵统》云：僧伽婆罗不空用五十字，竺昙摩罗察用四十一字，无罗叉、鸠摩罗什等用四十二字，元奘用四十三字，余多四十二字；共十二家。

《隋志》称十四字贯一切音。字见何书？如何能贯一切？后人谓十四字即字母，说可信欤？元应《一切众经音义》颇论字母，能指其讹阙欤？

《隋经籍志》：……中国，又得西域胡书，能以十四字贯一切音，文省而义广，谓之婆罗门书。慧琳《一切经音义》卷二十三云：总有五十字。从初有一十二字，是翻字声势；次三十四字，名为字母；别有四字，名为助声称呼。《梵字经》言十四音者是昙无谶依龟兹国文字，取舍不同，用字差别也；若依中天竺国音旨，其实不同，云云。错之甚矣。误除“暗、恶”两声，错取“鲁、留、庐、娄”为数，所以言其十四，未审如何用此翻字云云。此驳元应书也。“鲁”、“留”、“庐”、“娄”四字，用补声，引添文处用，翻字之处辄不曾用。《养新录》亦略载之。《钦定续通志》、《皇朝通志》皆言之①。

婆罗门为梵书，其支别为西番书。

《钦定西域同文志》及《同文韵统》，皆言西番字母三十字，乃番相阿努，采择天竺字母，合之西番语音所制。

唐人碑刻，两体并有。能举其目、及详其分合欤？

唐刻陀罗尼，皆梵书，即《韵统》之天竺字。吐蕃《会盟碑》，是西番书。《韵统》云：西番字母三十字，惟末一“阿”字，系天竺之音韵字；“嘎”、“喀”等二十三字，系天竺之翻切字。

① 此句，原系本条答语之天头眉批，据意移录于此。

又增设“纱”、“敪”、“婀”及“赍鸦”合声、“妻鸦”合声、“齎鸦”合声等六字。此其不同之大略。

元帝师帕思巴所造之字,大体本西番;而谐声定体,又略不同。

见《元史》本传。有韵关之法,谓关纽而成字也。有语韵之法,谓以二合、三合、四合而成字也。大要以谐声为宗。

其字母见于何书?与天竺、西番异同若何?

《书史会要》录之。

存于碑碣者若干?见于泉币者若干?试条举之。

《石墨镌华》载《元圣旨碑》文。顾氏《金石文字记》:蒙古字碑尚有长清县灵岩寺三通。泉见《古泉丛话》。

元初畏吾儿书形状若何?有可考否?

畏吾儿书亦见陶宗仪《书史会要》及盛熙明《法书考》。《西域图志》、《西域同文志》:厄鲁特之托忒书,即畏吾儿书也。《皇朝通志》:托忒字与蒙古字相近。

余若辽之契丹大小字,

亦见《书史会要》。今又见和林一辽碑。

金之女直大小字,造自何人?本于何体?

《金史·完颜希尹传》:本名谷神。太祖命撰本国字,希尹乃依仿汉人楷字,因契丹字制度,合本国语,制女直字。天辅三年,书成。后熙宗亦制女直字,与希尹所制俱行。希尹所撰谓之女直大字,熙宗所撰谓之小字。

尚有存欤?

金书流传至今者,若《都统郎君经略行记碑》及《硥辟遏碑》之类。

圣朝德广所及,重译来同,别国方言,盍悉举所知以对?

问:漆园《天下》之篇,太史"六家"之说,辨章学术,肇引其端。

各见本书。

兰台之志艺文,因循《录》、《略》,删省出入,并见自注。为得为失,宜可得闻。

班氏《艺文志》,注有"出"、"入"、"省"三例。如《书》"入刘向《稽疑》",《礼》"入《司马法》",《乐》"出淮南……等",《春秋》"省太史公四篇",《小学》"入杨雄……",(《诸子》出)〔《兵技巧》"入〕《蹴鞠》",《兵权谋》"省《伊尹》……"之类。

《七略》旧有解题。《汉书》用之,有弃有取,于何徵验?

《文选·七启》,"注"引《七略》:《悁子》,名渊,楚人也。班《道家·蜎子》,"注"同。《宣德皇后令》,"注"引《七略》:齐田骈好谈论,故齐人为语曰"天口骈"。班《志·道家》"《田子》二十五篇","注"用之。《辨命论》,"注"引《七略》:鹖冠子,盖楚人,常居深山,以鹖为冠。班《志》亦用之。《新刻漏铭》,"注"引《七略》:《盘盂书》者,其传言孔甲为之。孔甲,黄帝之史。班《志·杂家》,"注"用之。此用刘氏"解题"之证。又,《文选·魏都赋》,"注"引《七略》:邹子有《终始五德》,言土德从所不胜云云。乃《邹子终始》解题。《长门赋》,"注"引《七略》:雅琴之言禁也,"雅"之言正也云云。乃《雅琴赵氏》等解题。《御览·职官部》引《七略》:孝宣帝重申不害;《君臣篇》引《七略》:使黄门郎张子乔正其字。乃《申子》解题。班皆不取。

谶纬之学,起于哀、平。班《志》未及收,其故安在?

《汉志·天文家》有"《图书秘记》十七篇",即谶纬之属。然《七纬》则未著录也。王伯厚《注》言之。

颜籀作注,已言脱误。考之群籍,当有明征。

《广韵》“中”字下引《汉书》:宝中周著书十篇。今班《志》脱去。又,“《雅琴龙氏》九十九篇”,沈约《宋书·乐志》引作“百六篇”。此类甚多,皆王伯厚所未举。

荀勖因《魏中经》,更著新簿。

见《晋书》本传。

《乐书》亡逸,竹简增多。既云依则更生,何以别分四部?

《荀勖传》:领秘书监,与张华依刘向《别录》,整理记籍。又得汲郡中古文竹书,勖撰次之,以为《中经》。《隋书》云:勖分为四部。一、甲部,纪六艺及小学。二、乙部,有诸子家。三、丙部,有史记、旧事、皇览簿、杂事。四、丁部,有诗赋图赞。四部合二万九千九百四十五卷。《隋书·音乐志》曰:《晋中经簿》无复乐书,《别录》所载已复亡逸。……①

勖以乙部纪诸子,丙部纪史记。两部互换,始于何人?

《文选》卷四十六,“注”引臧荣绪《晋书》曰:李充为著作郎。于时典籍混乱,充删除烦重,以类相从,分为四部。五经为甲部,史记为乙部,诸子为丙部,诗赋为丁部。《七录·序》云:李充因荀勖旧簿四部之法,而换其乙、丙之书。

江左草创,旧籍不盈四千。何以孝武之时,卷逾三万?

《隋书·经籍志》:李充以旧(籍)〔簿〕校之,见存者,但有三千一十四卷。《北堂书钞》引《晋阳秋》云:孝武好览文籍,敕著作郎徐野民料简四部书,得三万六千卷。

及宋《元徽目录》,何复转逊于前?亡失之多,愿闻其说。

《齐书·王俭传》:俭撰定《元徽四部书目》。《隋志·序》

---

① 此条答辞,意犹未尽。原稿此后空白一行,似留待续补者。

曰：王俭《目录》，凡一万五千七百四卷。

《隋经籍志》，远继班《书》，近承阮《录》。

阮孝绪《七录》，是《隋志》所本。

而采摭未备，复出尤多。宜举习闻，订正旧史。

《廿二史考异》摭其“经部”漏卫冀隆《难杜》、黄庆、李孟□《仪礼疏》之类数十家。复出之书，则传记类与小说类、总集类与故事类屡见；余亦多重出者。章实斋已举之。

若夫唐宋之史志，晁、陈之著述，

晁公武《读书志》。陈振孙《书录解题》。

郑渔仲之论议，焦弱侯之辨证，

《通志·略》。焦竑《国史经籍志》。

并关学术，有益艺林。多士广集缥缃，将膺著作。愿陈十得，用证三长。

释“其未有烛而后至者则以在者告”*

何则？盖黄昏未定之交，暮霭凄迷，相顾亦难于辨别。则芳踪莅止，亦犹在晦冥风雨之时，淡月未生之际。微云淡荡，相望亦近于依稀。则杖履遥陪，难免有徙倚徬徨之态。则未有烛，而后至者，固不可不以在者告也，明甚。

是一以防后至者之陨越贻羞也。夫席上之兰膏未上，斯时正手足无所措，进退无所施。而后至者方贸贸然来，隔绝众宾之丰采。使不告以某某所在，将必致揖让以无从。则此一告也，正以防后至者之陨越贻羞也。

且一以防先在者之傲不为礼也。夫高堂之莲炬未燃，斯正日薄无光，人影在地。而后至者方遥遥而集，未与前席相周旋。使假令听其伥伥何之，将有谁为敛容而致敬？则此一告也，又以防先在者之傲不为礼也。

---

* 据文廷式手稿。原题作“其未烛而后至者则以在者告”。今题为编者代改。按“其未有烛，而后至者，则以在者告”，系《礼记·少仪》之文句。又按，文氏另有同作别稿，不全，并阙题，文字略异，手迹今亦存。其撰时，似皆在光绪十九年秋冬、二十年初春之间。

敕赠儒林郎彭公晓沧传*

（光绪十九年七月）

士固有屈于其身而伸于其子孙者。其子孙固贤俊多材，然必其祖、父有以积之久而后发之光也。

萍邑处士彭公晓沧先生，通才也。尝闻先观察公云：先生天资颖异，目数行下。与角艺，咄咄逼人。老师宿儒咸惊异，以大器目。而尤善诗古文辞，于古法韩、杜，于近尊袁、蒋，稿出辄掣去云。余官京邸，先生五子绍平以孝廉应京兆举，博雅温笃，古君子也。暇则剪烛夜话，因相与各道其先德隐行，以卜家世之盛衰久长，常灼然不谬。余于是因绍平而知先生之家教渊源，又因先生而知观察公之称誉有真，非苟同流俗也。

先生磊落不群，自幼与邑名士辈驰骋文舍中，意气标举，试郡县辄冠偶，意谓取功名如拾芥。然偃蹇，屡试一（矜）〔衿〕不得博。年甫壮，先生喟然曰："是区区者而不余畀，馀何能为？头颅如许，吾何求而复与若辈争哉！"竟去，终其身，友朋皆劝勉，卒不出。家

---

* 据高洪年《文廷式佚文四篇》，载于《萍乡高等专科学校学报》2008 年 4 月，第 25 卷第 2 期（承何东萍先生寄赠电子版）。乃高洪年先生从萍乡谱牒发现文氏佚文诸篇之一（此篇"佚文提供者"彭济长）。原见于萍乡上栗福田泉塘下彭氏（即文廷式妹夫彭树华之家族）族谱，谓"为民国前期木活字刻版"、"木活字宋体"。高洪年先生已为校录并分段标点，今收入本集时稍有调整。

居严肃。督诸子，终日龂龂，率漏数下。每课，文不中程，呵斥震怒，举家惶恐，或终日不得一食。长子组卿先生，名诸生也。始得报，属曰："士务其大者、远者。一(矜)〔衿〕，小耳，勉为，毋自恃，忠孝可长久也。"又曰："君子守身若处女，女以从一为贞。汝今列胶庠，倘失身，匪昭昭贻羞，即冥冥堕行矣！"以故诸子林立，一禀庭训，品端而行方。持家有法。傲慢之气，虽三尺童男，不敢稍施于身。体性尤坦率，以古道自处，而尤以古道责人。族戚邻里，虽长者皆畏惮，唯无他说，稍越分，面斥毋敢争。好善恶恶，老而弥笃。他懿行多可纪，不录，无庸录也。

先生纳粟以例贡生老。然雄心郁勃，藏刀隐耀，终未一发其硎。逢佳节礼神，具衣冠，辄颦蹙不乐，久之而后服。晚年期望尤殷。诸子入棘围，秋风至则起立旋走，或彻夜不寐。尝语同人曰："得失固有命，然一闻报罢，梦魂犹惊也。"著有《桑鸠诗文稿》藏于家。

子某，孙某。

论曰：国家设科取士，岁不下数千人。萍邑岁科，三载亦数十百人。而先生劳苦困踬，意不得阶前尺地，稍为吐气扬眉。论者辄咎有司不明。然而先生养其根而俟其实，加其膏而希其光，殆其所留者大而所贻者远也。不然，年未强富，何勇退之不少迟也。

先生将没，命诸子书挽云："生本庸才，敢云手泽存经史；死无厚产，留得心田养子孙。"呜呼！此可以括先生之为人矣。

大清光绪癸巳年孟秋月，同邑文廷式撰

《昭萍乔岭谭氏三修支谱》序*

氏族之学，古史家之一大宗。唐以前尤□[①]门重之。其征引于《世说注》、著录于《隋书·经籍志》者不下数十种也。自宋以后，选举盛而世禄衰，门第不甚重，朝廷不复用九品以甄叙天下士，于是此学稍废，而各家谱牒之学兴焉。所以奠世系、敬宗收族，意美而法良也。

大江以南，人文蔚兴，宗法尤重。吾乡虽僻在一隅，而家各有谱，谱皆有法，如乔岭谭氏之谱，盖能酌用古今，而足为氏族之学者也。

兹谱之修，只[②]自茂祥公而下，一一伦次其昭穆，分派正，立法严。其家传，非实有可传者不妄为立传，无《后魏书》强相附传之弊。祭规、家范，亦复斐然可观。信乎非子孙之贤，不能述其家风若是之懿美也。

---

* 据“新浪博客”之“万木向荣的博客”2013 年 8 月 12 日发表之博文《文廷式为乔岭谭氏所撰谱序》(http://blog.sina.com.cn/u/2039658652)。承何东萍先生指示网址并赐寄电子文本。原题作《光绪甲午年旭朝公分下三修支谱序》，又有尾注曰“此文载民国三十年修《昭萍谭氏族谱》”。全篇已经博主“万木向荣”氏分段标点，今为略作调整，并为改拟今题。此篇撰时，据原题“光绪甲午年”云云，又按篇内所言“今归展墓”，以及篇末所署职衔，似宜在癸巳(光绪十九年)冬或甲午(光绪二十年)春。

① 此处，原博文作“□”。

② “只”，疑文氏原作“祇”。

夫谭氏自占籍萍乡以来逾三百年，诗书之业，久而益盛。今观其谱，彬彬然有大雅之风，岂非前者有以传，后者有以昌乎？悠久之泽，杞世之倏起忽落者□[①]去何可胜数也。

吾家与谭氏世为婚姻，知之最详。余与谭君凯臣为文字交，别十年而君之学益进。今归展墓，乃以续修谱序諈诿。余不敢辞，故为述。其今于史氏之大法与足以广业者略述如右。若夫续修之难，与谭氏人文之茂，则旧序已详，不复赘焉。

赐进士及第、诰授奉政大夫、翰林院编修、会典馆协修、国史馆协修、加四级、姻愚弟文廷式拜撰。

① 此处，原博文作“□”。

代翁同龢草撰进呈连珠稿*

一

盖闻情之所生，不限于地；兴之所发，莫概于心。是以东山隐居，恒作“洛生”之咏；南阳高卧，时为“梁父”之吟。

盖闻有无不问，分独尊于两仪；宠赂既彰，势莫危于万乘。是以求金非礼，《春秋》之义严；假马正名，君臣之分定。

盖闻河山难恃，将化险而为夷；大道宁沦，亦何新之非故？是以黄龙塞下，已无高柳之城；白鹿原前，即是新丰之路。

盖闻师律不严，威弧弗用；否倾未易，至论曷行？是以援鼓之臣，无祖逖渡江之志；怀书之彦，有郇模哭市之情。

盖闻大厦将倾，非一绳所维；九河将溢，非一曲所届。是以龚生兰萎，何补炎汉之亡？苌宏血碧，宁知衰周之坏？

---

* 据长沙《大公报》连载。原刊题作“芳荪室文录·读史连珠”，又尝作《芳荪室文录·连珠八十首》（按，因该《大公报》阙叶不全，仅见刊七十七首。其第七十八、七十九、八十首，是否原稿缺佚，或者未缺而《大公报》是否续载，未详）。今题为编者代拟。此篇撰时，似在光绪二十年四月间。该年五月朔，翁同龢倩人钞写以备进呈，所用文廷式撰草之《连珠》稿，当即此篇。文廷式手稿中，有此篇之别稿，文字及各首次第多有不同；其中七首为《大公报》所刊者未收。兹以《大公报》所刊者为第一部分，以文廷式手稿中七首为《大公报》未收刊者为第二部分，以见文氏此作全貌。

盖闻酌海倾蠡，谁知溟渤之深？回日挥戈，终异榑桑之旭。是以至足在己，勿求知于人；执节因时，不湛身于浊。

盖闻用职匪难，忠则无悔；出言虽慎，直则招尤。是以墨笔操牍，犹能正明君之过；尚方请剑，不能斩佞臣之头。

盖闻骥厄盐车，莫称其德；鹤鸣深泽，或和其音。是以八表同昏，平路有孟门之险；百川奔赴，细流归沧海之深。

盖闻水浊而鱼喁于渊，木朽而蠹生于本，固不待于知微，亦无烦于虑远。是以社闻鬼(出)〔语〕，知(语)避祸之无从；海出鹅毛，策从戒而已晚。

盖闻旧俗未更，礼乐可述；中兴匪易，改革为劳。是以北地言才，太原岂如叔旦；东堂论古，少康优于汉高。

盖闻知德者，鲜不恤于终穷；自胜者，强莫难于用众。是以匪兕匪虎，聊成旷野之歌；有罴有熊，方荷钧天之梦。

盖闻一言之发，枢机应于寰中；千里之行，山川起于足下。是以感至诚于石磬，愿格豚鱼；奉遗训于金壶，勿乘驽马。

盖闻元黄未定，嗟龙战之无时；风雨方兴，眷鸡鸣其何已。是以托根既固，奚疑于松上之萝；代啮而僵，先及于桃旁之李。

盖闻大《易》玩占，黄裳非吉；诗人取义，彤管可寻。是以刘向著贤明之《传》，张华陈女史之《箴》。

盖闻磐石易徙，则善建宜思；兰芷不芳，则前期可惜。是以桂巢黄爵，谁知此日之铜镬；渚有归鸿，非复当时之赤舄。

盖闻约之渝也，宁先汉过；忠之薄也，畴为吴吟。是以辽使妄通，东海见旌旆之影；秦兵孰召，北堂闻鼓铎之音。

盖闻《洪范》“六极”，弱则难治；《管子》“四维”，耻为可用。是以会稽栖越，非无望于十年；鹑首赐秦，遂尽亡夫三统。

盖闻衅开戎、晋，哲人于是知幾；帝有东、西，烈士毅然勿屑。是以望尘而拜，耻潘安之鸠安；蹈海何辞，岂鲁连之鹞黠。

盖闻食□洁者，向明王之福；干邱饴者，非志士之情。是以伯鸾遁吴门而赁庑，子真潜谷口而躬耕。

盖闻阳气方潜，虹藏不见；德辉周览，凤下何时？是以考槃在阿，硕人矢其勿告；乘桴浮海，大圣焉所取材？

盖闻云璈齐响，顺叙卑达之音；虹梁架空，清穆敞闲之地。是以和昶通理，金瓠叶均乎弇山；苞茂培基，规矩上宪乎躔次。

盖闻华镫百枝，涌吉祥之光；宝网千层，绕智慧之海。是以祥宫激景，月宇逊其圆辉；崇构建杓，香严同其奇彩。

盖闻积石遵源，延喜之玉天赐；宣房既塞，甘泉之鼎腾辉。是以荣光出而百川顺帆；恒流复而万福攸归。

盖闻厚基善建，八柄课功于法廉；椠忱偕列，九品任职而澄叙。是以抚五辰而凝礼，迪兹臣工；祗六德以亮畴，惟其才谞。

盖闻黄云覆衣，焕伊祁之典；金华铸鼎，勒轩辕之铭。是以元化煦烝，布五行而成瑞；懿谟宽简，秉九德而为经。

盖闻丹水握机，定蚩尤于中冀；翠(伪)〔妫〕修德，格有苗于两阶。是以挞伐彰，而五纬有聚奎之应；鉴举明，而六师皆致果之才。

盖闻奏娲氏之笙簧，天(地)〔功〕亮补；教有邰之稼穑，景命聿新。是以坤轫循环，三十辐共一毂；泰元沃渥，卅六宫以共春。

盖闻玉芝发岫，王母饵而按图；祥蓂生阶，尧年验而知闰。是以八珍盈俎，隆养敬剂乎阴阳；六服在笥，问衣必蕲乎节顺。

盖闻襄城访道，抑己用谦；宛委藏书，非圣莫测。是以牺易麟编之奥，乙览彻其微言；女师德象之篇，申教昭乎内则。

盖闻曰旸曰雨，勤问燎以畴咨；饮之食之，恒观民而求莫。是以至诚感瀼瀼甘澍之时，大阜书嘒嘒春祺之乐。

盖闻虎符出师，赫风雷于境外；龙钤在握，选颇牧于禁中。是以积德用兵，粤圣谟之神武；安内攘外，受介福以丰隆。

盖闻勤俭导治，则敷锡庶民；冯翼承天，则克绰永福。是以匪雕匪朴，允至德之冲和；如日如云，仰天容之睟穆。

盖闻三阶皆平，景老摛其福耀；四维广张，友睦播于周闾。是以金算积筹，衡闲验钩钤之润；瑶编衍牍，輶轩上康乐之书。

盖闻碧落凤书，咸称仙构；紫庭象画，乃臻道泰。是以六文纬繣，灿云汉以为章；五采纷葩，合星辰而作绘。

盖闻总街之庭，飞车作贡；妫汭之馆，益地成图。是以骈和裨瀛，麈琛具而隆飨；兼综条贯，神珠握而作孚。

盖闻登观台以正仪晷，则春鳸征时；斥珍膳以赡苍黔，则野鸿得所。是以慈云之荫，畅于崇岳淳海；时雨之恩，偏于普天率土。

盖闻豹变六韬，龚行天罚；龙腾八阵，受成英略。是以常德立武，既肃清乎江淮；偃伯灵台，旋底平乎河洛。

盖闻至道合契，瑶光舒晖；圣纪(吉)〔告〕期，寿星曜世。是以生岐立丰，(照)〔昭〕然文武之功；摛表[①]甄符，允答天人之际。

盖闻玉树青葱，凉飔[②]振其宫徵；琪花璀璨，朝阳焕其丹翠。是以怡情芬射，抚薰琴而畅音；颐神珍馆，御丹豪而写意。

盖闻惇族辨章，化不言而允洽；叶福均惠，泽无远而弗届。是以采薇之治，应以嘉禾之祥；行苇之恩，溢于银潢之派。

盖闻辑濯设官，纵轻翼以骈武；昆明凿渊，垂翟葆以涉波。是以组练趫壮，天池于焉讲肄；程頀周偏，寰海由是太和。

① “表”，原刊印刷不清，此据文廷式手稿补订作“表”字。

② 此字原刊印刷不清，据文廷式手稿补订作“飔”字。

盖闻六为地之中宫，瑶图绑嗣以锡羡；十为物之成数，宝箓媲昊以融绎。是以周则复始，十七万乃生黄钟；积则递加，八千龄初衍皇策。

盖闻谟训保世，懿铄推而滋大；贞元（斡）〔斡〕运，福（蝦）〔嘏〕衍以无疆。是以胪言俶陈，合三五六经而纪实；遇旬增庆，积百千万算而弥长。

盖闻罄天作颂，无间八纮之遥；放勋难名，庸非百姓之朴。是以捧金册以祗献，鸿号维熙；蘙瑶斝以祝釐，景光伊郁。

盖闻九影结实，采芳层城；四照敷映，被文崑岫。是以睿木移植，间右城而棻菲；仁（屮）〔艸〕莩甲，都天京其瑰秀。

盖闻居高察微，物无遁情；澄怀应天，德斯广运。是以酌苞符而示简，肃瞻徽柔；提机矩以訚猷，聪〔听〕彝训。

盖闻舞彩衣以扬喜，匝地成春；簪缥笔以作经，敷天锡类。是以千衢万术，阗溢闻凫藻之声；九垓八圻，赓颂纪凤芝之瑞。

盖闻析木甄度，仰参乾络；医闾作镇，俯挈坤纮。是以觇紫气于东维，璚台莲涌；引天泉于西阜，汤池镜清。

盖闻醊祷苍洛，三光（宫）〔宣〕精；勒崇岱宗，五云蔚起。是以驰香币于岳渎，賨仪告虔；颂泰筴于升恒，福绥骈委。

盖闻畯保四国，姬钟纪其多福；绾绰眉寿，姜鼎颂其万年。是以琢宝志瑞，洛文拟其昌炽；镌盘益慎，孔铭奉以周旋。

盖闻大智铏榹，时阊端而造器；驯风酴厚，物背窳而就攻。是以六等法易，岂逊扶娄之巧？九数兴〔艺〕，用成般倕①之功。

盖闻勤壸治中，娶教在宥；仁明行德，姒徽式颂。是以镂镠检

① “般”下，原刊阙字作“〇”，此据文廷式手稿补订作“倕”字。

而书圣，则功迈前仪；执金镜以临宸，则德承地[①]统。

盖闻南陔载循，佩芬芳而凝祉；北辰居所，铭玉音而益虔。是以长春茂世而驻晖，彤庭庆集；爱日丽天而久照，象载禧全。

盖闻宅心冲醰，世成纯粹之俗；养性职植，下多鲐鲵之民。是以刚则甀而柔则坯，甄陶夫万品；身为律而声为度，锡福于群伦。

盖闻泰元蕃厘，雀扈彰其采；元化驱駧，肖翘遂其生。是以班政镳宫，四时和而孳结；垂慈懿壶，九野乐而由庚。

盖闻中和毓祉，广被滥陬；遐迩禔福，惠醲（幾）〔畿〕甸。是以丹极诚保，普八表而大同；黄图沐施，较九州而益羡。

盖闻德与功偕，彤史不能宣其懿；寿与名并，（舟）〔丹〕书不能发其祥。是以月蝑日际，编珠庭而缉训；太微紫极，眷璇居而降康。

盖闻衍律元于合璧，则坤灵授图；回炁部于天门，则荄萌应[②]牒。是以璇闱曼寿，億兆京垓晋其筹；珠宫受厘，斗杓衡魁位其列。

盖闻含樱甫荐，暑避芝台；桂树尚荣，阳萌葭室。是以五明裁扇，荷温给以扬仁；百福命笺，拜云章而逢吉。

盖闻洪绪克开，万国之欢鳞萃；含章贞吉，一元之蔀环周。是以依仁宇者，嗎欣乎乐世；荷云荫者，翔泳乎天庥。

盖闻镜砥登治，德懋乎陈丰；旗翼叶寿，盛彰乎泰寓。是以濯鳞游畤以表瑞，吉净有祥；彩凤引纪以开秩，介纯笃祜。

盖闻直内用敬，道契于得一；函夏承风，理极于吹万。是以徯志以昭受申命，作俪方仪；躬德以统辑群元，允孚慈愿。

盖闻景风协律，四畅播于夔弦；非烟在霄，十渊敷于乐职。是以广都荔遂芳之作，《咸》、《韶》象声；译提宫隗构之诗，韎任诵德。

---

① 此字原刊印刷不清，据文廷式手稿补订作“地”字。

② 此字原刊印刷不清，据文廷式手稿补订为“应”字。

盖闻恒岳八陉，拥翠云于右甸；明湖千顷，泻鸣玉于神皋。是以丹旭初昇，碧瓦共澄霄一色；黼帷〔莅〕止，金茎与灏气齐高。

盖闻诗大泽之博，陶鞠丰庬；徧崇朝之霖，滋液渗洒。是以纶音所止，煦气溢于桐生；内藏特颁，湛恩周于蔀屋。

盖闻乙曰旃蒙，宝纬闿其博照；未爰昧蔓，中区翔其骏惠。是以风调明庶，万物奋轧而苉敷；声应林钟，五音协洽而繁缀。

盖闻众水所归曰海，缭岸而规瀛；明治之象在南，显阳而晖[①]绩。是以衔芝威凤，依慈幰之帡幪；在藻嘉鱼，泳液池之荡涤。

盖闻受图膺珍，绍天阐绎之化光；待旦敷元，岁颁时宴之礼备。是以奏云物而登庆，呼万寿者三；率蕃国以胪欢，辟重门者四。

盖闻张云幕以筮《归藏》，繇兆和洽；登玉山而求少广，道言平均。是以石牒金舆，承庖牺其制作；瑶环锦组，宏策府其璘彬。

盖闻化充天寓，扰翠黄乘龙于囿；图启地镜，树华平朱草于庭。是以焕然作歌，元功轶虞夏；谦以自牧，望幸极云亭。

盖闻莲华备饰，栖妙果于香（诚）〔城〕；宝树围岩，集福基于沙界。是以模金作像，赞佛日之舒长；诵呗迎銮，睹祥云之叆叇。

盖闻髦士萃集，雝宫爰本思齐；众才云蒸，干禄式咏岂弟。是以莘野鼓瑟，乃应时翘材；椒殿端几，为有德司契。

盖闻斗洽太平，远肃迩安之谓惠；临痑庶汇，受符迩制之谓慈。是以祇摄璿庭，昊绛此焉垂眷；静调玑籥，黔首于以穰熙。

盖闻风雨协好，箕畤衍范；圭璋翼助，卷阿矢音。是以建极备庶征，河图录昭华之玉；弥性康〔茀〕禄，讙树仪节足之禽。

盖闻瀚海虽遥，比于内治则肃；毛民虽鲁，施以文教则通。是以

---

① 此字原刊作“□”，据文廷式手稿补订为“晖”。

雁迹极(流)流沙,赤籍并侔迩甸;(鲲)〔鳀〕身濛大壑,番社丕变华风。

盖闻醴泉流唐而圆折,圯浮珠贝;宝岚耸槛而延敞,纠缦瑞雰。是以俯鉴清漪,瀞意乃湛渊智水;仰瞻万寿,嘉名乃兆禧秘文。

盖闻藁饫命篇,秩礼所筹者远;班爵考典,勋格所劝者宏。是以诏糈复常经,官联荷禄以亮职;酬庸彰微勚,战绩绘图以觃荣。

二

臣闻崆峒通道,爰稽轩箓;酒泉列郡,回占汉纬。是以河七千里,远探乎星宿重源;国三十六,并隶乎天山一尉。

臣闻桑坛效功,周典重其丝枲;鷩服将事,汉制尊乎青缥。是以礼行三酒,图绣恒念其辛勤;乡贡八蚕,嫔事诏兴者茧缫。

臣闻祁祁国老,惇史拜言;莘莘生徒,圜桥观礼。是以令辰赐杖,庞禧祝于高闱;年甲具寿,仁粟颁于御邸。

臣闻瀛洲玉膏,酌醴于轩世;瑶阶蓂荚,登膳于尧年。是以伊挚状鰩,述至味以寓道;彭铿斟雉,喻养生以烹鲜。

臣闻风乌徐转,金根隐辚于青圻;云(旱)〔罕〕飘扬,华盖襂纚于高衎。是以庞褫曼福之祝,声溢康衢;庆霄德宿之辉,祥迎琱辇。

臣闻戴斗建邦,厥成孔昭;骚风受□,有泽斯覃。是以苞仁硎义,徽猷渐鸭绿以东;□信体和,棱威振龙编而南。

臣闻耄期横经,愿结于一第;绵区趋试,诚效乎一官。是以恩予释褐,劬学慰彼华首;特广随牒,策名应乃腾欢。

慈寿无量庆赞稿*

臣闻最胜功德，施安乐于众生；大福庄严，善摄持于亿纪。御世以能仁为始，化推以应感为周。是以弥多罗之号慈也，遍四天下而同钦；那由他之年，阅数俱胝而尤永。况乎宿植德本，广阐仁经。波旬庶类，瞻宝网而洗心；缮那群情，荫华幢而介祉。因陀证果，瑞光开暗昧之涂；大梵求言，法雨徧浮提之界。宜夫亿妓国土，翘忱诵八吉祥经；圆满菩提，福报证四无量寿者也。

恭惟我全徽皇太后①，上规斗极，俯协坤仪，萃岳渎而贡珍，合夤纮而纪绩。玉弢授略，止戈之武维扬；金篋书贤，官人之经允洽。荔芳桂华而作咏，孝奏天仪；珠联璧合以呈祥，泽覃区宇。旌别班行，如镜照物；陶淑治道，吴金在镕。固已戴日戴斗，乐职成歌；资始资生，与能演《易》。丹鱼在藻，赤雀依檐。译隗构而匪遥；奏《咸池》其何泰。

臣闻《华严经》称慈氏佛曰：慈氏如来，是佛果极位。又云：世间所有广大慈，不及如来一豪分。钦惟我皇太后以天之德，行佛之慈，遍护绵区，胥融界海。威伸六幕，既返治于康平；泽畅九垓，更

---

* 据文廷式手稿。此篇如文内所述，系慈禧太后六十寿诞之进呈庆赞，其撰时应在光绪二十年九、十月间。

① “全徽”者，谓慈禧太后之徽号全衔。此系草稿，故暂略未写，将待誊正时补全也。

驱时于仁寿。三十年之宵旰，未弛尧勤；一二邑之丰穰，维殷舜问。里闾蠲复，斑白行谣；粟帛平施，率先嫔子。闾阎辑庆，开茧馆以祈蚕；眷念农功，降玟阶而祷雨。仁亲敦乎行苇，系本固于苞桑。万感万应，启至理之津源；一哦一咳，□□黎之□识。凡此上德之不德，要皆慈仁之至仁。《佛说法经》又曰：凡修行业，欲睹慈氏，得遂宿心。非此时之谓欤？又，《平等觉经》云：卓德万殊，超不相及。诸天人民，蜎飞（懦）〔蠕〕动，都令其智慧为一，无有能计佛寿几千亿万岁者也。

兹以光绪二十年，岁次敦牂，星明角亢，日躔析木，为圣慈周甲之辰。我皇上合万国之欢心，隆一人之孝养。恩膏滭浡，协气旁流。六纪正而泰阶平，六位乘而坤舆顺。

臣谨按：畴人之纪数也，以六十递衍；释迦之应世也，以六度名经。盖首万行而成慈，必兼三才而得寿。

于斯时也，银瓮□□，珠囊阐运。景星丽垣，青云干吕。姬馆之金镛玉管，未由写其徽音；祁垌之彩凤斑麟，无以彰其祎兆。

臣窃维大地无边，尽蒙福祐；毗邪尽藏，难罄佛恩。敬拟十万偈之真言，仰称高厚；更合三千界之大众，共祝庞洪。臣不胜区区之忱，谨拜手稽首以献。

尔时以神光遍照一切大千中千国土，曼殊师利菩萨、妙吉祥菩萨、功德宝□智生菩萨、大福光智生菩萨、一切微尘数菩萨及阿罗汉、须陀洹等，昇妙峰山顶，十千光明而为照耀。见慈氏佛以大智慧、大福德为一切众生檀施福祐，各各随等、无有遗漏，如是成就无量无边功德。尔时诸菩萨现宝净云，置光明藏师子之座，合十万世界天人、天龙八部，共庆慈德。乃各各吐广长舌、扬微妙音，合掌恭敬而说赞言：

巍巍金光明,普现佛慈德。含育诸众生,悉以慈惠力。维时大云护,震旦作金色。七重宝树华,众妙庄严饰。象王捧宝瓶,龙女侍案侧。愿以调柔心,永住安乐国。

普为众生说,慈佛受记来。多陀阿伽陀,造化智慧该。变世损饶益,威神力为摧。摄伏阿修罗,震动如春雷。法雨既普雨,亿兆登莲台。五星呈联珠,天汉为昭回。

调伏靡不徧,善导入无量。最胜智方便,一一为嘉贶。法蕴八十千,牟尼无尽藏。觉光照十方,至道还敷畅。

熙熙肖翘类,幸生佛世界。推宥蒙五教,殷勤奉四诫。遍尝郁单味,渥液如流溢。嗤嗤得安(隐)〔稳〕,优游信愉快。

希有功德集,行切广大慈。东南西北方,恒沙土逶迤。嫥嫥群生业,淆讹堕愚痴。或感水旱报,翘诉寒与饥。能仁溥洪惠,悉以国财施。俯察群品心,瑞光生佛眉。仰祝答宰贶,应感昭灵奇。不可称量德,积福逾须弥。

平等正觉心,成就世诸愿。婴耄沾仁粟,文武优邦宪。更开登进门,悉令多士劝。犹如种芬陀,广辟万千畹。琅琅三达明,皎皎十论善。无边功德海,圣果操右券。

阏逢值岁纪,敦牂物庞洪。循环以复始,玉烛旋绥丰。六时叶元吉,六律奏旋宫。输诚六服遍,懿谟六经同。深观六妙门,鉴周天眼通。团执六坚法,日中纯化隆。具六波罗蜜,持六境界风。六轮等妙证,六种意乐融。

以兹广推阐,莫测数量品。鬘树生鬘云,普地如普锦。俱蒙慧日照,各予甘露饮。八表感钦承,四序尽丰稔。谁知珠宫中,敛福倍勤恁。重费惜露台,清香凝燕寝。

舆辇所游驻,妙华自然生。宝灯百万亿,日月同光明。瑠璃为栏楯,金刚宝为城。音乐树列植,迦陵鸟和声。各以根本智,一一演天声。称祝佛恩荫,第一仁爱成。

涂香旃檀香,众香莫名记。香气蒸为云,云中吉祥字。宿祐值嘉运,普观希世瑞。悠久无有涯,提和越同位。福山功德王,德光幢普智。持较慈恩福,妙胜不思议。

德光格上下,祥瑞响然臻。朱华耀若木,丹毳仪韶钧。应时白象至,在囿驺虞训。圣皇泽圣孝,昊眷答精禋。俗原宏纲张,吏砥至化循。嵩呼溢寰宇,欢乐同登春。

威德所覃及,六复难覼缕。西极贡玉环,南荒植铜柱。东穷出日地,北界长冰所。咸覆圆满智,不异众香土。文翰珥旄贡,侏僸秣任舞。睹史多天宫;纷纶雨宝雨。

圣皇隆孝德,实以天下养。视衣燠寒节,问(合)〔食〕调御相。宫殿妙胜同,千万逾崑岗。福祚垂无疆,敻乎莫能尚。

尝闻佛四喻,山斤大海滴。地尘及空界,尽边尚可觅。唯佛寿无量,三常自延历。长燃般若灯,罗迦蒙启迪。

圣皇舞彩衣,遍地铺黄金。珍草覆四寸,香树高千寻,芬馥优昙花,蔚成功德林。以此大慈力,永慰恒沙心。

维昔颂贤圣,德纯始有虞。粒民部室建,厉翼娀教敷。明序誉有嫯,行与勤壸俱。周室叙任挚,伣天赞讦谟。持此大慈德,在彼何区区。如以萤烛熠,欲较摩尼珠。如以一勺水,等润于江湖。鹿苑八万说,广赞犹锱铢。

景佛福德聚,诸佛难数计。城游昙无竭,地过迦维卫。轨则转亨冲,正勤为持世。榆榄香风翻,璎珞彤云丽。诸天扬好音,敷畅音无滞。直从今日始,下尽未来济。宏宣普贤愿,演习龙树偈。同颂慈氏佛,万岁亿万岁。

《浩山集》题句*

生人之祸患，实词章之幸福。

---

* 据方湖为章士钊《论近代诗绝句·文道希》诗所作之注语（章诗、方湖注，均见于《京沪周报》第二卷第十八期。）录入。按，方湖，即汪辟疆。《浩山集》，彭泽欧阳述撰，未见刊本，疑即《浩山诗集》（有刊本）之稿册。据方湖注语，此系文氏在甲午战争后为欧阳述题于沪上者。题撰之时应在光绪二十一年夏秋之间。

读《海国图志》书后*

魏默深撰《海国图志》一百卷,《议战》、《战守》诸篇,数十年来治洋务者不能出其范围也。然而船政设矣,电报通矣,机器开矣,海军创矣,而一战法兰西而败,再战日本而大败。论者咎任事之非才,固也。

夫举三代之礼乐,至秦而大变;举秦汉以来之制度,至今日而又将大变。天意之所在,人事亦遂随之。

余尝旷观各国之富强,其根本固别有在也。使有枪炮舟车,而用之者非其人,行之者无其法,其能持久不弊哉?其所以通上下之情者,在立议院;其所以作天下之才者,在兴学校。故虽其教非至善之教,而其政实暗合乎三代之政。谚曰:“礼失而求诸野。”今三代之遗制,犹有存于四裔者乎?于是则达民情、教人才,乃立国之大本也。

故不言防海国,治中国而已矣。治中国无他术,用三代之经术而已矣。

---

* 此件原附载于《同声月刊》第三卷第三号所登刊《琴风余谭》之篇末。其撰时,似在光绪二十一年之下半年。

棋合铭*

黑白俱稳，则近大道，而惜其未合于一也。混之不可，而争由此出，亦造化之疾也。

* 据文廷式手稿。题文初作“棋子盒铭”。撰时似在光绪二十一年十二月末。

楸枰铭*

胜负非所任也，然而不可欺。变化莫能穷也，然而有可知。大方无隅，则因应咸宜，君子以之！

附：摩高岭刘氏续修谱序**

谱法，欧、苏为最。欧惟谱其世之所亲，苏惟谱其身之所出。

---

* 据文廷式手稿。原稿此铭即续接于《棋合铭》之后，当与《棋合铭》同时所撰，皆在光绪二十一年十二月末。

** 据高洪年《萍乡谱牒又见文廷式佚文》，载于《萍乡高等专科学校学报》，第30卷第1期，2013年2月（承何东萍先生寄赠电子版）。为高洪年先生从萍乡谱牒发现文氏佚文诸篇之一。谓"承缪德荣、凌焰等朋友之助"而发现。原见于清光绪己亥年敦本堂续修芦溪县万龙山茅店萍东摩高岭刘氏族谱，写刻文氏手书楷体六页，竖行，无断句。尾缀名章二方，一白文"臣文廷式"，一朱文"云阁"。高洪年先生为标点录出，并附该族谱复印件一页。今标点稍有调整，并酌予分段。关于此篇之真伪，高洪年先生曾作考证。乃取此篇与《石观前高阳许氏族谱序》、《思尧公像赞》作比较，盖均系文氏手书楷体刻本，而书风（彼两篇欧体，此篇馆阁体）、笔势（彼横笔斜上，此横笔水平）、落款、篆印等多见差异。谓此篇"似为他人代书誊抄所致。然而文氏既已撰就序文，似不必由他人代劳。待考"云云（见高洪年《萍乡谱牒又见文廷式佚文》）。按此篇自述撰时，已在"丙申孟夏"，即遭革职后，则落款自述职衔应加"前"字（如《石观前高阳许氏族谱序》例），然此篇于诸职衔却未加"前"字（仅于"江南乡试副考官"上有"前充"二字，唯此属临时差使，犹非正式授职）。是否"他人代书誊抄所致"，确有可疑。奈无别本，乌从校核。姑且暂置附录，盼祈高明指教。

二者之谱,虽皆准夫史迁《诸侯王年表》,其详略间有不同,而其心之拳拳于尊祖敬宗收族者,究未尝不同也。故自宋至今,凡有事于家谱者,取法欧苏而用之,庶几其有合于宗法焉。

吾萍刘氏,宗派甚多。而其居新安里之摩高岭者,实为汉景帝子赵敬肃王后。苍公子尝(公)〔以〕事谪,不得嗣父阴城侯职,遂僦广平之肥乡居之。三十五世演公,守成都,遂家西蜀。四十二世偁公,薄安福,遂家蜜湖。五十五世信里公,迁庐陵第四塘。六十三世大金公,迁萍乡杉木,时为元至顺朝也。生子三:长均用公,次均德公,三均财公。后以所居地滨溪涧,每当春夏之交,山水暴发,址辄圮,乃各为迁徙计。均德公迁沂源,均财公迁九江,后裔均未叙。均用公乃徙摩高岭,即今谱之为始祖者。公之后裔,蛰蛰绳绳,其发越正未有艾耳。

予昔随先大父壮烈公宦东粤,政暇辄为予语曰:吾萍摩高岭刘氏,世德相承,为乡里所称述者久矣。积厚者流光,息深者达亹,当不爽也。嗣予堂叔景云与其族裔俨珊翁订婚媾,予时归里,复晤其妹壻泗亭,风度翩翩,出人意表。则知先大父之言不诚信而有征哉。然犹未悉其宗派之所自出也。

光绪二十一年秋八月,(不)〔方〕假归,复晤其族裔叔明先生,盖名孝廉也。学养纯粹,品行端方。非公事,足迹不履城市。遇有重远事宜,身任之。他日秉铎宣猷,即古之二疏不是过。时年七十有奇矣,精神矍铄,耳目聪明,较在京邸聚谈时尤为强健。其诸为鲁灵光殿,岿然独存者欤?老成典型,予为矜式者久之。

酒阑烛灺,纵谈天下事,夜将分,语娓娓不倦。且有事家谱,征予数言弁诸简端。予何人、予何人,敢承斯命?然又未获以固陋辞。

谨案其手授世系图，断自均用公为始祖。自均用公而上，如杉木、如第四塘、如蜜湖、如成都、如广平，皆一一如前书之，并附以图说，重其本也。而其后嗣，房分派析，率五世为图，递推递衍，如循环然。其名号字行，仕宦行谊，生卒葬祔，妻妾子女，皆系诸图后。昭穆序而无或违，尊卑明而无或紊，其法洵兼欧苏而有之。此殆与欧苏二公之心异世而同揆者矣。

后之续斯谱者，诚知心前人之心为心，敦孝悌之行，尽爱敬之道，将见寖炽寖昌。则刘氏之盛于前者，不又有在于后者乎！传曰：公侯子孙，必将复始。数过时可，其间必有名世者，则其功烈又乌可量乎哉！

予适以假满回京，南船北马，为期甚迫，不暇叙，于心终不忘。抵燕后，乃得于邸次为叙其巅末，邮寄以归之。时大清光绪二十二年岁次丙申孟夏穀旦，赐榜眼及第翰林院编修、诰授资政大夫、钦加二品衔、日讲起居注官、翰林院侍读学士、咸安宫总裁、上书房行走、前充江南乡试副考官、加五级、纪录五次、同里姻谊文廷式顿首拜撰。

《待鹤山房诗集》序*

（光绪二十二年五月十一日）

余与罗浮待鹤山人交十年矣。知其性情，喜其经济；然见其规模天下之大计而阒然不欲仕于朝，总揽五洲之得失而暗然不欲见于世，密而窥之，盖有道者也。

先是法、越之争，君尝与彭刚直公谋渡海效奇策，往返数万里，事垂济矣，而有尼之者，竟不行。既而倭、韩事起，君益阴有所规策，其议论之公，筹虑之远，识者知之，外人不得而闻也。和议既成，海内愤激，君乃进其所著《盛世危言》一书。天子嘉许，既备乙览，复命总理各国事务衙门开刻，以变天下之观听。君虽不出，荣观著矣。

顾以其暇日为诗，余久乃得见之。其辞和而不流，直而不激，尤合于道。盖君性喜道家言，于元牝谷神长生久视之说，骎骎有得，见于面、盎于背，虽日日驰骋于经世之务，而澹然独与神明居。宜其作为诗歌，无尘杂嚣竞之习，其所养者素也。

方今世变亟矣，有心人所托而逃者，不于此，则于彼。君慨然远览：为冥鸿乎？为仪凤乎？为龙伸而蠖屈乎？诗以言志。吾又

---

* 据《待鹤山房诗集》（郑官应撰，宣统元年汪洵题签刊本）。原无题，今题为编者拟加。

窃欲竟观君之志矣。

篷窗无事,书此质之。君应轩渠而笑曰:唯子知我也！因泚笔而为之序。

丙申长至日,匡庐山人萍乡文廷式

《味莼词》题辞*

（光绪二十四年二月）

仲虎天资明敏，自幼喜读古文，下笔千言立就。间作诗词，颇有隽句；诗工七律，词则小令为佳。每作必就予商榷。天生美质，人咸欣羡。乙盦、半塘诸君辄相矜许，岂偶然哉？

戊戌仲春，年愚表兄文廷式书于简端

* 据汪曾武撰《味莼词》（1921 年铅印本）。原题仅作"题辞"，兹据版心所印"味莼词题辞"为题。

《西游诗续稿》序*

（光绪二十六年正月）

昔人有汉上题襟之集。今之沪渎，比之唐宋时汉上，有过之无不及也。

日东禾原侍郎，以济川之才，驻沪理邮船事。余得见之，盛德若谷。及谈燕之际，挥豪翰、写性情，慨乎于靡丽之场，而有天下之志。所交皆一时胜流，知其清词者有之，慕其醇德者亦有之，然识

---

* 据邹双双《文廷式与日本文人的交游——以与野口宁斋的交往为中心》（载于《萍乡高等专科学校学报》2011 年 8 月，第 28 卷第 4 期，承何东萍先生寄赠电子版）从日本永井久一郎《西游诗续稿》（1900 年版，日本关西大学图书馆泊园文库藏本）移录并标点者。今标点稍为调整，酌予分段。据邹文介绍，永井久一郎（1852—1913），名匡温，字伯良、耐甫。作为汉诗人，自号禾原、来青阁主人。有《来青阁集》。尝游学美国。历任帝国大学书记官、文部大臣官方秘书、文部省大臣官房会计课长。1897 年致仕，赴沪任日本邮船会社上海支店店长，1900 年转任横滨支店店长。1898 年在沪出版《西游诗》。1900 年出版《西游诗续稿》，有"明治庚子三月于海上大虹桥北客楼"写就的《自叙》，谓明治丁酉五月来客海上，暇与士大夫结文酒交，且作姑苏金陵汉鄂游，南船北马，随感成吟。"今将去海上归东京，取衍旧草连记诸家唱和，为《西游诗续稿》二卷，即请文芸阁学士教正。将以问世，盖愿聊志游览之迹，不忘交友之宜焉耳"云云。邹文又谓，《西游诗续稿》中，"随处可见'文芸阁曰'，其为文廷式的评点"，"短则一词，如'峭拔'、'不甚惆怅'、'对得生动'，长则一两行，例如对《海参威杂感三首》中的第二篇，文廷式点评道：'全首雄伟，结处一句唤醒世人。宋人诗所谓，风雨独却屋，伊家醉不知。盖犹作繁华梦也。读此诗弥觉慨然不怡者久之'"。

其(之)〔才〕①足济时，而念在忧世者，盖亦仅矣。

当波谲云诡之时，不有(时)〔畸〕②人抱坠绪而永之，诗其废乎？远览古人，延企将来，君其有迈涧之思，而不徒江湖之乐者也。乃者以诗属订。余故明其志，以诒当世。其兼有晚唐北宋之懿者，在其学问与其性情。阅者自知之，不劳赘说也。

凡投赠唱和诸篇，悉附录者，严诗编杜集之例。盖姜湛园所云，欲使姓名牵连见于集中，则传世可久。亦其性情之厚也。

光绪二十六年正月，萍乡文廷式序

---

① “之”，曾文斌《文廷式与日本诗人题咏辑录》(载于江西萍乡文氏族谱编修事务委员会编《萍乡文氏五修族谱》卷五。该《族谱》承文军勇先生寄赠)，据《来青阁集》(大正二年木刻版，日本“国会图书馆藏书”)内之《西游诗续稿》所收文氏此序(日本伊藤元彦搜得并复印寄赠萍乡高等专科学校文廷式研究所)，校录作“才”。

② “时”，同上作“畸”。

领衔通电各国请助光绪皇帝复政文*

前翰林院学士文廷式，谨为我国大皇帝电告各诸君：

目下中国时事至此，殊可浩叹。各国现既有兵在京，即乘此机会，保我皇上出宫，迁往南京，或武昌，或上海，于三中选择一处，建作新都。在各国亦应彼此会同，布告天下，以“目下悉已合力保护中国，请光绪皇帝临御，治理万幾”等语。

京中所有六部衙门，则悉予裁撤，另由新党中简选能员，以充执政大臣。并于新都内设客卿。其馀各处，则概简良吏以治理之。总以振兴新政为务。

京中大军，亦须尽行遣撤。另再招募精壮，由西人教习洋操，练成劲旅。或添派炮艇，以保各处水路。其海关、邮政、电报等局，则请西人暂为管理，以华人之妥当者襄理其事。并设立通行银钱，及更改税则等章程，各处则均仿照日本，开作商埠。至中西交涉之

---

* 据《知新报》光绪二十六年六月初一日，第一百廿一册，《论说》栏。原题“沪上绅商电达各国文”。篇首并有该报馆所加导语，述其由来，曰：“京中祸变亟亟，西兵大至，议瓜分中国。上海绅商大震，连夜集议，为文电止各国政府，请求皇上复政，主议者翰林学士文廷式云。今从西报译出，其略如左。”今酌予分段标点。按，《知新报》馆谓系“从西报译出”，其译笔之忠实程度，与原中文电报稿出入如何，暂均尚无可考。唯参据当时《中外日报》暨朱淇、徐勤等函电所述，沪上绅商集议，文廷式、唐才常等主议，通电各国，保皇迁都云云，其事似非子虚，其时或在仲夏。至其详细确情，犹待续作探究。

事,则须另设专部办理。其管理专部,则亦须派有洋员。所有各国人之来中国者,无论何处,悉准任意居住,游行亦听其便。传教,则无论中西教士一概予以保护。并由我光绪皇帝以“其命维新”等语,昭告宇内。则众民必允洽。目下之乱,可不动而自平,中兴之象亦可计日以待矣。

况我光绪皇上力虽微薄,而办理新政之心,则甚深切。即通中国民人,亦均有维新之意。故此时中国正应易为臻于郅治之时。至若民心思乱,实由旧党中人固执偏见所酿成,并非故欲为之也。

各国欲瓜分中国。但中国此时人民数百万中,有学问者虽少,从事戎行,亦无所用,而其心则最为固执。一旦而忽由西人管理,其心定必不服。阻挠之事,亦必层出不已。至欲以兵力瓜分,固非难事,只须有兵万人,即可成就,仅得中国。而欲伏中国人民之心,则非历数百年工夫,断难有成。祸难之事,更将不知凡几矣。故现在不如保我光绪皇上,以治理人民。众民见皇上复辟,自必踊跃欣喜,心生感激也。

特电致欧、美、日本诸君,请弗再生异念。即有此心,目下亦断不可行。总宜先任我光绪皇上复权,倘能治民妥善,则各西国应须相助为理。俾人民共享人类之福。中国民人,见各国力保我光绪皇上,并无鲸吞中国之心,则从服之心,有不期然而然者矣。于太平何有哉。

自 强 论*

古语有之曰:“有治人而后有治法。”今则不然,有治法而后有治人。如无现用之官制、现行之条教,求其有一得之效,虽旷时废日,必无成焉。

夫从古君治之国,何尝不治?必谓中国不治,由压力太重,则不知古之学也。秦人能用压力,过此以往,非创业之君,何尝有权?惟政府自保其富贵,臣民共乐于苟且,以是相延相宕,以阅二千余年,殆几几于无法之国。今试使房、杜为相,孙、吴为将,而仍用今日之制度,果足以富强而与各国争抗乎?故今之事一言以断之曰:必变法而求人才以守之。

君主、民主之说,中国此时无暇论及。一二百年后,百端之说并作,以君主为是者有之,以民主为是者亦有之。视其时民之材智如何,国之盛衰如何,然后有可说耳。

吾愿论自强者当求所以然之故,勿为一二新论所锢,勿袭一二陈言而自以为得。事事取各国之成案,而后立议,则中国庶有豸乎!吾不喜顽固之守旧,吾尤不喜空浮之言新。作《自强论》以质之。

---

* 据郑观应《盛世危言》光绪庚子牿鹤斋重印八卷本之附载(见夏东元编《郑观应集》上册,上海人民出版社 1982 年版)。原题作“节录纯常子《自强论》”。据此,是尚非全稿。其撰时或在光绪二十六年。

论吏治*

自三代以后，封建之制废，而后有吏治。

周官有“县正”。所谓“县”者，四百里而已。至汉、唐以来，所谓“县”者，其大者开方数千里，小者亦不下千里，侈然比于古之大国诸侯。

今之知县事者，或起自科目，或出于世家，或由于捐纳保举。一旦南面临民，责之以治赋税、审刑罚、正士习、除盗贼，凡国家六部之所有事，悉丛于县令之一身，虽古明哲之才，不能为理。且即使一、二人能之，而合天下计之，州县几及二千，安所得二千君人之材，而尽布之繁剧之职？此吏胥之所以必有权，而吏治之必不能善也。

历(吏)〔史〕所记循吏，一代仅十数，多者亦不过数十人。夫汉、唐、宋、明之有天下，久者四百年，促者亦二百余年，而可举之循吏寥寥如此，则民之不被泽而殁世者可胜叹哉！

推其大弊，盖有二端：

一者，选举之不善也。夫选举之法，以德行者，使人自有之，而

---

* 据文廷式手稿。郑观应《盛世危言》光绪庚子杼鹤斋重印八卷本附收此篇，题作“纯常子《吏治论》”（见夏东元编《郑观应集》），文字小有异讹。此篇撰时，似亦在光绪二十六年。

后举之郡邑;以文艺者,使人自学之,而后试之有司。其窃取名誉、侥幸科目者,姑不具论。则论其果以德行举者,虽孝如曾、闵,未必真知国之宪法也;其果以才艺选者,虽文如班、扬,未必能通民之利弊也。

秦人以吏为师,盖犹知吏道之别为一门。至汉人动辄曰:以经术饰吏治。夫六经之道,诚无所不治,而能以之饰吏治者,必深通吏学,而后取六经之理以概量之。岂贸然读数卷不知痛痒之书,而遂以儒吏自名哉?

康熙间开捐例,始准捐知县。于是台谏争之者甚众。虽出自圣明之世,然后世当知不得已之苦衷,未可以为通例也。后魏自太和后,令长用人最杂。至于士流始为之,宋始以文人为县令,甚重其选。今之保举,亦至杂之世也。故保举、捐例之弊,尤不必言。

然则欲救此弊,将奈何哉?曰:教人而后用之。此千古不易之法也。

今夫一艺之末,使不习之人为之,旁观者无不窃笑。而独至天下之大政,则必使素所不习之人行素所不知之事,其伥伥然如瞽者之无相宜矣。又复操至密之条教,而伺乎其后。其心虽不欲怀苟且,不可得也。故必先有学堂而后有人材,有人材而后有政治。理财者通算术,治狱者明律令,诘盗者知警察之戒,治外者习条约之款,夫然后举而措之裕如也。

今中国之书院、学塾,固未尝讲政事之学;即所谓习时务者,亦略讲中外大势、操外国言语而已。或则聚既入仕之人,而教之以吏治。其所讲者,又不出乎簿书期会之间。虽较胜于无,而获益则未可必也。

故不留意于人材,人材不出于学校,而欲天下吏治之澄清,必无之理,不可得之事也。

一者,设官之不当也。周官之治天下,至纤至悉。至汉时郡县之制,其乡亭之秩,三老掌教化,啬夫职听讼、收赋税,游徼循禁盗贼。是一县而分治之者不下数十人。至宋、明以来,则一切保正、乡老之职,旷如未有。其所设县丞、主簿者,大抵供知县奔走之役而已。一县之所独尊者,知县一人。恣肆无所惮,而实一无所知。刑名、钱谷之事,委之幕友;准驳、可否之责,仰之胥吏。僻远之地,则暇若无事;望紧之治,则专以其身服事上官。如此之谓能吏。而上官则有府、有道,有按察、有布政,复有督、抚以临莅之,层累而上,至六、七级。其所以有事于县者,为善为恶,未易达之朝廷也。故不必专心于所治,而必屈意于所事。

欲救其弊,非以一县之职分数官治之不可。闻之美利坚之政,一县之地,治狱者一人,治赋者一人,治杂事者一人。其厅署并在一地,每旦齐集,日中而退。其事至简,其学素习。其有相商之事,每日相见即可论定。抑且学校之事属之文部,警察之事别有专司。故县可不劳而理,而民亦无不尽之情。此与汉时三老、啬夫、游徼诸职,命意实同,而其制尤善,可为万国之通法者也。

自宋以来,帅、仓、漕宪诸职,并为大吏。然比之汉时仅有刺史、太守者,其弊实繁。谓宜分每省为数道,每道不过四五郡;知府以上仅有道员,道员之权比于今之巡抚,得专达于朝廷;而凡督、抚、藩、臬之职,一概裁革。如此则朝廷之权尊,而下僚之情通;兵制、学校、财赋、刑法诸事,可以混然而齐一,〔不至各为其风气。〕此不易之道也。

夫人材既出于学堂,则事皆素习,而幕友、胥吏之弊政可以扫荡无余。一县治以数人,则无繁杂难理之病。长官不过一二,则无趋承不给之虞。然后每乡每镇，皆设一议绅之局。举本地之利弊，详查确论，而后达之县令，达之府、道，以告于朝廷，朝闻而夕办。而谓民(无)〔有〕遗情、地有旷土者，吾不信也！

古之治世也，小官多而大官少；后之分职也，小官少而大官多。至于大官既多，而任职者皆不以民事为重，又强其所不学而为之。故二千年来治日少而乱日多，由此故也。吾故举其至正之道、至明之事，以告世之论吏治者。若补苴罅漏、得半失半之说，非吾所学，故不之及。

平等说*

世界以何成就？以差别相成就。

众缘和合，而有山川草木、风雨霜露，此客器也。众缘和合，而有眼耳鼻舌、肩背手足，此主器也。

互成互亏，互感互应，非器世界之事也，必有与为成亏、与为感应者焉。著于客器为尘，藏于主器为识。内外相接，则所谓事世界也。

然自正觉观之，则真心遍圆，含褢十方，无人我，无古今，无去来，亦无现在，固无差别相也。

故无论唯物、惟识两家。唯物者，物本性自有。本性自有，则一物各有一性，而差等之说无所受。唯识，则识性本无。识性本无，则一法不生，而差等之相无所施。且究而论之，无一物不起于极微；及其终也，亦无一物不沦于极微。即使计极微为常，而天地间形形色色，果何所用其差别乎？

虽然，出世法如是，世间实相如是。而求之人事，则有至不平之相。由至不平之相，而一一欲求所以平之，而等之名以立。

以生人而论。开辟之初，混混沌沌，茫茫昧昧，无所为君，亦无

---

* 据文廷式手稿。此篇撰时，或在光绪二十六、二十七年间。

所为臣，民焉而已。俄而为争焉，则推其雄猛者尊之。其争之又有大焉，则又择其尤魁桀者而奉之。或争而不已，则为其长者，必为之修战斗之器，讲进退之法，使一统十、十统百、百统千、千统万。而阶级由此而生，号令由此而成。如是久之，而有朝廷。有朝廷，而有官制。有官制，而文之有礼乐，齐之有刑罚。此邦国之等差也。

其行于家者：墨学以为“爱无差等、施由亲始”。夫既由亲始，则有始末之序。有始末之序，即等差之辨也。盖观于禽兽而知母子之爱，为最初之义。以是推之，其爱有浓淡，即其事有浅深。因设为礼教，以扩充之；制为丧服，以节度之；为之祭祀，以绵永之。而家之等差著焉。

然则凡等者起于人事，即事世界所由安立也。

顾等差如是，分别如是，而平等之谊即在于是。尧舜以迄孔子，相传之道，曰“执中”。执中者，平等之极也。如衡物焉，左右如一；如衢路焉，前后各半。斯之谓“中”。中无定在：数之三者，二为其中；数之九者，五为其中。则因时之大义、制事之达道。

凡君民之际、父子之间，沿袭之久，而有畸轻畸重之弊者，皆不得其中道。不得其中道，即不得其平均，而等且将由此而淆。故夫论事者宜知随时之中，则知救时之要。非徒守古义、徇今俗，龂龂于口舌，而自以为得也。

且夫圣人智矣，而谓聚千万人之神识，竟无一人可优入圣域者，可乎？儒者曰：舜，人也，我亦人也，人皆可以为尧舜。佛者曰：众生即佛，佛即众生。此平等之说也。而基督教则未尝许人以皆可为雅素也。此雅素主张平等而实不平之极也。

君上尊矣，而谓聚数千人之身家性命，任其死亡颠沛，而无一人敢议君权者,可乎?《尚书》曰:天视自我民视,天听自我民听。《孟子》曰:残贼之人,谓之独夫。夫各任其职,则自有常尊;处非其据,则比于茕独。凤凰、麒麟,异于凡禽;而五帝以来,尧、舜之官骸,不殊于众庶。不谓之等,岂可得乎?不得其平,不亦过乎?

积一以成万。万之数,多矣,晰之,则仍一一也。积小以成大。山岳钜矣,而晰之,则仍小小也。无一则无万,无小则无大。故事理之极,小与大等,重与轻等,始与终等,无与有等。能知无与有等,则离言绝待之理,乃昭然于理世界,而于器世界、事世界固一一无碍也。

故吾说平等,而欲以无等等之,说与探(责)〔赜〕者共证之。寥乎廓哉!孰能与吾同观于昭旷之原者哉?

郑陶斋观察六十寿序*

夫造化之机，千变万化而不可穷，而能有以永久不敝者，无他，仁而已矣。孔子曰：仁者寿。盖所谓寿者，非独耄期颐养之谓。必能以造物为心，仁覆万物，忘已济世，而世亦以大老归之，然后有合于吾夫子之说焉。

余兄事陶斋观察十余年。久而察其行事，读其著述，深维其爱世济众之心，殆无愧于仁者。岁辛丑六月，君年六十矣，制屏幛以称祝耆寿者，不下数十辈。余以为知之未必如余之深，因援笔而为之词，且蕲必其长生久视，以惠我侪类也。

君之所自记于年谱者：救灾恤友，倡办善会；创修学堂；岁大无则振之；有兵事，乡人困而不得济者，则设法归之；……凡此之类，殆不可更仆数。平生与人交，信而不疑。以此受人累，至再至三，乃倾其家财代人偿负犹不得解，而君终不悔。《周官》所谓“任恤”者，惟君能之。余尝以为，君之勇于为善，人或可能；至勇于为人任过，则斯世殆未易一二见也。夫善之所济者众，而君之心犹未概也。

盖君少习西文，长通商业。于举世沉晦不通之际，独超然有以

* 据文廷式手稿。此篇撰时，据郑观应辛丑（1901年）六月为六十岁计，当在此稍前。

见致治之原，与中国二千年来浸微浸弱之故，非大更张之，不足以振骩骳之习，而张中国以敌欧美诸邦。于是运深沉之思，扩远大之识，成《易言》数十篇，后又广为《盛世危言》，若夫大声疾呼，以蕲当世士夫之一悟。光绪初年，刊于粤中。于时天下方昧昧，未重其言也。

至法、越事起，疆埸多故，十年而有朝鲜之役。天子忧心劳思，欲深悉中外利弊之所由，反覆于富强贫弱之故，当必有先识远虑、言之剀切而明白者。于是大司空寿州孙公值毓庆宫，以君书进。上览而善之。安徽巡抚顺德邓公，亦具疏进呈君书。上乃饬总理衙门用活字排印，布行宇内。盖从来箸书之荣，未有比者。而君之启沃之志、与振发聋瞆之思，亦至此而少畅矣。

君又有他著述，如译《各国战例》及《公侯鉴》诸书，皆有关于仁术。诗文并条鬯充沛，唯恐人不知，而言之必务益于世。其天性然也。

君又好养生术，深明北宗，而不取容成、彭祖家言。尝入罗浮山，翛然野服，若与世相忘者。

君曾以军事遍涉南洋各岛；又赞彭刚直幕府，多所规画。事定后，刚直将列之荐剡，请加懋赏，君则力辞。

夫君非慕高尚之名，惟其有遗世之思，而后有忧世之实。盖两念正相成，而不知者乃以为相反也。

自今以始，君之成就，殆不可量；而有仁术以享大年，必无以易余今日之言。故敢抠衣举觞，率先众说，以为君寿。君其可掀髯而一快乎！是为序。

周官政要*

友　任

《天官》:太宰"以九两系邦国之民……八曰友,以任得民"。《注》:"孟子曰,乡田同井,出入相友,守望相助,疾病相扶持,则百姓亲睦。"

《地官》:"司谏掌纠万民之德而劝之朋友,正其行而强之道艺,巡问而观察之①,以时书其德行道艺,辨其能而可任于国事者。"《注》:"朋友,相切磋以善道也。强,犹劝也。""可任于国事,任吏职。"

臣谨案:《论语》,孔子曰上失其道、民散久矣。《大学》曰,财聚则民散,财散则民聚。然则古之治天下者其欲民聚而不欲民散矣,审矣。盖民聚则外患之来,有以相救;商贾之利,有以相成;学问之事,有以切磋;困苦之情,有以赒恤。此《周官》所以尤重友德,且以

---

* 据文廷式手稿。首篇《友任》与下录《巫恒》、《官属》、《布教》、《史学》五篇联缀,次第亦如此。其撰时,似皆在光绪二十七年间。总题"周官政要",系编者代拟。按翁同龢于光绪二十七年冬尝阅《周官政要》,记作费西蠡撰而与孙仲容、文道希同订者,谓是比附《周官》而行新法之书。疑文氏此五篇即为该《周官政要》内之章节,或补续之作。

① 此三句,据《十三经注疏》当于"劝之""强之"下断句。然据文廷式下文按语中引称之义,知文氏乃于"朋友"、"道艺"下断句,故此从文氏原意标点。

司徒之属官劝成之也。

自秦人以暴虐得天下，惟恐民聚而谋己，故有偶语之禁；其意欲使众庶离立，而在上者劫以威刑，则可永葆其尊位。盖失三代保民之意，而使中国涣散、外患迭乘者，实秦人有以致之。

汉、唐列代英君哲相，尽力民事，而民政卒颓废而不能整理者，则以学校、仓廪等事，皆国家任其责，而民无友德，未足以相助为理也。

近世如设义塾、育婴堂、养老院诸事，往往借资民力；即繁庶之地，往往有各省会馆，以联络羁旅之人；渐合于《周官》之义。然其意多重于善会，合于教中之行事，而如《周官》所谓“强之道艺”者，则概乎其未之闻也。

且《周官》劝友德而必纠之以司谏者，其意深矣。盖民不可无同力合作之事，而必不可有结党乱政之行。今各国之事理，其得益于民间社会者固多；而群言庞兴、莠民错出、其有害于国家者，亦正不胜枚举。若使立会之初，其人皆司谏审之，知其素行，考其议论，其合者有登庸之路，其诡者有寄棘之诛，则设党以倾政府之类庶几可免。是国家得收合群之益，而民间亦无比匪之伤，不亦善乎！

窃谓宜及此时推广善会之意，使民间商务、学务，多以社会成之，而一切禀承于官，有所稽考，庶几众擎易举，而国家经费亦可稍纾。且妥立章程，以镇末俗，毋使各国政党之祸得以萌芽其间。此经国之要道，今日或视为缓图者，一二十年之后，其斯为当务之亟也欤？

巫　恒

《春官》：“司巫掌群巫之政令。若国大旱，则帅巫而舞雩；国有大裁，则帅巫而造巫恒。”

《春官》序官：“男巫无数，女巫无数。”《注》[①]：“巫能制神之处，位次主者。”

“都宗人掌都祭祀之礼。”“凡以神仕者，掌三辰之法，以犹鬼神示之居，辨其名物。”《注》：“犹，图也。居，谓坐也。天者，群神之精；日月星辰，其著位也。”“《国语》曰，古者，民之精爽不携贰者，〔而〕又能齐肃中正，其知能上下比义，其圣能光远宣朗，其明能光照之，其聪能听彻之。如是，则神明降之，在男曰觋，在女曰巫。”“巫既知神〔如此〕，又能居以天法，是以圣人(用)〔祭〕之。今之巫祝，既暗其义，何明之见？何法之行？正神不降，(惑)〔或〕于淫厉，苟贪货食，遂诬人神；令此道灭，痛矣。”

臣谨案：凡民之生，皆知敬天，五洲所同，非独中国。惟自一神而衍为多神者，亦各国皆然。中国则以礼范围之，因民之俗而不革；摩西、基督、穆罕蓦德，则专祭天神而并黜诸祀：此其异也。

然西人之祭司长，往往擅作威福、干预政事。而中国自三代以后，神道设教之旨微；而巫教之支流馀裔，亦荡泆而不可止。如田单之复齐，托于神言，则善用之者也；陈涉之乱秦，兴于篝火，则误用之者也。

在昔羲和，绝地天通，老子谓至治之世，人神不相伤。乃后汉之末，张鲁、张角之道大行，与于吉之《太平经》互相出入，于是“苍天”、“黄天”之谶起，而黄巾乱汉。至魏、晋，而五斗米道，士大夫或不能无惑。后魏寇谦之授崔浩经，使之辅佐北方太平真君，盖犹沿张鲁所自称之太平道也。至唐而有明教，至宋而有白云莱、白莲会

① 此“注”字上，原有“郑”字，乙去。

之类……其支流凡数十变,其造书凡数百册,妖妄之说,不胜枚举。而宋时方腊之乱、元时韩山童之乱、明时唐赛儿之乱,皆由于此。至本朝,三省教匪,蹂躏数省。仁宗运神谟、奋武略,数年而后克之。岂非邪说诬民,易于煽惑而难于荡涤乎!

伏读《皇朝开国方略》,崇德七年禁善友邪教,太宗文皇帝谕曰:"自古僧以供佛为事,道以祀神为事。近有善友邪教,非僧非道,一无所归,实左道也。康养民、李国梁等倡善友邪教,私造印札,惑世诬民。凡列名籍者三百馀人,朕宽宥,止诛十六人。今后永行禁止。"又,《大清会典》:"凡创立无为、白莲、焚香、闻香、混元、龙元、洪阳、圆通、大乘等教,诱致愚民,男女扰杂,击鼓鸣金,迎神赛会者,论律;步军统领、五城司坊及直省守土官严行禁止。"

圣谟昭著,功令森严。而近时此等邪教,如大乘、八卦之类,闻尚有传演,未能悉止。此当于编查户籍之后,由地方官详细根究,使其徒党无得蔓延。而学堂既已大开,民智蒸蒸日上,亦自然明于正理,而不为邪说所惑。此固正本清源之道;而千年以来治乱得失之故,亦可于是默参消息者焉。

官　属

《天官》:"太宰之职……以八法治官府。一曰官属,以举邦治。二曰官职,以辨邦治。"《注》:"郑司农云,官属,谓六官其属各六十,若今博士、大史、大宰、大祝、大乐属太常也。小宰职曰,以官府之六属,举邦治,一曰天官,其属六十是也。官职,谓六官之职。小宰职曰,以官府之六职,辨邦治。一曰治职,二曰教职,三曰礼职,四曰政职,五曰刑职,六曰事职。"

《天官》序官:"治官之属,大宰卿一人;小宰中大夫二人;宰夫下大夫四人，上士八人，中士十有六人；旅下士三十有二人。"《注》："下士，治众事者。自大宰至旅下士，转相副贰，皆王臣也。王之卿六命，其大夫四命，士以三命而下为差。"

臣谨案：夏、商以前，官制简略，至周而后大备。故凡后世设官分职，虽沿革繁琐，而要不出《周官》之范围。即今时欧、亚各邦所谓执政之官，亦大略可与六官相比附。知明备之政，其出入要不远也。

汉制设九卿；而后世推在尚书省，遂以六部尚书统理天下之大政，然九卿之名又多沿而不改。如大理则刑部之分官也，太常则礼部之分官也，太仆则兵部之分官也；其他如光禄寺、鸿胪寺、国子监之属，论其职事，无不可分隶于各部者。故晋荀勖有言：九寺可并于尚书。而宋南渡后，并省冗职，宗正以太常兼，而卫尉、太仆并兵部，太府、司农并户部，光禄、鸿胪并礼部也。

窃谓宜仿其意，尽裁通政、大理、太常、光禄、太仆、鸿胪、国子监各衙门，以其事分归各部。而于各部中侍郎以下，增三品、四品等官，总司各局之事。《周官》中大夫以下有下大夫，而郑《注》以为"转相副贰"，正此意也。至其体制，亦当用《周官》"大事则从其长、小事则专达"之例，以符卿、监之旧制。则百僚升擢之阶固井井不紊，而冗员杂职之讥亦庶几可免矣。

其六部之职，或仿各国官制，增入外部及递信省之类，则当准时酌势而行之。总之，必与政府同力合作，此《周官》大冢宰之职并列于六官、而唐制六部并归尚书省之故事也。

又，今制如吏、礼等部皆以职事分司，独户部、刑部以地分司，诚以事务殷繁，不得不尔。窃谓以地分者，究非曹司之正。唐制：户部有度支郎、金部郎、库部郎之属，刑部有比部郎、司门郎之属，然要皆以事为司。查日本大藏省分主计局、主税局、理财局,司法省分民刑局、监狱局;而每局之中,又分其所辖之务。其大致取《唐六典》为师,而斟酌损益之,与《周官》所谓“官职以辨邦治”者隐然符合。似可用也。

我朝六部,先有启心郎,遂虽裁撤,然足见尚书、侍郎与郎中、员外等官相去太远。若以卿、监等官分入六部,正合“转相副贰”之理;而户、刑等部若能改地分为职分,则“辨治”之道,尤厘然有合于人心。此非大更革,而于三代设官之意,昭然若揭。论治者留意及此,其亦体国经野之要道欤!

布　教*

《天官冢宰》:“以九两系邦国之民。”“三曰师,以贤得民。四曰儒,以道得民。”《注》:“师氏,有德行以教民者。儒,诸侯保氏,有六艺以教民者。”

《地官》:“大司徒之职……以乡三物教万民,而宾兴之。一曰六德,知、仁、圣、义、忠、和。二曰六行,孝、友、睦、姻、任、恤。三曰六艺,礼、乐、射、御、书、数。”

《师氏》:“以三德教国子。一曰至德以为道本,二曰敏德以为行本,三曰孝德以知逆恶。教三行。一曰孝行以亲父母,二曰友行以尊贤良,三曰顺行以事师长。”《注》:“孝在三德之下、三行之上,德有广于孝,而行莫尊焉。”

臣谨案:中国之立教也,自羲、轩、尧、舜以至禹、汤、文、武,皆以圣人而在天子之位,故本人情以立教,务于无偏无弊而合乎天理

* 篇题“布教”,初作“施教”。

之自然。

孔子集群圣之大成,然述而不作,惟祖述尧舜、宪章文武而已。故“儒”之名,先孔子而有,而“儒”之字,《论语》中仅一见焉。后世目孔子为儒。夫儒乃九流之一,岂足概圣人之大哉?

西洋之人,又称东方为祖先教。按万物本乎天,人本乎祖,乃不易之常理。今西方之教,于物本乎天之理,可谓阐发无遗,而于人本乎祖之理,则或有所未尽。

中国以教孝为百行之先。孟子所谓人人亲其亲、长其长,而天下平。有子所谓其人孝弟,鲜好犯上作乱。盖深有关治平之事,而为内圣外王之要道也。

顾中国之教,既列圣所规画而非一人之所私,故可广容异教而无所争竞。自秦、汉而神仙之说炽,自后汉而释氏之说兴,虽与儒流或有龃龉,然其间兼习者有之,调停者有之。即或箸之文章,亦不过辨难之词,未闻以教事至于凶残斗杀也。

唐时回教入中国,景教入中国,摩尼教亦入中国。然考《唐国史补》云:回鹘常与摩尼议政,故京师为之立寺。其大摩尼数年一易,往来中国;小者年转江南、岭西,市商胡橐。其源生于回鹘,有功也。据此,则回教、摩尼教之寺,乃唐时报功之典。又按《景教流行中国碑》引贞观十二年七月诏,亦令所司于义宁坊造大秦寺。且据《文献通考》所载天下寺数,则唐时广容异教可知。即宋时,道学之派好攻异端,然亦未闻儒释相争、动成仇隙也。

明末基督教畅行中国。其时士大夫习之者则有徐光启诸人,疑信参半者则有叶向高诸人,而著书攻之者亦往往而有。自我朝录用汤若望、南怀仁等,致之显位,且即用其术改定时宪,于是猜嫌尽泯。自顺治以迄嘉庆,几二百年,其间固无争教之苦也。

近年以来,西人之传教者愈众,而教案亦愈繁。盖百年前专谈教事,而或从或违,不以强人。道光以还,西人兵力愈强,民间每生疑忌,或以教士为觇国之谍,或以教务为用兵之媒。故不复论教理之是非,而惟恐祸机之潜伏,其激而生变,亦势使之然也。

今宜特设美法,使民教相安。必令教士不关词讼;而民之从否,悉听自由。在国家亦平等相视,与僧、道齐列;其有所犯,一律从同。庶几耦俱无猜,而嫌疑悉泯。斯得宗教自由之实,而亦销祸未萌之道欤?

史　学

《地官·师氏》:"掌国中失之事,以教国子弟。"《注》:"教之者,使识旧事也。""故书中为得。杜子春云,当为得。记君得失,若《春秋》是也。"

臣谨案:掌国得失之事者,凡一国之是非、古今之成败、靡不具焉。六经之中,如《尚书》、《春秋》,固皆史学;即诗人之道民风、陈王道,亦与国家之得失相关。故太史辒轩采之,而师氏之教贵游子弟者,无不备也。陆贽《奏议》有言:臣尝反覆于古今治乱得失之故,盖非此不足以扩其识而练其才,所谓"前事之不忘,后事之师"矣。

今东、西洋各国,其小学堂中,无不以本国史事编为简要之书,使其国民童而习之者,此其故有二。一则使国民皆知本邦之掌故、历史之沿革,不至数典忘祖,贻讥外人;一则使国人知前人成败之大端,其善者可以劝,其恶者可以戒。其大要也。

日本前时讲伦理学,欲折衷于中国、欧人之间。于是举本国历史中所记前代事实,核定民人性情,即据此以定律法。此尤足见史之所关者钜矣。

且一国得失之事，师氏所以时时教人者，尤有郑重殷勤之意焉。盖同一事也，有施之此时而以为得者，施之异时而见为失矣；有此人行之而偶有所得者，他人行之而不胜其失矣。

《礼·玉藻》云："动则左史书之，(行)〔言〕则右史书之。"史之所记，无一日间断。则师氏之教，亦不仅使国之子弟习于故事；即其新事之有所得失者，亦未尝不论及之。古人少所忌讳，凡有庶政，与民共之。故教学之中，凡有可以反复辨论者，谅必无有所隐。故"师氏掌以媺诏王"、"保氏掌谏王恶"，其识盖如今之讲官多兼司起居注，固史氏之职；而所以教国子弟者，则又兼国子监之职耳。

今天下学堂将开。窃恐议者多重西文、西学，而转荒中学，使后生小子茫无知识，事事重外而轻内、是人而非己，则其弊有不可胜言者。臣以为宜申明中学，编辑历史简本，为学堂必读之书；凡学生必先明于此，然后教以各学，庶几扶植立干之道焉。

冒淑人墓志*

光绪己亥，嫂氏冒淑人殁于上海。越二年，余兄述庭将葬诸萍乡之某地，以状来嘱铭诸幽。余惟嫂氏素以贤称，顾余尤厚，凡患难颠沛所以恤存之者皆至，曷敢以不文辞！

案状：淑人姓冒氏。如皋人。辟疆先生某世孙女也。曾祖某，某官。祖某，某官。父某，某官。

淑人幼失母，为廉州君笃爱。稍长，明习诗礼，以端淑闻于戚鄙。同治十三年，年二十，归于萍乡今官三品衔江苏候补道文炜，余同祖兄也。事尊妇，和先后，人无闲言。

岁丙子，述亭兄以同知需次〔湖〕南。南湖者，洞庭湖中淤积之地，凡数十万亩，奸利丛积。大吏才述庭，使清厘垦辟之。俄而被水淹没(田)。淑人于时偕往，穰则为筹廪积，荒则撤簪珥振之。民颂其惠不衰。述庭任乾州直隶厅事，地当边鄙。淑人则筹药物，聘良医，以恤穷民，兼及狱囚。述庭遂率设医局，后任沿为成例。尝曰：吾所为，分内事耳，无足言。及病重，谆谆言家事，犹以不能终事夫子为恨。呜呼，其可哀已！

淑人所生一子、一女。子某，某官。女适某。淑人卒年四十

---

* 据文廷式手稿。此篇撰时，在光绪二十七年。

五,而以劳瘁致病者已四五年,然不服珍异之药,不避艰阻之事。恒欲得一归省父母,竟不得遂,其尤可哀死也!

当余为世所厄,则毅然排众议,偕述庭兄送余至沪上。风雪严厉,道路辽敻,不复言病。呜呼,此士大夫所难,余敢忘淑人之义耶?故洒涕而铭诸幽。其辞曰:

于家宜,于官宜,嗟其令姿,兼有美才,曷不克寿,以昌其随。我赞其德,以塞夫子之悲。后有来者,视此铭辞。

《湘报汇编》序*

报章之兴，谅不于(皇上)〔上皇〕之世，大要起于开化之国、文明之纪，故盛于欧洲，而繁于近代。

凡所以流通公论，而考其是非；详著近事，以知其得失。古世今纪之所以变迁，五洲万国之所以维系，政统教宗之所以同异，物产人民之所以多寡，靡不考核，以知其故。普遍以穷其奥，分擘以尽其理，比例以综其数。故耳目所接，则采访易周；洪纤并录，则取材亦备。以近体言之，其即西人所谓"现世史"乎所由。

历世珍之，至今无改；列国通行，视之滋重。保护之律，优待之条，自主之权，专享之利。通之者富，塞之者贫。尊之者强，阻之者弱。顺之者昌，逆之者亡。

故日本岛国，以多报渤兴；法王亨利，以禁报见弑。昏弱如高丽、僻陋如非洲，亦能刊著近闻，通行境内。英、美、德、法诸邦，至以出报之纸数、阅报之人数，差别其多少、较量其盈绌，为文明野蛮之分界，顾不重哉！

岂有五千年帝国、四百兆人民，而顾不能申议论之微权、尽网

---

* 据《湘报汇编之一：湘报文编》(上海铸古斋光绪二十八年印本)首载此《序》，未署作者及撰时。文廷式手稿中有此序稿，文字小有异。玩此《序》辞意，则《湘报汇编》即为文廷式自编；此《序》撰时，疑亦即在光绪二十八年。

罗之大业，使夫朝布一纸、夕驰万邦，观者仰望而贮目、听者俯念而倾耳？以云广国，毋乃褊与！

《湘报》者，创自长沙，起于戊戌。垣宿当躔之日，〔而〕明德作镇之年。俊侣骈生，畸人朋出，联袂云合，楮墨斯腾。标题已确，是南国之良金；毖记遥传，应西（人）〔江〕之天马。英才既集，宏论方多，清议之风，斯为称盛！

又，官中故事，开府深谋，故以载在京都，记于左史。凡议会之演说，学堂之讲议，卝人之条例，警察之章程，备在斯篇，存其缛节。并抵掌有述，列眉可知。当时治书，灿然明备；诵诗观政，其不在兹乎！所以雄镇巍巍，是曰萨摩之府；江水湛湛，潜通泰晤之流者焉。

至其明悉治乱，指陈利病，击筑弥烈，呵壁何从！若乃注目外邦，评骘内事，契丹闻而相语，淮南几用寝谋。抑亦筹边重于承天，昌言崇于公理者已！

无何天衢生枳，沙麓成灵，应龙蟠泥，短虫射影。甘蕉修竹，皆为弹章之文；苜薏明珠，宁鉴征南之谤。凡诸制作，竟委狂飙；即此文章，终随逝水。翠由羽焫，膏用明煎。所有怀铅握椠之伦，齐赋兰枯柳衰之句。既玉树之埋土，亦桃梗之随流。

人之云亡，忽移岁序。鸱鹗东徙，松槚成行。每诵斯文，至于雪涕。嗟乎！谁与独处，悲生雒浦之衾；岂其无人，泪堕山阳之笛？悼往者之不作，感来日之大难。固知落叶自陨，无假于疾风；相思不断，且同于春水。古人之言，信有情哉！

于时朱明受谢，白藏纪时，金飚夕厉，流泉东逝。悟大化之推迁，感斯寓之辽阔。拜君山之丛祠，偏多木叶；摘沅江之芳草，自谥荃荪。内怀殷忧，外悚时变。痿人不忘起，盲者不忘视。披寻故纸，深慨烟沉，不有纂言，将归蠹蚀。用是握卷踌躇，抽毫悱恻，露钞雪写，比日成书，名曰《湘报汇编》。综分其类为七，凡所以广纪问、资考察也。

张俨《默记》，幸未绝于当年；杜牧《罪言》，或庶几于前哲。世有览者，可得而详，体例之间，要多遗议。若云卖赋，敢论价于黄金；即谓草《玄》，宁甘心于酱瓿？工愁已久，卜药何方。是为序。

校印《湘报汇编》例言*

一、是编仿《昭明文选》例，以文体分类。颜曰《湘报汇编》，以存其真。

一、是编共分七门。首“文编”，凡叙议、论说、传记、考辨、策问、条证、今义、书后等属之。次“集录”，所采中外各报之论等属之。次“文牍”，奏稿、公牍、私函等属之。次“讲义”，演说、演义属之。次“章程”，公法、条例、表属之。次“问答”。次“诗歌”。其余新闻、告白，不关日后考证者，概从删削，俾资实用。

一、每门内之次序，悉依原稿，按号编列。惟“文编”内有一题数篇者，则连订一处，以免错乱。

一、原报起戊戌二月，迄是岁八月。中间如南学会、保卫局、时务学堂种种盛举，具详于七门之内。故是编虽系报册，实可作中国新政萌芽史读之。

一、原报每篇多载作者姓氏，或附以地名及年齿等，今悉仍之。其原报所阙者，亦不增补。

---

* 据《湘报汇编之一：湘报文编》。原未署名。由前录《湘报汇编序》推知，此篇亦当是文氏之撰，详见前录《湘报汇编序》之题注。

一、原报篇尾,遇有外注或自注,照旧附录。

一、原报间有讹字,今校正重印,然恐仍有讹误,望阅者留心。

一、此书先出《文编》,其余六门,陆续印出,以成完璧。

《浩山诗集》评语*

（光绪二十八年三月）

近诗三卷，较前工力愈深。《无题》十首，及庚子感事各作，属词比事，颇似虞山。《水族博物馆》一章，为七古压卷之作。《补天歌》、《看杜鹃》二章，亦奇谲可喜。

各体取径皆正，但再求深厚，即得之矣。正不必趋新派、作集字诗。新诗取悦一时，不久即当寂灭，终必以唐宋诸大家为归，所谓“不废江河万古流”也。

壬寅三月，文廷式识于上海客舍

---

* 据欧阳述撰《浩山诗集》（1916 年刊本）。原无题，今据原刊版心所镌“评语”二字，代为拟题。

《芳荪室词录》序*

《沪上集》序

辛丑以后，自元日起，凡有所作，录于此集。是岁冬月，始编定。

纯常子记

《岁寒集》序

（光绪二十八年十月二十四日）

岁暮江湖，百忧如捣，感时抚己，写之以声。凡有所作，录于此编。

光绪壬寅冬十月小雪
萍乡纯常子文廷式记

---

* 据长沙《大公报》连刊《芳荪室词录》。《芳荪室词录》分两集，即《岁寒集》、《沪上集》，各集卷首有小序，即如上录。二序原皆无题，今总题及二小题，均系编者代拟。《沪上集》之序，撰时应在光绪二十七年冬月之后，具体时间失考。

《云起轩词钞》序*

（光绪二十八年十二月）

词家至南宋而极盛，亦至南宋而渐衰。其衰之故，可得而言也：其声多啴缓；其意多柔靡；其用字，则风云月露、红紫芬芳之外，如有戒律，不敢稍有出入焉。迈往之士，无所用心。沿及元、明，而词遂亡，亦其宜也。

有清以来，此道复振；国初诸家，颇能宏雅。迩来作者虽众，然论韵遵律，辄胜前人；而照天腾渊之才，溯古涵今之思，磅礴八极之志，甄综百代之怀，非窘若囚拘者所可语也。词者，远继《风》、《骚》，近沿乐府，岂小道欤？自朱竹垞以玉田为宗，所选《词综》，意旨枯寂，后人继之，尤为冗漫。以二窗为祖祢，视辛、刘若仇雠，家法若斯，庸非巨谬！二百年来，不为笼绊者，盖亦仅矣。曹珂雪有俊爽之致；蒋鹿潭有沉深之思；成容若学阳春之作，而笔意稍轻；张皋文具子瞻之心，而才思未逮。然皆斐然有作者之意，非志不离于方罫者也。

余于斯道，无能为役；而志之所在，不尚苟同。三十年来，涉猎百家，摧较利病，论其得失，亦非扪籥而谈矣。而写其胸臆，则率尔

---

* 据《云起轩词钞》（徐氏《怀豳杂俎》光绪三十三年刊本）。另《云起轩词钞》（善化汪守圻校勘，长沙振华印书局民国铅印本）亦载此篇，题作“叙”。

而作,徒供世人之指摘而已。然渊明诗云:“兀傲差若颖。”故余亦过而存之,且书此意,以自为其序焉。

光绪壬寅十二月,萍乡文廷式

《石观前高阳许氏族谱》序*

（光绪二十九年六月）

昔庄子记尧让天下于许由，或曰荒唐之词。然以经典证之，则许大岳之胤也。尧典谘四岳，巽帝位，非让国之事乎？由是秩宗于虞、封国于周，明德之远，盖其宜矣。

战国有许行者，为农家言，虽与孟子异趣，然实能绍乃祖炎帝神农之说。至汉而《说文》之学，“月旦”之评，蔚然为后世宗焉。有元鲁斋、白云两先生出，继往开来，孔孟程朱之学卒以大显于世，诚一代名儒也。

许氏之兴讵有艾乎？吾邑冠泉许氏，溯其族谱，由汝南而南迁，至唐有讳现者，为睢阳太守远公之子，贞元中，为袁州刺史，遂家于萍乡之东乡。千馀年来，才德相继，科第绵远，群推望族。顾中更变乱，族谱遗失。至国朝，猗氏公国鸿，始勤编辑，勒成一编。

---

* 据高洪年《萍乡谱牒又见文廷式佚文》，载于《萍乡高等专科学校学报》，第 30 卷第 1 期，2013 年 2 月（承何东萍先生赐寄电子版）。此为高洪年先生从萍乡谱牒发现文氏佚文诸篇之一。谓“承缪德荣、凌焰等朋友之助”而发现。原见于清光绪二十九年端本堂续修之上栗县赤山镇石观泉高阳许氏族谱，系据文氏手书楷体写刻七页，竖排，无断句。篇末有名章二方，一白文曰“文廷式印”，一朱文曰“道羲”。高洪年先生为标点录出，并附该族谱复印件一页。今标点略有调整，并酌予分段。据该族谱复印件，原仅题“序”于版心，兹为代拟今题。按，“石观前”，或作“石观泉”、“冠泉”，今据该族谱复印件版心所镌“石观前高阳许氏族谱”之称而定。

至今吾友琴缘缵而述之,订正条例,分列表谱,而叙次始详,甚盛业也。

(馀)〔余〕惟六朝最重门第,唐初犹然。柳芳之论氏族,昭然可鉴。暨五代之祸乱,贾弼王宏之学,稍稍衰矣。至于宋,犹廑有存者。

盖中外之错互,兴替之俄倾,州贯之迁变,久而不复可知。因其不可知,则可知者贵矣。宋周益公为丁维皋作百族谱序云:自微知著,由远及近,疏戚穷达,可指诸掌。盖丁维皋于谱学既微之后,勤求各家族谱,日积月累,以成此书。惜其不存。其必过于邓名世、凌迪知之书,无疑也。今琴缘之谱,其足以应丁氏之求,必矣。

琴缘淡于荣利,勇于任事。举世尚进,而超然肥遯,有远游之风。天下滔滔,而潜心箸述,又有文节之志。信乎其廉让足以继祖德而为世轨也。故其谱成而余乐为之序。且以勖琴缘,冀其改东山之志,而为门户计,欲济苍生,其未晚乎?

光绪二十九年六月

赐进士及第、前日讲起居注官、翰林院侍读学士文廷式拜序

思尧公像赞*

七尺昂昂，舍之则藏。生长南水之滨，终老漉流之旁。志刚金石，意严冬霜。一介之夫，成名立方。

道羲文廷式

* 据高洪年《萍乡谱牒又见文廷式佚文》，载于《萍乡高等专科学校学报》第30卷第1期，2013年2月（承何东萍先生赐寄电子版）。为高洪年先生从萍乡谱牒发现文廷式佚文诸篇之一。谓"承缪德荣、凌焰等朋友之助"而发现。原见于民国廿二年崇本堂续修上栗县彭高镇萧氏族谱，写刻文氏手书楷体一页，竖排，无断句。高洪年先生为标点录出。今标点微有调整。该篇撰作年份，据高洪年先生考证，"其谱成在民国二十二年（1933），距1904年辞世之文氏已近三十年，其像赞之撰稿不迟于1904年，当是持有像赞者保存文氏手书至纂谱之年"。又，篇内"南水"、"漉流"，高洪年先生考证谓皆指萍水河（萍乡之主川）。

卷三　诗录

为吴彦复题扇*

仪凤在天，腾龙陵云。昂昂猗人，逸足绝群。温风既畅，玉润兰芬。如彼春零，流津烟煴。邓林伊何，蔚蔚其映。流芳伊何，鉴犹水镜。通广外润，雅裁内正。降己顺时，志存急病。戎马生郊，王路未夷。矫矫吾子，劬劳王师。

题姑苏寒山寺重建化缘帖**

国清之风，远开于苏。文殊普贤，与众何殊。孰使寥落，榛满塞途。重开山门，其居士乎！

---

* 首都博物馆收藏展览有此题扇原件。兹据汪喜参观时所摄照片。原无诗题。篇尾有题款二行，曰“彦复仁兄大人雅正”，曰“弟文廷式”（下钤名章，印文模糊不可辨）。今为标点，并酌加今题。

** 据野口宁斋《文廷式芸阁氏》（载于日本杂志《太阳》，1900 年 7 月，第 6 卷第 9 号）。转引自邹双双《文廷式与日本文人的交往——以与野口宁斋的交往为中心》（载于《萍乡高等专科学校学报》，2011 年 8 月，第 28 卷第 4 期。承何东萍先生寄赠电子版）。谓“据野口宁斋说，日本篆刻家山田寒山把苏州寒山寺再建的化缘贴拿给文廷式看时，文廷式提笔就书”云云。兹为酌加今题。此诗撰时，似即在光绪二十六年文廷式东游日本期间。

春　　雪*

一冬惟薄被，不异岭南居。乍觉朝寒重，方知夜雪初。负暄还试笔，招友欲围垆。溜滴悬檐久，寒深入地徐。红欺灯焰小，白透纸窗疏。过隙常侵砚，融泥或溅裾。色迷王子氅，味俊庾郎蔬。杂树琼花璨，高台玉屑馀。撇天浮蠛蠓，沁土压蚣蝑。楼宇聊登望，山河但一如。仙经瑶岛幻，佛说化城虚。远岫皆栖鹤，长江不上鱼。胭脂何处井，重璧此间庐。晃荡摇银海，栖迟读素书。袁安诚卧矣，吴昊倘行欤？我讶尧年冷，人思舜日舒。布裘堪取暖，归去带经锄。唐杨炯有七韵五言律，骆宾王有五韵五言律，白乐天《夷陵别微之》诗七言长律十七韵。今用十七韵，聊以拟之，识者勿讥可矣。

至　　日

众纬回天候，吾庐亦闭关。无衣怜蔀屋，改岁遍瀛寰。逆水河豚上，栖檐冻雀孱。有时梅索笑，不借酒开颜。大海成连去，缑山子晋还。熏垆偎短几，萧散异朝班。

山居三十六韵**

息影岩阿足，萧闲事事皆。橐天符柱史，胶日命灵娲。篱楥春

---

* 此首及下首《至日》，皆据《文道希先生遗诗》（叶恭绰编，民国十八年序刊本。下称“叶编本”。）录入。

** 据《文芸阁先生全集》影稿本录入。文氏于稿上自加记号，意在全篇删去。又，诗题初作“山居三十四韵”。按：此篇当是“山居六十四韵”之雏型。

栽槿，郊扉昼闭柴。野游来广莫，代谢纪无怀。潇洒华阳帽，优游孔圣鞋。棋图重布子，剑解与添差。溪集商同趁，湨居客自佳。拾冈哀橡媪，搴浦挑莲娃。丑凸深凹画，朝荣夕瘁荄。绕庭滋石蔓，支户斫风椑。应律牛鸣冒，知更鹤颊骴。龟供特健药，鹿系放生牌。植翳新囮雉，黏檐竞缀蜗。树鸡增夙馔，蒲鲊荐清斋。杯喜枬瘤列，璎将蒜壳排。荣叨宏景赉，贫减庾郎鲑。枫槭思朋友，蒉瓜饷等侪。霜清蝉嘒嘐，月黑狗嗺喍。酒瓮生新润，琴床积晓霾。笼盛云袅袅，笕过水湝湝。跌宕从岩隐，骖驔骤广街。松高惟倚岱，橘老漫逾淮。万竹青竿亚，双柽紫穗挨。蠹深南越桂，蚁聚北宫槐。仰面看飞鸟，停车轼怒蛙。振奇搜《越绝》，恢怪拟《齐谐》。汲黯狂犹昔，刘伶醉可埋。华胥前圣国，阿闳化人阶。倦几抛书卷，栖尘满箭靫。藩维苞栟櫑，旄节信音乖。飔急号无窍，澜狂浩莫涯。求砂虚抱朴，闻唱感洪厓。柏茗浇残梦，蘑香养病骸。一吟《招隐》赋，金石愿谁偕？“风椑”，见贯休诗。‘嗺喍”，见寒山诗。“骴颊”，见《相鹤经》。“椑”、“骴”、“喍”三字，《佩文韵》不收，今以意押入“佳”韵。

山居六十四韵用九“佳”全韵，增入九字*

息影岩阿足，萧闲事事皆。橐天符柱史，胶日命灵娲。篱援[①]春栽槿，郊扉昼闭柴。野游来广莫，代谢纪无怀。潇洒华阳帽，优

* 此首及以下至《和陶连雨独饮》各首，皆据叶编本录入。此首诗题内“六十四韵”四字，《文芸阁先生全集》影印稿本（下称影稿本）初作“五十韵”。又，《云起轩诗录》（排印本：末有陈诗《跋》，署时作“光绪戊申八月”。下称“陈辑本”。）于题下自注增有撰时“癸卯”二字。

① “援”，影稿本作“楥”。

游阙里鞋。棋图重布子，剑解与添差。溪集商同趁，淏居客并佳。拾冈哀橡媪，搴浦挑莲娃。丑凸深凹画，朝荣夕悴荄。绕庭滋石蔓，支牖[1]斫风楃。岚壁峰常峭，荒园户半闶。宗生莴避苋，夹植柳兼檩。哀壑形庨[2]豁，飞泉势灪礣。溪晖摇飐艳，渊曲凑滃瀤。地僻防痡瘴，风滛慎瘧痎。巾车寻窈窕，虚室[3]纳威褢[4]。棲峻扪萝径，循流泛荻簰。凝阴群象肃，吹籁八音龤。应律牛鸣冒，知更鹤颊骴。龟供特健药，鹿系放生牌。植翳恒囮雉；黏甍竞缀蜗。树鸡增凤[5]馔，莲[6]鲊一作“花脯”[7]。荐清斋。杯喜柟瘤列，瓔将蒜壳排。荣膺宏景赉，贫减庾郎鲑。枫械思朋友，蒉瓜饷等侪。霜清蝉嘽嘐，月黑狗啀喍。酒瓮生新润，琴床积旧霾。囊盛云袅袅，笕过水湝湝。草彩遥相接，林光净若揩。渔师争蹈獭，庖子欲羹豺。机汲输回瀑，村谣答远飆。闲情调燕雀，微物富螺蠯。跌宕从岩隐，弯環步短街。杖藜初矍铄[8]，躡屦尚徘徊。二句一作“坐来能嵬峨，行处尚徘徊”。“嵬峨”并上声[9]。远树低如荠，文莎细似绤。松高[10]疑倚岱，橘老漫逾淮。万竹青竿亚，双柽紫穗挨。蠹深南越桂，蚁聚北宫槐。学种庄生瓠，还移孔墓楷。《齐民》曾讲习，老圃信痴痎。仰面看飞鸟，停车轼怒蛙。振奇搜《越绝》，诙诡志《齐谐》。汲黯狂犹

① “牖”，影稿本初作“牖”，旋乙去，旁改作“栋”。
② “庨”，影稿本、陈辑本皆作“庨”。
③ “室”，影稿本初作“室”，旋乙去，旁改作“牖”。
④ “褢”，影稿本、陈辑本皆作“褢”。
⑤ “凤”，影稿本、陈辑本皆作“夙”。
⑥ “莲”，影稿本初作“莲”，旋乙去，旁改作“蒲”。
⑦ 影稿本无此四字自注语。
⑧ “铄”，影稿本作“躒”。
⑨ 影稿本无此十九字自注语。
⑩ “高”，影稿本初作“高”，旋乙去，旁改作“森”。

昔,刘伶醉可埋。华胥前圣国,阿闳化人阶。头颈周秦籍,心嫌郑卫哇。《雅言》稽郭璞,《字解》徇徐锴。杨子《玄》伤巧,相如赋类俳。劬宵蟒火耀,鸣晦翰音喈。整帙标缃带,翻经剥翠钗。凌空扬鸷羽,蓦涧迈凡骒。倦几抛书卷,栖尘满箭靫。藩维苞桥黚,旄节信音乖。漕粟资连舶,传烽走快搴。幽浪更反侧;胡梵渐离俿[①]。飙怒号无窾,澜狂浩著[②]涯。求沙虚《抱朴》,闻唱感洪崖。素发俄垂领,朱门肯乞膎?翛然煎[③]白石,宁要佩青蜗?转晷时光迅,繁霙岁暮箷。折梅聊酌醑,煨芋自然藷。抚柈音"磐"。延谑笑,投壶止罚哐。五穷仍乐道,一旦敢行怪[④]。"风榸",见贯休诗。"喋哐"[⑤],见寒山诗。"骴颒",见《相鹤经》。"灖褱",见《海赋》。"澨瀤",见《江赋》。此数字,韵书并不载,今以意增用[⑥]。又[⑦],元微之《痁卧闻[⑧]会饮》诗有"三省讵行怪,司天却是咼"语。"怪"字、"咼"字,今韵书亦不载。

和杜写怀二首*

儒生亦何知?南北问方俗。路遥鸟翮倦,书重牛腰束。中原

① "俿",影稿本、陈辑本皆作"偑"。

② "著",同上两本皆作"莫"。

③ "煎",同上两本皆作"煮"。

④ 自"抚柈……"至此共四句,影印本作"柏茗浇残梦,蒼香养病骸,朗吟《招隐》赋,金石愿谁偕"。又,"一旦敢行怪"句下,陈辑本增有"柏茗浇残梦,蒼香养病骸,朗吟《招隐》赋,金石愿谁偕"四句。

⑤ "喋哐",影稿本、陈辑本皆作"喹喋"。

⑥ 此句下,影稿本增有"阅者鉴之"四字。

⑦ "又",影稿本无此字。

⑧ "闻"下,影稿本、陈辑本皆增有"幕中诸公征乐"六字。

* 影稿本于题下有自注语曰"此丁亥年作。稿久失去,八弟廷华为余录存,因复钞于此"。

经乱后，十室尠丰足。羯羠商贾叹，斲削羸老哭。司农算琐屑，幽隐殊未烛。四郊况多垒，志夺卿士辱。倾国营骄军，刮血嗜莺粟。起徒送骊山，征兵戍函谷。譬如伐条枚，不及待荑绿。小人竞利欲，达士媚幽独。治外气转虚，求径道逾曲。代斲非所怀，何人为司牧。

孤镫照旅馆，危坐但抱膝。春寒寡人事，不出近十日。怀古信渊源，涉世少俦匹。陈蕃有遗言：安能事一室？纵心笼宇宙，所悲岁月疾。结网感悬蛛，处裈笑微虱。八极浩无外，我志未易毕。变局开与闭，瞋目黑似漆。贾生年弱冠，论事爱逞笔。五饵制匈奴，咄哉意不密。改弦利因时，粥粥齐琴瑟。拥衾梦前圣，严更静衢术。

谈仙诗有序

湘阴郭芋庵言，楚中神仙，晋有陶真人，元、明有李真人、麻衣孝子之流，皆以肉身成道者①。道光间，又有昭显真人者，陈姓，业缝衣，事亲孝，后忽得道坐化山中，其尸不腐，乡人奉之；咸丰间以护城功封今号。近乃有强植枯腊拟为登仙者，惑乃滋甚。略述名理，率尔成篇。

吾观《辍耕录》，始知木乃伊。《辍耕录》作“木乃夷”。此从《四草考》作“伊”。倭人释《四草》，亦复详论之。身殁藉药力，犹能千岁支。天竺重佛法，今犹有留遗。往往一入定，不寒而不饥。顶为鸟雀集，目若帘幕垂。弹指无罔明，游山非远师。欲待后佛出，其事

① “者”，影稿本无此字。

多然疑。牛亨问物理,百昌本无知。西人谓草木,要复能睡痴。感动其痳性,不烦雨露滋。久久方唤醒,荣华未尝衰。楚俗好神仙,传派尤瓌奇。自晋迄今日,代有不朽尸。针刺即血出,日积还生髭。里闾竞崇奉,雨旱时禳祈。朝命列祀典,民欲天不违。巫风遂成俗,乱扣冢中骴。虫出口鼻间,乃复弃路陲。开棺有严禁,当用国法治。至人在天壤,与世无成亏。小藏形无内,大挥霍两仪。利己或由、聃,御民或轩、羲。贾人或为[①]帝,室女或生儿。骑牛竟西行,攀龙杳难追。十字困雅素,双林病末尼。来如希有鸟,去如欻生芝。四大凑合身,何用自保持?就使更亿龄,终返微尘微。朽灭同众人,大道信坦夷。三宿辄留恋,毋乃识者嗤。嗟彼数子者,此病谁能医。痈疣不决溃,休息尚未期。青宁则生程,腐草为蠲飞。万形递相嬗,造化无停机。乌鸢与蝼蚁,何不檀施为。胡为袭文绣,有若太庙牺。倚社群祀栎,折草共揲蓍。将无鬼神守,或为狐魅依。翘然异万形,岂谓和天倪。或云品汇物,大[②]梵所儿嬉。搏[③]之莫能散,响之莫能吹。不亡以待尽,久亦不得辞。或云山泽癯,炼精若凝脂。筋骸固结束,刀斧难刻劙。火传薪不烬,日出露未晞。因缘时节至,脱然方得归。落叶复其根,宁能忆来时。举目皆方圆,勿偭矩与规。钵心有仁义,乘愿宏慈悲。星月何高高,吾宁所处卑。夜深鼠啮案,寒灯照空帷。纵论俯仰间,躔度密已移。素位可自得,前哲不吾欺。

---

① “为”,影稿本作“作”。
② “大”,影稿本作“太”。
③ “搏”,影稿本作“摶”。

赠山中人

开门向石壁,但觉日色古。有时采药还,蹲对林下虎。何由赡妻子,得无惮风雨。问之不能答,已忘世间语。

久　　雨

六十日久雨,顽阴郁难开。几案皆础色,山川没飞埃。有时兼雪霰,静夜闻霆雷。卷壓死积蠹,琴滑生衣苔。花性遏窈窕,江声助喧豗。农犁不插土,渔笠将升台。乾坤有白日,杲杲安在哉。

暇阅西方史籍于二百年内得三人焉其事或成或败要其精神志略皆第一流也各赞一诗以写余怀

俄罗斯帝大彼得

烛龙耀神彩,北极灵象回。守成古所难,乃独生斯才。逊荒艺术就,徙宅文明开。积锢铲畴昔,英声召方来。壮图促颓龄,未及宇宙恢。遗言藏册府,吁此人生哀。

法兰西帝拿破仑第一

布衣登皇极,智勇实盖世。森然定国律,察物成达例。风厚鹏方徙，运移骓不逝。百战奋英谟，六合启幽翳。疾雷振山海，身败名不替。永怀百世下，宜有金轮帝。

美利坚总统华盛顿

昊天育群生，君贵民不贱。奈何大宝贪，遂使浇风扇。猗人起末世，至德符龙变。立国赖神功，辞职鲜馀恋。规模良足多，继纂倘能善。长吟《大风歌》，慨想伊祁禅。

东 武 吟*

羲车忽西颓，鲲池岂南运？在列多回邪，国步屡颠偾。抑沉不能翻，冥漠何可问。凄凄微子吟，悄悄玉门愠。

萍乡朝阳山谒先曾祖融谷公墓敬赋一首

洁斋励精爽，祗肃跻幽宫。逶迤越南郊，攀陟登崇巃。德潜光允曜，善溥世咸宗。道与元气合，精以昭灵通。远接庐江贤，近启程乡忠。庭诰有遗则，雒诵愧未融。终怀匡济略，永播仁贤风。

高阳李文正师挽诗

己丑岁，余考内阁中书，文正与汉军徐协揆、常熟翁尚书、钱塘汪侍郎实阅卷，取余卷第一，始得谒见。公道光甲辰举

---

* 影稿本诗题作“东武吟行”。

人,与先大夫同年。及余入翰林,公又为教习师。故数接谭宴,奖劝兼至。甲午、乙未,国事危急,公不恤下问,凡所论说,公每是之。丙申正月,余以小疾乞假数日。公由园退直,即遣人问曰:果有疾耶?断勿续假。盖知余意欲去也。旋被论劾;语稍侵公。迄今年馀,未敢通问。于《邸钞》见饰终之典,遂作此诗;存之集中,不寄辇下。

昆阆昭玉英,流彩发龙衮。丰条能霰雪,要在植德本。孰是更治乱,终始笃款悃。尚书果邦彦,嶷若凤立巘。绿图授神哲,赤县洗昏燀。执持魏国琦,风度江夏琬。尽言夙所受,一跌志愈勉。西园公卖鬻,北寺内排揵。妖沴起海堧,酿乱始闱苑。老成与谟议,王臣仗忠蹇。狐裘政多门,唐棣偏其反。国论时见接,衰泪犹在吻。远猷逊谢安,谅节符卞壶。三古不可作,学校废已远。谬思追周文,"文"、"质"之"文"。宾至我乎馆。涤耻誓尝胆,触邪或裂睅。几同范滂锢,终赖如晦断。修门去俄顷,别抱未及款。硕德不慭遗,仰视白日短。百年论相术,黄发务恪谨。屹然守正道,帝鉴公缱绻①。祝宗久有祈,况乃乘真返。魏阙空峥嵘,涕洒马足踠。神州竟安届,中宵叹"微管"。

感　　事

大钟遗厹犹,金牛辟蚕丛。内政苟不修,曷贵道里通?蠢愚既启侮,弱昧亦召攻。举事无定是,所分昭与聋。轩辕去以久,天道固不公。块然龙象姿,乃为鞭橐傭。

---

① 此句下,影稿本增有自注曰"公殁后,饰终之典,'守正不阿'四字,上特谕也"。

古来名家言，得失亦参半。白马非马钦，语变资笑粲。微闻核名实，抚卷独兴叹。求成谓之和，徒令武臣玩。割地讳言租，民气愈消散。饰词安其危，何以起衰愞[①]？越朝非真王，缅贡由互换。百年多失计，二事可并案。

和杜三韵三篇*

威凤不戢翼，灵龙无逆鳞。举世仰图画，自天乃降神。逍遥千载间，谁知隐现身？

五色杂霞[②]旭，一世名之虹。阴阳有不正，敢[③]夺旸雨功。倏然化美人，遨游天地中。

酌酒高堂上，独弦不成调。漆园与竺乾，遗文有枢要。吾失固已多，毋贻达[④]者笑。

舟行清远英德宿雨新霁山川清旷**

征雁归犹昔，峡猿声未远。山川互超忽，岁月何悠缅。余自丙子曾行此水，今十六年矣。岩悬彩旭鲜，林带残露泫。烟稠识村近，帆欹

① “愞”，影稿本作“懦”。

*《芳荪室诗抄》（长沙《大公报》连载。下称“芳荪本”。）录此题三首，次第稍有异：“威凤”一首在先，“酌酒”一首次之，“五色”一首居末。

② “霞”《撷芳录》（稿本）作“旸”（尝改作“朝”。）

③ “敢”，同上作“乃”。

④ “达”，同上作“识”。

**《旋江日记》录此诗，篇内文字小异。详见该《日记》光绪十七年五月初八日所记。

知岸转。沧波坐移人，前尘若在眼。扣舷歌屡发，采若心莫展。遥怀隔楚云，何由寄微款？

畅志诗十首壬辰秋日作*

微生多犹患，髫丱实初肇。逶迤兵刃间，得活竟分杪。咸丰己未年，余年四岁，先祖壮烈公殉嘉应州难。时先君方以福建同知入都引见。二月初二日，贼已合围，筮之知不吉。家人无允行者，独令先母携廷式走避。曰："余此孙将来有用。一代管一代，不留汝同殉也。"明日行，出入贼中，幸而获济。七八岁时，先君署罗定州事。逆贼陈金刚凡三次围城，皆濒于危。壬戌之冬，先君方赴广州请饷，而贼数万人奄至。先妣彭夫人集幕僚议，曰："贼已大至，吾家人应死，诸君无苦，愿去者，已具舟城东，可先去也。"时幕友惟李君不去。因部置州兵千人守城，撤钗珥飨之。令悬爆竹〔于〕大堂，嘱门者：贼破城即燃放，俾闻警得自裁也。余虽幼小，然至今鼓角之声、仓皇之状犹在耳目。呜呼，可以悲已！贼围三日，竟去。后获其人，言每夜见城中灯火旗帜，如三四万人①。集枯不羡菀，习苦已甘蓼。家风重名节，十世清德绍。余家自永新迁萍乡，至余十世。世有清德，郡县志之。岂敢爱微躬②，夙夜思悄悄。上稽黄虞世，旁瞩垓埏表。逝者无停留，枨触空中鸟。

圣者不可作，群言日纷纷③。积势之所趋，偏重乃失真。经术与师儒，各以风气因。何必分汉宋，力行贵近仁。吾师陈京卿，履蹈清且醇。浓哜康成胾，清挹紫阳芬。匪徒作调人，盖为君子群。

---

* 诗题下"壬辰秋日作"五字自注语，影稿本入于诗题正文内（题作"畅志诗十首，壬辰秋日作"。）

① 此句下，影稿本增有自注语"盖默荷神祐也"六字。

② "躬"，影稿本作"躯"。

③ "纷纷"，影稿本作"纷纭"。

十年依函丈，于学未识津。皇皇事三《礼》，纫缀徒殷勤。大风激海水，层云暗重闉。万窍各怒号，六籍将生尘。谁持天黄符，下治百世文？孔胸铭制作，泣涕悲获麟。璇玑固可执，蹙视殊荆榛。

高柯陨劲风，碕岸水所啮。虽非明自煎，常恐刚则折。所以五千言，卑下实要诀。受生自有分，吾意终稍别。诗人美山甫，保身固明哲。持己力威仪，补衮仗名节。吐刚而茹柔，信非儒者说。吁嗟广戒徒，宁待斧钺绝。苦寒恋敝襦，迷行求古辙。清泉出岩阿，漱之誓芳洁。

九衢骋车马，日夕亦不止。昌黎叹浮生，多涂共趋死。贪愚良足哂，贤达岂得已。君看松柏姿，凌寒逾茂美。一朝作梁栋，世泰身则否。太虚本洞然，浮云讵能滓？小草与远志，出处偶然耳。逐逃敢安步，救溺必濡己。临机忽惆怅，欲问巫咸子。

良友不我弃，清晨忽来过。整衣接其容，中严外温和。高论穷造化，反顾瞻山河。长啸气若云，宁知世所诃。

咄嗟扪籥智，天道固莫测。寒暑递相代，羲娥盈复昃。孰为主张是，毋乃造化力。太素含物魂，八卦未消息。地皇有龙颡，温洛应昭德。洞庭广张乐，灵爽纷如织。庸知清角声，惊起苍鹅翼。鲛人重金珠，哀怨徒唧唧。倾身营一饱，绸缪愧颜色。毋劳呵壁问，知白但守黑。

昆仑仙人居，五城十二楼。绝顶凌万国，洪波分九流。黄帝建元宫，穆满复来游？岂为耽荒乐，实以威遐陬。鸾凰不复鸣，千载何悠悠。遂令大秦珠，高挂悬圃头。吾欲驰天马，登高览神州。惊飙卷流沙，四顾无匹俦。王母倦披图，徘徊宴青邱。折轴陟危坂，懔然不可留。仰瞻辰星辉，且[1]发商声讴。《水经注》："昆仑上干辰星之辉。"[2]

---

① "且"，影稿本作"但"。

② 此自注语，影稿本系于"仰瞻辰星辉"句下。

爰居集国门，何尝慕钟鼓？孔雀生南荒，焉能惜毛羽？衡门有贤士，志不在圭组。运穷习《诗》、《书》，所愿博升鬴。朱门敞琼筵，赤日卓当午。前庭罗琛贶，后堂餍歌舞。千箱万筐箧，终为何人聚？高明诚多幸，将毋鬼神怒！

仕宦逾百年，农桑久不谙。低头事俗学，自缚僵如蚕。天光牖其衷，晚近非所甘。抗怀在三代，万象穷幽探。豁然见本源，我思日潭潭。顾与世俗论，闻言走趁趯。迂谬良自哂，颂谀岂足贪。聊欲饮美酒，舍己供沉酣。草《元》笑杨云，清言觅刘惔。三复素餐诗，鉴古中心惭。

凉秋三日霖，庭潦不得乾。孤灯焰转薄，落叶槩以繁。昔我同怀友，或已归桐棺。宿草虽早列，遗书终不刊。或沉百僚底，或宿云岩端。趋舍各异路，盟心共艰难。往往青霞气，夜逼星斗寒。漂摇风雨间，何处求巢安？良时会可待，微禄不愿干。庶凭弥天网，用回大海澜。

四十初度自警*

济世期黄虞，缮性可尧禹。男儿在天地，此志不莽卤。昨者昭昭日，回视忽已古。二毛飒垂肩，百忧茹莫吐。艰难衣袽戒，黾勉衮职补。中宵耿不寐，静听虫飞蛊。非无云壑思，竭来恋神武。鸟兽非同群，吾知孔公怃。诗人咏《鸣鸠》，《易》象慎履虎。百年不易满，且挽千钧弩。

---

* 影稿本及《纯常子文稿》(稿本)，皆题作“四十初度信笔书一诗以自警”。

吊黄豪伯

豪伯名楙材，上高人。精算术，又言舆地之学。曾为丁文诚探印度事。官弥勒县知县，与岑襄勤不合，乞归。会典馆开，奏调入都；居一年，乞假归省，卒于上海。余与交十六年矣；于其卒也，诗以吊之。

豪伯嵚奇人，亦复非近玩。商高有遗术，往往能淹贯。中年忽别我，万里游汗漫。莲叶大如船，野人黑如炭。可证释迦说，兼补郭璞赞。尤恨缅甸事，每述必三叹。当时贰师罪，甘受迦叶谩。豪伯在缅甸，闻乾隆间傅文忠贿和事，与国史异。存之以参异闻。终为白里灭，信符智士算。吏事非所宜，焦桐乍入爨。仍绘吕温图，惜哉功未半。我尝戏君言，神锋百回锻。精如隐山豹，貌似垂头鹳。犹期著作成，胡为去恒干。新知殊未得，旧侣忽星散。颓然自叹息，欲作无生观。

听　雨

少年轻八极，有志尽驰骋。青冥谁云高，便欲凌倒景。沉酣百家学，闵默万缘境。如大海浮航，波涛渐已领。凉秋九月中，木瘦藤亦瘿。夜窗飒疏雨，寒灯照孤冷。稍喜宾从稀，远闻铃柝警。澄清赴元漠，夙念悼顽犷。廓然忘物我，况乃知躁静。明晨寻落叶，着屐踏高岭。仍携陶潜尊，更问葛洪井。黄菊有初花，芳香可深省。

月　下　作

此月有圆缺，此时无古今。皎然分别相，幻出异同心。揽月忽在手，推月犹在衾。空中云叠叠，微闻千种音。勿以帝网密，坐令世谛[1]深。百非循环起，不到无弦琴。乃知檐蔔花，乐意尚可寻。

咏上海辛园草木*

于春得熙阳，园野擢繁秀。冥冥更微雨，渗漉[2]滋灌漱。积李既缟夜，崇桃尤炫昼。丛篁乍翛翛，低枝拂篱右。黄杨厄岁闰，浓绿亦森茂。喧风来海外，百昌种殷富。颜色妖且妍，翻然笑孤陋。日轮不双飞，坤轴无停辏。各秉气化力，大造宁薄厚？孰资有为法，广被无私覆？幽兰浥朝露，孤花倚琱甃。徘徊不忍摘，馨香永襟袖。

鰕鉏篇用陈思王韵**

鰕鉏[3]恋潢污，不异天池流。斥鷃抢榆枋，亦复逍遥游。大小两无尽，明德自相俦。一壑专且美，可以知昆邱。疾风坏林木，咄

---

① “谛”，影稿本作“腻”。

* 影稿本诗题作“咏园中草木”。

② “漉”，影稿本作“液”。

** 诗题，《道咸同光四朝诗史一斑录·三编》（一名《道咸以来所见诗》，孙雄编，“光绪戊申九月以钢笔版试印初稿”本。下称“孙编本”）作“鰕鉏用陈思王韵”。

③ “鉏”，陈辑本、孙编本皆作“鳝”。

嗟谁为谋？积垢毁高闳，洪波溢神州。陆沉须臾间，仰视青天浮。岩栖岂独适，遂令达者犹。

和陶连雨独饮

处世若多否，在己宁独然。何如且龙蠖，出入夷惠间。乞食偶得饱，高卧已①似仙。酌酒望太虚，失此青冥天。谁能抉浮云，一见帝象先？杨朱泣歧路，不如驱车还。吾生多忧患，倏忽至此年。战胜良足欣，舌存可无言。

江夜对月杂诗*

万世一俯仰，沧波空渺然。怀人在寥廓，遥夜此婵娟。蓬鬓清霜外，芳兰短棹前。悬知瑶瑟怨，不独为当年。

九华动云影，浩渺接匡庐。闻道窈深处，仙灵万古居。清辉照露冕，幽梦托江鱼。激石冷风响，铿然似答余。

篙师鬒素发，为说斗争时。火气无飞鸟，风威拂大旗。上游诚得势，苦战屡濒危。卅载烽烟静，鱼龙睡不知。

苇岸笛声起，高云为尔停。哀音兼旷志，不觉有人听。寒气千峰峭，孤烟九派青。呼童斟美醖，回复慰心灵。

---

① “已”，陈辑本作“亦”。

* 此首及此首以下至《溽暑》各首，皆据影稿本录入。

宛　　转

宛转才通线，往复不须针。藕丝千百结，藕节总无心。殷勤张素机，终日思难任。鸾声杂清吹，乃在异山深。

宛转复宛转，终日三张机。蕙心一何巧，纤手不停挥。作者徒自苦，知者终难睎。独立天地间，素愿亦无违。

朱蓉生侍御挽诗甲午七月

我朝迈前古，肃清宫府治。二百年宦官，不得与外事。贤王巡海疆，端坐独愁思。欲以慰慈闱，慨请偕内侍。名既非监军，事仅供给使。若比包衣人，往返安足累？北洋有大臣，功成窃高位。患得复患失，其情无不至。峨峨海晏船，王相共临莅。王处在上舱，相应居其次。独让而不居，百计媚宦寺。龚照瑗、盛宣怀两道员，小心共陪伺。苏松与登莱，不久实缺畀。义乌真御史，学古敦节谊。懔然具弹章，降黜不敢避。吾闻秦博士，正先有高议。先时能见幾，此道固不易。今年东事起，失机已三四。使相恃内援，觍颜益纵恣。秉枢懵敌情，大抵阘冗类。金珠津门来，交结事诡秘。廷臣虽交章，公论抑不试。嗟乎吾故人，竟陨图南翅。平生忧国心，耿耿终未遂。节庵亦慷慨，藏山深且邃，风尘方澒洞，志业未顦悴。吾庸恋金门，驽蹇愧良骥。当食不能餐，悄悄忘监寐。誓以干镆锋，勇抉浮云閟。忧来心如酲，四海身靡寄。椒浆奠君魂，感时衰泪渍。吾因节庵识蓉生，故诗中及之。

读《雅》

白首注虫鱼,此性亦磊落。男儿在天壤,俯仰何不乐。君看万户侯,岂异一邱貉。

六经有训诂,圣谟赖以传。《诗》、《书》与执礼,夫子用雅言。楚夏今不隔,华夷遂分焉。遐哉万国文,孰能四千年。

古人重小学,兼为博物资。草木鸟兽名,儿童悉能知。《大学》始格物,所格宜①在兹。七日庭前竹,安用劳思②为?

杂诗

逝川无渟流,冲风无静柯。游子东西驰,岁华忽蹉跎。斯民恻予念,天道宁偏颇?及其未衰谢,可以澄江河。鲁连儒家流,吐词信英多。猛士不可得,大风亦徒歌。寻芳撷椒兰,千古期岩阿。神霄邈已远,彼美心如何?

泛舟湖湘忆兄弟姊妹

愁思不可极,理楫泛衡湘。跋涉缘家累,淹迟悲路长。路长情何已,漾漾轻烟里。新蒲映波绿,柔荑连岸美。春风荡人心,别意与江深。同怀阻良觌,千里劳芳襟。抚琴发商声,灌木流馀韵。征

① "宜",《文芸阁先生全集》排印稿本(下称排稿本)作"即"。

② "思",排稿本作"精"。

雁云中回，潜鱼川上泳。意诚物可感，迹阻情靡通。含凄对夕阴，转侧随长风。兰蕙芳未歇，薜萝日已长。宁待北风凉，扶藤愿长往。

登江心屿谒先信国公祠*

孤屿悬中流，先灵肃遗庙。维舟申严谒，往迹恻追吊。炎宋昔将烬，义烈奋才效。间关奉孱主，奔窜穷海峤。终类青城悲，莫赴黄幡召。柴市血犹碧，西台哭谁告。凄风历朝市，遥怀激忠孝。先臣殉程乡，旧俗还祠祷。同揆耿在昔，谅节轸重绍。时危砥柱折，天定溟渤沼。蘋蘩荐芳馨，矢忱向神诰。

屈子祠怀古

大夫昔怀忠，侘傺终不遇。皇灵眷纯命，谅节守初度。蛾眉惜馀芳，象骓感中路。踌躇故国思，恻怆《怀沙》赋。平生读《楚辞》，流涕沾绢素。非无乔松术，宁待哲王悟，废己存世教，驰精高天步，灵光齐日月，直道敷岁暮。荒祠神讵依，微祷心已屡。明发通遥诚，飘飖慑轻驭。

---

* 《南旋日记》录此诗，题作“登江心屿谒先信国祠”。诗内字句亦稍有异。见该《日记》光绪十二年五月十七日所记。

赋得心思美人毋忘大王伯希祭酒得古镜其铭如此

垂露铭词渤，飞霜镜制工。八言何语妙，千载此心同。春草埋吴苑，秋兰满汉宫。高唐才梦雨，沛上已歌风。南部烟花艳，西陵剑佩空。五湖香约在，六代霸图终。态忆娟娟照，情还叩叩通，因知儿女意，早晚嫁英雄。

惆怅云千叠，分明月满围。青羊谁作祝，黄鹄未思归。妾意工怀怨，皇情肯照微。白云留穆满，斑竹忆湘妃。响动安花钏，香凝落瓣衣。怀中双凤舞，天外一龙飞。对酒非无曲，弹琴但有徽。王孙为珍重，此宝世应稀。

杂　　诗

烛龙曜四海，大道何光明。抱一守元象，吹万任众情。如乐本黄钟，损益方成声。奈何儒术弊，规规不能宏。愚民似老氏，束物过刑名。刻苦用佛法，戕贼同浩生。当其气坚愎，举世孰敢争。尊君巧贡媚，食报弥光荣。安知百世后，贫弱国命倾。先圣如可作，三年顾有成。欲求仁民术，第一在治兵。

论治美三代，质文递相嬗。从周与从殷，孔说亦屡变。后世慕前古，聊以自饰缘。汉家杂王霸，宣帝有真见。束下犹湿薪，傲己择所便。初则名利争，继乃廉耻贱。沾沾图醉饱，心怵而目眩。亢龙知有悔，终恐元黄战。何如及未雨，绸缪使尽善。布荫垂大云，应机过疾电。岂徒固疆圉，兼可慑荒甸。失此儳无为，谁将罪王衍。

拟沈休文梦见美人

旷然不相觌，心想穷神域。灵风振河汉，瑶华接我席。得亲肌理腻，复荷言语密。揽抱忽如虚，馨香宛自昔。何图隔千里，惆怅芳草积。

题富呢雅杭阿海帆《松阴补读图》代

长松延薰风，南荣梦初醒。萧然太古意，便与孤鹤迥。调琴或安弦，瀹泉时煮茗。云胡一卷书，危坐目光炯。我知贤达心，经纶迈俦等。欲追唐虞还，重与皋夔并。至今秦越间，声誉重九鼎。文孙能罂谟，彤廷嶷玉珽。楹书久循诵，清名压瓌颋。吾衰滋自愧，古学未觇诇。徒怀宛委心，久住阆风顶。愿言守缥帙，十载窥溟涬。缘编当用韦，撞钟或以莛。质君名山业，再拜君其肯。

追题林锡山学士天龄小像代孙寿州师*

威凤丽九宵，览辉衔紫芝。一去不得见，何时复来仪？亹亹林

* 原徐行可藏文廷式诗文稿本（下称“徐藏稿”）载此诗稿，题作“追题林锡三学士（天龄）小像（代）”。

学士，粹温金玉姿。临[1]镜蕴奇彩，千辟万灌治。君房善应对，仲舒天人师。怀抱未尽展，追溯增涟洏。戊辰初见君，玉立丹陛墀。整齐多士策，肃穆君子规。其年秋八月，余亦值禁帷。晨夕乐共数，风义信不亏。君才更英特，卓荦天马驰。雄文数千言，寸晷未及移。余思拙以钝，谬托相如迟。堵墙看落笔，流汗只自嗤。辛未余引疾，归卧沧江湄。款款国门饯，泪为生别滋。江南文献地，特诏玉节持。搜罗山海彦，讲习关闽遗。佑善信虚语，怀百不一施。未成益州像，先恸罗池碑。十年走京洛，旧职重追随。缅怀贤达风，纫兰揽馀悲。凤毛幸济美，得见苏瓌儿。眉目宛清扬，所少颔下髭。嗟余笔久秃，况复老且衰。欲为添颊毫[2]，再拜拙言辞。秣陵书徒答，中散状略知。光芒自千古，虹采方逶迤。

述　史

钩党非所惧，伪学非所羞。吾以正直心，皇天照无尤。嗟彼妄庸子，诬善其辞柔。虚无构邪谲，滑泽生瘢疣。明夷于土中，羑里见幽囚。逍遥桑落下，兕虎吾道忧。弹琴声激昂，馀音在林邱。鬼神倏来听，杂以飞龙湫。徘徊林间鹤，六翮将远游。翩然下座偶，皎洁真吾俦。遐哉二千载，郅治良悠悠。未识秦汉弊，谁知周孔优？先觉有重任，辰告在远猷。终焉酬帝谓，敢惮道阻修。

《诗·大雅》及《楚辞》皆有指陈憨直之语，非若后世专为儿女子嗫嚅之态也。余此诗，盖合古谊，而足以正近世之失，

① “临”，徐藏稿作“明”。

② 此句，徐藏稿作“欲添颊上毫”。

故不可不存。

古　诗

驱车出门去，惘惘今何时？冰雪塞衢路，隆冬生虹蜺。岂无中山酒，愿醒不复持。万象閟其辉，孤光将晳之。俳佪亦何聊，邑犬群吠之。归来读文字，古今浩无涯。扩以九万里，重译不易知。不如塞其兑，日损道所宜。何时桃李花，烂烂盈九逵。辍芝采朝华，吾意良未衰。

十一月六日夜眠方熟忽闻门外喧哄惊起则衖中贮垃圾之木桶高七尺许烟焰喷出几及檐矣市人坌集□而后熄屡陷奇险慨然有怀*

水涉戒衣袽，山行畏机窞。凛冽渊谷心，理直愧识闇。元冬久不雨，冻黎乏无啖。物枯就燥易，饥迫触刑敢。破橱忽成祟，俄顷烟黯黮。惊呼街弹集，乞救邻妪惨。疲欲甘睡眠，目醒犹恋毯。乍疑焫燎光，稍觉窗棂撼。远想丽谯灼，近瞩坏壁黪。炮爊忧及肤，屑碎忽触颔。吾境寒冰凄，宁要热属擥。朱袢回其驭，神鸦寂无喭。池鱼大欢跃，有似脱罾罱。天佑岂我私，众功未宜掩。酌酒谢

* 诗题内“□”字，初作“仆”，旋乙去，旁改之字影迹未晰，似“灌”似“僅”，不能确辨，故作“□”。

同里，藜羹愧不糁。沉思尤悔丛，怛然神明憯。伤时困钩棘，嗜直甘□①歜。有网鸿则罹，无肉虎亦眈。徙薪既非才，焦烂宁号喊？庶几从今始，洗心纵玄览。陶冶归洪垆，敬慎防习坎。抑情趋葸懦，敛己造恬憺。庐山高崚嶒，章贡汇流赣。深岩多松栝，傍泉丰葭菼。射雉或用罔，求鱼已在椮。老妻自操作，稚子两髦髧。春荣秋木凋，乐道忘所感。此志倘有成，皇天照肝胆。

溽　暑

陋巷三伏雨，烦溽不可过。未能脱空飞，且自掩闺卧。卧久忽出户，凉风刁刁来。林间下山鹊，天地亦辽哉。

吾爱学古琴，古音不复弹。吾爱读古书，古人悲无端。三山欲成尘，海水亦已干。吾今有芳思，空谷自栽兰。

朝闻莲香清，暮对梧影直。徒怀寥廓心，不得奋飞力。三五月正盈，崦嵫日又昃。将游南山南，或往北山北。

有酒不愿饮，畏此皎日昏。把剑再三玩，重惜秋霜痕。大禹不复出，何人凿龙门？河间数青钱，婉彼姹女魂。

小港观梅诗和乐初将军*

岭南地气暖，经冬盛草木。梅花尤瑰玮，寒香满岩谷。主人玉

① “□”，此字影迹仅见下半部作“曰”。

* 据《芸阁先生书牍》录入；原题下有“录呈穗生大兄指正”八字，篇末署“廷式呈稿”四字。

堂仙，相招访云麓。名芳才入耳，胜境若可瞩。初游如访戴，兴尽中道复。及其未摇落，不惮再三读。儒雅推元戎，会合尽名宿。小子幸陪从，襟带自清肃。川涂亘十里，旷莽开平陆。舍舟涉前谿，隔岭闻酚馥。儗昔英稍残，玩馀意已足。犹胜桃花原，重来怅迷伏。娟娟怨迟暮，落落抱贞独。春风不必待，清露为谁沐？十年养高格，一晌供悦目。赏音幸见存，新诗写冰玉。老笔含芬馨，名章洗繁缛。方今际承平，嘉会咏鸣鹿。公乎调羹手，将归秉邦轴。他年忆南方，往往见篇牍。一如今怀乡，风雪系心曲。山水澹相对，宾从贤可录。岁暮况多暇，夜游当炳烛。胡为闻管弦，深衷自枨触？折花寄遐想，论文美清淑。千秋登岘山，犹应慕芳躅。

题孙渊如旧藏赵松雪手书曝书题字卷为西蠡前辈作*

班史志《艺文》，大抵宗《录》《略》。辨章六艺类，派别九流学。晋人簿中经，荀、郑识力弱。经、子与史、集，分部殊淡泊。《七志》忆王俭，昭然有斟酌。试问《开元目》，何似《天禄阁》？两宋暨明代，斯道愈参错。吾爱孙伯渊，宗祠书目作。孙诗注云："时宗祠书目方成。"①稍用更生例，不遵李充约。校雠此名家，晚近实良药。弱侯与实斋，□手启扃钥。松雪有遗墨，含豪意绵邈。架藏足比邺，腹晒时同郝。解帙缥囊丽，披轴翠钿剥。储之既幽幽，读之亦卓卓。丰城谁识剑，荆山不遗璞。西蠡富文史，平津共深薄。笔法师吴

---

* 据《伐山取材》（稿本）录入。

① 此自注语，原系天头补批，今据意移录于此。

兴,尺寸继榘矱。二事可并案,七音方合乐。学海波正狂,飏飓助威虐。岂徒撼大树,直欲隳高岳。中流贵一台,砥柱谁可托?君今慕前修,有种必论获。经籍足耘耔,仁义为矰缴。荒诗非吾徒,痞瞯庶可觉。吾志固如此,欲言老邱壑。

中川克一即席赠诗依韵答之*

东方若木华,大海珊瑚树。英英群彦集,绵绵苞桑固。布新政丕焕,保旧德维护。然吾得善邻,择仁贵知处。华灯照绮席,感慨倾肺腑。清词润金石,名理兼武頀。如君怀笃谊,恺悌神所祚。持此忠信心,毋惮蛟龙怒。

附中川克一原作一首

凤鸟于来仪,日照扶桑树。树古森参天,根深磐石固。翠盖鸾鹫巢,纠根麟麒护。腥膻不曾臻,凤兮得其所。雍雍何和乐,终日

---

* 据曾文斌《文廷式与日本诗人题咏辑录》(载于江西萍乡文氏族谱编修事务委员会编《萍乡文氏五修族谱》卷五。该《族谱》承文军勇先生寄赠)。谓原附刊于日本中川克一(号黄庵)《黄庵诗文》(昭和十三年木刻本,日本国会图书馆藏书)内,《赠文廷式》二章之后。篇尾犹有"俚句奉和,即希订正。文廷式初稿"三句十三字。2008年秋,由日本伊藤元彦搜得并复印寄赠萍乡高等专科学校文廷式研究所,曾文斌先生即据此辑录,并为补加诗题曰"奉和中川克一赠诗韵"。按文廷式《东游日记》庚子二月三十日,"佐佐友房招饮'狐鳗亭'","中川克一即席赠诗一章(五古),余依韵答之"云云。兹依文氏意,为改拟今题。又按,中川克一《黄庵诗文》内《赠文廷式》二首(曾文斌先生辑录时,改题作"中川克一赠文芸阁五古二首"、"寄文廷式"、"其一"、"其二"),第一首云:"文子帝者师,举世钦其德。急流独勇退,观光君子国。岂但文章美,夙具延陵识。七国昔纵横,礼让徒文饰。甘言说平和,弱肉惧强食。泾渭不相容,黄白自殊色。鲁卫本兄弟,秦楚终仇敌。纵令时相阋,究竟同穷戚。君见北征雁,翩翩共联翼。"依韵与文氏和作未合,故定取其第二首为附录,庶符文氏《东游日记》所记"赠诗一章"、"依韵答之"本意。

相亲附。文章钦孔姬，礼乐仰韶頀。倾盖勿相忘，同心必锡祚。不知荆棘里，猛鸷今正怒。

古有所思*

昆仑之竹谐凤声，十二律吕相和鸣。何如张乐洞庭野，音繁调悲众仙下。鸿鹄翔四海，中路方徘徊。阊阖长风忽相送，顾盼已觉心神开。我所思兮千里万里，东风澹澹吹海水，笑撚花枝且欢喜。

中秋夜不见月

昨宵清辉接我席，今晨扶桑暾复出。谁知晚来雨意浓，素娥掩镜云间没。世间万事不可预，钻龟七十竟何益？有酒不为中秋饮，有琴不为中秋弹。朗然八极在方寸，何假桂树供牵攀。故乡兄弟不易聚，聊与永夜相盘桓。重阳风雨倘不作，买舆共上罗霄山。

缚鸡行用杜少陵原韵

哺雏不肥责鸡惰，撒糠无几令鸡争。鸡求苟活人得利，终亦不免相焬烹。造化赋形偶歉薄，为人豢牢岂殊缚？吾将使鸡化凤凰，来集梧桐在阿阁。

---

* 此首及此首以下至《题陶渊明集后》各首，皆据叶编本录入。

萍乡有毛女洞《志》以为仙也朱子诗云惟有邮童解端的向侬道是野狐精夫信野狐之能精而不信毛女之得道一彼一此无是非也朱子斋中读书诗既言飞升谅匪难又注魏伯阳《参同契》言丹鼎之学其不作无仙论审矣此诗之言盖假辞讥世俗之以伪乱真者众也读者每失其旨作此解之识者鉴焉*

白日辞世升青天，昌黎昔讥谢自然。华山毛女俗所传，此事已在汉晋前。吾乡岩穴邃以绵，佳处往往巢神仙。有实曾触昭王船，杨朱泣歧涕泗涟。巫阳九招不能先，蓬首戴胜驰云軿。风鬟雾鬓来蹁跹，曰龙曰鸾狞且妍。何独野狐能说禅，晦庵先生良自贤，坐谈垆中汞与铅。仙人已死古偓佺，吕岩高名压稚川。扰扰万物皆蜕蝉，蝗蛹各慕谁腥膻。

题画柳阴垂钓

羊裘隐沦去我久，举世皆为名利来。阴阴垂柳无限好，独钓不与人争隈。东海鲸鱼那足脍，北溟鲲徙随云雷。一竿优游任身世，

---

* 诗题内"《志》以为仙也""仙"字下，影稿本增有一"女"字；又"识者鉴焉"，影稿本无此四字。

临渊结网胡为哉？

七　　夕

嫣云横河月无色，翠虬夜熠疏空逼。若英不惜玉芝香，靴纹蹙浪惊秋国。吴宫乞灵今几时，翾风飞燕好腰支。南楼达旦声逶迤，神軿不来心问谁。鼍鼓沉沉玉琴弄，辘轳汲井银瓶冻。剑光栗人愁不看，采取桐花饲幺凤。双鬟献杯风宛转，缭绫深碧罗绯浅。露盘斜倚相风竿，八蚕解织同功茧。瘴云拂衣梧叶黄，垆烟欲烬鸣鹙鸧。愿指渔山讯神妪①，玉钗敲竹终茫茫。骊龙睡馀海风起，锦衾望断婵娟子。买桃酿酒三千年，回望溟渊一杯水。

广王右丞《夷门歌》效阮文达

长平流血成海水，秦人搏赵如搏豕。魏王不敢救邯郸，公子独能忧阿姊。驱车向前心死秦，回车却忆监门人。七十老翁善料事，一椎击破函关春。世间②谁解侯生志，不独存赵兼存魏。纷纷晋鄙握兵符，腊用嘉平岂天意。

题黄小宋大令《壮游图》册

飞尘蔽空日射隙，人海周旋不容膝。闻说壮游心历然，山苍水

① “妪”，徐藏稿作“语”。
② “间”，影稿本、徐藏稿皆作“人”。

茫接我席。画图直写今衣冠，诗句都丽尤可观。当时完颜都水张太守，承平盛迹君追还。吾闻九州之外海环绕，君盍纵游及未老？边马不行思故乡，更借庄生渺茫鸟。

秋云篇别袁州示诸弟

秋云窈窕生空山，逶迟未肯来人间。忽然涌出千万态，金峦翠巘相回环。绕郭澄江又可爱，苍波鳞鳞映衣带。白石为底沙为堤，空明不觉游鱼碍。吾身如云心似水，出岫还乡偶然耳。竹马虽无少日游，山巍波激是吾州。诸弟读书重名节，远送使我肝肠热。棣华堂上先壮烈昆弟七人读书处名"棣华堂"，今屋之西偏也。寻馀芳，好好同心念明发。夜来皓月出江天，起视星辰正历然。翻笑赞皇公辅器，却从此地忆平泉。

浔阳大风

异哉天公不自惜，怒挟万籁驱千军。浓阴不放沧海日，白波欲薄匡庐云。坐觉乖龙气横豪[1]，远聆哀雁心忧殷。徒行畏湿渡恐覆，惟有巨舰骄不闻。酌酒自温且高卧，一笑风伯徒纷纷。

题延煦堂北山庄壁

煦堂，汉军许姓。筑室银山之麓，将与所欢偕老，而尺波

① "横豪"，影稿本作"豪横"。

电谢，往事尘空，故末章及之。煦堂读竟，泣涕弥襟也。

今我忽不乐，驱车出皇都。西山近人厌嚣杂，不及北山茀郁而盘纡。许君结屋山之隅，呼吸苍翠参元珠。健儿百战好身手，归看石壁生春芜。丈夫要捋蛟龙须，冥冥鸿鹄归来乎？

猩猩哀啼鬼夜啸，圈豚栅牛昼防豹。清溪石上狼迹繁，碧火巢中鸱怪叫。野人谈彪声悚息，山僧逢虎心失窍。君胡赋此《囚山篇》，岂有彼美能同调。瓮酒新篘园果红，一醉为君梦圆峤。

蓬莱弱水程三千，江嫣赋里初婵娟。一游尘中经几年，云鬟缥缈归诸天。无心莫赠紫玉佩，有梦不到黄金钿。悄然桃花自开落，万古此恨知难湔。毒龙螫手犹安禅，馀香在袂何由捐。

题埃及断碑为伯希祭酒作*

昔闻造字始仓颉，其次为梵为佉庐。左旋右旋纵各异，大抵必备于六书。云何回梵文，略似虫迹污？花纹云篆具一体，别以记号何粗疏。西天雄整女直秀，番夷缅甸多萦纡。字母稽《华严》，谐音问西儒。但能以声写胸臆，象形、会意、指事之义嗟已无。国家威稜烨四表，声教所暨穷天枢。三十六体隶译馆，古碑更出西南隅。谛观波磔苦不识，十有四格左转存形模。如堂如室如门屏，如绳如纽如盘盂。象人象物各有意，绘鸟绘兽态则殊。绝非三合四合乃成字，音读不借“阿、伊、乌”。传闻此碑颂功德，彼国再释犹模糊。都统郎君世莫辨，硥辟遏碑二体谁能呼。此文奇古尤可爱，延阁广内合并储。一画肇初效龟鸟，八体并列兼虫殳。侏离恍听骠国乐，

---

* 诗题内“碑”字下，影稿本增有“七言古诗一首”六字。

俨雅若披《王会图》。长吟远想忽太息,愿君足此勿问奇肱车。

琴台宴集诗时同集者黄仲弢梁节庵志仲鲁顾印伯纪芗聪张君立

我身江海思归客,一事无成鬓霜积。纵横百代兴废事,烂漫九陌莺花迹。攻驹虽然十二闲,长嘶朔风想沙碛。放归正感圣泽厚,一笑自振翀天翮。冥冥深雾锁阊阖,习习凉风生肘腋。故人袭组居汉皋,鸾凤旧侣参游翱。朝披官牍治万艘,夕偕词人赋《离骚》。牙期旷世有同调,气谊直并琴台高。《阳春》一曲世罕和,欲换宫徵非吾曹。暮春花竹秀如绮,浮萍野凫泛芳沚。清尊引满荷深罚,险韵冥搜多吊诡。自然奇响答天籁,不用繁音惊里耳。为君敛手操《幽兰》,旷野不忧来虎兕。

怀梁节庵焦山用东坡《自金山放船至焦山》诗韵

山林之乐君所耽,远辞岭海来江南。我知焦山信福地,三壶可四二别三。人生入世损真气,吐丝自缚僵如蚕。孰能游戏万物外,俯仰天地心无惭?天公爱尔太英绝,长安人海空潭潭。纵之八极任挥斥,如虎出柙风云酣。古鼎千年出光怪,夜闻精魃妖狐谭。神明坐镇百灵摄,毒螫未发先诛龛。去岁洋匪美生结党①欲踞焦山起事,

① "结党",影稿本作"结逆党"。

故及之。圣朝有道迈周《雅》，孤臣放逐分自甘。寒泉幽籁足禅悟，野蔬苦笋供饕贪。朵殿论思梦不到，单于系颈材犹堪。遥想闭门傲风雪，夜与梅花同一庵。起步唱韵，宋人多不依步，今特借用"耽"字。

再迭前韵追怀东坡索节庵和*

神仙中人昔苏耽，灵踪遍历江之南。有窍欲凿混沌七，参禅直证菩提三。文人已死精气在，至今有墓飞金蚕。婆娑一晌八百载，远览前哲空增惭。层楼甲观起空际，峨舸大舰趋江潭。沧波直泻海门失，广乐毋乃天公酣？我生于世百无用，独习腐儒迂谬谭。咄哉之子亦避世，蒲团依倚古佛龛。阻风未易求白堕，离乡不复思黄甘。江风山月不论价，即此已是天公贪。薜萝被径子长往，长杨奏赋吾宁堪。才疏语堕更惆怅，愧无玉带留山庵。

感　　春

蛰雷震地百草萌，江边流澌渐作声。狐裘不御兽炭熄，妖红稚绿相将迎。昨夜寒风忽狂怒，睡起吹折江头树。八方亭毒熙春阳，尔独支离岂其数？

去年一冬无雪霰，使者祷祈滕六倦。宽政暗与天心符，未必馀蝻在郊甸。军人椎牛乐无事，贫士闭门呵冻研。东南连岁歌岁丰，丰年米贱大伤农。况闻官吏虑朝夕，十仓九仓囷聚空。廿年生聚岂易得，径思绿章奏苍穹。注桃染柳且爱惜，留取元气滋天功。

---

* 诗题内"庵"字，影稿本作"闇"。

旅馆萧条但观物,有蛛吐丝何密勿。笼畔百虫恣口吻,其谋则深事则拙。明堂昭昭开四门,天网恢疏无怨恩。采兰亦复培兰根,独寐晤言思淑媛。浩浩河水千重源,予怀渺兮瞻天阍。

赠徐仲虎观察建寅*

百年以来海事亟,众论蜂午纷牛毛。独喜徐君窥本原,其才又如切玉刀。江南燕南三千里,岁暮过我不惮劳。雪花堕地大如掌,群龙冻蛰妖狐嗥。达官朝参卧不起,寒士瑟缩愧缊袍。今岁寒甚,都中人以为庚午以来所未有。两人纵论决江海,窗纸发白鸡三号。元冥收威不得逞,真气上贯明星高。有时亦忆江东姝,宜笑善睐颜如桃。虞兮一歌足千古,重瞳英魂若可招。壮游曾却摩登伽,垂暮乃怜韦玉箫。将毋封侯志消阻,弭辔欲向柔乡逃?西望巉岩冰雪间,兵气隐隐腾招摇。不周长风振东海,神山漂荡连巨鳌。吾君求贤虑大计,好策狼望陈龙韬。不然怀宝敢迷国,后世或且讥吾曹。狂言醉矣醒自失,幸赖公瑾斟醇醪。

为徐仲虎建寅题《海外归舟图》图为无锡华翼纶作

徐侯磊落天下奇,学兼中外国良医。歉然不足更远适,穷究政体张纲维。损上益下论英绝,君译《德国议院章程》,自序一篇,文极雄伟。今不能用后世师。如此归来不虚矣,明珠大贝空尔为?

---

* 诗题,影稿本作“赠徐仲虎观察(建寅),壬辰冬日作”。

华君与君素同志，盼君归来有深意。苍茫海内不数人，磅礴古今竟何事？我重披图发深喟，龙蛇陆处纷殊异。百年苦短犹栖迟，三昧神通尽游戏。

微　　雨

瓶花婀娜但无韵，小窗微雨便能幽。冷然魂梦寄寥绝，六凿与我逍遥游。东园老翁颇知道，岁晏菘蒿望早收。

与冒鹤亭论词即书其《水绘庵填词图》卷后*

迦陵鸟声千种转①，冶袖莺鸾露花泫。鹍弦忽涩五云飞，废苑碧芜秋满满。乌啼灯灺欢夜阑，美人远讯衣裳单。缕金团扇不堪弄，宝鸭香焦花正残。此时何地寄愁绝，银瓶宛转冰泉咽。一尺玲珑在掌中，小鬟莫问《幽兰》诀。花宫磊砢银云低，灵草欲落②香成泥。公子瑶华自爱惜，绿蹊长玩三春荑。

---

* 影稿本诗题作“题冒鹤亭孝廉《水绘园填词图》”。又，《伐山取材》（稿本）诗题初作“题《水绘园填词图》”，改定作“题冒鹤亭孝廉《水绘园填词图》”。

① “转”，影稿本及《伐山取材》（稿本）皆作“啭”。

② “欲落”，《伐山取材》（稿本）初作“欲落”，旋乙去，改定作“掇尽”。又，影稿本作“掇尽”。

夜坐吟

铜壶咽漏夜初[①]长，兰釭[②]坠穗凝寒光。弦声凄凄管声促，送入北风闻断肠。此歌不足听，此心不足传[③]。如海漾千波，循环固无端。阶除无声集轻霰[④]，白风旋空羽如电。邺台铜瓦化鸳飞，冷灰糁入甘泉殿。

题《陶渊明集》后

典午得国本狐媚，晋祚不长天所弃。一马化龙帝江东，礼乐乃复存华风。百馀年来略整饬，种桑江边望能植。八公草木破苻坚，群乌哑哑自相得。举杯忽劝长星酒，宝鼎已落他人手。彭泽宰官先见机，五斗折腰吾自归。不论阀阅政可隐，三径松菊西山薇。笑谈不入远公社，纵浪形神凭大化。皂帽还同辽海宁，苍生莫忘[⑤]东山谢。

---

① “初”，《晚晴簃诗汇》（徐世昌辑，民国十八年刊本。下称“晚晴本”。）作“雨”。

② “釭”，晚晴本作“缸”。

③ “足传”，陈辑本、孙编本、晚晴本皆作“可传”。《近人诗录》（佚名编，首有庐江陈诗题辞，清光绪癸卯上海商务印书馆代印，聚珍本一册。下称“近诗本”）收录此诗，亦作“可传”。

④ “轻霰”，晚晴本作“白霰”。

⑤ “忘”，影稿本作“望”。

还京以来人事纷杂心如废井三月三日大风不出寒夜独坐聊赋小诗示同志诸子*

人生那得如金石，朝朝走马长安陌？东观常翻未见书，明堂又上干时策。偶然失意君莫问，拄笏看云映山碧。林乌晨飞暮飞还，今古只在须臾间。伏羲宁知阮生意，报书分明秋水间。

望庐山**

十年南北劳车马，销铄[2]幽兰悲旷野。朅来忽复思故乡，笋舆又度[3]庐山下。庐山高高高入云，奇秀远从衡霍分。下浸明湖纯黛色，上参紫极拥祥雾。默祷明神发深契，梦中赠我金如意。谁能发书为占梦，为吉为凶竟[4]何用。人生三十非少年，前程浩荡总关天。会从乐奏钧天后，重忆书求宛委前。

---

* 此首及此首以下至《桑田吟(有序)》各首，皆据影稿本录入。

** 此首诗题，《旋乡日记》初作“望庐山”，继改定作“望庐山有作”。诗内文字亦小有异。见该《日记》光绪十二年六月二十五日所记。

② “销铄”，文廷式手书赠丁叔衡诗笺(下称“赠丁诗笺”。)作“萧飒”。

③ “又度”，赠丁诗笺作“又渡”。

④ “竟”，赠丁诗笺作“定”。

偕陈大曾大游岳麓山

岳麓山高秋气爽，客心矗矗层霄上。招邀幸得贤主人，裹縢携榼成遐往。潇湘渺渺清无边，扁舟凌泛方浩然。屈子祠中更留宿，秋兰摇落不成妍。夹道松杉荫交翠，蜿蜒细路盘深邃。诸天但访琳琅宫，残碑莫问龙蛇字。孤怀远逐云鸟飞，人民城廓望中非。九疑参差不可见，千里沧浪何处归？灵雨沾衣催客返，人家一带炊烟晚。五湖三江行路难，使我回头望云巘。

赠朱棣垞*

朱侯身瘦如植鳍，目光闪烁精权奇。风流不落正始后，文格已到贞元时。青油幕下偶一见，坐觉在坰群雄雌。嗟余蠢蠢意欲尽，侧抢枋榆愧鹰隼。五云楼阁高嵯峨，云旗翠蕤君谓何？

戏王子展

渚蒲芽白水荇青，春江水暖浴鸡鹊，王郎嬉春乘素舲。一群哑哑白项乌，横江飞来鼓咙胡，赭唇赤脚非丽都。孙恩小寇敢揶揄，妙严救苦不救急，三更旋师安衽席。醉尉见呵无所恤，石媪尝酸喙三尺，割脯归来跪进食。

---

* 影稿本此首诗题下原有自注语曰“以下二首补录”。按，“以下二首”，即指《赠朱棣垞》及《戏王子展》（见下录）。

相逢行酬曾重伯孝廉

盲风毒雾长空霾，河汉荡析天如箍。谁持铁柱镇坤轴，睇视四海吁无才。荆高市中酒初醉，意有不适眠萧斋。曾郎揽辔忽过我，一见使我心眼开。上探槖籥溯泰始，外斥圹朗穷八垓。划然龙啸震方矩，眼底赤县环尊罍。潇湘万里远相访，高楼一遇仍衔杯。义宁陈生天下士，佩服兰芷芳椒梅。三人敛袂共款著，放纵不顾世议排。偶寻禹碑问奇字，或吊屈庙悲烟煤。谭天颇笑邹衍隘，论文不喜相如俳。新篇持赠意深美，如玉光灿多兼该。我有一言重彝鼎，逆耳可听非故谐。在昔洪波九州裂，太乙失位昏三台。黔首慄慄死在颈，龙蛇陆处几穷哉。君家丞相挥天戈，独擒猰貐诛虎豺。洗濯日月奉明主，远掩耿贾追伊莱。自宋以后治法变，吏无武事兵不材。内弄潢池外边寇，佚荡中国谁能摧。乌龙江边帝出震，叱咤八极屯风雷。爱民勤政二百载，五纬暾同环天街。独留治隙用明旧，组甲不练祸所胎。洛阳城外羯胡啸，长安市上花门来。近芟荆棘暂清泰，远折觊伺谁奇侅？迩来事势尤岌岌，环顾藩卫多离乖。罗刹已窥鸭绿境，富浪况集红河隈。葱岭西南地迫窘，有虎旁睨鬐鬃鬣。交侵之危古未有，三公袖手方欢咍。君家受恩重异姓，当抱笃谊崇孤怀。尚书拥旄江介镇，使者持节河源回。会有奇策厌众望，岂直金紫居崇阶。君今少年负异彩，骥足端见非凡骃。且须高卧袁安庐，未要遽走燕昭台。风云忽集骋飞变，折箠亦可清江淮。衡山嵯峨湘水深，地灵初泄气自佳。罗正钦、王代功、二胡子威、子重并夕秀，文采往往倾邹枚。我皆因君得识面，骈罗杞梓收檀槐。高秋远览挈俦侣，酒浇不写胸崔嵬。中原北望在何许，莽莽白草飞黄埃。阿龙不尽新亭泪，嗣宗岂免穷途哀。夜窗盱衡万万古，泊然但效婴方孩。

夜宴伯羲祭酒意园同西涓户部作

楼台荡漾秋光里，银汉无风波不起。醉中不觉广寒深，一片红灯照罗绮。紫槽红拨夜铮铮，鸣鸾舞凤参差清。婵娟此豸绝惆怅，宛转低昂如有情。即今教坊多急响，此曲尚有承平声。古来金谷耽荒宴，青春白日欢无倦。宾客常招越石豪，后堂更有翾风倩。只解珊瑚种作林，那知铜狄秋风变。百年乔木见应难，主人况是金闺彦。让国东丹世共传，相门北地擅才贤。旧传谏草惊三省，新译《阴符》第几篇。为劝寿宫千日酒，清歌妙舞乐当年。

题易实甫郎中《巫峡窥天图》

巫峡千寻势莽苍，怒涛惊波不可上。导岷初信神禹功，擘华安得巨灵掌？昔读剑南入蜀记，上接少陵有真赏。清猿啼泪凄馀哀，神女入梦开精爽。山灵寂寞近千载，才士放旷成一往。扁舟直下骥注坡，微命可赌虎撼颡。青枫冥冥路欲绝，寒风萧萧境方敞。时清不复忧枳棘，禅定何须慑龙象。感时吊古有奇作，揽诗读画寄遐想。坐觉崖气侵衣裳，更闻滩声惊几杖。路难迹阻心自遥，试与元珠求象罔。

湘妃怨乙亥春日作。检旧稿补录

洞庭何连绵，连绵八百里。上有青冥天，下有无尽底。天门龙飞不可攀，帝台杳邈非人间。月华夜堕江水寒，深林密箐闻啼鹃。九疑云隐神鱼哭，泪痕沁入仓琅竹。万岁千秋有尽期，哀音凄断《南风》曲。行吟过北渚，《九辩》空陈词。重华不可作，终古有馀悲。

为江西巡抚德晓峰题其祖富呢雅杭阿《韬光蜡屐图》代

觚棱霞升珂玉趋，光采照耀青珊瑚。西江使者人所羡，过我示我《韬光图》。《图》上何所有，画师笔意殊。怪石七八座，修竹万千株。曲笕幽泉暗相答，山光倒射钱塘湖。行行且止五大夫，天风仿佛飘衣裾。回观万象森在下，鹫峰云影非模糊。前行两嘉宾，乃是徐与吴。金罍催菊宴，喜气清扬敷。新城宗伯亦文杰，墨花浓洒琅玕粗。吾乡梓庭老尚书，风节懔懔凌仙都。恰与令祖两贤契，云龙相遇生民苏。掀髯一笑据槁梧，德星欢聚兴不孤。风流政事各殊绝，欲与岩壑争奇模。六十年间事激电，宝此遗轴过璆珠。临川述德有新作，伯孙执研怀讦谟。况闻勋绩艳绳武，越国讴歌闻袴襦。金莲花开粟留语，山灵感激为前驱①。恍识须眉似太尉，临风玉立

---

① 徐藏稿天头有自注语曰："中丞曾任湘藩，重修韬光禅寺。"似为"山灵感激为前驱"句下而补注者。

清而癯。承平韵事接苏白,名家阀阅高崔卢。作诗驰报君,心游水云区。江湖澮相映,文酒欢可娱。朝来西山雨后足爽气,君能同我策骑游山无?

桑田吟有序

昔人每有沧海桑田之感。余以为使海而田、田而海,则水多于陆三倍,是鱼龙失其大半而人得其饶赢也,岂有叹哉!又,竺乾书言此世界坏时劫火洞然。夫地必有劫,未害于我;裂亦必膇,互为其根。此而忧之,不其懵欤?久欲作诗以发斯义,当可与李贺、卢仝颉颃,下亦不让刘基"二鬼"之作。惟性不耐思索,平日有所论箸,大抵于人定睡醒两顷流笔书之,故奇情伟论郁而不发者多矣。大雪前一夕,寒气未甚,啜茶过量,不能成寐,因拉沓书此。词气軬沛,源本《天问》而径蹊独别,世有昌黎,不烦改削矣。

大地抟抟七万里,太空视之仅糠秕。人生其中又可怜,一分是陆三分水。海水回薄龙所都,古重其德今谓无。天吴罔象世罕觏,习坎惟藏龟与鱼。鳞介蠢蠢鲜作述,窟穴乃倍斯民居。横目之灵冒万物,优彼绌此非偵欤。忽然造物有悔意,特徙重渊作平地。九州纵使鱼头生,四溟亦遣鲲鲕避。伯鲧婞直羽渊化,鳖令匍匐快相值。万年衔石精卫冤,一夕成湖老妪逝。巨鳌不惜神山倾,挪亚后嗣庆得生。但恐世间典籍尽漂没,洪水为厄过秦坑。虽然圆颅方趾自有识,何必羲创卦画农教耕。王母戴胜来栽桑,麻姑喜见尘飞扬。《黄竹》歌声动精魄,回头已失昆仑冈。舜祠周辙渺莫即,青鸟使者将何翔?瞿昙老子笑拊手,万劫不如贤劫长。欧逻巴人忧末日，罄室沉渊若狂疾。大事不问乔答摩，“审判”但愁枯骨植。三千世界微尘微，地毛久食何能飞？若于此土缘尽可出世，何虑洞然劫火相炮煨。彗行椭圆倘相触，地即与彗为因依。两物爆裂复凝聚，大地尚当扩几围。递成递毁两无尽，杞人忧患宁非痴。昨日之日倏已古，来日之日尚可数。万籁寂默我何苦，耿耿心光照寰宇。唤取天公助我酒兴豪，明日看渠六花舞。

灯　　花*

兰缸夜衔火齐珠，金粟璀璨丹葩殊。世间何喜用尔报，朝三暮四疑群狙。先生年年饭不饱，闭门吟诗愁裤襦。今晨邻里忽有馈，寒鸡冻笋酒满瓻。稚子欣喜色敷腴，一醉万事不关渠。如梦刍灵便得食，亦烦占梦先贞符。吾闻恺悌神所劳，大地坦坦无嵚岖。杨朱计拙泣岐路，庄生物化齐菀枯。天公端能作好事，我自甘蛰谁能苏？鹏来凤集两不计，矧此烟穗徒区区。雪花飞帘床席濡，街柝声断闻城乌。烘垆取暖映火读，壮士不耻华发儒。

碧浪湖宴集和郭筠仙侍郎韵**

我从萍川泛湘水，色然心为山川起。高才凌替灵光存，再拜独识鬓[①]眉紫。乾文耀胸森有芒，暖气煦物春初阳。挂冠五载梦安

---

* 此首系据排稿本录入。

** 据《芸阁先生书牍》录入。影稿本诗题作“碧浪湖展重阳宴集步郭筠仙侍郎韵”。

① “鬓”，影稿本作“须”。

隐，每赋《九辩[①]》悲微霜。高秋久晴足遐玩，绵邈四海舒一盼。澄观龙虎杂蛙黾，拔擢杞梓到藜苋。小弯[②]向山僧所栖，沧波环带来无蹊。草枯烟远望不极，急雨忽送凉风凄。九州阴曀万灵叫，大块噫气号无窍。老人默守天门雌，顾我抢攘愧年少。元龙数极黎民痡，天上大老需人扶。愿公未要谋息壤，精金跃冶玉待沽。旁观诙嘲我未识，何人得似江东鲫。侯生求鱼志未衰，终有璜玉时相值。

题《名园雅集图》代孙尚书师为松溎尚书作*

曲栏绮疏对方塘，吴丝楚笛齐宫商。秋风不到碧桐树，微云欲动镜面凉。披图远想当时事，恍然嵩洛浮晴翠。都尉朝天策马回，西园雅集高贤萃。又疑韵事属仓山，□□[③]错杂琴书间。瑶情绮思久寂莫，百岁风流笔底还。夏生巧绘何倜傥，吉林尚书读画有真赏。时将墨妙玩龙眠，更喜公馀披鹤氅。文宴升平想像中，仍看竹碧与蕉红。略似兰亭觞咏会，绝胜金谷绮罗丛。新诗题遍何瑰玮，我亦孱辞书纸尾。愿公更绘《耆英图》，须眉应较香山伟。

鹰**

郁郁翀霄汉，吾知顾盼豪。风云长在足，搏击未辞绦。此去翔

---

① “辩”，同上作“辨”。

② “弯”，同上作“亭”。

* 据徐藏稿录入。

③ “□□”，似为“钗铒”二字。

** 自此首以下至《京师遇雪门大兄和作》各首皆据叶编本录入。

寥廓,何时见尔曹？向来飞勦意,平蹴九天高。

平楚晚望

客思与春色,苍茫不可分。野阴连大泽,草气薄层云。往往村歌答,微微宿酒醺。夕阳催万象,有业乐河汾。

东洨乡居*

赁屋初诛草,分畦恰插秧。雨馀蜗漫壁,春暖蝠巡梁。地僻尊溪逻,虚回唤囝郎。粤人谓赴集为“虚”,唐时已然。执瓯评茗事,苔绿上衣裳。

粤江雨望**

密雨昏如雾,阴云挟重①风。越②人舟楫利,江势夏秋雄。啜茗微吟后,看潮半睡中。向来行路熟,不复羡渔翁。

萍乡郊行杂诗

苧服初秋着,川原绿尚新。土音连楚浊,民俗似唐醇。朝露槿

---

* 影稿本于诗题下增有自注语曰“补录己卯作”。

** 按,《旋江日记》光绪十七年五月初七日记作粤江雨望诗云云,似即此首。

① “挟重”,影稿本作“重挟”。

② “越”,同上作“粤”。

荣薄，暑风椒气辛①。今年亚禾熟，野老笑迎人。

蓄水多调鸭，穿篱不吠龙。点茶呼客至，移碓唤童扛。窗窄恒遮岭，墙高碍瞰江。依然穴处意，慎莫陋吾邦。

佳气郁葱葱，东南望武功。分支走吴楚，高势敌衡嵩。双杏开还落，三真去不逢。几时龙出没，奇响答雷风。

寸土皆资命，何人不杖犁。瘠贫民自苦，髦秀学犹稽。吊古心方切，微文手自携。爱才思卫国，监税望濂溪。

城乡户疏密，强半是姻家。诸季联镳出，群儿捧袖哗。就池搴玉藕，攀架摘金瓜。随处留飧饭，宁知日易斜。

吉安白鹭洲书院*

桃花艳满林，春色几时深。雨后添江涨，莺啼感客心。登高望云物②，招隐睇烟岑。独有高山意，沉吟咏子衿。

游化成岩

重寻岩畔路，一十五年馀。张子旧游地，卫公曾读书。披云碑藓③古，拾石砚材储。乍喜凉风过，童童竹影疏。

---

① “辛”，影稿本作“平”。

* 影稿本题作“题吉安白鹭洲书院”。

② “物”，影稿本作“浦”。

③ “藓”，影稿本作“莑”。

九月二十日雨中偕二姊静芳五姊蕙芳五弟葭浦暨惠卿侄梅氏二甥同游江南会馆浓阴送秋清漪照影怅然有怀晋侯姊倩亦至率成五言八句

相约遗花胜，清游唤笋将。雨中人不共，秋晚意何长。竹亚知城暝，荷疏听水香。谢庭旧风雪，回首一凄凉。

十月二十五日自南昌至九江途中作*

破梦五更起，经霜万物凄。晴铺山翠薄，寒压渚[①]烟低。鲁酒埋孤闷，吴棉乞冻黧。我行浑忘远，还逐暝鸦栖。

赠李博孙工部**

之子有奇气，呼酒看西山。千秋粲可数，一官聊自闲。藏书非世玩，梦乐笑天悭。此岂折腰吏，期君江海间[②]。

---

* 影稿本题作“十月二十五日自南昌启程至九江途中作”。

① “渚”，影稿本作“野”。

** 《纯常子文稿》（稿本）及影稿本，皆题作“留赠李博孙工部”。

② 篇末，《纯常子文稿》（稿本）及影稿本皆有自注语曰：“博孙拟改知县，余特沮之。”

途中却寄京师诸友

缁尘染素衣,游子遽言归。泛泛水春色,行行山夕晖。放怀抄酒谱,惜别轸琴徽。尚愧逃名者,沉[①]观杜德机。

双　莲

弭节辞金阙,闻香隔绛河。双莲龙女怨,都荔汉宫歌。蘋末风初起,杨枝露若何?犹然倚阊阖,未敢托微波。

吊明长陵

烧后银山壮,冰凌石兽残。英风扶栋宇,閟殿想衣冠。建国才堪数,经边力已殚。寂寥怀霸烈,山海暮云寒。

落　叶

愁思与黄叶,纷纷欲较多。庭阴增夕照,帘影淡文波。废院寻僧话,高云见雁过。京华转萧瑟,归梦系烟萝。

---

① “沉”,《纯常子文稿》(稿本)及影稿本皆作“曾”。

立冬日过洞庭湖泊岳州

积涨冬不涸，逆风船自行。地形疑虎踞，火力与龙争。百粤通云峤，三吴接水程。楼船堪习战，何用凿昆明。

送夏穗卿同年曾佑归里

槐阴连广陌，之子遽言归。未得南风便，那应北客非。到家闻越鸟，经雨浣征衣。还望金门路，知余情庶几。

周荇农阁学寿昌年丈挽诗*

卅载文坛将，人传任昉名。养生通道箓，止足卧书城。史校兰台籍，诗搴蕙亩英①。重翻先友志，那禁泪纵横。

哭潘伯寅尚书师尚书谥“文勤”，年六十一

乔木推耆旧，公无愧世臣。爱才逾骨肉，高识近星辰。修学惟尊汉，藏金不数秦。公藏商周彝器，足继《宣和》、《博古》之后②。别离方昨日，凄绝感恩身。

---

* 影稿本于诗题下增有自注语曰“补录乙酉年作”。

① 此句下，影稿本增有自注曰：“公撰箸有《汉书补注》、《宫闺文选》。”

② 此自注语，影稿本系此首篇末。

才大能医国，时危特荐贤。秉枢三月少，扶直万夫传。执卷期门习，疏渠潦水迁。堂堂论治绩，真到古人前。

大雅衰微后，洪波万派随。遗经王肃改，新说啖生滋。好古敦前绪，高言纽绝维。千秋诚不沫，一恸岂吾私。

昔年客京洛，未敢谒膺门。乍枉奇书赠，兼蒙国士论。大云俄辍景，旭日惨将昏。下马他年拜，凭何慰九原。

读　书

皓月临书幌，微寒袭短襟。不知人代改，惟觉性情深。劚药仙苗长，安弦越调沉。熟闻“齐物”意，惆怅愧如今。

柬蒯礼卿前辈光典索诗集*

闻得天南信，伤情为左芬。时前辈①方有妹丧。悬知咏史笔，不暇定吾文。锦瑟迷离怨，名香窈窕熏。有情易漂落，谁与证声闻？

潞水舟次**

春色在杨柳，北风犹峭寒。城阴连岸暝，浦浪激云宽。蔬少厨

---

* 影稿本诗题作“柬蒯礼卿检讨前辈（光典）索诗集”。

① “前辈”，影稿本作“检讨”。

** 诗题，晚晴本作“潞河舟次”，陈辑本作“潞河舟次（丙申）”。

人计，钟残旅梦安。箧书留谏草，未折寸心丹。

雄县道中时方有水灾*

燕赵积高地，今同泽国忧。连桥低浸水，高树上行舟。策叹河防拙，颜为道殣羞。途中有饿毙者。云中叫新雁，嗟尔稻粱谋。

渡　黄　河**

马首见山色，王程渡向南。曾闻曲防誓，宁信阏流贪。风静波犹劲，天晖影不涵。朝阳起人意，堤柳绿毵毵。

深夜阅卷倦极偶书时已过重九矣

中宵恒数起，绛蜡照昏花。暗恐抛灵药，奇如访佛牙。泪衫还自省，意尺讵无差。不觉深秋雨，墙阴长昔邪。

徐定生世丈树锷葛豫斋同年祥熊各和原韵再迭韵赠之

久闻贤令尹，善俗爱栽花。共事倾肝胆，怜才惜齿牙。误书思

---

* 《南轺日记》光绪十九年七月六日记“雄县道中得诗一首”云云，即此诗。其文字略有异。

** 《南轺日记》光绪十九年七月十二日记作此诗，题作“渡河”。

脱简，密率案招差。誊录多错误，策问中算法尤甚。坐似谈禅客，深求末赖邪。

龙砚仙璋郑德夫葆清戴秉召朝普孙花楼友萼诸君皆有和章仍次前韵答之

稠迭鳞笺积，春条灿四花。谈经能折角，射义每擎牙。良友占星聚，人才恐岁差。龚定庵诗云："一代人才有岁差。"今年典试，恒恐有不及戊子、辛卯之虑。故戏及之。偶然成险韵，还似缚浑邪。

徐东甫侍郎前辈次韵见赠仍依韵答之

岱岳钟灵秀，鸿文映若华。九秋辞豹尾，百宝网犀牙。末学叨联事，追陪共勘差。何当相司马，有愿祝污邪！

仍迭前韵索诸同事和诗

琐院淹旬朔，秋山槲已花。衣鱼游砚底，乾鹊盼檐牙。日来江西榜发，甚盼诸弟捷音。文陈重围密，羲轮一线差。拙诗无巧对，不复忆朱邪。

九迭前韵答龙砚仙以前尚有三迭，不录*

之子潇湘彦，清才玉树花。诗篇补狸首，经读证貘牙。书已成刊误，君集唐以前小学书，成三十卷。音宁欲校差。来诗欲谭音切等韵之学。涛澜海若富，何用乞波邪？水名，见《大涅槃》卷十三。

鸡鸣寺

江山悄如梦，黯黮岁寒时。不见垂杨色，空嗟蕙草衰。平湖胶似镜，斜日澹含姿。尚想功名事，栖尘漫古祠。

舟至湖口得诗一首

昔伴征鸿去，今看倦鸟归。涛声五月壮，云影四山围。平野滋芳草，孤蓬[①]趁夕霏。独惭赊酒兴，未敢典朝衣。

徐　园

独寻芳草地，已是十年心。孔雀无新羽，蕉花满故林。微风戛

---

* 叶编本于题下自注语内，末有“自注”二字，疑原系叶编本之编者按语，而非文廷式氏之笔。兹据影稿本予删去。

① “蓬”，影稿本作“篷”。

修竹,冷[1]然金石音。此地得岑寂,余闻天籁琴。

夜　坐

迟迟月初[2]上,扰扰沸[3]星繁。林宿羽声息,镫微魂梦安。惊风动河汉,天道日艰难。秋深此庐蛰,何似严陵滩?

偕陈大伯严梁大星海徐园宴坐竟日

昨日分江海,兹辰共小园。夕阳尤可爱,秋水欲忘言。隔院疏棋响,回阑涴粉痕。由来玩芳草,不办问朝昏。

山　居

涧水溜槽白,丛篁插壁青。苔深蟆入室,月黑[4]虎窥庭。但苦盘蔬远,时闻杂草馨。倚岩听虚籁,心与万缘冥。

赠梁卓如

王府刀仍在,巍然乘愿生。照天纯月色,惊世忽金声。雷电象

---

① “冷”,影稿本作“泠”。

② “月初”,《撷芳录》(稿本)及影稿本皆作“初月”。

③ “扰扰沸”,《撷芳录》(稿本)作“俄觉众”。

④ “黑”,《纯常子文稿》(稿本)及影稿本皆初作“暗”。

华发,楼台蜃市晴。儿童齐拍手,君马慎《由庚》。

哀许侍郎袁太常*

荃德犹能察,兰薰信[①]必锄。燕巢人自乐,鱼烂国将墟。梁剑揕爰盎[②],吴镂赐伍胥。风沙满燕蓟,归榇定何如。

岁　暮**

寰寓悲风激,波涛迫岁除。饮江天竺马,摊市茂陵书。芳物朝餐菊,冥心夕据梧。寂寥人世改,吾计定全疏。

大道尘成浪,人间世底忙?无愁过雁序,久客恋鲈乡。灯烬邀残月,衾寒怯早霜。新茶初泼乳,与俗淡相忘。唐钱珝诗:"人间驰竞处,尘土自波成。"

答沈子培刑部寄赠***

事幻程生马,途难蹇上天。藏身无尺木,坠翮警空弦。恶草谁除蔓?芳兰不惜煎。贾生徒碌碌,一任大钧权。

---

* 诗题,陈辑本作"哀许侍郎袁京卿",台版《清代稿本百种汇刊》影印手稿本《纯常子枝语》(下称"枝语影稿本")载此诗,题作"哀许袁"。

① "熏信"二字,枝语本与陈辑本皆作"芳固"。

② "揕爰盎",枝语本作"戡袁盎"。

** 诗题,陈辑本、孙编本皆作"偶成二首(庚子)"。又,近诗本及《庚子事变文学集》(阿英编,下称"阿庚本")均收录此题下第一首(即"寰寓悲风激"),题作"偶成"。

*** 影稿本题作"答沈子培刑部寄赠五律一首"。

附:沈子培原作[①]:

化石终焉补,衔碑未有期。鱼羊悲世日,魑魅喜人时。独鹤归何向,踦轮转可知。途穷言语尽,槁项老奚辞。

赠田边碧堂

主客尽名哲,清谈移昼阴。令予沧海客,浑忘故乡心。兵库酒中圣,源乡词冠今。何当登富岳,攀树一长吟。

养疴有作

削迹归南国,劳精溯北风。我原无病病,世孰不穷穷。白璧诚无点,青山[②]道自崇。横流方未已,讵敢息微躬。

辛丑新年*

谪籍栖迟久,颓波感慨频。新年增白发,故国满青燐。星朗空江夕,花浓小槛春。迂生谋已拙,窥管验勾陈。

谁解横刀出,真成下殿趋。亡秦三户在,哀郢两门芜。日月回元运,风云感圣谟。会闻哀痛诏,寰海庆昭苏。

① “附沈子培原作”,影稿本作“附原作　沈曾植”。

② “山”,影稿本作“云”。

* 晚晴本题作“辛丑元日试笔”,陈辑本题作“辛丑元日试笔二首”。

京师遇雪门大兄和作*

我兄本豪杰，强仕[①]忽蹉跎。四海飘零久，平生涕泪多。赋传《疑雨》幻[②]，诗为“履霜”讹[③]。谁见光芒起，龙渊与太阿。

流落关天意，艰难见物情。回澜有沧海，落日况长征。酒醒难温[④]梦，棋残莫恋[⑤]枰。齑盐随分足，慎勿厌柴荆。

附：文廷俊原作二首　京师喜晤芸阁弟

昔别在长安，迢迢会面难。遭逢仍此地，悲喜各无端。累岁恩书重，今宵布被宽。絮言问亲旧，窗外雨声漫。

天子开金马，仙人赐玉麟[⑥]。吾家千里足，会遇九方堙。客舍眉须旧，中年骨肉亲。高堂期望切，奋翼出风尘。

蝉**

风露足一饱，凭高气自清。未应贪美荫，似欲警初晴。惆怅时

---

* 此首系从叶编本录入。“雪门大兄”，即文廷俊，字雪门。按文廷俊嫡孙女如琥犹存抄作，有文廷式和作，文字稍异（据高洪年先生2007年7月11赐函抄示），兹为补注于次；有文廷俊原作（见曾文斌《文廷式有关家族题咏诗辑录》，载《萍乡文氏五修族谱》卷五。该《族谱》乃蒙文军勇先生寄赠），今收作附录。

① “仕”，文如琥抄件作“壮”。

② 此句，同上作“赋疑传雨幻”。

③ “讹”，同上作“哦”。

④ “温”，同上作“寻”。

⑤ “恋”，同上作“问”。

⑥ 此句后，同上有文廷俊自注曰：“育弟之前夕，先母梦神人赠以玉麒麟。”

** 自此首以下至《杨岐山》各首皆据影稿本录入。

光暮，萧条羁旅情。绳床枕书卧，听汝一声声。

八　月

八月秋空净，疏梧倚月看。光怜四序速，梦觉一镫安。射雁边声警，思鲈宦味残。晚来新浴罢，犹自御轻纨。

梅　萼

梅萼开将遍，苕荣梦未遥。书宜青鸟使，旌有白蜺朝。意密香犹在，愁深酒莫浇。真龙匹天马，盛怒踏江潮。

江行遇雨*

昔年风雨夕，往往梦江湖。及此新秋序，兼之旅客孤。滩声惊午枕，云影暗深芦。举目悲身世，浮沉雁鹜俱。

爱晚亭

磴道萦盘石，幽寻惬素襟。密林含雨气，回岭束秋阴。落叶寒方始，归云感已深。萧然咏《招隐》，钟磬有遗音。

---

*《旋乡日记》光绪十二年七月十三日记有“江行遇雨五律一首：昔余风雨夕……”云云，即此首。

咏红梅

的的非无意，明明更有香。娇如凝酒晕，艳欲夺晨妆。宋赋愁难拟，荀衣染未妨。江南应使至，持用报明珰。

咏牡丹

照屋如朝日，披衣似彩云。帷中看卫铄，琴里忆文君。情为馨香祝，心缘窈窕纷。倾城难近接，惆怅合欢裙。

纪　事

赫赫灵威震，炎炎烈火惊。殷忧原启圣，昭格贵能诚。北望觚棱远，南来水潦横。如闻枢密使，淫湎集东城。

雨中同缪筱珊费屺怀两翰林张子馥孝廉游虎邱五律一首

虎阜依城近，延缘一棹来，不劳谢公屐，还共嵇康杯。乱后丛荒棘，秋霖长石苔。冥冥双塔影，不见暮云堆。

有　水

有水必归海，孰能柔此刚？连城不赀价，复壁暂时藏。冻研呵成滴，油镫拨有芒。瓶中十月菊，相对实芬芳。

卧　病壬寅九月

卧病淹旬朔，端居集百忧。江山如积晦，木叶已深秋。岁近龙蛇蛰，人争雁鹜谋。方同挚生愈，终作向平游。

病中读黄漳浦《七夕洗心篇》慨然有作壬寅七月*

皓月年年影，沧江处处潮。揭来参物化[①]，消息问参寥。石壁三芝秀，天花万叶凋。此中原不隔，银汉夜迢迢。

千雀能雛鷇，孤鸾不杂枭[②]。抟飞霄路迥，栖息故乡遥。麻粟经天旰[③]，旃檀入夜烧。莫从前哲问，便合老渔樵。

闷坐疏花事，微吟捡药签。休窥二酉富，时用[④]六壬占。瓜鼻

* 《伐山取材》（稿本）题作"病中读黄漳浦《七夕洗心篇》慨然有作"，题下无"壬寅七月"四字自注语。

① 此句，同上作"偶逢巢父饮"。

② "枭"，同上作"鸮"。

③ "经天旰"，同上作"天方旰"（初作"方天旰"）。

④ "用"同上作"向"。

秋来熟，藤阴雨后添。得闲良不恶，萧[①]洒老夫潜。

仙山锁碧苔，行子不归来。但觉松篁长[②]，犹令猿鸟猜。天风吹六合，尘世澹三灾。沧海何年[③]买，桃梨信手栽。

瑶检谁封禅，元珪或告功。有时天醉醒，莫问道污隆。瓠落庄生圃，榆生汉帝宫。南荣晞发后，欹枕听秋虫。

独坐雨冥冥，庭花别样馨。微尘何聚散，流水忽渊渟。朝岭看逋鹤，夜窗栖胤萤。寂寥[④]千载事，应在《太元经》。

镜镜交光处，千花各斗妍。影从恒水变，声藉洛钟传。夕爨烧桐煮，朝华饵术鲜。天公知密意，不上道元笺。

肃然当[⑤]位立，何处是依凭？举拂时还触，调琴愧未能。风霜迷古路，云水谢行滕[⑥]。倦藉桃笙卧，傍[⑦]人唤不应。

大可挂瓢去，为谁倚瑟歌？神归金鼎药，秋老玉山禾。何叶不辞树，无风亦起波。近来浑懒散，有梦只渔蓑。

淮海微禽化，深[⑧]惭达者机。久疑天不语，方信海能飞。积雪埋千嶂，荒风隘九圻。惟馀[⑨]衣上宝，回首故人稀。

荡涤知无物，回环不可寻。海鸥能识伴，山鸟不闻音。北极驰高轨，东溟濯素襟。未随头共白，耿耿贯秋参。

石室秋方静，星河晓欲残。岩前接龙象，木末爇椒兰。浩浩经

---

① “萧”，《伐山取材》（稿本）作“潇”。

② “松篁长”，同上作“松杉长”（初作“风云起”，又尝作“松篁远”）。

③ “年”，同上作“时”。

④ “寂寥”，同上作“寥寥”。

⑤ “当”，同上作“依”。

⑥ “滕”，同上作“縢”。

⑦ “傍”，同上作“旁”（初作“閒”）。

⑧ “深”同上作“宁”。

⑨ “惟馀”，同上作“举持”（初作“自持”）。

千劫，寥寥此一丸。向来珍重意，持与世人看。

杨岐山

夕阳到古寺，修径特蜿蜒。傍涧采方竹，参禅悟白莲。井波鳝吐脉，山有涌泉池，盈缩与海潮相应。庭树鹤归年。唐唐正字《杨岐》诗："天外鹤归松自老。"余久违乡井，今始归来，与正字有同感也。静验方袍里，何人嗣广甄。乘广、甄叔。

己亥人日口占*

乾鹊向人喜，文王喻复时。声清缑岭鹤，兴发草堂诗。近海风涛恶，犹寒节物迟。名花慰我意，先放最高枝。

平芜

平芜杳不极，流水亦多姿。云物自终古，舟车皆近时。植竿飞鸟息，潜藻水虫嬉。薄暮虚窗掩，还延月半规。

洞庭冬夜**

雪月幻湖光，空明夜气长。荒洲时见火，回浪远疑霜。枯苇萦

---

* 此首与以下《平芜》、《洞庭冬夜》，共三首，皆据排稿本录入。

** 《东游日记》记作此首，题为"夜渡洞庭"。诗内文字小有异。见该《日记》光绪二十五年十二月初八日所记。

征棹,饥乌集去樯。荆吴路修阻,游子漫思乡。

读《元遗山集》*

艰难戎马乱离秋,莽莽乡关日暮愁。枉道漏天容补石,谁知沧海竟横流。心伤旅雁来并郡,泪洒神龙困蔡州。头白归来更何事,齑盐随例一生休。

国亡史作怆闲身,长庆歌辞乐府新。九代诗章分甲乙,一编遗事逮壬辰。归田许作柴桑士,上疏应称草莽臣。莫漫信他京叔语,当时受赏果何人?

金元之际风流歇,天老虞卿好著书。南渡衣冠魂梦里,中州文献战争馀。百年阅历沧桑局,一室萧闲水竹居。垂老灵光名更重,滹南遗集未能如。

故国凋零两鬓霜,漂萍身世感苍茫。銮舆已出青城道,玉辇翻幽碧照堂。避世未容随绮季,论诗真不让苏黄。遗编万丈光芒在,未敢丹青著短长。

春日广州作**

九衢歌管日喧阗,一室儒生自圣颠。梦好难寻人境外,花开如见古皇前。街丁逐疫敲铜鼓,一冬无雨,正月疫疠盛行。游女嬉春堕翠钿。不是江湖长挂眼,久居岭表亦安然。

---

* 自此首以下至《落花》各首,皆据叶编本录入。

** 陈辑本、孙编本皆题作“辛卯正月广州作”。

追悼番禺张延秋编修鼎华

重到燕台第几春，潇潇夜雨独伤神。金环再世知何地，君平生不信轮回之说。及病危时，不言不食者竟日，忽醒告人曰：轮回之事，乃竟有之。顷者有一船载男女数百人投生，余亦在其中，将生崇文门内小京官某家。自是不复言矣。玉树长埋惜此人。君美丰神。幼慧。五岁时于客座中，有以“两仪生四象”索对句者，君应声曰：“五岳视三公。”客叹诧，以为得未曾有。十三岁应戊午京兆试，中式副榜。十六遂举京兆。时人咸以卫玠目之。余识君在粤东，君误采时名，见顾于光孝寺。时年三十馀，犹白晰少年也。命薄幸无妻子累，君卒时，年四十三，生平未尝娶妻。情多独与友朋亲。朋友闻凶耗者无不哭失声，君[①]于友谊可知矣。枣花零落风流尽，莫向旃檀问夙因。君尊甫给事公与某寺僧善。君生时，见其借宅云。

平明

平明策马竟何之，柳秃芦荒又一时。倚杖但怀陶令酒，观星曾咏仲初诗。天心好织机中锦，国手难苏劫后棋。如镜东湖堪钓鲤，素衣不为洛尘缁。

夏日

闲中残暑又三庚，静听鸣蝉断续声。疏雨洒窗聊引睡，疾雷破

① “君”上，影稿本有“则”字。

柱不须惊。药多凉品身犹健，书读皇初眼倍明。学圃未能先远市，晚炊香稻戛瓜羹。

八　　表

八表停云一浩歌，仙山楼阁近如何？沧江水阔蛟鼍横，沙岸霜寒雁鹭多。长佩行吟非泽畔，短衣射猎想山阿。斜风细雨须归去，那羡神仙张志和。

鹪　　鹩

鹪鹩飞下最高枝，万里风云与护持。淮海微禽宁速化，江湖魏阙有馀思。薄寒捐扇惊秋早，细雨闻钟觅梦迟。负手逍遥桑落下，澹看窗格罥蛛丝。

八月十八日偕王氏姊
彭氏妹同游横龙洞

济尼能说林下韵，往往辍尘登翠微。秋深既雨城郭净，寺僻无僧钟鼓稀。幽岩香高桂空老，放生泉清鱼自肥。徘徊父祖旧游地，日暮风紧可添衣。

附：文芸英文廷华和作各一首

二姊芸英

吾弟看山夙多兴，导我名胜穷幽微。赏心泉石境漪美，闻根桂槿香依稀。蓍蔡示兆无咎悔，霖雨需才宁遯肥。缅怀清芬起恭敬，良游惜别还沾衣。

八弟廷华

清游有约不孤往，雨过尘轻秋气微。暂和雁行仍断续，此游弟以事未能同行。前踪鸿爪尚依稀。山中泉洁何须出，霜后枫丹不碍肥。欢会未终骊唱起，瑶篇远和欲沾衣。

春感一首

朝朝送客出长安，爱玩轻阴独倚阑。书史尽供愁里读，山河频向月中看。谁家擫笛传清怨，何处呼镫起暮寒。失笑定巢双燕子，帘前犹自语千般。

杨厚庵宫保挽诗公谥"勇悫"，年六十八

口如冯异不言功，心似营平最朴忠。水战暗符名将法①，山容真见大臣风②。阶前枯树英雄暮，公自言年岁已晚，国家除拜必不受，惟兵革无避耳。冢上灵芝孝感通。公母卒，庐墓三年。麟阁勋成箕尾去，故人挥泪望征鸿。

---

① 此句下，影稿本增有自注语曰："孙武兵法逸篇及伍子胥兵法，皆言水战。中兴制度，仿佛近之。"

② 此句下，影稿本增有自注语曰"余戊子游湘，与公雅故。谈及薙须渡台及鸡笼力战事，公惟引咎，自言无功而已"。

修　　门

修门芳草色萋萋[①],此去关河[②]路不迷。千里久思黄鹄举,一春长笑[③]乱鸦啼。参差岛屿云初变,迢递楼台[④]日易低。驿馆灯昏沉睡[⑤]里,何因不怪[⑥]汝南鸡。

读《楚辞》

高阳苗裔有灵均,此是衰周第一人。常叹[⑦]楚怀何足福,固非虞舜不能臣。九疑云锁苍梧迥[⑧],五月潮生角黍新。邈绝巫阳招不得,大荒披发下麒麟。

---

① “萋萋”,文氏手书横幅(律诗九首,书赠薛次申。影迹见《萍乡文氏五修族谱》,下称“赠薛本”)、原木犀轩藏吉水欧阳氏“南云精舍”钞本《云起轩诗钞》(下称“南云本”)皆作“凄凄”。

② “关河”,影稿本作“天涯”。

③ “长笑”,陈辑本、孙编本、南云本、近诗本、赠薛本皆作“常怪”。李伯元《庄谐诗话》(下称“李话本”)谓尝见文氏手迹,亦录作“常怪”。

④ “楼台”,影稿本作“关河”,李话本作“乡台”。

⑤ “沉睡”,影稿本初作“沉醉”,南云本、赠薛本作“尘梦”。

⑥ “怪”,陈辑本、孙编本、南云本、影稿本、赠薛本、近诗本、李话本皆作“唱”。

⑦ “叹”,影稿本作“笑”。

⑧ “迥”,同上作“远”。

答宗室伯羲祭酒见赠之作*

郁华阁里警秋声，道在忘身况强名。十①叶承华真帝胄，五经通贯老儒生。如②闻抚剑忧边塞，复此衔杯乐圣明。未敢劝君焚芰制，寂寥太学想阳城。伯羲诗有“此生终老芰荷衣”之句③。

闻　道

闻道崆峒使节回，众仙同会集灵台。天河翠浪销兵气，内苑祥风滟寿杯。织就锦鲸铺席罢，诏将丹凤送书来。何因玉女窗扉近，还向胡僧问劫灰？

菊坡精舍谒先师陈兰甫京卿祠**

先生有道堪千载，文范云亡倏九年。撰杖威仪今已矣，傍檐梅

---

* 诗题，影稿本作“赠宗室伯希祭酒（盛昱）”，赠薛本作“赠宗室伯羲祭酒”，陈辑本、晚晴本、李话本、近诗本作“赠盛伯希祭酒”。

① “十”，赠薛本作“七”。

② “如”，影稿本作“似”。

③ 陈辑本将此自注语系于“未敢劝君焚芰制”句下，语内“羲”字作“希”。近诗本亦系此注于“未敢”句下，作“伯希有‘此生修老芰荷衣’之句”。又，影稿本、晚晴本、赠薛本皆无此自注语。

** 影稿本，诗题作“菊坡谒先师陈兰甫京卿祠”。

柳故依然。再传定有真儒出[1]，百卷曾无一字偏[2]。日迈月征怀往训[3]，此心长饮在山泉[4]。

夜泊香港

鳌掷鲸呿气自横，飘然书剑又孤征。鬼灯明灭非人境，山市虚无似化城。晓雾但愁销蜃气，夜潮时复警鸡声。书生结习今馀几，倦倚蓬窗梦太平。

赠汪芙生琭

闲观岁月逝骎骎，七尺匡床著作林。茶罢略披柱下史，梦回初听海潮音。目无馀子独怜我，后有千秋谁见心？[5] 待约看梅共尊[6]酒，垆灰拨尽话深沉。

---

① 此句下，影稿本有自注语，曰："先生曾言：王文成之学，原非纯粹，而再传之后，得刘、黄诸贤楮柱世教，遂蔚为大宗；而朱子之学，则真所谓不待七十子丧而大义已乖者。此其有望后起之心，诚缠绵也。"

② 此句下，影稿本有自注语，曰："先生所撰，总名《钟山丛书》，仅百馀卷。"

③ 此句下，影稿本有自注语，曰："先生尝于书案旁大书《诗》'日迈月征'四句，以自警惕。四十以后，有劝其节劳者，则又书曰'我不敢仿我友自逸'。故所藏之书殆十万卷，无不经丹黄者。吾友沈子培刑部称之曰：'若兰甫先生，盖有所不言，无所不知也。'呜呼、此岂后人所易几及哉！"

④ 此句下，影稿本有自注语，曰："先生常用之印，文曰'在此山斋'。"

⑤ 此句下，影稿本有自注语，曰："君著书，名《无闻子》。"

⑥ "尊"，同上作"樽"。

读《芝隐室集》追怀乐初将军

公讳长善，他塔喇氏，满洲镶红旗人

征南幕府久相依，作赋论兵自一时。跌宕琴尊狂客聚，公任广州将军，署有“壶园”，亭馆极美，花树华蔚。公又好客。公子侄伯愚、仲鲁两翰林，皆英英逾众。宾从多渊雅之士，如张编修鼎华、于兵部式枚、梁编修鼎芬，暨予，皆尤密者也。雍容裘带士人师。公任广州时，为驻防旗人奏加举额。又设“明达”书院，亲为校阅。粤中驻防科第之盛，甲于各省，其明效也。遗诗酷似苏和仲，公录坡公诗，读之成诵者千馀首，故所作类之。铭墓吾惭杜牧之。满洲大臣自乾隆以来，相率于墓前刻御制碑文，而墓志、神道之类皆不用。予尝语伯希祭酒，以为后世欲闻满洲耆旧行事功烈，殆无可征也。长忆春明驱马日，泪痕点点落衣缁。予丙戌落第出都，与公别。公曰：“吾年暮多病，尔无事早来！虑不及相见也。”后虽于丁亥、戊子间仍相从八阅月，然此语凄感心脾，终不能忘矣。

读《韦端己集》*

画楼①听雨惜芳辰，还②忆龙飞晋水春。岳牧尽酬金帛价，舆台都称绮罗身。焚香犹见星环极，涉世深③愁海飏尘。解恨感④通当

---

* 影稿本题作“读《韦端己集》慨然有作”。

① “楼”，影稿本、赠薛本皆作“船”。

② “还”，赠薛本作“迴”。

③ “深”，赠薛本作“真”。

④ “感”，影稿本、赠薛本皆作“咸”。按：陈寅恪亦以为当作“咸”，见《寒柳堂集》内《壬申题萍乡文芸阁廷式云起轩诗集中咸（叶刻本误作感）通七律后》诗。

日事，始知端已是诗人。

岁暮口占*

微暖苏人研不冰，勘书深夜短檠灯。冗①官已似丰年谷，尽岁难为系日绳。沧海回澜天有意，金门大隐客无能。春情只有②梅花觉，琼岛清波第几层？

病中答友人**

未亲萝薜强冠裳，安稳惟应是睡乡。世事如观蕃部伎，吾徒何用越人方。信天未及仍忧患，学佛无凭堕断常。酒户本低诗又涩，朗吟《秋水》忆蒙庄。

读恭亲王《萃锦吟》奉题***

衮衣赤舄在山林，犹是绸缪牖户心，四表已瞻云荫大，十年便觉海波深。偶拈艺苑英华句，自写卷阿正始音。曾读《阳秋》怀谢傅，苍生翘首一沉吟。

---

* 诗题，影稿本作“壬辰小除夕偶书”，陈辑本、孙编本作“壬辰岁暮作”。

① “冗”，影稿本作“沈”。

② “有”，影稿本作“到”（初作“有”）。

** 诗题，影稿本作“寄友人”。

*** 诗题，影稿本作“读恭亲王萃锦吟集唐诗奉题二律”。

八极喁喁问起居，小山丛桂自萧疏。道超系表心常旷，功在民生意有馀。紫闼不询温树语，白云时绎饵芝书。微生亦负冥鸿志，归泳①和风结草庐。

有　　忆*

吴门花②月蓟门霜，万里云鳞忆③帝乡。银烛照人犹旖旎，玉珰缄札总凄凉。怀中自宝文机石，袖里非无海国装④。欲奏通天台上表，剧怜臣玉⑤久荒唐。

奉命典试江南出都门作**

九朝文献重三吴，常譬人材海孕⑥珠。况是明时须黼黻，要令奇士出菰芦。不才恐负文章责，经乱庶几民物苏。雨后西山添爽气，山灵知我素心无？

① “泳”，影稿本作“咏”。

* 诗题，影稿本作“寄意”，赠薛本作“无题”。

② “吴门花”，影稿本、赠薛本皆作“广陵烟”。

③ “忆”，赠薛本作“接”。

④ “装”，影稿本作“香”。又，此二句，赠薛本作“探怀尚宝支离石，褭袖微闻海国香”。

⑤ “剧怜臣玉”，同上作“可怜宋玉”。

** 《南轺日记》光绪十九年七月十九日记作此诗。

⑥ “孕”，影稿本作“育”。

长清道中*

山川最是初秋好，日淡①风轻称葛②衣。已过伏时河欲细，未经霜际树犹肥。岸颓叠石③马蹄碎，路转隔林蝉响微。遮眼文书浑懒阅，柳阴阴处又斜晖。

代李义山“七夕来时先有期”

银汉波涛有后期，隔帘残钏响参差。特因仙使求灵枣，自辟斋厨炼石芝。青鸟西飞传信密，烛龙东上怨行迟。云璈月瑟殷勤意，却恐人间总未知。

甲午六月十五日文华殿侍值退而有作**

是日日本代理使臣小村寿太郎觐见，为其国君后银婚、我邦致贺，循例申谢也。此类之事，各国甚多，皆未常见其使臣。庆亲王奕劻方掌总理各国事务衙门，以朝鲜有事，欲示优异于日本，特奏请允其觐见。惜余先日不及知，劾其烦渎圣躬，兼

---

* 《南轺日记》光绪十九年七月十二日记作此诗，题云“山行，舆中口占一首”。诗内文字略有不同。又，《芸阁先生书牍》内亦刊载此诗，当是写寄于式枚之诗笺。

① “淡”，《芸阁先生书牍》作“暖”。

② “葛”，同上作“袷”。

③ “岸颓叠石”，影稿本作“岸隤叠石”，《芸阁先生书牍》作“岸隤积石”。

** 影稿本题作“六月十五日承光殿侍班得诗一首”。

失国体也①。

东夷冠带旧雍容，短后衣更效鞠躬。云气常依琼岛碧，日轮遥射海波红。韎任伫见陈陛下，颇牧终当出禁中。千古知言惟宋玉，微辞一赋大王风。

丙申元旦试笔

六龙回辔敝②云天，迢递春城北斗悬。文③石陛前新论议，黄金台上众才贤。试从邹衍谈天后，重溯轩辕铸鼎④年。海水万重星四野，苍生系命好筹边⑤。

晓宇曈昽金扇开，九衢毂转殷轻雷。掞天绘日间平德，夔化调元邴魏才。御马锦鞯辉趫趗，蕃王茸帽簇毷氉。迂生滥厕鹓行末，冀见寰瀛献赆来。

胸次崔嵬不可删，放怀直到五云间。其鱼鲂鲂谁能御，我马元黄且未还。沧海东来能撼岳，太行北去更无山。凭谁重作丙丁鉴，览古忧时独厚颜。

---

① 此诗序，影稿本作："是日，日本署使臣觐见。余询其事，乃以日本国主银婚之期中国赠以贺礼，彼答书报谢也。各国似此皆未尝亲递国书。庆亲王者，庸劣人也，以朝鲜有事，意欲见好，特为奏请。惜余先日未能详悉，劾其烦渎圣躬，严加申饬也。班退，作此诗。"

② "敝"，《纯常子文稿》（稿本）及影稿本皆作"敞"。

③ "文"，同上两本皆作"玟"。

④ "轩辕铸鼎"，《纯常子文稿》（稿本）作"神尧定策"。

⑤ 此句，同上作"愿闻温室慎筹边"。

题朱春舫《岳阜登高图》图作于咸丰庚申

一卷苍茫异境开，秋怀胜赏共崔嵬。因知岳阜参天处，曾见山翁把酒来。北狩风沙龙驭远，南征鼓角雁声哀。沉思三十年间事，岂独昆明有劫灰。

为徐菊人同年世昌题《北江旧庐图》*

卧龙冈上怀诸葛，丹凤城①边想魏徵。旷代风期如可接，百年灵爽况依凭。芳兰剪径风初静，瘦竹欹檐石有棱。谏草一篇书百卷，云天高击九秋鹰。

徐君风力重明廷，欲采蘋蘩为荐馨。直节已充花市隐，高文常乞草堂灵。诗传江左犹留派，客话天山不可听。寂寞草《元》坊局冷，他时谁讯子云亭？

王可庄前辈得十二辰属象画索人分题余生丙辰属值龙题画龙长句一首**

峥嵘头角欲驯难，变化飞潜亦等闲。四百皇图开汉祖，六爻乾

* 诗题内“菊”字，《纯常子文稿》（稿本）及影稿本皆作“鞠”。

① “城”，《纯常子文稿》（稿本）及影稿本皆作“门”。

** 诗题，赠薛本作“咏龙”。

德赞尼山。威灵独出风雷上，鳞爪凭人想象间。却笑当年周太史，空闻紫气满函关。

燕台杂诗

燕台杨柳渐藏鸦，处处春风换物华。金榜朝晖双凤阙，琼筵夜醉五侯家。名王鞣鞨骑高马，荡妇琵琶诉落花。坐拥牙签无一事，凌云赋罢日初斜。

丙申除夕戏题

日月随天竟左旋，中原犹是太阴年。虚舟已自能藏壑，激箭何须叹逝川？玉斝频斟千日酒，金丹还傲十洲仙。债台高矗云表里[①]，不要渠家压岁钱。

一念新罗顷刻旋，吾庐与鹤话尧年。愿游衡岳依明瓒，莫向罗浮访稚川。岁月催人俄已晚，江湖托迹宛如仙。闲愁不复撩眉影，尚有人赊买酒钱。

萍乡道中雨雪

剑气琴心共濯磨，故乡乘兴一经过。入春风雪欺行旅，阅世烟云幻网罗。战国诸王牛后辱，中朝名士马前多。吾州水激山雄峻，会有高才扣角歌。

---

① “云表里”，影稿本作“青云表”。

“观我室”偶题

迢迢流水欲流云,波影天光以耳分。破衲衣中藏世界,乱柴堆里证声闻。六时观静非知道,万倍行师枉策勋。后夜月明轮影现,阶前落叶任纷纷。

张蔼卿兵备同年挽诗

兵备名华奎,合肥人,与余壬午顺天乡试同年。己丑成进士,官至四川川东道兵备。为两广总督靖达公子。余在靖达幕中期年,相得甚欢,后重至京华,恒追昔款。入蜀以后,寄书不达,音问阒如,但闻其与外国往来极能持正而已。丙申六月卒于任。既得赴告,追挽以诗。

常以乖崖望故人,一杯遥醊倍伤神。少年便已关朝局,交际谁堪属后尘?秋爽川原开鄠杜,山颓风雨泣峨岷①。伏波故垒今磨灭,岂独观河迹易陈。

回　观

回观宙合满烟尘,无赖莺花漫作春。旅馆酒醒灯伴客,危栏天远柳依人。蚁封九曲江河小,鳌负三山世界新。莫是采芝头易白,逍遥自署葛天民。

---

① 此句下,影稿本有自注语曰:“丙申秋,蜀山崩,遏江,水为不流。”

日本古城贞吉字坦堂相遇沪上赠余以所撰《支那文学史》索诗别后却寄

沧海横流剩此身，头衔私喜署天民。岂知零落栖迟地，忽遇嵚崎磊砢人。定论文章千古在，放怀世界一花新。停云自此长相忆，何处桃源欲问秦？

雨中游庐山至师子岩宿东山寺

名山万态孰致[①]是，云不如雨能冥之。游人飞鸟两俱寂，修竹涧泉惟弄姿。林深不见雪色鹿，乱定尚少千年枝。何人证我一宿觉，寄[②]书为问雁门师。

汉贾太傅祠*

汉文清静不变法，至今长沙有贾生。神鹄黄龙[③]非世玩，冷梧高篠快冬晴。江山寂寂二千载，祠宇萧萧三两楹。日暮[④]循阶抚陈迹，时闻蝙蝠拂檐声。

---

① “致”，影稿本作“改”。

② “寄”，同上作“致”。

* 诗题，影稿本作“贾太傅祠”。

③ “神鹄黄龙”，影稿本作“黄鹄神龙”。

④ “日暮”，影稿本作“薄莫”。

病起题长沙天妃宫壁*

病起新霜两鬓添①，古祠斜日兴萧然。当窗梧竹传虚籁，画壁龙蛇警昼眠。倚杵但愁天北极，乘槎莫问海东偏。故人远寄沧江讯②，可识维摩不二禅？

尘封败壁居偏静，日射纱厨③卧起慵。未死且须抛药裹，不眠恒为数邻舂。千岩秋气高翔隼，九月雷声起蛰龙④。闻说天池风浪急，一竿何处得从容？

庐　　山

凉风动谷曙光迎，乘兴还为牯岭行。晴日峰峦天子鄣，郦氏《水经注》："庐江出三天子都。"一本"都"作"障"。春云楼阁女儿城。地名。清时石径无豺迹，乱后山居变鸟声。继马阆风吾亦倦，近游聊与寄平生。

荒村与彭鸿逵表弟夜话**

寥阒⑤乾坤晦迹深，月痕不动树阴阴。著书卦已占阳豫，赠剑

---

* 影稿本题作"病起戏题天妃庙壁"。

① "两鬓添"，影稿本作"满鬓边"。

② "讯"，同上作"信"。

③ "厨"，同上作"橱"。

④ 此句下，影稿本有自注语曰："十九夜大雨雷电。"

** 《撷芳录》(稿本)题作《与鸿逵弟夜话》。

⑤ "阒"，《撷芳录》(稿本)作"阗"。

人犹忆管涔[1]。《梁甫[2]》当年吟葛亮，白登有句赠[3]卢谌。风飘车揭[4]今何世，转烛无忘此夜心[5]。

金陵除夕谒诸葛忠武祠

起闻腊鼓岁将除，独吊荒祠想壮图。绝代天才嗟入蜀，当时长策在连吴。河山百战英灵改，风雪残冬草木枯。胜地我来仍驻马，江声千古但雄粗。

感　　事

当年铁骑重防秋，此日天骄踞上游。都护不须忧已地[6]，司徒直议弃凉州。崔烈以铜臭为三公宜有，此议壮哉！南容[7]不可得已。十年输泻空民力，一纸图书信鬼谋。博望槎回应有意，卢龙卖尽始封侯。

赠沈子培丈*

侧[8]身人海意殷勤，久愿追从东野云。嗟我只窥窗罅日，烦君

① 此句，《撷芳录》（稿本）作“拯溺身宁畏陆沉”。

② “甫”，同上作“父”。

③ “赠”，影稿本作“讯”。

④ “揭”，《撷芳录》（稿本）及影稿本皆作“偈”。

⑤ 篇末，《撷芳录》（稿本）有自注语曰：“第四句一作‘赠剑神还遇管涔’”。

⑥ “已地”，影稿本作“列郡”。

⑦ “容”，同上作“客”。

* 诗题，影稿本作“赠沈子培丈（曾植）”。

⑧ “侧”，影稿本作“厕”。

为运鼻端斤。黄蜂作蜜工家计,白象腾空断世闻。借问维摩空丈室,何因花雨落纷纷?

附:沈曾植和作二首

僻地经过不厌勤,眇然人海念孤云。十年已罄王家篋,一器难名郑国斤。猿鹤沙虫[1]知底化,夔蛇风蚿偶相闻。西江有谶徕天马,弢袠终期释宛纷。

相逢那不尽殷勤,聚散翂如岭上云。秋日情怀弥悄悄,清时小辨会斤斤。平生毅豹无全术,后世裴刘或异闻。不向枋榆观抢决,谁知尘影自纠纷。

再迭韵酬子培丈*

草《元》何事独辛勤,长剑倚天冠切云。观海自筹舟万斛,参禅忽证麻三斤。浮云苍狗变复变,白日黄鸡闻未闻。坐想凤仪无竹实,临流不奈九河纷。

附:沈曾植和作一首

广我篇章密意勤,豁如西岭擘晴云。士师偶惜先生鼎,山木谁逃大国斤?万里仙槎星候远,九秋黄叶雁声闻。城南且趁登临约,去住人间各放纷。

---

① “沙虫”,影稿本作“虫沙”。

* 影稿本题作“再迭前韵酬子培丈”。

三迭前韵即题子培所撰《蒙古源流事证》

细检唐碑辨《特勤》，游纵重证宋家云。矩琮再世应焚砚，班墨当前敢放斤。沧海西流今始信，昆仑北去古宁闻。鲁连自是儒家学，一解人间万事纷。

归日作

动地波涛连北极，养生事业乐东皋。帆归极浦江光迥，树拂寒星夜气高。避世一悬徐孺榻，防身双佩赫连刀。英雄久已淘千古，岁月何须叹二毛。

出京作*

短发萧疏懒着簪[①]，傍檐乾鹊语声侵。铁无可铸神州错，寒不能灰烈士心。白羽一挥犹想象，青山何处足登临？《秦娥》曲里销[②]磨尽，汉阙唐陵草已深。

---

* 影稿本题作“偶书”。

① 此句，影稿本作“短鬓萧萧懒著簪”。

② “销”，影稿本作“消”。

有　感*

鸥没沧江甘息机，鹊占太岁独知微。黏天海水茫无极①，浴日虞渊何所归？久客心情疏酒盏，酽寒消息隔重帏。六鳌连钓蓬山荡，回首②人间万事非③。

追　忆

漂泊江潭未有期，凤楼龙堞梦参差。《霓裳》夜奏通三殿，羽檄晨飞又一时。事险几同狐截尾，名高不望豹留皮。冬郎别有伤心处，漫拂朝冠尽泪垂。

中秋夜作

桂魄销沉夜气寒，螭龙愁掩水晶盘。山阳下国成名异，湘水微波寄迹难。海阔倘容精卫塞，心孤惟共晚枫丹。不须更听邻家笛，白露庭楸恨自漫。

---

* 影稿本题作“有感（丁酉十一月作）”。

① “无极”，芳荪本作“无岸”。

② “回首”，芳荪本作“迥有”。

③ 影稿本于篇末系有自注语曰：“《水经·胶水·注》云：北眺巨海，杳溟无极。”

愤吟效韩致光*

久拼[1]草野化沙虫，得丧宁归大冶中？沙麓有灵亡汉玺，鼎湖无路殉轩弓。九魮讯[2]变谋原误，六博争天数未终。人事[3]自然关气运[4]，莫将回斡问[5]苍穹。

苏州青阳地作**

揭来吴楚浑无谓，愿学渔樵愧未能。小舫醉荼寻废苑，凉宵煮梦向华灯[6]。过江客载流人目，垦草农耕古帝陵[7]。十载荒芜化池阁，斜阳何用感衰兴。

过 祆 祠***

索诃世界久成尘，三一从何示妙身？大食兵传唐景教，休屠王

---

* 诗题，《撷芳录》(稿本)作"有感"，影稿本作"有感(八月十八日作)"，赠薛本作"感事"。

① "拼"，《撷芳录》(稿本)及影稿本、赠薛本皆作"拌"。

② "讯"，《撷芳录》(稿本)、赠薛本作"论"。

③ "人事"，影稿本、《撷芳录》(稿本)、赠薛本作"人力"。

④ "气运"，赠薛本作"气数"，《撷芳录》(稿本)作"造化"。

⑤ "问"，《撷芳录》(稿本)作"怨"。

** 排稿本题作"苏州青阳地客舍作"。

⑥ "华灯"，排稿本作"孤灯"。

⑦ 此句下，排稿本系有自注语曰："开马路时，有高垄在其侧，或云古帝王墓也，得不毁。"

*** 诗题，影稿本及芳荪本皆作"过祆祠感赋"。

祭汉金神。蔷薇花落[1]军容淡[2]，薜荔阴繁[3]鬼语新。独策青牛关外去，当时望气可无人？休屠王所祭金神，乃自在天像也，释典中多可证。后世以为佛入中国之始，误矣。耶稣之教，与婆罗门之一因宗同。景教即犹太教。余别有考[4]。

徐家汇谒明徐文定公祠*

何人杜口向毗邪，天学新求[5]海外槎。曾为防秋筹铁骑，更闻攀架仰铜蛇。东神[6]珠色玫瑰艳，南国冠容翡翠华。把卷独怜前世事，海风吹酒酬寒[7]鸦。

奉答李与九师**

江海蓬飘有所思，一灯捧卷忆儿[8]时。春风[9]紫蔓刘王寺，落日红棉谯国[10]祠。当日守蕲烦壮策[11]，师常从先大夫于罗定州危城中[12]。

---

① “落”，影稿本作“发”；芳荪本作“谢”。
② “淡”，影稿本作“艳”；芳荪本作“老”。
③ “薜荔阴繁”，影稿本作“辟荔枝繁”，芳荪本作“薜荔枝繁”。
④ 芳荪本无此自注语。影稿本于此自注语首增有一句：“‘薜荔’字用释典。”
* 诗题，影稿本作“题《明徐光启文定集》后”。
⑤ “天学新求”，影稿本作“新学翻求”。
⑥ “神”，同上作“禅”。
⑦ “寒”，同上作“神”。
** 影稿本题作“寄李禹九先生”。
⑧ “儿”，影稿本作“童”。
⑨ “风”，同上作“山”。
⑩ “谯国”，同上作“洗太”。
⑪ 此句，同上作“干镆久看心力瘁”。
⑫ 同上无此句自注语。

古来放屈有馀悲[①]。闭门已[②]似三冬蛰,敢向[③]南山咏豆萁。吾师原作意劝勿作诗[④]。

酬皮麓云同年

姬姜憔悴坐深谗,如草清愁不可删。正则芳馨遗宝佩,少陵生命托长镵。葛巾漉酒聊相劝,漆简传经自不凡。珍树百年凭爨了,就中谁省蕴英咸。

落　　花

三月春光已路歧,夕阳欲下故迟迟。风云方起天犹醉,荆棘当前人未知。华表鹤归犹仿佛,木门燕啄自逶迤。曹公信有豪英概,为听胡笳赎蔡姬。

锦瑟凄凉不上弦,平芜漠漠总生烟。罗平衅起闻妖鸟,蜀道魂归化杜鹃。愁绝更无天可寄,恨深才信海能填。铜仙热泪消磨尽,况感西风落叶蝉。

高楼送客几沉吟,雨横风狂直至今。三月焚秦非浩劫,千年思沛亦雄心。关门不限金微远,山色惟怜玉垒深。叵耐玉人消息断,堆烟帘幙总沉沉。

翩然青鸟下瑶台,萧瑟蛾眉亦可哀。运去六龙成代谢,年衰八

① 此句,影稿本作"韬钤浑忘鬓毛衰"。

② "已",同上初作"自"。

③ "向",同上作"学"。

④ 此自注语,同上作"来信有'勿多作诗'之语,故云。"

骏可重回。灵和柳色朝朝变,玄武签声夜夜催。早晚人间金盌出,昆明休问劫前灰。

转徵移宫调苦辛,徘徊重向曲江滨。莫随流水终归海,尚有馀香不绝尘。吴苑风光看草长,《楚骚》哀怨有兰纫。一声幺凤临窗曲,愁绝青门道上人。

驻颜无奈水千波,写恨聊凭墨十螺。结绮楼成吴客至,阿房宫叠楚人过。神山樱芯奇光吐,海外玫瑰宝靥多。一样春光感摇落,南强北胜误人何。

鸟道鲸波莫问途,吴宫楚幕共巢乌。有情湖畔三生石,无用楼东十斛珠。清暑殿边开菡萏,龙山会上把茱萸。萧疏葵麦重来处,赢得刘郎一叹吁。

曾与松筠共岁寒,愁红怨紫不堪看。邯郸道上无遗枕,神武门前早挂冠。月缺尚应怜顾兔,云深何处觅青鸾。伤春感事浑如梦,便拟还山习大丹。

落花诗十二首己亥四月作*

三月春光已路歧[①],夕阳欲下故迟迟。风云将起天犹醉,荆棘满庭人未知。华表鹤归还仿佛,石门燕啄[②]自逶迤。曹公信有英豪[③]概,为听胡笳赎蔡姬。

---

* 据影稿本录入。

① “已路歧”,芳荪本作“路已歧”。

② “石门燕啄”,芳荪本作“木门燕喙”。

③ “英豪”,芳荪本作“豪英”。

锦瑟凄凉不上弦，荒芜莽莽但飞烟。罗平衅起[1]闻妖乌，汉殿魂归咽暮蝉[2]。愁绝[3]更无天可寄，恨深才信海能填。铜槃人去今何世，臣甫低头拜杜鹃[4]。

高楼送客几沉吟，雨横风狂直至今。三月焚秦非浩劫，千年思沛亦雄心。关门不限[5]金微[6]远，山色惟怜玉垒深。叵耐玉人消息断，堆烟帘幕总沉沉。

翩然青鸟下瑶台，萧飒蛾[7]眉亦可哀[8]。运去六龙成代谢，年衰八骏岂重来？灵和柳色朝朝变，玄武签声夜夜催。早晚人间金椀[9]出，昆明空认[10]劫前灰。

仙山楼阁气葱茏，玉座虚无杳霭中。忽漫游乘三里雾，有时声入步虚风。瑶琴宝瑟暗尘掩，碧海青天无路通。河汉槎浮[11]今不见，御沟珍重水流红。

蝶梦方酣未易醒，韶华一瞬数阶蓂。明皇富贵惊秋雁，炀帝头颅殉冷萤。夜月只教梅蕊白，春风不为柳条青。道人冷眼荣枯事，覆水从渠不返瓶。

转徵移宫调苦辛，徘徊重向曲江滨。莫[12]随流水终归海，尚有

---

① “衅起”，芳荪本作“池衅”。
② 此句，同上作“蜀帝魂归化杜鹃”。
③ “绝”，芳荪本作“极”。
④ 此二句，芳荪本作“铜仙热泪消磨尽，况感西风落叶蝉”。
⑤ “限”，芳荪本作“恨”。
⑥ “微”，同上作“徽”。
⑦ “蛾”，同上作“峨”。
⑧ “可哀”，影稿本于此二字旁原加有墨点。
⑨ “椀”，芳荪本作“碗”。
⑩ “认”，同上作“问”。
⑪ “河汉槎浮”，芳荪本作“河漠槎桴”。
⑫ “莫”，芳荪本作“若”。

馀香不算[①]尘。吴苑[②]风光看草长,《楚骚》哀怨有兰纫。一声幺凤临窗唱,愁绝青门道上人。

驻颜无奈水千波,写恨聊凭[③]墨十螺。结绮楼成随[④]客至,阿房宫矗楚人过。神山樱蕊奇光吐,海外玫瑰宝靥多。一样秋风有摇[⑤]落,南强北胜误谁何?

鸟道鲸波各问途,吴宫楚幕共巢乌。有情湖畔三生石,无用楼东一斛珠。清暑殿边开菡萏,龙山会上把茱萸。萧疏葵[⑥]麦重来处,赢得刘郎一叹吁。

艳歌最好踏春阳,璧月琼枝夜未央。万里河山歌舞地,百年门户绮罗香。头鹅宴后开金帐,乳燕栖[⑦]时近画梁。谁向秋霜明镜里,一花一叶悟兴亡?

曾与松筠共岁寒,愁红怨紫不堪看。邯郸道上无遗枕,神武门前早挂冠。月缺尚应怜顾兔,云深何处觅青鸾?伤春感事浑如梦,便拟还山习大丹。

年光眨眼若飞鸟,老大无心犹狎鸥[⑧]。野木参天日黯黯[⑨],长江拍岸风悠悠。薜萝已堪荫门壁,诗酒不烦多唱酬。五湖烟水莽空阔[⑩],去去稳[⑪]泛鸱夷舟。

---

① “算”,芳荪本作“染”。
② “吴苑”,同上作“美婉”。
③ “凭”,同上作“书”。
④ “随”,同上作“隋”。
⑤ “摇”,同上作“瑶”。
⑥ “葵”,同上作“燕”。
⑦ “栖”,同上作“飞”。
⑧ “狎鸥”,影稿本于此二字旁原加有墨点。
⑨ “黯黯”,芳荪本作“暗暗”。
⑩ “莽空阔”,同上作“空阔去”。
⑪ “去去稳”,同上作“去时隐”。

江行舟中感事*

《春秋》名例未宜删，鲁鼎无金可铸奸。巨钓欲倾龙伯国，妖书谁授鹄鸣山？白头作贼千人指，黄口何辜万血殷。坐倚危墙看北斗，沉忧不共海波还。

庚子七月至九月感作**

谁言国弱更[①]佳兵，其奈狂王[②]愤已盈。铁骑晨冲丹凤阙，金舆宵狩白羊城。何人能屈[③]横流决[④]，今日真怜大厦倾。无分麻鞋迎道左，收京犹望李西平。

北狩烽烟越几时，西行旗[⑤]鼓更堪悲。朝廷衮职尊蓝面，河朔军符授[⑥]赤眉。目断汾流[⑦]惟雁过[⑧]，心惊沧海有龙移。孤臣泪洒荒江畔，忍痛新裁变雅诗。

---

* 自此首以下至《夕阳》各首皆据叶编本录入。

** 诗题，陈辑本、孙编本及阿庚本皆作“自七月至十月有感而作四首”；枝语影稿本题作“重有感”三字。

① “更”，阿庚本作“欠”。

② “王”，孙编本、阿庚本皆作“生”。

③ “屈”，陈辑本、孙编本、阿庚本皆作“屈”。

④ “决”，同上三本皆作“溢”。又，此句，枝语影稿本作“何人竟障横海溢”。

⑤ “旗”，阿庚本作“骑”。

⑥ “授”，阿庚本作“援”。

⑦ “流”，陈辑本、孙编本、阿庚本、枝语影稿本皆作“河”。

⑧ “过”，同上四本皆作“到”。

淆潼形胜[①]本天然，王气消沉[②]九百年。但使东南漕底柱，漫愁烽火彻甘泉。羽觞露浥瑶池宴，仙掌晴开玉井莲。回首乌龙江上月，秋风清泪泣铜仙。

燕秦莽莽旧山河，到此谁挥落日戈[③]？未必平原头可匣[④]，更无延广剑横磨。漫天风雪尧年冷，误国衣冠宋鹊多[⑤]。前后沈扬[⑥]宁得料，霜晨[⑦]揽镜未蹉跎。陈陶诗："禁掖衣冠加宋鹊。"[⑧]

幽　　人

幽人杖策[⑨]江头立，潮去潮来变[⑩]古今。晋代衣冠半南渡，汉家城[⑪]阙又秋阴。鲸鲵[⑫]跋浪连山蹙，虎豹当关白日沉。曾记[⑬]敷衽谒虞舜，浮云西北此时心。

---

① "淆潼形胜"，陈辑本、孙编本、阿庚本、枝语影稿本皆作"崤潼形势"。

② "消沉"，陈辑本、孙编本作"销沈"。

③ 此句，枝语影稿本作"一例浮云蔽日多"。

④ "匣"，孙编本、陈辑本、阿庚本皆作"箧"，枝语影稿本作"献"。

⑤ 此二句，枝语影稿本作"临高欲上通天表，战野谁挥返照戈"。

⑥ "扬"，孙编本、陈辑本、阿庚本皆作"杨"。

⑦ "晨"，枝语影稿本作"颜"。

⑧ 此自注语，陈辑本、孙编本、阿庚本皆系于第六句"误国衣冠宋鹊多"句下；枝语影稿本无此自注语。

⑨ "杖策"，阿庚本作"策杖"。

⑩ "变"，影稿本、赠薛本作"自"。

⑪ "城"，影稿本作"陵"。

⑫ "鲵"，李话本作"鲲"。

⑬ "记"，同上作"跽"。

和禾原君韵

同洲赠缟话新欢，醉听清歌七返丹。铁铸六洲成错久，钢经百炼化柔难。冲霄龙剑光仍灿，照座莺花夜未残。翦烛欲论兴废事，天河不动感微澜。

春风吹暖白蘋江，嘉客来游泛海艭。叔度风裁容我接，元龙豪气为君降。箧中剑术千人敌，镜里花光一笑双。酒半更添诗思绮，夜珠如月胜兰缸。

附：永井禾原原作二首*

戊戌四月重来海上赋此呈亚细亚协会诸君子

海外重联缟纻欢，邻交同是此心丹。看棋莫笑输筹易，当局应知下子难。几处名园人已换，一年春色梦初残。绿阴幽草淞江路，独着乌巾对碧澜。

洪荫之大令述祖招饮余及文芸阁学士廷式志仲鲁观察钧姚子芳明府小田切富卿领事为余洗尘红袖侑酒清歌助兴座间率赋

雨馀新水涨长江，万里重来驻客艭。妆阁今番寻约到，诗坛几辈望风降。恼人国色花千朵，得意春风燕一双。佳会不常须尽醉，鲥鱼上市酒盈缸。

---

* 据曾文斌《文廷式与日本诗人题咏辑录》，载于《萍乡文氏五修族谱》（承文军勇先生寄赠）卷五。谓原刊于永井禾原《来青阁集》（日本国会图书馆藏大正二年木刻本），亦系日本伊藤元彦搜得并寄赠萍乡高等专科学校文廷式研究所之复印资料一部分。

赠内藤湖南*

七国三边正纠纷，惊猿挂木雁呼群。逍遥旷野期①遗世，缥缈仙山独②见君。奇字每询刘贡父，兵谋还忆杜司勋。灵芝嵳草今犹昔，重理瀛③洲百代文。

附：内藤湖南原作一首**

赠文芸阁学士

眼中青句枉纷纷，当日申江叹绝群。两宋名臣钦乃祖，九州人物见夫君。仍馀馆阁风云梦，新策蓬瀛翰墨勋。时与后生闲剪烛，细论蒙梵汉番文。

和野口宁斋赠诗韵

小院风帘皱细漪，梅花飘霰纸窗知。可无雪棹寻安道，恰有琴

---

* 《东游日记》记作此诗，题作"次韵内藤虎次郎见赠之作"。文字略有不同。见该《日记》光绪二十六年二月十八日所记。文氏手书此诗赠内藤湖南之原件影迹（下称"原件影迹"）见《内藤湖南汉诗文集》（印晓峰点校，广西师范大学出版社 2009 年），其篇尾题款曰"次韵奉酬内藤光先正句　萍乡文廷式"，并钤文氏私印二方。

① "期"，原件影迹作"思"。

② "独"，同上作"忽"。

③ "瀛"，同上作"蜻"。

** 据《内藤湖南汉诗文集》。

弦待子期。世局长安连□□[①],君心乐府只衔碑。他时殿阁微凉夕,争得南薰解愠吹。

再迭前韵

闻香读画静风漪,春信犹寒燕子知。并餍熊鱼从我欲,相逢劳雁与君期。优游且唱无愁曲,感仰终书有道碑。回首崎阳题别绪,南风犹惜片帆吹。

书　愤

原庙衣冠月出游,谁教洪潦浸神州?藏弓客说轩辕墓,带剑人登汉武丘。松槚尚应朱果实,风云长带白山秋。郁葱佳气今犹昔,莫忘齐襄九世仇。

挽徐仲虎仲虎以试验药物死于汉阳炼钢厂

去年樽酒对雍容,送客江边唱懊侬。才见玄珠求赤水,惊闻烈火燎黄琮。干将殉剑知何益,驺衍谈天更不逢。雪涕欲书《平子

① 叶编本于此处缺失两字。邹双双《文廷式与日本文人的交游——以与野口宁斋的交往为中心》(载于《萍乡高等专科学校学报》2011 年 8 月,第 28 卷第 4 期。承何东萍先生寄赠电子版),据其在日本找到的野口宁斋著《文廷式芸阁氏》(刊于日本杂志《太阳》1900 年 7 月,第 6 卷第 9 号)记载,谓"缺失两字为'打却'"云云。按,文氏原句之"世局长安",使典借譬,或者用虬髯客传奇,末缺两字,殆是"打劫"(围棋术语,唐杜荀鹤《观棋》诗"得势侵吞远,乘危打劫赢")?臆测区区,质诸高明。

传》，一帘凄雾暗吴淞。

春日效元人体*

东郭先生布履坚①，杖藜处处访山泉。苔花②绣石都成字，松气③连云欲上天。六鹢④退风聊此地，五龙夹日待何年？奚童⑤报道辛夷落，才觉江南春可怜。

重至南昌百花洲作**

淡沱⑥明湖宿雾收，西山朝爽恰当楼。一丘又被名臣占，是地新建沈文肃祠⑦。半晌聊因胜地留。西狩鸾旗初返阙，东屯虎旅罢防秋。五年江海栖迟客，重向钟陵感旧游。

---

* 影稿本及《纯常子枝语》载此诗皆题作“杖藜”。

① “布履坚”，影稿本及《纯常子枝语》皆作“履已穿”。

② “花”，影稿本作“痕”。

③ “气”，《纯常子枝语》作“影”。

④ “鹢”，《纯常子枝语》、影稿本皆作“鸮”。

⑤ “童”，《纯常子枝语》作“僮”。

** 影稿本题作“百花洲”。

⑥ “沱”，影稿本作“沲”。

⑦ 此自注语，同上作“新修沈文肃公祠”。

为冒鹤亭题其先世菊饮卷子卷初失去亡友江建霞得之以还鹤亭*

有客萧然感逝光，水边篱下寄芬芳①。久同②皂帽称遗老，为爱黄绝近道装③。陶令停云还忆友，少陵漏雨欲移床。寂寥二百年间事，留与④君家翰墨香。

良朋相赠等琼琚，两度沧桑事久如。漫拟亡弓仍楚得，可怜获璧是秦馀。山阳闻笛心多感，汉上题襟意已疏⑤。三载杳然成一梦，那堪⑥重答秣陵书。

自宜春返萍乡道中作**

渐觉秋风⑦橘柚黄，便乘竹舆⑧涉江⑨乡。云山回望峰峦合⑩，日午浓蒸草树香。筋力渐衰三舍远，村⑪居无事一年长。从来渌水偏宜酒，欲问仙人九酝方。

---

* 《伐山取材》（稿本）题作"题冒巢民饮菊诗卷二首即用原韵为鹤亭孝廉作"。

① "寄芬芳"，《伐山取材》（稿本）作"惜幽芳"，李话本作"惜芬芳"。

② "同"，《伐山取材》（稿本）作"闻"。

③ "装"，《伐山取材》（稿本）及近诗本皆"妆"。

④ "与"，《伐山取材》（稿本）作"作"。

⑤ 此句下，近诗本有注曰："余于丁酉、戊戌两过建霞于吴楚间，己亥复遇于沪上。"

⑥ "堪"，《伐山取材》（稿本）作"比"。

** 影稿本题作"山行口占"。

⑦ "渐觉秋风"，影稿本作"又值西风"。

⑧ "舆"，同上作"笲"。

⑨ "江"，同上作"村"。

⑩ 此句，同上作"云秋迴现峰峦色"。

⑪ "村"，同上作"郊"。

赠吴彦复*

久停①谏舌写春愁，屈子骚心往不收。世事②与谁论出处，将门如汝擅③风流。朝衣典后④天方雪，宝剑鸣时⑤气欲秋。惆怅玉龙无主日，斜阳黯黯独登楼。

春　阴

十日春阴惨不舒，梦中乡思忆匡庐。愁看北部甘陵事，爱读《南华》苦县书。渭穴千年容鸟鼠，《河图》一卷杂龙鱼。草《玄》不谓时人识，窃恐杨云计已疏。

悠　悠**

荆凡孰得⑥谁能定，縠豹虽殊并有⑦灾。主父忽思胡服变，夫差

---

* 诗题，陈辑本作"题吴君遂刑部《北山楼集》"，近诗本作"题《北山楼集》"，赠薛本作"题吴彦复《北山楼集》"。

① "久停"，赠薛本作"已缄"。

② "世事"，陈辑本、赠薛本、近诗本作"国事"。

③ "擅"，同上作"最"。

④ "典后"，近诗本、赠薛本作"典尽"。

⑤ "鸣时"，赠薛本作"光横"。陈辑本于"鸣时"下有自注语曰："一作'光浮'。"

** 影稿本题作"戏拈"。

⑥ "孰得"，影稿本作"所得"。

⑦ "有"，同上作"不"。

翻[1]唤好冠来。观鱼但问我知我,烹雁宁论材不材。佩剑左右更相笑,浮云野马悠悠哉。

书　怀*

静玩垆烟[2]自在香,老槐疏柳易斜阳。身行世路九折坂,梦入[3]庐山三石梁。病起微凉初觉倦,雨馀缺月自生光。欲[4]评汝颍谁优劣,乍可拈毫[5]意已忘。

舟中卧病**

病躯硉矶[6]安禅易,生事[7]萧条行路难。范蠡扁舟曾霸越,张良辟谷已无韩。藏山文字旁人录[8],盖海旌旗异日看。九死要须存国别,一生[9]多误岂儒冠。

① “翻”,《伐山取材》(稿本)作“犹”。

* 影稿本题作“雨后闲坐”。

② “静玩垆烟”,影稿本作“静玩熏垆”。

③ “入”,同上作“绕”。

④ “欲”,同上作“为”。

⑤ “乍可拈毫”,同上作“乍拟拈豪”。

** 南云本、赠薛本题作“舟中卧病口占”。

⑥ “硉矶”,南云本、赠薛本作“兀硉”,影稿本作“硉兀”。

⑦ “生事”,影稿本、南云本、赠薛本皆作“生计”。

⑧ “旁人录”,南云本、影稿本、赠薛本作“同时读”。

⑨ “一生”,南云本、影稿本皆作“一身”。赠薛本作“一生”,继改作“一身”。

重渡海有感

地尽神州海水围，此身四顾竟安归？学书击剑今何用，成佛生天愿已违。广乐近闻天帝醉，迂儒翻道祖龙非。惟应万仞匡庐顶，着我云山老布衣。

题张樵野侍郎《运甓斋话别图》

虎符龙节壮波涛，榕树风微海日高。天子方通西海使，王臣敢惮北山劳。百年新国无成论，九变英谋[①]寓武韬。重抚丹青忆畴昔，筹边心苦见霜毛。

夕　　阳*

有尽浮生不尽愁，夕阳西下海东流[②]。楚臣去国兰为佩，汉帝怀人桂作舟。梦里但惊[③]春畹晚，宵残犹有[④]月勾留。徘徊绿叶成阴后，雨横风狂得小休[⑤]。

---

① “谋”，《清画家诗史》（李濬之编，一九三〇年刊本。）作“谈”。

* 影稿本此诗续接于《无题》（“蜡泪啼红怨暮春……”七律）一首下，题作“又一首”——按是亦题作“无题”也。

② 此句，影稿本作“夕阳衰草一登楼”。

③ “惊”，同上作“知”。

④ “宵残犹有”，同上作“天边惟有”。

⑤ 此二句，同上作“更鱼跃定霜华重，犹把馀香玩玉钩”。

金陵怀古*

六朝城阙久蒿莱，千载匆匆几劫灰？南渡尚闻龙变化，北征徒见燕飞来。云端江水遥通蜀，乱后天心倘爱才？行过新亭笑王导，海风吹处五云开。

九月廿四日偕友人登陶然亭望西山

同游者阎芷生检讨、于渊若孝廉、荫樾亭同知、邵梦石经历

残秋烟景未萧疏，夕照红多画不如。泥古郦元摹异物，今岁亭边苇荡中有水怪，每鸣必三声，如吹气筒。居人惊恐。有列入奏牍者。福大学士、翁尚书，皆来耳验。七月乃止。忧时贾谊有《新书》。笑谈喜杂幽并气，山水都成造化庐。名蟹佳虾劝沽酒，鲰生且乐帝京居。

新疆平旧作补录**

按台山势接祁连，三绝三通祸未悛。万马窥边成汉患，七驼祭帝纪回年。轮台地紧宜屯戍，疏勒民殷勿议迁。上相早筹农战策，论①功宁知勒燕然。

---

* 自此首以下至《送张绍甄观察之上海（观察名赞宸武进人时办理吾邑煤矿之事）》各首，皆据影稿本录入。

** 芳荪本题作“新疆年”（“年”字似应是“平”字之误刊），无题下自注“旧作补录”四字。

① “论”，芳荪本作“谓”。

吹 香 亭

四山暝色合如雨，一角野亭危破烟。解衣方作洛生咏，濯足爱此在山泉。飞雁浴凫自来往，渚蒲岸柳共婵娟。惜无明月照对酒，更和南飞乌鹊篇。

赠铁西湄户部

门第当年夹客夸，况君才誉浃龟沙。古来大隐在朝市，暇日元言近道家。匹马徐无看落日，浊醪古寺问楸花。此情未许时人识，夜抚龙渊感岁华。

附西湄和作

鼎鼎高才国士夸，秘书窥尽笑麻沙。西江宗派三十辈，南宋科名第一家。买醉相携桑落酒，呼灯同唱《木兰花》。萧斋早起成新咏，黄叶西风感物华。

伯羲祭酒复以此韵见赠，并附于后：

延津奇气国华夸，著录高能近白沙。天下无双犹诣学，道羲方读《永乐大典》。匈奴未灭不为家。朝看百望山头雪，夕醉天王寺里花。莫掷朋尊便归去，史公书副在京华。

赠黄公度参赞

行踪十载遍垓埏，回视齐州九点烟。欲为金轮开世界，未容玉斧画山川。岛夷史续《吾妻镜》，公度著《日本国志》四十卷。清庙书传《我子》篇。公度以西学多近墨家，尝考订《墨子》经上、下篇。携手黄金台上望，即今谁荐贾生贤？

无　题

蜡泪啼红怨暮春，桂宫惊识可怜人。纵横娇态擎杯见，离合神光解佩亲。曾是蓬莱通浅水，可能溠浦有回津？相思愁听参差曲，一夜江湖起白蘋。

大风登晴川阁望江汉*

洪流浩浩天欲动，云色漫漫风与奇。南北东西莽无极，我来凭槛一观之。中年哀乐不自得，千古英雄空尔为。笑向山僧索茗饮，谷城黄石真吾师。

---

* 《湘行日记》光绪十四年四月二十三日记作七律一首（阙文），题曰“登晴川阁望江汉”，似即此诗。

己丑四月游昆明湖遂登西山同俞恪士作

近接昆明湖水光，西山夭矫似龙翔。长堤浩浩栽新柳，平野荒荒见夕阳。人到幽燕多慷慨，地凭山海作金汤。临高一望旌旗影，更欲驱车上太行。

重到广州作

三年不到越江滨，都会居然又一秦。苏子宅边榕树古，郑仙祠畔木棉新。鹤归城郭看犹是，蜃作楼台认未真。今夜月明洲上望，故应无复弄珠人。

己丑岁暮寄怀梁大节闇

翩如元鹤下高岭，邈若飞鸿振远音。金璞南荒文献笔，江湖魏阙子牟心。停舟独玩衰杨舞，把酒唯言翠柏深。辽海无家任飘泊，少原何用哭蓍簪。

集义山诗戏赠友人

淡云轻雨拂高唐，《席上作》。不遣当关报早霜。《留赠畏之》。那解将心怜孔翠，《题鹅》。几时涂额借蜂黄？《酬崔八早梅有赠兼示之作》。莫将越客千丝网，《寄成都高苗二从事》。只见徐妃半面妆。《南朝》。我是梦中传彩笔,《牡丹》。尽知三十六鸳鸯。《代应》。

唐　宫

风回紫漠度咸秦,日闪朱旗满渭滨。龙虎新军宜出塞,貂蝉列贵总连茵。庭阶落叶怀仙子,辇路生芜感侍臣。如镜山川歌舞地,瑶池好颂万年春①。

题《篝灯课读图》为费屺怀前辈作

图意为屺怀之祖耕亭太守记母徐太夫人教也,题咏者数十人,传七十年矣*

机声镫影记艰辛,题墓曾书讳老银。省试②已征龙爪贵,耕亭太守为嘉庆己卯科会元③。贤孙况有凤毛新。泷冈表在辉方远,欧阳兖公亦省试第一,故用之④。遗爱碑留迹⑤又陈。太息赪鲂无可报,蓼莪诗废感鲜民⑥。

① 《文芸阁先生全集》排印稿本于篇末有自注语曰:"唐文宗诗:'凭高何限意,无复侍臣知。'"

* 《伐山取材》(稿本)载此诗,题作"题《篝灯课读第二图》",无题下自注语。

② "省试",《伐山取材》(稿本)作"左手"。

③ 同上无此自注语。

④ 同上无此自注语。

⑤ "迹",同上作"事"。

⑥ 此末二句,同上作"更读茗柯文集述,兰陵彤史未沉湮"。

酬王梦湘同年王名以慜*

鬓毛衰白海生桑，此别无多近十霜。起陆龙蛇能剧战，刺天鸾鹄尽高翔。百钱卖卜成都隐，《九辩》陈词楚泽狂。未忍与君论世事，鲈鱼登俎酒盈觞。

附：原作《集唐》二首

少游京洛共缁尘，李益。酒肆藏名三十春。李白。列国河山分雁字，陈陶。五更风水失龙鳞。张曙。女萝力弱难逢地，曹邺。婴武才高却累身。纪唐夫。圣代即今多雨露，刘长卿。相期万里宝刀新。武元衡。

良宵丝竹偶成欢，徐铉。几许幽情欲话难。薛逢。天外绮霞迷海鹤，李绅。月中清影舞离鸾。牟融。金尊莫倚青春健，陈陶。玉座应悲白露团。杜甫。太液夫容未央柳，白居易。不能回首望长安。吴融。

长崎小泊**

未甘华发老风尘，鳌眼波红更问津。云锁神山盘俊鹘，风回玄海有潜鳞。可无徐市行时俗，如见田横岛上人。酒所忽惊春浩荡，

---

* 影稿本于诗题之"酬"字上，旁补有"海"字；"海"字上似尚有所书写，以影迹未现，（仅见末笔一横划）不可考。

** 《东游日记》记作此诗，末句文字不同。见该《日记》"光绪二十六年正月十三日"条。

秾梅稚柳一时新。

舟中偶作示家人

萍蓬漂泊气崚嶒，琴鹤萧然得共乘。万死不摧惟傲骨，十年相忆几寒灯。载将图画谁真识，老向田园世亦憎。浩渺朱霞天际想，优游缟雪岁寒朋。

送张绍甄观察之上海

观察名赞宸，武进人，时办理吾邑煤矿之事

十年沦落赖逢君，又听骊歌此路分。鹏击正图溟海水，鹤归犹恋故山云。石中然火方腾彩，地上流钱待策勋。我是潜夫况衰病，衡门惟望尺书勤。

上元陈藿圃忠倚来湘致友人书欲解余厄甚可感也用余《有感》诗韵见赠仍叠前韵答之*

杜陵倚杖看鸡虫，何事经游泽国中？蔺子竟完和氏璧，伯阳还论楚人弓。诗心旷望秋空迥，琴道清谭夜漏终。推起蓬窗观北斗，

* 自此首以下至《次韵山根虎之助归国留别之作》，共五首，据《文芸阁先生全集》排印稿本及《芗屑》录入。

凭将深算测高穹。藿圃精于算术。

同实甫八弟感事七言长句一首

汉道曾吟蒿里歌，壮怀犹奋鲁阳戈。便沉白马宁非福，欲卖卢龙奈尔何。雪满空山梅意足，风回平野角声和。闲烧榾柮消寒夜，坐对沧溟感逝波。刘智远诗："汉道将何冀。"

己亥元日偶书示实甫法和威明诸弟

雪意逡巡已放梅，睡馀衾暖觉春回。曾观锦袄分班射，且饮屠苏最后杯。万事更看新历日，一家闲住好楼台。回风自为鸡鹗运，晴旭天门诛荡开。

次韵日本山根虎之助见赠七律一首

吾道非耶不问天，援琴感尔思渊渊。书成唐代千秋鉴，地隔齐州九点烟。阊阖云开便羽翮，沧溟风回泛楼船。评花贯酒不须尔，叱起狞龙侍座前。

次韵山根虎之助归国留别之作*

羁迹[①]频年滞沪南，雄文奥（佾）〔义〕恣幽探[②]。长风振木声吹万，沧海生桑变见三。千仞高翔君径去，四郊多（疊）〔垒〕我徒惭。一帆缥渺[③]崎阳路，欲拟〔诗〕人咏采蓝[④]。

附：张元济和作一首*

支那民智郁东南，快读奇文共讨探。君常主《亚东时报》笔。多难忽逢阳厄九，大同何日统开三。君为东亚同文会员。知还有意君非倦，赠策无言我自惭。江上孤帆人不见，蓬瀛弥望水天蓝。

无题一首**

娉娉十五尚垂髫，半带憨痴半带娇。豆蔻比年花比貌，樱桃如

---

* 据《芗屑》（赵铁寒编《文芸阁先生全集》所收录之排印稿）。按文氏此诗亦被山根立庵（即山根虎之助，又称山根虎臣）《立庵遗稿》（东亚实进社 1917 年）卷五附收。同被附收的还有张元济的和作。但山根氏原作却似未收。见邹双双《文廷式与日本文人的交游——以与野口宁斋的交往为中心》（载《萍乡高等专科学校学报》2011 年 8 月，第 28 卷第 4 期。承何东萍先生寄赠电子版）、曾文斌《文廷式与日本诗人题咏辑录》（载《萍乡文氏五修族谱》卷五。该《族谱》承文军勇先生寄赠）。

① “羁迹”，《立庵遗稿》作“羁旅”。

② 此句，同上作“论交暇日恣幽探”。

③ “缥渺”，同上作“安稳”。

④ 此句，同上作“惆怅诗人咏采蓝”。

** 此首及以下至《近日赴日本游学者愈众见此有作》各首，皆据徐藏稿册录入。又，本首原稿未标题，今题为编者代拟。

口柳如腰。蓝田有愿遗双璧，铜雀无用锁二乔。始信《闲情》非漫赋，愿为钗凤集花翘。

题富呢雅(雅)杭阿《举杯邀月图》为晓峰中丞作代

当年白也帝京来，对影衔杯意快哉。千载风流随月古，一时襟抱向云开。苍松倚石皆仙意，玉树生庭有隽才。醉后却疑增盛概，森严画戟漏声催。

观　　报

春意苏人墨研和，闲窗短几乐摩挲。牡丹北胜徒廋语，玫瑰兵连总奈何。信有泰山亡玉马，不缘辽海贡天鹅。江头策骑长捐涕，采采夫容乱叶多。

近日天心不可知，夜光杯绿酒登卮。金缯上币成何计，珠履缘边又一时。冷雪于今信尧日，太阳翻欲照英旗。回头东望频凄绝，乔木高原两不支。

近日赴日本游学者愈众见此有作

忧时投止更何乡，客自沉酣我亦狂。十载先期洪水祸，此用路易十三临终之语。千金初笑越人方。卮言十七宁多异，珠履三千恐未偿。闻道蓬瀛更清浅，只应微醉问扶桑。

阅门存倡和诗戏题二律*

高谈咫尺近元门，何事来寻学究村。俗士晴窗窥日少，老夫午枕听涛喧。江山浩浩方招隐，风雨萧萧也断魂。谁到金华重问讯，牧羊仙客至今存。

诸君才力近苏门，诗派犹应薄后村。广莫风来多震荡，洞庭乐奏异啾喧。试赓太白《飞龙引》，重起庄生花蝶魂。一卷了然参世变，游鯈虽逝钓丝存。

诸君和章不至复奉一首促之

儿戏从来笑棘门，征兵直拟到团村。回风转海澜初起，明日悬天夜不喧。钟阜千寻销王气，清溪一曲吊芳魂。江山如此诗情冷，可奈高斋旧句存。

自题《元史详节》复用前韵

曾见兵威过铁门，角端遗事记南村。时来瀚海风云变，运去和林鸟雀喧。乞瓦绵城追战绩，班朱河水壮英魂。四千年内论人杰，

---

* 按自此《阅门存倡和诗戏题二律》及以下至《偶书》各首，皆据夏敬观《学山诗话》。谓“《门存诗录》载有文道希诗六首，为叶誉虎印其遗集所未收，亟录于此”云云。兹转引自钱仲联主编《清诗纪事》（江苏古籍出版社 1989 年）“光绪宣统朝卷”内，“文廷式”名下。承张求会先生代为复印。

俯仰犹钦霸烈存。

郊行书所见

客行修行不知门，鸟没平芜尽处村。被陇麦苗晴后雨，出林钟梵寂中喧。人耕下濮方畬草，节近清明欲礼魂。市处久思农业乐，瓦盆敲破古风存。

偶　书

谪居不望濯龙门，幻梦初回恶犬村。四海久嗟秦客赘，一廛宁避楚人喧。家无儋石堪容傲，地有兰荃足醉魂。满鬓霜华休更老，伯阳且喜舌犹存。

江　望*

日出江光明，日入江树暗。若无风雨会，谁喜天容绀。
名利纷牛毛，轮转一何速。毋为海大鱼，且即林中鹿。
北风连三日，峭寒暮夜添。阴阳有时错，炎官何处炎。
檐前铁作丝，万里呼吸报。神明翔八极，足迹愧远到。
鸟语令人静，市声使心烦。不如沿岸走，持竹验潮痕。
江雾何冥冥，江风吹我衣。还敲铁如意，酾酒酹江妃。

---

* 自本题《江望》以下至《六言杂诗》（“喻马何须……”、莫道牖中……”与“孟晋且犹……”）各首，皆据叶编本录入。

西行连楚蜀，东下接江淮。形胜在操纵，纷纶颂泰阶。

潜鱼不触网，良马不恋莝。远浦闻渔歌，独唱无人和①。

新　秋

梦破千山月，凉生一榻风。便思乘薄暝，倚杖看鸡虫。

夜坐向晓

雪意不成晴，晨光黯如梦。寥阒课天心，愿与斯人共。

遥夜苦难明，他洲日方午。一闻翰音啼，吾岂愁风雨。

揽衣起开门，失却门外山。非沾衣襟露，久立不知还。

冥冥云雾中，但闻草树香。可怜弄颜色，枝上一莺黄。

途中杂诗*

槐枣连山密，云烟过海新。六飞南幸路，千里不逢人。

村兵出相迓，面目犷以黑。将毋咫尺间，化为绿林客。

四战淮徐地，谁教衣锦旋。大王学兵法，失学《地形》篇。

三泖凉波动，五湖飞雁多。萧然江海意，一为扣舷歌。

---

① “西行连楚蜀”一首及“潜鱼不触网”一首，共二首，系据影稿本补入。按影稿本于此“江望”诗题下共收八首，前六首皆与叶编本同。

* 《南轺日记》记作此题前三首，见该《日记》光绪十九年七月十七日及二十一日所记。

刘融斋中允发初白《解嘲》诗云欲使岁寒心皓皓傲霜雪余行年四十早见二毛明知有涯之生何待无常之信客游非乐不如旋归成物有心或须悠久辄引其意以寄所怀

霜雪有时化，白发仍可玄。伯阳生便尔，何用学神仙。

心危百形改，志长千岁促。众生各安老，吾意亦已足。

临　　帖*

不似何必临，太似恐无我。遗貌取其神，此语庶几可。

未肯下方罗赵，可能北学崔卢。聊自取适意耳，明窗净几秋初。

读书杂咏

《武成》取二三策，《尧典》注十万言。啸傲南窗风日，此时何异羲轩。

未妨舌本生强，且喜心源濬通。杯里琉璃泛绿，垆间榾柮煨红。

鹏飞不假六翮，牛巨何惜一毛。勿论财轻士重，举首但视

---

* 影稿本于诗题下有自注语曰："壬申年作。"

烟霄。

举世竞言三代，规模略具《周官》。两汉学分今古，我知文质循环。

汉刘治杂王霸，何必专用儒家。惜哉黄老清净，未能宇宙光华。

《华严》广说世界，不可思议尤多。堪笑触蛮主相，自矜蚁垤山河。

呼恒神为小婢，对玉皇称寡人。自是三生结习，不妨归钓江滨。

南枝北枝春色，东岭西岭白云。吾心忍与终古，他时何用移文。

六言拟唐人

《江汉》篇中游女，《高唐赋》里姚姬。情深①翠袖寒处，香动罗衣②解时。

将去仍偎半面，如愁不语双眉。神仙若许修得，还把神仙赠伊。

六言杂诗*

喻马何须非马，问麟但道如麟。止水莫知其性，浮云或是

① “深”，影稿本作“生”。

② “衣”，同上作“襦”。

* 影稿本于诗题下有自注语曰“旧作”。

吾身。

莫道牖中窥日，便堪纸上谭兵。深源固多忌刻，夷甫实太鲜明。

孟晋且犹惜日，曼衍所以穷年。蛇蚹蜩翼何待，虫臂鼠肝偶然。

送友人出都*

归心浩难已，归路让君先。草草离筵散，江湖在眼前。

戏作双声诗一首

摄暑疏书束，收霜爽瑟声。饷诗山色胜，湿扇水淙生。

海舟独坐**

沧海不能变，白云空自闲。万顷碧波里，吾怀太古山。

或云鲸与象①，遗自前世界②。吁嗟贤劫人，幺麿无乃太③。

夕阳映归云，窈窕纡④烟鬟。瀛洲⑤与方丈，咫尺在人间。

---

* 自此首以下至《重过九江口占》各首皆据影稿本录入。

** 徐藏稿及芳荪本于此诗题下皆收录前三首，未录第四首。

① 此句，徐藏稿作“或言前世界”，芳荪本作“或云前世界”。

② 此句，徐藏稿作“存者鲸与象”，芳荪本作“犹存鲸与象”。

③ 此句，徐藏稿及芳荪本皆作“示此眇小状”。

④ “纡”，芳荪本作“舒”。

⑤ “瀛洲”，芳荪本作“蓬莱”。

纤萝不动时,湛然见真性。明月朗三界,圆明互相映。

十月闻雁作

此夕卢龙信,凭将雁带还。向来忧国泪,沾洒向空山。

重过九江口占

九霄云散日丽,五两帆漾风轻。匡庐积翠如长,彭蠡惊□□□。①

雪舟口号*

茅屋隐樟树,雪满叶不落。乃知共岁寒,不独松与柏。
北雪使山肃,南雪使山秀。湘江映千岩,曲折瓷上釉。
积雪自皑皑,沧波何粼粼。孤舟日摇兀,无闷舟中人。
沧波自粼粼,积雪何皑皑。嗟尔舟中人,岁寒归去来。

读史偶书**

杂花不成馨,倦眼时欲睡。栖尘集豪端,扰扰万古事。
论治薄秦汉,讲道希黄虞。断断洙泗间,白日已桑榆。

---

① “惊”下,影稿本阙影。

* 据《伐山取材》(稿本)录入。

** 据《撷芳录》(稿本)录入。

纵观五千年，此土开辟久。何意当吾世，日月未衰朽？
昔人谭古今，迩贤论中外。藏心只一粟，侈恣毋已太？

五言绝句*

上观五千年，岁月亦已久。何幸当吾世，日月未衰朽。
近观三百年，一弹指间事。诚恐眴息顷，七政倏陨坠。

题燕都崇效寺《训鸡图》**

试问普庵骑虎，何似南泉斩猫。不须惮牺断尾，人间风雨萧萧。

六　　言***

大槐宫中鸣佩，云梦泽外浮楂。卫灵仰视飞雁，勾践起式怒蛙。

语妙须弥纳芥，悟彻优昙放花。携手逍遥游去，谁知吾道非耶？

---

* 据《寄言》（稿本）录入。

** 据张次溪辑《燕都崇效寺训鸡图题词集》（《正风半月刊》连载）录入。原诗无题，今题为编者拟加。原篇末尚有"癸巳三月萍卿（按'卿'字当是'乡'字之误。）文廷式题。光绪癸巳三月二十日，他他拉志锐、萍卿（按此'卿'字亦误刊，当作'乡'。）文廷式、商城张孝谦、天津韩印符、萨克达成昌、瓜尔佳晋龄同观。孝谦书"等字。

*** 据《纯常子文稿》（稿本）录入。

渡　海*

天作无边浩荡池，百灵捧[①]日洗成规。道人醉倚蓬[②]窗望，望见扶桑十万枝。

咏　史**

汉四百年基沛县，元三万里极欧罗。佛家别有《河图》谶[③]，未若金轮世界多。

帝出东方本圣[④]言，乌龙王气启金源。我读犟经无字说，更从西海[⑤]望昆仑。

杭爱山高自一方[⑥]，白翎原向海边[⑦]翔。何因牧马思南土，天子中原乃卫王。

---

* 诗题，影稿本、陈辑本皆作“海上观日出”。又，自此首以下至《题章价人铜官感旧图》各首，皆据叶编本录入。

① “捧”，影稿本作“奉”。

② “蓬”，同上作“篷”。

** 影稿本于此诗题下仅收四首，即此前四首。陈辑本题作“读史五首（壬辰、癸巳）”，全收此五首。按日本内藤湖南《燕山楚水》（中华书局2007年，吴卫峰译本）卷首亦收此组诗（五首，次序亦同），唯标题仅曰“文芸阁诗”。另，李话本单录第五首，谓为“咏唐高祖绝句一首”云云。

③ “谶”，《燕山楚水》作“识”。

④ “圣”，《燕山楚水》作“系”。

⑤ “海”，《燕山楚水》作“极”。

⑥ 此句，陈辑本作“杭爱山边有一方”，影稿本、《燕山楚水》作“杭爱山边自一方”。

⑦ “边”，影稿本、《燕山楚水》作“滨”。

别传《虬髯》事未[1]真，近人道[2]是盖苏文。若非晋水真龙起，丹穴将求海外君。

赌[3]棋别墅是[4]兵机，射笥[5]聊城未解围。千古英雄惆怅处[6]，秦王十八已龙飞。

癸巳元夜

东风不放月华新，火树银花幻作春。犹有欧阳旧词句，柳梢还记去年人？

镜里初惊白髮[7]新，未堪扶病强游春。一灯静对蒲龛坐，已觉吾非昔日人。

春晚偶占*

丝雨濛濛湿九州，碧阑干外迥生愁。人间若有琼箫怨[8]，不遣沧波入[9]海流。

---

① “未”，陈辑本、影稿本皆作“不”。

② “道”，《燕山楚水》作“云”。

③ “赌”，《燕山楚水》作“睹”，李话本作“围”。

④ “是”，李话本作“论”。

⑤ “射笥”，《燕山楚水》作“传箭”。

⑥ “惆怅处”，陈辑本作“惆怅事”，李话本作“独惆怅”。另《燕山楚水》作“惆账处”，“账”字似误刊。

⑦ “髮”，影稿本写作“昦”。

* 诗题，陈辑本、孙编本皆作“雨”，影稿本作“雨中旅思”，赠丁诗笺作“雨中旅思（二首）”。狄葆贤《平等阁诗话》谓比过友人见芸阁学士所书咏雨二绝云云。

⑧ “怨”，陈辑本、孙编本及赠丁诗笺皆作“恨”。

⑨ “入”，陈辑本、孙编本、赠丁诗笺及影稿本皆作“到”。

群花无力斗春寒，迟暮园林怯晚看。行过苔阶重回首，他时曾惜一分残？

论　诗

《风》、《雅》而还读《楚辞》，纫兰佩芷不相师。洪炉自有陶钧术，怕看人间集字诗。

莫宗李杜效钱郎，别调元人旧擅场。我友郑生苏庵[①]持此说，出门一笑咏沧浪。

诗人死骨万邱山，生面重开自是难。曾上崆峒探帝迹，不劳仙赠九还丹[②]。

久雨绝句

每因屋漏起移床，旋见沤浮似水乡。谁向天门抉沉翳，六龙晓色照扶桑。

冬夜绝句*

深拨垆灰夜已残，倦凭书幌忆风湍。此生不作芳华怨，偏为梅

① “苏庵”，影稿本作“孝胥”。又，陈辑本无此自注语。

② 此第三首系据影稿本补入。

* 芳荪本载此题十首，然各首序次与此不同。又，《芸阁先生书牍》内致于式枚书，有一通曰“近作有夜坐绝句诗”云云，引录其第五首，即此第五首“五湖烟水非无意……”也。是知诗题又尝作“夜坐绝句”。

花惜岁寒。

没砌才看雪似盐，搴帷更讶朔风尖。连天峰火辽阳地，必有征袍取次添[①]。

平生古北安西志，不在寻常富贵中。九万搏[②]扶今日始，侍郎投笔有英风。忆志伯愚侍郎滦阳。[③]

萧寥[④]书剑陈无己，跌宕琴樽[⑤]沈下贤。指陈孝坚、沈凤楼。[⑥] 风雪闭门了[⑦]无事，芋魁煨熟共欣然。[⑧]

五湖烟水非无意，未去难忘国士知。我诵宜阳旧诗句，治装应待受降时。家书[⑨]屡劝南归，以[⑩]此答之。

劳生强半感华颠，万卷徒搜宛委编。永夜角声凄警处，敢将丝管[⑪]慰中年。

酒醺裀褥乐复乐，那顾冻雀死枯柯。拥鼻聊学洛生咏，扣角不闻宁戚歌。

---

① 此首篇末，影稿本、芳荪本及徐藏稿皆有自注语，曰"闻前敌军士颇赋'无衣'，故及之"。（惟徐藏稿"衣"字阙写，似是疏忽漏书。）

② "搏"，徐藏稿作"抟"。

③ 此自注语，徐藏稿、影稿本、芳荪本皆作："忆志伯愚侍郎，其请缨疏中句云：'臣养亲事毕，报国情殷，当此主忧臣辱之时，实怀高爵厚禄之耻'。意甚壮之。"（惟末字"之"，芳荪本作"哉"。另，内"其"字，影稿本于此字上加有小墨圈，徐藏稿册则于该行天头有署名"瑛"者之手书批注曰"'其'字当衍"。）

④ "萧寥"，徐藏稿、影稿本皆作"清严"；芳荪本作"请严"，"请"似"清"之误刊。

⑤ "樽"，徐藏稿、影稿本、芳荪本皆作"尊"。

⑥ 徐藏稿、影稿本，芳荪本皆无此处七字自注语。

⑦ "了"，芳荪本作"可"。

⑧ 此首篇末，徐藏稿、影稿本、芳荪本皆有自注语曰："陈孝坚教谕、沈敬甫舍人同居，夜谈每至五鼓，人海寇氛中少得佳趣。"（内惟末句"人海"二字，芳荪本作"于海"。）

⑨ "家书"，芳荪本作"家人"。

⑩ "以"，徐藏稿、影稿本、芳荪本皆作"作"。

⑪ "丝管"，芳荪本作"丝竹"。

咫尺元门得未曾，拥①书还惜短檠灯。但能稳卧袁安雪，那管宵长被有棱。

老渔不与世争隈，倦枕瞢腾梦古槐。宝鸭熏残微暖在，喜看雕斛小花开。

平子何缘咏《四愁》，美人缥缈隔昆邱。水深雪积无多路，即是层城十二楼。

岁暮怀寄禅*

云山踏破万千叠，宗说遥通上下乘。挂屧枫前感今昔，缘何②得遇雁门僧？

缪小山前辈张季直修撰郑苏龛同年招饮吴园别后却寄**

水风萧瑟似秋漪，侧帽临流半醉时。眼缬忽开春未老，浓阴漠漠柳丝丝。

忽忆海东风日丽，拟开隙地种樱花。苏龛曾游日本。不知富士

① “拥”，徐藏稿、影稿本作“摊”，芳荪本作“掷”。

* 此诗，叶编本单出。陈辑本亦单出，然题下系有自注语曰“怀人诗十首之一”，又曰“己亥”。赵影稿本录此诗，为《怀旧绝句十首》（见下另录）之第一首，文字较多不同，并有序说。

② “缘何”，陈辑本作“何缘”。

** 诗题内“修撰”二字，影稿本作“殿撰”。

山头雪[①],可似吴王苑里霞?

百年词派属常州,玉佩琼琚集胜游。却是止庵怀抱恶,东南日夜大河流。余最爱周止庵词《蝶恋花》结句云:"烟里黄沙遮不住,河流日夜东南注。"是日小山见赠《常州词录》,故云。

于湖才笔龙川略,我觉张卿似过之。写取心情烦[②]驿讯,春松秋菊可同时?

病中口占

门外车声万马驰,厌厌春病对帘帷。白[③]沙翠竹袁河[④]路,长记今朝热恼时。

莫愁湖和壁上琇华女士题句

云意新收袜上尘,远山如黛画眉真。郁金堂胜黄金屋,不是长门卖赋人。

附:琇华女士原作

轻烟漠漠雨如尘,海燕飞来认不真。廿载重游湖上路,芦花应笑白头人。

---

① "雪",影稿本作"瀑"。
② "烦",影稿本作"还"。
③ "白",影稿本作"青"。
④ "河",影稿本作"山"。

冬夜绝句

甲午冬,寓宣武城内。于时海水群飞,物情惶骇。惟余寂寞闲居,虽有危苦之词,不改萧旷之度,乐与李木斋前辈、沈敬甫同年,昕夕谈聚,淡然镬汤中避热也。今岁已期矣。寸阴当惜,况在徂年;风号壒扬,不异畴昔。去岁有《冬夜绝句》,爰赓续之,志南北之游踪,叙友朋之欢宴。世有知者,得无叹[①]其未谙时变乎?

乘云久戏玉皇家,那信寒威折虎牙。悔觅霜松岩穴里,暂时堪赏只唐花。

平生不解筝琶兴,住近城南亦应招。自是太平供奉急,春场佳剧尽寥寥。余时寓粉坊琉璃街萍乡会馆。友人偶约观剧,则粉墨登场者大半庸猥。闻近者多入南府当差,故所馀[②]无佳子弟矣。

南指台澎只一隅,西看车里亦区区。挑灯自理迂生业,细注《皇清职贡图》。

楼台绕树树庄严,此境高寒万象兼。昨夜梦中诗思好,月华刚到水精帘。夜梦得句云:"楼台绕万树,树宝极庄严。"[③]

枯禅久习空花观,烂睡如游睹史天。却恨故人频问讯,时时惊我日高眠。

---

① "叹",《纯常子文稿》(稿本)及影稿本皆作"咲"(按即"笑"字)。

② "馀"下,《纯常子文稿》(稿本)及影稿本皆增有"者"字。

③ 此自注语,《纯常子文稿》(稿本)作"夜梦作诗甚多,有一律起句云:'楼台绕万树,树宝极庄严。'傍见沈子培丈甚为激赏。俄而睡醒,以下不复记忆"。影稿本,于"睡醒"二字,作"惊醒",馀亦皆与《纯常子文稿》(稿本)同。

叔度汪汪千顷波，伯鸾遁迹五噫歌。我今重走邯郸道，奈尔吴船听雨何。黄公度、梁星海今夏同在金陵，游宴致乐，有《吴船听雨图》记之；曾联句填《摸鱼儿》词一阕，余有句云："人易老，办桐帽棕鞋，不走邯郸道。"今颇自愧其言也。

一灯旅馆终宵坐，却忆江湖载酒时。湘浦归鸿三两点，石城垂柳万千丝。

十载钟陵旧寓公，西山晴翠郁葱茏。如今更向燕南望，指点军都第几峰？

鸾枝花色最婉娩，置之碧桃红梅间。绣襦甲帐即今是，梦醒时时闻佩环。

岭表故人驰素缄，棋经十册新雕劖。百年旧局更[①]翻覆，得失宁[②]知荆与凡。得王子展自广州寄新刻棋谱[③]。

吹面不寒风已春，无衣且慰冻黧[④]人。天公更肯行新雪，救我三农力苦辛？

闰月八日偕志伯愚詹事锐左笏卿刑部绍佐延煦堂郎中煦同游极乐寺望西山率赋二绝*

地贫僧守半残庵，雨过山流深色岚。且喜飞蝗不相害，稻田旆

---

① "更"，《纯常子文稿》（稿本）作"屡"。

② "宁"，同上作"谁"。

③ 此自注语，《纯常子文稿》（稿本）及影稿本皆作"仁和王子展观察编刻《寄青霞馆奕选》十卷，见寄一部，因题其卷首"。

④ "黧"，同上两本皆作"梨"。

* 诗题内"延煦堂"三字，叶编本原刊作"煦延堂"，兹从影稿本改。

旆似江南。

西山变态有千万，吾辈交亲无二三。不问花开问花落，夕阳无语只红酣。

乙未元日口占

袖中自有活国手，三十九年奔电如。至竟不惭臣朔饿，当年曾读帝魁书。

吾皇仁孝冠寰瀛，七政焜煌在玉衡。小丑莫矜钩爪利，王师早筮丈人贞。

元　夜

凤阙张灯海宴开，年年宣示万年杯。魏公高踞金銮殿，不见渔阳鼓吏来。

题徐次舟《徐二先生鬼趣图》

欲[①]倩巫阳叫帝阍，青枫月落与招魂。姓名胜入《循良传》，万树梅花伴郁元。

此是陶潜自祭文，寂寥皋壤对斜曛。昆明劫后重回首，定有刘伶酒酹君。

平生志业竟多违，欲向重渊且息机。他日谁寻鸡酒约，西风袅

① “欲”，影稿本作“谁”。

枭女萝衣。

曾翻《皇览冢墓记》，千古圣贤终翳如。人世浮名君莫问，好留汉腊一篇书。

与李洛才恽叔如王振甫诸君夜谈荒远恣肆记之以诗*

西儒耳目不虚用，顾以器测非身亲。我与洛才有同志，能飞先向木星轮。

《论衡》龙虚雷虚篇，卓然宜为后世传。吾观物理格未尽，倏有倏无谁问天？

八星绕日行不息，昴宿复为日所环①。天河苍苍积星气，其中何者似人间？

不饮亦复颓然醉，无怀葛天果何世。高歌休和离哉翻，上书敢言帝者谛。

题《姜白石集》

苕霅行吟鬓已华，淮南皓月梦魂赊。桃溪久住因何事，记否凌霄数点花？

---

* 诗题内“恽叔如”，芳荪本作“恽叔畬”。又，芳荪本于此诗题下仅收两首，即此第二、第三两首。

① “环”，芳荪本作“张”。

绝句咏琵琶

潮长江头是去时，画桡拨水隔秋期。不须更谱清商曲，长忆飞凰舞绿丝。

梦山绝句

此身元自不曾醒，懒向山神更乞灵。坡下行人纷似织，飞鸿尽处暮天青。

为易实甫分巡题张梦晋《岁寒三友图》实甫以乱语自信为梦晋后身也

一幅荒寒岁暮心，崔徽遗貌待重寻。嵩犊山尚书家有崔莹小像，实甫将往求之。龙华劫后才人悟，不用鱼山钟梵音。

画[①]成梅竹原非相，身似芭蕉宁有坚？后际未知前际断，高楼明月自娟娟。“高楼明月清歌夜，此是人生第几回？”梦晋诗也。

登　山*

山鸟招人信口呼，登山还问意何如？凌云直上三千尺，犹觉迢

① “画”，叶编本原刊作“昼”，此从影稿本改。

*《旅江日记》记作此诗，详见该《日记》光绪十七年五月二十七日所记。

迢与我疏。

缥　　缈*

缥缈烟云幂①九疑，方春惆怅遇秋悲。秦皇②赭尽湘山石，不见青青斑竹枝？

为江建霞编修标题画猫三首录一**

酒酸不售只区区，我与贤郎用意殊。闻道城门容鼠舞，狸奴不搏固当诛。建霞有佳猫，为犬所啮；其子年十三，作《磔犬文》。

雁***

穷海累臣③赋式微，鼓鼙④声紧帛书稀。钧天⑤广乐君须记，莫化冤禽海外飞。

---

* 此诗，影稿本载有两稿，一题作“缥缈”（下称“影稿本之一”），一题作“九疑”（下称“影稿本之二”）。

① “幂”，影稿本之一作“羃”，影稿本之二作“集”。

② “皇”，影稿本之二作“王”。

** 题下自注语，影稿本作“三首录一。壬辰秋作”。

*** 叶编本于此诗题下缀有编者按语曰：“按此诗盖为甲午慈禧万寿宴高丽使臣作”。又，影稿本载此诗，题作“咏雁绝句”。孙雄《诗史阁诗话》（下称“孙话本”）录为“文道希《清宫词》”之一，文字略异，见以下《拟古宫词（刊本之二）》。

③ “累臣”，影稿本作“孤臣”。

④ “鼓鼙”，同上作“鼓笳”。

⑤ “钧天”，同上作“洞庭”。

途中见新雁

鼎鼎年华百不成，回看天地二毛生。青冥高举偏怜汝，独叫新霜世暗惊。

望九华山示从子缉熙

缉熙以进士官安徽，将补东流县知县缺

苍颜奇服郁秋烟，广坐吾知孟万年。江水滔滔映岩色，此流惟许阿咸贤。

为人题陈圆圆丽妆道妆优婆夷妆三小影

我如卧病维摩诘，卧玩纱窗[①]日影移。忽睹丽人三幻影，沧桑浩劫不多时。

东华门内俗传有回妃楼未知其审聊赋二绝志之

小腰结束最风流，独占秾华二十秋。如此承恩胜合德，不须重上望乡楼。近人《湘绮楼集》记其事近诬，故特正之。花蕊夫人宫词："回鹘衣装回鹘马，就中偏称小腰身。"

---

① "纱窗"，影稿本、芳荪本皆作"轩窗"。

沙漠宁生禁苑姝，琵琶徵调更模糊。一从化石凌霄后，谁见《明妃上马图》？闻奉天有遗象悉改为石云。白香山诗：“吴娘徵调奏《湘妃》。”

海上春日杂兴丁酉*

春色撩人到十分，锦衾[1]良夜梦为云。漏声残后熏炉永[2]，窈窕幽香[3]说与君。

海风吹绿上窗纱，何处雕梁燕子家？试采断红供一笑，此身无赖已[4]天涯。

乍可章台折柳条，莫同黄鹄便冲霄。江郎一种愁心处，点染风花送六朝。

秦镜分明照卷衣，云光霞彩万花围。临行不解连环赠，湛湛长江独自归。

梅　　花

浅渚回汀且放船，人家三两夕阳边。山川如此荒寒甚，也放梅花特地妍。

---

* 芳荪本、影稿本皆题作“海上绝句”，并俱无题下自注语。

① “衾”，芳荪本作“衣”。

② “熏炉永”，芳荪本、影稿本皆作“垆香定”。

③ “幽香”，同上两本皆作“幽情”。

④ “已”，同上两本皆作“是”。

戊戌人日作

索居不报故人书，地僻休停长者车。今岁春迟花信晚，忍寒还守北山庐。

绝　句

鸟影空中任所之，朗然芥子纳须弥。焚香读罢《河天品》，惭谢“茗华”五字诗。

读《华严经》

方便经中迥出尘，胜鬘宝髻别生春。珊瑚系项珠垂履，帝释随权现女身。

戊戌四月同张孝达尚书沈子培刑部费屺怀编修同游焦山宿仰止轩观明杨忠愍公手札即题其后*

东下蛟鼍为谁怒，南飞乌鹊夜频惊。寂寥忠愍祠边宿，想见英

---

* 诗题末尾，芳荪本、影稿本皆增有“七言绝句一首”六字。

灵发大声[1]。

游山偶作

山叶岩花处处香，溪声鸟语并清凉。何须更与人同乐，游散名山是孔郎。

《淮南》说山无脉络，《禹贡》所导世莫寻。欲仿桑钦《水经》例，条理昆仑东去岑。

山山各自有体势，何必名山方足登？日观云峰诧奇绝，回头已失万邱陵。

岳阳楼题壁

平生不解希文乐，对此能令叔宝愁。侠气仙心同一醉，江风湖浪自千秋。

过洞庭湖*

舟人祷福祀灵君，我有狂言愿彻闻。借取重湖八百里，肄吾十万水犀军。

---

① 篇末，影稿本有自注语曰“用谢叠山宿辛忠愍祠中事”。

* 《东游日记》记作此诗，题曰“口占”。见该《日记》光绪二十五年十二月初八日所记。

题妹壻彭藻才遗墨*

一入承明鬓已丝，銮坡儤直竟无时。大姚村里添惆怅，剩欲增刊第二碑。

题章价人《铜官感旧图》**

感旧铜官事久如，廿[①]年薄宦意萧疏。却从修竹参天后，回想青宁未化初。

仲由拯溺不受赏，孔圣犹然有后辞。自是相侯观理异，未曾点勘到《韩诗》。

山居杂咏***

雪山筒[②]里勤求药，祇树园中广施[③]金。独有净名无一语，天风

---

* 影稿本题作“题妹婿彭藻才庶常遗墨后（藻才名树华，光绪乙未进士）”。

** 《铜官感旧集》（章氏影刊本）影印收录有文氏原题手迹（即此二首），篇末题署作“奉题铜官感旧图。萍乡文廷式。”

① “廿”，原题手迹影件作“卅”。

*** 据叶编本录入。此题下第一、第二、第三共三首，陈辑本、孙编本、晚晴本皆别出，陈辑本总题之曰“山居杂诗三首（甲辰）”，孙编本则曰“萍乡山居杂诗三首（甲辰）”，晚晴本则曰“山居杂诗”；影稿本此前三首则皆分题单出，详见下注。此题下后三首，影稿本、陈辑本、孙编本皆另出，详见后录影稿本《杂咏》（四首）之注解，此不赘。

② “筒”，影稿本作“筩”。

③ “施”，同上作“布”。

吹座[①]落花深[②]。

石濑才通[③]三尺瀑，岩[④]梯高罥[⑤]万年藤。窥窗欲下猿偷果，过涧仍回[⑥]鹤啄冰[⑦]。

山谷老人亲种树，碧池处士旧凭阑[⑧]。斜阳不改青山色，寄语时贤郑重看[⑨]。

萧然岁晚下缁帷，辑缀闲言且作诗。野藓渐干知雨断，枯柽无叶任风吹。

月波潋滟五更头，松子敲铿落瓦沟。惊起幽人眠未熟，霜华寒入敝貂裘。

萝带缘门薜荔衣，亮无热客叩岩扉。相逢樵子弹棋局，青枥林间卖药归。

---

① “座”，影稿本初作“雨”。

② 影稿本此首单出，题作“偶题”。

③ “通”，影稿本、陈辑本、孙编本、晚晴本皆作“扃”。

④ “岩”，影稿本作“云”。

⑤ “罥”，影稿本、陈辑本作“绢”，晚晴本作“罥”，孙编本作“绢”。

⑥ “过涧仍回”，影稿本作“过磵重回”。

⑦ 影稿本此首单出，题作“口占”。

⑧ “阑”，同上作“栏”。

⑨ 影稿本此首单出，题作“题宝积寺”；篇末并缀有自注语曰：“寺有罗汉松，为宋黄涪翁手植。在唐名‘梵林寺’。袁皓有诗。是时颇有废寺观议，故诗意云尔。袁皓诗云：‘拖紫腰金成底事，凭阑惆怅欲如何。’”

杂　咏*

萧然岁晚下缁帷，缉①缀闲言且作诗。野薛渐干因雨少②，枯柽无叶任风吹。

月波潋滟五更头，松子敲铿落瓦沟。惊起幽人眠未熟，霜华寒入敝貂裘。

萝带缘门薜荔衣，亮无热客扣岩扉。相逢樵子谈棋局，青枥林间③卖药归。

檐冰薄沍欲流澌，稚子嬉堆雪作狮。乍报岭头梅蕊发，谢公含笑向南枝。用句。

都中偶作**

十丈缁尘染素衣，故山回首意多违。梁园赋客应惆怅，费尽黄金买昨非。

---

* 据影稿本录入。此题下前三首，叶编本收入《山居杂咏》（共六首，见前录）内，作第四、第五、第六首；陈辑本、孙编本亦收此前三首，陈辑本总题之曰"萍乡山居杂咏（四首之三壬寅）"，孙编本则曰"山居杂咏（四首之三）"。

① "缉"，叶编本、陈辑本、孙编本皆作"辑"。

② "因雨少"，同上三本皆作"知雨断"。

③ "林间"，孙编本作"林下"。又，前句"谈"字，陈辑、孙编、叶编三本皆作"弹"。

** 据叶编本录入。陈辑本录此诗亦单出，题作"杂诗（都中作）"。然影稿本载此诗，则入于《绝句》（共七绝三首，第一首"高秋风物自悠哉……"，第二首"黄河之水东入海……"。详见下另录）内，作第三首。

拟古宫词刊本之一*

鹎鵊声催夜未央，高烧银蜡照严妆①。台前特设朱墩坐，为召昭仪读奏章。

富贵同谁共久长，剧②怜无术媚姑嫜。房星乍掩飞霜殿③，已报中宫④撤膳房。

椽笔荒唐梦久虚，河阳才调问何如？罡风午夜忽忽甚，玉几休疑末命疏。

鼎湖龙去已多年，重见昭丘⑤版筑篇。珍重惠陵纯孝意，大官休省水衡钱。

金屋当年未筑成，影娥池畔月华生。玉清追著缘何事，亲⑥揽罗衣问小名。

---

* 据叶编本录入。按《拟古宫词》，文氏又尝题作“列代宫词”（见文氏手书赠李博孙条屏。下称“赠李条屏”）。录载此诗者，陋见所及，手迹有赠李条屏，收五首。手稿有《纯常子文稿》（稿本），收六首；影印手稿有影稿本，实收三十六首。刊本有叶编本收二十四首，孙话本收九首，另陈辑本、孙编本、晚晴本、阿庚本等刊本并收一首同。又，文氏《南旋》、《旋乡》、《湘行》三种日记内记作十一首。总计实得约四十首。但各本所收，总题《宫词》则同，题下分篇则或此存彼失、或彼录此阙；即若干首数本并收，而文字有所互异之外，尤其排列次第，后先迴殊；殊难以统一诠次，汇校为一。是故，兹予区划三类录校：刊本为一类，以叶编本及孙话本为主；手稿为一类，以影稿本为主；手迹为一类，即赠李条屏。如此分别录校，庶可省注语而便读者，兼存原貌以资研究。

① “妆”，影稿本作“装”。

② “剧”，影稿本作“可”。

③ 此句，同上作“大行未入瑶棺殡”。

④ “已报中宫”，同上作“已遣中官”。

⑤ “丘”，影稿本及《南旋日记》皆作“宫”。

⑥ “亲”，赠李条屏作“轻”。

桂堂南畔最消魂，楚客微辞[1]未忍言。只是夜深风露冷，黄舆催送出宫门。

九重高[2]会集仙桃，玉女真妃庆[3]内朝。末座谁陪王母席，延年女弟最娇娆[4]。

未央宫阙自峥嵘，夜静谁闻吠影声？想见瑶池春宴罢，杨花二月满江城。

河伯轩窗透碧纱，神光入户湛兰芽。东风不解伤心事[5]，一夕齐开白奈花[6]。

藏珠通内忆当年，风露青冥忽上仙。重咏景阳宫井句，菱干月蚀吊婵娟[7]。

千门锁钥重鱼宸[8]，东苑关防一倍真。廿载垂衣勤俭德，愧无椽笔写光尘[9]。

各倚钱神列上台，建章门户一齐开。云阳宫近甘泉北，两度秋[10]风落玉槐。

---

① “辞”，影稿本作“词”。

② “高”，影稿本两载此诗，皆作“仙”。

③ “庆”，同上一作“共”，一作“庆”。

④ 末两句中“席”、“娇”，同上皆作“宴”、“妖”。

⑤ “事”，《湘行日记》作“地”。

⑥ 《湘行日记》“光绪十四年二月二十五日”条记作此诗。

⑦ 此首，影稿本、《纯常子文稿》（稿本）及赠李条屏皆未收；晚晴本于诗话中录此首，谓是“咏月诗”；陈辑本、孙编本、阿庚本皆收录此诗而单出，题作“月”，且于篇末有自注语：“李义山《景阳宫井双桐诗》：秋港菱花乾，玉盘明月蚀。”（孙编本于末一字作“溪”，似误刊。）

⑧ 此句，影稿本作“千门鱼钥重严宸”，《旋乡日记》作“千门锁钥重严宸”。

⑨ 《旋乡日记》光绪十二年七月初四日记作此首。

⑩ “秋”，影稿本作“凉”。

月槛风阑[1]拟未央，少游新署艺游郎。一时禁褊抄传遍，谁是凌云韦仲将？

书省高才四十年，暗将明德《起居》编。独怜批尽三千牍，一篇[2]《研神记》不传。

水殿荷香绰约开，君王青翰看花回。十三宫女同描写，第一无如阿婉才。

手摘珠松睡不成，无因得见凤雏生。绿章为奏鹧仪殿，不种桐花种女贞。

诏从南海索鲛珠，更责西戎象载瑜。莫问渔阳鼙鼓事，骊山仙乐总模糊。

龙耕瑶草已成烟，海国奇芬自古传。制就好通三岛路，载来新泛九江船。

碧海波澄昼景暄，画师茶匠[3]各分番。何人射得[4]春灯谜，著得银靴便谢恩。

云汉无涯象紫宫，昆明池水汉时功。三千犀弩沈潮去，只在瑶台一笑中。

彩凤摇摇下紫霞，昆山日午未回车。玉钗敲折无人会，高咏青台雀采花。

筠蓝采叶尽吴姝，丝馆[5]风轻织作殊。新色绮花千样好，儿家提调费工夫。

斜插云翘浅抹朱，分明粉黛发南都。榴裙衬出鞋帮蝶，学得凌

---

① “阑”，影稿本作“廊”。

② “篇”，同上作“卷”。

③ “茶匠”，影稿本及《纯常子文稿》（稿本）皆作“棋匠”。

④ “射得”，同上两本皆作“巧射”。

⑤ “丝馆”，影稿本作“茧馆”。

波步也无?

春老庭花喜未残,云浮翠辇上星坛。缑山笙鹤无消息,惆怅梁新对脉难。

拟古宫词刊本之二*

鼎湖龙去已多年,重见昭丘版筑篇。珍重惠陵纯孝意,大官休省水衡钱。

桂堂南畔最消魂,楚客微辞未忍言。只是夜深风露冷,黄舆催送出宫门。

千门锁钥重鱼宸,东苑关防一倍真。廿载垂衣勤俭德,愧无椽笔写光尘。

水殿荷香绰约开,君王青翰看花回。十三宫女同描写,第一无如阿婉才。

手摘松珠睡不成,无因得见凤雏生。绿章为奏凰仪殿,不种桐花种女贞。

由来对语士人难,锁钥深严付内官。翠羽缥缨飞盖出,路人争作上卿看。

梨园子弟貌如仙,一曲琵琶万锦缠。新领度支三品俸,江南羞杀李龟年。

---

* 据孙雄《诗史阁诗话》,谓"文道希《清宫词》,均咏近三十年间事,最为雅赡可诵。兹录数首"云云。转引自钱仲联主编《清诗纪事》(江苏古籍出版社 1989 年)之"光绪宣统朝卷"内,"文廷式"名下。承张求会先生代为复印。按孙雄所录"《清宫词》",多与《拟古宫词》同,故为酌改今题。唯其中有二首("梨园子弟……""珍珠帘额……")为他本所无。末一首("穷海孤臣……")则叶编本(题作"雁")、影稿本(题作"咏雁绝句")皆不入宫词而另题单出,见前录。

珍珠帘额玉屏风，七尺珊瑚一树红。闻道宣仁传内敕，御珍移入永安宫。

穷海孤臣赋《式微》，鼓笳声紧帛书稀。洞庭张乐君须记，莫使冤禽海外飞。

拟古宫词稿本之一*

各倚钱神列上台，建章门户一齐开。云阳宫近甘泉北，两度凉[①]风落玉槐。

月槛风廊[②]拟未央，少游新署艺游郎。一时禁槅钞传遍，谁是凌云韦仲将？

拟古宫词稿本之二**

龙耕瑶草已成烟，海国奇芬自古传。制就好通三岛路，载来新泛九江船。

诏从南海索鲛珠，更责西戎象载瑜。莫问渔阳鼙鼓事，骊山仙乐总模糊。

碧海波澄昼景暄，画师棋匠各分番。何人巧射春灯谜，著得银

---

* 据影稿本录入。影稿本此二首别出，题作“拟古宫词（补录）”。又，此二首皆并见于叶编本。

① “凉”，叶编本作“秋”。

② “廊”，同上作“阑”。

** 据影稿本及《纯常子文稿》（稿本）录入。影稿本及《纯常子文稿》（稿本）此六首皆别出，而题作“拟古宫词（补录）”，各首次第亦同。又，此六首皆并见于叶编本。

靴便谢恩[①]。

云汉无涯象紫宫，昆明池水汉时功。三千犀弩沈潮去，只在瑶台一笑中。

斜插云翘浅抹朱，分明粉黛发南都。榴裙衬出鞋帮蝶，学得凌波步也无？

春老庭花喜未残，云浮翠辇上星坛。缑山笙鹤无消息，惆怅梁新对脉难。

拟古宫词稿本之三*

书省高才四十年，暗将明德《起居》编。独怜批尽三千牍，一卷[②]《研神记》不传。

水殿荷香绰约开，君王青翰看花回。十三宫女同描写，第一无如阿婉才。

彩凤摇摇下紫霞，昆山日午未回车。玉钗敲折无人会，高咏青台雀采花。

九重仙会[③]集仙桃，玉女真妃庆[④]内朝。末座谁陪王母宴[⑤]，延年女弟最妖娆[⑥]。

---

① 第二句"棋"，第三句"巧射"，叶编本作"茶"、"射得"。

* 据影稿本录入。影稿本此六首别出。又，此六首并见于叶编本。

② "卷"，叶编本作"篇"。

③ "仙会"，叶编本作"高会"。

④ "庆"，影稿本内另一处稿（见下录）作"共"。

⑤ "宴"，叶编本作"席"。

⑥ 影稿本，文氏于此首影迹上原加有记号，意在删去。"妖"叶编本作"娇"。

筠篮采叶尽吴姝，茧[①]馆风轻织作殊。新色绮花千样好，儿家提调费工夫[②]。

手摘珠松睡不成，无因得见凤雏生。绿章为奏鹑仪殿，不种桐花种女贞。

拟古宫词稿本之四*

谁遣匆匆唱渭城，接槃反复态纵横？龙舟才向花间去，唯听都昙小鼓声。

宿雨初收景色明，春光畅好语流莺。青州石末寻常得，不见当时宋广平。

拟古宫词稿本之五**

钗工巧制孟家蝉，孤稳遗装尚俨然。何似玉梳留别谱，镜台相伴自年年。

内廷宣入赵家妆，别调歌喉最擅场。羯鼓花奴齐敛手，听人演说蔡中郎[③]。

---

① “茧”，叶编本作“丝”。

② 此首，影稿本影迹原以小字写于“九重仙会……”一首（即此录上首）之行旁。

* 据影稿本及徐藏稿录入。影稿本及徐藏稿册此两首皆别出，诗题作“拟古宫词（补录）”，各首次第与文字全同。又，此二首，叶编本俱未收录。

** 据影稿本录入。影稿本此二十一首别出。内十二首叶编本未录，另九首并见于叶编本。又内四首并见于赠李条屏。又内十一首分见于《南旋》、《旋乡》、《湘行日记》三种日记内。

③ 《南旋日记》光绪十二年五月十六日记作此首。

鼎湖龙去已多年,重见昭宫[①]版筑篇。珍重惠陵纯孝意,大官休省水衡钱[②]。

新制冰船[③]学水嬉,海龙华服称銮仪。的卢跃过檀溪后,愁绝东风解冻时[④]。

由来对语士人难,锁钥森严付内官。翠羽彯缨飞盖出,路人争作上卿看。

千门鱼钥重严宸[⑤],东苑关防一倍真。廿载垂衣勤俭德,愧无椽笔写光尘[⑥]。

玉叶琼花写碧绡,上清粉本试兰翘。词臣未解长秋意,拟取新词[⑦]愧舜《韶》[⑧]。

桂堂南畔最销魂,楚客微词[⑨]未忍言。只是夜深风露冷,黄舆催送出宫门。

秋鹰劲翮带[⑩]波旋,喜见云章第一篇。秘殿抽豪诗思涌[⑪],河阳才笔本如泉[⑫]。

宝慈殿里问安回,歌罢琼花谏疏来。云暗苍梧悲帝子[⑬],湘妃

---

① "昭宫",叶编本作"昭丘"。

② 此首,《南旋日记》光绪十二年五月二十日记作此首。

③ "冰船",《南旋日记》作"冰床"。

④ 此首,《南旋日记》光绪十二年五月初九日记作此首。

⑤ 此句,叶编本作"千门锁钥重鱼宸",《旋乡日记》作"千门锁钥重严宸"。

⑥ 《旋乡日记》光绪十二年七月四日记作此首。

⑦ "拟取新词",《南旋日记》作"拟就题诗"。

⑧ 《南旋日记》光绪十二年五月二十七日记作此首。

⑨ "微词",叶编本作"微辞"。

⑩ "带",《南旋日记》作"帚"。

⑪ "抽豪诗思涌",同上作"乌毫尖褪损"。

⑫ 《南旋日记》光绪十二年五月初五日记作此诗。

⑬ "悲帝子",赠李条屏作"龙驭远"。

一曲使人哀。

富贵同谁共久长，可怜无术媚姑嫜。大行未入瑶棺殡[①]，已遣中官[②]撤膳房。

未央宫阙自峥嵘，夜静谁闻吠影声。想见瑶池春宴罢，杨花二月满江城。

锦绣堆边[③]海子桥，西风黄叶异前朝。朱墙圈后行骢断，十顷荷花锁玉娇[④]。

窄袖蛮靴学试鞍，娇羞常怯转旋难。更看戎服新奇处[⑤]，翠顶[⑥]朱缨衬紫冠[⑦]。

九重仙会[⑧]集仙桃，玉女真妃共[⑨]内朝。末座谁陪王母宴[⑩]，延年女弟最妖娆[⑪]。

河伯轩窗透碧纱，神光入户湛兰芽。春风不解伤心事[⑫]，一夕齐开白奈花[⑬]。

鹎鵊声催夜未央，高烧银蜡照严装。台前特设朱墩坐，为召昭

---

① 此句，叶编本作“房星乍掩飞霜殿”。

② “已遣中官”，同上作“已报中宫”。

③ “堆边”，《旋乡日记》初作“金围”。

④ 《旋乡日记》光绪十二年六月十六日记作此首。

⑤ “处”，《旋乡日记》初作“样”。

⑥ “顶”，同上初作“袖”。

⑦ “衬紫冠”，《旋乡日记》作“异样冠”。又，该《日记》光绪十二年六月十七日记作此首。

⑧ “仙会”，叶编本作“高会”。

⑨ “共”，叶编本作“庆”：又，影稿本此首另一稿（见前录），亦作“庆”。

⑩ “宴”，叶编本作“席”。

⑪ “妖娆”，叶编本作“娇娆”。又，此首影稿本有两稿（另一稿已见前录）。

⑫ “伤心事”，影稿本初作“伤心地”；《湘行日记》作“伤心地”。

⑬ 《湘行日记》光绪十四年二月二十五日记作此首。

仪读奏章[①]。

凤阁春深电笑时，昭容舞袖御床垂。《霓裳》未习浑闲事，戏取邠王小管吹[②]。

白符花向雪中开，不信昆明有劫灰。一色龙旗三十里，锦帆天上忽飞来。

金屋当年未筑成，影娥池畔月华生。玉清追著缘何事，亲[③]揽罗衣问小名。

千古汾阴后土祠，兰芳菊秀镇相思。天清地旷无终极，遥想璿宫夜织时。

列代宫词*

钗工巧制孟家蝉，孤稳遗妆尚俨然。何似玉梳留别谱，镜台相伴自年年。

水殿荷香绰约开，君王青翰看花回。十三宫女同描写，第一无如阿婉才。

由来对语士人难，锁钥森严付内官。翠羽彩缨[④]飞盖出，洛人[⑤]争作上卿看。

---

① 《湘行日记》光绪十四年二月二十六日记作此首。

② 《湘行日记》光绪十四年二月二十五日记作此首。

③ "亲"，赠李条屏作"轻"。

* 据赠李条屏录入。卷末原有题款曰："旧作《列代宫词》，杂录以应博孙三兄同年雅命。廷式"。共五首，并皆见赵影稿本录；又，内三首（即第一、第二、第五首）叶编本未录。

④ "彩缨"，影稿本作"影缨"。

⑤ "洛人"，同上作"路人"。

金屋当年未筑成，影娥池畔月华生。玉清追着缘何事，轻揽[①]罗衣问小名。

宝慈殿里问安回，歌罢《琼花》谏疏来。云暗苍梧龙驭远[②]，《湘妃》一曲使人哀。

九日梵王渡野眺*

闹蛾十里扬州市，戏马千年宋武台。今日水云乡里住，秋花微笑向人开。水云乡，茶肆名。

庚子乱后沪上有赠

翦翦西风入画楼，漫将杯盏餍深秋。伤心黄浦桥头水，只照朱颜不照愁。

莫因垂老话颠狂，子美诗中黄四娘。青裙缟袂窗前坐，残照西风柳带长。

望断天孙织女车，杜兰贫病尚移家。早知万劫成千劫，悔不江头学浣纱。

十年家国有沧桑，星换歌场更舞场。零落一枝谁可赠，寿阳珠翠不成妆。

---

① “轻揽”，影稿本、叶编本皆作“亲揽”。

② “龙驭远”，影稿本作“悲帝子”。

* 此首及下一首《庚子乱后沪上有赠》，皆据叶编本录入。

自题诗文稿册*

山川不发骚人兴,天地能知狂者心。凭仗纵横一枝笔,可怜无古亦无今。

石钟山楚军昭忠祠绝句一首

健儿百战分生死,楼阁初开杳霭间。我有春心不能写,梅花光里看江山。

宗室伯希祭酒为余书扇录己丑岁暮见怀绝句作此答赠

屈原遗篇二十五,不学渔父歌濯缨。清泉一勺已宿疾,森森桂树今冬荣。

附:盛昱原作*

天下无双文叔子,荒江老屋苦吟诗。起居八座韩元少,何似小长芦钓师?

---

* 自此首以下至《睡起》各首皆据影稿本录入。又,此首原无题,今题为编者代拟。

题万潜斋茂才立唐偕其友赵南浦《壶天石隐图》

伯阳洞上两参同，妙契全归象罔中。一笑相逢人海际，江湖十月有春风。

方壶圆峤不离心，大药何须世外寻。悟彻拈花微笑旨，可能迦叶入山深？

咫尺元知蹑碧虚，前吟后唱乐何如。他年海水成尘后，倘寄乖崖一纸书？

偶书一绝

筠管初书《女史箴》，秋河皎皎夜沉沉。相如自有凌云气，不受长门买赋金。

绝　句

高秋风物自悠哉，落日平沙万马来。牢落百年须一快，携壶独上妙高台。

黄河之水东入海，千里能无一曲时？每读竹林嵇阮事，令予旷代一沉思。

十丈缁尘染素衣，故山回首意多违。梁园赋客应惆怅，费尽黄金买昨非①。

萍　踪*

萍踪漂泊意萧疏，不向文君问酒垆。一种江南春雨夜，绛笺银蜡自钞书。

题《红线取钿盒图》为成子蕃作

美人剑侠气峥嵘，彩笔樊川为写生。千古英雄谁得似，鲁连一笴下聊城。

有　感

□南千里接青芜，桂浪萦洲日影晡。曾服玉芝三万本，可能无命待麻姑？

梦　里

梦里芝芙觉后疑，微风吹浪碧参差。清声传得《双莲曲》，知是

① 此第三首，并见于叶编本及陈辑本，皆单出，叶编本题作"都中偶作"，陈辑本题作"杂诗(都中作)"。

* 《湘行日记》光绪十四年二月十四日记作此诗，题作"雨夜"。又，《芸阁先生书牍》内刊有诗笺一件，录写此诗，题作"江南春夜"，末有题款曰"道希，时戊子立冬"。

龙宫爱楚词。

赠日本禾原侍郎*

平生熟读计然书，一舸江湖信所如。谁料饱餐鲸脍客，却来频钓四腮鲈？

洞箫吹彻起乡思，张俭无家浪走时。重过浔阳江上路，寒沙枯荻诵君诗。禾原①《九江舟中》诗有“寒沙枯荻茫茫水”之句。

大海风掀不尽澜，百灵杂沓②满真丹。知君别有苍茫意，醉倚危楼冷眼看。

怀旧绝句十首

丁酉秋，余游南昌翠岩寺，已倾圮，仅馀数椽；遇庐山至善禅师栖息于此，年八十四矣，专修净土，每日诵佛号二万声，数十年不辍。余讽以接引后进，虑有未备，而禅师殷勤恳到，劝余念佛，真可谓善者机也。其念佛之法，标举《普贤行愿品》，以“念念相应”为主，异于散心念佛者。迩来支那末法不绝如线，至善与石埭杨仁山居士，盖其卓卓者矣。

---

* 排稿本题作“赠日本永井次官”。

① “禾原”，同上作“永井”。

② “杂沓”，同上作“杂还”。

持诵佛号念相应[①],此境原通[②]上下乘。挂屧枫前感今昔,何缘[③]得遇雁门僧?[④]

南昌万潜斋秀才淡于荣利,不求仕进,初以母病习医,遂为名手。以求者多,遁而隐于乡。自其先世深通道家北派,潜斋苦心求师,又兼通南派,亦习释典。许余根器之深,欲有以见教。余明于昼夜之故,谓驻世永久,了无益也。潜斋又欲告我以剑术,其意至深厚。别来半载,未通音问,知其养母事毕,将入山求大丹矣。

龙宫秘方已研习,马鸣奥义还兼搜。要知夙世仙缘重,好向重阳派下求。

德化蔡东孙校官泽宾,学术雅正,制行修洁,安贫自乐,屏绝干请。尤熟于唐人诗,手钞唐集数十种;曾注《渊明集》,书已成,殁后未知能刊行否。己丑夏秋间,共寓南昌城北东岳庙,乐数晨夕,谈艺析理,甚相得也。

东孙古淡见须眉,下士相逢或笑之。犹记索居萧寺日,短檠秋雨夜谈诗。

新会陈庆笙秀才树镛,少余三岁。丁丑秋,余由江西回粤,问陈东塾师:近得佳士否?师告余曰:新会陈庆笙,年少,深通经学,后来之彦也。因得与交,论古今学术流变,往往相视而笑,莫逆于心。庆笙孟晋追群,殆罕其匹,于汉学为专门,而尤服膺宋儒,律己之严,家门跬步,必于礼法。父丧,服麻衣三年

① 此句,叶编本,陈辑本作"云山踏破万千叠"。

② "此境原通",同上两本作"宗说遥通"。

③ "何缘",叶编本作"缘何"。

④ 此首,叶编本、陈辑本皆予单出,并无序说。叶编本题作"岁暮怀寄禅",陈辑本题作"岁暮怀寄禅(怀人诗十首之一,己亥。)"

不除。常与余同纂《三代会要》，发凡起例，规模粲然，惜因人事而辍。比余饥驱南北，戊子在浙江得粤友电，则庆笙死矣。天不欲昌东塾学派，遽夺此人，百身何赎！其所著《汉官答问》，广雅书局刊之，豹文一斑，未足彰全体也。

东塾谈经息众争，乾嘉学派有干城。此才不得过三十，泾渭从谁辨浊清？

汉军延煦堂延暄，许姓。郎中，余曾题其北山居室壁，振奇士也。少随其父长赓山东按察使任时，盗贼充斥，煦堂百战却之。及还京师，跌宕棋酒，不任官事，偶作诗，皆有新意。使其子受业于余。病重时，谓其子曰："尔告文师：国家事如吾病，已不复可治，无徒迂直为也！"将病且死，既属纩，忽张目诵放翁诗曰："山穷水尽疑无路，柳暗花明又一村。"乃笑而瞑。其从容来去，有足多者。

君自渭南玩花柳，我凭楚老惜膏兰。嬴颠刘蹶参差变，鹄白乌玄一例看。

乌程徐次舟知州赓陛，有吏才，勇于任事，顾以此得罪巨室，亦聊自憙。上官或知其能，而恶之者众，辄为言官所劾，一黜于广东，再黜于山东，三黜于江南。年垂暮矣，穷迫无俚，乃走黑龙江理金矿事，又被劾去。余与之交廿年，江海栖迟，未知踪迹。顾其器干英异，熟于掌故，虽侘傺不遇世，亦不能没其实也。

露才扬己史所戒，抑强扶弱世所称。徐君得失我能说，嗟哉郭琇与彭鹏。

仁和冯植甫，与余幼同笔研。稍长，精绘事，同人称之，风度雅令。年十九卒。所聘张氏女，梦其来诀，告以死状，要以守贞。张氏竟践其言。先是植甫之大门中少蘅先生与先大夫诗酒至契;余十岁时同学为试律课会,先生以“鸿雁几时到”命题,余诗有“凉风起燕赵,秋水隔江淮”一联,先生许为诗人吐属,赠以御墨锦匣数事。今闻张氏女为植甫立嗣,浙江乱后,近属无人。两世故交,悯其不祀,追怀童丱,恻怆于怀。

椒红竹碧珠兰香,读罢往往骑坏墙。殡宫棠梨谁复吊,我今揽镜鬓毛苍。

上元章滁山茂才绶,初久游江西,又寄籍为南昌县附生。能篆书,曾授读戴可亭相国家,及见余外曾王父刘金门先生。丙子归试,见之南昌,年八十九矣,谈论甚洽,貌古词直,殆非时人。丁丑秋间,余病卧东湖刘氏学圃,(涂)〔滁〕山来视,扶杖至榻前,曰:“余老羸不任登陟,十年来不上楼矣,今日为君故自强力也。”年九十三卒。八法健整,兼通小学,志书家者幸勿遗之。

高年健笔迈朋侪,拙重偏与俗未谐。偶述相门遗轶事,欲编小说继容斋。滁山不信鬼神。然尝言馆可亭相国家时,道光初年,相国忽被召入都,未知吉凶,请乩笔问之。先是相国每请问,必使其侄与甥扶写。是日急唤二人,均不在宅,遂别用他人,俄而乩笔摇动,画沙成“合手少”三字。以为扶写者不合法,又以二人易之,则仍书“合手少”,遂辍不请。滁山时恶其事,不欲观,背手行廊檐下,亦不为意。乃未久而相国以山陵事发拿问抄家,方知“合手”者“拿”字也,“手少”者“抄”字也。山鬼能知一岁事,岂不信然。

石埭杨仁山居士文会,深通释典,广约同志重刻《释藏》;又与日本僧南条文雄约,凡宋以前经典著述未入《大藏》,日本有之而支那阙佚者,寄归刊布,得千馀卷。如隋智者之台宗、唐一行之密教,皆鸿宝也。慧镫留照,于斯可信;任荷大法,非君而谁?余与交十年,叹为古德。又且历游欧土,精研西学,多闻好善，望之盎然。专习华严贤首宗派，兼修净土，往生之愿，当自践之。然岂徒莲宗之嫡子，要为金粟之功臣也已！

狮子身虫自吃肉，百年象教将沉湮。佛门倘有策勋簿，君是白马驮经人。

江宁吴兰如主事双，道光戊戌进士。余见之之时，年已七十。每过谈宴，必竟一日。六月盛暑，衣裘不汗。谓余曰："隋代禁谶讳学，使天地秘奥，世末由知，其恶同秦焚也。第习之亦无益，虽前知不得泄，故不欲传人。"箸书数万言，赠人，人无解者。然闻其轶事：道光之季，知世将乱，慨然南归。咸丰初年，粤匪才起，兰如折草觇之，知秣陵之地终为贼巢，惟彼豫章可以避乱，乃挈家西渡，寓居终身。在昔典午分崩，郭氏揲蓍，桑梓龙荒，竟如所筮。绝学必续，殆在斯人。聊缀小诗，用传艺术。

坎四爻辰郑君误，七政以齐旧句讹。兰如谓余曰："'坎六四爻辰'，郑君说逆数顺数，皆不合，误也。又，《尚书》'在璿玑玉衡以齐'当句绝，'七政'二字别为句。我不箸经学书，异日入君书中，不必标我说也。"余鲁钝，但知爻辰定法，不能引伸其说，仍录存兰如语，以见其经术之一斑。东湖重过廿三载，芜绝邵生安乐窝。

四　　皓

鸿鹄高飞听楚歌，安刘心事较谁多。留侯自解师黄石，奈此商山四皓何！

秋夜渡洞庭湖玩月口占

秋湖平满镜新磨,处处凉蟾浸碧波。今夕大千同一色,月轮不羡土星多。

追题陈竹香前辈《玉堂补竹图》二首录一

莫问琅玕十万枝,凤巢鸾穴尽堪悲。銮坡老吏应犹在,能说东坡视草时。

樱花绝句四首*

崇桃积李斗芳华,海外寻春兴更赊。十日淹留何所事,少陵拟赋海棠花。

游屐声喧笑语和,鹍弦象拨唱倭歌[①]。醍醐故事无人记,独对繁花唤奈何。

莺声霞外《霞外莺》,和歌题目[②]。唤春回,十里云光锦障开。如此仙山真缥缈,玉环金钿倘归来[③]。有"杨贵妃樱"一种,宋景濂曾咏之[④]。

---

* 《纯常子枝语》亦录载此四首,题作"樱花绝句"。

① 此句,《纯常子枝语》作"鹍弦象拨奏倭歌"。

② "题目",《纯常子枝语》作"篇名"。

③ 此句,同上作"玉环何日肯归来"。

④ 此首篇末之自注语,同上作"樱花有'杨贵妃樱'一种。或云:长崎某山,即鸿都道士遇贵妃之仙山也"。

人间何路海漫漫，雪白嫣红子细看。独立无言桃李外，夜来风露恐高寒。

海上杂咏四首

书成乞米兴翛然，不道明朝是禁烟。粤卵岷鸱粗办得，鞆饥已疗便高眠。

貊炙胡床久自便，此心安稳即随天。加非味俊何如茗，锡拉花红不论糎。

万里尝新荐玉盘，波萝荔子一时鲜。韩公口腹输吾辈，鲸鲙来从日本船。

末陀酒热态娇妍，鍮石光新映马鞭。日晚梵王泾畔过，风香疑遇散花天。元微之《估客乐》诗："鍮石打臂钏。"

科举变制戏题人试卷后

何人真出一头地，此际须成八面锋。我较晦翁评饮如，三淋笮酒味犹酴。

王昭君二首

莫道君王信画师，天骄从古抗旌旗。单于亲拜彤墀下，为问当年拟遣谁。

绝代娇饶宁寂没，可怜此意自英雄。知君不是中行说，更有琵琶忆汉宫。

萍乡亦产水仙花与闽产不殊惟花朵略稀耳口占二首癸卯正月*

昔日河边多解神，凌波罗袜偶相亲。谁知万壑千岩里，一笑重逢绝代人。

风裳水佩态姗姗，惜别无心忆远山。自是澄波衣不染，烦卿仍捧旧花还。

睡　起

睡起茅檐闻鸟声，终风苦雨一时晴。道人暗惜春光去，且领儿童看晚耕。

己亥十月重过九江口占**

爊轮往复故无穷，滨海经年作寓公。翘首匡庐山色在，日华朝绚五云中。

* 诗题内第二字“乡”下，原有“近”字，似经乙去。其第二首，篇首原有“又”字。又，第二首原以小字写于上一首末句之行下余地内。

** 此首及下录《雪舟口号》（七绝四首）皆据排稿本录入。

雪舟口号

参禅不解水潦鹤，过客偶吟山鹧鸪。便拟扁舟赋《招隐》，白头容易老江湖。

雪遍千山与万山，琼楼玉宇在人间。惜无红袖为添酒，有时白鸥相对闲。

片片侵窗灯不然，撒盐投米更愁煎。倚床聊作空花观，僮仆惊人夜不眠。

邻舟忽听歌宛转，宛转恰应楚歌声。湘波冥冥湘月白，千秋万古骚人情。

题西蠡《秋窗论画图》*

静对支硎山色深，碧□梧竹助清吟。施朱着墨应难定，谁识高柔爱玩心。

图中长驻饵芝颜，薮佩歌成且闭关。如此江南好风月，不教徐淑忆关山。

立春杂咏**

江头拄杖几回过，滑笏依然万顷波。黄浦帆樯日无尽，猜风详

* 据《伐山取材》（稿本）录入。

** 据徐藏稿录入。原稿最后一首天头有眉批曰"共廿四首"。按，实作二十七首，但其中"江头拄杖"、"车马而今"、"玻璃本色"三首加有记号自予删去，故曰"共廿四首"也。

景占尼罗①。

薄暖吴棉恰换人，阳回大地早知春。理查莫漫寻新醉，法国胡餐向晚陈。

车马而今出郭便，故家池馆尽苍烟。静安寺废生春草，闲煞当年趵突泉②。

泥城桥外柳丝长，夜静戈登路有霜。行近街前亦欢喜，鹭冠珊佩自西方。斜桥南路，西人名曰“欢喜路”。

巍巍剧馆度春宵，门第金张自郁苕。骑马斜桥难独倚，果然红袖满楼招。此用韦端己词，非有所指，毋害意也③。

名园久已著知闻，底事方为解佩群？猛过阶前猛回首，此中深处有微云。

志残北里若为容，红袖长时醽酒钟。深愧十年怜豆蔻，青楼我亦赋芙蓉。

剧字唐人说部多，朅来观伎兴如何。惊鸿一种宜人处，齐颂名优小子和。

上之回汉时朱鸢乐府之名。曲杂难听，蕃部来唐别有音。演出古时罗马事，女王一传总关心。

绝妙都卢戏未央，天梯谁遣汉时方？魏文高校弹棋罢，郁郁华灯夜有光。

伶隐能编《宋党碑》，春仙剧院尚能奇。只愁《五彩舆》归后，犹是《胭脂判》起时。新传剧本，以此三者括之。

新闻海若贡花多，天演留良唤奈何。中有一枝难触手，文忠遗

---

① 此首，原稿自加记号删去，旁改作“薄暖吴棉”一首。

② 此首，原稿自加记号删去，旁改作“泥城桥外”一首。

③ 此三句注语，原稿自加有记号删去。

謚我颜酡。洋种花,以水仙及下首所咏"维多利亚"括之。水仙有"卑士麦"、"拿破仑"诸名,而"李鸿章"一种与焉。

南部瞻瞻献瑞花,维多利亚灼其华。君王已去麦邱老,无复尧阶迎辇车。

愚园小筑倚洋行,怒马偏驰挟弹郎。古井吴时有题志,黄鹂他日傍祠堂。愚园之地,或云将作李文忠公专祠。

虹口前朝旧有名,摩挲谁索断碑横?骄军日暮携残兔,英舰方屯夹水浜。

浦前杨树隔春潮,铁轨移从第五桥。伏处颇闻修浚约,龙荒剪脉有馀嘲。杨树浦迤北,水汇为湖,而岸为之界,不通黄浦。淞沪铁路所以从天后宫,避此湖之流域也。近闻修浚浦江之议,西人将利用此湖以资工事之便云。

梵王古渡逐春风,佛土于今塞德崇。只惜龙华花事早,更无桃树暎人红[①]。

徐家汇路拥高台,文定当年白马来。一自铜蛇攀架后,独怜震旦有遗斋。

腊丁种族孕遗魂,当日谁为"葛德"言?密采里前波朵醉,胡雏方倚上东门。法租界,译音为"葛德卢",盖专管租界之称,法人殆视为殖民地云。

松江古亦号三江,江外楼船尽列艟。只恨鹫旗春飐漾,鲸鲵不剪遂多哤。此感近日满洲船事。

传单宣出万人看,鱼鳖桥头已置官。为语红旗休报捷,江鲥如雪好风寒。陈迦陵词:"好风休荡战旗红,好送鲥鱼如雪过江东。"

铜人抱箭又新年,阴历由来视定躔。无限呼鸾驰汉道,何从返

① 此首,原稿自加记号,其意似初欲删去而终未予删。

鹤问辽天[①]。

九夷嬉风自年年，新党皆浮日本船。断发文身有遗恨，苍黄岐路我潸然。

按歌谁赋《少年行》，中国前途溯味莼。额发垂垂袖深窄，迷离扑朔更难名。

美人居处郁金堂，此是延陵剑气光。翠羽缥缨飞辇过，山河仪貌帝王装。以下三首，皆本事也。

玻璃本色自恢恢，吾党方传美术才。拟摄乾坤双绝影，此杯宁遣继鞋杯？[②]

云窗雾阁尽多疑，海汋珊瑚事可思。此际花园桥畔过，恰如天女散花时[③]。

诗钟一则*

英雄大泽思屠狗，风雨寒江独打鱼。

---

① 此首，原稿自加有记号，意似初拟考虑予删去而终未删去。

② 此首，原稿自加有记号，意在删弃。又，天头书有“删”字。

③ 此首天头，有眉批曰“共廿四首”。

* 据陈琰《艺苑丛话》。谓“某君一名大风，在京师日，尝邀诸客饮于其家。席间有狗，风子怒而逐之。座客因举‘大风打狗’四字限作诗钟，文芸阁学士应曰”云云。转引自钱仲联主编《清诗纪事》（江苏古籍出版社 1989 年）之“光绪宣统朝卷”内，“文廷式”名下。承张求会先生代为复印。《清诗纪事》原标题“句”，兹为酌改今题。按李伯元《南亭四话》（1985 年上海书店据大东书局 1925 年版影印本）卷九《庄谐丛话》，有《南皮诗钟》一章，述之无异，文字尽同。孰为初源，俟考。

未成诗稿一*

浊醪有妙理
阆风入辙迹
台星入朝谒①
碧海挂新图
春城回北斗
树盘已颂花
□□□□□②
气冲星象表
诣绝古今迷
影静千官衷
门求七祖禅

未成诗稿二**

元朔回天步
重碧拈春酒　　临轩对玉绳
朝光切太虚
即事须尝胆　　喧争懒著鞭

---

* 据《补过轩文稿(第三册)》(稿本)录入。原无题,今题为编者代拟。

① 此句,原系书写于"阆风"句与"碧海"句两句(每句一行)之行间。

② 此行原稿空白,似留待后补者。

** 据《补过轩文稿(第三册)》(稿本)录入。原无题,今题为编者代拟。

不才同补衮　　忧国愿年丰
天路牵骐骥
佳人指凤皇
衮职曾无一字补①

家声同令闻
讲殿辟书帷

未成诗稿三*

麻衣如再著，筦酒已三淋。

未成诗稿四**

眼中人已垂垂老，天外山惟黯黯青。

附录：《云起轩诗录》跋***

《云起轩诗录》一卷，萍乡文道希学士之遗诗也。嵩构云颓，牙弦既閟，遗尘波荡，穷年未集。爰摭所见，汇为是编。

---

① 此下，原稿空白一行。

* 据徐藏稿录入。仅此二句。原无题，今题为编者代拟。

** 据《画墁杂录》（稿本）录入。仅此二句。原无题，今题为编者代拟。

*** 据陈诗辑刊本《云起轩诗录》录入。原无题，今题为编者代拟。

遐忆学士癸巳试士江南，一时苏、皖俊才，胥出门下。余以布衣，不获睹末光，闻人言学士为今时欧、苏，亦心焉识之。

无何，丙申之春，又闻学士以直言被放，行吟江海，境愈厄而名愈尊。益叹《诗》美补衮之阙，《易》著匪躬之节。今兹学士，实惟其人。

迨庚子之秋，余作沪游。惊霆浊浪，八国师旅，方陵突中原。日薄崦嵫，江关萧瑟，被褐于道，歌"板屋"之诗。学士一见，奖成弗遗。余遂屡以诗篇请质，学士时复正其讹谬、匡其蚩陋。既久，不见辄讯人曰："子言犹在沪耶?"壬寅，烽燧清宴。学士春晚还萍乡山中，犹召剧饮，乃别。

甲辰初夏，重来逆旅。出示《山居》排律、绝句诸篇，笑顾曰："予近嗜皮、陆，趋于此涂。试为衡之，果似也欤?"诗受而读之，如遘《太元》之经，曼哦"月蚀"之什，惊为鸿宝，假录一通。

不谓商飚再驾，墓草已宿。重展斯卷，缅想风烈，言笑若接，渺焉隔世。顽钝濩落，惭负夙顾，伤秋怀旧，不自知其涕泗涟而已！时距学士捐馆，适四阅年载。

光绪戊申八月，庐江陈诗敬跋

附录：为潘兰史题吴彦复赠本《云起轩诗录》*

云阁平生诗最多，约有千首。闻其家人藏稿，待重价以沽。庚

---

* 据原题手迹录入。原题于吴彦复手赠潘飞声（兰史）之《云起轩诗录》刊本（钤有"潘兰史"之白文方印）卷首。原无题，今题为编者代拟。按庚戌，为清宣统二年。

戌五月十三日,送老兰兄出都,小住津门,同访吴彦复,手赠此卷。非云阁诗之至者也。

沈宗畸识

附录:《文道希先生遗诗》叙*

廿载前,吾师萍乡文道希先生既殁,恭绰撰挽诗,久而不成。盖情绪烦怫,哀至于无文,遂无以自达也。既乃思辑其遗著。询诸师之子永誉,知强半散佚,仅《晋书艺文志》暨《云起轩词》先刊行者犹传于世。为怃然者久之。

恭绰丱角从师游,师所以抚爱奖进之者,甚至常寓书南昌家中,任绰纵览所藏典籍。绰得觕通书史者,实由于此。又庚子谒师海上,师教以为诗之道甚悉,且举自作《过祆祠》七律为例;又喜绰所为《游仙》诗,以为雅丽,对人恒称道之。今忽忽将卅载,宛在心目,而遗书散尽,所著亦罕存。嗟夫!以师之才雄气猛,事功不就,乃并区区简册之流播而亦靳之耶?乃誓为搜集。越十载,未有所获。久之,闻湘中有藏师遗稿者,未得见。继乃得诗二卷。忆少时曾读师诗稿,审非其全。复致力访求,期成完帙。凡三载,共得诗如干首。携至海上,与永誉共校之。二人之意,以为人事无常,宜先印诗稿,徐及其他。乃举付手民,徐俟别谋剞劂。

是为序。

十八年七月,番禺叶恭绰

---

* 据《文道希先生遗诗》(叶恭绰编,民国十八年序刊本)所载原《叙》节录收入。

附录:关于李氏家藏文廷式稿本之整理*

文氏天才横溢,学问野心很大,这样的人,多数花样甚多,而又“为功不卒”半途而废。

这和文氏个人两项坏习惯有关,一个是喜欢随意起斋名,如“知过轩”、“补过轩”、“思过轩”、“云起轩”,以及“芳荪室”、“美意延年室”等,往往同样内容,在这一册名“知过轩随录”,在另一册又叫“补过轩丛钞”。又一个名士派的坏习气,兴致来时,顺手拿起一册簿子他所用多半是琉璃厂纸坊所制大小不同的红格子簿,间有绿色格子,但甚少振笔疾书,或洋洋洒洒,连篇累牍,或心不在焉数行而止,下次兴趣再来时,既不定在那一方面,更不知随手写到那一本簿子去了。我们整理所见几百首各体诗,就散在各处,纵有一二册全部是诗,封面却题作“纯常子文集”,没有一本题作“诗集”的。这虽合于六朝笔附于文的时尚,却与后代用语大相径庭。

最后谈到李玄伯先生所藏文稿的流传经过。此批手稿原是玄伯先生的老泰山易寅村(培基)先生所有,间有易氏批注或题耑。其中又有少数曾经柯凤荪先生过目,如“元史西北地附录考”,后面有柯先生跋语可证。玄伯先生富于收藏,行箧万卷,清理不易,我们倒很希望里面还有不少文廷式的遗墨,待我们慢慢儿耐住性子去发掘。

赵铁寒

---

* 据赵铁寒编《文芸阁(廷式)先生全集》(沈云龙主编《近代中国史料丛刊续编》本,台北版)卷首《出版简介》节录收入,并为代加今题。《出版简介》原署名作“大华印书馆编辑部”,撰时在一九六九年十一月。

卷四　词录

虞美人*

眉上鸦黄钗上凤，压得春愁重。竹梢清露滴阑干，中有湘娥幽泪不曾弹。　　莺慵蝶倦都无赖，薄恨屏风外。博山垆子篆香熏，不信垆烟散后作行云。

浪淘沙

寒气袭重衾，似睡还醒。垆香静爇夜沉沉。起视阶前明月影，云合如冰。　　岁序使人惊，染尽缁尘。寂寥空草《太元》经。别有苍茫千古意，独坐观星。

蝶恋花

若使他生真个有，拌却今生，情与秋俱瘦。月影笼纱霜拂袖，

---

* 自此阕以下至《疏影（为思惠斋主人题蓬莱春影图）》，皆据《同声月刊》所载龙沐勋《重校集评云起轩词》一卷《补遗》一卷（以下称“龙校本”）录入，次第亦如之。龙校本，据龙氏自述，“序次一依手稿本”，（按即王氏娱生轩影印本《云起轩词文道希先生手稿本》，下称“王影本”。）“其为手稿本所无，而见于徐刊（按即徐氏《怀豳杂俎》刊本《云起轩词钞》，下称‘徐刊本’）或他人撰述者，则别次为《补遗》一卷”。

红闺此夜凉初透。　　最是闻歌兼中酒，镜里芙容，一霎容消受。昙誓深深天听否，绸缪洛浦神归后。

枭枭茶烟心绪乱，漠漠轻轻，魂在梨花苑。料得海棠春睡倦，梦回愁听莺声颤。　　几日浮生偏聚散。只有情深，不似天河浅。瑶井辘轳声宛转，斑骓那系垂杨岸？[1]

一片闲愁无处著，空里游丝，直任风飘泊。望断阑干天一角，夕阳那似春魂薄。　　青鸟无端传密约，玉印檀痕，莫负香香诺。王母桃花开又落，彩云梦远闲池阁[2]。

贺新郎*

别拟西洲曲，有佳人高楼窈窕，靓妆幽独。楼上春云千万迭，楼底春波如縠。梳洗罢、卷帘游目。采采芙蓉愁日暮[3]，又天涯芳草江南绿。看对对、文鸳浴。　　侍儿料理裙腰幅，道带围近日宽尽，眉峰长蹙。欲解明珰聊寄远，将解又还重束。须不羡、陈娇金屋。一霎长门辞翠辇，怨君王已失苕华玉。为此意，更踯躅。

---

① 徐刊本、《云起轩词钞》（长沙振华印书局刊本，下称“振华本”）、原燕京大学藏佚名钞本《云起轩词钞》（下称“京钞本”）于此阕下列“九十韶光……”一阕。

② 徐刊本、振华本、京钞本此阕别出。

* 叶恭绰据其所藏文氏手稿，按称“先生极自喜此词，谓颇得东坡之神，盖由‘乳燕飞华屋’脱胎也。原稿，此为戊子年正月出都赴天津道中作”。编按：文氏《湘行日记》记此词撰作情形，见该《日记》光绪十四年正月廿四日所记，文字略有不同。叶氏按语，下作“叶按”。

③ “暮”，徐刊本及长沙《大公报》连载《芳荪室词录·沪上集》皆作“莫”。《芳荪室词录》内分《沪上》、《岁寒》两集，下称“沪上本”、“岁寒本”

桂殿秋*

吹玉笛，过江干。十分春思已阑珊。晓风残月无多地，便作天涯柳絮看。

风流子 江楼夜眺

卷[①]书抛短枕，江楼迥，倚槛看疏星。但峭风透幌，丽谯声急；湿烟迷渚，渔火光冥。渺何许，山芜添秀色，湘芷[②]接馀馨。檀板自歌，一丸月暗；玉觞豪酌[③]，八表云停。　　沉忧无端起，哀鸿怨，举世有耳谁听？天际水何澹澹，山自青青。算沧海生桑，春归汉燕；汴堤无柳，秋老隋萤。只恐铜仙泪尽，露冷金茎。

鬲溪梅令 咏鸾枝花

妆台长记别离时。小横枝，几度疑桃辨杏眼迷离。玉纤匀淡脂。　　女床何处问[④]鸾栖？未归迟，偷[⑤]把玉箫闲倚月明吹。锦

---

* 叶按："依先生《日记》，此首乃戊子年二月在上海作。自注云：余前岁与诸友游此，今诸友之所识者皆他去，故有柳絮之慨。"编按：文氏《湘行日记》记此词之撰，见该《日记》光绪十四年二月初二日所记。

① 龙校本录王瀣手批徐刊本校语（以下称"王校"）谓当是"倦"字。

② "芷"，徐刊本、振华本、京钞本及《纯常子文稿》（稿本）均作"茝"。

③ "酌"，徐刊本、振华本、京钞本皆作"举"。

④ "问"，徐刊本、振华本、京钞本及《纯常子文稿》皆作"觅"。

⑤ "偷"，徐刊本、振华本、京钞本、《纯常子文稿》皆作"自"。

衾春思迷。

上 西 楼

红愁绿怨谁家？夕阳斜，青草池塘阁阁数声蛙。　　揽青①镜，理残鬓，别情赊。此夜月明霜信到天涯。

蝶恋花 戏赠伯严②同年

细雨轻尘春窈③窕。看尽红嫣，自觉孤芳好。系马垂杨临大道，更无人处多幽草。　　六曲屏山归梦绕。油壁香车，何计迎苏小？纨扇无情金钿杳，高楼日日东风峭④。

临江仙 壬午广州作*

伏雨初收阑槛润，葛衫蕉扇新凉。一年休负好时光。诗教蛮婢读，酒对马军尝。　　他日谁修《舆地志》，岭南即是吾乡。异名掇拾补《群芳》。龙牙和粥碗，鹭爪压钗梁。

---

① “青”，徐刊本、振华本、京钞本、《纯常子文稿》皆作“清”。

② “伯严”，徐刊本、振华本、京钞本皆作“陈伯严”。

③ “窈”，振华本、京钞本均作“窔”。

④ “峭”，徐刊本、振华本、京钞本皆作“老”。

* 徐刊本、振华本、京钞本及《纯常子文稿》“作”字上皆有“旧”字。又，《纯常子文稿》于此题下仅有“伏雨初收”一阙，无“岭表寻春”一阕。

岭表①寻春春色②异，木棉处处开花。橹③声人语共咿哑。蛮神依柽栝，水市足蠔虾。　　一曲招郎才调好，道光间，招子庸④孝廉作《粤讴》，词甚凄丽。闲听蜑⑤女琵琶。翦风丝雨送归雅⑥。近来情性别，不吊素馨斜⑦。

蝶恋花

九十韶光如梦里。寸寸关河，寸寸销魂地。落日野田黄蝶起，古槐丛荻摇深翠。　　惆怅玉箫催别意。蕙些兰骚，未是伤心事。重迭泪痕缄锦字，人生只有情难死⑧。

漫⑨卷真珠云影瘦。不怕春寒，只怕春归骤。水远山青凝望久，几重芳树遮亭堠。　　似锦年光浑异旧。为问东君，好与谁相守？燕懒莺娇知恨否，绿阴阴处初长昼。

每到河桥临泊处。百草凄迷，总碍行人路。回棹却寻前日渡，汪汪新涨归程阻。　　人世几回伤岁暮？春也莺飞，秋也螿啼苦。

---

① “表”，徐刊本、振华本、京钞本皆作“外”。

② “色”，同上三本皆作“景”。

③ “橹”，同上三本皆作“艣”。

④ “庸”，龙校本作如此。然王影本、徐刊本、振华本、京钞本皆作“容”。

⑤ “蜑”，徐刊本、振华本、京钞本皆书作“蛋”。

⑥ “雅”，徐刊本、振华本、京钞本作“鸦”。

⑦ “岭表寻春”一阕，徐刊本、振华本、京钞本皆别出，题作《广州舟中作》。又，叶按：“此乃少作。应列前。”

⑧ 此阕，徐刊本、振华本、京钞本皆上接同调“袅袅茶烟……”（见前录）一阕；而王校云“另入亦似未合”。此阕撰时，叶按云：“依先生《日记》，此为光绪十二年出都日作。”编按：文氏《南旋日记》录此词，见该《日记》光绪十二年四月廿八日所记。

⑨ “漫”，徐刊本、振华本、京钞本、沪上本皆作“手”。

欲赋[①]闲愁愁万绪，寒衾[②]卧听萧萧[③]雨[④]。

水龙吟

落花飞絮茫茫，古来多少愁人意。游丝窗隙，惊飙树底，暗移人世。一梦醒来，起看明镜，二毛生矣。有蒲[⑤]萄美酒、芙蓉宝剑，都未称、平生志。　　我是长安倦客，二十年软红尘里。无言独对，青灯一点，神游天际。海水浮空，空中楼阁，万重苍翠。待骖鸾归去，层霄回首，又西风起。

点绛唇*

惜别经年，愔愔长忆君[⑥]知否？近偎罗袖，蜜[⑦]意花房逗。借看钗鸾，私掐纤纤手。端相[⑧]久，眉痕依旧，只是梨[⑨]涡瘦。

---

① “赋”，徐刊本、振华本、京钞本、沪上本皆作“解”。

② “衾”，同上四本皆作“窗”。

③ “萧萧”，同上四本皆作“潇潇”。

④ “漫卷真珠……”、“每到河桥……”，此二阕，同上四本皆别出。

⑤ “蒲”，徐刊本、振华本、京钞本，及叶恭绰编《全清词钞》录此词，皆作“葡”。又，“有蒲”二字，龙沐勋辑《文芸阁先生词话》收狄葆贤《平等阁诗话》一条，录此词作“看葡”。

* 文氏《旋乡日记》录此词，题作“阅李清照《漱玉词》拟作《点绛唇》一首”。见该《日记》光绪十二年七月十七日所记。

⑥ “君”，徐刊本、振华本、京钞本、岁寒本及《旋乡日记》，皆作“卿”。

⑦ “蜜”，徐刊本、振华本、岁寒本作“密”。

⑧ “相”，《旋乡日记》作“详”。

⑨ “梨”，徐刊本、振华本、岁寒本及《旋乡日记》作“黎”。

鹧鸪天 即事

劫火何曾燎一尘，侧身人海又翻新。闲拈[1]寸砚磨砻世，醉折繁花点勘春。　闻柝夜，警鸡晨，重重宿雾锁重闉。堆盘买得迎年菜，但喜红椒一味辛。

腊鼓声中醉一杯，世情不复强安排。错从蚁穴闻牛斗，自纵鹏天任燕猜。　看傀儡，卖痴呆，草头木脚[2]满槐街。祥云辉映三千界，曾向[3]崆峒访道来。

满庭芳[4] 拟秦少游

蘸水兰红，黏天草碧，征帆初过潇湘。别时不觉，别后转凄凉。前路烟波浩渺，行行远触绪堪伤。云间雁，月明孤影，愁绝楚天长。

思量。他日事，心期暗卜、灯穗成双。但千万丁宁，莫损年芳。牢系同心结子，五湖约头白何妨。风兼雨，梦魂难度，欹枕听寒江。

---

① “拈”，王影本初写作“凭”；徐刊本、振华本、京钞本、岁寒本及《纯常子文稿》皆作“凭”。

② “脚”，京钞本作“角”。

③ “向”，王影本初写作“见”；徐刊本、振华本、京钞本、岁寒本及《纯常子文稿》皆作“见”。

④ 王影本误写作《满江红》调，兹依徐刊本、振华本、京钞本、沪上本及《湘行日记》等改作《满庭芳》。又，叶按云：“此亦戊子去湘作。先生《日记》中自注云：此词微具北宋体。然以示王木斋，又将谓有所指矣。岂非痴人前不得说梦乎？明到金陵，将以示之，为一笑也。”编按：文氏《湘行日记》录此词，见该《日记》光绪十四年四月廿八日所记。

青玉案　旅况*

东风绿遍①江南草。偏作客，长安道。寒入灯花愁悄悄。漏声凄紧，云容惨憺，不是天将晓。　　饥鼯啮案栖雅叫②，坐惜霜华镜中老。别院管弦声正闹。惊残短梦③，关心摇落，帘外花多少？

南歌子　闺情**

日上红蕖丽，霜前赤枣收。莲汝在心头，郎情休便冷，未经秋。
铁鹿沉长索，金蟾啮碎香。荀令好儿郎，缄情亲寄与，耳边珰。
豆挟长萦荻，桐花未燥枝。龙笛月中吹，就中阿那意，许侬知。
鬖髿花安髻，玲珑镜织衣。春暖蝶双飞，才醒还复睡④，下罗帏。

玉 楼 春***

南来北去经行惯，历历关河长在眼。仙山无树鹤书稀，沧海生

---

* 文氏赠丁叔衡词笺（下称赠丁词笺）手书此词，仅写调名“青玉案”，无调下题“旅况”二字。

① “绿遍”，赠丁词笺作“吹绿”。

② “雅”，徐刊本、振华本、京钞本皆作“鸦”。又，“栖雅叫”，赠丁词笺作“惊乌叫”。

③ 此句，赠丁词笺作“催残好梦”。

** 叶按云：“亦丁酉作。”

④ “睡”，龙校本原刊作“醉”，兹依王影本、徐刊本、振华本、京钞本改。

*** 沪上本兹题下仅有“南来北去……”一阕，无“洞天福天……”一阕。

波龙穴浅。　　袖中剩有《阴符》卷，醉里不辞《游侠传》。藉如李令拥旌旗，何似顾荣摇羽扇。

洞天福地何森爽，芝草琅玕日应长。浩歌华月碧山间，九点齐烟如在掌。　　清狂试演《霓衣》[①]唱，自扣铜钲神益王。一杯举手劝长空[②]，江水滔滔前后浪。

天仙子*

草绿裙腰山染黛，闲恨闲愁侬不解。莫愁艇子渡江时。九鸾钗，双凤带。杯酒劝郎情似海。

天仙子**

曲曲阑干浅浅池，风定帘钩不上丝。玉人春睡损罗衣。云护密，月来迟，谁见风流绝代姿？

浣溪沙***

畏路风波不自难，绳床聊借一宵安，鸡鸣风雨曙[③]光寒。

① “衣”，振华本作“裳”。

② “空”，徐刊本、振华本、京钞本、沪上本及《纯常子文稿》，皆作“星”。

* 徐刊本、振华本、京钞本，此阕列在同调“曲曲阑干”阕后。

** 此阕撰时，叶按云：“手稿注：‘乙未作’。”

*** 徐刊本、振华本、京钞本，于调下题作《旅情》。

③ “曙”，徐刊本、振华本、京钞本作“晓”。

秋草黄迷前日渡，夕阳红入隔江山。人生何事马蹄间？用山巨源语。

齐天乐　秋荷

几时不到横塘路，西风送秋如许。艳冷红衣，凉生太液，罗袜尘侵微步。嫣然一顾，尚低侧金盘，暗擎仙露。只恐销魂，锦鸳飞入白蘋去。　　蝉声又嘶远树。有人惆怅极，如怨羁旅。苇乱波横，萏疏翠落，谁信秋江能渡？婵娟日暮，愿玉笛清商，漫吹愁谱。护惜馀香，月明深夜语。

附：梁鼎芬同作一首

台　城　路

乙酉六月二十四日，为荷花生日。越八日，姚柽甫丈约云阁与余往南河泡看荷花，各得词一首。时余将出都矣。

片云吹坠游仙影，凉风一池初定。秋意萧疏，花枝眷恋，别有幽怀谁省？斜阳正永，看水际盈盈，素衣齐整。绝笑莲娃，歌声乱落到烟艇。　　词人酒梦乍醒。爱芳华未歇，携手相赠。夜月微明，寒霜细下，珍重今番光景。红香自领，任漂没江潭，不曾凄冷。只是相思，泪痕苔满径①。

---

① 梁鼎芬此阕，系龙校本补辑，龙校本原有注云：“从《款红楼词》录入。”

好事近*

一片碧云西，梦里瑶姬宛在。整顿平生心事，向婵娟低拜。鲛绡别泪凝红冰，犹忆旧时态。道是不曾消瘦，但频拈罗带。

高阳台　西湖感旧**

落叶侵愁，凉飔警醉，衰杨恰似眉弯。病起秋深，云烟一倍清孱。凭阑冉冉斜阳下，有断魂、分付湖山。乍超然精爽飞扬，不似人间。　蓬莱清浅今何许，但歌残《黄竹》，信杳青鸾。为问逋仙，孤山谁伴荒寒？苧萝村下相逢地，想月娥、依约婵娟。又高城鼓角声催，策马孤还。

巫山一段云

系肘香囊在，同心彩胜遥。东风吹满绿杨桥，离魂一度销。　记得星眸宝靥，醉里花枝微颤。明灯回照下帏羞，随郎不自由。

永遇乐　秋草

落日幽州，凭高望处，秋思何限。候雁哀[①]鸣，惊麏昼窜，一片

---

* 《旋乡日记》录有此词，题作“拟龚定庵词一首调寄《好事近》”。见该《日记》光绪十二年七月十八日所记。

** 徐刊本、振华本、京钞本无“感旧”二字。

① “哀”，徐刊本、振华本、京钞本及叶编《全清词钞》皆作“高”。

飞蓬卷。西风万里，逾沙越漠，先到斡难河畔。但苍然、平皋接轸[①]，玉关消息初断。　　千秋[②]只有、明妃冢上，长是青青未染。闻道胡儿，祁连每过，泪落笳声怨。风霜未[③]改，关河犹昔，汗马功名今贱。惊心是、南山射虎，岁华易晚。

阮郎归

谁传消息到[④]天台，桃花开未开？白云缥渺[⑤]月徘徊，阮郎来不来？　　乌作使，鸩为媒，当时玉镜台。十年养就凤皇胎，何劳燕雀猜。

祝英台近*

翦鲛绡，传燕语，黯黯碧云暮。愁望春归，春到更无绪。园林红紫[⑥]千千，放教狼籍，休但怨、连番风雨。　　谢桥路，十载重约钿车，惊心旧游误。玉佩尘生，此恨[⑦]奈何许。倚楼极目天涯，天涯尽处，算只有、濛濛飞絮。

---

① “平皋接轸”，王刊初写作“平原目极”；徐刊本等同上四本皆作“平原目极”。

② “秋”，徐刊本等同上四本皆作“年”。

③ “未”，徐刊本等同上四本皆作“顿”。

④ “到”，徐刊本、振华本、京钞本、沪上本皆作“问”。

⑤ “渺”，同上四本作“缈”。

* 叶按：“此乙未感时之作。王幼遐有和作，见《味梨集》。先生手稿自注云：‘放教’二字，朱子词已用之。”又，王影本卷末有王瀣跋语（下称“王跋”），谓此阕“以半塘次均同作考之”，“为乙未作”。

⑥ “紫”，京钞本作“叶”。

⑦ “恨”，振华本作“憾”。

醉花阴*

雨入寒潮愁思悄，客里重阳早。消息误黄花，采采江蓠，终不盈襟抱。　空濛草树吴江道，也觉秋阴好。去路忽沉吟，一舸飘然，可信鸱夷老？

望江南

《乐府》有"轻艳"、"游侠"两种。今轻艳之体，倚声家多宗之。而游侠之词，遗响殆绝；戏作五首，以嗣古音。①

游侠好，结客过邯郸。孔雀罗裙擎玉盌，鹅儿锦帕覆雕鞍，骑出万人看。

游侠好，远道②不须粮。偶忆蒲③萄过大宛，闲寻芝草渡扶桑，何处是他乡。

游侠好，不愿执金吾。宝瑟歌成三妇艳，银枪舞急万人呼，赌酒更樗蒱④。

游侠好，雄剑动星文。易水行时虹贯日，扶馀王后气成云，此局未输君。

游侠好，纵猎玉骢骄。金弹戏抛林外雀，珠弓曾射水中蛟，千

* 徐刊本、振华本、京钞本调下题作"《吴淞道中重九》"。

① 叶按云："手稿注'乙未作'。"徐刊本、振华本、京钞本及沪上本均无小序。

② "道"，同上四本作"出"。

③ "蒲"，振华本作"葡"。

④ "蒱"，振华本、京钞本、沪上本作"蒲"。

里极萧条。

八声甘州

送志伯愚侍郎赴乌里雅苏台参赞大臣之任，同盛伯羲祭酒、王幼霞御史、沈子培刑部作。[①]

响惊飙，越甲动边声，烽火彻甘泉。有六韬奇策、七擒将略，欲画凌烟。一枕瞢腾短梦，梦醒却欣然。万里安西[②]道，坐啸清边。　　策马冻云阴里，谱胡笳一阕，凄断哀弦。看居庸关外，依旧草连天。更回首、淡烟乔木，问神州、今日是何年。还堪慰，男儿四十，不算华颠。

附：盛昱同作一首

八声甘州送伯愚都护之任乌里雅苏台

蓦横吹，意外玉龙哀，乌里雅苏台。看黄沙毳幕，纵横万里，揽辔初来。莫但访碑荒碛，同人属拓《阙特勤碑》。尔是勒铭才。直到乌梁海，蕃落重开。　　六载碧山丹阙，□[③]商量出处，拔我蒿莱。怆从今别后，万卷一身埋。约明春、自专一壑，我梦君、千骑雪皑皑。君梦我，一枝榔栗，扶上岩苔[④]。

---

① 徐刊本、振华本、京钞本、及徐藏稿本内录此词，无“同盛”以下十七字。

② “安西”，京钞本作“西安”。

③ “□”下，龙校本有注曰“原刊夺一字”。按，况周颐《蕙风词话续编》（见《蕙风词话》，人民文学出版社1982年，王幼安校订本）卷一录此词，作“几”。

④ 盛昱此阕，龙校本原注曰“从《郁华阁遗集》录入”。

附:王鹏运同作一首

八声甘州送伯愚都护之任乌里雅苏台

是男儿、万里惯长征,临歧漫凄然。只榆关东去,沙虫猿鹤,莽莽烽烟。试问今谁健者,慷慨著先鞭?且袖平戎策,乘传行边。　　老去惊心鼙鼓,叹无多哀乐,换了华颠。尽雄虺琐琐,呵壁问苍天。认参差、神京乔木,愿锋车、归及中兴年。休回首,算中宵月,犹照居延[①]。

附:沈曾植同作一首

八声甘州送伯愚之乌里雅苏台

送萧萧征马向边州,都护出安西。正啼鸦噪晚,惊沙击面,烟树凄迷。灞上回头南望,鸩鹊夕云低。谁识阳关意,兀坐渔师。　　揽辔而今焉向,黯兰生荪苦,天上相思。偻回风北溯,乐莫乐相知。莽千里、龙沙雁碛,借天山、砥锷拂鲸鲵。归须早,今年金印,斗大提携[②]。

木兰花慢

送黄仲弢前辈解官奉亲赴大梁即题其《载书泛洛图》*

春明门外路,看迤逦,接天涯。任当道豺狼、处堂燕雀、起陆[③]

① 王鹏运此阕,龙校本原注曰“从《半塘定稿》录入”。

② 沈曾植此阕,龙校本原注曰“从《曼陀罗寱词》录入”。以上盛昱、王鹏运、沈曾植各一阕,共三阕,系龙校本所辑录。

* 叶按云:“此词先生原稿注‘乙未作’。时仲弢亦为时宰所忌,故词语云尔。”

③ “起陆”,振华本作“起起”,似刊误。

龙蛇。莫邪，且藏匣底，饱河鱼、洛笋即为家。满载英光书画，闲吟嵩少烟霞。　　京华，聚散等抟沙，世事一长嗟。是楚泽椒兰、齐邱松柏、秦国蒹葭。灵楂[①]，不浮天上，铸玲珑、无术教皇娲。他日刘郎重到，元[②]都认取桃花。

虞美人乙未四月乞假出都作*

无情潮水[④]声呜咽，夜夜鹃啼血。几番芳讯问天涯，不道明朝已是隔墙花。　　衰兰[⑤]送客咸阳道[⑥]，休讶归期早。铜沟涨腻[⑦]出宫墙，海便成田容易莫栽桑。

采桑子

木兰开后闲相忆。静夜[⑧]如年，好梦如烟，月落参横更[⑨]不

---

① “楂”，京钞本作“槎”。

② “元”，徐刊本、京钞本、振华本皆作“玄”。

* 徐刊本、振华本、京钞本调下题皆作“乙未四月作”。叶按云“先生手稿，题为‘乙未四月将出都作’”。《寄言》录此词，调下题初写作“乙未四月作”，继改定作“乙未四月出都作”。

④ “无情潮水”，《寄言》作“寒潮只是”；又龙沐勋辑《文芸阁先生词话》引冒广生《小三吾亭词话》录此词，作“无情流水”。

⑤ “衰兰”，徐刊本、振华本、京钞本均作“夕阳”。

⑥ 此句下，《寄言》有小注“李昌谷诗句”五字。

⑦ “涨腻”，徐刊本、振华本、京钞本及《寄言》均作“新涨”。

⑧ “静夜”，振华本作“夜静”。

⑨ “横更”二字，振华本作“差浑”。

眠。　　当时银烛知愁思。意[①]远如天,语转如禅,可奈秋花别样妍。李义山诗:"二月二十二,木兰开坼初。"[②]

八归乙未四月答沈子培刑部见赠之作*

洪流带郭,平芜纡[③]辔,南陌乍染浓碧。斜阳浅映城阘处,犹认乱鸦催[④]暝,飞燕愁夕[⑤]。葵麦参差春色老,好料理江湖归楫。恰难忘、载酒经过,寂寞子云宅。　　谁信苍梧路阻,凭将心事,唤醒西京铜狄。罾蛟潭底,拜鹃林下,此意无人知得。向东风捣麝,吹起香尘遍今昔。铃声紧,别愁如海,旷野星稀,苍凉歌主客。

附:沈子培原作二首**

十分春已去,孤花隐叶,怊怅倚阑心。客游今倦矣,珍重韶光,还共醉花阴。长亭短堠,向从来、雨暗烟沉。人何处,匣中宝剑,挂壁作龙吟。　　登临,秦时明月,汉国山河,尽云寒雁噤。行不得鹧鸪啼晚,苦竹穿林。寻常总道归帆好,者归帆愁与潮深。暮苍

---

① "意",同上作"惹"。

② 徐刊本、振华本、京钞本皆无此注语。

* "乙未四月",徐刊本、振华本、京钞本、沪上本皆无此四字注语。叶按云:"原稿注'乙未年作'。"

③ "纡",振华本作"行"。

④ "鸦",沪上本作"雅"。"催",京钞本作"吹"。

⑤ "愁夕",沪上本作"愁愁",似刊误。

** 此句,沪上本作"附沈子培见赠之作",但下仅录"十分春已去……渡江云"一阕。徐刊本、振华本、京钞本作"附沈子培刑部见赠之作",下录"十分春已去……渡江云"、"银管频催……永遇乐"二阕,但误附于《三姝媚》一阕后。

苍，高山流水素琴。《渡江云》①。

银管重催，瑶华重折，别怀奈许。澹日晖晖，春城梦梦，还是鸠呼雨。东风酒泛，南风草长，那更北风铃语。问归程，桃花万点，寻源知向何处。　　拿音去了，延缘谁见，海水天风今古。白马潮回，青牛气杳，身世元无住。陇前麦秀，庞公来往，拥鼻试吟《梁甫》。西江水，马驹蹴踏，付堂头举。《永遇乐》②。

贺新郎　赠黄公度观察*

辽海③归来鹤，翔千仞徘徊欲下，故乡城郭。旷览山川方圆势，不道人民非昨。便海水尽成枯涸④，留取荆轲⑤心一片，化虫沙不羡钧天乐。九州铁，铸今错！　　平生尽⑥有青松⑦约，好布被⑧横担

---

① 龙校本于此阕下有注曰“《曼陀罗寱词》题作《渡江云·赠文道希》”；并于阕内“暗”字下注“沈集作‘黯’”，“暮苍苍”三字下注“沈集作‘苍然暮’”，“素”字下注“沈集作‘鸣’”。编按：阕后“渡江云”三字注语，振华本作“调寄渡江云”。

② 龙校本于此阕下有注曰：“《曼陀罗寱词》题作《永遇乐·再赠道希》。”并于阕内“重”字下注曰“徐刊作‘频’，沈集同”，“元”字下注曰“沈集作‘原’”。编按：以上沈曾植（即沈子培）二阕及“附沈子培原作二首”一句，系龙校本据王影本原写所有而辑入。又，《永遇乐》一阕内“重”字，振华本、京钞本作“频”；“源”字，振华本作“原”，“元”字，振华本作“原”；“陇”字，振华本、京钞本作“垅”字，阕后“永遇乐”三字注语，振华本作“调寄永遇乐”。

* 此阕调名及调下题，赠丁词笺手书作“金缕曲·赠黄公度”。

③ “海”，徐刊本、振华本、京钞本皆作“东”。

④ 此句，赠丁词笺作“任海水变成沟壑”。

⑤ “荆轲”，同上作“荆卿”。

⑥ “尽”，同上作“亦”。

⑦ “松”，振华本作“云”。

⑧ “布被”，王影本初写作“拄杖”；赠丁词笺作“拄杖”。

榔栗，万山行脚。闾[①]阖无端长风起，吹老芳洲[②]杜若。抚剑脊苔花漠漠。吾与重华游玄[③]圃，邅迴车日色晻[④]嵫薄。歌慷慨，南飞鹊。

附：黄公度作一首

题云：乙未五月，芸阁南归，饮集吴船。各抚《贺新郎》词，以志悲欢。同作者梁节庵、王木斋也。

风泊鸾飘也，况眼中苍凉烟水，此茫茫者。一片平芜飞絮乱，无复寻春试马。又渐渐夕阳西下。水软山温留扇底，展冰奁试照桃花写。影如此，泪重洒。　　寻思罗袖临行把，竟明明鲛绡分翦，公然割舍。天到无情何可诉，只合埋忧地下。但何处得开酒社，相约须臾毋死去，尽丁歌甲舞今宵且。看招展，花枝惹[⑤]。

附：王德楷同作一首

金缕曲云阁学士南归

叩醒南山角，照天东榑桑十万，一枝谁托？为忆阆风绁余马，几度桃花开落。便清浅蓬莱如勺，寂寂琐窗无人到，尽鸩媒镇日凭商略。青鸟信，忍猜度。　　十洲那有闲邱壑？莫依依石泉丛桂，竟寻初约。七载燕吴成间阻，世事雨云回薄，惊一见一回非昨。我

---

① “闾”，王影本、徐刊本、振华本、京钞本及赠丁词笺皆作如此；而龙校本作“闾”，似刊误。

② “芳洲”，赠丁词笺作“汀洲”。

③ “玄”，徐刊本、振华本、京钞本及赠丁词笺皆作“元”。

④ “晻”，徐刊本、振华本、京钞本及赠丁词笺皆作“崦”。

⑤ 以上自“附黄公度作一首……”至此，为王影本原写所有，而由龙校本辑入者。又，此阕内“明明”二字，京钞本作“明朝”；“甲舞”，京钞本作“甲帐”。

自行吟拌蕉萃，望夫君搴尽汀洲若。波婉娈，意谁觉？①

木兰花慢　寄王木斋*

听秦淮落叶，浑不尽、暮秋声。况清歌寂寂，斜阳黯黯，客思沉沉。题襟，那回去后，阻燕吴、迢递六年心。携手河梁③又别，依然酒幔空青④。　　男儿何不请长缨，挥剑斛龙庭？只麻衣入试，金门献赋，那算功名。藏形，不妨操畚，学兵符、须入华山深。四野荒鸡唱⑤晓，万重飞雁回汀。

贺新郎　赠梁节闇**

髯也今殊健。举世间鸡虫得失、鱼龙曼衍。尽付庄⑥生《齐物论》，一例浮云舒卷。任兰佩多憎猘犬。白眼视⑦天苍苍耳，古今

---

① 此阕附录，系龙校本所辑，龙校本于阕后并有注曰“从《娱生轩词》录入”。

* 徐刊本、京钞本、振华本皆题作《寄上元王木斋》并有小序云：“木斋余故交也；才气横逸，风期隽上。余典试而木斋落解，以同考未荐，非余之咎。作此慰之，因以志别。”（惟小序内“风期”，振华本作“夙期”，似刊误。）又，据龙校本注语，《娱生轩词》附录此阕，题及小序与徐刊本等同。

③ “梁”，同上四本皆作“桥”。

④ 此句下，同上四本皆有自注云：“前度别时，木斋策马追送江干，朗吟唐人窦叔向‘夜合花开’一律，众为黯然。”

⑤ “唱”，同上四本皆作“唤”。

** 此阕撰时，叶按云“原稿注‘乙未作’”。而阿英《庚子事变文学集》（下称“阿庚本”）收入此词，则以为撰时在庚子之际也。题内“闇”字，徐刊本、振华本、京钞本、沪上本皆作“庵”。又，阿庚本无此四字题文。

⑥ “庄”，京钞本作“苍”。

⑦ “视”，徐刊本、振华本、京钞本、沪上本、阿庚本皆作“看”。

来、那许商高算。问长夜，几时旦？　　酒酣更喜纶巾岸。记当时①军谋借箸，尚方请剑。谁道神州陆沉后，还向江湖重见。情不死春蚕自茧。《黄竹》歌成苍驭杳，怅天荒地老瑶池宴。斜日下，泪如霰。

如梦令*

卍字阑干才倚，银字筝弦亲理。临过十三行，便有惊鸿心思。年纪，年纪，可是莫愁织绮。

摸鱼儿　为黄仲弢题《吴彩鸾骑虎图》

倚苍岩翠藤无路，琅玕芝草谁问？天风忽振疏林外，睹此烟鬟雾鬓。斜日冷，倩白虎、从容远上匡庐顶。松花满径。看银汉回波，石梁飞瀑，一啸万山应。　　吾家事，千古风流仙境。何人摹入金粉。箫声可似秦楼凤。甲帐瑶台偕隐，环佩整。羡儿女痴情③，也有神仙分。清贫自哂，买十幅云笺，唤谁彩笔，为我④写唐韵？

---

① “时”，同上五本皆作“日”。

* 叶按云：“原注‘丁酉作’。”

③ “痴情”，徐刊本、振华本、京钞本皆作“情痴”。

④ “为我”，同上三本皆作“重为”。

浣溪沙　拟唐人

著意偎人思不禁，寒灯相对夜沉沉。此时何必是同心？凝视酒痕侵素靥，近前香气透罗衾[①]。不情端恐负神明[②]。

浓睡方醒日已斜，翻嫌晴色晃窗纱。郎前纰[③]缦故些些。少可英雄工[④]说剑，特矜颜色爱评花。世间儿女怎如他[⑤]。

才启朱樱转自缄，柔肠似结解应难。感郎情重畏郎憨。也解避嫌妨后悔，时将薄怒掩深惭。此时轻别阿谁甘[⑥]。

小醉归来夜已分，新茶泼乳捧殷勤。梦回初觉发香熏[⑦]。昵[⑧]枕低帏千种态，向时矜重霎时亲。细看浓翠拂轻颦[⑨]。

雨浥缃桃特地鲜，春娇浓发镜台前。含羞含恨不能言。如此风流天赋与，暂时惜别总潸然。郎情认取枕函边。

曲曲阑干淡淡云，兰仪蕙质杳难分。卸钗声溜隔帘闻。酿雪庭阴愁意绪，听香床角倦颦呻。不成幽梦枕微[⑩]温[⑪]。

---

① “衾”，徐刊本、振华本、京钞本、岁寒本皆作“襟”。

② 此阕，同上四本皆予别出，题作“浣溪沙·拟唐人”。

③ “纰”，振华本作“绯”。

④ “工”，徐刊本、振华本、京钞本、沪上本皆作“偏”。

⑤ 此阕，叶按云：“原稿有‘拟孙少监’四字。又自注云，渊明读史述，似有相近，阅者详之。”

⑥ 以上二阕，沪上本别出，总题曰“浣溪纱”三字。

⑦ “熏”，京钞本作“温”。

⑧ “昵”，沪上本作“眤”。

⑨ 此阕，沪上本别出，题作“浣溪纱”三字。

⑩ “微”，振华本作“犹”。

⑪ 此阕，岁寒本别出，题作“浣溪纱”三字。

缥眇眉痕忆远山，一春愁思不成[①]闲。断云只在有无间。原是花身应惜惜，犹疑[②]竹泪认[③]斑斑。小楼今夜恰轻寒[④]。

窈窕疏花似浅[⑤]妆，远山如写画眉长。那堪微雨湿衣裳？梦好不疑[⑥]银汉迥，信[⑦]来犹带绣檀香。相思无底不能量[⑧]。

更漏子

翠蓋疏，丹槲老。万事不如归好。虫唧唧，雁嗷嗷，碧天无限高。　倚阑望，江湖[⑨]上，落日寒云莽苍。望[⑩]不极，思何深，沧波千万层。

苏幕遮

研生尘，琴结网。一枕新凉，心坠沧江上。斗柄低垂天宇旷。

---

① “成”，徐刊本、振华本、沪上本、京钞本及叶编《全清词钞》均作“曾”。

② “疑”，同上五本皆作“凝”。

③ “认”，同上五本皆作“记”。

④ 此阕，沪上本别出，题作“浣溪沙”三字。又，徐刊本、振华本、京钞本以上二阕别出，此阕在“曲曲阑干”阕前，总题作“浣溪纱”。

⑤ “似浅”，徐刊本、振华本、京钞本、沪上本皆作“忆淡”。

⑥ “不疑”，徐刊本、振华本、京钞本、沪上本皆作“浑忘”。

⑦ “信”，同上四本皆作“书”。

⑧ 沪上本，此阕列“雨浥缃（沪上本作‘细’）桃……”阕后，共二阕别出，总题作“浣豁纱”。又，徐刊本、振华本、京钞本，此阕列“浓睡方醒”、“才启朱樱”、“小醉归来”、“雨浥缃桃”四阕后，共五阕别出，总题作“浣溪纱”。

⑨ “湖”，徐刊本、振华本、京钞本皆作“海”。

⑩ “望”，京钞本作“茫”。

耿耿秋河,不隔蓬莱仗。　　掩银屏,回玉帐。约略年时,环佩传清响。和梦和愁闲自想。落叶声琤,误听黄鸡唱。

庆宫春 泊金陵城下作*

岸苇平①潮,渚莲销粉,莫云作②尽秋色。凉入空江,萧萧夜雨,短篷清溜自滴。记曾分手,黯春绪、垂杨未碧。山围依旧,偏是孤灯,照愁今夕。　　旅怀坐对茫茫,白发新添,此情谁识?连环解赠,凌波去后,岭竹斑痕犹渍③。袖罗香减,怅天远、难凭雁帛。初寒清警,幽梦醒④时,隔江闻笛。

清平乐 冬日

川流昼夜,逝者如斯也。才见日光飞野马,旋已⑤三商漏下。　　纷纷瓮里醯鸡,何如一枕希夷?唤起岁寒松柏,吾将与尔同归。

---

* 此阕撰时,叶按云:"依先生《日记》,此典试江南时作。"编按:《南轺日记》(青鹤本)录此词,并有序说,见该《日记》光绪十九年七月廿九日所记,文字略异。又徐刊本、振华本、京钞本均无此六字题文。

① "平"下,振华本有"沙"字。

② 徐刊本、振华本、京钞本于"作"下均有"去声"二字注语。

③ "渍",徐刊本、振华本、京钞本皆作"积"。

④ "醒",振华本作"酣"。

⑤ "已"字,龙校本作"己",似刊误。编按:龙校本于诸篇中将"已"刊作"己"字者较多,为省文起见,别不一一校注。

高阳台　为江建霞题《太常仙蝶图》*

柳外轻盈，花间绰约，滕王图绘难真。乍[①]集闲庭，些些情意关人。江郎自有生花笔，写蘧仙一段丰神。记[②]当年相见灵山，可是君身？建霞先数年于虎邱曾见之[③]。　罗浮我亦曾清梦，有落[④]花万片，雨积如茵。不似京华，污衣十丈缁尘。殷勤欲问西王使，遍人间、何处宜春？只怜他薄酒微醺，腻粉[⑤]初匀。

侧犯　咏梅，用白石道人咏芍药韵**

乍来又去，几时得共[⑥]孤山住？疏雨，对缀玉繁枝换春句。天寒倚翠袖，杳漠无寻处。仙语，想洞户云开暂回顾。　空阶雪凝，鹤向天风舞。应约个[⑦]美人来，华月映雕俎。信远难期，暗占花数。甲帐箫鸾，十眉重谱。

---

* 《纯常子枝语》卷五内，录有此词，文氏并自记曰："太常仙蝶，乾隆以来故实颇多。癸巳三月，余于江建霞（标）编修斋中见之，四足钩吻能饮，与记载悉符。建霞绘图索题，余题高阳台词一首"云云。

① "乍"，《纯常子枝语》作"飞"。

② "记"下，同上有"否"字。

③ 同上无此十一字注语。

④ "落"，同上作"飞"。

⑤ "腻粉"，京钞本作"粉腻"。

** 此阕撰时，叶按云："原注'丁酉作'。"

⑥ "得共"，岁寒本作"共得"。

⑦ "个"，岁寒本作"过"。

摸鱼儿　惜春*

恁[①]啼鹃苦催春去，春城依旧如画。年年芳草横门路，换却王孙骢马。愁思乍、袅[②]絮乱丝繁，又过寒食也。残阳易[③]下，好飞盖西园，玉觞满引，秉烛共游夜。　　琼楼迥，孤负缄词锦帕，铜仙铅泪休泻。落红可及庭阴绿，付与流莺清话。歌舞罢，便熨[④]体春衫，今日从弃舍。雕鞍暂卸，行欲[⑤]遍天涯，梦魂惯处，犹恋旧亭榭。

南歌子　咏蝶

著雨花如绣，寻芳尔最忙。夕阳影里自成双。却省是谁、春梦绕回廊？　　曾向仙山住，休夸绮阁妆。阿侬春倦懒颠狂，且对兰蕤、消受一丝香。

河　　传

宵静，灯烬，月临窗。瓜架啼螿[⑥]，送凉。怨君忆君清漏长。罗

---

* 此词撰时，王跋曰“有先生手写横轴，称丁酉春间作（今藏伯举家）”。又，此阕调名，徐刊本、振华本、京钞本、沪上本皆作“迈陂塘”。

① “恁”，同上四本皆作“任”。

② “袅”，同上四本及《寄言》皆作“甚”。

③ “易”，徐刊本、振华本、京钞本、沪上本及《寄言》皆作“欲”。

④ “熨”下，振华本有“贴”字。

⑤ “行欲”，徐刊本、振华本、京钞本、沪上本及《寄言》皆作“纵行”。

⑥ “啼螿”，徐刊本、振华本、京钞本皆作“虫声”。

裳,近来销旧香。　　锦字书成情脉脉①,亲手织,要胜春冰②色。茧多丝,柳多枝,罘罳,晓风千里吹。

西江月*

削竹闲裁菊枕,煮茶自洗椰瓢。一镫摇梦雨萧萧,苔院更无人到。　　世翳已除眼缬,愁尘不上眉梢。布衣来往秀江桥,休问五陵年少。唐吴融诗:"五陵年少如相问,阿对泉头一布衣。"

踏莎行　为人题照

淡淡修眉,盈盈润脸,无言恰似筵前见。花房肯酿蜜脾浓,春衫尚惜③檀痕染。　　月幌休灯,风廊却扇,画屏十幅鲛绡展。雁声孤馆醉醒时,一场愁绪思量遍。

卜算子　新柳**

雪意化春云,池水生新绉。一样眉痕两样描,月影初三瘦。　　莫到短长亭,未是愁时候。惆怅黄莺抵死催,春思浓如酒。

---

① "脉脉",同上三本作"默默"。

② "冰",同上三本作"花"。

* 此阕撰时,叶按云"原注'丁酉作'"。

③ "惜",京钞本作"忆"。

** 沪上本无调下题"新柳"二字。

念奴娇　题壁*

一村临水，乍迎风含笑，野桃春媚。秾艳波光相映发，惆怅无情有思。燕子不来，东风容易，目断香①尘委。高鬟愁极，更烦筝响料理。　　可惜②前度刘郎，重来不见，锁赤城霞气。路转前峰③征骑影，咫尺便迷千里。荒④草连云，岩花拂袖，驿馆空庭闭。闷来无寐，度词聊托麻纸。古《乐府》："麻纸语三葛，我薄尔粗疏。"⑤

临　江　仙

我所思兮江上路，因风赠与瑶华。玉楼半天卷朱霞。飞鸿将远梦，一夜到伊家。　　强忍闲情情转切，泪痕弹湿窗纱。相思相望各天涯。知卿憔悴损⑥，不忍问桃花。

鹧　鸪　天

王幼霞御史得其友人由江南拓寄江总残碑，因作《秋窗忆远图》属题，为赋此阕。

---

* 此词撰时，叶按曰"此作于典试江南道中"；而王跋曰"有先生手写横轴，称丁酉春间作（今藏伯举家）"。又，徐刊本、振华本、京钞本皆无调下题"题壁"二字。

① "香"，徐刊本、振华本、京钞本皆作"芳"。

② "可惜"，同上三本作"休说"。

③ "前峰"，同上三本作"峰前"。

④ "荒"，同上三本作"芳"。

⑤ 徐刊本、振华本、京钞本无此自注语。

⑥ "卿"，振华本作"郎"。"损"，徐刊本、振华本、京钞本、沪上本皆作"甚"。

璧满花秾世已更，读[1]碑犹记擘笺名。屋梁落月[2]怀人梦，易水霜寒变徵声。　　家国恨，古今情。镜中白发可怜生。君知六代匆匆否，今夕沙边有雁惊。

浪淘沙

半卷水精[3]帘，漏静香添，薄寒已是换吴绵。镜里修眉天上月，比似纤纤。　　闲捡[4]道书签，懒卸花钿，娇羞却倚[5]翠帷前。坐又不成眠又起，良夜厌厌。

霜叶飞*

丁酉冬间，闻粤中故人，如叶兰台、陈孝直、陶春海辈，先后凋谢。余少长岭南，一时名流，咸得款接。如许涑文侍讲、颜夏廷兵备，则父执也；李仲约侍郎，久相契[6]识，后为余朝考师；张延秋、姚柽甫两编修，林扬[7]伯、明仲昆季[8]两主事，许天

---

① “读”，振华本作“残”。

② “落月”，徐刊本、振华本、京钞本、岁寒本及《纯常子文稿》皆作“月落”。

③ “精”，京钞本作“晶”。

④ “捡”，王影本原写如此。（龙校本刊作“检”。）徐刊本、振华本、京钞本、岁寒本及《纯常子文稿》作“检”。

⑤ “倚”，徐刊本、振华本、京钞本、及《纯常子文稿》皆作“趁”。又，“却倚”二字，岁寒本作“欲趁”。

* 此阕撰时，叶按曰“原注‘丁酉作’”。

⑥ “契”，徐刊本、振华本、京钞本、沪上本皆无此字。

⑦ “扬”，徐刊本、沪上本作“杨”，振华本作“阳”。

⑧ “昆季”，徐刊本、沪上本、振华本、京钞本皆无此二字。

倬副贡，陈庆笙秀才诸人，并文酒追从，乐数晨夕。十馀年来，仅有存者，新阡宿草，杳漠何期。诚知天道变衰，早死未为不幸，特文字结习，[①]犹不能忘。海水[②]客游，偶[③]填此阕，谱入笛声，当不减山阳之赋也。

海风吹老歆檐树，幽窗凉夜偏早。前尘依约越中山，问甚时重到？忆俊侣英游不少，金鞍宝马呼銮道。更珠江浩渺，良月滟笙船，众花齐映欢笑。　因甚耆彦风流，十年前后，新坟尽长秋草？江山满目泪沾衣，是而今怀抱。算不及魂归朱鸟，波涛万顷珠沉了。待近约梁鸿[④]，谓梁[⑤]节庵。踏遍千山万山斜照。

翠楼吟

岁暮江湖，百忧如捣，感时抚己，写之以声[⑥]

石马沉烟，银凫[⑦]蔽海，击残哀筑谁和[⑧]？旗亭沽酒处，看大牖

---

① “结习”，同上四本作“之习”。

② “水”，同上四本作“上”。

③ “偶”，同上四本作“为”。

④ “鸿”下，同上四本皆有“去”字。龙校本于此句下有按语曰：“按，依清真应作六字句。”

⑤ “梁”，振华本无此字。

⑥ 叶按曰：“此感德人占胶澳事。原稿注‘丁酉作’。”阿英编《甲午中日战争文学集》（下称“阿甲本”）及《庚子事变文学集》（下称“阿庚本”）均收此词，或亦以为其撰时在甲、庚之间也。又，阿庚本、岁寒本无调下题文十六字。

⑦ “凫”，振华本作“乌”。

⑧ “和”，同上作“知”。

风樯轲峨[1]。元龙高卧,便冷眼丹霄,难忘青琐。真无那,冷灰寒柝,笑谈江左。　一笴[2],能下聊城,算不如呵手,试拈梅朵。苕鸠栖未稳,更休说山居清课。沉吟今[3]我,只拂剑星寒[4],欹瓶[5]花妥。清辉堕,望穷烟浦,数星渔火。

菩萨蛮

帘波轻漾屏山悄,锦衾梦断闻啼鸟。此际觉春寒,绣罗衣恁单。　幽兰凝露重,江远蘋花共。愁极夜如年,静看垆上烟[6]。

啼莺唤起罗衾梦,柳丝无力春愁重。晓枕困相思,凭春说与伊。　语深良夜促,镫穗飘红粟。回面泪偷弹,此情郎忍看[7]。

千花百草寻常见,红[8]楼自[9]写芳华怨。云影护瑶台,碧桃千朵开。　画屏金凤舞,对对芝光吐。凝照倍增妍,佯矜[10]未肯前[11]。

---

① "轲峨",徐刊本、振华本、岁寒本、京钞本、阿甲本、阿庚本、叶编《全清词钞》,及龙辑《文芸阁先生词话》引冒广生《小三吾亭词话》录此词,皆作"峨轲"。王校曰:"古歌辞有'大艑珂峨头'。手稿原作'轲峨';此(按指徐刊本)作'峨轲',岂知'峨'作平,不知'二十哿'原有'峨'作仄耶?"

② "笴",阿甲本作"舸"。

③ "今",阿甲本作"兮"。

④ "星寒",同上作"寒星"。

⑤ "瓶",徐刊本、振华本、岁寒本、京钞本、阿甲本、阿庚本,叶编《全清词钞》及龙氏引冒氏《词话》,皆作"屏"。又,王影本初写作"屏"。

⑥ 徐刊本、振华本、京钞本,此阕单出。

⑦ 沪上本此阕单出。

⑧ "红",徐刊本、振华本、京钞本、沪上本皆作"绮"。

⑨ "自",同上四本作"别"。

⑩ "矜",京钞本作"惊"。

⑪ 沪上本此阙单出,上接《菩萨蛮》(啼莺唤起……)阕后,题作"又"字。

兰膏欲烬壶冰裂，褰帏瞥见玲珑雪。无奈夜深时，含娇故起辞。　　徐将环佩整，相并瓶花影。敛黛镜波[①]寒，钗头玉凤单[②]。

情深不惜明珰解，泪痕红浥[③]鲛绡在。云髩翠翘低，沉沉蕙思迷。　　断[④]桥秋色浅，落叶重门掩。别久费[⑤]思量，锦衾知[⑥]夜长[⑦]。

广谪仙怨乙未*

闻之唐明皇登骆谷之时，有思贤之意，是以终戡大乱，旋返旧京。余以为明皇见机，早定[⑩]入蜀之计[⑪]，虽仓皇避遁[⑫]，而事理昭晰[⑬]。不然，灵武之众，焉得嗣君？勤王之师，孰为标目？登谷遐览，意在斯乎！屡迁而存，古有明鉴；寔康之意，今更广之。

---

① “波”，徐刊本、振华本、京钞本、岁寒本皆作“光”。

② 岁寒本此阕单出。又，据叶按云此阙“原稿注‘旧作’二字”。

③ “泪痕红浥”，徐刊本、振华本、京钞本作“泪珠还沁”。

④ “断”，徐刊本、振华本、京钞本皆作“画”。

⑤ “费”，同上三本作“倍”。

⑥ “知”，同上三本作“初”。

⑦ 以上四阕，同上三本联缀别出，次第则首“兰膏欲烬”阕，次“啼莺唤起”阕，三“千花百草”阕，四“情深不惜”阕。

* 叶按：“此词作于乙未，意主迁都。且先生是时曾有拟奉光绪南下之计画，后不能实行。所谓‘灵武勤王’，亦非泛指也。先生手稿初稿，有‘盖所失在蓄逆臣，所得在知事变也’二语。”又，徐刊本、振华本、京钞本、岁寒本皆无调下注语“乙未”二字。

⑩ “定”，徐刊本、振华本、京钞本、岁寒本皆作“规”。

⑪ 同上四本皆无“之计”二字，而皆于下句“虽”字前增有一“故”字。

⑫ “避遁”，同上四本皆作“迁徙”；王影本初写作“迁遁”。

⑬ 此句，王影本初写作“而事势昭然”；徐刊本、振华本、京钞本作“而事势昭然”；岁寒本刊作“事而势昭早然”。

元菟千里烽烟，铁骑纵横柳边。玉帐牙旗逡遁，燕南赵北骚然。　相臣狡兔求窟，国论伤禽畏弦。早避渔阳鼙鼓，后人休笑开天。

高阳台　尘

燕幕回春，蛛檐罥絮，陌头认取新妆。几日骊歌，馀声犹在雕梁。回飔[①]轻飐菱花影，有个人宝瑟凄凉。捡红笺细写相思，泪黯千行。　洛神赋后清才减，久低徊罗袜，暗想[②]明珰。香界微闻，红楼隔雨相望。重寻坏壁留题句，感潘郎鬓已如霜。只宵来千里云开，应共清光。石季伦舂杂宝异香，使人于楼上吹散之，名为“尘台”。见《海录碎事》卷七下[③]。

齐天乐

己亥[④]正月二十五日，游龙华道中，梅花盛开，天[⑤]寒春迟，孤艳迥绝。二月二十日再游，则桃花如海，夹道[⑥]杨柳，新绿垂阴，菜花绚黄，梅萼亦未尽落[⑦]。江南春色，使[⑧]心怦怦。乃知

① “飔”，京钞本作“丝”。
② “暗想”，徐刊本、振华本、京钞本作“想像”。
③ 徐刊本、振华本、京钞本无此自注语。
④ “己亥”，徐刊本、振华本、京钞本无此二字。
⑤ “天”上，同上三本有“然”字。
⑥ “道”，同上三本作“岸”。
⑦ “绚”、“萼”同上三本作“初”、“花”。
⑧ “使”下，振华本有“人”字。

时光感人，非寄之语言，不能陶写也[①]。

芳塘水暖凫翁浴，初桐嫩遮窗窈。碧瓦云褰，油[②]车露洗[③]，人意不禁春娆。垂杨自嫋，映千顷霞光，乱翻晴昊。可似前番，淡妆临水数枝袅。　　层阑倚空缥渺。平畴[④]望不极，飞燕能到。屧径遗钿，旗亭解佩，何处疏[⑤]烟残照？萧郎渐[⑥]老，忍重溯[⑦]当时，冷香怀抱。苦恨鹃声，劝侬归去好。

念奴娇乙未*

答皮麓门[⑧]同年见赠之作。麓门[⑨]善化人，原籍江西清江[⑩]。时掌教江西经训书院[⑪]。

十三年事，似波流电激，不堪重揽。几度京华联客袂，几度江乡清醼[⑫]。虎观谈经，麟台奏赋，之子潇湘彦。枯桑海水，近来添入

---

① “陶写”，徐刊本、振华本、京钞本作“自已”。

② “褰油”二字，同上三本作“骞香”。

③ “洗”，同上三本作“拂”。

④ “平畴”，同上三本作“凭高”。

⑤ “疏”，徐刊本、振华本作“荒”，京钞本作“芳”。

⑥ “渐”，京钞本作“自”。

⑦ “忍重溯”，徐刊本、振华本、京钞本作“记不起”。

* 徐刊本、振华本、京钞本、岁寒本及《纯常子文稿》均无此调下注语“乙未”二字。

⑧ “门”，徐刊本、京钞本及《纯常子文稿》皆作“云”。

⑨ “门”，徐刊本、京钞本及《纯常子文稿》皆作“云”。

⑩ 徐刊本、振华本、京钞本、岁寒本及《纯常子文稿》皆无“善化”至此九字。

⑪ 此下，同上五本皆有“又所著有《尚书大传疏证》、《尚书今文疏证》、《孝经郑注疏证》等书，故词中及之”共二十九字。

⑫ “醼”，徐刊本、振华本、京钞本、岁寒本作“谯”。

诗卷。　　呼酒重话离情，檐花糁①席，细雨孤鸿远。君自有琴弹不得，清庙明堂三叹。巾卷充街，金丝在壁，未信功名晚。幽兰花发，风乌特地徐转。

点绛唇 戊戌重九作。是日霜降*

青女司霜，无风无雨过重九。无人送酒，看月呼田叟。　　临水登山，此恨年年有。君知否，羲皇②去久，更在陶潜后。

点绛唇**

布被新霜，起来独自无情绪。秋风红树，人在山深处。　　莫道飘零，好是斜阳莫。扁舟去，芦中人语，回首江亭路。

鹧鸪天 赠友***

万感中年不自由，角声吹彻古梁州。荒苔满地成秋苑，细雨轻寒闭小楼。　　诗漫与，酒新篘，醉来世事一浮沤。凭君莫过荆高市，滹水无情也解愁。

---

① “糁”，岁寒本作“穇”。

* 徐刊本、振华本、京钞本录此词，调下题作“戊戌重九，是日霜降”；《撷芳录》写作“重九，是日霜降”。

② “皇”，《撷芳录》作“农”。

** 此阕，《撷芳录》单出，题作“点绛唇”，列在同调《戊戌重九作（《撷芳录》无“戊戌”二字及“作”字）是日霜降》阕之先；王影本则列在该阕之后，题作“又”。

*** 叶按：原稿注“戊戌年作”。

满　江　红

雨浥轻尘，山槛外春痕初绿。频怅望方空一抹，弄箫人独。花影任教如意舞，莺声已是将离曲。算只有、落絮与游丝，飞相逐。　　簪素奈，歌《黄竹》；年渐老，欢难足。试开箱捡取，石榴裙幅。归梦不知天近远，清愁乍满江南北。问此际、僝愁为何人、眉峰蹙？

好事近　湘舟有作*

翠岭一千寻，岭上彩云如幄。云影波光相射，荡楼台春绿。　　仙鬟撩鬓倚双扉，窈窕一枝玉。日暮九疑何处，认舜祠丛竹。

沁园春　檃括《楚辞·山鬼》篇意，以招隐士

若有人兮，在彼山阿，澹然忘归。想云端独立，带萝披荔；松阴含睇，乘豹从狸。孰①挽灵修，徒②怀公子，薄暮飘风偃桂旗。山间③路，向千寻采④葛，三⑤秀搴芝。　　最怜雨晦风凄，更猿狖宵

---

* 叶按：原注“丁酉作”。

① “孰”，徐刊本、振华本、京钞本、岁寒本均作“且”。

② “徒”，同上四本作“长”。

③ “山间”，同上四本作“难行”。

④ “千寻采”，同上四本作“石茸扪”。

⑤ “三”，同上四本作“山”。

鸣声正悲。怅幽篁久处，天高难问，芳蘅空折，岁晏谁贻？子岂[①]慕予，君宁思我，欲问旁[②]人转自疑。归来好，有华庭[③]广宴，慰尔离思。

水调歌头　病中戏答友人*

卿用卿家法，我与我周旋。胸中一事无碍，便算小游仙。借问封侯万户，何似买田二顷，耕凿赖天全？可笑兰台史，只欲勒燕然。　众生病，吾亦病，不关禅。灵光皎皎孤映，空水共澄鲜。说法何须龙象，相笑从他蜩鸴，总付大中千。倦即曲肱卧，火宅已生莲。

醉太平

征衫酒浇，香衾梦遥。《阳关》四迭魂销，折长亭柳条。年光易凋，山川自辽。行人白发飘萧，过当时板桥。

点绛唇　望月

无著秋光，依空谁住山河影？灵怀修迥，中[④]有仙娥靓。太乙朝回，玉露晨霄警。斋宫请，疏麻折尽，万岁千秋肯。

---

① “岂”，同上四本作“或”。
② “旁”，同上四本作“山”。
③ “庭”，同上四本作“堂”。
* 叶按：手稿注“壬辰秋日作”。
④ “中”，徐刊本、振华本、京钞本作“祇”。

紫府清游，饥来偶啖金盘枣。灵妃窈窕，回顾罗帏笑。　　一段琴心，万古知音少。归来好，玩兹芳草，自写黄花照。

清平乐　拟唐人*

沉思梦里，一枕娇云腻。似醉如矜眠[①]又起，的的可郎心意。　　征衫别泪千行，不浣为惜馀香。夜夜相思无寐，罗帏况值初凉。

风流子

碧海波澄雁杳，苍竹烟深岩窈。人倦也，倚阑干，风坠疏林赤枣。情绕，心悄，指点天河树杪。

点绛唇　丙申九日**

风急[②]天高，兴来欲射横空[③]雁。平芜楚甸，漠漠清[④]霜染。　　不省题糕，也少悲秋伴。登临健，兰芳菊艳，高想横汾宴。

---

* 岁寒本此阕上接《浣溪沙·拟唐人》（著意偎人……），故此阕题作《清平乐·同上》。

① “矜眠”，振华本刊作“痴眼”。

** 徐刊本、振华本、京钞本调下题作“《重九》”。

② “急”，同上三本作“紧”。

③ “横空”，同上三本作“云间”。

④ “清”，京钞本作“青”。

蝶恋花

蓦地闲愁千万迭，似絮如丝，尽向心头结。疏雨洒[1]窗灯欲灭，和衣卧听寒更彻。　　经岁悠悠鱼素绝。谁料关情，心比秋潭洁？易买华鬘天上月，难酬伫苦停辛节。

清平乐 有忆

画罗双凤，素舸曾相送。一夕梨云无好梦，帘外月明如汞。　　桃根桃叶谁怜，江南好暮秋天。赢得楼头指点，木兰可是郎船？

望江南

庚午初学词，凡数十阕。今仅记此二阕；虽不佳，姑存之以志岁月。

秋色好，骑马出平原。一片寒沙衰草白，半林残照晚枫丹。薄醉倚吟鞍。

秋色好，沽酒望江楼。塞雁排成飞白字，江鳌封得内黄侯。佳味佐琼瓯。

阮郎归 过洞庭作*

玳筵别酒未曾醒，飞帆过洞庭。哀猿啼急雨冥冥，君山何处

---

① “洒”，徐刊本、振华本、京钞本作“透”；王影本初写作“透”。

* 徐刊本、振华本、京钞本调下题作《湘舟即事》。

青？　木叶下，蕙兰馨，婵娟[1]帝子灵。十年踪迹楚江萍，烦君鼓瑟听。

诉衷情

湖水冬涸[2]，荒[3]草迷漫[4]。来时渺漠无涯之境，不知何往矣。篷窗倚眺[5]，为赋此词。

人间日日有沧桑，湖草[6]只寻常。依然旧日鸥鹭，便换水云乡。　偎纸帐，对茶枪，细思量。月华金镜，风卷银涛，一样潇湘。

虞美人

鹭冠欹侧鸾[7]腰袅，偎就郎怀抱。阿奴[8]衣薄晓寒欺，凭仗些儿酒力自撑[9]持。　馀香未散[10]人何在，梦隔珊瑚海。琵琶湖畔水

① “娟”，徐刊本作“媛”。

② 此句，徐刊本、振华本、京钞本、岁寒本皆作“湖壖水退”。

③ “荒”，同上四本皆作“衰”。

④ “迷漫”，同上四本作“冬晴”；王影本初写作“绵茂”。

⑤ “倚眺”，徐刊本、振华本、京钞本岁寒本皆作“暇笔”。

⑥ “草”，京钞本作“水”。

⑦ “鸾”，徐刊本、振华本、京钞本、岁寒本及《纯常子枝语》（卷廿二载有此词）作“蛮”。

⑧ “奴”，同上四本作“侬”。

⑨ “撑”，同上四本作“禁”。

⑩ “未散”，徐刊本、振华本、岁寒本作“染袖”，京钞本作“染就”。

涵空，只有残[①]梅敛恨向东风。琵琶湖近日本西京地[②]。

琐窗寒

九江旅舍，中秋无月，风起浪飞，江声撼枕，愁不得眠，因作一词[③]。参用周美成《月下笛》《琐窗寒》[④]二调音节，倚声之家，未必[⑤]谓然；龙吟雁哀，如似相答。明晨遂[⑥]游庐山，末语以纪实也[⑦]。

暑绤延凉，霜篷点水，暮吴朝楚。闲汀鸥鹭[⑧]，识我惯行羁旅。暗[⑨]惊飙檐铁夜鸣，怨虫败壁声更苦。怪素蛾凄敛，深宵不放、一痕光吐。　　酒所，看今古，对斗柄芒寒，满江清露。琵琶自语，谁似当年白傅？倚危阑愁见浪花，海云正起郎勿渡。且淹留，独玩屏风九迭朱凤舞。

念奴娇　安垲地观剧纪事

衣瓜夏五，试于阗新乐，柘枝蛮鼓。七宝楼台弹指现，乍染缤

① “残”，同上四本皆作“寒”。

② “地”，徐刊本、振华本、京钞本、岁寒本皆无此字。又，《纯常子枝语》卷廿二载此词，阕末无尾注。

③ “作”，龙校本作“得”，兹据王影本改正。又此句，徐刊、振华、京钞本作“得词一首”。

④ “月下笛琐窗寒”，同上三本作“琐窗寒月下笛”。

⑤ “必”下，振华本有“能”字。

⑥ “遂”，徐刊本、振华本、京钞本作“且”。

⑦ 此句，同上三本作“以涤尘虑，故末语纪实云尔”。

⑧ “鸥鹭”，徐刊本、京钞本作“沙鹭”。

⑨ “暗”，徐刊本、振华本、京钞本作“响”字。

纷花雨。钏动声轻，钗横光颤，宝靥明星互。天河不隔，盈盈咫尺无语。　　为问拾翠洲边，明珰未解，可要陈思赋？结绮临春朝复夜，赢得东昏千古。海绿非春，云香何叶，回首蘅皋暮。维摩病也，凭谁问讯天女？

高阳台　次韵半塘、乙盦见寄之作*

灵鹊填河，惊乌绕树，秋来一样心期。帘额风轻，金垆篆袅香微。云楼雾幕参差起，黯瑶情未许人知。写银笺四角中央，难寄离思。　　凄凉茂草褰衣处，尽江河日暮，泪下连丝。猛拍阑干，凭他蝶醒莺痴。重阳萧索青芜国，来信云：七夕前三日。得信在重阳日，故云①。恁霜寒篱菊能支？莫教人划尽琼华，留暎宫②眉。

附：王鹏运原作一首

乙冬消寒，道希约作艳词，因循未果。秋风容易，触绪怀人，作此寄之。

罗袜侵尘，翠绡封泪，星河慵问秋期。巫峡荒唐，玉楼云雨霏微。猩红漫说秋花艳，问年年肠断谁知？算何如花是将离，草是相思？　　玉纤禁否西风冷，想深闺刀尺，夜怯琼丝。爇遍沉檀，多生难忏情痴。瑶阶玉软春如海，记夜寒吟袖同支。看笼烟一抹遥山，愁琐修眉。

---

* 徐刊本、京钞本调下题作“和半塘乙盦韵却寄”，振华本作“和半塘乙广均却寄”。

① “故云”，徐刊本、振华本、京钞本作“故有此句”。

② “暎宫”二字，同上三本作“映新”。

附:沈曾植原作一首

借月湔愁,笺天诉梦,碧城十二星期。拥髻归来,夜阑露细风微。中庭种树成红豆,那寒心婴鹎先知。判酬他扇底秋心,弦上秋思。　　当年对影闻声地,剩花溅泪萼,柳袅愁丝。罗带同心,有情天亦怜痴。荒唐梦峡归云晚,甚神娥犹妒腰支。祝芳风莫罥飞花,莫斗纤眉[①]。

夜游宫

疏雨困眠孤馆,薄衾冷、漏签时断。湿羽投林鸟已倦。敛秋心,白云岩,黄槲岘。　　瑟瑟湘波远,动吟思、楚歌声怨。浊酒深杯且自劝。渺关河,意难忘,君自[②]忖。

采桑子 记西湖旧游

水西山北闲游处,翠盖招凉。红袖拈香。雁外鸥声[③]易夕阳。

石床自扫松阴冷,卧想秋江。几许清狂?潘鬓年来也自霜[④]。

---

① 以上王鹏运、沈曾植原作各一阕,系王影本原写所有,而为龙校本辑入者。

② “自”,徐刊本、振华本、京钞本作“试”。

③ “声”,徐刊本、振华本、京钞本作“边”。

④ 以上自《虞美人》(眉上鸦黄……)至此诸阕,皆为王影本所载,次第亦如之,即龙校本据以辑为《重校集评云起轩词》一卷者。

点绛唇　避暑

扇力微微，晚风乍喜吹衣带。兰台赋在，一霎炎光改。　笥竹当窗，画[①]意凭谁会？吟[②]天籁，琴声自解，曲罢龙归海。

长相思

钿箜篌，纤指柔。一曲吴歌不上喉，时时饧倦眸。　锦缠头，金带钩。细喘轻颦博得不？谁知离别愁？

卜算子　水仙花

香静玉盘安，影薄银[③]屏绕。白石清泉偶遇之，不碍花光小。　唱彻大江东，此意无人晓。若见湘皋解佩时，我自拌花恼。

鹧鸪天

蝶梦蘧然别有天，蝇钻故纸几何年？在山远志何如草，人世忘忧不藉萱。　身外物，句中元。一回揽镜一欣然。川如碧玉山

① "画"，振华本作"昼"。
② "吟"，同上作"吹"。
③ "银"，京钞本作"云"。

如黛，不是吴儿也叩舷。

忆江南 咏雪

天欲暮，旋觉白光寒。银阙半空俄隐现，琼林万树各飞翻。何处是三山？　　行且止，茸帽据征鞍。任是梅花开遍也，不曾春梦落人间。诗思已阑珊。

贺新郎

丙戌都中与汪莘伯联句之作。迄丙申秋，乃于汉口[①]志仲鲁前辈书中，得此故纸。词虽不工，姑录存[②]之，以志鸿爪[③]。

天末春将老，过清明海棠开罢，柳绵吹少。道希。几日子规啼不住，枨触离人怀抱。汪兆铨[④]莘伯。看一片黏天芳草，道希。绿到平芜将尽处，又斜阳云外青山绕。空望远，长安道。莘伯。　　故人此际应西笑，还念我麻衣饮墨，缁尘扑帽。道希。十载词场供跌宕，赢得中年近了。莘伯。况岁晚江湖潦倒。豪竹[⑤]哀丝苍生志，尽昂头付与苏门啸。龙气在，鸿飞杳。道希。

① “口”，振华本作“皋”。

② “存”，振华本无此字。

③ 此句下，同上有小注曰“汪莘伯名兆铨”。

④ “汪兆铨”，同上无此三字。

⑤ “竹”，同上作“筑”。

金缕曲　寿李木斋前辈即送其还京之作

把酒为君寿。论世间高名曼福，似君稀有。但使雍容平进取，黑发便跻台斗。况才力渊涵地负，默数吾乡谁健者，定琼琚玉佩追欧九。曾小试，掞天手。　　周南留滞今非久，却回顾天吴罔象，涛飞山走。指点齐州烟点外，朱鸟回吟霜味。震大地洪钟一吼，唤醒市朝红紫梦，看东方耿耿苍龙宿。天莫醉，赐鹑首。

钗头凤

娇波溜，纤腰瘦，仙裙百幅香罗皱。乘鸾舞，流莺语。瑶觞飞赠，修罗天女。举、举、举。　　花簪钮，瓜盛斗，绿云深处重[①]携手。青冥路，神仙侣。几时清听，天风琴谱？许、许、许。

浪淘沙　赤壁怀古

高唱大江东，惊起鱼龙。何人横槊太匆匆？未锁二乔铜雀上，那算英雄。　　杯酒酹长空，我尚飘蓬。披襟聊快大王风。长剑几时天外倚，直上崆峒。

---

① “重”，京钞本作“同”。

三姝媚

王幼霞侍御见示《春柳》词，未及奉和，又有送行之作，赋此阕答之*

莺啼春思苦。看湖山纷纷，尚馀歌舞。折柳千丝[①]，殢[②]酒痕、犹沁[③]锦襟题句。倚遍[④]危阑，淡暮色飘残香絮。似绣园林，一霎鹃声，便成今古。　　当日花[⑤]骢联步，共游冶[⑥]春城，踏青归路。夜半承明，听漏声、疑在万花深处。可奈东风，吹不散浓雰凄雾。好记[⑦]灵和旧恨，清商自谱[⑧]。

踏莎行

题明叶蕙绸《鸳鸯梦传奇》，崇祯丙子刻本**

英宪传经，光威联句，一家词赋堪千古。谁知中女更多才，铜驼别有伤心处？《传奇》作于崇祯丙子，而其言云："若论世道，荆棘铜驼，煞

---

* 文氏赠汪曾武手书此词纨扇影件，调下题作"王幼霞御史以春柳词索和未答，又有送行之作，赋此和之"。又，叶按云："原稿注'乙未年作'。"

① 此句，手书词扇影件作"几日停骖"。

② "殢"，同上作"清"。

③ "沁"，同上作"在"。

④ "倚遍"，同上作"怕倚"。

⑤ "花"，同上作"游"。

⑥ "游冶"，同上作"嬉戏"。

⑦ "好记"，同上作"记取"。

⑧ 阕后，同上有题款作"乙未五月，录请仲虎表弟词坛正拍。廷式呈稿"。

** 叶按：原稿注"丁酉作"。

多感慨。”是易代之感，实有前知。又云：“奈荆棘成丛，谁敢指北极半天螮蝀”，亦警句也。　　紫玉成烟，红箫未谱，一痕断砚留眉妩。仙盟佛证总无聊，薰风独据珊瑚树。借用叶小鸾词句①。

春光好　新年*

新酒熟，早梅妍，久晴天。贴燕黏鸡坊宅遍。又新年。　　休忆壶瀛旧事，且将诗酒随缘。家计无多生愿足，五湖船。

少年行

日本艺妓瓢箪书来，戏题其后。日本人谓葫芦曰“瓢箪”**

清眄映雪，纤腰贴地，东日照名姝。教剥瓜犀，戏堆腊凤，情态半憨疏。　　还相问，近来消息，怀得汉书无？如此壶天，尽留人住，我欲再乘桴。李清照词：“我欲乘桴。”赵松雪词：“我欲乘桴浮到日华东。”

虞美人　题朱艾卿洗马同年小像

临风玉树青春里，省可青春意。画堂端笏奉安舆，不是张梨周枣赋闲居。　　华芝生柱皋禽唳，便有朱霞思。男儿好好画凌烟，

---

①　振华本无此七字注语。又，王校曰：按此句为小鸾咏紫薇花《踏莎行》词。

*　叶按曰：亦丁酉作。

**　此阕之词牌，振华本作《少年游》。按何东萍《云起轩词笺注》谓：“《少年行》当是《少年游》之误。《少年行》无此词牌，只有《少年游慢》。”

才称风流张绪想当年。

鹧鸪天

著意寻春春已阑，东风一夕转轻寒。玉骢踏遍长安陌，为恋残红小驻鞍。　　黄鹄举，白鸥闲，须从尘外看青山。花冠不萎天香馥，坐弄禅瀛只一丸。

长亭怨慢　和素君韵寄远*

听黯黯长安夜雨，那是侬家，放教归去。檠短窗虚，梦魂仿佛到江浦。愁生[①]无定，应是有生愁处。寄远织琼花，浑不省凉蟾天宇。　　凝伫。只兰红波碧，依约谢娘眉妩。文园病也，更堪触[②]伤春情绪。便月痕不上菱花，尽难忘衣新人故。但乞取天怜，他日翦灯深语。

附：素君原作一首

甚一片愁烟梦雨，刚送春归，又催人去。鸥外帆孤，东风吹泪堕南浦。画廊携手，是那日销魂处。茜雪尚吹香，忍负了娇红庭

---

* 《长亭怨慢·和素君韵寄远》，及附素君原作，叶按："此二首乃误录他人作。"然陈友琴《文芸阁云起轩词与吴研人小说》谓："又如《长亭怨慢·和素君韵寄远》，有人说素君就是他（按指文廷式）爱人的小名，这样看来，他的爱人也是能诗文词的了。但我（按即陈友琴）曾听见积馀（按即徐乃昌）前辈先生说，'素君原作实在是程颂万（子大）的手笔'。足见这件事，芸阁在好友的面前，竟也不讳言之了。"

① 此"生"字，沪上本作"先"。

② "触"，同上作"觞"。

宇？　　延伫。怅柳边初月，又上一痕眉妩。当初已错，忍道是寻常离绪。念别来叶叶罗衣，已减了香尘非故。恁短烛低篷[①]，独自拥衾愁语。

摸鱼子

记瑶台绣襦甲帐，阿侬十载曾住。檀槽一曲当筵醉，别遇散花天女。情淡泞，偏絮絮星星，向我深深诉。莲心太苦，怕如水年华、傲人心性，无地可安附。　　聪明错，解虑落花风雨，酒阑别样酸楚。广平那是心如铁，也拟梅花一赋。还自语，看禅榻茶烟，未称迎桃渡。离愁万缕，正清晓江潭，淡云笼月，黯黯碧空去。

减字木兰花　郴江舟中

万山明月，照我孤舟正愁绝。若待无愁，除是湘江更不流。　　鸿南燕北，别后年光成惜惜。不信凄凉，看取潘郎鬓上霜。

南乡子　题易硕[②]甫《洞庭眺月图》

云散晚山青，又泛扁舟过洞庭。月下一声吹铁笛，凄清，只恐

---

① “篷”，徐刊本、振华本、京钞本皆作如此；龙校本则作“蓬”。
② “硕”，振华本作“实”。

鱼龙不惯听。　　红烛夜冥冥，静写秋光入画屏。寄语[①]幽兰兼白芷，芳馨，可解骚人万古情？

满庭芳

江永舟中，偕易硕甫联句，用周美成韵

去国装轻，催年鼓迭，离人与月难圆。硕甫。江寒浪浅，千里上孤烟。道羲。写出《离骚》古意，斫冰雪石濑溅溅。硕[②]。乘风去，无归也好，同泛谢公船。羲。　　残年。怀旧隐，梅花几树，竹屋三椽。硕。硕甫于庐山筑屋，隐居半载。故词及之。只大千云影，飞落襟前。羲。欲倩湘灵海若，理瑶怨同诉冰弦。硕。琴音悄，凭谁徵调，唤醒老龙眠？羲。

浣溪纱

云母窗中觑阿环，轻颦仿佛认遥山。惜春春在有无间。　　颠倒无端看紫凤，然疑不定怅青鸾。寂寥情况且加餐。

南楼令

何处秣陵春，江波送远人，感情深泪渍红巾。未到莺啼先惜别，风水阔，隔天津。义山诗："一江风水隔天津。"　　微雨问湖滨，斜

---

① "语"，京钞本作"与"。

② 此阕内"硕"，振华本皆作"硕甫"，"羲"皆作"道希"。

阳吊孝陵，泛秦淮春水方生。却想欢期浑是梦，凭绮语，驻芳尘。

虞美人　题李香君小像*

南朝一段伤心事，楚怨思公子。幽兰泣露悄无言，不似①桃根桃叶镇相怜。　　若为留得花枝在，莫问沧桑改。鸳鸯鸂鶒一双双，欲采芙蓉憔悴隔秋江。

绿意　联句寄仲鲁编修志钧，即咏其事**

湘花梦影，可②西风昨夜，几回吹醒。梁鼎芬星海。曾③记盈盈，楼上黄昏，瞥见游春鞭镫。廷式。开窗④笑语红襟燕，道莫负⑤海棠栖稳。芬。天涯别有桃源，误了⑥琼枝芳讯⑦。式。　　太息琴丝笛谱，纵弹尽、不似旧时人听。芬。暮雨萧萧，此日江南，帘卷疏花微

---

* 叶按：此为周季贶先生之子云将作。又，龙沐勋注：如皋冒鹤亭先生藏任渭长画折枝桃花便面。道羲先生书此词于右首，题云：《继复堂〈虞美人〉作》。编按：细察该便面文氏手迹影件，未见标"虞美人·题李香君小像"之题文，惟于篇末题款曰"云将词家正拍。继复堂虞美人作。道羲"，下钤"文"字朱印。

① "似"，龙注曰"手书作'是'"。

** 文氏《旋乡日记》载录此词，文字与徐刊本（龙校本即据徐刊本转录此词）同，且自述撰作本事甚详，见该《日记》光绪十二年六月十九日所记。又，龙校本于题文下原注曰："《款红楼词》题作《寄怀他哈喇陶庵编修》。"

② "可"，龙校本原注曰"王校：当是'又'字"。

③ "曾"，龙校本原注曰"《款红楼词》作'犹'"。

④ "窗"，龙校本原注曰"《款红楼词》作'门'"。

⑤ "道莫负"，同上曰"《款红楼词》作'休负了'"。

⑥ "了"，同上曰"《款红楼词》作'却'"。

⑦ "讯"，同上曰"《款红楼词》作'信'"。

病。式。香炉[①]熏彻相思字,又半晌月明更静。芬。只无聊[②]、白雁横天,说与凄凉风景。式。

长亭怨慢 联句寄怀易硕甫,并示由甫

更谁识天涯芳树,处处青痕,都无情绪?梁鼎芬星海。绿遍江南,故人偏向碧波阻。文廷式道希。玉箫瘦损,试吹出,相思句。星海。还趁好风来,隐隐答佩声琴谱。道希。　　凝伫。记红镫苔馆,曾共几回听雨?星海。瑶华梦远,况惆怅相逢无据。道希。便有梦烟水都迷,将一箭春韶轻去。星海。问此际联床清话,宿酲醒否?[③]道希。

台城路 湘中送星海还粤*

笛声吹冷关山月,离情与天俱远。客里年光,愁边节物,赢得满襟依黯。湘云絮乱,化一缕轻烟,欲迷春眼。只有孤芳,嫣然不受暗尘染。　　明朝江上望极,片帆欲没处,烟水弥漫。此地相逢,何时重见,楚水吴山越岸?回肠已断,更苦雨酸风,助成凄惋。珍重芳华,绿蕉心未展。

---

① “炉”,龙校本原注曰“《款红楼词》作‘心’”。

② “聊”,同上曰“《款红楼词》作‘憀’”。

③ 此阕系龙校本所辑收,龙校本原注曰“手稿及徐刊并无此阕,从《款红楼词》补”。

* 叶按曰:“此亦戊子在湘所作。”编按:《湘行日记》光绪十四年三月廿五日记有作送星海词一首,或即此词。

齐天乐　题《高氏瓮芳录》*

烽烟已静闻钟鼓，开编尚堪零涕。大地平沉，长星昼出，虎口逃生何地？微臣自异，列八瓮庭前，举家同死。碧血谁收，千年魂魄化精卫。　凄凉[①]石城遗曲，更堪怅触我，无限伤喟。傅燮孤儿，阳源后裔，一样悲凉身世。年光逝水，问汉上铜仙，几回清泪？听彻荒鸡，揽衾中夜起。

渔家傲　古意赠今人

妾愿苎萝村下住，浣纱不共东家女。十顷荷花三里雾，迷归路，盈盈隔水谁能渡？　不愿吴王宫里去，《阳春》一曲青春暮。人世繁华卿信否，浑无据，金床月落乌啼树。

踏莎行　为人题照

舞蝶娇春，啼莺促曙，玉溪曾赋销魂句。嫦娥衣薄不禁寒，宓妃腰细才胜露。　香印成灰，云绢剩缕，红笺好共盈盈语。落花难伴绮罗春，劝君休向阳台住。末二句用玉山诗，见《夷坚志》己集上。

---

* 王跋谓"《齐天乐·题〈高氏瓮芳录〉》一首，子安丈曾以征题全册见示，则决为壬辰以前作"。编按：《湘行日记》录此词，题作"为江宁高氏题瓮芳录词一首，调寄台城路"。详见该《日记》光绪十四年二月十二日及十四日所记，文字略异。

① "凄凉"，《湘行日记》及岁寒本、振华本、京钞本皆作"凄凄"。

忆旧游 秋雁，庚子八月作*

怅霜飞榆塞，月冷枫江，万里凄清①。无限凭高意，便数声长笛，难写深情。望极云罗缥渺，孤影几回惊。见龙虎台荒，凤皇楼迥，还感飘零。　　梳翎，自来去，叹市朝易改，风雨多经。天远无消息，问谁裁尺帛，寄与青冥？遥想横汾箫鼓，兰菊尚芳馨。又日落天寒，平沙列幕边②马鸣。武元衡诗："万里枫江莫问程。"③

临江仙 金陵忆别

檀板声停箫吹咽，玉骢门外频嘶。背人④无语敛双眉。别离情绪⑤，撩乱万千丝。　　不道天河能间阻，此心桃叶应知。临明一阵雨霏霏。泪沾红袖，江上早寒时。毛文锡词："遥思桃叶吴江碧，便是天河隔。"⑥

---

* 振华本调下题内"庚子八月作"五字作注语。

① "清"，振华本作"凉"。

② "边"，阿庚本作"天"。

③ "程"，同上作"尘"。

④ "人"，《伐山取材》录此词作"镫"。

⑤ "绪"，同上作"味"。

⑥ 同上无此十六字自注语。

清平乐*

巴陵有“二乔墓”，殆不足据。喜其亭槛轩朗，草树幽秀，聊为题之。

佩环声杳，日暮巴陵道。眉样君山青未了，一例湘娥缥渺。　当年夫壻英雄，而今荒草吴宫。休问香魂在否，年年点缀春风。“二乔墓”今改题“小乔墓”，亦不足据。故不如仍其旧名。

谒金门

秋未老，树树夕阳都好。霞锦云罗黏远草，碧天开画稿。　别后许多怀抱，又是黄花开了。落叶西风人悄悄，雁回书不到。

念奴娇　旅思**

杜鹃啼后，问江花江草，有情何极？曾是灯前通一笑，浅鬓轻笼蝉翼。掩仰持觞，轻盈试翦，此意难忘得。如丝如絮，东风吹去无力。　因念久客天涯，端居多感，萧瑟青芜国。怀抱向人何处尽，卧听林风凄寂。经卷《楞严》，琴声贺若，静玩炉烟直。微寒陨芯，瑶华追溯堪惜。

---

* 《东游日记》录此词，调下题作“题巴陵二乔墓”。据《日记》，此词作于光绪二十五年十二月初十日，详见《日记》该日所记。

** 振华本调下题作“旅况”。

摊破浣溪沙

竹粉黏青露点衣，柳绵吹白水平池。为报游人休草草，惜芳时。　　临镜只应江月照，搴帷莫使楚云疑。不道平生惆怅意，有人知。

念奴娇*

乱后京、津乐籍，大半南渡。李伯元茂才于酒肆广征四十馀人，为评莺残花之举。为赋此词。

江湖岁晚，正少陵忧思，两鬓衰白。谁向水精帘子下，买笑千金轻掷？凄诉鹍弦，豪斟玉斝，黛掩伤心色。更持红烛，赏花聊永今夕。　　闻说太液波翻，旧时驰道，一片青青麦。翠羽明珰漂①泊尽，何况落红狼籍。传写师师，诗题好好，付与情人惜。老夫无语，卧看月下寒碧。

点绛唇

水际春回，曲阑环合庭阴翠。縠纹波细，石罅看鱼戏。　　宛

---

* 夏敬观《忍古楼词话》、冒广生《小三吾亭词话》（见龙辑《文芸阁先生词话》）谓此阕作于庚子年间。魏绍昌编《李伯元研究资料》录此词，魏氏注谓“此词约作于一九〇一年初”。

① “漂”，夏氏、冒氏录作“飘”。

宛韶光，著处偎人腻。春知未，青芜满地，易惹天涯思？

玉漏迟　辛丑七夕

懒寻天上巧。夜阑愁对，碧窗秋悄。细数更筹，重忆旧时怀抱。多少人间别恨，浑不解金风来早，灵约[①]杳。一痕淡月，笼云凄照。　　羡他碧汉无波，便万岁千秋，后期难了。自轸琴心，漫托彩鸾同调。一晌梦游处，恰又似浮槎仙岛。人易老，南楼几番清啸。“一晌”句，周草窗用五字句，今从之。

思佳客　古意

十幅缃帘窣地垂，千株杨柳麹尘丝。玉人手把菱花照，绝代红颜欲赠谁。　　花子薄，翠鬟低，轻纱吉了称身宜。苧萝女伴如相问，莫道侬家旧住西。沈佺[②]期诗：“千载红颜持赠君。”

感皇恩　中秋

梧叶碎秋光，小窗眠醒，自理琴书碧天静。文园病减，尚怯西风清劲。秘瓷聊试水，煎春茗。　　故人何在，曲阑空凭，料损多情旧心性。冰奁愁展，今夜月明如镜。断肠枫落也，吴江冷。

---

① “约”，京钞本作“药”。

② “佺”，徐刊本、京钞本、沪上本皆作如此。振华本作“俭”，龙校本作“佳”，似皆刊误。

疏影 秦淮有所赠*

凉蝉陨①叶,正②碧波渺渺,秋在城③堞。酒所凄凉④,相唤移船,华灯掩映佳侠。宜城放客多愁思,写不尽琴心三迭。数合欢制就齐纨,谁料未秋先箧。　　坐对江湖兴杳⑤,便当⑥自此去,同理⑦舟楫。却恨青铜,华发星星,那称绛唇丹靥。从渠自向空王忏,恰难忘散花香裛⑧。甚四弦解诉飘零,歌畔泪珠盈睫。"宜城放琴客"诗,见《顾况集》,记柳恽事。吴梦窗词曾用"宜城放客"字⑨。

南乡子 病中戏笔**

一室病维摩,且喜闲庭掩雀罗。煮药翻书浑有味,呵呵,老子无愁世则那。　　莽莽旧山河,谁向新亭泪点多?惟有鹧鸪声解道,哥哥,行不得时可奈何。

---

* 是阕撰时,王跋谓,"木斋亦曾以小笺见示,(尾署"芗德"二字。云:先生别号。)则辛丑秋间也"。

① "陨",《伐山取材》作"坠"。

② "正",同上初写作"对"。

③ "城",同上作"楼"。

④ "凉",同上作"清"。

⑤ "兴杳",同上作"兴远"。

⑥ "当",同上作"应"。

⑦ "理",《伐山取材》作"老"。

⑧ 自"却恨青铜……"至此共五句,同上写作"袅袅西风,折苇披荷,斜抹城恡一霎。如今只有鸥眠稳,也尽胜昔时鸳牒",继均予乙去,而未复再补改写。

⑨ 此五句自注语,同上写作"'宜城放琴客',柳恽事,见《顾况集》。吴梦窗词曾用'宜城放客'字"。

** 此阕撰时,叶按曰"此作于庚子"。

凭阑人　咏水仙花

秣驷芝田经几时？袖里明珰光未已。华灯写澹姿。绰[1]娇饶，知似谁。

鹧鸪天

明月多情上绮疏，伴侬无寐四更馀。朦胧世态休看镜，撩拨清愁且著书。　　萤火暗，雁声孤，露光浮白夜凉初。桂宫曾寄千千信，为问仙娥忆得无？

清平乐*

春人婀娜，春恨吟难妥。一缕酥香熏意可，独倚云屏闲坐。　　林间百种莺啼，玉阶撩乱花飞。生怕袜罗尘涴，黄昏深下犀帷。

疏影　为思惠斋主人题《蓬莱春影图》

烟螺想髻，更柳疏枫密，芳思无际。缥渺空山，可是曾来，瞥见

① “绰”下，振华本有“约”字。

* 叶按曰：“此词据先生哲嗣公达云，作于辛丑、壬寅间。是时密谋革命者已多；先生多与相识，而不欲参加，故云尔。”

瑶阶仙侍[①]。人言海水三清后，有琼瑟玉杯重遗。恰无聊化作朝云，一霎沧波迢递。　　几度花开花落，对霞影犹忆，靓妆明惠。石迳苔封，化鹤人归，黯澹芯珠文字。浮萍偶值原无定，好认取天花游戏。奈梦回雨泻高檐，窗外叶声如悴[②]。

浣溪沙*

十里杨花接谢桥，王孙骢马玉人箫。莫愁湖上几停桡。苑里栖乌怀旧树，堤边归燕觅新巢。江南梦好雨萧萧。

银汉西流月色阴，碧梧叶落玉阶深。一镫愁对夜沉沉。别馆繁弦调翠凤，小窗闲讯托青禽。鬓丝禅榻为谁吟？

清平乐　题画**

江流渺㳂，断雨零风里。一对沙鸥呼不起，缥渺轻帆天际。　　画图省识谁家，烟簑雨笠生涯。便欲桃源舣棹，还寻竹径煎茶。

---

① "侍"，沪上本作"待"。

② 以上自《点绛唇·避暑》至此诸阕，皆为王影本所无，而见于徐刊本或他人撰述，即龙校本据以辑为《重校集评云起轩词补遗》一卷者，各阕次第亦依龙校本。

* 据《纯常子枝语》卷五录入。文氏自述，谓"十余年前为友人书扇，顷复见之，乃当时所作《浣溪沙》词二首也。感其藏弆之久，姑录存之"。又谓"是词癸酉秋间初过江南作。时克复未久，故有旧树新巢之感也"。

** 据《纯常子枝语》卷廿七录入。

卜算子　题雁来红图卷*

午枕怯轻寒，天末惊新雁。瑟瑟疏花为报秋，烘出斜阳茜。　　书寄洞庭波，梦隔潇湘远。可惜凌霜叶叶红，不及芙蓉淡。

金缕曲　盆荷**

生小瑶宫住，是何人移来江上，画栏低护？水佩风裳映空碧，只恐①夜凉难舞。但愁倚湘帘无语②。太液朝霞和梦远，更微波隔断鸳鸯语。抱幽恨，恨谁诉？　　湖山几点伤心处，看微微残照，萧萧秋雨。忍教重认前身影，负了一汀鸥鹭？休提起洛川湘浦。

---

* 据夏敬观《忍古楼词话》。谓"冒鹤亭同年自粤归，抄赠《雁来红图卷词录》一卷"，文氏此阕即在内。又记该《雁来红图卷词录》末有汪宗衍跋，称"光绪乙酉十一月，梁节庵丈（鼎芬）罢官归里，先伯莘伯先生招同杨叔桥丈（锐）、王子展丈（存善）、朱棣垞丈（启连）、陶子政丈（劭学）集越秀山学海堂，酒半，过菊坡精舍。时雁来红盛绝，梁丈首倡此词，先伯因嘱余子容丈（士恺）绘《雁来红图》，各题所为词于后。翌年，徐巨卿丈（铸）、文道希丈（廷式）、易仲实丈（顺鼎）、石星巢丈（德芬），与家大人咸有继声。时叶南雪先生（衍兰）以词坛老宿，亦欣然同作。陈莘阶丈（庆森）则戊戌秋补作。俱装订成册"云云。兹转引自何东萍《云起轩词笺注》（岳麓书社 2011 年，承何东萍先生寄赠），并为酌拟今题。

** 据郭则沄《清词玉屑》卷六（见龙沐勋辑《文芸阁先生词话》所引）录入。又，《孽海花》亦载此词。按《曾公孟朴纪念特辑》收此词，以为是曾朴之作（文字小异，栏作阑、恐作怕、谁作难）。见时萌《曾朴研究》（上海古籍出版社 1982 年）。时氏又谓下片次句"看"字下，依词牌疑缺二字，然《特辑》原刊如此，或传抄讹误，或曾氏不拘格律，亦未可知云云。

① "只恐"，《孽海花》作"只怕"。

② "语"，同上作"绪"。

十里晓风香不断，正月明寒泻金盘露。问甚日，凌波去？

附录：《云起轩词手稿》跋

右文道希先生《云起轩词手稿》一册。光绪甲辰春，余假以录副。是秋，先生殁于湘中，此册遂留藏木斋家。今春，木斋之子伯举持来商付影印。余按此稿较徐刻缺四十二首；然如《点绛唇》（布被新霜……）一首、《单调风流子》一首、《望江南》（秋色好……）二首，刻本亦未载。稿中书有年月者，如《齐天乐》（再游龙华……）一首、《念奴娇》（答皮麓门）一首、《点绛唇》（九日）一首、《八归》（答沈子培）一首，刻本并佚其年。其两本俱未载年，如《祝英台近》一首、《八声甘州》一首，以半塘次均同作考之，则前为乙未作、后为甲午作。《木兰花慢·寄木斋》一首，刻本有叙，则为癸巳闱后作。《摸鱼儿》（惜春）一首、《念奴娇》（题壁）一首，有先生手写横轴，称丁酉春间作。（今藏伯举家。）手稿所佚词，如《齐天乐》（题高氏瓮芳录）一首，子安丈曾以征题全册见示，则决为壬辰以前作。《疏影》（秦淮有赠）一首，木斋亦曾以小笺见示，（尾署“芗德”二字，云先生别号。）则辛丑秋间也。今两本叙次全异；此稿影出，既可参校字句，尤与先生身世出处，所关非细。稿中间有代录，及先生落笔偶误，（如：《满庭芳》作《满江红》；《侧犯》写作三段。）鉴赏者自能知之。伯举属为跋，因并举所仅知者附于后云。

癸酉十月，溧水王瀣

附录:《重校集评云起轩词》序

文芸阁先生词,以光绪三十三年春二月,由其门下士南陵徐乃昌刊入《怀豳杂俎》,题曰《云起轩词钞》。民国丙子,上海开明书局汇印《清百名家词》,即据徐本重印。江宁王氏娱生轩,曾出其家藏先生手稿,摄影上石,于是世乃获见芸阁先生词之别本。乱后影印手稿本散落市间,徐刊本亦少流布。爰以客居之暇,取两本细加参校,互有出入。虽并不能据以编年,而手稿胜处为多。复得溧水王伯沆先生(瀣)手批徐刊本,评骘颇精审,足为读芸阁先生词者之一助。遂据以写定为《重校集评云起轩词》,序次一依手稿本;其同时诸家酬和之作,并为博采附刊焉。其为手稿本所无,而见于徐刊或他人撰述者,则别次为《补遗》一卷。又杂录近人论及《云起轩词》之语,汇为《文芸阁先生词话》,以便省览云。

壬午浴佛节后三日,万载龙沐勋谨识

附录:文廷式的词风及其影响*

文廷式字道希,号芸阁,江西萍乡人。生于咸丰六年,卒于光绪三十年(1856—1904),年四十九。光绪十六年(1890)成进士,由编修迁翰林侍读学士,尝为珍妃师。甲午之战,文氏主战,以劾李鸿章削职。戊戌政变后,有密旨捕治,以避日本幸免。庚子归萍

* 据唐圭璋《朱祖谋治词经历及其影响》(载于《江海学刊》1982年第2期)节录收入,并为酌加今题。

乡,病卒。著有《纯常子枝语》三十二卷,今有刻本。词集名《云起轩》,取“大风起兮云飞扬”之意,可见其雄心壮志,欲有所为,无奈迭遭世变,难酬夙愿。词宗苏辛,气魄沉雄,王伯沆极爱赏之。文氏词序痛诋朱彝尊《词综》特宗姜、张为“巨谬”。平素与王鹏运、沈曾植、陈三立、黄遵宪、梁鼎芬、王木斋诸人友善。朱祖谋氏有《望江南》赞其词云:“闲金粉,曹郐不成邦。拔戟异军成特起,非关词派有西江,兀傲故难双。”《彊村语业》可见其词风饶有铜琵铁板之音。由于朱祖谋氏曾任广东学政,文氏又少长岭南,与二氏接触词友甚多,以致广东词风亦颇甚。番禺叶恭绰三世治词,即受朱、文二氏之影响。叶氏辑《全清词》,即遵循二氏之指示进行。

唐圭璋

中国近代人物文集丛书

文廷式集

（增订本）

二

史志 书简

汪叔子 编

中华书局

業從鴻鴈而居止多愚識衛夫蓉學姚某溪者矣謂宜特加按語别白是非晉祀圜丘顧斥宗王之謬宋黔雅樂正言從范之謁庶幾來者難誣前車可鑒若夫篇末之贊無當史裁則從史通之言竟在刊除之列

蓋史之爲例肇自子長班氏述之已加繁富藝文諸志抑補前遺厥後諸史相承亦復互明得失體文之識漢志以禮樂疏簡所漏者多典章數事百不存一夫禮之爲志當取法於禮經周以命篇分縣析縷而子長推鈔荀子蓋堅但録新書頗同二戴之文何與一朝之制是則雖傳之班馬難以因仍者矣且刑法標題蕭何之律軼律厤成志張蒼之術亡何以續彼周官垂兹令典是故丁孚發憤拾遺漢事具縝慷慨糾謬唐書成篇雖存猶宜别擬爾其原書末作後世拾遺殘文予補漢志其是其例也沿及近代斯體良多極編摩之長材信鉛槧之能事然核之各史不盡於斯今以愚見粗陳改補之端列於左方用備甄擇

漢書　史記發端太遠且多涉經典不容翦截故今之所列漢書爲首

禮志　宜攷撰宋徐天麟有西漢會要王應麟有漢制考猶加組織略爲成篇至諸史或首郊祀或先宗廟如斯之類皆宜畫一定規有條不紊各志皆然不順觀瞭

律厤志　宜補訂頗師古於天算非其所長故三統諸術不復加注國朝王元啓有漢書律厤志正譌錢大昕李銳董方立皆有三統術譜宜詳爲采擷列入集語較使循序又如地理藝文考注良多不妨廣擇

拟汇刻历代史志凡例

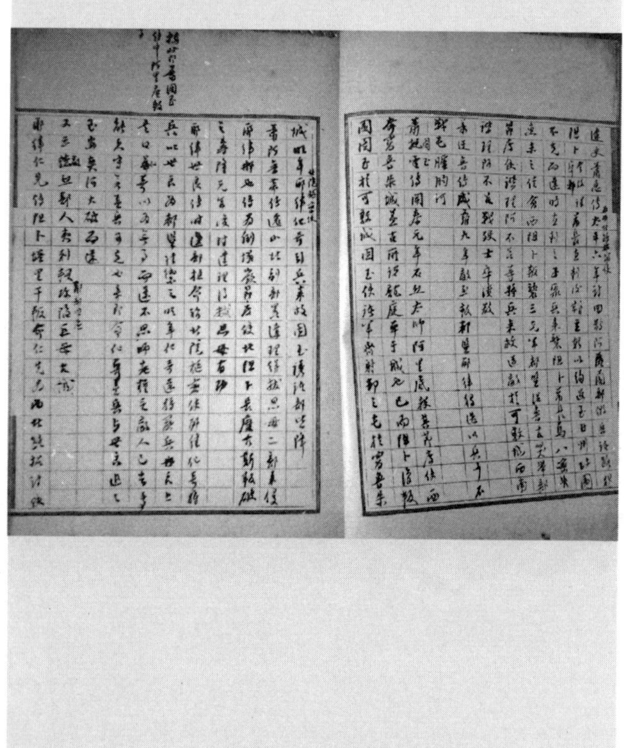

元史西北地附录考（第一次稿）

致廓公（志锐）书

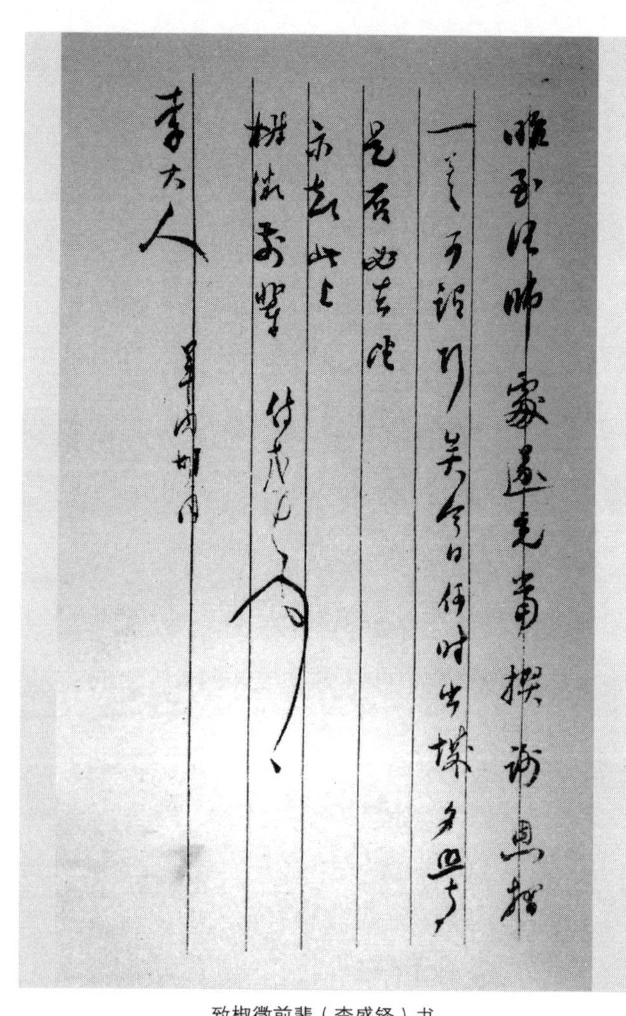

致椒微前辈（李盛铎）书

卷五　史志上

补晋书艺文志*

甲　部　一

经部十一类：一曰易，二曰书，三曰诗，四曰礼，五曰乐，六曰春秋，七曰论语，八曰孝经，九曰群经，十曰小学，十一曰经纬。

易　类

薛贞归藏注十三卷太尉参军

《隋书·经籍志》云："《归藏》，汉初已亡；《晋中经簿》有之。唯载卜筮，不似圣人之旨；以本卦尚存，故取贯《周（旨）〔易〕》之首，以备《殷易》之缺。"明人《世善堂书目》尚著录。《左传》襄九年《正义》曰：世有《归藏易》者，伪妄之书，非《殷易》也。

韩伯周易系辞注三卷字康伯，颍川人，东晋太常卿

今存。陈兰甫《东塾读书记》曰：康伯《系辞注》："道者何，无之称也。"又云："常无欲以观其妙，殆可以语至而言极也。"又云：

---

* 据原"萍乡文氏思简楼藏""宣统纪元己酉长沙印本"。《补晋书艺文志》撰时，据《拟汇刻历代史志凡例》（见下录）内文氏自述，谓"典午一朝，文学弥盛。昔尝纂录《隋志》及群书所引书名可考者，凡一千余种"，可以补《晋艺文志》之阙云云。《凡例》作于光绪七年秋间，则知此《补晋书艺文志》纂录当在此前。

"圣人虽体道以为用,未能全无以为体。"如是类者,是谈元,非注经矣。

黄颖周易注十卷儒林从事

《经典释文·序录》云:颖,南海人。朱彝尊《经义考》云:黄氏《易》,"贲于邱园","贲"作"奔";"豚鱼",作"遯鱼"。余案:《释文》引黄氏说,共九条。《释文》"经论",黄颖云:经论,匡济也。"以",从黄子用反。"翰",黄云:为举头高也。"戋戋",黄云:猥积貌。"辨",黄云:床箦也。《系辞》"为罟",黄本作"为网罟"。

干宝周易注十卷散骑常侍

《晋书》本传:宝用京氏占候之法以为象,而援文、武、周公遭遇之期运一一比附之。张惠言《易义别录》云:今令升之《注》,仅存者三十卦,而又不完。然言文、武革纣,周公摄成王者十有八焉。马国翰集此书三卷。朱彝尊《经义考》曰:干宝《注》十卷,今止存一卷。《盐邑志林》载之。按:明姚士粦集本三卷,近人丁杰集本二卷。

王廙周易注十卷骠骑参军

《释文·序录》作十二卷。马国翰《玉函山房辑佚书》从《正义》、《释文》、《集解》、《世说注》、《太平御览》等书,集得二十四条。

刘邠易注本名炎,避晋太子讳改

见裴松之《三国志·管辂传·注》引辂《别传》。

张璠周易注十卷著作郎,安定人

《释文·序录》作《集解》十二卷,集二十二家。案:《文选》卷三十八,李善《注》引张璠《易注序》云,蜜蜂以兼采为味。《释文》引《序》云:依向秀本。二十二家者,钟会、向秀、庾运、应贞、荀辉、张辉、王宏、阮咸、阮浑、杨乂、王济、卫瓘、栾肇、邹湛、杜育、杨瓒、张轨、宣舒、邢融、裴藻、许适、杨藻者也。《七录》云:集二十八家。

《释文》“子夏《易传》”引张璠云:或馯臂子弓所作。《唐志》:张璠《集解》十卷;又《略论》一卷。

向秀易义

《释文·序录》列张璠所集各家,今并著其目于后。《史记·屈原传》裴骃《集解》、《易正义》、《经典释文》并引之。马国翰有集本,不尽足据。《世说·文学门·注》:秀《别传》曰,注《周易》,大义可观,而与汉世诸儒互有彼此,未若隐庄之绝伦也。

应贞明易论字吉甫,汝南人,散骑常侍

贞,《儒林》有《传》。

庾运易义字元度,新野人,仕至尚书。一云《易注》

张辉易义字义元,梁国人,侍中、平陵亭侯

王宏易义字正宗,弼之兄。本司农,赠太常

《释文》:《离卦》“日昃”,王嗣宗本作“仄”;“出”,王嗣宗敕类反;“离王公”,梁武力智反,王嗣〔宗〕同。“嗣宗”,未知即“正宗”否?

阮咸易义

王济易义

《魏志·钟会传·注》引何劭《王弼传》曰:太原王济尝云,见弼《易注》,所悟者多。据此,则济盖辅嗣之学也。

卫瓘易义

杜育易义字方叔,襄城人,国子祭酒

《荀晞传》有“右将军杜育”,即此人。

杨瓒易义不知何许人;司徒右长史

张轨易义凉武公

崔鸿《前凉录》:轨与京兆杜预,此下当有“善”字。以所注《易》

遗之。《御览》一百二十四。《释文》:"得其资斧",子夏《传》及众家并作"齐斧"。张轨云,"齐斧",盖黄钺斧也。

宣舒通知来藏往论字幼骥,陈郡人,宣城令

邢融易义

许适易义

裴藻易义

杨藻易义

以上并张璠所集。《经典释文·序录》云,邢融、裴藻、许适、杨藻四人,不详何人,并为《易义》。

袁宏周易略谱一卷

见《新唐志》。

栾肇周易象论三卷尚书郎

邹湛周易统略五卷少府卿。《释文·序录》云:字润甫,南阳人,国子祭酒

《唐志》、郑樵《通志·艺文略》并作《周易统略论》。《释文》"箕子之明夷",刘向云,今《易》"箕子"作"荄滋"。邹湛云,训"箕"为"荄",诂"子"为"滋",漫衍无经,不可致诘,以讥荀爽。又,"茹,牵引也",邹湛同。

阮浑周易论二卷冯翊太守。字长成。籍之子。《释文·序录》云为《易义》

《日本国见在书目》尚有此书。

宋岱周易论一卷荆州刺史

干宝周易宗涂四卷　周易爻义一卷　周易元品二卷见《册府元龟》

王氏周易问难二卷

徐伯珍周易问答一卷扬州从事

顾夷等周易难王辅嗣义一卷扬州刺史

《宋书·隐逸·关康之传》:顾悦之难王弼《易义》四十馀条。

《册府元龟》亦载之。“悦之”，即夷字也。《文苑·顾恺之传》：父悦之，尚书左丞。非此一人。

杨乂周易卦序论一卷司徒右长史。《释文》作“左长史”。字玄舒，汝南人。《御览》三十八引作“杨义”

《初学记》卷五引此书：险而止，山也；险而动，泉也；动静皆蒙险，故曰山。马国翰曰：《御览》三十八所引同。依文义，当有“水蒙”二字。

荀辉周易注十卷太子中庶子；字景文，颍川颍阴人

《贾充传》录武帝诏，有“骑都尉荀辉”，即此人。《七录》题“魏散骑常侍”。《魏志·荀彧传·注》引《荀氏家传》曰：闳从孙恽，按荀彧子已名恽，此当是“辉”字之误。字景文，太子中庶子。亦知名。与贾充共定音律，又作《易集解》。

易髓八卷

《宋志》云，晋人撰，不知姓名。按：《通志·艺文略》有“郭璞《周易髓》十卷”，疑即此书。

刘兆周易训注字延世，济南东平人

本传云，撰《周易训注》，以正动二体，互通其文。

李充周易旨六篇

本传。国朝谢启昆《小学考》作《周易音》，恐误。

李颙周易卦象数旨六卷乐安亭侯

袁准易传

《魏志·袁涣传·注》引《袁氏世纪》曰，准为官诗传。

郭琦京氏易注

本传云，作《天文志》、《五行传》，注穀梁、京氏《易》百卷。

翟子元易义

见《释文·序录》，云不详何人。

孙盛易象妙于见形论

见《刘惔传》。《世说·文学门·注》引之。《魏志·钟会传·注》引孙盛曰:《易》之为书,穷神知化,非天下之至精,其孰能与于此? 世之注解,殆皆妄也。况王弼以附会之辨,而欲笼统玄旨者乎? 故其叙浮义则丽辞溢目,造阴阳则妙赜无间,至于六爻变化、群象所效、日时岁月、五气相推,弼皆摈落,多所不关。虽有可观者焉,恐将泥夫大道。此亦盛说《易》之大旨,故附箸之。

蜀才易注十卷

《释文·序录》云:《七录》云不知何人,《七志》云是王弼后人。案:《蜀李书》云,姓范,名长生,一名贤。隐居青城山,自号蜀才。李雄以为丞相。张惠言曰:蜀才之《易》,大约用郑、虞之义为多,卦变全取虞氏。张澍《蜀典》、马国翰《玉函山房》皆有集本。

裴秀易论

裴松之《魏志·裴潜传·注》引《文章叙录》云:秀著《易论》及《乐论》。《世说·德行门·注》引《晋诸公赞》:裴楷特精《易》义。

袁悦之周易系辞注字元礼,骠骑谘议参军

见《释文·序录》。

袁悦之易音

国朝谢启昆《小学考》曰:《晋书·李悦之传》,悦之字元礼,陈郡阳夏人。始为谢玄参军,后为会稽王道子所亲爱,俄而见诛。《册府元龟》曰,悦之注《系辞》,又为《易音》。余案:《晋书》,"袁悦之"附《王湛传》,作"李",误也。

谢万等周易系辞注二卷西中郎将。《释文·序录》作:谢万,字万石,陈郡人,东晋豫州刺史

宋王应麟《汉制考》卷三引《崇文总目》云:《归藏》,《隋志》有

十三篇，今但存《初经》、《齐母》、《本蓍》三篇。

宣聘通易象论一卷

见《通志》。

九家集注周易十卷《释文·序录》云：不知何人所集。称"荀爽"者，以为主故也。其序有荀爽、京房、马融、郑玄、宋襄、虞翻、陆绩、姚信、翟子玄，子玄不详何人，为《易义注》；内又有张氏、朱氏，并不详何人

徐邈周易音一卷太子前率。字仙民，东莞人

马国翰《玉函山房》有集本。

李轨宏范周易音一卷尚书郎。《释文》云：江夏人，东晋祠部郎中，都亭侯

《释文》引此书七条。

范氏拟周易说八卷

《隋志》引《七录》列干宝前，盖晋人也。《隋志》又有范氏《周易论》四卷，范氏《周易音》一卷，疑同出一人。

桓玄周易系辞注二卷

《释文》"八卦相荡"，桓玄：荡，动也。"议之"，陆姚、桓玄、荀柔之作"仪之"。"曰人"，王肃、卞伯玉、桓玄、明僧绍作"仁"。

汲冢书易经二篇　易繇阴阳卦二篇、卦下易经一篇、公孙段二篇公孙段与邵陟论《易》

《武帝纪》：咸宁五年，汲郡人不准掘魏襄王冢，得竹简，小篆古书十馀万言，藏于秘府。按：《束皙传》云，皙得观竹书，随疑分释，皆有义证。故并著其目。又《王接传》云，时秘书丞卫恒考正汲冢书未讫，而遭难。著作郎束皙述而成之，事多证异议。时东莱太守陈留王庭坚难之，亦有证据。皙又释难，而庭坚已亡。接遂详其得失，挚虞、谢衡咸以为当。今各家难释俱不传，特附著于此。杜元凯《春秋后序》云：《汲冢周易》，上、下篇，与今正同；别有阴阳说，而

无象象文言系辞。疑于时仲尼造之于鲁,尚未播之于远国也。

汲冢师春一卷《新唐书·刘知幾传》:子贶,尝以《师春》一篇录卜筮事,与《左氏》合。知案《春秋》经传而为也

杜元凯《春秋后序》云:又别有一卷,纯集疏《左氏传》卜筮事。上下次第及其文义,皆与《左传》同,名曰《师春》。"师春",似是抄集者人名也。《宋志》著录入"春秋"类。

书　类

谢沈尚书注十五卷录一卷祠部郎

李颙集解尚书十一卷字长林,江夏人,东晋本郡太守。案:长林,李充子。《充传》云:郡举孝廉

《旧唐志》作"《集注》"。《释文》作"李颙注《书》"。《太誓正义》曰:李颙《集注尚书》,于伪《泰誓》篇每引"孔安国曰",计安国必不为彼伪书作传,不知颙何由为此言。陈寿祺《左海文集》曰:《世语注》卷一引《续晋阳秋》曰;孔安国,字安国,会稽山阴人,车骑愉第六子也。《宋书·礼志》、《晋书·礼志》、《通典》"吉礼"、"凶礼"皆载孔安国论议,李长林宜与同时,故得引其说。颖达误以为汉之孔临淮也。

范宁古文尚书注十卷、古文尚书舜典一卷豫章太守

《释文》作"《集解》"。国朝马国翰《玉函山房集佚书》,此书得十二节。今案《玉篇》原本"工"字下引《书》"垂汝共工",范宁曰:主百工匠之官,谓司空也。"饫"字下引《尚书序》"稾饫",范宁《集解》曰:稾,劳也;饫,赐也。劳赐也;赐下士故曰稾饫也。皆马所未见。慧琳《大藏音义》卷六,《尚书》"惟刑之恤",范宁《集解》:恤,忧也。卷十八……

徐邈古文尚书音一卷

马国翰从《释文》、《集韵》、《六经正误》等书辑录一卷。其音有《胤征》、《太甲》、《说命》诸篇。盖至范、徐信伪古文,而其书遂盛传南北矣。

李轨尚书音

《隋志》:《尚书音》五卷,郑玄、李轨、徐邈等撰。

孔晁尚书义问三卷五经博士

《隋志》:《尚书义问》三卷,郑玄、王肃及孔晁撰。

李颙尚书新释二卷　尚书要略二卷

《尚书序》"仲丁迁于嚣",《正义》曰:李颙云,嚣,在陈留浚仪县。

伊说尚书义疏四卷乐安王友

《旧唐志》作"《尚书释义》"。

徐邈尚书逸篇注三卷

见《新唐志》。

李充尚书注

本传。

汲冢书杂书十九篇

事详《束皙传》。《尚书·盘庚上·正义》:汲冢古文云,盘庚自奄迁于殷。殷在鄴南三十里。束皙云,《尚书序》"盘庚五迁,将治亳殷",旧说以为居亳。亳殷在河南。孔子壁中《尚书》云,"将治宅殷"。是与古文不同也。

续咸汲冢古文释十卷

本传。《史记正义》云:晋咸宁五年,汲郡汲县发魏襄王冢,得古书册七十五卷。赵明诚《金石录》卷二十云:《晋太公碑》,其略云,大晋受命,四海一统,太康二年,县之西偏,有盗发冢,而得竹策之书,书藏之年,当秦坑儒之前八十六岁。今以《晋书·武帝纪》考之，云“咸宁五年，汲郡人不准掘魏襄王冢，得竹简，小篆古书十馀万言，藏于秘府”，与《碑》年月不同；荀勖校《穆天子传》，亦云“太康二年”，与《碑》合。可正《晋史》之误。其曰“小篆书”亦谬也。既在“秦坑儒八十六岁之前”，是时安得有小篆乎？《春秋后序》曰：太康元年，吴寇始平，余选襄阳，乃修成《春秋释例》。及《经传集解》始讫，会汲郡汲县有发其界内旧冢者，得古文，皆简编科斗文字。发冢者不以为意，往往散乱。科斗书久废，推寻不能尽通。始者藏在秘府：余晚得见之，大凡七十五卷。据此，则杜元凯亲见之书，实科斗，非小篆也。

梅赜奏上古文尚书孔安国传十四卷

按《隋志》曰：晋世秘府所存，有古文《尚书》经文。此必据《晋中经簿》。又曰：东晋豫章内史梅赜始得安国之《传》奏之。此《隋志》明言非晋秘府古文矣。其自汉至晋，中间授受之迹，绝无可记，何待吴才老、朱晦庵而后知其伪哉？今特箸之《晋艺文志》，使读书者知伪经败坏经学之罪焉。

诗　类

江熙毛诗注二十卷字太和，济阳人，兖州别驾

唐成伯瑜《毛诗指说》云，江熙、谢沈各注二十卷。

谢沈毛诗注二十卷　毛诗释义十卷　毛诗义疏十卷《鹊巢》疏：“鸤鸠”，谢氏云，布谷类也

三书并见《隋志》。疑《义疏》即《释义》，复出也。

孙毓毛诗异同评十卷《隋志》云：长沙太守。《释文·序录》云：字休朗，北海平昌人，豫州刺史。《毛诗指说》云：北海人，为长沙太守

马国翰《玉函山房》有辑本。《释文·序录》云：晋豫州刺史孙毓为《诗评》，评毛、郑、王肃三家同异，朋于王。成伯瑜《毛诗指说》云：晋孙毓为《诗评》十卷，评毛、郑、王三家异同。《汝坟》疏云：“君

子”，乐详、马昭、孔晁、孙毓等皆云“大夫”。此当是参此书及《圣证论》而言。然“乐详”，未详何人。

陈统难孙氏毛诗评四卷字元方，徐州从事

《隋书·音乐志下》云：据毛苌、侯芭、孙毓故事，皆有钟声；而王肃之意，乃言不可。又陈统云，妇人无外事，而阴教尚柔，柔以静为体，不宜用于钟。

陈统毛诗表隐二卷《鹿鸣之什》，《释文》“不数”，陈氏云：数，细也

郭璞毛诗拾遗一卷

《北堂书钞》一百二十九，《艺文类聚》六十，《太平御览》三百四十七，《初学记》二十八，并引之。马国翰辑此书，得七节。

郭璞毛诗略四卷

杨乂毛诗辩异三卷《旧唐志》无“异”字

毛诗异义二卷　**毛诗杂义五卷**给事郎

殷仲堪毛诗杂义四卷江州刺史

张氏毛诗义疏五卷《隋书》列殷后，不著时代。姑附于此

虞喜释毛诗

本传。

袁乔诗注

本传。

周续之诗序义

见《释文·序录》。

周续之毛诗注字道祖

马国翰《集佚书》曰：续之注《毛诗》。隋、唐《志》不著录。《释文·序录》谓为“诗序义”。《颜氏家训》引其丛木音云：周续之《毛诗注》，训及《传笺》之字，不止解说《诗序》也。《正义》于《郑氏笺》

下云:周续之与雷次宗同受慧远法师《诗》义,而续之题已如此。此又解全《诗》之证。故据《家训》题"毛诗注"。《北堂书钞》、《匡谬正俗》并引之。按《毛诗指说》云:周续之及雷次宗并作《诗序义》。《书钞》九十五引周续之解《毛诗》。

干宝毛诗音隐一卷

《隋志》作"干氏"。今据《经典释文·序录》作"干宝"。《诗·泮水》"薄采其茆,"《释文》:干宝云,今之鳧葵草,堪为菹,江东有之。

江惇毛诗音字思俊,河内人,东晋征士。《晋书》"思俊"作"思悛"

见《释文·序录》。按《孙晷传》:济阳江惇,少有高操,闻晷学行,自东阳往候之。是惇之学出于晷也。

李轨诗音

见《释文·序录》。

徐邈毛诗音二卷

《隋志》又云:梁有《毛诗音》十六卷,徐邈等撰。

刘昌宗诗音

见颜师古《匡谬正俗》卷一。《邶诗》,《释文》云:烨,刘昌宗音"运"。

徐广毛诗背隐义二卷"背"疑"音"字之讹

蔡氏诗音

孔氏诗音

《释文·序录》列二家徐邈后、阮侃前;注云"不详何人"。按《孝友·许孜传》云:师事豫章太守会稽孔冲,受《诗》、《书》、《礼》、《易》及《孝经》、《论语》。此"孔氏",疑即冲也。

阮侃诗音字德恕,陈留人,河内太守

见《释文·序录》。

袁准诗传

见《魏志·袁涣传·注》引《袁氏世纪》。案《诗·大雅·生民》疏引袁准说,未知出此书否。

卫协毛诗北风图　毛诗黍离图

见唐裴孝源《贞观公私画史》。

晋明帝毛诗图唐张彦远《历代名画记》卷五云:彦远曾见晋明帝毛诗图旧目;云羊欣题字,验其迹,乃子敬也。《豳诗七月图》、《毛诗图》二

礼　类

干宝周官礼注十二卷

刘昭《续汉志》,《注》屡引之。《隋书·牛宏传》,《明堂议》引《周官·考工记·郑注》,又云:马融、王肃、干宝所注与郑亦异。记《周书·斛斯征传》亦引之。

袁准周官传

见《魏志·袁涣传·注》引《袁氏世纪》。

伊说周官礼注十二卷

《旧唐志》:十卷。

王懋约周官宁朔新书八卷燕王师

《旧唐志》云:司马伷序。

陈邵周官礼异同评十二卷司空长史。《隋志》作"劭"误

《旧唐志》云:"陈邵驳傅玄《评》。"又案本传云:"郡举孝廉,不就征,为陈留内史,累迁燕王师。"不言曾为"司空长史"也。《新唐志》:"傅玄《周官论评》十三卷",陈邵驳即此书。《释文·序录》引陈邵《周礼论序》。

孙略周官礼驳难三卷

《通典》九十八,《生不及祖父母不税服议》,孙略《议》曰:《记》

云"不及祖",谓不及并代而不相服。略昔亲行其事,时人咸不见许。即此人。九十一亦引孙略《大功降服议》。

虞喜周官驳难三卷

《隋志》云:孙琦〔问〕、干宝驳、散骑常侍虞喜撰。

刘昌宗周礼音三卷

《释文·序录》云"一卷"。马国翰从《释文》、《集韵》辑录二卷。

宋氏周官音义

见《列女·韦逞母宋氏传》。《类聚》六十九引《秦记》亦载其事。《初学记》卷十八,裴景仁《前秦记》:苻坚幸太学,问博士。经典博士卢壶对曰,《周官礼注》未有其师,韦逞母宋氏传其父业,得《周官音义》,自非此母无以授后生。《书抄》一百三十二亦引之。

李轨周礼音一卷

见《释文·序录》。马国翰有集本。

徐邈周礼音一卷

见《释文·序录》。马国翰有集本一卷。

周礼聂氏音

马国翰曰:聂氏,不详何人。隋、唐《志》不著录,惟《释文》引之。"地官(师)〔司〕市"引聂氏及沈;"春官太卜"引沈,依聂氏。其人当在沈重前。《晋书》有国子祭酒聂熊注《穀梁春秋》,或是其人。今亦姑采之。

刘兆仪礼注

唐释慧苑《华严经音义》卷一引刘兆注《仪礼》曰:备,毕尽也。卷二引曰:举,毕尽也。

袁准丧服经传一卷

本传云：注《丧服经》。《唐志》作"《仪礼注》"。《通典》九十一引晋袁准《丧服传》。马国翰《玉函山房》集录一卷。

孔伦集注丧服经传一卷东晋庐陵太守。《释文》云：字敬序，会稽人，集众家注

《通典》八十八引《仪礼》"夫至尊也"，孔伦曰：以父服服之，故曰"至尊"。卷九十"女子子为祖父母同"，孔伦曰：妇人归宗，故不敢降其祖。《孔严传》附《孔愉传》，"父伦，黄门郎"，当别是一人。

陈铨丧服经传注一卷

《通典》八十八引《仪礼》"妾为君君至尊也"，陈铨曰：降于女君，故不敢称夫。称为君者，同于人臣也。卷八十九"妻至亲也"，陈铨曰：以其至亲，故服同于母。卷九十"妾不得体君，得为〔其〕父母遂"，陈铨曰：以父卑贱，不得体君，又嫌君之尊，不得服其父母，故《传》明之，卑贱不得体君。"旧君者仕焉而已者也"，陈铨曰：仕焉而已者，致仕也。"大夫不敢降其祖"，陈铨曰：不敢降其曾祖为众者，如众人也。卷九十一亦引五条。卷九十"为伯父母叔父母同与尊者一体也"，陈铨曰：尊者，父也。"所谓昆弟一体也为昆弟之子同"，陈铨曰：男女同耳。"大夫之庶子为嫡昆弟同"，陈铨曰：大夫为众子大功，嫡子同。"为人后者为其父母报"，陈铨曰：大宗为尊者之正宗，故后之也。"未尝同居则不为异居"，陈铨曰：异居者，昔尝同、今不同也。夫有大功之亲，同财者也。子有大功，不可以随母；彼有大功，不可以专财也。"女子子为祖父母同"，陈铨曰：言虽已嫁，犹不敢降也。驳郑玄曰："经似在室"，失其旨也。在室之女，则与男同，已见章首，何为重出？言不敢降者，明其已嫁，《传》义详之。

环济丧服要略一卷太学博士

卫瓘丧服仪一卷太保

《通典》一百三，有尚书令卫瓘表太子洗马郄说母亡，不致丧归事。

杜预丧服要集二卷征南将军

《通典》八十四，晋杜元凯云：父在为母冠缞裳绖带，皆疏缞。疏，粗也。三年者，始死之死如不杖同。又云：诸侯建大旂扛七仞斿至地。《释文》，《礼运》音义，“越席”，杜元凯云：结草。《北堂书钞》九十二，杜预《丧服要记》云：始死葬铭，凡卿大夫士各以其官，妇人则书姓行。《初学记》十四，杜预《要集》云：凡挽，天子六綍，诸侯四，大夫三，士二。

刘逵丧服要记二卷侍中

陆德明《仪礼释文》引之。

蔡谟丧服谱一卷开府仪同三司

马国翰据《晋书·礼志》、《通典》录谟说丧服，得十四节。中有答问之文，疑不尽出此书。《通典》一百二，《改葬服议》，于济答王濛，引蔡谟云：《传》云，不以兄弟之服服至尊者，乃始丧正服耳。且斩缞之末，便自缟冠麻衣，乃轻于缌麻，然犹以服至尊矣。又引蔡谟答或问。一百三又引蔡谟论，卷六十范朗问蔡谟，九十八引蔡谟说。

贺循丧服谱一卷

贺循丧服要记十卷

《隋志》又云：梁有贺循《丧服要》六卷。盖据《七录》所载。即此书也。《通典》一百二《改葬服议》，贺循答傅纯云：郑玄云三月者，以亲睹尸柩故。三月，以序其馀哀，但迟速不可限，故不在“三月”章也。王氏虞毕而除，且无正文，郑得从重，故《要记》从之。八十二江霦按贺公《记》：天子诸侯五属之内，虽不服，职为臣，皆斩缞；为夫子则齐缞同。八十一引贺循《丧服要记》。《通典》九十七，晋虞喜按贺循《丧服记》云：父死未殡，而祖父死，服祖以同。既殡而祖父死，三年。

谢徽注丧服要记

见《通典》七十四。徽，不详何人。按：谢混子三，曜、宏、徽，皆历显位。未知系谢徽否。

葛洪丧服变除一卷散骑常侍

马国翰曰：今佚。陆德明《仪礼释文》引一事，杜佑《通典》引二节而已。案：《通典》卷八十七。

孔衍凶礼一卷广陵相

《通典》一百三引孔衍《禁招魂葬议》。卷九十八引孔衍《乖离论》。卷四十八引孔衍《室庙藏主室论》。

崔游丧服图一卷

见本传及《唐志》。

刘德明丧服要问六卷

伊氏丧服杂记二十卷

按：伊氏，疑即注《周官礼》之伊说。

刘智丧服释疑二十卷

智，《晋书》附《刘实传》。此书《通典》屡引之。《隋志》有"孔智《丧服释疑》二十卷"，王谟《汉魏遗书钞》云："当是'刘智'之误。"马国翰有集本，得十七条。

周续之丧服注

见《释文·序录》。

王堪冠礼仪

《通典》五十六引之。又五十八引东晋王堪《六礼辞》，并为《赞仪》云云。又八十一有王堪议愍怀太子薨上所宜服事。则堪西晋人,后东渡也。《赵王伦传》云:以王堪、刘谟为左右司马。

杜龚丧纪礼式

《华阳国志》云:汉嘉太守蜀郡杜龚敬修,亦著《丧纪礼式》,后生有取焉。

谯周缞服图

《通典》八十一引此书曰:童子不降,成人小功,亲以上皆服本亲之丧。童子不杖不庐不免不麻,当室著免麻,十四以下不堪麻则不。卷一百一引谯周曰:为师如本有服降而无服者,其为师少长所成就者,虽服除,心丧皆三年。八十九引谯周曰:据母嫁犹服,周以亲母可知,故无经也。九十一引谯周曰:凡外亲正服皆缌加者,不过小功。今异父兄弟,父没母嫁所生者,皆相报服。八十三引谯周说:国君为卿大夫服。八十四引谯周说:始死变服。八十一庾蔚之引谯周云:十四以下不堪麻则不记。又引谯周说:天子诸侯为外祖母父小功云云。

李轨仪音一卷

贺循丧服图

蔡谟丧服图

以上二种,并见《通志·图谱略》。

刘昌宗仪礼音一卷

《释文·尔雅·释宫》音义,"闱",刘昌宗《仪礼》音"挥";"塾",音"熟",刘《仪礼》又音"育"。《诗·召南》音义,"羹之",刘昌宗《音仪礼》音"衡"。《邶诗》,《释文》"焜",刘昌宗音"运",亦当出此书。

王懋约礼记宁朔新书二十卷

《旧唐志》云:司马伷序。

淳于纂礼(注记)〔记注〕《通典》九十八,引淳于纂问淳于睿"生不及祖父母不税服"义,即此人

曹述初礼记注

《通典》卷七十二、七十三,两引曹述初《集解》。九十九又引曹述初问范宁说。一百一引曹述初问徐邈答。

刘世明礼记注《通典》一百三引晋陈氏问刘世明云云

以上三书,并见宋卫提《礼记集说》。又案《礼记·中庸》"子路问强"节,《正义》引郑冲说。未知冲亦注《礼记》否,姑附记于此。

谢桢礼记音一卷

《释文·序录》列孙毓前,云"不详何人"。《隋志》有"射贞《礼记音》一卷",即此。

缪炳礼记音一〔卷〕

曹耽礼记音二卷字爰道,谯国人,东晋安北谘议参军

《旧唐志》云:《礼记音》二卷,郑玄注,曹耽解。《通典》一百二:永和十二年,修复峻平四陵,有博士曹耽、胡讷议。卷一百四,有博士曹耽《蔡司空谥议》。五十八:永和十年,台符问《六礼》版文,博士曹耽议。卷一百:纳后值忌月,亦引博士曹耽议。卷九十:穆帝崩,前尚书郎曹耽等奔赴,皆服齐缞云云。卷一百四十七:晋穆帝升平元年,博士荀讷、曹耽议"公主有骨肉之亲,宜阙乐"云云。

尹毅礼记音二卷国子助教,天水人

李轨礼记音二卷

范宣礼记音二卷字宣子,济阳人,东晋员外郎,不就。本传作陈留人,诏征太学博士、散骑郎,并不就

国朝朱彝尊《经义考》曰:按《释文》銓《尔雅注》"蝗"字,引范宣《礼记音》音"横"。

徐邈礼记音三卷《通典》一百三引杜挹问徐邈云云。九十八引徐邈答王询

刘昌宗礼记音五卷

《礼器》,《释文》"丝纩",刘昌宗:古旷反。

孙毓礼记音一卷

蔡谟礼记音二卷

董景道礼通论

本传云:非驳诸儒,广演郑旨。

周续之礼论

见《宋书·隐逸》本传。

王长文约礼十篇

本传不载。见《华阳国志》,云"除烦举要"。

范宣礼易论难《通典》九十七引范宣答雷孝清问"为祖母持重既葬而母亡服制"

本传。《通典》一百二《改葬服议》,于济答王濛,引范宣曰:斩缞既葬,则布同于齐缞;既练,则同大功;大祥之后,略加缌麻;礼之次序也。当出此书。一百三又引范宣《礼二墓论》。

吴商礼难十二卷　杂议十二卷　礼记杂义故事十三卷　丧杂事二十卷益寿令。据《续汉志》卷八《注》,商又曾为太学博士

《新唐志》:吴商《杂礼义》十一卷。《通典》六十九、八十八引国子博士吴商答刘宝议。九十七:"父母亡在祖后不为祖母三年",引吴商驳义。又,八十八、九十四,并引吴商答成洽论。

范宁礼杂问十卷

《旧唐志》:《礼问》九卷,范宁撰。又:《礼论答问》九卷,范宁撰。马国翰据《通典》辑录九节。《通典》一百一,"徐邈答范宁问",马氏不录。

卢谌杂祭法六卷司空中郎。《通志·艺文略·二》:卢谌《杂制注》六卷

《初学记》、《太平御览》诸多引之,并称卢谌《祭法》。

荀氏四时列馔传《通典》一百六引段凝问荀讷答。《通典》六十:高崧问范汪

《初学记》二十六引之。《类聚》八十七引荀氏《春秋祠制》曰:常设用胡桃。《书钞》一百四十六,荀氏:春秋祠祭用菹。又云:孟冬祭用咸俎。陈□□①本皆误。

荀氏祠制

《通典》四十八:晋安昌公荀氏进封大国,祭六代。荀氏《祠制》云:今祭六代,未立庙,暂以厅事为祭室,颁立庙如制备。

范汪祭典三卷安北将军

《通典》九十五引之。卷四十八引作范汪《祀礼》。

范汪祠制

《初学记》卷四、卷二十六、八百五十二、八百五十八,《北堂书钞》一百四十六,《御览》九百六十九,引作《祠志》,疑《祭典》中之一篇也。

杜预宗谱

贺循宗义

二书并见《通典》七十三所引。

孙毓五礼驳

《通典》卷五十六引之。卷六十七:"晋制,皇帝会公卿,座位定,太子后至",孙毓以为群臣不应起云云。疑亦出此书。《通典》一百四引孙毓《七庙讳字议》。馀各卷颇有引毓说者。

谯周祭志

《唐书·元行冲传》、《彭景直传》并引之。《通典》一百三,蜀谯周论:或曰有人死而亡其尸者,为招魂葬,何如?曰,夫葬,所以藏尸柩也。若魂气,则无不之,焉得而藏诸?

---

① 此二字原刊作"□□"。

干宝七庙议一卷　后养议五卷

按:《后养议》,略见《礼志》。

庾亮杂乡射等议三卷太尉

徐广礼论答问八卷　又十三卷　又礼答问十一卷　又答问四卷

并见《隋志》。案《通典》多引广说,盖皆出此四部。

裴颜冠仪

《后魏书·礼志》:高祖曰,昔裴颜作《冠仪》,不知有四。

范隆三礼吉凶宗纪字玄嵩,雁门人

见《儒林传》,云"甚有条义"。

贺循葬礼《御览》七百三

马国翰曰:《通典》、《太平御览》引贺循《要记》外,又引贺循《葬礼》,盖本二书。《要记》拟《仪礼·丧服·传》,《葬礼》拟《仪礼·士丧礼》也。兹辑录一卷。廷式案:《北堂书钞》九十二引循《丧服要记》云,"将祖纳辒车",然则《葬礼》亦《要记》之一篇耳。今姑仍马氏之说,录存其目。《北堂书钞》一百三十五又引贺循《葬礼》云:葬物,令用瓦唾壶一枚。

乐　类

孔衍琴操三卷

《文献通考》引《崇文总目》云:述诗曲之所从,凡五十九章。《宋志》:孔衍《琴操引》三卷。《初学记》十六引之。

戴氏琴谱四卷

案:《隋志》所称"戴氏",盖戴安道也。姑录以俟考。

晋歌章十卷

晋歌诗十八卷

《文心雕龙·乐府篇》云:逮于晋世,则傅玄晓音,创定雅歌,以咏祖宗。张华新篇,亦充庭万。

杨泓舞序

唐吴兢《乐府古题要解·上》:按晋杨泓《舞序》云,自到江南,见有白符舞,或言白凫鸠舞,察其词旨,乃吴人患孙澔虐政、思从晋也。

荀勖大乐杂歌辞三卷、大乐歌辞二卷　又乐府歌辞十卷《隋志·总集类》:荀勖《晋谯乐歌辞》十卷

唐杜牧《三朝行礼乐制议》曰:荀氏云,魏世行礼食举,再取周诗,《鹿鸣》又以宴嘉宾,无取于朝。考之旧闻,未知所应。荀勖乃除《鹿鸣》旧歌,更作《行礼》诗四篇,先陈三朝二祭之义;《食举》歌诗十二篇,元肇群后奉璧。趋步拜起,莫非行礼,岂容别设一乐,谓之《行礼》邪?荀讥《鹿鸣》之失,似悟昔谬;还制四篇,复袭前轨。

裴秀乐论

见《魏志·裴潜传·注》。

阮籍乐论

《书钞》一百七、一百九并引之。

汉魏吴晋鼓吹曲四卷

见《唐志》。

谢混歌记

《书钞》一百六:谢娓当作"混"《歌记》云:余少好瑟,长而爱歌。

歌录十卷

《隋志》入"总集类"。《唐志》:《歌录集》八卷。王谟《汉魏遗书抄》云:隋、唐《志》、《御览》俱无此书目,不知作者姓名,诸类书亦未见称引,仅从《文选注》抄出十四条。案《录》中有石崇《楚妃叹》歌辞,则晋人书也。廷式案:《燕歌行·注》引《歌录》曰:燕,地

名,犹楚苑之类。此不言古辞,起自此也。他皆类此。据此,则为晋人书无疑。

春秋类

孙毓春秋左氏传义注十八卷

《释文·序录》作“二十八卷”,《隋志》盖脱“二”字。

杜预春秋左氏经传集解三十卷

今存。《后魏书·贾思伯传》:国子博士辽西卫冀隆,为服氏之学,上书难杜氏《春秋》六十三事。此与刘氏《规杜》惜皆不传。预书崇恶党篡,得罪名教,《释例》所说,抑又甚焉。近世焦里堂摭其《集解》谬言,显加排斥;余引申其义以考《释例》,实典午之奸党,非邱明之素臣也。承学之士,其鉴之哉!

杜预春秋释例十五卷

今存。

春秋杜氏服氏注春秋左传十卷

《隋志》有此书,注云“残缺”。

杜预古今书春秋名会图别集疏一卷

见《释例》卷五。盖即本《传》所云“《春秋盟会图》”也。

杜预春秋公子谱

据《通志》卷七十二,郑樵曾见此书。

杜预春秋长历

见《律历志》及《春秋左氏传疏》。案此即《释例》之一篇,今姑从本传录之。

方范春秋左氏经例十二卷

刘寔春秋左氏条例二十卷《隋志》作“十二卷”,两唐《志》此书皆复出

殷兴春秋左氏释滞十卷尚书左丞

范坚春秋释难三卷护军

坚附《范汪传》。

王述之春秋左氏经传通解四卷

孙毓春秋左氏传贾服异同略五卷

马国翰曰:毓二书皆佚,今辑录八节,大旨申贾而驳服。盖服《注》受于郑康成,而王肃说多主贾逵。孙朋于王,犹评《诗》之见也。昭二十六年《传》"规求无过",《正义》曰:俗本作"规",服、王、孙皆注云,贪也。哀十年《正义》:孙毓以为季子食邑于州来,世称延州来:季子,犹赵氏世称知伯。昭十七年《传》"火出而章必火入而伏",《正义》:服虔注"重火别句";孙毓云,贾氏旧文无重"火"字。二十一年《传》"而不能送亡君请待之",《正义》曰:服虔以君上属,孙毓以君下属。

干宝春秋左氏函传义十五卷

《旧唐志》作:《春秋左氏义函传》十六卷。马国翰集此书,得三节。隐十有一年《正义》。

杜预春秋左氏传评二卷

王述之春秋旨通十卷

刘寔等集解春秋序一卷

《春秋左氏传·杜预序》,《正义》曰:晋太尉刘寔与杜同时人,为此《序》作注,不言《释例》。《序》又曰:刘寔分变例、新意,以为二事。

干宝春秋序论二卷

杜预春秋左氏传音三卷

曹耽春秋左氏传音四卷

荀讷等春秋左氏传音四卷尚书左民郎,字世言,新蔡人

李轨春秋左氏传音三卷

徐邈春秋左氏传音三卷

马国翰曰:《隋志》"三卷",《唐志》"一卷"。今从《释文》、《集韵》辑为一卷。《释文》所引,宣、成、襄、昭四公较多,隐、庄、僖、文、定五公间引一二,桓、闵、哀三公全佚。则唐时已非完本矣。案《左氏传序正义》云:徐邈以晋世言五经音训,为此《序》作音。昭二十年"齐侯疥",《正义》曰:徐仙民音作"疥"。

裴秀客京相璠等春秋土地名三卷《水经·谷水·注》:京相璠与裴司空彦季,修《晋舆地图》,作《春秋地名》

马国翰有辑本。《初学记》卷八引作"《春秋地名》"。

樗里璠春秋土地记三卷济南人

见《元和姓纂》卷二。疑即"京相璠"之误也。

刘兆春秋全综

本传云:为《春秋左氏》解,名曰《全综》。

黄容左传抄

《华阳国志·常宽传》云:时蜀郡太守巴西黄容亦好著作,著《家训》、《梁州巴纪姓族》、《左传抄》凡数十篇。

王愆期春秋公羊经传注十三卷字门子,河东人,散骑常侍、辰阳伯

《新唐志》:王愆期《注公羊》十二卷,又《难答论》一卷。《晋书·王接传》云:注《公羊春秋》,多有新意,丧乱尽失。子愆期,流寓江南,缘父本意,更注《公羊》。案:《诗·鸿雁》,《疏》引此书。又《书·太誓》,《正义》曰:春秋之王,自是当时之王,非改正之王。晋世有王愆期者,知其不可,注《公羊》,以为春秋制文王,指孔子,非周昌也。文王世子称武王,对文王云,西方有九国焉,君王其终抚诸?呼文王为"王",是后人追为之辞,其言未必可信,亦非实也。《通典》八十九引征西大将军庾亮府评议司马王愆期议。

高龙春秋公羊传注十二卷字文，范阳人，东晋河南太守

《旧唐志》作“高袭”。

孔衍春秋公羊传集解十四卷字舒元，鲁人

《春秋左传·序》，《正义》案孔舒元《公羊传本》云：十有四年春，西狩获麟，何以书记异也今？麟，非常之兽。其为非常之兽，奈何？有王者则至，无王者则不至。然则孰为而至？为孔子之作《春秋》。据此，则舒元《集解》本与何邵公不同，惜《释文》不广引之也。

春秋公羊论二卷车骑将军庾翼问，王愆期答

《唐志》“《难答论》”，即此书。

刘实春秋公羊达义三卷

《隋志》以此书附注《左氏传》各书中，盖实固左氏学，此书亦以《公羊》通《左氏》也。《旧唐志》作“《公羊违义》”，似较切。今既不得见原书，姑列于此。

周续之注公羊传

见《南史》。

李轨春秋公羊音一卷

江惇春秋公羊音一卷征士

《隋志》作“汪淳”，误。

张靖穀梁传注十卷堂邑太守

《旧唐志》作“十一卷”，《新唐志》作“《集解》”。

徐乾春秋穀梁传注十三卷给事郎。《释文·序录》云：字文祚，东莞人，东晋给事郎

马国翰曰：范《注》引六节，杨《疏》引一节。研究书法“日”与“不日”之例，全书之旨概可知矣。《通典》四十九引太常博士徐乾议。

庄二十四年“赤归于曹郭公”，范《注》、杨《疏》并引之，而义似异，俟考。

孔衍春秋穀梁传训注十四卷

《释文·序录》作“《集解》”。今从《旧唐志》。《隋志》：《春秋穀梁传》五卷，孔君楷训；残缺，梁十四卷。疑衍一字君楷。

程阐春秋穀梁经传集注十六卷

胡讷穀梁传集解十卷

杨士勋《穀梁疏》作“胡讷之”。

徐邈春秋穀梁传注十二卷　春秋穀梁传义十卷

《晋书·范宁传》云：既而徐邈复为之注，世亦称之。是邈书成在宁后也。马国翰曰：《注疏》引九十一节，《北堂书钞》引二节，《初学记》引一节，并据辑录；《注》、《义》二书不能区分矣。《书钞》九十九引徐邈《穀梁子》云：沧海横流，则舟航济其用；震风陵雨，而栋宇竟其功。孔广陶挍云：盖序文也。案《书钞》九十五引徐邈《穀梁序》云：夫子感隐、桓之事作《春秋》，振王道于无王，故始自隐公，所感而兴。隐九年《疏》云：“徐邈引尹更始云，所者，侠之氏。”尹氏之说仅见，可贵也。

范宁春秋穀梁传集解十二卷

今存。《隋志》又有“孔君楷《春秋穀梁传训》十四卷”，列段肃后、范宁前，必魏晋人也。俟考。

沈仲义穀梁经传集解十卷

萧邕穀梁传义三卷《新唐书》作“《穀梁问传义》”

柳兴宗《穀梁大义述》云：沈、萧，未详时代。两唐《志》列之刘兆下、徐乾上，当是晋人。

郭琦穀梁传注

见《隐逸传》。

聂熊注穀梁春秋

见石季龙《载记》。"慕容儁秘书监清河聂熊",见儁《载记》。

徐邈答春秋穀梁义三卷

薄叔玄问穀梁义四卷

《穀梁疏》屡引范答薄氏之驳。马国翰曾集之。

范宁春秋穀梁传例一卷

杨士勋《穀梁疏》曰:范氏别为《略例》百馀条。按范《注》每称《传例》,《疏》亦屡引《略例》,是唐时尚存。

张靖穀梁废疾笺三卷

范宁穀梁音一卷

徐邈春秋穀梁音一卷

见《旧唐志》。

刘兆春秋公羊穀梁传十二卷博士。《公羊》,《释文》僖公五年"卒帖",一本作"贴",服也。刘兆同

马国翰集本得十条。案《唐志》有"刘兆《三家集解》十一卷"。今案《华严经音义》卷上引刘兆注《公羊传》曰:幸,遇也。《玉篇原本》"放"字下引刘兆《公羊注》:放,犹代也。"编"字下引《公羊传春秋编年》,刘兆曰:编,比连也。《玉篇原本》"轧"字下引《穀梁传》"取郲田自漷水,轧辞也",刘兆曰:轧,委曲,随漷水,为侵郲田多也。"歉"字下引《穀梁传》"四谷不升谓之歉",刘兆曰:歉,虚也。"歉"字下引《穀梁传》"一谷不升谓之歉",刘兆曰:歉,不足也。"绐"字下引《穀梁传》"恶公子之绐",刘兆曰:绐,相负欺也。"綦"字下引《穀梁传》"两足不能相过,齐谓之踙,卫谓之綦",刘兆曰:天性然者也。綦,连絣也;踙,聚合不解放也;綦,如见绊也。此注引《传》未备,今仍之。"累"字下,《穀梁传》"庆宣累也",刘兆曰:

累,党属也。又曰“箕郑累也”,刘兆曰:累,连及也。皆注《公羊》、《穀梁》,无注《左氏》者,盖《春秋全综》一书已久佚矣。

刘兆春秋调人

见本传。又《御览》六百十引王隐《晋书》曰:比以《春秋》一经,三家殊途,互为仇敌,乃思三家之异,合而通之。《周礼》有“和怨调人”之官,遂作《春秋调人》七万馀言。

范隆著春秋三传

本传。

氾毓春秋释疑

本传云:合三《传》,为之解注,撰《春秋释疑》。《公羊》成二年《疏》云:“《公羊说》、《解疑论》皆讥(尹)〔丑〕父。”案:所引《解疑论》,未详何书。

江熙公羊穀梁二传评三卷

马国翰曰:熙,字太和,官至兖州别驾,见《册府元龟》。《隋志》不著名。《唐志》题“江熙”。《玉海》云:《公穀二传评》,今佚。范宁《注》引十九节,据辑一卷。

潘叔度春秋经合三传十卷　春秋成夺十卷

按《隋志》列韩益后、胡讷前,当是晋人。

胡讷春秋三传评十卷

胡讷春秋集三师难三卷　春秋集三传经解十卷

虞溥春秋经传注

本传。

王长文春秋三传十二篇

本传不载。《华阳国志》云:长文以为《春秋》三《传》之经不同,每生讼议,乃据经摭传,著《春秋三传》十二篇。

郭瑀春秋墨说

孔晁春秋外传国语注二十卷

《礼·玉藻》,《正义》:《鲁语》云,大采朝日,少采夕月。孔晁云,大采,谓衮冕;少采,谓黼衣。又《楚语》云,天子举以太牢,祀以会。孔晁云,四方来会,助祭也。马国翰据《左传正义》、宋庠《国语补音》,集此书得三十九节,为一卷。此二条是其所遗。哀十三年,《正义》:傅玄云,《国语》非邱明所作。僖十五年《左传》"晋作爰田",《正义》曰:服虔、孔晁皆云,爰,易也。赏众以田,易其疆畔。

汲冢书国语三篇言楚晋事、**师春一篇**书《左传》诸卜筮。"师春",似是造书者姓名也

事详《束皙传》。《史通·六家篇》曰:《汲冢琐语》记太丁时事,目为《夏殷春秋》。又曰:《琐语》又有《晋春秋》,记献公十七年事。

孝经类

荀勖集议孝经一卷　注孝经二卷中书郎[①]

谢万集解孝经一卷

《唐志》作"谢万《注》"。邢昺《正义》引此书四条。

袁敬仲集议孝经一卷东阳太守

《释文·序录》作"袁宏注"。《孝经》"五刑之属三千",《正义》引袁宏说。

杨泓孝经注一卷给事中。天水人

虞槃佐孝经注一卷

孙氏孝经注一卷

---

① "中书郎"三字注语,原刊在"荀勖集议孝经一卷"下,今据文氏体例改移于此。

疑是孙熙。

殷叔道孝经注一卷晋陵太守

车胤孝经注一卷

孔光孝经注一卷

《释文·序录》列荀昶后，或是宋人。今从《隋志》。

晋孝经一卷穆帝时

孝经讲议

《隋志》云：武帝时送总明观《孝经讲议》各“各”字衍一卷。按《志》列穆帝《孝经》后，当是“孝武帝”，误脱“孝”字。《车胤传》：“孝武帝尝讲《孝经》”，可证。《世说·言语门》亦载其事《世说·言语门·注》，《续晋阳秋》曰：宁康三年九月九日，帝讲《孝经》。仆射谢安侍坐，吏部尚书陆讷兼侍中卞耽读，黄门侍郎谢石、吏部袁宏兼执经，中(阳)书郎车胤、丹〔阳〕尹王混摘句。

殷仲文孝经注一卷

邢昺《正义》引此书三节，马国翰《玉函山房》集录。

虞喜略注孝经

本传。

郭瑀孝经错纬

论语类

谯周论语注十卷《释文》“学而”篇、《续汉志·礼仪志·注》并引之

虞喜赞郑玄论语注九卷散骑常侍

《唐志》、《通志》作“十卷”。皇侃《义疏》尚引之。

虞喜新书对张论十卷

卫瓘集注论语八卷太保

马国翰有集本，得十五节，为一卷。

崔豹论语集义十卷字正熊，燕国人，尚书左中郎将

《旧唐志》作“《论语大义解》”。《释文·序录》作“崔豹注”。

李充论语注十卷著作郎。皇侃《义疏序》题“中书郎”

《释文·序录》作“《集注》”。马国翰集为五十一节，为二卷。

孙绰集解论语十卷廷尉，太原人

《释文·序录》作“《集注》十二卷”。马国翰辑此书，于《释文》得一节，于皇侃《疏》得三十一节。

盈氏注论语十卷

《释文·序录》云：盈氏，不详何人。

孟陋论语注十卷《通典》一百二有孟陋难孙放事

隋、唐《志》皆作“孟厘”。《释文·序录》作“孟整”，一云“孟陋”。案《晋书·孟陋传》云：“注《论语》”，今从之。

江熙集解论语十卷兖州别驾，字太和

《释文·序录》作“十二卷”。皇侃列熙所集凡十三家。

梁觊论语注十卷国子博士，天水人

皇《疏》“子禽问于子贡”章，引梁冀说二节。马国翰曰：“冀”、“觊”，音同通用。

袁乔论语注十卷益州刺史

本《传》：乔甚有文才，注《论语》及《诗》，皆行于世。

尹毅论语注十卷

张凭论语注十卷司徒左长史，字长宗，吴人

《通典》一百三引“东晋徐灵期问张凭”云云，又引张凭《新蔡王招魂葬议》。

杨惠明论语注十卷

司马氏论语标指一卷

郭象论语体略二卷　论语隐一卷太傅主簿①

皇侃《义疏》引象说九条。

缪播论语旨序三卷卫尉。皇侃《义疏序》云:兰陵人,字宣则,中书令

皇侃《义疏》引此书凡十四节,马国翰录为一卷。

张凭论语释一卷

"君子不可小知"章,皇侃《疏》引之。

栾肇论语释疑十卷　论语驳序二卷字永初,高平人,广陵太守

《旧唐志》,"《论语释疑》"作"《论语释》"。"《论语驳序》",《通志》及《遂初堂书目》皆作"《论语驳》"。马国翰辑肇说得一十六节。

应琛论语藏集解一卷

曹毗论语释一卷

李充论语释一卷　论语注十卷

马国翰云:皇侃《疏》引充《注》五十节,邢昺《正义》、《释文》所引,皆本皇《疏》。《史记集解》引一节,今辑为二卷。

庾亮论语君子无所争一卷

庾翼论语释一卷

"子畏于匡"章,皇《疏》引之。

王濛论语义一卷

蔡系论语释一卷

范宁论语注

马国翰曰:此《注》,隋、唐《志》皆不载;《释文》引止二则。考

---

① 此四字注语,原刊缀于"郭象论语体略二卷"下,今据文氏体例改移于此。

江熙《集解论语》,十三家有范宁。熙书亦佚,皇侃作《义疏》时及见之,故亟引范说。又裴骃《史记集解》亦间称引。兹并采录,得四十八节,为一卷。

宋纤论语注

本传。

袁宏论语注字叔度,江夏太守,陈国人

见皇侃《论语义疏·序》。马国翰以为“宏”字乃“乔”字之误,未有的证。姑两存之。

蔡谟论语注

江淳论语注著作郎,字思俊,济阳人

周瑰论语注字道夷,陈留人,散骑常侍

王珉论语注字季谟,中书郎

自袁宏以下数家,并见皇侃《义疏·序》。《隋志》有“王氏《修郑错》一卷”,或即王珉书也。

论语缪协注

皇甫《疏》屡引之。

殷仲堪论语注

皇侃《义疏》引殷仲堪说,马国翰辑得九节。疑仲堪亦尝注《论语》也,姑录以俟考。

王凝之妻谢氏论语赞

《类聚》五十五,晋王凝之妻谢氏《论语赞》曰:卫灵问陈于孔子。孔子对曰,俎豆之事则尝闻之,军旅之事未之学也。庶则大矣,比德中庸。斯言之善,莫不归宗。麤者乖本,妙极令终。嗟我怀矣,兴言攸同!孔子曰,民之于仁也,甚于水火。水火吾见蹈而死者矣,未见蹈仁而死者矣。按:此所引似未备。疑道韫本每章赞

之;"民之于仁"一章,则《类聚》本录其赞,而后佚之也。

五经类

谯周五经然否论五卷散骑常侍

《通典》六十七、八十八并引之;五十六引此书,论天子加冠服。

束皙五经通论

本传。马国翰集得《通典》九节,《春秋正义》二节。按《隋书·牛宏传》:今《明堂》、《月令》者,郑玄云是吕不韦著《春秋》十二纪之首章,蔡邕、王肃云周公所作,束皙以为夏时之书。《通典》五十五引博士束皙云:汉武帝晚得太子,始立高禖之祠。卷一百四引束皙《不得避讳议》。皆其所遗也。又《文选注》云云,疑亦出此书。《文选》五十三《注》:《史记》曰,扁鹊疗简子,东过齐,见桓侯。束皙曰,齐桓在简子前且二百岁,小白后无齐桓侯田和子,有恒公午。去简子首末相距二百八年。《史记》自为舛错。

戴逵五经大义三卷

《通典》卷九十引戴逵论妇人从夫服旧君,九十一引戴逵答范宁论殇服。《公羊》庄十年《疏》:戴氏云,荆、楚一物,义能相发;吴、扬异训,故不得州名也。与何氏异。疑"戴氏"是戴逵也。

杨方五经钩沉十卷字公回,会稽人,高凉太守。《隋志》作"《拘沉》",误。《御览》七百二十六引此书,不误,五十七引二则

方,《晋书》附《贺循传》。《玉海》二十四引《崇文总目》作"杨芳"。《旧唐志》作"《钩深》"。《初学记》二十九引作"《五经钩渊》"。《玉海》又引《书目》载方《自序》云:晋太宁元年撰,钩经传之沉义,著论难以起滞。马国翰《集佚书》得五节。《宋艺文志》著录"五卷"。《北堂书钞》七十七引《晋中兴书》云:贺循时为会稽,

铨下有杨方者,少好学,公事之暇,辄读五经。

徐苗五经同异评

本传。

徐邈五经音十卷

《初学记》卷十一引《晋中兴书》云:邈字景山,以东州儒,素性好学,尤善经传。烈宗始览典籍,招延礼学之士。后将军谢安举邈应,选补中书舍人,专在西省撰正五经音训,学者宗之。《颜氏家训·音辞篇》:夫体物自有精粗,精粗谓之好恶。人心自有去取,去取谓之好恶。上呼号、下乌故反。此音见于葛洪、徐邈。钱大昕《养新录》云:徐仙民《音》,有不载于《释文》者,如颜之推所举《毛诗》反"骤"为"在遘",《左传》切"椽"为"徒缘"是也。

圣证论十二卷魏王肃撰,晋马昭驳,孔晁答,张融评

《唐志》:十一卷。马国翰《集佚书》得四十馀节,为一卷。《通典》七十一引之。《御览》三十七引《圣证论》曰:孔晁云,能吐生百谷,谓之土。《甫田之什》,《释文》:慰,怨也。《韩诗》作"以愠我心",愠,恚也。本或作"慰,安也",是马融义。马昭、张融论之详矣。

小学类

郭璞尔雅注五卷　尔雅图十卷　尔雅图赞二卷

《注》存,《图》佚。马国翰《集佚书》得《赞》五十三首。《一切经音义》卷九引《尔雅赞》曰:蛇之殊状,其名为虺,其尾似头,其头似尾,虎豹可践,此难忘履。

郭璞尔雅音义二卷

《通志》云:"《尔雅音略》三卷。"马国翰有集本。

李轨小尔雅略解一卷

《通志·艺文略·一》:《小尔雅》一卷,楚孔鲋撰,李轨注。

郭璞杨雄方言注十三卷

今存。

郭璞注三苍三卷秦相李斯作《苍颉篇》,汉扬雄作《训纂篇》,后汉郎中贾鲂作《滂喜篇》,故曰“三苍”

《旧唐志》:《三苍》三卷,李轨等撰,郭璞注。岑建功等《校勘记》曰:“轨”,是“斯”字之误。《文选》卷二十七《注》引郭璞《三苍解诂》曰:板墙,上下板筑,杵头铁沓也。《一切经音义》卷二十曰:《三苍》“箫”,郭璞曰,竹管也。各书所引《三苍解诂》甚多,不悉录。《一切经音义》卷十云:郭璞《注三苍》,淋漉,水下也。卷十三,《三苍郭璞注》云:瞖,目翳病也。《文选》卷十二《注》:郭璞《三苍解诂》曰,獭,似青狐,居水中,食鱼。《左传》昭二十八年《正义》引郭璞《三苍解诂》:邬,音庶,於庶反。

曹侯彦古今字苑十卷

曹侯彦,疑即议肉刑之曹彦,“侯”字误衍。俟考。

陆机吴章二卷

《新唐志》“《吴章篇》一卷”,不著撰人。

王义小学篇一卷下邳内史

新、旧唐《志》并误作“王羲之”。《颜氏家训·书证篇》曰:太公《六韬》有“天陈”、“地陈”、“人陈”、“云鸟之陈”。《论语》曰,卫灵公问陈于孔子。《左传》:为鱼丽之陈。俗本多作“阜”傍车乘之“车”。《苍》、《雅》及近世字书皆无,惟王义《小学章》独“阜”傍作“车”。纵复俗行,不宜追改《六韬》、《论语》也。《后魏书》:任城王澄子训,字子和,年九岁,师事乐安陈丰。初书王羲之《小学篇》数千言,昼书夜诵。

王义文字要记三卷

《唐志》作“《文字要说》”。

杨方小学九卷

《旧唐志》“杨方《小学集》十卷”,《通志》作“《小学篇》”。

束晳发蒙记一卷著作郎

《初学记》二十五引此书曰“伯益作舟”。《史记·殷本纪·正义》引此书“鳖三足曰熊”。《匈奴传》,《索隐》引“駃騠刳其母腹而生”。《太平御览·兵部》引“师子五色,而食虎于巨木之岫;一噬则百人仆,唯畏句戟”。又《初学记·兽部》引“西域有火鼠之布,东海有不灰之木”。又,元耶律铸《双溪醉隐集·花史序释》自注引束晳《发蒙记》曰:“甘枣令人不惑。”是此书至元尚存。《御览》三百八十四引此书曰“丑男醱蔑,丑女离春”,八百四十九引此书曰“廉颇年老,日啖肉百斤”,一百八十四引之曰“治户伤孕妇”。

李彤字指二卷朝议大夫

《大藏音义》卷三十一:《字指》云,芭蕉生交阯,叶如席,煮字疑有误可纺绩为布,汁可沤麻。

李彤单行字四卷《文选·羽猎赋·注》引李彤《单行字》:嶜岑,高大貌;青荧,光明貌

李彤字偶五卷

谢启昆曰:按“字偶”者犹后人所谓“双字”、“骈字”也。郭忠恕《汗简》引李彤书,或称“《集字》”,或称“《字略》”,当并出《字指》异名,兹不别录其目。

李彤四部

《太平御览》九百一十五,李彤《四部》曰:吊鸟山,俗传曰凤死于上,岁七月至九月,群鸟常来集其上。《史记·司马相如传·索隐》引李彤曰:“鵔鸃神鸟,飞光竟天”,盖亦《四部》之文。

吕忱字林七卷惀令

《旧唐志》“十卷”,《宋志》“五卷”。案《魏书·江式传》云:晋

世义阳王典祠令任城吕忱表上《字林》六卷,寻其况趣,附托许慎《说文》,而按偶章句,隐别古籀奇惑之字,文得正隶,不差篆意也。张怀瓘《书断·下》曰:吕忱,字伯雍,博识文字,撰《字林》五篇,万二千八百馀字。《字林》则《说文》之流,小篆之工,亦叔重之亚也。封演《闻见记》曰:晋有吕忱,更按群典搜求异字,撰《字林》七卷,亦五百四十部,凡一万二千八百二十四字。诸部皆依《说文》。《说文》所无者,皆吕忱所益。近人有此书集本,未备也。

殷仲堪常用字训一卷

葛洪要用字苑一卷《梁书·文学·刘杳传》:有人饷任昉椐酒,而作"榅"字。昉问杳,此字是否?杳对曰,葛洪《字苑》作"木"旁"若"

见《旧唐志》。马国翰集此书,得三十四条。《序录》云:《隋志》不载。然颜之推《家训》亟引之,则其书盛行于北。《隋志》承梁《七录》,偶未载也。今按《梁书·刘杳传》,杳尝引是书,则南朝亦应有之。又,卷十四又引:"氍毹",《字苑》作"氍氀",同强朱、双朱反。又"樘",《字苑》作"枨",丈庚反。卷十:《字苑》作"凹,陷也。凸,起也"。《元和姓纂》卷四引作"葛洪《要字》"。《颜氏家训·书证篇》曰:"光景"之"景",至葛洪《字苑》,旁始加"彡",音于景(表)〔反〕。又《音辞篇》曰:"焉",皆音于愆反,自葛洪《要用字苑》分训,若训"何",音于愆反;送句助词,音矣愆反。盖此书乃变古入俗之书矣。

吕静韵集六卷安复令

《后魏书·江式传》:式上表曰,吕忱弟静别放故左校令李登《声类》之法,作《韵集》五卷,宫、商、角、徵、羽各为一篇,而文字与兄便,是鲁魏音读,楚、夏时有不同。《初学记》二十五引吕静《韵集》曰:镫,无足曰"镫",有足曰"锭"。《史记·赵佗传·集解》,徐广曰：吕静曰，犂，结也，音力奚反。《一切经音义》卷十八引《韵集》云：晡暘未也。今中国言“晡”，江南言“暘”。卷十四：《韵集》曰，倚，侹也。今言侹息、郄侹，并是也。马国翰集此书，得七十馀条。《隋书·文学·潘徽传》：李登《声类》、吕静《韵集》，始判清浊，才分宫羽；而全无引据，过伤浅局，诗赋所须，卒难为用。《一切经音义》卷二，吕静《韵集》云：蓖麻，其生似树者也。又《韵集》云：瞢瞢，失卧极也。卷一，《韵集》云：咀哒，语不正也。卷九，《韵集》云：越，越也，亦悬掷也。卷十，《韵集》云：掩罥于道曰弶，今田猎家施弶以张鸟兽，其形似弓者也。又曰：拾，《韵集》作“剑”，入也。《类聚》七十一，《韵集》曰：鹢首，天子船也。船，舩也；艘，海大船也。九十，《韵集》曰：鹤，善鸣鸟也。《臣工之什》，《释文》“编小”：《字林》、《声类》、《〔韵〕集》并“布千反”。

王延文字音四卷荡昌长。《惠帝纪》有“王延”。又《世说·规箴门·注》引《王氏谱》：绪，太原人，祖延

释希麟《续一切经音义》卷十引《文字音义》云：苍颉出见秃人伏于禾下，因以制字。疑出此书。

王延纂文三卷

王延翻真语一卷

徐邈集古文

见郭忠恕《汗简》。郑珍《笺正》曰：魏晋有三徐邈，此必仙民也。《释文》，《庄子·寓言篇》引《字略》云：卮，酒器也。

汲冢书名三篇似《礼记》，又似《尔雅》、《论语》

事详《束晳传》。谢启昆《小学考》云：《楚晋事名》三篇，见《束晳传》，乃误读断句，今不从。《释文》，《易》“大壮”，《广雅》云：健也。马云：伤也。郭璞云：今淮南人呼壮为“伤”。未知璞曾注《易》否。

慕容皝太上章

慕容皝，《载记》曰：亲造《太上章》以代《急就》。慧琳《大藏音

义》卷九:须窟天,《三苍》音"帝"。郭训《古文奇字》以为古文"逝"字。据《唐志》,郭训《古文(寄)〔奇〕字》二卷。训,何时人俟考。

庾俨默演说文一卷

郭忠恕《汗简》引庾俨《演说文》、庾《演字书》共二十五则,当即此书。

乙部上二

史部十三类:一曰正史,二曰编年,三曰杂史,四曰霸史,五曰起居注,六曰故事,七曰职官,八曰仪注,九曰刑法,十曰杂传,十一曰地志,十二曰谱录,十三曰目录。

正史类

谯周古史考二十五卷义阳亭侯

按《司马彪传》:彪复以周为未尽善也,条《古史考》中凡百二十二事为不当。《史通·模拟篇》曰:谯周撰《古史考》,思欲摈抑马《记》,师放孔经。其书李斯之弃市也,乃云"秦杀其大夫李斯"。

刘宝汉书注

刘宝汉书驳议二卷《汉书叙例》云:字道真,高平人,晋中书郎、河内太守、御史中丞、太子中庶子、吏部郎、安北将军,侍皇太子讲议,别有《驳义》

《史记·高祖本纪》,"心善家令言",《索隐》引晋刘宝云:善其发悟己心,因得尊崇父号也。按此是注语,非驳义。《通典》引刘宝与愍怀太子论《汉书》。

薛莹后汉记一百卷散骑常侍

近人黟县汪文台辑七家《后汉书》:薛莹《书》二卷。

司马彪续汉书八十三卷秘书监

今存《志》三十卷。近人黟县汪文台有辑本。

华峤后汉书九十七卷少府卿

宋高似孙《史略》云：华峤《后汉书》九十七篇，唐得三十一卷。叔骏才学深博，博闻多识，属书典实，有良史之志。《史通·书志篇》云：华峤曰“典”。《史通·叙例篇》云：华峤《后汉书》多同班氏。如刘平、江华等《传》，其序先言孝道，次述毛义养亲，此则《前汉·王贡传》体。其篇以“四皓”为始也。峤言辞简质，叙致温雅，味其宗旨，亦孟坚之亚欤。

谢沈后汉书一百二十二卷　后汉书外传十卷祠部郎

本传：沈著《后汉书》百卷，及《汉书外传》。近人黟县汪文台有辑本。

华谭汉书

《北堂书钞》六十二引华谭《汉书》“贾逵字景伯”云云。汪文台辑入华峤《书》，当是伯施字误。然书脱简绝，闻疑载疑，故过而存之。

张莹后汉南记五十八卷江州从事

汪文台有集本。

袁山松后汉书一百卷秘书监。《史通·书志·天文篇》云：唯有袁山松笔，记录多合事宜

汪文台有辑本。

王沈魏书四十八卷司空

高似孙《史略》云：沈仕魏，正光中，迁散骑常侍。与荀顗、阮籍同撰《魏书》，多为时讳，未若陈寿之实。王隐《晋书》曰：王沈为秘书监，著《魏书》，多为时讳，而善序事。《御览》二百三十三。

环济吴纪九卷

《唐志》：十卷，入“编年类”。

陈寿三国志六十五卷、叙录一卷

今存。

张勃吴录三十卷《史记·伍子胥传·索隐》云:勃,晋人,吴鸿胪俨之子

按《史通·书志篇》:张勃曰"录"。章宗源辨之已详。余考《世说·夙惠门·注》、《文选》卷十三《注》引《吴录》"长沙桓王讳策"云云,似是《本纪》。又《尚书·顾命·正义》曰:《吴录》称吴人严白虎聚众反,遣弟兴诣孙策。策引白削斫席,兴体动,曰,我见刀为然。此亦当是《策纪》文。又《世说·品藻门·注》引《吴录》:顾劭安庞士元言,更亲之。《规箴门·注》引《吴录》:陆凯,字敬风,吴人,丞相逊族子,忠鲠有大节云云。此即顾邵、陆凯传文。有《纪》、有《传》、有《志》,入之正史。

王崇蜀书

《华阳国志》:王崇,字幼远,广汉郪人。著《蜀书》及诗赋之属数十篇。其《书》与陈寿颇不同。官至上庸蜀郡太守。

常宽蜀后志

宽,字泰恭,蜀郡江原人。见《华阳国志》。《隋志·地理类》有"常宽《蜀志》",疑即此书。姑两存之。

周处吴书

本传:处撰集《吴书》。

王涛三国志序评三卷著作佐郎

《唐志》入"杂史"类。

徐众三国评三卷

裴松之《三国志注》屡引之。按《隋志》有"徐爰《三国志评》三卷",章宗源《考证》曰:"爰",疑"众"字之讹。

何琦论三国志九卷

按《何琦传》云：著《三国评论》。又云：公车再征琦散骑常侍。故《隋志》称“何常侍”矣。

束晳晋书

《初学记·职官部》引张隐《文士传》云：束晳，元康四年除著作佐郎，著作西观，撰《晋书》，草创《三帝纪》及《十志》。

谢沈晋书三十馀卷

本传。《书钞》五十七引《晋中兴书》云：沈作《晋书》三十卷。

郄绍晋中兴书

见《南史·徐广传》。

虞预晋书四十四卷散骑常侍

《旧唐志》、高似孙《史略》俱作“五十八卷”。

朱凤晋书十四卷中书郎

《隋志》云“未成，讫元帝”。《晋中兴书》曰：华谭为秘书监，时晋陵朱凤、吴郡吴震等以单寒有史才，白首衡门，谭荐二人，擢补著作郎，并皆称职。《御览》二百三十四。

王隐晋书九十三卷著作郎。《史通·书志篇》云：王隐后来，加以《瑞异》

《史通·正史篇》云八十九卷，咸康六年奏上。

徐广史记音义十二卷《通典》二十二引徐广《史记注》

《索隐·后序》曰：广作《音义》一十卷，惟记诸家本异同，于义少有解释。

蔡谟汉书集解

本传：谟总应劭以来注班固《汉书》者，为之《集解》。颜师古《汉书叙例》云：蔡谟全取臣瓒一部，散入《汉书》。自此以来，始有注本。又云：谟亦有两三处错意，然于学者竟无宏益。按《韦贤传·注》：蔡谟曰，“满籯”者，言其多耳，非器名也。若论陈留之俗，则我陈留人也,不闻有此器。《货殖传·注》:蔡谟曰,“计然”者,范蠡所著书篇名,非人也。谓之《计然》者,所计而然也。群书所称勾践之贤佐,种、蠡为大,岂闻复有姓计名然者乎?若有此人,越但有半策,便以致霸,是功重于范蠡,蠡之师也。焉有如此而越国不记其事、书籍不见其名、史迁不述其传乎?此条亦谟所错意也。

臣瓒汉书注二十四卷

《汉书叙例》云:有“臣瓒”者,莫知氏族,考其时代,亦在晋初。又总集诸家音义,稍以己之所见,续厕其末。举驳前说,喜引《竹书》,自谓甄明,非无差爽。凡二十四卷,分为两帙。今之集解音义,则是其书。《左传》定九年《正义》曰:有“臣瓒”者,不知其姓,或云姓傅,作《汉书音义》。《文选·洛神赋·注》引《汉书音义》:应邵曰,濑,水流沙上也。傅瓒曰,濑,湍也。

《史记索隐》曰:按即傅瓒,刘孝标以为“于瓒”,非也。据何法盛《晋书》,于瓒以穆帝时为大将军,诛死;不言注《汉书》。又《注》引《禄秩令》及《茂陵书》,二书亡于西晋,非于所见。必知是“傅瓒”者。按《穆天子传目录》云:傅瓒为校书郎,与荀勖同校定《穆天子传》。即当西晋之朝,尚见《茂陵》等书。又称“臣”者,以其职典秘书故也。郦道元注《水经》,以为“薛瓒”。廷式案《御览》二百四十九引《后秦记》曰:姚襄使薛瓒使桓温,温以胡戏瓒。瓒曰,在北曰“狐”,居南曰狢,何所问也。据此,则薛瓒不先于瓒。郦氏所题亦非。宋祁《笔记》曰:景祐余靖校本云“臣瓒”不知何姓。按裴骃《史记序》云“莫知姓氏”,韦棱《续训》又言“未详”,而刘孝标《类苑》以为“于瓒”,郦道元注《水经》以为“薛瓒”。姚察《训纂》云:按《庾翼集》,于瓒为翼主薄兵曹参军,后为建威将军。《晋中兴书》云:翼病卒,而大将于瓒等作乱,翼长史江霦诛之。瓒乃翼将,不载有注解《汉书》。然瓒所采众家音义,服、孟外,并因晋乱不传江左。而《高纪》中瓒案《茂陵书》,《文纪》中案《汉禄秩令》,此二书亦复亡失,不得过江。明此"瓒"是晋中朝人,未丧乱之前,故得见耳。又案《穆天子传目录》"秘书郎"中"傅瓒",今《汉书》音义,"臣瓒"所案多引《汲书》,此"瓒"疑是"傅瓒",瓒时典校书,故称臣。《艺文类聚》七十四引《庾翼集》参军于瓒陈节戏事曰:夫嬉戏都名动相剥,非为治之本。自今樗蒱掷马,诸不急戏,宜一断之。

晋灼汉书集注十三卷《汉书叙例》云:河南人,晋尚书郎

《汉书叙例》作"十四卷",《史通》亦云"十四卷"。

晋灼汉书音义十七卷《文选》卷十八《注》引晋灼《子虚赋注》

《新唐志》。《一切经音义》卷十三,《汉书》晋灼《音义》曰:儌,遇也,谓愿求亲遇也。

司马彪汉书注

《文选·讽谏诗·注》引司马彪《汉书注》云:岌岌,危也。

齐恭汉书注

《元和姓纂》云:晋有齐恭,注《汉书》。

郭璞汉书注

《汉书叙例》云:璞止注《相如传》序及游猎诗赋。

綦毋邃史记注

《史记·赵世家·集解》"鸟觳"、"陵苕"两引"綦毋邃曰"。疑邃曾注《史记》,姑存其目。或当出邃《列女传注》。

编年类

袁宏后汉纪三十卷

今存。

张璠后汉纪三十卷

裴松之《魏纪三少帝注》:张璠,晋之令史,撰《后汉纪》,虽似未成,辞藻可观。汪文台集七家《后汉书》云:按袁宏《汉纪叙》云,经营八年,疲不能定,始见张璠所撰书,其言汉末之事差详,故复采而益之。盖是编晋时已难购。吴正仪亦以为逸书无考。余秘书历叙群史,独阙是编,岂未之见耶?

袁晔献帝春秋十卷

《吴志·陆瑁传》"广陵袁迪",裴《注》云:迪孙晔,字思先,作《献帝春秋》。

孙盛魏氏春秋二十卷

《旧唐志》作"《卫武春秋》","魏"字误。《初学记》卷十二引何法盛《晋中兴书》曰:孙盛自安国,为秘书监,加给事中。按"自"当作"字"。笃向好学,自少及长,常手不释卷。既居史官,乃著《三国阳秋》。

阴澹魏纪十二卷左将军

《魏志·陈思王植传·注》引之。《晋书·艺术传》:索统所占,莫不验,太守阴澹从求占书。馀事章氏已录,今不复出。

孔衍汉魏春秋九卷

《隋志》题"孔舒元"。"舒元",衍字,《七录》避梁讳也。

孔衍汉春秋十卷　后汉春秋六卷　后魏春秋九卷

见《新唐志》。疑《后魏春秋》,即《隋志》"《汉魏春秋》"矣。《后汉书》、《三国注》所引,并题"《汉魏春秋》"。

习凿齿汉晋阳秋四十七卷荥阳太守。　讫愍帝

本传、《旧唐志》并云"五十四卷"。

干宝晋纪二十三卷讫愍帝

《史通·正史篇》云"二十二卷",盖《史议》别为一卷矣。《文选》四十九,李善《注》引何法盛《晋书》曰:干宝撰《晋纪》,起宣帝,迄愍五十三年。评论切中,咸称善之。高似孙《史略》:干宝《晋书》一十二卷,残缺。《隋志》:又六十卷,刘协注。《史通·序例篇》云:令升先觉,远述邱明,重立凡例,勒成《晋纪》。邓、孙以下,遂蹑其踪。史例中兴,于斯为盛。《史通·模拟篇》云:干宝撰《晋纪》,至天子之葬,必云"葬我某皇帝"。又《烦省篇》云:令升《史议》,历诋诸家,而独归美《左传》,云邱明能以三十卷之约,括囊二百四十年之事,靡有孑遗,斯盖立言之高标,著作之良模也。

曹嘉之晋纪十卷前军谘议

章宗源《考证》,从《世说注》、《文选注》、《初学记》、《艺文类聚》、《太平御览》录得十一事。

邓粲晋纪十一卷荆州别驾。讫明帝。

本传:著《元明纪》十篇。《旧唐志》又有邓粲《晋阳秋》二十卷,恐误,今不录。《文心雕龙·史传篇》:邓璨《晋纪》,始立条例,又撮略汉魏,宪章殷周,虽湘州曲学,亦有心典谟。

孙盛晋阳秋三十二卷讫哀帝

《唐志》:"二十二卷。"《史通·采撰篇》曰:安国之述《阳秋》也,梁益旧事,访诸故老。

陆机晋纪四卷

《史通·正史篇》云:晋史,洛京时著作郎陆机始撰三祖《纪》,佐著作束皙又撰十《志》。会中朝丧乱,其书不存。又《曲笔篇》云:陆机《晋史》,虚张拒葛之锋。

纪年十二卷《汲冢书并竹书同异》一卷

事具《荀勖传》及《隋志》。杜元凯《春秋后序》言其篇第尤详。

《同异》一卷,盖勖等所撰也。

徐广晋纪四十六卷

《宋书·广传》:义熙十二年,《晋纪》成,凡四十二卷。隋、唐《志》:"四十五卷"。今据《晋书》本传。

周祗崇安纪二卷

《旧唐志》。钱辛楣《廿二史考异》曰:"崇安",本是"隆安",晋安帝年号也,避明皇讳改。

竹书三卷

《宋史·艺文志·编年类》:《竹书》三卷,荀勖、和峤编。

晋录五卷

见《唐志》。章宗源《隋书经籍志考证》曰:《北堂书钞·设官部》、《艺文类聚·果部》、《白帖》卷十六并引《晋录》六事,无撰名。

胡冲吴历六卷从《通志》

见《唐志·杂史类》。案《吴志》王蕃等《传》,《评》已引胡冲说。裴松之《吴志注》屡引之。《通鉴考异》"诸葛恪以张约朱恩等密书示滕允"事,从《吴历》。是此书温公著书时犹存①。

杂史类

司马彪九州春秋十卷记汉末事

《史通·六家篇》曰:当汉氏失驭,英雄角力,司马彪录其行事,因为《九州春秋》,州为一篇,合为九卷。寻其体统,亦近代之《国语》也。《唐志》:"九卷。"《宋志·霸史类》:"九卷";《别史类》:"十卷。"《书录解题》卷五云:《九州春秋》九卷,司马彪撰。汉末州

① 此句,宣统己酉长沙印本原刊作"是此书者(编按当是'著'字之误。)书犹存",兹据《廿五史补编》本改。

郡之乱，司冀、徐、兖、青、荆、扬、梁、幽，凡盗贼僭叛，皆纪之。《世善堂书目》尚著录，是此书明时尚存。

杨方吴越春秋削繁五卷

《旧唐志》作“削烦”。本传云：方更撰《吴越春秋》。

乐资春秋后传三十一卷著作郎

《史通·六家篇》：晋著作郎鲁国乐资，追采《左传》、《太史公书》二史，撰为《春秋后传》。其书始以周贞王，续前《传》鲁哀公后，至赧王入秦，又以秦文王之继周，终于二世之灭。合成三十卷。《初学记》卷五引乐资《春秋传》，记郑容见华山使事。

乐资山阳公载记十卷

《新唐志》入“编年类”。《旧唐志》作“《山阳义纪》”，“义”字误。

杜龚蜀后志

《华阳国志·常宽传》云：杜龚亦著《蜀后志》，及志赵廞李特叛乱之事。

孔衍汉尚书十卷　后汉尚书六卷　魏尚书十卷

《旧唐志》，“尚书”皆作“春秋”。《史通·六家篇》曰：晋广陵相鲁国孔衍，以为国史所以表言行、昭法式；至于人理常事，不足备列。乃删汉魏诸事，取其美词典言足为龟镜者，定以篇第，纂成一家，由是有《汉尚书》、《后汉尚书》、《魏尚书》，凡为二十六卷。

郭颁魏晋世语十卷襄阳令

《三国志》卷注一[1]引作“郭班”。

---

① “卷注一”三字，疑是“卷一《注》”之误。

傅畅晋诸公赞二十一卷秘书监

本传:畅作《晋诸公叙赞》。《水经·谷水·注》引都水使者陈狼凿运渠事,题"傅畅《晋书》"。

王蔑史汉要集二卷祠部郎。抄《史记》。入《春秋》者不录

荀绰晋后略记五卷下邳太守

本传:绰撰《晋后书》十五篇。《宋志·史钞类》有"荀绰《晋略》九卷"。

皇甫谧帝王世纪十卷起三皇尽汉魏

孔颖达《尚书尧典正义》曰:《晋书·皇甫谧传》云廷式案:此当是王隐《晋书》:姑子外弟梁柳得古文《尚书》,故作《帝王世纪》,往往载孔传五十八篇之书。《日本见在书目》有"皇甫谧《陈帝纪》六卷",必有误,今不录。近时有宋翔凤辑本十卷。《史通·采撰篇》云:元晏《帝王纪》,多采六经图谶。《宋志》:"九卷",入"编年类"。

皇甫谧年历六卷

见《唐志》。《玉海·书目》曰:晋正始初,安定皇甫谧以《汉纪》残缺,博案经传,旁观百家,著《帝王世纪》并《年历》,合十二篇。起太昊帝,讫汉献帝。《北堂书钞》一百五十:皇甫谧《年历》曰,月,群阴之宗,光内日影,以宵曜,名曰夜光。

木概战国策春秋三十卷

《元和姓纂》:晋有木概,著《战国策春秋》三十卷,见《七录》。

陈寿古国志五十篇

见本传。《华阳国志》云:寿又著《古国志》五十篇,品藻典雅。中书监荀勖、令张华深爱之,以班固、史迁不足方也。

环济帝王要略十二卷纪帝王及天官、地理、丧服

案《礼记、左传·正义》及各类书引此,皆作"环济《要略》",无

"帝王"二字。

孟仪周载三十卷临贺太守。略前代,下至秦

陆游《南唐书》曰:后主尝得《周载》。江东初无此书,人无知者。以访徐锴,一一条对,无所遗忘。案《太平御览》尚引此书,《崇文书目》始佚之。

葛洪史记抄十四卷

见《唐志》。高似孙《史略》作"十五卷"。

汉书抄三十卷

《西京杂记·序》曰:洪家世有刘子骏《汉书》一百卷,无首尾题目,但以甲乙丙丁纪其卷数。《抱朴子·论仙篇》引《汉禁中起居注》云:少君将去,武帝梦与共登嵩高山云云。其辞甚怪。据此,则《西京杂记》未可为吴均作也。

后汉书抄三十卷

见《唐志》。

吴志抄一卷

见高似孙《史略》。

孔衍春秋时国语十卷　春秋后国语十卷

并见《新唐志》。《史通·六家篇》曰:孔衍以《战国策》所书未为尽善,乃引太史公所记,参其异同,删彼二家,聚为一录,号为《春秋后语》。除二周及宋、卫、中山,其所留者七国而已。始自秦孝公,终于楚汉之际。比于《春秋》,亦尽二百三十馀年行事。始衍撰《春秋时国语》,复撰《春秋后语》,勒成二书,各为十卷。今行于世者,惟《后语》存焉。案其书《序》云"虽左氏莫能加",世人皆尤其不量力、不度德。寻衍之此义,自比于邱明者,当谓《国语》,非《春秋传》也。必方以类聚,岂多嗤乎。慧琳《一切经音义》(传)〔卷〕九十

五,《春秋后语》:杜邮,在咸阳西十里,白起死于此。《御览》三百二十五引《春秋后齐语》,又《韩语》。三百五引《春秋后秦语》。

孔晁周书注八卷

见《旧唐志》。今存。

魏世谱

章宗源《考证》曰:《文选·陆士衡答贾长渊诗·注》、《太平御览·皇王部》引《魏世谱》,无撰人名。廷式案:《魏志·三少帝纪·注》引《魏世谱》,记晋受禅,封齐王为邵陵县公,年四十三,泰始十年薨。则晋人书也。

晋世谱

章宗源《考证》曰:《世说注》,《言语篇》、《政事篇》引《晋世谱》,无撰名。

孙盛蜀世谱

章宗源《考证》曰:《蜀志注》,《二主妃子传》、《费诗、张嶷、吕凯传》并引盛《蜀世谱》。《后汉书·蛮夷传》,《注》引"不韦县"一事,与《吕凯传·注》同。

孙盛魏世籍

《魏志》卷四《注》引孙盛《魏世籍》曰:高平陵,在洛水南大石山,去洛城九十里。案此与《魏世谱》疑即一书。今无以定,姑并列之。

孙盛魏阳秋异同八卷

见《唐志》,作"孙寿"。章宗源曰:按《魏志·武纪·注》"太祖私入中常侍张让宅"一事,题"孙盛《异同杂语》"。《北堂书钞·武功部》亦作"孙盛"。《夏侯元传·注》、《吕虔传·注》,《蜀志·姜维传·注》,《世说·识鉴篇·注》、《假谲篇·注》,并题"孙盛《杂语》”。省“异同”二字,然《世说注》“入张让宅”事,与《武纪·注》同,自是一书。又《武纪·注》引“宁我负人,无人负我”语,作“孙盛《杂记》”,“记”字讹。《史通·题目篇》云:孙盛有《魏氏春秋》。《摹拟篇》曰:孙盛魏、晋二《阳秋》,每书年首,必云“某年春帝正月”。又《魏志·武纪·注》引孙盛《异同评》,又引孙盛《评》。《太平寰宇记·河北道》亦引孙盛《杂语》。《御览·兵部》又称“《三国异同》”。《唐志》“孙寿”,当是“孙盛”之讹。《通志·略》入“编年类”。廷式按:《蜀志·诸葛瞻传·注》引作“《异同记》”。

孙盛杂记

案:《魏志·武纪·注》、《蜀志·姜维传·注》皆引此书,恐非《杂语》之讹。《续谈助录》、《殷芸小说》引“宣帝问真长”事及“宋岱为青州刺史”事,并题“孙盛《杂记》”。《北堂书钞》卷二十引《新语》“宁我负人、无人负我”,《魏志·武纪·注》引《杂记》文同,当是一书二名。

王隐删补蜀记七卷

见《唐志》。章宗源曰:《魏志注·庞德传》、《蜀志注·后主传、诸葛亮传、关羽传、许靖传、秦宓传、谯周传、黄权传、姜维传、杨戏传》并引王隐《晋记》“郭冲”五事,即此书所载。廷式案《通鉴》“安乐思公刘禅卒”,《考异》云:《晋春秋》云“禅谥惠公”,今从王隐《蜀记》。是此书宋时尚存。

王嘉拾遗录三卷　拾遗记十卷萧绮序

本传:撰《拾遗录》十卷。《玉海·引书目》:晋王嘉著《拾遗记》十卷,事多诡谲,今行于世。梁肖绮《序》云,本十九卷,书后残缺,绮因删集为十卷。《续谈助》卷一云虞羲造:王子年《拾遗录》。《郡斋读书志》曰:晋王嘉,字子年,尝著书百二十篇,载伏羲以来异事，前世奇诡之说。书逸，不完，梁萧绮拾缀残阙，辑而叙之。

谯周蜀王本纪

《北堂书钞》卷一百四引之。

薛莹条列吴事

《初学记》十一、《北堂书钞》五十七并引之。《吴志·孙綝传·注》引《吴录》曰：晋武帝问薛莹吴之名臣。莹对，称桓彝有忠贞之节。陈寿《吴志·王蕃等传·论》曰：薛莹称王蕃器量绰异，宏博多通；楼玄清白节操，才理条贯；贺邵厉志高契，机理清要；韦曜笃学好古，博见群籍，有记述之才。

王伦周纪

见《世说·排调门·注》引《王氏家谱》。

汲冢书梁邱藏一篇先叙魏之世，次言邱藏金玉事

生封一篇帝王所封

事详《束皙传》。

霸史类

《史通·因习篇》云：阮氏《七录》，以田、范、裴、(殷)〔段〕诸记刘、石、(符)〔苻〕、姚等书，别创一名，题为"伪史"。《隋书·经籍志》流别群书，还依阮《录》。

田融赵书十卷伪燕太傅长史。一曰《二石集》，记石勒事

《新唐志》："田融《赵石记》二十卷"，又"《二石记》二十卷"，盖误复也。今从《隋志》。《史通·杂说·注》曰：田融《赵史》，谓勒为"前石"，虎为"后石"。《高僧传》卷十引田融《赵记》曰：佛图澄未亡数年，自营冢圹。《水经·浊漳水·注》：祭陌，慕容儁投石

虎尸处，田融以为“紫陌”也。《河水·注》：张甲河左渎，又北径建始县故城。田融云，赵武帝十二年立建兴郡，治广宗，置建始、兴德五县隶焉。又云，棘津，在东郡、河内之间。田融以为即石济南津也。

王度二石传二卷北中郎参军。《高僧传》卷十《佛图澄传》有石虎中书著作郎王度

《唐志》：《二石书》十卷。《史通·正史篇》云：燕太傅长史田融、宋尚书库部郎郭仲产、北中郎参军王度，追撰二石事，集为《邺都记》、《赵记》等书。“宋”字，盖“晋”字之误。

王度二石伪治时事二卷

《唐志》：王度、隋翙《二石伪事》六卷。“隋翙”，疑“陆翙”之讹。

上党国记

《石勒载记》曰：命记室佐明楷、程机撰《上党国记》。《史通·正史篇》曰：后赵石勒命其臣徐光、宗历、傅畅、郑愔等，撰《上党国记》、《起居注》、《赵书》，其后又令王兰、陈晏、程阴、徐机等相次撰述。至石虎，并令刊削，使勒功业不传。

大单于志

《石勒载记》：命石泰、石同、石谦、孔隆撰《大单于志》。

常璩汉之书十卷字道将，散骑常侍，蜀郡人

颜之推《家训·书证篇》：《蜀李书》，一名《汉之书》。《史通·正史篇》曰：蜀初号曰“成”，后改称“汉”。李势散骑〔常〕侍常璩，撰《汉书》十卷，后入晋秘阁，改为《蜀李书》。

常璩华阳国志十二卷

今存。

杜辅燕纪

《史通·正史篇》曰:前燕有《起居注》,杜辅全录以为《燕纪》。

董统燕书三十卷

《史通·正史篇》曰:后燕建兴元年,董统受诏,草创后书,著《本纪》并《佐命功臣王公列传》,合三十卷。慕容垂称其叙事富赡,足成一家之言;但褒述过美,有惭董史之直。《史通·直书篇》曰:董统《燕史》,持谄媚以偷荣。

申秀燕书

范亨燕书二十卷伪燕尚书。记慕容儁事

《史通·正史篇》曰:其后申秀、范亨,各取前后二燕,合成一史。按:申秀《书》今无可考;范亨《书》则《水经注》、《初学记》、《太平御览》、《通鉴考异》皆引之,《宋史·艺文志》著录。

张诠南燕录五卷伪燕尚书郎。记慕容德事

《唐志》:十卷。《旧唐志》入"编年类"。《通志》作"张铨",误。《初学记》十一引,称"张诠《南燕书》"。

王景晖南燕录六卷伪燕中书郎。记慕容德事

《史通·正史篇》曰:南燕有赵郡王景晖,尝事德、(起)〔超〕,撰二燕《起居注》。超亡,事于冯氏,官至中书令。乃撰《南燕录》六卷。《旧唐志》入"编年类";作"王景暄",误。

索绥凉国春秋五十卷

《史通·正史篇》曰:前凉张骏十五年,命其西曹边浏,集内外事,以付秀才索绥,作《凉国春秋》五十卷。崔鸿《前凉录》:张骏十五年,命西曹掾集阁内外事,付索绥,以著《凉春秋》。《御览》一百二十四。

索晖凉书

《史通·正史篇》云:建康太守索晖、从事中郎刘昺,各著《凉

书》。

刘庆凉记十二卷

《史通·正史篇》曰:张重华护军参军刘庆,在东苑专修国史二十余年,著《凉记》十二卷。又《史官篇》曰:前凉张骏时,刘庆迁儒林郎中,常侍在东苑,撰其国书。

张谘凉记八卷伪燕右仆射。记张轨事

《世说·言语门·注》引作"张资《凉州记》"。《旧唐志》作"张证",《新唐志》"十卷",误。

喻归西河记三卷侍御史,南昌人。记张重华事

此依《元和姓纂》著录。《隋书·经籍志》作"二卷"。《通鉴考异》云:喻归,一作"俞归"。按《晋书·张重华传》亦作"俞归",《广韵》作"谕归"。《吹剑录外集》云"喻归撰《西河》十卷",似误。武威张澍集此书,得五条。

董谊秦书

《史通·正史篇》曰:前秦史官,初有赵渊、车敬、梁熙、韦谭,相继著述。苻坚尝取而观之,见苟太后幸李威事,怒而焚之,灭其本。从著作郎董谊追录旧语,十不存一。《十六国春秋·前秦录》:永兴十七年八月,坚收《起居注》及著作所录而观之,见苟太后、李威之事,惭怒,乃焚其书。著作郎董朏音斐虽更书时事,然十不留一。此《御览》一百二十二所引。此作"董朏",与《史通》异。

马僧虔秦史

卫隆景秦史

《史通·正史篇》云:后秦扶风马僧虔、河东卫隆景,并著《秦史》。及姚氏之灭,残缺者多。

段龟龙凉记十卷伪凉著作佐郎。记吕光事

《史通·正史篇》曰:段龟龙记吕氏。张澍《二酉山房》有集本。

公师彧高祖本纪　功臣传前赵领左国史

《史通·正史篇》曰:前赵刘聪时,领左国史公师彧撰《高祖本纪》,及《功臣传》二十人,甚得良史之体。凌修谮其讪谤先帝,聪怒而诛之。《史通·史官篇》曰:伪汉嘉平初,公师彧以太中大夫领左国史,撰其国君臣纪传。

和苞汉赵记一卷

《唐志》作"十四卷"。《史通·正史篇》曰:刘曜时,平舆子和苞撰《汉赵记》十篇,事止当年,不终曜灭。又《忤时篇》曰:刘、石僭号,方策委于和、张。《宋史·艺文志》著录"一卷"。

田融苻朝杂记一卷

见《新唐志》。高似孙《史略》无"杂"字。

郭韶南凉国纪

《史通·史官篇》曰:南凉主乌孤,初定霸基,欲造国纪,以其参军郭韶为国纪祭酒,撰录时事。

起居注类

李轨泰始起居注二十卷

《蜀志·诸葛亮传·注》引《晋泰始起居注》:诸葛京《随才署吏诏》。《类聚》八十八,《太始起居注》曰:二年六月,嘉柰一蒂十五实,生于酒泉郡。

李轨咸宁起居注十卷

《旧唐志》:二十二卷。《晋书·礼志下》引之。

李轨泰康起居注二十一卷

《书钞》一百四十七,《晋泰康起居注》云:尚书令荀勖久疾羸毁，赐蜜五升。《御览》七百五十九，《晋泰康起居注》曰：齐王出蕃，诏赐榼樽螺杯盘各有差。

《旧唐志》：二十二卷。《齐书·州郡志》引《晋太康二年起居注》。《御览》三百五十三，《晋太康起居注》：诏曰，诸王中尉及诸军皆典兵，以备不虞。乃有著中战衣木履持长矛者，此为儿戏，而无相惮慑也。

永平元康永宁起居注六卷

《隋志》有"《元康起居注》一卷"。《唐志》有"《永平起居注》一卷"。

惠帝起居注二卷

章宗源《考证》曰：《宋书·蔡廓传》：式乾殿集诸皇子，悉在三司上。《魏志·张燕传·注》：门下令史张林飞与赵王伦为乱，位至尚书令，封郡公。寻为伦所杀。并题"陆机《晋惠帝起居注》"。又各书共引《惠帝起居注》十三事，不著撰名。按《御览》六百九十七，《惠帝起居注》曰：帝还洛阳，至陵下谒，无履，左右履著下拜。六百九十九，《惠帝起居注》曰：有云母幌。二事章氏未举。《书钞》一百三十六，《晋惠帝起居注》曰：愍怀太子赐典兵中郎□①倚复纻韈一緉。《御览》七百七，《惠帝起居注》曰：帝至朝歌，无被，中黄门以两幅布被给帝。

晋武帝起居注

章宗源曰：《北堂书钞·设官部》：司马璞，贞固和详，有识见才干，以为冘从仆射。《太平御览·皇亲部》：诏曰，今出掖庭才人妓女保林以下二百七十馀人。《职官部》：豫州刺史胡威，忠素质直，思谋深沉，《御览》二百四十引作"深奥"。其以威为监军，刺史如故。又，东安王世子瑾，贞固和详，有识见才干，以为冘从仆射。此事与《书钞》当是一事。《书钞》作名"璞"，须考。并引《晋武帝起居注》。

---

① 此字原刊作"□"。

永嘉建兴起居注十三卷

建武大兴永昌起居注二十卷

《唐志》:二十二卷。章宗源《考证》曰:《太平御览》七百九《服用部》,《晋建武起居注》曰:立敬后庙,荐席不用绿缘。《职官部》,《晋大兴起居注》曰:元年,置通直散骑侍郎四人。又,二百三十四:元帝依故事召陈郡王隐,待诏著作,单衣介帻,朔望朝著作之省。按《北堂书钞》卷一百三十引《晋永昌起居注》云:元帝使当朝司空王导拒王敦,诏曰,吾征东时,节给司空。《御览》八百六十一亦引之。

李轨咸和起居注十六卷

《唐志》:十八卷。《类聚》八十六,《晋咸和起居注》曰:六年,宁州上言,甘露降城北园柰桃树等。《御览》七百六十三,《晋咸和起居注》曰:有司奏,魏氏故事,正旦贺,公卿上殿,虎贲六人随上,以斧柄挂衣裾上,令宜依旧为仪。诏曰,此非前代善制,其除之。九百二十五,《咸和起居注》曰:二年正月,飨万国,有五鸥集太极殿前。

咸康起居注二十二卷《类聚》八十九引《咸康起居注》

建元起居注四卷

《通典》卷一百,范汪《与王彪之书》云:寻《起居注》,九月是康皇帝忌月。此所引是《建元起居注》也。《史通·辨职篇》:按《晋起居注》载康帝诏,盛称箸述任重,理籍亲贤,遂以武陵王晞领秘书监守。武陵才非河献,识异淮南,而辄以彼藩翰,董斯邦籍,求诸称职,无闻焉尔。

永和起居注二十四卷

《御览》八百十。

晋孝武起居注

《太平御览》一百四十九引二条。

升平起居注十卷

隆和兴宁起居注五卷

咸安起居注三卷

泰和起居注六卷

《初学记》卷四,《晋起居注》曰:海西泰和六年三月庚午朔,诏曰,三月临流杯池,依东堂小会。

宁康起居注六卷

泰元起居注五十四卷

《世说·赏誉门·注》引之。《御览》二百三十四,《晋太元二百三十三误作"太康"起居注》曰:秘书丞桓石绥启校定四部书,诏郎中四人各掌一部。又七百七十五引《太元起居注》"刘毅奏羊琇事",疑是"太康"之误。

隆安起居注十卷

《初学记》卷四,《晋起居注》曰:安帝崇安四年十二月辛丑腊祠用乐。"崇安",即"隆安"也。

元兴起居注九卷

义熙起居注三十四卷

《类聚》八十六,《义熙起居注》曰:吴令顾修期言,县西乡有柿树,殊本合条,依旧集驾,诏停。《御览》九百七十一亦引之。《书钞》一百一,《义熙起居注》云:何无忌在秘阁,求赐秘书,诏与一千卷。一百二十九,《义熙起居注》云:义熙元年,百官更服,侍官不备采衣袴褶。一百三十六,《义熙起居注》曰:兼黄门郎徐应祯出为散骑,著屐出省閤,有司奏,乃免官。一百三十八,《义熙起居注》云:卢循新作八槽舰九枚,起四层,高十馀丈。《御览》六百九十,《义熙起居注》曰:安帝自荆州至新亭,诏曰,诸侍官戎行之时不备朱服,悉令袴褶从也。

元熙起居注二卷

崇宁起居注十卷

见《唐志》。沈炳震曰：晋无"崇宁"年号，似有误。余谓：此"隆安"之讹。《初学记》、《御览》诸书引"隆安"作"崇安"，以避明皇讳，遂讹作"崇宁"矣。

李轨晋愍帝起居注三十卷

见《旧唐志》。

李轨晋永平起居注八卷

见《旧唐志》。

大将军起居注

见《石勒载记》。

南燕起居注一卷

《史通·外篇》曰：南燕有赵郡王景晖尝事德、超，撰二燕《起居注》。

前燕起居注

《史通·外篇》曰：前燕有《起居注》，杜辅全录以为《燕纪》。

桓元自撰起居注

见本传。

郭璞注周王游行记六卷

故事类

晋朝杂事二卷

《梁书·庾诜传》云：诜撰《晋朝杂事》五卷。今案隋、唐《志》录此书，无撰人名氏，又卷数不符，恐非一书。故仍入录。章宗源《考证》历引诸书所引《晋朝杂事》十一事，亦无题"庾诜"名者。

晋要事三卷

章宗源《考证》:《初学记·中宫部》、《北堂书钞·设官部、仪饰部》、《太平御览·服章部》,并引《晋氏要事》。按《书钞》一百三十六亦引之。

晋故事四十三卷

章宗源《考证》:《初学记·宝器部》、《太平御览·珍宝部》并引《晋故事》。

建武以来故事三卷

《隋志》:《晋建武故事》一卷。章宗源《考证》:《初学记·武部》:王敦死,秘不发丧,贼于水南北渡,攻官垒栅,皆重铠浴铁。都督应詹等出精锐拒之。《御览·兵部》同。《类聚·果部》:咸和六年,平西将军庾亮送桔,十二实并同一蒂。《御览·果部》同。《兽部》:咸和六年,计贡合集于朝堂,有野麇走至堂前,逐获之。《御览·兽部》同。《御览》卷九百八《兽部》:咸和七年,左右启以米饴熊。上曰,此无益而费谷,且恶兽不宜畜。遣使打杀,以肉赐左右直人。并引《晋建武故事》。按王敦死在太宁二年,馀三事皆在咸和而入《建武故事》,未审其义。廷式按:《隋志》省"以来"二字,故有此误。《唐志》既列此书,又有"《建武故事》三卷",盖重出也。《唐书·艺文志》又有"应詹《江南故事》三卷"。

孔愉咸和咸康故事四卷

《唐志》作"《建武咸和咸康故事》"。

永平故事三卷

见《唐志》。

泰始太康故事八卷

见《唐志》。

晋氏故事三卷

见《唐志》。《通典》八十一亦引《魏晋故事》:博士卞榷应琳等议。

晋诸杂故事二十二卷

见《唐志》。

荀颛等晋杂议十卷

见《唐志》。《文心雕龙·议对篇》曰:晋代能议,则傅咸为宗,然长虞识治,而属辞枝繁。及陆机断议,亦有锋颖,而谀辞弗剪,颇累文骨。

干宝杂议五卷

孔朝《新唐志》作"孔晁"**等晋明堂郊社议三卷**

蔡谟晋七庙议三卷

并见《旧唐志·仪注类》。

车灌修复山陵故事五卷

晋八王故事十卷

《唐志》:"十二卷",题"卢綝撰"。

卢綝晋四王起事四卷廷尉

《旧唐志》作"《四王起居》",误。《水经注》卷九引作"卢林"。按《卢志传》有"兄子綝",当是其人。《隋志》不误。

交州杂事十卷记士燮及陶璜事

《旧唐志》作"《交州杂故事》"。《类聚·器物部》、《初学记·政理部》、《御览·器物部》并引此书:太康四年,刺史陶璜表送林邑王范熊所献事。

张靖谥法二卷

《通典》一百四云:晋张靖撰《谥法》两卷。

晋谥议八卷

晋简文谥议四卷

并见《旧唐志·仪注类》。

荀颛演刘熙谥法三卷

见《旧唐志·七经杂解类》。《通典》云:汉刘熙《谥法》一卷。

范汪尚书大事二十卷

《唐志》:二十一卷。章宗源《考证》曰:《北堂书钞·仪饰部》纳后礼文云,既皓且白,既洁且清,美人玩好,以饰姿容。《太平御览·礼仪部》:尚书符太常曰,释奠祀先圣于辟雍,未有言太学者。今废辟雍而立二学,中兴以来相违。太常王彪之答:释奠于太学,行飨于辟雍。宰相从太常。

张敞东宫旧事十一卷

《隋志》无撰人名,今从《唐志》。按《宋书·张茂度传》:茂度,吴郡吴人;父敞尚书、吴国内史。即此人。《北堂书钞》六十六引陆道瞻《吴地志》云:张敞,字宏沅,为东宫中舍人,八年不转。会稽王嬖人茹千秋曰,中舍人名望久满,此侍公坐,当进拙言。敞正色不答。盖久任东宫官属,故得为此书矣。《颜氏家训·书证篇》:或问,《旧事》何以呼"鸱尾"为"祠尾"?答曰,张敞者,吴人,不堪稽古,随宜记注,遂乡俗讹谬、造作书字耳。吴人呼"祠祀"为"鸱祀",故以"祠"代"鸱";呼"绀"为"禁",故以"糸"旁作"禁"代"绀"字;呼"盏"为竹简反,故以"木"旁作"展"代"盏"字;呼"镬"字为"霍"字,故以"金"旁作"霍"代"镬"字。又"金"旁作"患"为"镮"字,"木"旁作"鬼"为"槐"字,"火"旁作"庶"为"炙"字,"既"下作"毛"为"髻"字。"金花",则"金"旁作"华";"窗扇",则"木"旁作"扇"。诸如此类,专辄不少。又问,《东宫旧事》"六色罽缌"是何等物?当作何音?答曰,莙牛藻也。又寸断五色丝,横著线股间,绳之,以象莙草,用以饰物,即名为“莙”。于时当绀六色罽作此“莙”,以饰绲带,张敞因造“丝”旁“畏”耳,宜作“隈”。

秦汉以来旧事十卷

《唐志》:八卷。

华林故事名一卷

见《唐志》。

邺城故事

章宗源《考证》:《太平御览·兵部》载石季龙凌霄观、凉马台、紫陌浮桥三事。《寰宇记·河北道》:西门豹为令,造十二渠,今名安泽陂。《御览·地部》同。并引《邺城故事》。

王愆期救襄阳上都督府事一卷

见《旧唐志》。

桓玄伪事三卷

《旧唐志》云:应德詹撰。《御览》卷二百五引二条。

大司马陶公故事三卷

《北堂书钞》、《艺文类聚》引作“《陶侃故事》”。《御览》三百三十六,《陶公故事》曰:臣侃言,郭默狂狡,肆行凶虐,负阻城险,用稽天诛。臣土山陵其城,楼橹攻具备设。《类聚》七十三,《陶侃故事》:侃上成帝螺杯一枚。《御览》三百四十一,《陶公故事》曰:臣侃奉献金鐳白旄四枚。三百五十七,《陶公故事》曰:臣侃奉献金华大羌楯五十幡,青绫金华楯五十幡。

李嵩行事记

《通典》九十五引此书,记娶同堂姊之女为妻,姊亡服事。又,卷六十载李嵩为息邃婚张康女,未成礼而康有姊丧事,亦当出此书。

郄太尉为尚书令故事三卷

咸宁三年武皇帝故事

《晋书·礼志》引云:王公大臣薨,三朝发哀,逾月不举乐;其一朝发哀,三日不举乐。按:此等皆当时案牍,未成典籍。故余既著录,而删之。后见章氏《考证》已列其目,故仍附于此书。

徐江州本事

徐宁,附《桓彝传》。仕至江州刺史。《世说·赏誉门·注》引此。

石崇本事

《类聚》七十,《石崇本事》曰:崇有珊瑚如意,长三尺二寸。《书钞》一百三十五引《石崇故事》同。《御览》七百三十又引作"《石季伦本事》"。

职官类

傅畅晋公卿礼秩故事九卷

本传:畅为《公卿故事》九卷。

晋新定仪注十四卷

此与傅瑗《晋新定仪注》疑是一书。

徐宣瑜晋官品一卷《通典》九十八有引晋博士徐宣瑜议君亡宜从《公羊》云云。八十四,两引徐宣瑜议,与杜凯同议,西晋人也

章氏《考证》:《文选·竟陵王行状·注》:相国丞相绿綟绶。《白帖》卷七十五:中郎将冠如将军。并引《魏晋官品》。

尚书逸令

《御览》五百四十二引此书:卞壶等奏。

荀绰百官表注十六卷

刘昭《续汉·百官志》,《注》引九条;《舆服志》,《注》引四条。《北堂书钞》引此书尤夥。

干宝司徒仪一卷

《旧唐志》作“《司徒仪注》五卷”。《齐书·百官志》云:晋世王导为司徒,右长史干宝撰立官府职仪已具。《艺文类聚》、《北堂书钞》、《太平御览》诸书并引之。

晋百官仪服录五卷

晋功臣表

《水经·温水篇·注》:象水,又兼“象浦”之名,《晋功臣表》所谓“金潾清径、象渚澄深”者也。

晋王公百官志

《御览》八百七十五引之,云:蜀刘主得赐露车七十乘,孙主赐露车三十乘。

大兴二年定官品事五卷

陆机晋惠帝百官名三卷

见《旧唐志》。

晋武帝太始官名

《御览》二百九引此书,云:大司马石苞开通爽悟,秉意不群。《魏志·臧霸传·注》:霸子舜,晋散骑常侍。见《武帝百官名》,此《官名》不知谁所撰也,皆有题目。称舜才颖条畅,识赞时宜也。

晋怀帝永嘉官名

《御览》二百九引此书,曰:吏部郎温畿,字元辅,世论以其为人夷旷似玉。

元康百官名

《通典·职官门》引此书,曰:陈慎、戴熊,俱以都水使者领水衡都尉。

会稽贡举簿

《吴志·妃嫔传·注》引《志林》曰:按《会稽贡举簿》,建安十二年到十三年阙无举者,云“府君遭忧”,则吴后以十二年薨也;八年、九年皆有贡举,斯甚分明。

晋过江人士目一卷

见《唐志》。

卫禹晋永嘉流士十三卷

见《旧唐志》。《新唐志》:二卷。

永嘉流人名

《世说注》屡引之。

魏晋百官名五卷

晋百官名三十卷

《旧唐志》:四十卷。

晋官属名四卷

明帝东宫僚属名

《世说·方正篇·注》、《雅量篇·注》并引之。

晋东宫百官名

《世说·任诞》、《排调》两篇,《注》并引之。

齐王官属名

见《世说·方正篇·注》。齐王,冏也。

伏滔大司马僚属名

见《世说·赏誉篇·注》。大司马,桓温也。《品藻篇·注》引《大司马官属名》,不题撰人。

征西寮属名

《世说·言语篇、排调篇·注》并引之。

谢安石寮属名

《世说·豪爽篇·注》引之。

庾亮寮属名

《世说·文学篇·注》引之。

庾亮参佐名

《世说·雅量篇·注》引之。

晋官品令

《后魏书·礼志》:刘芳议云,案《晋官品令》所制九品皆正,无从,故以第八品准古“下士”。《初学记·职官部》、《北堂书钞·设官部》、《太平御览·职官》并引之。章宗源录入《考证》。又,《唐六典》引《晋官品令》云:游击将军四品。《书钞》五十八,《晋官品令》:给事黄门四人,与侍中掌文案,赞相威仪,典署其事。又云:给事黄门四人,大法驾;次立黄门郎,从驾也。又引“旧侍中职掌”云云。又引“大法驾出”云云。

王朝目录

章宗源《考证》曰:《世说·品藻篇·注》,《王朝目录》曰,裴绰,字仲舒,楷弟也;名亚于楷。历中书黄门侍郎。按《吴志·宗室刘匡传·注》曰“朗之名位见《三朝录》,”疑与《世说注》所引当是一书。然“王朝”、“三朝”,未审孰是。

仪注类

傅瑗晋新定仪注四十卷安成太守

《通典》卷七十引晋武帝咸宁中定元正朝贺仪。《书钞》一百四十、《御览》七百七十五亦引之。《晋仪注》云:皇后乘油画云母安车,驾六马油画云母两辕车。

〔挚虞杂礼议〕

《御览》三百七十四，挚虞《新礼》曰：魏故事，遣将出征，符节郎接钺于朝堂。《新礼》：遣将，御临轩，尚书授节鉞者，《兵书》"跪而推毂"之义也。《通典》一百一：《新礼》，弟子为师齐缞三月。挚虞驳曰，仲尼圣师，止吊服如麻，心丧三年；浅教之师，暂学之徒，不可皆为之服，或有废兴悔吝生焉。宜定新礼，无复如旧。《酉阳杂俎续集》（虞）〔卷〕四引挚虞《初礼议》。

晋杂仪注十一卷

《唐志》：二十一卷。

晋尚书仪十卷

《唐志》有"《晋尚书仪曹事》九卷"。

甲辰仪五卷江左撰

《唐志》作"《甲辰仪注》"。《艺文类聚》卷十六、《北堂书钞》八十五并引之。《御览》一百四十九亦引之。

徐广晋尚书仪曹新定仪注四十一卷

见《唐志》。

魏晋仪注

《左传》襄公《正义》引《魏晋仪注》曰：写章表别起行头者，谓之"跳出"。

晋元康仪

《初学记》卷十、卷十四并引之。

晋尚书仪曹杂礼仪注三卷

晋尚书仪曹吉礼仪注三卷

并见《唐志》。

晋先蚕仪注

《宋书·礼志》、《后魏书·礼志》并引之。《通典》六十七引博士胡讷议云:《先蚕仪》,乃太康中事。一百四十四引《晋先蚕仪注》云:车驾往,吹小箛;发,吹大箛。箛,即笳也(《御览》五百八十一同)。陈旸《乐书》一百三十亦引《晋先蚕〔仪〕注》云:凡车驾所止,吹小箛;发,大箛。其实胡笳也。《御览》五百八十一又引一条,曰:胡笳,汉旧录有其曲,不记所出本末。笳者,胡人卷芦叶吹之以作乐也,故谓曰"胡笳"。

张华封禅仪

《初学记》十三引之。

贺循籍田仪

《续汉志》卷四《注》引之。卷二十九"耕车",《注》引贺循说二条,亦当出此书。

华恒纳后仪

《通典》卷十八曰:成帝将纳杜后,太常华恒始与博士参定其仪。又引"华恒定六礼"云云。

挚虞决疑要注一卷

《齐书·礼志》曰:晋初,荀顗因魏代前事,撰为《晋礼》,参考今古,更其节文。羊祜、任恺、庾峻、应贞共删集,成百六十五篇。后挚虞、傅咸缵续此制,未及成功。今虞之《决疑注》,是遗事也。

徐广车服杂注一卷

《宋书》本《传》:义熙初,奉诏撰《车服杂注》。《晋书·广传》作"《车服仪注》"。章宗源《考证》据《左传正义》、《初学记》诸书所引,或作"广《车服仪制》",或作"广《车服注》",或作"广《舆服杂注》",或作"广《车服志》"。今案《隋书·礼仪志》,一引"《车服杂记》",一引"徐氏《舆服注》",隋讳"广",故称"徐氏"。史沿旧文。一引

"徐氏《杂注》",皆出此书。章氏偶遗之也。《通典》六十二、六十三、六十四、六十六并引徐广说,《书钞》卷五十连引徐广《衣服仪制》、徐广《车服仪制》两条。

晋卤簿图一卷

《隋书·礼仪志》曰:《晋氏卤簿》,御史轺车行中道。《太平御览·车部》引《晋中朝大驾卤簿》。《通典》六十六载"晋制大驾卤部"云云,几二千言。

范汪杂府州郡仪十卷

见《旧唐志》。

谢元内外书仪四卷

刘臻妻陈氏元日冬至进见仪

见《晋书·列女》本传。按《初学记》卷四,刘臻妻陈氏《进见仪》曰:正月七日上人胜于人。

晋丧葬令

《通典》九十九,《晋丧葬令》曰:长吏卒,官吏皆齐缞,以丧服理事。若代者至,皆除之。《文选》三十八,《注》引《晋令》曰:诸葬者不得作祠堂石兽。亦当是《丧葬令》也。

晋服制令

《初学记》卷十,《晋服制》曰:婕妤,银印青绶佩采《御览》作"朱"瑧玉。《御览》一百四十四引作"《晋服制令》"。《齐书·舆服志》云:《晋服制令》,冠,十三品。按:《官品》、《丧葬》、《服制》,皆《晋令》之分篇。今用章学诚裁篇之例,别著其目。

晋卤簿令

《太平御览·车部》屡引之。《书钞》一百三十引《卤簿叙》云:南郊大驾,公卿奉引群司百官,备千乘万骑。《御览》八百九十二称

"《晋中朝大驾卤簿》"。

裴宪三正东耕仪

《书钞》一百二十九,《赵书》云:裴宪撰《三正东耕仪》,中书令徐光奏请亲耕玫服疑有误。宜服青缫袴褶。《御览》八百二十二,《赵书》曰:东耕仪,直殿中监铺席于侍臣之南,北面,解匣出御耒,跽授黄门侍中。侍中释剑,擎跽,以颖授尊。太常赞曰,皇帝亲耕籍田,一推一反,三推三反。成礼,侍中跽取耒,以授侍郎,以授殿中监,监复韬匣。

刑法类

杜预律本二十一卷

《唐志》作"贾充、杜预《刑法律本》"。《晋书·预传》云:与贾充等定律令。既定,预为之注解,乃奏之。《书钞》四十五,杜预奏事云:被敕,以臣造新律事,律吏杜景、李复等造律句疑有误,皆未清本末之意者也。《唐六典》曰:晋氏受命,命贾充等增损汉、魏律,为二十篇,一《刑名》,二《法例》,三《盗律》,四《贼律》,五《诈伪》,六《请赇》,七《告劾》,八《捕律》,九《系讯》,十《断狱》,十一《杂律》,十二《户律》,十三《擅兴律》,十四《毁亡》,十五《卫宫》,十六《水火》,十七《厩律》,十八《关市》,十九《违制》,二十《诸侯》,凡一千五百三十条。《陈书·儒林·沈洙传》:舍人盛权议云,范泉今牒述《汉律》,云死罪及除名,罪证明白,考掠已至,而抵隐不服者,处当列上。杜预注云:处当,证验明白之状,列其抵隐之意。

杜预杂律七卷

张斐汉晋律序注一卷僮长。《晋书》作"明法掾"

《通典》一百六十四曰:明法掾张裴又注《律》表上之。"裴",

乃“斐”字之误。按各书所引，章宗源录之已详。然如《史记·孝文纪·索隐》，《汉律序》：文帝除肉刑，而宫不易。张裴注云，以淫乱人族类，故不易之也。《御览》六百四十二引张裴《律序》曰：徒加不过六，囚加不过五，罪已定为徒，未定为囚。累作不过十二岁、五岁徒犯一等加六岁，犯六等为十二岁作。累笞不过千二百。五岁徒加六等，笞之一千二百。按此条章氏录之不全，又无（洋）〔注〕，故补录。此皆明著“斐注”，而章氏遗之。《齐书·孔稚圭传》云：张斐、杜预同注一章，而生杀永殊。《一切经音义》卷十一，张斐《解晋律》云：小曰蝩，大曰蝗，蝩音丈凶反，又之容反。《晋朝杂事》曰：泰始四年岁在戊子正月二十日，《晋律》成。《御览》六百三十七。

张斐杂律解二十一卷

晋令四十卷

《书钞》四十五引杜预《律序》云：律者八，正罪名；令者八，序事制。二者相须为用者也。《唐六典》曰：晋命贾充等撰《令》四十篇，一、户，二、学，三、贡士，四、官品，五、吏员，六、俸廪，七、服制，八、祠，九、户调，十、佃，十一、复除，十二、关市，十三、捕亡，十四、狱官，十五、鞭杖，十六、医药疾病，十七、丧葬，十八、杂上，十九、杂中，二十、杂下，二十一、门下散骑中书，二十二、尚书，二十三、三台秘书，二十四、王公侯，二十五、军吏员，二十六、选吏，二十七、选将，二十八、选杂士，二十九、官卫，三十、十赎，三十一、军战，三十二、军水战，三十三至三十八皆军法，三十九、四十皆杂法。《永乐大典》一百四十二引《晋令》云：夷其民守护棕民者一身不输之。疑此书明初尚存。《史通·史官篇》曰：按《晋令》，著作郎掌起居集注，撰录诸言行勋（代）〔伐〕，旧载史籍者。《核才篇》曰：《晋令》云，国史之任，委之著作，每著作郎初至，必撰《名臣传》一人。

贾充等晋故事三十卷

按《隋志·刑法类》曰"汉萧何〔定〕《律》九章,其后渐更增益。晋初,贾充、杜预删而定之,有《律》、有《令》、有《故事》",而不著录此书。《旧事类》曰:"晋初,《甲令》九百馀卷。武帝命贾充博引群儒,删采其要,增《律》十篇;其余不足经远者为《法令》,施行制度者为《令》,品式章程者为《故事》。"然有"《晋故事》四十三卷",而不著撰人。盖此书至隋已佚矣。今据《唐六典》、《通典》,录存其目。

晋弹事十卷

《唐志》:九卷。

晋驳事四卷

晋杂制十六卷

《御览》二百二十,《晋制》曰:中书令铜印墨绶,进贤两梁冠,绛朝服,佩水苍玉,乘轺车。

晋刺史六条制一卷

晋百官敕戒

《文心雕龙·诏策篇》:晋武《敕戒》,备告百官,敕都督以兵要,戒州牧以董司,警郡守以恤隐,勒牙门以警卫,有训典焉。

沮渠蒙逊朝堂制

《沮渠蒙逊载记》:命征南姚艾、尚书左丞房晷,撰《朝堂制》。行之旬日,百僚振肃。

燕律

《慕容超载记》:超议复肉刑,乃下书境内,令博士以上参考旧事,依《吕刑》及汉、魏、晋《律令》,消息增损,议成《燕律》。

杂传类

挚虞注赵岐三辅决录七卷

《史通·补注篇》曰:若挚虞之《三辅决录》,陈寿之《季汉辅臣》,周处之《阳羡风土》,常璩之《华阳士女》,文言美词,列于章句;委曲叙事,存于细书。张澍二酉山房集本二卷。

海内先贤行状三卷

章宗源《考证》曰:《唐志》著题"李氏"。《世说·德行篇·注》引(苟)〔荀〕淑、钟皓、陈(犯)〔纪〕三事,称"《先贤行状》"。《化书》所引,亦多省"海内"二字。惟《御览·人事部》引王烈、戴良、徐孺子、仇览四事,称"《海内先贤行状》"。《职官部》引故宗正南阳刘奉先为督邮事,称"《汉魏先贤行状》"。余按:称"《汉魏先贤》",则晋人书也。《后汉书·钟皓传·注》称"《海内先贤传》"。《初学记》十一引,称"《先贤传行状》"。

范瑗交州先贤传三卷

《唐志》:四卷。

陈寿益部耆旧传十四卷《汉书·张骞传》亦引之

《隋志》题"陈长寿"。按:陈寿《魏名臣奏事》,《隋志·总集类》亦题"陈长寿",或承祚固有两名欤?《晋书》本传:寿撰《益部耆旧传》十篇。《华阳国志》曰:益部,自建武后,蜀郡郑伯邑太尉及汉中陈申伯、祝元灵、广汉王文表,皆作《巴蜀耆旧传》。陈寿以为不足经远,乃并巴汉,撰为《益部耆旧传》十篇。散骑常侍文立表呈其《传》,武帝善之。

益州耆旧杂传记二卷

见《唐志》。《蜀志注》,引作"益部"。

济北先贤传一卷

按《陶渊明集·圣〔贤〕群辅录下》引《济北英贤传》,当即此。

常宽续益部耆旧传二卷

《华阳国志》:常宽续陈寿《耆旧》,作《梁益篇》。《隋志》无撰人名氏。

诸国清贤传一卷

《隋志》列陈寿后、白褒前,盖晋人书也。《唐志》,"清"作"先"。

白褒鲁国先贤传二卷大司农。《艺文类聚》五十八引《鲁国先贤志》,记孔翊事

《唐志》:十四卷。《太平寰宇记·河南道》引作"白褒《鲁记》"。

张方楚国先贤传赞十二卷《初学记》十三引张方贤《鲁国先贤传》曰:古者先王日祭,月享,时类,岁祀。诸侯舍日,卿大夫舍月,庶人舍时。《御览》七百三十九引《楚国先贤传》,记石伟事

《旧唐志》题"杨方",误。《新唐志》无"赞"字。

江敞陈留人物志十五卷东晋剡令。《类聚》五十八引《陈留志》,记范乔事

《旧唐志》作"江微",《初学记·人部》亦引作"江微",《世说注》则作"江敞"。《元和姓纂》卷五曰:陈留耆旧,有王孙骨,治《三礼》,为博士。亦当出此书。

陈长文陈留耆旧传

《真诰·握真辅第一》:杨羲书云,陈长文撰《耆旧》,亦七十二人。陶宏景注云:此《陈留耆旧》也。按《隋志》有"陈英宗《陈留先贤像赞》",未知"英宗"即长文否。

习凿齿襄阳耆旧记五卷

《唐志》作"《耆旧传》"。《郡斋读书后志》一卷曰:《记》五卷,

前载襄阳人物，中载其山川城邑，后载其牧守，记录丛杂，非传体也。当从《隋志》。据张金吾《藏书志》，今存一卷。

广陵耆老传

《御览》八百六十七引此书：晋元帝时有老姥鬻茗事。

钟离岫会稽后贤传记二卷《方正门·注》引无"传"字

《通志·氏族略》曰：钟离岫，楚人。《世说注》屡引《会稽（贤后）〔后贤〕记》，当即此书。

虞（豫）〔预〕会稽典录二十四卷

本传：预著《会稽典录》二十篇。

贺氏会稽先贤传像赞四卷

见两《唐志》。《隋志》："《会稽先贤像赞》五卷"，不著撰人名氏。

留叔先东阳朝堂像赞一卷南平太守。按高似孙《史略》作"太山太守"

《唐志》作"画赞"。

陆胤广州先贤传七卷

见《旧唐志》。《通志·艺文略·三》：刘著[①]《广州先贤传》七卷、陆胤志《广州先贤传》一卷。章宗源曰："胤"名，《新唐志》作"胤志"。《初学记·人事部》引罗威事，称"陆徹《广州先贤传》"。"徹"与"胤"字以相似易讹。《御览·人事部》引终宠、徐徵二事，称"陆胤《广州先贤传》"。他所引多不著名。按《御览》四百九十九引刘欣期《交州记》，有陆胤平赵妪事。

长仲穀山阳先贤传山阳人

《元和姓纂》卷五：晋太宰参军长仲穀著《山阳先贤传》。按：长

---

① "刘著"，《廿五史补编》本作"刘芳"。

仲穀,无考。《姓纂》以“仲长统”为“长仲统”,此亦当是误倒。《隋志·别集类》有“《仲长敖集》”,疑即此人,“敖”、“穀”形近而讹。《旧唐志》有“仲长统《兖州山阳先贤赞》一卷”,《新唐志》无“兖州”二字。按:“仲长统”,“统”字亦误;疑即《姓纂》所称也。

熊默豫章旧志三卷会稽太守

章宗源曰:《续汉·郡国志·注》引新吴上蔡永修县江淮南昌县建城县葛乡昌邑城溉口四事,又匡俗事,以《世说·规箴篇·注》、《水经·庐江·注》所引为详。《后汉书·冯衍传·注》:周生丰为豫章太守,清约俭惠。《艺文类聚·祥瑞部》:太守孔竺,临郡三月,白雀出。南(宫)〔昌〕夏侯嵩临郡六年,白雀见女罗。《鸟部》:太守李仪临郡二年,白(鸟)〔乌〕见南昌。并《豫章旧志》。王象之《舆地碑记目》:一卷。

熊欣豫章旧志后撰一卷

王谟《豫章十代文献略》云:按谢《志》引《南昌耆旧记》载熊默而不载欣;白《志·经籍》载欣此书,作“《豫章旧志后撰》”,于义为长。

零陵先贤传一卷

《三国志注》、《水经注》、《艺文类聚》并引之。又,《书钞》一百十八引此书曹操攻柳城事,一百二十三引此书刘璋将怀杨事。

刘彧长沙耆旧传赞三卷临川王郎中

《旧唐志》作“刘成《旧邦赞》,误。《新唐志》:四卷。

贺氏会稽太守像赞二卷

见《新唐志》。《旧唐志》入“集部”。

高范荆州先贤传三卷

《北堂书钞》、《太平御览》诸书并引之。《艺文类聚》六十八引罗献事,云“泰始三年”,则晋人也。或作“《荆州先德传》”。

华隔广陵烈士传一卷

见《唐志》。

圣贤高士传赞三卷嵇康撰,周续之注

《唐志》作“《上古以来圣贤高士传》”。《通志·艺文略·三》云:《上古以来圣贤高士传赞》,周续之撰。《隋志》作“续之注”。

习凿齿逸人高士传八卷

见《唐志》。章宗源曰:《太平御览·礼仪部》:习凿《逸人高士传》曰,董威辇,不知何许人,忽见于洛阳白社中。按《书钞》八十七引此条,题“习凿齿《逸民传》”。

皇甫谧高士传六卷

《宋志》:十卷。今存本三卷。

皇甫谧逸士传一卷《魏志注》卷一引此书王儁事。《御览》三百八十、四百七十五

《三国志注》、《文选注》并引之。《世说·品藻门》、《排调门》并引《逸士传》,不著撰人。《御览》四百九十六引皇甫谧《达士传》,记缪裴事,恐是“逸士”之误。

张显逸民传七卷

《唐志》:三卷。《水经·颍水篇·注》引之。案《凉后主李歆传》有“从事中郎张显”,当即此人。

葛洪隐逸传十卷

本传。

孙盛逸人传

《初学记·人事部》引此书:丁兰刻木事。《御览》四百十四亦引之。“人”,疑当作“民”,唐人避讳改耳。

虞槃佐高士传二卷

《御览》卷五百十引此《传》:皇甫士安、朱冲、刘兆、伍朝、郭文举五条,皆晋时人。

束皙三魏人士传　七代通记

本传。

孙绰至人高士传赞二卷廷尉卿

皇甫谧玄晏春秋三卷

近人张澍有集本。

肖广济孝子传十五卷辅国将军

章宗源《考证》曰:《世说·德行篇·注》"王祥",《初学记·人事部》"闵损、邓展勤、殷恽、杜孝",《艺文类聚·人部》"妫皓",《产业部》"郭原平",《兽部》"肖固",《鸟部》"肖芝",《鳞介部》"陈元",《太平御览·地部》"三州人",《兵部》"魏阳",《人事部》"五郡孝子邢渠、隗通、辛缮、文让、申屠君、游宿、仓舒、王鸑、伏恭、朱百年、郭世道、何子平、施延",并引肖广济《孝子传》。陶方琦《汉孳室文钞·肖广济孝子传辑本叙》曰:余舂其逸文,共得数十。又从隋《玉烛宝典》得一则,唐释湛然《辅行记》(则)〔得〕二则,《白帖》得一则,尤为鲜见。惟《辅行记》引"三州人"一则,末有云"梁朝破,三人离",疑"梁"或作"漢"字,相似而误也。《御览》引"何子平"一则,有云"宋大明末","大明"乃宋武帝纪元,晋至大明末相间几十年,疑原书亦有后人增入矣。

虞槃佐孝子传一卷

见《唐志》。

戴逵竹林七贤论二卷太子中庶子

《圣贤群辅录》列"竹林七贤",云:袁宏、戴逵为之传,孙统又为之赞。

刘劭幼童传劭见《刘隗传》

《初学记·天部》引晋明帝事,《人事部》引夏侯恭事,并称“刘劭《幼童传》”。今《隋志》有“刘昭”书,无“刘劭”书,或徐氏误引,姑录存其目,俟考。

徐广孝子传三卷

见《唐志》。

项原列女后传十卷

《唐志》作“项宗”。《后汉书·列女传·注》引之。

皇甫谧列女后传六卷

《艺文类聚》三十五、《初学记》卷二十并引作“《列女后传》”,《魏志·庞淯传·注》、《曹爽传·注》并引作“《烈女传》”。《御览》四百八十二引谧《列女后传》卫义姬事。

綦毋邃列女传七卷《元和姓纂》云:江左有綦毋邃,为邵阳太守

裴骃《史记集解》两引之。

杜预女记十卷

《新唐(传)〔志〕》作“《列女记》”。本传作“《女记赞》”。按《集贤圣群辅录》引汝南太守李佽妻事,云“见杜元凯《女戒》”,当即此书。《太平御览》引四事,章氏《考证》已录之。

颍川枣氏文士传

宋邵思《姓解》引三条。按《类聚》二十五引《文士传》,记枣据嘲沙门于法龙事,疑亦出此书。

张隐文士传五十卷一作“张骘”

《崇文总目》尚著录“十卷”,云“终谢灵运”,似误。《玉海》引《中兴书目》,云“载六国文人,起楚芊原,终魏阮瑀”,较为得之。

《新唐志》作“张骘”。群书所引,或作“隐”,或作“骘”。《魏志·王粲传·注》讥骘“虚伪妄作,不可胜纪”。《宋志》著录“五卷”。

陶潜圣贤群辅录二卷

今存。

袁宏正始名士传三卷　竹林名士传三卷

《世说·赏誉门》曰:袁宏作《名士传》,直云王参军。或云赵家先犹有此本。

《世说·政事门·注》引《名士传》曰:王承,字安期。避乱渡江,元皇引为从事中郎。《文学门·注》,《名士传》曰:阮修,字宣子。好《老》、《易》,能言理,不喜见俗人。又曰:刘伶,字伯伦,沛郡人。肆意放荡,土木形骸。《方正门·注》,《名士传》曰:夏侯玄以乡党贵齿,不论德位,年长者必为拜。《雅量门·注》:王戎幼有神理之称。《识鉴门·注》,《名士传》曰:山涛,尝与卢钦言用兵本意。武帝闻之,曰,山少傅名言也。又曰:王夷甫推叹涛“晻晻与道合,深不可测”。《赏誉门·注》,《名士传》:阮咸任达不拘,及与之处,少嗜欲,哀乐过人。又曰:夷甫天形奇特,明秀若神。又曰:郭象为太傅主簿,任事用势,倾动一府。又曰:阮瞻夷任而少嗜欲,不修名行,自得于怀。又曰:庾敳虽居职任,从容博畅,寄通而已。又曰:敳不为辨析之谈,而举其旨要。《品藻门·注》,《名士传》曰:敳颓然渊放,莫有动其听者。《规箴门·注》,《名士传》曰:何晏有重名,与魏姻戚,内虽怀忧,而无复退。著五言诗以见志。《容止门·注》,《名士传》曰:裴楷病困,诏遣黄门郎王夷甫省之。《任诞篇》,《名士传》曰:阮籍丧亲,不率常礼。又曰:阮修性简任。《水经·清水·注》引袁彦伯《竹林七贤传》“嵇叔夜采药遇孙登”事。按《世说·方正门·注》,《名士传》曰:初,夏侯玄以钟毓志趣不同,不与之交。玄被收时,毓为廷尉,执玄手曰,“太初何至于此”? 玄正色曰,“虽复刑馀之人,不可得交”! 按:西晋人,时世相近,为晋魏世语,事多详核。孙盛之徒,皆采以著书,并云玄距“钟会”。而袁宏《名士传》最后出,不依前史,以为“钟毓”,所谓谬矣。据此,则《世说注》所引《名士郭颁传》,皆宏书也。本传作“《竹林名士传》三卷”,疑与正史“《名士传》”各是一书,俟考。

袁宏江左名士传

按:此所引,谓此尽出刘义庆书,俟考。

虞预诸虞传十二篇

本传。

王接烈女后传一作“列”

本传云“七十二人”。

王愆期烈女后传接子

本传。

綦毋邃烈女传注

案《永乐大典》二百六,《列女传》:晋平公使工人为弓,三年乃成,不穿一札。公怒,将杀工。其妻,繁人之女也,见公曰,妾之夫造此弓亦劳矣。干生泰山之阿,一日三睹阳、三睹阴,傅以燕牛之角,缠以荆麋之筋,糊以河鱼之胶。此四者,天下之选也。而不穿一札,是君不能射也;而反欲杀妾之夫,不亦谬乎! 妾闻射之道,左手如拒,右手如附枝;右手发之,左手不知。此射之道也。公以其言为仪,而穿七札。弓工得出,赐金三镒。綦毋遽按当作“邃”注曰:繁人,官名。札,铠札也。燕角善,楚筋细,河胶粘也。据此,则邃盖注《列女传》;明初犹存。《隋志》著录,或脱“注”字。按《御览》七百七十一引《列女传》赵简子夫人事,《注》:其毋遽曰,河水激扬,济之不易。“其毋遽”,亦“綦毋邃”之讹也。

荀勖大列女图　小列女图

见《历代名画记》。

本传。

顾恺之列女图

宋黄伯思《东观馀论》卷下云：顾长康画《列女图》，有蘧伯玉车形。阮元《文选楼丛书》有《影宋刻顾恺之画列女传》。《史通·杂述篇》有"赵（宋）〔采〕《忠臣传》"，未知是晋人否，俟考。

王廙列女仁智图见张彦远《历代名画记》卷五

戴逵列女仁智图

见宋郭若虚《图画见闻志》卷一。《东观馀论·跋仁智图》云：右《列女图》，自密康公母至赵将括母，凡十五图。考于刘向《传》，此乃画"仁智"一卷像也。按黄伯思不言"戴逵作"，当是别本。

乙部下三

管辰管辂别传三卷

按：辰仕至州主簿部从事，太康初物故。《魏志注》、《世说注》屡引之。

郄景兴东山僧传

陆明霞沙门传

张孝秀庐山僧传

朱君台征应传

唐释法琳《破邪论》卷下云：晋中书侍郎郄景兴撰《东山僧传》，中书令陆明霞撰《沙门传》，治中张孝秀撰《庐山僧传》，太原王廷秀撰《感应传》，吴兴朱君台撰《征应传》。

母邱俭记三卷

《魏志·明帝纪·注》,毌邱俭《志记》云:时以俭为宣王副也。

王弼别传

《世说·文学门·注》引《弼别传》云:弼之卒也,晋景帝嗟叹之。则晋人书也。

荀勖别传

《魏志·贾诩传·注》引之。

竺(治)〔法〕济高逸沙门传一卷

《历代三宝纪》卷八云:孝武帝世,剡东岇山沙门竺法济撰。《高僧·竺道潜传》云:法济幼有才藻,作《高逸沙门传》。

嵇喜嵇康传

见《魏志·王粲传·注》。

曹志别传

见《魏志·陈思王植传·注》。

潘尼别传

潘岳别传

《世说·容止门·注》。

卢谌别传

《魏志·卢毓传·注》。

谢鲲乐广传

夏侯湛辛宪英传

《魏志·辛毗传·注》,《世语》曰:毗女宪英,适太常泰山羊耽外孙。夏侯湛为其传。

何劭王弼传

见本传。《艺文类聚》七十四引之。又《世说·文学门·注》称

"《王弼别传》"。

孙惠别传

见《吴志·孙贲传·注》。

陆机顾谭传

《御览》卷三百八十九、卷五百并引《顾谭别传》。

陆机陆云别传

见《吴志·陆抗传·注》。《世说·赏誉门·注》引《陆云别传》,《御览》八百七十八引《陆机别传》,六百九十九亦引《陆机别传》。以上并见《三国志注》。

郄鉴别传

见《世说·德行门·注》。

王乂别传

《世说·德行门·注》。

王祥世家

见《世说·德行门·注释》,《祥世家》曰:祥父融,娶高平薛氏,生祥;继室以庐江朱氏,生览。

桓彝别传

《世说·德行门·注》,《御览》卷六十七。

王丞相别传

王导也。见《世说·德行门·注》。

阮光禄别传

见《世说·德行门·注》。又《栖逸门·注》称"《阮裕别传》"。

刘尹别传

见《世说·德行门·注》。又《品藻门·注》称"《刘惔别传》"。

范宣别传

《世说·德行门·注》。

王献之别传

见《世说·德行门·注》。

王恭别传

《世说·德行门·注》。

夏侯湛羊秉叙

《世说·言语门·注》引之,亦"别传"之属。

向秀别传

《世说·德行门·注》、《文学门·注》,《文选》卷二十一《注》,《御览》四百九,并引之。

卫玠别传

《世说·赏誉门·注》、《言语门·注》,《初学记》十九,并引之。

顾和别传

《世说·言语门、赏誉门·注》。

王含别传

《世说·言语门·注》。

孙放别传

《世说·言语门·注》、《夙惠门·注》,《书钞》一百三十八,并引之。

庾翼别传

《世说·言语门·注》。

桓温别传

《世说·言语门·注》、《政事门·注》、《识鉴门·注》。

顾凯之为其父传

《世说·言语门·注》。凯之父,名悦。

顾凯之别传

顾恺之家传

《世说·夙惠门·注》。

王长史别传

见《世说·言语门·注》。《类聚》四十八称"《王濛别传》"。

孝文王传

《世说·言语门·注》,《孝文王传》曰:王讳道子,简文皇帝第五子也。封会稽王,领司徒、扬州刺史,进太傅,为桓玄所害,赠丞相。

王中郎传

王坦之也。见《世说·言语门·注》。

郄超别传

《世说·言语门·注》。

王胡之别传

《世说·言语门·注》、《赏誉门·注》、《品藻门·注》。

王司徒传

王谧也。见《世说·言语门·注》。

钟雅别传

《世说·政事门·注》。

陆玩别传

《世说·政事门·注》、《规箴门·注》并引之。

江惇传

《世说·政事门·注》。

殷浩别传

《世说·文学门·注》、《政事门·注》并引之。

王珉别传

《世说·政事门·注》,《初学记》卷十一,《类聚》卷四十八,并引之。

王敦别传

《世说·文学门·注》、《御览》二百三十七并引之。

谢鲲别传

《世说·文学门·注》。

王述别传

《世说·文学门·注》、《方正门·注》、《简傲门·注》并引之。

谢元别传

《世说·文学门·注》。

左思别传

《世说·文学门·注》。

郭璞别传

《世说·文学门·注》、《术解门·注》。

诸葛恢别传

《世说·方正门·注》、《伤逝门·注》。

周颛别传

《世说·方正门·注》。

孔愉别传

《世说·品藻门·注》、《方正门·注》、《栖逸门·注》并引之。

蔡司徒别传

蔡谟也。见《世说·方正门·注》。

陶侃别传

《世说·方正门、识鉴门、贤媛门·注》并引之。

王彪之别传

《世说·方正门·注》。

罗府君别传

罗含也。见《世说·方正门·注》。又,《规箴门·注》称"《罗含别传》"。

祖约别传

《世说·雅量门·注》。

阮孚别传

《世说·雅量门·注》。

羊曼别传

《世说·雅量门·注》。

王劭别传

见《世说·容止门·注》。《御览》三百八十九亦引之。

王荟别传

见《世说·雅量门·注》。《御览》八百五十九:"《王荟别传》。"

石勒传

《世说·识鉴门·注》,《御览》四百九十六、八百二十二、八百三十二引之,并称"《石勒别传》"。

王彬别传

《世说·识鉴门·注》。

王舒传

《世说·识鉴门·注》。

王澄别传

《世说·赏誉门·注》。

王邃别传

《世说·赏誉门·注》。

卞壶别传

《世说·赏誉门·注》、《任诞门·注》并引之。

虞光禄传

虞騤也。见《世说·品藻门·注》。

郄愔别传

《世说·品藻门·注》。

陈逵别传

《世说·豪爽门·注》、《品藻门·注》。

贺循别传

《世说·规箴门·注》。

桓冲别传

《世说·夙惠门·注》。

桓豁别传

《世说·豪爽门·注》。

桓元别传

《世说·德行门·注》引两条,《文学门·注》引一条,《任诞门·注》引一条。《唐志》有"《桓元传》二卷"。

周处别传

《世说·容止门·注》。

贾充别传

《世说·惑溺门·注》。

王汝南别传

见《世说·贤媛门·注》。《御览》三百六十七称"《王湛别传》"。

谢车骑传

谢玄也。《世说·雅量门·注》。

郗昙别传

《世说·贤媛门·注》。

范汪别传

《世说·识鉴门·注》、《排调门·注》。

蔡充别传

《世说·品藻门·注》、《排调门·注》。

司马晞传

《世说·黜免门·注》。

王雅别传

《世说·谗险门·注》。

何劭荀粲别传

见劭本《传》。《魏志·荀彧传·注》引之。《世说·文学门·注》、《惑溺门·注》并引之,称"《荀粲别传》"。《书钞》一百引"何劭《荀粲传》"。

司马无忌别传

《世说·仇隙门·注》。

高座别传

《世说·德行门·注》,《赏誉门·注》引"《高座传》",《简傲门·注》引"《高座传》"。

夏仲御别传

《齐民要术》卷十引"《夏统别传注》",《御览》八百五十一亦引

"《夏统别传注》",是此书有注本也。《初学记》卷四、《书钞》一百三十九,《御览》五百八十一,并作"《夏仲御别传》"。

孟嘉别传

按《陶渊明集》有《孟嘉传》。《世说·言语门·注》、《识鉴门·注》,《初学记》卷四,《书钞》一百五十五,《御览》三百九十三、三百六十五,并引之,与渊明所撰略同。

孙登别传

《艺文类聚》卷十九,《御览》三百九十二、五百二。

王廙别传

《世说·豪爽门·注》、《仇隙门·注》,《北堂书钞》一百三十八。

许逊别传

《艺文类聚》卷二十一、《御览》四百二十四引之。

郭翻别传

《艺文类聚》卷二十一、《御览》四百二十四引之。

许迈别传

《晋书》本《传》云:王羲之撰《许迈传》。《类聚》卷八十,《御览》八百七十一、四百八十九。

曹毗曹肇传

《书钞》一百三云:曹毗作《曹肇传》。《御览》六百八十九亦引《曹肇传》。

王蕴别传

《艺文类聚》卷四十八引之。

王濛别传

《世说·言语门、赏誉门、伤逝门·注》,《初学记》卷十一,《书钞》五十七,《御览》二百二十,并引之。

张载别传

《书钞》卷九十八、卷一百,并引之。

张华别传

《初学记》卷十二,《北堂书钞》卷五十七,《太平御览》卷二百三十四、五百九十七,并引之。

裴楷别传

《北堂书钞》八十五,《御览》三百八十八。

荀采传

陈武别传

《类聚》卷十九,《御览》三百六十三、三百九十二、四百四十六、八百三十三,并引之。此陈武,乃石勒将;与《吴志》之"陈武",别是一人。

王威别传

《类聚》卷九十九,《王威别传》曰:时有白燕来翔,被令为赋。

傅宣别传

《初学记》卷十二。

梅陶自叙《史通 · 序传篇》云:杨雄已降,自叙始以夸尚(书)为宗。至魏文帝,傅元、梅陶、葛洪之徒,又逾于此。原书"梅陶"误"陶梅","逾"误"喻",今改正

《初学记》十二引之。《御览》六百四十九引之。

许肃别传

《初学记》卷十七,《许肃别传》曰:肃为愍帝侍中。帝送平阳。顷之,刘聪阴行鸩毒。帝因食,心闷,欲见肃。肃驰诣前,帝已不能语,执肃手,流涕。肃欷歔登床,帝遂殂于扶抱之中。昼夜号泣,哀

感异类。《御览》四百八十八引之尤详。《晋书》不为许肃立传，何以劝事君？盖失之矣。

荀勖家传

《初学记》卷十一，《荀彧当作“勖”家传》曰：勖为司空。文帝平蜀，议复五等，表魏朝。使公言礼仪，中护军贾充正法律，尚书裴秀议官制。公遂删定旧文，行正式，为一代之典。书成奏上，藏于秘府。

庾异行别传

《御览》八百二十四，引《庾异原误作“廙”行别传》。按《孝友·庾衮传》云：世号之为“异行”。

李劭别传

《初学记》十八，《李劭别传》曰：公居贫，而不好修产业，稻田三十亩、第宅一区。

袁宏山涛别传

《初学记》卷十八，《御览》四百九。

赵穆别传

《世说·赏鉴门·注》引《赵吴郡行状》。《初学记》卷二十，《北堂书钞》卷三十三。

庾亮别传

《书钞》五十七、六十九。

颜含别传

《书钞》五十八，《类聚》四十八，《御览》二百十九、三百八十九，并引之。

何劭荀粲传

见本《传》。《书钞》卷一百引之。

傅(威)〔咸〕别传

《书钞》六十六,《傅咸别传序》云:友人鲁仲叔,雅量宏济。又卷一百引《傅咸别传》云:咸少属文,不贵词人之赋。颍川庾纯,尝叹曰,傅长虞之意不可及也。

傅巽别传

《御览》三百二十二引之。

葛洪别传

《书钞》九十七。

杜祭酒别传

《书钞》一百三十四、一百三十六。《御览》一百五十七、三百八十五、七百七亦引之。祭酒杜夷也。《御览》一百五十七所引为桓宣武事,与杜夷无涉,似有误。

孙略别传

《书钞》一百三十四,《御览》七百七。

吴猛别传

欧阳建别传

《书钞》卷一百引之。

以上并见《北堂书钞》。

石虎别传

《御览》卷三十四。

雷焕别传

《书钞》一百二十二,《御览》三十七、三百四十三、四百六十七,并引之。

徐邈别传

《御览》三百八十五,《徐邈别传》曰:君讳邈,字仙民,东莞人。

岐嶷即惠聪悟，七岁涉学，诗赋成章。《御览》一百八十，《徐邈别传》曰：邈字仙民，举世谘承，传为定范。旧疑岁神在卯。此宅之左，即彼宅之右地，何得惧忌？邈以为太岁之属，自是游神，譬如日出之时向东背朔，非为定体。

羊祜别传

《御览》二百三十九、八百三十七。

桓石秀别传

《御览》二百五十五。

祖逖别传

《御览》二百五十八。

江祚别传

《御览》三百六十二。

江蕤别传

《御览》五百一十一、七百五十四。

傅元傅嘏别传

严可均《全晋文》曰：见《魏志·刘表传·注》，《书钞》七十六，又《魏志·傅嘏传·注》。据《世说·识鉴篇·注》，《书钞》六十，白、孔《六帖》七十六，《御览》四百四十七校。按：《御览》三百八十五亦引之。

何祯别传

《御览》三百八十五引之。《魏志·管宁传·注》引《文士传》曰：祯，字元干，庐陵人。入晋为尚书光禄大夫。

嵇绍赵至叙

《世说·言语门·注》引之。亦"别传"之属。

赵至别传

《御览》三百八十五。

谢安别传

《御览》三百八十。

王祥别传

《御览》四百九十六。

蔡克别传

《御览》八百十六引之。

潘京别传

《御览》六百八十八。

桓任别传

《御览》七百一。又七百七引作“《桓任传》”。

张芜别传

《御览》七百十二,《张芜别传》曰:芜小时,母谓其寒,且作袴。芜曰,且作襦,如熨斗著大柄亦热。以上并见《太平御览》。章宗源曰:“凡别传一百八十四家,隋、唐《志》皆不著录,无从考其卷数。诸书所见篇目,《御览》备汇其全,《初学记》等亦或互见,今从简略,故不重载。”今亦略用其例。

孙绰作孙登传

见《水经·清水篇·注》。

江逌阮籍序赞

见逌本传。疑亦“别传”之类,录之。

赵吴郡行状

赵穆也。见《世说·赏誉门·注》。

孙绰嵇中散传

《文选》卷二十一《注》引孙绰《嵇中散传》曰:嵇康作《养生论》,入洛,京师谓之“神人”。向子期难之,不得屈。

殷羡言行

《世说·政事门·注》、《品藻门·注》并引之。后世“言行录”昉此。

郭冲诸葛亮隐没五事一卷

见《唐志》。

傅畅自叙

《书钞》七十三,《御览》二百六十五、三百八十五、六百九十一、六百九十六,并引之。

傅咸自叙

《御览》卷十一引之。

晋氏后妃别传

《御览》一百四十九引之。

谢敷观世音应验传

《隋志》。颉《观音义疏》卷三上云:晋世谢敷作《观世音应验传》,齐陆杲又续之。

赵至自叙

《御览》三百六十六、三百六十八引之。

皇甫谧自序

《御览》七百三十九引之。

葛洪郭文传

庾阐郭文传

《隐逸·郭文传》曰:葛洪、庾阐并为作传,赞颂其美云。

袁准自叙

见《魏志·袁涣传·注》引《袁氏世纪》。

杜预自叙

《御览》四百三十一引之。

庾珉别传

《御览》四百十八,《庾岷别传》曰:岷,字子居,位列侍中。刘曜作乱,京都倾覆。岷时直在省,谓僚佐曰,吾必死此屋内。既天子蒙尘,岷与许遐等侍从。曜设会,使帝行酒。岷至帝前,乃慨然流涕。曜曰,此动人心。即时遇害。《晋书》附《庾峻传》,作"珉",字"子琚",记事亦小异。

王彪之自序

《御览》七百五十引之。

王丞相德音记

《世说·汰侈门·注》引之。

张鸿传

《御览》九百一十九引《张鸿传》曰:鸿为慕容晃黄门郎,甚宠爱之。颐下黄须三根长寸馀,乃遣出宫看鹅鸭。

地志类

郭璞山海经注二十三卷　山海经图赞二卷

今存。

山海经音义

郝懿行《山海经笺疏叙》云:郭注《南山经》,两引"灿曰";其注《南荒经》"昆吾之师",又引"音义"云云。是必郭以前音训注解人,惜其姓字爵里与时代俱湮,良可於邑。

张骏山海经图赞

《御览》九百三十七。九百三十九又引张骏《山海经飞鱼赞》。《初学记》卷二十九引之,作"《山海经图书赞》"。

郭璞注水经三卷

《通典》一百七十四云:《水经》,既顺帝时所撰,都不详悉;景纯注解,又甚疏略,亦多迂怪。

王演山记

《初学记》卷五,谢灵运《游名山志》曰:地肺山者,王演《山记》谓之"木榴山",一名"地肺"。

泰始郡国图

杜预《春秋释例》卷五曰:今所画图,本依官司空图;司空图,据泰始之初郡国为正。

裴秀禹贡地域图十八篇

见本传。案张彦远《名画记》卷三云:"裴秀《地形方丈图》一",是唐时犹存。

洛阳记四卷

无撰人名氏。章宗源《考证》得七条。如《水经·谷水·注》引《洛阳记》云:"千金竭,魏时所修",则晋人语也。

陆机洛阳记一卷

章宗源《考证》得六条。按《后汉书·鲍永传·注》引此书曰:上商里,在洛阳东北,本殷顽人所居,故曰"上商里宅"也。《御览》一百九十五,陆机《洛阳记》曰:宫门及城中大道,皆分作三。中央御道,两旁筑土墙,高四尺,馀外分之。唯公卿尚书章服过从中道;凡人皆行左右,左入右出。夹道种榆槐树。此三道四通五达也,此其所遗也。

洛阳宫殿簿一卷

《日本见在书目》尚有此书。

洛阳宫舍记

章宗源《考证》:《文选》《东都赋》、《耤田赋》《注》,《初学记·居处部》,并引《洛阳宫舍记》;《御览·珍宝部》引《洛阳宫殿记》。

洛阳故宫名

章宗源《考证》:《水经·谷水·注》,《文选》:《求为诸孙置守冢人·注》、《刘公干赠徐干诗·注》,《初学记·居处部》,《艺文类聚·居处部》,《太平御览·居处部》,并引《洛阳故宫名》。《续汉·礼仪志·注》称"《洛阳宫阁传》",《百官志·注》引《洛阳宫门名》。《后汉书·光武纪·注》,又《初学记·居处部》、《艺文类聚·居处部》,并引《洛阳宫殿名》。《后汉书·安帝纪·注》引《洛阳宫阁名》。余按:《世说·巧艺门·注》又引作"《洛阳宫殿书》"。

杨佺期洛阳图一卷《隋志》题"怀州刺史"。钱大昕《考异》曰:晋无怀州,当是"雍州"之讹

《新唐志》作"《洛城图》",《通志》从之。按章宗源《考证》:凡录各书所引,或称"《洛阳记》";或题"杨龙骧",则以佺期曾为龙骧将军也。又《文选》卷二十《注》引杨佺期《洛阳记》:东宫之北,曰玄圃园。《艺文类聚》六十四引杨龙骧《洛阳记》曰:显阳殿北,有避雷室;西,有御龙室。《太平御览》九百引杨龙骧《洛阳记》:"□□□□□□□□□□□□"①,则其所遗也。张彦远《名画记》云:杨佺期撰《洛阳图》,一名《杨宫图状》。《通志·图谱略》云:"臣见杨佺期《洛京图》",是此书南宋犹存。又云:"记有杨佺期《唐洛阳京城图》",则渔仲误也。

华延儁洛阳记

章宗源《考证》:《北堂书钞·乐部》,《初学记·桥部》,《后汉书·皇后纪·注》,《太平御览·服用部》,《寰宇记·河南道》,并

① 此十二字原刊皆作"□"。

引华延儁《洛阳记》。《御览》一百八十七、一百八十八、一百九十四,《居处部》亦引之,一百九十五称“华氏《洛阳记》”,六百九十九亦引之,一百七十九称“华延儁《洛中记》”。

戴延之洛阳记一卷

见《唐志》。

晋宫閤名

《初学记》、《艺文类聚》、《文选注》诸书多引之。《诗·豳风·疏》引作“《晋宫閤铭》”。

晋宫阙簿

《太平寰宇记·河南道》引此书云:宣武观,在大夏门内东北上。

河南郡县境界簿

《文选》《闲居赋·注》、《阮籍咏怀诗·注》、《宋孝武宣贵妃诔·注》并引之。《御览》一百九十六引《河南十二境簿》,当即此。

晋中州记

《水经·谷水篇》。

戴延之西征记二卷

按《隋志》既录此书,又有“戴祚《西征记》一卷”。章宗源《考证》云:《封氏闻见记》言,祚晋末从刘裕西征姚泓;《水经·洛水·注》言;延之从刘武王西征。是“祚”乃“延之”名,而以字行也。《隋志》重出;《唐志》惟有“戴祚”,无“延之”。《隋志》又有“《宋武北征记》一卷,戴氏撰”,亦当是祚所作,兹不录。

伏滔北征记

《御览》一百九十二引之,曰:梁国名,故宋国微子所封。城再重土城,梁孝王所筑。四十三,伏滔《北征记》曰:都梁山,有都梁香草,因以为名。五十三,伏滔《北征记》曰:博望城内,有成汤、伊尹、箕子冢,今皆为邱。《文选》卷二十六《注》,伏韬"韬"当作"滔"《北征记》曰:石头城,建康西界临江城也,是曰京师。卷三十《注》,伏滔《北征记》曰:黎阳,津名也。《类聚》卷九引之曰:广陵西一里,水名"公路浦"。袁术自九江东奔袁谭于下邳,由此浦渡,因名也。《初学记》卷八引之误作"侯滔"曰:下邳城,韩信所都也。中城,吕布所守,南临白楼门。《御览》九百九,伏滔《北征记》曰:皇天坞北,古时陶穴。晋时有人逐狐入穴,行十馀里,得书三千卷。六百十八亦引此条,作"二千馀卷"①。又曰:河冰厚数丈,冰始合,车马未过,须狐先行。此物善听,听水无声乃过。一百八十七,伏滔《北征记》曰:广陵,吴王濞所都大城。得柏柱三,皆柏心,盖吴濞门柱也。一百七十五,伏滔《北征记》曰:梁城东,有韩冯墓。去城二里东兰殿,是宋王住殿。

周处风土记三卷平西将军

《左传》宣十二年《正义》,周处《风土记》:鲸鲵,海中大鱼也。俗说出入穴,即为潮水。新、旧唐《志》俱"十卷"。《史通·补注篇》云:"周处《阳羡风土》",又云"委曲叙事,存于细书"。今各书所引,有自注,章宗源《考证》甚详。严可均有集本一卷,得二百三十馀事。姚鼐《江宁府志》卷五十五云:此书,昔人谓专记阳羡风土。然如辨吴越历山之见《水经注·河水下》,记洞庭地脉之见《编珠》卷一,按:《编珠》伪书,不足据。皆概言吴越风土,非专志阳羡也。

京兆旧事

《集圣贤群辅录》引之。

① "六百十八亦引此条,作'二千馀卷'",此十三字,原刊在上文"御览九百九伏滔北征记曰……"之"御览"二字下,今据意改移于此处。

皇甫谧地书

《北史·崔廓传》:子赜,大业四年从驾往太山。诏问赜,"何处有羊肠坂?"赜曰,"臣按皇甫士安《地书》,太原北九十里有羊肠坂"。

顾夷吴郡记一卷

按《隋志》复出"顾夷《吴郡记》二卷"。又按《后汉书·楚王英传·注》引顾夷《吴地记》,《续汉志·吴郡·注》、《史记·始皇本纪高祖本纪·集解》并引顾夷说。

顾长生三吴土地记

宋王象之《舆地碑记目》云:《三吴土地记》,顾长生作。按《太平寰宇记》卷九十四引之。

张勃吴地记一卷

见《唐志》。按《宋书·州郡志》:新城,《晋太康地志》无。张勃云"晋末立",疑是太康末立,寻复省也。《志》又两引《吴记》,当出此书。又《文选》卷二十八《陆机吴趋行·注》引张勃《吴录》云:八族,陈、柏、吕、窦、公孙、司马、徐、傅也;四姓,朱、张、顾、陆也。《太平御览》四百六十七引张勃《吴录》"湛庐之剑夜飞去楚"事,陆广微《吴地记》引张勃《吴录》"五湖者,太湖之别名"。此等皆不甚关孙氏事,疑并出此书矣。

扬州记

《世说·言语门·注》,《扬州记》曰:冶城,吴时鼓铸之所。吴平,犹不废,王茂宏所治也。

刘芳徐地录一卷

见《唐志》。章宗源《考证》曰:《北堂书钞·艺文部》"徐州有秦始皇碑",《地理部》"延陵县南有茅君山",《寰宇记·河南地》

“合乡故城,古之互乡”,又云“后汉承宫躬稼于蒙山”,并引刘芳《徐州记》。

荀绰九州记

案《魏志·袁涣传·注》:涣子准,荀绰《九州记》称“准有隽才”。核以群书所引,实《兖州记》之文。疑晋宋时止传兖、冀二州《记》,馀七州绝无可征引者矣。

荀绰兖州记

章宗源《考证》曰:《世说·文学篇·注》引此书云:“袁准有俊才,太始中位给事中”。《北堂书钞·设官部》、《艺文类聚·职官部》、《御览·职官部》所引并同。余按《魏志·杜畿传·注》、《钟会传·注》,《世说·品藻门·注》,《初学记》卷十二,并引此书,章氏偶未检也。

荀绰冀州记

《魏志·陈思王植传·注》、《崔琰传·注》、《裴潜传·注》、《牵招传·注》、《夏侯尚传·注》,《世说·德行门·注》、《言语门·注》、《品藻门·注》,《文选·沈休文奏弹王源·注》,《御览》卷二百四十七,并引此书。又,《世说·言语门·注》引《冀州记》曰:裴頠宏济有清识,稽古善言名理,履行高整。自少知名,历侍中尚书左仆射,为赵王伦所害。此条不称撰人。

乔潭冀州记

《书钞》六十五,乔潭《冀州记》云:裴康字仲预,楷字叔则,并为名士,至太子卫率。按《御览》二百四十七引荀绰《冀州记》与此文同,然乔潭字与荀绰字不近,不得致误。今仍别存其目。

裴秀冀州记

《史记·封禅书·索隐》,顾野王按裴秀《冀州记》曰:缑山仙人庙者,昔有王乔,犍为武阳人,为柏人令。于此得仙。非王子乔也。

贺循会稽记一卷

《御览》四十七“石箕山”条引贺循《记》。

庾仲雍荆州记

范汪荆州记

《初学记》、《类聚》、《御览》诸书多引之。或作“荆《州记》”，盖涉“汪”字而误。《书钞》一百六引茂汪《州记》云：舜葬九疑，民俗始作《韶》歌。孔校云：疑是《荆州记》。

谯周益州记

《文选·蜀都赋·注》引之。按《寰宇记》、《太平御览》有引“杜预《益州记》”者，皆“任预”之讹，今不取。

谯周三巴记一卷

章宗源《考证》曰：《玉篇·巴部》：阆白水东南绕如“巴”字。《类聚·乐部》：阆中有渝水，賨民锐气善舞，高祖使乐人习之，故乐府中有《巴渝舞》。《御览·人事部》、《礼仪部》并引巴国将军曼子事。俱见谯周《三巴记》。《续汉·郡国志·注》引有“《巴汉志》”。余按《续汉志·注》引谯周《巴记》曰：初平六年，赵颖分巴为二郡，欲得巴旧名，故郡以垫江为治。汉以下为永宁郡。建安六年，刘绰分巴，以永宁为巴东郡，以垫江为巴西郡。其馀引《巴汉志》八条，《巴记》四条，皆不著名，盖《巴汉志》非谯周书也。

盖泓珠崖传一卷伪燕聘晋使

《初学记》卷八引《珠崖传》。

王范交广二州记一卷

见《唐志》。疑即《交广二州春秋》之残帙也。

刘欣期交州记

近人南海曾钊集此书二卷，刻入《岭南遗书》。《左传》宣二年

《正义》引作“刘歆期”。

黄恭交广记

恭,见《广州人物传》。按《艺文类聚·地部》引“苗恭《交广记》”,“苗”、“黄”形近而讹。《太平御览·州郡部》引作“黄恭”,不误。又二百六十五《职官部》引“黄义仲《交广二州记》”,“义仲”,盖恭字也。《御览》四百四十引黄恭《广南记》,一百五十七引黄恭《交广记》。《书钞》七十二引黄恭《交州记》。《御览》三百九十一亦引黄义仲记交广,与二百六十五同,记尹牙事。

裴渊广州记二卷《左传》宣十二年《正义》引之

阮元《广东通志》云:黄《志》作“二卷”,不著年代。谨案郦道元《泿水注》已引之,则渊盖晋人也。今案贾思勰《齐民要术》卷十亦引之。近人曾钊有集本。

裴渊海东记

《北堂书钞》一百三十六,裴渊《海东记》曰:俚獠贵铜,铸铜大鼓。东海豪富子女以金银为大钗,执以叩铜鼓,叩竟,留遗主人,号之曰“铜鼓钗”。《御览》十八引此,作“《广州记》”。今仍据《书钞》,分列其目。《书钞》七十九、一百五十七,又引裴渊《南海记》。

俞益期交州笺豫章人

《水经注》屡引之。《类聚》八十七《果部》引俞益期《笺》。《北堂书钞》一百十九称“喻益期《笺》”。《御览》八百三十九、一百八十七引俞益期《笺》,七百七十一称“俞益期《与韩豫章笺》。戴凯之《竹谱注》引俞益期《与韩康伯书》。《豫章书》分“《书》”与“《笺》”为二,似误。《续谈助》卷四引俞(期益)〔益期〕《交州笺》,云:俞益期,交州人,与韩康伯送至交州云云。

邓中岳交州记三卷《豫章古今记》云:豫章人

王谟《豫章十代文献略》云：案《通志》引《豫章书》作“中缶”，别无可考。疑亦流寓交州者也。

王隐交广记

《吴志·吕岱传·注》引之。疑是“王范”之误，录以备考。

陆翙邺中记三卷

今存一卷。

三辅故事二卷

《隋志》称“晋世撰”。张澍二酉山房有集本。

潘岳关中记一卷

见《旧唐志》。《水经·渭水·注》，《文选》卷二十二、二十七《注》，并引之。《真诰·握真辅第一》录此书十条。《初学记》卷三，潘岳《关中记》曰：桂宫，一名甘泉。又作近风观、寒露台以避暑。卷七，潘岳《关中记》曰：昆明，汉武习水战也。中有灵沼神池，云尧时理水讫，停舟此池。又曰：汉武作昆明池。人钓鱼，纶绝而去，荐于帝，求去其钩。《御览》五十七引三则。

挚虞畿服经一百七十卷

《隋志》云：挚虞依《禹贡》、《周官》作《畿服经》，其州郡及县分野、封略、事业、国邑、山陵、水泉、乡亭、城郭、道里、土田、民物、风俗、先贤、旧好，按：疑是“旧姓”之误。靡不具悉，凡一百七十卷。

阮籍宜阳记

《御览》四十二引此书，曰：金山之竹，堪为笙管。

葛洪关中记一卷

见《宋志》。《书录解题》云：所载殊简略。《玉海》引《中兴书目》曰：《关中记》一卷，晋葛洪撰，载长安山川及宫殿陵庙。

晏谟齐地记二卷

见《唐志》。章宗源《考证》曰:《水经·济水·注》、《元和郡县志·河南道》并引晏谟《齐记》,《寰宇记》亦多引之。《晋书·慕容德载记》:德如齐城,望晏婴冢,曰:"平仲死葬近城,岂有意?"青州刺史晏谟对曰:"臣先人俭以矫世,岂择地而葬乎!"德问谟以齐之山川邱陵、贤哲旧事,谟历对详辩,画地成图。德深嘉之。《御览》四十二作"晏谋",误。

伏琛齐记

《水经·济水·注》引之。《初学记》卷二引作"伏琛《齐地记》"。又《水经·河水篇·注》云:又东径千乘城北,伏琛之所谓"千乘北城"者也。是伏琛亦可称"伏琛之"。《御览》一百七十七引伏滔《地记》,述琅邪台秦碑事,疑是"伏琛《齐地记》"之误,今不录。一百五十七、二百九十四称"伏琛《齐地记》"。卷四十二引伏琛《齐记》。五十六、七十一:伏琛《齐地记》。

顾徽广州记

《御览》、《类聚》诸书多引之。《唐书·宰相世系表》:顾荣,晋司空;弟徽,侍中,又居监官。

常宽蜀志一卷东京武平太守

袁休明巴蜀记

《水经·若水·注》引此书,曰:堂琅县西,高山嵯峨,岭石磊落,倾侧萦回,下临峭壑。行者攀缘,牵援绳索。三蜀之人及南中诸郡,以为至险。

张华注东方朔神异经一卷

《新唐志》:"二卷。"今存。

李彤圣贤冢墓记一卷

《类聚》八十八,《圣贤冢墓记》曰:东平思王归国,思京师,后薨葬东平。其冢上松柏皆西靡。《后汉书·张衡传·注》,《圣贤冢墓记》曰:冯夷者,宏农华阴潼乡隄首里人。服八石,得水仙,为河伯。《御览》一百八十八,《圣贤冢墓记》曰:东平思王奢靡。及死,生葬所幸奴婢,着铜窗内,令守冢。

太康三年地记五卷

见《旧唐志》。《新唐志》:六卷。《宋书·州郡志》:始宁,《晋太康三年地志》有。《魏志·陈群传·注》云:案《晋太康三年地记》,晋户有三百三十七万。《吴志·孙皓传·注》:《太康三年地记》曰,吴有太初宫,方三百丈,权所起也。昭明宫,方五百丈,皓所作也。馀书多引作"《太康地记》",或作"《太康地(记)〔志〕》"。近人毕沅有集本。

太康土地记十卷

见《新唐志》。

太康三年州郡县名五卷

太康郡国志

《通典》卷五十四引《太康郡国志》三条,载秦汉事甚详。与《太康地记》当别是一书。

元康三年地记六卷

《艺文类聚》卷六,《元康地记》曰:荆州,于古蛮服之地也。秦灭楚,置郡县。汉武分为交州。至魏晋,而荆州所部郡国二十。

元康六年户口簿记三卷

《宋书·州郡志》云:以太康、元康定户。

元康六年地记三卷

晋中州记

《水经·榖水·注》,《晋中州记》曰:惠帝为太子,出闻虾蟆声,问人,为是官、是私?侍官贾充对曰,在官地为官虾蟆,在私地为私虾蟆。令曰,若官虾蟆,可给廪。

永宁地志

《宋书·州郡志》,董览《吴地志》云:晋分永世,《太康、永宁地志》并无,疑是江左立。

罗含湘中山水记三卷

见《宋史·艺文志》。《崇文总目》云:《湘中山水记》三卷,罗含撰,卢拯注。《书录解题》云:其书颇及隋唐以后事。则亦后人附益也。《史通·核才篇》曰:罗含、谢客,宛为歌颂之文。

庾仲雍湘中记

《艺文类聚·山部》引此书,曰:桂阳郴县东北,有马岭山,苏耽所栖游处,因而得仙。后见耽乘白马还此山,因名马岭。

庾仲雍湘洲记二卷

章宗源《考证》曰:《初学记·天部》"零陵山有石燕",《地理部》"应阳县蔡子池南有石臼,云是蔡伦舂纸石",并引庾仲雍《湘洲记》。《御览·地部》:君山,昔秦皇欲入湘观衡山,遇风浪,至此山而免。此称"庾穆之《湘洲记》"。

庾仲雍汉水记五卷

《水经·漾水·注》:庾仲雍又言,汉水自武遂川南,入蔓葛谷,越野牛径,至关城,合西汉水。

袁山松宜都山川记

《水经注》、《艺文类聚》、《初学记》诸书并引之。或省"山川"字。

羊头山记

《御览》一百七十六引三条,记汉石经、石虎圣寿堂、原城万岁楼三事。疑晋人书也。

杜预汝南记

章宗源曰:《初学记·人事部》,李充妻谓充分异独居、充告母叱遣事,引杜预《汝南记》。《御览·人事部》同。《后汉书·应奉传·注》,华仲妻,本汝南邓元义前妻,更嫁华仲事,此称"《汝南记》",不著撰名。

三齐略记

《水经·河水·注》、《濡水·注》并引之。当是晋人书。《艺文类聚》卷六引此书"始皇作石桥,有神人驱石"事,《初学记·地理部》、《御览·天部》所引并同。《御览》二十九引此书"沛公避项羽入免井"事。又卷四十二引此书曰:郑元刊注《诗》《书》,栖黉山。今山有古井不竭,犹生细草,叶形似韭,俗称"郑公书带"。

黄义仲十二州记

《水经·河水·注》两引之。《艺文类聚》卷六引"苗恭《十四州记》",即此书也;与《水经》所引,词亦略同。《御览》一百五十七引黄恭《十四州记》三条。

释道安四海百川水源记一卷

葛洪幕阜山记一卷

《太平寰宇记》一百六:分宁县幕阜山,在县西二百九十里,晋葛洪著《山记》一卷。《书录解题》云:《幕阜山记》一卷,葛洪撰;其山在豫章。

庾仲雍江记五卷

章宗源曰:《水经·江水·注》引庾仲雍《江水记》。《文选·殷仲文南州桓公九井诗·注》、《鲍明远还都道中诗·注》,题"庾仲雍《江图》"。

葛洪潮说

姚宽《西溪丛话》云：旧于会稽得一石碑，论海潮，不知谁氏。云，观古今诸家海潮之说者多矣，或谓"天河激涌"，注云"葛洪《潮说》"。据此，则洪以潮为天河所激，与卢肇诸家之说不同，于理未当。今姑录其目。

王羲之游四郡记

《类聚》八十八引此书，曰：永宁县界海中，有松门，西岸及屿上皆生松，故名松门。

乐资九州志

章宗源《考证》曰：《水经·沔水·注》"盐官县有秦延山"，引乐资《九州志》；《江水·注》"鄂，今武昌也"，称"《九州记》"。《史记·外戚世家·集解》同引。《御览》、《寰宇记》多引《九州要记》。

释道安西域志一卷

见梁僧祐《出三藏集记》卷五。《三宝记》、《开元释教录》等书并载之。《艺文类聚》卷七十六引之。《太平御览》七百九十七引六条。又案《水经注》引释氏《西域记》甚多，盖亦出此书。《御览》九百十一，《西域诸国志》曰：有鼠王国，鼠著金环。沙门过，不咒愿，辄害人衣器。《异苑》云：释道安昔至西方，适见此俗。

法盛历诸国传

《通典》一百九十一云：诸家纂西域事，皆多引诸僧游历传记，如法明案：即法显《游天竺记》、支僧载《外国事》、法盛《历诸国传》、道安《西域志》。唯《佛国记》、昙勇《外国传》、智猛《外国传》、支昙谛《乌山铭》、翻经法师《外国传》之类，皆盛论释氏诡异奇迹，参以他书则纰缪。

支僧载外国事

《水经·河水篇·注》,《类聚》七十三、七十六,《书钞》一百三十二,《御览》七百一,并引之。又《御览》七百九十七引十三条。三百六十九引《外国事》曰"大拳当作"秦"国人猨臂长胁",亦当出此书。

外国图

《水经·河水·注》引《外国图》云:徒大晋国正西七万里,得昆仑之墟,诸仙居之。则晋人书也。《御览》七百九十七引四条。

外国事

《河水·注》又引《外国事》云:据者三,晋言十里也。据此,亦晋人书。

括地图

《裴秀传》:今秘书既无古之地图,又无萧何所得,惟有汉氏舆地及《括地》诸杂图,皆不精审,不可依据;或荒外迂诞之言,不合事实。今案《水经·河水·注》所引"冯夷恒乘云车、驾二龙",《史记·大宛传·索隐》所引"昆仑弱水,非乘龙不至"之类,皆近"荒外迂诞之言",季彦所见,盖即此书。因晋以前典籍,故录存其目。

释法显佛国记一卷

今存。

释法显游天竺记

《水经·河水·注》、《后汉书·南蛮传·注》并引之。《初学记》二十九引"法显《佛游本记》",当即此书。

袁宏罗浮山记

《元和郡县志》卷三十四云:博罗县罗浮山,在县西北二十八里。罗山之西,有浮山,盖蓬莱之一阜,浮海而至,与罗山并体,故曰"罗浮"。高三百六十丈,周回三百二十七里。峻天之峰,四百三十有二焉。事具袁彦伯《记》。《晋书·艺术·单道开传》:袁宏为南海太守,与弟颖叔及沙门支法防共登罗浮山。《艺文类聚》卷七引作"袁彦伯《罗浮山疏》"。《御览》七百五十九,袁彦伯《罗山疏》曰:善道开户在石室北壁下,形体朽坏,止有白骨。在昔成都识此道士,闻之使人恻然。其业行殊异,当蝉蜕解骨耳。石室中先有瓯盛香,得便扫除烧香。

伏滔游庐山序

《类聚》卷七,伏滔《游庐山序》曰:庐山者,江阳之名岳。其大形也,背岷流,面彭蠡,蟠根所据,亘数百里。重岭桀嶂,仰插云日,俯瞰川湖之流焉。陈舜俞《庐山记》亦引之。

王彪之庐山记

《书钞》一百五十八,王彪之《庐山记》曰:若乃飘飖高崖,迢递峻峰,箕风吐穴而蓬勃,晕云出岫而郁蓊。

释慧远庐山记一卷

群书所引,称"《庐山记》"。今存。本名《庐山纪略》。《御览》四十一又引"远法师《游山记》"。

刘遗民庐山记

《书钞》一百五十一引刘遗民《庐山记》云:白气映岭下。

张野庐山记

《艺文类聚》卷七,张野《庐山记》曰:庐山天将雨,则有白云,或冠峰岫,或亘中岭,俗谓之"山带",不出三日,必雨。《御览》四十一亦引之。陈舜俞《庐山记》卷一引之。按《陶潜传》有"乡亲张野",即其人。《世说·文学门·注》引张野《远法师铭》。《永乐大典》六千三百三十九引《江州志》曰:张野,字莱民,诠族也。徙家柴桑,与陶潜通姻。学兼华、竺。州举秀才,南中郎、府功曹、州治中,后征散骑常侍,卒不就。躬耕乐道,号“东皋春农”。入惠远莲社。远之葬,谢灵运作《铭》,野序焉。年六十九卒。有《庐山记》行于世。

袁山松勾将山记

章宗源曰:《寰宇记·山南东道》:登勾将山北,见高筐山,嶷然半天。《御览·地部》卷四十九:尧时大水,此山不没如筐,因名焉。并引袁山松《勾将山记》。余按《御览》四十九又引此《记》,叙勾将山特详,章氏未检。又《初学记》卷八,《勾将山记》曰:县去四十里,别从狼尾滩下南崖。不题“袁山松”名。

支遁天台山铭序

《文选·游天台山赋·注》引之。

王珣虎邱记

《类聚》卷八,王珣《虎邱记》曰:山大势,四面周岭,南则是山径,两面壁立,交林上合,谿路下通,升降窈窕,亦不卒至。又《虎邱山铭》曰:晋司徒东亭献公王珣撰,曰虎邱山先名“海涌山”。

顾恺之虎邱山序

《类聚》卷八,晋顾恺之《虎邱山序》曰:吴城西北,有虎邱山者,(合莫)〔含真〕藏古,体虚穷玄,隐嶙陵堆之中,望形不出常阜,至乃岊甥,绝于华峰。《御览》四十六引首二语。

竺法真登罗山疏

《类聚·山部、果部》,《御览·香部、竹部》,并引之。

傅玄华岳铭序

《类聚》卷七引之。

张曜中山记

章宗源曰:《水经·滱水·注》多引《中山记》。其言“城中有山,故曰中山”,《通典·州郡门·注》取之。《御览》一百六十一

《州郡部》、《寰宇记·河北道》并称"张曜《中山记》"。

林邑国记一卷

《文选注》、《艺文类聚》诸书多引之。每记范文事，盖晋人书也。

南中八郡志

《书钞》、《御览》屡引之。案《御览》八百十三，《南中八郡志》曰：云南旧有银窟数十，刘禅时，岁常纳贡。亡破以来，时往探取，银化为铜，不复中用。详其文义，当是晋人作也。《御览》九百二十四引作"《南中八郡异物志》"。

薛莹荆扬已南异物志

章宗源曰：《文选·吴都赋·注》"馀甘如梅李，核有刺。初食之味苦，后口中更甘"，《御览·果子》"棎子树产山中，实似李，冬熟，味酸。丹阳诸郡育之"，并引薛莹《荆扬已南异物志》。

魏完南中志

《文选·蜀都赋·刘渊林注》云："貊兽，毛黑，白臆，似熊而小。以舌舐铁，须臾便数十斤。出建宁郡也"；"有神鹿两头，主食毒草，名之'食毒鹿'，出云南郡"。此二事，魏完《南中志》所记也。

续咸异物志十卷

《文苑》本传。

束皙发蒙记一卷载物产之异

章宗源曰：《隋志·经部·小学类》有"束皙《发蒙记》一卷"，此疑重出；然《注》特言记"物产之异"，或名同而书殊也。《史记·匈奴传·索隐》"駃騠刳其母腹而生"，《殷本纪·正义》"鳖三足曰熊"，《初学记·兽部》"西域有火鼠之布，东海有不灰之木"，《御览·兵部》"师子五色，而食虎于巨木之岫，一噬则百人仆，惟畏钩戟”,卷八十四,并引《发蒙记》。此类与诸《异物志》相仿,故亦入“地理类”。余按耶律铸《双溪醉隐集·花史序释·自注》引束皙《发蒙记》曰,“甘枣令人不惑”,是此书元时尚存。又按《初学记》卷八引《发蒙记》“侯官谢端得一大螺,中有美女,云‘我天汉中白水李女,令为卿妻’”,此类则近小说矣。

谯周异物志

《文选·蜀都赋·注》引之。

凉州异物志二卷

按《初学记》卷二亦引之。《凉州异物志》曰:有一大人生于北边,原注:在丁零北千五百里。偃卧于野,其高如山;顿脚成谷,横身塞川。原注:长万馀里,顿脚之间乃是大谷。近之有灾,铜雹击旃;原注:旃,□之也。唯可遥看,不可到下;到下,则雷霆流铜铁之丸以击人。《寰宇记·陇右道》引“龙勒山贰师将军祠”、又“葱岭水东流为河源”二事。《水经·河水·注》作“《凉土异物志》”。近人张澍有集本,云疑即宋膺作。“铜雹击旃”以下,出《初学记》。

巴蜀异物志

《汉书·贾谊传·注》、《文选·鹏赋·注》并引:晋灼曰,《巴蜀异物志》曰有鸟小如鸡,体有文色,土俗因形名之曰“鹏”,不能远飞,行不出域。

张须无九江图一卷

《隋志》有“张氏《江图》一卷”,盖即此书。张彦远《历代名画记》三云:《图》三,刘氏;又一,张氏。

《豫章十代文献略》云:《宋书·胡蕃传》有“张须无”,不详何许人。《南史·张孝秀传》云,曾祖须无,南阳宛人,徙居寻阳,世为江州别驾从事;所撰《九江图》,罗泌《路史》引之。《史记正义》“九江”,孔殷《注》引“张镇《九江图》”,疑即此书。

张僧鉴寻阳记二卷据《豫章十代文献录》引《豫章书》题“二卷”

见《新唐志》。《说郛》中有此书。按:《江图》、《寻阳记》,《初学记》、《世说新语注》多引之。《永乐大典》卷六千三百三十九引《江州志》云:张僧监,南阳人。父须无,徙寻阳,世为州别驾从事。僧监善属文。先是须无尝作《九江图》,具载八州曲折成江者九。僧监因之,遂作《寻阳记》。后又有张密者,不知何许人,亦著《九江新旧录》;或曰其裔也。《尚书·禹贡·正义》引“张须元《缘江图》”,“元”,盖“无”字之误。

张元之吴兴山墟名一卷

叶梦得《玉硐杂书》曰:张玄之,晋吴兴太守,尝为《吴兴山墟名》一卷。其记卞山云,峻极,非清秋爽月不见其顶。叶文见陶九成《游志续编》。

戴勃九州名山图勃,逵长子,见《逵传》

见《历代名画记》。

徐灵期南岳记

章宗源《考证》曰:《艺文类聚·居处部、服饰部》,《太平御览·地部》卷三十九,并引徐灵期《南岳记》。廷式案《通典》一百三称“东晋徐灵期问张凭”,即此人。

张氏土地记

郭璞《注山海经·海内南经》引之。

西河旧事一卷

见《唐志》。张澍《二酉山房》有集本。

朱应扶南异物志一卷

章宗源曰:《通典·边防门·注》、《史记·大宛传·正义》并称

"宋膺《异物志》",省"扶南"二字,"朱"作"宋","应"作"膺",未知孰是。余案《梁书·文学·刘杳传》曰:沈约云:"何承天纂文奇博,其书载长颈王事,何出?"杳曰:"长颈是毗骞王,朱建安《扶南以南记》云古来至今不死。"据此,则作"宋"者非是;且云"扶南以南",故所记有大秦、大宛事矣。又《诸夷·扶南传》云:吴时遣中郎康泰、宣化从事朱应,使于寻国;国人犹裸。泰、应谓曰国中实佳,但人亵露可怪耳。知应是吴时人,今附存其目。

杨元凤撰置桂阳郡事

《梁书·刘杳传》:杳云,桂阳有千里酒,饮之至家而醉。任昉曰,吾实不忆此。杳云,出杨元凤所撰《置郡事》;元凤是魏代人;此书仍载其赋云"三重五品,商豁擦里"。即检杨记,言皆不差。案侯君模《补三国艺文志》未载此书,故特补之。

殷斌石室记

《书钞》一百五十八引此书。

谱系类

挚虞族姓昭穆记十卷

《隋志》云:《族姓昭穆记》,晋乱已亡。《史通·书志篇》曰:晋有挚虞《姓族记》。

贾弼十八州士族谱七百十二卷

《南史·王宏传》:晋太元中,平阳贾弼笃好簿状,乃广集众家,大搜群族,所撰十八州、一百一十六郡,合七百一十二卷,谓之《百家谱》。《齐书·贾渊传》、《梁书·王僧孺传》、《唐书·柳冲传》称:河东贾弼撰《姓氏薄状》七百一十二卷。

黄容梁州巴纪姓族

见《华阳国志》。

傅馀颇复姓录

《元和姓纂》卷二曰:晋有馀颇,著《复姓录》;本出傅氏。卷九曰:傅馀颇《复姓录》有"尚方氏"。宋邓名世《古今姓氏书辩证》卷八云:"安都",晋傅馀颇《复姓录》有此氏。卷十二,傅馀颇《复姓录》曰:代北人,南凉尚书左丞婆衍仑。卷三十云:晋傅馀颇著《复姓》,自云傅说之后,留居傅岩,为傅馀氏。

皇甫谧韦氏家传三卷

见《旧唐志》。

傅畅裴氏家记

《蜀志·孟光传·注》引之。

曹毗曹氏家传一卷

曹氏谱

《世说·品藻门·注》,《曹氏谱》曰:茂之,彭城人,仕至尚书郎。

司马无忌司马氏世本

见《史记·序传·索隐》。《唐志》有"《司马氏世家》二卷",不著撰人名氏。

司马氏谱

《世说·仇隙门·注》,《司马氏谱》曰:丞娶南阳赵氏女。

挚氏世本

《世语·言语篇·注》引之。

嵇氏世家

《初学记》卷十一,《嵇氏世家》曰:嵇含为中书郎,书檄集,初不立草。《御览》二百二十亦引此条。

〔嵇〕氏谱

章宗源曰:《魏志·沛穆王林传·注》“嵇康妻,林子之女也”,《文选·幽愤诗·注》“嵇康兄喜,历徐、扬州刺史”,《水经·淮水·注》“谯有嵇山,家于其侧,遂以为氏”,并引《嵇氏谱》。《魏志·王粲传·注》“嵇康父昭,督军粮治书侍御史;兄喜,晋扬州刺史宗正”,此称“《嵇康谱》”。

范汪范氏家传一卷

孙氏谱

《魏志·孙资传·注》,《孙氏谱》曰:宏为南阳太守;宏子楚,字子荆。

孙氏世录

《文选·为萧扬州荐士表·注》引此书,记孙康事。

江氏家传

《御览》三百八十五引此书江蕤事;二百六十三引此书江统事;七百三十五,江统事;八百六十七,《江氏传》:江统事。

江伟家传

《御览》七百四十七引之。

华氏谱

《后汉书》卷七十一引《华峤谱序》曰:表,字伟容,歆之子也。年二十八,除为散骑常侍。《世说·德行门·注》、《御览》二百二十四并引《峤谱叙》,按本传,峤《后汉书》有《序传》一卷。

阮氏谱

《魏志·杜畿传·注》,案《阮氏谱》云云:炳子坦,字宏舒,晋太子少傅平东将军。坦弟柯,字士度。《世说·尤悔门·注》,《阮氏谱》曰:牖字彦伦,裕长子也;仕至州主薄。

陈氏谱

《世说·德行门·注》,《陈氏谱》:陈忠,字孝先,州辟不就。《术解门·注》:陈述,字嗣祖,有美名。

王氏世家

《世说·品藻门·注》,《王氏世家》曰:祎之,字文劭,仕至中书郎。

王氏谱

《世说注》屡引之。《排调门·注》称"《王氏家谱》"。

张氏谱

《世说·任诞门·注》,《张氏谱》曰:张湛,仕至中书郎。

荀氏谱

《圣贤群辅录》:朗陵令颍川荀季之八子,并有德业,云云,见《荀氏谱》。又《世说·排调门·注》,《荀氏谱》曰:寓,字景伯。祖式,太尉;父保,御史中丞。

李氏谱

《世说·品藻门·注》,《李氏谱》曰:李志,仕至员外常侍、南康相。

刘氏谱

《世说注》屡引之。《魏志·刘廙传·注》亦引《刘氏谱》曰:阜,字伯陵。阜子乔,字仲彦。

冯氏谱

《世说·文学门·注》,《冯氏谱》曰:冯怀,字祖思,长乐人,历太常护国将军。

贾氏谱

《世说·贤媛门·注》:贾氏名玉璜,即广宣君也。

虞氏谱

《世说·赏誉门·注》,《虞氏谱》曰:球,字和琳,仕至黄门侍郎。

虞览虞氏家记五卷

《书钞》一百二引《虞氏家记》,记虞潭事。《御览》一百七十六亦然。《新唐志》:《虞氏家传》五卷。《书钞》一百二十九,《虞潭家记》云:泰宁二年,诏赠太夫人碧纱袍。

郝氏谱

《世说·贤媛门·注》,《郝氏谱》曰:普,字道匡,仕至洛阳太守。

郄氏谱

《世说·贤媛门·注》,《郄氏谱》曰:超娶汝南周闵女,名马头。《排调门·注》,《郝氏谱》曰:融,字景山,辟琅邪王文学,不拜。

韩氏谱

《世说·贤媛门·注》,《韩氏谱》曰:绘之,字季伦;父康伯,太常卿。绘之仕至衡阳太守。

袁氏世纪

《世说·文学门·注》,《袁氏世纪》曰:准,字孝尼,陈郡阳夏人。忠信居正。世事多险,不敢求进,著书十馀万言。《魏志·袁涣传·注》亦引此书。

袁氏家传

《世说·言语门·注》,《袁氏家传》曰:乔,字彦升,陈郡人。《文学门·注》,《袁氏家传》曰:乔有文才。《任诞门·注》,《袁氏家传》曰:耽,字彦道,陈郡阳夏人,仕至司徒从事中郎。《书钞》六十九引《袁氏家传》袁勖事。

袁氏谱

《世说·品藻门·注》,《袁氏谱》曰:恪之,字元祖,义熙中为侍中。《任诞门·注》,《袁氏谱》曰:耽大妹名女皇,适殷浩;小妹名女正,适谢尚。《谗险门·注》,《袁氏谱》曰:悦,字元礼,有宠于会稽王,每劝专揽朝权,王颇纳其言。

温氏谱

《世说·品藻门·注》引《温氏谱序》。《假谲门·注》:按《温氏谱》,峤初取高平李晅女,中取琅邪王诩女,后取卢江何邃女。

陆氏谱

《世说·文学门·注》,《陆氏谱》曰:退,字黎民,吴郡人。高祖凯,吴丞相;祖仰,吏部郎;父伊,州主薄。退仕至光禄大夫。又曰:退,张凭婿也。

羊氏谱

《世说·文学门·注》,《羊氏谱》曰:辅,字幼仁,泰山人。祖楷,尚书郎;父绥,中书郎。辅仕至卫军功曹。又曰:孚,字子道,泰山人,历太学博士、州别驾、太尉参军。《言语门·注》,《羊氏谱》曰:羊楷,字道茂,仕至尚书郎;娶诸葛恢次女。《赏誉门·注》,《羊氏谱》曰:繇,字堪甫,历车骑掾,娶乐国祯女。

谢氏谱

《世说注》屡引之。

傅氏谱

杨氏谱

《世说·识量门·注》,《杨氏谱》曰:杨朗祖器,典军校尉;父淮,冀州刺史。

周氏谱

《集圣贤群辅录》引“周燕少卿之五子,号曰‘五龙’。”又《世说·德行门·注》,《周氏谱》曰:翼,字子卿,陈郡人。《贤媛门·注》:按《周氏谱》,浚取同郡李伯宗女。

吴氏谱

《世说·德行门·注》,《吴氏谱》曰:坦之,字处靖,濮阳人,仕至西中郎将功曹。父坚,娶东苑童侩女,名秦姬。

孔氏谱

《世说·言语门·注》,《孔氏谱》曰:沈,字德度,会稽山阴人。祖父奕,全椒令;父群,鸿胪卿,沈至琅琊王文学。《魏志·仓慈传·注》:案《孔氏谱》云云,又子恂,字士信,晋平东将军卫尉。

陶氏叙

《世说·言语门·注》,《陶氏叙》曰:侃,字士衡,其先鄱阳人。

陶氏家传

《类聚》卷六引《陶氏家传》“陶汪晋咸康中为宣城内史”事。《御览》二百二十九引此书“陶覆之为太常丞”事,二百九引此书“陶迴为王导从事中郎”事。《书钞》七十八引《陶氏家传》“陶遽为龙阳长”事,七十三引《陶氏家传》“陶清”事。《御览》二百五十八,《陶氏家传》“陶基为交州刺史”事。二百四十五,《陶氏家传》曰:侃迁太子中庶子。君少而好学,善谈元理,尤明《诗》《易》,以孝行闻于时。储选殊难其人,特召君焉。此条疑有误。

谢女谱

《世说·言语门·注》,《谢女谱》曰:重女月镜,适王恭子愔之。

戴氏谱

《世说·栖逸门·注》:逯,字安邱,谯国人,以武勇显,有功,封广陵侯,仕至大司农。

许氏谱

《世说·政事门·注》,《许氏谱》曰:柳,字季祖,高阳人。祖允,魏中领军;父猛,吏部郎。又曰:永,字思妣。《雅量门·注》,《许氏谱》曰:璪,仕至吏部侍郎。

桓氏谱

《世说·政事门·注》,《桓氏谱》曰,歆,字叔道,温第三子。仕至尚书。《规箴门·注》,《桓氏谱》曰:道恭,字祖猷,彝同堂弟。《仇隙门·注》,《桓氏谱》曰:桓冲后娶颍川庾蔑女,字姚晋。

索氏谱

《世说·伤逝门·注》,《索氏谱》曰:元,字天保,敦煌人,历征虏将军、历阳太守。

殷氏谱

《世说·文学门·注》,《殷氏谱》曰:仲堪娶琅邪王临之女,字英彦。《纰漏门·注》,《殷氏谱》曰:殷师,字师子,至骠骑咨议;生仲堪。《御览》八百九十二引《殷氏世传》"殷亮"事,二百三十六亦引"殷亮"事。《类聚》卷十九引《殷氏世传》,记殷褒为荥阳令事。《御览》八百三十七,《殷氏世传》记"殷谡"事;二百四十九,《殷氏家传》记殷泰为文帝车骑掾事。《任诞门·注》,《殷氏谱》曰:羡,字洪乔,仕至豫章太守。

祖氏谱

《世说·排调门·注》,《祖氏谱》曰:广,字渊度,范阳人。父台之。广仕至护军长史。

诸葛氏谱

《世说·方正门·注》,《诸葛氏谱》曰:恢子衡,字峻文,仕至荥阳太守,娶河南邓攸女。

顾氏谱

《世说·简傲门·注》,《顾氏谱》曰:辟疆,吴郡人,历郡功曹、平北将军。

庾裴庾氏家传一卷

庾氏谱

《世说·雅量门·注》、《识鉴门·注》、《贤媛门·注》并引之。

邵氏家传

《御览》三百四十八引之,记邵宏为景帝中尉事;八百七十一引邵贞赴张氏葬事;五百九十八引邵仲全事;七百三十六,邵信臣事。《吴志·孙皓传·注》引《会稽邵氏家传》,记邵畴事。

太原郭氏录

《世说·惑溺门·注》,《太原郭氏录》曰:孙秀,字彦才,吴郡吴人,为下口督,甚有威恩。孙皓欲除之,秀豫知谋,遂来归化。世祖喜之,以为骠骑将军交州牧。

郭氏谱

《魏志·郭淮传·注》引之。

卫氏谱

《世说·赏誉门·注》:卫承,字君长,成阳人,仕至左军长史。

魏氏谱

《世说·赏誉门·注》,《魏氏谱》曰:隐,字安时,历义兴太守。弟逷,黄门郎。《排调门·注》,《魏氏谱》曰:颛,字长齐,会稽人,仕至山阴令。

目录类

荀勖晋中经十四卷《旧唐志》作“《中书簿》”,误

案:《晋书》、《隋志》“四部”之分,始于此书。章宗源《考证》已详。兹于其未及者,考而录之,以见此书体例。《隋书·音乐志》云:《晋中经簿》无复乐书,《别录》所载已复亡逸。《七录·序》云,《晋中经簿》“四部”书一千八百八十五部,二万九千九百三十五卷。《隋志》云“二万九千九百四十五卷”。其中十六卷佛经书,《簿》少二卷,不详所载多少。又云,荀勖因《魏中经》,更著新《簿》,虽分为十有馀卷,而总以“四部”别之。《文选》卷四十六《注》引王隐《晋书》曰:荀勖领秘书监,与中书令张华,依刘向《别录》,整理错乱,又得汲冢竹书,身自撰次,以为《中经》。此与今《晋书》略同,因所引为王隐《书》,故仍录之。《隋书·牛宏传》曰:晋秘书监荀勖,定《魏内经》,更著新《簿》,虽古文旧简,犹云有缺;新章后录,鸠集已多。《隋书·经籍志》曰:荀勖因《中经》,更著新《簿》,分为四部。一曰“甲部”,纪六艺及小学等书;二曰“乙部”,有古今诸子家及近世子家、兵家、兵书、术数;三曰“丙部”,有史记、旧事、皇览簿、杂事;四曰“丁部”,有诗、赋、图、赞、汲冢书。大凡四部,合二万九千九百四十五卷。《郡斋读书志》卷一曰:勖之“部”,盖合兵书、术数、方伎于诸子,自“春秋”类摘出史记别为一部,六艺、诸子、诗、赋皆仍歆旧。其后历代所编书目,如王俭、阮孝绪之徒,咸从歆例;谢灵运、任昉之徒,咸从勖例。《初学记》卷十二,傅畅《晋诸公赞》曰:荀勖领秘书监。太康二年,汲郡冢中得竹书,勖躬自撰次注写,以为《中经》,列于秘书。经传阙文,多于证明。宋董逌《广川画跋》卷二曰:《晋中经》言佛本临倪国世子,父曰屑头邪,母曰莫邪。身服色黄,发如青丝。初莫邪梦白象,始孕。及生,从左胁出,生而有髻,堕地能

行。临倪在天竺域。天竺又有神人，名沙津。一作“律”。汉元寿元年，秦景宪使大月氏，王使伊存口授浮图，□[①]复皇者，其人也伛归。一作“满”。按：疑当作“蒲”。塞桑门伯开疏简白间比邱桑门，皆弟子号。是《中经》已录释典，但未知于四部入何门耳。《晋中兴当作“经”簿》曰：盛书，皂缥：囊书，函中皆有香囊二，《御览》七百四、《书钞》一百三十六：《晋中经簿》云，盛书，用皂缥；囊布裹书，函中皆有香囊；素裹，封书也。

晋元帝书目

《七录序》云：《晋元帝书目》，四部、三百五袠、三千一十四卷。

晋义熙四年秘阁四部书目

见《七录序》。严可均《全晋文》曰：此下当有脱文。《北堂书钞》一百一引《义熙起居注》云：何无忌见秘阁中书胜俗，悉求赐副，诏赐一千卷。《御览》二百三十三，《晋太康二字有误起居注》曰：秘书丞桓石绥启据定四部书，诏郎中四人各掌一部。又，二百三十四，引作“晋”。又引《晋令》云：秘书郎掌中外三阁经书，复据太元，不误阙遗，正定脱误。《北堂书钞》一百一，《续晋阳秋》：太元三年，诏赐会稽王秘阁书八千卷。

李充四部

《文选》卷四十六《注》，臧荣绪《晋书》曰：“李充，字宏度，为著作郎。于时典籍混乱，充删除烦重，以类相从，分为四部。”《晋起居注》云：“秘书丞桓石绥启据定四部书。”《书钞》五十七引《晋中兴书》同。“甚有条贯，秘阁以为永制”，今《晋书》本传同，《御览》二百三十四引《晋中兴书》同。“五经为甲部，史纪为乙部，诸子为丙

① 此字原刊作“ ”。

部，诗赋为丁部。”《七录序》云：江左草创，十不一存。后虽鸠集，淆乱已甚。著作佐郎李充颇加删正，因荀勖旧《簿》“四部”之法，而换其乙、丙之书，没略众篇之名，总以甲乙为次。《隋书·经籍志》曰：充以勖旧《簿》校之，其见存者但有三千一十四卷。《晋阳秋》云：孝武好览文籍，敕著作郎徐野民料简四部书，得三万六千卷。《书钞》五十七。

挚虞文章志四卷

《世说·文学门·注》，挚虞《文章志》曰：崔烈，字威考，高阳安平人，骃之孙、瑗之兄子也。灵帝时，官至司徒太尉，封阳平亭侯。馀引《文章志》、《文字志》十数条。盖西晋以前，并出此书也。《后汉书·桓麟传·注》、《魏志·陈思王传·注》并引之。

荀勖杂撰文章家集叙十卷

《魏志·王粲传·注》：荀勖《文章叙录》。《夏侯渊传·注》。《世说·文学门·注》，《文章叙录》曰：自儒者论，以老子非圣人，绝礼弃学。何晏说与圣人同，著论行于世。《世说·文学门·注》，《文章叙录》曰：晏能清言，而当时权士，天下谈士多宗尚之。《类聚》三十一，《文章叙录》曰：杜挚与毋邱俭乡里相亲，故为诗与俭，求仙人药一丸，欲以感切俭求助也。《世说·巧艺门·注》，《文章叙录》曰：韦诞，字仲将，京兆杜陵人。太仆端子。有文学，善属辞。以光禄大夫卒。

郑默魏中经簿

《书钞》五十七，王隐《晋书》：郑默为秘书郎，删省旧文，除其浮伪，著《魏中经部》。中书令虞松谓默曰，而今而后，朱紫别矣。

顾恺之晋文章记

《世说·文学门·注》，顾恺之《晋文章记》曰：阮籍《劝进》，落落有宏致,至转说,徐而摄之也。

释僧叡二秦众经录目一卷

隋费长房《历代三宝记》卷十五:姚秦沙门释僧叡,一部、一卷,《经录目》。又卷八云:叡,魏郡人。

释道安综理众经目录一卷

见《历代三宝记》卷八。《高僧传》云:汉、魏迄晋,传经之人,名字弗说,后人莫测年代。安乃总集名目,表其时人,诠品新旧,撰为《经录》,众经有据,实由其功。

魏世录目一卷　吴世录目一卷　晋世杂录一卷　河西录目一卷

《历代三宝记》卷七云:右四《录》经目,合四卷,庐山东林寺释慧远弟子、沙门释道流创撰,未就,而流病卒。同学竺道祖因而成之,大行于世。

经论都录一卷　别录一卷

《历代三宝记》卷七云:右《录》一卷,成帝世豫章山沙门支愍度总校群经,合古今目录撰此《都录》。《别录》一卷,详《开元释教录》卷十。

竺法护众经录目一卷

见《历代三宝记》卷六。《大唐内典录》卷十云:右依检是晋武帝长安青衣外大寺沙门也,翻经极广,因出其《录》。

聂道真众经录目一卷

道真,承远子,见《历代三宝记》卷八。

二赵经录一卷

《大唐内典录》卷十云:似是二石赵时诸录。"遥注",未知姓氏。

丙部上四

子部十七类:一曰儒家,二曰道家,三曰墨家,四曰法家,五曰名家,六曰杂家,七曰兵家,八曰农家,九曰纵横家,十曰历算家,十一曰天文家,十二曰五行家,十三曰医家,十四曰神仙家,十五曰释家,十六曰杂艺家,十七曰小说家。

儒家类

李轨扬子法言注十五卷解一卷

今存。《书录解题》云:《音义》一卷。《玉烛宝典》卷二:《扬子法言》云"龙蟠于泥,蚖其肆矣",李轨《同异志》云,或作"鼋"。"鼋"、"蚖"音义无异,复似,两通。此盖《音义》中语,故今《注》无之。"同异志"三字,疑有误。

殷兴通语十卷尚书左丞

《新唐志》:文礼《通语》十卷,殷兴续。案裴松之《吴志·顾邵传·注》:殷礼子基,作《通语》。又引《文士传》曰:基无难督,以才学知名,著《通语》数十篇。盖此书殷基撰,而兴续之也。"文礼"二字,误。《意林》作"八卷"。《御览》六百十四引殷典当作"兴"《通语》(四)〔曰〕:殷礼,字经嗣,时人语曰"奇才强记殷经嗣"云云。《吴志·孙和传·注》、《蜀志·费祎传·注》并引殷基《通语》。《吴志·朱据传·注》。

谯周谯子法训八卷

《初学记》卷十四、十七、二十九、三十,《文选注》二十八,《书钞》九十二,并引之。马国翰集得十三节,云此书称"《法训》",亦如扬雄书称"《法言》"之类。《初学记》二十二引作"《法词》",误。《御览》三百四十七。《世说·任诞门·注》。《御览》四百六十八。《御览》九引《法训》,不题"谯子"。八百五十九、九百二十;又七百六十九引二条;七百七十三、三百六十一、四百九十二、一百五十六。

谯子五教志五卷

宋释法云《翻译名义集》卷五引《谯子》曰:夫交人之道,犹素之白也,染之以朱则赤,染之以蓝则青。

袁准袁子正论十九卷

《新唐志》:二十卷。马国翰集此书,二卷。案《通典》所引,多论礼服,疑出准《丧服经传》,非《正论》语也。严可均集得《正论》三十许事、《正书》四十许事。

袁准袁子正书二十五卷

《魏志·袁涣传·注》,《袁氏世纪》曰:准著书十馀万言论治世之务,为《易》、《周官》、《诗》传,及论《五经》滞义、圣人之微言,以传于世。据此,《正书》言治法,《正论》言经学,此其别也。《群书治要》卷五十,录《袁子正书》,《礼政》、《经国》、《设官》、《政略》、《论兵》、《王子主失》、《厚德》、《用贤》、《悦近》、《贵公》、《治乱》、《损益》、《世治》、《刑法》、《人主》、《致贤》、《明赏罚》凡十七篇。《书钞》一百五十六、《类聚》八十七,并引作"《袁子政书》"。

孙毓成败记三卷《意林》云:字仲考。《经典释文》云:字休朗,北海平昌人,晋豫州刺史。《隋志》题"晋长沙太守"

《意林》卷五引二则。

王元长无名子十三篇丞相从事中郎

《华阳国志》云:依则《论语》。

王长文通经四卷

王隐《晋书》:王长文,字德郁,广汉人。著《通元经》四卷,文言卦象,可用以为卜筮。《御览》五百三。《华阳国志》云:著《通经》四篇,亦有卦名拟《易》、《元》。《晋书·王长文传》:著《通元经》四卷,时人比之《太玄》。《隋志》"丞相中郎王长元《通经》二卷","长元"当是"长文"之误。《舆地纪胜》一百五十四:王长文,郪人,著书四卷,拟《易》,曰《通玄经》。

夏侯湛新论十卷散骑常侍。《御览》三百七十引之,曰爪生于肉,去爪而肉不知

本传云:著《论》三十馀篇,别为一家之言。《太平御览》引六条。马国翰《玉函山房》集之。《御览》九百四十五,《夏侯子》曰:一蚊之行,一蚊之飞,圣人皆知之。

杨泉物理论十六卷征士

近人孙星衍有集本。

杨泉杨子太玄经十四卷

《意林》引六则。

华谭新论十卷金紫光禄大夫

《初学记》卷十七引之,曰:夫体道者圣,游神者哲。体道,然后寄意形骸之外;游神,然后穷理变化之端。故寂然不动,而万物为我用;块然玄默,而众机为我运。

干宝干子十八卷

《史记·楚世家·集解》引"干宝曰,先儒学士多疑此事"云云。按:令升未注《史记》,其说当出此书也。

蔡韶闳论二卷江州从事

《书钞》一百五十八引一条,云:火居之鼠,养毫炎穴;汤泉之鱼,戏鳞沸泉。今刻本"闳"讹作"闰"。白氏《六帖》亦引之。

虞喜志林新书三十卷　广(陵)〔林〕二十四卷　后林十卷

吕竦要览十卷

《通志》作“正览”。

綦毋邃孟子注七卷《元和姓纂》云:江左有綦毋邃,为邵阳太守

《通典》九十九引《孟子》“膏泽下于人有故而去”,綦毋邃云:谓有他故,不得不行;或避怨仇者也。《文选·咏怀诗·注》引綦毋邃《注》云:当路,当仕路也。又《安陆王碑·注》引綦毋邃《注》云:周之秋,于夏为盛阳也。

顾夷顾子义训十卷扬州主簿

见《旧唐志》。《隋志》无“义训”二字。《永乐大典》卷一万九千六百三十六引此条;《御览》三百六十六引之,“见”作“目”。《顾子义训》曰,假天下之见以视,则四海豪末可见也。《初学记》十八引《顾子》曰:不谏则危君,谏则危身。是贤人君子上不敢危君,下不敢危身,三谏不从,则去矣。《类聚》卷九,《顾子》曰:与子华游于东池。子华曰,“水有四德,池为一焉。沐浴群生,泽流万世,仁也;扬清激浊,涤荡尘秽,义也;弱而难胜,勇也;导江疏河,变盈流谦,智也”。顾子曰,“我得女于池上矣”。此条《御览》六十七亦引之。《御览》九百三十五,《顾子》曰:昔宋人临万仞之渊,以钓数寸之鳞。鱼将食钓;不知膝之日进,有倾堕而死。利能诱也。按:顾谭有《顾子新语》。群书所引《顾子》,当有谭书。《北堂书钞》九十五,《御览》六百九同,《顾子仪训》曰:三坟五典,粲粲如列宿,落落如连珠。《御览》四百六十八,《顾子》曰:遇其乐也,则欲荒淫流湎;逮其喜也,则欲欢笑鼓舞。荒淫,则伤义;鼓舞,则亏风。四百六十七,《顾子》曰:夫哀乐喜怒爱憎欲惧,人之情也。当其哀也,则欲哭泣擗踊;遇其乐也,则欲欢笑鼓舞。元李衎《竹谱详录》卷五云:簾竹、玄竹,实中。太极竹,长百丈。簳竹、箷竹、筌竹、简竹、胥竹、鹤系竹、篰竹、篾简竹、篾箙竹、篨竹,并出顾夷《义训》。又云:顾夷《义训》有“葛竹”、“箣竹”。

干宝正言十卷　立言十卷

俱见《旧唐志》。《文选·李康运命论》“椎纷而守敖庾海陵之仓”,《注》曰:干子《正文》引此,“而”为“髻”字。“《正文》”,未知即《正言》否。

杜崧任子春秋一卷《隋志》入“总集类”。《日知录》作“《壬子》”,误

崧,附《儒林·杜夷传》。云:惠帝时,俗多浮伪,著《任子春秋》以刺之。又《惠帝纪》云:南阳鲁褒作《钱神论》,庐江杜嵩作《任子春秋》,皆刺时之作。《初学记》卷三十,《任子》曰:凤为羽族之美,麟为毛类之俊,龟龙为介虫之长,楩楠为众材之最,是物之贵也。《北堂书钞》三十七引《任子》:古之公也笃,今之公也薄。又曰:太王不务私,其身不外其民,故曰“百姓之身,犹吾身也”。为戎翟之病,弃国之富,杖策而去。一百十七,《任子》曰:善阵者,徒众整一,如列宿之陈;部伍周回,如山岳之盘。是阵之体也。按疑出任嘏《任子道论》。

蔡洪化清经十卷松滋令

《意林》引三则。《晋书·文苑·王沈传》“吴郡蔡洪,字叔开,有才名,作《孤奋论》”,即此人。《初学记》二十九引《蔡氏清论》,当即此书。马国翰曰:其书旧列“儒家”,而细玩遗文,颇涉元旨。又云:称“经”,盖儗《易》而作,亦杨泉《太元》类也。《御览》八百七十,《蔡氏化清论》曰:伏龙非我马,白日非我烛。藏之、默之,保此小朴。九百一十九,《蔡氏化清经》曰:水战之鸭,何必白缨?盈俎之鸡,何必长鸣?《书钞》一百三十六,《蔡氏清化当作“化清”论》云:镜能照人好丑,而不能好丑于人。

王婴古今通论二卷松滋令

《意林》作“三卷”。《北堂书钞》八十七“宗庙”条,引王婴《古今通论》:夏曰世室,世世祀之。一百五十七,王婴《古今通论》:地厚三万里。又《书钞》五十一、八十七,《御览》五百三十一并引作

"《通语》"。《书钞》五十一引《古今通典》云:兴仁隆化,幽赞神明,奉度顺道,使灾不生。未知出此书否。《御览》一百五十六,王婴《古今通论》曰:昆仑东南方五千里,谓之神州。州中有和美乡,方三千里,五岳之城,帝王之宅,圣人所生也。

李密述理论十篇

见《蜀志·杨戏传·注》。《华阳国志》曰:论中和仁义儒学道化之事。

何随谭言十篇字季业,蜀郡郫人

《华阳国志》曰:论道德仁义。

李秉家诫

《魏志·李通传·注》引王隐《晋书》:秉,字玄胄。有隽才。官至秦州刺史。尝答司马文王问,因以为《家诫》,云云。《世说新语注》引李康《家诫》,严可均曰"康"字误。《书钞》引亦作"康"。

李充起居诫

《类聚》二十三。《御览》五百九十五,此所引误作"《起居注》";五百九十七并引之。《书钞》卷一百,李充《起居戒》云:中世蔡伯喈,长于为碑。

周处默语三十篇

见本传。

常宽典言五篇

见《华阳国志》。

黄容家训

见《华阳国志·常宽传》。

皇甫谧礼乐圣真论

虞溥历学

马国翰《玉函山房》有集本。

华谭辨道十二卷

本传作"三十卷"。

益州学堂图唐张彦远《历代名画记》卷三:《益州学堂图》十,画古圣帝贤臣七十子。后代又增汉晋帝王名臣、蜀之贤相牧守,似东晋时人所撰

贾充妻李氏典式八篇

《世说·贤媛门·注》引《妇人集》曰:李氏至乐浪,遗二女《典式》八篇。《初学记》卷四云:华胜起于晋代,见贾充李夫人《典戒》云,"戒"或当作"式"。像瑞图金胜之形,又取像西王母戴胜也。《艺文类聚》卷四亦引此条,作"贾充《典戒》",误脱"妻"字①。《玉烛宝典》卷一引贾充李夫人《典诫》云:每见时人月旦问讯到户,至花胜交相遗与,为之烦心劳倦。

李氏女诫

《贾充传》云:李氏作《女训》,行于世。《世说·贤媛篇》云:贾充妻李氏,作《女诫》,行于世。

虞喜释滞

马国翰《玉函山房集佚书》曰:虞喜《释滞》,《隋、唐志》无之,《通典》引三节。岂喜别撰此而史佚之邪,抑其为《志林》、《广林》、《后林》篇目之一邪? 疑不能明,仍依《通典》原题,录存一卷。

虞喜通疑

《通典》引五节,马氏并集之。《通典》一百三又引虞喜《释疑》。

慕容皝典诫十五篇

《慕容皝载记》曰:著《典诫》十五篇,以教胄子。

---

① 按,此条注文原在《李氏女诫》条末,今据意改移至此。

明岌明氏家训一卷伪燕卫尉

《隋志》入“杂传类”。

道家类

羊祜解释老子道德经二卷太傅

《经典释文》云：羊祜《解释老子》四卷。《旧唐志》同。《新唐志》：羊祜《注》二卷、《解释》四卷。

孙登老子道德经注二卷音一卷尚书郎。《释文》作《集注》

《孙统传》：弟登，少善名理，注《老子》，行于世。《郡斋读书志》：（成）〔张〕君相集三十家注《老子》，有孙登、羊祜二家。《初学记》二十三，《老子》曰“道生一”，孙登《注》曰：妙一宅于太虚之内，玄化资于至道之用，故因其所由，谓之曰“生”。《释文》“悠”，孙登、张凭、杜弼俱作“由”。又“弹坦”，梁按“梁”字疑衍王尚、钟会、孙登、张嗣本有此“坦”，“平大貌”。卢《校》：“梁”下当脱“武”字。

蜀才老子注二卷

《释文·序录》。

郭象老子注

刘仁会老子注

见唐张君相《三十家老子注》，有郭、刘二家。

刘黄老老子注

附《刘隗传》。

孙盛老子考讯

见《遂初堂书目》。《广宏明集》卷五载七条。

巨生解老子道德经二卷

《真诰·握真辅第一》，“张生稽首”《注》云：又见系师注《老子内解》,皆称"臣生稽首"。按此"巨生",或是"臣生"之误。其人姓"张"也。《释文》:巨生《内解老子》二卷;《注》云,不详何人。

郭璞老子经注

《文选·上林赋·注》,张揖曰,此三字疑衍。郭璞《老子经注》曰:虚无寥廓,与元通灵。言其所乘气之高,故能出飞鸟之上,而与神俱者也。按:此条亦不似注《老子》,今姑存其目,俟考。

王尚述老子道德经注二卷字君曾,琅邪人,东晋江州刺史,封杜忠侯

《经典释文·序录》云:王尚《述》二卷。"述"字,似非名。卢文弨《考证》云:《释文》脱"注"字,盖误以"述"字当之。《唐志》"王尚《注》二卷",竟作单名"尚"矣。然王字君曾,"述"字必其名也。《通志》作"王尚楚",亦误。

程韶老子集解二卷郎中

邯郸氏老子注二卷

常氏老子注二卷

《隋(氏)〔志〕》作"《老子传》"。

孟氏老子注二卷

《释文·序录》:孟子《注》二卷,或云"孟康"。余按:当是孟陋。

盈氏老子注二卷

盖即著《论语集义》之盈氏也。

袁真老子道德经注二卷字彦仁,陈郡人,东晋西中郎将豫州刺史

刘仲融老子道德经注二卷

案张君相《集解》有"刘仁会",未知即仲融否,俟考。

张嗣老子注二卷

张凭老子道德经注二卷

刘程之老子玄谱一卷柴桑令。彭城人

葛洪老子道德经序诀二卷

见《新唐志》。

僧义盈老子注二卷

鸠摩罗什老子注二卷

见《旧唐志》。张君相《三十家老子注》尚列其目。

邓粲老子注

本《传》。

李轨老子音一卷

戴逵老子音一卷字安道,谯国人,东晋散骑常侍,太子中庶子,征不就

王伦老子例略

《世说·排调门·注》引《王氏家谱》曰:伦,字太冲,司空穆侯中子、司徒浑弟也。醇粹简远,贵老庄之学,用心淡如也。为《老子例略》、《周纪》。年二十馀,举孝廉,不行。历大将军参军。年二十五卒。

张湛文子注

《文选》卷十三《注》引《文子》曰"去其诱慕、除其嗜欲",张湛曰:遗其衒尚,为害真性。卷二十一《注》引《文子》曰"三皇五帝轻天下、细万物,上与道为友,下与化为人",张湛曰:上能友于道。友,或为反。卷四十《注》引《文子》曰"起师十万,日费千金",张湛曰:日有千金之费。卷五十《注》引《文子》曰"群臣辐凑",张湛曰:如众辐之集于毂。此条卷五十三《注》亦引之。

向秀列子注

《文选》卷二十一《注》引《列子》曰"有神巫自齐而来,处于郑,名曰季咸。列子见之而心醉",向秀曰:迷惑其道也。"列子",或是

"庄子"之误,姑存其目。

张湛列子注八卷字处度,光禄勋

今存。

张湛列子音义一卷

见《宋志》。"张湛注"。按今本《列子》多以殷敬顺释文羼入。《宋志》所录,疑即殷书,姑录其目,以资考订。

向秀庄子注二十卷散骑常侍

《世说·文学门·注》:或言秀游托数贤,萧屑卒岁,都无注述,唯好《庄子》,聊应崔譔所著,以备遗忘云。张湛《列子注》屡引之。

崔譔庄子注十卷清河人。议郎

《释文》云:二十七篇。内篇七,外篇二十。

司马彪庄子注二十一卷

《通志》著录"十六卷"①。《释文》云:五十二篇:内篇七,外篇二十八,杂篇十四,解说三篇;为音三卷。

郭象庄子注三十卷目一卷太傅主簿。梁《七录》:三十三卷

《释文》:三十三卷。三十三篇,内篇七,外篇十五,杂篇十一;为音三卷。今存。按《世说·文学门·注》引向子期、郭子元"逍遥"义,明二家不异。又《释文》:《缮性篇》"心与心识",众本悉同;向本作"职",云"彼我之心,竞为先职矣"。郭《注》既与向同,则亦当作"职"也。此则郭《注》同向,刘、陆并明言征之。后人辄举一二异同,以为非尽抄袭,显违史传,余未敢附和也。《文选》卷十一《注》引《庄子》"去其害马",郭璞曰:以过分为害。据此,则璞亦注《庄子》也。《释文》"鷞",郭璞云:鸙鷞,桃雀。又"荐",郭璞云:

① 此七字原接"司马彪庄子注二十卷"后,今移人考文。

《三苍》云六畜所食曰“荐”。

葛洪修撰庄子十七卷

《释藏辨正论》云:刘宋时陆静修《道藏书目》,《庄子》十七卷,庄周所出,葛洪修撰。余按《抱朴子·应嘲篇》云:常恨庄生言行自伐,桎梏世业;身居漆园而多诞谈,好画鬼魅、憎图狗马,狭细忠贞,贬毁仁义。洪之不满庄生如此,然则“修撰”者,乃删取之类,故仅存“十七”也。

张湛庄子注

《文选》卷五十四《注》引《庄子》曰“孔子观于吕梁,见一丈夫。谓孔子曰,吾长于水而安于水,性也;不知吾所以然,命也。”张湛曰:固然之理,不可以智知,知其不可知,故谓之命也。按:此张湛《列子·黄帝篇·注》。今本“固然”作“自然”,无“故”字,恐《文选》误引,拟删。

卢谌庄子注

本传。

李颐庄子注三十卷、音一卷丞相参军,字景真,颍川襄城人,自号玄道子

《唐志》作“《集解》”。《释文·序录》云:《集解》三十卷,三十篇一作三十五篇,为音一卷。《文选·文赋·注》引李顗《庄子注》三条,“顗”,即“颐”字。《释文》,李颐说甚多。《列子·黄帝篇·注》亦引之。

孟氏庄子注十八卷、录一卷

《释文·序录》云:五十二篇。孟氏,不详何人。

李充释庄子论二卷

见《旧唐志》。本传无“子”字,是。

王叔之庄子义疏三卷字穆□①,琅邪人

① 此字原刊作“□”。

《释文·序录》云：宋处士。余案《艺文类聚》屡称“晋王叔之”，今从之。

李轨庄子音一卷

《释文·序录》曰：徐仙民、李宏范作《音》，皆依郭本，以郭为主。

司马彪等庄子注音一卷

《释文》“朝菌”，支遁云：一名舜英，朝生暮落。潘尼云：木权也。又“敖者”，支云：伺彼怠敖，谓承夫问殆也。

支法遁注逍遥篇

《高僧传》卷四：遁注《逍遥篇》，群儒旧学，莫不叹伏。《世说（门）注》引遁《逍遥》义。

徐邈庄子音三卷　庄子集音三卷

《文选》二十六《注》引之。

向秀庄子音一卷

《四库全书·郭象庄子注·提要》曰：《世说》“向秀注《庄子》，惟《秋水》、《至乐》二篇未竟”。案《秋水篇》“与道大蹇”句，《释文》云：蹇，向“纪辇反”。则此篇向亦有注。廷式案《释文》所引出《庄子音》，《世说》之言未为误也。

郭象庄子音三卷

王坦之废庄论

本传。

苏彦苏子七卷北中郎参军

《书钞》九十五引《苏子》云：道阴阳，示悔吝，莫过于《易》。九十九亦引《苏子》“翠以羽殃身，蚌以珠破体”云云。严可均《全晋文》集《苏子》十二条，云：《隋志》云“梁有，亡”；两《唐志》皆“七卷”;宋不著录,盖唐末复亡。群书引见,尚绎其词,訾商、韩而诋孟子,按见《御览》六百八,误矣。《艺文类聚》卷九,有晋苏彦《於西陵观涛诗》;卷十九,苏彦《语箴》。《初学记》卷三,有苏彦《秋夜长诗》。《初学记》卷二,《苏子》曰:夫人生一代,若朝露之托桐叶耳,其与几何! 又曰:蜀邓公呼吸成雾。韩鄂《岁华纪丽》卷三引《苏子》曰:人生于世,若朝露之寄于桐叶。

宣聘宣子二卷宜城令

陆云陆子十卷

本传云“撰《新书》十卷”,即此。《初学记》卷九,《陆子》曰:三皇垂拱,五帝垂手,唐虞按辔,禹汤驰辕,虽使周公御衡,仲尼促节,固不已也。又曰:三皇垂筴,而五帝击手。《御览》八百三十二,《陆子》曰:欲水之清,则勿涉;欲草之茂,则勿猎。

顾谷顾道士新书论经三卷方士

孙绰孙子十二卷

《初学记》二十七,《孙子》曰:隋珠耀日,罗衣从风。《法苑珠林》二十八,《孙绰子》曰:海人与山客辨其方物。海人曰,横海有鱼,额若华山之顶,一吸万顷之波。山客曰,邓林有木,围三万寻,直上千里,旁荫数国。有人曰,东极有大人,斩木为策,短不可杖;钓鱼为鲜,不足充铺。《崇文总目》著录“十卷”。陈振孙《书录解题·杂家类》云:《孙子》十卷,题“晋孙绰兴公撰”,恐依托。《唐志》及《中兴书目》并无之。余从程文简家借录。马国翰《辑佚书》,此书得二十馀节。然如《文选》卷三十《注》引《孙子》曰“秋霜被,不凋其秀”,三十八《注》引《孙绰子》曰“或问人物,曰,察虚实,审真伪,断成败,定终始,斯可谓之人物矣”,又引“或问雅俗,曰,判风流,正位分,泾渭殊流,雅郑异调,题帖分明,标榜可观,斯可谓雅俗矣”。卷四十《注》略引。皆其所遗也。明人《世善堂书目》尚存“孙绰《孙子》一卷”。《书钞》一百三十八,《孙绰子》曰:仲尼见沧海横流,故务为舟航。《御览》七百六十四,《孙子》曰:何世之无才?何才之无施?良匠捉斤斧,造山林,梁栋阿衡之才,栌柱楣椽之朴,森然陈于目前,大厦之器具矣。七百七十,《孙绰子》曰:仲尼见沧海横流,故务为舟航。《御览》七十二,《孙绰子》曰:海人曰,横海有鱼,一吸万顷之波。六百八,《孙绰子》曰,衔辔衡轭,无心于马,而所以御马。典籍礼度,无心于治,而所以为治。又曰:典籍、文章之言也,理出于天,辞先于人。《文选》卷四十七《注》引《孙绰子》曰:圣贤极其标牓,有大力矣。又,陆佃《埤雅》尚引之,则此书宋时犹存。《孙绰子》曰,高祖御龙,光武御虎;龙,韩、彭之类是也;虎,耿、贾之类是也。《玉函山房》已录。

简文帝简文谈疏六卷

《太平广记》尚引之。《续谈助》卷四引《简文谈疏》云:汉世人物,当推子房为标的。神明之功,玄胜之要,莫之与二。接俗而不亏其道,应世而事不婴,玄识远情,超然独迈。

阮侃摄生论二卷河内太守

《高僧·释僧远传》有“守阳太守阮侃”。

梅子一卷

《隋志·儒家》有“《梅子新论》一卷”。《意林》卷五引一则,云:案其书,晋人也。称庄周以来,命世大贤,惟阮先生。盖道家者流。《书钞》一百五十六引《陶梅书》云:古人就食于安里,今三州米流出门。《御览》三十五引《陶梅书》同。余案:“《陶梅书》”,是“梅陶”之误,疑《梅子》即“梅陶”作也。姑附记于此。

徐苗玄微论

本传云:依道家,著《玄微论》。

张诠子张子八篇

《永乐大典》六千三百三十九引《江州志》曰:张诠,字秀硕,南阳人。性情高逸,带经而锄。征散骑常侍,不起。庾悦以其贫,授寻阳令禄之。叹曰,古人正以容膝为安,苟屈吾志,亦何荣乎!拂衣入庐山净社。客有食野鹿溪鱼而美者,夸于诠曰,天生是物,以供人,何其美也。诠举《列子》曰"蚊蚋噆肤,虎狼食肉,非天为蚊蚋生人、虎狼生肉也"。客大惭。卒,有《子张子》八篇。按:书已佚;以《志》载,诠学近道家,故附于此。《高僧传·释慧远传》有"南阳张季硕"。

杜夷杜氏幽求新书二十卷

《御览》八百三十七,杜夷《幽求》曰:猎者嗜肉,不多于不猎。及其陵冈峦、赴谿岭,而有遗身之患。八百九十,《幽求子》曰:尧时获貙豸,缉其尾,以为帝帐。本《传》:箸《幽求子》二十篇。《新唐志》作"三十卷",误。案《三国志·杜畿传·注》屡引此书,《文选注》、《太平御览》亦引之。《文心雕龙·诸子篇》:仲长昌言,杜夷《幽求》,咸叙经典,或明政术,虽标论名,归乎诸子。《书钞》一百二十六,"杜夷曰:衔羁之马,伏枥之驹,莫不思平原旷泽、翘尾而驰",亦当出此书。《御览》三百五十九:杜夷《幽求》三条。《困学纪闻》卷十引《幽求子》曰:当其梦时,睹山念木;或志在舟楫,因舟念水,因水念鱼。《文选》卷五十五《注》,杜夷《幽求子》曰:不仁之人,心怀豺虎。《御览》七百六十九,杜夷《幽求子》曰:轻舟可以救溺,濡幕可以济焚。六百九十七,《杜氏幽求》曰:褒衣博带,高冠厚舄,佩以珠玑,结之缨蕤。《御览》二十四,《幽求子》曰:秋风晨厉,则惨然多悽。《御览》二十二,《幽求子》曰:扇翣微动,凉风夏生。四百三,

《杜氏幽求子》曰:盖道清淡,以无为家。恬虚寂静,宏广多包,岂非圣人所宅乎！又曰:有道之国,其鬼不神。

苻朗苻子二十卷员外郎

《晋书·载记第十四》:苻朗著《苻子》数十篇,行于世,亦老庄之流也。《史通·模拟篇》云:苻朗比迹于庄周。今案《艺文类聚》、《初学记》诸书尚多引之。严可均《全晋文》集得五十一事。明张鼎思《琅邪代醉篇》卷十云:王元美曰,《苻子》,书在《道藏》,非隐僻,而升庵以为已亡。余在白下,遍求《道藏》,亦未得见《苻子》。余案:《道藏》无《苻子》,元美说误。

司马彪淮南子注

《文选》卷四十五《归去来辞·注》,《淮南·要略》曰"山谷之人,轻天下,细万物,而独往者也",司马彪曰:独往,任自然,不复顾世。《庄子·胠箧篇》,《释文》:《淮南子》云"苌宏铍裂而死";司马云,"胣,裂也;苌宏,周灵王贤臣也"。

阮籍道德论　通老子论

《世说·文学门·注》,《晋诸公赞》曰:步兵校尉阮籍,著《道德论》。

祖台之道论

《初学记》十七引之,曰:大道以至虚顺通,圣人以忘怀兼应。

墨家类

鲁胜注墨辩六篇

胜,在《隐逸传》。云:其著述为世所称,遭乱遗失,惟《注墨辩》存其《叙》。

法家类

黄命蔡司徒难论五卷三公令史

滕辅慎子注十卷

见《唐志》。《隋书·集部》有"晋太学博士滕辅《集》五卷",即此人。今存。

刘黄老慎子注

黄老,附《刘隗传》。

氾毓肉刑论

本传。《元和姓纂》:氾毓,字稚春。晋武帝征秘书郎,不就。著书七万言。

曹彦肉刑论

《书钞》四十四,"害轻全重,去死就生",《注》云:曹议《肉刑论》云;李胜云,蛇蝮螫手,则士断其腕;系号在足,则虎跑其蟠云云。孔广陶《校》云:俞本与《类聚》五十四引作"曹羲《肉刑论》",且脱"蛇蝮"以下。《御览》六百四十八引《博物志》云:李胜、曹羲建《肉刑议》。余案:据此,则"害轻全重"二语,曹羲议;"蛇蝮"以下,李胜论也。又《御览》引王隐《晋书》,载曹彦《肉刑议》,有云:于死,于轻减死,五百为重,重不害生云。今特著"曹彦"名,其李胜、曹羲两论不悉录目。

鲁胜刑名二篇

本传。

名家类

张辅名士优劣论

《艺文类聚》卷二十二引三条,一论魏武帝、刘玄德,此条本《传》

已载。一论司马迁、班固,一论乐毅、诸葛孔明。

杂家类

傅玄傅子百四十卷

本传云:为内、外、中篇,凡有四部、六录,合百四十首。近人严可均、方濬师均有辑本。

薛莹新议八篇

见《吴志》。

索靖索子二十卷

本传。

张显析言论二十卷议郎

马国翰集张显书,凡得四条。案《御览》三百四十八引"张显哲曰:古谚云,尧舜至圣,身如脯腊;桀纣无道,肥肤三尺"。"张显哲",他书未见,疑"哲"字乃"析言"二字之误也。《书钞》六十二,张显《析言》云:谒者仆射季明,清达有高才,多识前代格言,以为扬雄、司马迁俦也。《类聚》九十二引张显《析言》。《新唐书·志》:张明《誓"析言"二字误合论》二十卷,《古训》十卷。

陆机正训十卷

见《宋志》。《通志》七十二云:陆机《正训》,隋、唐二《志》并存。今出于荆州田氏。《文献通考》引《崇文总目》云:《唐志》有"《正训》二十卷,辛德源撰",而此题云"十卷"。据隋以前书录皆无之,《晋史·机传》亦不言有此。疑是德源遗书。

范望太玄经注十二卷字叔明,尚书郎

见《唐志·儒家》,今存本十卷。其《序》云:以陆为本,录宋所长,训理其义,为十卷。且以首分居本经之上,以测散处赞词之下,

故为十二卷矣。宋司马光《注太玄序》云：晋尚书郎范望作《解赞》。

韦谀典林二十三篇

本《传》云：作《伏林》二千馀言，遂演为《典林》二十三篇。

陆机要览三卷《宋志·类事类》"陆机《会要》一卷"，即此书

见《旧唐志》。《玉海》五十四引书目云"一卷"。机《自序》云：直省之暇，乃集《要术》三篇。上曰《连璧》，集其嘉名，取其连类；中曰《述闻》，实述予之所闻；下曰《析名》，乃搜同辨异也。董斯张《广博物志》引书目云：陆士衡著《要览》三卷，上曰《连璧》，中曰《述闻》，下曰《析名》。《御览》二十二又引陆机《纂要》。《御览》卷九、卷二十、卷二十二、二十五、三百三十九。《五色线》卷下引陆机《要览》：夏树名阴，雨名锦雨。

周熙新论

《北堂书钞》六十三引周熙《新论》云：武卫将军孙奇，年十七，以秀才入侍帷幄。余作诗一篇，美而风之，云云。则熙，晋时人。《御览》二百四十一引作"周绍"。

陆喜西州清论

本传云：作《西州清论》，借称"诸葛孔明"以行其书也。

陆喜言道、访论等书百篇

本传：喜自叙曰，感子云之《法言》而作《言道》，睹贾子《美才》而作《访论》，观子政《洪范》而作《古今历》，览蒋子通《万机》而作《审机》，读《幽通》、《思玄》而作《娱宾》、《九思》，真所谓忍愧者也。其书近百篇。

秦菁秦子三卷

《隋志》题"吴人"。今案《意林》及《北堂书钞》卷一百四十五所引，有与顾彦先问难语，盖晋人也。《意林》云：二卷。《御览》八

百六十一,《秦子》曰:五味者,各称一族之名。今和一鼎,名曰羹。犹威、重、廉、平、恩,合而为信也。《御览》十二引《秦子》曰:今欲驰光日下,显白雪中,不可得也。九百六,《秦子》曰:虎能雄猛,不可以托麑;鹰能飘击,不可以寄雏。八百三十八,《秦子》曰:孔文举为北海相。有人母病差,思食新麦,家无,乃盗邻熟而进之。文举闻,特偿之。同二百六十二,彼处较详。《御览》五百八十一,《秦子》曰:一人执规,十手自负;一人吹箫,长短皆应。《类聚》八十一,《秦子》曰:常闻作人当如园圃之蓝,不异众草,染而后朗。然不如唐棣之华,灼灼自显。《书钞》一百二十九,《秦子》曰:有千金之裘,而无千金之布。一百四十八,《秦子》曰:今人知涉川必涉,而忘酒醴之荒性。《御览》二百六十二引《秦子》"孔文举为北海相"事。《书钞》三十六、《类聚》八十五并引孔北海事。

邹子一卷

马国翰《集佚书》云:《邹子》一卷,撰人阙。隋、唐《志》皆不著目。《意林》有"《邹子》一卷",在"《化清经》"、"《成败志》"之间。蔡洪、孙毓,皆晋人,《邹子》当亦晋人所撰。考《晋书·文苑传》,邹湛,字润甫,南阳新野人。所著诗及论事议二十五首,为时所重。此湛有著作之证。以时考之,又与蔡洪、孙毓皆在西晋之初。故书中叙"邢高吕安饮仰天泣",目睹其事而论之也。《意林》引二节,《御览》引四节,引者不著其名。今亦仅题"邹氏"。八百三,《邹子》曰:珠生于南海,玉出于须弥,无足而至。八十、九十七,《邹子》曰:董仲舒三年不窥园圃,乘马不知牝牡。《初学记》卷二,《邹子》曰:朱买臣孜孜修学,不觉雨之流粟。《书钞》九十五同,"觉"作"知";《御览》卷十同。

杨伟桑邱先生书二卷征南军师

杨伟时务论十二卷

《三国志·曹爽传·注》引郭颁《魏晋世语》云:伟,字世英,冯翊人。《御览》三百五十八引之。

葛洪抱朴子外篇五十一卷

今存。按《抱朴子·自叙》云,"《外篇》言人间得失,世间臧否",属"儒家"。今以其兼采道术,故仍入"杂家"。

孟仪子林二十卷

孔衍孔氏说林二卷

《新唐志》:孔衍《说林》五卷。

殷仲堪论集九十六卷

《旧唐志》作"《杂论》九十五卷",入"集部"。

苏道立言六卷

戴安道纂要一卷亦云颜延之撰

兵家类

慕容氏兵法一卷

孔衍兵林六卷江都相

司马彪兵记二十卷一本八卷

司马彪战略

《三国志》《刘表传》、《王基传》、《钟繇传》、《蒋济传》《注》皆引司马彪《战略》。《初学记》二十五,《御览》三百三十七、三百五十九,亦引之。未知与《兵记》即一书否。

陶侃六军鉴要一卷

见《宋史·艺文志》。盖依托。

抱朴子军术

此《外篇》中佚篇也。严可均集得四十二条。今别录其目。

葛洪兵法孤虚月时秘要一卷

见《唐志》。

葛洪阴符十德经一卷

见《唐志》。

庾衮保聚图一卷

《通鉴》:太安元年,颍川处士庾衮,闻冏期年不朝,叹曰,“晋室卑矣,祸乱将兴”。率妻子逃于林虑山中。《郡斋读书志》:庾衮《保聚图》一卷,晋庾衮撰。《晋书·孝友传》载:衮,字叔褒。齐王冏之倡义也,张泓等掠阳翟,衮率众保禹山,泓不能犯。此书《序》云:大驾迁长安,时元康三年己酉,撰《保聚垒议》二十篇。按冏之起兵,惠帝永宁元年也;帝迁长安,永兴三年也:皆在元康后。且三年,岁实癸丑。今云“己酉”,皆误。

农家类

郭璞夏小正注

《太平广记》卷十三引《神仙传》云:璞注《山海经》、《夏小正》、《尔雅》、《方言》。

嵇含南方草木状三卷

见《宋志》。今存。《齐民要术》屡引《南方草物状》,未知即此书否。案此书文笔渊雅,叙述简净,自是唐以前作。然以为“嵇含”,则非也。案《晋书·忠义传》:刘宏表含为广州刺史,未发,宏卒。含素与宏司马郭励有隙,夜掩杀之。又《抱朴子·自叙》云:故人谯国嵇居道,见用为广州刺史,乃表请洪为参军,遣先行催兵,而居道于后遇害。是含实未至广州,不得为此书也。又案《南方草木状》“乞力伽”一条云:刘涓子取以作煎。涓子,东晋末人,远在嵇含后。是书非含作,益明矣。

史道硕田家十月图

《古今名画录》曰:晋史道硕画《田家十月图》,为世所宝。《御览》七百五十,《历代名画记》卷五,引孙畅之云道硕兄弟四人并善画,谢赫云硕与王微并师荀卫。

何曾食疏

《齐书·虞悰传》:豫章王嶷盛馔享宾,谓悰曰:“今日肴羞,宁有所遗不?”悰曰:“恨无黄颔臛,何曾《食疏》所载也。”

宏君举食檄

《北堂书钞》、陆羽《茶经》、《太平御览》皆引之。严可均云:疑即“宏戎”。《通典》八十一有“晋东海国臣宏据”。

徐衷南方草木状

《后汉书·西南夷传·注》引之。《御览》八百三,“草木”作“草物”。又,八百七引徐衷《南方记》,述班具蠃;九百四十一引徐衷《南方记》,述白珠蚌壳;亦当出此书。戴凯之《竹谱》云:筋竹,其荀未成竹时,堪为弩弦,见徐忠《南方奏》。“徐忠”,盖即徐衷。

食经

《御览》八百五十六,卢谌《祭法》:秋祠用菹消,《食经》有此法也。此谌所见之《食经》,是晋以前书。《齐民要术》亦屡引《食经》。

纵横家类

皇甫谧鬼谷子注三卷

《日本国见存书目》尚有此书。

历算家〔类〕

杨伟景初历三卷　景初历术二卷　景初历法五卷一本三卷

《后魏书·律历志》云:魏明帝行杨伟《景初》,于晋朝无所改作。

刘智正历四卷太常。《新唐书》云薛夏训

《开元占经》屡引之。《初学记》卷一引刘氏《正历问》,即此书。按智附《刘寔传》。《御览》卷引(中)《晋中兴书》,作"刘世智",疑史臣避唐讳,但称"刘智"也。

汲冢书大历二篇

事详《束皙传》,云邹衍谈天类也。

王朔之通历

《律历志》云:永和八年,著作郎琅邪王朔之造《通历》。

杜预二元乾度历　历论

本传。《春秋释例》卷十云:余为《历论》之后,至咸宁中,有善算者李修、夏显,依历体为术,名《乾度历》,表上朝廷云云。又《春秋长历说》"夏显"作"卜显"。

皇甫谧朔气长历二卷

刘徽九章算术十卷　九章重差图一卷一名《海岛算经》

《四库总目提要》云:刘徽序《九章算术》云,"徽寻九数有'重差'之名,凡望极高、测绝深,而兼知其远者,必用重差。辄造《重差》,并为注解,以究古人之意,缀于句股之下"。据此,则徽书本名《重差》,无"海岛"之目,但附于句股之下,不别为书。故《隋志》"《九章算术》"增为"十卷",云"刘徽撰",盖以《九章》九卷合此为"十"也。而隋、唐《志》又有"《九章重差图》一卷",盖一书两出。至"海岛"之名,不过后人因卷首以海岛之表设问,而改斯名。然

《唐选举志》称“《九章》《海岛》共限习三年”，则唐初已然矣。《大藏音义》卷六引刘洪《九京疑当作“章”算经注》，一至载数法之名，有十五等云云。

夏侯阳算经三卷

阮元《畴人传》曰：旧以夏侯阳为隋人；以张邱建有“夏侯阳方仓”之语，断为阳以后人。余考之，有不尽合者。夏侯阳称甄鸾、刘徽，为之详释，则鸾在夏侯阳之前。而张邱建《算经》有甄鸾《注》，则张邱建当更在鸾之前。彼此互异，不可是正。盖术数之书，多经窜易，不可据单词定先后也。今姑从《大观算学》所定，以张、夏附见晋代，以俟知者详之。

张邱建算经三卷清河人

今存。

杨伟漏刻经一卷

张亢宗历赞一篇

案亢附《张载传》。云：亢述《历赞》，见《律历志》。今检《志》无此《赞》。“宗”字误衍。

赵畋河西甲寅元历一卷　甲寅元历序一卷凉太史

《魏书·律历志》云：世祖平凉土，得赵畋所修《玄始历》，后谓为密，以代《景初》。

赵畋河西壬辰元历一卷

见《旧唐志》。《后魏书·李业兴传》云：以世行赵畋《历》节气后辰下算，延昌中，业兴乃为《戊子元历》上之。

赵畋阴阳历术一卷　又《通志》有“赵畋《七曜历数算经》一卷”

姜氏三纪历一卷　历序一卷

姜岌历术四卷《唐志》：三卷

《律历志》:天水姜岌造《三纪甲子元历》。《通志·艺文略》:姜岌《三纪验历》一卷,《姜氏历序》一卷。《隋律历志》:中晋时,有姜岌,又以月食于日度,知冬至之日日在斗七十度。

天文家类

虞喜安天论图六卷会稽人

《新唐志》:虞喜《安天论》一卷。《初学记》屡引喜《安天论》。《御览》五十四。

葛洪浑天论

虞耸穹天论

耸,字世龙,虞翻子。事见《吴志·虞翻传·注》引《会稽典录》。《初学记》卷一,虞昺《穹天论》曰:天形如笠,而冒地之表。《书钞》一百四十九亦引之。案:昺,字子文,虞翻子。事见《吴志·虞翻传·注》引《会稽典录》。以上三种并见《晋书·天文志》及《开元占经》。

鲁胜正天论

本传。

姜岌浑天论　浑天论答难

见《开元占经》。《晋书·律历志》云:岌又著《浑天论》,以步日于黄道,驳前儒之失。隋《天文志》有"安岌《论天》",《畴人传》引钱辛楣曰:"安"当为"姜"字,脱其半耳。

谯周天文志

见《晋书·天文志·序》。《续汉书·天文志·注》引之。

郭璞星经一卷

见《通志·艺文略六》。

索靖五行三统正验论

本传云:著《五行三统正验论》,辩理阴阳气运。

陈卓天文集占十卷太史令

陈卓天官星占十卷　四方宿占四卷　五星占一卷《旧唐志》:二卷

《景祐六壬神定经》曰:后魏太史陈卓,言入宿度各有先后。按卓乃晋太史令,杨维德误也。

陈卓石氏星经记七卷

本《书·天文志》云:武帝时,太史令陈卓,总甘、石、巫咸三家所著星图,大凡二百八十三官、一千四百六十四星,以为定纪。盖即此书。

韩杨天文要集四十卷太史令

《初学记》卷二十引四条。《御览》六百四十二引作"韩阳"。

郭琦天文志

见本《书·隐逸传》。

郭历星经十卷

陈卓星述一卷

见《通志》。

张华列象图

见《遂初堂书目》。

张华小象赋一卷　三家星歌一卷

并见《宋志》。又《通志》"张华《小象千字诗》一卷";《玉海》引《崇文目》同。

晋浑天图

宋米芾《画史》云:涟漪蓝氏收晋画《浑天图》,直五尺,素画;不作圜势,别作一小圈,画北斗紫极,亦易于点阅。又列位多异于常图。

五行家类

徐苗徐氏周易筮占二十四卷征士。字君胄,高密淳于人

谯周灾异志记汉建武以来

见《续汉书·五行志》。《绛云楼书目》尚著录《谯子五行》。

谯周谶

《华阳国志》屡引之。

王子年歌一卷

《艺术·王嘉传》云:其所造《牵三歌谶》,事过皆验,累世犹传之。盖即此书。《高僧传》卷五云:人问善恶,嘉随而应答,语则可笑,辞似谶记,事过多验。

瑞应图二卷

《后魏书·张渊传》,《观象赋·自注》引《瑞应图》曰:景星大如半月,生于晦朔,助月光明。当尧之时,有此星见。案:渊逮事苻坚,其所引,盖晋以前书也。又《晋书·五行志》:内史吕会上言,亦引《瑞应图》。

程猗说石图

《后魏书·礼志》:元珍上言云,越骑校尉程猗,赞成王肃,驳郑禫二十七月之失,为"六征"、"三验",上言于晋武帝。即此人。干宝《搜神记》:程猗《说石图》曰,金者,晋之行也,云云。《宋书·符瑞志》两引之。

郭璞谶

见《桓温传》。《隋书·薛道衡传》:郭璞有云,江东偏王三百年,还与中国合。亦当是《谶》也。

祥瑞图

《御览》八百七十三,《祥瑞图》曰:张掖之柳谷,有石,始见于建安,成形于黄初,文备于太和。其石状象龟,嶷然盘峙,广一丈六尺,长一丈七尺,周围五丈馀。苍质。麟凤龙马,炳焕成形;文字灿然。斯盖大晋受终圣德兼该之应也。按此疑即《晋玄石图》,今姑并列其目。

晋灾异簿二卷

晋德易天图二卷

晋玄石图一卷

郭璞周易新林四卷　周易林五卷或作"《周易新林》九卷",疑并两书数之也**易洞林三卷　易八卦命录斗内图一卷　易斗图一卷**

易立成林二卷《隋志》题"郭氏",盖亦依托景纯者。今并录之

《艺文类聚》十七、九十八,《初学记》二十九,皆引郭璞《洞林》。《崇文总目》:郭璞《洞林》一卷。马国翰集《易洞林》二卷。《初学记》卷三,《周易集林》曰:坤,土也。《类聚》九十(八)〔七〕引《洞林》曰:东中郎参军周稚琰,封蚕蛾,令吾射之。八〔十〕九引《洞林》曰:郭璞避难至新息,有以茱萸令璞射之。璞曰,子如赤铃含玄珠,案文言之是茱萸。《左传》庄二十二年《正义》曰:郭璞撰自所卜事,谓之《辞林》。其辞皆韵,习于古也。按"《辞林》",当作"《洞林》",涉下文而误。《郭璞传》:璞撰前后筮验六十馀事,名为《洞林》。又抄京、费诸家要最,更撰《新林》十篇、《卜韵》一篇。

郭璞葬书一卷

见《宋志》。今存。按《隋书·艺术·萧吉传》引《葬书》云:气王与姓相生大吉。今此本无之,当是别一书也。《后汉书·方术传·注》:须臾,阴阳吉凶立成之法也,今书《七志》有《武王须臾》

一卷。此条注《易成林》下。《隋志》:《武王须臾》二卷。

郭璞青囊补注三卷

见《郡斋读书后志》。《通志·略》:郭璞《青囊经》二卷。案《璞传》载璞从河东郭公受青囊中书九卷,故术家为此名也。《太平广记》十四引《神仙拾遗》云:郭文《蒻叶书》、《金雄诗》、《金雌记》,其言皆当时谶词。

郭文金雄记一卷金雌记

郭文,见《隐逸传》。宋邓牧《洞霄图志》:文以晋室乱,入馀杭大涤山学道。又引《吴地记》,载文尝坎本书之上曰《金雄记》,下曰《金雌记》,盖谶晋祚也。《隋志·谶纬类》有"郭文《金雄记》一卷"。《金雌记》,一作《金雌诗》,《宋、齐符瑞志》皆引之。明周婴《卮林》考之甚详。

郭璞八五经一卷

见《直斋书录解题》。

郭璞周易窍书三卷　周易括地林一卷

并见《崇文总目》。

郭璞周易穿地林一卷　地理碎金式一卷　玄堂品诀三卷　拨沙成明经一卷　锦囊经一卷

并见《通志·艺文略·六》。

郭璞三命通照神白经三卷　周易玄义经一卷　周易察微经一卷　周易鬼御算一卷　周易逆刺一卷　易鉴三卷

并见《宋志》。

郭璞玉照定真经一卷

见《四库书目》。

郭琦五行传

见《晋书·隐逸传》。

索袭天文地理十余篇

本传。

遁甲书六十馀卷撰人阙

见《抱朴子·登涉篇》。《后汉书·方术传·注》云:今书《七志》有《遁甲经》。《隋书》有"《遁甲开山图荣氏解》",引者或称"荣邵"。按刘越石《劝进表》云"臣磾遣散骑常侍征虏将军清河太守领各长史高平亭侯荣邵",当即其人。《通志·艺文略·六》:《遁甲开山图》三卷,荣氏撰。

葛洪龟决二卷　周易杂占十卷

葛洪遁甲反覆图一卷　遁甲肘后立成囊中秘诀一卷　遁甲要用四卷　遁甲秘要一卷　遁甲要一卷　三元遁甲图三卷末一种见《旧唐志》

《抱朴子·登涉篇》云:《遁甲书》乃有六十馀卷,不可卒精,故抄集其要,以为《囊中立成》。

郭璞元经十卷门弟子赵载注

赵载璇玑经一卷

明崇祯间刻本。按《晋书》云:璞门人赵载,尝窃《青囊书》,未及读,而为火所焚。《御览》七百二十六。后人遂依托其名,撰此书也。又明人刻《地理人天共宝》有陶侃《寻龙捉杖赋》,尤依托无据,不录。

颜氏周易立成占三卷

颜氏周易孔子通覆决三卷

按此"颜氏",盖即颜幼明。姑录其书,俟考。

颜幼明黄帝灵棋经注二卷

今存。《四库总目提要》云:大抵依托之词。惟考《隋志》即有“《十二灵棋卜经》”,而《南史》所载“客从南来,遗我良材宝货珠玑金碗玉杯”之繇,实为今《经》“第三十七卦”。则是书出自六朝以前,由来已古矣。南齐有平南将军颜幼明,见《索虏》及《南蛮传》。《梁书·儒林·范缜传》有“琅邪颜幼明”。《水经·(泄)〔肥〕水·注》云:沈约《宋书》,言泰始元年,豫州刺史殷琰反。明帝假勔辅国将军讨之,琰降。不犯秋毫,百姓来苏,生为立碑,(言)〔文〕过其实。建元四年,故(史)〔吏〕颜幼明为其庙铭。刘敬叔《异苑》卷五曰:《十二棋卜》出自张文成,受法于黄石公。行师用兵,万不失一。逮至东方朔,密以占象事。自此以后,秘而不传。晋宁康初,襄城寺法味道人,忽见一老公,著黄皮衣,竹筒盛此书。法味无何失所在。遂复流于世。据此,则此书盖法味依托也。《御览》七百二十六所引同。

河图占

《晋书·天文志》引之。近人补后汉、三国《艺文志》者,悉未入录,故附存其目。

庾阐蓍龟论

《艺文类聚》卷七十五引之。

相牛经二卷

《世说·汰侈篇·注》:《相牛经》曰,《牛经》出宁戚,传百里奚。汉世河西薛公得其书。以相牛,千百不失。本以负重致远,未服辎軿,故文不传。至魏世高堂生又传,以与晋宣帝。其后,王恺得其书焉。《郡斋读书志》箸录,云:细字,薛公注也。

白泽图一卷

按《抱朴子·登涉篇》及干宝《搜神记》已引之,则晋以前书也。

故附著其目。马国翰集此书,得四十节,为一卷。

张华注师旷禽经一卷依托

今存。

相手版经

《御览》六百九十二,《相手版经》曰:《相手版》,出自萧何,或曰四皓。初出,殆不行世。东方朔见而善之,曰此非庸人所至。魏(原误"卫")司空陈长史见此书,叹伏,以示许士宗、韦仲将、管辂,见而推叹。郭景纯以夜兼昼,方得其妙理。按:晋时纬谶学不甚传,而此等书乃纷然错出,录之足以觇风气也。《本纪》:泰始三年,禁星气谶纬之学。

医家类

王叔和脉经十卷高平人,官太医令

今存。《郡斋读书志》曰:按唐甘宗伯《名医传》,叔和,西晋高平人。性度沉静,博通经方,精意诊处,尤好著述。其书纂歧伯、华陀等论脉要诀,凡九十七篇。

王叔和论病六卷

高湛《养生论》曰:王叔和,高平人,博好经方,洞识摄生之道。尝谓人曰,食不欲杂,杂则或有所犯,当时或无灾患,积久为人作疾。寻常饮食,每令得所。多冷令人顿亭短气,或致暴疾。夏至秋分,少食肥腻饼臛之属。此物与酒食瓜果相妨,当时不必即病,入秋节变,阳消阴息,寒气总至,多至暴卒,良由涉夏取冷大过,饮食不节故也。而不达者,皆以病至之日,便谓是受病之始,而不知其所由来者渐矣,岂不惑哉!《御览》七百二十。

吴普华陀方十卷

吴普本草六卷华陀弟子，广陵人

《抱朴子·至理篇》云：有吴普者，从华陀受五禽之戏，以代导引，犹得百馀岁。按：此书，《艺文类聚》、《太平御览》屡引之。《后汉书·华陀传·注》引《陀别传》曰：吴普从陀学，微得其方。魏明帝呼之，使为禽戏。普以年老，手足不能相及，粗以其法语诸医。普今年将九十，耳不聋，目不冥，牙齿完坚，饮食无损。按：作《陀别传》者，在魏明帝后，而称普"将九十"；《抱朴子》言普"得百馀岁"，则固入晋矣。

王季琰本草经三卷

按：季琰，王珉字。沈子培曰：此修《隋书》时避唐讳，故称其字。

王季琰药方一卷

王叔和编次张仲景伤寒论十卷

见《通志》。今存。高湛《养生论》曰：叔和性沉静，好著述。考核遗文，采摭群论，撰成《脉经》十卷，编次张仲景《方论》为三十六卷，大行于世。《御览》七百二十二。《隋志》：梁有张仲景《辨伤寒》十卷，张仲景《评病要方》一卷，又张仲景《疗妇人方》二卷。

王叔和张仲景药方十五卷

见《旧唐志》。

葛洪肘后方六卷

《旧唐志》作"《肘后救卒方》四卷"。本传作"《肘后要急》四卷"。今存。《艺文类聚》七十五引"陶宏景《肘后百一方序》"。《类聚》八十二引"葛洪《治金创方》"。

金匮玉函经八卷

《郡斋读书志》曰：汉张仲景撰，晋王叔和集，设答问杂病、形证、脉理,参以疗治之方。仁宗朝王洙得于馆中,用之甚效。合二百六十二方。

罗什耆婆脉诀注十二卷

见《日本现在书目》。

葛洪玉函煎方五卷　金匮药方一百卷

《晋中兴书》曰:洪撰《经用救验方》三卷,号曰"肘后方",又撰《玉函方》一百卷。于今行用。《御览》七百二十二。

葛仙翁杏仁煎方一卷

《崇文总目》:葛洪撰。《宋志》,"仙翁"作"仙公"。按:《东观馀论》以"葛仙公"为葛元,此亦当是。今姑录之。

皇甫谧曹歙论寒食散方二卷"歙",当依《魏志》作"翕"

《魏志·东平王徽传·注》:臣松之案,翕入晋封廪邱公,魏宗室之中名次鄄城公。撰《解寒食散方》,与皇甫谧所撰并行于世。按《隋志》又有"皇甫士安依诸方撰一卷",文义未备,盖承上"宋尚寒食散"而言,即此书也。

释道洪寒食散对疗一卷　释道洪方一卷

胡洽胡居士治百病要方三卷

见《新唐志》。

范汪范东阳方一百七十六卷、录一卷

《旧唐志》:《难药方》一百七十卷,范汪方,尹穆撰。案:《御览》七百三十九引范汪《秘方》,七百四十三、九百四十六并引范汪《方》,九百二十五引范汪《治咽方》,九百四十八引范汪《治不得小便方》,卷一千引范汪《治淋方》。馀各家所引尚多。明徐氏《古今医统》引用书目,尚有"范汪《方》五卷"。《晋书》:范汪撰《方》五百馀卷,又一百七卷,后人详用,多获其效。《御览》,七百二十二。

“范汪”,窦(众)〔泊〕《述书赋》注作“范洼,字玄平”。

范氏疗妇人药方十一卷

范氏解散方七卷

刘涓子鬼遗方十卷龚庆宣传

《崇文总目》云:涓子,晋末人,于丹阳县得《鬼遗方》一卷,皆治痈疽之法。庆宣得而次第之。《中兴书目》引,见《直斋书录解题》。《唐志》作“刘涓子《男方》”,误。

刘涓子鬼论一卷

《崇文总目》著录。钱侗云:天一阁有抄本。

疗痈经一卷

《隋志》列“《鬼遗方》”下,不著撰人。钱氏《读书敏求记》卷三云“予别有刘涓子《治痈疽神仙》一卷,是家抄本”,盖即此书。

殷仲堪殷荆州要方一卷

《颜氏家训·杂艺篇》云:医方之事,微解药性、小小和合,居家得以救急,皇甫谧、殷仲堪则其人也。

阮文叔阮河南药方十六卷

《新唐志》题“阮炳”。《隋志》避唐讳,称字。《魏志·杜畿传·注》引《杜氏新书》云:阮武弟炳,字叔文,河南尹。精意医术,撰《药方》一部。按:《唐志》又有“阮河南《药方》十七卷”,当是重出。

辽东备急方三卷

《隋志》云:都尉臣广上。

于法开议论备豫方一卷

《翻译名义集》卷十七:法开,晋升平中,孝宗有疾,开视状知不起,不肯进药。献后怒,收付廷尉,俄而帝崩,获免。或问法师曰,高明刚简,何以医术经怀?开曰,明六度以除四魔之疾,调九候以疗风寒之病,自利、利他,不亦可乎!孙绰曰,才辩纵横,以数术通教,其在开公焉。

宫泰三逆散方

徐春甫《古今医统》:晋宫泰,不知何郡人,制《三逆散方》,治喘咳气逆最效,世所贵云。

鄞邵五石散矾石散方

《古今医统》:鄞邵,不知何郡人,制五石散矾石散等方,晋朝士大夫无不敬服。

葛洪黑发酒方一卷

见《崇文总目》。

张湛养生要集十卷　养性传二卷

见《新唐志》。《文选》二十一《注》引《养生要论》曰:"龟鹤寿有千岁之数,性寿之物也。道家之言,鹤曲颈而息,龟潜匿而噎,此其所以为寿也。服气养性者法焉。"疑出此书也。《新唐志》入"神仙家"。《御览》卷九引《养性经》曰:治身之道,春避青风,夏避赤风,秋避白风,冬避黑风。此彭祖《养性经》也。《医心方》屡引之。

张湛延年秘录十二卷

见《唐志》。《宋艺文志》"《延年秘录》十二卷",不著撰人。叶石林《避暑录话》卷下引张湛授范宁《目痛方》,盖出此书。

玉房秘诀十卷

《隋志》"八卷",不题撰人。《新唐志》题"冲和子《玉房秘诀》十卷",《注》云"张鼎"。"鼎",不详何时人,俟考。

殷浩方书

《图书集成·艺术典·医部·名医列传》引《医学入门》云:殷

浩精通经脉,著《方书》。《初学记》卷四,《养生要集》曰:术,味苦,小温。生汉中南郊山谷,五月五日采之。《御览》八百三十九、八百四十一均引《养生要集》。《文选》卷五十三引《养生要》曰:大蒜勿食,荤辛害目。《御览》三百九十一,《养生要诀》曰:人语笑,欲令至少,不欲令声高。若过误笑,损肺肠,精神不足①。

支法存申苏方五卷

《千金序》曰:支法存,岭表人,性敦方药。自永嘉南度,士大夫不袭水土,多犯脚弱,惟法存能拯济之。《御览》七百二十四又曰:僧深善疗脚弱气之疾,撰录法存等诸家医家三十馀卷。

神仙家类

华峤紫阳真人周君传一卷

按"峤"当作"侨"。《真诰·真胄世谱》云:华侨者,晋陵冠族,世事俗祷。侨入道,鬼事得息。积年,乃见裴清灵、周紫阳。又云:今世中《周紫阳传》,即侨所造。《御览》六百六十九,《真人周君内传》曰:紫阳真人周义山,字季通,汝阴人也。汉丞相勃七世孙。父浚,官至陈留内史。《类聚》七十八,《真人周君传》曰:紫阳真人周义山,汝阴人。闻有栾先生得道在蒙山,能读《龙峤经》,乃追寻之。

葛洪抱朴子内篇二十一卷、音一卷

今存,二十卷。

抱朴子神仙服食药方十卷

《新唐志》:抱朴子《太清神仙服食经》五卷。

抱朴子养生论一卷

---

① 此条文内自"《初学记》"以下,疑当是前录"张湛养生要集十卷"条中文字误置于此者。今姑从原刊未改。类似者不再另注。

见《宋志》。《道藏》“临”字号，有此书。严可均《铁桥漫稿》曰：前半即《地真篇》也，后半与《极言篇》相辅。

太清玉碑十一卷葛洪与郑惠远问答

见《宋志》。

青霞子授茅君歌一卷青霞子，晋太康时人

见《通志》。

王浮老子化胡经十卷

《高僧传》卷一：帛远，平素之日，与王浮屡争邪正。浮瞋，不自忍，乃作《老子化胡经》，诬谤佛法。《郡斋读书志》云：魏明帝为之序。按裴松之《三国志注》言“世称老子西入流沙，化胡成佛”，其说盖起于此。

稚川真人校证术一卷

《道藏》“似”字号，有此书。

抱朴子神仙金汋经三卷

严可均《漫稿》曰：其上、下二卷，即《金丹篇》也。

抱朴子别旨二卷

《宋史·艺文志》著录云：不知作者。今《道藏》本《抱朴子·内篇》后附此书一卷，凡五百六十馀言，盖依托也。

王真人阴丹诀一卷东晋王长生撰

见《通志》。

葛洪五金龙虎歌一卷　五岳真形图文一卷

并见《崇文总目》。

许真君修九幽立成仪一卷

见《崇文总目》。金锡鬯云：《通志·略》亦名“《旌阳遗教》”。

庾阐列仙论

《艺文类聚》卷七十八引之。

葛洪神仙传略一卷

见《崇文总目》。

仙人马君阴君内传一卷

《唐志》题"赵升等撰"。

葛洪胎息术一卷

《郡斋读书后志》云:葛仙翁《胎息术》一卷,右"仙翁",葛洪也。案:"葛仙翁"即三国时之葛仙公,非稚川也。晁氏盖误。《后汉书·方术·王真传》"能行胎息胎食之方",《注》:《汉武内传》曰,习闭气而吞之,名曰胎息。《抱朴子·释滞篇》曰:胎息者,能不以鼻口嘘吸,如在胞胎之中。

王羲之许先生传一卷

见《唐志》。《崇文总目》有"《许迈传》一卷"。金锡鬯云:疑即此书。《通志》作"《许远游传》"。《艺文类聚》、《太平御览》屡引之。

葛洪金木万灵诀一卷

见《通志》。《道藏》"松"字号,有此书。

大洞真经一卷《真诰》引之

《郡斋读书志》卷十六云:《大洞真经》一卷,题云,高上虚皇等道书三十七章,晋永元中,上清紫微元君降授于王夫人,是上清高法。《道藏》书六部、李氏《道书志》四类,皆以此书为之首。《真诰·叙录》云:上清真经,出世之源,始于晋兴宁二年,太岁甲子,紫虚元君上真司命南岳魏夫人下降,授弟子琅邪王司徒公府舍人杨羲,使作隶字,以传护军长史句容许穆,并第三息上许掾玉斧。

许逊灵剑子一卷

《灵剑子引道子午记》一卷。见《天一阁书目》。

黄庭内景经一卷

今存。《郡斋读书志》曰:梁邱子《叙》云,扶桑大帝命旸谷神王传魏夫人,一名《东华玉篇》。

黄庭外景经三卷

今存。《郡斋读书志》云:《叙》谓“老子所作”,与《法帖》所载晋王羲之写本正同。周必大《跋山谷书南华玉篇》云:《黄庭外景》一篇,世传魏晋时道家者流所作。此三十六篇,乃其义疏,名曰《内景》,养生之枢要也。《益公题跋》卷十一。叶奕包《金石录补》曰:按羲之卒于穆帝升平五年;后二年为哀帝兴宁二年,《黄庭》始降于世。则非王书可知。

华存清虚真人王君内传一卷

《御览》六百九十三引称《王褒内传》。馀所引多称《王君内传》,或称《真人王君传》。《隋志》题“弟子华存传”。

晋哀帝丹青符经五卷、丹台录三卷

出柳子厚《龙城录》。按《龙城录》虽伪书,要是宋以前作,虑其别有所本,姑录存之。

许远游诗十二首

宋邓牧《洞霄图志》:许迈,字叔元,一名映后;改名元,字远游。与旌阳令逊、护军长史穆,皆再从兄弟。后于临安西山师王世隆。著《诗》十二首,论神仙事。

王献之画符及神一卷

米芾《画史》云:王献之《画符及神》一卷,咒小字,五斗米道也。

南岳夫人内传一卷

《崇文总目》:《南岳魏夫人内传》一卷。金锡鬯云:按《宋志》

"范邈撰",《唐志》作"《紫虚元君魏夫人内传》,项宗撰"。《初学记》二十八引作"《南岳夫人传》"。《艺文类聚·果部》亦引之。《唐志》亦云"范邈撰",与项宗书盖两部,宜分录。《书钞》一百二十九,《真人三君内传》云:南极夫人被锦服、青羽裙。

抱朴子玉策记

《初学记》二十九引之。《太平御览》卷八、卷九百六、九百八、九百九。

马明生别传《书钞》作"名生"

《书钞》一百三十三、《类聚》八十七并引之。《御览》七百六、《文选》卷二十八《注》作"《马明先生别传》"。

李遵太元真人东乡司命茅君内传一卷

《御览》六百六十一引此书,云:以晋兴宁三年七月四日夜降杨君家。则晋人书也。馀书引之,或称"《茅君内传》",或称"《茅盈传》"。九百十六,称"李尊《太元真人茅君内传》"。《隋志》题"弟子李遵"。《初学记》三十引"李遵《太元真人茅君传》"。《真诰·甄命授·第四》云:李中候,名遵,撰《茅三君传》、《飞步经》。《真诰·协昌期·第一》有《答长史谘飞步经》。

施安五星图同上　**二十四神经**同上

三皇内文天文三卷　元文上中下三卷　混成经二卷　元录二卷　九生经云云至李先生口诀肘后二卷　自来符云云至玉斧符十卷　青龙经　中黄经　太清经　通明经　按摩经　道引经十卷　元阳子经　元女经　素女经　彭祖经　陈赦经　子都经　张虚经　天门子经　容成经　入山当作"内"**经　金丹经　枕中五行记**

《抱朴子·遐览篇》:道经有三皇内云云。又《释滞篇》曰:道书篇卷,至于山积。案各书,《汉艺文志》皆不著录,依托无疑;而稚川见之,必晋以前书也,故具列其目。如《太清》、《素女》、《彭祖》诸经,则并见《隋志》矣。日本祢康赖《医心方》卷二十八屡引《元女经》、《素女经》、《太清经》及抱朴子说,皆晋以前书也。

葛氏房中秘术一卷

见《新唐志》。《隋志》作"《序房内秘术》",(抱)隋讳"中"字也。《抱朴子·释滞篇》曰:《元》、《素》、《子都》、《容成公》、《彭祖》之属,盖载其麄事,终不以至要者著于纸上。余承师郑君之言,故记以示将来之信道者。实复未尽其诀矣。

许旌阳度人经释例一卷

太上净明院补奏职局奏玄都省都知一卷

见《道藏》方法类"赖"字号。

易内戒　赤松子经　河图记命符

《抱朴子·微旨篇》引之。

董仲舒李少君家录　仙经

《抱朴子·论仙篇》引之。

玉策记　昌字经　玉钤经中篇

《抱朴子·对俗篇》引之。

神仙经　黄白方二十五卷或题篇云"庚辛"　**九丹经　金银液经**

黄白中经五卷

见《抱朴子·黄白篇》。

周公城名疏　九天秘记　太乙遁甲玉钤经　灵宝经　九鼎经

见《抱朴子·登涉篇》。

曹毗杜兰香传

见本传。《御览》卷五百、卷九百八十四两引之,《类聚》屡引之,题"《杜兰香列传》"。三百九十六引作"曹毗《神女杜兰香传》”。

成公兴内传

《御览》七百九引之。

孙绰列仙传赞三卷刘向撰，飈续

今存二卷。

灵人辛元子自序一卷《隋志·杂传类》

郭元祖列仙传赞二卷、序一卷

《真诰·阐幽微·第二》录之。今存。

葛洪神仙传十卷

今存。

葛洪汉武内传三卷

《日本见在书目》题“葛洪”，今从之。

太乙真君固命歌一卷

《宋艺文志》云：晋葛洪译。

河图玉版

张湛《列子·周穆王篇·注》，《河图玉版》云：西王母居昆仑山。

清虚真人裴君内传一卷

《真诰》屡引裴灵期语，即此人。

杨羲书灵宝五符一卷　王君传一卷　许穆步七元星图　许穆书飞步经一卷　西岳公禁山符一卷　杨羲书中黄制虎豹符一卷　许穆书太素五神二十四神并回元隐道经一卷　八素阴阳歌一卷　列纪黄素书一卷　杨羲书酆宫事一卷

以上并见《真诰·翼真检·第二》。

丙部下五

释家类

放光经二十卷晋元康元年译

梁释僧祐《出三藏集记》卷二云：魏高贵乡公时，沙门朱士行，以甘露五年到于阗国，写得此经正品梵书梵本十九章。梁慧皎《高僧传》作“九十章”。到晋武帝元康初，于陈留仓垣水南寺译出。《高僧传》云：竺叔兰译为晋文，称为《放光般若皮牒》。故本今在豫章。士行，颍川人。《魏书·释老志》：晋元康中，有胡沙门支恭明，译佛经《维摩》、《法华》、《三本起》等。微言隐义，未之能究。

光赞经十卷太康七年译

贤劫经七卷元康元年译

正法华经十卷太康七年译

普耀经八卷永嘉二年译

大哀经七卷元康元年译

度世品经六卷元康元年译

密迹经五卷太康九年译

持心经六卷太康七年译

修行经七卷太康五年译

渐备一切智经十卷或“五卷”。元康七年译

生经五卷或“四卷”

海龙王经四卷或“三卷”。太康六年译

普超经四卷或“三卷”。太康七年译

维摩诘经一卷或云“《维摩诘名解》”

阿维越致经四卷太康五年译

严净佛土经二卷

阿耨达经二卷

首楞严经二卷

无量寿经二卷

宝藏经三卷太始六年译

宝髻经二卷永熙九年译

要集经二卷

佛升忉利天品经二卷

等集众德三昧经三卷

无尽意经四卷

离垢施女经一卷太康十年译

郁迦长者经一卷

大净法门经一卷建始元年译

须真天子经泰始二年译

幻士仁贤经一卷

魔逆经一卷太康十年译

济诸方等经一卷

德光太子经一卷泰始六年译

文殊师利净律经一卷太康十年译

决定持经一卷

宝女经四卷太康六年译

如来兴显经四卷元康元年译

般舟三昧经二卷

首意女经一卷

十二因缘经一卷

月明童子经一卷

五十缘身行经一卷

六十二见经一卷

四自侵经一卷

须摩经一卷

随权女经一卷僧祐云：出《别录》；安《录》无

方等泥洹经二卷泰始五年译

大善权经二卷太康六年译

无言童子经一卷

温室经一卷

顶王经一卷

圣法印经一卷

移山经一卷

文殊师利五体悔过经一卷泰始七年译。按今《佛藏》题“《佛说文殊悔过经》”

持人菩萨经三卷泰始七年译

灭十方冥经一卷元熙元年译

无思议孩童经一卷

迦叶集结经一卷

弥勒成佛经一卷僧祐云：与罗什所出异本

舍利佛目连游诸国经一卷

琉璃王经一卷

奈女耆域经一卷

宝施女经一卷

宝网童子经一卷

顺权方便经二卷一云“《转女身菩萨经》”。太安二年译

五百弟子本起经一卷太安二年译

佛为菩萨五梦经一卷太安二年译

普门经一卷太安八年译

如幻三昧经二卷太安二年译

弥勒本愿经一卷太安二年译

舍利弗本愿经一卷太安二年译

胞胎经一卷太安二年译

十地经一卷太安二年译

摩目犍连本经一卷

太子慕魄经一卷

四不可得经一卷

菩萨悔过经一卷

当来变经一卷

乳光经一卷

心明女梵志妇饭汁施经一卷

大六向拜经一卷

鸯掘摩经一卷

菩萨十住经一卷太安元年译

摩调王经一卷太安三年译

象步经一卷

照明三昧经一卷太安三年译

所欲致患经一卷太安三年译

法没尽经一卷太熙元年译

菩萨斋法一卷

独证自誓三昧经一卷

过去佛分卫经一卷

五盖疑结失行经一卷僧祐云:安公云,不似护公出。《后记》云:永宁二年四月十二日出

阿差末经四卷永嘉元年译。僧祐云:《别录》所载;安《录》先阙

无极宝经一卷《别录》所载;安《录》先阙。永嘉元年译

阿述达经一卷《别录》所载;安《录》先阙。以上九十五部,凡二百六卷,梁僧祐云"今并有其经"

等目菩萨经二卷僧祐云:《别录》所载;安《录》先阙

闭居经十卷

更出小品经七卷

总持经一卷

超日明经一卷

删维摩诘经一卷

虎耳意经一卷一名《二十八宿经》

无忧施经一卷

五福施经一卷

楼炭经五卷太安元年译

勇伏定经二卷元康元年译

严净定经一卷元熙元年译

慧明经一卷

迦叶本经一卷

光世音大势至受决经一卷

诸佛方经一卷

目连上净诸天经一卷

普首童经一卷

十方佛名经一卷

三品修行经一卷

金益长者子经一卷

众祐经一卷

观行不移四事经卷元康中译

小法没尽经一卷

四妇喻经一卷元康中译

庐夷亘经一卷

诸神咒经一卷

廅罗王经一卷

龙施经一卷

檀若经一卷

马王经一卷永平元年译

普义经一卷永平中译

鹿母经一卷元康初译

给孤独明德经一卷太熙元年译

龙王兄弟陀達诚王经一卷"達"即"逵"字

劝化王经一卷

百佛名经一卷

更出阿阇世王经二卷建武元年译

植众德本经一卷

沙门果证经一卷

龙施本起经一卷或云《龙施女经》

佛悔过经一卷

三转月明经一卷

解无常经一卷

胎藏经一卷

离垢盖经一卷

小郁迦经一卷

阿阇世女经一卷

贾客经二卷建武元年译

人所从来经一卷永兴二年译

诫罗云经一卷

雁王经一卷太始九年译

十等藏经一卷永兴二年译

雁王五百雁俱经一卷永兴二年译

诫具经一卷永兴二年译

决道俗经一卷永兴二年译

猛施经一卷永兴二年译

城喻经一卷永兴二年译

耆阇崛山解经一卷

譬喻三百首经二十五卷

比邱尼诫经一卷太始三年译

诫王经一卷

三品悔过经一卷太始三年译

菩萨斋法经一卷以上六十四部，凡一百一十六卷，僧祐云“经今阙”

《出三藏集记》云：右一百五十四部，合三百九卷，晋武帝时，沙门竺法护，到西域得梵本还，自太始中至怀帝永嘉二年以前所译出。祐捃摭群录，遇护公所出，更得四部，安《录》先阙，今条入录中。安公云，遭乱录散，小小错涉。故知今之所获，审是护出也。

超日明经二卷

《出三藏集记》云：晋武帝时，沙门竺法护，先译梵文，而词义烦重。优婆塞聂承远整理文偈，删为二卷。《高僧传》云：承远，明解有才。护公出经，多参正文句。

须真天子经二卷

《出三藏集记》云：晋武帝世，天竺菩萨沙门昙摩罗察口授出，安文慧白元信笔受。廷式案："昙摩罗察"，"察"音同"刹"，即"法护"也。《三宝记》、《内典录》并云：梵言"昙摩罗叉"，晋言"法护"。梁慧皎《高僧传》卷[①]一云：竺昙摩罗刹，此云"法护"，世居敦煌，八岁出家。游历诸国，大赍梵经，还归中夏，写为晋文。所获《贤劫》、《正法华》、《光赞》等一百六十五部，终身写译，劳不告倦。经法所以广流中华，护之力也。释慧琳《大藏音义》卷十九云：此《阿差末经》及前《大哀》等经，并是西晋竺法护译，词理虏拙，质朴不妙。

异维摩诘经二卷

首楞严经三卷

《出三藏集记》云：右二部，五卷，晋惠帝时，竺叔兰，以元康元年译出。《高僧传》卷四云：河南居士竺叔兰，本天竺人，父世避难，居于河南。

惟逮菩萨经一卷

《出三藏集记》云：晋惠帝时，沙门帛法祖译出。按《高僧传》：帛远，字法祖。《历代三宝记》：(白)〔帛〕法祖出二十三经，合二十

① "梁慧皎高僧传卷"，此七字，原刊单出，列作书目(《廿五史补编》本亦单出列作书目，且于"卷"前更增入一"□")。按此《高僧传》非晋人著作，列作书目，有违《志补》体例，且与此下"一云……"条文不谐。今据意改入条文内。

五卷,有《严净佛土经》等。唐智昇《开元释教录》云:长房等录,更有七经,亦云祖出。今以并是别生,故删不主。案:此余所以据《三藏集》为主,不悉用后来之目也。

帛远译弟子本起经五部僧经　注首楞严经

并见《高僧传》卷一。

帛法祚注放光般若经　显宗论

见同上。

楼炭经六卷《三宝记》云:与法护出“五卷”者小异

大方等如来藏经一卷

法句本末经四卷或云“六卷”。《三宝记》:五卷

《高僧传》云:《昙钵经》,即《法句经》也。晋惠末,沙门法立译为五卷,沙门法巨著笔。立又别出小经近百许首,值永嘉末乱,多不复存。

福田经一卷

《出三藏集记》云:右四部,凡十二卷,晋惠怀帝时,沙门法炬译出。其《法句》、《喻福田》二经,炬与沙门法立共译。《历代三宝记》卷十五:西晋沙门法炬,一百三十二部、一百四十二卷经。又卷七云:炬多出大部,僧祐录全不载。按:有《楼炭》、《遗教》、《法律》等经,兹不悉出。

摩诃般若波罗密道行经二卷

《出三藏集记》云:晋惠帝时,卫士度略出。《高僧传》云:士度,司州汲郡人。

合维摩诘经五卷合支谦、竺法护、竺叔兰所出《维摩》三本,合为一部

合首楞严经八卷合支忏、支谦、竺法护、竺叔兰出《首楞严》四本,合为一部。或为“五卷”。

《出三藏集记》云：右二部，凡十三卷，晋惠帝时，支敏“敏”亦当作“愍”度所集。其《合首楞严》，《传》云“亦愍度所集”。既阙注目，未详信否。《三宝记》云：合两支、两竺、一白五本，为一部。见支敏度《录》。

灌顶经九卷

《三宝记》卷七云：见《杂录》。元帝世，西域沙门帛尸梨蜜多罗译。

大孔雀王神咒一卷《三宝记》云：见竺道祖《录》

孔雀王杂神咒一卷《三宝记》云：亦见竺道祖《录》，但译未尽

《出三藏集记》云：右二部，凡二卷，晋元皇帝时，西域高座沙门尸梨蜜所出。《高僧传》云：初，江东未有咒法，密译出《孔雀王经》，明诸神咒，时人呼为“高座”。

阿闳佛制诸菩萨学成品经二卷太康年出，第二译

方等法华经五卷咸康九年译

《三宝记》卷七：右二经，合七卷，成帝世，沙门支道根出。并见竺道祖《晋世杂录》。

譬喻经十卷

《出三藏集记》云：晋成帝时，沙门康法邃抄集众经，撰此一部。《历代三宝记》：“东晋康法邃译，一部，七卷。”“七”字误。

十诵比邱戒本一卷　教授比邱二岁坛文一卷

《出三藏集记》云：晋简文帝时，西域沙门昙摩持诵赍梵本，竺佛念译出。释宝唱《比邱尼传》云：晋咸康中，沙门僧建于月支国得僧祇尼羯磨及戒本，兴平元年二月八日，于洛阳译出。外国沙门昙摩羯多为立戒坛。

比邱尼大戒一卷《三宝记》“《教授比邱二岁坛文》”，疑即此书

《出三藏集记》云：晋简文帝时，沙门释僧纯于西域拘夷国得梵本，到关中，令竺佛念昙摩持慧常共译出。

摩诃钵罗若波罗密经抄五卷伪秦苻坚建元十八年译。《三宝记》云：见僧睿《二秦录》

《出三藏集记》云：晋简文帝时，天竺沙门昙摩蜱执梵大品本，竺佛念译出。

杂阿毗昙毗婆沙论四卷伪秦建元十九年译

婆须蜜集十卷秦建元二十年译

僧伽罗刹集经三卷秦建元二十年译

《出三藏集记》云：右三部，凡二十七卷，晋孝武时，罽宾沙门僧伽跋澄以苻坚时入长安，跋澄口诵《毗婆沙》，佛图罗刹译出。又赍《婆须蜜》梵本，竺佛念译出。《高僧传》云：《阿毗昙毗婆沙论》，秦沙门敏智笔受；《婆须蜜》梵本，惠嵩笔受。

四阿含暮抄经二卷

《出三藏集记》云：晋孝武帝时，西域沙门鸠摩罗佛提于邺寺出。佛提执梵本，竺佛念佛护为译，僧导僧叡笔受。

三十七品经一卷太元二十年译

贤劫千佛名经一卷

《出三藏集记》云：右二部，凡二卷，晋孝武帝时，天竺沙门竺昙无兰在扬州谢镇西寺译出。《历代三宝记》：东晋沙门竺昙无兰译，一百一十部，一百一十卷经、咒、戒。按：有《义足经》等，不悉载。

益意经三卷第二出

《三宝记》卷七云：孝武帝世，沙门康道和太元末译。见竺道祖《晋世杂录》。

十二游经一卷与彊梁译者小异

《三宝记》:孝武帝世,外国沙门迦留陀伽,晋言"时永",太元十七年译。见《晋世杂录》及宝唱《录》。

增一阿含经三十三卷秦建元二十年译。或分为三十三卷

中阿含经五十九卷同建元二十年译

《出三藏集记》云:右二部,凡九十二卷,晋孝武帝时,兜佉勒国沙门昙摩难提以苻坚时入长安,难提口诵梵本,竺佛念译出。《高僧传》云:惠嵩笔受。

出曜经十九卷

菩萨璎珞经十二卷

十住断结经十一卷

菩萨处胎经五卷或为"四卷"

中阴经二卷

王子法益坏目因缘经一卷或云《阿育王息坏目因缘经》

《出三藏集记》云:右六部,凡五十卷,晋孝武帝时,凉州沙门竺佛念以苻坚时于关中译出。

中阿含经六十卷

僧祐云:晋隆安元年十一月十日,于东亭寺译出,至二年六月二十五日讫。与昙摩难提所出本不同。《三宝记》云:见道祖《录》。《三宝记》又有"《增一阿含经》五十卷":隆安元年出,与难提译者小异,竺道祖笔受,见道祖及宝唱《录》。

阿毗昙八犍度二十卷建元十九年译

阿毗昙心论十六卷或"十三卷"。苻坚建元末于洛阳出

鞞婆沙阿毗昙论十四卷一名《广说》。同在洛阳译出

阿毗昙心论四卷晋太元十六年,在庐山,为远公译出

《世说·文学门·注》,《出经叙》曰:僧伽提婆,罽宾人,姓瞿昙

氏。儁朗有深鉴。苻坚〔时〕至长安，出诸经。后渡江，远法师请译《阿毗昙》。远法师《叙》曰："阿毗昙"者，三藏之要领，咏歌之微言，故以心为名。凡二百五十偈。"阿毗昙"者，晋言"大法"也。

教授比丘尼法一卷亦在庐山出。据《三宝记》增入

三法度论二卷同以太元十六年于庐山出

《出三藏集记》云：右六部，凡一百一十六卷，晋孝武帝及安帝时罽宾沙门僧伽提婆所译出。

新大品经二十四卷僧祐云：伪秦姚兴宏始五年，于逍遥园译出

新小品经七卷宏始十年译

新法华经七卷宏始八年夏，于长安大寺译出

《郡斋读书后志》云：《妙法莲华经》七卷，姚秦三藏法师鸠摩罗什译。《经》本十卷，后三卷朝廷所禁云。

差摩经一卷

《高僧传》：昙摩耶舍，此云"法明"，罽宾人。善诵毗婆沙律，人号为"大毗婆沙"。隆安中达广州。时有清信女张普明咨受佛法，耶舍为说佛生缘起，并为译出《差摩经》一卷。张普明，交州刺史张牧女。

众律要用二卷

《三宝记》云：安帝隆安四年，沙门释僧导等，于扬州尚书令王法度精舍，请三藏律师昙摩晋言"法善"译出。

新贤劫经七卷

华首经十卷一名《摄诸善根经》

新维摩诘经三卷宏始八年译

《郡斋读书后志》：《维摩诘所说经》三卷，姚秦僧鸠摩罗什译。什与其弟子僧肇等注《十四品》。

新首楞严经二卷

十住经五卷什与佛驮耶舍共译出

思益义经四卷

持世经四卷或"三卷"

自在王经二卷宏始元年译

佛藏经三卷一名《选择诸法》。或"二卷"

菩萨藏经三卷一名《富楼那问》,亦名《大悲心》。或为二卷

称扬诸佛功德经三卷一名《集华》

无量寿经一卷或云《阿弥陀经》

弥勒下生经一卷

弥勒成佛经一卷

金刚般若经一卷

诸法无行经一卷《武周刊定众经目录》作"《诸法无相经》"

菩提经一卷

遗教经一卷

十二因缘观经一卷

菩萨呵色欲经一卷

禅法要解二卷或云《禅要经》

禅经三卷与《坐禅三昧经》同

杂譬喻经一卷比邱道略所集

大智论百卷僧祐云:于逍遥园译出。或分为七十卷。廷式案:当作"《大智度论》"。据僧叡《序》,一名《摩诃般若波罗蜜经释论》

诚实论十六卷廷式案:当作"成实"

十住论十卷

中论四卷

十二门论一卷

百论二卷宏始六年译

十诵律六十一卷《高僧传》卷二:鸠摩罗什云,唯《十诵》一部未及删烦,存其本旨,必无差失

按《高僧传》:《十诵律》,弗若多罗诵,本梵本,罗什及昙摩流支译为晋文。又云:本五十八卷,卑摩罗叉开为六十一卷。

十诵比邱戒本一卷

禅法要三卷宏始九年重校正

《出三藏集记》云:右三十五部,凡二百九十四卷。晋安帝时天竺沙门鸠摩罗什以伪秦姚兴宏始三年至长安,于大寺及逍遥园译出。

一切施主所行檀波罗蜜经一卷四纸

萨罗国王经一卷四纸

沙门明佺《武周刊定众经目录》云:后秦代罗什译并出,达摩郁多罗录。

长阿含经二十二卷秦宏始十五年出,竺佛念传译

昙无德律四十五卷《高僧传》云:《四分律》四十四卷

虚空藏经一卷或云《虚空藏菩萨经》。三藏后还外国,于罽宾得此经,附商人送至凉州

昙无德戒本一卷

《出三藏集记》云:右四部,凡六十九卷。晋安帝时,罽宾三藏法师佛驮耶舍以姚兴宏始中于长安译出《高僧传》云:竺佛念译为秦言,道含笔受。

舍利弗阿毗昙论二十二卷或云"二十卷"

《出三藏集记》云:晋安帝时,外国沙门毗婆沙为姚兴于长安石

羊寺译出。按《高僧传》:毗婆沙,即昙摩耶舍。此书与天竺沙门昙摩掘多同译。

大般涅槃经三十六卷伪河西王沮渠蒙逊玄始十年译。《高僧传》作"三十三卷"

方等大集经二十九卷玄(等)〔始〕九年译。或三十卷,或二十四卷

方等王虚空藏经五卷

僧祐云:或云《大虚空藏经》。检经文,与《大集经·第八虚空藏品》同,未详是别出者不。《别录》云,河南国乞佛时,沙门释圣坚译出。

方等大云经四卷或为"六卷"。玄始六年译

悲华经十卷僧祐云:《别录》或云龚上出。玄始八年译

金光明经四卷玄始六年译

海龙王经四卷玄始七年译

菩萨地持经八卷玄始七年译

优婆塞戒经七卷玄始六年译

菩萨戒经八卷

菩萨戒优婆塞戒坛文一卷玄始十年译

《出三藏集记》云:右十一部,凡一百一十七卷。晋安帝时,天竺沙门昙摩谶至西凉州,为伪河西王大沮渠蒙逊译出。或作"昙无谶"。《高僧传》云:沙门惠嵩笔受。

阿毗昙毗婆沙论六十卷丁丑岁四月出,至己卯岁七月讫

《出三藏集记》云:晋安帝时,凉州沙门释道泰,共西域沙门浮陀跋摩,于凉州城内苑闲豫宫寺译出。初出一百卷。寻值凉王大沮渠国乱亡,散失经文四十卷。所馀六十卷,传至京师。

宝梁经二卷

《出三藏集记》：晋安帝时，沙门释道龚出。《传》云：于凉州出。

大方广佛华严经五十卷沙门支法领于于阗国得此经梵本，到晋义熙十四年，于道场寺译出，至宋永初二年讫

《郡斋读书后志》作“六十卷”。释澄观《华严玄谈》云：三万六千偈，成五十卷，或六十卷。沙门法业笔受，慧严慧观润色。

法业华严旨归二卷

《华严玄谈》云：业公，未详世族，遇觉贤，请译《华严》。数岁之后，廓然有所通悟，著《旨归》两卷，行于世。今不见本。

观佛三昧经八卷

《高僧传》云：《观佛三昧海》，六卷。《三宝记》云：见竺道祖《晋世杂录》。或云“宋世出”。

禅经修行方便经二卷一名《不净观经》

大方等如来藏经一卷

菩萨十住经一卷

出生无量门招经一卷

新微密持经一卷

《三宝记》云：隆安二年第二出。见竺道祖《晋世杂录》。

本业经一卷

净六波罗密经一卷

文殊师利发愿经一卷元熙二年道场寺出

《出三藏集记》：右十部，廷式案：内《新无量寿经》，永初二年出，不录；《华严旨归》，《记》未载。晋安帝时，天竺禅师佛驮跋陀罗至江东，及宋初，于庐山及京都译出。《高僧传》云：觉贤先后所出《观佛三昧海》六卷、《泥洹》及《修行方便论》等，凡一十五部、一百十有七卷。

大般泥洹经六卷义熙十三年道场寺译

方等泥洹经二卷

摩诃僧祇律四十卷

僧祇比邱戒本一卷

杂阿毗昙新论十二卷

杂藏经一卷

佛游天竺记一卷《初学记》二十九引作"释法显《佛游本记》"

《出三藏集记》:右六部,当作"七部"。凡六十三卷。晋安帝时,沙门释法显以隆安三年游西域,于中天竺师子国得梵本,归京都,住道场寺,就天竺禅师佛驮跋陀罗共译出。

方等檀持陀罗尼经四卷

《出三藏集记》:晋安帝时,高昌郡沙门释法众所译出。

决定毗尼经一卷一名《破坏一切心识》

《出三藏集记》云:众录并云"于凉州敦煌出",未审译经人名。《传》云:晋世出,未详何帝时。

三曼陀跋陀罗菩萨经一卷

菩萨受斋经一卷

宋《佛藏》字函有此《经》,题"西晋居士聂道真译"。《历代三宝记》:西晋承远子清信士通真,五十四部、六十六卷经及目录。

大智论抄二十卷

《出三藏集记》云:晋安帝世,庐山沙门释慧远,以《论》文繁积,学者难省,故略要抄出。按此书又名《般若经问论集》,见本书卷五。

王延秀感应传八卷尚书郎

此书原入"杂(家)〔传〕",今移于此。梁慧皎《高僧传·序》称"太原王延秀《感应传》”。

鸠摩罗什实相论二卷

《晋书·艺术传》。

卫道安解释维摩法华经

《世说·雅量门·注》,《安和上传》曰:以佛法东流,经籍错谬,更为条章,标序篇目,为之注解。自支道林等皆宗其理。《高僧传》云:安所注《般若》、《道行》、《密迹》、《安般》诸经,并寻文比句,为起尽之义,及析疑甄解,凡二十二卷。序致渊富,妙尽深旨,条贯既序,文理会通,经义克明,自安始也。

僧洪肇肇论四卷

今存。《郡斋读书后志》云:《肇论》四卷,姚秦僧洪肇撰。师罗什。规摹庄周之言,以著此书《物不迁》、《不真空》、《涅槃无知》、《般若无名》四论。《传灯录》云:肇后为姚兴所杀。《高僧传》不载其事。《御选语录》云:《传灯录》载僧肇在姚秦间大辟,乞七日假,著《宝藏论》毕,临刑说偈曰:“四大元无主,五阴本来空。将头临白刃,犹似斩春风。”然此偈非肇作也。肇为鸠摩罗什高弟,秦王姚兴命入逍遥园,助什译定经论,尊礼有加。《十六国春秋·僧肇传》云:以姚秦宏始十六年卒于长安,时晋义兴十年也。况典刑之人,岂有给假著论之理?则肇之以吉祥灭度,信矣。《朱子语类》卷百二十二云:至晋时肇法师,释氏之教始兴。

姚兴通三世论

《高僧传》卷二《鸠摩罗什传》云:兴以佛道冲邃,其行唯善,信为出苦之良津,御世之洪则。故托意九经,游心十二,乃著《通三世论》,以勖示因果。

竺法雅格义

《高僧传》:法雅,河间人。与康法郎等,以经中事数,拟配外书,为生解之例,谓之"格义"。及毗浮昙相等,亦辩格义,以授门徒。

僧肇宝藏论三卷

见《传灯录》及《通志》。今存。

名德沙门题目

《世说·言语篇·注》引此书曰:道壹,文锋富赡。孙绰为之《赞》,曰:驰骋游说,言固不虚,唯兹壹公,绰然有馀。譬若春圃,载芬载敷,条柯猗蔚,枝干扶疏。《文学门·注》亦引之曰:于法开,才辩从横,以数术宏教。《赏誉门·注》引之曰:法汰,高亮开达。孙绰为《汰赞》。《假谲门·注》,《名德沙门题目》曰:支愍度,才鉴清出。孙绰《愍度赞》曰,支度彬彬,如是拔新。

高逸沙门传一卷

《法苑珠林》卷一百云:晋孝武帝时,剡东仰山沙门释法济撰。

支遁传

《御览》六百五十五引两条。《世说·文学门·注》引《支法师传》。《高僧传》云:郄超为之序传,袁宏为之铭赞,周昙宝为之作诔。

道安(卷)〔传〕

《世说·雅量门·注》引《安和上传》。《御览》六百五十五引《道安传》。

康泓道人单道开传一卷《隋志·杂传类》"单道开"作"善道开"

见《十六国春秋》二十一。按《高僧》卷九《单道开传》云:有康泓者,昔在北间,闻弟子叙"开昔在山中,每有神仙往来",乃遥心敬挹。及后从役南海,亲与相见,侧席钻仰,禀闻备至。乃为之《传赞》。《隋志》作"善道开"。《法苑珠林》二十七云:赵沙门单,或作

“善”,字道开,不知何许人。《别传》云,敦煌人,本姓孟(出)〔氏〕。升平三年(任)〔往〕罗浮山,以其年七月卒,云云。即出此书。

卑摩罗叉内禁轻重二卷慧观记

《高僧传》卷二云:卑摩罗叉,明条知禁。道场慧观,深括宗旨,记其所制“内禁轻重”,撰为二卷。时谚曰“卑罗鄙语,慧观才录。都人缮写,纸贵如玉”。

昙诜维摩经注五卷　穷通论一卷

见《高僧传》。《法苑珠林》卷一百作“昙说”。

立命论九篇一卷　六识指归一卷

《法苑珠林》云:《立命论》九篇、《六识指归》十二首,晋孝武帝时,荆州上明寺沙门释昙微撰。

释道融法华大品　金光明经义疏　十地经义疏

维摩经义疏

并见《高僧传》。

支敏度传译经录

《高僧·康僧渊传》:敏度著《传译经录》,今行于世。

释昙影法华义疏四卷　注中论

并见《高僧传》。《后魏书·殷绍传》“师昙影”,即此人。

神无形论一卷

《法苑珠林》卷一百云:东晋帝时,扬都瓦官寺沙门释僧敷撰。

释道恒释驳论一卷　百行箴

并见《高僧传》。《历代三宝记》卷八:《释驳论》一卷,沙门释道恒撰。恒,蓝田人。

支僧敦人物始义论　竺僧敷神无形论　放光经道行经义疏　僧卫十住经注解

并见《高僧传》。

帛法猷三契经　支昙籥六言梵呗

并见《高僧传》卷十三。

僧度毗昙旨归

释昙徽立本论九篇　六识旨归十二首

竺慧超胜鬘经注

并见《高僧传》。

支遁注安般四禅诸经

竺法崇法华义疏四卷

见《高僧传》。

孙绰道贤论　喻道论　名德沙门论　正像论

并《高僧传》卷四引之。又卷一云：孙绰作《道贤论》，以天竺七僧，方竹林七贤。

于法兰别传

《高僧传》卷四引之，云兰亦感"枯泉漱水"事，与竺法护同。

顾恺之竺法旷传

见《高僧传》。

佛图澄别传

《世说·言语门·注》。《御览》六十四。

支遁别传

《文学门·注》引《支法师传》。又，《文学门·注》引张野《远法师铭》。《赏誉门·注》引《支遁别传》。《伤逝门·注》引《支遁传》。

安法师传

《世说·文学门·注》、《雅量门·注》引《安和上传》。

孙绰高逸沙门传

《世说·言语门·注》、《文学门·注》、《方正门·注》、《雅量门·注》、《赏誉门·注》、《排调门·注》。

以上并见《世说新语注》。

杂艺家类

马朗等围棋势二十九卷赵王伦舍人

《抱朴子·辨问篇》云:谢子卿、马绥明,于今有"棋圣"之名。"绥明",盖朗字也。

范汪等围棋九品序录五卷

《旧唐志》作"《棋品注》"。《世说·方正门·注》引范汪《棋品》曰:江彪与王恬等棋第一品,王导第五品。《世说·政事门·注》,范汪《棋品》曰:虞謇,字道真,仕至郡功曹。

虞潭大小博法一卷左光禄大夫

郝冲投壶道一卷

虞潭投壶经四卷　投壶变一卷

《旧唐志》"郝冲、虞谭《注投壶经》一卷",疑误。臧玉琳《经义杂记》曰:虞、郝书皆不传。惟《太平御览》载虞潭《投壶变文》,颇讹阙难解。余案:见《太平御览》七百五十三。

古博经

《列子·说符篇》,张湛《注》:《古博经》曰,博法,二人相对坐,向局。局分为十二道,两头当中,名为水。用棋十二,故法六白六黑。又用鱼二枚,置于水中。其掷采以琼为之。琼畟方寸三分,长寸五分。锐其头;钻刻琼四面为"眼",亦名为"齿"。二人互掷采行棋。棋行到处,即竖之,名为"骁棋";即入水食鱼,亦名"牵鱼"。每牵一鱼,获二筹;翻一鱼,获三筹。若已牵两鱼而不胜者,名曰"被翻双鱼",彼家获六筹,为大胜也。"骎",音"则"。

陆云棋品序一卷

汲冢书缴书二篇

事详《束皙传》。云论弋射法。

徐广弹棋谱一卷

王旷笔心论羲之父

见唐韦续《九品书人论》。

王羲之笔经　笔势论一卷

《初学记》、《太平御览》并引《笔经》。孙过庭《书谱》:代传羲之与子敬《笔势论》十章,文鄙理疏,意乖言拙。详其旨趣,殊非右军。且右军位重才高,调清词雅,声尘未泯,翰椟仍存。观夫致一书、陈一事,造次之际,稽古斯在。岂有贻谋令嗣,道叶义方,章则顿亏一至于此?又云"与张伯英同学",斯乃更彰虚诞。若指汉末伯英,时代(全)全不相接。必有晋人同号,史传何其寂寥?非训非经,宜从弃择。

《日本见在书目》有"王羲之《笔势论》一卷"。

卫恒古来能书人录一卷

《南史·虞和传》曰:臣见卫恒《古来能书人录》一卷,时有不通。

汀州刺史李矩妻卫铄笔阵图一卷

见张彦远《法书要录》一,《御览》七百四十八。严可均《全晋文》录,云:案朱长文《墨池编》以此为王羲之《书论》。长文又云,旧传右军所作;后见张彦远《要略》,以为卫夫人之辞。今两集并录,存疑云云。今亦并收之。《日本见在书目》有"王羲之《用笔阵图碑》一卷”。

卫恒四体书势一卷长水校尉

见本传。严可均《全晋文》集得四条。唐张怀瓘《书断·上》引卫恒《古文赞》。

成公绥隶书体

《初学记》二十一引之。

索靖书势

《类聚》七十四引之。《书断·上》又引索靖《草书状》。

王珉行书状

张怀瓘《书断·上》引之。

刘邵飞白书势

《艺文类聚》卷七十四引之。《书断·上》引刘彦祖《飞白赞》。《书断·下》曰:刘绍,字彦祖,官至御史中丞,迁侍中。永和八年卒。又,《能品中》亦作“绍”,与《类聚》及《隋志》异。

顾恺之论画一篇

《历代名画记》曰:恺之《论画》一篇,皆模写要法。

顾恺之画赞

《世说·赏誉门·注》引《赞山涛》,又引恺之《夷甫画赞》。又《巧艺门·注》云:恺之历画古贤,皆为之赞。《历代名画记》曰:著魏晋名贤画评量甚多。《王衍传》已引之。《历代名画记》卷五引顾恺之《论》及恺之《魏晋胜流画赞》。

顾恺之书赞

《世说·雅量门》:夏侯太初,倚柱作书,霹雳破柱,神色无变。《注》云:见顾恺之《书赞》。按此条疑亦“《画赞》”之误。

小说家类

郭澄之郭子三卷中郎

《齐书·文学·贾渊传》:宋孝武敕渊注《郭子》。《世说·任诞门·注》引《郭子》,记桓温㩗蒲失求救袁耽事。又《惑溺门·注》,《郭子》谓与韩寿通者乃是陈骞女。馀各书所引尚多,大半琐言碎事而已。

郭颁群英论一卷

裴启语林十卷东晋处士

《世说·文学门》"裴郎作《语林》",《注》:《裴氏家传》曰,裴荣,字荣期,河东人。父稚,丰城令。荣期少有风姿才气,好论古今人物,撰《语林》数卷,号曰"《裴子》"。檀道鸾、裴松之以为启作《语林》,荣倘别名"启"乎?又《排调门·注》引《续晋阳秋》曰:隆和中,河东裴启,撰汉魏迄今言语应对之可称者,谓之《语林》。时人多好其事。后说太傅事不实,而有人于谢坐叙其黄公酒垆事,司徒王珣为之赋,谢公加以与王不平,乃云"君遂欲作裴郎学",自是众咸鄙其事矣。《史通·书事篇》云:自魏晋以降,著述多门,《语林》、《笑林》、《世说》、《俗说》,皆喜载调谑,嗤鄙异闻,虽为有识所讥,颇为无知所说。

祖台之志怪二卷光禄大夫

《初学记》、《北堂书钞》、《太平御览》、《太平广记》引此书,凡数十条,余集为一卷。《初学记》二十六。《书钞》七十七、一百三十五、一百四十二。《御览》九百,又七十三。

张华博物志十卷

今存。按:《隋志》入"杂家";今改入"小说"。

张公杂记五卷

张华撰。与《博物志》相志小小不同。

张华杂记十一卷

何氏杂记十卷

续咸远游志十卷

本传。按《远游志》久佚,未知何所纪载。姑附九流之末,俟考。

陆云笑林

宋人《五色线》卷下引陆云《笑林》云:汉人适吴,人设笋。问"所煮何物?"曰"竹也"。归,煮其箦,不熟。谓其妻曰,"吴人欺我如此!"按此事见邯郸淳《笑林》,未闻陆士龙复有《笑林》也。姑录其目,俟考。

张华注师旷禽经一卷

见《宋志》。

张华东方朔神异经传二卷

见《宋志》。《日本见在书目》:一卷。按《齐民要术》卷十引《神异经》曰:南方荒中有沛竹,其子美,食之已疮。张茂先《注》曰,子,笋也。则此书后魏以前有之。

陆氏异林

《三国志·钟繇传·注》引一条,有云"叔父清河太守说如此"。"清河太守",陆云也。则此书乃云从子所作。案《陆机传》,"二子,蔚、夏",则不知其蔚欤、夏欤?

郭义恭广志二卷

按《类聚》、《书钞》、《文选注》诸书称引至多,皆晋以前事,但不详义恭何时人。惟《御览》九百三十八引此书"鲵鱼"一条,称"引徐广《史记注》",知为广以后人耳。今姑存其目。

孔衍在穷记

《太平御览》四百八十六、八百十七、八百五十、九百二十四引之。《书钞》一百三十四,孙舒元《在穷记》曰:遭乱之后,隰阳令述祖送四幅绛被一领。"孙"字,乃"孔"字之误。

孔氏志怪四传

《世说·方正门·注》、《容止门·注》、《巧艺门·注》、《排调门·注》,《初学记》三十,并引之。《初学记》卷八亦引之。《御览》九百三十一,《御览》九百三十二,又引《许氏志怪》,不知谁作。《翻译名义集》卷六亦引此书"楚文王时有人献大鹏雏"事,是此书南宋犹存。《太平广记》二百七十六"晋明帝"条引"孔约《志怪》","约",当是其名。

干宝搜神记三十卷

今存。宋苏易简《文房四谱》卷四引干宝《表》曰:臣前聊欲撰记古今怪异非常之事,会聚散逸,使自一贯。博访知古者,片纸残行,事事各异;又乏纸笔,或书故纸。诏答云,今赐纸二百枚。盖即撰此《记》时所上《表》也。似不出《晋书》,俟检。

陶潜搜神后记十卷

今存。

戴祚甄异传三卷西戎主簿

《太平御览》、《太平广记》并引之。章宗源曰:《艺文类聚·乐部》引"吴郡陈绪"事,《御览·服用部》引"乐安章沈"事,并作"《甄异记》"。《类聚》八十六引《甄异传》"夏侯文规"事。《御览》八百八十五引《甄异记》"徐州人吴清"事。七百五十八引《甄异传》"隆安中吴县张君才"事。七百一十八:"义熙中沛郡秦附"事。四十三:《甄异传》"历阳谢充"事。苏易简《文房四谱》卷四引《甄异传》

“王肇”事。

郭氏元中记

《左传》宣四年《正义》引《玄中要记》曰:千岁之鼋,能与人语。近人高邮茆泮林有集本。罗泌《路史》,《注》以此书“狗封氏”事与《山海经注》同、定为郭璞作,亦无的证。

荀氏灵鬼志三卷

《御览》三百五十九引此书“秦元中道人”事。七百三十八:《灵鬼志》“石虎时胡道人”事。《隋志·杂传类》,此书列干、陶《搜神记》之后,祖、孔《志怪》之前,盖晋人书也。《世说注》、《太平御览》诸书并引之。《类聚》卷六十引《灵鬼志》,记河间王颙给使陈安事。《世说·方正门·注》、《伤逝门·注》两引《灵鬼志·谣征》,“谣征”二字当是篇名。《忿狷篇》亦引《灵鬼志·谣征》。

曹毗志怪

章宗源《隋书经籍志考证》云:《初学记·地部》、《太平御览·地部》并引曹毗《志怪》,言汉武凿昆明池,极深,悉是灰墨,无复土。东方朔曰,“可问西域人”。至后汉明帝时,外国道人入洛,试问之,答曰,“《经》云,天地大劫将尽,则劫烧。此劫烧之馀”。

异说

《初学记》卷七,《异说》云:临邛县有火井,汉室之盛则赫炽,桓灵之际火势渐微,诸葛孔明一窥而更盛。至景曜元年,人以烛投,即灭,其年蜀并于魏。

古文琐语四卷《水经·浍水·注》引,《太平御览》、《广记》多引之,称“《古文琐语》”

按《束皙传》云:汲冢书《琐语》十一篇,诸国卜梦妖怪等书也。《隋志》入“杂史”,今改入“小说”。杜预《春秋后序》,《正义》亦称

“《琐语》十一卷”。

葛洪集异传十卷

本传。

虞澶笔记

《书钞》一百二十九,虞谭当作“澶”。《笔记》云:泰宁二年,诏赠大夫碧纱袍。

王浮神异记

《御览》八百六十七引此书“虞洪入山遇丹邱子”事。

夏鼎志

《搜神记》引《夏鼎志》曰:罔两如三岁儿,云云。又曰:掘地而得狗,名曰贾;掘地而得豚,名曰邪;掘地而得人,名曰聚。聚无伤也。此物自然,无谓鬼神而怪之。《法苑珠林》卷六。

卢达志林二十四卷

唐马总《意林》卷六,“卢达《志林》二十四卷”,列华谭后、孙绰前,则达为晋人无疑。又引一条云:东海之鱼坠一鳞,昆仑之木弃一叶,世人皆能知之。今本《意林》佚去,此用蒋光煦斠补。馀录周(光)〔广〕业辑本。

五行家〔类〕补

王微宅经

按:晋画家有王微,见《名画记》;未知即此人否。《黄帝宅经》,记诸家相宅书,如《司马天师宅经》、《司最宅经》、《刘晋平宅经》、《张子豪宅经》、《刁昙宅经》之类,皆未详时代,故不录。

陶侃捉脉赋

《图书集成·艺术典》六百七十九引《地理正宗》:陶侃,字仕衡,作《捉脉赋》。

郭璞等八仙山水经一卷

《通志·略·六》。

郭氏五姓墓图要诀五卷

同上。

晋灾祥一卷

同上。

石瑞记

《书钞》五十七,《石瑞记》云:太安元年,前著作郎邱众表称,世祖武皇帝擢臣负薪之中,授承当作"臣"著作佐郎,典治天下文义数术,乃撰诸志也。卷七十九,"董养叹鹅",《注》引"王隐《晋书·石瑞记》"。是《石瑞记》乃王隐《书》中篇名。然《世说新语注》中,之下亦引此条,无"石瑞记"三字。又《书抄》一百二云,王隐《晋书》述"《石瑞记》'陈国项县贾逵石碑生金'"。是《石瑞记》乃东晋以前书,疑即邱众所作。隐述其辞耳。且"石瑞记"三字,亦无当于正史篇题也。观所记数事,皆近物异,故入之"五行"。《御览》五百八十九,王隐《晋书》曰:《石瑞记》曰,永嘉初,陈国项县贾逵石碑中生金,此江东之瑞。

孟众张掖郡玄石图一卷

按"孟众",与《书钞》五十七引《石瑞记》"邱众",或是一人。作"孟"、作"邱",未详孰是。

八五经一卷

《文献通考·经籍门》引晁氏曰:《序》云《黄帝书》谓八卦五行。陈氏曰:《序》称大将军记室郭璞;《后序》言,余受郭公囊书数篇,此居一。公戒而秘之。丞相王公尽索余书,余以公言告之得免。末称“太兴元年六月”。盖晋元帝时;“王公”,谓导也。然皆依托耳。其书为相墓作。

神仙家〔类〕补

黄帝九鼎神丹经祭法一卷

见《抱朴子·金丹篇》。

太清观天经九篇

《御览》九百八十五引作“十四篇”。

祭法一卷

五灵丹经一卷

并见《抱朴子·金丹篇》。按此卷又引王图《道基经》、左元放《太清丹图》之类,前人已录入《后汉、三国艺文志》,故不悉出。

孔安国秘记

《抱朴子·至理篇》引之。魏晋间伪书,往往托之安国,诚不可解。

易内戒　赤松子经　河图记命符

并见《抱朴子·微旨篇》。按《抱朴子·释滞篇》曰:道书之出于黄老者,少许耳。率多后世之好事者,各以所知见而滋长,遂令篇卷至于山积。真西山《跋赤松子经》曰:此《经》称“赤松子为黄帝作”。世久人远,不可复考。后世所传三皇五帝之书,大抵皆托也。至其言善善恶恶,有以深儆于世。未知即抱朴所见否。《西山题跋》卷二。

洞真经

谢灵运《山居赋》,自注引《洞真经》云:今学仙者,亦明师以自发悟,故不辞苦殊颓形也。据此,当是晋以前书。《太平御览·神仙部》屡引之。

葛洪枕中书一卷

《四库全书提要》云：考隋、唐、宋《志》，但有“墨子《枕中记》”，无“洪《枕中书》”。此本别载《说郛》中，一名《元始上真众仙记》。而《通志》所列《元始上真记》，无“众仙”字，似亦非此书。说多谬悠，后人伪撰也。

玉钤经

《抱朴子·对俗、辨问、登涉篇》并引之。

荆山经　**龙首记**　**彭祖经**此篇见《遐览篇》**黄山**一作“石”**公记**

《抱朴子·极言篇》引之。《勤求篇》云：干吉容嵩桂帛诸家各著手所编。

神仙经黄白方二十五卷

《抱朴子·黄白篇》曰：《神仙经黄白之方》二十馀卷，千有馀首。“黄”者，金也；“白”者，银也。故题篇云《庚辛》。

黄白中经五卷　**金银液经**

并见《抱朴子·黄白篇》。

玉牒经　**铜柱经**

《抱朴子·黄白篇》并引之。

茅处玄华阳子自序一卷

见《新唐志》。

抱朴子养生论一卷

见《宋史·艺文志》。

太清玉碑子一卷葛洪与郑惠远问答

见《宋史·艺文志》。

鲍静三皇经

《法苑珠林》卷五十五云：晋时道士王浮造《明威化胡经》，鲍静造《三皇经》。唐沙门彦琮《琳法师别传》云：鲍静造《三皇经》，后改为《上清经》。

许逊石函记

明王世贞《读书后》云：许真君《石函记》，不类晋人语。盖自张紫阳后，陈泥丸白紫清继之，俱以无碍辨才发性命宗旨。弟子仿之，乃至《醉思仙歌》亦托之真君，《大还丹歌》托之吴猛，《铅汞歌》托之严君平，《龙虎歌》托之阴长生，云云。今按《还丹歌》之类不悉著录，附记于此。

释家〔类〕补

安光赞折中解一卷　光赞抄解一卷　折疑略一卷　折疑准一卷

起尽解一卷　道行品集异注一卷

大十二门注二卷　小十二门注一卷

了本生死注一卷

密迹金刚经瓶解一卷

贤劫八万四千度无极经解一卷

人本欲生经注撮解一卷

安般守意经解一卷

阴持入经注二卷

大道地经注一卷　十法句义一卷　义指注一卷

九十八结解一卷　三十二相解一卷　三界诸天录一卷

并见《出三藏集记》卷五《新集安公注经及杂经志》。

十二游经一卷

《历代三宝记》卷六云：武帝世，外国沙门彊梁娄至，晋言“真喜”，太始二年于广州译。见始兴及宝唱《录》。按晋世译经甚多，兹独据《出三藏集记》者，以梁世去晋最近，所言当可从也。其《历代三宝记》、《开元释教录》等书所补目录，间采一二，不及备列。

文殊师利现宝藏经二卷太安二年出。或“三卷”。亦云“《示现宝藏经》”，见竺道祖《晋世杂录》

阿阇世王经二卷太康年译。见《晋世杂录》

阿难目佉经一卷与《微密持经》本同名异。见《晋世杂录》

大阿育王经五卷光熙年出。见竺道祖《晋世杂录》。

道神足无极变化经二卷第二译。或“三卷”、“四卷”。即竺法护所出《佛升忉利天为母说法经》同本别名。见《晋世杂录》

《历代三宝记》卷六云：右五部，或一十二卷。惠帝世，安息国沙门安法钦，太康年于洛阳译。

迦叶诘阿难经一卷第二译。与汉世严佛调出者小异。见始兴及宝唱《录》

越难经一卷

《历代三宝记》卷六云：惠帝世，清信优婆塞聂承远以此《经》等虽并先出，理句未圆，遂更整文偈，删改胜前。见今所行于世者是。

文殊师利现宝藏经二卷第二出。与安法钦所译大同小异。见竺道祖《杂录》

十善十恶经一卷见《晋世杂录》

逝童子经一卷第三出。亦名《长者制经》

善生子经一卷第三出。见支敏度及竺道祖《录》

《历代三宝记》卷六云：右四经，合五卷。惠帝永明年中，沙门支法度出。总见宝唱《录》。

璎珞经十二卷或十四卷

维摩诘经四卷第三出

禅经四卷

大智度经四卷以上四部,二十四卷,见《南来新录》

如幻三昧经二卷第二出。(兴)〔与〕汉世支谶译《般若三昧》二卷本同,名及文句小异,见竺道祖《晋世杂录》

阿术达经一卷

无所悕望经一卷

普贤观经一卷一名《观普贤菩萨经》。见道慧《录》

无极宝三昧经一卷第二出

五盖疑结失行经一卷第二出。与竺法护出者大同小异

所欲致患经一卷第二出。与护公出者小异

如来独证自誓三昧经一卷第二出

法没尽经一卷第二出

菩萨正斋经一卷第二出

照明三昧经一卷第二出

分卫经一卷

威革长者六向拜经一卷一作"威华"字

菩萨十住经一卷第二出　**摩调王经一卷**　**指鬘经一卷**或作"《指髻经》"　**浮光经一卷**或作"《乳光经》"　**弥勒所问本愿经一卷**

十地经一卷

宝女施经一卷

普门品经一卷第二出。与法护出大同。见道祖《录》及《三藏记》

《历代三宝记》卷七云:右二十五部,合四十六卷。西域沙门祇多蜜,晋言"谓友",译。诸录尽云"祇多蜜"。晋世出译,名多同,计不应虚。若非咸、洛,应是江南;未详何帝。一部见僧祐《出三藏集记》,以外并出《杂》、《别》诸《录》所载。

太子须大拿经一卷　演道俗业经一卷

隋沙门法经《众经目录》卷一云：晋世沙门法坚译。

过去因果经四卷见《别录》

大方等如来藏经一卷元熙二年出，见《晋世杂录》

僧祇律四十卷义熙十二年十一月共法显译。见竺道祖《晋世杂录》。《别录》：或三十卷

《三宝记》云：安帝世，北天竺国三藏禅师佛驮跋陀罗，晋言"觉贤"，于扬都及庐山二处译，沙门法业、慧义、慧严等详共笔授。按原文一十五部、一百一十五卷，兹不悉录。

无量寿至真等正觉经一卷

《三宝记》云：恭帝元熙元年二月，外国沙门竺法力译，是第六出。见释正度《录》。

迦叶结集戒经一卷　萍沙王五愿经一卷

日难经一卷即是《越难经》。后说事小异

《三宝记》云：右三《经》，群录并云晋末，不知何帝年，沙门释嵩公出。或云"高公"。见赵《录》及始兴《录》载。

迦叶禁戒经一卷

《三宝记》云：晋末，未详何帝年，云沙门释退公出。见始兴《录》。

佛开解梵志阿飚经一卷

《三宝记》云：晋末，未详何帝年，云沙门释法勇出。见赵《录》。

即色游玄论一卷　辨三乘论一卷　释矇论一卷　圣不辩知论一卷

本业经序一卷　本起四禅序一卷　道行旨归一卷

《三宝记》卷七云：右七部，合七卷，哀帝世，沙门支遁撰。

毗昙旨归一卷

《三宝记》云：哀帝世，沙门竺僧度撰。度，本姓王，名晞，东莞人。

立本论九篇一卷　六识旨归十二首一卷

《三宝记》云：右二卷，孝武帝世，荆州上明寺沙门释昙微作。微，释道安弟子。

禅法要解二卷

《三宝记》云：晋安帝世，沮渠蒙逊从弟安阳侯京声，因讖宏经，乃阅意内典。从天竺三藏禅师佛驮斯那受学《禅经》秘要，口诵梵本通利。东归于凉土以教示，因尔流行翻传。

寂志果经一卷

唐释智昇《开元释教录》卷十三云：东晋西域沙门竺昙无兰译。按《释教录·拾遗》编入之经甚多，兹不悉录。

王乔之等念佛三昧诗

《莲社高贤传》曰：远公居东林，制五铭，刻于石。江州太守孟怀玉、别驾王乔之、常侍张野、晋安太守殷隐、黄门毛修之、主簿殷蔚、参军王穆、孝廉范悦之、隐士宗炳等，咸赋铭赞。又刘遗民著《发愿文》，而王乔之等复为《念佛三昧诗》以见志。案《肇论·答刘遗民书》云：得君《念佛三昧咏》，并得远法师《三昧咏》及《序》。是远法〔师〕及遗民并有此作也。

丁部六

集部三类：一曰楚辞类，二曰别集类，三曰总集类。

楚辞类

郭璞楚辞注二卷

《唐志》：十卷。《通志·艺文略》：三卷。

徐邈楚辞音二卷

《通志略》:一卷。

别集类

晋宣帝集五卷录一卷

严可均《全晋文》录得十五篇。案:严可均《全晋文》,一百六十七卷,八百三十一人,捃摭繁富。近者《文馆词林》残帙又出东洋,其间晋人著述复数十首。典午一朝,征文略备矣。史家意存简要,非集遗篇,故所撰解题,取足明本书而止。其有唐以前各家著述所引,明言某集及姓名隐翳者,附著一二焉。

晋文帝集三卷

《唐志》:二卷。

齐王攸集三卷

《唐志》:二卷。《书钞》六十,司马攸《与山巨源书》云:太子舍人夏侯湛,柔心居正,理识明彻,应可为郎也。六十六,齐王攸《与山涛书》云:孝若秉心居正,为太子舍人。

王沈集五卷

《唐志》同《传》。《书钞》八十三,有王沈《辟雍颂》。按:沈官至骠骑将军、加散骑常侍。《隋志》失题其官。又《文苑传》亦有"王沈"。此《集》,《隋志》列郑袤前,非彦伯也。俟考。疑是《文苑传》之"王沈"矣。

郑袤集二卷《隋志》作"褒",误。按:袤仕至仪同三司

《隋志》云:梁有《郑褒集》二卷,亡。《唐志》复著录。按《隋志》云"梁有"者,皆《七录》所述,今并依录。

宗正稽喜集二卷录一卷

《隋志》:一卷,残缺。《唐志》:二卷。《书钞》六十八,《稽憙集》云:晋武为抚军,妙选官属,以憙为功曹。

散骑常侍应贞集五卷

贞,在《文苑传》。《魏志·王粲传·注》引《文章叙录》曰:应贞,晋室践阼,迁太子中庶子、散骑常侍。又以儒学,与太尉荀顗撰定新礼;事未施行。泰始五年卒。《书钞》九十八引应贞《安石榴赋》,云:应璩感于事而作,每不留意。时赵参军为通事郎对,贞不停笔而成也。严铁桥辑贞《集》,漏钞此条。

司隶校尉傅玄集五十卷录一卷

《隋志》:十五卷。近人定远方濬师集本,五卷。

著作郎成公绥集十卷《文苑》本《传》云:所著诗赋杂笔十馀卷

《隋志》:九卷,残缺。《唐志》:十卷。《文苑》本传云:中书郎。《书钞》卷一百引《成公绥集》云:宝翰电流,彤管雨散。

裴秀集三卷录一卷

《隋志》:亡。《唐志》著录。《书钞》三十九引裴秀新诗,有注;其注不知何人作也。《御览》三十三有裴秀《大蜡诗》。

金紫光禄大夫何祯集五卷

《隋志》:一卷。《唐志》:五卷。《书钞·设官部》五十七引虞预《晋书》:何祯,字元幹,为尚书郎、参尚书右丞。右丞之设,自祯始也。

袁準集二卷录一卷

《隋志》:亡。《唐志》著录。《书钞》一百十二,袁淮当作"準"《招公子》云:燕倡越舞齐商歌,五色纷华曳绮罗。

少傅山涛集五卷录一卷

按《隋志》:《山涛集》九卷,梁五卷,录一卷;又一本,十卷。齐奉朝请裴津注。今案各书所引《山公启事》,往往有注,疑九卷、十卷本皆合《启事》言之也。今从《七志》入录。《唐志》:五卷。

向秀集二卷录一卷

《隋志》:亡。《唐志》著录。按《世说·言语门·注》引《向秀别传》曰:转至黄门侍郎、散骑常侍本传同。此失题其官。

平原太守阮种集二卷录一卷

阮侃集五卷录一卷

《隋志》:亡。《唐志》著录。侃有《诗音》,已入录。此失题"河内太守"四字。

太傅羊祜集二卷录一卷

《隋志》:一卷,残缺。《唐志》:二卷。

蔡玄通集五卷

《隋志》:亡。《初学记》卷一引蔡韶《阐论》曰:众经折轴呼成雷。

太宰贾充集五卷

《隋志》:亡。《唐志》:二卷。

荀勖集三卷录一卷

《隋志》:亡。《唐志》:二十卷。按《初学记》卷十一引《荀勖集》:晋武帝时,门下启令史伊羡、赵咸为中书舍人,对掌文法。勖奏以为不可。《书钞》五十九,《荀勖集》云:昔六官所掌,冢宰为首;《秦公卿赞》,以丞相御史为冠。今者尚书令总此三者,非臣驽暗所宜忝窃。

征南将军杜预集十八卷

《唐志》:二十卷。《书钞》九十七,《杜预集》云:预少而好学,在官勤于吏治,在家则滋味典籍。《书钞》一百十九,《杜预集·序》云:预为镇南将军,观兵于江,男女降者百万馀口。军中为之谣曰,

“以计代战一当万”。

辅国将军王濬集二卷录一卷

《隋志》:一卷,残缺。《唐志》:二卷。《书钞》一百三十七,《王濬集》云:瓜皮船,本图以仓卒用之耳,宁可以深入敌境耶?

征士皇甫谧集二卷录一卷

《唐志》同。《书钞》五十九引《皇甫谧集》云。《御览》二百四十,《皇甫谧集》云:护军,武士之官;尚书,文士之枢机也。卷八十四,皇甫谧《女怨诗》曰:施衿结帨,三命丁宁。又云:弃我旧庐,爰适他馆。

侍中程咸集三卷

《唐志》:二卷。《郑袤传》:袤与刘毅、刘寔、程咸、庾峻,并至公辅大位。《书钞》五十八,王隐《晋书》曰:程咸,字延祚。太始十年,诏曰,黄门郎程咸,博学洽通,文藻清敏,其以为散骑常侍。《御览》三百六十一引王隐《晋书》:程咸,字延休,魏郡武安人。陶渊明《搜神后记》三:程咸,字咸休,武帝时历位至侍中。《书钞》一百三十二,程咸《诗序》云:平原□[①]三月三日,从华林园,作坛,建仙宫,张朱幕。诏延群臣,作诗以颂之。

光禄大夫刘毅集二卷录一卷

《隋志》:亡。《唐志》著录。《晋书》有两《刘毅传》。西晋刘毅,字仲雄,东莱人。《书钞》七十三引刘毅《论九品》。宋陈仁子《广文选》有“刘毅《中正疏》”。

侍中庾峻集二卷录一卷

《隋志》:亡。《唐志》:三卷。

---

① 此字原刊作“□”。

巴西太守郤正集一卷

《唐志》同。正,《蜀志》有《传》,云凡所著述,诗、论、赋之属,垂百篇。而《七录》"一卷",盖所佚多矣。

散骑常侍薛莹集三卷

《唐志》:二卷。莹,《吴志》附《薛综传》。《书钞》五十七引《薛莹集》,论胡冲事。《御览》三百二十八有薛莹《答华永先》诗。

散骑常侍陶濬集二卷录一卷

《隋志》:亡。《唐志》著录。按《陶璜传》云:弟濬,吴镇南大将军荆州牧。不言为"散骑常侍",盖入晋后所除官也。

通事郎江伟集六卷

《唐志》:五卷。《太平御览》七百四十七引《江伟家传》曰:伟性善书,人得其手书,莫不藏之以为宝。

宣舒集五卷

《隋志》:亡。《旧唐志》有"《宣聘集》三卷",《新唐志》作"宣骋"。舒官籍见《甲部·易类》。此脱"宜城令"三字。邓名世《古今姓氏书辩证》云:晋彭城令宣聘,望出陈郡。

邹湛集三卷录一卷

《隋志》:亡。《唐志》:四卷。《文苑》本传:湛仕至少府,所著诗及论事议二十五首。《文选》五十九《注》引邹润甫为诸葛穆答晋王命曰:虽曰博纳,虚怀下开。

散骑常侍曹志集二卷录一卷

《隋志》:亡。《唐志》著录。

汝南太守孙毓集六卷

《唐志》:五卷。严可均《全晋文》(目)〔曰〕:毓,字仲,泰山人。魏时,嗣父观爵吕都亭侯,仕至青州刺史。见《魏志·臧霸传》。一云

“字休明,北海平昌人”。见《经典叙录》。入晋,为太常博士,历长沙、汝南太守。

处士杨泉集二卷录一卷

《唐志》同。《书钞》六十三引《晋录》:会稽相朱则,上言杨泉清操自然,征聘,终不移心。诏拜泉郎中。《类聚》二十三引泉《赞善赋》,题曰“吴杨泉”。《金楼子》曰:杨泉《蚕赋序》曰,“古人所赋者多矣,而独不赋蚕,乃为《蚕赋》”。是何言与?楚兰陵荀况有《蚕赋》,德渊近不见之,有文不如无述也。

司徒王浑集五卷

《隋志》:亡。《唐志》著录。《御览》二十九引《王浑集》。

冀州刺史王琛集五卷

《隋志》:亡。《唐志》:四卷。按《玉览传》“子琛,字士玮,国子祭酒”,恐非此人。《御览》二百四十五,《晋起居注》曰:太康十年,诏,尚书郎王琛,每所陈论,意在忠谠,其以为太子庶子。

征士闵鸿集三卷

《唐志》:二卷。《纪瞻传》有“尚书闵鸿”,此云“征士”,当时曾以尚书征而不起欤?又据《薛兼传》,“鸿,广陵人”。《晋书》曰:尚书闵鸿见陆云,奇之,“此儿若非龙驹,定是凤雏”。《御览》三百七十九。《御览》三百五十八有闵鸿《与刘子稚书》。

光禄大夫裴楷集二卷录一卷

《隋志》:亡。《唐志》著录。

司空张华集十卷录一卷

《书录解题》:三卷。前二卷为四言、五言诗,后一卷为祭祝哀诔等文。《郡斋读书志》云:《集》有诗一百二十、哀词册文二十一、赋三。余案:宋时所存止此。

尚书仆射裴颜集九卷

《唐志》:十卷。《艺文类聚》卷五十二,《裴颜集》曰:臣闻感神以政,应变以诚。故桑谷之异,以勉己而消。汉末屡赦,犹凌不反。由此言之,上协宿度,下宁万国,唯在贤能,慎厥庶政,殆非孤赦所能增损也。

太子中庶子许孟集三卷录一卷

《隋志》:亡。《唐志》:二卷。按"许孟",当作"许猛",高阳人。见《贾谧传》。《世说·贤媛门·注》引《世语》曰:允子猛,字子豹。又引《晋诸公赞》曰:猛礼学儒博,加有才识,为幽州刺史。《政事门·注》引《许氏谱》曰:猛,吏部郎。

太宰何劭集一卷录一卷

《隋志》:亡。《唐志》:二卷。劭,附《何曾传》。《类聚》三十一有何劭《赠张华诗》。

光禄大夫刘颂集三卷录一卷

《隋志》:亡。

刘寔集二卷录一卷

《隋志》:亡。按:寔,官至太尉,《隋志》盖脱〔"太尉"〕二字。《唐志》著录。

散骑常侍王佑集三卷录一卷

《王湛传》"王峤父佑,以才智称,为杨骏腹心",当即此人。但云"位至北军中候",不言"散骑常侍",史偶遗之耳。《旧唐志》作"王祐"。

骠骑将军王济集二卷

《隋志》:亡。《唐志》著录。济,附《王浑传》。

华峤集八卷按:峤,追赠少府。《隋志》失题其官

《隋志》云:梁二卷。本《传》曰:峤所著论议难驳诗赋之属,数十万言。盖“八卷”乃足本也,故从《隋志》。《书钞》九十九引《华峤集序》云:峤作《后汉书》百卷,张华等称其有良史之才,足以继迹班固。乃藏之秘府,与三史并流。《唐志》:二卷。《御览》二百二十四,《华峤集》曰:诏曰,散骑,以从容侍从、承答顾问为职;又掌赞诏命、平处文籍。故前世多参用言语文学之士。以上参用《类聚》四十八。议郎华峤,有论著述之才,其以峤为散骑常侍,兼与中书共参著作事。峤表谢云,非臣典笔申辞所能陈谢。

秘书丞司马彪集三卷录一卷

《隋志》:四卷。《唐志》:三卷。

尚书庾儵集二卷录一卷

《隋志》:亡。《唐志》著录“三卷”。《类聚》卷九引庾倏当作“儵”《冰井赋》,八十八引庾儵《大槐赋》。

国子祭酒谢衡集二卷

《隋志》:亡。《唐志》著录。衡,附见《谢鲲传》。《王接传》云:挚虞、谢衡,皆博学多闻。《贾谧传》称“国子博士谢衡”。

汉中太守李虔集二卷录一卷

《隋志》:一卷。《唐志》:十卷。

司隶校尉傅咸集三十卷录一卷

《隋志》:十七卷。《唐志》:三十卷。《北堂书钞》六十、六十一、六十二并引《傅咸集》。

太子中庶子枣据集二卷录一卷

《隋志》:亡。《唐志》著录。《文选》卷二十九《注》:《今书七志》曰,枣据,字道彦,颍川人,弱冠辟大将军府,迁尚书郎。太尉贾充为伐吴都督,请为从事中郎。迁中庶子,卒。《类聚》三十一录据

《答阮德猷》诗。《御览》三百五十八两引枣据诗。

刘宝集三卷

《隋志》:亡。《唐志》著录。按:宝,官太子中庶子,见《通典·志》。盖(蒙)〔承〕上文而省。

冯翊太守孙楚集十二卷录一卷

《隋志》:六卷。《唐志》:十卷。

散骑常侍夏侯湛集十卷录一卷

《世说·文学门·注》引《湛集·周诗叙》。《御览》八百十五引《夏侯孝若集·羊太常辛夫人传》,七百七亦引之。原误"《夏侯孝子集》"。

弋阳太守夏侯淳集二卷

《隋志》:亡。淳,字孝冲,附《夏侯湛传》。《唐志》:十卷。

散骑侍郎王赞集五卷

《隋志》:亡。《唐志》:二卷。《初学记》二十八有王赞《梨树颂》。

卫尉卿石崇集六卷录一卷

《唐志》:五卷。

尚书郎张敏集五卷

《隋志》:二卷。《唐志》同。案《遂初堂书目》尚著录,是此书南宋犹存。《容斋五笔》卷四云:故簏中得旧书一帙,题为《晋代名臣文集》,凡十四家。有张敏者,太原人,仕历平南参军、太子舍人、济北长史。《集仙传》所载《神女智琼传》,见《太平广记》,敏之作也。

黄门郎伏伟集一卷

《隋志》:亡。

黄门郎潘岳集十卷

《唐志》同。《世说·文学门·注》引《续文章志》曰:岳为文,选言简章,清绮绝伦。

太常卿潘尼集十卷

《唐志》同。尼,附《潘岳传》。唐段成式《酉阳杂俎》第十二引魏肇师曰:《鹦鹉赋》,祢衡、潘尼二《集》并载。君房曰,词人自是好相采取,一字不异。"君房",梁徐君房也。

顿邱太守欧阳建集二卷

建,附《石苞传》。官至冯翊太守,与《隋志》异。

宗正刘讦集二卷录一卷

《隋志》:亡。《唐志》:《刘许集》二卷。《世说·排调门·注》引《晋百官名》曰:刘许,字文生,涿鹿郡人。父放,魏骠骑将军。许,惠帝时为宗正卿。"许"、"讦"未详孰是。

散骑常侍李重集二卷

《隋志》:亡。《唐志》著录。《文选》卷五十八《注》,《李重集》曰:为选部尚书,其箴曰,铨管人流,品藻清浊。《书钞》卷六十,《李重集》云:为选部尚书,著《选曹箴》,置之左右,以明审才之宜。《御览》卷二百三引《李重集》杂奏议。《初学记》十一亦引之。《东晋书》有《传》。《世说·品藻门·注》,《晋诸公赞》曰:李重,字茂曾,江夏钟武人,少以清尚见称,历吏部郎、平阳太守。

光禄大夫乐广集二卷录一卷

《隋志》:亡。《唐志》:二卷。

阮浑集三卷

《隋志》:亡。《唐志》:二卷。浑,官籍见《甲部·易类》。此失题"冯翊太守"四字。

侍中嵇绍集二卷录一卷

《唐志》同。

钱塘令杨建集九卷

《隋志》:亡。

长沙相盛彦集五卷

《隋志》:亡。彦,在《孝友传》,云:仕吴,至中书侍郎。吴平,刘颂举彦为小中正。《七录》题"长沙相",未详所出。

左长史杨乂集三卷录一卷

《隋志》:亡。《唐志》著录。

尚书卢播集二卷录一卷

《隋志》:一卷。《类聚》五十三,阮籍《与晋文王荐卢景宣书》曰:伏见鄙州别驾卢播,字景宣,潜心图籍,文学之宗;敷藻载述,良史之表。

栾肇集五卷录一卷

《隋志》:亡。《唐志》著录。按:肇,官尚书郎。

南中郎长史应亨集二卷

《隋志》:亡。《唐志》著录。《北堂书钞》五十七引《应亨集·让著作表》。《书钞》八十四,应亨《赠四王冠》诗云:令月维吉日,盛服加元首。人咸饰其容,鲜能离尘垢。

国子祭酒杜育集二卷

《唐志》同。

太常卿挚虞集十卷录一卷

《隋志》:九卷。《唐志》:十卷。

秘书监缪征集二卷录一卷

《隋志》:亡。《唐志》著录。征,兰陵人。见《贾谧传》。《北堂书钞》六十二引《缪世应集》“太尉石”“鉴碑”两条。按《张轨传》有“秘书监缪世征”;唐讳“世”,故但称“缪征”;宋讳“征”,故宋钞或为“世应”。实一人也。

齐王府记室左思集五卷录一卷

《隋志》:二卷。《唐志》:五卷。

豫章太守夏靖集二卷录一卷

《隋志》:亡。《唐志》:《夏侯靖集》二卷。

吴王文学郑丰集二卷录一卷

《隋志》:亡。《唐志》著录。按《文馆词林》卷一百五十六,有郑丰《答陆士衡》诗四首。《吴志·孙权传·注》引《文士传》云:丰,字曼季,沛国人,有文学操行。与陆云善,诗词往反。司空张华辟,未就,卒。

大司马东曹掾张翰集二卷录一卷

《隋志》:亡。《唐志》著录。《初学记》卷二十,张翰《诗序》曰:永康之末,疾苦瘘瘵,故人颇候之,常以闲静,为著诗一首,分句改纸,各有别读。《文选》卷二十九《注》:《今书七志》曰,张翰,字季鹰,吴郡人也。文藻新丽,齐王冏辟为东曹掾。观天下乱,东归,卒于家。《今书七志》,是目录家言,故详录之。

清河王文学陈略集二卷录一卷

《隋志》:亡。《唐志》著录。

扬州从事陆冲集二卷录一卷

《隋志》:亡。《唐志》著录。《艺文类聚》二十八有陆冲诗。

平原内史陆机集四十七卷录一卷

《隋志》:十四卷。《唐志》:十五卷。

清河太守陆云集十卷录一卷

《隋志》:十二卷。《唐志》、《书录解题》并“十卷”。《崇文总目》“八卷”。今存本十卷。

少府丞孙极集二卷录一卷

《隋志》:亡。《唐志》著录。按“孙极”,当作“孙拯”。《晋书》附《陆机传》,云“善属文”。

中书郎张载集七卷

《隋志》云:梁一本二卷,录一卷。《唐志》:二卷。

黄门郎张协集四卷录一卷

《隋志》:三卷。《唐志》:二卷。协,附《张载传》。钟嵘《诗品·上》,曰:协诗,其原出于王粲,文章华妙,实少病累。又巧构形似之言,雄于潘岳,靡于太冲。

著作郎束皙集五卷录一卷

《隋志》:七卷。《书钞》五十八,《束皙集》云:员外侍郎,皆帝室茂亲,贵游子弟。七十九,《束晰集》云:郡吏王璞,初入朝,上见之,始知其绝常。一百五十二,《束皙集》云:零露垂林,非缀冠之饰;薄冰凝池,非登庙之宝。

征南司马曹摅集三卷录一卷

《隋志》:亡。《唐志》:二卷。摅,在《良吏传》。梁钟嵘《诗品》卷中,称“晋襄城太守曹摅”。

散骑常侍江统集十卷录一卷

《隋志》:亡。《唐志》著录。按此书,《遂初堂书目》尚著录。

著作郎胡济集五卷录一卷

《隋志》:亡。《唐志》著录。《隐逸·伍朝传》:刘宏荐朝为零陵太守,主者以非选例,不听。尚书郎胡济奏宜听光显以奖风尚。即此人。《蜀志·董和传·注》有“胡济,字伟度”,别是一人。

中书令卞粹集五卷

《隋志》:一卷。《唐志》:二卷。《卞壶传》:父粹,以清辩鉴察称,仕至侍中中书令。

光禄勋闾邱冲集二卷录一卷

《隋志》:亡。《唐志》著录。《世说·品藻门·注》,荀绰《兖州记》曰:冲,字宾卿,高平人。博学有文义。累迁太傅长史。操持文案,必引经诰,饰以文采。为光禄勋。为贼所害。时人皆痛惜之。《御览》三十,有闾邱冲《三月三日应诏诗》。

太傅从事中郎庾敳集五卷录一卷

《隋〔志〕》:一卷(志)。《唐志》:二卷。

太子中舍人阮瞻集二卷录一卷

《隋志》:亡。《唐志》著录。

太子洗马阮修集二卷录一卷

《隋志》:亡。《唐志》著录。本传曰:修所著述甚寡,尝作《大鹏赞》,云云。《初学记》卷四有修《上巳》诗。

广威将军裴邈集二卷录一卷

《隋志》:亡。《唐志》著录。《魏志·裴潜传·注》云:邈,字景声,有隽才,为太傅司马越从事中郎,假节监中外营诸军事。

太傅郭象集五卷录一卷

《隋志》:二卷。《唐志》:五卷。钱大昕《廿二史考异》引袁廷梼曰:"太傅"下脱"主簿"二字。

广州刺史嵇含集十卷录一卷

《隋志》:亡。《唐志》著录。《书钞》一百三十二,《稽含集》云:李方治为抚军长吏,余为从军中郎,常随抚军,时天热,露坐,有顷雨降,李不张油幔。

安丰太守孙惠集十一卷录一卷

《隋志》:八卷。《唐志》:十卷。

松滋令蔡洪集二卷录一卷

《隋志》:亡。《唐志》著录。《世说·言语门·注》,洪《集录》曰:洪,字叔开,吴郡人,有才辩。初仕吴朝。太康中,本州从事举秀才。王隐《晋书》曰:洪仕至松滋令。

平北将军牵秀集三卷录一卷

《隋志》:四卷。《唐志》:五卷。《书钞》一百五十八引牵秀诗。

车骑从事中郎蔡克集二卷录一卷

《隋志》:亡。《唐志》著录。克,见《蔡谟传》。《御览》八百十六引《蔡克别传》:字子尼。

游击将军索靖集三卷

《隋志》:亡。《唐志》:二卷。

陇西太守阎纂集二卷录一卷

《隋志》:亡。《唐志》著录。“纂”,《晋书》作“缵”。《周处传》有纂诗。《北堂书钞》卷五十七引《阎纂集》四言诗启。“阎纂”,抄本讹作“间莫”。

秦州刺史张辅集二卷录一卷

《隋志》:亡。《唐志》著录。

交阯太守殷巨集二卷录一卷

《隋志》:亡。《唐志》著录。《吴志·顾邵传·注》引《文士传》:殷基三子巨,字元大,有才器。初为吴偏将军。吴平后,为苍梧太守。《类聚》卷八十有“魏殷臣《鲸鱼灯赋》”,“臣”当是“巨”字之误。

太子洗马陶佐集五卷录一卷

《隋志》:亡。《唐志》著录。

鄱阳太守虞溥集二卷录一卷

《隋志》:亡。《唐志》著录。

益阳令吴商集五卷

《隋志》:亡。《唐志》著录。

仲长敖集二卷

《隋志》:亡。《唐志》著录。《类聚》二十一录仲长敖《核性赋》。

太常卿刘宏集三卷录一卷

《隋志》:亡。《唐志》著录。

开府山简集二卷录一卷

《隋志》:亡。《唐志》著录。简,附《山涛传》。

兖州刺史宗岱集二卷

《隋志》:亡。《唐志》著录"三卷"。《续谈助》卷四抄《殷芸小说》引《杂记》云:宋岱为青州刺史,"宋"或当作"宗"。禁淫祀,著《无鬼论》云云。《太平御览》八百八十四引《语林》亦同,惟"宋岱"作"宗岱"。二书皆云"来日岱亡",是终于青州刺史,与《隋志》异。

侍中王峻集二卷录一卷

《隋志》:亡。《唐志》著录。

济阳内史王旷集五卷录一卷

《隋志》:亡。《唐志》著录。《御览》三百三十七引王旷与杨州论讨陈敏计曰:贼今下屯固横江。又云:复据乌江,皆堑垒彭排,鹿角步安,严峻以袭历阳诸军。《文字志》曰:羲之父旷,淮南太守。《世说·言语门·注》、《德行门·注》,引《王献之别传》曰:祖父旷,淮南太守。

散骑常侍枣嵩集二卷录一卷

《隋志》:一卷。《唐志》:二卷,嵩,事具《王浚传》。又《文苑·枣据传》云:嵩,字台产,才艺尤美。为太子中庶子、散骑常侍。《御览》五百八十七,《文士传》曰:枣原误“棘”嵩见陆云作《逸民赋》,嵩以为丈夫出身,不为孝子,则为忠臣,必欲建功立策、为国宰辅,遂作《官人赋》,以反云之《赋》。

襄阳太守枣腆集二卷录一卷字元方

《隋志》:亡。《唐志》著录。腆,见《枣据传》,云“永嘉中为襄城太守”。此误作“襄阳”。《类聚》三十一有腆《赠石季伦诗》。

太尉刘琨集十卷

《隋志》:九卷。《唐志》著录。按《崇文总目》尚著录有此书;《通鉴·晋纪九·考异》引之。

刘琨别集十二卷

《崇文总目》著录“《刘琨集》十卷,又《刘琨诗集》十卷”,疑此《别集》即“《诗集》”矣。

司空从事中郎卢谌集十卷录一卷《隋志》无“录一卷”

《初学记》卷十二,卢谌《宣徽赋》曰:郑山潜于谷口,杨朝隐于黄枢。谌《注》曰:杨雄为黄门郎,三叶不徙官。据此,则谌《集》有自注也。

秘书丞傅畅集五卷录一卷

《唐志》同。

晋明帝集五卷录一卷

《隋志》:亡。《唐志》著录。《艺文类聚》九十七有晋明帝《蝉赋》。

简文帝集五卷录一卷

文廷式集

《隋志》:亡。《唐志》著录。

孝武帝集二卷录一卷

《隋志》:亡。

彭城王纮集二卷

《隋志》:亡。《唐志》:《彭城王集》八卷。纮,附《彭城穆王权传》。

谯烈王丞集九卷

《隋志》:亡。《唐志》:《谯王集》三卷。

会稽王司马道子集九卷

《隋志》:八卷。《唐志》同。

镇东从事中郎傅毅集五卷

《隋志》:亡。

衡阳内史曾瓌集四卷录一卷

《隋志》:三卷。《唐志》:五卷。《通典》九十有曾瓌《为旧君服议》。

骠骑将军顾荣集五卷录一卷

《隋志》:亡。《唐志》著录。

司空贺循集二十卷录一卷

《隋志》:十八卷。《唐志》:二十卷。

散骑常侍张杭集二卷录一卷

《隋志》:亡。《唐志》:《张抗集》二卷。按"杭",当作"亢"。亢,字季阳,附《张载传》。中兴初过江,仕至散骑常侍。又案《书钞》一百四,张杭诗云:昔吾好典籍,下帷慕董氏,吟咏仿遗风,染翰舒素纸。亦作"杭"。

车骑长史贾彬集三卷录一卷

《隋志》:亡。《唐志》:《贾霖集》三卷。"霖"当是"彪"字之讹。

光禄大夫卫展集十五卷

《隋志》:十二卷。《唐志》:十四卷。展,附《卫瓘孙玠传》。

太尉荀组集三卷录一卷

《隋志》:亡。《唐志》:二卷。组,附《荀颉传》。

秘书郎张委集五卷

《隋志》:九卷。按《御览》三百五十八引"张委《九愍》",即此人。严可均以其列颜延之后、殷琰前,编入宋人,误也。

关内侯傅珉集一卷

《隋志》:亡。

光禄大夫周颉集二卷录一卷

《隋志》:亡。《唐志》著录。

大常卿谢鲲集二卷

《隋志》:六卷。《唐志》:"二卷","鲲"作"琨"。

骠骑将军王廙集三十四卷录一卷

《隋志》:十卷。《唐志》同。张彦远《历代名画记》卷五,记廙画孔子十弟子,赞云云,《注》曰"见廙本集"。

华谭集二卷

《隋志》:亡。《唐志》著录。案本传,"谭卒,赠光禄大夫,加散骑常侍"。此失题其官。《通典》卷二十三、《书钞》卷六十并引《华谭集·尚书二曹论》。

御史中丞熊远集五卷录一卷

《隋志》:十二卷。《唐志》:五卷。

湘州秀才谷俭集一卷

《隋志》:亡。俭,桂阳人,事详《甘卓传》。

大鸿胪周嵩集三卷录一卷

《隋志》:亡。《唐志》著录。嵩,附《周浚传》。

宏农太守郭璞集十卷录一卷

《隋志》:十七卷。《唐志》:十卷。

张骏集八卷

《隋志》云“残缺”。骏,附《张轨传》,官镇西大将军。此失题其官。

大将军王敦集十卷

《唐志》:五卷。《书钞》五十七引《王敦集·表》云:中书令领军庾亮,清雅正事,可中书监领军如故。

吴兴太守沈充集二卷

《隋志》:亡。

散骑常侍傅纯集二卷录一卷

《隋志》:亡。《唐志》著录。

光禄大夫梅陶集二十卷录一卷

《隋志》:九卷。《唐志》:十卷。《御览》三十五,梅陶书曰:古人就食于安里,今三州米流出门,无如今年丰也,若以古人用之,则累年之储也。

金紫光禄大夫荀邃集二卷录一卷

《隋志》:亡。《唐志》著录。邃,附《荀颉传》。

散骑常侍王览集五卷

《隋志》:九卷。《唐志》:《王鉴集》五卷。按“览”当作“鉴”。《晋书》有《传》,云:“文集传于世。”惟鉴仕至永兴令,未为“散骑常侍”,与此异。《书钞》三十三引王鉴荐山阳冯访云:鲁璠之遗英,楚和之秘曜。

著作佐郎王涛集五卷

《隋志》:亡。《唐志》著录。涛,见《王鉴传》。

廷尉卿阮放集十卷录一卷

《隋志》:亡。《唐志》:五卷。放,附《阮籍传》。

宗正卿张悛集二卷录一卷

《隋志》:亡。《唐志》:《张峻集》二卷。《文选》卷三十八《注》,孙盛《晋阳秋》曰:张悛,字士然,吴国人。又,《晋百官名》曰:悛为太子庶子。

汝南太守应硕集二卷

《隋志》:亡。《唐志》著录。

金紫光禄大夫张闿集二卷录一卷

《隋志》:亡。《唐志》:三卷。本传:闿笺表文议传于世。

扬州从事陆沈集二卷录一卷

《隋志》:亡。《唐志》著录。

骠骑将军卞壶集二卷录一卷

《隋志》:亡。《唐志》著录。

光禄勋钟雅集一卷

《隋志》:亡。

卫尉卿刘超集二卷

《隋志》:亡。《唐志》著录。

卫将军戴邈集五卷录一卷

《隋志》:亡。《唐志》著录。

光禄大夫荀崧集一卷

《隋志》:亡。

大将军温峤集十卷录一卷

《隋志》无“录一卷”,《唐志》同。按凡“录一卷”,《唐志》并不载,《隋志》亦往往与《七录》异。今不复著其有无,从省也。唐皮日休《杂体诗序》曰:晋温峤始有回文诗。

侍中孔坦集五卷录一卷

《隋志》:十七卷。《唐志》:五卷。

臧冲集一卷

《隋志》:亡。

镇南大将军应詹集五卷

《隋志》:亡。《唐志》著录。《隋志》作“瞻”。

大仆卿王峤集八卷

《唐志》:二卷。

卫尉荀闿集一卷

《隋志》:亡。闿,附《荀颉传》。

镇北将军刘隗集二卷

《隋志》:亡。《唐志》:三卷。

大司马陶侃集二卷

《隋志》:亡。《唐志》著录。

丞相王导集十卷录一卷

《隋志》:十一卷。《唐志》:十卷。《书钞》七十三、《御览》二百六十五并引《王丞相集》。

太尉郄鉴集十卷录一卷

《唐志》同。

太尉庾亮集二十卷录一卷

《隋志》:二十一卷。《唐志》:二十卷。《书钞》七十三、《通典》三十二、《御览》二百六十三并引《庾亮集》。

虞预集十卷录一卷

《隋志》:亡。《唐志》著录。按本传:预,官至散骑常侍。

平越司马黄整集十卷录一卷

《隋志》:亡。《唐志》著录。《北堂书钞》一百三十二引黄士度《屏风颂序》云:太宁三年,皇帝诏遣殿上将赍御屏风宝剑。嘉兹屏风,帝王之服,谨为述颂。"士度",盖整字也。《通典》六十七引整《群臣敬太后议》。

护军长史庾坚集十卷录一卷

《隋志》:十三卷。

司空庾冰集二十卷录一卷

《隋志》:七卷。《唐志》:二十卷。《书钞》五十三,《庾冰集·用乐谟诏草》云:光禄,九卿列首,且职典吏署,选贡惟允。其以前散骑常侍谟,为光禄勋也。《初学记》十二亦引之。

给事中庾阐集十卷录一卷

《隋志》:九卷。《唐志》:十卷。《文苑》本《传》云:所著诗赋铭颂十卷,行于世。

著作郎王隐集二十卷录一卷

《隋志》:十卷。《唐志》同。

散骑常侍干宝集五卷

《隋志》:四卷。《唐志》同。严可均《全晋文》录得八篇。又"司徒仪"三条,非"集部",亦未备。按:《御览》三十二引《荆楚时岁当作"岁时"记》曰:夏至日,取菊为灰,以止小麦虫蠹。按干宝《变化论》乃云"稻成蛩,麦为蛱蝶",其验乎?是宝有《变化论》,严氏失收。

太常卿殷融集十卷

《唐志》同。臧荣绪《晋书》曰:殷浩,陈郡长平人。叔父融。俱好《老》、《易》。融与浩口谈论词屈，著篇则融胜浩。《御览》五百一十二。《殷觊传》曰：祖融，太常卿。《殷仲堪传》曰：祖融，太常吏部尚书。《世说·文学门·注》，《中兴书》曰：殷融，字洪远，陈郡人，著《象不尽意大贤须易论》，理义精微，谈者称焉。

卫尉张虞集十卷

《隋志》：亡。《唐志》：五卷。《许孜传》"咸康中，太守张虞上疏"，即此人。

光禄大夫诸葛恢集五卷录一卷

《隋志》：亡。《唐志》著录。《御览》八百八，《诸葛恢集》曰：诏答恢，今致琉璃枕一。七百五十九，《诸葛恢集》曰：诏赐恢白瓯二枚。七百六十，《诸葛恢集》：诏答恢曰，今致琉璃碗一枚。表曰，天恩赐广州白碗。《御览》七百八，《诸葛恢原误"亮"集》：诏答恢曰，行当离别，以为惆怅，今致氍㲣一，以达心也。《类聚》七十三引诸葛恢《表》误题为"梁"曰：诏云"行当别离，以为怅惘"，分致氍毹一、剑一、琉璃碗一，贵达心领录之，天恩望极，天地施钧，不异远近。

车骑将军庾翼集二十卷录一卷

《隋志》：二十二卷。《唐志》：二十卷。《御览》七百五十四，《庾翼集》曰：顷闻诸君有樗蒲过差者。初为是政事闲暇，以娱意耳，故未有言也。今知大相聚集，渐以成俗，闻之能不怃然！《类聚》七十四，《庾翼集》：参军于瓒陈节戏事曰，夫嬉戏都名动相剥，非为治之本。自今樗蒲掷马诸不急戏，宜一断云。翼答曰，今唯许其围棋，馀悉断。

司空何充集五卷

《隋志》：四卷。《唐志》：五卷。

御史中丞郝默集五卷

《隋志》:亡。《唐志》著录。

征西咨议甄述集十二卷

《隋志》:亡。《唐志》著录“五卷”。按《王尼传》有“河南功曹甄述”,即此人。《书钞》一百三十六,甄述《美女诗》曰:足蹑承云履。《御览》六百九十七甄述《女诗》曰:足蹑承云履,丰趺皜春锦。《元和姓纂》:甄逸,中山无极人,逸子严,孙畅,畅生绍,绍生述。

武昌太守徐彦则集十卷

《隋志》:亡。《通志·礼略四》“郡县吏为守令服”一条,引“武昌太守徐彦《与征西桓温笺》”,疑即徐彦则。

散骑常侍王愆期集十卷录一卷

《隋志》:七卷。《唐志》:十卷。《御览》五百八十三,王譽期《降幕祠仪》当有误字曰:琵琶出于弦鞉,笙簧出于丝竹。

司徒左长史王濛集五卷

《隋志》:亡。《唐志》著录。

丹阳尹刘恢集二卷录一卷

《隋志》:亡。《世说·赏誉门·注》引宋明帝《文章志》曰:刘恢,字道生,沛国人。王濛每称其思理淹通,蕃屏之高选。为车骑司马,年三十六卒,赠前将军。按此题“丹阳尹”,当是刘惔之讹。姑仍其旧,以俟考订。《类聚》九十三有晋刘恢诗。《唐志》:《刘惔集》二卷,《刘恢集》五卷。

益州刺史袁乔集七卷

《隋志》:亡。《唐志》:五卷。《书钞》一百三十四,袁高《圆扇赋》云:飘拟融放,同类逸云,轻风喟喟,罗袂纷纷。“高”字,当是“乔”字之误。严铁桥辑入袁崧文,盖误。

尚书令顾和集五卷录一卷

文廷式集

《唐志》同。

尚书仆射刘遐集五卷

《隋志》:亡。《唐志》著录。严可均曰:遐,永和中为吏部尚书,见《褚裒传》。与《列传》之"刘遐"非一人。《刘遐传》:"仕至北军中郎将、绛州刺史,卒,赠安北将军。"不言"仆射",当是一人。

征士江淳集三卷录一卷

《隋志》:亡。《唐志》:《江淳集》五卷。《晋书》,惇附《江统传》。《世说·赏誉门·注》引徐广《晋纪》曰:惇,字思悛。性笃学,手不释书,博览坟典,儒道兼综。征聘无所就。

魏兴太守荀述集一卷

《隋志》:亡。

平南将军贺翘集五卷

《隋志》:亡。

李轨集八卷

《隋志》:亡。《释文·序录》:轨为祠部郎中。又《隋志·易类》称轨"尚书郎"。此失题其官。

李充集十五卷录一卷

《隋志》:二十二卷。《唐志》:十四卷。《文苑》本《传》:充,仕至中书侍郎。

司徒蔡谟集四十三卷

《隋志》:十七卷。《唐志》:十卷。

扬州刺史殷浩集五卷录一卷

《隋志》:四卷。《唐志》:五卷。

关兴孝廉钮滔集五卷录一卷

《隋志》:亡。《唐志》著录。按《隋志》,《孙琼集》题"松阳令钮滔母”,此滔不终于孝廉也。《姓苑》“宋处州刺史钊滔”,或即此人,俟考。

宣城内史刘系之集五卷录一卷

《隋志》:亡。《唐志》著录。《通典》九十五引刘系之问荀讷,妻党二服孰先孰后。九十六引王冀答刘系之,为庶子服、为庶祖母服。《类聚》引“刘谧之”文,疑即“系之”。《高僧·支遁传》:遁常在白马寺与刘系之等谈《庄子·逍遥篇》。

庾赤王集四卷

按“赤王”当作“赤玉”。《世说·赏誉门》曰:谢仁祖云庾赤玉胸中无宿物。刘孝标《注》:赤玉,庾统小字。又引《中兴书》曰:统,字长仁,颍川人。少有令名,仕至寻阳太守。《隋志》既列此书,又有“《庾统集》”,当是更有别本,非复出也。

寻阳太守庾统集八卷

《唐志》:《庾统集》二卷。严可均曰:统,《隋志》误作“纯”。按:统,见《庾怿传》。

骠骑司马王修集二卷录一卷

《隋志》:亡。《唐志》著录。修,附《外戚·王濛传》。云:转中军司马,未拜,卒。《世说·文学门·注》引《修集·贤人论》。本传云:年十二,作《贤全论》。

卫将军谢尚集十卷录一卷

《隋志》:亡。《唐志》:五卷。

青州刺史王浃集二卷

《隋志》:亡。《唐志》著录。《御览》三百五十八,《晋起居注》曰,冠军将军王浃表:臣以发许昌,城内北人诸将孙凯等谋欲逼臣留身,驱遗南人。臣初出城门,乃相缠绕,牵臣马控,臣手刃斩截,仅乃得出。

文廷式集

西中郎将王胡之集五卷录一卷

《隋志》:十卷。《唐志》:五卷。

中书令王洽集五卷录一卷

《书钞》一百五十七引《王洽集·辞中书令表》。《御览》三十五,《晋王洽集》曰:洽临吴郡,上表,曰,编户僵尸,葬埋无主,或阖门饿馁,烟火不举。

宜春令范保集七卷

《隋志》:亡。

征士范宣集十卷录一卷

《隋志》:亡。《唐志》:五卷。

建安太守丁纂集四卷录一卷

《隋志》:亡。《唐志》:二卷。《通典》卷六十:李嵩又以父在大功,则子应小功,在服末则子服除者可婚,今降服而子未除,以疑问丁纂。纂曰,服末情杀,可行吉事。《蔡谟传》有"黄门郎丁纂"。

金紫光禄大夫王羲之集十卷录一卷

《隋志》:九卷。《唐志》:五卷。

散骑常侍谢万集十卷

《隋志》:十六卷。《唐志》:十卷。万,附《谢安传》。

司徒长史张凭集五卷录一卷

《唐志》同。《书钞》六十七引《郭子》云:张冯,字嗣宗。刘真长荐之抚军,曰,"下官今日为公得一太常博士好选"。抚军称善。《类聚》四十六、《御览》六百十七亦引此条。

高凉太守杨方集二卷

《隋志》:亡。《唐志》著录。方,附《贺循传》。俟再考。《书钞》此条别本,或注"《东观汉记》"四字。

征士许询集八卷录一卷

《隋志》:三卷。《唐志》同。《世说·赏誉门·注》云:按《询集》,询出都,迎姊于路,赋诗。《续晋阳秋》亦然。蒋清翊《支遁集补遗跋》云:《询集》,今可稽者《黑、白麈尾铭》二首,见《北堂书钞》一百三十四。《太平御览》七百三,钟仲伟称"孙绰、许询,弥善恬淡之辞"。征士诗,一字不传,惜哉。按《艺文类聚》八十八引许询诗"青松凝素髓,秋菊落芳英",非"一字不传"也,蒋氏误矣。《类聚》六十九引许询《竹扇诗》。

征西将军张望集十二卷录一卷

《隋志》:十卷。《唐志》:三卷。《类聚》卷三十五有晋张望诗。

馀杭令孙统集九卷录一卷

《隋志》:二卷。《唐志》:五卷。《世说·品藻门·注》,《中兴书》曰:孙统,字承公,太原人。善属文,时人谓其有祖楚风。仕至馀姚令。《兰亭宴集》有诗二首。

晋陵令戴元集三卷录一卷

《隋志》:亡。

卫尉卿孙绰集二十五卷

《隋志》:十五卷。《唐志》同。《文选》卷五十《注》引《孙绰集序》曰:绰文藻遒丽。卷五十五《注》同。

太常江逌集九卷

《唐志》:五卷。《御览》七百五十七引江逌《表》。《类聚》三十五引江逌诗,八十九引江逌《竹赋》。韩鄂《岁华纪丽》卷四引江逌《冰赋》。《书抄》一百三十四引江逌《羽扇赋》。

谢沈集十卷

《隋志》:亡。《唐志》著录。按本传,沈仕至著作郎。此失题其官。

李颙集十卷录一卷

《唐志》同。颙,见《李充传》,云"郡举孝廉"。此当题"孝廉"二字。《类聚》卷二有李颙《电赋》,卷三有李颙诗。《文选》卷五十五《注》亦引颙诗。《书钞》一百二引李颙《吊平叔父文》。《高僧·竺法乘传》云:高士李颙为之赞传。《书钞》一百五十八引李颙《羡夏篇》。馀见严铁桥辑本。《初学记》卷六有颙《感冬篇》。

光禄勋曹毗集十五卷录一卷

《隋志》:十卷。《唐志》:十五卷。本传云:所著文笔十五卷,传于世。

郡主簿王蔑集五卷

《隋志》:亡。《唐志》著录。《杂史类》题"祠部郎王蔑",与此异。

范汪集十卷

《隋志》:一卷。《唐志》:八卷。《玉烛宝典》卷二引《范汪集·新野四居疑当作"君"别传》云:家以翦佛华为业,其来盖久。

尚书仆射王述集八卷

《唐志》:五卷。

王度集五卷录一卷

《隋志》:亡。《唐志》:著录。按《霸史类》题"北中郎参军王度"。《艺文类聚》九十六有"晋王庆《钓鱼赋》","王庆",盖"王度"之讹。

中领军庾龢集二卷录一卷

《隋志》:亡。龢,附《庾亮传》。

将作大匠喻希集一卷

《隋志》:亡。希,字益期,豫章人。有《交州笺》,见《地理类》。又《通典》卷五十三,《释奠礼》,王俭议引喻希云:若王者自设礼乐,则肆赏于致敬之所;若欲嘉美先师,则须所况非备。按:疑有误字。又云:时从喻希议,设轩悬之乐,六佾之舞,牲牢器用,悉依上公。

吴兴太守孔严集十一卷录一卷

《隋志》:亡。《唐志》:五卷。严,附《孔愉传》。

大司马桓温集四十三卷

《隋志》:十一卷。《唐志》:二十卷。

桓温要集二十卷录一卷

《隋志》:亡。《太平御览》卷二百三引《桓温集略》,盖即此书。

豫章太守车灌集五卷录一卷

《隋志》:亡。《唐志》著录。

尚书仆射王坦之集五卷录一卷

《隋志》:七卷。《唐志》:五卷。

光禄王彪之集二十卷录一卷

《唐志》同。彪之,附《王廙传》。后魏贾思勰《齐民要术》卷三、卷十并引王彪之《闽中赋》。《书钞》一百三十四引《王彪之集》云:扇上书颂王子乔、蔺相如。又引王彪之五言诗序。

中书郎郗超集十卷

《隋志》:九卷。《唐志》:十五卷。

南中郎桓嗣集五卷

《隋志》:亡。《唐志》著录。嗣,附《桓彝传》。

平固令邵毅集五卷录一卷

《隋志》:亡。《唐志》著录。

太学博士滕辅集五卷录一卷

《隋志》:亡。《唐志》著录。《北堂书钞》一百二十、《艺文类聚》六十并引滕辅《祭牙文》。

顾夷集五卷

《隋志》:亡。《唐志》著录。按:夷,官扬州主簿,见《隋志·儒家类》。《世说·文学门·注》引《顾氏谱》曰:夷,字君齐,吴郡人。祖厥,孝廉;父霸,少府卿。夷,辟州主簿,不就。

散骑常侍郑袭集四卷

《隋志》:亡。《通典》卷一百,两引袭议。《宋书·郑鲜之传》:曾祖袭,大司农。初为江乘令,因居县境。不称"散骑常侍",与《七录》异。《太平广记》四百二十六引《异苑》:荥阳郑袭,晋太康中为太守云云。

抚军掾刘畅集一卷

《隋志》:亡。《世说·品藻门·注》引《刘瑾集叙》曰:父畅,娶王羲之女,生瑾。

刘彧集十六卷

《隋志》:亡。按《隋志·杂传类》有"临川王郎中刘彧撰《长沙耆旧传赞》",即此人。

太常卿韩康伯集十六卷

《唐志》:五卷。

黄门郎范启集四卷

《隋志》:亡。《唐志》:《范起集》五卷。启,范坚子,附《范汪传》。史云:父子并有文笔传于世。今《隋志》无坚《集》。《类聚》卷八十有范坚《蜡镫赋》。

豫章太守王恪集十卷

《隋志》:亡。《外戚·王遐传》:长子恪,领军将军。恪子欣之,豫章太守。此以恪为“豫章太守”,疑误。

零陵太守陶混集七卷

《隋志》:亡。

海盐令祖抚集三卷

《隋志》:亡。

吴兴太守殷康集五卷录一卷

《隋志》:亡。《唐志》著录。《殷觊传》:父康,吴兴太守。《太平御览》引《殷康集》,又四百三十一引殷康《明慎》曰:古人云,骄奢,人之殃;恭俭,福之场。《御览》四百三十引殷康《明慎》曰:奔车之上无仲尼,覆舟之下无伯夷。盖言慎也。

太傅谢安集十卷录一卷

《唐志》:五卷。

中军参军孙嗣集三卷录一卷

《隋志》:亡。《唐志》著录。嗣,绰之子。《兰亭宴集》有诗一首。

司徒左长史刘衮集三卷

《隋志》:亡。《晋起居注》穆帝升平二年有“尚书左丞相刘衮”,当是此人。《御览》七百六十一,“相”字误衍。

御史中丞孔欣时集七卷

《隋志》:八卷。

伏滔集五卷录一卷

《隋志》:十一卷。《唐志》:五卷。按《滔传》,仕至游击将军,著作郎如故。此失题其官。《世说 · 言语门 · 注》引《滔集》,论青楚人物。

荥阳太守习凿齿集五卷

文廷式集

《唐志》同。

秘书监孙盛集十卷录一卷

《隋志》:五卷,残缺。《唐志》:十卷。

东阳太守袁宏集二十卷录一卷

《隋志》:十五卷。《元和姓纂》云:袁宏集有古成文。

袁邵集三卷

袁质集二卷

见《唐志》。《唐书·宰相世系表》云:耽生质,字道和,东阳太守;二子,湛、豹。

黄门郎顾淳集一卷

《隋志》:亡。按湻,顾和子,附《和传》,仕至黄门侍郎左卫将军。

寻阳太守熊鸣鹄集十卷

《隋志》:亡。鸣鹄,见《熊远传》,云仕至武昌太守。《隋志》似误矣。《高僧传》卷六《释法安传》有"武昌太守熊无患",疑即此人。

车骑将军谢韶集三卷

《隋志》:亡。韶,谢万子,附见《谢安传》,云早卒,至车骑司马。《七录》题"将军",误也。

金紫光禄大夫王献之集十卷录一卷

《隋志》:亡。献之,附《王羲之传》。

车骑长史谢朗集六卷录一卷

《隋志》:亡。《唐志》:五卷。朗,附《谢安传》。《世说·言语门·注》,《续晋阳秋》曰:朗字长度。安次兄,据之长子。文义艳发,名亚于玄。仕至东阳太守。《唐志》有"《谢玄集》十卷"。

车骑将军谢颇集十卷录一卷

《隋志》:亡。

新安太守郄愔集五卷

《隋志》:四卷,残缺。《唐志》:五卷。《世说·品藻门·注》,《郄愔别传》曰:愔,字方回,高平金乡人。太宰鉴长子。历会稽内史、侍中、司徒。窦(皋)〔洎〕《述书赋》,《注》云:愔,晋司空。

(郡吴)〔吴郡〕功曹陆法之集十九卷

《隋志》:亡。

太常卿王珉集十卷录一卷

珉,附《王导传》。《类聚》七十二引王珉《答徐邈书》。

中散大夫罗含集三卷

《唐志》同。含,在《文苑传》。

太宰长史庾蒨集二卷

《隋志》:亡。《唐志》著录。《庾冰传》"子倩,太宰长史",不作"蒨"。《世说·赏誉门》曰:庾公云逸少国举,故庾倪为碑文云逸少国举。《注》:倪,庾倩小字也。

大司马参军庾悠之集三卷

《隋志》:亡。《庾冰传》"庾希子攸之",盖即其人,惟"攸""悠"字异。

司徒右长史庾凯集二卷

《隋志》:亡。《唐志》"《庾轨集》二卷","轨"字,是"凯"字之误。

国子博士孙放集十卷

《隋志》:一卷,残缺。《唐志》:十五卷。放,附《孙盛传》。《世说·言语门·注》引《放别传》云"卒长沙王相",与此异。陈舜俞

《庐山记》卷一引孙放《山赋》曰:寻阳南有庐山,九江之镇也,临彭蠡之泽,接平敞之原。

聘士殷叔献集三卷录一卷

《唐志》同。《晋书·殷觊传》云:弟仲文叔献,别有传。今按《晋书》无叔献《传》,盖误用臧荣绪《晋书》旧文也。

湘东太守庾肃之集十卷录一卷

《唐志》同。肃之,附见《文苑·庾阐传》。

北中郎参军苏彦集十卷

《隋志》:亡。《唐志》著录。明冯惟讷《诗纪》录彦诗二篇,未备。

太子左率王肃之集三卷录一卷

《隋志》:亡。《世说·排调门·注》引《王氏谱》曰"肃之,字幼恭,右将军羲之第四子。历中书郎、骠骑咨议",与《隋志》所题异。

黄门郎王徽之集八卷

《隋志》:亡。徽之,附《羲之传》。

征士谢敷集五卷录一卷

《隋志》:亡。

太常卿孔汪集十卷

《隋志》:亡。汪,附《孔愉传》。

陈统集七卷字元方

《隋志》:亡。《类聚》三十四,晋刘臻妻陈氏《答舅母书》曰:元方春秋始富,德业亦隆,岂意一朝冥然长往。又云:俯悼二弟,斯人斯命,当可奈何!"陈氏",统之姊也。

太常王恺集十五卷

《隋志》:亡。恺,附《王湛传》。

右将军王忱集五卷录一卷

《隋志》:亡。忱,附《王湛传》。

太常殷允集十卷

《隋志》:亡。《唐志》著录。《世说·赏誉门·注》引《中兴书》曰:允,字子思,陈郡人。太常康第六子。恭素谦退,有儒者之风。历吏部尚书。《类聚》九十九、《书钞》一百三十三并引殷允《杖铭》。

征士戴逵集十卷录一卷

《隋志》:九卷,缺残。《唐志》:十卷。

光禄大夫孙廞集十卷

《隋志》:亡。《王谈传》有"会稽太守孔廞",疑是"孙廞"之误。孔衍《在穷记》,《太平御览》或引作"孙舒元《在穷记》",是其证。

尚书左丞徐禅集六卷

《隋志》:亡。《晋中兴书》:永和中,将禘太庙,应有递毁,尚书郎徐禅诣喜虞喜讲焉。《御览》,卷五百三。《通典·礼类》屡引禅议。

太子前率徐邈集二十卷录一卷

《隋志》:九卷。《唐志》:八卷。

给事中徐乾集二十卷录一卷

《御览》六百九十七录徐乾《古履仪》,"仪"当作"议"。《唐书·宰相世系表》:徐澹,晋长寿令,生乾。乾,字文祚,给事中。

冠军将军张玄之集五卷录一卷

《隋志》:亡。《世说·言语门·注》,《续晋阳秋》曰:张玄之,字祖希,吴郡太守澄之孙也。少以学显,历吏部尚书,出为冠军将军、吴兴太守。

员外常侍荀世之集八卷

《隋志》:亡。按:荀世之,无考。《释文·序录》“荀讷,字世言”,盖“言”“之”二字因草书形近而讹。

袁山松集十卷

《隋志》:亡。山松,附《袁瓌传》,仕至吴郡太守。此失题其官。

黄门郎魏逷之集五卷

《隋志》:亡。《世说·赏誉门》《注》曰:“魏隐兄弟,少有学义。”《注》引《魏氏谱》曰:隐,字安时,会稽上虞人。弟逷,黄门郎。《高僧传》卷十一有“会稽魏迈之、放之”等。

骠骑参军卞湛集五卷

《隋志》:亡。《唐志》著录。

金紫光禄大夫褚爽集十六卷录一卷

《隋志》:亡。爽,在《外戚传》。

豫章太守范宁集十六卷

《唐志》:十五卷。

馀杭令范宏之集六卷

《隋志》:亡。宏之,见《儒林传》。

司徒王珣集十卷录一卷

《唐志》同。

处士薄萧之集十卷

《隋志》:九卷。《唐志》:“十卷”;“萧之”,作“肃之”。张怀瓘《书断》“晋薄绍之,字敬叔,丹阳人,官至给事中”,当是萧之同族人。

安北参军薄要集九卷

《隋志》:亡。

薄邕集七卷

《隋志》:亡。

延陵令唐迈之集十一卷录一卷

《隋志》:亡。《艺文类聚》五十三有庾阐《荐唐宎笺》,宎,似字永延。未知是此人否,俟考。

殿中将军傅绰集十五卷

《隋志》:亡。

车骑参军何瑾之集十一卷

《隋志》:亡。《通典》卷五十五,"东晋穆帝升平中,何瑾请备五岳祠",即此人。

骁骑将军宏戎集十六卷

《隋志》:亡。《庾冰传》:卞耽与曲阿人宏戎发兵屯新城。

御史中丞魏叔齐集十五卷

《隋志》:亡。《世说·排调门·注》引《魏氏谱》:颉,字长齐,会稽人。父说,大鸿胪卿。疑叔齐乃颉弟也。

司徒右长史刘宁之集五卷

《隋志》:亡。

临海太守辛德远集四卷

《隋志》:五卷。《唐志》:《辛昺集》四卷。"德远",盖昺字,唐人讳"昺",故称其字也。《世说·德行门·注》引《晋安帝纪》曰:孙恩于海上聚众十万人,攻没郡县,后为临海太守辛昺斩首送之。即此人。今《晋书》避讳作"辛景"。《御览》三百三十七引辛昺洛成时与桓郎笺。

太保王恭集五卷录一卷

《隋志》:亡。

殷觊集十卷录一卷

《隋志》:亡。按本《传》,覬官至南蛮校尉。此失题其官。

荆州刺史殷仲堪集十卷录一卷

《隋志》:十二卷。《唐志》:十卷。《御览》八百三十六引之。

东阳太守殷仲文集五卷

《隋志》:七卷。《唐志》同。《世说·文学门·注》,《续晋阳秋》曰:仲文雅有才藻,著文数十篇。钟嵘《诗品》曰:晋宋之际,殆无诗乎?义熙中,以谢益寿、殷仲文为华绮之冠,殷不竞矣。

司徒王谧集十卷录一卷

《唐志》同。谧,附《王导传》。

光禄大夫伏系之集十卷录一卷

《隋志》:亡。系之,附《文学·伏滔传》。

右军参军孔璠集二卷

《艺文类聚》八十二有孔璠之《艾赋》、《艾赞》,当即此人。"璠之",或称"璠",犹"刘简之"或称"刘简"、"庾蔚之"或称"庾蔚"也。《唐志》:《孔璠之集》二卷。

卫军咨议湛方生集十卷录一卷

《唐志》同。王谟《豫章十代文献略》云:《隋志》不详何许人。今考湛氏,望出豫章,而方生又有《庐山诗序》及《帆入南湖诗》,其为豫章人,无疑也。《诗》及《序》俱见《艺文类聚》。又《类聚》、《初学记》引方生诗文甚多,不悉出。

光禄大夫祖台之集二十卷

《隋志》:十六卷。《唐志》:十五卷。《御览》七百三十九引祖台之议钱耿杀妻事,四百五十七引祖台之《与王荆州书》。

通直散骑常侍顾恺之集二十卷

《隋志》:七卷。恺之,在《文苑传》。张彦远《历代名画记》卷五,记恺之事。《注》云:见《晋史》、《中兴书》、檀道鸾《续晋阳秋》、刘义庆《世记》及顾《集》。梁钟嵘《诗品》云:长康能以二韵答四首之美。

太常刘瑾集五卷

《隋志》:九卷。《唐志》:八卷。《世说·品藻门·注》,《刘瑾集·叙》曰:瑾,字仲璋,南阳人。祖遐;父畅。畅娶王羲之女,生瑾。瑾有材力,历尚书太常卿。《桓玄传》:以平西长史刘瑾为尚书。

左仆射谢混集五卷

《隋志》:三卷。混,附《谢安传》。《宋书·谢灵运传·论》曰:仲文始革孙、许之风,叔源大变太元之气。"叔源",混字也。

秘书监滕演集十卷录一卷

《唐志》:一卷。

司空长史王诞集二卷

诞,《宋书》、《南史》皆有传。《书钞》一百二十、《类聚》六十、《御览》三百三十九,并引王诞《祭牙文》。

太尉咨议刘简之集十卷

《隋志》:亡。简之,事见《宋书·刘康祖传》。刘谦之《晋纪》曰,桓元欲复虎贲中郎将,疑直省与不,访之僚佐,咸莫能定。参军刘简之原误"兰之"对曰,昔潘岳为《秋兴赋》,《序》云"兼虎贲中郎将,寓直于散骑之省",以此言之,是直官也。《御览》二百四十一。《世说·方正门·注》,《刘氏谱》曰:简,字仲约,南阳人。祖乔,豫州刺史。父挺,颍川太守。简仕至大司马参军。《唐书·宰相世系表》:刘乔,字伯彦,晋太傅军咨祭酒。生挺,颍川太守;二子,耽、简。耽,字敬道,为尚书令。

丹阳太守袁豹集十卷录一卷

《隋志》:八卷。《唐志》:十卷。《世说·文学门·注》,邱渊之《文章叙》曰:豹,字士蔚,陈郡人。祖耽,父质。豹,隆安中著作佐郎,累迁太尉长史、丹阳尹。义熙九年卒。

庐江太守殷遵集五卷录一卷

《隋志》:亡。

兴平令荀轨集五卷

《隋志》:亡。

西中郎长史羊徽集十卷录一卷

《隋志》:九卷。《唐志》:一卷。《类聚》八十九引晋羊徽《木槿赋》。

国子博士周祇集二十卷录一卷

《隋志》:十一卷。《唐志》:十卷。祇,有《隆安记》。见《史部》。

始安太守卞裕集十五卷

《隋志》:十三卷。《唐志》:十四卷。明冯惟讷《晋诗纪》:卞裕。

相国主簿殷阐集十卷录一卷

《隋志》:亡。《殷仲文传》:何无忌令府中文人殷阐、孔宁子之徒,撰义构文,以俟其至。

太常傅迪集十卷

《隋志》:亡。《世说·识鉴门·注》引《宋书》曰:迪,字长猷,瑗长子也。位至五兵尚书,赠太常。

韦公艺集六卷

《隋志》:亡。《真诰·阐幽微·第一》云:韦遵,字公艺,吴人,韦昭之孙也。博学有文才，善书。仕晋，成穆之世，为尚书左侍郎、中书黄门侍郎，代王逸少为临川郡守。以母爱当是“忧”字之误亡，年六十四。

毛伯成集一卷按《隋志·总集类》，注云：伯成，东晋征西参军

《世说·言语门·注》引《征西寮属名》曰：毛玄，字伯成，颍川人。仕至征西行军参军。

张重华酒泉太守谢艾集八卷

《隋志》：七卷。《唐志》：八卷。《文心雕龙·镕裁篇》曰：昔谢艾、王济，西河文士张骏以为艾繁而不可删、济略而不可益。《御览》三百五十九：谢艾密令与杨初曰，今遣舍人孔章特口论要密，将军可差腹心人旨至珊瑚马勒香璎一具遗王擢，王擢狐疑于将军父子，事得施矣。

抚军长史蔡系集二卷

《隋志》：亡。《唐志》著录。系，蔡谟少子，见《谟传》。

护军将军江彬集五卷录一卷

《隋志》：亡。彬，《晋书》作“虨”，附见《江统传》。《书钞》六十，江虨原误“彪”《驳议》云：左右丞都无弹外官之事。《唐志》“《江霖集》五卷”，“霖”，乃“虨”字之讹。

中军功曹殷旷之集五卷

《隋志》：亡。旷之，见《殷仲堪传》，云“仕至剡令”，与《七录》异。

太学博士魏说集十三卷

《隋志》：亡。

征西主簿邱道护集五卷录一卷

《隋志》：亡。道护有《道士支昙谛诔》，见《广宏明集》二十六。

文廷式集

柴桑令刘遗民集五卷录一卷

《隋志》:亡。《御览》五百八十二:刘道民诗云,亦有远而合,蜀桐鸣吴石。"道民",当是"遗民"之误。按此诗《水经·渐江水·注》已引之。

曹毗集四卷

按《隋志》已录"《光禄勋曹毗集》十五卷",此疑别本,姑并存其目。

王茂略集四卷

《唐志》同。

《王鉴传》:弟涛,有文笔。字茂略。历著作郎、无锡令。盖即其人。惟《隋志》已录"《著作佐郎王涛集》五卷",疑亦别本也。

宗钦集二卷

郭澄之集十卷

《隋志》:亡。按《文苑》本传,澄之位至相国从事中郎。

征士周桓之集一卷疑当作"续之"

《隋志》:亡。《通志·艺文略·七》作"周元之",盖避宋讳。

孔瞻集九卷

《隋志》:亡。

陶潜集五卷录一卷

《隋志》:"九卷",题"宋徵士"。《唐志》:二十卷,又五卷。

张野集十卷

《隋志》:亡。野,事详《史部·地理类》。《高僧传》卷六《释慧远传》有"南阳张莱民",即此人。《莲社高贤传》"野卒于义熙十四年",《隋志》列入"宋人",误也。陈舜俞《庐山记》卷二引远公《匡山集》称"张常侍野"。

秘书监徐广集十五卷录一卷

《隋志》题"散骑常侍"。按本《传》云"刘裕受禅,乞归卒于家",故当以晋官题之。

桓玄集二十卷

《唐志》同。《艺文类聚》七引桓玄《游荆山》诗。

沙门支道林集十三卷

《隋志》:八卷。《唐志》:《支遁集》十卷。《高僧传》云:遁所著文翰,集有十卷,盛行于世。阮文达《四库未收书目提要》云:《支遁集》,《宋志》不著录。《读书敏求记》及《述古堂书目》作"二卷",知缺佚多矣。是编上卷诗凡十八首,下卷书铭及赞凡十五首。按:近人蒋清翊有《补遗》一卷。

沙门支昙谛集六卷

《唐志》同。严可均《全晋文》录昙谛文,得四篇。可均云:案邱道护作《昙谛诔》,以为"义熙七年五月卒",道护与昙谛友善,必不有误。《高僧传》七案当作"八"作"宋元嘉卒",恐未可据。

沙门释惠远集十二卷

《唐志》:十五卷。梁慧皎《高僧传》云:远所著论序铭赞诗书,集为十卷,五十馀篇,见重于世。宋陈舜俞《庐山记》卷二云:广明中,远公《匡山集》为淮南高骈所毁。《匡山集》二十卷,景福中尝重写;明道中,为部使者刑部许申所借。今本十卷,寺僧抄补,用以讹舛云。

姚苌沙门释僧肇集一卷

苻坚丞相王猛集九卷录一卷

孙恩集五卷

武帝左九嫔集四卷

《隋志》:亡。《唐志》:一卷。《御览》一百四十五云:《左九嫔集》,有《离思赋》、《相风赋》、《孔雀赋》、《松柏赋》、《泣呕颂赋》、《纳皇后颂》、《杨皇后登祚赞》、《芍药花颂》、《郁金颂》、《菊花颂》、《神武颂》、四言诗四首、《武元皇后诔》、《万年公主诔》。《类聚》二十九有左九嫔《离思诗》。

江州刺史王凝之妻谢道韫集二卷

《妇人集》曰:谢夫人,名道韫,有文才,所著诗赋诔颂传于世。《世说·言语门·注》。

司徒王浑妻钟夫人集五卷

《隋志》:亡。《唐志》:二卷。《世说·贤媛门·注》,《王氏谱》曰:钟夫人,名琰之,太傅繇之孙。《列女传》云"名琰"。《初学记》卷三引钟夫人诗曰:洌洌季冬,素雪其霏。《类聚》九十二有钟夫人《莺赋》。

太宰贾充妻李扶集一卷

《隋志》:亡。《世说·贤媛门·注》引《妇人集》曰"充妻李氏,名婉,字叔文",与《志》异。

武平都尉陶融妻陈窈集一卷

《隋志》:亡。

都水使者徐藻妻陈玢集五卷

《隋志》:亡。按《志》误夺"徐藻"二字。今据《艺文类聚》二十二引玢《与妹刘氏书》、《太平御览》九百七十引玢《石榴赋》,并题"徐藻妻",故依以补入。《康献褚皇后传》有"太学博士徐藻",当即其人。

海西令刘骥妻陈珍集七卷

《隋志》:亡。"骥",《通志·略》作"麟"。

刘柔妻王劭之集十卷

《隋志》:亡。劭之,《通志·略》作"邵之"。

刘臻妻陈氏集二卷

见《唐志》。

散骑常侍傅伉妻辛萧集一卷

《隋志》:亡。《类聚》录文三篇,严可均已抄入《全晋文》。又卷四有傅(充)〔克〕妻辛氏《元正》诗;九十二,题"傅统妻辛女《燕颂》";皆不作"傅伉"。《书钞》一百五十五亦引傅统妻《元正》诗。

松阳令钮滔母孙琼集二卷

《隋志》:亡。《类聚》三十四有"晋刘滔母孙氏《悼艰赋》","刘滔",当是"钮滔"之误。《书钞》一百一十引钮滔母孙氏《箜篌赋》云:匪借和于箫管,岂假韵于筑筝。孔《校》云:严辑孙氏《箜篌赋》脱此二句。

成公道贤妻庞馥集一卷

《隋志》:亡。

宣城太守何殷妻徐氏集一卷

《隋志》:亡。以上皆《隋志》所有。

卢钦小道数十篇

本传:钦所著诗赋论难数十篇,名曰《小道》。《春秋左氏传·序·正义》引卢钦《公羊序》云:孔子自因鲁史记而修《春秋》,制素王之道。《类聚》二十二,《魏志》曰卢钦著书称徐邈云云,亦当是《小道》中之一篇。

文立章奏诗[1]〔赋〕数十篇

---

① "诗"下,原刊空白一字位置,兹据《廿五史补编》本补入"赋"字。

文廷式集

本传。《华阳国志》曰:凡立章奏,集为十篇;诗赋论颂亦数十篇。

陈寿述作二百馀篇

见《华阳国志》。按《华阳国志》载寿弟符、莅、阶亦各数十篇。

木华集

《文选》卷十二引《木华集》曰:为杨骏府主簿。又引《今书七志》曰:木华,字玄虚。

纪瞻诗赋笺表数十篇

本传。

常宽诗赋论议二十馀篇

见《华阳国志》。

刘聪述怀诗百余篇赋颂五十馀篇

见《刘聪载记》。

慕容儁著述四十馀篇

见《儁载记》。

陈寿次定诸葛亮故事集二十四篇

见《三国志·诸葛亮传》及《华阳国志》。

成公绥钱神论

《御览》八百三十六引之。

葛洪碑诔诗赋一百卷移檄章表三十卷

本传。

索绥六夷颁符命传十余篇

见《御览》一百二十四引崔鸿《前凉录·张元靖传》。

段业九叹七讽十六篇

见《吕光载记》。

高柔集

《世说·轻诋门》:高柔在东,甚为谢仁祖所重。《注》引孙统为《柔集》叙曰:柔,字世远,乐安人。才理清鲜,安行仁义。婚泰山胡母氏女,姿色清惠,近是上流妇人。柔既罢司空参军、安固令,营宅伏川,驰动之情既薄,又爱玩贤妻,便有终焉之志。尚书令何充取为冠军参军,僶俛应命,眷恋绸缪,不能相舍。相赠诗书,清婉辛切。按此与魏之高柔,别是一人。魏高柔,字文惠,《三国志》有《传》。《书钞》一百一十,高惠文《与妇书》曰:今置琵琶一枚,音甚清亮也。《书钞》一百三十六引高文惠妇《与文惠书》云:今奉织成袜一緉。《御览》六百九十七,又八百十六,引作"袜一量"。《御览》六百八十九,高文惠妇《与文惠书》:今聊奉组生履一緉。六百八十八,高文惠妇《与文惠原误"惠文"书》曰:今奉总帢十枚。据《世说注》,当是高世远妇,《书钞》、《御览》误也。

阮德猷集

《北堂书钞》卷六十引《阮德猷集》云:策在上第,即拜尚书郎。毁誉之徒,或言对者因缘假托。诏乃更延群才廷对。案此事亦见《晋书》卷五十二。德猷,阮裕字。

卫恒集

《书钞》卷六十二,《卫恒集》云程邈为衙狱吏云云。《晋书》三十六载四体书势,其文正同;惟虞伯施既以"《集》"标题,当不止《书势》一篇,盖《隋志》偶佚耳。

王沈集

《北堂书钞》卷九十九引《王沈集·序》云:沈著《魏书》,多为时讳,未同陈寿实录也。按《隋志》有"《王沈集》五卷",列齐王攸后、郑袤前,当是官骠骑将军之王沈。此论其撰《魏书》,则秘书监之王沈也。

总集类

挚虞文章流别集六十卷志二卷论二卷《隋志》:四十一卷,《志》、《论》二卷

本传、《唐志》并云“三十卷”。《诗·关雎·正义》引作“《文章流外集》”,恐误。《隋志》云:虞采摘孔翠,芟剪繁芜,自诗赋下,各为条贯,合而编之,谓为《流别》。《文心雕龙·才略篇》:挚虞品藻流别,有条理焉。严可均从《类聚》、《御览》、《书钞》录得十二条,未能详备。又按《书钞》卷一百,挚虞《文章流别论》云:图谶之属,虽非正文之制,然以取其纵横有义,反复成章。卷一百二,《文章流别论》云:颂,诗之美者也。古者圣帝明王,功成治定,而颂声兴,于是史录其编,工歌其章,以奏于宗庙,告于神明。余者大抵似此。此为后世文史类之始。《隋(世)〔志〕》并入“总集”,今亦不复别出焉。《御览》五百九十、五百九十六并引作“《文章流别传》”。

谢混文章流别本十二卷

李充翰林论五十四卷

《隋志》:三卷。《唐志》同。《初学记》、《太平御览》引八条,严可均《全晋文》录之。《御览》五百八十八,五百九十三,五百九十四两引,五百九十五,五百九十七,五百九十八。

谢混集苑六十卷

《隋志》:“四十五卷”,不题撰人。今从《唐志》。

吴朝士文集十三卷

谢沈名文集四十卷

见《旧唐志》。

谢沈文章志录杂文八卷

顾恺之晋文章记

五都赋六卷并录

《隋志》云:张衡及左思撰。盖即《二京》、《三都》也。

杂赋十六卷　东都赋一卷

《隋志》云:孔逭作。

二京赋二卷

《隋志》云:李轨、綦毋邃撰。案《旧唐志》有"綦毋邃《三京赋音》一卷",《隋志》又有"李轨《三都赋音》一卷",此亦当是《二京赋音》也。

齐都赋二卷

《隋志》云:左思撰。《唐志》:左太冲《齐都赋》一卷。《文选》二十八《注》引左思《齐都赋·注》曰:《东武》、《太山》,皆齐之土风,弦歌讴吟之曲名也。《水经·淄水·注》引左思《齐都赋·注》:申池,在海滨,齐薮也。又云:左氏舍近取远,考古非矣。知《注》亦思自撰也。《文苑·左思传》云:造《齐都赋》,一年乃成。《史记·孟荀列传》"炙毂过髡",《集解》引左思《齐都赋·注》曰:言其多智,难尽如炙膏,过之有润泽也。

傅玄等相风赋七卷

《御览》八百九有杜万年《相风赋》,称"太仆傅侯命余赋之",当出此书。《北堂书钞》一百三十引傅玄、张华、潘岳《相风赋》。

虞千纪迦维国赋二卷右军行参军

郭璞注子虚上林赋一卷

《隋志》:梁有,隋亡。按:李善注《文选·上林、子虚赋》用郭注。

晁矫注二京赋一卷

武巽注二京赋二卷

张载及刘逵卫瓘注左思三都赋三卷逵,侍中。瓘,怀令

《通典·职官部》三引卫瓘《吴都赋注》。李善《文选注》曰:“《三都赋》成,张载为注《魏都》,刘逵为注《吴》、《蜀》”,而不标“卫瓘”名。案《魏志·卫臻传·注》云:“卫楷子权,字伯舆,作《左思吴都赋叙》及《注》。《叙》粗有文辞;至于为《注》,了无所发明,直为尘秽纸墨,不合传写也。”崇贤不取,职此之由。“瓘”,当作“权”,《隋志》似误。《文苑·左思传》:“皇甫谧为其《赋》序,张载为注《魏都》,刘逵注《吴》、《蜀》而序之,陈留卫瓘又为思《赋》作《略解》”,亦与《隋志》异。

綦毋邃注三都赋三卷

《御览》九百二十八,左思《蜀都赋》曰“鹫鹈山栖”,綦毋遂当作“邃”《注》曰:鹫鹈,鸟名,如今山鸡,其色班,其雏色异,出江东。

张载注王延寿鲁灵光殿赋

李善《注文选》录之。

萧广济注木玄虚海赋一卷

萧广济注江赋

《太平寰宇记》卷七十二,萧广济《注江赋》云:触玉累山,东回为沱。

李轨三都赋音一卷

李轨齐都赋音一卷

见《旧唐志》。

戴安道南都赋图

见张彦远《名画记》卷三。

史道硕蜀都赋图　琴赋图

见《历代名画记》卷五。

司马彪注子虚上林赋

按《文选·子虚、上林赋·注》屡引彪说，皆专为《赋》作，故据以入录。宋玉《登徒子好色赋》，《注》称"司马彪注《汉书·子虚赋》"。鲍明远《拟古诗》，《注》引司马彪《上林赋注》。

索靖晋诗二十卷

本传。

荀绰二晋杂诗二十卷

荀绰古今五言诗美文五卷

木连理颂二卷

《隋志》曰：晋太元十九年群臣上。按本《志》两见。《类聚》九十八有湛方生《木连理颂》，非此时作。《唐志》著录。

凉王李暠靖恭堂颂一卷

《唐志》同。《北史》，李延寿《自序》曰：凉武昭王立靖恭堂，图画赞自古圣帝明王忠臣孝子烈士贞女，亲为序赞，以明鉴戒之意。《御览》八百八十九有西凉武昭王《麒麟颂》。《御览》一百七十六引《三十国春秋·西凉传》曰：李暠于南门外临水起堂，名曰"靖恭堂"，以议朝政、阅武事。堂成，图赞自古明王忠臣孝子贞女。暠自为序，以明鉴戒；文武群寮亦皆图焉。是月白雀翔于"靖恭"，暠颂之。

干宝百志诗九卷

《隋志》云：梁五卷。《旧唐志》作"《百志诗集》五卷"。按《太平御览》卷三百六引干宝《百志诗》一首。

古游仙诗一卷

应贞注应璩百一诗八卷

蜀郡太守李彪百一诗二卷

《唐志》:"李夔《百一诗集》二卷""彪"、"夔",未详孰是。

毛伯成诗一卷

按《隋志·别集类》有"《毛伯成集》一卷",此《总集〔类〕》又录其《诗》一卷,疑诗、文分集也。今无从考正,姑依用其目。

张野庐山唱和诗

《永乐大典》六千三百三十九引《江州志》曰:张野又有《庐山唱和诗》,略曰:"觌岭混大象,望崖莫由检。器远蕴其天,超步不阶渐。竭来越重限,一举拔尘染。乘此摅莹心,可以忘遗点。"语极超旷。

张谌古今九代歌诗七卷

兰亭诗一卷

见《宋史·艺文志·别集类》。

晋元正宴会游集四卷

《旧唐志》云"伏滔、袁豹、谢灵运等撰"。《新唐志》无"等"字,"撰"作"集"。

金谷诗集

《魏志·苏则传·注》,松之案:苏愉子绍,字世嗣,为吴王师。石崇妻,绍之兄女也。绍有诗,在《金谷集》。《水经·瀔水·注》引石季伦《金谷诗集叙》曰:余以元康七年,从太仆出为征虏将军,有别庐在河南界金谷涧中。有清泉茂树,众果竹柏药草皆具。

苻坚秦州刺史窦滔妻苏氏织锦回文诗一卷

今存。唐武后《璇玑图序》曰:前秦苻坚时,扶风窦滔妻苏氏,名蕙,字若兰。滔镇襄阳,绝苏氏音问。苏氏因织锦为回文,五彩相宜;纵广八寸,题诗二百馀首,计八百馀言,纵横反覆,皆为文章。按《太平御览》卷五百二十引崔鸿《前秦录》曰:"秦州刺史窦滔妻,彭城令苏道之女,有才学。织锦制回文诗,以赎夫罪。"其说特异。按《回文诗》无怨怼之词,亦无怀思之语。鸿之所言,当得其实。吴淑《事类赋·锦赋·注》引臧荣绪《晋书》曰:窦滔妻苏氏,善属文。苻坚时,滔为秦州刺史,被徙流沙。苏氏思之,织锦为回文诗,寄滔。循环宛转以读之,词甚凄切。《晋书·列女传》同。此言滔"被徙流沙",亦与崔鸿所记相近。

李宓释河内赵子声讥诗赋之属二十余篇

见《华阳国志》。

张谌古今箴铭集十四卷录一卷

《唐志》:十三卷。

张谌众贤诫集十五卷　杂诫箴二十四卷　女箴一卷　女史箴图一卷

《众贤诫集》,《隋志》作"《箴集》十六卷",今从《旧唐志》。《女箴》以下,《唐志》不著录。按《宣和画谱》卷一,顾恺之亦有《女史箴图》,今不录,附著于此。

綦毋邃诫林三卷

《旧唐志》:"綦毋氏《诫林》三卷",入"儒家"。

王诞四帝诫三卷

《桓玄传》"流骠骑长史王诞于于交广诸郡",当即此人。

傅玄七林

《太平御览》五百九十引挚虞《文章流别论》曰:傅子集古今七篇品之,署曰《七林》。按此卷又引玄《七谟》,序论《七发》、《七激》、《七依》、《七说》、《七蠲》、《七举》、《七误》、《七厉》、《七辨》、

《七启》、《七释》、《七训》、《七华》、《七诲》、《七释》凡十五卷。

陈勰杂碑二十二卷　碑文十五卷将作大匠

车灌碑文十卷

羊祜堕泪碑一卷

桓宣武碑十卷

长沙景王碑文三卷

郭象碑论十二篇

本传。

设论集三卷

《隋志》云:梁有《设论集》三卷,东晋人撰。《文心雕龙·论说篇》云:江左群谈,唯玄是务,虽有日新,而多抽前绪矣。

宗岱明真论一卷兖州刺史。疑当作"宋岱"

《御览》五百九十五,《语林》曰"宋岱为青州刺史,著《无鬼论》,甚精",即此人。《文心雕龙·论说篇》曰:宋岱、郭象,锐思于几神之区。《隋志·易类》题"荆州刺史"。

陆机连珠一卷

《隋志》:《连珠》一卷,陆机撰,何承天注。按此以注,故入"总集"。然承天宋人,今当不录,以《隋志》所有,姑存之。

三国诏诰十卷

晋咸康诏四卷

晋朝杂诏九卷

晋杂诏百卷录一卷

《唐志》同。

晋杂诏二十八卷录一卷

《唐志》同。

晋诏六十卷

《唐志》:《晋杂诏》又六十六卷。

晋文王武王杂诏十二卷《御览》二百二十一引《晋武帝诏》

王隐《晋书》曰:武帝泰始四年,班五条诏书于郡国,一曰正身,二曰勤民,三曰抚孤寡,四曰敦本息华,五曰去人事。《御览》五百九十三。

晋元帝诏十二卷

成帝诏草十七卷

康帝诏草十卷

建元直诏三卷

永和副诏九卷

《本纪》:泰始六年,诏曰,自泰始以来,大事皆撰录秘书写副。后有其事,辄宜缀集以为常。案此晋时副诏之例。永和以前,盖佚不传。

升平隆和兴宁副诏十卷

太元咸宁宁康副诏二十二卷

《唐志》:《晋太元副诏》二十一卷。

隆安直诏五卷

元兴太亨副诏三卷

《唐志》:《晋崇安元兴太亨副诏》八卷。

义熙诏十卷

《唐志》:《晋义熙诏》二十二卷。

义熙副诏十卷

晋定品杂制一卷

见《新唐志·史部·起居注类》。

晋敕

宋晁氏《续谈助》录《殷芸小说》引之。《文心雕龙·诏策篇》曰:晋武戒敕,备告百官,敕都督以兵要,戒州牧以董司,警郡守以恤隐,勒牙门以御卫,有训典焉。

晋诏书黄素制五卷

见《唐志·起居注类》。

陈长寿汉名臣奏三十卷

《旧唐志》作"陈寿"。《北堂书钞》卷五十引作"《汉名臣奏事》",馀所引多作"《汉名臣奏》"。《世善堂书目》尚有"《汉名臣奏事》三十卷"。《后汉》卷九十下《注》。

陈长寿魏名臣奏三十卷

《旧唐志》作"陈寿"。裴松之《三国志注》屡引之。按《隋志·刑法类》有"陈寿《魏名臣奏》四十卷",当是互见。今书已佚,无由得知,故仍两存其目。

晋诸公奏十一卷

《书钞》六十二引《晋百官奏事箴》云:侍御史一人,秩与御史同,掌治诏狱,及廷尉不当者,皆治之。

杂表奏驳三十五卷

李充《翰林论》曰:驳不以华藻为先。世以傅长虞每奏驳事,为邦之司直矣。《御览》五百九十四。

杜预奏事

《类聚》九十四、《书钞》一百五十四引之。

刘隗奏五卷

《文心雕龙·奏启篇》云:刘隗切正,而劾文阔略。

孔群奏二十二卷

群,附《孔愉传》。云:仕历中丞,卒于官。

金紫光禄大夫周闵奏事四卷

释道世《法苑珠林》卷十八引《冥祥记》,云晋周闵,汝南人,晋护军将军。苏峻之乱,避难单行,云云。当即此人。

中丞刘邵奏事六卷

《世说·言语门》"侍中刘邵",《注》引《文字志》曰:邵,字彦祖,彭城丛亭人。祖讷,司隶校尉。父松,成皋令。邵博学识,好学多艺能,善草隶。初仕领军参军。太傅出东,邵谓京洛必危,乃单马奔扬州。历侍中、豫章太守。盖即此人。

中丞司马无忌奏事十三卷

按《北堂书钞》一百三十四引司马无忌《圆竹扇赋》,则无忌当自有集,不独奏事而已。又卷六十一引《晋中兴书》:司马无忌让屯骑尉校之任,〔云〕职典禁兵,宿卫事重,必宜其人,岂臣微弱所克堪也。

中丞虞谷奏事六卷

《兰亭宴集图》有"山阴虞谷"。

中丞高崧奏事六卷

《通典》六十,"晋御史中丞高崧从弟丧服,未欲为子婚,书访尚书范汪",即此人。

山公启事三卷

《唐志》:十卷。《世说注》引之,多称"《山涛启事》"。严可均辑录此书,得五十馀事。《通典》卷二十三曰:山涛为吏部尚书,用人每先密启,然后公奏,举无遗才。凡所题目,终始如其言;唯用陆亮,寻以贿败。

李重杂奏议

《书钞》四十九、《类聚》四十五并引之。

范宁启事十卷

本传:补豫章太守,临行上疏云云,"请出臣启事,付外详择"。是当时启事,即奏疏也。

杜预善文五十卷

《唐志》:四十九卷。《齐书·晋安王子懋传》"赐子懋杜预手所定《左传》及《古今善言》",是此书一名《古今善言》也。《玉海》五十四云:《史记·李斯传·注》"辩士隐姓名,遗秦将章邯书",在《善文》中。《困学纪闻》卷十二同。廷式案:陶渊明《圣贤群辅录》、章怀太子《后汉书·皇后纪·注》并引《善文》,当出此书。《御览》四百三十一引《古今善言》曰:灵帝时,欲用羊续为三司,而中官求赂,续出黄纸补袍以示使者。

华廙善文

本传:集经书要事,名曰《善文》,行于世。

殷仲堪杂集一卷

王履书集八十八卷散骑常侍

《七录》:八十卷。《唐志》同。

葛洪抱朴君书一卷

《抱朴子·自叙》云:"军书檄移章表笺记三十卷。"此一卷,殆残佚之馀也。

蔡谟蔡司徒书三卷

《书钞》一百二十六、《御览》三百三十七有蔡谟《〔与〕何骠骑书》。又,《御览》三百三十五有蔡谟《与弟书》。

吴晋杂笔九卷

左将军王镇恶与刘丹阳书一卷

殷仲堪策集一卷

裴秀奏事

《北堂书钞》卷六十,两引裴秀《奏事》。

阮籍奏记

《文选·陶渊明归去来辞·注》、《任彦昇到大司马记室笺、齐竟陵文宣王行状、左太冲招隐诗·注》,并引阮籍《奏记》。《御览》四百四十四引"阮籍《秦记》",窃谓"《秦记》"当是"《奏记》"之讹,今不取。

卷六　史志下

拟汇刻历代史志凡例*

（光绪七年秋，1881 年）

史之有志，所以纪一代之政事，备来者之鉴观。《世本·作篇》已开其例，沿及后世，风流弥繁。然既各为一书，咸裁独见。或此因而彼创，或古有而今无。错综缪迷，深难综核。爰资英杰，将膺总录，聚万钱而作贯，障百川而俱东。此为旷代之希遇，学流所尸祝。然使尽属原文，略无增损，则全史既刻，无待重规。若乃"封禅"入录，辄删"郊祀"之辞；"典午"成篇，遂翦"彭城"之志。删其复出，稍事补苴，窃恐既异原书，又非改撰，不乌不鹊，将贻览者之讥。谓宜校理旧闻，括囊大典，洪炉所锻、铅矿并发其英，大匠爰施、欂栌各呈其用，庶几得失之林备、专门之学精，宏取法于后王，甄定论于曩哲。宏达君子，谅乐于斯；鞠识眇闻，式存扬榷。

自司马迁作史，绵历数代，括以八《书》。于是班述汉书，并纪周秦之政；沈编宋典，远寻魏晋之文。虽有益于参稽，良已疏于断限。《史通》所纠，岂曰无讥？若使顺考历朝，并归一册，实同通史之例，无殊杜、马之书。必至强附源流、滥推因革，合方凿于圆枘、混北辙于南辕。"左都御史"，谓同汉代之"大夫"；江水湮流，疑是禹时之故道。其为惶谬，何可胜言！窃谓总贯之中，仍当断代，合

* 据文廷式手稿。

之则始末悉备，分之则年代秩如。廿一朝之会要，勒为成书；二千年之典则，灿如指掌。如使斐然有作，岂不在于斯编！

刘知幾云，“志”之为篇，其流十五六家而已。今考诸各史，凡二十一门：曰礼，曰乐，曰律，曰历，曰天文，曰郊祀，曰河渠，曰食货，曰刑法，曰五行，曰地理，曰艺文，曰百官，曰舆服，曰符瑞，曰释老，曰仪卫，曰选举，曰兵，曰营卫，曰氏族。各史无氏族志，《魏书·官氏志》实兼“氏族”，故并列此门。其间递相祖述，代有更张。今既综为一书，宜释非以从是。如孟坚之增“地理”、“艺文”，绍统之增“百官”，永叔之增“选举”、“兵”志，斯皆折衷损益，系典章。刻虎竟成，屠龙有伎，如斯之类，从之可也。若夫郊祭朝飨，匪云别事；旗章服物，非礼而何？数语出《宋书·志·序》。子长别立“封禅”，《续汉》广修“舆服”，骈拇枝指，实厌睹观。而《新唐书》复出“仪卫”一篇。循是而求，则“兵志”之馀，当分“器械”；“音乐”之外，须记“笙镛”。《元史》附之“舆服”，差得之矣。今拟从休文之说，删归“礼志”，用省繁芜。夫气赤河清，仍是五行之变；蒂连穗并，何非草木之妖。如谓应我皇德，昭兹灵异；犹当仰答嘉贶，怵惕明威。且夫获麟绝笔，不书合璧之祥；鸣凤来巢，未入文思之纪。何乃世非三、五，人异羲、文，而侈语祯祥，藉涂耳目？惟脱脱之修《宋史》也，“甘露”、“醴泉”之属，并录《五行》，一得可观，贤于王、沈远矣。至于“释老”当后于“方伎”，“氏族”宜归之表谱，“六律”与“乐”脉胳可求，“营卫”与“兵”条流无别，此则或从省并，或竟阙如。计其存者，为“礼”、“乐”、“历”、“天文”、“五行”、“地理”、“河渠”、“食货”、“兵”、“刑”、“职官”、“选举”、“艺文”十三(问)〔门〕，而纲举目张，广大悉备矣。黄豪伯欲并“历法”于“天文”，合“河渠”于“地理”，删“五行”悠谬之谈，补四裔流远之志。

夫堂址既建，必兼收于瓴甋；轮舆斯制，将广集夫麾镳。史之为书，意存省约，多刊事实，取便简编。是以叔孙定礼，仅见采于康成；开皇修律，惟见征于冲远。车行、田猎，《续汉》竟轶其仪；谋克、猛安，《金史》不言其制。凡此漏略，补缀为宜。采之编年之史，以订其讹；稽之通考之书，以博其用。其或长编复出，实录堪稽；汉官旧仪，坠闻可拾。太常沿革，滞卷犹新，《金集礼》之简严，《元典章》之赅备。长孙《唐律》，式微欧史之疏；王溥《会要》，足补薛书之阙。述地理，则《元和郡县》开《太平寰宇》之先；语天文，则《开元占经》为《乾象通鉴》之本。固当摭其大要，入我范围，订柱下之遗文，作枕中之鸿宝。况乎沈括《笔谈》，良资律历；李涪《刊误》，有补职官。《乐书》来自海邦，礼器出于屋壁。《书钞》之所征引，《选》注之所旁罗。旄头云罕，耤田借证于安仁；粳稻东吴，海运征闻于子美。凡单辞之旁涉，皆考订之兼资。至于路博德尚刑之疏，司马光十科之议，江统徒戎之论，桓谭盐铁之书，或论美而不行、或空言而无实，则宜别出议篇，无关史志。又，历史之述源流也，明堂之制，必溯始于合宫；同律之宜，或追踪于虞典。今既事归当代，宜遂削其枝辞，庶几繁简得中、删裁悉当。

昔司马君实之修《通鉴》也，别成"考异"一篇。良以群言淆纷，岁月差异，去取之际，非说不明，岂徒衒我博闻、矜其微识而已？今既兼修历史，综理群书，则班、马之异同，房、沈之错互，《南、北史》之回惑，《新、旧唐》之牴牾，皆宜备列两端，节中一是。将弃彼而取此，或并录而兼收；必尽入于注中，乃无妨于正简。夫兰台地理，绍统百官，欲省繁文，咸加自注；况夫时阅千载，书盈数百。若使纤芥之事，尽入斯编，则"疆域"一门便将盈宇，"艺文"一考已可汗牛，揆之原史诸端，且将末大于本。然其轶文脱节，百一仅存，概令除烦，良多吝惜。惟有撮其精要，列之于注，远寻刘昭《补注》之情，近附厉鹗《拾遗》之义。逸史于焉可补，阙文由是不湮。大雅君子，谅无讥乎？

夫论赞之作，有自来矣。将以正往事之违顺，诒方来之劝戒。施之纪传，各史皆然。至于诸志，惟加序录，如《唐书》之言选举，《金史》之论食货，本源洞见，症结无隐，诚为良史之笔所宜，则效者焉。然子常修史，蔚宗著传，往往论在篇中，随事辄发，足以启读者之意，尽当日之情。志之为用，大于各体，而郁绝斯作，良用慨然。岂非学谢三长、才疏六艺，鲜闳都之算术，末由定历法之密疏；异马、郑之儒宗，无以辨礼仪之违合？然则"艺文"一志，独标得失，非由向、歆旧本，业擅专门故乎？夫翦录囊编，各归部分，虽使秩然不紊，终无解于钞胥。若谓据事直书、是非自见，参互断制、期之后贤，岂有手定鸿篇、洞观始末，犹复抑而不作、谦让未遑？蜜蜂兼采，待果蠃而酿成；惟鹊有巢，俟鳲鸠而居止。多恐识惭夹漈、学愧梁溪者矣。谓宜特加按语，别白是非。晋祀圜丘，显斥宗王之谬；宋修雅乐，正言从范之讹。庶几来者难诬，前车可鉴。若夫篇末之赞，无当史裁，则从《史通》之言，竟在刊除之列。

盖史之为例，肇自子长。班氏述之，已加繁密；"艺文"诸志，即补前遗。厥后诸史相承，亦复互明得失。休文之讥汉《志》，以为礼乐疏简，所漏者多；典章数事，百不存一。夫礼之为志，当取法于《礼》经，因以命篇，分丝析缕。而子长惟钞《荀子》，孟坚但录《新书》，颇同二戴之文，何与一朝之制？是则虽传之班、马，难以因仍者矣。且"刑法"标题，萧何之律轶；"律历"成志，张苍之术亡。何以续彼《周官》，垂兹令典？是故丁孚发愤拾遗汉事，吴缜慷慨纠谬《唐书》，成篇虽存，犹宜别拟。尔其原书(末)〔未〕作，后世拾遗，钱文子《补汉兵志》是其例也；沿及近代，斯体良多，极编摩之长材，信铅椠之能事。然核之各史，不尽于斯。今以愚见粗陈，改补之端，列于左方，用备甄择。

《汉书》 《史记》发端太远，且多涉经典，未容翦裁。故今之所列，以《汉书》为首。

《礼志》 宜改撰。宋徐天麟有《西汉会要》，王应麟有《汉制考》。稍加组织，较易成篇。至诸史或首“郊祀”、或先“宗庙”，如斯之类，皆宜画一定规，有条不紊，各志皆然，不须覼缕。

《律历志》 宜补订。颜师古于天算非其所长，故三统诸术，不复加注。国朝王元启有《汉书律历志正讹》，钱大昕、李锐、董方立皆有三统术解，宜详为采摭，列入案语，较便披寻。又如“地理”、“艺文”，考注良多，不妨广择。

《天文志》 宜补订。此志师古无注。宜采《开元占经》、李播《天文大象赋》诸书补注。又刘逢禄辑《甘石星经》一卷，在《刘礼部集》中，亦资采择。凡各史志毋须改撰者宜补注，不复备列。

《刑法志》 宜改。汉律之可考者，惟《三礼》注、《说文》所引数条。然纪传中所比附者，即见行之律也，倘存百一，为益已多。

《职官志》 宜补。《百官公卿表》首之序录，即“职官志”也，今宜录出为篇，更详考其沿革。

《选举志》 宜补。汉法用人，有三代遗意。当依唐《志》之例，补撰此篇。

《兵志》 宜补。宋钱文子已有此书。今宜再加考订。

《乐志》 宜改。沈休文云:孟坚所述,政抄举《乐志记》。今案:班《志》如《房中歌》、《郊祀歌》之类备载篇中,较说《礼》尚为征实。去汉久远,载籍残佚,恐采取寥寥,然既析"礼"、"乐"为此二篇,不容不改。

《续汉志》 案:后汉至唐,河渠无甚溃决,故休文、伯起皆谓非时所急。今亦毋庸议论。

《礼志》 宜改。萧子显《齐书·礼志·序》云:"东京大傅胡广撰《旧仪》,左中郎蔡邕造《独断》,应劭、蔡质咸缀识时事,而司马彪之书不取。"今案:《汉官九种》,国朝孙星衍有辑本;又徐天麟有《东汉会要》。宜广为采择,重编此志。

《乐志》 宜补。《东观记》中颇载乐章;蔡邕论述汉乐,晋、宋二《志》时见征引,尚非绝无可考者。

《刑法志》

《选举志》

《食货志》

《兵志》 以上四篇,皆经国大端。东京享世长久,不容不录。故咸议补撰。

《艺文志》 案刘昭《补志·序》,范蔚宗本拟撰此篇。又,阮孝绪《七录序》,后古今书最有袁山松《艺文志》,惜皆无考。今之补志,辄用刘知幾说,唯取当时撰者、备列书名而已。国朝有钱大昭《补志》二卷,据钱师慎《钱氏艺文志》,其书已刊,亦未之见。又有侯康《补志》四卷,然竟无"集部",编次未全,良由龄促,故未赅洽。今拟据以为本,重加编订。

《三国志》 此书本无志，今以其宜补者，备列于后。

《礼志》 国朝钱仪吉有《补三国会要》五卷，闻此书稿本尚在。若据为《礼志》之本，自力少而功多。

《乐志》

《历志》

《天文志》

《五行志》 以上三《志》，皆可据晋、宋二《志》录入。《宋书·符瑞志》所录征应，皆可并入《五行》。

《选举志》 魏武诏举异行，为东汉风俗转移之机。自陈群议、每州设大中正，而晋、宋以后因之。皆选举之大者，此《志》所宜亟补。

《职官志》 国朝洪齮孙有《三国职官表》三卷。

《地理志》 国朝洪亮吉有《三国疆域考》二卷。

《食货志》 《晋书》、《通典》所载、尚不下数十条，兼录《纪》卷，尚可成帙。

《艺文志》 国朝侯康有《补三国艺文志》四卷，其病与《补后汉艺文志》同。

《兵志》

《刑法志》 以上二《志》，虽未必本末悉备，然缀拾残剩，究非一无可考，似宜补撰，以备源流。又，郝经《续后汉书》，于天文、地理之类，咸已作《志》，惟芜秽特甚，多乖史例，未足因袭。

《晋书》 宋、晋二《志》，皆欲远苞三国。今既各归当代，凡牵涉者，并议从删。其十六国之典制，有可考者，皆宜分门附入，不必因其僭伪，概予删除。至郭伦《晋书》、周济《晋略》，改编诸

《志》,无所取裁。

《刑法志》　宜改撰。

《地理志》　宜改撰。《晋书》此《志》,最为芜杂,钱辛楣论之详矣。今宜用毕沅《晋书地理志补证》、洪亮吉《东晋十六国疆域志》为底本。参之杜预、郭璞之经注,虞世南、欧阳询之类书,采王隐之残篇,辑太康之旧记,粲然眉(例)〔列〕,庶益将来。

《选举志》　宜补。

《兵志》　宜补。钱仪吉有《补晋兵志》一卷,在《衎石斋记事初稿》。虽仅采原书,实已赅贯;稍有增益,已觉改观。

《艺文志》　宜补。典午之朝,文学弥盛。昔尝纂录隋《志》及群书所引书名可考者,凡一千馀种,加以考订,自可上承两汉、下启六朝。

《宋书》

《礼志》　宜改。宋《志》兼收前代,固当从删。即其所志,王西庄已讥其淆乱粗疏。宜改依各《礼志》,更定先后,删裁繁芜。

《食货志》　宜补。国朝郝懿行有《补宋书食货志》一卷。

《刑法志》　宜补。国朝郝懿行有《补宋书刑法志》一卷。按:汪士铎有《南北史补志赞》,有补《南北史》"舆服"、"乐律"、"刑法"、"职官"、"食货"、"氏族"、"释老"、"艺文"诸《志》,今并阙佚,其存者"天文"、"地理"、"五行"、"礼仪"四门。

《艺文志》　宜补。

《选举志》　宜补。

《兵志》　宜补。

《齐书》　南北诸朝，国祚短促，恐文献简略，未能尽备。诸如萧齐历法未遑改作；梁、陈兵制岂易钩稽？然使一二可寻，自当仍书篇目。今既粗为拟议，必取其差多考引者著于斯篇，故凡此诸门，聊从盖阙之义。

《食货志》　宜补。

《艺文志》　宜补。

《刑法志》　齐时刑政多僻，亡国之由，盖在于此。宜采之《唐律疏义》及《通典》所录，补撰此篇。

《梁书》

《礼志》　汪士铎有《补南北史礼仪志》。

《乐志》　《隋书》以“律”、“历”为一《志》。今宜“律”入“乐”。

《历志》

《天文志》　汪士铎有《补南北史天文志》。

《五行志》　汪士铎有《补南北史五行志》。

《食货志》　隋《志》虽称五代，然梁、陈“食货”仅存一二。今宜录之《纪》、《传》，采之《通典》，以补此篇。

《刑法志》

《职官志》　《太平御览》所引《三国典录》多记梁、陈官制，今宜全录入。

《地理志》　《隋书》于《地理志》不补梁、陈，惟夹注中偶一及之，良非漏略。国朝洪齮孙有《补梁疆域志》八卷，宜据以为本。

《艺文志》　以上各篇，可据《隋书》为本，兼采他书。

《选举志》

《陈书》 应补各《志》,可尽依梁代。惟陈"历"因循梁制,此《志》可以不作。

《魏书》

《五行志》 宜补撰。汪士铎《补南北史五行志》中魏事凡百馀条)

《艺文志》 宜补撰。

《北齐书》

《礼志》

《乐志》

《历志》

《天文志》

《五行志》

《食货志》

《刑法志》

《职官志》 本书《卢辩传》后颇〔记〕职官,宜钞出。

《地理志》

《艺文志》 以上可据隋《志》为本;《天文志》、《五行志》可参用汪士铎补注本。

《选举志》

《周书》

《礼志》 国朝谢启昆《西魏书》有"礼乐"、"天象"、"百官"、"地理"、"舆服"诸考,可以为《周书》补志之本。

《乐志》

《历志》

《天文志》

《五行志》

《地理志》

《刑法志》

《职官志》

《食货志》

《艺文志》

《选举志》

《隋书》 隋《志》原称《五代史志》。现已各归本代,繁文当概删除。今择其必当改补者具列于后。

《律历志》 宜改撰。

《天文志》 以上二《志》,多复《晋书》,不独无关于隋,即梁、陈、齐、周、皆无可入。今宜断自开皇,自成一代之志。

《艺文志》 宜改撰。《隋书》原名《经籍志》。今宜画一,统曰"艺文"。章宗源《隋书经籍志考证》十二卷,仅考"史部",又非专论隋代,今兹改撰,无所取资。

《选举志》 当补。

《兵志》 当补。《新唐书》云:府兵之制,起自西魏、后周,而备于隋。此自当补撰。

《新、旧唐书》

《礼志》 宜改。旧书叙次疏漏;新书熔为一篇,有意作文,览者迷其端绪。宜用《开元礼》为本，参以《唐会要》、《文献通考》，勒成一志。

《兵志》 宜改。旧书无《兵志》；新书加之，诚足补历代之阙。然唐府兵之制最善，而史文未备，王西庄曾讥之。又唐末藩镇牙兵，为唐兴亡所系，而史亦未录，皆当为之补载。

《刑法志》 宜以《唐律疏义》为本，而以当时引用之条，分门附入。历代"刑法"一志，实为论一篇而已。《元史》兼载条格，遂使元格虽亡、犹可考见，一端之美，无谢前修。

《艺文志》 宜改。《旧书·经籍》，开元以后之作，概不见。《新书》编次繁芜，亦无可取。宜遍考唐人述作，改撰此门。

《新、旧五代史》 按：十国之中，南唐制作大备；前后两蜀，亦有可观。且中原无君，尤不可与僭伪者为比。似宜广征载籍，更补十国诸《志》，附于五代之后。

《礼志》 宜改。欧《史》谓"五代礼乐、概无可取"，诚不合于史法。而薛《史》诸《志》，复寥寥数叶，不足以究典章之因革。似宜以《五代会要》为本，广采宋人著述与《全唐文》中五代述作，时代较近，尚可分条厘定，蔚为钜观。

《食货志》 宜改。邵晋涵辑《五代史》，案语云："卷中惟'盐法'载之较详。其'田赋'、'杂税'诸门，仅存大略。"疑明初是书已有残阙也。今宜取《文献通考》、《五代会要》诸书，广加探采，用补佚亡。

《地理志》 宜改。薛《史·郡县志》，寥寥三篇，不记十国。欧《史·职方》一考，差为详备，而节度治所、疆域兼并，仍未详载。宜采《太平寰宇记》、《舆地广记》诸书，以补其漏略；兼撰十国《地理志》以详其分析。

《艺文志》　宜补。按:陈鳣《南唐书》中《艺文》一志,颇称赅备,可据为稿本。

《宋史》　宋、元诸史,最为繁冗,又多淆乱。如能广征典籍,详加考较,自当悉而更张。今仅记其尤为猥杂者;其差可因仍,则毋庸悉改也。

《天文志》　宜改。汉《天文志》广书景纬,已为《史通》所讥。厥后晋、隋二《志》,尤形重复。而《宋史》复旁探丹元,全书躔次,词繁不杀,抑至于斯。今宜以《魏书》为法,专录彗孛飞流,日月薄蚀,与玑衡之制度、测验之不同,以《乾象通鉴》诸书为之考证,备一代之史而已。至于月掩五纬,既书不胜书,则当以《明史》之例,尽从刊落。

《礼志》　宜改。《宋史》各《志》,每详北而略南;《礼志》一篇,尤多疏略。今宜广采宋人著述,改定斯篇。又《宋会要》一书,徐松由《永乐大典》录出,钱泰吉亦曾见之,如得此书,据以为本,则编宋《志》不难矣。

《刑法志》　宜改。《宋史》此篇,较唐《志》稍为征实,然浑沦序下,仍非条理之作。按:《思适斋集》有《律文》十二卷,跋谓"宋律之仅存"。(加)〔如〕据以为本,则自唐以后刑法之世轻世重,真如指上螺纹、了然可见矣。

《艺文志》　宜改。"艺文志"之丛脞,以宋《志》为最;而历朝著述,以宋人为多。宜采晁、陈诸家书目,及《文渊阁书目》、《四库提要》诸书,专考宋时(书)著述,改订斯篇。

《辽史》

《五行志》　宜补。按：厉鹗《辽史拾遗》、扬列欧《辽史拾遗补》诸书，灾异之事不下数百条，合之本记水旱诸事，当可成帙。

《艺文志》　按：《辽史拾遗》中录国朝全某所补《艺文》，卢文弨《群书拾补》中有倪璠《补辽金元三史艺文志》，钱大昕《补元史艺文志》亦上包辽金。今宜据此三书，编为一《志》，以存契丹文献之崖略焉。

《金史》

《礼志》　宜改。《四库提要》“《大金集礼》条”云，以《金史》诸《志》相校，蓝本全出于此，而《志》文援引疏漏，失其本意者颇多。今宜详为校正，补其阙佚。

《艺文志》　宜补。

《元史》　按《钱氏艺文志》，大昕有《元史》一百卷，云在金陵汪氏处。又按《古微堂集》，魏源亦有《元史新编》，闻在浙江卢氏处。今皆未见。

《地理志》　宜改。宝山毛岳生有《补元史地理志》，未见。此《志》舆地过略，宜详加甄补，闻毛氏亦未能也。

《历志》　元《授时历》为千古历法之变，而立法之本，《元史》不能详，《明史》始稍为补入。今宜据《元文类》中《郭守敬传》为本，复明立法之意。如能效《明史》之补图，则尤为绝作矣。

《礼志》　宜改。《元史》合“礼”、“乐”为一，而别立“祭祀”，亦取法（以）〔于〕《汉书》。今宜改之，以归画一。又所述诸礼，多未详尽，宜据《元典章》、《续文献通考》诸书，详加校择。《艺文志》 宜补。钱大昕有《补元史艺文志》四卷，最为详核。然其中为阮文达《揅经(堂)〔室〕外集》、张金吾《藏书志》所考正者，亦不下十数条。今宜据为底本，再加研核。

《明史》 定于本朝，体例精严，无从拟议，故不复列。

又，"氏族"一门，虽当列之表谱，而魏、辽诸代，实关制度。《魏书》虽有《官氏志》，然详于官而略于氏。故周春有《代北姓谱》之作。见《十七史商榷》卷六十七。如能改编一《志》，取谢启昆《西魏书》之《氏族考》为之补订。其周、齐二代，则采之张澍《姓氏寻源》、林宝《元和姓纂》。《元史》"氏族"，则采之钱大昕《元史氏族表》。复征之《契丹国志》、《满洲源流〔考〕》，以补辽、金之氏族。不必各史皆有。此亦稽古之一端也矣。

诸《志》既编，史材差备。窃谓读天官之志，躔次难稽；考地理之篇，并分未悉；河渠迁变，山川异同；攻守之形势茫如，割据之井疆棼若。宿学犹其未悟，况云求径者哉！是宜宗裴季彦之准望，绘朱思本之舆图，既总汇为一编，又分之为诸道，使由今而观古，若举一而反三。则吉甫元和之志，如可重寻；六严沿革之图，徒形其陋。津梁来学，不其祎而！《明史·天文志》有图，可援为例。

凡此数端，聊为通例。若夫层台云构、尺木皆费夫良工，众流朝宗、汗渎咸归于翕受，又宜随时商榷，务去疵瑕，各有操纵、难为绳墨者矣。夫"天文"、"历法"，要专责于淳风；"五行"、"艺文"，必藉资于刘向。诚使时逢其暇，任得其人，毋九牧而亡羊，将一目而得鸟。拟太史名山之箸，或有未能；较君卿《通典》之成，尤应瑰玮。

敢陈鄙志,无足省观。

此辛巳秋,张靖达督粤时,菊坡精舍课题也。于晦若吉士嘱余拟作,遂撰此篇。期限三日,故勮举大略。稿久失去,友人展转传抄,李木斋前辈得之,命写工录副见还。虽无足采取,而一时颇勤劬为之,留置家中,可为儿辈读史志之门径也。其有疏误,亦不复追改,存当日之真耳。

癸巳三月,萍乡文廷式自记

唐人交州记辑本序*

唐人地志,今多不传。余于《永乐大典》卷一万一百二十得唐人《交州记》一卷,今辑录于此,以存边隅之故实焉。

* 据《文芸阁先生全集》影印稿本。原影件无题,今题为编者代拟。按《纯常子枝语》,文氏自记检阅《永乐大典》在光绪十一——十三年间。则此篇撰时亦似即在彼时。

地理丛考幽州集本序*

永嘉之学，薛季宣极为闳博，今文集具存，而《地理丛考》一书已佚不可见。余于《永乐大典》曾录得《幽州》一卷，时宋失其地固已久矣，录之亦足见其考核之勤也。

---

* 据《纯常子枝语》（1990 年江苏广陵古籍刻印社整理补刊双照楼版影印本）。按该本有文氏尾跋，谓系辑自"《永乐大典》第一万四千三百八十五"。

元史西北地附录考第一次稿*

《辽史·文学·萧韩家奴传》:对诏曰,阻卜诸部,自来有之。曩时北至胪朐河,南至边境,人多散居,无所统一,惟往来抄掠。及太祖西征,至于流沙,阻卜望风悉降,西域诸国皆愿入贡。因迁种落,内置三部,以益吾国。不营堞邑,不置戍兵。阻卜累世不敢为寇。统和间,皇太妃出师西域,拓土既远,降附亦众。自后一部或叛,邻部讨之,使同力相制,正得驭远人之道。及城可敦,开数千里,西北之民,徭役日增,生业日殚,警急既不能救,叛服亦复不恒宁。有广地之名,而无得地之实。

《辽史·萧惠传》:【为西北路招讨使。】太平六年,讨回鹘阿萨兰部。征兵诸路;独阻卜今改译"准部"酋长直剌后期,立斩以(绚)〔殉〕。进至甘州,攻围不克而还。时直剌之子聚兵来袭,阻卜酋长乌八密告,惠未之信。会西阻卜叛,袭三克军,都监温鲁古、突举部节度使谐理阿不吕等将兵来救,遇敌于可敦城西南。谐理阿不吕战殁,士卒溃散。

《萧迂鲁传》:咸雍九年,敌烈叛。都监耶律独造以兵少,不战,

---

* 据文廷式手稿。原稿稿册一册,封面有楷书墨签"元史西北地附录考";又有行书墨批曰:"第一次稿。"按此篇与下录《元史西北地附录考》正稿不同,考其内容,及其曰"第一次稿"云云,当是搜集史料时之最初草稿。手稿中间有眉批、旁批,今据意插录入正文内,用小五号字加黑鱼尾括号排印,以示区别。

屯胪朐河。

《萧图玉传》:开泰元年,石烈太师阿里底杀其节度使,西奔窝鲁朵城,盖古所谓龙庭单于城也。已而阻卜复叛,围图玉于可敦城。图玉使诸军齐射,却之;屯于窝鲁朵城。明年,耶律化哥【北院枢密使】引兵来救。图玉诱诸部皆降。

《萧阿鲁带传》:迁山北副部署。达理得、拔思母二部来侵。

《耶律那也传》:为倒塌岭节度使。北阻卜长磨古斯叛,破之。寿隆元年,复讨达理得、拔思母有功。

《耶律世良传》:时边部拒命,诏北院枢密使耶律化哥将兵,以世良为都监,往御之。明年,化哥还,将罢兵。世良上书曰,化哥以为无事而还,不思师老粮乏,敌人已去,焉能久守;若益兵,可克也。帝即命化哥益兵,与世良追之,至安真河,大破而还。

【按,此即《萧图玉传》中阿里底叛事。】

又云:敌烈部人夷剌叛,邻部皆应,攻陷巨母古城。

《耶律仁先传》:阻卜塔里干叛,命仁先为西北路招讨使。塔里干复来寇,仁先败之。别部把里斯、土秃没今改译"土默特"等来救,不敢战而降。北边遂安。子挞不也《传》:阻卜磨古斯绐降,挞不也逆于镇州西南沙迹间,被害。

《辽史·耶律唐古传》:历唐古部详稳,禁奸民鬻马于宋、夏界。朝议欲广西南封域,黑山之西,绵亘数千里。唐古言,戍垒太远,卒有警急,赴援不及,非良策也。从之。

又云:改隗衍党项节度使。先是,筑哈屯城以镇西域诸部,纵民畜牧,反招寇掠。重熙四年,疏请复守旧疆,不报。

元史西北地附录考*

笃来帖木儿

案《经世大典图》,此谓笃来帖木儿所封地。

途鲁吉

案《经世大典图》、刘祁《北使记》,历途鲁吉,在可失哈耳之北。

柯耳鲁地

案《薛塔剌海传》:从征阿鲁诸国。《太祖纪》:六年,西域哈剌鲁部主阿昔兰罕降。《明世法录》:哈烈,一名黑鲁,元驸马帖木儿之子沙哈鲁居焉。国人称"速鲁坛",华言君王也。东有俺都淮八剌黑诸城,并隶其鲁国。金刘祁《北使记》:兴定四年七月,诏遣礼部侍郎吾古孙仲端使于北朝,翰林待制安庭珍副之。至五年十月复命。历城百馀,皆服汉衣,有合鲁诸番族。

畏兀儿地

至元二十年,立畏兀儿四处站,又交钞。案《明世法录》:大州,元号畏兀儿。魏默深知州《海国图志》曰:畏吾儿,即今土鲁番也。祁韵士《西域释地》云:土鲁番五代为回鹘所据。案:本号畏吾儿,

---

* 据《文芸阁先生全集》排印稿本。原刊中如"剌"、"刺"等字,似有淆讹,仍从其旧照录,祈俟方家订正。按篇内称沈曾植曰"刑部",称李文田曰"宫詹"、"詹事",则撰于光绪六年至十六年,或即在光绪十五、十六年间。

元平之,设畏吾都护。

哥疾宁

按《经世大典图》,“哥疾宁”在何不里之西。沈子培刑部曾植云:哥疾宁,即噶斯尼葛国。《史记》作“伽寺尼”,《平圆图》作“勾斯尼”。

不花剌

按《世法录》:卜花儿,在撒马罕西七百里。《耶律阿海传》:下蒲华城。《本纪》:太祖十五年,克蒲华城。——即此。《明史·西域传》又作“卜哈剌”。今改译“布哈尔”。《经世大典图》:不花剌与那黑沙不相接。《老学丛谈》引《西游录》云:寻思干西六七百里有蒲华城,土产更饶,城邑稍多。寻思干乃谋速鲁蛮种落梭里檀所都,蒲华若盛讹打剌城皆隶焉。蒲华之西有大河,西入于海。其西有五里犍城,梭里檀母后所居,富庶又盛于蒲华。又西濒大河有班城。又西有砖城。自北以西,直抵黑色印度城。《元史·哈散纳传》:从太祖征西域,下薛迷刈、不花剌等城。郑晓《四夷考》云:不花儿,在撒马儿罕西七百里。城居平川,周十馀里。民物富庶,市里繁荣,户口万计。地平衍,宜五谷、桑、麻。天气温和,冬不附火,(疏)〔蔬〕菜不绝。产丝、棉、布帛。六畜大类中国。

那黑沙不

案《明史》有“纳失不罕”,即此。

的里安

案《圣武亲征记》“辛巳,破班勒纥城,围守哈里寒”,即此。

撒马耳干

案:即撒马儿罕。《郭宝玉传》:下挦思干城,又引兵援挦思干,入铁门,屯大雪山。《太祖本纪》:十五年克寻斯干城,驻跸也石的石阿。十六年春,攻卜哈儿薛迷思干城,至四月,驻跸铁门关。郑晓《四夷考》:撒马儿罕,汉罽宾也。在哈烈东北三千里,东去嘉峪关九千九百里。东西相距千里。地平;山川,铁门峡、阿术河最大。风景伟丽,土田膏腴,宜五谷,颇类中原,独胜诸国。城依平原,壕深险。北有子城。王居高广,在城北隅。王白帽。城中逵巷纵横,肆市稠密,西南番贾多聚于此。东有养夷沙麻海牙塞蓝达失干,西有渴石迭里迷诸城,皆隶属。案:即《西域记》之"飒秣建"、《唐书》之"康国"也。

忽毡

案《薛塔剌海传》"从征忽缠诸国",即此。《明史·西域传》作"火占"。《西游记》:霍阐江辈以水名。《西游记》:过忽章河,渡船如弓鞋然。土人云,河源出南大山。《郭宝玉传》:收别失八里、别失兰等城,次忽章河。

麻耳亦囊

沈子培刑部云:麻耳亦囊,即马尔哈朗。

可失哈耳

今喀什噶尔地。《耶律希亮传》作"可失哈里",《曷思麦鲁传》作"可失哈儿"。《御制回疆诗》,注云:喀什者,初噶尔者创,犹汉语"初创"之谓。自汉至宋,皆为疏勒国;元、明称"哈什哈尔"。乾隆二十年后,定今名。福庆《志异新编》云:喀失噶尔,回疆一大城也。在叶尔羌西北四百八十里;四子布鲁特耦耕杂处。

忽炭

按《经世大典图》,"忽炭",在倭赤之西、可失哈耳之东南。沈子培云:忽炭,即《和阗图》有"忽炭"又有"于阗",正与《西域记》言"于阗"又言"阿端"同。《西游录》:高昌西三四千里,有五端城,即唐之于阗国。《曷思麦里传》：可失哈儿押儿牵辑端诸城，皆望风降附。《宪宗(记)〔纪〕》又作“扩端”。《御制回疆诗》云：回人谓汉人为“黑台”。和阗，即“黑台”之讹音。

柯提

按：即今和阗地。李仲约詹事云：《耶律希亮传》“希亮从后游[1]阿体八升山”，所云“八升”者，即明人之称“板升”、今人之称“拍兴”者也，皆言“城郭”之意也。然则“阿体”即“柯提”对音耳。廷式案：“阿体八升”，当为“阿特八失”之对音，非此地。

兀提剌耳

案《经世大典图》，在散麻耳干之北。《元秘史》作“兀都剌耳”，太祖伐回回取之。《元史·本纪》作“讹答剌城”，又作“斡脱罗儿城”。《西游录》：若盏城西北五百里，有讹打剌城，附庸城十数。此城渠酋(常)〔尝〕杀命吏数人、商贾百数，尽掠其财货。西伐之举，由此也。《太祖本纪》：十四年，西域杀使者。帝帅师亲征，取讹答剌城，擒其酋哈只儿只兰秃十五儿，改斡脱难儿城，克之。

巴补

李仲约宫詹云：明张翼《清赏录》引耶律楚材《西游录》云“八普城西瓜大者，重五十斤，可以容狐”，即此地。

讹迹邗

沈子培刑部云：讹迹邗，即“和济彦”，《元史·本纪》之“养吉干”也。《明史·西域(记)〔传〕》作“俺的干”。《太祖纪》：皇子术赤攻养吉干八儿真等数城，并下。

---

① “游”下，原刊空白一字位置。

倭赤

李仲约宫詹云:《速不台传》"略也迷里霍只",所云"霍只",疑即此"倭赤"矣。沈子培刑部云:倭赤,即"乌什"。

若叉

按即今库车地。《曷思麦里传》又作"谷则"。《西游录》作"若盏"。又云:若盏多石榴,其大如拱,甘而差酸。凡三五枚,绞汁盈盂。渴中之尤物也。

柯散

案《曷思麦里传》有"可散"等城。何愿船以俄罗斯喀山路当之,恐非。《庶斋老学丛谈》引耶律楚材《西游录》云:阿里马又西,有大河,曰"亦列"。其西有城,曰"虎司窝耳朵",即西辽之都,附庸城数十。又西数百里,有塔剌思城。又西南四百馀里,有若盏城、八普城、可伞城、芭揽城。"可伞",即"柯散"之转音也。

阿忒八失

案《耶律希亮传》"希亮母从后避暑阿体八升山",即此。

鲁古尘

案《经世大典图》,"鲁古尘"在合剌火者之东、畏吾儿地之西。祁韵士《西陲要略》:土鲁番所属回庄曰喀喇和卓、曰鲁古(泌)〔沁〕。即此。明郑晓《皇朝四夷考》:鲁陈,一名柳城,古柳中县地。去哈密千里。中经大川,沙碛无水草,马牛过此辄死。大风倏起,人马相失。道旁多骸骨,有鬼魅。行人失侣,白日迷亡。夷人谓之"旱海"。出川西行,至流沙河。上有小冈,云风卷浮沙所积。道北火焰山,山色如火。城方二三里。四面多田园,流水环绕,树林阴翳。土宜穄、麦、麻、豆;有小蒲萄,甘甜无核,名"锁子蒲萄"。气候和暖,风俗醇朴。人二种:回回,男子削发、戴小罩剌,妇女白布裹头;畏兀儿,男子椎髻,妇人蒙皂布、垂髻于额,大抵皆胡服。

别失八里

至元十五年,授八撒察里虎符,掌别失八里畏兀儿城子里军站事。十七年,以万户綦公直戍别失八里。十八年,从诸王阿只吉请,自太和岭至别失八里置新站。三十二年,立别失八里和州等处宣慰司。二十一年,阿只吉使来,言原隶只必帖木儿二十四城之中,有察带二城置达鲁花赤,就付阔端,遂不隶省至是,奉旨:诚如所言,其还正之。二十三年,遣侍卫新附兵千人,屯田别失八里,置元帅府,即其地以总之。《明史·西域传》:别失八里,西域大国也。南接于阗,北连瓦剌,西抵撒马儿罕,东抵火州。元世祖设宣慰司,寻改元帅府,后以诸王镇之。案《经世大典图》,“别失八里”,在鲁古尘之北。《巴而术阿而术阿而忒忒的斤传》:高昌国,先世居畏兀儿;迁于交州,即火州也。统别失八里之地,北至阿术河,南接酒泉,东至兀敦甲石哈,西临西番,九百七十载。《老学丛谈》引耶律楚材《西游录》云:金山西,水皆西流入海。其南,有回鹘城,名“别石把”。有唐碑,所谓“瀚海军”。瀚海,去城数百里。海中有屿,其上皆禽鸟所落羽毛。城西二百里,有轮台县,唐碑在焉。明郑晓《四夷考》曰:亦力把力,在沙漠间。或曰“(無)〔焉〕耆”,或曰“龟兹”;元时名“别失八里”,马哈木封于此。洪武二十四年,国王黑的儿火者遣人贡马。永乐四年,王沙迷查干遣人贡玉璞。十二年,陈吏部使其国。十六年,头目速哥克刺满刺来朝,言歪思弑其从兄王纳黑失只罕,自立为王,徙其国西去,更号“亦力把力”。其国无城郭宫室,逐水草住牧,设帐房毡罽,寒暑坐卧于地。其王戴小罩刺,簪鵕翎。衣秃袖衫,削发,贯耳。饮食肉酪,或食穄麦。为毛布。多雪霜。平旷之地,夏秋略暖;深山大谷,六月飞雪。俗犷戾,服用污秽，上下无纪律。其山，白山、葱岭为大。有热海，然气候常寒。产铜、铁、铝、雌黄、胡粉、马、驼、犛牛、孔雀、氍毹、阿魏、白毡布。

他古新

《西陲要略》：土鲁番所属回〔庄〕，并有"托克逊"。即此。《要略》又云：托克逊，疑汉交河县地。

仰吉八里

案《太祖纪》：十六年，术赤攻养吉干八儿真等城，并下之。

古塔巴

《北使记》：历城百馀，有"古途马"。

彰八里

至元十五年，授朵鲁知金符，事彰八里军站事。案《耶律希亮传》"至昌八里城"，《西游记》"至回纥昌八剌城"，皆即此地。《蒙古游牧记》卷十五：程春庐廷尉同文曰，《元史》"彰八里"，即昌八剌城。《耶律希亮传》：中统元年，阿里不哥反，希亮逾天山，至北庭都护府。二年，至昌八里城。夏，逾马纳思河。则昌八里在今玛纳斯河之东也。自鳖思以西，唯昌八剌、阿里马为大城。

月祖伯

案：元太祖以斡罗思阿速钦察诸地，封子术赤为汗。术赤薨，子拔都嗣。拔都薨，弟撒里答嗣。撒里答薨，弟忙哥帖木儿嗣。忙哥帖木儿薨，弟脱脱忙哥嗣。脱脱忙哥薨，弟脱脱嗣。至大二年，封脱脱为宁肃王，赐金印。脱脱薨，弟伯忽嗣。至元七年，命伯忽为札鲁忽赤之长。伯忽薨，弟月即别嗣，一作"月祖伯"。自后部落遂以"月祖伯"为号。至大元年，月祖伯薨，子札尼别嗣。及顺帝北走，札尼别之子孙仍世王俄罗斯如故。至明万历间，俄罗斯西北境诺戈落部人依番者崛起自立，术赤之后始式微云。《元史·宗室世系表》作“月即列”。

撒耳柯思

案《辍耕录》,色目三十一种,有“撒里哥”,又有“撒里哥”,皆“撒耳柯思”也。沈子培刑部曰“撒耳柯思”,即《阿儿思兰传》之“阇儿哥”,亦当为阿速地。李仲约宫詹云:即《元秘史》之“撒阿里它额儿”。

阿里麻里

诸王海都行营于阿力麻里等处,益其分地也,自上都西北行六千里,至回鹘五城;唐号“北庭”,置都护府。又西北行四五千里,至阿力麻里。至元五年,海都叛,举兵南来。世祖逆败之于北庭;又追至阿力麻里,则又远遁二千馀里。上勿令追,以皇子北平王统诸军于阿力麻里以镇之,命丞相安童往辅之。《长春真人西游记》:至阿里马城,铺速满国王暨蒙古塔剌忽只领诸部人来迎,宿于西果园。土人呼果为“阿里马”。盖多果实,以是名其城。其城出帛,目曰“秃麻麻”,盖俗所谓种羊毛织成者。其毛类中国柳花,鲜洁细软,可为线为绳、为帛为绵。农者亦决渠灌田。土人惟以瓶取水;及见中原汲器,喜曰“桃花石诸事皆巧”。“桃花石”,谓汉人也。廷式案:“桃花石”,当是“唐古斯”之音转。《明世法录》曰:亦力把力,或曰“焉耆”,或曰“龟兹”,在沙漠间。东距古沙州,西抵撒马儿罕,南接于阗,北连瓦剌,东南至嘉峪关三千七百里。元封马哈木于此,名“别失八里”。《西游录》云:西人目林擒曰“阿里马”。附郭皆林擒,故以名。《伯颜传》:初,海都称兵内向,诏以右(丕)〔丞〕相安童,佐皇子北平王那木罕,统诸军于阿力麻里备之。郑晓《四夷考》曰:哈失哈力,宣德间来朝贡;或曰即“阿力马力”。

合剌火者

案《耶律希亮传》:由苦先城至哈剌火州。又案《辽史·百官志·二》有"鹤剌唐古部",即此。《老学丛谈》引耶律楚材《西游录》云:别石把城之南五百里,有和州,即唐之高昌,亦名伊州。《西游记》:抵阴山后,回纥郊(迫)〔迎〕,至小城北。酋长曰,此阴山前三百里和州也。翌日,沿川西行,历二小城,即鳖思马大城。

八里茫

案《辽史·兵卫志》,属国有"颇里"。今译改"伯里"。疑即此地。《太祖纪》有"八里屯阿懒"。

察赤

案《元秘史》:拖雷攻取做出黑扯连城。察赤,即"做出"也。

也云赤

沈子培刑部曰:《西使记》,"过阿力麻里之后,至赤堵,有河曰'亦运'"。疑"也云赤"以水名也。陈诚《西域记》"养夷",盖亦此地。

赤剌八里

沈子培云:赤剌八里,即《续通典》之"乞力麻儿"、译改"奇尔玛勒"者也。耶律大石所都,《辽史》谓之"起儿漫",《西使记》之"赤儿木"。又案《曷思麦里传》有"亦八里城"。

普剌

案:"剌"一作"速"。即《西游记》之"铺速满国王"、刘祁《北使记》之"没鲁速蛮回纥"也。沈子培曰:铺速满,盖即《辽史》之"博斯摩"族帐遗人,从大石而西迁者也。乃满亡辽,元灭乃满,故大石遗黎皆归心太祖,一举而定西域,职是故也。廷式案:《辽史·兴宗纪》,重熙十九年五月,远夷拔思母部遣使来贡。今译改为"博斯摩”。盖即《西游记》之“铺速满”也。沈以为辽之遗黎,恐非事实。又案《耶律希亮传》“至孛劣撒里”,疑即此地。又案《西游录》云:过瀚海千余里,有不剌城。不剌南有阴山,东西千里,南北二百里。《辽史·〔道〕宗纪》:太安九年,达里卢拔思母并寇倒塌岭;其后连年来侵。寿隆五年,诏夏国王李乾顺伐博孛摩斯等部。

也迷失

沈子培刑部曰:“迷”当作“迭”,即《秘史》之“也儿的石”,以水纪也。《西游记》之“迭屑”,亦即此。廷式案《速不台传》云:略也迷里霍只部。又《耶律希亮传》云“逾马纳思河,抵叶密里城”,盖即此地。“迷”字似不误。又《西使记》云“过业瞒城”,“业瞒”,亦“也迷”音转也。

可不里

案《经世大典图》,作“何不里”沈子培云:“何不里”,即“喀布尔”。

巴达哈伤

案:即《元秘史》“巴惕客薛城”。魏默深《海国图志》曰:巴答哈伤,即今巴达克山。《西域释地》:乌鲁木齐有博克达山。《元史·速哥传》:太祖谓速哥曰,我将官汝西域,西山之境,八达以北,汝其主之,可以为山西大达鲁花赤。郑晓《四夷考》:八答黑商,永乐间来贡方物织皮绒罽香木。其国山川明秀,人俗朴实。奉佛,有浮图数区,壮丽若王宫。西洋、西域皆商贩于此,大抵皆羽毛、织文、玉石、香木、驼羊也。布帛、银钱皆可交易。《元史·世祖纪》:至元十三年,王孝忠以罪命往八答山采宝玉自效,道经沙州。

途思

案《太祖纪》:十七年,拖雷克徒思匿等城。《明史·西域传》有

“讨来思”，地小，周径不百里。沈子培云：“途思”下当脱“匿”字，今之“浑都斯”、《平圆图》之“萍恩都斯”也。

忒耳迷

案《薛刺海传》：从征帖里麻诸国。《皇元圣武亲征记》：辛巳，上亲克迭儿密城。《明史》：迭里迭，在撒马儿罕西南，去哈烈二千馀里。

阿兰阿思

沈子培刑部曰：当作“阿尔思兰”。《〔元〕史·阿尔思兰传》：阿尔思兰，阿速氏。宪宗围阿尔思兰之城，阿尔思兰率子降；命专领阿速之人。是“阿尔思兰城”乃阿速地也。李仲约宫詹云：刘祁《北使记》，兴定四年，诏遣礼部侍郎吾古孙使于北朝，五年复命，历城百馀，有“纥里迄斯”，即此。廷式案：“纥里迄斯”，即“吉利吉思”对音字；与此非一地。惟《辽史》“阿萨兰”，今译改“阿尔思兰”者，近之。沈说未允。又案《西域释地》云：乌兰乌苏河，在喀什噶尔城西北二百一十里。有两源。出布鲁特境，入喀琅圭卡伦之北，始名“乌兰乌苏”。径城南四十里，名“雅玛雅尔河”。“阿兰阿思”，即“乌兰乌苏”也。

钦察

太宗甲午年，命诸王拔都征西域钦察阿速斡罗思等国。岁乙未，亦命宪宗往焉。岁丁酉，师至宽田吉思海傍，钦察酋长八赤蛮逃避海岛中。适值大风，吹海水去而干，生禽八赤蛮。遂与诸王拔都征斡罗思。至也烈替城，七日破之。岁丁巳，出师南征，以附马刺真之子乞歹为达鲁花赤，镇守斡罗思阿思。岁癸丑，括斡罗思阿思户口。《元秘史》蒙文，作“乞卜察”。《明世法录》：阿速，在西海中，为大国。城倚山面川。川南流入海。凉暄适节，有鱼盐耕牧之利。多撒马儿罕、天方诸国人。永乐中,尝遣使百二十人朝贡。虞道园《句容郡王世绩碑》云:钦察之先武平北折连川按答山部族也。后迁西北,即玉黎北里之山居焉。土风刚悍,其人勇而善战。有曲年者,乃号其国曰"钦察",据此,知何秋涛以为"奄蔡"音转者非。为之主而统之。曲年生唆末纳,(生)唆末纳生亦纳思。太祖征乞思火都,〔乞思火都〕奔亦纳思。遣使谕取之,弗从。及我师西征,亦纳思老,不能理其国;丁酉,亦纳思之子孙儿鲁速蛮自归于太宗。宪宗受命,帅师已及其国,忽鲁速蛮之子现都察举族来归。

阿罗斯

《宪宗纪》:攻钦察部,擒八赤蛮。复与诸王拔都征斡罗斯部,至也烈替城,破之。七年,以附马刺真之子乞歹为达鲁花赤,镇守斡罗斯。《速不台传》:辛丑,太宗命诸王拔都讨兀鲁思部主也烈班,为其所败。围秃里思哥城,不克。速不台一战获也烈班,进攻秃里思哥城,三日克之。尽取兀鲁斯所部而还,经哈咂里山、郭宁河。《曷思麦里传》:进击斡罗思于铁儿山。

不里阿耳

案《经世大典图》,有"不里阿耳",当阿罗思之东。《秘史》蒙文:康里等十一种,"不合儿"即此。沈子培刑部云:"'不里阿耳',即'莫斯苦洼阿',盖'柯'字之讹。"恐非是。

撒吉剌

案《经世大典图》,"撒吉剌",在阿罗思之西。沈子培刑部曰:"剌",当作"速"。《秘史》蒙文:康里等十一部,有"撒连惕",即此"撒吉剌"也。释以今地,当为日耳曼之撒孙部。

花剌子模

案《经世大典图》,"花剌子模",在柯提之西北,赛兰之西。

赛兰

《西使记》:过塔剌寺,又过赛蓝城。《明世法录》云:赛兰,一作“赛蓝”。去撒马儿罕千里,在达失干东。《薛剌海传》云:从征赛兰诸国。《明史·西域传》:赛蓝,在达失干之东。元太祖时,都元帅薛塔剌海从征赛兰诸国,以炮立功,即此地也。《西游记》:邪米思干东千馀里,至一大川。东北去赛兰,约三程,水草丰茂。三日,至赛兰大城之东南山。有蛇两头,长二尺许。至吹河南岸;又十日,至阿里马城。郑晓《四夷考》:赛蓝,在达失干东,西去撒马儿罕千里,周三里,四面平原,草木长茂,流水环绕,五谷蕃殖。秋夏间,草生黑蜘蛛,甚小,毒甚。啮人,遍身痛号,呼声动地。土人禳祖者口诵咒,以薄荷枝拂中毒处,又以鲜羊肝遍擦其体。经一昼夜,痛方息。愈后,皮肤如蜕脱。牛马被伤,辄死。行宿,必近水避水。

巴耳赤邗

《英俄印度交涉书》云:英惧俄得保耳肯山南地。“保耳肯”,即巴耳赤邗矣。

毡的

案《经世大典图》,“毡的”,在巴耳赤(利)〔邗〕之北。

不赛因

案《经世大典图》云:“不赛因”所封地,即驸马赛马尔罕之祖。案:旭烈兀,睿宗第六子。宪宗二年,命征西域诸国,拓境几万里。遂留镇西域,建庭于忽里模子之地。薨,子阿八哈嗣;〔阿八哈〕薨,子阿鲁嗣;阿鲁薨,子合赞嗣。延祐六年,〔合赞〕薨,子不赛因嗣。自泰定后,朝贡无虚岁,后即以“不赛因”名其部。

八哈剌因

沈子培刑部云:当作“哈剌八因”。即《西洋朝贡典录》之“阿剌壁”，今阿剌伯。地望（即）〔既〕同，而元西域崇回教，必无不知阿剌伯者。此系讹文，可决也。《宪宗纪》：三年夏六月，命诸王旭烈兀及兀良合台，帅师征西域哈里发八哈塔等国。

怯失

案《宪宗纪》：三年，命塔塔儿带征欣都思怯失迷儿等国。《秘史》蒙文：康里等十一种内，有“客失米儿”。沈子培刑部曰：怯失，今《平圆图》之“该萨”，在耶路撒冷西南；自此南，趋阿非利加洲矣。李仲约詹事曰：怯失，即“碣石”之对音，《西游记》“过碣石城八大山”者即此。《明世法录》：撒马儿干西，有渴石迭里迷诸城，并隶焉。山川，铁门峡、阿木河最大。《西使记》作“乞石迷西”，在印毒西北。盖传释迦氏衣钵者。其人仪状甚古，如世所传达摩象。不茹荤酒，日啖粳一合。所谈皆佛法禅定。又《铁哥传》曰：姓迦乃氏，迦叶弥儿人。迦叶弥儿者，西域筑乾国也。

八吉打

案《秘史》蒙文，康里等十一种内，有“巴只吉惕”，即此。沈子培刑部曰：八吉打，即“报达”，今之“八格代得”也。

孙丹尼牙

案《经世大典图》，“孙丹尼牙”，在可疾云之北，阿模里之西。沈子培刑部云：疑即今波斯之“德勒比孙达尼牙”地。

忽里模子

案：即“忽鲁谟斯”。《明世法录》曰：在西南海中，东连大山。自古里国十昼夜至。土沃民饶，垒石为城屋，市用全银钱。产珍珠、宝石、金铂、龙涎香、撒哈剌绒毯。永乐二年，贡驼鸡，上命侍臣金幼孜为之赋。《速不台传》：帝征回回国。其主灭里委国而去。命速不台与只别追之，及于在里河。郑晓《四夷考》：忽鲁谟斯，在西南海中。人顶直,状貌伟硕。喜作佛事,常歌舞,恶杀。永乐三年,国王遣马剌足来朝贡。产大马、西洋布、狮子、驼鸡、福禄、灵羊、马兽。

可咱隆

按《辽史·太宗纪》:"墨离鹘未里使回鹘阿萨兰",疑即此地。《经世大典图》:"可咱隆",在设剌子之西。沈子培刑部曰:可咱隆,音近"控噶拉"。又云:盖今东土耳其阿绵尼亚之首城"额士冷",一作"厄萨玲";《平圆图》之"阿耳斯鲁母"也。

设剌子

李仲约詹事云:疑即《郭侃传》之"石罗子"。又《西使记》:失罗子国,出珍珠,西南海也。《明史·西域传》:失剌思,近撒马儿罕。案《经世大典图》:"设剌子",在可咱隆之东,泄剌失之西。沈子培刑部云:旧译谓"即今俾路支",大非。准其地望,当东土耳其东土近海处也。《平圆图》作"希拉斯";《地理备考》作"诗拉斯"。《辽史·百官志》有"述律子国",即此。

泄剌失

案《经世大典图》,"泄剌失",在设剌子之东南。《明史·西域传》:失剌思,近撒马儿罕。

兀乞八剌

廷式案:《英俄印度交涉书·英征印度西北各族表》"一千八百六十三年,漆白来征乌思倍拉",疑即此地。

毛夕里

李仲约宫詹云:《番国志》有"勿厮离国",又有"勿斯里",均即此。廷式案:疑即《郭侃传》之"密昔儿"。《明史·西域传》:米昔儿,一名"密思儿"。正统六年,王锁鲁檀阿失剌福来贡。《西使记》：报达，民富实。西有密乞儿国，尤富。地产金，人夜视有光处，志之以灰，翼日发之，有大如枣者。至报达六千馀里；国西即海。刘郁曰：密昔儿，即唐拂林地也，观其土产风俗可知已。

设里汪

案刘《西使记》：黑契丹，国名"其里弯"，即此。沈子培刑部云：设里汪，今"西里亚"。廷式案：即今俄罗斯高加索路所属之"是尔弯"。《曷思麦里传》：招谕曲儿忒失儿湾沙等城悉降。

罗耳

案《经世大典图》，"罗耳"，在设里汪之东，乞里沙杭之西。沈子培刑部云：罗耳，今波斯之"鲁刀斯坦"。李仲约宫詹云：《元史·唵木海传》"从诸王旭烈兀征剌里西番斜巨山桃里寺河西诸部悉下"之"剌里"，盖即"罗耳"之对音。

乞里茫沙杭

李仲约詹事云：疑即《辽史》之"起儿漫"。沈子培刑部云：即《西使记》之"乞里弯"，今波斯"扣曼沙"地。《宪宗纪》：六年冬，驻跸阿塔哈帖乞儿蛮，以阿木河回回降民分赐诸王百官。

兰巴撒耳

郑晓《四夷考》：览邦，洪武九年来贡；永乐、宣德中，尝附邻国贡方物。其国去西域远甚，无市贾贩。多沙砾。麻麦之外，无他谷。山坡陀无峰峦；水亦浅浊。俗亦好佛，勤赛祀。有驼马牛羊。市亦用钱。案：览邦，即"兰巴"之转音。

亦思法杭

案《经世大典图》，"亦思法杭"，在撒瓦之南。《野获编》作"乙思不罕"。《平圆图》作"乙思拍罕"，今波斯西地。《续通典》作"伊思拍罕"；《注》：旧作"亦思弗罕"，今改正。郑晓《四夷考》：亦思把罕,于西南海中为大国,广袤近千里。四面皆海;西北多山,东南皆平沙。国有城坚壮,王居亦侈丽。物产丰厚,风俗朴厚。尚佛,畏刑,喜施,恶夺。亦有中国人寓寄者,时时出贾撒马儿罕。市多马驼,少布帛,有珠珀,而无稻麦。日食惟麦穄;麦粒粗壮甘美。永乐中,遣使四十四人来朝贡。

撒瓦

案《经世大典图》,"撒瓦",在低廉之南,那哈完的之东,柯伤之西;今波斯"萨发"对音。如"基洼"之为"基发"矣。

柯伤

程同文曰:"柯伤",即《西游记》之"碣石"。《明史·外国传》作"渴石"。云:南有大山屹立,出峡口,有石门,色如铁,即《西游记》所谓"铁门"也。《新唐书》:吐火罗有铁门山。《大唐西域记》曰:出铁门,至睹货罗国。其地东扼葱岭,西接波斯刺,南接大雪山,北据铁门。过雪山,为滥波国,即在北印度境。沈子培刑部曰:"柯伤",今波斯之"喀喜"。案:疑即俄罗斯之喀山路,一曰"加匽",俄罗斯部滨佛尔格河在莫斯科洼城东境者也。郑晓《四夷考》:渴石,在撒马儿罕西南二百六十里。城据大村,周十馀里。四面水田;东南近山中有园林,故酋帖木儿驸马居也,规模极宏壮。

低廉

沈子培云:今波斯之"麻散豆兰"。廷式案:疑即《辽史·百官志》之"迪烈德国",亦曰"敌烈"者是也。郑晓《四夷考》曰:迭里迷,在撒马儿罕西南,去哈烈二千馀里。新、旧二城,相去十馀里。王居新城。东距阿木河。河广,非舟不可渡。城内外居民仅数百家。畜蕃息,多鱼。河东地,隶撒罕;河西有芦林,多狮子。按:"迭里迷",即"低廉"之音转。

胡瓦耳

《经世大典图》:"胡瓦耳",在低廉之东。

西模娘

按:《辽史·百官志·二》有"仙门国",疑即此。《经世大典图》:"西模娘",在塔米设之南,撒里牙之东。《辽史·属国表》:兴宗重熙十六年,仙门今改译"星莽"来朝,以前此未尝入贡,仍加监门卫大将军。

阿剌模忒

案《秘史》蒙文:欣都思种、巴黑塔惕种两间,有阿鲁马鲁马答撒里阿卜秃城,命朵儿伯朵里申征进。所谓"马答撒里"者,今"麻豆撒兰"也;所谓"阿卜秃城"者,今波斯之"阿拜得城"也。"阿剌模",即"阿鲁马"对音字;"忒",犹特种人之称也。《经世大典图》又有"吉思塔你",即今土耳其"居士但丁"城也。

可疾云

沈子培云:今土尔其之"喀斯"。

阿模里

李仲约宫詹云:阿模里,《西游记》作"阿母没辇河"也。《西域水道记》曰:河西,番语曰"里"。《职方外纪·回回篇》:加斯加尔以西,曰撒马儿罕、曰加木尔。《宪宗纪》:元年,以阿儿浑充阿母河等处行尚书省事。廷式案:《秘史》作"阿梅河",《西使记》有"谱木河"。沈子培云:阿模里,今土鲁其东土"阿麻氏亚"。

撒里牙

案《经世大典图》:"撒里牙",在胡瓦耳之北,阿模里之东,西模娘之西。沈子培曰:撒耳里牙,疑即明时"沙鹿海牙"。惟《明史》称沙鹿海牙在撒马尔罕东,而今在其西甚远,此不可合。

塔里设

案《经世大典图》,"塔里设",在西模娘之北。

阿八哈耳

案《秘史》蒙文,速别额台征康里乞卜察等十一种,内有"不哈儿",即此。

撒里茫

《哈剌亦哈赤北鲁传》:国王月仙帖木儿闻其名,自唆里迷国征为断事官。其子月朵失野讷归太祖。从帝西征,至别失八里东独山城,帝问:"此何城也?"对曰:"独山城。往岁大饥,民皆流移。臣昔在唆里迷国时,有户六十,愿移居。"帝曰:"善。""唆里迷",疑即"撒里茫"之对音也。

米里章

沈子培刑部曰:疑即明之"敏真"。郑晓《四夷考》:敏真诚国亦大。多高山;水流深,缚木为渡。日中为市,诸贾皆集;见中国磁、漆器,争欲得之。产异香、驼马。

的希思丹

沈子培刑部曰:疑即"吐耳启斯坦"。何秋涛《朔方备乘·北徼沿革表》:纳希斯丹,汉安息国地,北魏西域两海之间地,唐波斯地。后为大食所并。在元为的希斯丹。

巴耳打阿

《西使记》:丁巳岁,取报德国,南北二千里。其王曰合法里。其城有东、西;城中有六大河。西城无壁垒;东城固之甓,绘其上甚盛。

打儿班

案《经世大典图》作"达耳班",在撒里失之北,巴耳达阿之东。

案：即《太祖本纪》之“朵儿班”。

巴某

沈子培刑部云：即今波斯东境之“布母”。

塔八辛

沈子培刑部云：即今波斯之“台拜斯”。

不思忒

李仲约云：似即“波斯特”三字。沈子培刑部云：盖今波斯东境哥罗三之治所“美支德”。《胡地图》作“木沙特”。《平圆图》作“谋晒得候拉特”，即“黑娄”、即“哈烈”，一名“东哥罗三”。则波斯之西哥罗三，本与候拉特同国，可知也。“哥罗特”对音，亦近“哈烈”，知“不思忒”即哈烈矣。帖木儿封其子于哈烈，哈烈由此乃大，当元代果宜无“哈烈”之称。廷式案《英俄印度交涉书·英征印度西北各族表》“一千八百六十八年、一千八百六十九年，两征‘包苏的’”，即“不思忒”之对音矣。郑晓《四夷考》云：哈烈，一名“黑鲁”。撒马儿罕西南，去嘉峪关万三千里。元驸马帖木儿之子沙哈鲁居其地，国人称为“速鲁楦”，犹华言“君王”也。东有俺都淮八剌黑诸城，皆隶焉。又云：城方十里，居平川。川广百里，四面大山。王并东北山，垒石为屋。屋若高台，无栋梁；墙壁窗牖皆金碧琉璃；门扇雕刻、嵌骨角。屋傍设彩绣帐房为燕寝所，金床重茵。衣冠大类亦力把力。民土房或毡帐，以雨少故。上下相与，直呼名。相见，稍屈躬，道“撒力马力”一语，握手或相抱为礼。致意于人，则云“撒蓝”。少炊爨；饱食就肆，无匕箸。交易用银钱二三等。无正朔时日月；亦无斗斛，用权衡为量。税十二，国用资焉。又云：农不甚劳，然多获。田美，而每岁更休，地力得完也。馈赠、赐予、宴会，极丰厚。大抵西域城郭诸国，哈烈最鄙陋；然有学舍，聚生徒，讲习诸经义。省刑罚、薄听敛、寡争讼、好施予、务农桑,诸国又不及也。在王城中极宏伟。永乐十二年,员外郎陈诚使其国。

法因

沈子培刑部云:即今候拉特之“浮耳拉”。

乃沙不耳

案:即《曷思麦里传》之“你沙不儿”,《巴而术阿而忒的斤传》之“你沙不里”,今波斯之“尼萨普尔”地。

巴瓦儿的

《元史》卷百二十三,《列传》:阿剌瓦而思,回鹘八瓦耳氏。太祖征西域,驻跸八瓦耳之地,率部曲降。

麻里兀

沈子培刑部云:即《秘史》之“茂力克”。又云:《西使记》之“木乃兮”,一作“没里奚”,即此。《北使记》:历城百馀,有“磨里奚”。郑晓《四夷考》云:麻林,未详其国所在。永乐十三年,王遣人献麒麟,上喜,厚赐之。

塔里干

案《(盛)〔圣〕武亲征记》“梓犯破班勒纥城,围守哈里寒”,即此。《西使记》:兮国所属山城三百六十,已而皆下。惟担寒西一山城,名乞都卜,孤峰峻绝,不能矢石。

巴里黑

案《本纪》,太祖十六年,帝攻“班勒纥”等城,即此。《西游记》:过班里城。《明史》作“巴力黑”。即《胡地图》之“拜尔哈”,《平圆图》之“巴巴尔哈”。李仲约宫詹云“《太祖纪》‘十八年避暑八鲁弯’,即此”,恐非。郑晓《四夷考》云:八剌黑,一名“八黑”,在俺都淮东北。城居平川,周十馀里。南近山,无险阨。地平广,食物丰饶;西南诸番贾聚。永乐中,哈烈、沙哈鲁各遣其子守之。虞某《句容郡王碑》:大德元年,创兀儿帅师逾金山,攻八邻之地。八邻之南,有大河,曰答鲁忽,云云。

吉利吉思、撼合纳、谦州、益兰州等处

"吉利吉思"者,初以汉地女四千人与乌斯之男结婚,取此义以名其地。南去大都,万有馀里。相传及满部始居此;及元朝,析其民为九千户。其境长一千四百里,广半之。谦河经其中,西北流。又西南有水,曰阿浦;东北有水,曰玉须。皆巨浸也,会于谦河,而注于昂可刺河,北入于海。俗与诸国异,其语言则畏吾儿同。庐帐而居,随水草畜牧;颇知田作。遇雪,则跨木马逐猎。土产名马、白黑海东青。"昂可刺"者,因水为名,附庸于吉利吉思,去大都二万五千馀里。其言语与吉利吉思特异。昼长夜短;日没时炙羊肋,熟,东方已曙矣。即唐史所载"骨利干国"也。"乌斯",亦因水为名,在吉利吉思东,谦河之北。其俗每岁六月上旬刑白马牛羊,洒马湩,咸就乌斯沐,连以祭河神,谓其始祖所从出故也。"撼合纳",犹言"布囊"也,盖口小腹巨,地形类此,因以为名。在乌斯东,谦河之源所从出也。其境上惟有二山口可出入,山木林樾,险阻为甚。野兽多而畜字少。贫民无恒产者,皆以桦皮作庐帐,以白(麗)〔鹿〕负其行装,取鹿乳、采松实及掘山丹芍药等根为食。冬月亦乘木马出猎。"谦州",亦以河为名。去大都九千里,在吉利吉思东南,谦河西南,唐麓岭之北。居民数千家,悉蒙古回纥人;有工匠数局,盖国初所徙汉人也。地沃衍宜稼,夏种秋成,不烦耘耔。或云汪罕始居此地。"益兰"者,"蛇"之称也。初,州境山中,居人见一巨蛇,长数十丈,从穴中出,饮河水,腥闻数里,因以名州。至元七年,诏遣刘好礼为吉利吉思、撼合纳、谦州、益兰州等处断事官,即于此州修库廪、置传舍，以为治所。先是，数部民俗皆以杞柳为桮皿，刳木为槽以济水，不解铸作农器。好礼闻诸朝，乃遣工匠，教为陶冶舟楫，土人便之。

《新译欧洲史略》卷七云：欧东北地，奉十字架之战时，有一大强敌，来自亚洲。是族名曰蒙古，又曰达达。当一千二百六年，其王铁木真称成吉思可汗，始建国号曰“元”。案蒙古人不信耶苏，（回教）亦非回教；而后之据有波斯地者，则积久皆渐化为回人。时有成吉思可汗之孙，名曰巴图，帅师侵入欧境，直抵德奥波斯二国界内；然后仅据有俄罗斯地。其居俄地加散城之蒙古汗，有总统俄地诸贵族之权。因而利都完亚族人得乘机平定俄西境地，并俄之旧都戒弗城也。俄罗斯受此残害，故强大迟数百年。至一千二百八十五年，蒙古人灭绝巴城之加利弗朝时，伊及地仅存有一加利弗，亦复有名无实，徒拥虚位。再，此蒙古族人在欧地有一大助信耶苏人之事，盖因其破灭土族中之赛族诸回人威权，即所以拯救尼该亚德利比孙二希腊国也。

附一：易培基跋语

此书乃文道希手抄本也。

附二：柯劭忞跋语

《元史·西北地附录》，为之考证者凡四家：洪侍郎钧、屠知县寄、陈举人焯及文芸阁学士也。学士说“西模娘”即《辽史》之“仙门国”，最精审，为他家所不及。

甲寅夏五月朔，胶州柯劭忞记

黄帝政教考*

一

《太史公书》:黄帝者,少典之子,姓公孙,谯周曰:有熊国君少典之子也。皇甫谧曰:有熊,今河南新郑是也。名曰轩辕。生而神灵,弱而能言,幼而徇齐,长而敦敏,成而聪明。轩辕之时,神农氏世衰,诸侯

---

* 据文廷式手稿,原稿三册。首册封面有墨签曰"黄帝政教考":并写有"第一次稿:凡世系考一卷(编按"卷"字,继改作"篇")、政治考二卷(编按"卷"字继改作"篇")、学术考五(编按"五"字尝改作"三")卷附一卷(编按"五卷附一卷"五字,继改作"四篇"二字)、叙录一篇,凡九篇",旁补又有"事迹考二篇(编按"篇"字初作"卷")、辅佐考一篇"。以上皆楷书。又有行体墨批曰"此册随得随录,未加诠次,不足为稿也"云云,似是后来补题之语。册内首叶正文前,题"黄帝政教考　萍乡文廷式纂"。另二册书衣无文,册内正文前亦未加题撰字样,然检其内容并专录黄帝治迹,故知为同作之续稿也。今将其稿册之有题签、题撰者,标为第"一"部分,而将另二册各标以"二"、"三",以见区分。又,原稿之天头眉批及行间夹批、补批、校批,数量颇多,今多据意插录入正文内,用小五号宋体字并加黑鱼尾括号排印,以有别于原稿正文;少数不便插入者,用脚注说明(下录《轩辕氏征文》亦用此例)。按,《黄帝政教考》内,文氏于"《黄帝星经》"一条之天头,自作眉批有曰"此录入《征文》中"云云;又"《素问·五运行大论篇》"一条天头眉批曰"《素问》、《灵枢》,为黄帝遗书,当备录于《征文》中,此特录其言之涉于政教者,于医家者不备录也"云云。知《黄帝政教考》与《轩辕氏征文》,两书之纂作,大体在同时。又按《黄帝政教考》稿册三册中,有一册(即今作第"三"部分者)系用清政府官制之"重修史志稿"绿格笺稿本,与《轩辕氏征文》所用者同。并参照文氏另用"重修史志稿"绿格笺稿本所撰其他文稿之撰时,疑《考》、《征文》两书之纂作约在光绪十七、十八年前后。

相侵伐,暴虐百姓,而神农氏弗能征。于是轩辕乃习用干戈,以征不享。诸侯咸来宾从。而蚩尤最为暴,莫能伐。炎帝欲侵陵诸侯,诸侯咸归轩辕。轩辕乃修德振兵,治五气,王肃曰:五行之气。艺五种,抚万民,度四方,教熊罴貔貅貙虎,以与炎帝战于阪泉之野。皇甫谧曰:在上谷。三战,然后得其志。蚩尤作乱,不用帝命,于是黄帝乃征师诸侯,与蚩尤战于涿鹿之野,服虔曰:涿鹿,山名,在涿郡。张晏曰:涿鹿,在上谷。遂禽杀蚩尤。而诸侯咸尊轩辕为天子,代神农氏,是为黄帝。天下有不顺者,黄帝从而征之,平者去之。披山通道,未尝宁居。东至于海,登丸山,徐广曰:"丸",一作"凡"。裴骃案:《地理志》曰丸山在琅邪朱虚县。及岱宗;西至于空桐,应劭曰:山名。韦昭曰:在陇右。登鸡头;南至于江,登熊湘;《地理志》曰:湘山,在长沙益阳县。北逐荤粥,合符釜山,而邑于涿鹿之阿。迁徙往来,无常处。以师兵为营卫。官名皆以云,命为云师。应劭曰:黄帝受命,有云瑞,故以云纪事也。春官为青云,夏官为缙云,秋官为白云,冬官为黑云,中官为黄云。张晏曰:黄帝有景云之应,因以名师与官。置左右大监,监于万国,万国和。而鬼神山川封禅,与为多焉。获宝鼎,迎日推策。瓒曰:日月朔望未来而推之,故曰迎日。举风后、力牧、常先、大鸿,郑玄曰:风后,黄帝三公也。班固曰:力牧,黄帝相也。大鸿,见《封禅书》。以治民。顺天地之纪,幽明之占,死生之说,存亡之难。时播百谷草木,淳化鸟兽虫蛾,旁罗日月星辰,水波土石金玉。劳勤心力耳目,节用水火材物。有土德之瑞,故号"黄帝"。黄帝二十五子,其得姓者十四人。黄帝居轩辕之丘,《山海经》曰:在穷山之际,西射之南。张晏曰:作轩冕之服,故谓之轩辕。而娶于西陵之女,是为嫘祖。嫘祖为黄帝正妃,生二子,其后皆有天下。其一曰玄嚣,是为青阳,青阳降居江水。其二曰昌意,降居若水。昌意娶蜀山氏女,曰昌仆,生高阳;高阳有圣德焉。黄帝崩,皇甫谧曰:在位百年而崩,年百一十一岁。葬桥山。皇甫谧曰:黄帝冢在上郡桥山。其孙昌意之子高阳立,是为帝颛顼也。

【《河图》曰:黄帝母曰地祇之子,名附宝。之郊野,大霓绕北斗枢星,耀感附宝,生轩辕。《御览》一百三十五。】

【《汉书·允后传》:王莽自谓黄帝之后,其自本云黄帝姓姚氏。——显与《国语》异,班所不取。】

【《河图》曰:黄帝广颡龙额。《御览》三百六十四。黄帝兑颐。三百六十八。】

【蔡邕《独断》:靖民则法,曰"黄"。《周书》:静民则法,曰"皇"。】

【《春秋内事》曰:轩辕氏以土德王天下,始有堂室,高栋深宇,以避风雨。《御览》七十九。】

【《古史考》曰:有熊氏,巳姓;或曰姓公孙。《御览》七十九。】

【《帝王世纪》曰:黄帝,有熊氏,少典之子,姬姓也。母曰附宝,其先即炎帝母家有蟜氏之女;世与少典氏婚,故《国语》兼称焉。及神农氏之末,少典氏又取附宝。见大电光绕北斗枢星,照郊野,感附宝,孕二十五月,生黄帝于寿邱。长于姬水。龙颜,有圣德。受国于有熊,居轩辕之邱,故因以为名,又以为号。与神农氏战于阪泉之野,三战而克之。力牧、常先、大鸿、神农皇直,廷式案:"农"字疑衍。封钜、大镇、大山、稽、鬼臾区、封胡、孔甲等,或以为师,或以为将,分掌四方,各如己视。故号曰"黄帝"。四月,又使岐伯尝味百草,典医疗疾;今经方本草之书咸出焉。其史仓颉又取像鸟迹,始作文字,史官之作盖自此始。记其言行,策而藏之,名曰"书契"。黄帝亦号帝鸿氏,或曰归藏氏,或曰帝轩。吹律定姓。有四妃、二十五子。在位百年而崩,年百一十岁。《御览》七十九。】

【《路史·疏仡纪》云:史传言帝居涿鹿。《世本》云"涿鹿在彭城",代弗知也。故《魏土地记》云,济城南东六十里有涿鹿城,城东一里有阪泉,泉上有黄帝祠。则《世本》之言信矣。】

【《水经注》卷十七《渭水篇》"又东过陈仓县(南)〔西〕",引《地理志》姚

睦注曰:“黄帝都陈言在此。”】

【《列女传》曰:黄帝妃曰嫫母,于四妃之班居下,貌甚丑,而最贤,□每自退。《御览》一百三十五。】

【《皇览冢墓记》曰:好道者言黄帝乘龙升云登朝霞,上至列阙倒影。天体如车有盖,日月悬著,何有可上哉?《御览》。《扬子法言·君子篇》:吾闻黄帝殂落而死。】

《吕氏春秋·尊师篇》曰:黄帝师大挠。高诱注曰:大挠作《甲子》。《新序·杂事五》引作“大真”。《汉书·古今人表》作“大填”。

【《尚书大传》云:伏牺氏没,神农氏作。神农氏没,黄帝尧舜氏作。《罗壁识遗》卷二。】

《古乐篇》【《御览》五百六十五引此篇,今据以校正。】曰:昔黄帝令[①]伶伦作为律[②]。注云:伶伦,黄帝臣。伶伦自大夏之西,注:大夏,西方之山。【应劭曰:大夏,西戎之国也。】乃之[③]阮隃[④]之阴,案:“阮隃”,《汉书·律志》作“昆仑”。取竹于嶰谿之[⑤]谷。【《汉书》作“取竹之嶰谷”。孟康曰:解,脱也。谷,竹沟也。取竹之脱无沟节者也。一说昆仑之北谷名也。以上《周礼》二十三《正义》。】以生空[⑥]窍厚[⑦]钧者,断两节间,其长三寸[⑧]九分[⑨],而吹之以为黄钟之宫。毕沅校云:“其长三寸九分”,《说苑》及《御览》五百六十五作“其长九寸”。钱詹事大昕云:“三寸九分”不必改作“九寸”。李光地谓黄钟长八寸一分,应钟长四寸二分,此“三寸九分”即二律相较

① “令”字旁,有校批曰“作‘诏’”。按当系文氏据《御览》所校。

② “律”字旁,有校批曰“‘律’上有‘音’字”。按同上

③ “乃之”二字旁,有校批曰:“无‘乃之’二字。”按同上。

④ “阮隃”二字旁,有校批曰“作‘昆仑’”。按同上。

⑤ “谿之”二字旁,有校批曰:“无‘谿之’二字。”按同上。

⑥ “空”字旁,有校批曰:“无‘空’字。”按同上。

⑦ “厚”字旁,有校批曰:“‘厚’下有‘薄’字。”按同上。

⑧ “三寸”二字旁,有校批曰:“作‘九寸’。”按同上。

⑨ “九分”二字旁,有校批曰:“无‘九分’字。”按同上。

之数是也。案:此"三寸九分"备有十二律,非谓黄钟止长三寸九分。下云"以为黄钟之长"者,即长于应钟之数,盖应钟,十月律,秦岁首取中也。增长三寸九分而得黄钟,方是十一月律。《吕纪》本用秦法追考上古,知安溪之说不谬。吹曰[①]舍少。次制十二筩[②]。注:六律六吕各有管,故曰"十二筩"。"舍",成舍矣。毕云:《说苑》无"吹"字。"筩",《说苑》、《风俗通》、《御览》俱作"管"。【戴煦《音分古义》曰:"以生空窍厚钧者",盖空窍不钧则音不足为准。厚不钧则两端空窍或不钧,故有取乎竹之生成窍厚皆钧也。云"断(相)〔两〕节间"者,不使其中有节,而空窍虽钧,中有龃龉也。云"其长三寸九分而吹之以为黄钟之宫"者,盖伶伦当日先断竹为管,长九十横黍,命为九寸,名之曰黄钟,为首音,定为宫声,于是依前法求其相应同声,至三寸九分有馀之管,而复得宫声,适与黄钟相应也。云"吹曰舍少"者,黄钟为正宫声,则三寸九分之管为少宫声。以其舍少宫之声,故吹之而名之曰舍少也。云"次制十二筩"者,伶伦既得两管相应之度分,于是审其两音之间,若间以五音,则高下差太大,差大则戾而不和;间以七音,则高下差太小,差小则混而不皦;遂于两音之间,定为六音。合首末二音,为八音。而第八音适与首音相应。因而连比例术求其度分,至第七音度分与钟之半相差不远,故不复递求,而六音之上管,代以半律。此律之所以止于六也。既得六律,而六律之间尚可另立一均,于是前借半度以合成七音矣。定借倍度以合成七音,而吕亦止于六。爰第其次序而为十二筩也。盖伶伦造律,适当隶首三时四率比例,即九章之今有术也。】以之[③]阮隃[④]之下听凤皇[⑤]之鸣,以别十二律。其雄鸣为六,雌鸣亦六,【廷式案:《风俗通》云,天地之风气正,而十二律之五声于是乎生,八音于

① "吹曰"二字旁,有校批曰:"无'吹'字;'曰'作'日'。"按同上。

② "筩"字旁,有校批曰:"作'管'。"按同上。

③ "之"字旁,有校批,曰"无'之'字"。按同上。

④ "阮隃"二字旁,有校批,曰"作'昆仑'"。按同上。

⑤ "皇"字,旁有校批,曰"无'皇'字"。按同上。

是乎出。】以①比②黄钟之宫,适合。黄钟之宫皆可以生之。故曰黄钟之宫,律吕③之本。黄帝又命伶伦与荣将“将”,一作“援”。毕云:《路史》作“荣猨”。注引《隋志》及《国朝会要》皆同。【《御览》五百六十六引作“营援”。】铸十二钟,以和五音,以施英韶。以仲春之月、乙卯之日、日在奎始,奏之,命之曰《咸池》。【《说苑·修文篇》“黄帝诏伶伦”至“正十二律至也”,录此后。《春秋外传·周语》“信州鸠曰古之神瞽”云云至“故先王贵之”,录《说苑》后。神瞽,即指伶伦也。】

《荡兵篇》曰:兵,所自来者久矣。黄、炎故用水火矣注:黄,黄帝;炎,炎帝。炎帝为火灾,黄帝灭之也。

【《列异传》曰:黄帝葬桥山。山崩,无尸,唯剑舄存。《御览》六百九十七。】

《孙子·行军篇》曰:凡处军相敌,绝山依谷,视生处高,战隆无登。此处山之军也。绝水必远水,客绝水而来,勿迎之于水内,令半渡而击之,利。欲战者,无附于水而迎客,视生处高,无迎水流。此处水上之军也。绝斥泽,唯亟去,无留。若交军于斥泽之中,必依水草而背众树。此处斥泽之军也。平陆处,易右背高,前死后生。此处平陆之军也。凡四军之利,黄帝之所以胜四帝也。魏武帝注云:黄帝始立,四方诸侯亦称帝。以此四地胜之。

《礼记·祭(义)〔法〕》曰:黄帝正名百物以明民共财。郑注:明民,谓使之衣服有章也。颛顼能修之。《释文》云:本或作“颛顼修黄帝之功”。

按:《论语》,孔子曰“必也正名”,盖述斯义。

【《公孙龙子·名实论》曰:正其所实者,正其名也。其名正,则唯乎其彼

---

① “以”字,旁有校批,曰“无‘以’字”。按同上。

② “比”字,旁有校批,曰“作‘此’”。按同上。

③ “吕”字,旁有校批,曰“无‘吕’字”。按同上。

此焉。

《国语·鲁语》:展禽曰,黄帝能成命百物以明民共财,颛顼能修之。韦注:命,名也。】

《汉书·古今人表》:黄帝轩辕氏。张晏曰:以土德王,故号曰黄帝。作轩冕之服,故谓轩辕。

又曰:方雷氏,黄帝妃,生玄嚣,是为青阳。累祖,黄帝妃,生昌意。彤鱼氏,黄帝妃,生夷鼓。㑌母。黄帝妃,生仓林。师古曰:即嫫母。

又曰:封钜,黄帝师。大填,黄帝师。大山,稽,黄帝师。仓颉。黄帝史。

又曰:少典,炎帝妃,生黄帝。

按:《人表》以黄帝为炎帝神农之子,与《史记》异,恐不足信。

陆德明《禹贡释文》引《九州周公职录》云:黄帝受命、风后受图,割地布九州。

《汉书·地理志》:昔在黄帝,作舟车以济不通,旁行天下。师古曰:旁行,谓四出而行之。方制万里,画野分州,师古曰:方制,制为方域也。画,谓为之界也。廷式案:方,遍也;师古注未谛。得百里之国万区。是故《易》称"先王以建万国、亲诸侯",《书》云"协和万国",此之谓也。

【《战国·赵策》,马服曰:古者四海之内,分为万国。城虽大,无过三百丈者;人虽众,无过三千家者。

《史记·封禅书》:黄帝时,万诸侯,而神灵之封居七千;天下名山八,而三在蛮夷,五在中国。中国华山、首山、太室、泰山、东莱,此五山,黄帝之所常游,与神会。黄帝且战且学仙,患百姓非其道者,乃断斩非鬼神者。百馀岁,然后得与神通。黄帝封雍上帝,宿三月。鬼臾区,号大鸿,死葬雍,故鸿冢是也。其后黄帝接万灵明廷。明廷者,甘泉也。所谓寒门者,谷口也。黄帝采首山铜,铸鼎于荆山下。鼎既成,有龙垂胡髯下,迎黄帝。黄帝上骑。群臣后宫从上者七十馀人。龙乃上去。馀小臣不得上,乃悉持龙髯。龙髯拔,堕。堕黄帝之弓。百姓仰望黄帝既上天,乃抱其弓与胡髯号。故后世因名其处曰鼎湖。】

《汉书·艺文志·道家》:《黄帝四经》四篇,《黄帝铭》六篇,《黄帝君臣》十篇,起六国时,与《老子》相似也。《杂黄帝》五十八篇,六国时贤者所作。《力牧》二十二篇。六国时所作,托之力牧。力牧,黄帝相。

【《史记·太史公自序》,公自曹参荐盖公言黄老,而贾生、晁错明申商,百年之间,天下遗文古事,靡不毕集太史云。】

《阴阳家》:《黄帝泰素》二十篇,六国时韩诸公子所作。师古曰:刘向《别录》云,或言韩诸公孙之所作也。言阴阳五行,以为黄帝之道也,故曰《泰素》。《容成子》十四篇。

《小说家》:《宋子》十八篇,孙卿道:《宋子》,其言黄老意。《黄帝说》四十篇。迂诞,依托。

《兵家·阴阳》:《黄帝》十六篇,图三卷。《封胡》五篇,黄帝臣,依托也。《风后》十三篇,图二卷。黄帝臣,依托也。《力牧》十五篇,黄帝臣,依托也。《鬼容区》三篇。图一卷。黄帝臣,依托。师古曰:即鬼臾区。

《天文》:《黄帝杂子气》三十三篇。

《历谱》:《黄帝五家历》三十三卷。

《五行》:《黄帝阴阳》二十五卷,《黄帝诸子论阴阳》二十五卷,《风后孤虚》二十卷。

《杂占》:《黄帝长柳占梦》十一卷。

《医经》:《黄帝内经》十八卷、《外经》三十九卷。

《医家·经方》:《神农黄帝食禁》七卷,《泰始黄帝扁鹊俞拊方》二十三卷。

【《韩诗外传》卷十:吾闻上古之医曰第父云云。

《史记·扁鹊仓公列传》:淳于意受学公乘阳庆,予之传黄帝、扁鹊之脉

书，五色诊病，知人死生，决嫌疑，定可治，及药论，甚精。】

《房中》：《黄帝三王养阳方》二十卷。

【《后汉书·边让传》，注：黄帝轩辕氏得房中之术于玄女，握固吸气，还精补脑，可以长生。】

《神仙》：《黄帝杂子步引》十二卷，《黄帝岐伯按摩》十卷，《黄帝杂子芝菌》十八卷，师古曰：服饵芝菌之法也。《黄帝杂子十九家方》二十一卷。

【《河图帝通纪》曰原误“纪通”：黄帝以雷精起。《类聚》二。】

《汉书·食货志》云：黄帝以下通其变，使民不倦。李奇曰：器币有不便于时，则变更通利之，使民乐其业而不倦也。

《史记·律书》云：昔黄帝有涿鹿之战，以定火灾。

《汉书·刑法志》云：自黄帝有涿鹿之战，以定火灾。郑氏曰：涿鹿，在彭城南。与炎帝战，炎帝火行，故云火灾。李奇曰：黄帝与炎帝战于阪泉，今言涿鹿，地有二名也。文颖曰：《国语》云，黄帝，炎帝弟也。炎帝号神农，火行也。后子孙暴虐，黄帝伐之，故言以定火灾。《律历志》云，与炎帝后战于阪泉。涿鹿在上谷，今见有阪泉地黄帝祠。师古曰：文说是也。彭城者，上谷北别有彭城，非宋之彭城也。

【《周书·史记解》：昔阪泉氏用兵无已，诛战不休，并兼无亲，文无所立，智士寒心，徙居至于独鹿。诸侯叛之，阪泉以亡。孔晁注：独鹿，西戎地名。廷式案：独鹿，即涿鹿；此言黄帝灭炎帝事，当时传闻如此。】

《汉书·礼乐志》云：昔黄帝作《咸池》。《艺文志》曰：自黄帝下至三代，乐各有名。

【《庄子·养生主篇》：“乃中《经首》之会。”向司马云：《经首》，《咸池》乐章也。《乐记》“《咸池》备矣”，郑注：黄帝所作乐名也；尧增修而用之。“咸”皆也；“池”之言“施”也。言德之无不施也。《周礼》曰“大咸”。】

《汉书·律历志》：《易》曰，神农氏没，黄帝氏作。火生土，故为土德。与炎帝之后战于阪泉，遂王天下。始垂衣裳，有轩冕之服。

邓展曰:凡冠,前卑后高,故曰轩冕。师古曰:此说非也。轩,轩车也;冕,冕服也。《春秋左氏传》曰:服冕乘轩。故天下号曰轩辕氏。

《史记·历书》,太史公曰:神农以前,尚矣。盖黄帝考定星历,建立五行,起消息,正闰馀,于是有天地神祇物类之官,是谓五官。各司其序,不相乱也。民是以能有信,神是以能有明德。民、神异业,敬而不渎。故神降之,嘉生。应劭曰:嘉,谷也。民以物享,灾祸不生,所求不匮。

按:老子曰,以道莅天下者,其鬼不神。非其鬼不神,其神不伤人。非其神不伤人,圣人亦不伤人。夫两不相伤,故德交归焉。与《史记》所言正合。其所谓圣人,盖斥黄帝也。

【《历书》又曰:上诏御史曰,乃者有司言星度之未定,盖闻昔者黄帝合而不死,名察度验,定清浊,起五部,建气物分数。

《皇览冢墓记》曰:好道者言黄帝乘龙升云、登朝霞,上至列阙倒影。天体如车盖,日月悬著,何有可上哉?《御览》卷二。】

《史记·老子韩非列传》:申子之学,本于黄老而主刑名;韩非喜刑名法术之学而其归本于黄老。

《史记·三代世表》,太史公曰:余读谍记,黄帝以来,皆有年数,稽其历谱谍终始五德之传,古文咸不同乖异。夫子之弗论次其年月,岂虚哉?

《史记·乐书》:《咸池》备也。【《礼记·乐记》"《咸池》备矣"。】郑玄曰:黄帝所作乐名;尧增修而用之。"咸",皆也;"池"之言"施"也。言德之无不施也。王肃曰:包容浸润,行化皆然,故曰备也。《周礼》"大习乐舞《云门大卷》",郑注曰:黄帝曰《云门大卷》。黄帝能成名百物以明民共财。言其德如云之所出,民得以有族类。

【按:郑康成注《周礼》,以《云门大卷》为黄帝乐,以《咸池》为尧乐。说与此异。其注《乐记》云:《咸池》,黄帝所作乐名也;尧增修而用之。故名《大咸》矣。《淮南子·齐俗训》"《咸池》、《承云》",高《注》云:皆黄帝乐。又《氾论训》云汉高帝奏《咸池》。则《咸池》之乐至汉犹存也。

"乐动声仪",曰黄帝乐曰《咸池》。《文选》卷十八注。】

《史记·五帝本纪》曰:自黄帝至舜、禹,皆同姓,而异其国号,以章明德。徐广曰:《外传》曰黄帝二十五子,其得姓者十四人。虞翻云:以德为氏姓。又,虞说以凡有二十五人,其二人同姓姬;又十一人为十一姓,酉,祁、己、滕、葴、任、荀、釐、姞、儇、衣是也;余十二姓,德薄,不纪录。故黄帝为有熊。

【《河图握矩起》曰:大电绕枢星,炤郊野,感符宝,而生黄帝。《类聚》二。】

《史记·五帝本纪》,太史公曰:学者多称五帝,尚矣。然《尚书》独载尧以来。而百家言黄帝,其文不雅驯,荐绅先生难言之。孔子所传宰予问《五帝德》及《帝系姓》,儒者或不传。按:道家托始黄帝,故儒家不传之也。余尝西至空峒,北过涿鹿,东渐于海,南浮江淮矣,至长老皆各往往称黄帝尧舜之处,风教固殊焉,总之不离古文者近是。予观《春秋》、《国语》其发明《五帝德》、《帝系姓》章矣,顾弟弗深考,其所表见皆不虚,书缺有间矣。其轶乃时时见于他说,非好学深思、心知其意,固难为浅见寡闻道也。余并论次,择其言尤雅者,故著为"本纪"书首。

《史记·三代世表》:黄帝号有熊。帝颛顼。黄帝孙。起黄帝至颛顼,三世。帝俈。黄帝曾孙。起黄帝至帝俈,四世。号高辛。帝尧。起黄帝至俈子,五世。号唐。帝舜。黄帝玄孙之玄孙,号虞。帝禹。黄帝耳孙,号夏。黄帝生昌意,昌意生颛顼,为高阳氏。黄帝生玄嚣,玄嚣生蟜极,蟜极生高辛,为帝俈。高辛生放勋,放勋为尧。颛顼生穷蝉,穷蝉生敬康,敬康生句望,句望生蟜牛,蟜牛生瞽叟,瞽叟生重华,是为帝舜。黄帝生昌意,昌意生颛顼,颛顼生鲧,按此处当有脱文。鲧生文命，文命是为禹。按，《表》“商”、“周”皆同出黄帝，其世数太远，故不悉录。

【《论衡·案书篇》云：《三代世表》言五帝、三王皆黄帝子孙，自黄帝转相生，不更禀气于天。

《晋语》，司空季子曰：昔黄帝之子二十五人，其同姓者二人而已，唯青阳与夷鼓皆为己姓。青阳，方雷氏之甥也；夷鼓，彤鱼氏之甥也。其同生而异姓者，四母之子，别为十二姓。凡黄帝之子二十五宗，唐尚书曰总别为小宗，非也。总别为大宗；别子之庶孙乃为小宗耳。其得姓者十四人，为十二姓：姬、酉、祁、己、滕、箴、任、荀、僖、姞、儇、依是也。唯青阳与苍林氏同于黄帝，故皆为姬姓。同德之难也如是。昔少典娶于有蟜氏，生黄帝、炎帝。贾侍中云，言生者，谓二帝本所生出也①。黄帝以姬水成，炎帝以姜水成，成而异德，故黄帝为姬，炎帝为姜。二帝用师以相济也，异德之故也。“济”，当为“挤”。

韦昭《国语解》云：方雷，西陵氏之姓也，彤鱼用名。《帝系》曰：黄帝取于西陵氏之子，曰累祖，实生青阳。声“雷”、“累”，同。

何承天纂文曰：嫫母，丑人也，黄帝爱幸之。《通鉴》一百九十九注。】

《淮南·原道训》：离朱之明。高诱注云：离朱者，黄帝臣，明目人也。

又《天文训》：中央，土也，其帝黄帝。注：黄帝，少典之子也。以土德王天下，号曰轩辕氏。死，托祀于中央之帝。

《地形训》：轩辕丘在西方。注：轩辕，黄帝有天下之号也。

《河图著命》曰：握登见大虹，意生黄帝。《文选·剧秦美新·注》。

《帝王世纪》：黄帝母曰附宝，见大电光绕北斗枢星，附宝感而怀孕，二十四月而生黄帝，日角龙颜。《尚书正义》卷一。

《礼记·祭法》：有虞氏禘黄帝而郊喾，夏后氏亦禘黄帝而郊鲧。郑注云：有虞氏尚德，禘郊祖宗，配用有德者而已。自夏已下，稍用其姓氏之先后之次。《正义》案，圣证论云云，皆郑所不取。【此条当录入《世系

① 此处有眉批：“此注全录。”

考》。】

【《春秋繁露·三代改制质文篇》:汤受命,谓轩辕曰黄帝,推神农以为九皇。又云:问,黄帝先谥,五帝后谥,何也?曰,帝号必存五代帝,首天之色,号至五,而及周人之王。轩辕直首天皇号,故曰黄帝。云帝号事而谥早,故五帝后谥也。】

《孟子》:离娄之明。赵岐《离娄篇题注》:离娄,古之明目者。盖以为黄帝时人也。黄帝亡其玄珠,使离朱索之。离朱,即离娄也。能视于百步之外,见秋毫之末,然必须规矩,乃成方圆。

【《水经注》卷十七《渭水》:"合泾谷水"、"又西北、轩辕谷水注之"。〔《注》云:〕水出南山轩辕溪。南安姚瞻以为黄帝生于天水,在上邽城东七十里轩辕谷。皇甫谧云:生寿丘;丘在鲁东门北。未知孰是也。】

《春秋左氏传》僖二十五年:晋侯勤王,"使卜偃卜之曰:吉,遇黄帝战于阪泉之兆"。

《战国·魏策》:黄帝战于涿鹿之野,而西戎之兵不至。

《淮南子·兵略训》:黄帝尝与炎帝战矣。注:炎帝,神农之末世也。与黄帝战于阪泉,黄帝灭之。

【《兵略训》又云:炎帝为火灾,故黄帝禽之。】

又云:黄帝战于涿鹿之野。注:黄帝与蚩尤战于涿鹿。涿鹿在上谷。

《汉书·刘向传》:上疏曰,棺椁之作,自黄帝始。黄帝葬于桥山,尧葬济阴,丘(龙)〔垅〕皆小,葬具甚微。

《文选》卷十五张平子《思元赋》旧注云:黄帝葬于西海桥山。应劭曰:上谷周阳县有黄帝冢也。

【后汉武梁祠堂画象题字云:黄帝多所改作,造侯井田,□①衣裳,立宫宅。《水经注》卷四引《魏土地记》曰:宏农湖县有轩辕黄帝登仙处。黄帝采首山之铜,铸鼎于荆山之下,有龙垂胡于鼎,黄帝登龙,从登者七十人,遂升于天。

① 原稿作"□"。

故名其地为鼎胡。】

《左氏》文十八年《传》:帝鸿氏。杜预注云:帝鸿,黄帝。缙云氏。注:缙云,黄帝时官名。

《黄帝素问·上古天真论篇》:昔在黄帝,生而神灵,弱而能言,幼而徇齐,长而敦敏,成而登天。

《庄子·至乐篇》:冥伯之丘,昆仑之虚,黄帝之所休。

《文子·上义篇》:赤帝为火灾,故黄帝擒之。

《易纬稽览图》:黄帝,一千五百二十年。

《竹书纪年》:"黄帝轩辕氏"至"诸侯大夫岁时朝焉"。

《汉书·艺文志》:《世本》十五篇。古史官记黄帝以来,讫春秋时诸侯大夫。

【《世本》云:容成造历;大挠作甲子。宋忠注云,皆黄帝史官也。《春秋左传序正义》。】

《宋书·符瑞志》:"黄帝轩辕氏"至"寒门谷口是也"。廷式案:此段全录《竹书》。据以校订可矣,不必录也。

《河图说征》曰:黄帝起,大蚓见。《御览》九百四十七。

《列子·天瑞篇》:《黄帝书》曰,谷神不死,是谓玄牝。玄牝之门,是谓天地之根。绵绵若存,用之不勤。张堪注:古有此书,今已不存。《老子》有此一章。形动不生形而生影,声动不生声而生响。无动不生,无而生有。黄帝曰,精神入其门,骨骸反其根,我尚何存?按:宋儒以此为佛家四大之说。按:《淮南·精神训》有此三言。

【《文子·十守篇》引《老子》云:精神本乎天,骨骸根于地。精神入其门,骨骸反其根,我尚何存?】

《淮南子·缪称训》:黄帝曰,芒芒昧昧,从天之道,与玄同气。

《诠言训》:广成子曰,慎守而内,周闭而外高注云:广成子,黄帝时人也。多知为败。毋视毋听,抱神以静,形将自正。

《泰(称)〔族〕训》:黄帝曰,芒芒昧昧,因天之威,与元同气。【按:此惟"因"、"威"二字与《缪称训》所引不同。《文子·上仁篇》:道之言曰,芒芒昧昧,因天之威,与天同气。《吕氏春秋·应同篇》所引同。】

《黄帝书》曰:天性,人也;人心,机也。君者,天地之心。(乎)〔夫〕心乃神明之府,情动乎中,言发乎外,善则千里之外应之,不善则千里之外违之。是以圣人在上,其化如神,不降席而匡天下杜道坚《文子缵义》卷一。按:"君者天地之心"以下,疑是杜氏申说之词,非《黄帝书》也。

《黄帝书》曰:天在地外,水在天外,水浮天而载地。【葛洪释浑天亦引此三语。《抱扑子》亦引之。】又曰:地,太虚之中大气举之皆见《晋书·天文志上》。后二语约《素问》之言。

《开元占经》"晋刘智论天曰,或问云颛顼造浑仪、黄帝为盖天"至"为术乃密"卷一。《困学纪闻·九》云,刘智谓黄帝为盖天,未详所出卷二。

【《太平御览》卷二云:刘氏历正问曰,说云颛顼造浑仪、黄帝为盖天,皆以天象盖也。】

《史记·封禅书》:或曰,自古以雍州积高,神明之隩,故立畤,郊上帝,诸神祠皆聚云。盖黄帝时尝用事。

《列子·黄帝篇》:【据《御览》七十九校。】黄帝即位,十有五年,喜天下戴己,养正命,娱耳目,供鼻口,燋然肌色皯黣,昏然五情爽惑。又十有五年,忧天下之不治,竭聪明,进智力,营百姓,焦①然肌色皯黣,昏然五情爽惑。黄帝乃喟然赞②曰,注:"赞",当为"叹"。朕之过淫③矣。养一己,其患如此;治万物,其患如此。于是放万机,舍宫

① "焦"字旁,有校批,曰:"作'燋'。"按当系文氏据《御览》校。

② "赞"字旁,有校批曰:"作'叹'。"按同上。

③ "淫"字旁,有校批曰:"《御览》引注云'淫'当作'深'。"按同上。

寝，去直侍，撤钟悬，减厨膳，退而间[①]居大庭之馆，斋心服形，三月不亲政事。昼寝而梦游于华胥氏之[②]国。华胥氏之国在弇州之西、台州之北，注：《淮南》云，正西曰弇州，西北曰台州。不知斯齐国[③]几千万里，注：斯，离也。齐，中也。盖非舟车足力之所及，神游而已。其国无帅[④]长，自然而已[⑤]；其民无嗜欲，自然而已[⑥]。【按：《御览》七十九引此文，无"自然而已"两句。疑此两句本注文，误入正文也。】不知乐生，不知恶死，故无夭殇。不知亲己，不知疏物，故无爱憎[⑦]。不知背逆，不知向顺，故无利害，都无所爱惜[⑧]，都无所畏忌。入水不溺，入火不热。斫挞无伤痛，指擿无痟痒[⑨]。乘空如履实，寝虚若处床。云雾不硋[⑩]其视，雷霆不乱其听，美恶不滑[⑪]其心，山谷不踬其步，神行而已。黄帝既寤[⑫]，悟然自得。召天老力牧太山稽告之曰，朕闲居三月，斋心服形，思有以养身治物之道，弗获其术。疲而睡，所梦若此。今知至道不可以情求矣。朕知之矣，朕得之矣，而不能以告若矣。又二十有八年，天下大治，几若华胥氏之国。而帝登假。注："假"，当为"遐"。百姓号之，二百馀年不辍。

《左氏》襄二十四年《传》：太上有立德。杜预注云：黄帝、尧、舜。

---

① "间"字旁，有校批曰："作'闲'。"按当系文氏据《御览》校。
② 此处旁有校批曰："无两'之'字。"按同上。
③ 此处天头有眉批曰："《御览》三百九十七引作'距齐国'七十九引作'斯'。"
④ "帅"字旁，有校批曰"作'师'"。按当系据《御览》校。
⑤ 此句旁，有校批曰"无此句"。按同上。
⑥ 此句旁有校批曰"无此句"。按同上。
⑦ "爱憎"两字旁有校批曰"作'憎爱'"。按同上。
⑧ "惜"字旁有校批曰"作'憎'"。按同上。
⑨ 此句旁有校批曰"无此句"。按同上。
⑩ "硋"字旁有校批曰"作'阂'"。按同上。
⑪ "滑"字旁有校批曰"作'汩'"。按同上。
⑫ "寤"字旁有校批曰"无'寤'字"。按同上。

《御览》七十九云:有巢氏至黄帝,为三皇,号中古。按:此未引书名,不知用何人说也。

《尸子》:子贡问孔子曰,古者黄帝四面,信乎?孔子曰,黄帝取合己者四人,使治四方,不谋而亲,一作"不计而耦"。不约而成。此之谓"四面"也。《御览》七十九、三百六十五,《天中记》十一。

《吕氏春秋·本味篇》:贤主之求有道之士,无不以也。有道之士求贤主,无不行也。相得,然后乐。不谋而亲,不约而信。相为殚智竭力,犯危行苦,志欢乐之。此功名所以大成也。故黄帝立四面,尧舜得伯阳、续耳,然后成。高诱注:黄帝使臣人四面出求贤人,得之,立以为佐。故曰"立四面"也。

《逸周书·尝麦解》:赤帝分正二卿,命蚩尤、于宇、少昊,以临四方。……蚩尤乃逐帝,争于涿鹿之河,九隅无遗。赤帝大慑,乃说于黄帝,执蚩尤,杀之于中冀。以甲兵释怒,用大正,顺天思,序纪于大帝。用名之曰"绝辔之野"。乃命少昊(请)〔清〕、司马鸟师以正五帝之宫,故名曰"质天",用大成,至于今不乱。

贾谊《新书·制不足篇》:炎帝者,黄帝同父母弟也。各有天下之半。黄帝行道,而炎帝不听。故战于涿鹿之野,血流漂杵。夫地制不得,自黄帝而以困。

《列子》【《黄帝篇》。】曰:黄帝与炎帝战,以雕鹖鹰鸢为旗帜。《御览》三百四十。【《列子·黄帝篇》曰:黄帝与炎帝战于阪泉之野,率熊罴狼豹貙虎为前驱,雕鹖鹰鸢为旗帜,此以力使禽(战)〔兽〕者也。】

《世本》曰:黄帝作旃《御览》三百四十。

《河图》曰:风后曰,予告汝帝之五旗,东方法青龙,曰旗;南方法赤鸟,曰旐;西方法白虎,曰旟;北方法元蛇,曰旂;中央法黄龙,曰常。《御览》三百四十。

《邓析子·无厚篇》:庙算千里,帷幄之奇。百战百胜,黄帝之师也。

《黄帝大传》曰：与蚩尤战，击刁斗以警夜。《虎钤经》卷七。

【《黄帝大传》未详何时书，俟考。】

《帝王世纪》曰：炎帝始教天下耕种五谷而食，故黄帝述播种之利。《事物纪原》八。

《黄帝内传》曰：帝并为天子，地神献羊木，述播种之利。《纪原》八。

《尸子》：黄帝斩蚩尤于中冀。《事物纪原》十。

《周礼》，"肆师"：凡四时之大甸猎，祭表貉，则为位。郑康成云：貉，师祭也。貉，读为"十百"之"百"。于所立表之处，为师祭造军法者，祷气势之增倍也。其神盖蚩蚘，或曰黄帝。贾《疏》曰：谨案《三朝记》曰，蚩尤，庶人之强者，何兵之能造？故郑云"或曰黄帝"也。故《礼说》云黄帝以德行，蚩尤与黄帝战，亦是造兵之首。故汉高亦祭黄帝、蚩尤于沛庭也。

【皮日休《原祭》云：蚩尤，黄帝逆乱之臣，不当祀。今之师祭宜以轩辕为主，炎帝配之。

《世本》曰：蚩尤作兵。宋衷注曰：蚩尤，神农臣也。《御览》二百七十。

《春秋元命苞》曰：蚩尤虎卷威文，立兵。宋均注曰：卷，手也。手文威字也。同上。】

《礼记·祭法》：大凡生于天地之间者皆曰命。其万物死皆曰折，人死曰鬼。此五代之所不变也。郑注：五代，谓黄帝、尧、舜、禹、汤，周之礼乐所存法也。七代之所更立者，禘郊宗祖，其馀不变也。注：七代，通数颛顼及喾也。所不变者，则数其所法而已。变之，则通数所不法，为记者之微意也。少昊氏脩黄帝之法，后王无所取焉。《正义》曰：注云"少昊氏修黄帝之法，后王无所取焉"者，以《易纬》有黄帝及颛顼以下之乐，无少昊之乐；又《易·系辞》云"神农氏没，黄帝尧舜氏作"；皆不云少昊，故知无取焉。

《书·吕刑》:“若古有训”至“夺攘矫虔”。“伪孔传”:九黎之君,号曰蚩尤。又云:蚩尤,黄帝所灭。孔颖达《正义》曰:蚩尤造始作乱,必亦造虐刑,以峻法治民,延及平善之民,亦化为恶也。“九黎之君,号曰蚩尤”,旧说云然,不知出何书也。《史记·五帝本纪》云,神农世衰,诸侯相侵,蚩尤最为暴虐。黄帝与蚩尤战于涿鹿之野,遂擒杀蚩尤。如《本纪》言,蚩尤是炎帝之末诸侯君也。应劭云,蚩尤,古天子。郑云,蚩尤霸天下,黄帝所伐者。《汉书音义》有“臣瓒”者引《孔子三朝记》云,蚩尤,庶人之贪者。诸说不同,未知蚩尤是何人也。《楚语》曰,少昊氏之衰,九黎乱德,颛顼变之,使复旧常。则九黎在少昊末,非蚩尤也。韦昭云,九黎氏九人,蚩尤之徒也。韦昭虽以九黎为蚩尤,要《史记》“蚩尤在炎帝之末”、《国语》“九黎在少昊之末”,二者不得同也。“九黎”之文,唯出《楚语》。孔以蚩尤为九黎,下“传”又云“蚩尤,黄帝所灭”,盖以蚩尤是九黎之君,黄帝虽灭蚩尤,犹有种类尚在,故下至少昊之末更复作乱也。郑玄云:学蚩尤为此者,九黎之君,在少昊之代也。

《说文·田部》“畤”字:右扶风有五畤、好畤、鄜畤,皆黄帝时祭。

【《史记·封禅书》:秦灵公作无阳上畤祭黄帝,作下畤祭炎帝。】

《周礼》:乃奏黄钟,歌大吕,舞《云门》,以祀天神。疏云:黄钟,律之首。《云门》,又黄帝乐,以祭尊,故郑云尊之也。

《周礼》,“大卜”:掌三兆之法。贾疏云:赵商问此并问下文,子春云,连山宓戏,归藏黄帝。今当从此说,以不敢问,杜子春何由知之?郑答云,此数者非无明文,改之无据,故著子春说而已。近师皆以为夏、殷、周。按:今《归藏·坤开筮》“帝尧降二女以舜妃”,又见《节卦》云殷王其国常毋谷。若然,依子春说归藏黄帝、得有帝尧及殷王之事者,盖子春之意,宓戏、黄帝造其名,夏、殷因其名以作《易》。故郑云改之无据。是以皇甫谧记亦云,夏人因炎帝曰〔连山〕,殷人因黄帝曰归藏也。

【《礼(器)〔运〕》:我欲观殷道,是故之宋,而不足征也。吾得坤乾焉。郑注云:得殷阴阳之书也,其书存者有《归藏》。

《论衡·正说篇》:烈山氏案当作"归藏氏"之王得河图,殷人因之曰《归藏》。】

掌三易之瀍……二曰归藏杜子春云,归藏黄帝。贾《疏》云,归藏者,万物莫不归而藏于其中者,此《归藏易》以纯坤为首,坤为地,故万物莫不归而藏于中,故名为《归藏》也。

其经卦皆八,其别皆六十有四注云,三易卦别之数亦同,其名占异也。疏云,《连山》、《归藏》占七八,《周易》占九六。

【廷式案:此"别"字,当作"穴"。穴,即六十四之数也。】

按:《易·系辞》言黄帝有取于乾坤诸卦,则杜子春以归藏为黄帝易者近是。

又案:老子云"一生二、二生三、三生万物",盖黄帝归藏之旧说矣。

《易·系辞》,"正义":归藏起于黄帝。

桓谭《新论》:《周易》、《连山》八万言,《归藏》四千三百言。《太平御览》六百八。

《汉书艺文志考证》,"《归藏》"一条全录。

《帝王世纪》曰:庖牺氏作八卦。神农重之,为六十四卦。黄帝尧舜引而伸之,分为二易。至夏人因炎帝曰连山,殷人因黄帝曰归藏。文王广六十四卦,著九六之爻,谓之周易。《御览》六百九。

《周礼》:外史掌三皇五帝之书。注云,楚灵王所谓三坟五典。疏云,按《孝经纬》云三皇无文、五帝画象、三王肉刑,又《世本·作〔篇〕》云苍颉造文字。苍颉,黄帝之史,则文字起于黄帝。

《淮南子·泰族训》:苍颉之初作书,以辨治百官、领理万事。愚者得以不忘,智者得以志远。

按:"辨治百官、领理万事",即正名百物之义。

又按：《尚书卷一正义》云，其苍颉则说者不同。故《世本》云苍颉作书，司马迁、班固、韦诞、宋忠、傅玄皆云苍颉、黄帝之史官也，崔瑗、曹植、蔡邕、索靖皆直云古之王也，徐整云在神农、黄帝之间，谯周云在炎帝之世，卫氏云当在庖牺、苍帝之世，慎到云在庖牺之前，张揖云苍颉为帝王、生于禅通纪。廷式案，以《易·系》为断，则自黄帝始有书契，故定从《世本》①。

【按：《周官》"外史掌达书名于四方"。注云，古曰名，今曰字。然则《祭法》所云"正名"，亦肇作文字之证也。】

《春秋左氏》昭十二年《传》：是能读三坟五典。《正义》引贾逵云，三坟，三皇之书；五典，五帝之典。按，伪孔安国《尚书·序》云，伏羲、神农、黄帝之书谓之三坟，言大道也；少昊、颛顼、高辛、唐、虞之书谓之五典。其说与贾、郑相近，必有所本。

《史记·封禅书》：黄帝封泰山，禅亭亭。房乔注：管子云，亭亭，山在牟阴。按，《管子·封禅篇》亡此，房氏取《史记》以足之也。

【《礼记逸篇》曰三皇禅云云，特□意也；五帝禅云云，特立于身也，三王禅梁父连延不绝，父死子继也。《御览》五百三十六。

《礼记·王制》，"正义"引管子云：昔古封禅七十二家，夷吾所识十有二焉。无怀氏封太山，伏牺、神农、少皞、黄帝、颛顼、帝喾、帝尧、帝舜、禹、汤、周成王皆封泰山；惟禹禅会稽、成王禅社首为异，自外皆禅，云云。按此，则《管子》亡文与《史记》异也。《白虎通》云，三皇禅于绎绎之山，五帝禅于亭亭之山。】

司马相如《封禅文》：轩辕以前，遐哉邈乎，其详不可得闻已。

《荀子·解蔽篇》：故好书者众矣，而苍颉独传者壹也杨倞注，苍颉，黄帝史官。

---

① 此句，初作"当以迁、固之说为是"。

【《春秋孔演图》曰:苍颉四目,是谓并明。《类聚》十七。】

《文子·上礼篇》:老子曰,昔者圣王,其作书也,以领理百事。愚者以不忘,智者以记事。

【《六韬·五音篇》云,古者三皇之时,无有文字,皆由五行。《世本》曰,沮诵、苍颉造书。宋衷云,皆黄帝史也。《事物纪原》四。】

《商君书·画策篇》:昔者昊英之世,以伐木杀兽,人民少而木、兽多。黄帝之世,不麛不卵,官无供备之民,死不得用椁。事不同,皆王者,时异也。神农之世,男耕而食,妇织而衣,刑政不用而治,甲兵不起而王。神农既没,以强胜弱,以众暴寡。故黄帝作为君臣上下之义、父子兄弟之礼、夫妇妃匹之合,内行刀锯,外用甲兵,故时变也。由此观之,神农非高于黄帝也,然其名尊者,以适于时也。

按:此仍袭老子"失德而后仁、失仁而后义、失义而后礼"之说。然以此可见礼义之始于黄帝也。

【《尚书大传》云:黄帝始制冠冕,垂衣裳;上栋下宇,以避风雨;礼文法度,兴事创业。黄者,光也,厚也,中和之色,德施四季,与地同功,故先黄以别之也。《风俗通义·皇霸》卷一《五帝篇》,谨案《易》《尚书大传》云云。】

《更法篇》:伏羲、神农教而不诛,黄帝、尧、舜诛而不怒。

【《战国·赵策》:武灵王曰,古之法,帝王不相袭,何礼之循?宓戏、神农教而不诛,黄帝、尧、舜诛而不怒。】

《管子·任法篇》:黄帝之治天下也,其民不引而来,不推而往,不使而成,不禁而止。故黄帝之治也,置法而不变,使民安其法者也。所谓仁义礼乐者,皆出于法。此先圣之所以一民者也。

《庄子·在宥篇》:昔者黄帝始以仁义撄人之心。

《文子·上礼篇》:及至神农、黄帝,按原本误作"皇帝",今改正。覈领天下,纪纲四时,和调阴阳,于是万民莫不竦身而思、戴听而视,故治而不和。

《扬子法言·问道篇》:允治天下,不待礼文与五教,则吾以黄帝尧舜为疣赘。

《潜夫论·赞学篇》:黄帝师风后。

《孔丛子》:苌弘语刘文公曰,河目而龙颡,是黄帝之形貌也。《文选》五十四《注》。

《淮南子·俶真训》云,乃至神农、黄帝,剖判大宗,窍领天地,袭九窾,重九埶,注:窾,法也。埶,形也。言因九天九地之形法以通理也。提挈阴阳,嫥捖刚柔,枝解叶贯万物百族,使各有经纪条贯于此。万民睢睢盱盱然,莫不竦身而戴听视。

【《易·系辞》:阳一君而二民,君子之道也。《王制》"正义"引郑注云:"一君二民",谓黄帝尧舜。谓地方万里,为方千里者百。中国之民居七千里,七七四十九,方千里者四十九。四裔之民居千里者五十一。是中国、四裔二民,共事一君。】

《览冥训》云:昔者黄帝治天下,而力牧太山稽辅之。以治日月之行律治阴阳之气,节四时之度,正律历之数。别男女,异雌雄,明上下,等贵贱。使强不掩弱,众不暴寡。人民保命而不夭,岁时孰而不凶。百官正而无私,上下调而无尤,法令明而不暗,辅佐公而不阿。田者不侵畔,渔者不争隈。道不拾遗,市不豫贾,城郭不关,邑无盗贼。鄙旅之人,相让以财。狗彘吐菽粟于路,而无忿争之心。于是日月精明,星辰不失其行,风雨时节,五谷登孰。虎狼不妄噬,鸷鸟不妄搏。凤皇翔于庭,麒麟游于郊。青龙进驾,飞黄伏皁。诸北儋耳之国,莫不献其贡职。注:皆北极夷国也。

《本经训》云:昔容成氏之时,道路雁行列处,注:容成,黄帝时造历术者。托婴儿于巢上,置馀粮于晦首,虎豹可尾、虺蛇可蹍,而不知其所由然。

《修务训》云：昔者苍颉作书，容成造历，注：容成，黄帝臣，造作历，知日月星辰之行度，胡曹作衣。注：《易》曰黄帝垂衣裳。胡曹，亦黄帝臣也。

【按：《庄子·胠箧篇》言至德之世，容成氏与轩辕氏并举，则古之帝王。此当同之，高注误也。】

《世本》云：女娲作簧。宋均注：女娲，黄帝臣也。《文选·长笛赋·注》。按，宋均说与诸书异，存备一说耳。《御览》五百八十一。

【《文选》廿八《注》：蔡邕曰，鼓吹歌，军乐也，谓之短箫饶歌，黄帝岐伯所作也。】

《帝王世纪》：黄帝臣容成造历。《元和姓纂》。

《世本》：容成作历。《尚书·舜典·疏》。

《淮南子·氾论训》：伯余之初作衣也。高诱注：伯余，黄帝臣。《世本》曰伯余制衣裳，一曰伯余黄帝。緂麻索缕，手经指挂，其成犹网罗。注：緂，锐；索，功也。緂，读恬然不动之恬。

《人间训》云：黄帝亡其玄珠，使离朱、捷剟索之，注：离朱明目，捷剟疾利，（搏）善拾于物；二人皆黄帝臣。而弗能得之也。于是使忽怳而后能得之。注：忽怳，黄帝臣也。忽怳，善忘之人。《修本训》，"捷剟"作"攫掇"。

《春秋内事》曰：黄帝师于风后，风后善于伏羲氏之道，故推演阴阳之事。《后汉·张衡传》注。

【《易通卦验》曰：虙牺作《易》，无书，以画事。郑元曰，宓牺时质朴，作《易》以为政令，而不书，但以画其事之形象而已。按此可知书契始于黄帝。】

《说文解字·后叙》："黄帝之史苍颉"至"故谓之文"。

《法苑珠林》：造书凡有三人。长名曰梵，其书右行；次曰佉卢，其书左行；少者苍颉，其书下行。梵、佉卢居于天竺，黄史苍颉在于中夏。梵、佉取法于净天，苍颉因华于鸟迹。文画诚异，传理则同。

按：此释氏之夸言，谓彼国文字与中土并古也。但能传声，而谓取法于净天,诐辞知其所穷矣。

唐张怀瓘《书断》曰:古文者,黄帝史苍颉所造也。

《春秋演孔图》曰:苍颉四目,是谓并明。《御览》三百三十六。

《论衡·感类篇》:见鸟迹而知为书,天非以鸟迹命苍颉也,苍颉起鸟迹也。《对作篇》云,造端更为,前(此)〔始〕未有,苍颉作书是也。

《淮南子》:苍颉造书,天雨粟,鬼夜哭。

《春秋繁露·王道通三篇》:古之造文者,三画而连其中,谓之"王"。三画者,天、地与人也;连其中者,通其道也。

《淮南子·修务篇》云:世俗之人,多尊古而贱今,故为道者必托之于神农、黄帝,而后能入说。

【《淮南子·诠言训》:广成子曰,慎守而内,周闭而外。高诱注:广成子,黄帝时人也。多知为败。毋视毋听,抱神以静,形将自正。】

《韩非子·解老篇》:道者,万物之所然也,万理之所稽也,轩辕得之,以擅四方。

《礼记·乐记》:明则有礼乐,幽则有鬼神。郑注云,是故知鬼神之情状与天地相似。《五帝德》说黄帝德曰,死而民畏其神者五年。

【《傅子》:黄帝之时,外有赤帝蚩尤之难,内设舟车门卫甲兵之备,六兴大役,再行天诛,居无安处,即天下之民亦不得不劳也。《群书治要》四十九。

《一切经音义》卷九,《小尔雅》云:庐,寄也,谓寄止也。亦别舍也。黄帝为庐,以避寒暑。春秋去之,冬夏居之,故云寄止也。】

《汉书·胡建传》:上奏曰,《黄帝李法》曰壁垒已定,穿窬不繇路,是谓奸人,奸人者杀。颜师古注:李者,法官之号,总主征伐刑狱之事,故称其书为《李法》。

《文子·上义篇》:老子曰,三皇无制令而民从,五帝有制令而无刑罚。

《吕氏春秋·上德篇》：以德以义，不赏而民劝，不罚而邪止。此神农、黄帝之政也。

《山海经·西山经》曰："昆仑之邱是实惟帝之下都。毕沅曰：郭云'帝，天帝'，非也。帝者，黄帝。《竹书穆天子传》云'天子升于昆仑之邱以观黄帝之宫'、《庄子》云'黄帝游于赤水之北昆仑之邱'是也。神陆吾司之即肩吾也。庄周曰肩吾得之以处大山也。其神状"云云，至"多怪鸟兽"①。

张预《孙子注》云：《太公六韬》言黄帝七十战而定天下，按：今《六韬》无此文。兵家之法皆始于黄帝。

《归藏》曰：昔黄神与炎神争斗涿鹿之野，将战，筮于巫咸，曰果哉而有咎。《御览》七十九。

《黄帝内传》曰：黄帝始祠天祭地，所以明大道。《事物纪原》一七。

《世本》曰：雍父作舂。宋襄注曰：雍父，黄帝臣也。按：襄，当作衷。见《御览》八百二十九。

《易·系辞》：神农氏没，黄帝尧舜氏作，通其变，使民不倦。《正义》曰：案《世纪》云黄帝，有熊氏，少典之子，姬姓也。母曰附宝，其先即炎帝母家有蟜氏之女。附宝见大电光绕北斗枢星，照于郊野，感附宝，孕二十四月而生黄帝于寿邱。长于姬水，龙颜，有圣德。战蚩尤于涿鹿，擒之。在位一百年。崩，子青阳代立，是为少皞。神而化之，（是）〔使〕民宜之。易穷则变，变则通，通则久。是以天祐之，吉无不利。

《春秋合诚图》：黄帝布迹，必稽功务法。宋均注：迹，行迹，谓功迹也。《文选》三十九《注》。

【《事物纪原》三引《春秋合诚图》曰：黄帝请问太一长生之道，太一曰，齐

① 此条天头有眉批曰："并录郭注。"

六丁,可以成功。】

《春秋河图揆命篇》:仓、戏、农、黄,三阳翼天,圣德明。《文选》:《王命论》、《运命论》注两见。

《尸子》:四夸之民,有贯匈者,有深目者,有长肱者,黄帝之德尝致之。《山海经》六"注"。《路史·后纪》五"注":"肱"作"股","尝"作"皆"。

《史记·孟子荀卿列传》:驺衍"乃深观阴阳消息"至"始也滥耳"。

【按:驺衍为阴阳家说,《史》言其"先序今以上至黄帝",则其言盖多托始黄帝者,故录于此。】

《盐铁论·论邹篇》:邹子疾晚世之儒墨不欲天地之宏昭旷之道,于是推大圣终始[①]之运,以喻王公列士,中国名山通谷,以至海外。所谓中国者,天下八十分之一,名曰赤县神州,而分为九。川谷阻绝,陵陆不通,乃为一州,有八;瀛海圜其外。此所谓八极,而天下际焉。

《论衡·难岁篇》云:邹衍论之,以为九州之内五千里,竟合为一州,在东南位,名曰赤县州。自有九州者九焉,九九八十一,凡八十一州。……使如邹衍之论,则天下九州在东南位,不直子午。又《谈天篇》:"邹衍之书言天下有九州"至"邹衍之言未可非、《淮南·地形》未可信也","邹衍曰"至"反为少焉"。

《史记·封禅书》:上还祭黄帝冢桥山。上曰,吾闻黄帝不死,今有冢,何也?或对曰,黄帝已仙、上天,群臣葬其衣冠。

《史记·日者列传》,"褚先生曰":司马季主,楚贤大夫,游学长安,通《易经》,术黄帝老子。按:"术",同"述"。

---

① "始"字下,原有"廷式案即黄帝终始"八字,乙去。

《荀子·非十二子篇》:纵情性,安恣睢,禽兽之行,不足以合文通治。然而其持之有故,其言之成理,足以欺惑愚众。是它嚣、魏牟也。杨倞注:它嚣,未详何代人。魏牟,魏公子牟。《汉书·艺文志·道家》有《公子牟》四篇;班固曰:先庄子,庄子称之。

又曰:尚法而无法,下修而好作,上则取听于上,下则取从于俗,终日言成文典,及纠察之,则偶然无所归宿,不可以经国定分。然而其持之有故,其言之成理,足以欺惑愚众。是慎到、田骈也。杨倞注:田骈,齐人,游稷下,著书十五篇。其学本黄老,大归名法。

【《尹文子·大道篇》:大道治者,则儒墨名法自废。以名法儒墨治者,则不能离道。

《抱朴子·外篇·用刑》曰:轩辕,圣德尤高,而躬亲征伐,至于百战,僵尸涿鹿,流血阪泉,犹不能使时无叛逆,载戢干戈,亦安能使百姓皆良民?】

《申子》曰:黄帝之治天下,置法而不变,使民安乐其法也。《御览》六百三十八。

《史记·老子韩非列传》云:申子之学,本于黄老,而主刑名。著书二篇,号曰《申子》。

《鬻子》曰:黄帝年十岁,知神农之非而改其政。《御览》七十九。今本《鬻子》无此文。

《盐铁论·结和篇》:轩辕战涿鹿,杀两曎蚩尤而为帝。

《潜夫论·五德志》:大电绕枢,感符宝,生黄帝轩辕氏。其相龙颜。其德土行。作乐《咸池》。是始制衣裳。

《孝经钩命决》曰:附宝出,降大灵,生帝轩。附宝,帝轩母也。电,黄精,轩辕气也。轩,黄帝名。“附”,或作“付”。《御览》七十九。

《河图握拒》曰:黄帝名轩,北斗黄神之精。母地祇之女附宝,之郊野,大电绕斗枢星,耀感附宝,生轩,胸文曰“黄帝子”。《御览》七十九。又引《诗含神雾》曰:大电绕枢,炤郊野,感附宝,生黄帝。

《史记·封禅书》:黄帝作宝鼎三,象天、地、人。公孙卿曰:今年与宝鼎,其冬辛巳朔旦冬至,与黄帝时等。卿有札书曰,黄帝得宝鼎宛朐,问于鬼臾区。鬼臾区对曰,黄帝得宝鼎,神策是岁己酉朔旦冬至,得天之纪,终而复始。于是黄帝迎日推策,后率二十岁复朔旦冬至,凡二十推、三百八十年,黄帝仙,登于天。又云:封禅七十二王,惟黄帝得上泰山封。

《易·系辞》:黄帝尧舜垂衣裳而天下治,盖取诸乾坤。【《公羊疏》引郑注云,始去羽毛。《周礼·大司乐·疏》引郑注云,金天氏高阳高辛遵黄帝之道,无所改作。】《正义》曰:自此已下,凡有九事,皆黄帝尧舜取易卦以制象。此于九事之第一也。何以连云"尧舜"者?谓此九事黄帝制其初,尧舜成其末,事相连接,共有九事之功,故连言"黄帝尧舜"也。案皇甫谧《帝王世纪》载此九事皆为黄帝之功,若如所论,则尧舜无事,《易·系》何须连言"尧舜"?则皇甫之言未可用也。垂衣裳者,以前衣皮,其制短小,今衣丝麻布帛,其制长大,故云垂衣裳也。刳木为舟,剡木为楫,舟楫之利以济不通,致远以利天下,盖取诸涣。服牛乘马,引重致远〔以利天下〕,盖取诸随。重门击柝以待暴客,盖取诸豫。断木为杵,掘地为臼,臼杵之利,万民以济,盖取诸小过。弦木为弧,剡木为矢,弧矢之利,以威天下,盖取诸睽。上古穴居而野处,后世圣人易之以宫室,上栋下宇,以待风雨,盖取诸大壮。古之葬者厚,衣之以薪,葬之中野,不封不树,丧期无数。后世圣人易之以棺椁,盖取诸大过。上古结绳而治,后世圣人易之以书契,百官以治,万民以察,盖取诸夬。

【《续汉·舆服志》云:乾坤有文,故上衣玄,下裳黄。

《论衡·自然篇》:"大人与天地合其德。"黄帝、尧、舜,大人也,其德与天地合,故知无为也。

《王制》,《正义》引郑注云:乾为天,其色玄;坤为地,其色黄。】

《荀子·正名篇》:"散名之加于万物者"至"则慎率民而一

焉”。杨倞注：道，谓制名之道。《礼记》曰，黄帝正名百物以明民。慎率民而一焉，言不敢以异端改作也①。

《后汉书·张衡传》：浑元初基，灵轨未纪，吉凶纷错，人用朣朦。黄帝为斯深惨。有风后者，是焉亮之。察三辰于上，迹祸福乎下，经纬历数，然后天步有常，则风后之为也。注：《春秋内事》曰黄帝师于风后，风后善于伏羲氏之道，推演阴阳之事。

崔豹《古今注》：指南车起黄帝。与蚩尤战于涿鹿之野，蚩尤作大雾，兵士皆迷，于是作指南车以示四方，遂擒蚩尤，而即帝位。

《周易》“正义”论三代易名云：案《世谱》等群书，神农亦曰连山氏，亦曰列山氏；黄帝一曰归藏氏。既连山、归藏并是代号，则《周易》称“周”，取岐阳地名。

按：据此，则杜子春之注，本之《世谱》也。

《七略》：《盘盂书》者，其传言孔甲为之。孔甲者，黄帝之史也。书盘盂中为诫法。或于鼎，名曰铭。《文选·新刻漏铭》注。

《春秋公羊传》，大题“正义”：自黄帝始作其文②。

《汉书·〔艺文志·〕杂家》：《孔甲盘盂》二十六篇。班自注云：黄帝之史，或曰夏帝孔甲，似皆非。王应麟《汉艺文志考证》云，《田蚡传》“学《盘盂》诸书”，应劭曰黄帝史孔甲所作也，书盘盂中所以为法戒。孟康曰：杂家书，兼儒墨名法。梁简文帝云，《盘盂》□殷高之辞。按应劭云“二十九篇”，孟康云“二十六篇”。晋灼曰：案《艺文志》，孟说是也。

《吕氏春秋·序意》：文信侯曰，尝得学黄帝之诲颛顼矣，爰有

---

① 此条之天头有眉批曰：“此条在‘黄帝正名百物’后。”

② 此处有夹签曰：“章案，此引《春秋公羊传》‘正义’、‘自黄帝始作其文’，当是引《春秋元命苞》‘立五始之文’，当以《穀梁传》‘疏’补之。《公羊传》‘疏’，非‘正义’；‘正义’，惟《孔氏五经正义》，不曰‘义疏’。”编按：此“章案”云云，当系象山陈伯弢汉章氏所加之校语手迹。

大圜在上,大矩在下,汝能法之,为民父母。

《圜道篇》:黄帝曰,帝无常处也。有处者,乃无处也。以言不刑蹇,圜道也。高诱注:刑,法也。言无刑法,故蹇难也。天道正刑不法,故曰圜道也。人之窍九。一有所居,则八虚。八虚甚久,则身毙。故唯而听,唯止听,而视听止。以言说一,注:一,道本。一不欲留,留运为败,圜道也。廷式按:"以言不刑蹇"、"以言说一",皆吕氏训释黄帝之意。

《去私篇》:黄帝言曰,声禁重,色禁重,衣禁重,香禁重,味禁重,室禁重。

《遇合篇》:嫫母执乎黄帝,注:黄帝说之。黄帝曰,厉女德而弗忘,与女正而弗衰,虽恶何伤?

《审时篇》:黄帝曰,四时之不正也,正五谷而已矣。

《礼记正义》卷一云:《史记》云黄帝与蚩尤战于涿鹿,则有军礼也。《易·系辞》"黄帝九事"章云古者葬于中野,则有凶礼也。又《论语撰考》云轩知地利、九牧倡教,既有九州之牧,当有朝聘,是宾礼也。若然,自伏牺以后至黄帝,吉、凶、军、宾、嘉五礼始具。皇氏云,礼事起于遂皇,礼名起于黄帝。其义乖也。

【《吕氏春秋·荡兵篇》曰:蚩尤作兵。蚩尤非作兵也,利其械矣。未有蚩尤之时,民固剥林木以战矣。】

《礼记·冠义》,篇题《正义》云:冠礼起早晚,书传既无正文。案《略说》称周公对成王云,古人冒而句领。注云,古人,谓三皇时,以冒覆头,句领绕颈。至黄帝时,则有冕也。故《世本》云黄帝造火食旒冕。是冕起于黄帝也。但黄帝以前则以羽皮为之冠,黄帝以后乃用布帛。

【成伯玙《礼记外传》曰:明堂,古者天子布政之宫。黄帝享百神于明廷是也。】

《世本》:胡曹作冕。注,胡曹,黄帝臣。《左传》昭二十五年《正义》。

王延寿《鲁灵光殿赋》:鸿荒朴略,厥状睢盱。焕炳可观,黄帝唐虞。张载注云:至于焕炳可观,唯黄帝尧舜以来。轩冕以庸,衣裳有殊。廷式案,此王文考亲睹西汉时图画如此,至黄帝乃有轩冕衣裳也。

《韩非子·十过篇》:师旷曰,昔者黄帝合鬼神于泰山之上,驾象车而六蛟龙,毕方并毂,【"毂",今本作"辖"。】蚩尤居前,风伯进扫,雨师洒道。虎狼在前,鬼神在后。滕蛇伏地,凤皇覆上。大合鬼神,作为清角。

《帝王世纪》曰:黄帝得螾如虹。应劭曰:神螾,大五六围,长十馀丈也。《开元占经》一百二十。按:应劭在皇甫谧前,此盖瞿昙悉达引《汉书注》"以明如虹"之说也。今姑仍之。

《列子·汤问篇》:"江浦之间生麽虫"至"若雷霆之声"。

按:此段有师旷名,张湛已纠之。然古之精一艺者往往前后同名,无妨黄帝时先有师旷也。

【按:《御览》九百九十四引《师旷占》"黄帝问师旷"云云,则黄帝时自有师旷,张湛注误也。】

《月令》:中央土,其帝黄帝。郑注:此黄精之君,自古以来著德立功者也。黄帝,轩辕氏也。

《春秋合诚图》曰:黄帝德冠帝位。《文选》四十八李善注。

【《文选》二十八"注"又引《春秋合诚图》曰:黄帝请问太一长生之道,太一曰,齐戒六丁,道乃可成。

《河图挺佐辅》曰:黄帝修德立义,天下大治。乃召天老而问焉。"余梦见两龙挺白图即帝以授余于河之都。觉昧素喜,不知其理。敢问于子。"天老曰:"河出龙图,雒出龟书,纪帝录州,圣人所纪姓号,兴谋治平,然后凤皇处之。今凤皇以下三百六十日矣。古之图纪,天其授帝图乎?"黄帝乃祓斋七日,衣冠黄冕。河洛之间,求所梦见者,三处弗得。至于翠妫之渊,大卢鱼泝流而至。乃问天老曰:“子见夫中河流者乎?”曰:“见之。”顾问五圣,皆曰“莫见”。乃辞左右,独与天老跪而迎之;五色毕具。天老以授黄帝,帝舒视之,名曰“录图”。《御览》七十九。

《龙鱼河图》曰:黄龙负图,鳞甲成字,从河中出,付黄帝,令侍臣自写以示天下。同上。】

《吕氏春秋·应同篇》:凡帝王者之将兴也,天必先见祥乎下民。黄帝之时,天先见大螾大蝼。黄帝曰,土气胜。故其色尚黄,其事则土。

【《史记·封禅书》:或曰黄帝得土德,黄龙地螾见。】

《礼瑞命记》云:黄帝服黄服,带黄冠,斋于宫。凤乃蔽日而来,止帝园,食竹实,栖帝梧桐,终不去。《文选·七命·注》。

郑康成《六艺论》云:太平嘉瑞,图书之出,必龟龙衔负焉。黄帝尧舜周公是其正也。《诗·文王》篇题《正义》。

《元命包》云:凤皇衔图置帝前,黄帝再拜受。同上。

《中候握河纪》云:尧即政七十年,凤皇止庭。伯禹拜曰,昔帝轩提象,凤巢阿阁。《左传》昭十七年《正义》。

【《文选》廿八《注》引《尚书中候》曰:昔黄帝轩辕,凤皇巢阿阁。】

《白虎通》云:黄帝时,凤皇蔽日而至,止于东园,终身不去。同上①。【《诗·卷阿》《正义》,“时”上有“之”字;“止于东园”下有“食常竹实、栖常梧桐”二句。】

《中候握河纪》云:帝轩题象,麒麟在囿。《诗·麟趾》《正义》。

【《开元占经》一百十六引《尚书中候》云:黄帝时麒麟在囿。注云:麒似马,无角;麟似麇,而一角。】

《帝王世纪》曰:黄帝五十年秋七月庚申,天大雾。三日三夜,

---

① 此“同上”,应指同前条《中候握河纪》云……”之出处,即“《左传》昭十七年《正义》”。

雾除。帝游洛水之上,见大鱼负图书,命"河图"。帝视萌为是也。《开元占经》一百一。《御览》八百七十二。

【《帝王世纪》又曰:黄帝游洛水上,见大鱼。杀五牲以醮。天乃甚雨,七日七夜,鱼流,始得图书,今"河图"是也。《御览》十。又卷十五,自□云云……今河图也。世传大雾三日必有甚雨,自此始也。

《尚书中候》云:帝轩提像,配永循机,轩,轩辕,黄帝名。永,长也。循,顺也。黄帝轩辕,观摄提之象,配而行之,以长为顺,斗机为政。天地休通,五行期化。休,美也。天地美气和通,行应四时之期而变化。河龙出图,龙衔图而出也。洛龟书威,龟负书而出威则也。赤文像字,以授轩辕。《御览》七十九。】

《礼记威仪》曰:君乘土而王,其政太平。黄真人游于后池。宋均注曰:黄,土色。游于后宫之池,则黄帝问道于玄女素女是也。《孙氏瑞应图》曰:真人者,黄帝,时游于池。《开元占经》一百十三。

班固《幽通赋》:黄神邈而靡质。《文选》"注":应劭曰,黄,黄帝也。作占梦书。廷式案:《淮南子》"黄神啸吟",高诱注亦以黄神为黄帝也。

【《汉书》应劭注"黄帝善占梦",与《文选》所引略异。】

高诱《淮南子注》曰:素女,黄帝时方术之女也。按,今《淮南注》无此条;此据《文选》张平子《思玄赋》旧注所引。

【《汉书·王莽传》:郎阳成修言黄帝以百二十女致神仙。按:此房中家伪托黄帝所由来也。《参同契·(下)〔上〕篇》云:古记题龙虎,黄帝美金华。】

张衡《思玄赋》旧注云:太容,黄帝乐师也。

《世本》:庖牺作五十弦。黄帝使素女鼓瑟,哀不自胜,乃破为二十五弦,具二均声。《尔雅·释乐》《疏》。

【《史记·封禅书》:或曰太帝使素女鼓五十弦瑟,悲,帝禁不止,故破其瑟为二十五弦。

《吕氏春秋·勿躬篇》:大桡作甲子,黔如作虏首,容成作历,羲和作占日,尚仪作占月,后益作占岁,胡曹作衣,夷羿作弓,祝融作市,仪狄作酒,高元作室,虞姁作舟,伯益作井,赤冀作臼,乘雅作驾,寒哀作御,王冰作服牛,史皇作图,巫彭作医,巫咸作筮。

《古史考》曰:黄帝作弩。《御览》三百四十八。】

《说文解字》:古者挥作弓。臣锴曰:挥,黄帝臣也。

《史记·封禅书》曰:公孙卿曰,黄帝时封则大旱干,封三年。

《世本》曰:挥作弓。宋衷注曰:挥,黄帝臣也。《御览》三百四十七。

《礼记·射义》篇题《正义》云:射之所起,起自黄帝。故《易·系辞》"黄帝以下九事"章云:古者弦木为弧,剡木为矢,弧矢之利,以威天下。又《世本》云:挥作弓,夷牟作矢。注云:挥、夷牟,黄帝臣。是弓矢起于黄帝矣。

《荀子·解蔽篇》:浮游作矢。杨倞注:《世本》云夷牟作矢,宋衷注云黄帝臣。此云浮游,或者夷牟之别名,声相近而误耳。

《世本》曰:夷牟作矢。黄帝(二)〔之〕臣。《御览》三百四十九。

《元和姓纂》:黄帝第五子青阳生挥,为弓正,观弧星,始制弓矢,主祀弧星。因姓张氏。

《尚书中候》曰:黄帝东巡至洛,龟书,威赤文绿字,以授轩辕。注云:灵龟负书所出,黄帝威则也。《开元占经》一百二十。又曰:河出龙图,赤文绿字,以授轩辕。同上。《河图》曰:黄龙负鳞甲成字以授黄帝,帝令侍臣写之以示天下。注:《魏文帝杂事》曰,黄帝录图,五龙舞河,以应圣贤之符也。同上。

《尸子》:欲观黄帝之行于合宫。《文选李善注》卷三。

薛综《东京赋注》云:黄帝明堂,以草盖之,名曰"合宫"。

【按《尚书大传》曰:舜为宾客,而禹为主人,乐正道赞曰,尚考太室之义,唐为虞宾。郑康成注云,尚考,犹言往时也。太室,明堂中央室也。义,当为仪。谓祭太室之礼,尧为舜宾也。据此,则明堂在唐虞前且有仪矣。

《尸子》曰:四夷之民,有贯匈者,有深目者,有长肱者,黄帝之德常致之。郭璞《山海经·海外南经·注》。《竹书》云:黄帝五十九年,贯匈氏来宾。】

《韩非子·五蠹篇》：法度上下，四相反也，而无所定，虽有十黄帝，不能治也。又云：古者，苍颉之作书也，自环者谓之私，背私者谓之公。公私之相背也，乃苍颉固以知之矣。

《礼记·月令》篇题《正义》云：此等阴阳日月之名祭法，黄帝正名百物，其名盖黄帝而有也。

《曲礼上》"正义"："熊氏云"至"此皆熊氏之说也"。

案：黄帝既以帝称，自不宜在三皇之数。今定从郑义。

【《春秋元命苞》曰：伏羲、女娲、神农为三皇。《文选·东都赋》注。此郑说之所本。】

《元和姓纂·玉姓》：黄帝时，公玉带造合宫明堂。见《尸子》。此条有误，当考。

《河图》曰：黄帝以雷精起。《开元占经》一百二。又曰：大电绕枢星，照效【"效"字当有误。】野，感符宝而生黄帝。同上。

《列子·周穆王篇》：升昆仑之丘，以观黄帝之宫，而封之以诒后世。张湛注：陆贾《新语》云，黄帝巡游四海，登昆仑山，起宫望于其上。

【《水经注》四十：王屋山，在河东垣县东北。昔黄帝受丹诀于是山。《路史·疏仡纪》：黄帝用作戒于丹书曰，放舍在心耳，不幸乃弗闻过。祸福在所密，存亡在所用。下匿其私，用试其上；上操度量以制其下。上下一，日百战。末五语见《韩非子》。】

《素问·天元纪·大论篇》。全录。

按：此篇言天地五六相合，七百二十气为一纪，皆与历法相关，故备录之。

《鲁语》：共工氏之伯九有也。注：共工氏伯者名戏。其子曰后土，能平水土，韦注：其子，共工之裔子句龙也。佐黄帝为土，官九土，九州之土也。故祀以为社。

《经方小品》：仓公对黄帝曰：大豆多食，令人身重。《文选·养生论》《注》。

《荀子·解蔽篇》:道经曰,人心之危,道心之微。

按:《荀子》书为儒家言,不称黄、农,而托始尧、舜,与《孟子》同。盖当时儒者大义如是。然《孟子》书论心性之端,大致与黄老近,故七篇中辞而辟之者,如墨家、农家、兵家、纵横家、名家、法家及杨朱之说,皆不遗馀力;而道家不置一辞焉。《荀子》则以"有为"驳老子之"无为",以"明礼"驳老子之"绝礼",故其书于宋子、它嚣、魏牟及托言治古者皆力斥之,而其大旨之近道家者则深没其文而不著。此荀子之家法也。惟此篇一引道经而申释之,盖道家之言而孔氏所采者。案,《汉书·艺文志·道家》有"《黄帝四经》四篇",疑当出此书矣。又按,《荀子》惟《成相篇》一称伏羲。

又按:《淮南子》两引"黄帝曰芒芒昧昧、因天之威、与元同气",而《文子》引此为道之言。则当时固专以黄帝书为道书矣。《荀子》所引"道经"为黄帝书,无疑也。

《国语·越语下》:范蠡曰,臣闻古之善用兵者,韦昭注,谓若黄帝、汤、武。廷式案:范蠡精于黄老之学,此当专谓黄帝也。赢缩以为常,四时以为纪,无过天极,究数而止。天道皇皇,日月以为常,明者以为法,微者则是行。阳至而阴,阴至而阳。注:至,谓极也。日困而还,月盈而匡。古之善用兵者,因天地之常,与之俱行。后则用阴,先则用阳,近则用柔,远则用刚。后无阴蔽,先无阳察,用人无艺,往从其所。注:艺,射的也。无艺,无常所也。刚柔以御,阳节不尽,不死其野。注:言敌以刚柔来御己,其阳节未尽,尚未可克。故曰不死其野。彼来从我,固守勿与。注:勿与战也。若将与之,必因天地之灾,又观其民之饥饱劳逸以参之,尽其阳节,盈吾阴节,而夺之利。宜为人客,刚强而力疾,阳节不尽轻而不可取。宜为人主,安徐而重固,阴节不尽柔而不可迫。凡陈之道,设右以为牝,益左以为牡,蚤晏无失,必顺天道,周旋无究。

二

《管子·五行篇》:黄帝泽,参治之至也。房乔注:黄帝虽通天地之道,不使参闻,曰泽,以得万灵之情,可谓理之至也。按,注义亦未明白,疑有误字。

又曰:昔者黄帝得蚩尤而明于天道,得大常而察于地利,得奢龙而辩于东方,得祝融而辩于南方,得大封而辩于西方,得后土而辩于北方。黄帝得六相而天地治,神明至。蚩尤明乎天道,故使为当时:大常察乎地利,故使为廪者;奢龙辩乎东方,故使为土师;祝融辨乎南方,故使为司徒;大封辨于西方,故使为司马;后土辨乎北方,故使为李。是故春者土师也,夏者司徒也,秋者司马也,冬者李也。

按:此言黄帝时官制最详。

又曰:昔黄帝以其缓急作五声,以政《御览》作"正"。五百七十五五钟。令其五钟,一曰青钟大音,二曰赤钟重心,三曰黄钟洒《御览》作"泣"光,四曰景钟昧其明《御览》作"鸣",五曰黑钟隐其常。五声既调,然后作立〔《御览》〕无"立"字五行以正天时,五官以正人位。人与天调,然后天地之美生。日至,睹甲子,木行御,天子出令,命左右士师内御,总别列爵,论贤不肖士吏,赋秘赐赏于四境之内。发故粟以田数出国衡。顺山林,禁民斩木,所以爱草木也。然则冰解而冻释,草木区萌,赎蛰虫卵菱,春辟勿时,苗足本,不疠雏鷇,不夭麑麇,毋传速,亡伤襁褓,时则不凋,七十二日而毕。睹丙子,火行御,天子出令,命行人内御,令掘沟浍,津旧涂,发臧任,君赐赏。君子修游驰以发地气。出皮币,命行人修春秋之礼于天下诸侯,通天下,遇者兼和。然则天无疾风,草木发奋,郁气息,民不疾而荣华蕃。七十二日而毕。睹戊子,土行御,天子出令,命左右司徒内御,不诛不贞,农事为敬,大扬惠言,宽刑死,缓罪人。出国司徒令,命顺民之功力,以养五谷。君子之静居,而农夫修其功力极。然则天为粤宛,草木养长,五谷蕃实秀大,六畜牺牲具,民足财,国富,上下亲,诸侯和。七十二日而毕。睹庚子,金行御,天子出令,命祝宗选禽兽之禁、五谷之先熟者,而荐之祖庙与五祀,鬼神飨其气焉,君子食其味焉。然则凉风至,白露下。天子出令,命左右司马衍组甲厉兵,合什为伍,以修于四境之内,谀然告民有事,所以待天地之杀敛也。然则昼炙阳,夕下露,地竞环,五谷邻熟,草木茂实,岁农丰,年大茂。七十二日而毕。睹壬子,水行御,天子出令,命左右使人内御,御其气足,则发而止;其气不足,则发撊渎盗贼,数剩竹箭,伐檀柘。令民出猎禽兽,不择巨少而杀之。所以贵天地之所闭藏也。然则羽卵者不段,毛胎者不牍,孕妇不销弃,草木根本美。七十二日而毕。睹甲子,木行御,天子不赋不赐赏,而大斩伐伤,君危不杀,太子危,家人夫人死;不然则长子死。七十二日而毕。睹丙子,火行御,天子敬行急政,旱札苗死民厉。七十二日而毕。睹戊子,土行御,天子修宫室,筑台榭,君危;外筑城郭,臣死。七十二日而毕。睹庚子,金行御,天子攻山击石;有兵作战而败,士死,丧执政。七十二日而毕。睹壬子,水行御,天子决塞动大水,王后夫人薨。不然,则羽卵者段,毛胎者牍,孕妇销弃,草木根本不美。七十二日而毕也。

按:此可知古者"明堂"阴阳家之言,《管子》此篇,盖出于《黄帝泰素》也。

【《管子》曰:黄帝有合宫以听政。《御览》七十三。《管子·桓公问篇》曰:黄帝有明台之议者,上观于贤也。《纪原》两引此文,皆作“堂”。

《史记·封禅书》:济南人公玉带上黄帝时明堂图。明堂图中有一殿,四面无壁,以茅盖;通水圜宫垣;为复道,上有楼,从西南入。命曰昆仑。又云:公孙卿曰,黄帝就青灵台,十二日烧。黄帝乃治明廷。明廷,甘泉也。又云:方士有言,黄帝时为五城十二楼以候神人于执期,命曰迎年。

又云:公玉带曰,黄帝时虽封泰山,虽风后封丘,岐伯令黄帝封东泰山,禅凡山,合符,然后不死焉。】

蔡邕《月令章句》云:大挠探五行之精,占斗纲所建于星,始作甲乙以名日,谓之干;作子丑以名日,谓之枝。枝干相配,以成六旬。刘昭《续汉志注》。

《杨子法言·重黎篇》:或问黄帝终始。李轨注:世有黄帝之书,论终始之运,当孝文之时,三千五百岁,天运一周也。曰,托也。

《论衡·自然篇》云:虽违儒家之说,合黄老之义也。

《帝王世纪》曰:神农氏衰,黄帝修德化民,诸侯归之。黄帝于是乃扰驯猛兽,与神农氏战于阪泉之野,三战而克之。又征诸侯,使力牧神皇直讨蚩尤氏,擒之于涿鹿之野,使应龙杀之于凶黎之邱。凡五十五战,而天下大服。或传以至仙;或言寿三百岁,葬于上郡阳周之乔山。《御览》七十九。

【《帝王世纪》曰:“黄帝时天大雾”云云,至“首当何从起”。《类聚》卷二。】

《琱玉集·丑人篇》:嫫母,黄帝时丑女也。锤头顣頞,形粗色黑,今之魌头是其遗象;而但有德。黄帝纳之,使训后宫。出《帝王世家》。按:“家”当作“纪”。

《灵枢经》卷一曰:黄帝曰,余子万民,养百姓,而收租税。

按:租税之法,五帝时所必无。此医家属文之不善也。

《管子·地数篇》:黄帝问于伯高曰,吾欲陶天下而以为一家,为之有道乎?伯高对曰,请刈其莞而树之,吾谨逃其爪牙,则天下可陶而为一家。黄帝曰,此若言可得闻乎?伯高对曰,上有丹沙者,下有黄金;上有慈石者,下有铜金;上有陵石者,下有铅锡赤铜;上有赭者,下有铁。此山之见荣者也。苟山之见其荣者,君谨封而祭之,距封十里而为一坛,是则使乘者下行,行者趋。若犯令者,罪死不赦。然则与折取之远矣。修教十年,而葛卢之山发而出水,金从之,蚩尤受而制之,以为剑铠矛戟,是岁相兼者诸侯九。雍狐之山发而出水,金从之,蚩尤受而制之,以为雍狐之戟芮戈,是岁相兼者诸侯十二。故天下之君,顿戟一怒,伏尸满野。此见戈之本也。

按此段文理未备,然大概言黄帝开五金之矿,作为兵器,以制天下也。

【《御览》三百五十五、五十六,两引。"出水金"为"出黄金"。

皮日休《原兵篇》云:《管子》说蚩尤割庐山之金以铸五兵。"割庐"二字,即"葛庐"之异文。说者或云蚩尤古天子,则炎黄继命,其间无蚩尤之遇也。案《史记》云蚩尤与其大夫作乱如此,为庶人之暴者。按此文有误,《史记》亦无此二语。且庶人不当有大夫。日休以为蚩尤乃黄帝之诸侯,盖其为人暴,黄帝征而灭之。】

《揆度篇》:黄帝之王,谨逃其爪牙,不利其器,烧山林,破增薮,焚沛泽,逐禽兽,实以益人,然后天下可得而牧也。

《易·系辞》:备物致用,立成器,以为天下利,莫大乎圣人。虞翻曰:神农、黄帝、尧、舜也。【《周易集解》卷十四。】

《轻重戊篇》:黄帝作钻燧,生火以熟荤臊,民食之无兹胃之病,而天下化之。黄帝之王,童山竭泽。

【"生火",《御览》八百六十九引作"出火"。】

《世本》:黄帝始穿井。《尔雅·释水》《疏》。《说文》云,井,凿地取水也。《世本》云伯益作，亦云黄帝始穿。

《大戴礼·虞戴德篇》：公曰，以天教于民，可以班乎云云。子曰，君问已参黄帝之制，制之大礼也。

【宋翔凤《过庭录》十三云：老子著书，以明黄帝自然之治，即《礼运篇》所谓"大道之行"，故先道德而后仁义。孔子定六经，明禹、汤、文、武、成王、周公之治，即《礼运》所谓"大道既隐、天下为家"，故申明仁义礼知以救斯世。故黄老之学与孔子之传，相为表里者也。

又云"名可名"一段，"无名天地之始"一段，"元之又元"一段，"是以圣人"一段，"谷神不死"一段，"百姓皆谓我自然"一段，"道生一"一段，皆可录。】

《庄子·在宥篇》："黄帝立为天子十九年"至"而我独存乎"。

《天地篇》："黄帝游乎赤水"至"乃可以得之乎"。

《缮性篇》：及神农、黄帝始为天下，是故安而不顺，德又下衰。

《大宗师篇》：夫道……黄帝得之，以登云天。

《知北游篇》："知北游于玄水之上"至"以黄帝为知言"。

《徐无鬼篇》："黄帝将见大隗乎具茨之山"至"称天师而退"。

《盗跖篇》：世之所高，莫若黄帝。黄帝尚不能全德，而战涿鹿之野，流血百里。

按：此盗跖之言；"流血百里"，亦《武成》"血流（標）〔漂〕杵"之类也。

《天下篇》：黄帝有《咸池》。

屈原《楚辞·远游篇》：轩辕不可攀援。

《庄子·天运篇》："北门成问于黄帝"至"道可载而与之俱也"。

《管子·任法篇》：黄帝之治天下也，其民不引而来，不推而往，不使而成，不禁而止。故黄帝之治也，置法而不变，使民安其法者也。所谓仁义礼乐者，皆出于法。此先圣之所以一民者也。

按:此文及《韩子》所引黄帝语,知法家推本黄帝者如此。

《史记·太史公自序》云:述陶唐以来,至于麟止,自黄帝始。维昔黄帝,法天则地,四圣遵序,各成法度。

《墨子·节用中篇》:"古者圣王制为节用之法"云云,至篇末。

按:墨子之学,与道家相反。【太史谈论六家要指云:墨者亦尚尧舜道。】故《老子》曰不尚贤、使民不争,而《墨子》有《尚贤篇》;《老子》曰以道莅天下者其鬼不神,而《墨子》有《明鬼篇》。故庄子讥其乱之上也、治之下也,而墨子之书亦绝不称黄老。其称羲黄之治,则曰"上古"、曰"太古"而已,【《仪礼·士冠礼》:太古冠布。郑注:太古,唐虞以上。《郊特牲》注亦云唐虞以上为太古。】犹荀子之称"治古"也。惟《尚同》、《节用》等篇,大旨合于道家。而此篇所述圣王之法,核以《易》"黄帝九事"章,大抵多出于黄帝,故录于此。又,其饮食之法一条,叙在尧前,知所谓"王者"非三代之王矣。

又按:《史记·黄帝本纪》云节用木火材物,知《墨子·节用篇》多黄帝之法。

《韩非子·扬权篇》:黄帝有言曰,上下一,日百战。

按韩非引此而释之曰,下匿其私,用试其上;上操度量,以割其下。故度量之立,主之宝也。党与之具,臣之宝也。臣之所不弑其君者,党与不具也。夫诰誓不及五帝,轩辕之世何得上下相疑如此?术家[①]依托之辞,此其谂矣。

【《史记·老子韩非列传》云:韩非"喜刑名法术之学,而其归本于黄老"。】

《六韬·兵道篇》:黄帝曰,一者,阶于道,机于神。用之在于机,显之在于势,成之在于君。

---

① "术家",初作"法家"。

【又《守土篇》多同黄帝之言。】

黄帝曰：先神，先鬼，先稽我智。《尉缭子·天官篇》。

《史记·孟子荀卿列传》：慎到，赵人。田骈、接子，齐人。环渊，楚人。皆学黄老道德之术，因发明序其指意，故慎到著十二论，环渊著上下篇，而田骈、接子皆有所论焉。

徐岳《数术纪遗》：黄帝为法，惟以中数耳。数有十等，及其用者乃有三焉。十等者，亿、兆、京、垓、秭、壤、沟、涧、正、载。三等者，谓上、中、下也。其下数者，十十变之。若言十万曰亿，十亿曰兆，十兆曰京也。中数者，万万变之。若言万万曰亿，万万亿曰兆，万万兆曰京也。上数者，数穷则变。若言万万曰亿，亿亿曰兆，兆兆曰京也。从亿至载，终于大衍。

【《黄帝九宫经》云：戴九履一，左三右七，二、四为肩，六、八为足；五居中宫，统御得失。《五行大义》卷一。】

刘徽《九章算经·序》：包牺氏始画八卦，作九九之术，以合六爻之变。黄帝神而化之，引而伸之，建历纪，协律吕。记称隶首作数，其详未之闻也。

夏侯阳《算经·序》：算数起自伏羲，而黄帝定三数，为十等，隶首因以著九章。

《史记·历书》，《索隐》云《系》本及《律历志》：黄帝使羲和占日，常仪占月，臾区占星气，泠伦造律吕，大挠作甲子，隶首作算数；容成综此六术，而著调历。

《续汉·律历志》：边韶上言……《洪范五纪论》曰民间亦有黄帝诸历，不如史官记之明也。

《汉旧仪》曰：《山海经》称东海之中度朔山，山上有大桃，屈蟠三千里。东北门，百鬼所出入也。上有二神人，一曰神荼，二曰郁垒。主领万鬼。恶害之鬼，执以苇索，以食虎。黄帝乃立大桃人于门户，画神荼、郁垒与虎、苇索，以御鬼。《御览》九百六十七。

《风俗通》曰：《黄帝书》称上古之时兄弟二人，曰荼与郁律，度朔山上桃树下，简百鬼。鬼妄榾髂人，则援以苇索，执以食虎同上。

《庄子·山木篇》：若夫乘道德而浮游则不然。无誉无訾，一龙一蛇，与时俱化，而无肯专为，一上一下，以和为量，廷式按："上"、"下"，字当互易；"上"、"量"协韵。浮游乎万物之祖，物物而不物于物，则胡可得而累邪？此神农、黄帝之法则也。

【《吕氏春秋·必己篇》，"无誉无訾"作"无讶无訾"，"以和为量"作"以禾为量"。】

《文子·精诚篇》：至黄帝要妙乎太祖之下，然而不章其功，不扬其名，隐真人之道以从天地之固然。按："至黄帝"下疑有脱文。

《春秋合诚图》曰：黄帝请问太一长生之道。太一曰，斋戒六丁，道乃可成。《文选》二十八，鲍明远《升天行》，《注》。

《庄子》曰：黄帝曰，阴阳四时运行，各得其序。《文选》廿六，潘安仁《在怀县作》诗，《注》。

《灵枢·九针论》：岐伯曰，夫圣人之起天地之数也，一而九之，故以立九野。九而九之，九九八十一，以起黄钟数焉。

按："一而九之"，为尖堆术之始；"九而九之"，为开方术之始。黄帝所以开数学也。

《续汉·律历志》：记称大桡作甲子，刘昭注：《博物记》曰，容成氏造历。黄帝臣也。《月令章句》：大桡探五行之情，占斗纲所建，于是始作甲乙以名日，谓之干；作子丑以名月，谓之枝，枝干相配，以成六旬。隶首作数，二者既立，以比日表，以管万事。

《论》曰：黄帝班示文章，重黎记注，象应著名，始终相验，准度追元，乃立历数。又云：黄帝造历，元起辛卯。

《事物纪原》卷一:董巴曰,伏牺始作八卦三画,以象二十四气。黄帝因之,初作调历。《吕氏春秋》曰,容成作历;《世本》亦云。【《世本》曰:容成作历。《类聚》五。】《黄帝内传》曰,既斩蚩尤,乃命容成造历,以司天也。

【《宋书·历志》曰:黄帝使大挠造六甲,容成制历象,羲和占日,常仪占月。】

【又:戴法兴奏云,昔黄帝辛卯,日月不过。又:祖冲之引《五纪论》云,黄帝历有四法。】

【《宋书·历志》:汉章帝作治行《四分》,于是黄帝以来诸历以为冬至在牵牛初者皆黜焉。】

《元和姓纂》云:黄帝封榆罔支子于潞。《路史·禅通纪》。

【《春秋合诚图》曰:黄帝先致白狐、白鹿,诸神物乃下。《文选》卷十四,《注》。】

《河图注》:元女出兵符授黄帝战蚩尤。《广韵》,"符"字注。

《龙鱼河图》【《御览》七十九所引尤详,今校正。】黄帝摄政①,有蚩尤兄弟八十一人,并兽身人语,铜头铁额,食沙,仗五兵刀戟大弩,威震天下,诛杀无蓺,万民钦命黄帝行天子事。【《御览》八百七十二作"食沙石、造兵杖";"无蓺"作"无道",下有"不仁不慈"句②;"行天子事","子"作"下"。七十九作"食沙石子、造立兵杖";"震"作"振";"艺"作"道";"钦命"作"欲令"。】黄帝以【七十九无"以"字。】仁义不能禁止蚩尤【七十九"蚩尤"下有"乃不敌"三字。】乃仰天而叹。天遣玄女授黄帝兵符,伏蚩尤。《史记索隐》。【《御览》③作"下授黄帝兵信神符,而令制伏蚩尤。蚩

① "摄政"下,有旁批曰:"七十九有'前'字。"编按,当系文氏据《御览》七十九而加之校批。

② 此句旁有批语曰:"七十九同。"编按:"七十九",当指"《御览》七十九"。

③ 此处"《御览》"二字,似当指"《御览》八百七十二"。又,此二字旁有批语曰"七十九同"。"七十九",当指"《御览》七十九"。

尤归臣,因使镇兵以制四方。七十九无“因使制兵”句;“四方”作“八方”。蚩尤没后,天下复扰乱不宁。黄帝遂画蚩尤形象,以威天下。天下咸谓蚩尤不死,八方万邦皆为弭伏。《御览》七十九。】

【《路史·禅通纪》引《龙鱼河图》云“兄弟七十二人”,误。又引“制五兵之器”,下有“变化云雾”,勿当从之。】

《易纬是类谋》:建世度者,戏重瞳之新定录图。郑康成注:建世度,谓五世之法度。虙戏氏始作八卦,以为后世轩黄帝之表。重瞳定录图,黄帝始受河图而定录。案:注“轩”下疑脱“辕”字。

又,“蚩尤”,郑注云:昔蚩尤为无道,作五虐之刑,黄帝起而诛之。

【《水经注》卷三云:涿水出涿鹿山。黄帝与蚩尤战于涿鹿之野,留其民于涿鹿之野,即于是也。又引《魏土地记》曰:涿鹿城东一里有阪泉,泉上有黄帝祠。】

【《辽史·地理志》五:奉圣州永兴县,本汉涿鹿县地。黄帝与蚩尤战于此。】

《汉书·东方朔传》:愿陈《泰阶六符》以观天变不可不省。是日因奏《泰阶》之事。注:应劭曰,黄帝《泰阶六符经》。

按:《汉艺文志·天文家》有“《泰阶六符》一卷”。

《困学纪闻》卷九云:《后汉·天文志》“黄帝始受《河图斗苞授》,规日月星辰之象。《路史》引此文,“日月”上有“正”字。故星官之书自黄帝始”。斗苞似是人名氏,当考。翁元圻云:按《文选》,孙子荆为石苞与孙皓书,注引《河图闿苞受》曰帝感苗裔出应期”,盖误“闿”为“斗”也。按:刘恕《通鉴外纪》以斗苞与鬼臾区等并称五官,误。

按:“《后汉》”当作“《续汉》”。又按《继汉志》作“轩辕”,不作“黄帝”。

《黄帝星经》曰:出入井,为人主,一曰阳,爵禄事。《续汉·天文志》《注》。又曰:木守东井,有土功之事。同上。五星及客星守井,皆为水。同上。客星入守,若出危;大饥,民间食贵。同上。太白入南斗,以中大人当之,国易政。同上。黄惑犯南斗,不著年,国有乱、有忧[1]。

《春秋元命苞》曰:黄帝龙颜,得天庭阳,上法中宿,取象文昌,戴天履阴,秉数制刚。颜有龙象,似轩辕也。庭阳,太徽庭也。戴天,天文在首。履阴,阴字在足下也。制刚,纪也,纪正四辅也。《御览》七十九。

《左氏》昭十七年《传》:秋,郯子来朝。昭子问曰,少皞氏鸟名官,何故也?杜预注:少皞,金天氏,黄帝之子,己姓之祖也。孔颖达《正义》曰:《帝系》云黄帝生玄嚣也;《史记》云黄帝正妃生二子,其后皆有天下。其一曰玄嚣,是为青阳,降居江水。言"降居江水",谓不为帝也。此《传》言其以鸟名官,则是为帝明矣。故《世本》及《春秋纬》皆言青阳即是少皞,黄帝之子,代黄帝而有天下,号曰金天氏。少皞氏身,号金天氏,代号也。《晋语》称青阳与黄帝同德,故为姬姓。黄帝之子十四人,为十二姓,其十二有姬、有己。青阳既为姬姓,则己姓非青阳之后。而《世本》"己姓出自少皞",非青阳也。事远书亡,不可委悉耳。剡子曰,吾祖也,我知之。昔者黄帝氏以云纪官,故为云师,而云名。注:黄帝,轩辕氏,姬姓之祖也。黄帝受命,有云瑞,故以云纪事,百官师长皆以云为名号。缙云氏,盖其一官也。《正义》曰:《晋语》云黄帝以姬水成,为姬姓。是姬姓之祖也。云之为瑞,未能审也。《史记·天官书》曰,若烟非烟,若云非云,郁郁纷纷,萧索轮囷。是为卿云。或作"景云"。《孝经援神契》曰德至山陵则景云出。服虔云,黄帝受命,得景云之瑞,故以云纪事。又引服虔云以云名官。盖春官为青云氏,夏官为缙云氏,秋官为白云氏,冬官为黑云氏,中官为黄云氏。

又,昭元年《传》:"昔金天氏有裔子曰昧"至"帝用嘉之,封诸

---

[1] 此条天头有眉批曰"此录入《征文》中"。编按:"《征文》",当指文氏别辑之《轩辕氏征文》。

汾川”。注:帝,颛顼。《正义》曰,颛顼为帝,承金天之后。台骀,是金天裔孙;为臣,宜为颛顼。故以帝为颛顼耳。昧于金天已云裔子,台骀又昧之所生,则去少皞远矣。而《帝系》、《世本》皆云少皞是黄帝之子,颛顼是黄帝之孙。臣世多而帝世少,史籍散亡,无可检勘,此事未必然也。廷式案,此杜注之谬,不足疑《帝系》、《世本》也。孔信注而疑《传》,尤为谬误。

【《汉书·律历志》:郯子据少昊受黄帝、黄帝受炎帝、炎帝受共工、共工受太昊,故先言黄帝,上及太昊。稽之于《易》,炮牺、神农、黄帝相继之世可知。】

【《后汉书·贾逵传》:条奏《左氏》大义,曰五经家皆言颛顼代黄帝,而尧不得为火德。左氏以为少昊代黄帝,即图谶所谓帝宣也。】

《山海经·西山经》:峚音“密”山,丹水出焉。是有玉膏,黄帝是食是飨。郭注云:所以得登龙于鼎湖而龙蜕也。玉膏所出,以灌丹木。丹木五岁,五色乃清,五味乃馨。黄帝乃取峚山之玉荣而投之钟山之阳。注:以为玉种。瑾瑜之玉为良,坚粟精密,浊泽而有光,五色发作,以和柔刚。天地鬼神,是食是飨;君子服之,以御不祥。注:今徼外出金刚石,石属,而似金、有光色,可以刻玉。外国人带之,云辟恶气。亦此类也。

自峚山至于钟山,四百六十里,其间尽泽也。

又西北曰钟山,其子曰鼓。此亦神名,名之为钟山之子耳。其类皆见《归藏启筮》。其状如人面而龙身。是与钦䲹杀葆江于昆仑之阳,“葆”或作“祖”。帝乃戮之。钟山之东曰瑶崖;钦䲹化为大鹗。

《仪礼·丧服》篇题《疏》云:明黄帝之时朴略尚质、行心丧之礼、终身不变者。案《礼运》云“昔者先王未有宫室”,“食……鸟兽之肉……衣其羽皮”,此乃伏羲之时也。又云“后圣有作……治其(丝麻)〔麻丝〕,以为布帛,〔以〕养生送死,以事鬼神”,此谓黄帝之时也。又案《易·系辞》云“古之葬者,厚衣之以薪,葬之中野,不封不树,丧期无数”,亦据黄帝之日言,“丧期无数”,是其心丧终身者也。

《论语·为政篇》,《正义》:《三正记》云正朔三而变。以此推之,黄帝以十三月为正,尚黑。

《汉书·律历志》:元封七年,诏曰,盖闻古者黄帝合而不死,名察发敛,定清浊,起五部,建气物分数。应劭曰:言黄帝造历得仙,名节会,察寒暑,致启分发敛至,定清浊,起五部。五部,金、木、水、火、土也。建气物分数,皆叙历之意也。孟康曰:合,作也。黄帝作历,历终而复始,无穷已也,故曰不死。名春夏为发,秋冬为敛。清浊,谓律声之清浊也。五部,谓五行也。天有四时,分为五行也。气,二十四气也。物,万物也。分,历数之分也。晋灼曰:蔡邕《天文志·浑天》,"名察发敛,以行日月,以步五纬"。臣瓒曰:黄帝与神灵合契,升龙登仙,故曰"合而不死"。题名宿度,候察进退,《史记》曰名察宿度,谓三辰之度、吉凶之验也。

按:蔡邕《天文志》以黄帝为浑天,与晋刘智言黄帝为盖天者异,均未详所本。

元凤三年,太史令张书,言历者天地之大纪,上帝所为,传黄帝,调律历。汉元年以来用之。诏课诸历疏密,寿王课疏远。案:汉元年不用黄帝调历。

《素问·五运行大论篇》:"帝曰动静何如"至"大气举之也"。

按:言地在太虚之中,此浑宗也。疑蔡邕《天文志》之言为可据矣。

【《素问》、《灵枢》,为黄帝遗书,当备录于《征文》中。此特录其言之涉于政教者,于医家者不备录也。】

《文子·精诚篇》:老子曰,昔黄帝之治天下,调日月之行,治阴阳之气,节四时之度,正律历之数,别男女,明上下,使强不掩弱、众不暴寡。民保命而不夭,岁时熟而不凶,百官正而无私,上下调而无尤,法令明而不暗,辅佐公而不阿。田者让畔,道不拾遗,市不豫贾。故于此时日月星辰不失其行,风雨时节,五谷丰昌,凤凰翔于庭,麒麟游于郊。

《素问·生气通天论篇》:阳气者,若天与日,失其所则折寿而不彰。故天运当以日光明之。注:言人之生固当藉其阳气也。是故阳因而上,卫外者也。

按:人性本于日,故能有光。余曾作《明性》一篇发明斯义,当附于此。

【贾谊《新书·道德说》云,明者,神气。在内则无光而为知,明则有辉于外矣。】

【《尸子》曰:圣人之身,犹日也。去日盈尺,光盈天地。圣人之身小,其所烛远矣。圣人正己而四方治,故曰天地之大府。《御览》四百一。】

《帝王世纪》:黄帝梦大风吹天下之尘垢皆去。又梦人执千钧之弩驱羊万群。【《御览》①“万”上有“数”字。】帝寤而叹曰,风为号令,执政者也;垢去土,后在也。【《御览》②“后在也”三字作“解清治者”四字。】天下岂有姓风名后者哉?夫千钧之弩,异力者也;【“异力”句,作“冀力能远者也”③。】驱羊数万群,能牧民为善者也。【“能牧民”句,作“是能善牧者也”④。】天下岂有姓力名牧者哉?于是依二占【“二占”作“二梦之占”⑤。】而求之,得风后于海隅,登以为相;得力牧于大泽,进以为将。黄帝因著《占梦经》十一卷。《史记正义》。【《御览》三百九十七。《御览》三十七⑥。】

---

① “《御览》”,当指“《御览》三百九十七”。

② “《御览》”,亦当指“《御览》三百九十七”。

③ 原系天头眉批。当是文氏据《御览》三百九十七而加之校记。

④ 原系天头眉批。当是文氏据《御览》三百九十七而加之校记。

⑤ 原系天头眉批。当是文氏据《御览》三百九十七而加之校记。

⑥ 此条天头有眉批曰“三十七不误”,当亦指以《御览》三十七核校无异文。

《帝王世纪》:黄帝以风后配上台,天老配中台,五圣配下台,谓之三公。其馀知天规,纪地典,力牧、常先、封胡、孔甲等或以为师或以为将。《后汉·张衡传》《注》。

【陶潜《圣贤群辅录》"黄帝七辅"一条,录此条后。】

【《御览》二百六:陶氏《职官要录》曰,三台拟三公。黄帝以风后配上台,天老配中台,五圣配下台。】

《汉书·〔艺文志〕·兵·阴阳家》:《地典》六篇。

【《河图记》云:玄女出行信符,黄帝得之,以制蚩尤。《书钞》一百三。】

【《河图》曰:黄帝曰,凡人生一日,天帝赐筭三万六千,又赐纪二千。圣人得三万六千七百二十,凡人得三万六千。一纪主一岁;圣人加七百二十。《御览》四百一。】

《周礼·保章氏》,"星土"注:封域星分,其书亡矣。《堪舆》虽有群国所入度,非古数也。疏:古黄帝时《堪舆》亡;后代有作《堪舆》者,非古数。

【《公羊》哀十四年,《疏》引《堪舆》云:九月日体在大火。又云:房心,天子明堂,布政之庭。出《堪舆》。】

"占梦",《注》:天地之会,建厌所处之日辰。《疏》:《堪舆》"天老曰,假令正月阳建于寅、阴建在戌"。张逸问厌对之义,答曰,按《堪舆》黄帝问天老事云,四月阳建于巳,破于亥;阴建于未,破于癸。是为阳破阴、阴破阳。故四月有癸亥,为阴阳交会;十月丁巳,为阴阳交会。言未破癸者,即是未与丑对而近癸也。交会惟有四月、十月也。若有变异之时,十二月皆有建厌对配之义也。

按《汉艺文志》,"《堪舆金匮》十四卷",注引"许慎云:堪,天道;舆,地道也"。康成所引,当出于此。

《唐书·吕才传》:按《堪舆经》,黄帝对天老,始言五姓。

《韩诗外传》:黄帝即位,天下和平。未见凤凰,召天老问凤象。

天老曰,夫凤文白,首戴德,项倡义,背负仁,心抱忠,翼扶信,足履正。尾声击武,小音金,大音鼓。延首奋翼,五光备举。昏鸣曰固常,晨鸣曰发明,昼鸣曰保长,举鸣曰上翔,集鸣曰归昌。见则有福,仁圣皆服。得凤象之一,则凤过之;二,则凤翔之;三,则凤集之;四,则凤春秋下之;五,则凤没身居之。

《说苑·辨物篇》:"黄帝即位"至"此之谓也"。

《志林》曰:黄帝与……【当佚"蚩尤战"三字。】蚩尤作大雾,一军昏惑。黄帝乃法斗机,作指南车,以别四方。蔡卞《毛诗名物解》卷二。

《说文·鸟部》,"凤"篆下:天老曰,凤之象也,鸿前麐后,蛇颈鱼尾,鹳颡鸳思,龙文(龟)〔虎〕背,燕颔鸡喙,五色备举。出于东方君子之国,翱翔四海之外,过昆仑,饮砥柱,濯羽弱水,莫宿风穴。见则天下大安宁。

【《归藏启筮》曰:蚩尤出自羊水,八肱八趾。疏首。登九淖以伐空桑。黄帝杀之于青邱。《初学记》卷九。】

【《春秋纬》称黄帝受图有五始。《左传》疏,卷一。又《春秋纬》云:黄帝坐于扈阁,凤凰衔书致帝前,其中得五始之文。】

《庄子》:游凫问雄黄曰,今逐疫出魅,击鼓呼噪,何也?雄黄曰,黔首多疾,黄帝氏立巫咸,使黔首沐浴斋戒,以通九窍;鸣鼓振铎,以动其心;劳形趋步,以发阴阳之气;饮酒茹葱,以通五藏。夫击鼓呼噪、逐疫出魅鬼,黔首不知以为魅祟也。《庄子》逸文,见《太平御览》五百三十、《礼仪类》。

《瑞应图》:黄帝巡于东海,白泽出,能言语,达知万物之精,以戒于民,为除灾害,贤君德及幽遐,乃出。《抱朴子》云黄帝穷神知奸者,出于白泽之辞也。《开元占经》一百十六。

《太白阴经》曰:阳队起一至九,阴队起九至一。队有五十人。五人火,长五九,不失四十五人之数。卒间容卒,相去二步。队间容队，相去一十八步。前后十步，其队前后相去亦如之。黄帝曰，阵间容阵、队间容队、曲间容曲是也。《御览》二百九十九。

《太白阴经》曰：黄帝设八陈之形。车厢洞当金也；车之中黄土也：鸟云鸟翔，火也：折冲，木也：龙腾却月，水也；雁行鹅鹳，天也；轮车，地也：飞翼浮阻，巽也。风后亦演握奇图，云以正合，以奇胜。或合而为一陈，或散而为八。聚散之势，节制之度；复置虚实二垒。力牧亦创营图。《御览》三百一。

又曰：《天陈经》曰，风后演握奇经，自一阵之中，以为八阵：天〔阵〕，有冲，式圆布形；黄帝曰：少则为圆，利为主，色上元，为乾。地阵；黄帝曰：壮则为方，利为主，色尚黄，为坤。风阵，风附于天；风象峰，其形锐首，利为客，色尚赤，为巽。云阵，云附于天；太公曰：左右相同是也。其形锐首，利为主，色尚白。已前为四正。为坎。飞龙阵；其形屈曲，象龙，利为主，色尚上元下赤，为震。虎翼阵；居中，张翼而进。其形踞。利为主。色尚上黄下青，为兑。蛇盘阵；太公曰：围绕之义。其形宛转。利为主。色尚上黄下赤。为艮。鸟翔阵。太公曰：突击之战。其形迅急。利为客。其色尚上元下赤。为离。

《大戴礼记·五帝德》：宰我问于孔子曰，昔者予闻诸荣伊，【《御览》七十九“伊”作“君”。】言黄帝三百年。请问黄帝者人邪、【〔《御览》〕作“也”。】抑非人邪？何以至于三百年乎？孔子曰，予，禹汤文武成王周公可胜观邪？夫黄帝尚矣，女奚以为？按孔子欲以三王之法立教，故不言上古也。先生难言之。宰我曰，上世之传，隐微之说，卒业之辨，暗昏忽之意，非君子之道也。则予之问也，固矣。言上古之道，非君子之道邪？固，犹陋也。孔子曰，黄帝，少典之子也，曰轩辕。生而神灵，弱而能言，幼而彗齐，长而敦敏，成而聪明。治五气，设五量，抚万民，度四方。教熊罴貔貅豹虎，以与赤帝战【《御览》“战”

上有“大”字。】于阪泉之野。三战,然后得行其志。按,熊罴貔貅豹虎,盖当时之陈法。黄帝黼黻【〔《御览》〕作“斧拂”。】衣大带黼【〔《御览》〕作“斧”。】裳,乘龙扆【〔《御览》〕作“驾”。】云,以顺天地之纪、幽明之故、死生之说、存亡之难,时播百谷草木,故教化淳鸟兽昆虫,历离日月星辰,极畋土石金玉此言开卝之始,劳【《御览》“劳”下有“勤”字。】心力耳目,节用水火材【〔《御览》〕作“财”。】物。生而民得其利百年,死而民畏【〔《御览》〕作“得”。】其神百年,亡而民用【〔《御览》〕作“得”。】其教百年,故曰三百年。

按:此篇多为《史记》之所本,盖尤雅驯之言也。篇末言“宰我以语人,孔子曰,吾欲以语言取人,于予邪改之。宰我惧不敢见”。然则儒家之言,归本三王、推极尧舜,是孔子所以教人也。【《史记·老子列传》云:世之学老子者则绌儒学,儒学亦绌老子。】

【郑康成《学记注》云:武王践阼,召师尚父而问焉,曰昔黄帝颛顼之道存乎?意亦忽不可得见与?师尚父曰,在丹书。《正义》曰:捡《大戴礼》唯云“帝颛顼之道”,无“黄”字,或郑见古本不与今同。“丹书”者,师说云,赤雀所衔丹书也。《大戴礼》云其书之言曰:敬胜怠者强,怠胜敬者亡。】

《帝系》:“少典产轩辕,是为黄帝”至篇末。

《盛德篇》:明堂者,古有之也。卢辩注:案《淮南子》言神农之世,祀于明堂。明堂有盖、四方。至汉武帝时,有献黄帝明堂图者,四面无壁,中有一殿。然其由或始于此也。

《虞戴德篇》:公曰,昔有虞戴德何以深虑,何及高举高取?子曰,黄帝,慕修之而明。孔广森曰,舜能慕黄帝之法而述修之,故称明也。子曰,君问已,参黄帝之制,制之大礼也。按:公问以天教于民,此孔子所谓参黄帝之制。

《用兵篇》:“公曰古之戎兵”至“何器之能作”。

《武王践阼篇》:武王召师尚父而问焉。曰,昔黄帝颛顼之道存乎？意亦忽不可得见与？师尚父曰，在丹书。王斋三日，下堂，东面而立，师尚父西面道书之言曰，敬胜怠者吉，怠胜敬者灭；义胜欲者从，欲胜义者凶。凡事不强则枉，弗敬则不正。枉者灭废；敬者万世藏之约、行之行，可以为子孙常者，此言之谓也。

《瑞应图》曰：神鼎者，质文之精也。知凶知吉，知存知亡，能重能轻，能不炊而沸，不汲而满，中生味。黄帝作三鼎，象（□□[①]）〔三辰〕。《开元占经》一百十四。

【《世本》曰：史皇作图。宋忠曰：史皇，黄帝臣也。图，谓画物象也。《文选》五十七《注》。】

《是类谋》曰：黄帝吹律以定姓。《御览》三百六十二。

《后汉书·张衡传》，注：黄帝铸鼎于湖，在今湖城县，与河华相近。

【崔寔《四人月令》曰：祖者，道神。黄帝之子曰累祖，好远游，死道路，故祀以为道神。《宋书·历志》。】

《六韬·军用篇》：以步兵败车骑。木蒺藜，去地二尺五寸，百二十具，败步骑，要穷寇，遮走北。轴旋短衡矛戟扶胥，百二十具，黄帝所以败蚩尤氏。

《黄帝内传》曰：帝誓剪蚩尤，乃斋三日，以告上帝。《事物纪原》三。

《黄帝泰阶六符经》。《文选》卷六，《注》引一条。卷九，《注》云：玉阶正，太阶平。出《黄帝六符经》。

【《文选·魏都赋》，《注》：《黄帝泰阶六符经》曰，泰阶者，天之三阶也。上阶上星为天子，下阶为女主。中阶上星为诸侯三公，下阶为卿大夫。下阶上星为元士，下阶为庶人。三阶平，则阴阳和，风雨时，岁大登，民人息，天下平，

① 此二字，原稿书作“□□”。

是谓太平。】

【《御览》八百七十二:《黄帝太阶六符经》曰,三阶平,则阴阳和,风雨时,社稷咸获其宜,天下大安,是谓太平。】

《养生经》:黄帝问天老曰,人生上寿一百二十年,中寿百年,下寿八十年,而竟不然者皆夭耳。《文选》五十三,《注》。

【《太平御览》卷八:《黄帝岐伯经》曰,岐伯乘绛云之车,驾十二白鹿,游于蓬莱之上。】

《后汉书·朱穆传》,《注》:黄帝作巾机之法。

蔡邕《铭论》曰:黄帝有巾机之法,孔甲有盘盂之诫。《文选·新刻漏铭》,《注》。《文心雕龙·铭箴篇》:昔帝轩刻舆几以弼违。

【汉李尤《几铭叙》曰:黄帝轩辕仁智,恐事有阙,作舆几之法。《事物纪原》八。】

《文子·十守篇》:三皇五帝有戒之器,命曰侑卮。其冲即正,其盈即覆。】

【《史记·封禅书》:少君曰,以封禅则不死,黄帝是也。】

【《九土文括略》曰:禹禅此山。会稽山也。有一石穴委曲,黄帝藏书于此,禹得之。《御览》四十一。】

夏侯太初《辩乐论》:黄帝备物,始垂衣裳,时则有龙衮之颂。《太平御览》五百七十一。《困学纪闻》卷五。

贾谊《新书·修政语篇》:黄帝曰,道若川谷之水,其出无已,其行无止。故服人而不为仇、分人而不谮者,其惟道矣。故播之于天下而不忘者,其惟道矣。是以道高比于天,〔道〕明比于日,道安比于山。故言之者见谓智,学之者见谓贤,守之者见谓信,乐之者见谓仁,行之者见谓圣人。故惟道不可窃也,不可以虚为也。故黄帝职道义,经天地,纪人伦,序万物,以信与仁为天下先。然后济东海,入江内,取绿图;西济积石,涉流沙,登于昆仑。然后还归中国,以平天下。天下太平,唯躬道而已。

【此篇又引帝颛顼曰:至道不可过也,至义不可易也,是故以后者复迹也。故上缘黄帝之道而行之,学黄帝之道而赏之,加而弗损,天下亦平也。按:此《春秋外传》所谓"颛顼能修之"也。】

【又,帝喾曰,缘道者之辞而与为道已,缘巧者之事而与为巧已,行仁者之操而与为仁已。故节仁之器以修其躬,而身专其美矣。故上缘黄帝之道而明矣;学帝颛顼之道而行之,而天下亦平矣。】

《宗首篇》:黄帝曰,日中必熭,操刀必割。

《皇览》曰:好道者言黄帝乘龙,升云登朝霞上至列阙倒影,经过天宫。《艺文类聚》卷一。

《易纬乾坤凿度》二卷。全录,并录旧注。余亦间有考证。

按:此书题庖牺氏先文、公孙轩辕氏演古籀文、苍颉修为上下二篇,其注亦是苍颉作。明依托也。惟其中称黄帝言圣人法地、轮薄不息、以启三光天地,宜尽阖地道、距水澈,坤母运轴。数言皆有合于《归藏》之旨,疑依托者采之黄帝书中,故其语闳深而简约也。其言一大之物为天,以及八卦为古文字,深得造书之旨。若夫"凿破混沌",本之《庄子》;"断气为二、缘物成三",本诸《老子》。亦道家之遗言也。好学深思者宜有采焉,故可过而存之矣。

【《水经·洛水·注》:昔黄帝之时,天大雾三日。帝游洛水之上,见大鱼,杀五牲以醮之。天乃甚雨,七日七夜。鱼流,始得图书,今《河图视萌篇》是也。】

【《河图始开图》曰:黄帝问风后曰,余欲知河之始开。风后曰,河凡有五,皆始开乎昆仑之墟。《御览》六十一。】

【《河图》曰:黄帝云,余梦见两龙授图。乃斋,往河洛而求。有鱼折□而止。鱼汛白图,跽而受之。同上。】

《北史·李业兴传》:业兴以黄帝辛卯、殷宪甲寅,徒有积元,而术数亡缺,乃修之,各为一卷。

《帝王世纪》:“黄帝受命,始作舟车,以济不通”,至“此黄帝创制之大略也”。《续汉·郡国志》《注》。

【《世本》:容成造历,大挠作甲子。宋忠注曰:皆黄帝臣,史官也。《左氏传·序》《正义》。】

【《河图录》云:黄帝坐玄滬,与大司马容光临观凤皇。《书钞》五十一。】

【《世本》:黄帝作冕。谓大夫以上冠也。慧琳《一切经音义》二十。】

【《世本》曰:雍父初舂杵。宋忠曰:雍父,黄帝臣也。同上,卷三十三。】

【《世本》曰:女娲作簧。宋均曰:女娲,黄帝臣也。《御览》五百八十一。】

《河图》曰:黄帝曰,凡人生一日,天帝赐筭三万六千,又赐纪二千。圣人得三万六千七百二十,凡人得三万六千。一纪主一岁,圣人加七百二十。《御览》四百一。

《乐书》曰:黄帝乐曰《云门》。言黄帝之道,成名百物明民共财,德如云出其门,民可有于族类,故乐曰《云门》。《御览》五百六十六。

《乐纬》曰:黄帝之乐曰《咸池》。池者,施也。道施于民,故曰《咸池》。同上。

《乐志》曰:何承天云,鼓吹,盖短箫铙歌,军乐也,黄帝使岐伯所作,以扬德建武。《御览》五百六十七。

【此当是《宋书·乐志》,俟检。】

陆机《鼓吹赋》曰:原鼓吹之所始,盖禀命于黄轩。同上。

【《御览》四十三:《春秋合诚图》曰,黄帝游元扈上洛,与大司马容光、左右辅周昌等百二十人临之,有凤衔图以置帝前,元扈山,在上洛县北一百里。】

【《河图挺佐辅》:“黄帝修德”云云。《御览》七十九。】

《英贤传》:夷鼓,黄帝子夷鼓之后,见《国语》,秦大夫有夷鼓德宜。《元和姓纂》。

《元和姓纂》,“采”姓下云:黄帝封其子于右北平采亭,因氏焉。

又"路"字下云:炎帝之后;黄帝封其支子于路,春秋时路子婴儿是也。

《兵书》曰:砮,石中矢镞。黄帝之时,以玉为兵。蚩尤之时,烁金为兵,割革为甲,始制五兵,建旗帜,树夔鼓。《御览》三百三十九。

【《世本》:蚩尤作兵。宋忠注曰:蚩尤,炎帝臣也。《太一经音义》卷六。】

刘向《别录》曰:蹴鞠者,传言黄帝所作,或曰起战国之时。蹹音沓鞠兵势所以陈之,知武材也。皆因熙戏而讲习也。《御览》二百九十七。《御览》三十引《别录》曰:蹇召蹋蹴,黄帝所造,或云起于战国。案《鞠占毬》曰:古人蹋□以为戏。

【《事物纪原》二,云《黄帝内传》有"相凤鸟制",疑黄帝始作之。又引《黄帝内传》云,元女为帝制司南车当其前,记里车当其右。】

《通礼义纂》曰:黄帝使伶伦造磬。《御览》五百七十六。

《帝王世纪》:至黄帝乃有元妃次妃之别。《事物纪原》一。

《荀子·非相篇》:五帝之外无传人,非无传人也,久故也。五帝之中无传政,非无善政也,久故也。注:五帝,少昊、颛顼、高辛、唐、虞也。

《列子·杨朱篇》:杨朱曰,三皇之事,若存若亡;五帝之事,若觉若梦。

【贾谊《新书·威不信篇》:古之正义,东西南北,苟舟车之所达,人迹之所至,莫不率服,而后云天子;德厚焉,泽湛焉,而后称帝;又加美焉,而后称皇。今称号虽美,而实不出长城。】

《说苑·敬慎篇》:【《御览》五百九十引《家语》文,多不同,今据以校。】孔子之周,观于太庙。右陛之前,有金人焉,三缄其口,而铭其背曰,古之慎言人也。戒作"诫"①之哉、戒之哉!无此迭句②。无多

---

① 此注,原为"戒"字之旁批。编按,当系文氏据《御览》五百九十所加之校语,本段下同,不一一标注。

② 此注,原为迭句"戒之哉"之旁批。

言，多言多败。无多事，多事多患。此句在“多言多败”上[①]。安乐必戒作“诫”，[②]无行所悔。勿谓何伤，其祸将长。勿谓何害，其祸将大。勿谓何残作“不闻”[③]，其祸将然作“神将伺人”。下少二句[④]。勿谓莫闻，天妖伺人。荧荧作“焰焰”[⑤]不灭，炎炎奈作“若”[⑥]何。涓涓不壅，将成作“终为”[⑦]江河。绵绵不绝，将作“或”[⑧]成网罗。青青不伐作“豪末不札”[⑨]，将寻斧柯。【《周书·和寤解》曰“绵绵不绝，蔓蔓若何；豪末不掇，将成斧柯”，语意本此。】诚不无“不”字[⑩]能慎之，祸作“福”[⑪]之根也。曰是何伤，祸之门也。强梁者不得其死，好胜者必遇其敌。盗怨作“憎”[⑫]主人，民害作“怨”。[⑬] 其贵作“上”[⑭]。君子知天下之不可盖作“上”[⑮]也，故后之无“后之”二字[⑯]、下之【“故下之”下，有“知众人之不可先也，故后之，温恭慎德”云云】，[⑰]使人慕之；执雌持下，莫能与之争

① 此注，原为“无多事，多事多患”此二句之旁批。

② 此注，原为“安乐必戒”句“戒”字之旁批。

③ 此注，原为“何残”二字之旁批。

④ 此注，原为“其祸将然”句之旁批。又按，“下少二句”，当指《御览》引文无此下“勿谓莫闻，天妖伺人”二句。

⑤ 此注，原为“荧荧”二字之旁批。

⑥ 此注，原为“奈”字之旁批。

⑦ 此注，原为“将成”二字之旁批。

⑧ 此注，原为“将”字之旁批。

⑨ 此注，原为“青青不伐”句之旁批。

⑩ 此注，原为“诚不”句“不”字之旁批。

⑪ 此注，原为“祸之根也”句“祸”字之旁批。

⑫ 此注，原为“盗怨主人”句“怨”字之旁批。

⑬ 此注，原为“民害其贵”句“害”字之旁批。

⑭ 此注，原为“贵”字之旁批。

⑮ 此注，原为“盖”字之旁批。

⑯ 此注，原为“故后之下之”句“后之”二字之旁批。

⑰ 此注，原为天头眉批。

者作“人莫逾之”[①]。人皆趋彼,我独守此。众人惑惑作“人皆惑之”[②]我独不从作“徙”[③]。内藏我作“乃”[④]知,不与人论技作“不示人技”[⑤]。我虽尊高,人莫害我作“人弗我害”[⑥]。夫江河长百谷者“江河”句上,有“唯能于此”句。无“夫”字。“河”作“淖”;下有“虽左”二字。“长”下有“于”字。“谷”作“川”[⑦],以其卑下无“下”字[⑧]也。天道无亲,常与善人。戒作诫”[⑨]之哉、戒之哉!孔子顾谓弟子曰,记之,此言虽鄙,而中事情作“实而中,情而信”[⑩]。《御览》三百九十:孙卿子曰,《金人铭》曰“我古之慎言人也。戒之哉,毋多言、无多事!多言多败,多事多害”。《皇览》云出《太公金匮》,《家语》、《说苑》又载。严可均曰:此《铭》,旧无撰人。据《太公阴谋》、《太公金匮》,知即黄帝六铭之一。

按:此《铭》专言祸福,故孔子以为鄙,谓其不可立教也;然多为老子之所本矣。

《路史·疏仡纪》:世谓太公作金人,昔孔子见之后稷之庙。按《太公金匮》,公对武王之言,明黄帝所作。《皇览》记《阴谋》曰黄帝金人器铭,曰武王问尚父五帝之道戒,对曰:黄帝之戒曰吾之居民上,摇摇恐朝不及夕,故为金人,三封其口,曰“我古之慎言人也”。

---

① 此注,原为“莫能与之争者”句之旁批。
② 此注,原为“众人惑惑”句之旁批。
③ 此注,原为“从”字之旁批。
④ 此注原为“内藏我知”句“我”字之旁批。
⑤ 此注,原为“不与人论技”句之旁批。
⑥ 此注,原为“人莫害我”句之旁批。
⑦ 此注,原为天头眉批。
⑧ 此注,原为“从其卑下也”句“下”字之旁批。
⑨ 此注,原为“戒”字之旁批。
⑩ 此注,原为“虽鄙而中事情”等字之旁批。同上

【《路史·疏仡纪》载黄帝《巾几铭》云:毋弇弱,毋俷德,毋敖礼,毋谋非德,毋犯非义。】

【《黄帝风经》曰:调畅祥和,天之喜风也。折扬奔厉,天之怒气也。《御览》九。】

【徐整《长历》曰:黄帝以五芝为房名。《御览》八百七十三。】

【《河图录运法》:黄帝坐元扈阁上,与大司马容光、左右辅□周昌等百二十人观凤皇衔书。《御览》二百九。】

【《御览》一百八十九,引"师旷问天老"。】

【《崇文总目》:《黄帝脉诀》一卷。】

【《孙氏瑞应图》曰:黄帝习昆仑以舞众神,元鹤二八翔其右。《御览》九百十六。】

【《御览》三百廿八,《玄女兵法》二条甚详。】

引用书目:

《易正义》《书疏》《周礼注疏》《礼记疏》《尔雅疏》《史记》《老子》《管子》《庄子》《列子》《荀子》《韩非子》《鹖冠子》《说文》(《荀子》)《商君书》《国策》《汉书》《文选注》《后汉书注》《淮南子》《墨子》《尸子》《孙子》《黄帝本行记》《素问》《灵枢经》《宅经》《隋书》《旧唐书》《新唐书》《宋史》《吕氏春秋》《左传正义》《吴越春秋》《楚辞》《孟子注》《诗正义》《数术纪遗》《扬子法言》《汉艺文志考证》《公羊疏》《竹书纪年》《水经注》《夏侯阳算经》《刘徽算经》《文子》《朱子语类》《皇王大纪》《路史》《大戴记》《史记索隐》《艺文类聚》《太平御览》(《扬子法言》)《国语》《国策》《家语》《易纬乾坤凿度》《是类谋》《稽览图》《圣贤群辅录》 贾谊《新

书》《绎史》《参同契》

三

卫宏《四体书势》云：昔在黄帝，创制造物。有沮诵苍颉者，始作书契，以代结绳，盖睹鸟迹以兴思也。

《书断》：按古文者，黄帝时史苍颉所造也。颉首有四目，通于神明，仰观奎星圜曲之势，俯察龟文鸟迹之象，博采众美，合而为字，是曰古文。《孝经援神契》云：奎，主文章，苍颉仿象是也。《太平广记》二百六。

《礼纬稽命征》：三皇三正。伏羲建寅，神农建丑，黄帝建子。至禹建寅，宗伏羲；商建丑，宗神农；周建子，宗黄帝。所谓正朔三而改也。《古微书》。

《世本》：黄帝见百物，始穿井。《初学记》卷七。

蔡邕曰：鼓吹歌，军乐也。谓之短箫铙歌。黄帝歧伯所造也。《文选》二十八，《注》。

黄帝以德行，蚩尤与黄帝战。《周礼·肆师》，《疏》引《礼说》。

梁元帝《纂要》曰：古琴名有“清角”。黄帝之琴。《初学记》十六。

《帝王世纪》：黄帝使歧伯尝味百草，典医疗疾。今《经方》、《本草》之书咸出焉。《汉艺文志考证》十。

《韩非子·八说篇》：先圣有言曰，“规有摩而水有波，我欲更之，无奈之何”。此通権之言也。

按：申韩推本黄老，其所称“先圣”，必道家之遗言也。

孔颖达《礼记正义·序》引《论语撰考谶》云：轩辕知地利，九牧倡教。

《周礼疏·序》引《论语撰考谶》云:黄帝受地形,象天文,以制官,爰有九州之牧。伏羲以前,虽有三名,未必具立官位。至黄帝,名位乃具。

轩辕氏征文壹*

元女兵法

《元女兵法》曰：凡行军之道，天地大宝。得者全胜，失者必负。北斗之中，禽有旬始，状像雄鸡，制百兵之母。能得其术，何神不使？九地九天，各有表里，三奇六合，主威军士。《太平御览》三百二十八。

又曰：黄帝攻蚩尤，三年，城不下。募求术士，乃得伍胥。与之言曰，今日余攻蚩尤，三年，城不下，其咎安在？伍胥曰，此城中之将，为人必白色、商音。帝始攻时，得无以秋之东方行乎？今黄帝为人苍色、角声，此雄军也。以战为之。廷式案：此有讹夺。黄帝曰，善，为之奈何？伍胥曰，臣请攻蚩尤，三日，城必下。黄帝大喜。其中黄直日。此亦有误。帝积三年攻蚩尤而城不下，今子欲以三日下之，何以为明？伍胥曰，不如臣言，请以军法论。黄帝曰，子欲以何时？臣请朱雀之日，日正中时，立赤色、徵音、绛衣之军于南方，以辅角军；臣请以青龙之日，平上时，立青色、角音、青衣之军于东方，以辅羽军；臣请以元武之日，人定时，立黑色、羽音、黑衣之将于北

---

* 据文廷式手稿。原稿一册，封面题签作"《轩辕氏征文(壹)》"，册内首页正文于标题"元女兵法"下书"萍乡文廷式集"。此书撰时，参见前录《黄帝政教考》题注。

方，以辅商军；臣请以白虎之日，日入时，立白色、商音、白衣之将于西方，以辅宫军；四将以立，臣请为帝以黄龙之日，日中，建黄旗于中央，以制四方。五军已具，四面攻蚩尤。三日，其城果下。黄帝即封骨，世世不绝。同上。

【《路史·禅通纪》，“骨”作“胥”。】

又曰：战斗不法，当从九天之上击九地之下，众士默默，人无见者。九天者，春在青龙，夏在朱雀，秋在白虎，冬在元武——四神为九天，其冲为九地。同上。

《元女战经》曰：诸见举烽火、传言虏且起，欲知审来不，以言者时所加之，得阳者不，得阴者为来法。《御览》三百三十五。

《元女》言，宁可与人妻孥，不可示人游都。《虎钤经》卷十二《遁甲游都》引《璧玉经》。

《元女三宫战法》曰：行兵之道，天地之宝。九天九地，各有表里。九天之上，六甲子也；九地之下，六癸酉也。能顺之，万全可保。《后汉·皇甫嵩传》，《注》。

《黄帝元女兵法》曰：禹问于风后曰，吾闻黄帝有胜负之图、六甲阴阳之道，今安在乎？风后对曰，黄帝藏会稽之山下，其坎深千丈、广千尺，镇以盘石，致难得也。禹北见六子，问海口所出。禹乃决江口，鸣角会稽，龙神为见，玉匮浮。禹乃开而视之，中有《天下经》十二卷。禹未及持之，其四卷飞上天，禹不能得也；其四卷复下陂流，禹不能拯也；禹得中四卷。开而视之，乃……《御览》原阙。《御览》八十二。

《黄帝元女战法》曰：【据《路史·禅通记》校。】黄帝与蚩尤〔战〕①，

① 此“战”字，原为“蚩尤”二字下之旁批。编按，当系文氏据《路史》所加之校补。

九战九不胜。黄帝〔引〕[1]归于[2]太山，三日三夜，雾冥，〔帝仰天而叹〕[3]，有一妇人，人首鸟形，黄帝稽首再拜，伏不敢起。妇人曰，吾元女也，子欲何问？黄帝曰，小子欲万战万胜。遂得《战法》焉。《御览》十五。《路史》引作"《玄女战经》"。

《归藏启筮》曰：蚩尤出自羊水，八肱八趾，〔疏〕首。登九淖以伐空桑。黄帝杀之于青邱。《初学记》卷九。

《遁甲开山图》曰：绛北有阳石山，有神龙池。黄帝时遣云阳先生养龙于此。帝王历代养龙之处。《御览》卷十一。

太史公《素王妙论》：黄帝设五法，布之天下，用之无穷。盖世有能知者，莫不尊亲，如范子，可谓晓之矣；子贡、吕不韦之徒，颇预焉。自是以后，无其人，旷绝二百有馀年。管子设轻重九府，行伊尹之术，则桓公以霸，九合诸侯，一匡天下。范蠡为越相，三江五湖之间，民富国强，卒以擒吴。功成而弗居，变名易姓，之陶，自谓朱公。行十术之计，二十一年之间，三致千万，再散与贫。《太平御览》四百七十二。

《春秋内事》曰：黄帝师于风后，风后善于伏羲之道，故推衍阴阳之事。《后汉书·张衡传》《注》。《路史·黄帝纪》《注》。

《春秋内事》曰：轩辕氏以土德王天下，始有堂室，高栋深宇，以避风雨。《类聚》十一。《御览》七十九。

---

① 此"引"字，原为"黄帝"二字下之旁批。

② "于"字，原加有"乙去"之记号。

③ "帝仰天而叹"，此五字原为"雾冥"二字下之旁批。

《缙云山传》曰：黄帝于上合神丹药，故山得名焉。《初学记》卷八《山南道》。

师旷问天老曰，人家忌腊日杀生于堂上，有血光，一不祥。井上种桃，花落井中，二不祥。《初学记》卷七。此条疑出《师旷占》。

黄帝兵法

《黄帝出军决法》曰：行军行兵，两敌相要，地形不便，望见烽火，不得为容。《太平御览》三百三十五。

《黄帝出军决》曰：始立牙之日，喜气来应，旗幡指敌。或从风举晖，晖终日不绕竿，勇气奔逸。【《类聚》六十同。】是谓堂堂之陈。此大胜之征。《御览》三百三十九。

【“终”、“绕”，《类聚》并作“绝”。《初学记》二十二，引“堂堂之陈”，下有“正正之旗”四字。】

又曰：有所攻伐，作五采牙幢。青牙旗引往东，赤牙旗引往南，白牙旗引往西，黑牙旗引往北，黄牙旗引往中。同上。《初学记》廿二。《事物纪原》九，又引《内传》：帝制五彩旗，□□白背。

又曰：始立牙之日，凶气先应，旗幡皆垂。或逆风滂沱，牙竿摧折，旗旛绝烈，【“烈”当作“裂”。】还绕儆竿。如此终日，势弱。同上。

又曰：将军出兵，有所讨伐，引兵出城门，望见白云及白水者，举白牙旗；五色牙旗，随天地四时也。同上。《类聚》六十。

《黄帝出军决》曰：牙旗者，将军之精；金鼓者，将军之气。一军之形候也。《御览》三百三十八。

黄帝曰：行军要，背天目，向地耳。甲子旬，天目在庚午，地耳在戊辰。甲戌旬，天目在庚辰，地耳在戊寅。甲申旬，天目在庚寅，地耳在戊子。甲午旬，天目在庚子，地耳在戊戌。甲辰旬，天目在庚戌,地耳在戊申。甲寅旬,天目在庚申,地耳在戊午。《虎钤经》卷十一《九胜法》。

《黄帝占军气诀》曰:都尉气,如合抱之榆。《御览》二百四十一。

《黄帝占军气诀》曰:攻城有虹,欲攻之胜。《御览》八百七十八。

《黄帝出军决》曰:蚩尤无道,帝讨之。梦西王母遣人以符授之。帝悟,立坛而请。有元龟衔符,从水中出,置之坛中。《事物纪原》七。

《黄帝出军决》曰:帝伐蚩尤,未克。梦西王母遣道人,披玄狐之裘,以符授帝。《纪原》三。

【《事物纪原》十,云《元女战经》曰:诸见举烽火、传言虞虏且起……《黄帝出军决》亦有"望见烽火"之文。】

《黄帝占军诀》曰:攻城有虹,从外南方入饮城中者,从虹攻之,胜。白虹绕城不匝,从虹所在,乃击。《艺文类聚》卷二。

《黄帝出军决》曰:帝伐蚩尤,乃睡。梦西王母遣道人,披玄狐之裘,以符授之,曰,"太一在前,天一备后,河出符信,战即克矣"。黄帝寤,思其符,不能悉忆。以告风后、力牧。风后、力牧曰,"此兵应也,战必自胜"。力牧与黄帝俱,到盛水之侧,立坛,祭以太牢。有玄龟衔符,从水中出,置坛中而去。黄帝再拜稽首,受符视之,乃所梦得符也,广三寸,表一尺。于是黄帝备之以征,即日禽蚩尤。《类聚》九十九。

《黄帝兵诀》曰:甲子从北斗魁第一星起,顺数至庚午,在第七刚星,至辛未,还,从第六星逆数至丙子,又从第一星顺数,尽六甲。《五行大义》第五篇。

《黄帝用兵要法》曰:沉阴,日月俱无光,昼不见日,夜不见月星,皆有云障之,而不雨,此为君臣俱有阴谋,两敌相当,阴相图议也。若昼阴,夜月出,君谋臣。夜阴,昼日出,臣谋君,下逆上也。

《开元占经》五。又,十一,“法”作“诀”。

《黄帝兵法》曰:日月晕,仰视之,须臾忽有云气从傍入者,急随云以攻之,大胜。《开元占经》八。

《黄帝兵法》曰:荧惑出太白之阴,若不有分军,必有他急,分大军也。《开元占经》二十一。

《黄帝兵法》曰:太白与辰星俱出东方,西方国大败;俱出西方,东方国大败。若客主人俱出军,在东方,东方军败;在西方,西方军败。言其表面军也。在表者不算不援,己军坚守可也。《占经》廿二。

《水经注》卷十五《洛水篇》:黄帝东巡河,过洛,修坛沉璧,受龙图于河,龟书于洛,赤文篆字。

《开元占经》卷[1]引《孝经左契》云:轩辕列明,后女争誉。

《续汉书·(地理)〔郡国〕志》,“鲁国、奄国”,刘昭《注》引《帝王世纪》曰:黄帝生于寿邱,在鲁东门之北。

《汉书·礼乐志》:窦太后好黄老言,不说儒术。

又,“訾黄其何不来”下,注:应劭曰,訾黄,一名乘黄,龙翼而马身,黄帝乘之而仙。

《世本》曰:共鼓、货狄作舟。共鼓、货狄,黄帝二臣。《类聚》七十一。

《古史考》曰:黄帝作车,引重致远。少昊时,略加牛。禹时,奚仲加马。同上。

《左传》隐元年《正义》:说《公羊》者云:元者,气之始;春者,四时之始;王者,受命之始;正月者,政教之始;公即位者,一国之始。

---

① 此“卷”字下,原稿漏书卷数。

《春秋纬》称"黄帝受图,有五始",谓此五事也。又引刘炫难何休、引《春秋纬》云,"黄帝坐于扈阁,凤皇衔书致帝前,得五始之文",谓此五事。

《师旷占》曰:初雷从金门起,上田旱,下田熟。一曰岁中兵革起。《初学记》一。

《师旷占》曰:黄帝问师旷,曰欲知牛马贵贱。秋葵下小葵生,牛马贵;大葵不虫,牛马贱。《类聚》八十二。

《师旷占》曰:黄帝问师旷,曰杏多实不虫者,来年秋善。五木者,五谷之先。欲知五谷,但视五木。择其木盛者,来年益种之。《类聚》八十五。

《师旷占》曰:梅、桃、杏实多者,来年谓之穰。《类聚》八十七。

《阴符经》曰:火生于木,祸发必克。《类聚》八十八。

【按:据此,则《阴符经》,欧阳询已见其书。】

《春秋演孔图》曰:黄帝之将兴,黄云升于堂。《类聚》九十八。

何承天《纂文》曰:嫫母,丑人也,黄帝爱幸。《初学记》十九。

《龙鱼河图》曰:天授元始,建帝号。黄龙负图,从河中出,付黄帝。帝令侍臣写以示天下。《类聚》九十八。

《尚书中候》曰:帝轩提像,配永修机。永,长;修,从也。黄帝观摄提,配而行之,以长从升机故也。麒麟在囿,凤皇来仪。同上。

《韩子》曰:昔者黄帝合鬼于西大山,凤皇覆上,作为渎角。《类聚》九十九。按,"渎角"当作"清角"。

《黄帝占书》曰:日中三足乌,见者,大旱赤地。《类聚》一百。

《古史考》曰:黄帝作弩。《类聚》六十。

《黄帝太一察推》曰:欲先知巡之年,当视太一与白,在四维之岁,为狩。《类聚》三十九。

郭子(宪)〔横〕《洞冥记》:黄帝采首山之金,始铸为刀。《初学记》廿二。

《五经通义》曰:黄帝乐所以为《咸池》者何? 咸,皆也。池,【原漏"池"字。】施也。黄帝时道皆施于民。《乐叶图征》曰,黄帝乐曰《咸池》。宋均注曰:咸,皆也。池,取无所不浸,德润万物。故定以为乐名也。《初学记》十五。

《帝王世纪》曰:庖牺氏作八卦。神农氏重之,为六十四卦。黄帝、尧、舜引而伸之,分为二易。夏人因炎帝,曰连山。殷人因黄帝,曰归藏。文王广六十四卦,著九六之爻,谓之周易。《初学记》二十一。

《梁漏刻经》云:漏刻之作,盖肇于轩辕之日。《初学记》二十五。

《帝王世纪》曰:黄帝都涿鹿,或曰都有熊。涿鹿,今幽州界。有熊,今郑州界新郑县。《初学记》二十四。

《春秋元命苞》曰:黄帝龙颜。《初学记》九。

《水经·洧水篇·注》:洧水又东迳新郑故城。皇甫士安《帝王世纪》云,或言县,故有熊氏之墟,黄帝之所都也。〔卷〕二十二。

又,"溟水出河南密县大騩山",《注》:大騩,即具茨山也。黄帝登具茨之山,升于洪堤上,受神芝图于黄盖童也,即是山也。

晋曹毗《黄帝赞》:轩辕应玄期,幼能总百神,体炼五灵妙,气含云雾津。掺石曾城岫,铸鼎荆湖滨。豁焉天扉辟,飘然跨腾鳞,仪辔洒长风,褰衣蹑紫宸。《初学记》九。

挚虞《黄帝赞》:黄帝在位,实号轩辕。车以行陆,舟以济川。弧矢之利,弭难消患。垂衣而治,万国乂安。同上。

《陈留风俗传》曰:浚仪县有苍颉师旷城。

《水经注·洛水篇》:昔黄帝之时,天大雾三日。帝游洛水之上,见大鱼。杀五牲以醮之。天乃甚雨,七日七夜,鱼流,始得图书,今《河图视萌篇》是也。

《元和姓纂》卷十:黄帝时,公玉带造合宫明堂。见《尸子》。

伊尹事录*

《水经注·泗水篇》:已氏县有伊尹冢。崔骃曰:殷帝沃丁之时,伊尹卒,葬于薄。《皇览》曰:伊尹冢在济阴已氏平利乡。皇甫谧曰:伊尹年百馀岁而卒,大雾三日。沃丁葬以天子之礼,亲自临丧,以报大德焉。《御览》八十三引《帝王世纪》同。

《史记·殷本纪》:汤曰:予有言人视水见形、视民知治者。伊尹曰:明哉!言能听道,乃进君国子民为善者,皆在王官。勉哉、勉哉!汤曰:女不能敬命,予大罚殛之,无有攸赦。作《汤征》。伊尹名阿衡。阿衡欲干汤而无由,乃为有莘氏媵臣,《列女传》曰:汤妃,有莘氏之女。负鼎俎,以滋味说汤致于王道。或曰:伊尹,处士。汤使人聘迎之,五反然后肯往,从汤言素王及九主之事。《集解》:刘向《别录》曰九主者有法君、专君、授君、劳寄君、等君、破君、围君、三岁社君,凡九品,图画其形。汤举任以国政。伊尹去汤,适夏。既丑有夏,复归于亳。入自北门,遇女鸠、女房,作《女鸠》、《女房》。当是时,夏桀为虐政淫荒,而诸侯昆吾氏为乱。汤乃兴师,率诸侯。伊尹从汤。汤自把钺,以伐昆吾。遂伐桀。汤既胜夏,欲迁其社,不可,作夏社。伊尹报。徐广曰:一云"伊尹报政"。于是诸侯必服。汤乃践天子位。

---

* 据文廷式手稿。原稿一册,书衣有墨签曰"知过轩箸书之一"、"伊尹事录一卷"。卷首题"萍乡文廷式撰"。

又云:伊尹作《咸有一德》。

又云:汤崩,太子太丁未立而卒,于是乃立太丁之弟外丙。帝外丙即位,三年崩,立外丙之弟中壬。帝中壬即(为)〔位〕,四年崩。伊尹乃立太丁之子太甲。太甲,成汤(适)〔嫡〕长孙也。是为帝太甲。帝太甲元年,伊尹作《伊训》、作《肆命》、作《徂后》。帝太甲既立,三年不明,暴虐不遵汤法,乱德。于是伊尹放之于桐宫。郑元曰:地名也;有王离宫焉。三年,伊尹摄行政,当国以朝诸侯。帝太甲居桐宫三年,悔过自责,反善。于是伊尹乃迎帝太甲,而授之政。帝太甲修德,诸侯咸归殷,百姓以宁。伊尹嘉之,乃作《太甲训》三篇,褒帝太甲,称太宗。太宗崩,子沃丁立。帝沃丁之时,伊尹卒。既葬伊尹于亳。咎单遂训伊尹事,作《沃丁》。

《汉书·艺文志·道家》:《伊尹》五十一篇。汤相。《小说家》:《伊尹说》二十七篇。其语浅薄,似依托也。

《孙子·用间篇》:商之兴也,伊挚在夏。

《尸子》:汤问伊尹曰:寿可为邪?伊尹曰:王欲之,则可为。弗欲,则不可为也。《艺文类聚·人部》。

《吕氏春秋·本味篇》:汤得伊尹,祓之于庙,爝以爟火,衅以牺猳,明日设朝而见之。说汤以至味。汤曰:可得而为乎?对曰:君之国小,不足以具之。为天子然后可具。夫三群之虫,水居者腥,肉玃者臊,草食者膻。臭恶犹美,皆有所以。凡味之本,水最为始;五味三材,九沸九变,火为之纪,时疾时除。灭腥、去臊、除膻,必以其胜,无失其理。调和之事,必以甘、酸、苦、辛、咸,先后多少,其齐甚微,皆有自起。鼎中之变,精妙微纤,口弗能言,志弗能喻,若射御之微、阴阳之化、四时之数,故久而不弊、熟而不烂、甘而不哝、酸而不酷、咸而不减、辛而不烈、淡而不薄、肥而不腴。肉之美者:猩猩之唇;獾獾之炙;隽觾之翠;述荡之掔;旄象之约;流沙之西、丹山之南,有凤之丸,沃民所食。鱼之美者:洞庭之鱄;东海之鲕;醴水之鱼,名曰朱鳖,六足、有珠百碧;雚水之鱼,名曰鳐,其状若鲤而有翼,常从西海夜飞,游于东海。菜之美者:昆仑之苹;寿木之华;指姑之东、中容之国,有赤木、玄木之叶焉;余瞀之南、南极之崖,有菜,其名曰嘉树,其色若碧;阳华之芸;云梦之芹;具区之菁;浸渊之草,名曰土英。和之美者:阳朴之姜;招摇之桂;越骆之菌;鳣鲔之醢;大夏之盐;宰揭之露,其色如玉;长泽之卵。饭之美者:玄山之禾;不周之粟;阳山之穄;南海之秬。水之美者:三危之露;昆仑之井;沮江之丘,名曰摇水;曰山之水;高泉之山,其上有涌泉焉;冀州之原。果之美者:沙棠之实;常山之北、投渊之上,有百果焉,群帝所食;箕山之东、青岛之所,有甘栌焉;江浦之橘;云梦之柚;汉上石耳。所以致之马之美者:青龙之匹;遗风之乘。非先为天子不可得而具;天子不可强为,必先知道。道者,止彼在己。己成而天子成;天子成则至味具。故审近所以知远也,成己所以成人也。圣王之道,要矣,岂越越多业哉?

应劭注《上林赋》云:《伊尹书》曰,箕山之东、青鸟之所,有卢橘,夏熟。许慎《说文解字·禾部》引伊尹曰,饭之美者,元山之禾、南海之秏。

《汉书·律历志》引《伊训篇》曰:惟太甲元年十有二月乙丑朔,伊尹祀于先王诞资有牧方明。

汪中《述学》……①

① 原稿此处有夹签,云"章案:此当引《述学·内篇·明堂通释》文"。编按;此"章案"当系象山陈伯弢汉章氏所加之校语手迹,下同。

《鬻子》:汤之治天下也,得庆誧、伊尹、湟里且、东门虚、南门蝡、西门疵、北门侧,得七大夫佐以治天下,而天下治。二十七世,积岁五百七十六岁,至纣。

《孟子》:万章问曰:人有言伊尹以割烹要汤,有诸?赵注:人言伊尹负鼎俎而干汤,有之否。孟子曰:否,不然。伊尹耕于有莘之野,而乐尧舜之道焉。非其义也、非其道也,禄之以天下、弗顾也,系马千驷、弗视也。非其义也、非其道也,一介不以与人、一介不以取诸人。注:有莘,国名。汤使人以币聘之。嚣嚣然曰:我何以汤之聘币为哉?我岂若处畎亩之中、由是以乐尧舜之道哉?注:嚣嚣然,自得之志、无欲之貌。汤三使往聘之,既而幡然改曰:与我处畎亩之中、由是以乐尧舜之道,吾岂若使是君为尧舜之君哉?吾岂若使是民为尧舜之民哉?吾岂若于吾身亲见之哉?天之生此民也,使先知觉后知、使先觉觉后觉也。予,天民之先觉者也。予将以斯道觉斯民也,非予觉之而谁也!注:觉,悟也。思天下之民,匹夫匹妇有不被尧舜之泽者,若已推而内之沟中。其自任以天下之重如此。故就汤,而说之以伐夏、救民。吾未闻枉己而正人者也,况辱己以正天下者乎?圣人之行不同也,或远或近,或去或不去,归洁其身而已矣。吾闻其以尧舜之道要汤,未闻以割烹也。《伊训》曰:天诛造攻自牧宫,朕载自亳。注:《伊训》,《尚书》逸篇名。牧宫,桀宫。朕,我也,谓汤也。载,始也。亳,殷都也。言意欲诛伐桀,造作、可攻讨之罪者,从牧宫,桀起,自取之也。汤曰:我始与伊尹谋之于亳,遂顺天而诛之也。

《孟子·公孙丑篇》:汤之于伊尹,学焉而后臣之,故不劳而王。又曰:汤之于伊尹,则不敢召。

《论语·颜渊篇》:子夏曰:汤有天下,选于众,举伊尹,不仁者远矣。

按:此言“选于众、举伊尹”,盖有天下立于阿衡之事也。与《孟子》所述“三使往聘”,是别一时事,不相违异。

《孟子》:伊尹相汤,以王于天下。汤崩,太丁未立;外丙二年,仲壬四年。太甲颠复汤之典刑,伊尹放之于桐。三年,太甲悔过,自怨自艾于桐。处仁迁义,三年以听伊尹之训,已也复归于亳。注:太丁,汤之太子,未立而薨。外丙立二年、仲壬立四年,皆太丁之弟也。太甲,太丁子也。艾,治也。复归之于亳,及天子位也。

伪《孙疏》云:《史记》云外丙即位三年,盖不稽《孟子》之过。

《列女传》曰:汤妃有㜪,生仲壬、外丙,亦明教训,致其功。颂曰:汤妃有㜪,质行聪明。媵从伊尹,自夏适殷。勤壸治中,九嫔有行。化洽内外,亦无愆殃。

《尚书大传》曰:夏人饮酒,醉者持不醉者,不醉者持醉者,相和而歌曰:盍归于亳?盍归于亳上?亳亦大矣!故伊尹退而闲居,深听乐声,思其故也,是时伊尹(化)〔仕〕桀。更曰:觉兮、较兮,吾大命格兮。觉兮,谓先知者。较兮,谓直道者也。格,至也。吾,语桀也。去不善,日就善,何乐兮!伊尹入告于桀,曰:大命之亡有日矣。桀哑笑曰:天之有日,犹吾之有民也。日亡,吾亦亡矣。是以伊尹遂去夏适汤。《艺文类聚》十二。

《新序·刺奢篇》:桀作瑶台,罢民力、殚民财,纵靡靡之乐。群臣相持歌曰:江水沛沛兮,舟楫败兮。我王废兮,趣归薄兮,薄亦大兮。又曰:乐兮、乐兮,四牡跻兮,六辔沃兮。去不善而从善,何不乐兮!伊尹知天命之去,举觞而告桀曰:君王不听臣之言,亡无日矣。桀拍然而作,哑然而笑,曰:子何妖言!吾有天下,如天之有日也。日有亡乎？日亡，吾亦亡矣。于是接履而趣，遂适汤，汤立为相。故伊尹去夏入殷，殷王，而夏亡。

《孟子·告子篇》：孟子曰：五就汤、五就桀者，伊尹也。赵岐注曰：伊尹为汤见贡于桀，不用而归汤，汤复贡之，如是者五。思济民，冀得施行其道也。

按：注所言不合事理，所谓强为之辞也。伊尹曰"何事非君？"岂必汤贡之而后就桀哉？言五者，数之多，非必实五。

《鬼谷子·午合篇》：伊尹五就汤、五就桀，然后合于汤。

王褒《圣主得贤臣颂》：伊尹勤于鼎俎。

《金楼子·兴王篇》：伊尹、号阿衡。阿衡欲干汤而无由，乃为有莘氏媵臣，负鼎俎，以滋味说汤致于王道。汤谓之曰：自进，非道也。乃令还其本居，使人聘迎之。五反，然后从之。任以国政。白狼衔剑；有神，人身虎首，献玉镜；白狐九尾；诸国贡玉盘。入自北门，遇女房，作《女房之歌》。

案：此讹谬之说。以出于六朝，故录而辨之。"女房之歌"，《书·序》作"女鸠女房"。

又《后妃篇》云：汤妃，有娎氏之女也，殷汤娶为妃。生三子：太丁、仲壬、外丙，亦明教训，致其功。太丁早卒，丙、壬嗣登大位。妃领九嫔，后宫有序，咸无妒媢逆理之人。伊尹为之媵臣，与之入殷，卒致王功。君子谓"有娎明而有序"。

《鹖冠子·世兵篇》云：伊尹酒保。

《吕氏春秋·知度篇》，高诱注：庖人，即伊尹。

《求人篇》：伊尹，庖厨之臣也，上相天子。又《具备篇》：伊尹尝居于庖厨矣。

《说苑·杂言篇》:孔子曰:伊尹,有莘氏媵臣也。负鼎俎、调五味,而佐天子,则其遇成汤也。

《楚辞·天问》:初汤臣挚,后兹承辅。何卒官汤,尊食宗绪?

《史记·游侠列传》,太史公曰:伊尹负于鼎俎。

《文子·自然篇》:伊尹负鼎而干汤。

《墨子·所染篇》:汤染于伊尹、仲虺。

《尚贤上篇》:汤举伊尹于庖厨之中,授之政,其谋得。

《尚贤中篇》:伊挚,有莘氏女之私臣,亲为庖人。汤得之,举以为己相,与接天下之政、治天下之民。

《尚贤下篇》:昔伊尹为莘氏女师仆,使为庖人。汤得而举之,立为三公,使接天下之政、治天下之民。

又云:汤有小臣。

《贵义篇》云:昔者,汤将往见伊尹,令彭氏之子御。彭氏之子半道而问曰:君将何之?汤曰:将往见伊尹。彭氏之子曰:伊尹,天下之贱人也。若君欲见之,亦令召问焉,彼受赐矣。汤曰:非女所知也。今有药,此食之,则耳加聪,目加明,则吾必说而强食之。今夫伊尹之于我国也,譬之良医善药也。而子不欲我见伊尹,是子不欲吾善也。因下彭氏之子,不使御。

《楚辞·天问》:缘鹄饰玉,后帝是飨。何承谋夏,桀终以灭丧?朱子注:后帝,谓殷汤。言伊尹始仕因缘,烹鹄鸟之羹、修玉鼎以事汤。汤贤之,遂以为相,承用其谋,终以灭桀也。此即孟子所辨割烹要汤之说。帝乃降观,下逢伊挚。何条放致罚,而黎服大说?朱注:言汤观风俗而逢伊尹,遂用其谋伐桀于鸣条而放之。

《楚辞·离骚经》:汤禹俨而求合兮,挚皋繇而能调。王逸注:挚,伊尹名,汤臣也。言汤、禹至圣,犹敬承天道,求其匹合,得伊尹、咎繇,力能调和阴阳而安天下。

《孟子·尽心篇》曰:由汤至于文王,五百有馀岁。若伊尹、莱朱,则见而知之。赵岐注:伊尹,挚也。莱朱,一曰仲虺,《春秋传》曰:“仲虺居薛,为汤左相。”是则伊尹为右相;故二人等德也。

《吕氏春秋·本味篇》:有侁氏女子采桑,得婴儿于空桑之中,献之其君。其君命烰人养之。察其所以然,曰:其母居伊水之上,孕,梦有神告之曰,“臼出水而东走、毋顾”。明日,视臼出水,告其邻,东走十里,而顾其邑尽为水;身因化为空桑。故命之曰“伊尹”。此伊尹生空桑之故也。长而贤。汤闻伊尹,使人请之有侁氏。有侁氏不可;伊尹亦欲归汤。汤于是请取妇为婚,有侁氏喜,以伊尹媵女。

《尊师篇》:汤师小臣。高诱注:小臣,谓伊尹。

《说苑·尊贤篇》:邹子说梁王曰:伊尹,故有莘氏之媵臣也。汤立以为三公,天下之治太平。

《楚辞·天问》:成汤东巡,有莘爰极。何乞彼小臣,而吉妃是得?水滨之木,得彼小子。夫何恶之,媵有莘之妇?

《列子·天瑞篇》:伊尹生乎空桑。张湛注:《传记》曰,伊尹母居伊水之上既孕,梦有人告之曰,“臼出水而东走、无顾”。明日,视臼出水,告其邻,东走十里,而顾其邑尽为水;身因化为空桑。有莘氏女子采桑,得婴儿于空桑之中。故名之曰“伊尹”,而献其君。令庖人养之。长而贤,为殷汤相。

《吕氏春秋·慎大览》:桀为无道,汤乃惕惧,忧天下之不宁,欲令伊尹往视旷夏,恐其不信,汤乃亲自射伊尹。伊尹奔夏。三年,反报于亳。曰:桀迷惑于末嬉,好彼琬琰,高注:"琬",当作"婉",婉顺阿意之人。或作"琬琰",美玉也。不恤其众。众志不堪,上下相疾,民心积怨,皆曰:"上天弗恤,夏命其卒。"汤谓伊尹曰:若告我旷夏,尽如诗。注:诗,志也。汤与伊尹盟,以示必灭夏,伊尹又复往视旷夏,听于末嬉。末嬉言曰:今昔天子梦西方有日,东方有日,两日相与斗,西方日胜,东方日不胜。伊尹以告汤。商涸旱,汤犹发师,以信伊尹之盟。故令师从东方出于国,西以进,未接刃,而桀走。逐之,至大沙,身体离散,为天下戮。汤立为天子,夏民大说,如得慈亲。朝不易位,农不去畴,商不变肆。此之谓至公,此之谓至安,此之谓至信。尽行伊尹之盟,不避旱殃。祖伊尹,世世享商。

《书序》:伊尹去亳适夏。伪《传》:伊尹字氏,汤进于桀。既丑有夏,复归于亳,《传》:丑恶其政,不能用贤,故退还。入自北门,乃遇汝鸠、汝方,《传》:二人,汤之贤臣。作《汝鸠》、《汝方》。《传》:言所以丑夏而还之意。二篇皆亡。

《管子·轻重甲①篇》:女华者,桀之所爱也,汤事之以千金。曲逆者,桀之所善也,汤事之以千金。内则有女华之阴,外则有曲逆之阳,阴阳之议合,而得成其天子。此汤之阴谋也。

《说苑·君道篇》:汤问伊尹曰:三公、九卿、二十七大夫、八十一元士,知之、有道乎?伊尹对曰:昔者尧见人而知,舜任人然后知,禹以成功举之。夫三君之举贤,皆异道而成功,然尚有失者。况无法度、而任己直意用人,必大失矣。故君使臣自贡其能,则万

---

① "轻重甲"三字为朱书,而原稿全用墨书。当是陈汉章氏所书之补文。又,此处有夹签,上书"章案:'管子'下当有'轻重甲'三字",则知文氏手稿于"管子"下原空阙字。

一之不失矣。王者何以选贤?夫王者得贤材以自辅,然后治也。虽有尧舜之明,而股肱不备,则主恩不流,化泽不行。故明君在上,慎于择士,务于求贤。设四佐以自辅,有英俊以治官,尊其爵,重其禄,贤者进以显荣,罢者退而劳力,是以主无遗忧,下无邪慝,百官能治,臣下乐职,恩流群生,润泽草木。昔者虞舜左禹、右皋陶,不下堂而天下治,此使能之效也。

《说苑·臣术篇》:汤问伊尹曰:三公、九卿、大夫、列士,其相去何如?伊尹对曰:三公者,知通于大道,应变而不穷;辩于万物之情,通于天道者也。其言足以调阴阳,正四时,节风雨。如是者举以为三公。故三公之事,常在于道也。九卿者,不失四时,通于沟渠,修堤防,树五谷,通于地理者也。能通不能通,能利不能利,如此者举以为九卿。故九卿之事,常在于德也。大夫者,出入与民同众,取去与民同利。通于人事,行犹举绳、不伤于言,言之于世、不害于身。通于关梁,实于府库。如是者举以为大夫。故大夫之事,常在于仁也。列士者,知义而不失其心,事功而不独专其赏,忠政强谏而无有奸诈,去私立公而言有法度。如是者举以为列士。故列士之事,常在于义也。故道、德、仁、义定而天下正。凡此四者,明王臣而不臣。汤曰:何谓"臣而不臣"?伊尹对曰:君之所不名臣者四。诸父,臣而不名。诸兄,臣而不名。先王之臣,臣而不名。盛德之士,臣而不名。是谓大顺也。

又,汤问伊尹曰:古者所以立三公、九卿、大夫、列士者,何也?伊尹对曰:三公者,所以参五事也。九卿者,所以参三公也。大夫者,所以参九卿也。列士者,所以参大夫也。故参而有参,是谓"事宗"。事宗不失,外内若一。

《御览》二百六,《李固奏记》曰:汤问伊尹,公、卿、大夫,其相如何?伊尹对曰,三公智通大道、应变不穷者也。其言足以调阴阳、正四时、节风雨。非大罪不逊位。

《说苑·权谋篇》:汤欲伐桀,伊尹曰:请阻乏贡职,以观其动。桀怒,起九夷之师以伐之。伊尹曰:未可。彼尚犹能起九夷之师,是罪在我也。汤乃谢罪请服,复入贡职。明年,又不供贡职。桀怒,起九夷之师,九夷之师不起。伊尹曰:可矣。汤乃兴师,伐而残之,迁桀南巢氏焉。

案:《汉书·艺文志·兵权谋》,班固自注云"省《伊尹》"。是《七录》"兵权谋家"有《伊尹书》也。《说苑》此条,当出是书矣。

《逸周书·王会解》:伊尹朝献《商书》。不《周书》录,中以事类来附。孔晁注:王会(期)〔俱〕朝贡事,故令附合。廷式案:"不《周书》录",言本不在《周书》也。汤问伊尹曰:诸侯来献,或无马牛之所生,而献远方之物。事实相反,不利。今吾欲因其地势所有献之,必易得而不贵。其为四方献令。伊尹受命,于是为四方令曰:臣请正东符娄、仇州、伊虑、沤深、九夷、十蛮、越、沤、鬋〔发〕、文身,廷式案:九夷,见《论语皇侃疏孔注》;十者,东夷蛮越之称。请令以鱼支之鞞、□[①]鲗之酱、鲛瞂利剑为献;注:鞞,刀削。鲛,文鱼也。正南瓯邓、桂国、损子、产里、百濮、九菌,注:六者南蛮之别名。请令以珠玑、瑇瑁、象齿、文犀、翠羽、菌鹤、短狗为献;注:玑,似珠而小。菌鹤,可用为旌翳。短狗,狗之善者也。正西昆仑、狗国、鬼亲、枳已、阘耳、贯胸、雕题、离丘、漆齿,注:九者西戎之别名也。请令以丹青、白旄、纰罽、江历、龙角、神龟

---

① "□",原稿写作如此。按《逸周书》此处原缺字。

为献;注:江历,珠名。龙解角得也。正北空同、大夏、莎车、姑他、旦略、(貌)〔豹〕胡、(戎)〔代〕翟、匈奴、楼烦、月氏、孅犁、其龙、东胡,注:十(二)〔三〕者北狄之别名也。请令以橐驼、白玉、野马、駒駼、駃騠、良弓为献。汤曰:善。

《韩诗外传》卷三曰:有殷之时,谷生汤之廷,三日而大拱。汤问伊尹曰:何物也?对曰:谷树也。汤问:何谓而生于此?伊尹曰:谷之生泽,野物也。今生天子之庭,殆不吉也。汤曰:奈何?伊尹曰:臣闻妖者祸之先,祥者福之先。见妖而为善,即祸不至;见祥而为不善,则福不臻。汤乃斋解静处,夙兴夜寐,吊死问疾,赦过振穷。七日,而谷亡,妖孽不见,国家其昌。诗曰:畏天之威,于时保之。"解",一作"戒"。

《韩非子·难言篇》:上古有汤,至圣也。伊尹,至智也。夫至智说至圣,然且七十说而不受,身执鼎俎为庖宰,昵近习亲,而汤乃仅知其贤而用之。故曰:以至智说至圣,未必至而见受,伊尹说汤是也。

《尸子·仁意篇》:汤举伊尹于雍人。

东方朔《非有先生论》:伊尹蒙赐辱、负鼎俎、和五味,以干汤。

《庄子·庚桑楚篇》:汤以胞人笼伊尹。释文:胞,本又作庖。伊尹好厨,故汤用为庖人。

《抱朴子·时难篇》:伊尹干汤,至于七十。

《齐民要术·种谷篇》:《氾胜之书》区种法曰,汤有旱灾,伊尹作为区田,教民粪种,负水浇稼。区田以粪气为美,非必须良田也。

诸山陵近邑高危倾阪及丘城上皆可为区田。区田不耕旁地,庶尽地力。凡区种,不先治地,便荒地为之。以亩为率,令一亩之地长十八丈、广四丈八尺。当横分十八丈作十五町。町间分为十四道以通人行,道广一尺五寸。町皆广一丈五寸、长四丈八尺;尺直横鉴町作沟。沟一尺,深亦一尺,积穰于沟间,相去亦一尺。尝悉以一尺地,积穰不相受,令弘作二尺地以积穰。种禾黍于沟间,夹沟为两行,去沟两边各二寸半,中央相去五寸,旁行相去亦五寸。一沟容四十四株,〔一亩〕合万五千七百五十株。种禾黍,令上有一寸土,不可令过一寸,亦不可令减一寸。凡区种麦,令相去二寸一行,一沟容五十二株,一亩凡四万五千五百五十株。麦上土令厚二寸。凡区种大豆,令相去一尺二寸,一沟容九株,一亩凡六千四百八十株。禾一斗有五万一千余粒,黍亦少此少许。大豆一斗一万五千余粒。区种荏,令相去三尺;胡麻,相去一尺。区种,天旱常溉之,一亩常收百斛。上农夫区方深各六寸,间相去九寸,一亩三千七百区,一日作千区。区种粟二十粒,美粪一升,合土和之,亩用种二升。秋收,区别三升粟,亩收百斛。丁男长女治十亩,十亩收千石。岁食三十六石,支二十六年。中农夫区方九寸、深六寸,相去二尺。一亩千二十七区,用种一升,收粟五十一石。一日作三百区。下农夫区方九寸、深六寸,相去二尺。一亩五百六十七区,用种六升,收二十八石。一日作二百区。谚曰:"顷不比亩善",谓多恶不如少善也。昔兖州刺史刘仁之,老成懿德,谓予言曰:昔在洛阳,于宅田,以七十步之地,域为区田,收粟三十六石。然则一亩之收,有过百石矣。少地之家,所宜遵用也。区中草生,茇之。区间草,以刬刬之。若以锄锄苗长不能耘之者,以钊镰比地刈其草矣。

《诗·商颂·长发》:昔在中叶,有震且业。允也天子,降予卿士。《传》:叶,世也。业,危也。《笺》云:中世,谓相土也。震,犹威也。相土始有征伐之威,以为子孙讨恶之业。汤遵而兴之,信也,天命而子之。予之卿士,谓生贤佐也。实维阿衡,实左右商王。《传》:阿衡,伊尹也。左右,助也。《笺》云:阿,倚;衡,平也。伊尹,汤所依倚而取平,故以为官名。商王,汤也。正义:伊,是其氏;尹,正也。言其能正天下,故谓之伊尹。阿衡,则其官名也。

《书·君奭》:昔成汤既受命,时则有若伊尹,格于皇天;在太甲,时则有若保衡。伪《孔传》:太甲继汤,时则有如此伊尹,为保衡,言天下所取安、所取平。正义曰:诸子传记太甲大臣,惟有伊尹,知即保衡也。

廷式案:"格于皇天",即殷礼陟配天也。《盘庚》云"尔祖其从与享之",《楚辞》云"尊食宗绪"。盖殷人以汤配天,而以伊尹从祀,由此可推矣。《史记·燕召公世家》,"格",作"假"。

《吕氏春秋·先己篇》:汤问于伊尹曰:欲取天下,若何?伊尹对曰:欲取天下,天下不可取;可取,身将先取。高诱注:言不可取天下,身将先为天下所取也。凡事之本,必先治身。啬其大宝,用其新,弃其陈,腠理遂通,精气日新,邪气尽去,及其天年。此之谓"真人"。

廷式案:此言"天下不可取;可取,身将先取",即老子所谓"爱以身为天下,乃可以寄于天下"也。言"啬其大宝",即老子所谓"治人事天、莫如啬"也。此真道家《伊尹书》之遗言也。

《吕氏春秋·古乐篇》:汤率六州以讨桀罪,功名大成,黔首安宁。汤乃命伊尹作为《大护》,歌《晨露》,修《九招》、《六列》,以见其善。

《书序》:伊尹作《咸有一德》。郑元注:"伊陟臣扈曰"下,阙《咸有一德》,已逸。孙星衍疏曰:《尧典》云。孔以《咸有一德》次《太甲》后、第四十。郑以为在《汤诰》后、第三十二。案:《殷本记》亦在《汤诰》后。伪《传》系之太甲时,误也。郑注见《尧典正义》。

《礼记·缁衣》,引《尹吉》曰:惟尹躬及汤,咸有一德。郑注:"吉",当为"告",古文"诰"字之误也。《尹告》,伊尹之诰也。《书》以为《咸有壹德》,今亡。咸,皆也。君臣皆有壹德不贰,则无疑惑也。

又《尹吉》曰:尹躬天见于西邑夏,自周有终,相亦惟终。郑注:《尹吉》,亦《尹诰》也。"天",当为"先"字之误。忠信为周;相,助也。谓臣也。伊尹言尹之先祖见夏之先君臣,皆忠信以自终。今天绝桀者,以其自作孽。伊尹始仕于夏,此时就汤矣。夏之邑,在亳西。"见",或为"败","邑",或为"子"。

《书序》:成汤既没,太甲元年,伊尹作《伊训》、《肆命》、《徂后》。史迁说:太甲,成汤嫡长孙也。郑康成曰:《肆命》者,陈政教所当为也。《徂后》者,言汤之法度也。《伊(尹)〔训〕》逸,《肆命》逸,《徂后》亡。郑注见《史记集解》。

《尧典正义》郑注"典宝"引《伊训》云:载孚在亳,征自三朡。

《书序》:太甲既立,不明。伊尹放诸桐。三年,复归于亳,思庸。伊尹作《太甲》三篇。

《礼记·表记》引《太甲》曰:民非后,无能胥以宁。后非民,无以辟四方。

《缁衣》引《太甲》曰:毋越厥命以自覆也。若虞机张往,省括于度,则释。郑注:越之言蹷也。厥,其也。覆,败也。言毋自颠女之政教以自毁败。虞,主田猎之地者也。机,弩牙也。度,谓所拟射也。虞人之射禽,弩已张从机间,视括与所射参、相得,乃后释弦发矢。为政亦当以己心参与群臣及万民,可,乃后施也。

《大学》引《太甲》曰:顾(视)〔諟〕天之明命。郑注:顾,念也。諟,犹正也。"諟",或为"题"。

《孟子·公孙丑篇》引《太甲》曰:天作孽,犹可违;自作孽,不可活。

《书序》:伊尹相汤伐桀,升自陑,遂与桀战于鸣条之野。郑康成曰:鸣条,南夷地名。作《汤誓》。

杜预《春秋后序》曰:《纪年》又称殷仲壬即位,居亳,其卿士伊尹。仲壬崩,伊尹放大甲于桐,乃自立也。伊尹即位于大甲十年。大甲潜出自桐,杀伊尹,乃立其子伊陟、伊奋,命复其父之田宅而中分之。《左氏传》:伊尹放大甲,而相之卒无怨色。然则大甲虽见放,还杀伊尹,而犹以其子为相也。此为大与《尚书》叙说大甲事乖异。不知老叟之伏生或致昏忘?将此古书亦当时杂记、未足以取审也?

《正义》曰:《竹书》说伊尹传之事,与《书序》大乖。明是《竹书》不可尽信。

《琐语》曰:仲壬崩,伊尹放太甲,乃自立四年。《太平御览》八十三。

杜预《春秋后序》曰:《纪年》称殷仲壬即位,居亳,其卿士伊尹。仲壬崩,伊尹放太甲于桐,乃自立也。伊尹即位于太甲七年。太甲潜出自桐，杀伊尹。《御览》八十三①。

案：此魏晋间人嫉曹氏之代汉、司马氏之代魏，故为此言。其言太甲杀伊尹，则隐斥汉献帝、魏高贵乡公之事也。稽叔夜非尧舜、薄汤武，亦正此意。所南《心史》，或假托于后人；张俨《默记》，终流传于江表，盖有由矣。读书者当心知其意，勿以倘设之辞、厚诬古圣也。

王伯厚《困学纪闻》卷二云：伊尹之始终，《书序》备矣。陆士衡《豪士赋序》"伊生抱明允以婴戮"，盖惑于《汲冡纪年》之妄说也。皇甫谧云：伊尹，百有馀岁。

《帝王世纪》曰：太甲反位，又不怨故，更尊伊尹曰"保衡"。即《春秋传》所谓"伊尹放太甲、卒为明王"是也。太甲修政，殷道中兴，号曰"太宗"。孔藂所谓"忧思三年、追悔前愆、起而即政、谓之明王"者也。一名祖甲，享国三十三年，年百岁。《御览》八十三。

《汉官仪》云：殷太甲时，伊尹为太保。《初学记》卷十一。

《汉书·古今人表》，"伊尹"列第二等"仁人"。

太史公《素王妙论》曰：管子设轻重九府，行伊尹之术，则桓公以霸，九合诸侯，一匡天下。《太平御览》四百七十二。

《易坤灵图》曰：汤臣伊尹，振乌陵。《文选》李康《运命论》，《注》。

① 此条原稿加有标记，似以重复而考虑删弃；但下文案语并与此条内容有关。故仍录作正文。

《尚书大传》:伊尹母方孕,行汲,化为枯桑。其夫寻至水滨,见桑穴中有儿,乃收养之。《锦绣万花谷》前集卷十。

《物异志》:齐景公伐宋,过泰山,梦见二人怒。公恐,谓泰山之神。晏子以宋祖汤与伊尹,为言其状:汤晰容多髭须,伊尹黑而短。即所梦也。《太平广记》二百九十一。

《鲁连子》曰:伊尹负鼎佩刀以干汤,得意,故尊宰舍。《文选》卷五十一《非有先生论》,《注》。

《事物纪原》:《汤液经》,出于商伊尹。皇甫谧曰:仲景论伊尹《汤液》,为十数卷。

廷式案:王勃《黄帝八十一难经序》云:"昔者岐伯以授黄帝,黄帝历九师以授伊尹,伊尹以授汤。"其说不知所本,疑亦出《帝王世纪》也。

《列仙传》曰:务光,夏时人也。耳长七寸,好鼓琴、服菖蒲韭根。汤将伐桀,谋于光。光曰:非吾事也。汤曰:伊尹何如?务光曰:强力忍诟,不知其他。《世说·巧艺篇·注》。

案:此本之《庄子·让王篇》。

《春秋公羊》桓十一年《传》:古人之有权者祭仲之权是也。何休注:古人,谓伊尹也。汤孙太甲骄蹇乱德,诸侯有叛志。伊尹放之桐宫,令自思过。三年而复成汤之道。前虽有逐君之负,后有安天下之功。

《水经·伊水篇·注》:昔有莘氏女采桑于伊川,得婴儿于空桑中。言其母孕于伊川之滨。梦神告之曰:臼水出而东走。母明视而见臼水出焉,告其邻居而走。顾望其邑,咸为水矣。其母化为空桑,子在其中矣。莘女取而献之,命养于庖。长而有贤德。殷以为尹,曰"伊尹"也。

《北堂书钞》卷十七引《韩诗》:命伊尹歌《晨露》。

又《书钞》一百五十一引《百两篇》曰:伊尹死,大雾三日。

《古文琐语》曰:齐景公伐宋。至曲陵,梦见有短丈夫宾于前。晏子曰,君所梦何如哉?公曰,其宾者甚短,大上小下,其言甚怒,好俛。晏子曰,如是,则伊尹也。伊尹甚大而短,大上小下,赤色而髯,其言好俛而下声。公曰,是矣。晏子曰,是怒君师,不如违之。遂不果伐宋。《太平御览》三百七十八。

案:此亦《琐语》之词,言伊尹神灵千载卫宋,是忠于殷之盛者。然则其生时必不自立而见杀于太甲也。盖一书又自相矛盾矣。

又案:《御览》三百九十九引《晏子春秋》曰:景公举兵将伐宋,过太山。公梦见二丈夫意怒甚盛。公问占梦。曰师过太山、不用事,太山神怒也。公问晏子。晏子曰,非太山之神也。宋之先,汤与伊尹也,汤修以长髯,兑上而丰下,倨身高声;伊尹短,蓬头而髯,丰上兑下,偻身下声。公曰,然。《琐语》盖本此而附会之[1]。

---

① 此处有夹签,上书:"章案:引书通例,今所有者不必征及类书。如晏子说汤、伊尹,明见今《内篇·谏上》,何必引《御览》?或引《御览》,必校同异可也。"是亦陈汉章氏之批语也。

桓谭《新论》曰：昔殷之伊尹、周之太公、秦之百里奚，虽咸有天才，然皆年七十馀，乃升为王霸师。《御览》四百四。

《抱朴子》曰：伊尹黜太甲，终于受戮，大雾三日。《抱朴子·良规篇》。

案：此亦本汲冢书之谬说。又，下文云，"王莽之徒生其奸变，外引旧事以饰非，内包豺狼之祸心，由于伊、霍，基斯乱也。将来君子，宜深鉴矣"。是亦借古以警今，近戒王敦，非远规元圣也。

柳仲涂《河东集·太甲诛伊尹论》曰：汲冢书《纪年》称伊尹放太甲于桐，尹乃自立，暨即位于太甲七年。太甲潜出自桐，杀伊尹。乃立其子伊陟、伊奋，命复其父之田宅而中分之。杜氏注《春秋左氏经传》既终，始获是书，因纪于后云云。柳氏此《论》，引《书序》、《史记》以折《纪年》，是也；而多引伪古文之说参杂其间，故不悉录。然其篇末云"呜呼！君子常谓慎其所为也，盖惧其若此之惑于后也"，则与《抱朴子》之意略同，即孟子所言"有伊尹之志则可"者也。

刘绍《先圣本纪》曰：伊尹耕于有莘之野，王驰往见之。彭氏子谏曰，伊尹，贱人，可徙致之，君无辱车乘。王曰，夫一草之本可已天子病者，天子犹欣喜食之。子诚不欲药人病也。遂黜彭氏之子。《御览》四百七十四。

案：成汤见尹之时，何得遽称"天子"？绍之所纪，盖□《墨子》而误者也。

伏滔《北征记》曰：博望城内有成汤、伊尹冢，今皆为邱。《太平御览》卷五十三。

《书序》:作《帝告》、《厘沃》。《正义》云《汉书音义》臣赞云,己氏有伊尹冢。杜预云,梁国蒙县北有亳城,城中有成汤冢,其西又有伊尹冢。

《孟子·尽心篇》:公孙丑曰:伊尹曰予不狎于不顺,放太甲于桐,民大悦;太甲贤,又反之,民大悦。贤者之为人臣也,其君不贤,则固可放与?赵注:丑怪伊尹贤者而放其君,何也。孟子曰:有伊尹之志则可,无伊尹之志则篡也。注:人臣秉忠志,若伊尹欲宁殷国,则可放恶,而不即立君宿,留冀改而复之。如无伊尹之忠,见闻乘利,篡心乃生,何可放也。

廷式案:孟子曰"民为重、社稷次之、君为轻"。伊尹之放太甲,同此义也[①]。孟子曰"有伊尹之志则可",言尹志在爱民,无贪天下之心。注以为"秉忠志",于义似隘。

《春秋》襄二十一年《左氏传》:祁奚曰,伊尹放太甲,而相之卒无怨色。杜注:太甲,汤孙也,荒淫失度。伊尹放之桐宫,三年改悔而复之,而无怨心。

《孟子·万章篇》:伊尹曰,何事非君?何使非民?治亦进,乱亦进。曰,天之生斯民也,使先知觉后知,使先觉觉后觉。予,天民之先觉者也,予将以此道觉此民也。思天下之民,匹夫匹妇有不与被尧舜之泽者,如己推而内之沟中。其自任以天下之重也。孟子曰:伊尹,圣之任者也。

廷式案:孟子于伯夷、柳下惠,皆言闻其风者,于伊尹独不言。盖"任"则及身加民,又非人所能效。效之不善,则成任侠之弊也。

---

① "同此义也",初作"君为轻也"。

老子曰:夫道,非以明民,将以愚之。秦汉以(前)〔来〕[1],先用法术,继尊黄老,愚民之术日益工,中国之弊日益甚。惟孟子之述伊尹,独言“觉民”。四千年(前)〔来〕,以开民智为己任者,一人而已。称之以“圣”,夫何愧焉![2]

《春秋演孔图》曰:伊尹大而短,赤色而髯,好俛而下声。《太平御览》三百八十八。

《荀子·非相篇》:伊尹之状,面无须麋。“麋”与“眉”同。

《易林·无妄之小过》云:伊尹智士,去桀耕野,执顺以强,天祐无咎。

《逸雅》:“承尘”,施于上,承尘土也。伊尹制[3]。

《汉书·东方朔传》:“伊尹为少府。”颜注曰:伊尹善烹割,(大)〔天〕官属少府,故令作之也。

伊尹为庖说[4]

《史记·殷本记》言伊尹名阿衡,欲干汤而无由,乃为有莘氏媵臣,负鼎俎,以滋味说汤。

---

① “前”字旁,画有朱圈,并旁书有朱笔“来”字。当亦为陈汉章氏校改之文字。

② 此页有夹签,上书:“章案:‘秦汉以前’,‘前’字误,当作‘来’字或‘后’字。又案:黄帝明民,老子愚民,此黄、老之学不容混为一谈者。”

③ 此页有夹签曰:“章案:郎奎金刻《五雅》,改《释名》为《逸雅》。《释名》本文无‘伊尹制’三字。”

④ 《伊尹为庖说》一篇,原稿为散页二纸,夹附于《伊尹事录》稿册内、正文之末。似是文氏欲以之为《事录》之附篇者,故并录于此。

考《孟子·万章篇》载章问尹以割烹要汤;《韩非子·说难篇》言伊尹为庖,《难言篇》又言自执鼎俎为庖宰;《墨子·尚贤篇》言成汤举伊尹于庖厨之中;《庄子·庚桑楚篇》言汤以胞人宠伊尹;《鲁连子》言伊尹负鼎佩刀干汤;《文子》言伊尹负鼎干汤。均《文选注》引。均伊尹为庖人之说。

又考《墨子·尚同中篇》云:伊挚,有莘氏之媵臣,亲为庖人。《下篇》作:伊尹为莘氏女师仆,使为庖人。《列女传》一,《汤妃有㜪传》云:媵从伊尹。均与《史记》为媵臣说合。

又考《吕氏春秋·本味篇》,言有侁氏女子采桑,得婴儿于空桑中,其君令烰人养之,命之曰伊尹。节引。汤闻伊尹,使人请之有侁氏,有侁氏不可;伊尹亦欲归汤。汤于是请取妇为婚,有侁氏喜,以伊尹为媵女。又言汤得伊尹,明日设朝、见之礼,各本作“明日设朝而见之”。此从《书钞》一百四十二引。说汤以至味。其所载尹语,盖本古《伊尹书》,故应邵引“箕山之东”数语,《史记·司马相如传》,《索隐》引。均以《伊尹书》为称。《说文》引“饭之美者”二语,亦称“伊尹曰”。然观吕书所载,则尹有“媵女”及“说汤至味”事,无“身为庖人”之事也。

因思尹为媵臣,《墨子》称“为女师仆”,即阿保。古人训“保”为“养”,故养育婴儿者谓之“保”,如《列女传》所载“鲁孝义保”是,而女师亦为保。《列女传》卷四言伯姬待保傅;《后汉书·崔寔传》,注云:阿保,谓傅母。均即女师之保也。伊尹以媵臣为女师,故称“保人”。嗣称“阿衡”,“阿”,亦“阿保”之“阿”。“阿”之正字作“娿”,《说文》引杜林说云:女师也。尹为汤相,仍沿“阿保”之称,故《周书·君奭篇》称“保衡”。后世因之,遂以“保”为三公之称。

“保”、“包”,二音之字,古籍互通,音靡区别。观“葆”训“草盛”,《说文》。“泡”亦训“盛”;《方言》二。“苞”训为“本”,《小尔雅广言》。“葆”训亦同;《广雅释诂》二。“罦”或作“罩”,与“保”均从“孚”声。皆其征矣。

古祟口说。“包”、“保”音同,故为“保”、为“包”,书无定字。诸子著书,习闻伊尹说汤至味事,遂以“保”为“庖厨”之“庖”,而负鼎执刀之说兴。《墨子》、《史记》,并载“媵女”,“为庖”二事,亦以“保”、“庖”书无定字,故两著其词。若吕书“令烰人养之”,“烰”,亦“保”字,此即养育婴儿之保也。“孚”、“保”古通;与《左传》庄六年“卫俘”,《公》、《榖》作“宝”,《繁露》作“葆”者,同例。高注以“庖人”为训,则由伊尹为庖事迻及之,不足信也。

循此例而递推之,则知古说互歧,恒由语凭口说,易由同音之字横生殊解。明于声转,则疑义豁通矣。

又案:《鹖冠子·世兵篇》云,“伊尹酒保”。书虽晚出,然语恒有本,盖“伊尹为庖”古籍必有作“保”字者。又记。

逸　　书*

《周书》曰：皇天无亲，惟德是辅。又曰：黍稷非馨，明德惟馨。又曰：民不易物，惟德繄物。僖五年《传》①。

《夏书》曰：地平天成。僖二十四年。

《夏书》曰：皋陶迈种德。庄八年《传》。

《夏书》曰：戒之用休，董之用威，劝之以九歌，勿使坏。九功之德，皆可歌也，谓之"九歌"。六府三事，谓之"九功"。水、火、金、木、土、谷，谓之"六府"。正德、利用、厚生，谓之"三事"。文七年《传》。

《太誓》所谓"商兆民离，周十人同"者，众也。成二年《传》。

《周书》曰：不敢侮鳏寡。成八年《传》。

《周书》曰：惟命不于常。成十六年《传》。

《夏书》曰：怨岂在明，不见是图。成十六年《传》。

《夏书》曰：成允成功。襄五年《传》。

《书》曰：居安思危。襄十一年《传》。

《夏书》曰：遒人以木铎徇于路，官师相规，工执艺事以谏。正月孟春，于是乎有之。襄十四年《传》。

---

* 据文廷式手稿。原稿一册，封面有墨书题签曰"逸书"。

① "《传》"，按系指《左传》；本篇下有"《传》"者皆同。

仲虺有言曰:亡者侮之,乱者取之;推亡固存,国之道也。襄十四年《传》。

《夏书》曰:念兹在兹,释兹在兹,名言兹在兹,允出兹在兹,惟帝念功。襄二十一年《传》。

《书》曰:圣有謩勋,明征定保。襄二十一年《传》。

《夏书》曰:念兹在兹。襄二十三年《传》。

《书》曰:慎始而敬终,终以不困。襄二十五年《传》。

《夏书》曰:"与其杀不辜,宁失不经。"惧失善也。襄二十六年《传》。

《仲虺之志》云:乱者取之,亡者侮之,推亡固存,国之利也。襄三十年《传》。

《太誓》曰:民之所欲,天必从之。襄三十一年《传》。又,昭元年《传》。

《周书》数文王之德曰:"大国畏其力,小国怀其德。"言畏而爱之也。襄三十一年《传》。

《书》曰:圣作则。无宁以善人为则,而则人之辟乎?昭六年《传》。

周文王之法曰:有亡荒阅。昭七年《传》。

昔武王数纣之罪,以告诸侯曰:纣为天下逋逃主萃渊薮。昭七年《传》。

"筮袭于梦",武王所用也。昭七年《传》。

《周书》曰:"惠不惠,茂不茂。"康叔所以服弘大也。昭八年《传》。

《书》曰:欲败度,纵败礼。昭十年《传》。

《夏书》曰:"昏墨贼杀。"皋陶之刑也。昭十四年《传》。

《夏书》曰:"辰不集于房,瞽奏鼓,啬夫驰,庶人走。"此月朔之谓也，当夏四月，谓之孟夏。昭十七年《传》。

在《康诰》曰，父子兄弟，罪不相及。昭二十年《传》。此非逸《书》篇名，以其词句之异，录之。

《太誓》曰：纣有亿兆夷人，亦有离德。余有乱臣十人，同心同德。昭二十四年《传》。

《郑书》有之曰：恶直丑正，实蕃有徒。昭二十八年《传》。附录。

管、(叔)〔蔡〕启商，惎间王室。王于是乎杀管叔而蔡蔡叔，以车七乘，徒七十人。其子蔡仲，改行帅德。周公举之，以为己卿士；见诸王，而命之以蔡。其命书曰："王曰：胡！无若尔考之违王命也！"。定四年《传》。

《夏书》曰：惟彼陶唐，帅彼天常，有此冀方。今失其行，乱其纪纲，乃灭而亡。又曰：允出兹在兹，由己率常可矣。哀六年《传》，孔子引《书》。

《夏书》曰：官占，唯能蔽志，昆命于元龟。哀十八年《传》。

《书》曰：天降下民，作之君，作之师。惟曰其助上帝，宠之四方。有罪无罪惟我在，天下曷敢有越厥志！《孟子》。

《书》曰：汤一征，自葛始，天下信之。东面而征、西夷怨，南面而征、北狄怨。曰"奚为后我？"①

《书》曰：徯我后？后来其苏！

《太甲》曰：天作孽，犹可违；自作孽，不可活。

① 按：此条及以下二条，亦皆引录自《孟子》。

元太常集礼辑本序*

《唐开元礼》、《宋太常因革礼》、《大金集礼》，今皆具有成书。惟元人礼书，世无传本。学者亦罕及之。余于《永乐大典》辑得《元太常集礼》一卷，皆诸帝谥册文。备录于此，注《元史》者，当有采焉。

---

* 据《纯常子枝语》。按该辑本卷尾有文氏跋，谓系自“《永乐大典》卷一万三千三百五十一二寘韵谥字下”录得。

梓人遗制辑本小引*

中国工艺之书,《营造法式》而外,世不多见,惟元人有《梓人遗制》四卷,存《永乐大典》中。余当时匆匆一过,未遑钞录也。今经庚子兵燹之后,恐世间竟无传本矣,姑据昔所摘录者,附于左方。

* 据《纯常子枝语》。按《梓人遗制》,薛景石(字叔矩,元河中万泉人)撰。

梓人遗制辑本按语*

廷式按，此书载《永乐大典》卷一万八千二百四十五，图说明晰，叙次雅赡，匠氏之佳书也①。匆匆未能尽录。仅录段《序》②一篇；其书之可采者，间录一二如左。

序文前作"是石"，后作"景石"，"是"字误也③。

"段成己"④，即入《二妙集》者，世皆知为金人，以此《序》考之，则入元久矣。

---

* 据《纯常子枝语》。

① 薛景石夙习木工而智思，其所制作不失古法而间出新意，砻断馀暇，求器图之所自起，参以时制而为之图，撰此《梓人遗制》四卷。取数凡一百一十条。每一器必离析其体而缕数之，分则各有其名，合则共成一器，规矩尺度，各疏其下。故文廷式赞评曰图说明晰，叙次雅赡，匠氏之佳书也。

② "段《序》"，指《梓人遗制》书首之段成己所题序言，撰于元"中统癸亥十二月既望"。

③ 段《序》中，对于《梓人遗制》作者之名，前记为"是石"，后记为"景石"。故文廷式考证指出，"是"字误也。

④ "段成己"，即为《梓人遗制》题序者，自署作"稷亭段成己"。

文氏世录零稿*

史梦兰《止园笔谈》五:新安吴楞香苑为大司成时,于大学启圣祠土中,获元题名碑三。一为至正十一年进士题名,记蒙古、色目列三甲,状元为朵列图;汉人、南人列三甲,状元为文允中;皆无榜眼、探花。

* 据文廷式手稿。原稿于此条天头有眉批曰:“入《文氏世录》。”今题为编者代拟。

读史随录*

《史记》:

秦文公十三年,初有史以纪事。《秦本纪》。惠文君十四年,更为元年。孝文王元年,赦罪人。

《始皇本纪》,"注"引《广州记》云"五岭者,大庾、始安、临贺、揭(阳)〔杨〕、桂阳";《舆地志》云"一曰台岭,(一)〔亦〕名塞上,今名大庾;二曰骑田;三曰都(龙)〔庞〕;四曰萌诸;五曰越岭"。

《高祖纪》:攻下邑,拔之。《索隐》曰:范晔云"得城为拔"。始大人常以臣无赖。"大人"之称,盖始此。

孝惠元年夏,诏赐郦侯父追谥为令武侯。《吕后纪》。追谥,殆始此。追(封)〔尊〕郦侯父为悼武王。

事在《吕后》语中。《文帝纪》。十七年,更为元年。匈奴背约入盗,然令边备守,不发兵深入。【此即讥武帝也。】文帝年四十七。在位廿三年。

景帝年四十八,葬阳陵。在位十六年。

《三代世表》云:余读牒记。《十二诸侯年表》云:太史公读《春

---

* 据文廷式手稿。原稿一册,封面有文氏自题墨签"读史随□"四字,末一字残,似是"录"字。故代为补拟,题作"读史随录"。手稿中间有眉批、旁批,今据意插录入正文内,用小五号书宋体加黑鱼尾括号,以示区别。

秋历谱牒》。《索隐》曰:杜元凯作《春秋长历》及《公子谱》,盖因于旧说。孔子西观周室,论史记旧闻。左丘明因孔子史记成《左氏春秋》。

《十二诸侯年表》:晋穆侯弗〔生〕十年,以千亩战。生仇弟成师。二子名反,君子讥之。后乱。平王元年、秦襄公八年,七年,始列于诸侯。初立西畤,祠白帝。按:《十二诸侯年表》,盖不数周、鲁。“日食”、“地震”,皆书于“鲁”,可见。隐公五年,公观鱼于棠,君子讥之。八年,易许田,君子讥之。桓公二年,宋赂〔以鼎〕,入于太庙,君子讥之。三年,翚迎女,齐侯送女,君子讥之。釐公十五年五月,日有食之,不书,史官失之。于各国书孔子(来)〔卒〕。《索隐·赞》曰:起自共和,(讫)〔终〕于孔子。

《六国表》云:太史公读《秦记》。《六国表》不数秦。

《江表传》曰:孙权乘飞云大船,与张昭、秦松、鲁肃十馀人共道。周瑜大宴会,叙别。昭等皆出,权独与刘备留语。因言次叹瑜曰:“公瑾文武筹略,万人之英,顾其器量远大,恐不久为人臣耳。”《御览》四百八十九。五百六十七,又引一条。

《六国表》:魏文(公)〔侯〕十八年,文侯受经子夏。过段干木之间常式。二十二年,魏、韩、赵始列为诸侯。魏惠王三十五年,孟子来。

《秦楚之际月表》曰:太史公读秦楚之际。

《诸侯年表》:(庐江)〔中山〕康王昆侈元年。《索隐》曰:“萧该云《谥法》好乐怠政曰康。《汉书》作‘穅’。昆侈,名。”此萧该遗说之仅存者。

《高祖功臣侯年表》,《索隐》曰“姚氏〔曰〕”云云。此姚察说之仅存者。

《高祖功臣侯表》:“阳陵侯傅宽。”《索隐》曰:“阳陵县属冯翊。”按:宽封侯,在高帝时。冯翊之阳陵,《汉书·地理志》云景帝二年更名,与《景纪》合。宽所封似别一地也。“广严”,《索隐》曰:《晋书地道记》,广县在东莞。《索隐》曰:令,县名,在荥阳。出《晋地道记》。“阳都”,《索隐》曰:《汉志》阙;《晋书地道记》,属琅琊。“蒯成”,《索隐》曰:《汉志》阙;《晋书地道记》,属北地。“厌次”,《索隐》曰:《汉志》阙;《晋书地道记》,属平原;后乃属乐陵国〔也〕。离侯邓弱,失此侯所起及所绝。《索隐》据《汉表》补之。“慎阳”,《索隐》曰:属汝南。如淳曰:“音‘震’。”阚骃云:“合作‘滇阳’;永平五年,失印更刻,遂误以‘水’为‘心’。《续汉书》作‘(须)〔滇〕阳’也。”此疑刻书之始也。“土军侯”,“注”引包恺说。“平州”,《索隐》曰:《汉志》阙;《晋书地道记》,属巴郡。“戚”,《索隐》曰:《汉志》阙:《晋书地道记》,属东海。

吴处厚《青箱杂记》云:前世有翰林学士。本朝咸平中,复置翰林侍读学士,以杨徽之、夏侯峤、吕文仲为之;又置翰林侍讲学士,以邢昺为之。则翰林侍读与侍(读)〔讲〕学士自杨徽之、邢昺等始也。

又云:景德中,上欲优宠王钦若,乃特置资政殿学士以处之。既而有司定议,班在翰林学士下。寻又置资政殿大学士,亦以钦若为之,而班在翰林承旨之上。则资政殿学士与大学士皆自王钦若始也。

又云:后唐明宗不知书,每四方章奏止,令枢密使安重诲读之,而重诲亦不晓文义。宰相孔循请置端明殿学士二员,班在翰林学士上，以冯道、赵凤为之。则端明〔殿〕学士自冯道、赵凤始也。国初亦尝置此职，而班在翰林学士之下；寻改建。明道初，复改“承明”为“端明”，再置端明殿学士，而在资政殿学士下，以宋绶为之。则本朝端明殿学士自宋绶始也。

又云：本朝太宗御书及典籍图画、宝瑞之物，并藏龙图阁，而阁有学士、直学士、待制。故景德初，杜镐、戚纶为龙图阁待制。不数年，镐迁龙图阁直学士，班在枢密直学士下。至祥符中，镐又迁龙图阁学士，而班在枢密直学士上。则本朝龙图阁待制、直学士、学士皆自镐始也。又祥符末年，以崇文院检讨冯元为太子中允，直龙图阁。则本朝直龙图阁自元始也。

本朝真宗御集、御书，并藏于天章阁。天圣末，始置待制，以范讽为之。景祐中，又置侍讲，以贾昌朝、赵希言、王宗道为之。则本朝天章阁待制、侍讲自范讽、贾昌朝等始也。

昭文馆，本前世弘文馆。建隆中，以其犯宣祖庙讳，改焉。至淳化初，以吕祐之、赵昂、安德裕、句中正并直昭文馆。则本朝【当有“直”字。】昭文馆自吕祐之等始也。

集贤有直院、有校理。端拱初，以李宗谔为集贤校理。淳化初，以和𡺳为直集贤院。则本朝直集贤、校理，自𡺳、宗谔始也。

史馆有直馆、有修撰、有编修、有校勘、有检讨。太平兴国中，赵昣几、吕蒙正皆为直史馆掌修撰，而杨文举为史馆编修；是时修撰未列于职。至至道中，始以李若拙为史馆修撰。雍熙中，以宋□①为史馆校勘。淳化中，以郭延泽、董元亨为史馆检讨。则本朝直史馆修撰、史馆编修、史馆校勘、史馆检讨，自昣几等始也。

---

① “□”，原稿如此。

本朝三馆之外,有秘阁图书,故秘阁置直阁史、置校理。咸平中,以杜镐为秘阁校理;后充直秘阁。则本朝直秘阁、秘阁校理自镐始也。以上出皆同。

魏泰《东轩笔录》云:先朝翰林学士不领他局,故俸给最薄。杨亿久为学士,有《乞郡表》,其略曰,“灵泰、甘泉之从官,终作莫敖之饿鬼”;又有“方朔之饥欲死”之句。自后乃得判他局。至元丰改官制,而学士无主判如先朝矣。

张舜民《画墁录》云:唐制,五品阶不着绯,三品不着紫。今参知政事宰臣皆着绯也。

又云:祖宗朝内臣出使,不得预职事;外事责军令状。

又云:尧之治历,象日月星辰,敬授人时。欧阳文忠公序《唐历志》,以无补于人伦。

刑法通考*

《史记》:

象以典刑,马融曰:言咎繇制五常之刑……但有其象,无其人也。流宥五刑,马融曰:流,放;宥,宽也。一曰幼少,二曰老耄,三曰蠢愚。五刑,墨、劓、剕、宫、大辟。鞭作官刑,马融曰:为辨治官事者为刑。扑作教刑,郑玄曰:扑,榎楚也。扑为教官为刑者。金作赎刑,马融曰:金,黄金也。意善功恶,使出金赎罪,坐不戒慎者。眚裁过,赦;郑玄曰:眚裁,为人作患害者也。过,失。虽有害,则赦之。怙终贼,刑。郑玄曰:怙其奸邪,终身以为残贼,则用刑之□①。

以上《五帝本纪》。

纣乃重(辟刑)〔刑辟〕,有炮(烙)〔格〕之法。《列女传》曰:膏铜柱,下加之炭,令有罪者行焉,辄堕炭中。妲己笑,名曰"炮(烙)〔格〕之行"西伯献洛西之地,请除炮(烙)〔格〕之刑,乃许之。

---

* 据文廷式手稿。原稿一册,封面有文氏自题"刑法通考"四字。似是未完稿;又按文内注语有曰"此下凡五条,误抄入'职官部'"云云,似尚拟另为分部类纂以统考之。此篇撰时失考。然据《罗霄山人醉语》,文氏自谓"余曾欲疏言于朝,广论刑法之苛,兼请除其极刑,毋贻万国笑。构篇未成,夺职以去"云云,则此篇或者即撰于文氏罢官前夕,光绪二十二年春当时。手稿中间有旁批、眉批,今据意插录入正文内,而用小五号书宋体加黑鱼尾括号,以示区别。

① "□",原稿如此。

以上《殷本纪》。

成、康之(世)〔际〕,刑(措)〔错〕四十馀年不用。甫侯言于王,作修刑辟。

以上《周本纪》。

秦文公二十年,法初有三族之罪。张晏曰:父母、兄弟、妻子也。如淳曰:父族、母族、妻族也。武公三年,诛三父等而夷三族。孝公三年,卫鞅说孝公变法修刑。孝文王元年,赦罪人。庄襄王元年,大赦罪人。

以上《秦本纪》。

三十三年,略取陆梁地,为桂林、象郡、南海,以适遣戍。三十四年,适治狱吏不直者。诏有敢偶语《诗》、《书》者弃市,以古非今者族,吏见知不举者与同罪;令下三十日不烧,黥为城旦。如淳曰:《律说》,论决为髡钳,输边云云。若欲有学法令,以吏为师。三十五年,隐宫徒刑者七十馀万人。《正义》曰:宫刑,一百日隐于荫室〔养之〕乃可,故曰隐宫。下蚕室是。秦法,不得(相)〔兼〕方,徐广曰:一云"并力"。《正义》曰:言秦施法不得兼方者,令民之有方伎不得兼两齐,试不验,辄赐死。言法酷。不验,辄死。益发谪徙边。徐广曰:《表》曰,徙于北河、榆中,耐徙三处,拜爵一级。二世行诛大臣及诸公子,以罪过连逮少近官三郎,无得立者。

杀人者死,伤人及盗抵罪。《高祖纪》。馀悉除去秦法。

汉四年,枭故塞王欣头栎阳市。

十一年,淮阴侯反,夷三族。彭越谋反,夷三族。《吕后纪》①。

〔孝文〕元年十二月,上曰:法者,治之正也,所以禁暴而率善人

① 按:此条正文,皆引《高祖本纪》。而此注作"《吕后纪》"者,似系文氏后来补注,以《吕太后本纪》内有"所诛大臣多吕后为"之语而发也。

也。今犯法已论,而使毋罪之父母妻子同产坐之,及为收帑,朕甚不取。其议之云云。除收帑诸相坐律令。应劭曰:帑,子也。秦法,一人有罪,并坐其家室。今除此律。【《大事表》同。即《汉兴以来将相名臣年表》。二年,除诽谤律。见《大事表》。】十三年五月,齐太仓令淳于公有罪当刑,诏狱逮徙系长安。其少女缇萦上书,"愿没入为官婢,赎父刑罪"。乃下诏"除肉刑"。

十七年,更为元年。新垣平事觉,夷三族。

景帝后二年,令徒隶衣七缕布。

《高祖功臣侯表》:信武侯靳亭,孝文后元三年,坐事国人过律,夺侯,国除。广平侯薛穰,元狩元年,穰受淮南王财物、称臣,在赦前,诏问谩罪,国除。曲逆侯陈何,元光五年,坐略人妻,弃市,国除。堂邑侯陈须,元鼎元年,坐母长公主卒、未除服奸,兄弟争财,当死,国除。孝文五年,留侯张不疑,坐与门大夫谋杀故楚内史,当死,赎为城旦,国除。酂侯萧寿成为太常,元封四年,牺牲不如令,国除。孝景后〔元〕二年,曲(礼)〔周〕侯郦终根,坐(祝)〔咒〕诅,诛,国除。元狩(二)〔三〕年,成侯董朝为济南太守,与成阳(三)〔王〕女通,不敬,国除。河阳侯陈信,孝文四年,坐不偿人责、过六月,夺侯,国除。任侯张越,高后三年,坐匿死罪,免为庶人,国除。元朔二年,昌武侯单得,坐伤人二旬内死,弃市,国除。建元三年,高苑侯丙信,坐出入属车间,夺侯,国除。孝景前四年,绛阳《汉表》作"终陵"侯禄,坐出界,有罪,国除。元鼎五年,乐成侯义,坐言五利侯不道,弃市,国除。建元五年,北平侯张(类)〔预〕,坐临诸侯丧后,不敬,国除。征和三年十月,阳河侯仁与母,坐祝诅,大逆无道,国除。元朔二年,朝阳侯华当,坐教人上书枉法罪,国除。孝文六年,平棘侯辟疆,有罪,〔为〕鬼薪,国除。武原侯卫不害,孝景后二年,坐葬过律,国除。孝景中元二年,宋子侯许九,坐买塞外禁物罪,国除。元鼎四年,安丘侯张指,坐入上林谋盗鹿,国除。元狩四年,高京侯周平,〔坐〕为太常不缮治园陵,不敬,国除。太初三年,宣平侯张昌为太常,乏祠,国除。元狩五年,慎阳侯栾买之,坐铸白金,弃市,国除。孝文后三年,祝阿侯高成,坐事国人过律,国除。元封四年,长脩侯杜相夫,坐为太常与乐令无可当郑舞人擅繇不如令,阑出函谷关,国除。元(鼎)〔朔〕二年,土军侯宣生,坐与人妻奸罪,国除。元鼎二年,广阿侯任越,坐为太常庙酒酸,不敬,国除。太始四年五月丁卯,汾阳侯靳石,坐为太常,行太仆事,治啬夫可年,益纵年,国除。孝武后元元年五月甲戌,戴侯秘蒙,坐祝诅,无道,国除。衍侯翟不疑,元朔元年,坐挟诏书,论罪,国除。元狩五年,平州侯涉昧,坐行驰道中更呵驰去罪,国除。元鼎元年,邔侯黄遂,坐卖宅县官(□□)〔故贵〕[①],国除。元狩五年,戚侯季信成,坐为太常纵丞相侵神道壖,不敬,国除。元狩元年,高梁侯郦勃,坐诈诏衡山王取金,当死,病死,国除。【凡坐酎金者不录。】

以上《高祖功臣侯年表》。

元封元年,轪侯利秩,为东海太守,行过不请、擅发卒兵为卫,当斩,贪【字有误。】[②]赦,国除。元狩五年,梧侯(张)〔阳〕戎〔奴〕,坐谋杀季父,弃市,国除。建元六年,乐平侯卫侈,坐以买田宅不法,又请求吏罪,国除。元朔四年,襄成侯韩泽之,坐诈病不从,不敬,国除。元狩元年,章武侯窦常坐"常坐",其名。【当有"坐"字。】谋杀人未杀罪,国除。元狩五年,犹侯刘受,坐故为宗正听谒不具宗室,不敬,国除。元光四年,魏其侯,坐争灌夫事上书称为先帝诏矫制害,

---

① "□□",原稿如此;当是"故贵"二字。

② "贪"字,文氏旁批自注已曰有误,当是"会"字。

弃市,国除。元狩六年,俞侯栾贲,坐为太常庙牺牲不如令,有罪,国除。元鼎五年,商陵侯赵周,坐为丞相知列侯酎金轻,下廷尉,自杀,国除。以下凡五条,误钞入"职官部"。元朔三年,武安侯刘梧,坐(以)〔衣〕襜褕入宫廷中,不敬,国除。元狩二年,周(安)〔阳〕侯刘彭祖,坐当归与章侯宅不与罪,国除。右孝景时。

以上《惠景间侯者年表》。

元鼎六年,平陵侯苏建,为右将军,与翕侯信俱败,独身脱来归,当斩,赎,国除。元狩二年,合骑侯公孙敖,与骠骑将军期,后,畏懦,当斩,赎为庶人,国除。元狩二年,众利侯郝贤,坐为上谷太守入戍卒财物上计谩罪,国除。元狩四年,宜冠侯高不识,击匈奴,战〔军〕功增首不以实,当斩,赎罪,国除。元(狩)〔鼎〕元年,宜春侯卫伉,坐矫制不害,国除。元封四年,浩侯王恢,坐使酒泉矫制害,当死,赎,国除。以上《太史公本表》。高平侯魏相,为河南太守,坐贼杀不辜,系狱,当死,会赦,免为庶人。将陵侯史子回,妻宜君,故成王孙,嫉妒,绞杀侍婢四十馀人,盗断妇人初产子臂膝以为媚道,为人所上书□①,论弃市。子回以外家故,不失侯。平通侯杨恽,五凤四年,作为妖言,大逆罪,腰斩,国除。建成侯黄霸,坐见知夏侯胜非诏书,大不敬罪,久系狱。

以上《建元以来侯者年表》。

元朔三年,兹侯明,坐谋反杀人,弃市,国除。徐广曰:一作"掠杀人,弃市"。太初元年,宜城侯福,坐杀弟,弃市,国除。元鼎间,土军侯郢客,坐与人妻奸,弃市。元朔五年,东莞侯吉,有痼疾,不朝,废,国除。元狩六年,建成侯拾,坐不朝,不敬,国除。元狩元年,有

① "□",原稿如此;当是"言"字。

利侯钉,坐遗淮南书称臣,弃市,国除。元狩三年,东平侯庆,坐与姊妹奸,有罪,国除。元(鼎)〔狩〕二年,千钟侯阴,不使人为秋请,有罪,国除。元鼎五年,祝兹侯延,坐弃印绶出国,不敬,国除。

以上《建元以来王子侯者年表》。

孝文二年,除诽谤律。五年,除钱律,民得铸钱。十三年,除肉刑及田租税律、戍卒令。

蒙文元朝秘史十二卷钞本题记*

（光绪二十七年十二月初一日）

此书为钱辛楣先生藏本，后归张石洲，展转归宗室伯羲祭酒。余于乙酉冬借得，与顺德李侍郎各录写一部，于是海内始有三部。

其中部落之名、同功之将帅，汉文刊落者太多，得此可补其阙。又，元时蒙文今无解者，故元碑多不可读。若用此书，合陈元靓《事林广记》、陶南村《书史会要》各书，互证音译，或犹可得十之三四乎？

日本内藤炳卿熟精我邦经史，却特一代尤所留意，余故特钞此册奉寄。愿与那珂通世君详稽发明，转以益我，不胜幸甚！

清光绪二十七年十二月朔日

萍乡文廷式记

＊ 据《内藤湖南全集》（日本东京1976年版）卷十二《目睹书谭·蒙文元朝秘史》。原无题，今题系编者代拟。光绪二十七年冬，文氏应日本汉学家内藤湖南氏之请，赠内藤氏以蒙文《元朝秘史》十二卷钞本一部六大册，由白岩子云自上海归日本时转交。此篇即为文氏题于该钞本卷首者。该钞本现尚存日本。本篇原刊复印件及有关资料，承刘方先生赐赠，并承吴杰先生赐助翻译。

国朝诸人箸述目录补编题记*

余录国朝《艺文志》，凡《四库》未箸录者皆列其目，凡得三千种、十一万卷有奇，置之家中。今客游所见，又有前此未寓目者，爰补录之。他时当以类隶入焉。

文廷式记

* 据《文芸阁先生全集》影印稿本。原影印无题，今题为编者代拟。

国朝名人著述目补题记*

随见随录，或有与原目重出者，当删去；记忆不真者，当检查、当补目。志一代艺文，固非易事。以吾书为底本，胜于尤西堂《明史艺文志稿》，则可自信耳。

古人录书目，即一类中而前后次序必有义例。待吾暇日费一月功酌定先后，庶有刘、班之风，不为焦弱侯、章实斋之所笑耳。

道希漫笔

---

* 据《文芸阁先生全集》影印稿本。原影印无题，今题为编者代拟。按，《国朝名人著述目补》，另有佚名抄本一册，今存。抄本文字（包括此篇题记），与影印稿本皆同。

卷七　书简

致于式枚书*

一

晦若大兄执事：

上海一别，倏经半年。薄游湘中，旋归萍乡。今岁正月初间，始回江省。所云“往来无成”者，殆不出我兄所料。惟竭蹶谋之，相地计当可得，馀亦勉强求其集事，但不知能如愿否耳。中年牢落，所处艰窘异常，故久不致书；加以萍乡南北不通，寄江西、广东书皆不达。此我兄前所云“极不得意之时”，则音信疏阔，固其理也。

去岁九月，计应服阕。未知已进京供职否，抑仍居幕府？都中久无信息，莫从得知。此信仍寄天津，想尚能达也。

弟近岁以来，颠沛尤甚。今春甫到江省，即接粤信，知妇翁调署赤溪；家眷在粤，无人照料，不得已函促回江。而莫名一钱，仍欲贷之亲友，未知能否集事。即能来江，而衣食之资，殊恐不给。将来或寓萍乡，或居江省，尚在未定。“苌楚”之诗，殆为我咏。兄之

---

* 《致于式枚书》（一至六十七），据《同声月刊》所载《芸阁先生书牍》录入。《书牍》原收文氏致于式枚书笺共七十二件，内诗笺五件（原第六十七至七十一件）有诗无文，实计函信得此六十七通，即原第一至六十六件（今编次未予改动），及原第七十二件（今编次改列作第六十七件）。原刊附有《书牍》编者龙沐勋氏跋识，谓系据叶恭绰氏钞件揭载，“原钞略有讹误，无从校改，姑仍其旧”云。

所处，真人生自如之境，不足慨矣。

在湘时晤王壬秋、郭筠仙诸人，皆所谓一时之彦。壬秋疏疏，貌类道士，肉髻隆起，虽才锋顿尽，犹为菰芦中可爱人。筠丈朴拙，如古钟鼎为锈所蚀，然善聆音者知其中有宫音。馀子枨枨，或能闯门而入，或竟触阈而颠，各视其才，未能论定也。夕秀未振，大树凋零，言采芷兰，未盈一掬。吾乡则尤寥落如曙后星。遂令鲁阳挥戈之心，转为孟津捧土之惧。翠微山之旧址，倘容寄居，便当从此逝矣。

二月间当往郴州迎眷，商量住处。四月当可启程入都。都中近事如何，海军章程如何，能见示一二否？我兄当差，与幕府不相妨否？陈容民、汪仲伊，皆当世才也。碧沼红莲，艳开并蒂。其著作何书，能代钞见示否？

河冰未开，书当迟到。如有回信，请寄江西省城筷子庵梅宅，可收到也。

专此。祇请大安。不一一。

廷式顿首　正月十九日

穆、渊两弟近日踪迹如何？念念。

二

晦若长兄如晤：

初十日得复函，即拟奉答，匆匆未有暇也。旋由仲约学士处，得粤电见招，掌教惠州。其地为先人旧治，山水方滋，固大佳事。然陶兄同游之约已定，年前不能决然舍去。又，私意尚有一说：南皮非心之所服，掌教非才之所堪；粤东士习嚣杂，变故方起，亦非可以久居。故已函致星海，嘱其代辞。如必不可辞，则弟与陶兄薄游后，到粤当在四月，为之勉效半年，断不作淹留之想。吾贫旧矣，岂能以升斗故任人招择耶？惟学士与星海之意则可感耳。

廿五日到津，惜不一见，又当作一年别矣。来书有绝婚宦意，亦可不必。少长仕族，耕农行商，皆非所长。宁能遁逃世外？乘流得坻，一听造化，不必先设成心也。

今春天气暖而多雪，若山、陕如此，黄河于桃汛便不可问。如闻俄、英将有战事，中国殆有池鱼之及乎？南皮尚书于此时乃方开书局，聚文士，作书院，其不为鲁两生所叹、庾子山所哀者，盖几希耳。

弟极不才，然不愿以《诗》、《礼》发冢，其素志也。迩来尤不爱文士，恶其浮言无实，是己非人，断断于不可知之事以相胜负。此则气质之一变而近于谬者。聊为吾兄言之，不可以告人也。事趋于密，文趋于繁，不独中国为然，外国亦有此弊，所不逮者虚实之间耳。如此决非久远之道；荡涤邪秽，删除烦苛，将安赖哉？

轮舟将发，不及尽言。耑此。祗请撰安。不一一。

弟廷式顿首　正月二十七日

彦民、巽之、伯术诸君子，乞代致意。

又，弟有所恳：近阅舆图，多所未解。如东三省及西藏、印度、及南洋各岛屿有详细地舆，务祈饬人代摹一份见寄，感且不朽。

如正二月有信见寄，请寄“湖北武昌府李香沅转交”，当可收到。

三

采兄如晤：

此次来京，竟似相避，遂使胸中之言，郁而不宣，殊怅怅也。到京十日，颇患暑病，故作此信亦复不畅，敬候起居而已。

星海仍在沪，又欲东行，依依何之！弟留数十金为其旅费，聊尽绵薄而已。又，其去粤之时，积负四千有馀。即论避债，只当远去，然殊无归宿；居者亦难为谋也。巽之仍未来，迟迟可怪；又闻回河南，信否？

弟今岁江西书院，实同鸡肋，不足自活。加以近在省城，士风浮嚣，尤非善地。榜后虽不中，亦必他图也。于杨于江，岂谓迁居，聊择近地，休息数年耳。若其不得，竟亦何术？南丰殂谢，竹林遂孤。一岁内外，江表必易使矣。使弟得从容于江淮间，亦十年之计也。兄能预为设算否？去岁广州，早睹王、魏诸人必被弹劾，恐为怨府，故不敢留，非有高远之意。在沪遇巽之，已略及之，恐未能达鄙意也。

伯愚四兄述兄驰马，盘旋中度，纵舍如一，此可羡也。弟虽不善骑，尚颇有胆。出京时必值秋爽，何妨借数日之暇，进而教之。

手此。祇请撰安。不复一一。

廷式叩头　三月初一夜

四

采生大兄如晤：

前日得接惠书，今日又读兄致蔼兄书，用意深厚，殆逾骨肉。

弟卷为吴桥王编修所抑，仅阅首艺耳。评云：小讲与后文不合，布局欠酌也。今岁所取，知名士甚多，闱墨亦极有佳者，固不必我得而后誉也。千馀年来，以此耗士人精力，风会既成，人争趋之，得丧之间，动关身世。我辈生此时，亦何能不骛？然窃谓场前宜用功，入场宜尽力，如是而已。至如不得，无可言也。若仍欲之，则当更为致力，如战者之败，益励吾戈矛、修吾营陈而已。如不欲也，决然舍去，亦无可恋者。弟今时盖仍当复战之时也。十日以后，便拟加意读书写字，不荒不废，以副亲友责望之意。于今岁之不得，已邈然如浮云之已过矣。

惟先人窀穸事至急，家计益窘，至足可虑。候仲鲁来后，夏末秋初，辄当南行。礼卿前言，未必能从；然诸君遇我厚，肺腑之感，不能忘也。

王山长致徐侍郎书已送去，收信单付寄。

又，弟有一私意，以为凡兵事，周、秦以前，皆关学问；汉至国朝中叶，则不尽然。自此以后，九变复贯，非深知学不足言兵。中国兵法，仅明大意，至于实事，茫若雾霁。及年岁之未晏，倘得在外五年，于外洋用兵，必能十得八九，归时才四十耳。但有一二真实本领，不愧于人，用与不用，不复计较，胜于仅仅读数卷书，便令人称知名士也，非惟不祥，亦复不雅。兄谓如何？吾意中欲言之事，笔难尽陈，兄当知其大略，非以不登第之故，为穷无复之计也。

蔼兄中，至可喜，与巽之均可登入词馆。明仲书法略逊，然以其绩学，亦必为知者所录也。

日来无事，心亦闲暇。然为下第诸君所困；乔茂谖以为群不逞之徒，亦足发噱。

馀容续布。专复。祇请台安。不一一。

弟廷式顿首　四月十四夜

五

晦若大兄阁下：

前得改部电音，悒悒者数日。迩来尝向府中探问，复云并无家信，正未知行止若何。连日得星海、伯愚书，始知签分兵部，仍留京师，为之稍慰。明年可考军机，机会正不可失。兄不留词馆，当国者宜任其咎，非一人之牢骚也。学士闻报之后，云：可惜可怜，如何令晦若执铜笔帽侍人意旨乎？闻翁叔平亦与看卷，此言确否？是其罪也。此足见公论。故弟亦不复作宽慰语，更不作愤懑语矣。现时闻尚与星海同居，将来接眷入都否？直隶仍常去否？念甚，祈示知为祷。

浙江至今未有复音，想彼已作罢论矣。麻兄仍住京否？消息如何？祈示一切。一切承费心，叩感而已。晤时祈代致一切，至幸至幸！今岁失此人，亦憾事也。

粤东无事。惟雨峰卧病奄奄，镇此岩疆，大不满人意。如越事日棘，边衅将开，则此邦其殆哉。都中议论若何？有所闻否？

弟近接家信，家兄回江后，已将烟瘾戒断，将来或可归心，是一幸事。惟葬事不能不亟办，而江省砖石奇贵异常，非四百金不可，一时正未易筹画耳。知念并及。

伯母在粤西，闻亦久无信，想已起程东返矣。

兄今日所处为极难。我辈受此困阨，或彼苍见顾之重，欲增益所不能耶？所望顺承之，则成就尤大。是所深祷耳。

馀不尽述，祇请大安。

弟制廷式顿首　五月二十日

六

采生大兄阁下：

前五日由大顺信局寄上一信，由伯愚处转交，未审得入览否。旋闻兄已赴津，恐此信竟不能速达。

日来诸事已定;弟之愤悒亦已稍平。我兄身当其境,虽未免仍有歉然;弟前信所云,固已详尽,且《明史》一部,大学士不由编、检者殆居大半,揆以仕路,固无或异。即我朝近事,麟文端以传胪散馆高引,犹蒙宣庙改部,谓为有用才,不欲仅以文章见之也。其他比拟,无待繁称。我兄尝自云,欲得刑部,以考世轻世重之法。今乃得兵部,岂大刑用甲兵,果宜合志耶?惟闻部事较简,恐无以尽其才耳。

伯母大人闻为其梁亲家所留,一时未能回粤。府上俱安吉,弟过问十数次。可抒远念。

弟承我兄暨麻兄、梅生先生过爱,为之推毂浙中。其时以芷邻未归,葬事未办,故不得不延至六月。当时即由唐君处转寄复信,计已登览。今芷邻已回,力劝弟即赴浙。惟至今尚未接彭城处消息,未知嫌其来迟已得人耶。弟月内或下月初,稍凑川资,便拟归葬。务祈我兄速赐回信,或即先赴浙江,或径可不去,以定行止。至幸至幸!

越事近无所闻。惟此间雨公,卧病已久,大有开门揖盗之意。省中根本空虚,沿海一无布置,而事事远听朝(听)〔廷〕。即如近日遵文华来电,派方耀统千五百人赴镇州,合肥在远,只据地图,此则当以理折之者。此即非事理所应有:地则迂而弗良,勇则驱市井乌合者为之,而每月縻万金。试问破一钦州,有何关碍?且佛兰西岂肯涉山跋岭,穿林箐以入不毛之地?则必无之事也。河内之人日望,寇今有由然矣。弟谓法人如不惧中国,则中国之救越南与否,伊不必问。昔唐太宗以窦建德之救王世充为喜,今法人以我之救越南为忧,其情事可以想见。其攻越南之广安,则犹道光时扰定海之故智。林文忠所谓:“狡变之情虽在意外,而穷蹙之象已在目中”,正此时之谓矣。但不知我朝能中外一心,长执定见以御之否;不然,则制海外之狡夷易，制朝中之朋党难，昔人深慨之矣。谬妄之见，恃我兄之过爱，故敢纵谈及之。

至弟之行止，总在一月内外。专俟吾兄来信，急祈拨冗复我一音，至祷至祷！此非善地，欲去之速也。

馀容续启，此请大安。

弟制廷式叩头　五月二十九日

七

采生大兄赐览：

六月三十日，得接惠函。旋即奉复，由乐帅处寄津；想幕府南旋，未必达览矣。

顷已定本月十五六起程。惟届期运署干脩，未知能否送到，殊为可虑。异时犹望我兄致书幕府时，代为述及也。

初三日，伯母大人暨渊弟、四弟皆回至东省。弟往晋谒，仰瞻精神，尚无行路之色，惟觉较常健旺，足慰远念。惟虑我兄病体未知如何，亟为悬念，欲遣渊弟赴京一看我兄病状。弟立意阻止，以为若病果深，渊弟何能为力？若其不甚要紧，又何必虚此一行？诚不如待吾兄来信，行止如何，或径将嫂夫人送进京师，转可成一局面。如伯母能离粤东，亦可到京就养；即欲往四川，亦可到京后再为筹画。又是渊若的好主意。四川非不可去；若系别人主持，则断断不去。未审兄以为然否。此时仍不可不谋一札硬寨打死仗之法；若仍前散漫，恐未易收拾也。属在至交，故敢尽言。想兄必早已筹及，此行不来广东，便迥出侪辈，可钦佩也。

越事当有所闻，总之法国竭蹶已极。其报所言六月十六之捷，与探报大异，与徐晓山禀亦大异。竟属子虚。张此虚词，以为恫喝，亦知其无能为矣。

兄到京后居何处？祈示知。至幸。

弟到浙后，拟即开手做《元史会要》。惟书籍未备；如有可资考核者，祈随时为我留心，至盼至盼。

倬弟近钞《十八家晋书》颇踊跃，此可幸也。沈云阁来，次舟案当可解。其近日信来，亦愿到案；近尚居震泽也。

浙江书籍大佳，兄有所需否？当代办也。温家近日刻丛书，杂史颇多，系学士主之；将来必有可观。

兄撰三国史志职官一门，洪氏书已见否？可用否？《三国》既成之后，以次递为否？明仲在顺德，久不见，日来过岁考，未知下省否。此真史学专家。未知其欲成何书，兄知之否？望示及也。

馀不赘及。手此。敬请大佳。

弟制廷式顿首　七月初八日

渊弟云，未知兄住址，故未发书也。

八

采生大兄赐鉴：

蔼卿到粤，得悉尊况，虽有小恙，而饮啖如恒，可无虑也。此时想当回京；闻与翰卿即君哲否？同居，未知系何衙名，实不能记忆。考军机当在今年。兰台云，兄必不能当军机。弟则以谓不然。兄真军机才调，既明事理，又复熟于掌故，枢廷中岂易见斯人哉？

弟濒行时，屡次谒见伯母大人，仰见精神焕发；渊弟学养深纯，亦复迥异去年。兄家心大可少纾，一意做官，天下事未有为其事而无其功者也。

弟承宫保、将军两年伯坚留，本当在粤听命，又免独行之苦；惟我兄所引张君诗,每一读之,即为汗下。朱子云:身劳而心安者为之。所以决然浙行,不复他计也。刘侍郎情意殷厚,正自可感。惟弟未经世故,又百无所能,其能竟留浙与否,则不敢自决矣。

都中近日气象何如?法、越事有主见者,祈随时示我。粤中电报来浙云,民人滋事,拆毁洋行。本日亦见《申报》。此事不知如何是了,又恐不免费国家数十万金钱矣。

兄办《三国志会要》,能成大概否?一年可成书否?刘侍郎嘱作《通鉴注地理今释》,此书亦颇可;然窃谓用功既不能少,则不若径作《历代舆地通考》矣。兄以为然否?

此间湖山佳丽,人材渊薮。以弟粗莽之材,居此良不称耳。初到匆匆,不及细述。专此敬请大安,不一一。

弟制廷式顿首　八月十六日

九

晦若大兄如面:

途中与麻兄朝夕谈谐,致足乐也。十五日到京,寓仲鲁处。

见伯愚已代致一切。见延秋述致意。延兄云:为吾兄办起复事,印给已在抽替,但必须亲来,今日到京,明日便可起复也。仲约学士未见。麻兄事复游移,想已有信。

专请撰安。

廷式叩头　八月十八日

十

采生大兄执事:

前日于星海处得读来书,具悉一切。久欲奉笺,缘无甚要事,故未上也。

麻兄近日蛰于吕祖阁，一步不出，诚人所难。都中诸事想已尽悉。惟近日琅邪枢密两为似中堂者所弹，而另有一奏，则因星变地震，弹劾中外大臣者，想亦知之也。穆若在津，闻不肯走，又不肯前，究竟如何，可虑之至。

我兄所作《主善为师赋》，蹊径极似宋四六；惟其中长句太多，又对仗句法皆与时下花样不合。虽豪杰之士，原不必屑屑于绳墨，非真绳墨，时下之滥调耳。而深虑不入阅卷者之目，奈何？昨与星海细看谈论，"为"字韵一段最合时。未知星海详细奉复否耳。

弟之大卷，写得绝不象样，竟恐不能进功，亦深恨用力之迟。欲看则必请正，寄则断不寄矣。星海近日非常用功，律赋已做得极合式，可谓一日千里。而前月之课，竟以十人而居第九，则诚不可解也已。

都中已大雪一次，严寒日甚；正未知保定何如。近日亟好天算书，而苦无处请正，又不欲见生人。仰观圆穹，若茫若昧，深以为愧。我兄日来除用功外，所看何书？务望示知。

弟尝谓宋儒书多浮辞支辞，而其说至要处，则令人懔然名教之大闲。此《韩诗外传》所云：儒者于三纲之道，则日切磋而不能舍也。此真儒家之术。我兄何妨加意体察，其得益自当胜弟等百倍。此论甚迂。然譬之日对一迂人，自可稍沮非僻之念。我兄以谓然否？先师所云，根本甚茂，而发扬无穷。吾兄前致星海书所云，士大夫立身自有本末。我辈诚守志弥敦，虽忌者如牛毛，曾何足虑哉？勉之而已。弟日来自念丛过甚多，正未知若何湔祓，尚幸有以教之也。近来风气，自有较胜于前者，然察诸人，皆于本原处未尝致力；观其所为，甚器且尘上矣。来札论周编修，真所谓"正如我意所欲言"者。

至云汲汲于为名，终胜于汲汲为利，此又公允之至者也。

仲鲁新有世母之丧，终日在白庙。近一二日，始能少暇矣。

夜寒不及多写。煤气熏人，头痛心跳，殊不堪也。祗请大安，不一一。

弟制廷式顿首　十一月初四日

糟鱼近来心病尤甚，至云：孙侍郎本欲以女字之，因误信星海言辞却。可笑之至。近又欲令孙侍郎荐入振帅幕中，然邪、否邪？总之一孙侍郎可以令此人发狂而死，良可抵掌耳。

又，顷得粤中消息：曾帅以右胁生疡，闻系虚证，甚重。已一月不能见客；且有疏请开缺之信。未知确否。狗头师爷之东家，亦有告病之说。粤省火警纷起。多由种火，非天火也。闻近日始得雨，人心稍安。

京师前月二十二地震，有觉有不觉。闻保定之震尤甚，然否？湖北兵变，竟不奏报，闻已为人弹劾，业交查办云。

《朔方备乘》，价银如何，（之）〔何〕处可售，望示复。手泐，再请留安。

廷式又及

十一

采生大兄阁下：

前作三函，计均登览。乃于本月初间，忽闻渊弟得接尊信，有太世伯母之戚，惨怛何言！渊弟拟即回川，而盘费未有所出。计此时川中诸事俱已停当，速亦于事无济。闻尊信，欲俟明春请伯母偕渊弟同行。式意跋涉太远，仍不如渊弟一人前往，于事较便，未知我兄以为然否。渊弟近极成就，似可放心也。

府上寄物一包，顺以附上。馀无可述。手此。敬啃素几。

弟制廷式顿首　十一月十六日

盐法志局，前以志书修成，请节经费。宫保以我兄嘱濂溪，他为设法。弟前日见濂溪，据云现已将志局缓裁，我兄馆当可无虚矣。附及。

十二

采生大兄执事：

久未奉书，不胜悬念。比接星弟手告，知假满后趋公如常，每日抄书万字，歆羡无似！

粤中之事，想已常有所闻，不复赘述。惟我兄家事，恐伯母大人信中有不及详述者，弟侍坐时，略知一二，请为陈之。承继一事，以当日监照为凭，无可疑议。我兄当时失之不决，致生枝节。今既为某所挟，弟劝伯母速刊讣文，以正统系；且亦使令弟不蹈十恶之名。此事义正名顺，当亦无事争执。某在家恣闹，致伯母大人自去首发，事可痛心。弟意若再恃强，可以家法正之，或竟缚送官府，先发制人，亦一紧着。

又，志局既停，改荐梧局；款虽有着，而三数月终未寄到，年底紧急万状。弟不善借贷，无以应命，谨具奠仪数金，又在蔼兄处劝帮三十金，于除夕始致堂上；恐尚不足，实无可奈何耳。

今岁回川，弟意渊弟一人独行便可。伯母大人年过五十，跋涉二万里，于心似太不安；且身体亦恐非昔比。若必须自行，窃谓不如我兄在京请假前往之为愈也。愚谬之见，尚望裁择。

兵部则例，闻各省复奏条款甚迟，然各案似皆部中所有，无庸借仗外省。《会典》为朝廷大著作，甚愿速睹开馆也。幕府所陈特科一奏，未知京中议论如何，尚望示及。

弟近迁陶家巷，屋价更廉。惠书时祈改题为幸。馀续布，不具。祗请莡安。

弟制廷式顿首

十三

前信发后，即日得来信，义蕴闳博，非刘、柳诸贤所能及，不论其次也。

伯愚日内将往拜福十一。穆若事成，当作信。徐三庚《印谱》有成本，未检出，白纸新印；我则未暇也。兴献日日笃此事有关系否？黄河终未入海，河伯愧见海若耶？抑将往聘江斐耶？无从知之。秀珊兄出都匆忙，竟不容详作一书矣。

今夜由张三老爷处回，已五更，作此纸，毋讥其率也。三老爷病亦颇深，奈何！

专请采兄撰安。

有暇望回我一信，至祷。

廷式顿首　十月初五夜

十四

采兄侍史：

前信想已登览。陶兄又有一函，亦当早到矣。

都中近无他事。伯希祭酒一疏，谓河工当用砖坝，以补秸料之不足，凡有三善，云云。此事乃栗襄勤旧案，此时犹可用否？吾兄深于河务，幸告我也。巽中信来，恐明春当随府行河。以阿文成、王文恪旧例视之，诚恐不免。然此时任事诸臣，熟视不睹泰山，安能知此？巽之过虑耳。南方亢旱，吾乡亦甚，小水皆不通舟楫；南昌以上，民资经流以饮，井水尽涸。亦可异也。

岁事峥嵘，端居多念，殊难为怀。明春当附陶兄南行，或因便回乡。萍浮南北，未知所届，然如此尚足适志，胜于施之衔勒。兄谓然否？

延秋数见。兄起复文书，未行兵部。延秋云：欲兄早来，费一日之事便可了；先行文恐不能也。此例我所不知，然无以强之。

仲约学士亦屡见。其远行之志弥笃，当不至齐桓"九十里"之讥乎？实甫到汴，有信来否？吾姊夫、梅河督之子亦赴汴。其人才颇明干；官同知耳，不如实甫之尊也。我有好爵，诚为可爱；载胥及溺，亦良可危。何今之求仕者乃仅见眉睫也？倪抚妄而无识，李河督傲很而无才，高阳将息之爝火。数公不足惜，以此坏天下之大局，吁可畏哉。

蔼卿北来，已有信否？计其来时，弟已南下。晤时请代为致念。前于十月间，弟曾致书与蔼卿言，我之自处，极能迂缓，伊为我广营生路，心感之矣。

岁除日作书，非客中无此闲暇也。专请年安。不一一。

弟廷式顿首

容民、巽之诸兄均此。

十五

采生大兄赐览：

前月十七日曾发一函，计已登览。旋于二十一日得奉手书，并承惠寄重资。弟于前日得一子，并以奉闻。以吾兄景况之窘，乃复存恤及之，又适济其极乏，感深欲涕，非可名言。即欲作书，以事因循，又忽半月。

昨接星弟来信,知在上海耽阁数日,即附公司船回粤。延兄有电,云在粤相见,则必请假矣。其书院事,闻为“望江”所不肯,恐不甚妥也。

粤榜明仲获售,辛伯、雨生亦一一在录,为之狂喜。惟吾江榜尚未见,但知亲戚中无获售者耳。

高丽、越南两处事又棘手,未知若何。有闻,望时示我。

通守虽危,然必无碍;次舟事准减矣。

日来欲倩伯愚借《永乐大典》读之,亦残年一乐也。

馀时时通函,不多及。衹请大安。

弟廷式顿首　十月初六日

十六

晦若大兄赐览。

上海曾发一函,计已收到。

弟于九月二十九到粤。星海、子展皆已数见。子展事已转致,甚感。伊为“偃也”所窘,得此或可解免。星海竟无着落;如“南菁”等书院,伊皆不愿。将浪迹沧江,无所底止,殊可感叹。粤中家眷,又弃之如遗。其勇决可羡,其浮泊尤可念也。奈何奈何!

弟在粤无所事事,将以十一月由内地回江。借资稍宽,足可料理先人窀穸;已函致舍弟,先办一切矣。

次舟意在起废,尚无赴鄂之信。伊自有一函,想是求救之意。其才近更稳练,惟结习未除耳。蔼兄赴川后,当有信来。弟有信欲托兄转寄,得否?

粤中盗贼太横,将来不知若何?离城一里便是畏途,非可久居。江浙大水，闽省苦旱，惟吾江稍安耳。弟明岁欲移家，意中有维扬、秣陵、剡溪、南昌四地，或径归萍乡。兄为我决之。菊坡之馆已裁，闻为兄改谋一干脩，想已知悉。书院、书局、钱局皆已游观。钱局必大失本。如此生意，我不能做。一笑。南皮则未往谒也。

夜渐寒冷，不及多作。祇请撰安。

弟廷式顿首　十月二十日

巽之来粤否？盼甚。容民处祈致意。

十七

采生大兄赐览：

连发两函，久未奉复，怅惘无似。于次亮、巽之、苏龛处，屡候起居，借知近状。未审比来又复何似。依人之难，令人悒悒。严尹幕中，终非善地也。可叹！

琴弟到粤，曾有信致尊处，想已收到。延秋于十月二十六到粤，寓烟浒楼养病，闻尚未能行步。

都中时事，津门咫尺，当已深悉，无俟赘言。惟于俸饷复故一层，议者皆恐后难为继。有欲争论者，有欲辞禄者，"秀才造反，三年不成"，近来又帖然矣。海军经费，闻当捐之海关，此亦何可长也。

弟在京尚无不适。惟周氏妹于十一月间物故，心绪不怡者阅月。是以音问疏阔。琴弟得惠州馆，系潘孺初所辞之席，每年可五百金。

杨叔峤已回粤。明仲有信来否？启程当在何时？弟在京，有问粤榜人才者，弟必首举明仲。非独私交，亦公论也。明仲著述，已有成稿。不独远在弟上，恐吾兄高才赡学，而成书之速，亦当逊之。回忆十二年前，读书一会，前尘昨梦，只觉依稀，如是数次，便就衰老。观河皱面,与一念刹那,殆无分久暂也。

蔼兄到家,有信来津否?家居庐江何处?亦未寄信。何梅生北游之意若何?季直近亦常见。永嘉学派,桐城文格,将来当荟萃于江南。惟红豆家风,将即陵替。孰得孰失,非弟所能断也。

天寒关寂,专盼赐书。无论心绪如何,必祈见惠一函,以当面觌,至幸至幸!馀俟续布。专请撰安。

弟廷式顿首　十二月十三日

十八

去岁写就一函未发。新正检书,大索不得;昨得之,乃复寄上也。

河冰已开,台旌何时南下,望示我。

节弟不来信者两月,电询亦不见复,可诧甚也。

弟去岁所举子,新正三日殇矣。襁褓中物,无足惜者。

使相来朝,吾兄尚能到京一晤否?盼甚。

此泐。再请采兄大安。

弟功式顿首　正月二十七日

十九

采生大兄赐览:

二十三日得接来翰,一切祗悉。明岁冰融,便当南下,计由广西回时,当下八、九月矣。

琴弟得惠州书院是确信;近不得来书亦逾月矣。昨于粤人处,知琴弟之同祖弟霞宇者又复病故。此子向从陈磬生,颇能读书,致为可惜;岁暮谪宦,尤难为怀矣。

洛才信来，其本家之愿婚者，仍欲得一纸书，以为相待之券。弟回书已略言兄之无意于此。然非得君言，彼意仍未已；或亦径可许。专盼回信也。

黄河复南，延胡索自是妄说。若云有主之者，恐不其然。十月封事不过十件耳，而言河务者乃至六七，大是可笑。蔡钧不特不能杀，且恐即当用之。延疏劾之，并及所著《出使须知》，乃奉谕传蔡钧到总署申饬，此真有"肃中堂亲口骂王八旦"之荣矣。

迩来察之人事，证之旧闻，遂令百念灰冷，非独岁暮之忧而已。次山得贵州已可虑；闻调首府者乃石阡员凤林，将来必补所遗。八千九百里，黄山谷"鬼门"之诗，未为愁苦也。江南水师，本非有用；然稽查内匪，肃清江面，亦正有所长，裁之恐有他变。而近日司农仰屋，乃欲责未垦已荒之田，复承平之税额，何论此等；将来田地，亦几不可置，虽欲为农夫，不可得矣。串票花费之外，征信册费，又不知凡几。上海办赈捐之法，乃为计臣经国之谟，诚可痛悼！乌鬚药折见否？闻其中词语，毁誉参半。燕国大王之怒，所谓"是将及我"也。闻部议以二十一中，亦大非例矣。

苏龛见三四次，貌似穆若，性情亦宜相类，或不至如穆若之戾耳。子封计已到津；朝夕相晤，亦颇快。《大典》钞数卷，亦恒辍手，劳而无功，学者所深戒也。烟浒楼中人，久无音问，此不足怪；独怪通守不来信者殆将半年；次舟事已，亦不复我一函，此可恶耳。

都中过年，此第一次。牢落之概，殆非所任。季直云，伊有信致张廉卿，谓"在北多一日，则心灰一日"。季直湖海人，当不至是；殆恰如我意耳。

馀不一一。复请年安。

弟功廷式顿首　二十五日

二十

晦若大兄如晤：

昨得来示，知悉一切。

仲鲁于十九日出京。先是十八日，得乐初年伯病重之电，云脾虚痰喘，嘱携好肉桂来。次日早又得电，知未刻长逝矣。弟与颖兄抑讣音不使得知，因此处不便成服，又仲鲁新病，恐其在途加病也。颖兄等于本月二十五日在广济寺为位成服，哭三日止；馀事俟灵柩回旗时举办也。

前闻人云，吾兄已奏留北洋，有“才识闳远”之誉。卢龙参军，不胜于白鹿院长乎？一笑。

铁路竟停，此火灾之由。吾故曰“宫门失火，殃及铁路”也。亲政三十四条，明发者八条；馀二十六条，兄见之否？若据传说，则“坤之上六，乾之上九”，伏羲“十言”之教，不论消息乎？迩者上下之间，又微有不靖之气。栋挠而鼎折，弊之在上也；甚嚣且尘上，弊之在下也。滔滔黄河，吾其济乎？愿兄明以教我。

蔼兄到京已屡见，力劝其作时艺，尚未暇也。弟日写大卷，看八股，思不出位，如是已矣。

天寒笔秃，手腕欲死，不能多作。专请年安。

弟廷式顿首　腊月二十七

巽弟均此。

二十一

前日到小寓，昨日今日昨归相待一日。皆到店，均不得见，怅甚。

行子之居，南院为伯愚妻母所占，北院亦略满；惟前胡同之玉皇阁似可租住,礼卿曾居之。

明日如在小寓,请略待,午后当奉诣也。

此请采兄台安。

廷式顿首

二十二

相候已久。然度公不来,恐我先有他处成约也。实则天宁、陶然等处皆谢不往,欲与公游花之寺,归途至天坛纵览。今当独游矣。十四日当入城夜谭。

复请采兄台安。

廷式顿首　即刻

二十三

采兄如晤:

本日得信。

拟作二篇《春秋》文,精切传作也。《四书》艺则缩本袁简斋耳。然命意与弟初意合,起讲首句尤合。此自是一必售之格也。

今将首艺寄上。此即闱中清稿。此文用典处似尚斟酌;惟盛祭酒以为太板,亦中我病。售与不售,只可听之,自谓尽力矣。乞兄一品题之。大卷近写得颇收敛,若幸而得中,殿试完卷,高二甲诚可望也。麻兄作未见,度颇佳。巽之文颇发皇,前半微落窠臼,然自是卖货。今年江南、四川,首题用《公羊》说者,湖南亦有之。几七十卷。诡遇之伎,亦几穷矣。可笑!张季直文未见;袁爽秋以"微云淡河汉"二语目之,子培以为确切;其大意系用皇《疏》之说。

弟场后酬应虽忙,每日仍不碍作书,惟读诵稍辍耳。廓兄写白折极勤,每日五开;考差之志非名字。锐甚,当可得也。

馀容续布。专复。即请迩安。

弟廷式顿首　三月二十七夜

明仲文作两大比,以天地、帝王分柱,气甚好;二、三场亦佳;策题极不佳。不寄矣。

二十四

采生兄长:

前半月许曾发一函,计已登览。

日来淫雨可畏,墙塌屋摧,不绝于耳。今日晴光爚然,虽病热,亦觉佳矣。仲鲁兄近在坟地,去城十里,而音问不通者五日,良可怪叹。不知近畿被灾,竟何景象。

弟应酬未了,泥潦又不能出门,然借此日读得数卷书,得失亦未可算也。

颖兄百日将满,家计更穷。居丧之费,葺屋之资,无可措画。官至三品,不能自赡。乃知古有请外之举,真善政也。闻俄、德使者,业已报满;长崎之任,亦将易人。四顾心驰,愿求自试,未知山公启事,信不渝否?吾兄从容之时,代为一探消息,乃深盼也。

巽之不甚常见,因雨所阻。吉林之使,竟至三易。吾兄视此事将来若何?归结贵宗人,此举为是为非,望一评之。

前数日又连得粤电,子展乞援之意甚急。其第二电,云"司已详,事有阻",未知何故?我兄有可为力之处,谅无不尽,不待鄙言。然以势论之,复官必得,早晚诚未可必耳。

有盛世丰者,其胞侄与弟同年,在粤亦有往来,以商起家,颇通洋务。意欲投效以谋一事,归为光宠,意不在利。求介绍于兄,辞以不能；然老者似非无用，聊一及之。

蔼兄处近接信否？闻在泸州统兵二营，或四营，壮哉备兵使矣。有信时，望代达候讯，至感。

今日偶得七律一首，别纸录寄，请烦改削。

不尽欲言，敬请撰安。

弟廷式顿首　六月十三夜

二十五

晦若大兄执事：

前发一函，计登台座。

龚二叔到京，得读赐书，借悉一切。即欲奉复，而旬有馀日，目上患疡，竟未能执笔，歉仄殊甚。今始渐愈矣。

穆、渊两弟，何以至今未到？闻杭雪云，已代为觅一寓。三叶竟月馀未见，大理则尚未往拜也。想自有信达签掌矣。

星海亦未知何以耽阁未到。频得粤中书，知其家为本家挤出，移居司后街。又通守为次舟搪帐说结了，竟率领厘局营勇将索帐之康姓捆送南海；调停不下，竟为康姓所告。叫做裕宽的大怒，遂将通守差事撤去，听候审讯云云。此事通守勇于为友，自是观过知仁，然亦稍涉卤莽。伊光景如此，尤为之慨然。现闻通守已递亲供，但未识可以无虑否。想吾兄得粤信时，必已详悉，祈示知为望。

前来示中嘱钞并州牧荐举全单。现各处访求未得；惟于侍从之下，探得有阎尚书，丁总督，卞巡抚，升阁学，曾副宪，张提督，吴太仆，方耀、郑绍忠两总兵，胡辑五员外，刑部司员。鹿、边两藩司，合之翰林中人，可知者已近半。且闻每人名下皆注明宜任某官。此系陈古灵荐举司马君实、文潞国等三十三人旧样，而闻者为之骇然,可谓多见其“不知灯笼火把”也。

此次弹劾葆、王二人,则因长沙侍御先有一折专劾东湖;且云,南皮专爱优待文士,恐其徇隐云云。故遂不免矣。

日来无事,偶检箧中书,得旧抄我兄诗文十数篇。反复玩读,信当今之钜材,文苑之壮观,自可高掩五代,上迫汉、唐。低首宣城,平生之愿。近日未知尚有所作否。他日跻我朝之德于隆周之表者,非公而谁?断不可以此席让人也。又我兄于经济一事,恒谦让未遑。然以弟察之,我兄之才,尽足以(斡)〔斡〕旋世运,振兴学术,非儒柔无用者可比。且天下大事方多,不可及吾身见之,而束手无所表见。伊尹,圣之任者。苟有此志,当为此学;既有此学,当有此言。岂与矜饰自奖者同其讥哉!

黄豪伯由川来。前累次保举,皆以不肯用部费,尽被驳去。此次奉特举,以知县发云南。现举总理衙门,堂官遇之甚厚。其所著《印度劄记》诸书,现著伊绘越南图甚急,而苦无底本。不知吾兄能谋一份稍详者否。今谨寄上各乙部。书仅得乙部,弟尚未阅毕,迟日再寄矣。尚有《汉唐西域志补注》,总理衙门已交排印,印成当续寄。此人品介学博,议论名通,尤不类吾江人拘隘之习。与徐君仲虎,皆近日谈洋务之英材矣。

水师闻俟铁甲到日始办,然否?将来外海水师提督,似断不可不设;闻将于闽、广裁一水师提督而为之,未知然否。

伊犁久已接收,而改设行省之旨未下,当作罢论矣。

主考已将放完;惟吾江两主考皆系己卯主文衡者,馀则并无连差。大约主调剂之说,不欲苦乐不均也。

《朔方备乘》是否已成?并日来有何大作?皆望随时示知,以慰渴想,不胜至幸。相去至近,通讯非难,尤冀时惠我书,以开茅塞，幸甚幸甚。

太仆兄近上恭邸一书，论越南事甚详。惜其时目疾正剧，未得一读也。

馀容续布。衹请撰安。

廷式顿首　六月二十一夜

梅生、延卿两君晤时，皆望致意。

仲鲁嘱笔请安，恕不另函云云。

二十六

晦若大兄执事：

前发两函，计登签掌。比维德与时进，欣慰无似。

日来恒盼穆、渊两弟及星海来京。而至今未见，不知何以濡滞若是。

粤东亦久无信息。然闻子展信，大是不妥。其批语中有“胆大妄为”字样，且是悬牌批出。诚不意子展何以一时卤莽至此，又不得其详，甚悬悬也。

京师无甚新闻。惟湘乡相国因淮盐一事为言官所劾，李鸿逵其一也。并闻尚不止一二人云。已交苏抚查复；想已知之。又如罗田御史无故劾奏银台，亦交查办矣。而问其所以然，则彼亦不甚了了。此则无谓之尤矣。

高丽一事，现在办法，可云豪发无憾。然闻庙算仍以不战为高，此自是正论。兵者凶器，惟不得已而用，乃可有功，从无开手议论，便打算寻衅道理。又此时铁甲未到，水师更无把握，少辽缓之，未为非计也。威妥玛初五日在总署对诸堂官云，越南之事，我劝中国不必派兵，盖深知法必不要越南土地，又中国必非法敌。至如今日高丽一事，则中国断不宜置之不问。若又照琉球漠视，则几不成大国举动矣。此言亦真实也。兵事若何，不敢预闻。至如高丽情形若何，日本举动若何，如有所闻，务祈略示一二，以开茅塞。

黄君豪伯奉旨发往云南，以知县用。道出津门，夙慕我兄大名，欲得一见。豪伯貌陋而神清，才大而心细，推步算法，边徼形势，皆洞若指掌，不可失之士也。又其来时，川督丁公嘱其晋谒合肥相国。弟以谓清河尚书，自是一时人杰，亦宜瞻瞩光采。如日内政事稍暇，我兄可以偕之进见，或为之先容，一询西北边务，及印度、南洋情势，必能大有裨益。豪伯人品甚介，弟与相处一载，见其一无所求，诚非游客妄谈馀憚进身者所能企其千一也。所著四种，谨送上乙部，祈察收。我兄览之，必有以称许之也。

霭青员外，承其过访，旋复趋拜，皆未遇。

延卿到京后，亦未一见。初一日考，到听点名时，有呼“顾锡爵”者。弟亟呼延卿而未见应，恐是日竟未到也。迟日出城，当再访之。

我兄近日想诸事纷繁，八月初来京之说，恐断不能如愿。然赞画戎幕，其乐何似，只令人羡耳。

夜来烦溽，三更许风稍清冷，挑镫执秃笔书此。故人胡铁庚谓弟书札中有骈体，有案牍，有白话，有古文，夹杂不成文理。每自审之，亦良可笑也。

馀容续布。手此。祗请留安。

廷式顿首　七月初八夜

二十七

晦若大兄执事：

叶叔达到京，始悉台驾已至津门，深以为慰。前十日许，于仲鲁处得读来书,一切祇悉。

星海之事,大出意外。事隔年馀,忽然发作,加膝置囦;时异势殊,故有此变邪?若延陵之先有申饬,一年之后,又复议处,国朝二百年来,有成案否?星弟处之泰然,极为难得,惟穷窘特甚。现定于八月回南,谋潮惠书院一席,如能如意,明正乃接眷属。此亦至不得已之计。推其才分,必不终于沦弃,得寂寥十年,读书养气,然后再出,未为晚也。

渊弟在粤,盼尊讯甚切,到津后曾发书否?蔼卿兄闻当以八月来津,办专祠一事,未知确否。弟来京时,本非久计,乃以事淹滞,又南归亦无所图,只可暂住。现租寓崇文门下椅子胡同,如有来信,照寄当可收到。仲鲁殇其子,而乐帅于月初病脾颇剧,近始小愈,想未回信。延秋到苏时,闻星弟事曾发电来;复闻扬州来信,谓羸不堪。

——此行一无佳兆也:同辈数人,潦倒落拓,殆颇相类。前路如漆,奈何奈何!

和议已定,善后之策若何?铁路、水师,二者尤亟。如有所闻,望书寄我。

草此奉复,馀容续布。祇请大安。

弟廷式顿首　七月十八夜

二十八

晦若大兄执事:

二十日欣奉复书,备悉一切。

日来欲访穆弟,未知寓处。而杭雪远隔东城,又以雨未及见。冯七先生到京,昨始一见,匆匆未及详问粤事。星海在江南稍可,为之欣喜。但阅其致龚二叔信,则到京恐在八月后矣。

高丽一事,当初起之时,幕府遣师船前往,决机应变,群服其神。果闻日本之兵亦同日到高丽,此得弈者之先着矣。及召临淮之时,咸以为缓不济急,且以幕府调度合宜,故仍欲专倚以集事。微闻幕府有才庸辞卸之奏,又闻吴、丁二提督亦有不合,朝廷深以未能协和为虑。且多谓临淮一出,实成缀旒,将来恐以署大学士专办北洋水师云。年来俄国改约之事,法国越南之役,日本琉球之举,廷臣皆交章论奏。而高丽此举,尤为切近之灾,然言臣无一言,讲官无一策,咸帖然以谓办理之尽善,则幕府之勇于赴机,实豪无可议。亦以见廷臣非好为论奏,有异于明人之妄议辽事也。

南丰仍加恩留任,自是意中。此老赴粤,虽无望振作,自应远胜衣服架子耳。越南事亦已了;闻不能撤防者,恐法人责辞,谓防彼有迹也。

豪伯南旋之志甚急,然其论说已详于所作《游历刍言》中,我兄曾一览否?

闻作《唐藩镇表》甚善。《唐文粹》已带在行箧,到京时可以奉还,然远不及《全唐文》之该备也。张君祥龄,前闻廖叔谣言其在京,甚欲见之,而未知其寓处。我兄批其所作《方镇表》,拾遗订误者不下数十条。前在明仲处见之,为人攘去,致可笑也。今若自成一书,锓之板片,当无可再攘者。

弟甚欲作《辽金元三朝会要》,苦于无书,无写手。他日终当成之;然如近年之仆仆无定居,则未易言著述也。

兰师入《儒林传》,自足千古;然何以粤省至今未见奏到?使幕府在粤,此举岂在融斋后哉?

直隶人才,较广东何如?天津洋务纷繁,恐未易及此。然吾兄访察所及,有能中四科之选者否?望详示一二,以扩闻见。

薛三知府,广东粮道谓远不如季怀,然自是一时之选。明年恐要充参赞,将来必为李京卿之继矣。

周荇农阁学前示我以《两汉书补注》,所得甚多,然讹误亦甚不少,随笔十数条复之。旋即改正,其从谏正不可及。闻长沙祭酒作《两汉书集注》,未知近有成否。近来楚人文学,亦颇擅长,可谓人材之盛。

弟场后亦拟到津候榜。兄若不来,八月亦必见矣。

延卿终未一晤,歉甚。尧臣奄然物化,怛怆何如!前与延兄言,若以书法论,此人不当即逝。前人相字,亦不尽应耶?子展事未知究竟若何;然经此一波,未知能搪得住否。如搪得住,将来骨干苍老,转是可用之材。此则在其学力矣。目前闻将卖书还帐,挈眷还籍,大可慨也。三叶一齐丁忧,想已知之。仲叔两人,以病一时未能到粤;老叶将挈大叶于八月朔日南旋云。梁少亭于六月十三卒于禺山,知否?桎甫近亦未见,红折能食着与否,未限定也。家兄雪门,近仍寓南横街徐主事家。木生昆仲寓半壁街吕祖阁,房甚华美。渊若南闱大是得法,必步阿兄后尘矣。

近闻大南皮致书力戒小南皮,谓:"经营八表"一语,京师传为笑谈;山西近来吏治,虽经整顿,然恐水清无鱼,难以持久等语。此等皆是废话,徒为乃弟所笑耳。

葆亭依然未到,尚在扬州放子母炮,非一戍所能蔽辜。满洲大员中,近如成孚、治缄之流,何比比皆是?(贫)〔贪〕劣庸猥,不一而足矣。

直隶水利,我兄近来颇讲求否?信如延兄所言,断无可办否?永清河形势若何?两溪尚足节宣否?统望随时示知,不胜拜祷。

水师近开办,章程若何?甚愿得知一二。然恐关于军政,不便宣泄,故又不敢请也。

尊体畏寒多病,务祈加意调摄。水果自宜少食;若得好药酒,自能百倍裨益精神。我辈之事,万分未得其一,非惟不可死,亦不敢死也。

馀容续布。祇请大安,不一〔一〕。

廷式顿首　七月二十二日

仲鲁嘱笔(清)〔请〕安。

二十九

晦兄如晤:

十九日奉到来示,一切具悉。

日来场事已毕。二场题,《尚书》则出伪古文,然犹有《左传》曾引之,可说也。三场策题,开口第三句,便问"淮南王安采荀爽九家注"。此为《策学大全》所误。《大全》标目有《淮南王九家易注》云云,《大全》并不误也。弟在闱得题纸,不禁大笑。此误不止于"第五伦"作"第五昉"矣。世有潘云阁,必又将见之奏牍也。如此看来,二、三场系断断不看。闱中虽亦满卷,而实一笔挥写,豪不经意。今谨录首二艺寄上。传观似可不必。吾兄肯为点定批下,则幸甚矣。三篇太庸腐,不录矣。来示以拟大作广西闱墨,此则深知不如,诚有虎贲中郎之叹,勿为过誉也。

前有在津候榜之说,实因屡次听榜,心胆俱碎,故约友人稍出避之。今得来示,自应不去;则拟登西山,陟巉岩之峰,决不敢在琉璃厂看红录也。

都中诸事,无甚新闻。惟嵩参议以四百金卖去一官,系张观准转送生意。可发一笑。

太仆寺来信,谓湘乡制军在粤,诸事不理,自云:吾为人守印耳。此非大臣所宜出,殊令人嗤其器小也。

吾兄十月到津,仍回粤否?望示知。窃谓既是留馆后尚需请假,则此行可不亟亟也。

昨与杭雪同局,闻穆若自欲赴津,未知日来肯动身否。伊与杭雪亦无真话也。大理寺八股甚佳,星海说。可中。冯七三场无恙。木生昆仲皆在此等榜。

馀容续布。此上。袛请留安,不一一。

廷式顿首　二十晚

仲鲁嘱笔请安。

三十

晦若大兄翰林执事:

二十一日捧读手书,敬悉一切。

楚庭文社,今岁尚有起色。然仍当努力,冀可步我兄后尘耳。天倬限于一名,不能上京相见,尤为憾事。沈桐已中,知否?广西榜迄今未见,亦未知渊弟获隽与否,念甚。

式名次本定第一,以卷在寿州手,而乌总宪以名位在上,不欲他人我先,故遂更定。然得此以为幸矣。昔翁文端不得会元,而名位远过于吕龙光。顾援此以自解,或稍僭否?一笑。

今岁拟即在京度岁,不复他往矣。台驾何时来京?比来常写字否?明年来时,当寓何处?皆望一一示知。前闻当以十月赴津,想未必成行也。

都中近来无甚举动。惟天气甚寒,南人初来,加以冬衣未备,颇觉不便。保定纬度相同,想我兄早披重裘,刺促于密室中也。然否?星海近来写字甚勤,又能不逛相公,其操定竟大有长进。惟尚未见其作赋耳。麻兄与式同房,何时来京,亟为悬望。木生兄弟已于二十一日南旋。惟冯七先生以筹办资斧,迟逗至今,闻亦将于明后日去矣。

闻通守功名尚可无恙;南海县樊某已死,署其任者张琮也。式久未接广东信。我兄常得信否?有事时尚望告我。

馀容续启。手覆。祇请留安,不一一。

弟志钧、廷式同顿首　九月二十七日

一切前言已详,不另书。非懒也,乃忙耳。此次我与云阁如愿以偿,且得与麻兄同年,乐何如哉!行将出门矣,匆匆附书于此。

钧白

三十一

来示祇悉。

今日奋勇阅卷;明日行,不复走别矣。

师相之言,乃吾兄托词,弟不信也。

朝邑尚能得谥与否?此时薄赠,乃成其名矣。

复请采生我兄撰安。

弟式顿首

三十二

采生大兄大人赐览:

前陶兄行,拟作一书,以病不克。又以近状皆陶兄所悉,故不具述。比维潭潭幕府,起居清吉,定符远颂。

弟到浙后辄病,泻痢之后,继以疟疾,殊为委顿。病稍愈,即拟入都，而署中无人，又虑到京之后，资用艰窘，是以迟迟。然犹欲于九、十月之交行，未知能如愿否耳。迩来颇阅八股，写大卷，然此事正未可必；明岁当复如何，能为我预设一谋否？所深感也。

蔼兄当已到津；久未得音问，念甚。

河务绝无所闻，惟于《申报》“乞振书”中，略观一二，殊不足据。哀鸿遍野，隐忧方大，而豫抚振抚一折，乃沾沾自喜，上不足生朝廷警惧之心，下不足息百万灾黎之怨；谁任其咎？徒为此固位之见，良可鄙也。关东水势若何？南中往振者措词危迫，而始终未见特旨抚恤、及发帑赈济，然则灾区之广，殆言之者过欤？我兄近在畿辅，见闻必确，祈有以告我。

浙中之事，无足可述。大抵昏、贪二字，可以分赠抚、藩。三场点名之时，因兵丁误殴生员，遂几哗变。许藩司被殴两拳，自谓幸逃虎口也。士心之怨，士习之乖，俱可见矣。顺德学士以“权道教人”命题，具以深意。然使事仍当行否？学士识解宏远，而办事异常谦谨，出使真其所任。我兄以为然否？

久病新愈，不复多述。祗请撰安，不一一。

弟廷式顿首　九月初四日

此信作就未发，初五日忽得伯愚、仲鲁来电，知张延秋于初三日病故，良可悼惜。旋发一电告星海，日来未有回电；想彼已知悉也。延秋聪颖绝世，晚节以病养品，尤有进境。俄然沦谢，痛何可言！十年之交，于兹已矣。今岁出京，执手言别，便云后会未必可期，岂知斯言竟成语谶。吾兄闻之，当亦悼叹弥襟也。拟作挽诗一二章，叙述交谊；学荒笔弱，遂未必成。将来别传一篇，当仰赖于大笔矣。匆匆不尽欲言。

弟又及

三十三

《食货通考》,古今未有成书。私意欲尽为网罗,勒成巨帙,未尝不可单行也。

日来天气殊热,绝少出城,颇有读书之暇耳。

振帅到津,当有一番布置。可否举其大事无庸秘密者,见示一二,以扩见闻?

前碧鸡一奏,欲为丰润高张声价。然曲直所在,人人洞悉。且丰润不考差而卖骡子,谁不知其有出京之志?名士不可恃,固至此乎?可为一笑者也。议处系罚俸九月,正不知所援何例。

近今人才稀乏。谈时事者,大抵虚憍恃气之人多,缠绵悱恻之人少。观其论议,必有所为,不独较之陆宣公、李忠定有所不逮,求其于近日王子槐者,亦不可得。经术既浅,忠诚亦薄,但觉其锋芒犀利而已。谈洋务者,大半犹是外行。前数日间,闻宝竹坡侍郎有一封奏,言高丽事,未知议论若何。前闻张翰卿说,宝侍郎近弹劾南皮,谓色厉内荏,断不胜封疆之任。此论未知确否;然南皮一举五十九人,亦未免太不检矣。又闻广东复奏越南一事,大致以谓无与我事,此则谬矣。

弟前于天津见徐君仲虎。其人虽仅一面,前在上海时,曾屡见其尊人雪村甫。故在天津,遂往晤之。一谈甚畅也。其论各国之大势,水师之利弊,窃谓一时无两。且其忠诚朴实,尤所罕睹。此人至今未尝通信,又未知尚在津否。我兄襄赞戎幕,留心人才,如此才者,宁数数觏哉?若扬于王庭,将来必有所补益。惟闻其与李丹崖不甚融洽,是以东旋。慎毋以先入为主也。长夜无事,偶论人物,聊一及之,非有荐举之意。此等议论,亦在"水香园"、清水壕时之妄发者,谅习闻之,不足为怪也。

次舟书来，甚悒悒，自谓公罪恐在所不免。

豹岑中丞书来，嘱代索其诗集，系兰甫师点定者。暇时可否检出寄去？

星海至今未到。闻叶氏兄弟云，伊于四月二十五动身，亦未知确否。

伯愚五月初十到粤。

前奉家君谕云，曾托我兄带下一信，便中望转寄来，不胜至幸至幸。

梅生先生今岁作冯妇否？三日骡车，九日琐院，未为苦也。杨、顾二君同来直隶否？晤时均望代为致意请安，至祷至祷。

《朔方备乘》一书，闻已刊成。能为我致一部否？尤所盼也。

手此。祇请留安。不一一。

廷式叩头　五月十九夜四更泐

三十四

采生长兄如晤：

前十许日，得接回信。旋得陶兄电报，知已到济宁，陆行到德州，计期二十六、七可以到津。吾兄见时，当不能无感也。岁月不居，聚散之迹，俄阅十年。岂惟恒河之水，惊人面皱，叹逝伤离，足损神智矣。陶兄经历大事，跋涉艰阻，每一念及，令人怅慨。今安抵津门，诚可心慰。而都中亲友吊唁，哀答纷纭，尤宜节啬精神，料理丧事。望兄善为导说，抑其哀思也。

连日得雨，旱象已失。

中书一场，既在京师，不容不考。杨叔峤诵管缄若时文云：是以前此之屏斥为未足，又从而益之也。引喻至切，可发一笑。蔼兄仍就道班，巽之入翰林，皆能适如所愿。来函嘱见司农，伯愚述其意，欲为我谋鹿洞，此大可乐。考中书后，当可一见司空。弟素未觌面，来函以为所习，兄误听耳。

伯愚布置家事，极有条理，预备一切，皆已就绪；陶兄大可省力。惟刻无暇晷，竟不能专函奉寄，嘱弟代达，想能谅之。

伯愚近欲出洋，非为家计，将以阅历。前者巽之函中，已叙端倪；伊亦当别柬言志。兄谓此事何如？如以为可，尚宜代谋，窃谓交涉之事，无有已时，伯愚气体博大，历练数年，才识自异，视洪、许辈，似可过之。

弟今岁俟陶兄到都，丧事既毕，秋凉之后，仍拟南行。粤中久离，意欲一往江南；能得一馆，尤所便安。数年以来，立志粗定，所以自处者甚审，不欲为兄预言之也。素位而行，无入不得，不待五十而知前此之非矣。

迩来见何异书？或能饷我。伯愚嘱向兄索周按察所刻《约章通纂》一部，亦可以知其旨趣也。雨窗乍凉，神明俱爽，乃知世间无处不浩浩落落；妄钻故纸驴年，诚可浩叹耳。

专此。祗请撰安。不复一一。

弟廷式顿首　五月二十三夜

三十五

采生长兄如晤：

连日甚热，今日得雨稍凉。适从李木斋编修处，与盛二祭酒看南宋初《周礼礼记注疏》，归作书与兄，以当谈宴。

来函询及林勬伯之房师，则邹咏春也。来函询及教习，则高赓恩、曹诒孙，已出京，荣庆改派庞鸿文、张亨嘉筠、朱祖谋、冯煦、刘世安也。

伯愚詹事得保后，勇于营运，见二王三枢密，皆面允之，其意甚乐。惟詹事钝人也，听言之理，未为所长。惟以势观之，或不至漂，则师相之工于为谋耳。

张得少农，援蒙古杨公之例，本在意中。皖藩查复，以收属员为门生，并受贽敬作主，以其在护抚任内所为，措辞似尚妥当，闻已留中不发矣。坎巨堤一事，近议若何，能告我一二否？都中诸事，不能尽写，料尊处必有所闻矣。

近读《晋书》至《海西公传》，乃知桓宣武自是异才。宋儒以论议束缚天下，如此俊杰之士，岂可厚非！暇当作论以明之，知非袁彦伯不能晓也。

洛才拟十二三出京。此人志趣尚好。又接浙人信，知渊弟在杭；年内纵迹若何？已有几子？念甚。巽之常见。据伊云：闻之余寿平言，师相近有小恙。度以暑热而然，得雨自愈。维摩诘所谓"惟众生病我是以病"也。

应酬太繁，用度不继。七八月仍拟出京。东西南北，何地最佳？吾兄多谋足智，此四字小说屡见；恭维的当，故用之。尚望教我。

乔秃翁往拜未见；车中遇之，拱手而过，已见其睢睢盱盱之态，可谓□士之甚。武之泰州自乾隆以来，有周泰谷学派。一传而为李晴峰、张某。张在黄岩山被阎文介所杀；李则传教南方，徒众过四千人。其首徒则山东知县黄某；后徒则蒋文回，字子明。其党以为曾子也。来京师数月，毛、乔、刘孚京、杨士晟辈，靡然从之，奉为神明，天津其徒极广。兄闻其绪论否？请一访之。

又，天津有候补县丞张宾王者，亦扶乩之教主也。武清有李鉴涛者，一在礼之教主也。

天下无道，言有枝叶，岂不可怪！泰州之学，旧为弟言，以"心息相依”、“转识成智”为主。上句出道家，下句出《坛经》。虽非其所能，尚属有本。然察其处心积虑之处，则别有在也。明儒学案，凡有一人，必立一二字以为宗旨，其源皆出于台教之“止观”；其流弊则为安清道友、大乘教之乱民矣。奈何！

倦不复写。祇请撰安。

六月初六夜四鼓　弟期廷式顿首

三十六

晦若兄长如晤：

前月得接复函，以仲鲁兄将到京，拟得闻起居然后发信。乃至今未接沪上启行电信，殊不可解。巽之迟迟亦未赴津。新吾回京，借知一切；想日来酬应纷繁，暑热得无苦也。

颖兄海外之行，大约十居八九。惟其意必欲弟与之偕。以交谊论，殆不可辞；而翘翘车乘，良足深戒。意欲请假一年，仍居幕客，似于公谊私情，两无所憾；但自顾庸猥，亦恐于彼无益。请兄为我酌之。且论兵事国体之学，于美亦诚无大益；而地优民逸，聊可嬉娱，又非志士之本怀也。

湖湘使者，转旋不易，将来能开电线、行小轮否？晋抚召见，竟不能对一辞。齐虏以口舌得官，仍以此败，可笑也。阅新疆近日来信，俄人竟以三千馀兵游弈境外，竟不可测。而新疆文武各官，慨然请战，有轻视俄人之心，虽不知天下大势，而义勇可嘉也。戊辰殿撰，因绘图之误，毅然以险要与人，岂有弃珠崖之卓识乎？府尹不得副宪，盖以蝗孽之故。前者薄游海淀，民不患蝗而患潦也。府尹于入见之时，不知为蝗，欣然而喜，以为将陞巡抚也。有人告以有蝗则大骇。故其奏对，以为蝗方游历空际，未敢遽陈云。寿阳病几殆，得方长孺治而稍有喜色。济宁则饮啖如常，而履地如绵，不能着靴，医家以为病尚深也。

弟一月以来，录少作《补晋艺文志》，几十万言；如此小小补苴，而检阅群籍，良亦不易。若过津时，当以稿存兄处，请改削也。

顺德侍郎到京，宴集颇数。若不南行，当同伊出棚，为阅一二府试卷，胜于枯坐京师也。

顷由礼卿处夜谭归，已三更，不及详叙。祗请迩安。

弟期廷式顿首　闰月十八夜

三十七

晦兄如晤：

前数日曾发一函，谅达左右。

今日胪唱，榜首则公之同乡，而吾之同年也。汪子渊、赖云芝写字二十年，费纸数千卷，而不能成一日之功，龚定庵"干禄"之书，可以不作矣。

李洛才选得龙山。比闻登莱观察列入保案，可得直刺；如其合例，望可依允。

越秀山长，公座师也，前日电来，忽然徂谢，亦复可惜。程其平生，不失"静"、"退"二字。弟前岁在粤，颇复雅故；其识解要在张、姚之间，兄谓然否？

中之到津，想能面叙一切，不尽欲言。容民已到，廿七日走到，知前两日出京矣。仍入署否？念甚。

专此。祗贺节禧，顺颂台祺不几。

弟期廷式顿首

三十八

采兄侍史：

陶兄自津回，得读赐书，并衣料二件，何太区区也。兰甫师以为“并”字训“皆”，不可如此用法。弟忆《汉书·王褒传》云并献《中和》、《乐职》三章，已如此用法，请一检之。陶兄述殡仪之盛，以为伟观。兴庆首行，召南分陕，固其宜也。

颖兄使事，其占为需；在事诸人，若茹若吐。吾兄善悟，可思而得之。然颖兄之长，在不忮不诈，而其所短在于听言不明；处于今时，故事事见其拙矣。昨者锡山钦使又电求卸任。以弟揣之，恐将得英、法，则于事倍难。昔人朝受命而夕饮冰；今之诸贤，皆自以为功名之路，何其才具，百倍古人？弟之不敏，窃多惧耳。至弟一身，所谓“乘流则逝，得坻则止”，诚知庸猥，何敢远比巽之？而来信两两并举，毋乃过誉而扬之九天乎？

皖抚又为御史中丞所劾。此次推波助澜，题中应有之事；即无此奏，而庐江知县他日讦告，亦必不免。

新疆之事，竟至坐刘尚书以不应妄设卡伦之咎，一何谬戾！崔烈弃凉州之议，复见于今。他时俄人东西并进，屏蔽全无，任事者将受其弊；而今时首祸诸臣，墓木朽矣。元子之叹，责将谁归？

前者问吾兄选期，或云在笏卿前，或曰在其后。果得一缺，诚能供职京师以不？① 又来示引“敦体”二字云云，此未合千年以来事理。观之吾兄此等见解，欲以劫持一时之口则可，欲以洞观天下之心则不可。履虎尾而咥人，百数十年来，其谁不惴惴？然廉耻之道

---

① 此句，青鹤本原刊由龙沐勋点作“诚能供职京师。以不”，并于“以不”下加案语曰：“此处似有夺误。”

尽矣。吾兄通儒，犹作此语，殆近日聪明汩没于簿书之间，不复知批牍示谕而外，尚有人心也。

弟于颖兄，诚如来示，虽受谤何所不可；且及其尚壮，亦深愿为海外之行，以长学识。师相之训，良合鄙怀。使久居京司，迭掌文衡，以至卿相，诚非其愿。聊复云云者，寒窗寥寂，与兄盱衡古今，犹似许楼、虞寺相对之时，不复知世上更当有何事耳。

容民不南行否？念甚。

馀不一一。祇请箸安。

七月廿九夜　弟期廷式顿首

三十九

采生兄长：

前信久未得复，以吾意为谬耶？长夜无事，聊以相哄博一笑耳。兄好言本朝掌故，弟好言历代风气，此始末之异也。

顺德侍郎将按临天津。弟有纸四张，价本五两，请侍郎师书以备刻石，乞代为一催也。

公颖危得驻藏。弟意驻藏惟广东按察最宜。兄谓然否？仁和论及；而庆邸抵之，可谓相爱。孝感侍御劾戊辰殿撰，信是好言官，而掇拾及琐事，则类明人攻讦之旧习也。陶安本月验看，下月引见后，即可起程。今年伊已四次到津，真“飞去飞来宰相衙”矣。帕米尔俄兵已退，而凉督始奏送地图；其地有温泉，足水草，甚足可惜。又刘毅斋所奏设卡伦档案，今始检出，亦可笑也。

两月不得节庵信；闻伊游黄山回。前年闻伊以安徽山不肯往，今乃遇“曲赦”矣。此二字翁弢甫所言，甚切，故用之。

吾乡欲行小轮船；接同乡公信，原呈无故将弟等在京姓名亲到，亦只可听之。比又闻为江督所驳，未知信否；北洋曾见原呈否？幸告吾。

夜深不及一一。专请箸安。容民同此致候。

弟期廷式顿首　八月十七夜

祁尚书予谥，想已知之；拟者以“清”、“恪”、“诚”、“慎”四字进。

四十

采生长兄左右：

谢苍平来；知兄患癣，此属末疾，故未笺候。今日得读来示，具悉已愈。以弟言之，久坐不行动，当系致癣之由。岁莫无俚，何妨来京小住一月，以为行散之举，度府主当慨允也。

陶兄本日出京，携两妾一子，怅惘而行。天寒道远，弥复可念。此虽下策，然徒淹京曹，适为无策，故不阻而劝之矣。颖事未能即发，而阁学连漂两鞅。势利之徒，顿觉冷淡。颖兄自筮仕以来，其寥落未有如今日者。平心而论，“拙宦”二字，诚不能免。然不攀援，不卑屈，终不失为士大夫本色，毋庸怅怅也。

兄观人之术，较胜于弟；然于朋辈中，知之而不肯言、言之而不能尽者亦至多。颖兄事与蔼青，其得失亦相似，要皆可平流进取，而未足当盘根错节。此可吾二人言之，而不必告人者也。今之时势，进退之间，何可不审？何可不预？若来去自由者，惟我等江介孤生，志无所求，气不肯下，差足傲一世耳。世族高位，岂足语此！

西事，兄信所云，乃俄国之惯技：其政府且认错其边境，且进兵谋人疆城，莫巧于此！兄以为其诚邪？亦不欲措词而以此塞弟之问耶？戊辰被劾，复奏即其所自为，可笑之至。户部满左侍郎，近以为上设琉璃屏风，慈圣闻之怒甚，令其批颊自责，久乃教出，而槅扇遂撤。即此一事，而慈圣之力遵旧制，圣人之恪敬慈训，举可概见，懿美之事也。吾乡小有兵事，奏报颇不实。总兵申某，亦极为骚扰。大安里为吾乡南路，武功山纵横近四百里。其匪首祭旗时，凡九千馀人，大风折旌，散者过半；得无大害。然知县顾家相，不惟不撤委，且当优保，谬矣。弟得信较迟，则且可寘之不问也。延理少召见时，上颇称其奏考据详明；而召见总理大臣，又怪总署之事，何以外间能详闻之。此当有先入之言也。

西行之说，此时且可不提。究之于仕宦绝无益，不忍峻拒者交情耳。处今之事，立身之际，不敢为名；仕宦之途，不敢求达。思之烂熟矣。寤寐之间，自觉愉适，但不欲为他人言，恐反以为矫妄也。一笑。

复请撰安。

十月初三日　弟期廷式顿首

四十一

采生兄长：

前半月许，曾发一函，计已登览。

十七日美使忽放芜湖道。闻当时承旨，系即赏四品卿衔，为出使大臣；仁和以旧样更正也。嘉定侍郎即日至其壻处，有成九郎中闻之。亦大骇诧，以为不在单内放人，为总署向来所无云云；且谓颖受伤甚重。颖今日见庆，亦云不详何故，可速打听云云。据此推测，可以知十之四五。惟颇难作善后文字，现与之力筹补救。曾文正所谓“好汉打脱牙和血吞”者，非无可为；然颖兄心力不紧，精彩不扬，未知能猛加锻炼否耳。至交之中，如张大员外、志四太侯，皆亟愿其扬于王廷，字号有属，而二人皆痴呆汉。所失不同，而不可以处变则同。奈何！弟与巽之，前半月已料其深不妥矣。

周侍郎、陈御史懋侯皆病，闻陈希龄亦卒。一时许而卒。柔脆至此，亦甚可诧。林御史前月底有奏，言极切直，闻有乘舆箴之意；惜未得其详。

今岁不能出京，只可作消寒会，习白折，作试帖，以尽本分。每日读经书白文数十叶，颇觉有益；惟穷窘益甚。度津门亦无可为，故不复作妄想耳。

容民近日兴会若何？念甚。

馀不一一。专请箸安。

弟期式顿首　十月廿日

四十二

采生兄长：

前数日得接来信，未及即复。河冰已合，岁暮栖迟，怅何可言！

颖兄之事，亦不必深求其故；但孙武所言"善败者不亡"，故劝其以"坚忍"为处败之方，固无有高于此者。

前月林御史闽人。一折，论及宦寺，以为此辈小则鼠窃狗偷，大则招权纳贿，离间骨肉。迩来有美缺美差，皆先闻应放何人、已得某路，既而皆验云云。词极切直。其不继义乌而去者，可谓幸而不幸。比来洪聋复劾永氏一事，不发；而劾贵同年阁读一事，则已将杜权拿获，折中言其交结。少司寇面上大不好看。先派翁、怀，昨改派汉军协揆矣。豺狼当道，而所问者獾貔之类，深为不满人意。杨霈霖事，诚如来示所言，江督挟前嫌，于吾乡之人，皆以刻待，其鄙贱之故态也。尝言湘中诸人，于中兴最有功者皆前死；雍容而享其成者，大抵皆"李蔡为人在下中"耳。江督最无功，而仕宦最腴美。

观其所为,较张靖达相去几许!尚弱于开县,遑论其他?

俄使词劲,在九月廿三以后;总署未复奏驻藏折时,尚稍逶迤也。考之前史,新疆与西藏毗连,本有大路;俄将来必开通此路。珂乡边防,十年以后,棘于滇、粤;前函不为预谏,正恐高加索人舆地之学,胜于忙兀儿,筹之旧矣。

白折久未写,向来亦少写,且结体太大,不能缩小,无足省观。扇面未写。每晨温经如故。来函赞《易》、《诗》之文彩,当时昌黎读书之法,当与兄同,弟意不到此也。

徐仲虎来京屡见。三十年洋务大师,而落拓如此,度吾师相必见而哀之。闻伊有应保之案,未知是可办否。拙而谋进,弥不合时宜矣。昨晤左刑部;伊又云:选缺依散馆名次,兄乃在前,将见缺矣。如是能来供职否?若出缺早,尚有考差,请聊一查之。巽之近常见。贵同年陈鼎封奏,其初传者以为有罢科举等事,其实乃以伏莽甚多,宜勤戈获耳。此等言语,与禁非刑亦不相上下,宜其姓字之相近也。

夜深不及多陈。手此。敬候兴居曼福。

十一月初九日　廷式顿首

四十三

采兄如晤:

得赐海图后,久未复信。意欲俟七月乞假,南下过津,面谭一切也。廿二日命下:典江南试。菲才重任,惶悚异常,又不得与兄商酌,有所袛承,必有负乘之诮矣。

羼之尚无消息,深为盼望。颖兄则东、直及春闱皆可望,途迳较宽也。

弟出闱后,当请假回籍。明年开河,由海道回京不迟。好在又是闰二月,时日不迫。

今日得家信,宝书寄来课作数篇。此子蒙允隶门下,实为厚幸。其笔路似尚可学;唯制艺及书法,未有门径。今年方十三,迟一日学习,尚不为迟。乞兄以馀暇批改一二件寄还,孩童见奖励语,尤为踊跃。公乃今之六一,惜后生难望和仲兄弟耳。

都中霖潦成灾,景象殊不佳。又烦师相硕画矣。

顷定七月初二日启程。到南后须向陶兄妥问尊讯;望致伊信时,略示教言也。

手此。敬请撰安。

六月廿五日　弟式顿首

四十四

采生兄长如晤:

不得信五十日矣。军书蜂午,想无暇及此也。

容民近况何似?至为悬念。八月初一日启程来京,不改期否?甚愿得一谭也。陶庵今年以来,家信亦无一字,真不可解。

闻信局言,近数日绝无轮船到津,亦未知信否。十年以来,文武娱嬉,酿成昏浊世界。一旦有事,瞠目张口而不知所为,固在意中。《管子·八观》之篇,外夷读之熟矣。唯事乃出于不得不理;但恐因以驿骚,或致吴广、陈胜,啸聚泽中,则忧方始耳。此所以夜观乾象,昼察人事,而不禁独坐叹息者也。都中论说纷然,见闻亦杂;视办法、越时事,人才犹觉不如。奈何!

馀容续函。专此。敬候起居,祗请筹安。不一一。

弟廷式顿首

四十五

晦若兄长如晤：

昨得赐函，敬悉一切。

年事已迫；客居最乐。一室独坐，辄有横邈四海之志。但恨酬应纷冗，扰其神明耳。

帕米尔一事，以乾隆内府图核之，实在界外；以《皇舆西域图志》考之，则实在界内。且无论如何，俄得塔什干全部，而我仅得帕米尔一地，亦何必额外克己，必送与人？师相信来，左兵气沮；既而曰：合肥老而怠事，安能如此？此必其幕府罗与于为之也。左兵为公堂官，公惧否？一笑。前数日，陈督五百里请办边防。疆抚又有电来，云俄人已再进一步此约其辞。原电地名未悉也。矣。本月十二日，徐大理疏劾枢臣招权纳贿，闻其疏亦以左兵发端，言贻误边事至此，而枢臣漠不关心。折入，上色变，遣人持白西朝。西朝曰：令他们自己看去。又云：看完仍将原折送来。是日枢臣退朝，颜色沮丧。以弟度之，明年边事若起，必掣动大局。现在京师欲疏劾左兵者，尚纷纷未已也。

顺德侍郎屡见，数以相法许我四十六岁后，当为四十万金富人。其外甥相我，云当十倍此数。顺德素贫窭，以四十万为极词耳。兄试亦以相法论之，我应有此豪富否？詹事使事，尽人力为之；世事元黄无定。今时王大臣，不独非用人之人，亦并无沮人之才，真所谓"奴辈"耳。运气若来，稍施伎俩，玩之股掌矣。兄何足多虑乎？仲宣观察未见。直隶水师学堂及税务所译各书各图，易购买否？颇有欲得之者。仲鲁书来，无悒悒语。优差之兆，于此可征。

昨得江西信,小儿能作五百字论,虽无可采,而笔气尚畅。请兄一阅。今年十二,稍长即受业兄门下,庶望礼堂郑学,得一二之传也。滇边息马之役,弟处绝无图籍可考。未知洋人言印度、缅甸事,有无成书,晃西士加尼书,弟曾抄录,亦不甚详。乞示一二。如有新印舆图,尤望见赐。师相致总署信,能言大略否?

馀不一一。专请年安。

腊月十九夜　弟廷式顿首

容民均此致意贺年。

四十六

采兄如晤:

腊月二十四日,乃得十月二十六日赐书。邮政不修,淹滞至此。开缄发椟,有如觌面,欣慰无似,惟鸵鸟卵竟不见惠,失前约矣。一笑。

在鄂时,闻星海云:得仲弢信,时时见公意气舒闲,迥异畴昔。九万里之风涛,足以增人意气,与仙山楼阁,正复无异。惟临睨故乡,令人悒郁。此事百年以内,恐无可以适志之一日耳。

弟出京后,身心泰然。平生不计毁誉事。既为逐臣,尤不当与闻朝政,故《邸抄》中事,非得《申报》、《汉报》,未尝一观。八、九月中寓萍乡,则如居深山,与世敻隔矣。

公度事闻又有转圜,是否?出使以言语为重。罗、伍二使,殆以此也。仲鲁腊月间忽销差,大不可解。处膏腴之地,为人所指目,诚不如卸去为得。但回金陵后,不致赋闲方妙。星海去焦山度岁,闻开正回粤,亦是长策。

来函论苏诗,具有深意。弟平日喜诵杜樊川"文石陛前辞圣主，碧云天外作冥鸿”二语，迄今思之，正如预谶。然不压于萍乡馆之墙，弟行后十馀日，而所居之室，夜中墙仆。不沉于“安和”船之触，或尚无获罪于天之事，差自怵惕无咎耳。

今年仍回萍乡度岁。明春局面稍定，当可出游。萍煤颇有起色，虽馀利无多，然能依例而行，一年所需，尚可取给。烦兄随处维持耳。

佛法云：冤亲平等。耶苏之说，则爱极雠仇。其词与孔子“以德直报怨”之说略殊，然其效则蟠天际地，所愿与公共勉之。一切爱憎争竞之心，弟十年来消除略尽矣。近作有《谈仙诗》五百字，伯严极赏之。又有词五、六首，天寒未能写寄。中原旧学，行将废弃；然吾辈贞元朝士，岂能改面目以徇流俗？处必穷之地，正自无悔矣。

宝书于学术流别，正知一二。惟出口不清，作中国语言，尚有不审的处；外洋音韵，析极豪芒，非其所任。九弟到阁，当在一二年间。此等应有尽有之事，不必论及时世也。

子培、子封昆弟想常见。陈次亮请假出京，闻于枢署有未洽，未知信否。令兄明年能考小军机否？既已在京，便当循例趋公，不可非驴非马，徒事落人后，而在己亦鲜谛当之义。想拙规尚可听耶？

岁暮天寒，不能一一。专复。敬请台安，顺贺年禧。

腊月廿四日　弟廷式启

四十七

采生兄长如晤：

去腊曾发一函，计已登览。

自十二月十二至廿七，封事之多，时局之变，又将与前十年同。如此伤寒传经，当事者亦不自知也。

新正感冒，不能出门。徐仲虎有禀一件，托弟奉寄。其机器局保案，已于十一月廿五奏准依议。今文报局保案，求换底衔，并欲得“尽先即补”字样。弟于年终，颇仗其力，不得不代达台端。或能为之着力，或能先为奏请，皆感谢无既。

寒热大作，不能详尽。专请大安，顺贺新禧不儩。

弟廷式顿首　正月三日

四十八

采生兄长赐览：

十三日得接惠函，详尽周密，如获拱璧。

弟病至今未能尽愈：右耳作响，饮食未能复元，故尚未出门。他无所苦矣。

仲虎事承示照办，感荷之至。伊日内亦拟赴津一行。颖兄使事，去岁六月以前，确无异论；七月邸意始摇。度其故仍似有人龂龁之于西朝者。故派恒农以后，邸中再三并托志觐来言。嘱其自己打听原故，非尽詟言也。若阁学能得，微事已解，则西臬虽有左兵之援，亦正非不可与争。兄意以为然否？准宫庶云：去岁召对时，上颇以左兵为非。特恐开边衅，故且听总署为之，以观其究竟；并告以已召刘锦棠矣。苏臬贪吝小材，何能任边事？孰为推毂者，近于荐李元平矣。

温经至《左传》，兼读《正义》，至今甫毕。其载管夷吾事，开口便说“戎狄豺狼，不可厌也。诸夏亲昵，不可弃也。晏安鸩毒，不可怀也”六句。一部《管子》所说不到，令人千载神旺，邱明信异才也。

至凡例、书法，往往不可信；后人附益，以求其书之传耳。病中无事，又拟义山一诗，别纸录寄吾兄赏之。

仲虎《议院章程序》，其前半诚杰作，后半稍懦耳。吾中国将来，能差胜印度，不化为奴婢沙虫者，必有奇伟绝特之士，纠集民会，联为一气，而后差可自立。此时未有端倪；十数年后，且看变故若何。因而用之，百年之后，可以大效。疆场之事，无可挽回，此则匹夫之微，与有责焉耳矣！

今岁考差，若能侥幸，颇欲得滇、蜀；未知命竟若何。一笑。

病乏不能多写。专请撰安不僡。

正月十六日　弟式顿首

去岁高燮曾、曹志清皆言内监招摇。近日竟稍戢，亦一效也。然克们（率）〔泰〕与刘太监亲家则超擢矣。

四十九

初八夜到沪。途中风浪静谧，无□[1]长江，天赞归人，以为深幸。

吾兄到杭，计已一月。吴山立马，湖上骑驴，凡几度矣。能来沪一谈否？当待兄复信定进止也。

渊弟失偶之戚，庶有时衰。亦宜驾言出游，以写忧思。深望同来。易五弟在塘山一见。其南旋尚未有时，庐阜之游，似可不待彼矣。

馀容面叙。不尽区区。肃请晦若兄长台安。渊弟同览。

弟廷式顿首　初八夜三更

---

① 此字《同声月刊》原刊作“□”。

五十

采生兄长：

久未接书，念甚。

弟病亦久未愈，至今右耳作响。病中无俚已极，时邀仲虎作伴，故缓其赴津之期。今闻文报保案已到，伊欲见师相亲谢保举，于本日启程赴津。伊感谢吾兄再，伊此次欲就近引见。一切如有可为，望兄与津道妥商，至感！并誉其文，尤属喜不自禁。此次意欲在直隶当差，弟以为乃正办也。方今洋务人员，惟师相能知之而用之，舍此将安归乎？其栖迟江南者近十年，乃适见拙耳。

伯愚兄补阁学后，召见询家事甚悉，并及陶兄之改外，又问其家人之皆好，可谓亲切之至。询及通洋语否；又论帕米尔事，上言近来准良有一折，考究甚详。颖对亦颇简切。仲虎略知之，当能述也。颖兄夫人病已数日，故未作书。徐大理劾鄂督，牵及粤事。南皮骄恣，又办事极无条理，固必有论之者。然大理亦略过矣，独不念《大学》之似《中庸》乎？康成入室操矛，得无类此？一笑。英、法简使，尚无消息。颖此时气机尚畅，故静专以待之。平流进取，要自不妨，不值为此受挫折于权要也。巽之出洋事，殆作罢论，宏农幕中，颇多不识字人，可笑之至。

久病初起，春风煦人。鸣鸟相唤，小花将发。待仲虎还，尚欲为西山之游。人生行乐，及年岁尚壮，腰脚方健，当畅为之。若齿豁头童，仍守妻子、恋富贵，当为武陵桃花所笑耳。

病中随手作笔记，得四卷，亦颇有可采。他日当呈览。胸怀卓荦，自谓是赞皇一流人；所不逮者，彼能记平泉之花木耳。兄闻之，得无轩渠一笑乎？

拉杂无叙，聊当面谈。专请箸安。万万为道自爱，不宣。

二月十五日　弟功廷式顿首

五十一

采兄如晤：

《日录》收到。《释禅波罗密》封寄。此书功夫有次第。其空发论议者，稍缓阅之，何如？去年以来，随时所录，有《纯常子枝语》九册；就中可取者不过数十条。今来人似不甚可靠，俟托容翁尚未得见。带呈请正可也。

伯愚被论，实以救护月食时，诵周学熙文以为佳，遂为阅者所恶，故原奏以周为正文。其实高阳必欲置一等，非出于廓也。尊奏系指严察翰林八人一折否？朝论亦出两歧；然比来词馆诸事，办者皆颇失体。东海院长胸中，文昌、吕祖故实居多，于国故不甚措意也。近事颇有足述者，匆促未能详书。大约以为枢廷比来循谨缄默，事断自上者特多，欲强主威，诚英明举措也。馀未能一一。帘官单想已得见；吾乡三人。然熊馀波为王侍郎所取第一，竟不得一分校，不可解。舍弟复试三等五十馀名；不四等，幸矣。

手此。敬颂台祺。不一一。

弟廷式顿首　三月七日

五十二

采兄如晤：

本日得接来示；又前信亦接到，可不必追究信局矣。

《禅波罗密》实有工夫次第。兄谓不解，得无嫌其浅近耶？若然，则《大智度论》义蕴宏深，《宗镜录》词条丰蔚；二书皆一百卷。

《宗镜》未携来;稍迟当以《大智度论》饷公也。弟皆曾读一过,略识意趣而已。若仁者见之,必能穷源至阿耨达池也。

陈蓉老亟欲见之。场前遣人询刘户部如辉,则云不知其住址,但知在崇文门内赁小寓而已。场后亦尚未见。而来信云二十内外出京,或竟不贲临,又无从往候,奈何?汤世叔意厚,又名德世族,岂有不愿之理?俟见蓉老时,方能悉其详。又,小儿制艺,向来未令其学习;今寄来数艺,亦甚劣,恐不足当汤老世叔盛意耳。尚有一篇未改,今特寄上,请兄批览,是幸。莼老一折,亦至今未悉。颖兄前日召见,圣意甚厚。前者长秋谢恩一事,不被诘责者仅一人耳。陶安闻又病足,差事尚未得调,奈何?舍弟闱作不佳,殆无可望。若有运气,亦当是乙未进士矣。

馀不一一。复请台安。

弟廷式顿首

小儿读书似可有成。近虽议婚处多,弟在家皆谢却,以为俟十七八岁时,此子果有成就,再议不迟,不至误人家贤淑也。承示一切,自是所愿;俟见蓉翁后,再作书商之家人耳。

又,却梦不欲求盛关道;委解铜来京,事可行否?乞示。

五十三

晦若长兄如手:

今日晚间,得接信局第二函,其第一函则不知何故迟滞矣。容翁亦未见。

《唐书》已于前月廿八日,用兄言充常熟师处土宜之用,来信已无及;又不知张老世叔系需此书校勘否。昨闻缪小山前辈尚有两部,一佳一不佳,似可用也。汤老世叔事,俟容翁来,始得闻其详。佛书有折差来时当检寄。然我等性根，似皆近宗门，教下事亦固当讲，而旨归总在只履西归之大师矣。兄欲阅书，以何等为先？若以有次第而论，弟当先以《释禅波罗》十卷奉饷，馀取次以观可也。

都中浮言极多，然骤如风雨，其来无根，幻如烟云，倏起倏灭，徒乱人意。以此观之，虽欲人海深藏，亦不可得。乃知东坡所处，犹是盛治之时，故作此言也。有买山之赀即去，何待三年？即今岁不得差，亦欲行，并不欲计有赀无赀，必以去为得计耳。九牛一毛，何补而必在辇毂之下哉！

馀不一一。复请撰安。

弟廷式顿首

五十四

晦兄如晤：

容民行时，匆遽而别，故未携书去。其实一无足观，不足供海舟之赏玩也。

今年大考，为二十年未经举行之典。弟交卷尚早；闻酉刻上遣内监催促交卷者再。公颖奉派阅卷，至此时四点钟尚未回家。其等第无从摘钞，容明、后日再发信，何如？又闻此次不令阅卷大臣先拆弥封，一切俟引见后再降旨，未知确否。

馀不一一。复请行安。

弟廷式顿首

新吾卷子甚好，可望升迁。

五十五

晦兄左右：

折差去时，略涂数行，其时尚未得信也。

四点半钟，廓轩阅卷回，始知弟名忝列第一；且云：未阅卷前，硃笔特写“文廷式一等”五字交下。疏贱小臣，忽蒙此非常知遇，将来不知应如何图报，实深惶悚！

又，周锡恩、陈鼎、崔国因、费念慈、陈光宇五人，廓云，原谕次第如此。奉特旨勿庸取列一、二等云云。及阅定进呈，则周由二等改三等，曹赞善由三等改二等。至兄所欲探各人，廓已略为注出，有不记忆者数人而已。兹寄上吾兄。初三起程以前，尚可望一信。

又，此次二百八人与考，一等五名，二等七十五名，三等一百廿六名，四等二名。

馀不一一。手此。祗请撰安。

三月廿七夜　廷式启事

伯述世丈、容民二兄，均此致候。

五十六

采生兄长如晤：

前数日得接赐函。仲虎到京，又悉近况。红莲幕府，俄已十年，虽有栖迟之思，然足羡东南之美也。吏部稽勋司一缺，又为崔澄寰选去。度兄他日即得补实，亦未能供职曹司。此可不亟亟计较也。

弟与熊馀波、李木斋两乡人，日日在广济寺，写白折，作试帖；恍然忆戊寅、己卯间光孝寺光景，然观河皱面矣。天下事何足控抟？乃知庄生所云，一受其成形，不忘以待尽者，真善处人间世之法也。

星弟来书，言香涛尚书去志甚决。此生有官癖，勇退非所长。又云：许阁学信，言俄人铁路若成，即与中国为难；明年必当揭晓。此事兄谓何如？山西荒年，不异丁、戊间。来自晋地者，万口一辞，以为护抚酿成大祲。贵乡少年专疏劾之，尚合公论；惟言官不言，而发之于轻俊之流，斯两失耳。济宁尚书，骽疾未痊愈。然入春以来，言者谧如，其有所惮邪？弟前见之，与之论诗，极称荆公古诗，又言其对仗工稳。其所论乃与兄多同。此于文事实有工力，恨多比匪人耳。

弟欲得罗道台所绘地图一分，未知应用钱若干，请兄为我致之。

伯愚四兄自得阁学后，声气颇通。度其出洋一席，亦无必不可得之理。而以弟观之，则太半失之。此时都中皆“桂臬不来，舍是奚适？”弟统察数年以来政事，略知其故。兄谓何如？陶兄今岁已派闱差。若无留恋秦淮之意，优差自意中事。

弟今岁若战不得胜，七月便当措资斧出京，长安非窭人所能居也。杜牧之诗：“文石陛前辞圣主，碧云天外作冥鸿。”二语弟平生所熹，尝再三诵之。

耳鸣已愈。作字甚苦；又文字之苦亦颇繁，不复能一一宣备。仲虎感激盛情，言之不容口也。

手此。敬请撰安。

四月初三夜　廷式顿首

容民同此致候。

五十七

穗生兄长如晤：

二十日观海，当归来也。海中风起浪涌，即念念生灭；月照波澄，即念念止观；万水不离一咸，即万性不离一识。于此归来，想所得不盈掌握，而洞彻大千矣。

容民出房而不售；张巽老颇为得人，声誉赩然，想已知悉。

弟月内当补缺，又将充讲官，皆才所不任，恐惧实深。又舆马衣服，亦力所不支，奈何？望兄有以教我。考差事毕，亦懒于刺探消息，听之而已。

皖抚为张次山御史一劾而去，盖出自宸断；新授李君，则合肥师相旧所识拔，近能吏也。四川事，户部于盐款亦列参；钟御史疏，丑诋尤甚，非吾旧居停所能忍受。以弟测之，即不开缺，亦当疽发背矣。此二十馀日事，兄之所知，必多于弟，故不复一一致详。

夜起将引见，聊书一一，以代面觌。敬请撰安，并望代候容民，不尽。

四月廿一夜四鼓　弟廷式顿首

巽之日内当有信，已屡促之矣。

五十八

采生兄长如晤：

前日得接赐函，拜悉一切。

陶兄电报亦至，以本月二十到粤矣。其改官一节，为国朝二百馀年满洲未有之举，而在陶兄则不得不然。盖以手颤则难于大考，以足疾则苦于传班，诚不如外任，尚可作高文良之望也。

幼樵世叔下顾寒族，俯及昏议，惊喜过望，所不待言。惟去岁弟还乡时，已为幼妹办理姻事，适同县优贡知县彭树华者。今得来书，恨不得更有一妹。望兄婉达感谢之忱，是所深祷。

弟散馆之赋，无一字不庸，无一语不俗，较之兄之所作，不啻天囷；而滥列第十，可为内愧。弟平日于试事，从未有惨淡经营，求必胜之心，而得以无咎，真卫青之天幸也。

容民血症复发，日内未能赴津；其意欲南归，度师相必不放耳。

旅费一节，承问感极。弟乃长贫无可救药，告穷又非所屑，其不饿死，亦将必有天幸。姑为待之；若一夏无法，秋凉再拟南行，亦未可知。渊明所谓"饥来驱我去，不知竟何之"，少陵所谓"艰难为远(性)〔客〕，干请伤直性"，二者乃时时交战胸中，未知所税驾耳。

公颖远行，果如愿否？今之使才，大抵且做且学，如秦皇求仙可矣，何必深考邪？夏会元散馆名次，正与兄等；其前者深公殆亦有针芥之合，如闻有为之道地者。或不至如前车之覆，亦未可料。吾乡江关一席，几以十万得之，视彼潼关，数盈三倍。沿江二千里，竟得若此者四五人。沦胥以铺，翘足可待。吾兄犹或宋或唐，忽而夷甫，忽而安石，广征古事，弟皆以为无当于事情也。前与容民言，吾兄每遇一事，必有多少成案旧样，填委胸中；弟以为兄不独成案为累，即新闻亦为累。境杂而神疲，恐无人无事之时，亦皆苦境；不独天津足病，即保定亦足病矣。《易》简而天地之理得，敢以此为箴言。

今日游南河泊归，甚觉劳倦。不尽百一。复请撰安。

弟期廷式顿首　四月二十二日亥刻

五十九

采兄如晤：

来函书法极佳，足与日日事小楷者一战，贤者固不可测也。崔澄寰此次选缺，太为取巧。前子培已函告我；知兄雅人，不斤斤较此矣。

徐仲虎事，弟以为合肥一奏本在可有可无之列，弟如托人办理，仍可引见两次，为特旨班也。伊拙人犹刻舟求剑，行年五十，而蹭蹬若此，正坐不知机耳。一笑置之。

来函云："桂臬之名，已先告英使，未请旨之前，何以遽能预定？岂全由执政，可不俟上裁耶？"数语则洞中事情。果然廿九日具奏，忽奉严旨诘责，并询其何以先告英使之由。当时枢臣，悚惶无地。闻密致译署，或有仍以廓应诏旨之说。事之究竟，虽未可知，然欺蔽以干上怒，度诸臣不能不任其责也。弟察此事，必仍电询肃毅。其如何斡旋，弟亦略能预知其术，此时且不必明言。

考差事竣，人言某人取，某人不取，纷为蜩螗。士大夫眼孔如豆，此《韩非子·亡征篇》所未及也。大考差题，为《敬以直内义以方外论》，诗题："河留鸟篆斜"，得"留"字。

星海书来，所生之子竟殇，亦甚可惜。

鄂督事三奏皆明发。深源朱山，略有一二比拟；然识度清节，两不如也。将来唐抚之铜，与之并称，则为"铜铁郎舅"，可与"冰玉翁壻"作对矣。

天气骤热，贱体最所不宜。今日游南河泡归，略有倦意，日间已属巽弟发信，想能详悉。不能多写。肃请撰安，并贺节禧。

五月初一夜　弟廷式顿首

容民兄同此请安。

六十

今日风厉，灰尘障天。由署归，得惠书，知悉种种。

第二人作巡抚者，尚有王文肃。曾抚广东。与弟甲第名次、大考名次相同者，西庄而外，尚有庄侍郎存与、徐阁学颋，及今兵部尚书。吾兄所举，特从其略。顾时移势异，惟务修身而已，岂能蹈袭前人哉？

讲官本当前日引见，后以是日引见太多，临期撤去，改初十外矣。召见即起明日。

今年差事，未知可望否。若能见用，心之所喜，唯在广西。以其地僻而是非少，勤于职事，可以三年无过也。

弟平生无他事长于人，唯常循止足之分。兹晨迁擢，已非所期。吾乡郑都官诗云："五湖烟水非无意，未去难忘国士知。"但欲夙夜图一当以报国家，则奉身而行，得所借口。此语仅为吾兄言之；容民而外，慎勿使一人闻之，哂其迂妄也。

鲁事度必无他。李秉衡之起用，多谓徐大理保折曾及之者；贵同乡阁学之超迁，亦由此也。薛使之折，于揣摩、率臆，两无所当。方今人材，于中国事犹堕尘雾中，况以测度四裔耶？《孙子兵法》，以"知己知彼"为要义。吾且欲得知己者与之言，而遍国中无与立谭矣。

巽之信闻前日发，及今想已到。伯述署大名，何时到任？其所言结姻事果何如？

馀俟续述。专复。祇贺芹禧，顺颂撰安。

五月初四日　弟廷式顿首

采生兄长史右。

六十一

采兄如晤：

顷得赐书，知微疴旋愈，甚念。

讲官迟至二十四日方引见，如不翻牌子，便可望得。必有所陈奏，但恨文笔茌弱，不足以达其所见耳。东方事已竣否？都人议论，全神在办庆典、图保举，不甚留心边事。或谓东学党之“东”字，即属日本说，信否？又言日本近尚添兵，将来极费唇舌，信邪？叶提督于兵事若何？张状元以为吴壮武误用之，亦恐非笃论。此事弟仅得一二传闻，未敢置辞也。钱法极弊，每百金用不及八折，旅人病之。能由直隶、津海多运制钱来京，亦救急之善政也。洋务有无应议之事，如承教示，将以扬之王庭，幸无过吝。前书吾言“止足”，即不借官职、不恋名位之根本，兄勿视为两事也。幼樵世叔精察天人，亦望代为求教。又前闻撰有《讲官章程》，亦望赐录。西苑增修事，得常熟讽言而明，圣明从善为转圜；准学士疏实已在后矣。

星海书言，头颅痛连肩胛，陈按察医之未效。拟回焦山养病，未果。王编修以慜言，实甫志在殉母，投水者再，入寺者一，近又患痫。羲之云：癫何与盛德事？似此则庐山终不能住。吾兄欲得一山，此须如佛家授记方可。大福不易得也。一笑。

馀续函不尽。专请撰安。

五月廿日　弟廷式顿首上

容民同此致候。

六十二

采生兄长如晤：

前数日，得接手书。《栋鄂哀皇后行状》在南省，未带行箧，伯希祭酒所藏刻本，又复难觅，只可迟之异日矣。《兰甫先生集》，家刻已成，与星棣编本颇有同异，曾见否？《雪花》一篇乃绝作，而家刻不录，岂将别出邪？《说长白山》一篇，则惟家刻有之；以本朝龙兴之地，为在汉封域内，乃定论也。《叔裕文集》未见；闻蒯礼卿称其《观海赋》，今证以兄言当信。

英使一事，合肥师相本无不合；"泄漏"二字，非上命意所在，又并无责合肥之言，总署诪张为幻耳。都中人人所知，不复详述。此次考军机章京，本拟电告吾兄，因征南幕府不可无君，故竟不发。张次山侍御，闻尚有一片，劾鄂督任用私人，信否？颖兄兴致寥落，然其为人不能深与人结仇，是所长也。

试差已放过半，大约无可复望。七月拟南下，过津来当可剧谭。惟患穷耳，差本非愿得。公谓如何？一笑。

专请撰安。

弟式顿首　五月廿四夜

六十三

廿六日得来教，引古察时，致可感佩。仲宝练习彝章，君卿深明典礼，非君谁为我张目者！至弟当时之争，实不愿以国家所进之士，行礼卑于陪臣。其实鸿胪所赞，竟未沿误；前此往复，不独礼部司员，昧事妄谭，即弟亦徒增词费耳。平生行事，不计利害，况此区区周旋之地乎！有不相谅者，听之可耳。

前函所述,乃弟素志,非有激而言;而兄来信,置彼论此,微失其恉。今专以一言奉问:弟与兄相处殆二十年,自视不明;以兄观之,将来何所克堪?则为我定一默语之宜可也。素怀亦微有所尚,不能尽陈,略图容隐。

敬奉来教,比来所费已足。不复一一。

专此。复请采生一兄撰安。

弟式顿首　五月廿七日

六十四

采兄如晤:

久未接函。昨始接信,系九月廿七所发。七日始到,太迟。知虫沙之变,正未有艾,无处说起。

渊弟中举,必应有之事。明年会试若不改期,可望张通州之选也。楷弟得隽,与兄家谱谊,第一次;然香芹二兄之子,竟得解元,此事又可傲兄也。沧海横流,科第世界,从此将变。我等犹斤斤较量邪?一笑。

合肥督师,久合舆论。潼关一隘,专恃高贤,毋疑前数年“杜老比哥舒”之谶,则天下蒙福矣。鄂督来京,以徐世昌一奏而发,实则并无实在信置之处。此时尚未起程,交代其一端也。倭兵甚众,其谋我已十馀年,而伺间一发。我之枢廷,招权纳贿,酣舞恒歌,实有以召之。惟前敌诸军,亦太无理矣。今则既成燎原之势,而中外仍即以和了事。夫战屈而求和,非和也,降也。彼有必胜之理,又何以受降为哉?天意不可知,以人事卜之,殆无可倖者。越南事息后,弟屡言十年之后,祸发高丽,将不可支,今竟然耶?名山之约,如何可期!董丈随便居住,自是天下公论,廷旨亦无可致诘。然以弟观之,此才仍当为世用,终不能享萧闲之福也。

督师何日起程?吾兄必同行,能便道一见否?万感交集,言不能尽意。

复请台安。

十月初三日　弟廷式顿首

容民并望致意。

如行止,必望一函,并示地址,至要。

渊弟已到否?念甚。复试二等第四十名。

六十五

采兄如晤:

颖兄住昌平已十五日。昨往看之,同游明陵。归途得读赐书,旷若发朦,然词意何抑塞也!

世积人而成。秦汉以来风气,至今日应扫地尽净,此天意主持之。有能明其必然,生当其时,各行其当然,所以俯尽人职,因以默察天心,不逆不亿,理固如是。庄生云,安常而处顺,哀乐不能入也。极奇倔可诧之事,以天眼观之,亦常且顺耳,岂足扰人神明哉?

来信云:和议若成,便作梅福。如能飘然而去,所不与吾兄同之者,有如皦日!近作有《夜坐》绝句诗,第五首云:"五湖烟水非无意,未去难忘国士知。我诵宜阳旧诗句,治装应待受降时。"可谓言如符契矣。

馀不一一。复请撰安。

容民均此致意。

十二月朔日　弟廷式顿首

六十六

采生大兄侍史：

十四日别后，十五日琴庄出都，十七日想到津，未知已相见否。缥渺惊鸿影，恐未易捉摹也。

译书体例，当时谬列数条，事非可行。但能随宜译得数种，亦自可观；必欲汇为一书，政恐“头白可期，汗青无日”。

裴矩贾耽于河口之北事，果否举办，尚望示悉。津沽铁路先开，然否？银行一事，户部联衔封奏，前日递上，朝旨尚未知如何。

贵州主考，以经题《春秋》“十有几年”漏写“有”字，罚奉三月。此尚不足为误。闻沈子培云，延秋在闽，经题亦有误字。以三老爷之精细，而转失之粗疏，此不可解矣。俞荫甫孙中第二名，此人未知何如。江南榜中第六名之姚文枏，曾到日本，闻于舆地之学甚精。如此盲主司，亦中得一二知名人，此顾亭林“掣签”之说不诬也。

比欲抄洋务书。祝盛甫告我云：每朝修《实录》后，自道光始。有《办理夷务始末》一书。书名系文庙钦定，三朝共三百卷许，稿本尚存军机处。此书能抄出，真《西域传》之长编也。又闻徐建寅有译《德国水师章程》一书，曾抄呈北洋，未知今尚存否。我兄熟于掌故，何不集我朝二百年中外交涉之事，撰为一书，其为有益，岂独徐梦莘而已哉！且近十年之成案，夷务。则北洋有之，不烦搜采之劳，档册已大备。此诚不朽之盛业也。又，彭、张诸人，拟善后策，未知可传录否，《申报》所刻不少。今时此等文字，亦不为秘密矣。

弟于十六日已迁居教场三条胡同，门书“萍乡文寓”。寄信来时照书，当可收到。

夜深不能详尽，祇请大安，不一一。

廷式顿首

广东有来信否？念甚。

六十七

昨归，夜不能寐，得诗二首。请我兄改之、和之，并请诸君子和之，将来使我姓名牵连见于大集，是所愿也。敢援西溟之言以请。

此上采生大兄。

式白　即晨

五律二首，奉赠采生大兄，并谂容民、伯时、巽之诸君子，录请诲正：

华筵列明烛，并坐心悠哉。话旧频移席，消寒数举杯。元侯能礼士，幕府况多才。郁郁春陵卉，将为知者开。

江介瞻周道，殷忧望远图。未沈河伯璧，空【下阙】

致志锐书*

初八日应下帖否?

陪客张立志、志崇尚忘记一人,乞示。此请

廓公节禧!

式顿首

似须下帖。

陪客亦百思不得。记是伯羲?然可不必。今早即想了许久而未忆起,真怪哉。仿佛是颂老、汪柳门。如真想不起,则此二人可酌请其一。然系师位,好不?

---

* 据《近代史所藏清代名人稿本抄本》第一辑(中国社会科学院近代史所编,虞和平主编,闵杰、段梅副主编,大象出版社 2011 年)影印手迹录入。该书目录题作“式(文廷式)致廓公函”。

致张华奎书*

蔼卿仁兄同年阁下：

去岁曾发一函，谅久登览。旋接韶关来信，又复一函。自此不闻消息者半年矣。十二月间又致梅生一函，敬询起居。今春过上海，又闻之范侯，知吾兄当于三月间毕大事，又仍将全眷回合肥，此皆极要之着。自此之后，诸事听其自然，可无一豪顾虑矣。濒行之语，各在乃心，勉之而已。弟以事牵掣，不能千里赴葬，一尽知己之泪，怅望龙骧之茔，洒泣而已。

近者淹滞京师，非其本意，因行费已尽，室人又病，不能即行，窘迫之状，非可言喻。然东坡诗云："稍留待其定，造化真可必。"以此亦自无所恐也。

和议已定，举朝晏然。诸君谋身之善，何让古人？可慨者，无以对闽江之战士，关外之国殇而已。言路缄默，便如寒蝉。即有一二欲言，亦只模糊影响，令人悲吒也。

相别未至一年，胸中郁辖，每思相见一吐。意气何时复似曩日乎？愿吾兄善养恒干，捐弃旧疾，他日发挥光明，必有为靖达公一抒积愤者，非独旧日幕僚盼之而已。

---

* 据《同声月刊》所载《芸阁先生书牍》录入。张华奎，字蔼卿。安徽合肥人。张树声之子。光绪八年乡试中式。光绪十五年成进士。官至四川川东道。

梅老近日在常州否？巽之闻欲就袁子九聘，未知确否。霭亭丁忧，日内未知出京否；前一吊之，闻尚未定意见也。晦若淹留四川，景况可怜。陆二少爷想扬扬做官去矣，此人做官必系得意也。

王升知我住处。务望不遗在远，时赐以书，借知消息，至祷至祷！书不尽言，祇请礼安。

弟廷式顿首

阖潭均祉。

五月廿六日

致李盛铎书*

一

承赐，感谢！花片未知用法，晤时尚乞见教。

新阳赵氏所刊书，其间音分古义，乃绝作也。购得三本，度邺架尚无此书，特奉赠一部，乞哂纳，幸甚。

覆请椒微前辈大人早安！

侍式顿首　即晨

二

惠示敬悉。书廿六册再行送上。尚有廿一册在子培处，明日取来并呈。

诸事费神之至，感何可言！

馀容面谈。覆请椒微前辈大人勋安！

侍式顿首　即刻

---

* 文廷式致李盛铎书，计四十四通，皆据《近代史所藏清代名人稿本抄本》第一辑（中国社会科学院近代史所编，虞和平主编，闵杰、段梅副主编，大象出版社 2011 年）影印手迹录入，次第亦如之。内若干信札附有外封者，另用楷体，录于该札正文之后，略示区别。

送呈四牌楼西广济寺内

翰林院

李大人(甫木斋)　　台启

候

信

芸缄

三

后周释义处,《六帖》昨始检齐,敬以奉上,幸备邺架之一种。记晁氏《读书记》尚载此书。其后诸家著录,皆失其目。想中土亡佚,在南宋时矣。

久客海上,诸累烦猥。公濒行时,尚望周济,方能成秣陵之行。不胜愧赧!

馀容面罄,不具备。沏请椒微前辈大人勋安!

侍式顿首。廿一日。

外书廿四册并呈

李大人　　勋启

文缄

四*

木斋老兄年大人侍右:

前来无时不乏,想有同情也。比惟起居多福,至为颂企!弟到

---

*《近代史所藏清代名人稿本抄本》目录,题此札曰"文(文廷式)致木斋(李盛铎)函(十一日)"。按,此函之上下款,与文廷式致李盛铎别札,似略有异。兹仍照收,俟再续考。

家后，无可告者。前次所谈杨州友人，如其来沪，或寓书促其来，何如？才力为说项。弟急盼此事得成，决计再作冯妇，望公玉成之，感叩、感叩！

此请台安！不一一。

年小弟文顿首　十一日

三马路口　　敬祈

面交是幸

李公馆

李大人　　　勋启

文缄

五*

本日拟偕黄君植三奉访，适有小事，兹植三兄先来拜谒，敬望赐面，至幸！

馀晤谈，不一一。手泐。祗请木斋前辈大人勋安！

侍文廷式顿首

六

前接来示，并电报一本。

敝寓江西省普贤寺街。顷定"江宽"船赴浔。

仲鲁前辈月内当赴宁，度沪上亦可相见，拙事必能周知。

---

* 按，据影迹，此函系写于"文廷式"名片之上。即于名片正中原印"文廷式"三字姓名之右上角，添书"侍"字，复于右下补写"顿首"，如此署成下款。又按，《近代史所藏清代名人稿本抄本》目录，题此札曰"文廷式致木斋（李盛铎）函（二十一日）"。然细察手札影迹，似未见文氏自书之日期，犹待续考可也。

甘肃事遂糜烂。剿者回逸,抚者复叛。魏、董军,均得严示。此事殆不可收拾矣。

笠斋自苏回否?念念。

泐请木斋前辈大人台安!

侍廷式顿首　四月三日

阖潭均祉!

外寄黄公度观察信,望转致。又及。

三马路口

李公馆

李大人　　勋启

候

片

文缄

七

立侍郎处,恐赶不及,拟明晨遣人辞之。公意如何?

十六日所请客,皆到否?

天气欲雨,甚望一洗烦溽也。

椒微前辈座右。

侍式顿首

八

请汪似不便,徐亦不甚合。即请将新吾加上,何如?

延大风、张巽之皆不来。独坐玩白日,亦致佳耳。

此贺椒微前辈节禧!

侍式顿首

九

封奏人名已见报矣。馀波前辈亦言东事。顷据人转述一二条,不[1]能详也。

杨副宪,系粤事。馀未尽悉。闻皆东方也。

都察院代递,系罗逢禄奏,致无谓耳。

明日当趋谭。

此覆椒微前辈。

侍式顿首

十

饭后拟到尊斋,有事奉烦户部也。望代致意,不安之至。

此请椒微前辈兰安!

侍式顿首

十一

贵大人

已将饭,即当趋候也。

覆上木斋前辈。

侍式顿首

叔□兄均此。

十二

示悉。帖收到,他日仍当奉缴。

---

① "不"字旁侧,似补一字,影迹模糊,未能辨识。

廓公封事,昨在班上忽思及东事,因于十点钟起稿,四点钟写毕,可谓神速。公迟日可来阅,其稿不甚秘也。

馀晤谈不尽。覆请木斋前辈韬安!

侍廷式顿首

十三

一病三日,今日困卧初起。颇觉苦惫。唯卧起阅《三希堂帖》以自娱耳。

昨翰林院封奏一件,殊不可解,岂代递曾重伯文字邪?

日内有何清趣,能惠临一谭否?

江南、陕西考官,本今日上,恐台驾不免远行也。

手此。敬颂韬安!椒微前辈侍史。

侍廷式顿首

十四

木斋前辈大人阁下:

在南昌时,闻台从已回浔阳,亟发一函,托轮船寄上。其时同人翘企,以为必可纡临。既乃不得回音,又知传说未谛,度前函亦未必能达矣。

紫垣前辈已游台中,迭有事故,度转补即在月前。

侍顷到浔,乃闻旌麾尚未入都,未知其故。中路因循,贤达必别有会心也。

和甫实授。伯严书来,云朝廷可谓得人。

会审委员张庚三,侍之旧相识也。洛才云,颇欲结交左右。比得见否?

梦石久未得信,不知踪迹如何。

仲鲁已得商局否?恐非优差耳。

舍弟廷华得举,叨与贤从同年。

今年江西乡闱,主司始有变风气之意。学堂、报馆,一切时节未到,竟无人任其事耳。

到鄂后,或仍下驶,再当奉笺。

馀不一一。泐请台安!敬维起居曼福!

十月十五日　侍廷式顿首

十五*

在崇□丈处较射,甚乐。亟思阁下来谭。□丈云,与尊府世交,切勿客气,坐无他客,著履缓步可也。

木斋仁兄

弟式、制□顿首

十六

手示祗悉。请客得与分,大好。客单极得宜。但未知系几席耳。

饶稚瑚,是否饶昌麟?今年曾约春酒,似宜添入也。

专覆。祗请木斋前辈大人轺安!

侍式顿首

---

*《近代史所藏清代名人稿本抄本》目录,于此札题曰"式(文廷式)致木斋(李盛铎)函"。按,此函之下款,辨察影迹,于"弟式"之左,似犹有"制□",共同署名"顿首"。待续考。

十七

廓轩昨甚欲趋谭,后以事不果。

咸安宫早已代订。

今日何时搬寓?书穷,望略多带,可分任。望赐覆为幸。

此请木斋前辈大人轺安!

侍式顿首

十八

李大人　　台开

建霞近江苏馆,而愿乞尊斋,此可从也。

顺德师不惮烧酒胡同,岂惮西四牌楼邪?

鄙意从江,仍乞裁酌。

覆上木斋前辈左右。

侍式顿首

十九

《地理元宗图说》送上一阅,似尚醒豁。如有不足信之处,乞批书眉是幸。

初七日借馀波前辈宅作消寒局,乞早到是盼。

今日晴暖,能惠临夜谈否?

此上木斋前辈大人侍史。

侍廷式顿首

二十

《万年书》奉送，略报教算河洛之益。一笑！

《汇刻书目正续》奉还，尚欠一本迟缴。罗盘并送还。

馀晤谈不尽。木斋前辈大人侍史。

侍廷式顿首

盘、书，并送羊肉胡同

李大人　　　台开

文缄

二十一

连日出城，宠召未赴，见过又失迓，罪甚。

昨日馆课，题为《〈兰亭修禊图〉赋》。侍学谫陋，未知《图》系何人所作，敢乞假《佩文斋书画谱》一检，至幸！

改日趋候，不尽一一。专请木斋前辈大人开安！

侍期廷式顿首

二十二

意园礼物已送，费心感谢！

张公柬之局，仍用单致请。

今日东征否？七叔已到否？

顷将出城，惮于道路也。此请木斋前辈大人简安！

侍式顿首

羊肉胡同

李大人　　台开

文缄

二十三

所发粤电,竟未得覆。节事已迫,不得不仰赖大力,为筹百金,零票尤佳。实深感荷!度十月间,可奉缴也。

此请木斋前辈□□□安!

侍期廷式顿首　十三日

二十四

木斋前辈大人侍史:

久未通信。昨始由□来鄂。而今年患病独多,八字甚可信也。目今疝气大作,甚苦。

梦石恐尚在沪,能即日来否?

洛才当已到沪,未审有无要事,亦甚望来谈也。

志秋宸三兄,新授湖州守,大约月中出京。仲鲁前辈当赴沪相见。

湖州嘱延书记一席,须得名士,兼阅书院卷,每月百廿元脩脯。

侍以蒋焕庭□翰兄弟兄弟荐,仲鲁前辈深以为可。请公即函告伊兄弟,酌一人应命。非公门人,即侍门人,度其品学,皆应此选。且于家近,必当就也。

台驾何时入都?欲考差者纷纷在途矣。尚见猎心喜否?

吴楚生,日内亦将到鄂。

又闻次亮已请假,此时已到沪否?尤念。

病不能多写。肃请台安!

十月初七日　侍廷式顿首

梦石、洛才均此致意,恕不另。

二十五

顷到贺喜拜谢,闻公饬门者谢客,未敢冒昧也。

微恙想无所苦,念甚。

前承代查各项赏耗之费,如已饬人录出,乞即掷交去手带下。至感!

此上牧斋前辈。

侍廷式顿首　即刻

羊肉胡同

李大人　　韬开

二十六

昨在沈刑部处夜谭,归途已丑刻矣。

钱侍郎处礼物,未知已送往否?如列名,亦大佳。

今日暑气甚重,拟不出门。台从东城回时,冀得一叙也。

专请木斋前辈大人韬喜!

侍式顿首。

《乾隆一统志》"江西"数卷,乞见假,至感!

二十七

"新丰"船房舱,祈作字告知所司,以便早下行李。

晦若前辈属再三致谢。现在楼上拱候,速速为盼!

上椒微前辈。

侍式顿首。

羊肉胡同

李大人 钧开

二十八

公颖昨晤麟协揆,云廿四日奏办分教,公与式皆与其列。想已知悉?

今日城外略有应酬,晚间当可见。

此上椒微前辈史右。

侍式顿首

二十九

昨至汪师处,遂先当撰谢恩折,一笑,可谓巧矣。

今日何时出城?夕照寺是否必去?望示知。

此上椒微前辈。

侍式顿首

羊肉胡同

李大人

三十*

昨谭甚快。

归思罗、张二将不能成一正折。又，三日以来，前敌之耗，未知何如。须出城一探。

午后须到文六班、觅伯愚。昨约桐将军，拟改疏也。

此上椒微前辈。

名心叩

三十一

昨得覆示，祗悉一切。陪客四人，敬依尊意。唯王前辈，侍未见过；请约静皆同年何如？

帖已书就，而仅有一力，不足办此。江苏道台所部，亦老弱二人。敢乞饬纪专劳，并告知汪师处，同席人数、设席地方，何如？琐琐奉渎，罪甚。唯希原谅！

肃请开安！木斋前辈大人侍史。

侍期廷式顿首

外银票一纸，请给庖人先用。慎付。至祷。

李大人

三十二

今日江西已放二人。己丑二人，庚寅二人，以此推之，公当仍

---

*《近代史所藏清代名人稿本抄本》目录，题此札曰“名心（文廷式）致椒微（李盛铎）函”。

往江南矣。馀波湖北，似可预决。徐研甫、秦绶章、程□林，皆前无所闻。未知在刘博泉鸿胪所数之内否？

今日天阴而热，东城之行，仍拟迟一二日。

馀面谈不尽。肃请木斋前辈大人简安！

侍式顿首

三十三

《七纬》一部奉缴。

晚间如不出，当趋候杨莲府。昨已接会典馆知会矣。

又记《元祐党籍考》，国朝人有成书，未知曾收得否？

馀晤谈不尽。又墨盒一枚并奉还。此请木斋前辈大人轺安！

侍式顿首

三十四

顷归，闻公有坠车之骇，念甚。想无所苦，胜于少□手足欲旋耳。本拟过候起居，恐须暂调摄，故不敢扰。

东海协揆须申刻始归，竟不得见。只可待后日矣。

大木箱能于明晨□下是盼。

此上木斋前辈大人左右。

侍式顿首

贵大人　　　　　　　　　　　　　　　　　　轺开

三十五

扇精，极谢谢！

公颖侍郎为人办葬，傍晚始归。

公如下午诣东城，尚可奉陪也。

此覆。顺祝椒微前辈大人寿僖！

侍廷式顿首

三十六

李侍御嘱道谢。

今日已拜张冶秋前辈，订明请陪龙大宗师矣。屺怀事，云未闻。或讹传邪？

各位陪客，请公定□，至感！

报效事，大约可行。今日伯愚詹事当面询庆邸，明日回信也。

馀面谈不具。此上木斋前辈大人。

侍廷式顿首

李大人　　　　轺开

三十七

拟送济宁一寿幛，上款应若何题写方合，务祈惠示，至感！

今日放差，江苏四人，湖南、北各一。我等所拟，馀波前辈尚有待矣。

午后若不霖雨，当偕廓轩奉访。

此请木斋前辈大人简安！

侍式顿首

三十八

昨失迓为歉。张公束亦未见。

今日往崼怀处清谭否？云阴欲雨，独行，意甚阑也。明日北河泡，远近如何，果赴约否？乞示。

敬请木斋前辈大人轺安！

侍式顿首

三十九

《东潜文稿》奉上。

济宁尚书集杜诗，未知抄毕否？顷已来催。望即交下，未抄毕亦可。以便送还是幸。

馀面谈不尽。此请木斋前辈大人开安！

侍式顿首

四十

今日推班，值日已改初四矣。

钱塘师处，有何闻见？

伯希、锡九两君在坐，专盼台驾来谭。务望勿厌倦为幸！

此请椒微前辈台安！

侍式顿首

李大人

四十一*

昨夜谭甚畅。

---

* 《近代史所藏清代名人稿本抄本》目录，题此札曰“式（文廷式）致木樨轩主人（李盛铎）函”。

伯愚前辈，今日得闻都院矣。又□策有宣备预之处，欲一商之，何如？

馀晤谭不几。此上木樨轩主人。

知顿首

付丙！

四十二*

天津箕言一张，又张殿撰拈来《申报》两小方，并呈台览。

今日清晨，丁、黄、沈三前辈来，欲约同衙门人上封事。意欲约公商酌，嘱先致意也。

今日有无新闻？晚间能见过否？

馀晤罄。专请苊安！

云泥两浑

羊肉胡同

李大人　　台开

四十三

今日旨尚未下。知念，特告。

陈御史折，专拈怀远一事，殊属无谓。

日内见季端前辈否？甚欲回候伊令亲，卒卒未暇也。

上木斋前辈左右。

侍式顿首

---

*《近代史所藏清代名人稿本抄本》目录，题此札曰"云泥两津致李大人（李盛铎）函"。

四十四*

正折立意未妥，望略示一二。谭君附片，并望顺笔挥就，写成交下，尤感！顷赴秦佩鹤约，并稍探日内事。归当具稿也。

此请荩安！

云泥两浑

藉呈

贵大人

* 《近代史所藏清代名人稿本抄本》目录，题此札曰“云泥两津致贵大人（李盛铎）函”。

致缪荃荪书*

一

尊处闻有《汪水云集》，务祈检借一抄，有元量本家拟付剞民也。杨惺吾处有《天竺字原》，此真宝书，曾见其样本否？

此上筱珊仁兄年大人。

弟功廷式顿首　廿五

二

《青溪旧屋集》奉还，祈察收。《宋会要》已与青莲言之，甚有意也。《元经世大典》中《马政》一本，乞借抄耳。

此上筱珊仁兄年大人。

弟廷式顿首　廿六

丞相胡同缪老爷。

三

昨晤谭甚畅。今日由福幼农处交到治司业事实清册二本，谨

---

* 《致缪荃荪书》三通，据《艺风堂友朋书札》录入。

即转送台端，专望兰台史笔，详加采择，阐幽发微，俾死者感怀于九泉，生者起疴于寝室，闻景尚书夫人因此得疾，故有是语。同人所祷祀以求也。大君子表扬自任，当有以处之。

馀晤谈不尽。祇请筱珊仁兄年大人史席台安。

弟式顿首　十二日

《经世大典·马政》一卷，望代饬钞，所费当核送，至盼。

致李智俦书*

一

洛才我兄大雅阁下：

六月初旬，得读五月初九都中惠书，敬悉德与日增，以钦以慰。又得贤主人朝夕与处，闭户读书，艳羡何似！

弟明岁亦拟北行，或可定相见之期。届时握手纵谈，倾累年之积愫，正未知乐何如耳。

比来时政颇觉一变。我兄在京，见闻较捷，尤望随时示知。

直隶水利，办理若何？滹沱、永定，为患近畿，数百年矣。一旦使之安流顺轨，诚恐不易。国朝四案，历历可稽。

怡贤亲王之垦田，或谓当时误信方望溪言，遂致过多功少。许周生《鉴止水斋集》亦深谓西北土性迥异东南，垦田似非所宜。然力持可行者指不胜屈。弟未经大小，泛及直隶河道，诚未知其何若。忆前岁阅湘阴相国复奏张佩纶请拨八旗兵屯田新疆一奏，以为旗民未谙耕种，不如先令开直隶沟洫，然后渐教之农桑，待其既

* 《致李智俦书》二通，皆据手迹录入。其中第一书手迹，系承王咨臣先生赐示。李智俦，字洛才。江苏仪征人。监生。光绪中任湖南龙山知县，调署武陵等县，继被劾去官。

习，则渐移之陕、甘，渐移之西域。此论诚高掌远蹠。又不知此次直隶水利，曾拨旗兵否。我兄如有所闻，尚望示知。

承命钞梅侍郎水师一折，此间绝无钞〔手〕;〔钞〕三日，而字数太多，一时未能录寄，容候续竹。

弟离都六年，当时少贱之交，落落可数，今亦多已出京。其在京者又复碌碌，诚不足以为介绍。迩来士气峥嵘，豪杰间出。我兄所新交卓荦奇士，尤望示其大概。

比阅报中，知郑香山将接吴川之任。老伯素与交好，未知肯屈为其参赞否。

窃谓近日清流，动以出使及总理衙门为污浊之所，弃而不居。试思今之亟者，孰如洋务？贤人君子不思尽其才智、竭其身命，以为国家宣力，岂阘冗龌龊者转可胜其任乎？此为不忠之大者。去岁得读李凤苞致两广制军之书，亦谓：领事等官，断不可使商贾为之，致令外人轻视中国。斯言诚有谓也。

湘阴在枢廷，颇闻以刚直不谐于众，不知能安其位否。

洋药一事，信今日之亟务。然恐税项一重，则走私愈多;私盐之利，尚不及其一二;铤而走险，何以制之？是可虑也。窃思每年漏卮，以中国之货与洋药相抵外，犹不下流出一千馀万。夫银不从天降，不从物变，循是不已，民穷财尽，可以豫期。

惟矿出于山，为天地自然之利。此而不取，更将何待？而比来大臣持议，言官进言，皆不敢及此，又所未喻也。

前闻制造局绘各国地图近三十本，将呈御览之后以之发刻。今又一二年，而未之得见，岂真汗青无日耶？吾兄如致信雪村诸君，不妨代为一问。

粤省西学馆十月可以开办。制军张公力邀于君晦若督办，而晦若谦不敢当,只愿居其副。其章程则尚未定也。

弟别后豪无长益,加之家事渐迫,蹙蹙未知何极,深以为忧。若遂止于如此,我兄视之,岂不可惜?

鸿雁满天,惟望在远不遗,时惠好书,不胜感祷!

镫焰烛尽,不及多书。祇请大安。诸惟为道自爱,不一一宣备。

廷式顿首　七月初二夜

如有来信,仍望寄至天平横街广粮署为要。

二

前日得接来信。本欲与徐观察面商奉复,闻其未在宁。所有应复,略具于后。

一、都中事已布置,想李木斋当有回信。

一、此差出京时借利债千馀金,又明岁正月到京即当用千馀金。若在三千金外,当可代还谢款;若在内,则再斟酌办理。

一、来信邀节广[①]到龙山,此等举动,不量事情,未知执事何以如此之闇?仲鲁云梁□[②]若信,说李知县尝有信来,殊属可厌,仲鲁亦深以为笑也。

一、此时尚不接眷。龙山不可久居,事诚在我,三百日内必能有效。

应答各事已具。未蒙垂问诸事,一时未能悉举。

专复。祇请洛才仁兄亲家大人升安。

弟廷式顿首

---

① “广”,手迹原书如此,似当是“庵”字之省笔。

② 疑是“卿”字。

致□硕臣书*

一

硕臣仁棣□□赐览：

数□来示，往复沉挚感念之意，如何可忘！敬维文祉多佳为慰。

惟前承寄课文三篇、陶处脩金二元，文拜读数四，曾属□表弟抄出二篇，旋即遣人送去陶处，并取得收条在木生兄处。木生昆仲皆同见之。前奉函询时，即嘱木生觅出收条、先为代寄。适彼处挪家匆忙，不便屡催。日来不知伊曾寄尊处否？总之，此件当时不出五日即已送去，以谓□无膠葛，□未致书台端。前得来示，犹谓陶君第一书耳，或有续书，定云收到。今始知其始终茫然。若当时收条由伊馆中何人伪撰，请彼一查。即若不然，二元之费，似兄亦不难□送一次。惟此中豪无转折，而忽有葛藤，此诚不可解者也。务恳吾弟为细询之。

棣夫人得门楣之庆，贺、贺！当续寄一二物事，以表微意。

晦若、星海现俱在省，过从甚密。

---

* 《致□硕臣书》三通，皆据手迹录入。硕臣，其人俟考。

馀容续布。手泐。祇请潭安。

世愚小兄文廷式顿首　十一月十五日

二

硕臣仁棣大人如面:

月之初旬,得读来函,复捧方物之赐。君屡惠其琼瑶,而式并无木瓜之报,怅愧无似,□[①]图之耳。

日来严寒迫冬,急景凋岁。远想衙斋多暇,赏梅裁笺,围炉呼酒,上承高堂之欢,室有相将之乐,何羡如之!至如朋侪聚宴,命驾以出则暝夕乃还,联袂以游则谐谑无间,此则执事之孚德绮才,谁堪消受?如有所作,务望随时示知为盼。

家人林有,分股一元,并收到,感、感!或有□□,尤祈源源掷下,以恤其贫困,亦善者积福之一端也。

馀容续布。手泐。祇请双安不既!

世愚兄廷式顿首　九月初三日

阖泽均吉!

寄"三顺"茶药,俟晤祺德斋时当问之。又及。

三

前信书就未寄,初十日又奉来函,见悉一是。

大作,式已指摘其疑,可无嫌贡谀矣。

晦若素懒写信。其在京一年,虽家信亦不过二三封,且甚简。不足怪也。

---

① 疑是"徐"字。

致□硕臣书

星海常下乡张罗行资，日间方回省，又要去大良矣。晤时当为阁下致意也。

家岳已奉委嘉应。木生昆仲大约不随侍赴任，三月初即赴都矣。式亦欲赶筹盘费，与之偕行也。

吾弟何时来省？念念。今日看卷如此认真，则主司亦将以此报之。秋闱必售，不独于大手笔信之也。预贺、预贺。

林有股分，承寄到，谢谢。

手此奉复。再请双安。

廷式再拜　十一日

致□式承书*

执事将行,闻之惆怅。来札缠绵悱恻,相爱之意,溢于笔端。我兄天性纯厚,又复劬学不倦,将来成就,必卓卓异人。此非谀辞,必有应者。尤望远览古昔,多读有用之书,则枝茂叶繁,更无涯量!承君过爱,故敢纵言及之。

《守抚纪略》一本,敬收到。先德力保孤城,再造一郡,于吾乡当庙祀者,宜其得贤子孙如我兄者也。

《词话》顺以奉缴。编排字号,想已久□,不欲妄拟矣。

明当走送,不尽依依。此上

式承大兄足下。

廷式顿首

前荐候人林有,承许挂名,尤望吾兄能记忆之,则尤感之不尽。又及。

晦若、星海处,已代致意;亦当亲到送行云。

---

* 据手迹录入。式承,其人俟考。

致文晴航书*

晴航贤侄如晤:

得来信,具悉一切。

捐官一事,已托人查访。据云,若以县丞佐杂而论,此时虽一万金不能得一实缺,盖大花样者尚有二三十人。惟今年十一二月间捐例必改。候其改例之初,即行上兑,可以二三月即得缺,此法最妙。宜将钞筹备交金铺办理,必能得法。以上系候选之法。若分发候补,又当别论,即行捐纳亦可。

家中诸事,随时写信寄来。兴斋叔处无甚要事,故未回信。鸿初叔又不返学,奈何!陶普叔事妥否?均念。

馀不一一。即问近好。

叔期道希手书

---

* 据手迹录入。晴航,为文廷式之族侄辈;馀俟考。

致朱涽书*

一

由蒲孙转交来三日耳,便已写就,可谓应命之速。至书法拙恶,污此笺扇,则君与我共任其咎也。

迟当走谭,不复一一。即请子涵仁兄大人台安。

弟文廷式顿首　即日

二

昨接来示。遍检友人命书各件,并无朱丝方屏及漆骨扇。惟墨格屏颖子延、竹骨扇颖子行各一事,未知是否,已写就。或建霞前辈未经交到,亦未可知。诸望兄覆。

手此。敬上子韩仁兄大人侍史。

弟廷式顿首　即日

---

* 《致朱涽书》二通,皆据手迹录入。朱涽,字子涵,浙江仁和人。贡监生,顺天府督粮通判,捐升江苏候补道。

致程秉钊书*

示悉。大作当细细拜读,非王柔之之一过而已。

湘君冷静幽贞,是此间第一流人物。然非颍即君,我不复为此人虑矣。至于盛德清芬,必当传述,何用识心青鸟明言?午间有徐园之游,不及同访。

此复。敬请蒲孙仁兄大人早安。

弟廷式顿首

---

* 据手迹录入。程秉钊,安徽绩溪人。副监生。光绪十六年成进士。

附:致□抑仲书*

扇已涂就,字数未算妥,行款不甚好看,谅之。望族酌改世字,因旧字上句有,已写矣①。如必要改,可用酱油拭去,上句改故字亦可②。

本拟走送话别,因恐不值,我辈原不必拘此俗套,得见固甚好,而晤别又增一番难受,不如不尔③也。

到省祈示一函,以慰远怀。无言可赠,各自勉为好人。凡事有命,无须诸过虑也。尚有赠诗,容凑成补寄。焦山寄芥④航书亦未写,见时可代致意。谨命大儿叩送,有何见教,告之如告我也。此上抑仲同年大人行安。

弟廷顿首　廿日下午

---

* 据赵一生、王翼奇主编《香书轩秘藏名人书翰》(浙江古籍出版社 2005 年)所载影印手书信笺(系于"文廷式"名下,并附文廷式小传及该函之释文)。承张求会先生寄赠复印件。细察影迹,乃用"艺兰堂"云纹笺纸二页,行书竖写,首页七行(至"容"字)次页六行(四行至"顿首",隔空一行,再续写"廿日下午"于末行之尾)。今于释文标点稍有调整,并为酌拟今题。按,是札既为吴门香书轩(李超凡、学忠父子两代,收藏明清及近现代名人书翰数万通)旧藏,应非膺品。第此札作者究竟为谁,或犹倘容商榷?信中反复交代最详细处,在第一段、在写扇事。正文既述之,唯恐不足,遂小字双行、补以注释;既注矣,仍恐不足,复以更小细字,傍书行间,进为疏说。而推敲某字,至再至三;拭改某处,嘱"用酱油"。不辞琐屑如此。试比较于芸阁《致朱澄(字子涵)书》二通,亦言写扇事也,何等洒脱。处置之异,不啻秦越。尤其函尾所署"弟廷",与现知文氏书信(积近百通)落款(若"弟文廷式"、"弟廷式"、"弟式"等等)对照,尽皆不同,可谓绝无仅有。作者其殆名"廷",却未必是文廷式耶?至于书法笔迹,另待专家鉴定。陋识区区,何敢落判。且效郭隗,姑置附录,敬候高明指正可耳。

① 此三句,乃小字双行、补注作释者。

② 此三句,乃以更小细字,傍书行间,为前三句双行小注再补作解说者。

③ "尔",《香书轩秘藏名人书翰》释文作"别"。

④ "芥",《香书轩秘藏名人书翰》释文作"养"。

致卢洪昶书*

鸿唱仁兄大人阁下：

连日会谈，颇罄积臆。敝乡僻陋，款客之处，必多不周，以为歉也。

萍煤独办，虽竭力经营，而攻之者要不免多为谣诼；得台驾亲往勘验，谅已得其苦心。惟厂户、窿户终有希冀官办加价之意，必须窒其妄念，事乃归宗。昨所面商"明分暗合、添一商办"之法，既不使佳煤弃置，又可免业户居奇，似极妥协。如行旌到津、汉时，能面陈于督办、总办之前，依此办法各立合同，并能由地方官禁止多歧亡羊之处，实于官、商两有裨益。

乡居辽远，不及走送。祗请筹安不尽！

愚弟文廷式顿首　八月廿二日

* 据《汉冶萍公司(一)——盛宣怀档案资料选辑之四》(上海人民出版社一九八四年第一版)所刊者录入。原题注发信时间、地点云"光绪二十二年八月二十二日(1896.9.28)萍乡"。卢洪昶，时为萍乡官煤局委员。

致郑官应书*

陶斋老兄大人侍史：

昨谈甚畅，诸事承教，尤所深感。唯萍乡煤事，尚有数则应商者，略具于后，敬候酌裁。

一、萍煤转运至艰，途中走漏搀杂，弊端至多。近虽多派押运，沿途又设稽查，然仍恐防不胜防。且闻马鞍山左右亦有可采买烧炼之煤，价银在三两六钱以下，似不必专用萍煤。拟请将“广泰福”包运每月二千吨之煤，改添一千吨之炭。弟在萍时亲验，增添炉座，十一月后必能如数。此层贵局若允照办，弟当函告萍局酌妥，再令其补禀候批可也。

一、“广泰福”购买小轮将到。惟在上海开船时，沿途船关，必须贵局文移方能经过；又湘、鄂两省均须立案。日内当饬“广泰福”具禀台端，望分神照办，至感至感。

一、卢洪昶欲在上栗市办炭，栗市离萍颇远；又欧阳耀斋等自有一二煤窿，或可开办。弟自愿其有成。至萍乡县之煤，则弟回乡后各绅士纷纷约同分办，弟亦概允，今已于弟所开之外，又开八处，

---

* 据《汉冶萍公司(一)——盛宣怀档案资料选辑之四》(上海人民出版社一九八四年第一版)所刊者录入。原题注发信时间、地点云“光绪二十二年十月初十日(1896.11.14)汉阳”。

皆归“广泰福”经理采办,实已无馀。若卢洪昶来,不过为奸人播弄,实属无益有损。又闻有杨笙林者,此人名字屡改,实即“炽昌盛”之东家,萍邑人人恨之。亦已奉委帮董。此人湖南湘阴人,前在萍邑办“炽昌盛”时屡有控案。今年以来,包办彬州煤炭,至今于贵局成效可睹。(及)〔乃〕不自悛改,又私向卢姓诡弄。若使其办萍煤,必致闹事,一切可虑。请电致杏孙京卿,此人断不宜用!勿谓弟言之不预也。

一、去岁萍乡赈款,尚馀三万馀金,闻欲以此项买煤还江南。若然,则明年一年运道船只皆大不便,贵厂用炭必有不足,望先设法防之,两有裨益。

其馀各事,弟一时思虑尚有未尽,容随时函告。

手此。敬请勋安不戬!

如弟廷式顿首　十月十日

附:论萍矿书*

来示自当祗遵。而湘潭县无故捕人,几酿命案。既已悖谬于先,又复凭空结撰,妄造多端。亦请转陈香帅之前,严加申饰①,是所至祷。马矿师尚未到萍,届时自当妥商一切,敬慰厚意。馀容续布。专覆。敬请台安,惟祈雅鉴。

愚弟文廷式顿首

---

* 据“孔夫子旧书网”(www.Kongfz.com)所载手书信笺照片。承何东萍先生赐寄电子图版。原无题,兹为代拟今题。依所述人(香帅、湘潭县令、马矿师等)事(萍乡开矿采煤经湘输汉)及行文语气(比较致郑官应、卢洪昶等书),则文氏当时,有此一函,非无可能也。第细察该网所载照片,笺用暗红色纸一页,楷书,竖写七行。不止“申饰”等关键字眼,显属写误,而且笔迹、格式,待酌之处似亦犹有。则或者乃仿照原笺而造之摹本耶。陋识区区,何敢必断。姑效郭隗,置作附录,敬候大家详考指正可耳。

① “饰”,循其事义似应作“饬”方合。

致汪康年梁启超麦孟华书*

穰卿、卓如、孺博三君同览:

沪上淹留至五十日,为平生三十一次到沪最久之一次,非为公等,别无所谓也。欢叙之乐,如何可忘? 即此知说群说会为天地古今第一至言妙道矣。

六月四日到鄂,酷暑如(烝)〔蒸〕,便觉罪恶法界,等无差别。我等(具)〔俱〕是凡夫,一合相中,未能游戏神通,不能不有所苦,奈何!

伯严已启程否? 度其情形,欲留海上歇伏,未知泉源不涸竭否? 一笑。

公度何时出京? 晤时道念。

以后赐函,望寄汉口永宁巷"广泰福"转交,必可收到。

初到不及详函。泐请撰安,伏惟为道自爱。

弟廷式顿首　六月五日

别有寄古城坦堂诗笺一封,乞转交为盼。

---

* 据手迹录入。

致汪康年书*

闻小沂述，执事转听庶三之言。以隔年(沈)〔酒〕屁，尚来此放，可笑也。但恐其回萍更作此等语，则尤足以惑乡愚。务请嘱其来敝厲一谭，至要。上让卿仁兄左右。

名心叩

粤事我首先劾奏，天地间有此等谣言尚传述者乎？

* 据手迹录入。

致冈鹿门书*

鹿门足下：

前日得惠赐《美利坚志》，拜嘉之至。昨接来函，一切均悉。

《广东图说》，凡九十四卷；近时所修，又有简本，装订三册。仆家向有之，近已运回原籍。今检得《广东通志》一部，凡百馀本，中或残缺一二卷，然大致完备。阁下取以考证形势，综览古今，亦略备矣。

仆日内治装，将赴沪渎，明春即至京师。书肆搜罗，时则不暇。广东所刻书目，问之陈君即了然，西湖街义仓内初见者是。并可赠刻本也。

李学士将以十八日邀阁下聚王子展家，想已通知。

至于域外之谈，仆家兄即曾游米国，转徙欧洲；友人中亦多经涉裨海者，闻之已稔。阁下能举古今政术、列邦利弊见告，固所至愿。若徒变成法、习艺事，如此数端，则仆不独知之，且深筹之，此时不能与阁下谈也。仆年岁尚壮，十年内当为环球之游，以拓其闻见。阁下如有西行之志，庶可同乎！此复。顺颂时安。

文廷式再拜

又，贵国有涉俄国形势掌故之书否？祈举一二书目见示。

---

* 据郑海麟辑录《清季名流学士遗墨》（乃从日本东洋文库发现。载于《近代中国》第十一辑，上海社会科学院出版社 2001 年）。承张求会先生代为复印。原题"文廷式遗墨　致冈鹿门函"，兹为酌改今题。

致宗方小太郎书*

一

顷叨盛馔，谢谢！

闻小轮仍可直抵长沙，昨所探误也。江西梅宅信已作就附上；如台旆惠然肯往，则吾乡人士自当趋接不暇，幸不吝教耳。

弟到湘后，如有赐函，或友人见寄之信。乞转寄“长沙省城南门外碧湘街龚永昌木厂收下转交文永誉收启”，必能收到，感荷不尽。

馀续谈。泐请宗方先生大人台安！

弟文廷式顿首　十月六日

大驾起程来湘，亦乞先赐一电，以便预接。濑川领事处乞致意，归途当奉候。

二

省邵梦石十月有信来，言郑子丹尚在京，有所图。弟不在沪，未复信，以后即未有来函。

---

* 致宗方小太郎书二件，手迹今藏日本。兹据汤志钧先生赐寄钞本录入。宗方小太郎，日本肥后人。1884 年来华，尝主持乐善堂北京支部，协助创立日清贸易研究所，又曾在汉口经营《汉报》，在福州创设《闽报》，以及在上海东亚同文馆任监督。

刘岘帅入京，大约无甚要事；鹿芝轩于十二月廿四始接任。刘有幕府与弟同舟，其意亦欲劝岘帅引退、非有重大军务不出云。

姚赋秋君适在上海，病已全愈，惟与小田切君尚未款洽。将来此事，须赖君调停其间也。

又闻阁下致信井手君，言弟“失陷泥中，而自讳落水”，不禁大笑。俗语云：“拖泥带水”，弟做上两字，君做下两(事)〔字〕，不可半隐半现也。作书报复，烦下一转语，何如？

初到匆遽，不及一一。泐请著安！

十二月二十日　弟式顿首

绪方冈兄并望致意，不另函。

致内藤湖南书*

炳卿仁兄大人阁下：

岁月易得，别来行及二年。思忆之情无时或释，想同之也。敬维令问昭彰，起居佳胜，幸甚幸甚！时势之变，无可复言。仆闭门却扫，不与世事，此白岩君所知。近闻台端将入承明重讲席，为天下所钦仰，此可慰耳。

蒙文《元秘史》，已募人钞写一部，敬以寄上。

沈子培刑部云，伊所撰《蒙古源流事证》，承君转索，甚愿请益。惜前录清本，为胠箧者取去，兹已重写，成时即当奉寄也。

仆前在贵国时，见岛田君家有《郎晔注东坡经进文稿》六十四卷。此书敝邦久佚。如能影抄见寄，足传眉山老人精神，感何可言！一切抄写之费，当随寄还。渎请之至。

天寒，诸望为道自爱。不宣。

大阴历十二月朔日　文廷式顿首

---

* 据《内藤湖南全集》（一九七六年东京日文版）所载录入。原刊此函用汉文排印。内藤湖南，日本汉学家。原刊影印件，承刘方先生赐赠。

上张树声书*

孤子文廷式稽颡再拜奉书

宫保年伯大人阁下：

孤子在京师得家人手告，痛悉家君于九月廿九日弃世。发函伸纸，捶胸击心。

伏念先君中丁家难，身历戎行。晚际道屯，漂浮南北。未臻中寿，旅殁他乡。孤子万里择官，冀营禄养，何图殃咎灾我所天，邈绝山河，承衾无自。

呜呼！鬻子之闵，鲜民之痛，凡有血气，莫不同之。乃生不侍疾，殁不亲含，罪积衅深，百身何赎！

遂乃见星奔驰，泣血就道。于腊月初八，甫抵羊城。适先人灵榇，亦归东省。三虞卒哭之后，便当扶榇回籍，择期安葬。

伏惟年伯大人厚赐敛含，广为嘘植。俾逝者无妻孥之虑，生者蒙煦妪之温。感激之忱，匪能言喻。殒身为报，未知所期。犹复过蒙德音，勉其敦品励学。此则古人之谊，尤为近世所难。敢矢夙心，敬承高义。撰成博议，虽远愧于东莱；自悟褊心，愿近同于孙子。庶几不诒羞于先子，亦以仰答于仁贤。惟薄植重殃，终恐未知

* 据《近代史所藏清代名人稿本抄本》第一辑（中国社会科学院近代史所编，虞和平主编，闵杰、段梅副主编，大象出版社 2011 年）影印手迹录入。

所届耳。

伏愿旂常益懋，科第联翩。天佑德门，岂惟私祝？顾灵魂游岱，谅回旌以知恩；衔恤仰天，待衔环之何日？镂肝刻骨，无可言谢。谨扶力奉疏，荒迷不次，伏祈矜鉴！

孤子文廷式稽颡拜启　二月初九日

上刘坤一书*

【前缺】

廷式奉命典试江南，现已事竣，应即回京供职。惟廷式原籍江西萍乡县，祖墓岁久失修，瞻望松楸，弥深感慕。江宁距江西本籍，一水可通。拟恳天恩，赏假两个月，自备资斧，回籍修墓。一俟假满，即行入都，恭覆恩命。请为代奏。【后缺】

---

* 据《谕折汇存》(北京撷英书局刊本)光绪十九年十一月初一日《折片》内《刘坤一代文廷式奏请赏假修墓片》所引述者录入，故阙首尾。刘片得奉朱批："文廷式着赏假两个月。钦此。"

致张之洞电*

一

慎闽事。见洋行传单，又屡询洋人。虽不无恫喝，而决难弭伏，已可概见。

事大于川案。公度事势，若何可了？馀当函告。

式。盐。

二

常熟言：尊处近无电奏。意存关切。务须照常电奏，并陈明字数难少之故。断勿怼怯。

又苏沪铁路，请即奏办云。

萍乡旱歉，望公筹赈。

式。庚。

---

* 据《近代史所藏清代名人稿本抄本》第二辑（中国社会科学院近代史所编，虞和平主编，闵杰、段梅副主编，大象出版社2014年）之档件影迹录入。该书目录分别作“张之洞收文学士（文廷式）来电（光绪二十一年八月十四日）”、“张之洞收文学士（文廷式）来电（光绪二十一年九月初八日）”。原档用抄收电报之专笺，首行题曰“文学士来电”，页左分别填标系“光绪二十一年八月十四日戌刻发到”、“光绪二十一年九月初八日巳刻发、亥刻到”。

中国近代人物文集丛书

文廷式集

（增订本）

三

笔记

汪叔子 编

中华书局

闻尘偶记零稿

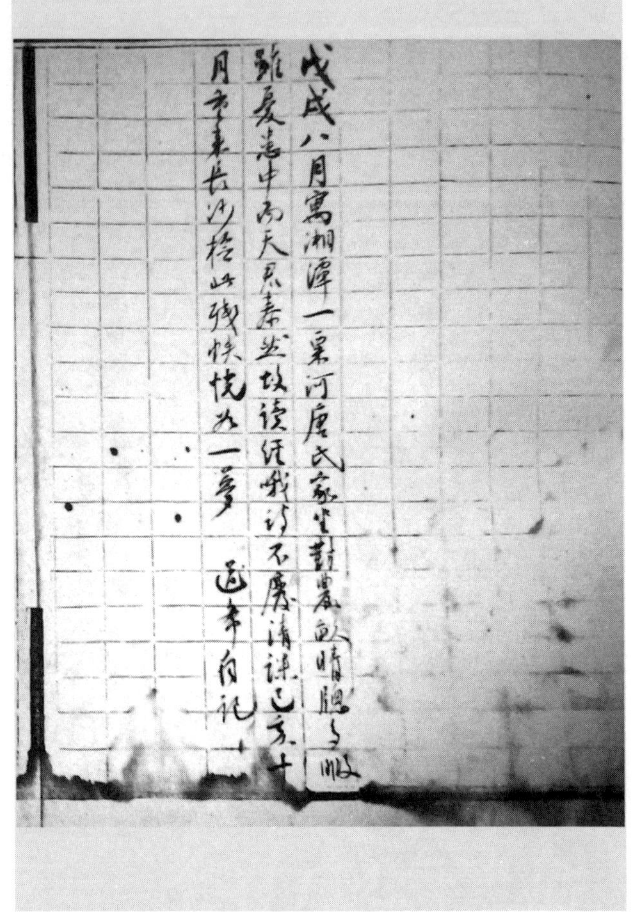
戊戌八月寓湘潭一枭河唐氏家塾對崖面晴[illegible]多暇
雖憂患中而天君泰然故讀經哦詩不廢清課已竟十
月歸來長沙檢此殘帙恍如一夢　遁庵自記

撷芳录

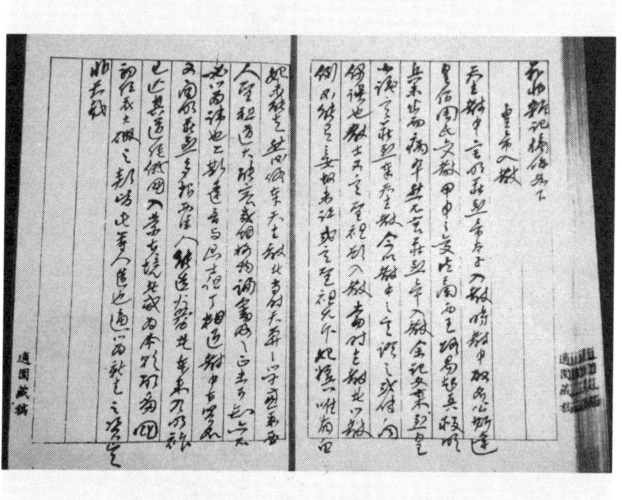

纯常子枝语选抄（“适园藏稿”抄本）

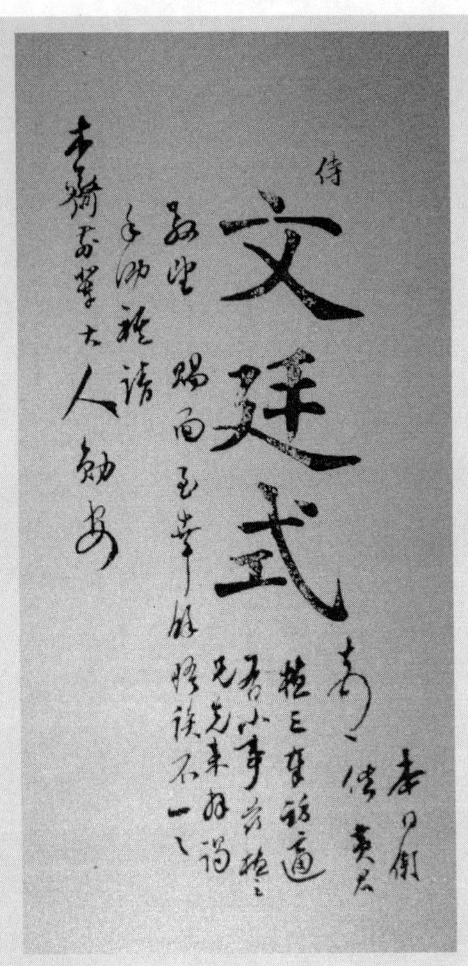

名纸

卷八　笔记上

志　　林*

此册杂记之事①，字字从实②；或偶有传闻之过，则不敢必。若有一毫私恩私怨于其间，则幽有鬼责，明有三光，所断断不敢出也！

曾沅圃入觐时，召见，痛诋徐延旭之不可用，用必偾事，并乞即予罢斥；请毋与军机大臣商酌。慈圣动容，许之。

曾既退，而高阳奏对，反其说矣。而曾遂为延煦奏劾矣。

执政非人，疆臣偾事，千古如一，可恨之至！

张靖达深知徐延旭之不可用，而虑有奥援，不敢遽劾，以电达之北洋大臣。北洋大臣复电云："已转致幼樵副宪矣。"

徐被逮至梧③，犹告人云：朝廷轻举妄动。若再由我经营一月，越南之东京④必为我有，且直取西贡不难也。

---

* 据《文芸阁先生全集》所载排印稿本。按此篇另尝刊于《青鹤》杂志，题作《知过轩随笔》（下称"青鹤本"）；又，《满清野史》（成都昌福公司排印本）第五编曾收载本篇，题作《知过轩随录》（下称"野史本"）。

① "杂记之事"，青鹤本、野史本皆作"杂录时事"。

② "从实"，野史本作"征实"。

③ "梧"，青鹤本作"京"。

④ "东京"，赵排稿本原作"东亦"，此据青鹤本与野史本改作"东京"。

癸未之殿试，阅卷者有张佩纶、周家楣。

先是周见阎敬铭，询其子作字否[①]。曰：临颜帖也，悬腕作小楷也。

及读卷日，有一卷字体稍曲，每溢格外。周诧曰：此必阎迺竹也。迺竹，即敬铭之子。张佩纶遂力与高阳言之，得置第四。及拆卷，则朱祖谋。而阎固未尝作颜字也。张、周以之媚阎；而其后置之死地者，实阎之力居多。

左侯之初次入都也，陈宝琛、张佩纶皆终日诣其门，而宝廷独不与。其出任两江也，则宝廷、邓承修实留之，而佩纶则深诋之。左故重宝而轻张。及福州马尾败后，张为国人[②]公劾，命左查办；时沈应奎在幕。张慄慄危惧，而左独颇持公论。佩纶得以薄谴。其致书谢之，以叔向、祁奚为比云。

谭宗浚者，素不谈洋务之人也。一日于许庚身坐中，忽遇阎敬铭，谈及今时洋务人才消乏，非设科不足鼓舞之。谭还，遂属奏，请潘衍桐上之。潘疑豫[③]，谭告以实，曰非此不足以得阎之心也。潘大喜，遂奏。而终为会议所格，时人咸鄙笑之。

黄瑞兰为王邦玺所保。此先经面奏、退而具折者，枢臣固已拂然于心；又知黄曾具折请都察院代奏，专劾合肥悖逆，为都察院所抑而止，知合肥必恶此人。遂请查察，而合肥遂痛劾之，举主因以

① “作字否”，青鹤本、野史本均作“学何书”。

② “国人”，青鹤本、野史本皆作“闽人”。

③ “疑豫”，青鹤本、野史本作“犹豫”。

获咎。

平心而论，黄固非人才，而较之钟德祥之贱劣、王应孚之奸险，犹为彼胜于此也。

张佩纶于光绪十年三月十七日，奏请醇邸兼管总理衙门。

陈士杰办理黄金满一事，初则扬厉铺张，欲为事平时保举之地。其后迁延不获，两奉严旨，惧无所出，乃以重贿得调山东。刘秉璋接其任，又不能获，乃勉强以一抚了结。侍读盛昱劾其将为杨嗣昌，严旨督责。刘乃奏复，愿以身保其不反。

迨九年冬，彭玉麟调赴广东，余观其人，乃一极庸猥之子耳。乃费一尚书、两巡抚竭力经营，而不能诛之藁街，可笑也。

林文忠之甫起也，伍崇曜以数万金必欲毒之，不能得。乃贿通其家人，以极毒之药，研末入之(腊)〔蜡〕烛中。文忠阅公牍，每至四更。毒烟浸淫，入于脏腑，遂不十日而毙卒。

瑞麟为两广总督，贪劣无比。其死后十年，为邓承修所纠。命彭玉麟查办，乃尽为洗刷，遂逃法网。

此公颇负重望，其实好谀恶直、不学无术处甚多，取其大端可矣；必谓韩、岳之流，则去之何啻天壤！

十年之春，海防甫急，朝旨命彭督师驻琼。彭急，极请督、抚、将军会衔留之。督、抚又恐朝廷责其拥兵自卫，未敢辄请。

彭次日与张靖达手书云：朝命赴琼，玉麟本当遵旨即往；而无如粤中绅士，自卯至酉，纠缠不清，不得已躬亲不去。

余时在靖达幕中，阅毕怒不可忍。此人负海内重名，余亦素重之，然此一节之谬，不可掩也。

岑毓英初极诋李鸿章，后乃认为师生。其赴任云南也，遣其子往合肥见李，请授心法。李云：越南非中国所急，又朝廷方重用唐炯，尔可让之。故岑初到两奏，力言救越南之非计。迨奉严旨督责，始惶悚请视师，而不知前此为李所欺久矣。

岑本边徼人，于中朝无一相熟，以谓李之言处处可用，遂入其彀中。固其识之不足，亦可哀也。

乙酉夏，上幸南、北海。小修工程，银十三万两。而任其事者，仅拆后墙以培前墙，涂饰一时云①。

外蒙古生计，以牛马为大。近日欠俄罗斯债近数百万②，无以为偿，有鬻地者。而理藩院置之不问。又京城都中六部书吏，以户部为最多财；而理藩院过之。盖其承袭之时，得以上下其手，故索贿尤钜，致富亦较易。

阎敬铭，字丹初；张之万，字子青。同入军机。张年七十四，阎年六十八。人以杜句咏之，云："丹青不知老将至。"

时孙毓汶、乌拉布查办江西、河南、安徽③各案，经年不返。孙

① 此句，青鹤本作"涂饰一时，贪污如是"。
② "数百万"，青鹤本作"百万"。
③ 青鹤本作"山西、河南、安徽、江西"。

字莱山，乌字少云。人遂以“云山况是客中过”为对句，亦颇巧也。

余谓《唐书》所云左相宣威沙漠、右相驰誉丹青，于此时亦略似之，惜其不能驰誉耳。

又，张之万一无所长，惟作画颇有家法，为数十年来显官所未有。

马建忠全家皆入天主教，人荒谬无匹，而合肥保举之，曰素行谨饬。欺侮朝廷，一至于此，可为发指！

王文韶回乡之时，通省若狂。司、道以下，日候其门。迨见降调之旨，气焰乃稍息矣。然人以为近日枢臣之有才者，尚推此人云。

谅山之失也，苏元春败于十二月廿七日，探报甫到，潘鼎新即于廿八〔日〕早逃入镇南关。苏军午后退到谅山，见空无人，亦遂退。廿九日法人始入城。而潘电报云打仗受伤。欺妄如此，不正国法，真不足以快人心。

惟杨玉科力守观音桥，其地在谅山之前，至正月初十日，乃以战殒命，可谓好男子。恤典未足称其忠，殆为潘鼎新、张之洞所蒙蔽矣。

徐承祖文理不通，倩人代作一条陈，阎敬铭遂为耸动；以之出使日本，恐为敌人所笑。

何璟督闽，最能谀佞绅士。故以八年总督，贻误封疆；而偾事之后，劾之者犹有怨词。孟子所谓不得罪于巨室，效至此乎？

国史二百年来无后妃列传，此大阙事。

岑毓英巡抚福建，谭钟麟巡抚浙江，皆加兵部尚书衔。盖近日巡抚有头品顶带者，移抚他处，皆照例题请；其加尚书衔者，则优眷也。

若李鹤年抚河南，刘锦棠抚新疆，皆加尚书衔，一则以曾任总督，一则以万寿盛典赏之，不在此例。

孝贞文皇后圣德巍巍，薄海所仰，尤尚检朴。宫中器用，一切悉皆银；起居饮食，皆有常节。内监不过七十馀人。穆宗宾天时，哀痛过所生，尤盛德不可及者。

慈禧皇太后初入宫时，封兰贵人，后进封懿嫔，再进懿妃。咸丰十一年，遂为天下母。功烈巍焕，与太任比烈矣，汉明德以下不足数也。

大学士额勒和布，姓觉罗禅。觉罗禅者，宗室与人私生子女，不入属籍，别为此姓，犹言非正支也。

孝哲毅皇后，一目重瞳子，福相端严；不好音乐，作书端丽。比以身殉，天下痛之。潘敦俨之奏，虽愚忠，亦公论也。

盛宣怀者，电局之总办也。当军务急时，恒泄机事于敌，以邀厚利。盖各处密电码子，伊皆私置一副本也。而事定之后，转以电线之故，记名海关道。公论为之不平。

李鸿章保奏电线学生谢某云：有民胞物与之量，体国经野之才云云。刻入邸钞，人人骇怪。

潘鼎新克扣兵饷，贻误事机，天下所知。杨叔翘为余言，其闻谅山失守之际，犹于营中提银八千寄家中。可谓天良丧尽！又于敌扑镇南关时，密电报之朝廷，谓贼势浩大，势难抵御，不如任其深入，无所掳掠，则和议易成云云。谬妄至此，而迄今未闻拿问，国威于是替矣。

李鸿章欲设银行。阎敬铭亦颇谓然，惟不欲用洋人。李鸿章云：若不用洋人，人却不信你户部。其言可骇如此。事已垂成，幸崇尚书以去就争之，遂得中止。

闻崇尚书请见醇邸云：宣宗成皇帝所以与夷人启衅者，以纹银流入外洋，使中国贫弱故也。今若设银行，使洋人理之，则不啻求其出矣。爷为宣宗成皇帝之子，何忍为此？词气侃侃，几于流涕，可谓有心肝者。

又闻惇邸请对奏事，至一时之久，亦力阻此议也。其后文海、贵贤，亦交折章攻之，户部复专递封奏，遂得不办。

吴大澂弃黑顶子于俄，查复后竟得无事，此时事之不可解者。比闻又电促之矣。

海军省之设,采之于一时众论。惟请亲信亲王督办,则吴大澂条奏耳。及大澂为河督,果明目张胆而为小人矣。

太监李双喜随醇王视师天津。

余与志伯愚锐商,欲得人言之。伯愚未觅人,而自作书与其姐夫谟贝子,云:姐夫何不以口舌争之,挽回体制不少。谟贝子以伯愚原书示醇王。王云:此我自误,我自请之。今时不能争也。

余遂作书劝盛祭酒昱言之。祭酒回余书云:所事创闻,岂谰语邪?①

余后问之(关)〔周〕荟生銮诒妹夫。荟生云:伊殆知之。然此事出太后本意,故未敢争也。当太后命醇邸携行时,王不甚愿,奏谓李太监系三品顶带,职分较大,大似不便。太后曰可令以六品顶带随行也。旋晤李仲约文田学士,亦谓此说为然。然则醇王对谟贝子之言,乃不可言而自引为过也。此事亦大可虑矣。

光绪十四年,王先谦密折劾李太监,不发。

光绪十五年,屠仁守以言事罢。仁守本具三折,一请醇王不必与政,将以次上。醇知之,及其未上而去之。太后亦蓄怒于其劾宫监、谏游幸也,尝汇其折于一箧,将以事谪之者久矣,至是遂先开缺。

天坛被焚之次、三日,军机大臣宴于府尹高万鹏署,观剧。

---

① 此三句,青鹤本作"祭酒曰:余书云所事创闻,岂谰语耶",野史本作"祭酒曰:余书云所创闻,岂谰语耶"。

国家二百年来，宰臣媚内监者，以福锟为最。

福锟本二十四门“溥”字行，其祖名奕溥，故特改名“福”，宣宗所赐也。按：世祖讳不避，故用唐人名嵩之例矣。

铁路之议，张之洞一折，为醇王所赏，然亦文字华美而已。其实所谓“土货”者，不知何指？去年河南通省厘金仅五万金，北货之无多可见。先造路而后求货，恐西人亦无此办法也。此事固不可缓，然此时纪纲不整，未能汲汲于末流也。

弃澳门于西人，曾纪泽一人主之，可恨！

盛伯希告余，言己丑在琉璃厂见顺治十九年御笔画①。始知高宗内禅后，宫中仍用乾隆年号，即此例也。

李瀚章面劾陈彝，可谓欺妄。陈任巡抚，固无他长，而李劾之，则私也。合肥孙知县不畏强御，固自可取。

李氏之子弟杀人，曾氏之子弟亦杀人；曾氏子弟好货，李氏子弟亦好货。其劣迹殆不可擢发数也。“世禄之家，鲜克由礼”，岂不信哉？

阎敬铭办山西荒务，几举山西之荒田而有其半，可谓无耻。此与张英所云荒年正宜买田，同一用心也。国家宰相相传之法如此，

① 此二句，青鹤本并野史本皆作“己丑，盛伯希告余，言今春在琉璃厂见顺治十九年御笔画”。

可慨哉！

朱容生示我以劾李莲英折，词甚伉直[①]，引唐监军之祸亦切当。其附片请开言路，则尤触怒之甚者也。

戊子之冬，上书房群臣公折内，亦有一条，指近时之待言官，谓千古闭塞言路，莫此为甚。故醇邸大怒，专折劾之，谓狡黠者攘袂而秉笔，愚懦者附会而联衔也。

王先谦以劾李莲英去，其折则淡淡二百字耳。盖欲俟明白回奏时，列款继上也。及折入，则留中不发。闻归政之意，盖决于此，未知实否。或云，王先谦曾得李太监之益，未知果信以不；亦足见人贵立身于早也。

成孚由河督革职遣戍。赦归，以六万金报效海军，欲复原官。邸意许之矣。适屠仁守、盛昱奏至，海军报效遂停。成孚窃[②]窥意旨，具呈言情殷[③]报效，不愿掣回原银。上意嘉之，特赏按察候补。次日，左庶子[④]朱琛劾之；故阅二年未实授也。

张荫桓办华傭事，私受美国之贿，华人欲得而食之。故其归时，不敢由旧金山。而朝廷则用为总理大臣矣。

---

① 此句，青鹤本作“词甚充”，野史本作“词甚允”。

② “窃”，青鹤本、野史本皆作“善”。

③ “情殷”，青鹤本、野史本皆作“情愿”。

④ “左庶子”，青鹤本、野史本皆作“左子云”。

俄国太子之来也，李瀚章为粤督，亲登舟，自呈名帖。次日，又导引而来，护送而去。粤民愤叹，余以为此可笑耳。

曾沅甫晚年为江督，贿赂公行，女眷用事。一营之兵，不过百五十人。瓜栈一差，应酬督署干脩，每年万二千两。昏德如此，而日事鬼神。吾以高骈比之，闻者皆深以为允。

台湾之用刘铭传，醇邸一人之意也。经年累月，而不能获一生番。幕府上功牍，欺朝廷而已。至于剥民虐民，又其次也。不伏法而引病以去，天道果可信欤？

邵友濂为台湾布政，与刘铭传不协。将劾之矣，乃称疾渡台，急以十万金贿内监，遂得湖南巡抚，中外骇异。

而聂缉槼者，方由试用郎中捐道入京，踊跃欢喜，遂以八万金托邵夤缘，又以一万金买曾国荃保举，亦竟得上海道矣。乳臭未干，骤任监司。近日除授之怪异，无过此者。余见聂贺之云：君可谓扶摇直上！盖隐谑其费去九万也。

梅小岩河督为余言，张汶(详)〔祥〕刺马端愍一案，查奏之言，无不实，有不尽。

张佩绪知府云：余少依端愍；在浙时，与张汶(详)〔祥〕同居一屋，熟识其人。此事余知之甚详，不能言也。又云：此事牵涉李世忠；张汶(详)〔祥〕实为人报仇，非己之仇也。佩绪，丰润人，佩纶之弟；其父乃马新贻之师云。

彭刚直不及杨厚庵远甚。厚庵朴直忠笃,有大臣之风。余在湘时,与之晤谭四五日,盖李西平一流人,未易求之晚近也。厚庵六十丧母,举动必依于礼。庐墓三年,非祭祀之日,不归城市。访余于旅店,每徒步而来。谈及渡台一役,惟引咎自言无功而已。

知过轩谭屑*

此日记之类，文笔尚未检点，不足示人。藏之家塾，以备百年后考察风气而已。

宗室延树南延煦任礼部尚书。慈安太后①谒陵，以孝贞显皇后尊同，将不行祇谒礼。延煦引例，以为端慧太子园寝，仁宗祇谒拜跽；孝贞皇后正位中宫时，慈安太后②曾嫡事之，不得遽同尊同之例。疏入，颇有所忤。时有以利害怵之者，延煦曰："吾病痔漏而食香椿，盖自知不久，聊快口腹耳。此事吾亦亟行吾意而已，何以利害为。"未几，薨于位。奉旨"毋庸予谥"。延煦又有劾左文襄一事，则矫激之失也。

壬辰十月，御史林绍年奏请近正人、疏狎昵，语甚切直，惜未得其详。折入，留中。王旭庄云：见其折，乃劾太监招权纳贿，字字切实云云。旭庄名仁东，仁堪之弟。

---

* 据江西萍乡文氏族谱编修事务委员会编《萍乡文氏五修族谱》（2007—2010年重修，萍乡市鑫阳印刷厂承印六册本。承文军勇先生寄赠）卷五影印所载王尔敏先生抄本。该抄本系用"中研院近代史研究所稿纸"，每半叶十行，行三十字，共三十三叶。笔划端正。于文氏手稿中抬空、注释、修改之处，悉遵原式照抄，极见认真。

①② "慈安太后"，据王尔敏、陈绛《知过轩谭屑注》（载《近代中国》第18辑，上海社会科学院出版社2008年）引《清史稿》延煦本传考证，"当系慈禧太后之误"。

贝子奕谟，惠亲王之庶子也。于例，亲王世子及岁时考翻译取者，封二等辅国将军，不取者罚停一科。一科凡十年。谟贝子未经考试，辄封入八分辅国公，异数也。其任护军统领时，既受任，即奏请申门禁。其时廷臣梅启照、陈宝琛等并言之。大意谓苍政门近日出入不时，闲[①]杂人多，较奴才在阿哥所时已大异，应请嗣后严办，遇可疑者，立行拿交刑部治罪云云。太后大怒，次日召见军机，命拟旨遣奕谟守护陵寝。宝文靖力争之，以为数十年来近枝王公未有当此差者，奕谟非有大过，似属不可，事得以寝。然自是不复任要差矣。

光绪十年以前，言事者多矣，时人皆以为言路大开。余笑应之曰："诸臣敢于排大臣，而不敢于言[②]主德，精[③]于伺人过，而不精于察民隐，得失之端，未易言也。"张佩纶、陈宝琛之言多见施行者，高阳相国主之。高阳亦贤者，特未明于古今之变耳。

朱蓉生一新之劾李太监，其时尚萌孽耳。数年以来，势乃愈张，内外各官入其彀者，指不胜屈，甚且鬻学政、卖使臣矣。将来之忧，正未有艾。

友乙山人告余云："蓉生真便宜，将有大名于后世。"余曰："蓉生诚有先识，然当拟之[④]秦博士正先耳。"慨叹何极。

---

① "闲"，初作"严"。

② "言"上，初有"回"字，继删去。

③ "精"，初作"勇"。

④ "当拟之"，初作"正恐为"。

近日永氏一案，闾里之细事耳。然经台臣驳诘，钦差查办，而仍含糊了结者，实以永氏之夫桂诚其死，由于提督衙门凌虐之故。当时刑部既不敢问及，故勉强定案。迨派翁尚书、怀总宪查办，则翁方任户部，所派皆户部司员；提督则大学士福锟，正管户部。其不敢问，更灼灼也。大端既不能明，只得草草了结矣。洪给事尚有第二折，专诘此条，折入留中。

乾隆极盛之时，宫中帑积仅千馀万。今时乃三千馀万。心知慈圣经理之难，才智诚过人远矣。

李少荃相国于帕米尔事，函致总署，以为此地实中国之故土，若失之，则新疆、西藏皆岌岌可危。洪图为俄人所欺，实为大谬。此时必需力争，多争一分，则少受一分之损云云。恭邸闻之曰："即此一事，足以见老成谋国。前者人或过诋之，今当少矣。"

御史文郁奏请奖叙崇文门海巡。海巡者，差役之最恶劣，为害行旅者也。满洲御史无不(买)〔卖〕折奏者，多则千金，少则数百金，至数十金亦可。前者岁歉之时，有刁买囤积①烧刀至万馀金，而以八百金买折奏请禁烧刀。奏入蒙允，而伊前所购者不啻倍价，遂大获赢馀。若文郁此奏，大约不过值数十金耳。然为笑一时，其计太拙。

曾惠敏之死，或云俄人毒之；升勤恪升泰之死，或云英人毒之。

① "囤积"，初作"广售"。

事虽未必尽实,然谋国与用兵等,间以诡道,亦不可谓其必无。国朝开创之时,以反间杀袁崇焕,亦此类也。

乾隆丙申《搢绅》,和珅作“和伸”。

钱辛楣少詹事以广州学政丁忧归,遂不复出。闻其与当时大臣有相龃龉者。余读其文集,如《履卦说》、《梁武帝论》各篇,皆别有深意,又不独大臣不合己也。尝以此质诸师友,并以余言为然。

同治初年,儒臣撰进《通鉴节抄》二十卷。凡善可为法者,十二卷;不善可为戒者,八卷。是时两宫太后听政,选儒臣八人讲书。八人者,宝鋆、李棠阶、单懋谦……余四人荫轩师未述,俟考补。而徐荫轩师以检讨与焉。及发出所讲之书,即前所进节钞《通鉴》之本也,赐名《治平宝鉴》。八人轮班进讲于养心殿,太后垂帘听讲。恭亲王曰:“经筵之礼,以尊经故,立讲;此所讲,史籍也,应跽讲。”从之。三年而后终二十卷。

引见,御座前向不设案,座傍设笔墨,绿头签直递座上。各员背履历毕,辄加圈点。自今上亲政,始设案,群臣退朝后,始加圈点云。

庚寅冬间,上命制衣。适造办处官员未值班,上怒,命传慎刑司,将予杖。太后闻之,召上告曰:“造办处司员旷职,诚当罚,然本朝家法,不轻杖职官,可令该堂官议处。”严谕御前太监曰:“皇帝既传慎刑司,亦不可使无事。谁激皇帝怒者?”众曰:“某某。”太后叱令慎刑司杖之[1]。事已，福箴廷协揆曰："太后之慎重家法，皇上之恪承慈训，国家万年有道之基也。"

御门典礼，荫轩师言之极详。徐颂阁郙师云："余值内廷三十年，所不及见者，此事而已。满洲阁学无所事事，唯上御门之日，应以清语读本，若有刑部勾到本，则以清语叙[2]述案由。今时无精通翻译者，即此一端，已不能举行旧典矣。"

蒋式芬劾奏太监金九嘱托大臣一事，其事至确，乃直隶地亩事也。当金九托薛侍郎时，薛以"刑部非我一人作主"却之。其时署刑部尚书李鸿藻亦在座。金九又谓薛曰："刑部向来你一人做事，何得不认？"于是李亦稍怒，薛遂坚却之。不数日，屈佳尚书以此事交司员照办，曰："若辈不宜与之作对也。"及复奏，难于指实，赖谕旨亦不复深究金九其人。然后此宦寺请托之风，恐不复能稍戢矣[3]。

印度攻野人山，地名"息马"。使臣薛福成电云：在中国界内。云贵总督电云：在界外。界内地名"息麻"，现安谧无事，界外百二十里地名"息马"，印人方用兵云。然无论界内界外，印度之兵即英国之兵，俄若启衅[4]新疆，以窥西藏，英必借端以窥我滇边，三数年后，边事不可问矣。壬辰十二月十三日记。

---

① "之"，初作"责"。

② "叙"下，初有"例"字。

③ 此句，初作"未知能稍戢否也"。

④ "启衅"，初作"动于"。

同治大婚典礼，彩绸一项，用银五十万两。李兰荪师告余云："当时曾向恭邸争之，以为朝廷以天下为家，不在区区悬彩。若必铺张扬厉，则虽嘉峪关，亦当悬彩矣。"恭邸曰："尔言太激，不可从也。"地毯一项，亦用银二十万两。己丑大婚，略减弱半。闻此次办理万寿盛典，尚当从丰云。

科场之弊，至今日而极甚[①]。有传递者，有换卷者，有出场之后飞信入誊录所改易文字者，有俟接场之人带文字入号中始行抄写者。至于怀挟书籍连号倩代[②]之类，犹属弊之小小[③]者也。又如主试交通关节，罪本极重，稍知名节者尚不肯为之，惟拜房一事[④]，则各省习为故常。每有即用大挑知县到省，则富家子弟先行拜认师生；一得闱差，则先送关节。分房者不过十馀人，大抵各有所私，则互相知照。及荐其温卷时，必杂以文理谬戾或迂滞晦涩之卷，谓之插花，主司取中者，往往堕[⑤]其术中。近乃愈趋愈巧，兼与外帘官通同，使某卷必入其手。辛卯科，余在南昌，亲见其事。问之江南、浙江两省，其弊亦略同。又闻有以红号拜房者，由藩司左书房于[⑥]弥封后，查知某卷已入某房，然后以字号求荐，每荐一本，馈五十金，得售，则又加十倍拜见，此则弊之至巧者也[⑦]。

① "甚"，初作"盛"。

② "连号倩代"，初作"谋打连号"。

③ "小小"，初作"极小"。

④ 此句，初作"其弊之最甚者则莫如拜房一事"。

⑤ "堕"上，初有"半"字。

⑥ "于"下，初有"内帘"二字。

⑦ 自"又闻有以红号拜房者"至此，共九句，初作"而言官未有能详言之者。即言之，而非监临精察勤敏，亦未易整顿也。广东场规较严，士子亦较畏怯，然枪冒顶替之风，则尤甚于他省"。

十二月十二日，大理寺卿徐致祥封奏一件，劾军机王大臣招权纳贿、擅用私人云云。折入留中。

闻新疆巡抚电云：俄人进兵不已，兵士积愤，将与之战。开衅既关大局，久抑其锋，大沮士气，边防尤形棘手云云。杨昌濬请军械，办边防，恐天山南路自此无宁日矣。

杨昌濬、余联沅奏，俱请起刘锦棠督办新疆军务，而总署主持，其事竟不行。

湘军、淮军之各有意见，人人能知之者也。湘军之多用旧制，淮军之兼用洋法，亦人人知之者也。湘军既裁之后，多流为会匪；淮军未甚裁汰，而他日亦未知其所终。此亦不待智者而知之者也。国朝以来，平台湾多用闽将，平教匪多用蜀将，平发匪、捻匪，则湘、淮之将。地气代兴，其在江、粤之间乎？

冯林一《校邠庐抗议》有绘地图法，于一二十里用之亦甚便。然不用三角测量，则终不能不差。数年以来，会典馆奏请饬各省绘详细地图，自是要务，而各省能测量之人至少。惟广东图先成合法，江苏、浙江亦可望成，而其馀之不足依用者至夥。请展限之奏，亦相继达天听，几于所向可期，汗青无日矣。适是时帕米儿弃地事以洪钧绘图而误，达官悚惧，遂定议一切依旧图，但以道光《一统志》略校得失云。余以总裁殷勤咨取到馆，闻明岁当改法速修。沈子培云：“使总裁为苟，我辈为简，固官书之旧规也。”可为一笑。

闻徐大理封事入时，上变色，令内监持呈西朝。西朝曰："叫他们自己看去。"又曰："看完仍将折封来。"于是上召见枢臣，训以有则改之，无则加勉。及退朝，枢臣面目如土云。徐折劾礼王及庆王尤详。

十二月丙子，李御史慈铭递封奏二件，一言庆典保举，已明发，一请上临雍，留中。

蒋果敏之在浙江，新平大难，劳来安集，其有大名宜也。及抚广东，其去也。民送之者盈塞衢道，殆不通人。然于粤实未有大功，惟救火、捕盗、禁赌诸事，皆有实效①，亦不易得。至裁兵米耗羡一项，则于民未有大益，而州县缺此巨款，别求诸民，而弊乃丛生。其得失尚待论定耳。

都中凡政事皆得之目验，而城外之传闻则每有讹误失实者。今年夏、秋间，忽讹传御史谢隽杭劾奏去岁主考某某数人；近一月间，又讹传给事中洪良品劾奏贵介子弟七人。某某究之，考诸抄报，则谢、洪皆未有封奏也。甚至有阅抄报之家，亦自信之。殊不可解。当时之说，尚有不确，况传之后世乎。

闻俄人已增兵入喀什噶尔边界。前日总署有封事言之，未知若何规画也。疆抚陶模与通省文武皆不合，若俄兵径进不已，仓卒而出一战，良可虑也。

---

① "效"，初作"事"。

军机章京云:近日凡放关道及学试差,皆由礼王持名(差)〔单〕跪上前。上曰:“某人。”于是额张以下,唯唯而退,不复如前数年之并与参酌也。自傅文忠以前,直枢廷者本一人独对,今乃稍用故事耳。

十二月二十一日,御史王濂奏:优伶贱质,不宜近至尊。有小叫天、十三旦闻原奏作“淡”者,闻尝召入;又有俞庄儿者,闻尤得亲近。此等污秽之人,岂可令其出入宫禁云云。又谓,皇上必不能知此等贱人,度必有荧惑圣听者。奏入。上大怒,曰:“不知他还想说甚么?!”命枢臣传入诘问。俄传入军机房,张之万顿足曰:与王濂同乡。“你为甚么参到皇上?”遂问其上折是何意思。王濂曰:“小臣风闻如此,以为有关圣德,故不敢不奏。”上又令军机问之曰:“伊折中言有荧惑者,试问荧惑者为谁?”王濂奏曰:“臣惟不知何人,度必当如此。若确知其人,亦必写入折中,不敢隐也。”上又传问:“伊此折有无主使,何人代撰?”王濂奏曰:“臣奏稿在怀中。”遂以原稿递军机大臣,曰:“上问主使,此即主使矣。”军机一一复奏。上欲即加以罪,军机为碰头乞恩。及上请懿旨,仍得宽免。圣朝容纳直臣,可谓盛典。然批鳞敢谏,实与林绍年折并称切直之尤矣。是日同上疏者问之,濂曰:“我所言太近,恐大碰。”既而竟得无罪。濂亦不自期云。

二十四日,右庶子凖良奏劾洪钧贻误军事,心私俄国,往俄国使署拜年之时,与俄使耳语移时。左都御史徐郙刺讥之,悍然不顾云云。奏入,上召见凖良,闻颇不悦,尚未详其词。又闻数日前又召刘锦棠赴新疆矣。

陶模奏请罢斥。并请速(办)〔派〕知兵大员赴新疆办防,已任粮台或别项差遣云。

自十二月十二日至二十七,封奏凡十四五事,切直之言及弹弋要人者,亦四五见。八九年来所未有也。

向例,上亲政后引见,各员背履历加详,然亦不过四五句。如吏部主事,则云"某名,某省人,某科进士,吏部主事"而已。满洲人,则背清语。今年七月,上厌其太烦,传旨只诵简明履历,汉人不背现官,满洲则但背某名,若干岁。不谙翻译者,尤为易记,感圣恩之宽云。

越南遣使到京,言苦法人凌虐不已,仍乞中国保护。不知译署何以筹之。

袁爽秋已授芜湖道,袁昶。余问其帕米儿事,伊亦言俄人已得大门,断无即止门阈之理。或入西藏,或求得新疆,必饱欲而后快也。爽秋论事甚明,然在译署则附和徐、洪之甚,所以保全官职,无足深论。

帕米儿,唐之白米斜川也。英人前言以图示译署时,各大臣茫然不知其何所指,可叹。

近时小小典故,多不由旧章。太常寺奏礼节务从删简,《礼记》所谓大礼必简者,殆于近之。又诸臣亦多不谙掌故,有御史而率同乡官谢恩者,御史只许封章言事,不能专折奏事,谢恩误也。有舆轿而直过午门者,有应递遗折而不递者,其馀琐琐之事,变迁尤夥。余曾嘱伯愚詹事、木斋编修记之,不暇致详也。

岑毓英之为人,骆文忠所(为)〔谓〕蛇蝎之性者也,阴险特甚,而善事在己上者。其遣子至合肥而亲执贽,余已记之前卷矣。乃其子尤软媚,趋承礼亲王门下如仆隶,然凡外官之引见欲达礼邸者,皆为通其贿赂,各得所求而去。吾乡之李必昌,亦其一也。此目验者。度彼非有大志,则适足成其凶德之参会而已。

準仲莱云:召见时,上颇以边事为念,又云:"所以不即斥逐主议之臣者,恐开边衅也。"準良对云:"开边衅者,自我挑之,谓之开;若彼任意侵占,让无已时,与之争于疆埸,非开衅也。"上颔之,并谕以已召刘锦棠云。

野人山之在滇边,犹帕米儿之在新疆南路也。过此以往,均无险可扼。自俄人得意于帕米儿,而英人不复肯让野人山矣。十年前,友人黄豪伯已为余极言野人山之要,且言英人以利诱野番,又以威胁之,必得愿而后止。迄今观之,信可畏也。滇督之才尚优,然边事则不知胜任与否。闻野人山北境有瓯脱千八百里,兼通四川、西藏,将来疆埸之大患也。

康熙位下凡二十四房,宗室则自称为二十四门。奕山任领侍卫内大臣,二十四门中所罕有者也。闻其孙溥 顼云:出自十四阿哥。余谓奕山为扬威将军,不过不能战耳。惟咸丰八年任黑龙江将军时，与俄使木哩斐岳幅会勘定约，巧辞以怵①朝廷，遂将黑龙江松花江左岸，由额尔古讷河至松花江海口，作为俄罗斯国所属之地，无故蹙地数千里，开东方无穷之患，此则罪不容诛者也。英人著述中言俄人以贿奕山得之，虽出于敌国之口，然庸懦之甚，实令人疑耳。

克们泰与太监应刘为亲家，故骤迁工部左侍郎。

文治为内阁学士，几于十年不迁矣。前者人以内行敦笃保奏，以其庐墓三年也。然其人举动迂谬，极多可笑。每出门，必锢禁其妻而后行，其妻宝文靖侄女也，自嫁之后，虽兄弟不得见。类有心疾，如唐李益之妒痴者。其争铁路折有云："闻铁路而心惊，睹电杆而泪下。"僻谬如此，宜为醇邸所劾奏也。

美生之狱，幸而未成。然有实缺总兵而与其事者，有洋关委员而同其谋者，其馀党与罪多，竟不能究办。能渐渐解散，则国家之福；不然，数年之后，终有受其弊者。

癸巳正月十二日，御史丁之栻递封奏一件。今岁封奏，此为最先，未奉明发，不详何事也。

陶模自请罢斥，言新疆文武将吏皆言，使刘锦棠在任，必不至此，其不能调度，已情见乎词。然请罢斥之后，仍留营差遣，其不恋

① "以怵"，初作"恫喝"。

恋官位以贻误边事，尚可取也。正月十二日，又有四百里奏报，闻沥陈边务紧急，俄情叵测，请速为设法云。

宋张子韶廷对云："竖刁闻于齐而齐乱，伊戾闻于宋而宋危。"余谓此辈之名，不可使天下知之久矣。然而其来有渐，若亲王、贤相制之，可遏其萌也。

邸报所刊奏折，凡有不便宣示，或词太激烈者，皆由军机处删改，而后发刻。后之览者，不可不知此例。

顺天府尹孙楫，贪劣骄纵，自历任两广以来，未之有改也。李总督瀚章以其为枢臣之胞侄也，保荐之，未几擢大京兆，乖谬如故。郝联薇为东路同知，以事小忤之，诃斥过甚，归而服洋烟自尽。腊月生日，广受属员寿礼，以丰杀为等差，人人知之。及李御史慈铭劾奏十条，军机大臣面请上旨，删去七条，只查三条。而徐协揆、翁尚书亦承意阿护矣。是非之不明，贪庸之得意，讵有已哉。

总署复奏，言地理，谓帕米儿地从来未收入版图，已属巨谬。至谓《皇家西域图志》但有塔马干，无塔马尔干之地，中国不宜过问。译音凡"儿"、"尔"、"特"、"歹"等字，自来或多或少，无关宏旨。乃借此为遁辞，欺罔君上，不知译署诸臣何以昧尽天良，至于如此。若非冥昧中有使之者，则不能逃列祖列宗之责也。

中国商于缅甸者十馀万人，几于彼国人民相埒。未知英人得缅后，将用印度之法治之欤，抑以法人治越南之法治之欤。要之，此时吾民之在疆外者，迫窘诘屈，无以自存，尤可念也。

治教民之法，当仿照僧纲司、道录司之例，即举其教中人，使听其治，而州县得从而制察[①]之。徐仲虎观察有此议，余以为可行。

李用清、李嘉乐两布政，阎文介所特赏之才也。二人皆有廉名，实则廉不足而吝有馀耳。其行事乃多可笑，不足尽录。李用清在贵州之事，余不甚知之；其在广东前后数年，则碌碌无所表见，惟为张靖达查事，尚颇有得实者。李嘉乐之在江西，其护巡抚任内所办赣州王总兵一狱，则冤狱也。民间小小私仇，误信人言，骤发大队兵勇，伤残甚多，略近四川东乡一案，而发端尤为细微，此诚不能无过。又有从九者，禀请措赀，其摘由云"请赴九江措赀"，而禀中云"赴九江一带措赀"。嘉乐手批数百言，以为蒙混。夫微末之员穷而措赀，何足复论，以此而自谓明，如小儿之捕蝼蚁耳。然两人较之庸下之辈，尚有可取。李用清在广东时，处膏腴之厘局，尚能介谨自持；李嘉乐在江西，当巡抚德馨、按察使瑞璋贪淫纵恣、酣舞恒歌之时，尚能毅然与之相抗。此则阎文介保之，不为大谬。乃近年枢臣于阎所用之人皆弃而不取，如陕西按察使曾鉌以丁忧去官，而服阕亦竟不放阙。意见之私，激成朋党，乃知古来朝局之变，恒由于此也。

正月二十四日，大理寺卿徐致祥劾奏湖广总督张之洞，已发交两江、两广总督查办矣。所劾者未详。闻广东则数年前信任赵奉

---

① "制察"，初作"劾治"。

昌等事,湖广则铁政局无成效等事,并其为合肥作寿文亦及之①。然此奏则甚无谓也。张香涛以文臣受特达之知,无所依附,操守清白,谋国诚恳,是其所长;自任太甚,用②人皆庸猥之流,接见宾客僚属甚稀,办事绝无条理,是其所短。然在今日,要为好规模、肯办事之人,视贪猥之督抚相去悬远矣。徐季龢舍彼而言此,亦可谓不择言之甚者也。徐曾以铁路获咎,而张欲行铁路,故论议素不相合。

内地回回言语,与安集延同,与新疆南北各城回人言语异。闻其称中国人为"黑滩",乃契丹之音转也。回教约束至繁,新疆回人尚多行之,每遇年尽之月,辄以夜食,竟不再食③,谓之斋月。内地回人则多不遵其教法,惟相率不吃猪肉而已。余幼时曾阅天方性理书,惜不复记忆。

二月六日凖仲莱良一疏,闻其大意仍言帕米儿事,大旨谓合肥相国既已考究详明,何以不据实入告,而仅与总署驳难。近闻总署复奏之折尤属欺蒙,请饬交李鸿章议奏云。

宫中讲习蚕事,并召浙江驻防寡妇及民人寡妇各一人,皆通晰文理者。闻太后清暇时,阅御选唐诗,及讲论前史事迹。与前数年所召云南缪氏,共三人,元旦,太后御慈宁宫,亦各随班行礼。

张荫桓之许美利坚禁华佣也,粤人衔之次骨,故归途不敢过金

① 此句,初作"亦未知确否"。

② "用",初作"知"。

③ 此下,原有"其教中诸事,今亦未能尽行"等字。旋自删去。

山，而取道英、法。又曾于美利坚赔偿焚毁华人房产之款，侵蚀至十馀万。其与洪钧之以地媚俄罗斯，厥罪维均。而二人顾不相能，争权相轧，殆无虚日。然各能不惜财费以结要人，故乘上之仁厚，肆所欲为，与枢臣挟优聚饮连日接月。《小雅》所刺，不意吾亲见之。

宋儒之学虽不无偏宕，然其强毅不返，实在已足以自立，而在人知有所畏。数十年来以儒为诟病，士大夫言举动止，乃反不及市井之人。四夷交侵，实由于本实先（拨）〔拔〕，使王船山、顾亭林见此，又不知当作何语也。

纪文达老于世情，略得柱下之意，然其为说则足以贻误后生。名位既高，记诵亦博，无识者遂靡然从风。究之纪氏之学，既非宋学，亦非汉学也，《俳谐集》中之学而已。张文端之《澄怀园语》[①]，其心术亦与纪同，而面目略异。然亦可见士大夫在当年之不易。其蹙蹙无所建白，良不无百一之可恕耳。

国朝满洲官，虽文职必有随甲人，官愈高则随甲人愈多。其实不过随甲一名，每月多关银三两而已。原给随甲人之意，则以满员[②]皆当有弓箭等军器，随甲人所以料理之，每岁终则派亲王、贝子等点验军器，日久已成具文。届点验之时，各员以银数钱给与本旗

① 此句，据王尔敏、陈绛《知过轩谭屑注》考证，张文端即清康熙朝的张英（卒谥文端），但《澄怀园语》则是张廷玉（张英的次子，卒谥文和）著，乃"文氏误记《澄怀园语》为张英著"。

② "满员"，初作"职官"。

佐领、参领等。佐领、参领等则代为束矢数十堆，备弓数十张。亲王、贝勒骑马而过，佐领则报曰："此某人之军器也"，"此某官之军器也"。亲王、贝勒颔之，遂复命。

以战屈人，不如以和屈人之工也。明人于边事，虽种种贻误，而不受欺绐而议和，则其识甚卓。凡国家至中叶以后，精神未有不懈弛者，人材未有不衰靡者，加以成法之束缚，士大夫积习之痼蔽，若日遇[①]强敌，犹得以严惮发其智虑，恐惧破其窠臼。不幸而敌以和诱我，则彼方新之气为谋日深，而我则庸人得志，万事益加废弛而已。呜呼，不三百年，中国之气未见其能转也。

志伯愚锐之召见也，上犹称庶子準良之奏为考究详明。比其再疏论总署之欺蒙，请交大学士李鸿章详查复奏，则仍交总署而已。枢臣之意，偏向割地之人，敢于欺蔽朝廷，而不顾后患，不虑清议，究其所得不过召优伶、美肴馔之乐[②]耳。《春秋》讥世卿，吾于此乃知公羊之学，确有所受也。

满洲凡有新生子女，皆报本管官注册。及岁，则男丁可挑马甲，法至善也。然旗丁贪马甲之粮，有生子而殇者则不报，乃抱养民人之子，以顶替其子之名。如此者不下数万人。若查出，则自本旗都统以下，处分其极重。故转互相容忍以为得计，有致身通显者，此弊内务府及屯居尤甚。盖百年以来，成此积习矣。

---

① "遇"，初作"备"。

② "乐"，初作"益"。

刘太监寓居内弓监街，近太高殿。其病也，有兵两棚为之禁止车马。此例外洋所有，而中国则虽王公不能也。行道者方讶之，不数日竟撤去。闻太后知之盛怒，饬刘太监移住宫内。问以孰为之者，刘对以恶徒为之，奴才不知。太后曰："不念汝病，则将汝充发。"于是刘太监之徒二人，竟发黑龙江。太后之裁抑宦官，过于汉、唐远矣①。

温明叔侍郎葆琛精数术之学，尝为其门人宝文靖相国推命，至其卒后验之，无或爽者。某年得目疾十数日，亦预载之。又自知死日，先诀别妻子。其所居之宅，他人居之以为凶宅者，明叔略为改易，安然居之。及迁，则如故②，殆纪慎斋之流亚也。其术以《天步真原》为法，而受之陶胥来者为多。

坛庙大祭，礼极繁缛。上性急，恒促执事③诸臣。汪柳门师鸣銮云："戊子由广东学政回京时，陪祀必到。"按应陪祀者，十无二三到，亦可异也。翁尚书师亦④常到。翁云："余年六十矣，明年便不应到。"向例，年过六十不陪祀。然今年所以必到者，上每大祭，先日，必问师傅到否。若到，则一切礼客皆暇豫。盖上敬惮师臣，而师臣亦虔于侍礼也。

福锟以对引错误，戈什按班未经参奏，上特命议处。前数日庆

---

① 此句，初作"迈于汉唐万远矣"。

② 此下，初有"亦甚奇"等字，旋自删去。

③ "执事"，初作"赞礼"。

④ "亦"，初作"必"。

郡王以看版班未到，上亦训饬之。盖二人进奉西朝，多方迎合，上深恶其为人也。

张之洞致书黄漱兰通政体芳，言洪文卿留心边事，当保全之。通政时家居，然张以为清议所自出也。度其意，盖不欲张荫桓之胜洪，而持论则太无谓矣。徐大理知之，恶其偏执，遂劾之。时论元黄，莫知其所究意也。

近时用人，如直隶按察使周馥原名福、湖北布政使王之春、山东布政使汤寿铭，皆流品猥杂，无战功，无学术，徒以奴颜婢滕①致位。两司破格用人，此非其例。

总署之设也，不过便于与洋人议事而已。当时倭文端不谓然，以为设在京师，过于逼近，外人若有所请，不便腾挪，要是一说。然使能任贤臣，亦未为无益也。比者邪佞盈署，论②议纷争，已非政体。最可诧者，边疆兵事、内地战守，一一皆电商总署，忽而撤某处之防，忽而调某处之兵，皆总署专辄为之，是内则侵兵部之权，外则兼督抚之任，他③时若有警报，则内外推诿，展转咨商，论议未定，而敌人已入阶闼矣。此其成效可立睹也。

刘恩溥闻王濂之奏，深诋之，以为不知将顺之义，直不知人间有羞耻事。恩溥前十年封奏至多，后乃一语不敢发。壬辰之冬，由给事两转

① “滕”，王尔敏、陈绛点注谓当作“膝”。
② “论”上，原有“朋”字，旋删去。
③ “他”前，原有“不知”二字，旋删去。

至鸿胪寺少卿。

对引大臣者，与太常赞引相对前引[①]，故言“对引”。向例，大学士不兼此差，故宝文靖实授大学士即开去，而以礼部尚书延煦充之。自恩文慎[②]补大学士，仍兼对引大臣，福箴廷继之，遂为定例。

二月十九日抄报，有孙家鼐递封奏一件，未知何事。余以为报缺等字[③]，必顺天府事也。

国语“谙班”者大也，一作“按班”，一作“昂邦”。《金史》谙班勃极烈，即大贝勒也。今翻清文，于奏折中“臣”字皆翻为“谙班”，不译“阿哈”，盖以大臣优礼中国，而以“阿哈”之称为亲近也。国语谓官员曰“哈蕃”，如修书时，生员、监生称臣，或应译以“哈番”，今一律译“谙班”，盖相沿自国初始矣。

安徽布政使阿克达春一案，道员袁某[④]者，曾文正之婿也。知州汪某[⑤]者，身家不清之人也。既革职，不一年而合肥以捐赈奏请开复。汪已奉旨照所请矣，袁则继之奉旨交部议奏。又以万金捐特旨道者，数年以来络绎不绝。壬辰十一月，经户部奏请停止矣，而正月以来，合肥奏请不一而足，折尾则云“交款在先”而已。于是

---

① 此句，初作“对太常赞引官员相对前引”。

② “恩文慎”，据王尔敏、陈绛《知过轩谭屑注》考证，应为恩承（谥文恪），“文氏误记作‘文慎’”。

③ “字”，初作“县”。

④ 此处旁侧有补批曰“秉桢”，盖系续知“袁某”之名而予补注。

⑤ 此处旁侧有补批曰“湘”，盖系续知“汪某”之名而予补注。

海军衙门亦依样办理。太后知之，怒其不足杜侥幸之门也，特传旨汪、袁两款着掷还，海军所奏亦不准行。仕途或从此知戒惧矣。

山西关外大灾，不得雨经年矣，而抚藩讳灾，闻死者已十馀万[①]。恽彦彬、王儆各疏论之，乃始办赈。谢隽杭近亦疏言山东讳灾云。

江景桂译《朝鲜小志》，朝鲜人论宋高宗不能越海与之往来，谋袭徽宗南归，此自可备史论之一则。至其太祖以西北人立功，而遗言不用西北人，遂使雄武之士郁而不伸，国之不竞有自来矣。

花翎之饰[②]，所以旌武功也，屡允捐而屡停之，卒乃听人捐，又复勒人捐，而花翎之本意失矣。近日广东巡抚刚毅捐银六千，李鸿章为之奏云："计捐翎枝，只需银三千，该抚前后已捐六千"云云，意欲援前数年将军、巡抚之故例，奉旨特赏花翎也。朱批："该部从优议叙。"所以维持旧典，而刚毅则爽然若失矣。

二月二十八日，皇后亲蚕。

同治间办大婚典礼，瑞芝生瑞常相国兼内务府大臣司其事，意在撙节。有木器铺存大檀木柜一对，索价四千金。司员告之相国，相国以其太昂也，驳之，司员曰："失此不购，且将后悔。"相国怒斥之。既而召见，则指要此两柜，相国忍而嘱司员购之，则非八千不

① 此两句，初作"而抚藩讳于报灾，闻死者已不下十馀万"。

② 此句下，初有"尚向"二字，旋删去。

售矣，依价予之，又受其讽辞而后得。其他诸事比比如是。相国之病殁于位，或以为郁怒伤肝也。

顺治之初，冯铨、刘正宗者，皆明季阉党之馀也。故所定注，每欲寻禁锢东林之馀风。于是朝廷定鼎未久，与汉人不相习，故二人得以售其奸，沿流二百馀年，鲜能言其故矣。

崇厚卒于二月。此人割地，由于昏暗耳。事尚未行，当时获咎几死，朝廷是非尚明。十馀年来，则欺蔽之风日炽，而贪墨之习愈彰矣。

大臣在位者，近日耆老颇多，余为略记其年，其足当老成硕望与否，后世自有定论，余不必言也。癸巳三月朔日，大学士张之万年八十五官年八十三，协办大学士徐桐年七十五，礼部尚书李鸿藻年七十三，兵部尚书许庚身年七十一官年六十九，礼部左侍郎钱应溥年七十，兵部右侍郎徐树铭年七十，户部侍郎师曾年八十三，副都御史杨颐年七十五。督抚中则大学士、直隶总督李鸿章年七十一，闽浙总督谭钟麟年七十二，两广总督李瀚章年七十三，陕甘总督杨昌濬年七十，安徽巡抚沈秉成年七十二，山西巡抚张煦年八十一官年七十六，湖北巡抚谭继洵年七十一，四川总督刘秉璋年六十九。致仕在籍者，湖广总督涂宗瀛年八十二，漕运总督周恒祺年七十馀[1]。

乾隆三十六年“皇太后万寿”成案，汉大臣之妻衍圣公之母妻并

---

① 此条原有尾注“癸巳二月记”，旋自删去。

有赐物,皆赐鼻烟壶、手炉、念珠、如意,共九事,较公主、格格、福晋、贝子夫人等所赐尤多,盖优礼也。得赐物者,大学士刘统勋之妻、大学士刘纶之妻、原任大学士蒋溥之妻、兵部尚书蔡新之妻、工部尚书裘日修之妻、原任吏部尚书汪由敦之妻、原任礼部尚书陈惠华之妻,七人每人如意一柄、胭脂一匣、宫粉一匣、官用补缎一匹、春紬一匹、十锦梳篦一匣、手炉一个、包头一匣、小荷包二个。又二品命妇十四人,每人如意一柄、锦缎一匹、漳绒坐褥料一卷、宫粉一匣、胭脂一匣、刷牙刷舌一匣、包头一匣、梳篦各一匣、小荷包一个。按,裘文达之妻,见于旧案得赏赐者不过如此,而吾乡附会极可笑,以为太后喜之,至赐以御用仪卫。梅筱岩河督亦为余凿凿言之,深可怪笑也。

国朝满大臣姓氏,固有不可考者。然汉人显官名人中,亦多有非本姓者。国初借监照入闱,中式后始改复本姓者甚多,见于太学题名记,姑不具列。录其见于文集、谱牒者:海宁陈相国,本高姓,见《庸间斋笔记》。嘉兴钱氏,本何姓,见钱衎石记事稿。钱塘许滇生尚书,本沈姓,见高阳许氏谱,许涑文观察亦为余言之。合肥李少荃相国,本许姓,见行卷。李申耆,本王姓。见《养一斋文集》。余友人中,如沈笔香太守锡晋,甲戌进士。本郑姓,江建霞太史标,己丑进士。本萧姓,俞秀珊郎中守义,番禺人,己卯举人。本沈姓,皆其尤彰明较著者。他如张姚、陆费等,则合两姓为一姓,又后世姓苑所当增入也。刘□义、刘纶本张姓,金德瑛本刘姓,钱仪吉本何姓,此类尤多。

德楞泰之不遇也,拟拔刀自戕,梦一道士止之。见花沙纳《德忠壮公年谱》卷三十二。鲍超之不遇也,拟投水自尽,见黄翼升,止之。二人皆立大功于后,而其先乃几不免于穷死,为国家惜人材者当知之。

山西荒年殊甚，人相食，死者枕籍，殆不减于光绪四五年间。去岁署抚胡聘之讳灾，以致酿成巨患。惜无人弹劾之，以诫后来。

家兄书来，言广东盗贼之横，以百金适市者，危于盲人骑瞎马、夜半临深池也。余前岁挈眷回江，略纾此患。然吾兄犹淹滞粤东，今年若能得两广试差，决偕行回籍，庶得相保。然天下滔滔，殊有燕巢幕上之虑。

张丹叔中丞言，前日与张大学士谈京师近日有三变：烧料鼻烟壶，佳者值千金，一也；戏价每一昼夜四五百金，前十年犹不过百金。二也；四王画轴，至下者亦三四百金，三也。余谓会馆之多，酬酢之繁，皆从前所未有。此恰如隆冬之时，忽异常酷燥[①]，正所以酿大风大雪耳。其危可翘足待矣。

杨儒奉使美利坚，奏调参赞随员二十五员，其中有三四人不识字者，又多庸劣之辈，其贻笑外洋可必也。

杨芝仙正仪，福建候补道来京，以袭爵例应引见。先是杨勇悫平安庆时，赏云骑尉世职，及平江宁时，又赏一等轻车都尉世职，兵部以为有后赏，则前赏不叙，然非进封也。芝仙必欲兼袭[②]，许以费，事已许矣。本月十三日定期引见，十二日兵部送知会云：事未妥，

① 此下，原有“不知人”三字，旋自删去。
② “必欲兼袭”，初作“不允”。

明日不必预备引见。至十三日，带领司员则告兵部堂官曰：杨正仪有病不能来，应掣去绿头签。额勒和布曰："吾十一日见伊，何以忽病，可怪也。"盖司员郭某者，欲以此事索诈取钱，既未遂其愿，遂诪张为幻如此。

三月十三夜，朱小棠琛詹事家被贼人持仗劫取器物数十事，同居部曹吕道象失物尤夥，至今十日，未获一盗。长安居大不易，古人尚未计及此也。

一二年来，廷臣中召见最多者，张荫桓、洪钧二人，各数十次①。协揆徐桐不召见者三年，礼部尚书李鸿藻不召见者几二年，左都御史徐郙虽值内廷，而三年中亦只召见一次。

刘坤一查办张之洞，复奏有云："如该督公忠体国，一时能有几人。"刘曾为张所劾，及今不图报复之快意，亦可尚也。此周伯晋编修所述。及发钞，乃知其不然。后乃知徐大理之折即周伯晋属稿也，其阴险如此②。

岑春煊劾奏山西布政使胡聘之护抚时，讳③灾不办，以致酿成大灾。所言甚得实。春煊，毓英之子，颇趋礼邸，得升太仆少卿，未知将来成就若何耳。其至礼邸处祝寿，几以长史自居，可笑。

---

① 此句，初作"各不下数十次"。

② 自"刘坤一查办张之洞"至"亦可尚也"，共七句，原为正文，自成一条，继加标记，意在删去。而于天头补注"此周伯晋编修所述"至"其阴险如此"共五句。

③ "讳"，初作"匿"。

袁世凯授浙江温处道。世凯丁忧仅一年,李合肥保举未叙明,遂邀特简,军机大臣亦不记前者夺情,仍令办高丽防务之事矣。恐尚当声明另简也。

江浙蚕妇来者数十人,悉隶内务府绮花馆,所以重织事也。大学士福锟兼绮花馆提调。

京师每正月、四月,民间皆出会,有五虎会、秧歌会之属。每会不过二三十人,合京师为会者亦不过千人,较各行省之城隍会、菩萨会之类,相去远甚。壬辰岁,以太后在颐和园见之,略有赏给。今岁踵事增华,出会之车尽易龙旗矣。闻太后今岁驻跸颐和园,本拟早回西苑,庆郡王奕劻请俟看会毕始回,于是定四月十八日回銮。

塔尔巴哈台大臣春岫,前岁奏请颁给关帝庙匾额,军机大臣拟旨云:“前已有旨,令此等事皆归题本,不用专奏。该大臣岂未之闻邪?”旋据复奏云:“新疆自乾隆年收隶版图以来,皆照军营例办事,向无题本。若必须用题,应请饬礼部颁发格式,以便遵办。”于是又拟旨云:“所有该大臣请颁发关帝庙匾额之处,着南书房书额一方”云云。枢臣之不谙故事如此,更无论兴利除弊也。

四月初六日,徐致靖补右春坊右庶子。由中允径超洗马侍读侍讲升授庶子,不论资格,近日所见,盖异数也。

天津浚濠,得碑文甚怪,邵梦石书来述之,余不深信。然即此可见民间讹言之多。

毅皇后雅好书籍，曾以万六千金购《图书集成》一部，藏之宫中。余癸酉应京兆试，于宝名斋书坊见其装潢此书，询知将进入大内也。

徐大理劾张之洞一疏，近始发抄，其文笔绝不类其所作。论者以为有所受之，良信。

同治初，太后临朝，有刑部侍郎王发桂者召见。太后问之曰："刑部办案，或引律，或引例，何故？"发桂对曰："应引律，则引律；应引例，则引例。"太后怒曰："尔原来不知道。"即日罢斥。太后之英明如此。若发桂者，亦直可谓庸猾之甚矣[①]。

户部郎中陶塄召见时，耳聋，一无所闻。上屡问之，皆自述病状。及去，跽不能起，以手扶御床而后起。乃仅命回原衙门，而不降旨休致。圣德之宽如此[②]。

鲍纯甫孝先言[③]，台湾之地，若经营得宜，其富数倍[④]江浙，足以自练海师，规措东南，惜刘六麻子非其才云。纯甫，六安人，曾渡台，所云或可信，志之。

---

① 此条末行之天头，有眉注曰"以上卷二"。

② 此条首行之天头，有眉注曰"以下卷三"。

③ "言"字，原在注语"孝先"之前。今据意为改置于此。

④ "倍"，初作"倿"，或为"侔"之笔误。旁改字迹未显，似作"倍"，故抄本作"倍?"。

考试试差阅卷大臣，向例只开列侍郎以上官，候御笔点派。癸巳恩科，侍郎以上官列名者仅十三人，遂并内阁学士开列。辛卯已开列，未点派耳。于是阅卷者有王文锦、志锐，皆阁学也。壬辰年散馆，命乌拉喜崇阿为阅卷大臣。乌本外班，例不得阅散馆卷，亦以人数不足，添派满洲侍郎，由文进士出身者，仅阿克丹、景善、裕德，及理藩院侍郎五人。又，值班上陵，每遣出一二人，故遇有校文之役，往往有不敷之患也。

志伯愚云：阅卷之时，福箴亭告之曰："君初次阅卷，须知各卷中非有大谬，不可粘签，字画偶误，不必计也。"自曹振镛苛求笔画以来，日甚一日，至近数年乃稍宽矣。又四[1]月初五日，部员考试御史，有用"秏羡"者，"秏"字作"禾"旁，本不误，而阅卷大臣陈学棻粘签以为误字，抑置十七名，遂不得以御史用。闻者大哗。故福箴亭相国有此嘱也。然可谓嘉言[2]矣。

白折之工，至今日而极。凡考差之前一年秋冬间，即多约会同写，日无间断，较秀才之应试，其勤倍之。至试期既近，则各以字奔走于显宦之门，冀其阅卷时识拔也。疲精力于无用之地，损志节于冥漠之中，人才安得而不衰靡乎。

崇文之劾张之万，崇文虽满洲，而屯居姓季，人称为"季四风子"。字字切实，几罢斥矣，而醇邸救之。自是以来，枢臣尤恣，然仰承亲王之鼻息，其局促甚于曩日也。壬辰济宁之请假，实与礼邸龃龉而

① "四"，初作"本"。

② "嘉言"，初作"德音"。

然。说者以为大理一疏，济宁与闻，事虽未必果然，然礼邸三数月来稍稍敛迹，未尝非一劾之力也。

四月二十五日，直隶霸昌道德克精额开缺，送礼部引见，以挈眷游妙方山，气焰（煊）〔烜〕赫，为太后所见故也。

志伯愚阁学云：闻之恭邸云，道光朝，上有乳母老而穷，其子某求补一内务府司员缺，上允之矣，既而御殿，则忘其名，遂别补一人。俄而又有缺出，乳母又求，曰："前次忘之，此次须写一名条，以备省记。"乃置名条于靴桶中。及御殿放缺，则又忘其名，探靴桶则再三不可得，于是又别放一人。退朝，则其名条压袜底正中，不知何以褪入也。上曰："是乃其命不应得矣。"乃特赐乳母银四千、田一区，为养老计，而其子遂终[①]不用。观此知圣人之不逮天，而君相造命之说，亦有时不尽然。君子可以审所自处矣。

英、法使臣薛福成任满已久，急于求代。时合肥保列者，以内阁学士志锐为首，壬辰四月奏保者也，当更易美、日、秘使臣。时志以詹事应升阁学，连见两缺，皆不得迁。总署王大臣遂探上意，以芜湖道杨儒易之。杨儒素未保列出使单中，忽焉膺命，时议已怪之矣。是时洪钧主持以帕米儿俾俄，大理寺少卿延茂劾之。至冬间，又连为右庶子準良所劾，则以为尽出于志锐也，怨之甚。又恐其使还之日入总署，足以祸己也，乃固结徐用仪，日夜谋沮其使英、法。至癸巳四月，薛事已竣，不能不奏更换矣。先是英人闻合肥保志

① "终"，初作"靳"。

锐，大喜，以为其籍在旗，又上二嫔之兄，由翰林出身，门第科目足重坛坫，甚欲得之。洪钧、徐用仪所谋用之广西按察使胡燏棻，则任天津道时，英人有交涉事，颇恨其愦愦，其使臣及领事屡言于合肥之前。四月十七日，合肥电致总署，谓英人不愿胡藩，时署广西布政使。愿得一旗员，洪与徐秘其言，密电致薛使，言中国必遣胡燏棻充使云云。此电甚秘，仅以复电云云测度之耳。二十五日，薛回电云，胡藩事已告外部，并转禀君主。此两电闻竟未呈上阅，真欺蒙之至矣。二十九日，遂具奏以胡充使。胡亦素未列入单中者也。上震怒，诘王大臣，何以先未具奏，辄商英国之由。闻庆邸奏时，以英人愿胡燏棻为言。又责枢臣、译署诸臣蒙蔽。当时诘责之词，枢、译大臣甚秘之，仅于毓庆宫大臣中闻此而已。王大臣始惶悚无地。上临极十九年，专委重大臣，至此始深知其不可信也。都人士皆额手称庆云。洪、徐之言，闻更归怨于上，以为偏重志锐，为椒房之亲也。实则志与余至交，余寓其家，自二月以来，日课试帖白折，但求得一试差而已。宫掖之间，音问固不甚通也。且上命另保贤能，尤足自明心迹。特庆邸专擅既久，徐、洪唯谄谀庆邸，排轧异己，不复知有今日之事也。癸巳五月初二日记。沈子培云："上此番振作，固臣下所大幸，然诸王大臣积惯为非，尚未知将来如何着落也。"此亦观微之论。

上赐兵部左侍郎师曾节赏。师曾谢恩伏地，两人扶掖不能起。上曰："此太笃老矣。"谕令休致。太后以其总管内务府二十馀年，故特赏食二品全俸云。

翁尚书师言，此次命使一事，上特加整顿，真如天之福。常时在毓庆宫，每进言于上，请上奋英断，臣等甘受谴责，庶得往复之益。若每事悉曰“好、好”，则百弊尽从此生。上闻而颔之。此次枢臣、译署同心欺蔽，上乃深察矣。

端午前三日，上御前之太监文果亭者，以过太高殿乘马，为大臣所劾，发黑龙江[①]，既而上留不遣。

四月二十八日，侍郎京堂大考差，题为《敬以直内义以方外论》，诗题《沙留鸟篆斜得“留”字》。与考者二十二人，临期不到者二人，实到者二十人。人数之多，向来所未有。其考差之地为上书房。闻今年试卷未交下，枢廷不复叠定名次，未知信否。

闻之延煦堂员外延暄，汉军人，姓许氏云，前岁曾槐卿按察曾鉌，他塔剌氏，前陕西按察使服满，例应放缺，以未贿通枢臣也，竟不入单。俄而投礼邸，得请矣，适有臬司缺出，礼邸以单进请简。帝问曰：“曾鉌初满服乎？”对曰：“服满一年矣。”帝曰：“然则何以今始入单也。”遂改用他人，睿照明察如此[②]。

近日枢廷于鄂督、滇督之公事多所驳斥。滇督曾任枢臣，鄂督亦有秉钧[③]之望。说者以为枢廷防其内召，故预抑之[④]。

---

① 自“上御前之太监文果亭者”至“发黑龙江”，共四句，初作“上御前之太监闻果亭者发遣，以(按此空一格)索故云”。

② “遂改用他人，睿照明察如此”，此两句，初作“遂不简放，仰见睿照之明察如此，惜不即究其欺蔽之罪耳”。

③ “秉钧”，初作“内相”。

④ 此两句，初作“说者以为枢廷所为如此，有自危之心矣”。

明宦官刘若愚《酌中志》云：神庙在宥之四十二年二月初九日，圣母慈圣皇太后崩。其传行之旨曰："朕慈母皇太后。"按慈母乃八母之一，非生母，不如直曰"朕圣母"为安也。又曰："偶尔崩逝。""偶尔"字样，似未妥。是时司礼监掌印者李太监恩、掌东厂者卢太监受云。余谓明人诏令出于宦寺之手，且不通至此，真古今大辱也。我朝遗诏，多列圣御撰。近时毅皇帝遗诏，或谓出于潘文勤云。

盛伯希祭酒言，醇邸福晋近端居，虽府中第三重门，亦不出，盖恪遵懿训也。

各省自兵燹后，广刊书籍，自鲍源深之疏开之也。惟书院则偶有增加，迄未悉行整顿。吾江西一经训书院，而由经文改经解，已极非易易，又苦无财力，诸生考课者，终岁高列，不能得数十千钱。阮文达后任江抚者，大抵猥陋之才，其学术之不能振兴，诚守土者之过，而不当尽责之士林[①]者也。吾屡为抚藩言之，迄莫之省。学政龙阁学湛霖与巡抚不合，力商于两江，乃略添经训膏火云。

礼亲王将续娶江西巡抚德馨女，方略馆内阁司员派送礼，份金至八百两，厂肆中觏得一振。当此之时，而贪夫日肆朘削，难乎其为继矣。既而姻事竟不成[②]。

---

① "士林"，初作"士民"。

② 自"礼亲王将续娶江西巡抚德馨女"至"既而姻事竟不成"，此条写成后，继加标记，意在删去，并于天头眉批曰"此说未确"。

近时各处电报，凡与总署王大臣意见不合者，辄阁压不复呈上阅。总署章京悉能言之①，亦可谓公为欺蔽矣。

李宗羲亦有请停圆明园工程一疏。余见其行述及自记而知之。然其措词以西山为盗贼渊薮，銮舆久驻，深为可虑云云，则甚不得体也。

凡考军机章京及总理衙门章京，皆在军机处。阅卷者则军机大臣，总理各国事务大臣也，不糊名，不易书，故取录之人大抵可预先拟议，十不失二三也。今年五月十二，军机章京顾璜奉命典广东乡试，应传额外一人，于是又应考取章京，日来奔竞者如织，然度其得记名者，早在枢臣心目矣。

包孝肃奏议云：案《唐六典》，隋氏门下省置谏议大夫，从四品下。龙朔中，改为正议大夫，开元初复旧。秩峻任重，历代未尝轻授。近岁殊不选择，昏聩不才皆践此职。余谓门下省官，今为给事中，尚存。然谏议大夫虽无其员，而副都御史实兼其任。乃比者张荫桓以佐贰起家，猥琐之才，竟授斯职。徐致祥奏称，羞与为伍，犹为略谙体制者也。

京师素无蚊，今年癸巳独多。广东去年雪深数寸，皆地气变迁之故。余谓燕地建都以来近八百年，水土皆疲懦，若以古法而论，必作新都，然后人民可少疾病。今之西洋人书，每言换气②，此亦其

① 此句，初作“此总署章京人人言之”。

② “换气”，初作“养气”。

类也。

杜牧之诗云:“一豪名利斗蛙蟆。”久处京师,益知此言之信。

凡考军机章京,惟内阁中书及六部司员正途出身者得与。每衙门例只送八人。今年刑部独送十人,后亦删去二人。若不足八人之数,则本衙门尽行送考。然近时仕途壅滞,虽吏、礼两部,愿考者亦过十人,内阁则七十馀人,户、刑部则四十馀人。本衙门堂官,先考以论,然后取八人送考[①],大致书法、文义居半,而情面亦居半,故往往有觖望者。内阁试题为《恤民隐以培元气论》,礼部试题为《清[②]慎勤论》,知出处者不过二人。

高阳为余言,香涛、幼樵,人皆谓余专信之,实则二人皆有偏宕,余日与之争,而人不知也。因论及王夔石文韶,高阳云:夔石甚聪明,但局量稍小。及邓、张诸人之攻之也,张幼樵于召见时言俄事急时,王文韶私寄衣箱回籍。太后后问军机。余言王文韶必无是事,且使京师真有事,王文韶虽寄衣箱,亦岂能逃遁乎?此等皆涉于攻讦,非好处也。又云:是时幼樵请禁酒馆,于是有京员饮酒市者,皆私令人籍计之,此尤非体。些小之事,何足如此办理乎?以上二端,持论皆允当,高阳犹知大臣之体也。

李仲约侍郎,终身读书人也,余尤与之至交,爱士勤学,出于天性,诚不可及,然于部务则颇不习。当醇邸丧事时,曾有福晋命妇

① 此句下,原有“然”字,继加标记而予删去。

② “清”下,初有“望”字,继删去。

斋集一折，礼部例行公事也。凡递折子先一日，必另有一纸请示云[1]：大人衔下有无注写，有疾则书感冒，有陵差等事则书出差，次日递折，则可不到，此部例[2]也。李侍郎误合为一事，于衔下注云："家眷并未到京，寓中只有一妾。"一时都中传为笑谈。高阳为余言之，犹为大笑不止。然此可知侍郎之诚笃矣。

学问之事，所以变化气质，然有气质极下者，加以热中贪财，则狂惑瞀乱，无有纪极。广东之梁于渭、己丑进士、礼部主事。江南之刘岳云，丙戌进士、户部主事。其所行所言，皆似有心疾。梁则刻行卷，谓在母之辰，是非纷起，赖恩人之力，始得归梁云云。及娶韩氏，则讹索钱财无所不至。又自命宗室，有宗室主事缺出，争于礼部堂官之前，谓己当补，于是始尽开其差事。梁之讲金石，实金石之耻也。刘则与其父不合。其父来京，几为所驱，及归病重，发电促之归，归则已小愈矣，刘遂回京。适于先数日总理衙门考取章京已毕，刘上书翁尚书求独考，不能，则号于人，谓其父特假病以害己也。又尝于道以车碰人车，讹索赔偿，种种可笑。刘之讲算术，实算术之羞也。况周仪者，广西举人，捐内阁中书，其素行狷薄。壬辰，妻卒不数月，而续娶河南申氏女。申氏颇富，至癸巳三月有孕，况乃诬其与人奸私，非己有，谓其妻母曰："与我银三千，我则承之，否则休弃。"一时闻者无不骇怪，以为衣冠之败类。况之讲词曲，亦词曲之辱也。此等谬戾之徒，吾惧其小小箸述或有流传于后，特书其十之一二，以正告后人。

---

① 此两句，初作"凡递折子时，必另有一纸，司员请示云"。

② "部例"，初作"定例"。

乌拉喜崇阿字达峰，余乡试座师也，任兵部尚书，人极长厚，同列多凌之。惟闻之饶绳武士端，己丑进士，久馆乌宅，则其友爱不易及也。达峰兄弟五人，惟少者最不肖，其父卒时呼之至榻前，嘱之曰："汝兄弟数人，某已出继某，某亦能当差，汝早得科第。惟五儿恐不能成立，吾以嘱汝。"则伏地流涕曰："敬诺。"父卒之后，待其弟数十年如一日。其弟异常不才，又善挥霍，达峰年六十时，弟亦五十矣。其妇谓之曰："叔费家财无已，每年不能存一钱。君有子，宜为之谋，可自此分析，将来犹足勉立门户。不然，害且不可胜言。"达峰漫应之。既而久不行，其妇又促之，泫然曰："吾当时跪受遗嘱，未尝定年限也。"乃卒不分析。呜呼，达峰师于世，人未有不讥其颟顸者。余亦十年来不三四见，然此一节，足以励薄俗矣①。

福锟实授大学士一年，竟未赴②翰林院、内阁，虽极小事，亦颓废典制之一端也。

张御史仲炘奏言此折发吏部，亦多所删节，昔之仕宦者，必谋保举；今之仕宦者，当图参革。盖一参革后，再求督抚一奏开复引见，则为特旨班。昔之试用劳绩不能补缺者，特旨班则可以补缺矣。其言虽近谑，然可谓切中今时之弊也。

与徐荫轩师谈今日观剧之风，自九列请客，必演剧。去岁以前所未有也。今岁请春酒者，每四五人合作主人，召优人演戏剧，以此为乐，至三月方止。惟吾师及李高阳师每不到，翁常熟师以期服为词，皆不到。

① 此句，初作"足以励世之阋墙生衅者矣"。

② "赴"，初作"至"。

可谓不入风气。师曰:“吾故不喜观戏,然吾与高阳又别有故,不欲明言。座无他人,吾为汝言之。先是值弘德殿时,穆宗冲龄,圣学未定。吾与高阳每进讲时,必力陈声色之害,至于再三。出遇倭文端,文端曰:‘二君所言,甚合道理。然夫子言事君之道,勿欺也而犯之。’吾二人应曰:‘诺,不敢欺。’自是同治一朝,凡有演戏之局,吾二人皆不到,后亦群知之,不复邀请。十数年来,同官多新人,不复知此事。然吾二人则守此言,不敢忘也。”余曰:“古人所言,使死者复生,生者不愧。愿吾师时时自勉,事事自勉也。”

有自东三省保举引见之武员。或问之曰:“尔以练兵得保,成效果若何矣?”对曰:“练兵果有效,近来将及神机营矣。”盖每年得八十馀万金,军士足以游惰故也。闽省马江之役,穆图善逃遁尤远,闽人攻张佩纶,恐不得当,则推重穆将军以抑之。醇邸爱其言,由是愈信满洲将弁,以穆练东方军事。穆死,继之以定安。定安稍廉静,而亦非将材,幸赖无事,得以优游娱老而已。

本朝风气,士大夫日以心斗而不居其名,即有胜负,而非亲见其事者,不能道其一二。又行状、志及一切笔记皆不载,后世欲求当时人之事迹,已不可得,况知其心乎。然能深观者,虽不能知一人一时之事,而于数百年相承之心迹,相沿之风气,思之可十得八九也。

西人欲以印度视我,此略观大势者所共知也。而任事大臣则不惟不知之,且欲得天下皆不知之。何忠于敌而害于己也,抑天运使然欤?

送考军机者共五十五人，内阁、户、礼、兵、刑、工各八人，吏部仅七人。自六月初一起，分三日考。初一、初二各十八人，初三十九人。初一日题《志广体恭论》，出《荀子》。初二日题《激浊扬清论》，出顾夷《义训》。《事类赋》误引为《尸子》，见汪继培考证。及《唐书》。初三日题《练迹校名论》，出《后魏书·萧宝夤传》。其实《子史精华》、《佩文韵府》诸书所有。考者即在军机处，限四刻交卷，以一开又二行二百六十字为(各)〔合〕格，有携带类书者，多能点题之出处。所取三十四人，亦不尽关此也。

刘秉璋为川督，贪黩无比。梁星海信来，形容甚可笑。大约近时昏贪督抚，此为第一矣。川中人人能言之，秉璋亦不甚自讳也。

同治以来，汉军机大臣颇任事。恭邸自为蔡寿祺劾奏后，每事多逊避，故文文忠卒后，若沈经笙、李兰荪、孙莱山三人，相继皆能揽政柄，与明时首揆相近。若宝佩蘅、张子青之流，则不过伺隙照应一二私人而已，无他能也。左文襄入枢廷时，精力已衰，又与同官不合，故少所设施。阎丹初初任事时，太后虚己以听，后因理财及驭夷事，颇有与醇邸不合者，由是召对时，虽有建白，上不复可否，遽问他人，故不安位而辞退。

闻外夷将迫我办邮政，总署无可奈何，乃招赫德先行办理。中国事必待外人相逼而后措意，犹弈棋者，被围既棘，既无活着矣，不知十数年后变动将若何耳。

连雨八日，至六月十三日，宣武门百馀人不能开。至巳刻，锲门上铁板以放水，良久门乃得启。传闻嘉庆间曾使象以鼻钩门环，曳而开之。今象房惟一老病之象，不任此矣。城内外墙倾屋摧，不可胜数，较庚寅尤剧。未知永定河决在何处耳。

捐例至同治八九年后，捐一试用通判分发到省，只须银六百馀两，于是求两次保举，则为候补知府矣。自来名器之滥，未有甚于此者。外国人见问云：“闻中国官可用钱买，所不解也。”后世论古者于此事不知若何叹息矣。

捐佐杂，可言也；捐道、府、州、县，不可言也。有数千金之人，乳臭未干，遂傲然临民，何以风世。

满洲仕宦以笔帖式为捷径。由监生捐者为八品，由俊秀捐者为九品，大约捐资按格，十数年可得京察放道府矣。蒙古、汉军皆迂滞，不如满洲也。三十年来，督抚尽由此途，其由翰詹京察放外任，仕至督抚者，殆未有其人。近惟裕祥由黄善京察放广西道，现任陕西按察使。

满洲司员不甚办事，每有公事白长官，辄与汉司员同进，默而不言，其获咎亦同受之，不敢怨也。刑部尤甚，虽讯狱，亦多所旁观。或有一二能学习公事者，则必为封疆大吏矣。尚书、侍郎仍多浑厚者，督抚则较为明白也。

顺天大灾，府尹孙楫淡不置意，唯观剧宴饮是务。于是各属颇有承其意欲讳灾者。近在辇毂，而玩视民瘼如此，前此所未有也。

丁维禔、饶士腾之事，为士流所耻，不必言矣。予到京，徐协揆告余云：“二人罪无可辞。然以为交结近侍，则非也。余所居东交民巷，某店恒有仆往来，店主人向仆人言：‘贵主人掌翰林院，尔等当有认识之翰林，如有谋试差者，我等可向某太监图之，计可必得。’盖若辈布散图市，一生意家即可为之结纳，非必身至掖庭也。丁、饶之事正是此类。”

鲁伯阳、玉铭之事，丁、饶之类也。其实刘瑞芬、聂缉槼等皆同此办法，有巧拙之分耳。

谭继洵之查川督，为近时一快事，而朝廷以刘为知兵大员，故姑容之。实则当时淮军呼为刘襄办，凡将士之答问，皆以曾隶刘襄办营为耻，其未经战阵而多冒功伐也。

甲午京察，去尚书二人、侍郎三人。惟乌达峰稍循谨，理藩院之三人，则赃污狼藉者也。一时皆颂上之英明。又闻休致之员，上初以福锟为第一，枢廷为之叩首乞求，仅而获免。

钱法之坏，至今日而极。安维峻、易俊诸折皆有可采。翁叔平师告余云，此时不得不亟思变法，而福中堂之意，以为目今法已尽善，不必改作，竟无法以争之。

法越事毕，十年而有倭韩之役。此事不待智者而早知其必然。然招权纳贿之流，则懵然不知也。平日漫无筹备，及事变之至，则束手无策，而倾心迎合北洋大臣。甚至六月十六日倭人来文，言五日内中国不定议，本政府自有（有）办法，此即绝交书也，而不以进呈。又私电出使英国大臣龚照瑗，请英国代为转旋，径许倭人所请三条。龚使回电言，倭尚不许。此事上亦不知。盖举朝合力蒙蔽圣聪，虽志伯愚侍郎及余皆抉发之，然积重已成，不易返也。

长侍郎麟奏请起用恭亲王。上召见，告之曰："此事朕所深愿，须缓图之。"

廷臣之劾丁汝昌者十馀疏。会议大臣翁、李两尚书，又与枢、译两署大臣动色力争，始拟革职。及拟旨进呈，太后抑而不下。人皆谓丁平日酬应之力也。

庆王之教读幕友吴树棻、孔祥霖、高照喆，无不得优差而去，今王塄继之。颇有羡之者。

太监闻德馨以私拆封奏，充发乌拉打牲。闻素日招摇，罪之甚当。然上左右太监无复敢与李、刘两总管立异者矣。或曰，庆宽之籍没，闻与有力，太后尤恶之也。

七月十六日，礼部侍郎志锐奏劾军机大臣孙毓汶，因及徐用仪之附和勾结，与北洋之通同舞弊状。疏入，留中。后上召见长侍郎云："汝传告志锐，伊折中所言，牢不可破。"真牢不可破也。

附录:文廷式著《知过轩谭屑》传抄本的来历*

晚清维新派大学问家文廷式,知之者甚多。他的史学、文学造诣都很高,抑且关心国事,抱拯焚救溺之心。但除了诗家钱仲联推重他的诗词作品,誉之为清末词学三大家之一,是即与朱古微、王半塘鼎足而三,其实一般人多只看重他在京任官的种种活动,而少有人提他在史学上的功力,他是可与柯劭忞并驾齐驱。他长于历代典制,最精于边疆地理,尤熟于历代百家著述。单是清代,他辑纂同代著作目录超过三千人以上,参阅之书有一万馀本,对于历代学术流变最为清楚。

事当1957年,是我刚到近代史研究所追随业师郭廷以先生之第三年。郭廷以先生任所长。1957年6月,郭所长请到台大历史系清史教授李宗侗先生到所讲演,连讲六次前清故宫掌故。

李宗侗教授手中有极丰富清代文献宝藏,其中文廷式生平手稿也在其手中占一定分量。在李宗侗教授去世以后,其家人委托赵铁寒(师大教授)为之编纂成书,名之为《文芸阁先生全集》,总量达十册,为台北文海出版社所出,是较为集中而重要之一种版本。只是其书出版附记,亦声明因文笔潦草与秩序散乱,尚有多种尚未齐出。这里无须细数其各种未刊之稿,而知道有一种《知过轩谭屑》并未收载《文芸阁先生全集》中。

我推测是在李先生讲演期间,他慷慨将所藏文廷式手稿之《知过轩谭屑》借与郭老师,郭老师即委我代抄,此书是由同事王聿均先生亲自交我。我抄妥连手稿带抄本一起交王聿均先生转呈郭老

* 据江西萍乡文氏族谱编修事务委员会编《萍乡文氏五修族谱》(2007—2010年重修,萍乡市鑫阳印刷厂承印六册本。承文军勇先生寄赠)卷五所载节录收入。

师。未料李教授自郭老师处把手稿催收拿回，也拒绝郭先生再借其他稿子，而从此就使我停止续抄，将我最先所抄之《知过轩谭屑》之抄本交我保存，也是王聿均先生转来。

如今已退休十馀年，手中之传抄本终难有正当归宿，或交李宗侗教授后人，或径交文廷式后人，皆所盼望。文氏手稿，史料价值极高，重点集中在光绪十七、十八年间之清史掌故。今在尽可能公之于世的祈望之下，使之公开问世，乃可以给文氏、李氏后人有个交代。

王尔敏

2007 年 12 月 31 日写于多伦多柳谷草堂

闻尘偶记*

闻事不记，释家之智；闻事辄录，史家之学。余前者略述近闻，聊同《默记》。俄而天衢有棘，海水群飞，身列史官，职居讲幄，既与其事，当尽其言。是非在人，毋庸私著。和戎经岁，嬉游[①]任时。砚水不干，嘉谈易忘，随而笔之，命曰《闻尘偶记》。后有览者，知其意焉。丙申正月，罗霄山人书于京邸。是年二月被劾出都，其有所录，半出追记，略示微意，不求详也。卷中未经诠次，重钞时当依时代排比分为二卷。[②]

乙未七月二十四日，江西南昌澹台门外雨血，著地皆赤。

是年，江西萍乡大饥。湖南醴陵、浏阳等县俱大旱，自六月至丙申正月无雨雪。

丁酉正月十七日夜半，长沙、湘潭地震。

丙申二月十六日，上在颐和园。是日午刻诛太监一人于菜市。闻其罪坐私递封奏、语言悖谬云。后乃知太监名寇连才，昌平州人。其奏乃[③]谏游行，请建储，停铁路，练乡兵，又勿听用李鸿章、张

---

* 据稿本。原稿一册，封面题"闻尘偶记"四字，下有自注曰"一卷，计五十叶"。

① 邓之诚佚名抄本作"酣嬉"。

② 此自注语七句，墨色较淡，与上文墨色不同，知是后来补书也。

③ "乃"，初作"直"。

荫桓等,共十条云。

又闻寇连才言事折跪进于太后,手阅至半,震怒。是日内务府大臣、工部尚书怀塔布以祭龙神路经颐和园,太后召见,命承旨交刑部正法。怀塔布为连才跪求稍宽,不允。故此事不由军机处。恭亲王告翁尚书云,吾等为旷官矣。

丙申正月十三日,停止毓庆宫翁、孙两尚书入直,仍随时听传。先是乙未春停止清语师傅松溎入直,至是始并停汉师傅,以圣学有成,万幾事繁故也。闻传旨时言:嗣后如有拟题等事,即传孙家鼐云。

正月以来,恭邸以病不能眠。迭蒙太后赏假,已历一月,闻异常优礼,近日尚未就痊云。按恭邸请假不见邸抄,故特记于此。又闻恭邸屡次假期皆出自太后特赏,毋烦奏请,故不见邸报。

上驻跸颐和园时,百官直庐尚未有定。军机办事处窗外即鬻烧饼、粥浆等人。章京至十人共宿一炕,奏事等微员有露坐终夜者。后乃借屋赁居,规模渐备矣。

穆宗尝作清语,令换所乘白马,左右无一人能解者,惟醇王知之。盖近四十年王公大臣通国语者,百无二三矣。

甲、乙之间,事变至繁。和议成后,一年以来渐皆复旧,所稍异者,南城赁屋之价不致太昂,各衙门团拜之戏或有不举而已。其谋差事、盼京察者，则纷纷扰扰无异昔时也。

刑部尚书薛允升晚节好货，凡部中要差，皆非贿不得。部例提调仅四人，允升忽添派资浅者二人饶昌麟、谢文翘，一时物论骇异。

借债至派大臣专司，已属变例，而诸大臣中又未有深知其事者。此等算术绝非深奥，乃洋人列表呈阅而茫然不解，张荫桓则从而愚弄之。盖不顾国家所亏折若何，而惟论己之所入，故终必借之奸商，实荫桓辈主之也。

苏松道黄幼农祖络言：还洋债时，每年还本银八百万而息不随减，实不可解；且将兑交时，洋人"汇丰"银行故高金磅之价，吃亏尤巨。于是电请出使大臣商之英国外部，允由本国兑还，即照现时磅价办理①，约可省十数万金。不数日而译署电来，言还洋债事向由"汇丰"经理，该道何得擅由外国兑交，仍应取回交与"汇丰"，其磅价亦依"汇丰"所拟。于是"汇丰"商人揶揄曰：前已告知贵道不必虚费心血，转招申饬，今竟何如？幼农为之气塞。

以此观之，非有分肥之大臣，决不至此。此等举动，狗彘不如！与缅甸之根闻猛剂前后一辙也。

余曾记朝列中长年者。兹以丙申年正月计之：大学士张之万八十六，官年如此；或云九十矣。李鸿章七十四，徐桐七十八，额勒和布七十一，尚书李鸿藻、薛允升七十七，孙家鼐七十，侍郎钱应溥七十三，徐树铭七十四，徐用仪七十一，内阁学士陈彝七十，副都御史

① 此二句，初作"允依还债之时英本国磅价办理"。

杨颐七十六。

外吏中，总督谭钟麟七十六，巡抚谭继洵七十四，许振祎七十，署河督任道镕七十四，布政使游智开八十四，邓华熙、何枢七十三。是年张之万、额勒和布、陈彝引疾去，杨颐迁兵部侍郎，邓华熙擢安徽巡抚。

武臣中将军、提督之长年者：江宁将军丰绅八十馀，荆州将军祥亨、吉林将军长顺，四川提督宋庆、陕西提督雷正绾、云南提督冯子材、湖南提督娄云庆皆七十馀。

以上皆举见官言之，其退休者固不数也。

近日尚东洋烟火，正月、二月间内苑所用价值四十馀万金，其至大之盒有径数丈者，火树银花，不得专美于前代矣。又，恭邸所进烟火值二万金，李鸿章所进东洋烟火值六万金。

上由颐和园还宫，每在亥、子之间，而视朝、致祭诸事即在寅、卯刻，故每达旦不寐。“毋乃圣躬劳”，少陵之诗可咏也。

近闻王幼霞御史鹏运有请停驻园一疏，颇触上怒，赖恭邸恳恩，得不谴黜云。山东巡抚李秉衡电奏请罢园工，词尤切直。是时凡京官封奏悉进呈西苑，封疆大吏之奏则不进呈，故李秉衡之事世罕知者。

俞荫甫《茶香室四抄》言，道光间，三品卿以上无不用后挡车旁开门者；至光绪丙戌重至京师，则后挡车已绝迹。百年之间，车制之变如此。

余记同治癸酉、光绪乙亥两次入都，后挡车旁开门者尚络绎于道，壬午犹间有之，至乙酉则不复见矣。其沿革仅在十年内外耳。

甲午开捐举人，二万金一名，以百名为限。御史易俊奏请，而军机章京户部郎中王某①议准者也。

翁尚书极信王君。王②故渊雅士，人亦谨笃；乃晚年依违公论，人颇疑之。其筹款以加厘捐、追民欠为主，翁皆信行。余虽疏争，不能夺也。余与王君③交近十年，不愿追记其失；然其所见如此，则有负所学矣。

王君④于乙未夏以疫卒。举人开捐，至丙申春，应命捐纳者仅二人。

李莼客以就天津书院故，官御史时于合肥不敢置一词；观其日记，是非亦多颠倒。甚矣，文人托身不可不慎也！然莼客秉性狷狭，故终身要无大失，视舞文无行之王闿运要远过之。

合肥在津，以赀财保举，羁縻士人，为之用者亦复不少；卒之出死力以为之搏噬者，仅仅儿女姻戚一二人。天下公论，犹不易以私恩变乱欤！

---

① “王某”二字旁，原有补加自注语二字，似作“颂蔚”，旋刮去。又，此“王某”二字，原李氏木犀轩藏吉水欧阳氏钞本（下称“李藏钞本”）、《青鹤》杂志据叶恭绰钞本排印连载本（下称“青鹤本”）皆作“王颂蔚”三字。

② “王”字旁，原有自注语，似是“字芾卿”三字，旋刮去。李藏钞本、青鹤本于此“王”字下皆增有“字芾卿”三字。

③④ 此两处“王君”二字，皆系文氏自为挖改而后复书者。又，此两处“王君”二字，李藏钞本、青鹤本皆作“芾卿”。

和议既成,举国争言洋务。请开铁路者有之,请练洋操者有之,请设陆军学堂、水师学堂者亦有之。其兴利之法,则或言银行,或言邮政,或请设商局,或请设商务大臣。诸人非必无见,诸说亦多可行,然天时人事则犹有所待也。邮政行,而民间无不受其害。中国未有行政之人,则一切善法皆成粃政矣。

中国人心,至是纷纷欲旧邦新命矣。乃英使欧格讷濒行,告恭邸曰:中国若再不改行新政,吾数年复来,不见此国矣。德前使巴兰德来告枢廷诸大臣曰:中国败衄不可危。既和之后,玩时愒日乃可危。是促各国分裂中国也。当时闻之者亦颇有警心,旬日以后泄沓如故。呜呼!天祸中国,祖伊之告乃出敌人,吾辈于何逃责邪!

德使升科语人云:中国此时又急急置船购械,此吾德国所愿。然中国有船而无驾驶之人,有炮而无教习之人。不知费息借之金钱,办此无益之废铁,果何谓也!箴砭切至,足以悚愧。

李若农侍郎文田学问赅洽,晚节尤特立不苟。将死,语不及私,惟谆谆以朝局为虑。见汪、长二侍郎被黜时,病已笃矣,犹喘息言曰:吾病死不足惜。但某相国与某宦者,朝夕聚集,密谋欲翻朝局;吾亲家某侍郎亦与其谋。可若何!不越日卒。故余挽联以鲁连蹈海、杞妇崩城拟之,沈子培刑部挽联以威公泪尽、苌叔心孤拟之,皆所谓知其深者也。

若农侍郎术数之学颇多奇验,余别记之。惟其任顺天学政时,甲午七月考八旗科试毕，余与黄仲弢、沈子培、子封昆弟宴之于浙江馆，酒半，忽言曰：予近相安小峰御史维峻不出百日必有风波。余曰：大约以言事革职耳。侍郎曰：尚不止此。乃冬间，而安侍御以忤旨谴戍，如侍郎言。盖试八旗时安为监试，侍郎相之特详审也。

又，壬辰春间，志伯愚詹事志锐有奉使外洋之信，中外皆谓必得，而侍郎以相法决其不然，卒亦竟如所说。

惟相余则屡易其说而皆不验，此不可解者也。

台湾既割，举国遂讳言"台湾"二字。刘铭传卒，特旨予恤，而不正言其官为前台湾巡抚，不知票拟诸臣果何所用心也。

刘永福弃台而遁，终身之名一朝而败，时论惜之。然较唐景崧之携巨赀内渡而犹欺人以贫窭者，尚胜一筹。

台境沦胥，致命之士不见一人，而仗节死义者乃平日之商贾庶民也。盖朝命予敌，固不以身殉责之官吏欤。

刘永福既逃①之后，有土人②简大度者尚与倭人数战。其事未详，俟他日访诸台人，当为补录③，以继刘献廷之记郑氏也。

弃台之议，定于甲午，不待使者既行而户知之，特昧者尚不信耳。汉弃珠崖，岂容后人借口乎！

---

① "既逃"，阿英编《甲午中日战争文学集》（下称"阿甲本"）作"内渡"。

② "土人"，李藏钞本、阿甲本作"士人"。

③ 此二句，初作"俟访诸台人，当为作记"。

唐署抚未内渡时，殊有慷慨之志；二三月间往返与余电商。余能力争以犯不测，而唐则竟不顾其言。致命遂志，其难如此！

或言交割之期若延两月，台地尚可支持，实不料其如是之速也。然唐既不能筹措于前，又仓黄奔遁于后，难以逃责备矣。

丙申二月，户部大火，自亥刻起，达旦不息。救火者言见黑气直扑大堂，俄而遂烬。自咸丰庚申户部灾，至是再见，论休咎者颇为堂上官危之。凡烧去一百三十馀间，奏闻仅言八十馀间。

先数年，祈年殿灾，是日大雨而火不为止。又太和门灾，救火者言，殿柱大合抱者数十枝，乃不逾时而烬。天火之可畏如此。

李淳风《乙巳占》曰：淳风按，汉魏时造作宫室过度，而频有天灾，其后寻有兵乱。隋末大业十二年，东京灾宫，西京灾显阳门。至十三年二邑并被围没，亦天告之验。灾祥之说虽近附会，然柏梁既灾，建章是营，亦无烦赵鬼颂西京也。

戊子、己丑以来，京师爱着薄底靴，达官贵人尤尚之，其名曰“跑得快”。至甲午之乱，满城迁避为之一空，竟符其谶，此服妖也。

褚结事成博奏请撤督办军务处，不允。其实督办军务处诸臣，除兵部尚书荣禄外，皆军机大臣也，不知何用复设此署，徒开倖门，未闻实际。辽东之役以和约终，甘肃之乱至今未靖，岂以刘麒祥之机器，袁世凯之练兵，遂尽督办军务之宏恉乎？然则于前者海军衙门亦可无责已。

翁叔平尚书与余素善，余疏落，要不常相见。然比者以一人而兼任师傅、军机、总理衙门、督办军务处，又领户部，皆至要之职，而犹谓不能办事，又不欲居权要之名，一彼一此，迄无定见。以此召乱，谁能谅之？嗟乎！张茂先我所不解也。

事权不一，自古所难。然平日有不可犯之色，则临事无不可尽之言。惜乎今之大臣皆以容悦为喜者也。事变剧于百王，而人材不及中驷，天之待中国者果可问哉？

事变愈棘而疑忌愈多，贿赂之风日甚一日，言路之防亦日甚一日。孟子曰安其危而利其灾、乐其所以亡者，此之谓也。

咸丰朝，军机大臣之权不及御前大臣，故肃顺当国，未尝兼军机也。近来庆亲王任事，权亦在枢密上。然虽为御前大臣，而其得权则在海军、总理两衙门，与肃顺当日异。以疏属承嗣而骤封亲王，近代罕见。

朝鲜兵事初起时，凡有要电，均由译署、枢廷酌改而后进御，其蒙蔽之术，为古今所罕见。余与伯愚疏发其覆。上震怒，切责之。故庆王于吾二人尤所切齿也。

凡督、抚条陈电达总署者，总署或奏、或不奏、或改易字句而后奏，悉由王大臣一二人主之，馀虽同事，不敢过问也。李穆门员外舜宾尝告余云：闽督谭钟麟电请以兵船游奕海面，署台湾抚唐景崧请派战船扰日本海边，此两电五六月到京，迄今九月，上竟未之见。他类此者甚多。专擅之弊，前古所未有也。

穆宗亲政后，门禁最严，凡鬻器物及游手者无敢擅入。至光绪初年而禁令大弛，故宝廷、梅启照诸人咸以为言。中间稍整饬，俄又如常。志伯愚进文职六班时值宿禁中，言有苏拉及司员递折者，但肯用钱即可呼娼陪宿[①]，亦无复过问者。丁酉正月四日于园获一人，闻为偷洋灯者，上命杖毙之。

电报既设，而兵事则利人[②]而害己；海军既创，而将士则背国而降敌。设一厂，则贪官蠹吏窟宅其中；行一政，则奸宦猾商败坏于后。积数千年之弊，非真见本源者未易言荡涤也。合数十国之长[③]，非真知大体者未易言挹注也。补苴苟且尚不足支[④]旦夕，又况从而剥裂毁坏之哉！

电报虽有密本，其实总办电报之人无所不知。督、抚每降心交结，冀得密信，不独大权旁落，抑且嘱托公行，若近日湘抚陈君之劾直藩王廉，特万分之一耳。余目见电报谋阙者，指不胜屈。然最为狼籍者，则无过侍郎钱应溥任军机章京时；其最为灵验者，则无过大学士李鸿章任直隶总督时。

褚成博劾《知新报》，以为妄记俄吴克王入觐事。顾瑗劾《时务报》，以为不尊孔教。报章之设，中国数百千年之变，故恒必由之，当事诸君或毁或誉，皆未明其所以然也。然汪穰卿康年为余言，凡

① 此下，原有“其中不可究诘”六字，旋经乙去。
② “人”，初作“敌”。
③ 此句，初作“合数国之交”。
④ “支”，初作“知”。

洋报中有诋合肥，及各处来文有讥李氏者，皆未敢刊，自托于言孙云。

受姓命氏，古来最重。然有世族之说，则贵贱自此而殊。佛家平等观，正所以破天竺之结习也。西洋亦最重王族；日本改制后仍不免有“皇族”、“华族”之名。惟米利坚纯用民主，差无此事，然分种之见亦不能免也。百世之后，以国分类，抑以教分类，吾乌从而知之？

唐以前无牡丹，牡丹之种何自而来？必两花杂合而得之者也。西洋谓龙为无有。然则古人言龙者，岂必无征？盖其种不传，或已杂于介鳞之属也。凡物之自无而之有，自有而之无，可以是推也。

电学至今日而日精，十年以前所格之理皆为浅浅矣。然出入无兆，超天地而泯古今者，犹当以身实证之，不可徒恃推阐之功也。

电气所行，磁气①即与之偕，一纵一横，黄神所谓圜道也。燧人以前为铁刀世界，燧人以来当为火世界，自今日以后当谓之电世界；又千百年，不知更有何新理矣。

盛伯希祭酒言：“满洲”二字，实由建州而改，故前无所本；或以“曼殊”译之者，附会之词耳。伯希博极群书，又明于国故，此说必不误，故志之。《源流考》又以为“瞒拙”之转音。

---

① “磁气”，青鹤本作“瓷器”。

福康安之后，袭爵皆归宗人府办理，盖八旗无公以上世职故也。或曰此相沿之误，莫详其故。

文宗知人之鉴得自天授。文文忠文祥以主事引见时，衣敝、靴穿、鼻涕长一尺，而文宗特赏之，优予拔擢，遂为近代名臣。开元天子以风度赏曲江，不足比也。

同治朝，大婚之后，慈禧太后面谕军机大臣云：大难既平，吾姊妹辛苦久，慈禧太后长于慈安太后一岁，然宫中仍呼慈安为姊。今距归政不远，欲择日遍召大学士、御前大臣、六部九卿，谕以宏济艰难之道，惟养心殿地太迫窄。言至此，恭亲王遽对曰：着。"着"者，是之之辞，京话如此。慈宁宫是太后地方。太后遂止不语。后亦竟不遍谕大臣。盖后意欲御乾清宫，恭邸窥其意而先为几谏也，其机警如此。此事徐荫轩、李兰荪两师并为余言之。

志仲鲁编修志钧妇翁连成，袭封公爵，任杭州将军，武勋王扬古利十世孙也。

言武勋王为火神降生。时盛京有人与狐友者，狐欲观天子威仪，匿友袖中往观。俄而驾过，狐忽失所在，久之复来，告其友曰：吾向者为随驾火神所逐，几丧性命。是日武勋王于马上忽睡，自言神出追妖，与狐言适相应矣。今其家祠悬像，眉间额上多一眼，如世所祀火神，亦一证也。

余按《啸亭杂录》记费直义公为蟒精，事与此相类。存之以广异闻。

尚仲勉都统昌懋言伊祖某,嘉庆朝为乾清门侍卫。庚辰从幸热河。一夕值宿宫门,俄见千乘万骑由宫内出,上御銮舆疾行。惊曰:有挪动。凡当差者称大驾出行,皆曰"有挪动"。而我不知,岂误差耶?顿足而醒,则方瞢腾枕上。俄而宫中举哀,始知上已宾天,顷者乃玉棺降迎也。

仁宗崩后,大学士戴均元议请皇后懿旨定嗣,迂甚。以此致罪,宜矣。

文宗龙驭上宾,或云在辛酉六月,肃顺等秘不发丧,潜有异图,故迟至七月中旬始宣告天下,此其罪之最大者。于时军机章京从幸热河者,肃顺等禁其寄信甚严,或从封信纸条中略书数语,以达留守王大臣,故预知之而为之备。

孝贞显皇后性简约,宫中内监恒不过六七十人,每年用银不过数万两,所居之室至于雨漏不加修葺。崩逝之日,所馀节省之银百数十万。至用人行政,则虚己以听,而未尝稍杂以私。遂戡大难致小康,宣、仁以来未有若斯之懿者也。

孝哲毅皇后性好书,尝节省宫中用费,以万六千金购《古今图书集成》一部。余时应试在京,此书乃"宝名斋"所售,故知之。前年奉慈禧太后懿旨,石印《图书集成》,其端盖基于此。

毅皇后绝粒殉节,危笃之际,慈禧太后赐以藕粉一盂,又延二日,服金屑而殒。舍生取义,庶民犹难,出自天家,可以震耀千古。御史潘敦俨请加旌表,虽因以获咎,而毅后之节由此益彰,不可谓无补也。盛伯希云①,天生一人,必有一用。潘御史人极朴拙,然此疏“首阳之节”四字,使毅后行实著于后来,虽以此触怒谪官,然不可云无益世教。此真无所为而为之,不愧忠烈之子也。

上祭堂子,惟满讲官二人侍班,汉讲官不与焉,未知自何时始。志伯愚言,侍堂子班镫烛尽熄,升降至不易云。

向时凡上更换袍袖及外褂时,均刊入邸钞。自乙未九月始奉旨不准钞报。于是侍班之时必先问内廷诸臣;或竟有不及问而误衣者,赖上宽恕,一切不问。

又,凡诸臣递封奏几件,虽留中,邸钞必列其目。自咸丰庚申西人每据报索观,于是不刊入京报,而城中阅内阁钞报者犹依旧列目也。至乙未九月亦奉旨不许钞传,盖上慎密封章之意尤懃懃矣。

慈禧太后绘事印章每用“瀛海仙班”四字,南书房所拟也。又,闻颐和园内殿名有“穿心殿”、“邵窝殿”、“斜门殿”,或以为仍三春园之旧,俟检《日下旧闻考》。

癸巳、甲午间,上于典学之馀,兼习英吉利语言文字,命苏人张德明、粤人沈铎入直,后倭、韩事起,遂辍。至乙未春,则授满文之松溎刑部尚书亦不复传进。上御书房时,满文之师傅跪授,汉文之师傅坐授,所以尊儒术也。

内务府司员庆端查钞复奏,上命奏事处掣去此件,毋庸录入封

① “云”字,原稿本无此字,兹据李藏钞本补。

奏目中。

方子箴按察《梦园丛说》载汪巽泉尚书、杨迈公抚部善相事，皆甚确。

然余闻相士赵姓云：迈公之术传之四川总督鄂山。其法先令人夜间注目观五色豆，极眩而瞑。次夜复然。如是月馀即能注视不眩。然后能辨人肤中纹色，休咎得失可以立断。未知信否。然赵姓言一二年事往往奇验。断人毕生之事，则颇涉游移，似非能尽得迈公之传者也。至《梦园丛说》所言八字秘诀，则世未有知之者。

上元温明叔侍郎葆琛精于穆尼阁之学，以西学推人禄命奇中，前后用此术者如陶氏、梅氏皆不逮也。尝为其门人宝佩蘅相国推算升迁罢黜，无一不验。至某年应得目疾旬馀日，亦先写记。此宝文靖之子月汀兵备景星为余言者。闻侍郎将卒之年元日，与其夫人祭祖毕，曰吾二人新年祭祀当止于此矣。是春其夫人先卒，后数日侍郎亦卒，年皆八十馀。

六部之权皆在尚书，侍郎不能与闻，故极庸猥者任之亦无不泰然也。

尚书则满堂之权又重于汉堂。惟刑部汉三堂之中，必有一人由本部司员起家者，秉笔办事，故独能称职。

若徐荫轩之在吏部，翁叔平之在户部，则任事久而遂专。徐之议江宁布政使瑞璋以三革职，议贵州巡抚嵩崑以两革职，虽以恭邸姻亲，不为瞻徇，尤为世所称许者也。

潘文勤言:吴荷屋《帖镜》考证精详,为藏帖家最善之本。洋人毁圆明园时,此书并失,不知世间尚有传本否?可惜之至。洪文卿侍郎言英吉利书库中颇有中国旧籍,异日或仍可借录也。

包慎伯《艺舟双楫》,言陆副都锡熊以忧卒。潘文恭《宰辅编年录》,言大学士于敏中以忧卒。陈兰甫京卿亦言:于文襄之卒,用翟方进故事。纪文达小说载仲永檀之死,为张得天所毒;余金《熙朝新语》载管世铭之死,为和珅私党所毒;近时杜文正之死,亦有是言;其馀尚有可指数者。士大夫之祸,或为人罗织,或自蹈愆尤,或暗触机关,或独持正论,伊古已然,而后世弥深戒惧者也。汤文正之死,或云被毒于明珠也。

乾隆间,曹来殷学士仁虎文望甚著。其死也,亦有谓其以他故自尽者。考之尚未得其故,姑记于记。

林文忠之死,世并言广东伍氏毒之。琦善之死也,或云知前敌战败,知治军无状致干严谴,仓卒自尽也。

颜习斋云:勇,达德也,而宋人不贵,专以"断私克欲"注之。则与夫子"不惧"二字,及"勇士不忘丧其元"、"临陈无勇非孝"等语俱不合矣。奈之何不胥天下而为妇人女子乎!

吾友沈子培尝言:今天下士大夫多顾忌,少担当,好揣摩,怀嫉忌,殆无一不类女子者。与习斋之言恰合。然而今日天下之人,其无勇岂直顺、康之比哉?

友人宁乡程伯翰主事,一见聪训、澄怀两语录,斥为败坏天下之书,其识甚高。曾文正则每劝人阅此书,盖其天性偶有相近者。

积百年之力,挫折天下之廉耻,殚数世之心,消磨天下之志气,拱手以俟他人,势所必至矣。国初禁立社、禁学会,又多明故阉党之所定,如冯铨、刘正宗辈皆是也。人才不振,夫何责焉!

同治癸酉,崇礼由粤海关监督归,一月七迁,遂由郎中授山海关副都统。嗣是凡由关差回者,无不进奉巨款,亦无不升授三院卿者。至光绪十五、六年后,谋粤海关者,至费五十万。然鸦片之税多半归公,留任之期竟难三载。于是有迁延不得归者,有因债负自引决者。而是时津海、上海两道,福建闽海将军兼管一差,其售价亦加重至数十万矣。

《文选》范蔚宗《宦官传论》注引《史记》伯夷歌曰:登彼西山兮求采其薇,以暴易乱兮不知其非。与今本字句小异。然蔚宗《论》用"以暴易乱",则六朝《史记》正如此,其义固胜今本也。此条当入《枝语》。

山西巡抚阿克丹,读"蒯"为"朋";刑部侍郎桂祥,书"初一"、"初二",为"出一"、"出二";北音"初"、"出"相近。户部侍郎立山,呼董元宰为"元辛":不独"于"字有穿椎之形、"岢"字有"山可"之读也。

又,户部侍郎师曾语人云:吾二子资质,一过犹,一不及。此与陈时"戎昭将军"、"果毅将军"同一读法,可以借口。

又《大学》言此之谓民之父母，乃用《诗》语，故称“此谓”。后世俗称知县为“父台”，因称府道为“公祖”。而今工部尚书刚毅任巡抚时，屡批道府案牍云：可谓民之公祖矣。此亦可入笑谈录。

龚照瑗任上海道，尝出试帖题“万户玉阶千丈拥”，盖误读唐诗破句者。又未尝不奉使也。

广东铸银圆局，历年所馀近六万元。大小各数万，式甚精妍。刚毅入京祝嘏，饰以锦匣，为进奉之品，大称旨，其实则公款也。常熟援之，遂有军机大臣之命。

既而以户部事与常熟龃龉；且附会恭邸，生满汉分别之见。其言曰：“天下财至多，还借外款，虽修十圆明园亦无不足。奴才外任久，故知其详。特督抚据为己用，不肯奉上朝廷，但当严索之，必有以应。”凡派各省分还洋债，及命解历年秤馀银两等事，多其所建白云①。

《唐语林》云：开元以前诸节制，并无宪官。自张守珪为幽州节度加御史大夫，幕府始带宪官。由是方面威权益重，游宦之士至以朝廷为闲地，幕府为要津，迁腾倏忽，坐致郎省；弹劾之职遂不复举。

近时定例，督抚不准奏调京官，盖尊朝廷之意。数年以来，此例又废，然尚无奏调宪②官者。自刘坤一以钦差大臣驻山海关，始奏调监察御史冯锡仁从军。不独体制紊乱，言路将由此益芜矣。

---

① 自“山西巡抚阿克丹”至此，此三条为稿本所无，兹据青鹤本补入。

② “宪”，李藏钞本作“京”。

刘坤一驻山海关。一日，讹言倭兵至，坤一惧而三徙，其怯谬如此！举国望湘军若岁，至是乃知其不足恃。魏光焘、李光久能战而后败，则犹差胜于淮军也。

刘坤一治兵既无效，而营求回任之心至亟，内则恭亲王、荣禄主之，然上意殊不谓然也。乃遣江苏候补道丁葆元入都，粮台以报销馀款十万济之，遂得要领。

余告李高阳，高阳以为事所必无。不数日，而回任之旨下。

高阳又谓余曰：汝前所言之事，乃真实语也。丁者何名？信有神通耶？

余曰：非某知之；有门人籍宁波者言，“四恒”宁波人在京师开银号者，有“恒顺”、“恒丰”等共四家，交通贿赂，人皆信之，故名。前月已出票，故敢告也。

高阳曰：上终恶之，故于其保荐之人，咸谕毋庸记名。至戊戌七月遵旨保举人才，复以丁葆元名列第二。

乔松年《萝藦亭札记》云：女子从军，偶一有之。柴绍妻“娘子军”，但为军主，非全队女子也。石虎出猎，乃有女子二千，然是从猎，终非当敌。独《商子·兵守篇》曰，壮女为一军，使盛食负垒，阵而待令。客至而作土以为险阻，及耕格阱，发梁撤屋以从。从之不洽而熯之，使客无得以助供备。是真聚女子为一旅矣。

余闻朝鲜之役，倭人颇用女兵从军，辽东及登、莱者皆言如是。又检西人纪载，暹罗亦有女兵。商君之法未尝不行于今日也。

固始李武愍公有妹从军，近人纪载颇述其事。然余问之光州吴君镜沆及江宁王君颐臣，皆与武愍家有戚属，言实非武愍之妹，乃其乡人农家女也。

先是村农李氏有女二人，同在田间得天书二卷，中皆符咒，归而姊妹同习有年，试之小事悉验。贼来，遂借术却之，乡里得全。武愍帅师，亲往约请，姊不应而妹许之。后与贼战武昌城下，期某日。女曰：是日不利，不可出师。强之，则曰：各军宜严饰，勿亵衣，我乃出。如约，遂战。战几胜，而广东潮勇忽来会战，乃皆裸裎，女耻之，跃马入贼营以死。其大概如此，此亦奇女子也已。

国朝诗学凡数变，然发声清越、寄兴深微，且未逮元、明，不论唐、宋也。固由考据家变秀才为学究，亦由沈归愚以"正宗"二字行其陋说，袁子才又以"性灵"二字便其曲谀。风雅道衰，百有馀年。其间黄仲则、黎二樵辈，尚近于诗，亦滔滔清浅。下此者，乃繁词以贡媚、隶事以逞才。品概既卑，则文章日下，采风者不能不三叹息也。

八股之文，非经非史，以学究之陋识而大言曰"代圣贤立言"，至今日而人人知其无用矣。然即八股论之，其荒谬可入《笑林》者亦不可胜数。

如广东"譬如行远"二句题文，闱墨中有"岂无行远而不自迩、登高而不自卑"两小比。

山西"妻子好合"一节题，解元文起比云，"世有不爱父母之人，断无不爱妻子之人"，已属违礼伤教；对比起句云，"世有无兄弟之人，断无无父母之人"，则可云绝世聪明矣！

江西"知之者不如好之者"两章题文，闱墨有云"责斯慌，慌斯蔽”者,“慌”字俗陋之至。

江南乙酉闱墨“舜其大智也与”题文,有云“古未有穷蝉而承帝祚”者,盖以“穷蝉”为“穷民”,不知为人名也。

如斯之类,指不胜屈,每科有之,千百之中,不能记其一二。犹复因循不废,盖愚民之术,莫秘于斯。朝野相蒙,不至于率兽食人不止也。

大学士福锟兼内务府大臣,总办蚕桑事,其加衔为“绮花馆提调”。时有以官名作对者,举此求偶,余以“翰林院编修”对之,咸叹为工雅。

福锟为理密亲王后裔,于属籍为“溥”字辈,以其祖名“溥”,是以请旨。宣宗特命以“福”为名云。

盛伯希祭酒言:总管内务府大臣与内监对请安,各屈右膝至地也。自福锟与李太监莲英始。礼节之凌迟可慨也。

福锟恩承为内务府大臣,操守尚洁,年节间属官馈送皆不收纳,故能全始全终云。

福锟之妻入侍慈禧,极能称旨,与端王福晋及内务府大臣巴克坦布之妻并承优眷,太后以“福儿”、“禄儿”、“寿儿”称之。志侍郎夫人李氏恒入内廷,故知其详。李言:以命妇入朝,而以女丑自居,予不能效之也。

李高阳特谥“文正”，用师傅旧例也，恩眷极优。然较之潘文勤，尚少赏银治丧一节，岂枢廷拟旨一时有所遗漏欤？闻之日本和议定后，凡赏银一节概行停止，文正亦从此例也。

高阳薨后，恭邸继之。一时闻之者皆为警惧，谓恭邸晚节虽无开济之效，而有坐镇之益也。

江西会馆祀许旌阳，俗称“万寿宫”，近人笔记多疑之。

余按：董史《皇宋书录》记徽宗皇帝书云：史尝观玉隆万寿宫，有“神功妙济真君”殿榜。则宋时封号，后来相沿为称耳。徽宗又有“玉清万寿宫”，见《老学庵笔记》①。

孙鼎臣《畚塘刍论·八旗兵制》：“京营巡捕五营，额兵一万。八旗骁骑兵八万五百三十八。亲军一千七百五十六。护军一万五千九百七十五。左右两翼前锋一千七百六十四。步军二万一千二百三十八。巡捕京营一万。圆明园六千五百零八。健锐三千八百三十三。内火器四千一十六。外火器三千七百九十七。诸营兵凡十四万九千四百二十五。”

余按：以此众军，岁糜千万，而英法之役不能一战。俸饷之减成，固其宜也。

孙氏又云：“立法易而收功速，莫如选锋。是于谦团营之意，就诸营中选材武者别为三营，营各万人，旬试月校，择威略大臣专任其事，不出一年，可成劲旅。”则未必然也。今神机营之制已三十年，而甲午出兵，疲癃残弱，无异往昔。

---

① 此条之天头，原有眉批曰“另录”。

刚毅以广东巡抚初入枢廷，又请每旗择壮丁加以操练。上曰：汝习闻旧论，不知八旗之兵今日已无可练习者。圣明烛照，固深知积弊之未易除也。

甲午之秋，神机营出兵。有遇于芦沟桥者，见其前二名皆已留髯，第三名则十一二龄之童子也，馀多衣绲不周体，蹲踞道旁不愿前进。遇之者口占一诗，有"相逢多下海，京师呼髯为'下海'。'海'字，疑'颔'之转音。此去莫登山"之句。盖兵出防山海关，故借点"山"、"海"二字云。

仕宦之途，至今日几尽循资格。然亦有迁除之异者。

张曜，以布衣不数年而得布政使，又由布政使改总兵，擢提督，复授山东巡抚，卒官。倏文倏武，较之刘清、杨岳斌诸人更多一转折矣。

又，延茂，汉军李姓，以癸亥进士、礼部主事起家。其迁转例照汉人，乃由奉天府丞汉军例不任奉天府丞，此已异数。忽补少詹事，此满洲外班翰林之例，汉人则自黄勤敏钺后七十馀年所未见也。俄又以副都统衔充驻藏帮办大臣，亦素非汉军之职。今年夏，复署吉林将军。延茂，字松岩；尝语人云："吾欲一为绿营官，则仕途无不历者矣。"此近日除转之最异者也。

其迁擢之速者，如立山、英年、文琳，皆由内务府司员、或不由三院卿，径补侍郎，然时论所不数。文琳任侍郎后，犹专任带戏子出入，人尤鄙之。

张荫桓，以从九出身，而署礼部侍郎，授副宪，李兰荪尚书为余言，亦深不谓然也。

丙申之冬，请停捐者纷纷。闻户部已定稿议准矣，惟张荫桓不画稿。翁尚书以告恭邸。恭邸右张，事遂不行；仅停海防先知县及道、府两班非正途不许捐纳而已。

张荫桓之贺英也，亦乞让地之权而后行。盖欲以西藏予英，抵借洋债也。李高阳力言之，遂复中风。疾已，而借款定，事亦不行。此李木斋前辈为余言。

京师人好行小慧，尝以“富、贵、贫、贱、威、武”六字分帖六部。谓吏部为“贵”，户部为“富”，礼部为“贫”，兵部为“武”，刑部为“威”，工部为“贱”也。其以“贱”目工部者，因当时陵工保举及工程分润皆致优，多向堂官胡跪求请者，相率成例。于是工部司员独有屈膝之礼，为各部所无，故得此诋。闻近数年亦不复行，盖多耻而改之者矣。

谐谑之语，有故为变乱是非者，亦有当时公论所关者。

如曹相国振镛之死，人为之联曰：“焉用文？阅试卷偏傍必黜，是以谓之文；奚其正？收炭敬细大不捐，则不得其正。”

又，桂良、花沙纳讲和于天津，叶名琛、柏贵偾事[①]于广东，时人为之联云：“柏叶只今难作颂，桂花从此不闻香。”若此等语，未尝不足讽世也。

周荇农阁学《思益斋日札》，言近日京师司员见长官多行半跽

① “偾事”，初作“失地”。

礼。此自咸丰、同治间事;光绪以来又不尽然。惟满洲司员自用本俗,不在此例。

内阁中书见大学士,但点首而已,不揖不跽,相传以为明制如此。

盛伯希云:内阁自中书以上,同堂印;翰林院自庶吉(上)〔士〕[①]以上、国子监自学录以上,并同堂印。凡同堂印者,不得为属官。故内阁、翰林、国子[②]三衙门,有师生之称,无堂属之称也。

地气之变,或云电线之故[③]。或谓近年有小彗星行度,尾近中国北方,故冬令较暖。此在格物家自有定论。

惟京师前二十年无竹,今则竹笋可以供馔;广东数十年无雪,近则冬间往往见雪。志伯愚侍郎书来言,乌里雅苏台乙未岁见雪亦略迟,自五月至七月皆有鲜花、鲜菜,向来所罕遇者也。

伯彦讷谟诂,僧忠亲王之子也。管神机营,持法严。有兵丁犯法者,革之。其人怀刃欲行刺,事泄将戮之。而其人之母乃为醇府乳妪,因是求诉,遂得不死。

俄而醇邸复莅神机营,人咸乐醇邸之宽,而惮伯彦讷谟诂[④]之严;醇邸亦由是恶之。及西边事棘,言官屡请联络蒙古以卫边陲。醇邸曰:此不过为伯彦讷谟诂开路耳。卒置不用。

---

① "上",稿本原写作如此,青鹤本亦刊作如此,惟李藏钞本作"士"。

② "国子"下,李藏钞本有"监"字。

③ 此句六字,稿本原加有"「　」"号括出,意在删去。李藏钞本无此六字;青鹤本有此六字。

④ 此"诂"字,稿本原写及青鹤本所刊皆作"祜",今据李藏钞本作"诂"。

醇邸病剧时，李经方赁一室于太平湖醇府门侧。每日恒在回事处，凡王、贝勒府皆有回事处，以包衣为之。有药方即专人送天津，日或二次、或一次。合肥之得以言听计从者，经方亦与有力焉。

甲午四月，京师宣武城南陶然亭边苇丛之中，忽有鸣声，如牛如驴，鸣必三声，东西互疑，莫有定处。或云夜见其形牛首蛇身。于是谣谚四起，听者麇集。

上闻之，遣翁尚书同龢往察焉。既覆命，又遣大学士步军统领福锟穷究其变，然蹄涔之水，千夫挹之竟不能涸。至六月初，其声始止。

甘肃人或云刺猬老者其声如此。巡城御史欲息众疑，则出示曰，有人藏于苇中戏吹鸣角。而事后言禨祥者又云，此乃城鸣，于兆主兵，非有妖物凭焉也。

是年四月，有僧由四川来，欲谒乘舆言事。逻者执之，问所欲言。对曰：吾无所言，但求杀头耳。刑部讯之，则曰：天下大劫将至，若以吾血溅街市，可抵祸难之半。佛法舍身救世，愿即尸吾于市。馀无他言，始终不变。问：谁主使？则曰：吾奉圣[1]命，坐照时知其如此也。察其他事，不类颠痫。后仅办徒罪结案。余问之薛尚书允升而信。兹可谓言妖矣。

天下之病莫过于陋。荀子以劝学为亟，儒家之至言也。乃近时，则闾巷之论议出于小说，士大夫之道学亦只出于善书。若徐荫

① “圣”，初作“师”。

轩协揆，固未尝非端人，而其津津乐道者，乃以《太上感应篇》、《文昌阴骘文》为极则。翰林之无识者，靡然从之。以此为学，而欲内修[①]政治、外攘夷狄，岂不难哉！

徐协揆甲子分校乡试，以磨勘去官，日诵《雷祖经》，不数年而复用。及潘文勤癸酉典试，亦以磨勘罢官，徐以《雷祖经》传之，乃急招门生十馀人，斋于佛寺，日写而诵之，不久亦得复任。徐为一时宋学宗师，潘亦俨然汉学坛坫，而所见如此！较之王夷甫之清谈，相去犹远。若使神州陆沉，诸公亦不得辞其咎也。

《感应篇》，《宋史·艺文志》著录，其说多本于《抱朴子·内篇》，近人惠定宇、俞荫甫皆通雅之士，亦并为之注。未尝不可劝人行善，然于经世订谟、天人精谊，则概乎未之闻。在位士大夫以此为学，则足以误国而不自知。

盛伯希云：都中扶乱笔、刻善书一派，各部院书吏最为奉行。徐协揆诸人乃误染陋习者也。徐亦好信乱笔，故伯希言如此。

明永乐十七年颁《为善阴骘》善书于学校，而一代文学日趋谫陋，非其效欤！

《御选唐宋文醇》卷四十三，苏轼论鲁隐公篇，《评》云：秦燔诗书，而先王典章茫然不可考。汉兴未几，而吕后以女子居摄，几移汉祚。当日匈奴尚知其非，而为婷嫚之语以相诮刺，乃汉之公卿拱手以听，莫敢谁何，亦人伦之大变矣。后遂以为典制，至于唐武后，

---

① “修”，初作“清”。

后先相望，遗臭万年。宋制仍之，虽屡得贤后，然终不可训也。此程子传《易》，所以致意于《坤》“六五”之“黄裳”，而谓非常之变不可言也欤！究其所以然，实以古人居摄之制废，而主少国疑，国无与属，则以为莫如母后亲。而不知悖阴阳之义，即逆天地之性，而必不可行也。轼之论千古不易矣。

敬绎此条，实三代以前之经义。然则咸丰十一年临朝之议时，军机大臣杜翰独顿首曰：臣杜翰不奉诏。是虽未识一时之权宜，实不背纯皇之圣训也。

京师道途不修，暑雨时行，湫隘险阻，行人愁苦，居者叹息。言官陈奏已屡，而部议以无款驳之。某御史疏中有云：一夕之雨，则吕梁不足比其艰；八达之衢，而孟门未能逾其险。非虚语也。

京师惟东交民巷中段路稍平，雨后泥亦不深，则以各国使馆所在，自行修理故也。闻修理之费每尺几及百金，盖工人聚议争价，有私减者则群殴之。京师木厂、石工均有积习，牢不可破，外人亦无如之何①。

国朝以有功之故，优待旗人。其实旗人不过仕进之路稍宽耳，其生计之艰难，室家之苦累，有不可以言喻者。屯居之旗人，京东、京北一带，大半衣食不完，女子至年十三四犹不能有裈，困苦万状。即在内城者，世家则骄侈无度，其贫薄者，则借债无门，谋生乏术，又拘于成例不能出京四十里。区区甲粮，不足赡一口，何论家人？

① 此句，初作“虽外人亦无如之何也”。

于是横暴者则流为盗贼,无赖者则堕为娼优,比比有之。盖生齿日繁,而不思通变之法,固非计之得者也。

醇贤亲王福晋薨逝,由医官进药不慎之故,宜治以罪者也。福晋素谨笃,惟于太监李连英之妹从不假以辞色,不与之同坐,而待同等人极谦逊,一时称其盛德。

慈安皇太后,宫中一切碎事,皆用宫女。及穆宗晏驾后,尤感恸。退朝后,谧然无事,虽年老太监,未有能进一言者。崩逝之时,事出仓猝,天下遏密,出于自然。

荣仲华协揆禄是时为内务府大臣,亲与殓含。慈禧皇太后谕之云:尔等详细视殓,勿令人有疑辞。盖欲推责当时侍疾之宫娥太监也。协揆唯唯而退。此事甲午冬间荣仲华亲告李木斋编修盛铎于督办军务处者,故谨记之。

恭邸集唐诗有云:猛拍阑干思往事,一场春梦不分明。记甲申退出枢廷之事也。

甲午二月二十三日,白虹贯日。

近时海关道多至封疆大吏。盖非有他途,则不能得关道;而他途既通,则迁擢较易;且又有欲得关道者相迫而来也。

龚照瑗、盛宣怀,以"海晏"船中伴李莲英,而一得苏松太道,一得登莱青道。

聂缉槼,九月由郎中改道员,十月即授苏松太道。鲁伯阳,以未经记名之人，亦得此授。

盖内务府人员得粤海关差，例应如是，后乃推广行之者也。

聂缉椝授上海道时，军机处不知是何“规”字，上亲谕之。

其资望与鲁伯阳相去不远，特聂缉椝为曾纪泽妹婿，引见时先以万金贿曾忠襄汇保，故稍有根据。邵友濂之得巡抚，聂缉椝之得关道，盖同出一源云。

缉椝引见时，曾国荃以至亲故加保荐，然闻其求保之费亦一万金，此严世蕃所谓“谢礼”也。

日本之役，有奏请缉奸细者，言其人住南城外羊肉胡同、谢姓。廷寄命给事中唐椿森尚有满给事，不记其名缉之。

唐至，饬兵役勿遽；先捡其来往书札，则琉球遗臣求援于中朝者，流寓京师十二年矣。每岁皆有表文，而总署不为达。其旅费则由琉球遗民佽助。间有奏致其旧君，则间关由闽粤渔船转达。流离琐尾，备极可怜。至是闻中、倭构兵，方作函牍，冀中朝之大捷而中山之复国也。

唐据实奏闻，始免捕送刑部。此事如稍卤莽，则含冤者莫可究诘矣。唐君字晖庭，广西宣化人，余会试房师。

贝勒载澂，恭邸之嫡子也。卒后有外妇所生子，或劝恭邸收养之，恭邸不允。盖宗室定例，非妻妾生子，不能入属籍，即成立亦别姓觉罗禅氏；况贝勒素不谨，外室甚多，故恭邸之不录是也。

庆邸以罪人子，本不应继近支袭爵，乃先行过继别房，然后转继。其初由恭邸援引时，缪为恭谨；光绪九年以后，事权渐属，遂肆贪婪。后又与承恩公桂祥为儿女姻亲,所以固宠者无所不至,召戎致寇,其罪浮于礼亲王世铎云。

恭邸退闲时,知庆王之贪黩,尝与志伯愚侍郎言:辅廷庆邸字当日貌为清节,凡有人馈送,不得已收一二小物,皆别束置之。谓予曰,此皆可厌,勉为情面留之,概不欲用也。予故援引之。今贪劣如此,若国家责以滥保匪人,予实不能辞咎。及恭邸起用,亦竟与之委蛇而已。

己丑冬间,翁叔平尚书常语余云:上御毓庆宫,一日忽于马褂上重加马褂。

尚书询其故,上曰寒甚。尚书曰:上何不衣狐裘?上曰无之。盖上平日便服甚稀,狐裘、羊裘各一,适狐裘裂缝,修治未毕故也。

尚书曰:内库存料甚多,上何不敕制进?上曰:且徐图之。尚书述此时,谓余曰:世家子弟冬衣毳温,孰知天家之制,其俭如此。

每年夏间,大内例搭凉棚,暨每日例进西瓜十枚。内务府于上前皆多所阙乏,固由户部发款间尝不足,亦奉职不共之效也。此志伯愚侍郎为予言。

内务府经费亦极支绌,闻膳房领款恒有数月不能应者;然惟得工程差事之员,则立致大富。

尝闻之陈兰甫师云,宣宗天性俭朴,所御套裤当膝处穿,不欲改为,饬人补之,然内务府开销补价,凡用宁绸数十匹,共价四百金。

又闻瑞文端尝总管内务府,适办穆宗大婚,需用大柜四具,司员开价至六万金,文端嫌其太多驳之,而大柜遂不可得。旋被严责,急如前数又加数千而后得之。文端因是恚而致疾。

而工程则侵蚀尤巨,即颐和园工程已费至二千万金,知者以为实到工之款不及六百万金。

是以近时内务府司员之骤富者屡被弹劾,上亦尽法惩治之,然每每中止,欲求其悛改难矣。

满洲人员丁忧,外官则开缺,内官则停升三年,此定例也。惟庶吉士散馆与否,向无成例。

甲戌散馆,贵坞樵师方丁忧,掌院学士为之奏请,穆宗朱批云:贵恒,著准庶吉士。时莫测圣意,大学士宝鋆云:上谕既有“准”字,即著与试可也。于是遂为定例。

余记庚寅殿试授职后,谒潘文勤师于米市胡同。坐定,有新留馆前辈豫泰来谒,文勤斥之云:汝不信吾言,丁忧甫百日后即往散馆,然有旧例,吾无奈汝何也。今乃补服朝珠来谒师门,此用何说?是亦不可以已乎?遂送客。文勤重丧服,严师训,他人莫能及也。

李仲约侍郎临终前一日,执余手言曰:合肥与李莲英日日相见,图变朝局,汝等当小心。既而曰:吾不能与常熟款语,然合肥、济宁各怀不逞,以吾亲家张荫桓为枢纽,二人一发千钧,皆在张一人,胡为至今不去也。忠诚之心,将死弥笃,乃至不避至亲,迄今思之,可为流涕。

宗室名子,有绝异者。“绵”字辈某将军好鼻烟壶,有三子,长名奕鼻，次名奕烟，三名奕壶。侍郎宝廷名其子，长曰富寿，次曰寿富，其小名则长曰一二、次曰二一。“一二”、“二一”，出内典。

和议成后，有人题城门上一联云：“万寿无疆，普天同庆；三军败绩，割地求和。”既而又传一联云：“台湾省已归日本；颐和园又搭天棚。”

丁酉三月，珍妃复以事贬，闻以乞添护从之故，触太后怒云。汪穰卿进士为余言。

穰卿又言：贝勒载澍革爵圈禁之旨，出自慈闱。上奉之，色变声慄也。

李兰荪尚书复入政府，而张人骏、张曾敭骤擢布、按，邵积诚又张人骏之姻亲也；其他则直隶人及甲戌会试门生，得意者居十之九。

翁叔平尚书权不及李，然恽祖翼、翁曾桂亦骤至布政使。

其督抚中，则边宝泉、鹿传霖等，李所举也；任道镕、史念祖等，翁所举也。虽资望尚非极劣，而取材半出乡闾。

至洋务人才，李以甲戌门生而用胡燏棻，翁以乡里世交而任盛宣怀。胡贪鄙而盛儇薄，其成效可睹矣。

余于乙未秋间入都销假，后具一疏，中有云：理财之道至广也，而搜剔夫厘捐民欠，则所得无几而敛怨已深。用人之途至宽也，而专求夫笃老疲癃，即未必无才而所收亦隘。即讥切高阳、常熟两尚书，冀其能受尽言也。

乙酉、丙戌间，山东有田姓小儿，甫七岁，能见土中之物，即山石墙壁举不能隔。醇邸闻之，致诸京师。闻其言颇验。使视荣禄父墓，云见一无首尸，盖其父故殉难战死者也；馀事未详。

余以为此近巫觋，偶有小数，要无足取。蒯礼卿检讨以为夙世所修，天眼未经退转。此于佛理有之，《抱朴子》亦论及之，然此子似犹不逮耳。

文宗之幸热河，首倡此议者，僧格林沁也。其奏疏，余于张编修鼎华处曾见钞本，言战既不胜，惟有早避，词甚质直。

以事理论之，唐元宗、德宗屡奔而存，明庄烈一殉而亡。文宗仅幸离宫，较之前代，尤为有得无失。此当归美于议避之臣；而后来诛肃顺、端华诸人，乃以此为大罪。夫肃顺怙宠专擅，诚非无辜，而罪以避敌之议，则已[①]误矣。

至甲午之役，倭人由辽渐迫，太后恒令顺天府备车二千辆，骡八百头，然始终不行。

张孝达制军、李约农侍郎，皆主西狩之议。余亦以为不顾恋京师，则倭人无所挟制。俄王保罗之败法主拿破仑第一，空都城以予之，是良法也。沈子培员外、蒯礼卿检讨，则主暂避襄阳。

而内城旗人汹惧；尚书孙燮臣师致书李约农云：勿奏请迁都，若倡迁议，必有奇祸。盖李是时方考历代迁避之得失，欲有所论也，得是函而止。

既而寇愈迫，翁尚书亦主迁，孙尚书毓汶则主乞和，两人争于传

① “已”，青鹤本作“大”。

心殿。孙之言曰:岂有弃宗庙社稷之理?翁亦不敢尽其辞;然密遣人询李所考历代得失,盖讲幄之间当偶及之。而是时所传上谕,慈圣暂避、朕当亲征云云,则实无其事。近时《中东战纪本末》、《中东战辑》所载,多属讹传,故附订之。

余乃疏言,此时战既不足恃,和更不宜言,惟有预筹持久以敝敌之法。同时黄仲弢、沈子封数前辈联衔所奏四条,亦兼及迁都之计。

夫倭人用兵以来,陆兵固未敢深入。我军虽孱,然密布山海关内外者已二十馀万;倭兵不及五万,纵每战皆捷,何能径入神京?王翦破楚尚需六十万人。彼节节留守,则前进力单;彼悉索前驱,则后路可断。使朝廷深知兵法,及此时明赏罚、作士力,择将而用之,谋定于内而不摇,虽不出走可也。

不然,则空都城而予之,彼必不敢来。即来,亦易于围攻。即不能围攻而出于和,亦不过咸丰庚申之役,而不敢过于诛索。

乃一误再误,终于不可收拾者,将骄而惰,士窳而残,宫府疑忌,天水违行,宁使敌人得志,而不使上得行其志者,其成谋固结,非一朝夕之故也。

张荫桓、邵友濂既往求和,战守之心益懈;仍勉励戎行,姑以塞天下之耳目。

先是翁尚书受密旨往天津,李高阳避不见客。其事甚秘,外间籍籍,谓翁以导上主战得严责,故往乞李鸿章定和局。

迨张荫桓之行,又得无不允许之谕,都中骇惧,以为旦暮将行不测以讲于敌。人心之危,过于被围。一日之间,讹言迭至,要不悉记[①]。

① 自“人心之危……”至此共五句,初作“人心之危,且过于辽东之见迫,特未知靖康时汴城人心若何耳”。

余以为无论祸福，当以人心正天心，故当万马噤声之时，毅然与诸同志约不挠沮、计生死。

恭邸复用之后，惟设督办军务处、授宋庆帮办军务，馀无所建白。

李约农言，在书房闻太监语，恭亲王起用之日，李莲英率同党诸人跽哭于太后前曰：恭邸得政，奴辈必死，愿乞命于老佛爷。宫中称太后如此。太后慰之。莲英固惩同治间山东戮太监小安事。

恭邸至冬间乃直军机，年已老，又迭经废置，且一时在事将相多非所习，遂因循焉。

上始向之殷，久之乃竟不足恃，天下之望亦愈孤。惟翰林中不及十人，苦以正义公论，力相榰柱；台中亦偶有应之者。

总署事极秘密，余则得闻于一二同志，独先独确。因每事必疏争之，又昌言于众，使共争之。尝集议具稿，时有为余危者，余曰：愿执其咎，不敢让也。

敌人不受张、邵之讲，宫中亦惧，命顺天府仍备车骡；或云是时召山西巡抚来京预筹移顿事。顾恋惜愈甚，且闻内论云，“西巡亦可，但无以服肃顺之心耳”。

倭人电来，意在李鸿章。比其行也，一议于美国使署，再议于传心殿。举国皆知其赔款、割台，而犹不谓其并弃辽也。倭人先电询鸿章有让地之权否，又电云有概行让地之权否。

马关约至，在廷皆知事在必行，不复有言。余独以为公论不可不伸于天下，遂约戴少怀庶子鸿慈首先论之；都中多未见其约款，余录之遍示同人。俄而御史争之，宗室贝勒公、将军之内廷行走者争之,上书房、南书房之翰林争之。于是内阁、总署及各部司员各具公疏,大臣中单疏者亦十馀人。于是各省之公车会试京师者亦联名具疏,请都察院代奏。都察院初难之,故迟迟不上。余乃劾都察院壅上听、抑公议。上命廷寄问之。裕德、徐郙始惧,不数日悉上。时和议几沮。先是忧危日甚,人不聊生,至是士庶之心益愤,旦夕汹汹。其详余别有日记。

上连召见公载泽、侍郎①汪鸣銮诸人,皆以为和若必行,亡将不远。上亦不能无动。无如中外之势已成,劫持之术愈固,事遂不可挽矣。

迄今思之,彼党集恨于余,非无因也。然尽其愚心,于事一无所济者,则吾之过也。或又以为冥冥之中使彼党有所惮而不敢为,亦未尝无补者,则待后世之论定,非敢揣测言之也。

子培恒叹曰:吾党之义,屈子《辞》云所非忠而言之、指苍天以为正,则有合于今日之事耳。寒夜无俚,率书百之一二,较胜于郢书燕说矣。

近人姚氏记东事,差胜于沪上所刊各书,是非亦稍允矣。然其言召三品以上会议,则无其事也。甲午冬,余告谢石杉御史请之;乙未春,陆凤石祭酒又请之,皆未允。盖朝廷意在秘密,故始终未尝一议。姚氏于都中事悉未知也。

江南候补道蔡钧,伴送俄使吴克托穆等入都。吴克托穆闻中国四川、湖北饥,捐银二千附赈。蔡钧告总署,言吴克托穆觐见时,上宜有以谢之,应请总署奏明,且先撰清语备上宣说。恭、庆两邸

---

① “郎”字,据青鹤本、阿甲本补。

以为素无成案，不可妄增，遂止。

蔡归为余言之，且言俄使深沉，其志未可量。惜吾中朝大臣惟知向琉璃厂争购瓷器以为答礼，无有知其觇国之意者矣。

丁酉五月十三日，夜四更许，湖北武昌府数十里内地鸣，声如驴嗥。邹沅帆闻之，谢苍平亦闻之。《申报》、《新报》或言满城鬼哭。余至汉口，或言自荆、宜至蕲、黄，往往夜深辄闻鬼哭。未知五行沴戾，何以至是？岁饥民困，讹言繁兴，聊复记之。

又武昌会城内外，湖池之水皆涌高数尺。

丁酉十月，德意志国取山东胶州；先取船澳，总兵章高元让之。信息甫闻，举朝震骇。时补祝慈[①]禧太后万寿，自十月初间演剧，至十八日方竣，保举甚优，铺陈亦丽。以为曲意事洋人，可得其欢心，而不虞德人之猝发也。

北洋之致南洋也，电文曰：无理可讲，无法可挡。南洋之致北洋也，电文曰：无兵可调，无饷可筹。说者以中国为“四无”之国云。

易笏山布政佩绅言：当肃顺正法时，有袁二太太者亦于菜市口伏法。

然彭泽欧阳润生观察熙[②]为余言：亲往观肃顺伏诛，家人进药而不肯食，及死后其家缝头殡殓事，未闻同时有袁二太太者受刑也。

---

① “慈”字，据青鹤本补。

② 原稿此处有硃书眉注：“‘熙’当是‘霖’之误”。按，此眉注系文氏九弟文龢所书。

李博孙工部翊煌言，闻之其先人小湖大理联琇云：袁太太者，积有多资，善结纳内人，于热河还京时已乘机逃遁，比传旨诛戮，已无从踪迹矣。后有言其入川嫁一典史者。袁太太入宫时，供洗御服事。

胶州为德人所踞，事固至难。而中朝之许之者，至举山东一省俾之，矿产为其所有、铁路代其筹办、凡有兴办悉听其命，可谓至奇。又以海权授之，中国船之经黄海者受其约束，然则他日载军火、运漕米皆不得自由矣。乃总署犹秘之，虑廷臣之争、督抚之争，则仅宣示曰允立教堂而已，允赔款、办人而已。

余在朝时，犹能预探其消息，而集众争之；今则事已定，而督抚之知信息者不一二人也。陈伯严吏部曰：举五千年之帝统、三百年之本朝、四万万人之性命，而送于三数昏妄大臣之手，从古及今未有可痛如此者也！

俄人因此而取旅顺、大连湾，固有使之不得不然者耳。

闻尘偶记零稿之一*

文宗晚年祭太庙诗有句云:一杯冷酒千年泪,数点残灯万姓膏。忧民如此,宜贼之不足平也。先大夫恒诵之。

宣宗好梵呗,又好焰口经,无事时恒于宫中演之,妃嫔中亦有习之者,喃喃之声达旦。盛伯希祭酒为予言。

杂史之类,虽文笔俚鄙,识见猥下,然后世必有取焉。以其记载当时之事,足资考证也。

乃若十馀年来,则秉笔之徒,大率市井。其受重资而任编纂者,意主于谀,固不必论矣。

如近日所刻《中兴名臣事略》者,则惟誉曾门,而于各军之得失、将帅之功罪,皆不能言。其无墓铭志传可钞者,则官资之迁转、年月之先后,殆无不误也。其体例之谬,又不待言。

至中东一役,则有作《战纪》者,则英人李提摩太者嘱其所役蔡姓为之。蔡于京朝事懵无所知,行妄而性鄙,素受合肥豢养,至是

---

* 据文龢抄件录入。原抄件贴附于文廷式《闻尘偶记》稿本之末,共三条。纸尾并有文龢朱书跋记曰:“以上三条,见于《纯常子枝语》第廿三册稿中,原注云‘记事各条,可入《闻尘偶记》’。甲子五月,龢记。”文龢,系文廷式之九弟。今题为编者代拟。

又予以重资。于是改易原电，颠倒是非，无所不至。纪事而诬，弥可痛恨。

丹徒姚氏复有所作，较翔实矣。然详于阃外而略于朝廷，此其见闻之不及，无足怪者。至谓京师有召三品以上大员之事，则传闻之巨谬。

不知自甲午后，朝廷以会议为大禁。惟议文庙从祀，偶一行之，此不得已也。余曾嘱御史谢希铨请之，及陆润庠由江西试差回又再请之，皆不报。惟和议定后，饬诸臣诣内阁观硃谕耳。

甲午之事，余不及记。乙未二月以后之事，友人沈中书桐，时寓余斋中，曾一一载之，于各衙门司员、各省公车事颇详。近阅邸钞，沈凤楼已以道员分发直隶。

闻尘偶记零稿之二*

福建钱局楹联云：乾道协丰亨，正丕绪嘉谟，治法隆万年之治；熙朝庆雍顺，颂康功咸德，光华同六合之光。仅三十余字，而有清九朝年号，盖隐寓其中。相传为黄柏禅师所作，亦异事也。

姚稷臣言，英人之于缅甸，法人之于越南，皆搜括军器。近则民间铁器亦稽其数，菜刀至不许用尖首者。

钱念劬言，俄人之于海参崴等处，待中国百姓亦然。初则括其枪炮，继则取及戈矛，后乃禁其铁器。每两三家仅准公用一斧；斧必挂号于官，始得有之。

其所以弱其人民、逼其种类者，至此而极。秦铸金人，岂足为苛哉！此吾兴亚会之所以刻不容缓也。

中国之耻，至接待德之亲王亨利，而已极矣。而江苏布政使聂缉槼来沪，犹欣欣以为得意，日聚赌于前巡抚邵友濂家，无心肝之极也。承伯纯由京来，言三月十七日过马家铺，顺天府尹已裱糊行

---

* 据徐藏稿册录入。原稿此四条写于一叶，叶心有墨书“闻尘”二字。今题为编者代拟。

馆、备德藩莅止矣。举国不知羞耻,不亡何待?

成肇麟之死,为不肯遣妇人供给洋兵而死也。李督请恤一疏,措词亦尚妥洽。

芸阁偶记*

芸阁偶记叙

余昔时闲居讲肆，皆有著述，博辨古今、纵观人物，致足乐也。既而思之：明镜之照，不留其影；飞鸟之过，孰遗其音？课诸己也，人命存于呼吸；观诸物也，万象著于森罗。盖可以无记而记、无言而言也。于是将数年以来凡所见所闻者略记别纸；谴逐以后，随有写录，共得一卷①。言语虽驯而多讥讽，至触忤时忌，是所不免，要在存其董笔也。时值辛丑冬月，天地闭塞，万物凋零；非有好怀，聊以永日。大雅君子，其无讥耶？

光绪辛丑岁冬月②，萍乡文廷式叙

芸阁偶记卷全③

无廉耻而立于朝，则为滑稽诙谐，足以自饰其面目。乾隆以

---

* 据文廷式手稿。稿本仅存一册，未完。其所缺部分，今据长沙《大公报》连载之马天驷氏藏稿本（下称“马本”）补录。按：《芸阁偶记》内所记条文，颇有与《闻尘偶记》内容重出者。兹为节省篇幅计，凡与《闻尘偶记》内容相同之条文，概从删略，仅少数因与说明版本等问题有关，故予保留。

① “一卷”，其“一”字系经涂乙改成，初作何字不能辨。马本作“四卷”。

② “冬月”，马本作“冬腊月”。

③ “卷全”，初作“卷一”。

来，大臣皆恃此术，而流习往往成风，历代所未有也。人才之每下愈况，即可知矣。

以特科、岁科求人才，以昭信股票筹财用，此近来执政之讦谟也。然学校未兴，则应举者必少；商力未裕，则购票者恐亦无多。《孟子》曰：以齐王，犹反手也。窃谓治天下者，亦善知其次第而已矣。

屈膝言事，志降身辱矣。宋太祖不设座施之于赵普，而宋人之事业遂不及唐人；况于后世！程子之争座讲，盖当时听讲之大臣皆坐，而讲官独立，故争之。然岂若使人臣见君可坐论，复三代之古制，而导人君以礼使臣之风哉？陆清献以不执笏为奴仆之礼，所见犹末节也。

李高阳为余言：穆宗独揽乾纲，然以圆明园事，致中外事执亦有出于不得已者。惟吴可读劾成禄疏语过激，圣意盛怒，必欲杀之；然枢臣力争，亦未尝不遽遽转圜也。

沈子培刑部曾植游粤时，曾数与师相见，师亟称之。后子培为余言，兰甫先生有所不言，无所不知，盖汇乾、嘉以来文儒之总也。

光绪甲午朝考，诸贡士中[①]有明引《东塾读书记》者，阅卷大臣拟签出，翁叔平师云：余[②]案头方置此书，日加披览，可无签也。师殁十馀年，而书邀御览，亦可谓稽古之至荣矣。

① “中”，马本作“卷中”。

② “余”，马本作“上”。

戊戌七月十三日申时，有大星陨于南方，光晕五色。湘中居人见之者甚众。

壬午春，有琉璃厂卖古董白姓者，由阉宦李莲英引入大内，遂得幸于禧后，月馀始出。旋禧后有疾。

安后密察之，乃知有孕。遂召礼邸入宫，问以废后之理。礼邸对曰：此事不可为，愿我太后明哲保身。礼邸遂辞出。是夕，安后崩，遗体为三尺耳。其崩也，乃禧后知其事泄，以缩筋药酒饮之。

此事宗室某为余言之甚详。故余《宫词》有"春风不改伤心事，一夕齐开百禁花"之句云。

穆宗有平粤匪、捻匪之功，赫然中兴；虽效汗武之微行，未闻厉民之虚政[①]。谥以"穆"与"毅"，未尽其美也，左文襄书札中曾极论此事。

或以为避明武宗之号，然"毅皇帝"之称，乃正与明武宗同，则亦无所为避矣。

闻当日定庙号时，大学士以下麇集于内阁，相觑良久，无发言者。一老书吏进曰：大行皇帝庙号，与先朝不能犯复，惟"穆宗"宜。则皆应曰：然。于是遂定。

盖本朝大臣中谙掌故、明礼制者，百年以来，殆不数见。此等大事，大半惟书吏之命是听，无足怪也。

志赞言拳匪之咒有十馀种，记其一：面对东南山，弥勒摩勒请

---

① "虚政"，马本作"虐政"。

下来;一心敬请唐僧、沙僧、八戒、悟空。其所祀神,则蜀汉之关、张及赵子龙也。腰系红带,头裹红巾,战时至死不知人事。

李木斋言:据西报,拳匪有战死卧地上者,一二日间,西兵行过,尸犹跃而搏人。

余按《楚辞·国殇》云首(虽)〔身〕离兮心不惩,其事其志,要可悯念!

新疆设行省,地广人稀,或以为非计也。不知其用回法治,地虽为我有,民终不为我有;且纯用满人,于吏法究未尽善也。是以龚定庵行之于前,左文襄行之于后,规模略具,视唐时之建都督府,以为过之。

近闻各国议分中国,惟新疆属俄、属英,界画未定,是以少延。此说若信,则文襄之存国命于无形者,其功甚伟矣。左文襄舆榇出关,其志甚壮!

于时中国改约,(我)〔俄〕主不能忍,欲用兵,询其边将,边将复言:中国将士用命,办理有条理,若〔开〕衅,无必胜策[①]。俄主乃决计就我范围。近人于文襄新疆之功,多(不)以为不足计数者,此不知地势兵事之甚者也。

王阮亭《居易录》卷三十云:戊寅康熙三十七年五月,山东巡抚王国昌进长人郑克己,长六尺八寸。兵部以闻。召见景山,赐食,留侍禁中。克己,新城人,业农,故山西宁武道佥事独复、浙江嘉湖

---

① 此句,马本作"必无胜策"。

道佥事闻元之族也。是秋,陕西亦进长人某,其长与郑等,予于乾清宫见之。

同治间,安徽有长人詹五,长近七尺;为西人约,游历各国,多获金资。余于香港曾见之。闻今已娶洋妇,流寓西班牙国。其与郑克己之遇,亦有幸有不幸也。

癸巳六月十八日,偕徐仲虎兵备建寅同游西安门外大光明殿。明世宗礼仙真之地,近已颓圮,然规模宏敞。有圆殿,拾级而上,殿中五色砖环铺,柱皆盘龙,中塑玉皇像,相传以为似明世宗也。

余因访《道藏》板,则散置廊室,凡数十架。板广二尺许,长尺许,两面刻字。因问其完阙。道士顾姓,检《咸丰五年点检道藏存板目录》。余闻之道士云:文宗曾七至殿中。藏版存佚,亦奉命查点后钞存者也。余因嘱其代钞一份。

细检全《藏》,犹得十之六七。因赴蒯礼卿前辈约,遂携《易因》一册及《灵宝经》板一(月)〔片〕视之。尚当纠合同人,谋补板印行也。

一朝名人,年至九十者不概见。即仕宦中人,亦不易得。

自顺治以来言之:如大学士蔡新之九十三,戴均元之九十六,孙廷玉之九十二,侍郎沈德潜之九十七,检讨毛奇龄之九十四,尤侗之九十一,尚书黄钺之九十,河道王念孙之九十二,固彰彰在人耳目。

以余所见闻记之:四川提督万顺一百五岁,满洲人。将军长善为余言:其年尚不止此。此奏报时,殆为约略耳。于云南曾见之,其人清癯特甚。

漕运总督杨殿邦年九十二，署总督宋延春年九十，又云南巡抚贾洪昭年九十二，编修张云丰年九十四，主事杨彝珍年九十四，皆至今尚存。

余前记在廷诸臣之老寿者。兹以戊戌年计之：

大学士李鸿章年七十六，徐相八十，麟书七十，翁同龢六十九，尚书孙家鼐七十二，钱应溥七十五，许应骙六十九，左都御史徐用仪七十六，杨颐七十八，宗人府丞薛允升七十八。

各直省大吏中：总督王文韶七十一，刘坤一七十，谭钟麟七十八，河道总督任道镕七十六，巡抚谭继洵七十六或云实年八十，许振祎七十二，邓华颐七十四，布政使何枢七十五，游智开八十四，凤林七十余。

上海道庐陵黄祖络，余姻亲也。乙未秋间，忽有旗人某者投一函，信面只书：苏松道黄开拆[①]。异之，拆封阅视，则朱笔也。

大致言：朕偶于黄酒馆按：黄酒馆，在东华门侧，枢臣下值时亦偶寓焉。遇此人，问其言，知其才颇开朗可用；问其官，则布衣也。本朝制度，难以布衣登进。因思上海局面较宽，特遣其前来[②]。尔如何委用之处，随时奏闻云云。

黄曾署江苏藩臬，检所奉朱批勘验，书法颇能摹拟。然上海道无专折奏事之理，而信中有“奏闻”语，必作讹也。

次日，俟其来，令其子接之，询之曰：汝此信何来？曰：余于黄酒馆遇一人，似宗室有爵者。与之谈，相契之甚。惜余无职，不能

① 此句，马本作“信面大书‘苏松太道黄开拆’”。

② “来”，稿本无此字，今据马本补入。

保荐，即入室作此书，使来投尊公。不知书中何说也。乃告之曰：函中朱书也。汝知之乎？则大惊曰：若然，予罪大矣。若知之，某决不敢来。今蒙隐忍，感且不朽！当去！明日竟行矣。

察其人，言语神气，亦尚笃实。不知此事为他人所陷，抑穷极无聊、姑以此试、冀其稍售也。

各行省中，假冒官职、伪作荐函者，层见迭出；惟此径敢伪为朱谕，且诬上微行，则有令人莫测者耳。

外人欲分中国之言，翁协揆曾以其图进朝廷。事在乙未春间。同事诸人不虑其事之何如，而但诘其图所自出，可叹之至！

丁酉春间，荣仲华协揆又以分裂之言面奏西苑。黄公度分巡向余言。然变法之事，仍未举行。

盖深以俄为奥援，谓可苟安旦夕也。及胶（洲）〔州〕事起，任德意志之所为，俄默不一言，且乘机而有旅顺、大连湾之索，当有稍稍省悟者矣。

国君游历，欧洲闻习见之事也；中国则以深居高拱为人君之盛德。《祈招》之诗，岂千古之定论乎？

然醇王一游天津，而李莲英遂得与外官交，龚照瑗、盛宣怀之关道所由来也。又深与海军结纳，故丁汝昌诸人逃遁失律，而内护既坚，竟不加诛。亲王如此，若乘舆出巡，所虑者不更多乎？

丁酉秋间，上意欲于戊戌春由铁路谒陵，恭邸力谏而止。其义诚迂；然风气未开，一切窒碍之处，当亦不少也。

醇亲王园寝，有银杏树，大合抱。禧太后偶至其地，命伐之。

侧福晋数人,跪求勿伐,不允。然树坚,斧之不易。又二日,以黄缎包新锯至,乃夷其树。仍令拔其根,根尽,见蛇数十[①]头,尽杀之。

戊戌四月,恭亲王薨。不逾月,而常熟开缺回籍。忠王平日亦极不悦常熟,而比其薨逝,人尤危之[②]。

盖本朝厚待师臣,忠王未尝不体上意护持之也。然数年以来,失胶州,失旅顺,失长江之利;东三省隐与俄,广西、云南隐与法,江、浙属英,闽属倭;皆欺中国臣民,而徇外国人之请。伊古以来,亡天下之魂,未有甚于今日!又行(招)〔昭〕信股、西铺税、药牙税……朘削百姓,殆无生路。常熟任枢廷、译署,且兼户部,难逃天下后世之责矣。

袁爽秋按察昶云:荣禄,《佞倖传》中人也。初事醇贤亲王,极能承顺。礼亲王世铎,与为亲家。恭亲王复政,又重信之。士大夫颇有奔竞之者,或竟望其有所振作,可笑也。

遣使各国,固不可少之举。乃近日则庸猥谬劣,多非使才。崔国因、龚照瑗,尤不堪之甚者。

国因素无行,以代李鸿章之子经述作文,得举江南乙酉乡试,鸿章故以保荐使才酬之。孙尚书毓汶病足,国因日往省视,于是夤缘得使美利坚。途中窃人器物;比至,奸馆中女仆。笑谭层迭,腾播中外。

---

① "十",马本作"千"。

② 自"戊戌四月……"至此共七句,稿本原作"戊戌四月,恭亲王薨,不逾月,而(编按"而"下原空白二字位置)薨逝,人尤危之"。今自"常熟开缺……"至"而比其",共十九字,系据马本补入。

美国举博物会，国因致书总署，以为广东女子价廉，欲买四五十人学歌舞，与此会。大理寺卿延茂劾之，上大怒。期满归，上特举翰詹大考。鸿章奏请国因随阅海军、免与考，上不允。大考卷呈，上特谕崔国因列入三等，以是黜之。

龚照瑗使英时，适倭、韩事起，处处迎合鸿章之意。及购军械，则为利己，专以重价购窳货。余特劾之。上意动，欲撤之。其后奸险日甚，廷臣屡劾之，余复陈其昏妄。故其期满受代，徘徊不敢入都；其死也，两江总督为之请恤，不报。盖上意深恶之也。

二人虽党援至夥，然罪状昭著，上犹迟回不即发者，缘遣使臣，国书必言所遣之人忠信笃实、美行至备，而后邻国受之。一旦皆以昏谬撤回，则近于食言。不能不俟其归，而后以他过谴之也。乃二、三年所使者，更多市井猥杂之人也。

太后御容，赍至美利坚国赛会，有司开销经费，至一百万两，骇人听闻。

陈兰甫京卿云：中国多金钱，无怪外人欲之。即以鼻烟论，未及于口，不适于耳目，由鼻涕出，每年费已五六百万矣。赵抝叔作《(湧)〔勇〕庐闲(话)〔诘〕》，搜索故实，未能十之一二也。

近日贵宦中，潘文勤、李文正尤嗜之，文正终日不离。以近世所谓上品者，为家尝饭菜。其尤上者，则贮之年久，“大金花”之类，不轻用也。

广东有总兵赖镇边者，入都。一日，潘文勤于南斋忽告李若农侍郎曰：贵同乡赖总兵者，忠肝义胆人也。李讶曰：三哥接其谈论乎？曰未也。知其战绩乎？曰未也。然则何以得其肝胆？曰：比者伊馈我鼻烟，我嗅之极佳，故知其忠肝义胆也。李不觉大笑。文勤故好诙谐，然由粤入都者，必以鼻烟为介绍，固时风也。

若满蒙内城之习，则不甚重鼻烟，而独重烟壶。宗室“绵”字辈某者，名其子，曰奕鼻、奕烟、奕壶。此真可笑。盛伯熙祭酒说。但未知入玉牒时，曾改名否。有误入觉罗宝兴内室者，见其帐簿：在川督时受生日礼，其受鼻烟壶几二千件。

余按乾隆中，万寿庆典，以鼻烟赏王公大臣，兼及福晋命妇。则闺阃中亦可用之。特妇人重脂粉，闻烟终碍于容泽，故未甚通行耳。道光以前，所用鼻烟壶，或以玉，或以翡翠，或以碧玡玞；其贫者，或以水晶，或以竹根。而近日之所重者，尤在套料。其为乾隆朝套料五彩者，虽千金之值，亦不易得；有破人家以谋之者，余不欲记其事。

善化张晋本《达观诗话》，录《都门竹枝词》云：“烧料烟壶运气通，水晶玛瑙命何穷。地须藕粉雕工巧，就是当年老套红。”则咸丰以来，风气已然。

潘文勤[①]晚年典乡会试，苦于校阅，以房考官所荐之卷[②]圆铺于案，取烟壶拧之，壶止，其嘴所向之卷，即为批中，馀悉弃置。当时谓之“鼻烟壶老师”。

长江厘卡关[③]之质于英也，英使至译署议之。旧例，凡译署大臣毕集，酬对者不过一二人，馀默然。是时敬信、崇礼辈在坐，方各出所携烟壶品评之[④]。英使厉声曰：今日所议之事，中国有人心者，

---

① “潘文勤”，马本作“潘文恭公”。

② “所荐之卷”，马本作“所荐十数卷”。

③ “厘卡关”，马本作“厘卡盐关”。

④ 此句，马本作“方各出所携鼻烟壶品高下”。

皆当泪下;此非玩鼻烟壶之时也!愿诸君暂辍玩物、听公事,何如?舌人传译,乃愧起。

若两广总督吉庆,闻劾惊惧,舆中吞壶自尽,至署,已气绝矣,岂不悲哉!

同治末,沈文定秉政,颇专恣。一日,两宫皇太后召见荣禄,荣禄时任步军统领,故太后得以时召见之。谋所以去沈者。荣禄曰:此易事,但有督抚缺出,放沈桂芬可也。太后曰:有成例否?荣禄言:近时军机大臣沈兆霖放陕甘总督,即其例也。

无何,穆宗病重,太后复摄政,适贵州巡抚缺出,枢臣请简。太后曰:著沈桂芬。四列愕然;恭邸、文、宝诸人为之叩头乞请。乃改简林肇元,记是此人,未知误否。而沈得不出。

事后,沈疑翁叔平。未几,翁与荣禄同奉陵差。途中十日,每日必摘沈之疵谬,且言已与之不合、思所以攻之者。荣禄慨然述太后召见时事,谓一击不中、当徐图之。既回京,翁乃告沈。越数月,而荣禄以论劾降都司矣。

此事志伯愚侍郎询之荣仲华,余亦询之李高阳,故知之颇确。丁酉、戊戌间,翁、荣并任事,知其报复相寻,未有已也。

古事有可模仿者,有不可模仿者。粤匪平后,曾文正请弃台湾;回匪平后,李鸿章请弃新疆。此模仿汉弃珠崖、明弃越南,而过之者也。

穆宗大婚后,圣学未成,余文恪请暂缓归政;李文正身为师傅,乃力主撤帘之议。此亦模仿宋韩魏公,而失之者也。

张靖达高丽之役,获李昰应,则适以助其淫妃;鹿传霖瞻对之师,赏还土司,而惟足资其凶焰。岂独汉斩郅支,陈阳乍功而乍罪;唐弃维州,卫公倏是而倏非哉?嗟乎,知人论世,不其难欤!

册封之典,内阁主之。

惟醇亲王册封时,懿旨下翰林院。院中商议,乃恭录懿旨,不复撰文,亦尚不致失体。

及册封醇邸及福晋时,乃下旨内阁,遂以寻常之例行之。开端仍用"奉天承运,皇帝诏曰",下文"咨尔醇亲王"云云。

次日,醇邸携至枢庭,告大学士额勒和布曰:此似不妥。额固不甚识汉文,瞠无以应。同列言之,始悟,饬侍读改撰。

然御宝既用,不便再请,奈何?则挖去"皇帝"字,而填写"皇太后"字,其文遂为"奉天承运,皇太后制"矣。醇邸亦无如何受之。内阁乏才,典章多误,其进退失据如此。

福建钱局楹联云:乾道协丰亨,正丕绪嘉谟,治法隆万年之治;熙朝庆雍顺,颂功康咸德,光华同六合之光。以后不可知,而自顺治以来,九朝年号之字,悉具于此,相传为熊开元所作,亦可异也①。

刘光第死后,英年查抄其室,有劾康有为一疏、稿尚未就,取以进呈。故朝野尤冤之。

请复用八股取士,何乃莹之奏也,竟以是擢顺天府尹。

理藩院侍郎会章请勿分满汉一折,伯羲祭酒笔也盛昱。

① 以上三条,稿本不载,兹据马本补录插入。

会章为尚书延煦子。延煦卒时，属伯羲代草遗疏，言：臣子庸猥，请勿重任。或劝会章易之。会章曰：吾父之言，岂有误者！乃径上之，亦难能也。

会章此奏，满人深恶之。迄庚子秋，一切差事，并不派及；至癸卯，竟以贫死。

贝子奕谟为余言：宫中旧制，有关东太太者，多来吉林，年齿稍老，但能满(州)〔洲〕文字，不通汉语。凡事辅相太后妃，犹古之傅姆也。

上有所幸，既留膳牌，则关东太太与偕侍，于帷外记夕事。故凡阿哥及公主之生，皆能知其受生之始。

自顺、康以来，沿为故事。道光中叶，上以其无益，裁之。嗣后遂不复设。

咸丰庚申之变，京朝官吏逃遁纷纭，曹列为之一空。闻事定后，朝廷密查其名，命军机处别记不用。

至光绪甲午之役，则倭渡九连河，而京之移家者又半。迨旅顺失守、登州告警，而京官之室家殆无有在辇下者矣。时亦有论劾者，上宽之不问。

先是有童谣云：大清国，三出戏，《断桥》、《闹海》、《空城计》。此即"《空城计》"之验欤？

故人杨叔乔中翰锐，学问淹博，极为张南皮[①]所称赏。戊戌以

① "张南皮"，马本作"南皮张孝达"。

四品京堂候补[①]供职枢垣，不料以党祸被戮。

余客沪上，曾于友人处，得阅光绪密诏底一纸[②]，特备录之[③]。

诏曰：近来朕仰窥皇太后圣意，不愿将法尽变，并不欲将此辈老谬昏庸之大臣罢黜，而登用英勇通达之人，令其议政，以为悉失人心。虽经朕屡次降旨整顿[④]，而并且有随时几谏之事，但圣意坚定，终恐无济于事。即如十九日之朱谕，皇太后已以为过重。故不得不徐图之。此近来实在为难之情形也。朕亦岂不知中国积弱不振、至于阽危，皆由此辈所误？但必欲朕一早痛切降旨，将旧法尽变，而尽黜此辈昏庸之人，则朕之权力实有未足。果使如此，则朕位且不能保，何况其他！今朕问汝[⑤]：可有何良策，俾旧法全变[⑥]，将老谬昏庸之人[⑦]尽行罢黜，而登进英勇通达之人、令其议政，使中国转危为安、化弱为强，不致有拂圣意？[⑧]尔等与林旭、谭嗣同、刘光第及诸同志等，妥速筹商、密缮封奏，由军机大臣代递；候朕熟思审处，再行办理。朕实不胜十分焦急翘盼之至！特谕。

又赐康诏两通。

诏曰[⑨]：朕惟时局艰难，非变法不足以救中国；非去守旧衰谬之大臣、而用通达英勇之士，不能变法。而皇太后不以为然。朕屡次几谏，太后更怒。今朕位几不保，汝康有为、杨锐、林旭、谭嗣同、刘

---

① “候补”，马本无此二字。

② 此句，马本作“得阅其今上赐给叔乔密诏底稿一纸”。

③ 此句下，马本有“然不敢以示人”一句。

④ “整顿”，马本作“整饬”。

⑤ “今朕问汝”，初作“今试问朕”。

⑥ 此句，马本作“俾旧法可以全变”。

⑦ “之人”，马本作“之大臣”。

⑧ 此句，马本作“而又不致有拂圣意”。

⑨ “又赐康诏两通诏曰”，马本作“又赐康主事（有为）诏云”。

光第等,可妥速密筹、设法相救,朕十分焦灼、不胜企望之至!特谕。此诏由杨锐带出[①]。

又云[②]:朕今命汝督办官报,实有不得已之苦衷,非楮墨所能罄也。汝可迅速出外,不可延迟。汝一片忠爱热肠,朕所深悉。其爱惜身体、善自调摄,将来更效驰驱、共建大业,朕有厚望焉!特谕。此诏由林旭带出[③]。

近日言官卖折之风甚夥。满洲御史之参仓侍、劾顺天州县无论已;且有涉两淮盐政、广东闱姓者,大抵皆以贿陈奏者也。左文襄之在两江,马丕瑶之在广东,并以是被劾,无他故焉。若林文忠之被逮问,则一商伍崇曜贿琦善为之,尤彰彰在人耳目者。

明朝言官多争意气,今朝言官多因贿赂,可耻之甚!李文正云:卖折亦不可禁,正使仓匪库兵之奸,时一发觉,不为无益。不然,雅洁之士不屑指陈,若辈转得饱充囊橐,逍遥法外。是一说也。

丙申之冬,请停捐者纷纷。闻户部已定稿议准矣,惟张荫桓不画稿。翁尚书以告恭邸,恭邸袒张,事遂不行,仅停海防先知县及道[④]府两班非正途不许捐纳而已。

张荫桓之贺英也,亦乞让地之权而后行。盖欲以西藏予英,抵借洋债也。李高阳力争之,遂复中风。疾已,而借款定,事亦不行。

---

① 此句,马本不作自注语而作正文。

② “又云”,马本作“又赐康诏云”。

③ 此句,马本不作自注语而作正文。

④ 稿本止于此“道”字,以下皆缺,兹据马本补录。

此李木斋前辈为余言。

吴䌹斋编修士鉴，与吾侄缉熙壬辰会试同年。曾直禁中，博闻掌故，赋有《宫词》二十四首，特录如左：

开国科名几状头？璇闺女诫近无俦。昭阳从古谁身殉？彤史应居第一流。

国初满、汉分榜取士，有状元麻勒吉。其后满、汉同榜，惟崇文忠以一甲一人及第。

黄教由来国俗崇，雍和潜邸辟离宫。须知我佛名“欢喜”，丈六金身色即空。

雍和宫有塑象，名“欢喜佛”。

翔鸾飞舰掉湖波，天上嬉娱乐事多。不爱内家装束贵，居然雨笠与烟蓑。

慈禧太后率后妃于园照象，用渔家服。

中使传宣急召虾，乾清宫畔月笼纱。龙颜一怒娥眉死，御剑封还带血花。

道光中，某夜，宣宗在乾清宫盛怒，厉声呵斥，立召值班侍卫王某入宫门，授以宝刀，令随宫监至某宫第几室，于床上取一宫眷首复命。不知其为何事也。王某，黄岩人，曾为其从孙弢夫太常言之。满洲语，侍卫曰“虾”。

秦箫仙管倚云霞，玉水萦纡赐主家。独有沁园今寂寞，马神庙外马□花。

仁宗之女下嫁蒙藩，赐第在德胜门内；与成哲亲王第，均赐用玉泉山水，引入邸中。今其后人为贝子棍布札布。马神〔庙〕为高宗之额驸福长安之故(弟)〔第〕，今为大学堂。

千步廊□竦碧岑，佛香阁上恣登临。长衣窣地盘旋上，亲挽篊舆有福金。

慈禧太后在颐和园，每日必登佛香阁游览。阁在万寿山之巅。废端王之福晋，日侍左右，聚为扶舆。大阿哥之入嗣，福晋之力也。福金，即福晋。

家人燕见重椒房，龙种无端降下方。丹阐几曾封贝子，千秋疑案福文襄。

福康安，孝贤皇后之侄也，封贝子、赠郡王，二百馀年所仅见。满洲语谓后族曰“丹阐”。

北狩经年跸路长，鼎湖弓剑□滦阳。两宫夜半披封事，玉玺亲钤“同道堂”。

垂帘以后，在热河□颁发谕旨，皆钤“同道堂”一印。盖文宗末命，亲付东西皇后者也。

大雅斋中写折技，丹青钩勒仿筌、熙。江南供奉虽承旨，不及滇南女画师。

内廷画工皆吴人。光绪间，昆明女史缪素筠，承直垂二十年。“大雅斋”，系慈禧太后自署斋名。

七载金縢奉至尊，宫闱秘史那堪论。名姝来自句骊道，素旐凄凉喀喇屯。

睿宗亲王(聚)〔娶〕高丽女二人，以□猎喀喇和屯病卒。

赵家姊妹共承恩，娇小偏归永巷门。宫井不波风露冷，哀蝉落叶夜招魂。

庚子之变，珍贵妃死于宫内井中。

思子□台异汉皇，皇孙终老郑家庄。从今“正大光明”殿，御管亲书禁扁藏。

废太子理密亲王允礽，后人迁居郑家庄。自康熙后，不立储贰，默定继位者之名，亲书严镝于“正大光明”扁中。

如意多因少小怜，蚁杯鸩毒兆当筵。温成宠贵伤盘水，天语亲褒有“孝全”。

孝全皇后暴崩，事多隐秘。宣宗特谥之曰“全”。其时皇太后尚在，家法森严，宣宗亦不敢违命也。

女伴三旗结队偕，绣襦锦补映宫槐。祃牙未命南征将，选秀惟闻撂绿牌。

文宗时某秀女事，亦见《湘绮楼文集》。满洲语谓引见不入选者曰“撂牌子”。

吴娃中岁谱离鸾，朱邸金尊进合欢。盛鬋丰容矜绝世，《过虚》一志未□残。

《过虚志》一书，记豫□亲王(聚)〔娶〕昆山妇刘氏事。

懒梦山人冰雪姿，婕好宠幸冠当时。焚香绣佛应多暇，自绘林峦缀小诗。

穆宗之瑜贵妃，自号“懒梦山人”，能诗画。

纤步金莲上扣墀，四春颜色斗芳时。圆明劫后宫奴在，头白谁吟湘绮词？

咸丰间，圆明园有“牡丹春”、“海棠春”诸名，谓之“四春”，皆以居嫔御者。见王壬父《圆明园词》。

双成明靓影徘徊，玉作屏风尘作台。薤露雕残千里草，清凉山下六龙来。

吴梅邨《清凉山赞佛诗》，相传咏世祖时皇后董鄂氏事。

阿其那与塞思黑，煎豆燃萁苦不容。元武门前双折翼，泰陵毕竟胜唐宗。

“阿其那”、“塞思黑”，世宗改其允禩、允禟之名。

寝园新匮妙高峰，锯斧摧残马鬣封。银杏半枯松柏老，宵深风雨泣潜龙。

醇贤亲王园寝，在妙高峰。

雏鬟生长婼羌西，钿合无情宝剑携。帝子不来花已落，红颜黄土玉钩迷。

回部某王之女，事见王壬父《湘绮楼文集》。

纳兰一部首歼诛，婚媾仇雠箙脱弧。二百年来成倚伏，两朝妃后侄从姑。

入关以前，与叶赫纳兰部以争婚姻事，灭其部落。纳兰，即那拉也。

钜族盐官高渤海，牛金小吏事传疑。冕旒汉制终难复，曾向安澜驻翠蕤。

海宁陈氏有安南园，高宗南巡时，流连最久。又乾隆时尝议用古衣冠制，不果行。

捧砚调朱玉漏迟，御前裂帛太憨痴。才人一别披香殿，明月羊车系梦思。

宣宗披览章奏，尝至夜分。某日有宠姬取而裂之，翌日遣出，亦不加以他罪。

甲申之易枢臣也，醇邸主之。虽有伯羲祭酒盛昱之奏，特借以发端而已。

甲午、乙未之易枢臣，上意久动，而不欲径行之。故余奏虽□，上仅先退出张、额两大学士；而孙则待其引疾，徐则发于他过，其劾之者更有他人也。礼王自被弹劾，稍加整饬，和议成后而欲引去，恭邸坚留之。

张、额之去也，孙尚书召见，(大)〔上〕书唐人诗于几上曰“人事有代谢”，一再不已，神色甚恶。

恭邸之复柄也，至军机处，再叹曰：许星叔好福气！许星叔好福气！星叔，庚身字也。庚身在枢廷十年，前不及法、越，后不及倭、韩，可云厚幸。

戊戌八月，刘坤一电致荣仲华云：君臣之义至重，中外之口难防。坤一之所以报国者在此，坤〔一〕之所以报公者亦在此。

先是都中有一电，不列人名，专致刘坤一、张之洞。刘复电如此，约之洞同列衔，之洞不敢。

《南旋日记》后所附笔记*

沈子培谓办天下事不可用肝气，比来政事多用肝气矣。

余观之于粤，则大吏之卓卓有名者，并肝气而无之，于是沉睡之病日甚，而脂膏削尽，元气尤亏。

余忆在都时与李仲约谈及，谓张孝达读书颇多，而政事丛杂，才气瘀积，岂为书累邪？仲约云：伊幸赖读书乃能如此，若其本质，真所谓下愚不移者也。仲约与孝达至交，此非诋之之言，然则人才之靡，天运为之矣。

陈庆笙推天地万物之理，极之于气。余曰：气实粗物，光乃至精；气仍有质，光乃无质。人惟禀光至足，所以独出万物。且气有所不可到，而光则无所不可到也。庆笙深以为然。

余谓陶子政筋不束骨，神不统精，为学必无所成，不如择其稍昂者致力，尚可小有局面。言太切直，不知子政能有省于心否耳。

---

* 据《文芸阁先生全集》排印稿本。是本将此篇附置于《志林》之后，未予别出，亦无标题。今依其“编者附志”曰：“自‘沈子培谓办天下事不可用肝气’起，以下计二十三则，原附于《南旋日记》之后”，故代加以此题。其撰作时间，似与《南旋日记》（光绪十二年四月二十八日至六月初二日）为近。

广东书局竟欲刻《宋会要》,此语自我创之,幸有和之者,一代文献得以不坠,为之欣幸。

我又劝刻严铁桥所编《全上古三代秦汉三国六朝文》,此稿今在巴陵方氏,未知事有成否?百年钻故纸,真未忘结习邪?

兰甫先生昔为余言,理有极明而不能著诸书者。如同姓不通婚姻,此周制也,推其故,则始于五世不通婚姻;其五世不通之故,则以其昆弟同居易生淫乱,故不许其通婚姻,所以绝之。后族法明,于是有十世、数十世同居者,因设为百世不通之例。盖圣人立法,但能禁其不显为夫妇,则亦使其隐隐有所惕也;至于其生不繁之类,乃后起之说耳。此说真能洞见本原。

余谓自宋以来,男不出妻,女不再醮,而夫妇之道弥苦,故虽有夫妇极不相能,而夫死妇无生路,乃不得不殉者,此所谓杀人以口舌也。有王者起,必为之斟酌损益,以持其平矣。

兰甫先生又云:本朝庙制,议者纷纷;然当法周人,无庸更议也。周之后稷,与我朝肇祖原皇帝相似,有功配天为帝。始祖文王受命,未有天下,与我朝太祖太宗相似。武宗克殷,底定大业,与我朝世祖相似。此皆当百世不祧者也。惜当时议礼者皆未及此,当为一文申以论之。

今于庆笙处检阅遗文,此论都无,故附记于此。

徐子远(溯)〔灏〕颇通精术,与余雅故,引为忘年之交。今闻其幼子年甫十八九,颇通经术,作《论语证异》,已刊行,不失家法,差为可喜。

嘉应有先壮烈专祠。闻近因凿井事，庙祝与人涉讼，当作书问之姚知州也。

陈右铭宝箴谓办天下事不可过于精深，如曾文正读书较多，见理较深，而驭诸将每失之；左文襄颇粗率，而诸将多受其牢笼。《礼记》云极高深而道中庸，谓此也。

杜云秋俞谓四川宜练兵两枝：一枝驻汉中，以控秦陇；一枝驻宜昌，以制荆襄。及今为之犹有可济，惜在事者非其才也。

郭筠仙侍郎谓洋人敦朴有古风，然窥伺中国实未尝一日忘之。如有内乱及水旱盗贼之变，恐各国将乘机裂我土地，事当在二十年内云。

王壬秋闿运言《公羊》经颇有是处，其谓《中庸》一篇，皆发明《春秋》，则拘滞之论；论《诗经》，尤多穿凿可笑。其经学殆犹不及啖赵，而好为新异，遂令其徒党皆蔑前人而舍成说，此谬妄之尤。徒以稍能诗文敢于自恣，古人所谓"小辩破道"，盖此类矣。

郭筠仙《檀弓质疑》，颇似方望溪说《仪礼》，如谓"汰哉叔氏"为鲁君之叔，非子游，则凿空之谈也。

程伯翰颂藩云：凡植物皆有气，凡动物皆有血，天下则物之至大者也。而阅今所为，则竟至无气、无血，可为恸哭。

皮麓云锡瑞云:《论语》上篇最纯,下篇则至有可疑。如好数数目,已为上论所无,而“公山佛肸”及论管仲数章,皆非圣人气象。

余举“子张五美四恶”一章似《礼记》文法以发之,伏羲为儒家始,神农为医家始,黄帝为道家始,而名法诸家皆依之,然则儒家实为九流之先也。余举此告麓云,麓云亦深以谓然。

《易》曰:黄帝尧舜垂衣裳而天下治。今观武梁祠画象,黄帝以前皆短衣,盖衣服之制,至此始有章别故也。此汉儒《易》义之仅存者。

皮麓云谓宋以后皆以申韩之学制治天下,故君之于臣有荣辱而无性情;又道学之说便于君上,故行之最久。皆颇有见。

近年粮食极贱,而民生日困,鸦片之害于斯为酷。孟子云:菽粟如水火,而民安有不仁者乎?今菽粟如水火,而闾阎不靖,民心动摇,子舆之言斯不验矣。

罗顺循正钧编《王船山年谱》十六卷,考其师友极详。(循顺)〔顺循〕盖私淑船山者,其见理精到,秉心坚确,有成之士也。

《法兰西志》云:古称奥卢。奥卢,华言古也。云其先波剌斯的居天山之西,咸海之上,为印度别族。则法国亦本黑种,特以所居地水甘气清,变而为白耳;而遂以黄、黑、白分为三种,是数典而忘其祖也。

中国地势北高而南下,欧洲地势亦北高而南下。以经纬之度论之,则南方近日,故文明较胜于北方;而风气刚劲、山川雄峻,则北胜于南。故中国二千年来常苦北狄,瑞典、挪威、俄罗斯亦常为欧洲之患,此自然之势也。

广东滨海要区,人民之众,出产之富,不减英国,而近日财用不足,兵甲不练,卒有变故,人心惶惶,此为治之不得其法。

夫有地而不知守,与无地同;有民而不知用,与无民同。一旦外寇乘间窃发,可危至矣。朝廷不知先备,大吏又非其才,辛有之叹,曷其有极!

宋谪官多过岭,故岭外风气多沿宋习,而唐以前之风盖少。

琼州文昌县,操土音颇类中原。问之,言是东坡之遗教也。古人谪官,能变乡俗如是!

今考之岭外语言,亦多沿唐旧,不尽是宋人语也[1]。

---

① 此三句,原系上二条(即“宋谪官多过岭……”与“琼州文昌县……”)之天头眉批。

《旋乡日记》后所附笔记*

高攀龙每至山深林密之处，辄有所悟。余秉性较杂，课功不勤，比之古人，愧悔无地。从此以后，拟当脚踏实地，勇猛精进，了一大事。不然，岁月悠悠，老且日至。一口气不来，更向何处安身立命也！书至此，不禁悚然。

中国学术，三代以前之学，至周而大备；三代以后之学，至我朝而大备。

周学极盛之后，沦为战国，九流繁兴，乃尽其变。我朝极盛之后，至于今时，海外物理之学，骎骎日盛，开汉、唐以来所未有，亦所以尽其变也。

然由朴而华，由华而朴，乃天地自然之理。学问至今日开辟尽矣，沿而极者，犹可三千年；过此以往，生齿日繁，地力日竭，煤不生于山，金不生于矿，民志日弱，聪明愈衰，其必复于睢盱朴略者，势也。

乃处其间，如虫蚁之生于树而不能离树以自存，鱼鳖之游于江

---

* 据文廷式手稿。《旋乡日记》，自光绪十二年六月初三日（公元一八八六年七月四日）起记，迄于同年七月二十日（八月十九日）。此《笔记》原即附书于《日记》篇后，则其撰作时间似亦应与之为近继。《笔记》原无题，今题为编者拟加。

而不能去水以自异，则大气鼓之、大运为之也。惟明者烛照，数计了知，如此确乎守其操而不可拔，泊乎任其化而不可移，斯乃善全其神、与天地无终始耳。

“轮回”之说，佛家数百年积思之所悟、神光之所照，其确有必矣。

盖天地能使物自小而之大、自钜而至细，而不能使物自有而之无。其沦于不可知者，特人不能见耳。其所化者，固犹在天地间也。

老子云：有物混成，先天地生。佛氏云：有物先天地。谓之“先于天地”，则不可谓之与天地俱无终极，则必然之理也。

《诗》云：天生蒸民，有物有则。此物此则既为有，安有无物无则之时哉？故一人之生有此物、则，千万人之生亦有此物、则，谓“天予之”，天若何而予之？其必推及于不可测之乡。虽不言神怪者，不能以浅见寡闻释之也。

亿貌千形，虽有不同，而大端必有同者。同之于性，是天赋也；同之于习，则“夙根”之说，不尽诬也。

朱子亦不全谓“轮回”为无，是见道之论；而钱辛楣乃谓：如此则父子不亲。夫使一死遂同于无，则人之自恣者愈甚，亦岂可以常立教哉？孔孟之学，盖不言生之前、死之后，欲民之安于不知耳。不必定谓无轮回、无知觉也。

《诗正义》引《六艺论》云：河图、洛书，皆天神言语，所以教告王者也。是郑康成不以八卦为河图、九畴为洛书。今《开元占经》所引，非其说。

严铁桥《全晋文》无杜夷名。按:夷所撰《幽求新书》,今见《御览》及《文选注》诸书所引者尚数十条,严氏偶未检也。

铁桥殴杀粮差,逃之京师,入顺天籍、得举。晚乃归湖州,奇困异常。

琴风馀谭*

弹琴咏风之馀,闻快事,掇绪论,辄随手录之,其味如啜茗,得其苦者以为隽也。三十年后,当以为旧闻、为常闻?不可知。不贤者识其小者。文武之策,属诸其人。淆于天地之间者(之谓)〔谓之〕物,纷然起于人心则谓之理、谓之欲。至常者怪,至怪者常。久居京师,当如柱下史,明于得失之故矣,然而不能明、不欲明,非古之车,非古之风,亦与其责耳矣。

纯常子自志。光绪甲午十二月望日

京师钱价之贵,至今日而极:每银一两,得当十钱五百五十馀。余初于癸酉到京时,每银一两,得大钱八百馀,人犹以为钱价之长也。而物价又倍昂于昔:大约今时银二两,当壬午以前一两之用;银五两,当道光时一两之用。士民安得不穷困乎?

庚辰以前乡、会试,二场相戒用典实,三场相戒条对,歙县相国之馀风未泯也。至是翁尚书典试,力求博雅之士,风气始为之一变。十馀年来,读书之士稍稍复多,潘文勤、翁尚书两人之力也。

---

* 据《同声月刊》所载者录入。原刊本于篇末缀有《读海国图志书后》一文,今抽出入于本集之《文录》卷内。

余记少时读书,爱《文选》,时时私读。塾师戒以勿为杂学,则咸丰、同治时士林之风气可知矣。

曹歙县之卒也,得谥"文正",时人已多诽之。闻当时联语云:"焉用文,看考艺偏旁必谨,是以谓之文;奚其正,收炭敬细大不捐,则不得其正。"盖文正每阅试卷,专求字体之疵谬,以其易于高下其手也。

周荇农阁学《思益堂日札》云:内阁署大堂左右老椿树二,相传每会试年,有喜鹊巢则中鼎甲,无则否;巢于左树则鼎甲出在票签,巢于右树则鼎甲出在军机。历验不爽。惟乾隆乙未科,三巢外复有一小巢,则是科三鼎甲及会元俱出内阁云。

按:此事至今犹然,惟不复闻票签及军机之分耳。庚寅一巢,壬辰二巢,余皆目验。至甲午一巢在出墙之枝,而吴筠孙得传胪,亦可云巧验矣。

余同年李春卿晋熙,由庶常改官工部;集唐人诗数百卷,又有集杜、白、苏、陆诗各数百首,其工致在《饾饤吟》及汪氏咏史诗之上。其《己丑下第寄弟》诗,集唐甚工,录之。诗云:"无事悠悠住帝城,奉亲多阙拙为兄。青云未得平行去,白发争教何处生? 数尺断蓬惭故国,一壶清酒酌离情。近来诗思殊无况,遥想池塘昼梦成。姚合 杜荀鹤 方干 许昼 罗隐 李咸用 李渤 徐铉。""犹作长安下第人,舟来应笑尚风尘。肯将骨肉轻离别,劳动生涯涉苦辛。万里家山归卷志,十年铅椠未酬身。春风满目还惆怅,桂玉愁居帝里贫。温宪 陆畅 杜荀鹤 元稹 黄滔 殷文圭 郭震 李群玉。""出京无计住京难,去住情途各万端。灭烛何曾妨夜坐，衔杯谁道易更阑？更无外事来心肺，空诵仙经想羽翰。此处游人堪下泪，杏花还是着人看。杜荀鹤 李咸用 章碣 牟融 郑据 李绅 顾非熊 张蠙。”“衡门一别梦难稀，兄弟乡遥羡雁飞。山色已随游子远，泉声如待主人归。春愁不破还成醉，文战连输未息机。鸿鹄羽毛终有志，青霄休怨志相违。吴融 徐铉 罗隐 常庄 郑谷 罗邺 李绅 刘沧。”

近时奏折中，有极似明人者。如丁文诚奏抽肉捐，起首句云："查四川民情，性喜吃肉。"庞际云奏湖南捐输事，有云："慷他人之慨。"此本俗间故为不通之语，不图以入奏疏也。皆极俗俚。

又，刘恩溥之劾张荫桓云："该员既无骨头，又无血性。"殷如璋之劾内阁侍读王某云："面目既有缺隘，声名又复平常。"则措词尖刻，纯学明人流派也。

李合肥保举一办赈谢某家福，夹片云一监生而有民胞物与之量、体国经野之才，亦可笑，若然则大学士正当让渠作耳。

刘恩溥又有奏折云：臣细加体察，方今熟习洋务者，当以皇太后为第一，而醇亲王次之。如此措词，亦前代所未有也。

郑小谷人品甚高，而诗文入手太低，然典实富赡，词句圆美，要在何廉舫之上。

其读《十三经》，注疏并校勘一一录卷端，无一字遗，其勤不可及也。

晚年好扶鸾，云有女弟子十数人从之受业，编其课作，为《幽女诗》三卷，亦复楚楚可观。论者颇以好怪讥之，然紫姑之诗，洪容斋《夷坚志》已屡载之，不始于小谷也。

杨士聪《玉堂荟记》云：丁丑按：是崇祯丁丑。武状元姓文，江西人；同一科而文武状元俱在江西。此吾家人，其名俟考。

《玉堂荟记》又云：辛未后，言宜兴者，曰何地不生才，而鼎甲三人及会元、馆元必出于苏、松、常、淮四府？以淮与江南并称四府，何以服宜兴之心？乃不辨此而辨馆元，曰选馆首名别无优异，末名亦别无差殊，安所得馆元而称之？夫馆元岂无此可服言者之心耶？据此，则明时馆元以馆选之首称之。今乃以散馆一场第一者称馆元，名同而实稍异。

《荟记》又云：馆元虽有，实无关系，从来亦无以此自标者。甲戌曾就义刻树牌扁，称"馆元及第"，又咄咄怪事矣。

本朝二百馀年，馆元亦不树扁。至壬辰散馆，余同年朱艾卿益藩乃以此自标，然扁但题"馆元"，而不称"及第"，较胜于曾就义也。

道光庚戌一甲三人，至光绪六年间并存，通籍三十年矣。陆仕至辰沅永靖道，许官直隶候补道，谢官给事中截取道，官皆不达。

许漱文为先壮烈门人，尝谓余云：庚戌乃白袍传胪，鼎甲宜不利也。俞荫甫年伯笔记又云：庚戌居丁未、壬子之间，颇形蜂腰。然以今日数之，则庚戌仕宦至一二品者，亦不下十五六人，未为不达。特荫甫作笔记时，尚多沉滞庶僚耳。

道光甲辰会试，二百馀人中式，然无一人仕至一品者，此国朝二百馀年所绝无之事。加一品阶者不数。然山东布政使崇保、荆宜施道盛康，乃独享盛年：崇以重赴丁酉鹿鸣宴加尚书衔，盛以重赴庚子鹿鸣筵宴加侍郎衔。

姜尧章《齐天乐·咏蟋蟀》词，后半阕“豳诗漫与”句，人颇疑其腐硬。陈兰甫师谓此篇乃东京梦华之思，其上半阕“离宫”“别馆”二语可证。此真善论词者。然按《阳春白雪》卷录此词，尧章自注云：宣、政间，有士大夫制《蟋蟀吟》。则此意更可不烦言而解矣。

辛稼轩《摸鱼儿》词：“惜春长怕花开早。”《阳春白雪》作“长恨花开早”。“恨”字与“怕”字孰优？词家试参之。

明初崔子璲著《崔丞相全录》卷二：公尝题剑阁云：“万里云间戍，立马剑门关。乱山极目无际，直北是长安。人苦百年涂炭、鬼哭三边锋镝，天道久应还。手写留屯奏，炯炯寸心丹。　对青灯，搔白发，漏声残。老来勋业未就，妨却一身闲。梅岭绿阴青子，蒲涧清泉白石，怪我旧盟寒。烽火平安夜，归梦到家山。”

按：此词为《水调歌头》，词旨高朗，是稼轩一派。录宋词者鲜及清献，故具钞之。

丁丑未散馆，即有俄约之事。庶吉士多有上疏言事者，沈文定颇不悦，馆课试帖，以义山“雏凤清于老凤声”句命题。王可庄前辈有句云：“咏梧思吉士，歌楚有狂生。”盖以周候凤德隐讽之也。甘肃既定之后，李合肥力主弃新疆，沈文定独主用兵收复，此其相业之足称者。其卒也，左文襄挽联，以李文饶儗之。文定不贪，又谙悉法度，后来亦颇令人思矣。

本朝捐纳盛行，然每捐一官，必令京官之同乡者为出印结，乃许捐纳。

出结官则六部司员及光禄寺署正、大理寺评事、太常寺博士均可。大兴、宛平两县亦可。有一人而用至十馀张者。每张之费,如广东则多至三百金,少者亦不下七八十金,各省之例不同也。又有此省用至十张,而彼省可少至六七张者,亦视其人乡谊如何,无定例也。

京师候补司员,专赖此以度日,虽非雅道,然例俸既薄,不得不借资于此,亦穷无复之之策。

惟各省管结官则非正途出身不能,进士之外,惟拔贡授职小京官升任主事者可以管结。举人、荫生,虽正途不得与焉。如是,各省之中,争端数起,斗殴辱骂,层见迭出。其外官到京争(即)〔印〕结之多少,至相丑诋者,尤指不胜屈。

呜呼!朝廷设官,不养其廉耻,而使乖谬至于如此,尚安望其砥厉名节乎?然不筹善法以变之,而欲施禁革,则必不可。

又,近日如贵铎等奏谓印结有妨捐务,则尤可笑。"捐"何事也?而乃谓之"务"乎!

女士吴茝佩纕《佩秋阁遗集》,七古极有风力,骈体亦具规模。其《胥江词》三十馀首,并加自注,采取亦甚渊博。余摘其四首:"江南春去草萋萋,罨画云山罨画溪。五月争垂瓜蔓水,三冬常护辟寒犀。""琐院苔阴暗上潮,纸窗风雨响深宵。笑侬乍读《群芳谱》,不识园中凤尾蕉。""东篱新劚猫头笋,西崦争租燕尾船。一种清游人乍倦,茗香团雪煮山泉。""望湖亭上望湖光,叶叶风帆入渺茫。惯是湖心波浪险,玉箫金管发沙棠。"皆佳构也。

《癸亥避寇之海门》七律四首,第三首云:"不辞长路赋闲关,暮雨冥冥惨别颜。尚喜高堂加饭健,转怜薄植买山悭。赵岐北海藏名易,庾信江南去国难。太息蓬莱三见后,烟波争不羡鸥闲。"第四首云:“汗雨频挥纪客程,乱蝉声噪夕阳晴。《东征》赋就心还戒,南浦春归调易成。海国扬舲风上下,江山对酒泪纵横。穷途滋味如荼苦,敢自登楼唱《渭城》。”风格自异,无柔荏之态。

武进士能诗者绝少。董柴《如兰集》卷五载南天章一首,天章字汉雯,官副将,云南镇南州人,《戏题署壁画鹤》云:“鹤从何方来?昂藏傍门户。哢吭疑欲鸣,氃氋不能舞。无乃薛稷俦,蕴奇犹未吐?猥以云霄姿,溷之杂尘土?何时骑尔去,翩翩下元圃!”

乙未元日午时,有黑风起于棋盘街一带,前门城门吹闭一扇。

《五行志》所载之事,后世格致家所哂,然必有足供后世格致家所取证者。如《春秋》记蛇斗鸽巢鹢飞石陨。凡物之异,必有其故。中国百年内外,必有奈端其人,以理测之,可通古今之故,不可废也。

《谭子化书》云:虎狼不过于嗜肉,蛟龙不过于嗜血。而人无所不嗜,所以不足则斗,不与则叛。盖嗜欲之纵,必至于犯上作乱。养民者难于饲虎,而世顾狎而玩之也。

回教以诚、礼、斋、济、游五事为主。

济者施予,游者游心于须弥山,似佛家之相宗矣。《天方典礼·五功篇》:一曰念真功,二曰礼真功,三曰斋戒功,四曰捐课功,五曰朝觐功。

又云:礼者践所归之路。当日自主命,步步邮递,以至今生;今日即由此生，步步邮递，以复归主命。此礼拜之至义。此欲为复性之功，而但祈之上帝也。

其《朝觐篇》曰：朝觐者亲诣天阙，其地在天方之墨克国。墨克有五关。东关曰查惕二里格，乃而剌肐人戒所也。北关曰格而匿，乃纳止地人戒所也。西关曰祝合膞，乃沙目人戒所也。南关曰叶阑阑，乃耶满人戒所也。中关曰祖里倰来膞，乃中土墨克人戒所也。大会郊坛，在弥拏。弥拏，山名，在墨克西南郊。其远人不得至天房而于各地所行之礼，曰古而邦。

《西京杂记》：茂陵文固阳，本琅邪人。据此，则吾姓在西汉时，庐江而外，有琅邪一族也。

《大戴礼·本命篇》"妇有七去"、"妇有三不去"及"大罪有五"数节，文义不类周人文字，疑杂采汉律耳。逆家子不取，况为逆家？自无人与通昏姻。且家既为逆，必及于刑，与世有刑人不取，义亦近复。丧妇长子不取，尤为不近人情。此皆杂家传记，故其言不得为经常之道。

本朝诗学，沈归愚坏之：体貌粗具，神理全无，动以"别裁"自命；浅学之士，为其所劫，遂至千篇一律，万喙雷同。至纪文达之批苏诗，逞我臆谈，损人天趣，风雅道丧，非此种论议职其咎乎？姚姜坞《援鹑堂笔记》谓归愚以帖括之馀研究风雅，可谓助我张目者也。

乾隆朝士大夫作诗文多忌讳，至嘉庆初，遂有以《秋柳》诗追劾渔洋者矣。赖管韫山为军机章京，拟稿驳之，事见《管韫山诗集》。由是文字之禁稍宽。此韫山之有功艺林者也。

钮玉樵《觚賸续编》云：元僧雪庵题三山万岁峰诗云："一诏曾教役万民，一峰曾使九州贫。江山假设方成就，真个江山已属人。"近有缙绅周姓者，致政家居，见其子日事营造，口占四语示之云："块块黄砂石，锭锭雪花银。老夫归天后，依旧与他人。"

家、国之理，虽大小各殊，而无德以居之，劳民伤财，转瞬易主，同一可慨也。

嗟乎！秦之阿房、宋之艮岳，以天下全盛之力作之，不数年而宗社为墟矣。土木之功，不信足以亡人国哉？元遗山诗云："直饶划尽琼华了，留在西山尽泪垂。"其言沉痛。

严悔庵《明三案论》谓建文嗣位一年，周、齐、代、岷、湘五王相继得罪，不闻以叔父之亲少从末减；反状未真，而世禄不保。论者徒罪成祖而不罪建文，非也。

此说甚允。明成祖之罪固不可逭，然当时不反，亦断无自存之术。齐、黄诸臣无制燕略，而导少主以寡恩，亦可谓不知量也。

《易·蹇》："九五，大蹇朋来。"王《注》曰："处难之时，独在险中，难之大者也，故曰大蹇。然居不失正，履不失中，执德之长，不改其节，如此则同志者集而至矣，故曰朋来。"辅嗣见汉末党锢之盛，故作此语。

《涣》："六四，涣其群，元吉，涣有丘，匪夷所思。"《注》曰："逾乎险难，得位体巽，与五合志，内掌机密，外宣化命者也，故能散群之险以〔光〕其道。然处于卑顺，不可自专，而为散之任，犹有丘墟匪夷之虑。虽得元吉，所思不可忘也。”

按此所言，乃宰相之事。“涣”有“说之”之意，非徒散之也。涣于此者，将聚于彼。故曰“涣有丘匪夷所思”。此如牛李之党，延蔓于唐年；齐□之分，纠纷于明世。非真能说以散之者，不足以语于此也。至如迷务竞争，乃乱乃萃，则不足称蹇难之朋，亦异乎群而不党，君子所不取矣。

负且乘，致寇至。亲见乱世之人而益信。小人而乘君子之器，小人者不学无术之谓，不必如蔡京、秦桧，而后足亡人国也。

甲午东事起，去粤寇之平，三十年矣。一二将帅可用者，皆平回、捻之遗，所见者中国战阵之事，与西洋兵法颇异。其不能制胜者，在学问之不及，而不在勇力也。其得失之故，见于章疏，载于典籍，余亦颇言之。

朝廷十年酣舞恒歌，以酿成大变；至事变既作，而贿赂之公行者尚如故也。此痛心疾首之事，不忍记，且不必余记。唯是至今已经年矣，而将帅之材不闻奋起，政事之误不闻议改，愈受敌侮而愈欲求和，庸臣奸臣之罪，可胜诛乎？

德国人绅珂，论中国海道既失，宜议迁都。又前数日台湾署抚唐景(崇)〔崧〕电奏，亦颇及之。其实去岁我等已详论及之。张抚督电亦言如是。惟济宁尚书意有不同，盖阴有术持以为说，所谓司马昭之心，路人所知也。

《尚书》孔冲远《疏》,略知孔《传》之伪。先师陈兰甫《东塾读书记》已发其端。然冲远不独知《传》之伪,且亦疑古文之伪也。《武成》,《正义》曰:此篇叙事多而王言少,〔惟〕辞又首尾不结,体裁异于馀篇。又云:"无作神羞"以〔下〕惟告神,其辞不结,文义不成,非述作之体。又云:(众)〔冢〕君百工,初受周命,王当有以戒之,如《汤诰》之类。宜〔应〕说其除害,与民更始,创以为恶之祸,劝以行道之福,不得大聚百官,惟诵祷辞而已。欲征则殷勤誓众,既克则空话祷神,圣人有作,理必不尔。此直言作伪之未善耳。若经文流传有绪,冲远作《疏》安有如是驳诘者乎?

《吕刑》伪《传》:穆王即位,过四十矣。《疏》曰:穆王即位过四十者,不知出何书。《周本纪》云穆王即位,春秋已五十矣。司马迁若在孔后,或当各有所据。此冲远明知司马迁是安国弟子,而云"若在孔后",是不信此《传》真出安国也。

余尝谓"六极"之"弱",专言君德。按孔冲远《疏》云《洪范》以人君为主,又推郑义,言不能〔为〕大中,所以弱也。皆与余说合。又云:虽主于君,亦兼于下,故有贫富恶弱之(名)〔等〕。此则依违伪《传》之说。其实君国亦有贫弱,不必兼下而言。乾为君德,故重在健。《〔洪〕范》言君德,故戒在弱。老子以为柔弱处上,非儒家之旨也。

袁子才诗:"其上威太伸,其下气尽挫。君看汉武朝,贤臣有几个?"又云:"养鸡食小虫,鸡肥则烹之。主人计诚巧,不可使鸡知。"语颇有识,不愧风人之旨。

至龚定庵诗云:"四海变秋气,一室难为春。"又云:"观理自难观势异,弹丸累到十枚时。”则忧生念乱之情,尤为迫切矣。若钱辛楣《履卦说》,引绳当时,深讥执政,不独足见一时之事,即其半生不仕,出处之故,亦于此可见。至《梁武帝论》,用意深矣,岂特贾生《过秦》而已乎!

《汉书》“扶馀韩”,今“费雅喀”是其转音。或云:明时福馀卫,即扶馀也。库页岛,明人称为苦夷。

《诗·伐木》,《释文》云:䤈,葛洪所寄反,谓以筐盝酒。亦当是《字苑》语。

国朝诸儒以考据说经,谊甚美矣,然如《虞氏易》之穿凿,《董氏公羊》之悍戾,其足滋后人议论者亦不少也。

萧县《经史管窥》云:近人说经多附会,聊举一二以资笑噱。如说《中孚》,其于“虞吉”则训为“驺虞”,“有(他)〔它〕不燕”则训为“元鸟”,盖因卦中有“豚鱼”“鹤”“马”“翰音”而捋扯之耳。至训“贲其须”为“须眉之须”,“艮其限”为“股误作限”,秽鄙极矣。有以经学名者,赏其新颖,殆病傎乎?然“贲其须”作须眉解,辅嗣旧义,未可以为傎也。

《朱子语类》,有极可怪者。如卷七十八:养刚问,贽用生物,恐有飞走,因以物束缚之,故不至飞走。此条直笑柄耳。生物若不束缚,如何能用为贽?所疑如此,朱子宜不答也。

《诗》:“归宁父母。”《毛传》:“父母在则有时归宁耳。”此据礼而言，窃谓非诗意也。

诗意言如是而嫁，庶可安父母之心。“归”，即上文“言告言归”之“归”字。“宁父母”，所谓无父母贻罹也。《草虫》：“亦既见止，亦既觏止，我心则降。”《笺》云：“既觏谓已昏也；始者忧不当，今君子待已以礼，庶自此可以宁父母。”是其义。

《邶风·柏舟》：“威仪棣棣，不可选也。”《传》：“物有其容，不可数也。”按，《礼记·儒行篇》：“其过失可微辨而不可面数也。”盖亦言其威仪之盛。其后说者颇疑近于强悍极谏，殆未得其解。

《干旄·疏》列乡旗州旟等十二图目，今其图不传。《诗》、《礼》本皆有图，甚可惜也。

《诗·山有枢·序》云：政荒民散，将以危亡，四邻谋取其国家而不知。《疏》以三章下二句为四邻谋取其国家。

窃谓此诗皆比儗之词：有廷内而弗洒扫，则谗谄充塞矣；有衣裳而弗曳娄，则礼法凌替矣；有车马而弗驰驱，则戎备废弛矣；有钟鼓而弗考击，则政教澌亡矣。然则喜乐永日，亦惟冀免已身而已。祝君祈死，家耄遁荒，衰乱之端，不关天意，虽无邻国，其能久乎？此《序》之言，实诗家之大义也。《魏风·汾沮（如）〔洳〕》，刺俭也；《园有桃》，大夫忧其君俭啬无德教。《唐风·蟋蟀》，刺俭不中礼。《秦风·车邻》，美秦仲有车马礼乐侍御之好；《驷驖》，美襄公有田狩之事、园囿之乐。盖古诸侯并列，国体隆替，恒视乎斯。故但知政事之修明，不在财用之省啬。读《诗》者当知此意也。

《蒹葭》，刺襄公未能用周礼。此秦变法之始。三代之不可复，肇端于此。是《春秋》之大义。此等诗亡,而后孔子作《春秋》也。

谢叠山《诗传注疏》论《秦风》曰:中国而纯乎人欲,则化为夷狄。夷狄而知有天理,则化为中国。秦本夷狄,《春秋》夷之。邑于岐丰,用文、武之遗民,习文、武之旧俗,一旦恶人欲而崇天理,其发于诗者,有尊君亲上之义,有趋事赴功之勇。故季札听其乐,曰是谓能夏,能夏始大,忧其将有中国矣。

此推究于天理人欲,乃宋儒习气。其实秦之规模法度,至是已粲然比于中原,君子知其不终于夷,不能不为中国虑也。

李莼客《桃花圣解盦日记》云:李鄦斋《炳烛篇》,本四大帙,为目甚繁,鄦斋之孙用光所手辑,乱后独存。潘伯寅言其书多录他书,乃未竟之说,盖随时纂录,以俟更定者。因属陈培之、胡甘伯两户部及吾乡赵妄子按:《日记》称赵之谦为"妄子",今仍之。共删校之,厘为四卷,梓以行世。然昔贤箸述,具有苦心,刊定从违,谈何容易?陈、胡二君,吾不知其优绌。至以妄子参之,则鄦斋之冤已甚矣。今此四卷中,篇叶无多,尚有直录前人之说数条,如幽人、妻及老子、国字诸条。又误字不知凡几,则校者之学可知耳。

余按赵抝叔实不读书。吾江西《通志》,经其手定,要未为善。

顺德李侍郎芍农屡告余,言抝叔修志,有功江西。《江西通志》原本"食货"一门,以"户口"列首,可谓笑谈。户口岂可入食货耶?赖抝叔改正之耳。

夫食货先记户口,乃杜君卿之卓识,《通典》之成规。修志用之,抑有何过,而以为笑谈?盖两君皆精于金石艺术诸书,于《三通》固未暇寓目,不足深论也。

临桂王幼霞御史争割地一疏，有云："闻李鸿章奏调随员，有伊子李经方及道员马建忠、罗丰禄诸人。乱臣贼子，狼狈为奸，其可寒心，不啻兵临城下。"自谓警句，为余诵之。时论亦颇谓然。幼霞名鹏运，由内阁侍读迁御史。近颇能言，劾庆亲王一折尤为得要。及庚子之乱，幼霞又劾大学士荣禄。折入，留中。幼霞遂乞假南归。

《西青散记》，史梧冈作，小说中之幽秀者。重订本删削颇佳；余得其原本，亦尚有一二条小有改者，录之。

卷六云：玉函以《浣溪沙》赠，双卿答以词，喜而不寐，更为词答以《太常引》，大悦，梦呓且笑。复得《一剪梅》曰："寒热如潮势未平。病起无言，自扫前庭。琼花魂断碧天愁，推下凄凉、一个双卿。

夜冷荒鸡懒不鸣。拟雪猜霜，怕雨贪晴。最闲时候妾偏忙。才喜双卿，又怒双卿。"十二月初一日也。

前一日晚，双卿扫柳叶于门，衣单缊，裹旧帕，虽疟，容止愈幽婉而整。目神清发，射人数十步，光彩欲流。玉函徘徊望之，是夜大呓，得此词，呓更苦，因为《意难忘》一词，有"春梦荒唐，乍莺莺燕燕，浅闹深忙"之语。

双卿乃为书，粉书吉祥叶，曰："昨者比邻之妇，闻欲为先生袭缊，而笑语之曰：怀芳子年五十馀，双卿年二十有一。双卿堕智井中，不见日月，毒螫交至。怀芳子恻然伏井上，日夜念弥陀，且为痛哭，急于父母。井中人顿首谢之，死无恨矣。世情多冷，弄月仙郎所友惟热肠人，皆仁人孝子，侠骨禅心，普天有患，视犹同室，被发缨冠，不忍闭户者也。怀芳子发乎情，止乎义，忘男女相，切父母心，妾岂效村俗妇，阳避亲戚，而阴就童仆哉？昭昭伸节，冥冥堕行，色厉内荏，习为穿窬，妾甚鄙焉。方今之时，内无怨女，外无旷夫，雌雄牝牡，咸喜匹双。而妾躬执箕箒，事田舍郎，多黍多稌，仳离不作，每夕稽首天子万寿，焚香祝天，无一日忘也。幸赋清才，与逸人君子偶相唱和，词虽寒陋，采风者当不溷双卿于郑、卫间也。先生恻隐，妾已知之。意烦则亵，语烦则滥。妾守身似玉，君其惜墨如金。”

玉函曰：“灰矣！余为孩矣！”呓声嗹喽，或呴或叱。觉而难曰：“我贫而老，惟双卿两忘之。此不用吾情，恶用情？天下无情痴久矣，舍我其谁也？”

沈洪生学士《洪崖词》有《挽成容若侍中》四首，词调《满江红》。

其第三首起处云：“内殿春晴，给笔札金门奏赋。凌云气，至尊亲赏，文场独步。”盖当时侍卫多工笔札，每和御制，有以此改官者，《饮水集》中如徐阁学某、朱御史某皆是，亦间载一二矣。

其第四首颇沉著，录之：“骏马台边，更别筑翘材高馆。勤吐握，孔融坐上，宾朋常满。寄远争投青玉案，分题竞涤红丝砚。算芙蓉绿水卫军池，今重见。　　南皮会，西园宴；张融麈，袁宏扇。笑臣饥索米，几回游衍？鱼鸟无依山海竭，芝兰空叹泉台掩。箧巫咸楚些漫招魂，归来晚。”

容若当时爱贤礼士，物论归之。康熙初年，维持文物之功，定当指数，不独词章清越足示方来也。

曝书亭挽诗云：“迹扫孤生竹，枝摧半死桐。自今观物化，不诋释门空。”亦极沉痛，非泛常语。

“乐与饵，过客止。”老氏之阴谋也。自诗人言之，则曰：“我有旨酒,以宴乐嘉宾之心。"

《节南山》云:"不自为政,卒劳百姓。"郑《笺》云:"欲使昊天出图书,有所授命,民乃得安。"《正义》曰:王肃以为,礼,人臣不显谏。谏犹不显,况欲使天更授命王基?理之者曰,臣子不显谏者,谓君父失德尚微。若乃暴乱将至危殆,当披露下情,状死而谏,焉待风〔议〕而已哉?是以西伯戡黎,祖伊奔告于王,曰天(既)〔已〕讫我殷命。古之贤者切谏如此。肃不讥《尚书》祖伊之言,而怪家父邪?

按:古人之言,无所忌讳。此诗自言家父作诵,以究王讻,尽忠以明民。"将以愚之",知老氏之言,不足与于大道也。

《周礼·天官》"九赋敛财贿"节,郑《注》云:自邦中以至币馀,各入其所有谷物以当赋泉之数,每处为一书,所待异也。按:近人章实斋《文史通义》言古人以吏为师,周官一职皆有一书,大致本此。

《疾医》:(职)死终,则各书其所以,而入于医师。《注》云:"所以",谓治之不愈之状也。此医师掌医之政令,必尽有医家之书矣。

《牛人》:凡祭祀共其牛牲之互。《释文》:互,徐音牙。按:今时俗间所行牙祭,疑出于此。

《司谏》:巡(门)问而观(祭)〔察〕之。"观(祭)〔察〕"二字始此。

《卝人》:若以时取之,则物其地图而授之。《注》:物(色)〔地〕,占其形色,知咸淡也。《疏》:释曰,云知咸淡者,郑以当时有人采者,尝知咸淡,即知有金玉,故以时事言之。据此,则唐人之矿学,已远不及汉人。

印度及回教文字皆精于言理，而于算学及近时格物之学皆不能摹绘尽致，国势之不振、民智之不开，未始不由于此。中国文字虽足用，而学术则尚未开，留心政教者，则宜善思变计矣。

勤政，美名也，亦善事也。然今之军机处，则无论事之大小、言之是非，一切取决于俄顷。用人既不详审，听言尤为草率。

或今日督、抚所陈业经驳斥，言官所论置未施行，明日事变既来，适与所言符合，亦不复追求前论，见诸施行。

至于调兵则纷若奕棋，纳贿则急于求食。昏贪之辈如醉如狂，即素有清名、廷推干济者，其生气亦尚不及曹蜍、李志一辈人。若此无罪，沦胥以铺，古人所为深太息也。

高邮王氏，经学、小学弁冕一时。龚定庵诗："儒林几见传苗裔，此福高邮冠本朝。"可羡也。

文简之子贞介公，名寿同，学亦渊博，有著述，殉节后零落殆尽。贞介之次子恩晋，年二十，与贞介同殉武昌之难，以救父手刃三人，卒为贼害，旌表孝子。

儒林之后，忠孝继之。海内高门，不数乌衣马粪矣。

先祖壮烈公，特授惠州府知府，时潮州府北山贼起，故调署潮州。期年贼平，而嘉应州戕官之案适告，督抚以先壮烈曾两任州事，得民心，故调署嘉应。民事既定，次年咸丰己未二月十六日，粤匪破城，遂殉焉。始终未履惠州府任，故《府志》失载。

然考《吴兴备志》云：文同元丰中出守吴兴，至宛邱驿，忽留不行，沐浴衣冠，正坐而逝。未尝至任也，而后世竟称"文湖州"。以此例之,先壮烈仍当以惠州纪官。闻《府志·表》亦不载,殆失之矣。

《周官》:“疡医掌肿疡、溃疡、金疡、折疡之祝药,劀杀之齐。”《注》:祝当为注,读如注病之注;声之误也。《疏》:释曰,疾医非主祝(杀)〔说〕之官,为祝则义无所取,故破从注。愚谓:祝,盖即后世祝由科之类,不必改读。疾医与疡〔医〕不同,《疏》混为一,恐非。

《(司书)〔职内〕》:“受其贰令而书之。”《注》云:若今御史所写下本奏,王所可者,书之。若言某月某日某甲,诏书出某物若干,给某官某事。按:郑君未尝任职,而朝廷故事,纤悉毕知如此,真通儒也。

《乡大夫》:“此谓使民兴贤,出使长之;使民兴能,入使治之。”郑《注》曰:言是乃所谓使民自举贤者,因出之而使之长民,教以德行道艺于外也;使民自举能者,因入之而使之治民之贡赋田役之事于内也。言为政以顺民为本也。《书》曰天聪明,自我民聪明;天明威,自我民明威。老子曰圣人无常心,以百姓心为心。如是则古今未有遗民而可为治。按:此经文义自明,而郑《注》详尽如此者,盖康成论治大旨,尽于此条,其告季汉先主者亦不出此也。后世之君,乃食租衣税,自作威福,遗民之甚,遂将千年。其召内乱、辱外侮,岂不幸哉?

《考工记》:(程)〔桯〕围倍之。郑司农云:(程)〔桯〕,盖杠也,读如丹桓宫楹之楹。《疏》云:盖柄之〔桯〕,楹柱之类。余谓:岳倦翁《桯史》即用此意,取柱史之义而变言之也;纪文达未知之耳。

《天方典礼·真宰篇》释“体用”二字云:体与用,不即亦不离,若十与一然，一不即十而非不即十，十不即一而十之全体皆一也。此说甚明快，自是彼教隽语，然不过知行合一之变论耳。

满州女史顾太清者，尚书顾八代之曾孙女，初适副贡生某，为鄂文端之后人；夫死后，复为贝勒奕绘之侧室。文笔清丽，自称太清主人；贝勒自称太素主人。与贝勒诗词唱和。贝勒卒时，年只四十；太清主人则卒于同治间，年七十矣。其词集中，与阮文达、龚定庵俱有唱和；锡尚书锡珍有摘抄本。伯希祭酒以为国朝词人专学《花间集》而神似者，太清一人而已。

余觅之未得，仅于厚斋将军处见其手稿一首，今录于后："镂月裁云手，好文章、天衣无缝，神针刺绣。写景言情无不切，一串骊珠穿就。应不数、豪苏腻柳。脱尽人间烟火气，问前身、金粟如来否？餐妙句，淳如酒。　　□神变化云出岫，笔生花、篇篇珠玉，锦心绣口。文彩风流谁得似，明月梅花为偶。比修竹、孤高清瘦。岂止新词惊人眼，行有恒、事事存心厚。三复读，味长久。《金缕曲·奉题行有恒堂词集》，太清春拜稿。"印章一为"太清"，一为"西林春"。

"春"者，殆其名欤？词虽酬应之作，吐属自不恶，书法亦雅静。当再访其全集阅之。

定郡王《行有恒堂诗集》，已刊者二卷，抄本中尚有词一卷，亦间有可采。《霜叶飞·芦沟晚望》云："夕阳西下黄昏近，馀霞红覆林表。古原衰草怕西风，正岸迷蒲蓼，驿柳叶疏疏袅袅。桑干秋水波流渺。见一派狂澜，送旅客行程万里，令人心悄。　　村落远映青山，征鸿唤侣，转觉无限深窈。又闻鸦噪莫烟迷，野旷繁星小，月欲堕如钩皎皎。人家灯火沿堤绕。画角声频凄切，节序生凉，此情难了。"《画堂春·春暮》云："嫩寒初过雨濛濛，乍晴藓径泥融。晓来无奈落花风，谁惜残红？　　小阁开帘怅望，轻盈絮舞长空。乳莺啼倦绿杨丛，春老园中。”

沈善宝《名媛诗话》：满州西林太清春，宗室奕太素贝勒继室，将军载钊、载初之母。著有《天游阁诗稿》。又云：太清工倚声，有《东海渔歌》四卷。盖湘佩与太清交善，故颇录其诗词。然余考《玉牒》称侧室顾氏，此云继室，非也。

乙未三月二十八日，李鸿章所议条约到京，天忽大风，黄雾四塞。先后十馀日天皆霁朗，是日独见此异。天之示警深矣，抑祖宗之灵有馀恫邪？

先是二十五日，余约讲官四人递公折。人皆以为事已成，可不必说也。余曰：譬犹父母病重，即不可治，岂得不进药邪？总理衙门章京等于二十三、四日亦递说帖争款事。于是一说帖一奏，京师传钞，始知条款荒谬如此。至二十九日而翰林阖署公折上，两书房亦有公折。三十日，近支贝勒、贝子、公等公折及都察院公折并上。四月初一日，内阁阖署公折亦上。其一二人联衔及单衔具奏者亦十馀折。闻上意稍移。未知能卒有补救否？闻各行省举人，皆具呈都察院代递。人情纷扰异常，可知李鸿章、孙毓汶、徐用仪等之干犯众怒矣。

上召见汪侍郎鸣銮曰：“孙毓汶逼我画押，徐用仪和之。”鸣銮对曰：“上言及此，天下之福。孙毓汶悍恶不可信。有大事，翁同龢、李鸿藻较可任。”上曰：“然。”于是三十日电询刘坤一、王文韶守备之具，有“割奉天、割台湾、赔兵费断难允从。近日在廷臣工章奏甚多，议论颇正”之谕。

陈后山《谈丛》云:田理有横有间,“间”字疑有误。谓之立土、横土。立土不可稻,谓之不停水也。乾隆间直隶不复兴水利,即以立土之说。然余问之燕赵农家,亦不尽然也。

《后山理究》云:嵇叔夜居于野而司马氏知之,阮嗣宗居于朝而人以为狂。故二子同避晋而有存亡。盖叔夜匿形而见志,此处疑夺一句。嗣宗出身而纳智,故君以为密。自来论嵇、阮者以此为笃矣。

《崇文总目·道书类》:陆修静《灵宝步虚词》一卷;又,陆修静《步虚洞章》一卷。原释:修静不详何代人。金锡鬯按:黄长睿《校正崇文总目》云,修静,东晋道士,隐庐山。五代释义楚《六帖》卷八云:披捡道士陆修静答明帝所上目录,其本及今未见。明帝是宋明帝;释法琳《辨正论》引之。是修静宋人,《崇文总目》作东晋者误。

李莼客云:宋初士大夫谨守汉唐注疏之学,如杜镐、聂崇义、邢昺、孙奭,以至丁度、贾昌朝、宋祁兄弟皆然。自欧阳文忠、刘原父始渐变其说。《宋史·杨安国传》云:安国讲说,一以注疏为主,无他发明;引喻鄙俚,世或传以为笑。尤喜纬书及注疏所引纬,尊之与经等。夫安国承其父光辅之学,又为孙宣公所荐,在经筵二十七年,仁宗称其淳质,比崔遵度侍中。载其讲《易卦》“覆〔公〕悚”及《周官》“大荒大札”两事,因事纳忠,简而有要,极得汉经师家法,何有鄙俚可笑之事?讲经专依注疏,自是正学。取纬补经,尤是通儒。盖自欧阳修删《正义》引纬之说兴,驯至南宋,遂视注疏为土苴,故史家有此等谬说也。安国字君倚,密州安邱人,官至给事中,年七十馀卒,赠尚书礼部侍郎。

余按:《朱子语类》卷百二十九云:“祖宗以来学者,但守注疏;其后便论道,但注疏如何弃得?”朱子于北宋风气,重之如此。又一条论苏子美、梅圣俞事云:“仁宗于是惩才士轻薄之弊。这几个承意旨,尽援引纯朴持重之人,以愚仁宗。凡解经不过释训诂而已,如杨安国、彭乘之徒是也。”是朱子于杨安国不甚重之,然固以为纯朴持重之人矣。

宋王圣涂《渑水燕谈录》卷八云:庆历中,洪州江岸崩,得谢朓撰并书宋海陵王墓铭石。朓文固奇,而书亦有法,类钟繇书。石入沈括家。十馀年后,为夏元昭匿之。今不知所在。按:此铭不传,使吾乡金石减色,可惜也。然《梦溪笔谈》亦竟未之及,殊不可解。

《东国史略》卷三,此编年之史略。载高廉文懿王定五服给假式:斩衰齐衰三年给百日,齐衰期年给三十日,大功九月给二十日,小功五月给十五日,缌麻三月给七日。按:今满州大臣丧服给假,似采用其例。

又云:女真俗如匈奴,无城廓,无文字。其先平州僧今俊,或曰平洲僧今幸之子克守,入女真,娶其女,生太师古乙。古乙生大师活罗。活罗多子,长曰劾里钵,季曰盈歌。盈歌死,劾里钵长子乌雅束嗣位。乌雅束卒,弟阿骨打立。虽颇异《金史》,然足以广异闻。

《楚辞·远游》篇:“焉乃逝以徘徊。”洪兴祖《补注》曰:“焉,辞也,尤虔切。”是洪氏犹知“焉”字之训,在高邮王氏之先。余谓《招魂》篇“巫阳焉乃下招”,“焉乃”二字亦当如此解释,上文不能复用句绝,尤合语气。

《永乐大典》一万四千一百二十五引《春秋后语》云:“荆轲将行,太子及宾客知其事者二十馀人,皆白衣冠以送之,至易水之上。既祖取道,高渐离击筑,荆轲和歌,为濮上声,士皆流涕。”余谓易水之歌,何以知为濮上之声?孔衍所载,当别有所本,今不知其所出矣。

元林老人《颂古虚堂集》举洞山《新丰吟》云:“古路坦然谁措足?无人解唱《还乡曲》。清风月下守株人,凉兔渐遥春草绿。”此诗可补入《宋诗纪事》,语亦清朗可诵。

罗霄山人醉语*

吾乡东南,有罗霄山焉。山之高数千仞,仰攀云霓,俯临大壑,登之者累欷,危乎不可留,久焉则不复怀思尘世矣。其中多神仙,时见时隐;善为观者,三年五年乃一遇之,恍惚之间,晞然无言,即言亦不可得闻。树之涛、云之影、鸟兽之奔骇,寥寥萧萧,天光临之,足以醉其性。既醉之后,或时有言,起辄书之。古今一眴,是非一齐,无所可否,以是为寄然而已矣。

丙申秋九月。道希

《周书·大聚解》一篇,乃武周胜殷后抚国绥民之大政,凡建新国者所当取法。此二条别载。

《管子》书为后人所纂集,粹者多,驳者亦正不少。惟《左传》载管子语极精当,其最(初)〔切〕之言曰:“戎狄豺狼,不可厌也。诸夏亲昵,不可弃也。晏安鸩毒,不可怀也。”千古谈治外治内者,不能出此数语之外。不弃诸夏亲昵,即保全族类之意;不怀鸩毒晏安,则百废具举矣。微管左衽,于此见之。

---

* 据《同声月刊》所载者录入。

诸葛忠武常诵《梁父吟》,未必仅今所传之一首也。盖杂取古事咏之,观太白《梁父吟》,略可见其意。近人有疑忠武好阴谋,其言二桃杀三士,即他日致关、张于死地之策。君子之心,岂容以小人之腹度之!

《逸周书·文传解》:"开望曰,土广无守,可袭伐。土狭无食,可围竭。二祸之来,不称之灾。天有四殃:水、旱、饥、荒,其至无时。非务积聚,何以备之?"下文引《夏箴》,《御览》三十五引作《夏归藏》,卢召弓以为讹字。

余疑"开望"二字即"启筮"二字:"开"、"启"古通用,且屡经汉人避讳改写;"望"字与"筮"字形近而讹。《御览》引前文为《归藏启筮》,而误录下节也。《太平御览》多本之北齐修文殿御览,故多见古本矣。

不读古书,不足知后世之变;专信古书,不足知后世之变。三微而成一著,惟有识者知之。

《老子》曰:为治者非以明民,将以愚之。

《孙子》曰:能愚士卒之耳目,使之无知。

以愚人为大智,且箸之简策,于是秦汉以后,将不知书,民不知学;一愚之以焚书坑儒,再愚之以诗赋策论,三愚之以八股试帖,而中国之土荒民惰、器窳兵疲,驯至今日而愚之极,不可收拾矣。此两"愚"字,中国受害,实非浅鲜。

干令升《搜神记》,事多核实,无愧鬼之董狐。以余所闻,神怪之事,亦复至多。天地间游魂为变,实非意外,余颇能知其故,不足为一孔之士道也。后世以电学推之,大约能知十之六七。

人之心学,非自证自悟不足言。中国诸儒之书及外国心灵学、灵魂学等书,大抵只能言其影响;《佛藏》五千馀卷,无论禅宗教派,亦惟有待其自悟之一法耳。若恃耳目意识测度,皆非自得衣珠也。

向来称"本朝"二字皆对列国而言。惟近二百年前,以"本朝"二字对历代而言,其误不知自何人始。

《逸周书·谥(注)〔法〕解》"谮诉不行曰明",《论语》用之;"大虑静民曰定",《大学》用之。

《逸周书·本典解》:"王告周公曰,朕闻武考,不知乃问,不得乃学。今朕不知明德所则、政教所行,故问伯父。"此"王"为成王,而称周公为伯父,是父之弟亦可称伯父也。

《逸周书·史记解》,言皮氏以亡,华氏以亡,夏后氏以亡,殷商以亡,有虞氏以亡,质沙以亡,三苗以亡。皮氏见《竹书》;质沙盖即夙沙;惟华氏不见各书。然自古及今,称中国多言华夏,则华氏之建国必在中原文胜之地,惜不可考。又各国之亡,惟夏后氏言随财而行。孔晁《注》云:桀由好财亡也。是以贿亡国,莫先于有夏矣。

战国时人于《易》、《诗》颇引之,于《尚书》则不甚引之,然皆不及引《逸周书》之多,如"美男破老,美女破少"、"叶之美者解其柯,柯之美者离其枝”之类，殆不下十馀条。即《齐策》或说靖郭君之言曰“海大鱼”，亦本《周书·周祝解》曰“海之大也，而鱼何为可得”，正与所说意同。再查。

明人于考证之学虽疏，而禅学则几于人人能解，观所作书自知之。

品题物状，移时则非；揣摩恒情，久之亦厌。无去无来，是之谓“如”；其以刹那为究竟者，亦非究竟也。

明人杀熊襄愍者，邹元标也。国朝劾谢济世者，孙嘉淦也。是非不明，晚节可惧，吾为二人惜之。

电学之理，彻天彻地。使心学家知之，能长多少识见！然圣人则先自证之，特不欲亵言之耳。故“神”字从“申”，“电”字亦从“申”；“申”者无时不申于天地之间，故磁气横而电气直也。“申”字篆文作“申”，亦兼象屈曲洞达之形。余故疑“申”为“神”之本字矣。

王船山僻处村坞时，无书可读，遇乡塾中有四子书，即取而训解之，凡数十本。陈兰甫师好读《孟子》，其手批旁注者不下五六本。昔人凡读书，必先有一书得力，而后读各书皆如破竹，此最有益。

李二曲《四书反身录》，余曾为陕西彭兵备校刻之。兰甫师未之见，尝谓余曰：此书书名极佳。凡读书能反身，乃真读书也。

以一指蔽目,而言天地万物不外于此,未尝不可也。易以一纸一叶,而皆可蔽目也。

拈一字一句以为学问宗指,而言六经群籍理皆在是,亦未尝不通也。易以他文,而理又未尝不在是也。故或主"敬",或主"静",或言"知止",或言"慎独",或言"致良知",无一不可为入德之门,无一不可收达材之效。特以之训学人、立门户,则可;若真以为古今学术尽在于此,则欺人之说,而人亦必反唇而讥之矣。

戴子高《颜氏学记》卷七引徐仲容言:"汉儒之于圣学,驿使也。宋儒,则驿使改换公文者也。"此说颇得汉、宋经学之分。然汉儒于圣学,亦有不得其解而强为附会、转致失真者,则遗失公文之咎亦不能免,但其邮递之功终不可没耳。

今日欲改文字以归简易者,余所知已有数人。度世变之亟,或不免行之。然余谓中国文字自是天地间最简之学,今习而不察,又后世文繁,自滋其弊耳。

西人李提摩太,尝谓中国文繁。余应之曰:中国文不繁。李提摩太请其说。

余告之曰:西人拼音,凡数万音。而中国所用之音,不过数千。此简一也。西人字典不下十万字,其常用之字亦将近万。而中国所有之字,除别体讹体外,不过一万;所常用之字不过四千。其简二也。且数千之音,大半分以四声,道之语言,则平、上、去三音不甚分别,是音尤简矣。各国语言凡衬字馀音皆著之笔画。中国则以数虚字形似之,而一切起音、收音概置不用,此所以简而足用也。

问曰:然则中国学童每至七八年、十年,犹有文理不通者,其故何欤?

余曰:此求工求雅之过,非文字之咎也。中国文法,大半沿之周、秦、汉者十七八,沿之唐、宋者十二三。若近千年之名物则不登于文字,近五百年之语言则不书之简牍。是学者读古书、通文理,其中已兼两次翻译之功,安得不迂缓乎?且闾里之女子,乡井之细民,但能阅戏文、看小说,不一二年,便可亲笔写家信。若谓非十年不可,岂此等人之聪明转过于在塾肄业者乎?故但令识字能书之后,即改学化学、算学等艺,度其用文字之功,虽至愚之人,三年,无不能操笔记事者矣。以是言之,不必再造简便文字也。

或曰:日本、高丽,何以皆有本国简字?中国独不宜效之乎?

余曰:日本、高丽语言本与中国不同,且其言必兼用起语收声而后人人能识。若中国则各行省虽有言语不同之病,而一字为一言则举国同之,不必再学各国拼音之法,转令民间多一事也。惟中国骈体诗赋等作,必敷陈古事,不作今言,此则施之今日,不过绣其鞶帨,当任学者自为之,无容过为鼓舞可也。

《文选》刘孝标《辨命论》,《注》引朱建平《相书》曰:"额有龙犀入发,左角日,右角月,王天下也。"此相书之最古者。侯君谟《补三国艺文志》似未录此书,俟捡。

近人言书法好北魏,论诗法好晚唐,风气之感,与世道俱。姚配中《琴学》言凡物之同律同度者,其声无不相应。盖有不期然而然者。《国语》:"房后爽德,协于丹朱,丹朱凭身而仪之。"则在异世犹相感召。使精于电学者悉心而究之,凡此等事,固宜有比例之说也。

光学可以传声，即耳目互用之说也。大地尽放金光，即电气镀金之说也。制之于器，则不信者可使之信；藏之于身，则不疑者或益之疑。非天下之至通，其孰能与于斯？

从无始以来，天地之间，一物不减，一物不增，一物不生，一物不灭，一物不垢，一物不净。其异同者往来屈伸之迹而已矣，其变化者合离杂糅之象而已矣。人徒以见、不见分为二，所谓肉眼知见也，此人道，非天道。故道人莫如有极，道天莫如无极。二语本《周书》。

记人题石壁诗云："琢玉为花冰作枝，前山云影碧参差。洪荒以上星辰气，混沌而还造化儿。十万年来还到此，二三子者或能知。萧然又控乖龙不记是"乖龙"否。去，笑指沧溟酒一卮。"前不书岁月，后不书姓名，不知何人作也。以诗格尚不俗，追忆录之。

丛书之刻，至今日而极盛；学问之事，则将变矣。

即今日之言汉学者，与乾、嘉时之汉学，亦正自不同。小学则通假太宽；经学则多言微言大义，而于名物度数反惮其繁难不之究，又好言今文而攻古文。史学则未有宏通淹贯之才，或捃摭小小，以自附于读史耳。校勘之学，差为可取，然是刊书之益，而非学者所急。

至西人之学，则译书尚少，制器未多，故仅能知其辜较，而其委曲详尽之处、神奇变化之能，皆所未谙。盖无现成物事，故难一蹴而精也。昧者不察，乃必谓西人事事袭之中国古书。夫相因而成者有之，闭门造车、出而合辙者亦有之；若仅拾坠简之偶同，诧他人之善盗，其意固佳，而要非事实。

总之三十年后，中国文献必大盛，而一切冲淡之学，尚望后来之人维持不敝也。

《易》之为书，或以体言，或以事言，或以爻辰，或以卦气；即极之先天太极，无不可通也。然《易·系》言穷神知化，为德之盛，则未臻盛德而辄欲穷神知化，亦后儒之过也。

伏羲十言之教，八卦之外，惟"消息"二字而已。知一时之消息者为贤达；知万事之消息者，其圣人乎？

荀氏言乾升坤降，虞氏言发挥旁通，以是为得《易》之消息，犹不免为一目之罗也。

别白而定一尊，学术之所以隘也，隘则陋；而人材之奇伟者，亦暖暖姝姝而束于一先生之教矣。

读书之法，以专而博。然非有大书院广储书籍，使其易于见闻，则虽专而仍不免于陋也。

根本者人心之所植，培之厚，沃之深，则其发必荣，至于粹面盎背，而上洽天心、下谐人事，快然自得矣。岂必饵芝餐术，取坎填离，养此块然之形质哉？

西法有极美者，亦有未尽善者，亦有因其国之旧俗而不得不然者。

两三年来，海内言治者，皆知中国积弊极深，不可不速变法。顾如医者知病之笃，而论脉则工，立方则多不能洞中肯綮也。然病之深，命在旦夕，而求药非三年、七年不得，岂能蕲其愈哉？

善治者有能延顷刻之命，以待三年、七年之药，则可与言今日之治法矣。徒欲亟亟变法者，犹非国手之奕也。

其延顷刻之命奈何？曰：明于各国之大势，明于五洲之性情，明于吾今日受病之处与他日病愈之效，则可与言救急方矣。吾观天下，未遇其人也。

秦汉以来，立人朝者，不自重天民之品。每进一秩，得一赐，则沾沾自喜以为荣，骄妻妾而欺乡里，曾不靦颜。二千年来，遂为谐臣媚子之世界。三代之风，扫地尽矣。噫！

谀媚盛则志气隳，志气隳则学术坏，而上又导以无用之学，下又专于不急之务；政事惟吏胥主之，农工商贾则沾体涂足，而略不识字。四万万人皆茫焉昧然，如圈豚之无所闻见，循至积弱，非偶然也。

天下之教，坏于学究；天下之政，坏于吏胥。以吏胥、学究成天下之政教，宋以前尚不尽然，而宋以后则一日敝于一日。然书院之设，即在宋初，此又将来学校复盛之萌孽也。学校盛，而政事可得而理矣。

“中原不是无麟凤，自是皇家结网疏。”既为麟凤，岂入罗网邪？希夷之言，于斯陋矣。

《诗》曰:“永矢弗告。”灾祥怪异之说,本于人心。世治则其说不行;世乱则其说虽不验,而人心之趋于灵异者不能不日甚一日也。

六朝刑戮至重而佛说盛,两宋不杀士大夫而儒术昌;西汉之五行,东汉之谶讳,皆时为之也。泰西此时,卜筮星相之术几于不行,此其治术极盛之验。然不二三百年,犹当复兴。迭盛迭衰,以此观世道人心,亦可得十之四五矣。

日本人谓中国中六经之毒。夫六经为盛治之文、大中之道,即今日泰西之富强,岂能出六经之外哉?中国所中者帖括之毒,其读六经,不过备考试之用而已,大义日湮,微言愈绝,酿成人心风俗之害,而交侵之祸不可胜穷。以此归咎六经,不任受也。

议院之设,于《易》义得之。乾者君德也,上九则亢龙有悔矣。悔之之道,贞元递嬗。是以用九则见群龙无首也。群龙无首,乃合天德。坤之上六,龙战于野,其血玄黄。盖民政之极,则君政将兴;君政之极,则复行民政。然君政必参以民政,乃能无咎。故乾之上六有亢龙之悔,而坤之用六利牝马之贞。

同姓不婚,周制然耳。若周以前,则五世之后可通婚姻矣。西人言同姓为婚,血脉不盛,亦指最亲者而言。凡物相杂谓之文,故不欲专一,亦非仅以远别也。

陈兰甫师云:周制百世不通婚姻者,盖当时敬宗收族之法既备,有十数世不分居者,禁其不相嫁娶,圣人之权所能到也。

余谓：北魏禁母族不通婚姻，英吉利国又禁妻之姊妹不得续娶，各因其俗以著为成例，世变势殊，则亦不相沿袭也已。

焦袁熹《此木轩杂著》云：秦用李斯言，焚烧孔子之六经，以吏为师，天下谓之“暴秦”。自汉以来，无不知尊孔子者。然秦乃明禁而明绝之，至于后世，阳尊而阴违之者多矣。尊之愈至，违之亦愈深。大约利归于上、害切于民者，虽累数十百年，困弊已极，终不肯变。此孔子之所大戚也，则亦奚贵于表章其书、尊尚其道哉？谋国者诚知李斯之得罪万世，则亟当以是告吾君，以实心行实政，然后可以为孔子之徒也。

余尝谓中国政非三代，教非孔子，特美其名而托言耳。实则秦法愚民，至今用之，锢蔽日深，苛刻日甚，与高丽、越南积习不甚相远，言之可为痛心。焦南浦此条，能知孔教之不行，而貌尊而心侮之可恶，故具录之。

劓、刵、椓、黥等刑，苗民之刑也。唐、虞以前，象刑而已。自夏以来，采用苗民之法，而肉刑遂为世之大慼。

汉文帝感缇萦之言，去肉刑，真仁人之用心，此举高于三代。而后世名儒，尚往往有议复肉刑者，盖见恶人之可恶，而未念人理之宜存也。

宋以来，凌迟之刑，惨不可言，陆放翁已非之，近世钱辛楣亦以为言。

余曾欲疏言于朝，广论刑法之苛，兼请除其极刑，毋贻万国笑。构篇未成，夺职以去。然终欲与斯世之君子，立志除此而后即安。

盖犯罪者虽无不可加刑，而行刑者不宜以此惨毒施于同类。

闻美国近日以电机杀人，使其不知痛楚，此乃至仁之术，后世必通行于寰宇矣。

丁韪良《格物入门·力学》云：善用物力者，全赖预储其力。或骤蓄其力而渐用之，或（骤）〔渐〕积其力而（渐）〔骤〕用之，均在随地随事善于布置也。治天下者，当知此意。西洋格物之学，与中国儒者所言，有虚有实，而理自不易。

故余志艺文，录新译西人各书，凡言格物者，皆入“物理类”。盖取晋杨泉《物理论》“物理”二字以名之，虽不见前史，倘可为目录家所无讥乎？

今日之电学，视十年前之电学皆为土苴矣；他日之电学，又视今日之电学为土苴矣。电者神也，至于神而其用不穷，不与万物为存亡，而万物无不恃之以为存亡者也。然吾得而断之曰：电学之极，与佛学通而已矣。

西国妇女束腰，中国妇女缠足，其弊一也。然爱美好者妇人之性情，故虽有禁令，不能使之戢止。惟劝妇学，足以略变其风气。使妇人日以学问为乐，且胸中有数十百卷古书，自然不欲以媚术事人，而强装饰娇以为好者必当衰止。此转移风俗之大道也。

中国文字直行，然以八卦证之，尧、舜以前，书当旁行。“⚊”、“⚋”两爻，“⚋”则二字，作“二”则直行，作“⚋”则旁行也。山泽通气，雷风相薄，尤非两字旁行不足见其义。凡《易》家旁通之说，皆古文旁行之证也。以《说文》左形右声、右形左声字观之，知古人旁行不流之道焉。

儒术托始于尧、舜，道术托始于轩辕。以疆域而论，则轩辕广而尧、舜狭；以治道而论，则轩辕杂而尧、舜醇。

八股之制，名为经义，而实无当于经。惟其所以能行七八百年而不变者，盖亦有故。

其初但衍古注之文，有似唐人之口义；即《五经正义》，每章先释经文者，亦略似之。

其后入以理学语，又颇近宋人言理之书；归震川诸人，则多摹仿欧、曾文法。

至明末人藉以讥诮时政，阴寓感慨，而大结一段尤直指当时，于是又杂以策论之习。

及清之初，王广心、尤侗、章金牧诸人，研句浮华，取材绮丽，于是又参以骈俪、《诗》、《骚》之体。

二百年来，汉学日盛，援引古义，稽合字书，科场之中主司好之，亦有以获售者，于是又入以考证之学。

故八股虽不成文字，而自古以来文字之体皆参用焉，各视其时事之所尚而改易之。此所以人人知其无用，而又未尝不乐其可以售欺也。

然囿人聪明，束人论议，使天下民智不开、民力不奋者，咿唔暖姝之有害于家国也。欲变中国之弊端，其必始此也夫。

“谐媚”二字，中国数千年之病。其所以失天民之职，而为世主所劫持者，胥在于此。思之令人耻汗沾襟。

寒极则流质皆凝，热极则坚材悉化，此人目所见之轮回也。出此躯壳，入彼躯壳，经此世界，过彼世界，此佛眼天眼所见之轮回也。一信一不信，甚矣其蔽也。

凡数之至难者，以比例求之，而无不可得。天地间盖无一物能逃于数者也，数之所在，理即寓焉。凡理之至深者，以比例求之，而亦无不可解也。天下之物，亦无一物能逃于理外者也。惟有正比例，有反比例，有似比例而不足为比例，有似非比例而适足为比例者，此则惟穷理尽性之君子能知之，而非浅见寡闻者所能及矣。

西人医学，事事求实，与中国古医合，其有益于世固已。

然人生于天地之间，方其生时，其形体与万物为缘，而其精神实与造化为偶，不独非器数之所能知，抑且非鬼神之所能测也；不独今日电学未精不知其所以然，即他日电学既精，可以升天入冥，而其实证实悟之实，亦终于知者不言、言者不知也。然则区区于其死后剖视脉络，察验筋节，亦但得其当然之理而已。

且人之生于此行星者，其缘感既深，其肢体与四大五行必事事相应，达者了然于心，顺其自然，而不为损益，则养生之道也。

中国之医，以草木伤人者犹缓；西国之医，以金石乱性者实繁。此事与治国相似。尧、舜犹病，吾不能信一切之词，以西医之必可恃也。特其讲明医学之意，深得慎重民命之道，是可取耳。

各国图谋弑君之党，在俄曰尼赫力士，在法曰廓密尼士，西人通语之曰莎舍尔德玛噶里。各国严禁之，然德意志之主则受伤，俄主及法之总统则被弑，其党至众，禁之而不能绝也。

盖有君者亦天下之公理,君以守法,而非以擅作威福,乃能合天理而保终命。今各国以人人有自主之权为教,则有君终有害于自主之权,二说岂能并立乎?是以君政、民政二说,迭相胜负,此则后来数千年变局之所由创矣。

小学不讲,则人才衰。

盖人生十岁以前,未就外傅,惟母教之是闻。而中国女子,不识字者十之八九,又不知外事。其有家法者,能使小儿略知饮食之礼、事长之节,已为最上之母教矣。其于学问之事,固百不一闻也。故妇学不明,则小儿之幼学已误。

及其差长,又使村学究教之,锢其聪明,苦其记识;即世家子弟,亦不过求制艺之师,授之以弋获科名之术而已。使非贤哲辈生,则中国汉、唐以来之学问,且将澌灭,其不沦于野番蛮族者几希。

及今日而速改之:先重妇学,次设幼塾,以开民智;稍长则随其志趣,使入学堂,兵、农、商、医、律、算等事,各专一艺。三十年后,震旦人才不高出列国者,吾不之信也!

孔子之教,非一人之私言也,自尧、舜、禹、汤、文、武、周公以来,其言皆如是也。然删之、订之,则出于孔子之手。故《墨子》所引书及各家所记三代时事,其词多异同,不尽驯雅,而六艺之词独粹然无疵。

即分今文、古文,而大致可以互相备,不必如近五十年来诸儒,多重今文,转轻古文也。今文、古文者,汉东、西京之异同,非孔门之异同也。

后圣有作，据所可知，通所未知，灼然于治乱盛衰之源、天理民彝之正，其诸尧舜至周、孔所深望者欤！

东汉、北宋之风，为后世所莫及；然尚虚之弊，则两代所同。敦崇气节，而不能不急求名誉；崇尚礼义，而不能不互为标榜。故其声华足以震后世，而其学术不足诏方来也。

若战国诸子，各明一义，而皆有不敝之精神，虽经秦火，而遗文佚说之仅存者，犹足以维持世宙。欲为万世开太平，则管、墨、申、韩，各有可采，慎无为迂儒腐论之所劫持，瞠目而论千古也。

以各国国债论之，中国今日之国债未为巨也。以列国取民之制论之，中国今日之取民未为多也。然列国见其兴盛，而中国见其惫赖者，何也？

列国之民，与其国为一体，筹其生计，保其利权，同其好恶，共其荣辱，而且发一令则上下共其利害，行一事则举国公其是非，故虽取之繁而民不怨也，债之巨而国不病也。

中国则事事相反：民穷而谋生万里之外，其生死国家不问，其身家朝廷不恤，有货物则征之，有田畴则税之，及其为人所辱侮，则靳置之；其甚者则官吏之鱼肉、豪强之侵夺、盗贼之劫掠、教民之欺凌，国家悉听其所为，而漠然不以为意。为渊驱鱼，为丛驱爵，术莫工于此矣！而乃侈然谓民之难治，夫今日果犹有治民之志者谁哉？

国家之事，一有隔阂，则终古不能治。其隔阂之故，愈久则愈不能治。聋与聪杂，昏与明混，犹之种人，况其稂莠？何术以拯其末？是在知者。

龙与虎孰勇？鸾与鹤孰贵？蚯蚓杂蚰蜒岂其类？五杂俎，六枭母，旁其维，倾则钜，天则命之，孰镬孰煮？

康熙一朝，仁足以覆天下。然服尼布楚，定准噶尔，定三藩之乱，天子既习于兵事，而不好大喜功，休养中国之百姓，以全其力。百年之安，所以贻之者至矣。

至如待俄罗斯之使臣，遣学徒于意大利，又用南怀仁于钦天监以改定历法，遣精算法之人测量舆地而绘为全图，其学与识，皆敻绝古今。

及雍正朝而禅学兴，乾隆朝而词章盛，然以视开物成务之时，固瞠乎其后矣。

郭筠仙侍郎云：三代以下，西汉人好利，东汉人好名；唐人好利，宋人好名；有元一代历数短促，风气未成；明人好名，国朝人好利。

黄种、白种、黑种之分，以色言也。东夷、北狄、西戎、南蛮之分，以地言也。夷而进于中国，则中国之；中国用夷礼，则夷之。以教言也。因教而争、因地而争、因种族而争，皆不至杀人盈野不止，圣人之仁不至此而穷哉？若以天眼观之，岂其若此？故有平等智者，然后可以统一区宇也。

黄帝建都于（仑）〔昆〕仑，以群书考之而信。《禹贡》序流沙西戎，德犹及远。自殷、周以来疆宇日狭；平王东迁以后，中国日以多事，更不暇及西方矣。《汉书》谓张骞始通西域，盖至是复通耳。不然，穆王之见西王母，秦人之得火浣布，岂九州之内所能尽耶？

英人之语言，今日几遍寰宇，无他，简则易行也。若俄人之用三十八字母者，其本国人犹厌繁难，何能通行于域外？中国文字极精，而同文之国终不能多者，亦未尝不坐此病也。

今理财之法，不为民生财，而徒取民财。余既疏争之，又屡见之于笔记矣。

又闻近日颇欲行亩捐之法，自户部尚书刚毅创之，而执政诸人皆欲行之；不独与康熙朝圣训永不加赋之旨相悖，即以目前农家而论，实为宇内至劳至苦之民，度贾似道之流，仍当有稍不忍于乃心也。不然，既困以邮政，又益以印花税，又加以亩捐，民不堪命，受其弊者，不终在国家乎？

分裂中国之说，不始于倭、韩之役也；及倭、韩事毕，各国乃愈汲汲耳。中国之民心，亦不复如前之固执；广东孙文之事，所谓端之先见者欤？

《老子》曰："飘风不终朝，骤雨不终日。"天地尚不能久，而况于人乎？《金楼子》曰："秋早寒则冬必煖，春雨多则夏必旱。"天地不能久，而况于人乎？是以尧、舜菁华既竭，则人思褰裳而去之；桀、纣恶贯未盈，则人且执戟而从之。惟其时也。圣人不能为时，而必不失时也。

宋王荆公之事，后人訾之者固多，服之者亦不少。平心而论：

荆公论治，洞见本原之处多；荆公行事，能得本原之意少。然中国政党之风，惟于荆公一见之，非唐之牛李、明之齐楚浙党徒以恩怨相报复者可同日语也。

孔子之学以仁为贵，墨子之学以死为能。仁者生理，东方行之。死者坚强，西方行之。

百世之后，教术迭盛迭衰，未可预测，然必有教而后政成。立政者欲张教权，则恐其不利于己；不存教党，又不能行之于人。

惟朱子之言，最利于君上，而不利于臣民。中国五百年一统之安，朱子有以贻之；中国数百年奴仆之酷，亦朱子有以误之也。呜呼！吾于程、朱之功罪，可谓持平之论已。

有清武功，过于宋、明。惟缅甸一役，傅恒乞和于缅，而诬奏缅酋请款，自是之后，遂为外域所轻。孙士毅越南一役，全军覆没，抑又不诛，于是而英、法肇衅。至于道光、咸丰间，海禁大开，藩篱尽撤。

前事之不忘，后事之师也。乃三十年来，事事仍遵道光间敷衍故智，种种缪戾，日积月累而不自知。后之修史者，宜以傅恒、孙士毅、琦善、桂良诸人，及近日任事大臣汇为一传，总论源流，庶几牛渚之怪，然犀毕见。

西人之言治者举推英国，中国之言治者近亦亟亟然欲以西人为法，而尤誉英国。

然有必不可学者，有学之而民不堪苦者。如大小状师之类，状师多而唆讼之风炽矣。穷民院之类，穷民众而国政隳矣。金钱一枚不能购数日之食，平民之入款不及十数磅者不敢娶妻生子，民志亦憯苦矣。贫富相耀，而民心不平。懦者失业，则迫而自裁；强者无财，则欲废国法、均产业。嚣然不靖，民心亦悖戾矣。

鉴之鉴之！无以其外观之赫，而举其可以戒者并取而师之也。是在睿智之士，察于古今，审于情性，然后无为后人所笑，则中国之大幸。

男女有别，然后父子亲，此西俗之不如中国者也。尧、舜之道，孝悌而已矣。中外之情既通，西人之取法于中国者，其在《孝经》一书乎？孔子曰："吾志在《春秋》，行在《孝经》。"孝弟之至，通于神明，光于四海，百世可知，凡有血气者，莫不尊亲。

《周官》："貉隶、夷隶之流，掌与鸟言兽言。"今蒙古人驭马者颇能与马言；杨升庵录自古能通鸟兽蛇虫言者数十人。余闻西人云：将来有术，遍通鸟兽言语。

大约鸟兽之音，所用字母尤少，可以物象其声而与之言。惟蚁、蝶之类，则其声太细，其言语有无，竟不可知。

余谓既有显微之镜以显极细之形，将来亦必有察音之筒，可以令极细之声，加数百倍，使人能听。特其端未兆，犹待后人耳。昔人视虱如车轮，闻蚁如牛斗，虽属寓言，安知不皆征诸事实耶？

人类之始，中国以为气化。至五帝三王之始，则各以为感生，或吞鸟卵，或履拇迹，虽父不可知，而母则灼然有之，特可谓受生之异，而无关乎人种之初生也。

蒙古书《元秘史》则以为狼与鹿交而生人，西人书又以为猴与狗交而生人，皆以臆度言之，无关事实。至如“盘古”之称，“亚当”之号，又谁名之？

惟讲地学者，知世界层数，先虫蛇而后鸟兽，最后乃有人，既有人而世界不复能生在人上者，此则确凿可凭者也。

近人以电学滋种植、传消息，无所不用。电学日精之时，人必愈神于今日矣。

“电”字从“申”，“申”者神也。“虹”字或体作“蚺”，亦从“申”，虹从电出也。

“寅”字上从“宀”，下从“臾”；《说文》但释“宀”，不释“臾”。窃意“臾”亦“申”字之笔划小异耳。“神”汉人书作“䄠”，故“寅”字从“申”，亦作“臾”。

寅、申者天地阴阳之枢纽，而神即随之，至于电学，而理数无所不通矣。

中国言理之书，皆不分章法、不按次序，故外人译之者，或以为不及彼国之书。惟小学则《说文》一部，自始至终，具有次第，六经未备之理，观于古圣造字，咸已洞彻无遗。有清以来，治《说文》者尤穷心力而为之，故能昭昭天壤。天之未丧斯文，于此可预卜也。

中国教法，以《孝经》、《论语》为极，故处世之理无不备。佛教以《华严经》为极，故出世之法无不圆。西人之制造精、物理明，而办事具有条理者，则《几何原本》为言理之极也。此数书者皆圣哲之言，彻天彻地，无一字之可非，是以能赅万法也。

《说文》有极附会者,如"爵"之从"𠯑",言取其鸣声节节足足也。"节节足足",纬书中言凤声如此。"节足"双声字,此象其鸣声,非取"知节止足"之义也;且人见"爵"字,何知其取义于声乎?若"卮"之从"卩","色"之从"卩",则显而可知,不可以"爵"字例之。

外洋如英、法等国,皆以商为本,明利害,通权变,故其人多智,而所以保利权者至周至密,故其兵多强。然弃本而逐末,农夫日少,食物日贵,贫民衣食尤艰,而嚣然不靖之心因之而起,要亦未为尽善。

惟德意志国,兵强而俗朴,妇女既鲜游观之侈,农亩复多东作之勤,无法兰西天主之害,亦无俄罗斯旷土之讥,崭崭然日露头角,未可限也。

民主之说,中国虽无之,而《抱朴子·诘鲍》一篇云:鲍生敬言,好老、庄之书,治剧辩之言,以为古者无君,胜于今世。故其著论云:儒者曰天生蒸民而树之君,岂其皇天谆谆言?亦将欲之者为之辞哉?夫强者凌弱,则弱者服之矣。智者诈愚,则愚者事之矣。服之,故君臣之道起焉;事之,故力寡之民制焉。然则徒隶属役,"徒"字以意补。由乎争强弱而校愚智,彼苍果无事也。夫混茫以无名为贵,群生以得意为欢,故剥桂刻漆非木之愿,拔鹖裂翠非鸟所欲,促辔衔镳非马之性,荷轭运重非牛之乐,穿本完之鼻、绊天放之脚,盖非万物并生之意。其论甚伟,度西人言民主者,其大旨亦不过如是。

葛稚川虽诘之,然稚川所言太半空理,如云子若以混冥为美乎?则乾坤不宜分矣。若以无名为高乎?则八卦不当划矣。此等义理,何足以服鲍生之心?

惟所云若人与人争草莱之利,家与家讼巢窟之地,上无治枉之官,下有重类之党,则私斗过于公战,木石锐于干戈,交尸布野,流血绛路,久而无君,噍类尽矣。此说较为近之。

然治枉之官非君子比,今西人用议院,亦足以治之,无事专其任于一人。是利在有法,非利在有君也。

要之有君以守法,胜于无君而无法,然君权无限,则几与无法者同。历代以来,视人君暴虐之时,与天灾流行无异。此则鲍生之言未为尽非,稚川之辩毋庸深诘者矣。

《易》曰:"鹤鸣在阴,其子和之。"言君得其道,而士民报之也。用贾谊《新书》义。《诗》曰:"螟蛉有子,(果蠃)〔蜾蠃〕负之。"言君失其治,而他人取之也。用郑义。皇天无私,唯德是辅。故为人上而不自知其应尽之职者,必亡之道。

近人王子怀侍郎茂荫奏疏有云:"自人视之,虽有中外之殊;自天视之,实无彼此之义。"此言能见其大。《诗》曰:"惟此二国,爰究爰度。"上帝之眷下人,乌乎测之?

伪《古文尚书》多集古人格言善论,亦无恶于世。惟"舞干羽于两阶"、"七旬有苗格"之类,此亦略本《韩非子》,妄造事实,致后人重虚名而受实祸。"七世之庙"语,紊乱殷人庙制,以求胜于郑义;"五子之歌",亦与夏时事不符。凡此等皆亟宜删除,毋误后来学者。惟其言纯粹有所本者则姑存之,但不尊之为经可也。

隋文帝严刑，周世宗好杀，故皆一传而亡。伤天地好生之德，是谓不仁，未有能久者也。周世宗好杀而亡，钱辛楣先生曾论之。

官至于捐纳，捐纳之官至于道府州县，此六朝五代极乱之世之所不为，而康熙以来毅然行之，此四夷交侵之先兆也。汉桓帝鬻官，至三公亦可卖，然犹非设为定例。若今之富人，入资得以临民莅政，是真以富制贫，异乎以贤治愚之术矣。于此而尚言澄清吏治，天下果可欺乎？

工与商，论艺商不及工，而商人之所入恒多于工。今各国之工半由艺学院出，则其志业渐与士近，而不受制于商。铁路、轮船、制器等事，皆出于工，而商得其利者也。如能仿商会为工会，重工过于商，则化学必日精，而艺事必日盛。中国此时，商则未有公司，工则不谙学问，任转移之责者，于轻重之间略加之意，无难祛各国之弊而专享其利也。

孔子曰：恭以敬，可以慑勇。宽以正，可以容众。恭以洁，可以亲士。如是以治民，岂患民情之不豫哉？《诗》有之曰："神之听之，终和且平。"

墨子先学孔子之教，见《淮南·要略训》。既而改从夏礼。《论语》记孔子之言，则曰吾从周；《公羊》述孔子之意，则曰变周之文，从殷之质。盖三统循环，圣人无偏党于其间，各因其时其地之所宜而已。冬而衣裘，夏而衣葛，岂有是非于其间哉？亦各称其时而已。彼执一成不变之说者，法家之弊，不足与言经世之大训也。

伏羲为儒家之始，神农为农家之始，黄帝为道家之始，有巢为工家之始。无一术不创于神圣。

惟中国书籍务求训雅，不通俚俗，又后世九流之学惟儒家、道家独在，于民生日用切近之事，皆置之不讲。礼失而求诸野，正当取西人之学以裨中国之不足。然后世如撰农家、工家等书，可随各处之方言及民所共喻者言之，不必效《齐民要术》、《营造法式》之过求渊雅也。

鲜卑之语，通行于北朝，而今无存焉，然其名物称谓，必有融入赵魏燕齐之土语者矣。婆罗门之历算、药方，箸录于《隋志》，而今无存焉，然其遗说、旧方，必有留于唐人算术、医书者矣。有心人细为钩考，犹可以稽十一于千百。暇当略疏数事，以发其端。

罗马破希腊，而习俗为希腊所移。金、元入中国，而风气为中国所转。武事足以致霸，文教足以治民，自然之理也。

若两国各有教化，则受灭之国其教难于自存。罗马灭诸国而诸国之本教尽亡，回教入欧洲而欧民之旧教几变，皆其验也。

百世之后，言语文字处处皆通，圣哲挺生，详察天人之故，总持各教，诱掖斯民，可以启三千年太平之运。过此以往，非所知也矣。

马其顿王亚历山德，死时年三十三耳；若其长年，其遂能为蒙古成吉斯汗乎？罗马塞萨尔，慕亚历山德，然其材武实尚逊之。近世法朗西拿破仑第一，真盖世之雄也，而遇英将惠林登，始终未能得志。故论英俊者，当视其敌之坚瑕，而不能尽论其事之成败。汉光武之中兴易于高帝者，无项羽之坚敌也；魏武帝之得国难于司马氏者,有孙、刘之劲对也。

神仙之学,至迂诞也,然其返观内视足以开后世之医学,其调铅炼汞足以开后世之化学。臭腐化为神奇,此类是也。朱子以为飞升不难,陆桴亭以为仙道可学,凡有异禀者必能为之,此则在通人心知其意耳。

列国之中,不独俄、法,英主代兴;如日耳曼、绥典,其主亦多贤主。

惟英吉利则从无特出之君,其得美誉者亦不过谨守成宪而已。若格朗空之迹,终非正轨,且其材力远不及罗马之屋大限,近不及法郎机之拿破仑第一,不足数也。然英之国势则骎骎日上。盖一则由于议院之有权,而议绅皆有学问,明于天下之故;一则由于将相之得人,既有文武才用,又能尽心国事。故其主优游无事,而福誉日隆。

议者因谓君民共主之政可以长治久安。然使其学术颓废,人心苟且,则亦未见其无敝。天下事固未可一端尽也。且自甲午、乙未以来,不三四年,而英国权势声望亦稍替矣。

心思神识之用,释迦之学尽之;耳目官骸之用,今西人格致之学尽之。然其端皆莫先于中国,所谓物生于东而成于西也。

摩里斯格之衣服语言,西班牙夺而易之。波兰之风俗文字,俄罗斯灭而禁之。蒙古则东据中国,即习儒风;西跨欧洲,旋渐回教;今喇麻辈出,教染红、黄,佛教又盛行盟部矣。变人与受变于人,或则以强,或则以弱。要之舍己以从人者易,强人以顺己者难。

文中子言戎狄之德,黎民怀之,三才其舍诸。朱子闻人称金世宗为小尧舜,云:他能勤政爱民,要做大尧舜亦只好由他。九夷非陋,有君子以居之也;沦胥以铺,无圣治以拯之也。天下之所甚爱惜者,教法传自先王,斯文留于圣哲,故人濒死亡,靡有贰志。然政治之弊,乃足以为渊驱鱼、为丛驱爵,吾独奈之何哉?

《文中子·关朗篇》:"子曰,委案:"委"下疑夺一字。〔任〕不一,乱之媒也。监察不止,奸之府也。裴晞闻之曰:左右相疑,非乱乎?上下相伺,非奸乎?古所谓蛇豕之政,噫!亡秦之罪也。"

余谓自秦以来二千年,法制略有改易,而其相疑相伺之术,则有国者享其私利,视为秘传,而不肯豪厘变改者也。先君子诗云:"而今事事皆秦法,莫怨商君骂祖龙。"盖蛇豕之为害久矣,文中子得不为知言哉?

礼:谏有五,风为上,狷为下。见《风俗通》。苏洵之论谏,亦宗此旨。

然后世君臣之礼太严,跽对之时,屈膝卑己,何能尽意讽之一字?亲臣大臣之外,未易言也。

惟狷介之言,其词既真,其义自明;即君不能行,而使天下晓然于事理之所在,其益尤非浅鲜。天民之职,恒必由之。不可专求婉媚之词,一失则入谐媚而不之觉也。

孔子言事君尽礼,人以为谄。盖当时鲁君积微,权在季氏,故孔子言此以警世也。若君积威以凌其臣,视之奴隶不若,则天民之职,当永矢弗谖,高尚其志,不能与世共仕污辱之朝矣。言各有当,事君者宜知之。

国家无道之时,不独不能任贤臣,必思所以除之。其除之之术,或示意于言官,或指目为朋党,诬其名节而不使之辩,坐以罪状而不明其故,实则巧用其诬陷之术而已。夫国家至不能以理胜人而出于诬,虽挟其威,而可耻孰甚?且亦未有能久者也。汉、唐、宋、明之末造,皆出于此;而其术乃每变而愈工已。

佛氏梵文字母五十字,惟"嚂"字止不生,与《易》大衍之数五十、其用四十有九正同。未知箸《悉昙》者有取《易》义否也,而其数则可谓巧合矣。

经学中今文家说,具有本末;古文家则有"中庸"之名,转恐不免渗漏。近世言素王改制者,士流多有之。然推本尧、舜,下极三代,孔门之说政教,如是而已。若张皇幽渺,务求宏大,或反失之。

傅说上为列星,或以为庄叟寓言耳;佛氏净土之说,信之者真有往生之据矣;李提摩太《八星之一总论》亦以为造化主可导人灵魂遍游各地球。余意此等皆可以理言之,不必谓为荒唐之说也。"人食地上毛,足故不离土。"晁以道诗,实本释家之旨。即以西人之学言之,人受地之摄力,亦以其质重耳。若能澡练神识,消熔渣滓,别受微妙之身,则既非地、水、火、风凑合而成,自不与地水火风世界依持而住,岂独各星可以周流,即太空亦何非实境哉?

且地球日行一度,人亦与之偕行;日与恒星之光,或顷刻而至地上，或五六百年而至地上，人并受其彩耀。则就此五浊之身，而所与为缘者，实已徧周沙界，于是尽神识之用，又孰从而限之？

庄方耕侍郎，解《易》“安土敦乎仁，故能爱”，以为不思净土，是佛家菩萨不肯出世之旨。于《易》义虽未必有当，然能知人之心神非阎浮世之所能囿，固胜于夏虫不可语冰者多矣。

唐以来，科第之重，积为风气，世家大族，惟以此为乘除。

自有清康熙间开捐，初则知县可捐，嘉庆、道光后则知府道员亦可捐，京职郎中、员外以下皆可捐。仕路大开，杂流并进。由捐班起，内仕至尚、侍，外任至督、抚者，代不乏人；其由保举军功起家者，又十之三四。

科甲出身之员，较之乾隆以前，得官者减半；较之明时，则得官者十之一二耳。然民间犹积重之，议婚姻、论阀阅，非是不贵。

盖千馀年之故俗，非国家之力所能变；而国家因此以笼络斯民，其计固甚得也。

王船山以为君臣夫妇之伦至秦而定。见《诗·河广》《传》。

然则三代之盛果不如秦乎？秦筑怀清之台，其刻石则严寄豭逃嫁之刑，似矣；然其宫闱之间，果有“关雎”、“芣苡”之化乎？

封建之世，君不纯君，臣不纯臣。至秦而一家天下，其责臣者无所不尽，然责臣以忠而使臣以礼之君果有之乎？

夫五伦之际，以恩以义，而不贵以名以法。使臣道、妇道日苦，而束缚于名法者，秦为之也。

恩义日微，而挟术以相遁，为君、为夫者亦日恣睢而乐受其名，亦未尝不阴受其害。其弊固不可胜言，而宋儒又从而奖之。

船山论治,不为无见,乃于此失之,且推秦过于三代,误矣。此所谓论成于积重,即豪杰不能以自振也。

捐监生之说,自明大学士邱濬创之,王船山《噩梦》犹深诋其鬻士。乃咸丰以来,则举人亦屡开捐矣。礼义廉耻,国之四维。士大夫无耻,则国家终受其病,况国家明导以无耻,士何所不至乎!自羲、黄以来,失政体之事,未有过于此者也。

《孟子》曰:中养不中,才养不才。如中弃不中、才弃不才,则贤不肖相去不能以寸。此为中与才之贤父兄言之也;然何堪令不肖之子弟闻之?圣贤之言,贤者所敬而畏,而不肖者之所资为利者也。

使不肖者有所恃而自恣曰,父兄应养我者,如不养我,则彼亦讥其不肖,而贤父兄则无论受累如何,断不能弃不肖之弟子以任其自新,于是流离饥寒之祸起、诟谇怨戾之情迫,且将并其贤与中之子弟而不能养,而治家之道遂穷。吾见亲友中,受一人之累而致一家熸灭者,比比也。

惟西国有游惰之刑,而子女至廿一岁以外不能不谋食,故人人皆有衣食之迫而无庇荫之恃,其国以强而人皆有用,虽敬宗收族之道或有未备,而以不肖累贤者之事则断断无之。

有王者起,以“国无游民”为第一义,所以化无用为有用,而保全才与中之父兄者,即在其中。此殆质诸三王而不缪者欤?

救溺者濡,逐逃者趋,徇世者不能恤己。佐饔得尝,佐斗得伤,辅人者当慎所从。

祠祭之设,所以使人敬仰而效法也。近世专祠不下千百,举其名氏,人且不知,徒夺人之居室,以为鬼之庙享而已。必不得已,除一二高勋巨烈外,许其汇祭而不许其特祭,犹不失矜慎之意。

又况数年以来,其建立专祠者,稽其功名,则不过曾随军中、滥得保举,刻扣兵饷、旋拥巨资。比其死也,子孙或以情求,或以贿进,当事者遂为其奏请建祠。惑世诬民,于斯为甚!

有明之亡,无一成一旅足以自立者,士心未去,民心未去,而流贼覆之如摧枯焉,新朝取之如掇芥焉。其故何哉?君与臣相猜,内与外交哄。举一事,成败未著而俄然易之;发一言,是非未定而群起争之。所谓举棋不定,不胜其偶者也。

二百年来,鉴前之失,上下之相猜虽甚,而巧用其诬;内外之交哄略平,而各售其诈。举一事,则此省忽行,彼省忽止,而政府交从之。发一言,则此人忽是,彼人忽非,而当事两解之。无所谓国是也,悠忽而已,因循而已。不耻于输情敌国,而意在防民;不恤于削地厚邻,而术在拒谏。举四万万之身家性命,置之于若有若无之中,但图旦夕之酣睡。神州陆沉,正坐此矣。手无斧柯,奈龟山何?大圣犹怀愤激,吾侪狷人,岂能忍而与之终古耶!

谶纬之说,东汉盛行。六朝凡禅让之际,谀媚者皆博征繁引,以为气数之必然。自隋人禁之,宋人非之,后世虽仍不绝,而敢以此陈于朝廷者亦无几矣。邵康节元会运世之说,以小数之偶中而臆测天地之成毁,尤为识者所讥。

惟五行之志,历史所传;人生天地之中,气数亦默为之主。通人行事,但论是非,不顾利害,固不必问气数之何如,而术数家一得之明,亦未曾深斥以为谬妄。

如世传《烧饼歌》:"二十四旗难蔽日,鬼闹辽阳旧家乡。"则应光绪甲午之变,了如指掌。又,同治间曾国荃于田家镇得碑,有:"遍地龙蛇走马,五洋大闹中华。"说者谓电报、铁路似龙蛇走马矣。其末句云:"紧防二八交加。"说者以李鸿章行二、孙毓汶行八应之。

丁酉夏间王文韶于天津得碑,又有"售地东至海,西至山,南至剑各,作此"各"字。北至长城"之句,其意未知何指,闻之者又不胜附会矣。

至歌谚之辞、俗语之验,尤书之不胜书。此史家异日所取材,而五行之志所以不必废也。

分裂中国之说,二十年来,愈有形迹。

近日又有太平会之说,此春秋向戌之弭兵、战国宋牼诸人之偃兵,凡用兵之时必有之议论,亦断不可恃之事也。

又或谓百年之后,五洲必皆为民主之国,于是可为太平之世,此亦绝不然之事。美利坚之民主今已弊窦丛生,法国君党之人至今日甚一日,其能久保民主之政与否,未可知也。

中国之分裂不分裂,不在君主、民主,而在政事之是非;变则存,不变则亡。汲汲入太平之会,与国祚永短,丝豪无补也。

今为中国计,惟君民共主,广用各国之人才,兼采各国之政术,举二千年来否隔之气而通之,晦昧之识而昭之。行之一月,可以耸四海之耳目;行之十年,可以致一国于文明。纲举目张,屈指可待。孔子有言曰:"吾欲著之空言,不如见之行事之深切著明也。"

土崩瓦解之亡，不如鱼烂而亡者为尤惨也。土崩者犹得名为土，瓦解者犹得名为瓦，鱼烂则不复知其鱼，且不复能永其烂矣。《诗》曰：“螟蛉有子，果蠃负之。”人以为似我，而我则化矣；其化也，亦何所不至哉？

《墨子·非乐篇》言古圣王聚敛民财，以为舟、车。《吕氏春秋·察今篇》言舟、车之始制也，三世然后安之。然则初有舟、车之时，负贩者必以为夺其自然之利，而涉川者且以为有转徙之忧也。乃圣王初不之恤，且取民之财而毅焉为之。盖不独知愚民可与乐成，难与虑始，诚以工商之事，使民自为之，则一手一足，其成效必无可观，不如以天下之财济天下之用，可以兴大利而贻万世也。

今世铁路轮舟机器遍行宇宙，此宜尽中国之力举此大工，不必虑其有利无利者也。户部独斤斤较量，欲归商办，商既无力，而坐使一国之大利郁而不兴，贫弱如此，遂以不振，当国者岂得辞其责哉！

自后魏、周、齐、金、元入主中国，未尝不自重其族类也。元人尤甚：南人不如汉人，汉人不如色目人，其国之大政、军旅之事，概乎其不得与闻也。然其部族皆仅能以战陈开国，而不能以制度临民。故魏孝文、金世宗皆沿饰以中国之文明，冀得弥缝其阙。今其遗种仅附存于中国；而拓拔、鲜卑、完颜之不复能自成族类矣，岂非自歧于中国之故耶？盛则独享其利，败则倍受其害，亦事理之必然者也。

风气之异同，由于山川。有铁路、轮舟，而山川不足以限之矣。

礼教之盛衰，由于风气。有学堂、报馆，而风气不足以阻之矣。至于民性之强弱、国俗之奢俭，则时为之，地为之，一时之人才主之。有一人而可以关数百年之得失利害者，有一事而可以关千万人之身家性命者。《易》曰："知幾其神。"君子当其位，遇其时，其以知幾为务乎？

窃钩者诛，窃国者侯。事异大小，而是非倒置矣。越人让妻于兄，匈奴妻母于子。地隔远近，而是非迥殊矣。古之所是，今以为非；今之所是，后亦或非之。时异久暂，而是非递改矣。物论不可齐，然于然，不然于不然，一任其吹万不同而已矣。

国弱而恃人以苟存旦夕者，其气象最惨，其智虑最浅。

高丽自甲申以来，恃中国以自存。自甲午兵事起，而中国不足恃，遂改而事俄；而俄之谋并吞之者，且急于日本也。

中国则自曾惠敏任译署后，极意联英，然未得其要领也。朝鲜兵事起，英合于倭，玩我于股掌之上，乃知英之不足恃矣。俄而和议既成，俄人合德、法为我索辽地于倭，于是改而亲俄，遣重臣，立密约，以为俄可以护我也。一切整顿变更之政悉视为缓图，分隔汉人之见更倍于曩日。乃丁酉之冬，德人忽取胶州，俄人袖手不置一辞，又始知俄人之不足恃矣。

迩日俄且索我旅顺、大连湾，英且欲保护长江，倭人迫不及待又将与我为难，于是朝廷皇皇焉，以特科岁科为求人材之地，以昭信股票为借国债之根本，毅然裁兵为节省费用。临渴掘井，且大臣之才皆不足洞见时势之本末，所行者其效亦正可睹耳。

南洋之中国流寓，已行割辫会；各省之盗贼充斥，已无复安土。

阳九百六之会，乃至于此，异哉！在位王公大臣，重惶虺谬，以酿奇祸，可不谓应运而生者哉？

近时意大里国某者创兴传电之法，可不用线。李提摩太为余言，其法用以脱，而不用电。余谓后世若精于用以脱，则可以浮游地球之外矣。

不立太子，波斯之法也。见《通典》。然君老子多，此法略可息争；若国君无子，近支乏人，则觊觎之心人人皆有，或营谋妃后，或交结近侍，或凭赖武臣，无所不为，一旦有事，变生俄顷，识者所为深虑。宋仁宗之预择英宗，高宗之预择孝宗，可谓防之于早。此又以先立太子为杜变之策。事有不可执一者，此类是也。

哲学家有多元、一元之分。《易》言乾元统天，故日本人以儒家为一元之学。唯释家以无始无终言之，可谓不囿于群学者矣。婆罗门之"二十五有"，摩西梭都斯得之"三神"，奚能与"敻绝无对"相提并论哉？

近时宗教之事，天下一家，争竞将熄，稽求亦易于昔时，可无仇杀之衅矣。然而回教之新、旧各不相能，犹有河州之役；犹太虽欲改礼拜以同天主，而失国之恨终不能忘。惟孔子之教，上取法于尧、舜，下无忤于时君，故虽有汉、宋之异同，而不致干戈之互斗，则"儒"字之义为"柔"，其效固若是也。

宋学之竞，以程、朱而与陆、王异说。而二百年来之汉学，则又以古文、今文之不同而大生龃龉。盖宋人重性理，性理必日濬而益深,故人多喜新,王学出而程、朱稍绌。汉学重考证,考证之学则愈古而愈奥,故人惟搜旧,西汉之学盛而东汉之学顿衰。

且有睹欧洲之修教,而愿为孔教之路德者。不知六经具存,立说偶有参差,而教规毋庸区别,徒为识者之所笑耳。见耶苏之教堂众则欲广营孔庙,睹西俗之礼拜行则拟增加祭期,此与儿童之争饼饵何异?亦何关于如天之圣德乎?

有等而后有平等。今之言平等者,不知等者也。或问禅家曰:佛法平等,何以这山高,那山低?禅者答曰:佛法平等,所以这山高,那山低。此平等之真解也。墨者曰:爱无差等,施由亲始。夫既有始末,而何得谓无差等乎?斯亦以矛陷盾,不能自解者矣。

神仙之学,电学也。佛菩萨之学,以脱之学也。故神仙畏雷劫,而佛学不畏雷劫。

格致之学盛,而五行之术衰,然古今以来决疑数学,不可废也。格致之学穷,而神秘之学起,然列国所有妖术邪教,不可行也。此之消息,主张学术者宜知之,执持国政者尤不可不知之。

西人曰:二十世纪,神秘之学将大开矣。东人曰:西人学术,千馀年来平滞已极,宜有是焉。

天地昭然,万物森著,唯物之论,其可恃矣。眩者易东西之位,聋者懵雷霆之音,故唯物之论,不如唯心。虽然,唯心者转识成智,以无漏为智,则物不迁,心亦无固矣。此作圣之基也。

哲学善疑，疑则万物之理可以阐发无遗，此所长也。然未经锻炼，则此心之所知，殆亦如太末虫之处处能缘而已。知行合一，未易言也。然则世之推迩来哲学为完全哲学者，余未之能信也。

寄　言*【节录】

东坡少年诗英气勃勃。吾最爱其《荆州》十首，所谓“楚境横天下，怀王信弱王”者，诚令人高视见霸王也。

包慎伯论书之言，今为世所师法。其卓然有以自立，不可及也。顾有谓其事不师古者，请明眼人参之。吾则以为慎伯所作书遒劲有之，伟丽不足。是阿罗汉道，未能知调御丈夫、天人师境界也。

---

* 据文廷式手稿，《寄言》内属笔记者仅此两条，其撰时似在光绪二十五、二十六年间。其馀奏稿、诗词等已分别录入相应卷内。

芸阁丛谭*

庚子、辛丑间，曾以所闻所见，略记别纸。遣逐以后，随有写录；日月消淹，凡得二卷。虽言语逊顺，仍多隐讳。张〔俨〕《默记》，所南《心史》，缄之铁匣，或千载而犹存；封以玉泥，书万本其何愧？余识膺先觉，任重天民，自此以往，当维世教；横流遍野，敢以拯人！旧闻姑以警世时、寓秃管；灿然天光，豪杰之兴，伫之同志。亦曰上下之宇，古今之宙，随时之义，如斯尔已。

壬寅十月，萍乡文廷式道希父叙于海上秋爽斋

谋之不臧，不得任其咎也。当秦二世之时而谋赵高，当汉元帝之时而谋杀弘恭石显，事之至难者也。陈蕃败于后汉矣，宋申锡败于中唐矣。履虎尾，岂不噬人！是以再三疑之。何进，后父，且当其位，犹不能行，况退休之乎？朝廷之击王振，一时之义愤，非谋定于早也。执政党之，疆臣党之，岂一刘蕡能正其罪乎？其频于危，而不及于死者，犹天命之所眷佑也。

禁社、禁会，阉党之馀毒也。刘正宗、谢升、冯铨诸奸，以此报

---

* 据长沙《大公报》。《大公报》依马天驷氏藏稿本移录连刊。内有部分条文，与《闻尘偶记》重出者，兹予删略，以省篇幅。

复。纪昀之见，只于近人谀媚滑稽之过耳。恶民之聚，非纪所能见及也。

明时内阁，相臣相倾，积成风气。本朝军机处，亦何独不然？特其事多隐，人不得而一一记之耳。

英和、刘权之互诋，已见纪载。近时为李高阳之不谐沈文定，(保)〔宝〕鋆之暗挤左文襄，孙、许之同排阎文介，皆彰彰在人耳。即弘德殿、毓庆宫、亦屡(□)〔有〕此事。功名□际，不其难哉！

电报之通消〔息〕，又为诸臣壅塞之具，余前记已略及之矣。更有可笑者：广东运使英启甫病，而候补道吴仲翔已电求直督李鸿章转电其兄李瀚章委署。及电到，而运使故不死也。又，天津道某□[①]缺，李督以恭邸旧交故，时恭邸未起用。欲委候补道麟瑞。既而松椿升漕督、路过天津，言某道资深且苦，乃叙稿改委。而军机大臣许庚身星叔电来，为(淛)〔浙〕人吴某求委，又允之矣。而常熟翁尚书适以请假过津，力为吕耀斗说情，乃终委吕。盖不半月间，已四易人。非电报灵通，能如是之变幻乎？

六月二十四日，得沈子培刑部书云："糠孽借耶律文正诋邱长春语，隐"康"字。大名，遂满宇宙；南城谈士，卷舌无声。假留我辈数人，何至令渠跳梁至此？自仆观之，今之骂'糠'者，皆张'糠'之焰者也。寿州以两奏遣之，韩陵片石，赖有斯人。世事非变法不可

① "□"，疑是"出"字。

为。而变法之机，为此君卤莽灭裂，中生□①阻。伾、文败，而神策北军、终南士大夫，遂无敢复议□②法者。数往知来，可为长太息者也。"数月以来情形，此纸颇得其实。暑雨微凉，聊复录之。

首善书院，何善乎？善于隆京师而观万国耳。隆京师者安在？在明学术、正人心。学术不明者二千年，人心不正者亦数百年。开其愚蒙，适为愚蒙所忌；革其邪妄，适为邪妄所仇。然不敢创为，则世未有能任之者。虽权门之鹰犬，指嗾随人；而中原之麟凤，未容恤己也。

陈兰甫师，耑以《琅邪台刻石》为法，平生临摹不下二千通。师云：《琅邪台》篆法之佳，犹意念所及；至于《石鼓文》之妙，殆非思虑所到。马定国、孙渊如诸人，必以为宇文周物，未可遽信。

师又云：王右军行草书，多合小学，且参用篆籀。如"我"字作"我"③，则用籀文；"右"字、"有"字起笔作"又"，则用篆体。其存六书本意，实较楷法为多。如"佳""隹"二字，绝不相混，"佳"必作"𨒌"，"(佳)〔隹〕"必作"厓"。

师云：右军书，唯某帖误"𨒌"为"厓"，必赝本也。师作一书以明之，因藏帖未备而止。后以属徐子远灏，亦竟未成也。余按唐李嗣真《书后品》云：逸少加减太过。考草书者，亦不可〔不〕知。

---

①② 此两处，原刊皆脱印一字作空白，疑皆应为"变"字。

③ 此"我"字，疑文氏原稿系摹描王羲之书法，而印刷转刊之际，未能影刻，故仍作"我"字。又，此条内以下"右"、"𨒌"、"厓"等字，当亦类此，读者察之。

申耆《与吴石华书》云:“冕士今何所业?冕士,谓南海曾钊。一意训诂,殊苦无馀味耳。”讲小学者不可不知此意。

俞荫甫年伯《儿笘录》,虽好为新说,然于六书之理,实深有所得。如说“変”字、“利”字诸条,其尤精确者也。惟开卷论“王”字一条,则臆说无理。谓“王”字从“二”、从“十”;“二”者,天地;“十”者,四方也。不知“十”者,古人以为数之极。《周易》之道,乾元用九,无用十之理也。以为天地四方,无思不服,夫从“二”从“十”,足以见天地四方矣,无思不服之理安在乎?且以此义比之许君所引一贯三之义,孰短孰长乎?

至谓与“玉”字(太)〔大〕无别,从“二”从“十”则中不必连,“玉”字象三玉之连,则其中必连。以此为别,窃恐亦未然也。“玉”之本字,当以《说文》所收古文“𤣩”为正体。“玉”生“土”中;“𤣩”字之有左右注,犹“金”字之有左右耳;其偏旁之从“王”者,则省去两点,犹从“酒”之字偏旁但作“酉”耳。许君以“玉”为部首,曰“象三玉之连”,当是后起义也。

曹廷杰《侦探俄悉毕里部记》云:有敕建永宁寺碑,阴有二体(寺)〔字〕碑文,其碑两旁有四体字碑文。唯“唵嘛呢叭咪吽”六字汉文可识,馀五体俱不能辨。

考杨宾《柳边纪略》载《威伊克阿林界碑》,其略曰:威伊克阿林,极东北大山也。上无树木,惟生青苔,厚常三四尺。康熙庚午,与阿罗斯分界,天子命镶蓝旗固山额真巴海等分三道往视。一从乌喇入,一从格林必拉入,一从北海绕入,所见皆同,时方六月,大东海亦冻。遂立碑山上。碑刻满洲、阿罗斯、喀尔喀文。

按:《纪略》言碑刻三体文,未详所纪何事。余闻此碑六体,尚兼蒙文、番文、准文，未知信否，惜未见拓本。然康熙间能用俄罗斯文刻碑，而道光间俄罗斯所馈书籍，译者竟不能通晓，妄撰书目，欺蔽一时。知外交之学，雍正以来，不如开国之初远矣。

梁章钜《制义丛话》十七云：霞浦方镇讲求字学，从正史中搜得字典未收之字凡三千馀。

按：字典失收之字，释典甚多；其出于正史者未必有三千也。惟宋《宗室世系表》，命名钜异，颇出字书外耳。

《太平御览》七百五十四，引《世说》曰：刘真长始见王丞相，时暑月，丞相以腹熨弹基局，问曰，何如乃（滳）〔瀙〕？吴人以冷为“瀙”也，音楚敬切。刘既出，（入）〔人〕问见王公何如。刘曰：未见他异，唯作吴语耳。“何如乃（滳）〔瀙〕”，卷三十四引《语林》，作“何乃渹”。“渹”字，亦音楚敬切。

余谓：“瀙”、“渹”，皆“凊”字之别体耳。《曲礼》：冬温而夏凊。《释文》：凊，（才）〔七〕性反；字从（清）〔冫〕，冰冷也。本或作“水”旁，非也。《吕氏春（夏）〔秋〕·有度篇》：“冬不用篓，非爱篓也，凊有馀也。”即此字。

印度语歧异最多，故其种人不相联属。

余按：佛说中已有种种语。如《十诵律》卷二十六云：佛以圣语说四谛法。苦集尽道，二天王解；得道，二天王不解。佛更为二天王以驮婆罗语说法。是二天王一解一不解。佛更作弥梨车语，摩舍兜舍那舍婆萨婆多罗毗比帝伊数安兜头却婆阿地婆陀四天王尽解。是佛有三种语。

宋释赞宁《高僧传》卷三云:声明中一苏漫多,谓汎尔平语言辞也;一彦底多,谓典正言辞也。佛说法多依苏漫多,意住于文。若彦底多,非诸类所能解故。按此即中国雅言、方言之别也。

王箓友《说文释例》卷八谓“茻”当为“莽”之古文,亦非也。草生繁芜,古人作“茻”以象之。其后从“茻”字省而从“艸”,于是□[①]字亦省而作“茻”矣。“茻”即“艸”之古文,犹“玉”为“王”之古文也。此不当以繁简论先后者也。

钱氏《补元史艺文志》,特立“译语类”,列“小学”之末,体例最善,深得《隋志》之意。

惟《辽史》:耶律倍曾译《阴符经》,见本传;《元史·世祖纪》:至元十九年四月己酉刊行蒙古、畏吾字所书《通鉴》□[②]书。当入此门,钱氏失载。

徐仲虎建寅《西游杂记》云:泰西语言文字虽同用二十六字母,而各国亦稍有增减,且并法、用法大有不同,言语即因而歧异。其用兵也,如法之于日耳曼列邦,普之于法郎西,俄之于土耳其,虽破其国、易其君,而卒不能抚有其地,非不欲也,势不能也。不能者何?实由于语言文字之不同。如朝发一言而民莫之解,夕出一令而民莫之识,何以治其国?故英吉利之于印度,必择本国世家子弟,自幼遣往印度,子弟之聪颖者,教以英之语言文字,学成用为书吏。欲其浸灌融洽,而英之法令始可渐行,乃可肆其鲸吞蚕食也。

---

① “□”,此处原刊空白一格。

② “□”,此处原刊空白一格。

清朝定鼎三百年，满员废事，虽不废国书，然率不能合天下之人皆用之，亦以国言无象形等类故也。若欲通万国大一统者，惟仓圣所造之字能之。

余谓：此以象形为可通行，是也。盖作字，则人有不识；若画一牛、画一马，则万国皆知其为牛、马。象形者，绘画之类也。

然六书之事，象形只其一端。若指事、会意，则必有不同之事、不可通之意；谐声，则必有不可合之声。非万有不齐，不足以见宇宙之大。

中国之文字至繁难，学之者必积十馀年之功，故稍下之资，其精神即不能旁及；然而所存古学为多。

列国文字简易，民有馀力以攻技艺，故其国势易强；然而无纡徐重固之心，不足以持久。

如论大一统之治，当整齐其教法，因民而不必强民。五大洲数十万万人，可使知其尽知孝弟，而文字语言及一切风气取舍，原不必其同出一辙也。各国传教之法，亦欲以印度待我也。其计至阴险，而其术则失之愚。

日本改制之后，始欲废汉字，继则欲限汉字，其意盖知中国文字之有用，而特苦其繁难也。

余谓：博雅之士通知古今，何惮文字之繁？若俗儒陋生，则不限之而彼亦自限矣。惟将来译音必设一整齐之法。如中国某音未备，则以某字读如其音，或定用某某字二合、三合。而各直省音读之乖异者，亦遣輶轩使者，渐变使可画□[①]〔一〕，亦有裨实政之大端也。

① “□”，此处原刊空白一字位置。

《希腊志略》云:周穆王时,腓尼基人已驾舟赴远方经商;有以字母联成之文。又云:腓人殚心励学,习得诸般技艺,或国人自究察出,或由东方与南方诸国学来。窃疑西人字母之学,仍得之于印度,故其名物之称颇有相同者。印度称中国为"支那",今西洋各国皆用之。又,佛经称橙柑之属为"阿练",西洋语亦然。

又,语言异同,乃天地自然之气。《希腊志略》云:当往古无书史记事之先,里海东、葱岭西有一原族,实希族、意族并欧洲他族及北印度人生生之本源。是诸族中器物称名,大率相若。可知方言同,即同为一族人。

余谓:族类之分在言语,而言语之存在文字。故有文字相通,即保国联民之要道也。故不可无翻译者,所以知列国之情;不可使尽通翻译者,所以固吾民之志。

明朱睦㮮《革除逸史》云:靖难兵次定州,欲攻西水寨。都指挥花英、郑琦帅步骑三万援西水,列营峨眉山下。是时围寨已久,寨军多南人,天寒思归。会月夜,文皇命四面皆吴歌。南军闻之陨泣,有潜下寨降者。诘朝,西水寨遂破。此亦乡音感动之证。然不解靖难之师,宜多(壮)〔北〕人,何以尽能吴歌也。

西人某,思得简捷一法,俾中国田夫野老皆能握管写信。其法以字母二十四,另增九字,合之得三十有三,仍以并字之法,将华语书以西字,联环离合,音无弗备。

余谓:字母增减,各家不同,合之天竺为三十六,合之欧逻为三十三,固亦无不可也。

《钦定满洲源流考》十八:《北盟录》“贝勒尼堪”,满洲语。“尼堪”,汉人也;旧作“粘罕”,今改正。

谨案:“粘罕”,即“汉”字之合音,犹“桃花石”为“唐”(生)〔字〕之合音矣。改“罕”为“堪”,以音“罕”近“汗”,“汗”,王者之号,故避之耳。

唐山阴沙门智广《悉昙字记》云:南天祖承摩醯首罗之文,与唐书旧翻兼详音韵,不无违反。中天兼以龙宫之文,与南天少异,而纲骨必同。健陀罗国熹多迦文,独(将)〔特〕尤异,而字之由皆悉昙也。

《斯宾塞尔文集》卷一云:求语言之源复有术。凡字同而义异,与义同而字异者,就其支离,可以深求其理。人初有言语也,固不能遍包众有,其形色志念之相近者,则引申假借,归之一语。俄而(聆)〔聆〕其言者,眩惑如射覆矣。乃不得不为之分其涂畛,而文字以之孳乳。至于末世,有数字之义,祖祢一字,而莫能究其原者。非覃思小学,孰能道之?今英语大数无虑六万馀言,言各成义,不相凌杂,盖自书契之作,斯为最广矣。

余谓:吾华夏文字,字同而义异者,多由引申而假借;义同而字异者,多由方言既异,故讹变实繁。盖中国自羲、黄以还,兼并各国,融会实繁;非如白里登专据海隅,流传自永。此则斯宾塞尔所未知也。

又闻英国字典近时所录凡十万馀言。盖由学识日开,版图日廓,故能若此之宏博欤?

唐释义净译《能断金刚般若婆罗蜜多经论释》云:问,何故本经初留梵语陀罗,不译为汉字者?答,梵本三处,皆是陀罗,而义有差别。今时译者,若也全为梵字,即响滞于东土;如其总作唐音,顿理乖于西域。是故初题梵字,可谓义诠。流转所由,于内道持便,是正述执持之事。作斯译者,方称颂本无著菩萨之意,符释者世亲菩萨之情。如其不作斯传,定贻伤手之患。若总译为流,持理便成不现;咸为持字,流义固乃全无。作此双兼,方为惬当。若译为流,于理亦得,然含多义;不及陀罗,一处既尔,馀皆类知。

又云:此《般若》已经四译、五译,不是好异。西国声明,自有一名目多事、一事有多名。为此,陀罗一言,遂含众义,有流有持。理当体方俗之殊致,不得恃习而胶柱。

按:此条言译述之难,足补赞宁之阙。

唐释澄观《华严经随疏演义钞》云:梵音"素怛缆"者,唐三藏译,云是中天之语;什公多译为"修多罗",亦云"修妬路",多通诸天。什公是龟兹人,近于东天;实义三藏,于阗国人,多近东北。然什公亦游五天,随时所受,小有轻重:语其大旨,理则无乖。梵音"楚夏"者,秦洛谓之"中华",按此据唐时建都之地而言。亦名"华夏",亦云"中夏"。淮南楚地,非是中方;楚、洛言音,呼召轻重。今西域梵语,有似于斯,中天如中夏,馀四如楚蜀。西来三藏,或有南天、或有北天、或有中天,东西各异。

按(译诸)〔诸译〕乖讹,多由于此。今闽、粤所译泰西书籍,与津、沪语异者,不胜枚举。故余亟欲整齐画一之,以便观者也。

《法兰西志》卷四云:法国文书,多用古罗甸语,以为雅训。其文与平生言语不同,徒劳学者。至一世法朗苏亚王时,学士始因法国语言,改定文法,务令人人易通易学。自是法国文学遂开。按:今时法国文字,未知与罗甸文尚有几许相类。其因革之迹,俟问诸法人之深于文学者。“罗甸”,中国译多作“猎丁”。

俗用字,各省皆随声而造。张介侯《续黔书》卷五云:黔南各郡讼谍多俗字,亦有字书所载而音读迥异者。余按:广东亦然。如“唔”,读如“谟”鼻音,作“不”字用;“乜”,读为“密”,作“何”字用是也。

又,《续黔书》:“孖”读为“鸦”,言水之分流者也。则借作“椏”字,古人或径作三“鸦”字。广东则读“孖”如“妈”,与《广韵》、《集韵》、《类篇》音“滋”迥异;而用为联并字,则与《玉篇》“双生子”之训,为引申义,尚不相远。如两人打浆之小艇,即呼为“孖舲艇”是也。

蒙古文字与语言略有差别,与清文不同。问于习翻译者而知之。

《水经·温水·注》云:“(與)〔典〕冲城有古碑,夷书铭赞前王胡达之德。”按:此胡书碑文见中国载籍之始。

《注》又云:“高城丈馀,五牛屎为埿,墙壁青光,回度〔曲掖〕。”按:牛屎(□)〔埿〕墙,当用印度风俗。则此胡书之碑,盖亦即用梵文。后魏之时,呼梵为“胡”,固其宜也。

宋周辉《清波杂志》六云:外国表章类不应律令,必经有司点视，方许进御。

宝元间，遣屯田员外郎刘焕使(□)〔唃〕厮啰，番中不识称“朝廷”，但言“赵家天子”。

政和间，从于阗求大玉。表至，示译者，方为答诏。其表有云，日出东方，赫〔赫〕大光，照见西方五百里国、五百国内条贯主黑汗王，表上日出东方、赫赫大光，照见四天下、四天下(贯条)〔条贯〕主阿舅(天)〔大〕官家：你前时要者玉，自家甚是用心，只是难得似你底尺寸。自家已令人两河寻访，才得似你底，便奉上也。

元(年)〔丰〕四年，于阗王表称，于阗国偻(□)〔啰〕大福力量知文法黑汗王，书与东方日出处大世界田地(中)〔主〕汉家阿舅大(当)〔官〕家，云云。(□)〔如〕此等语言，恐翻译(服)自有格式。

按：此言其“自有格式”，颇合事理。隋时□人来文，亦能似此矣。“黑汗”，即“合罕”，译音无定字。今廓尔喀表文云，廓尔喀额尔德尼王毕热提毕毕噶尔玛生写热曾噶扒哈都热萨哈，九叩跪奏如天覆育，如日月照地、抚育万国、寿如须弥山坚固至大至寿、文殊菩萨大皇帝。亦可异也。

《攈古楼彝器款(□)〔识〕》内部钟有“王鑭鼍鼓”语。“鑭”当是“锡”字之奇字。从“皕”者，籀文烦重之故。虽金文“锡”字，未有如此作者，不妨仅见也。诸家或以“鼍”为“衅”字，或以为“戛”字；或以“王”字为“工”字之误；俱未得其解。

曶鼎铭以“凵”、“山”、“屾”为“七”、“八”、“九”字，此古人(号码之)〔之号码〕。

徐家干《苗疆闻见录》云：人皆鴂舌不通汉语。称官为"（蒙）〔家〕"，官之大者曰"喀拉"。父曰"阿罢"，亦曰"阿"、曰"阿扒"。母〔曰〕"蒙"，亦曰"阿米"。按此与汉语同音略变耳。吃饭曰"固麦"，亦曰"鲁羹"。饮酒曰"阿交"，按"交"即"酒"之转音。亦曰"好究"。皆属蛮音，多不可识。余谓：此皆苗民之学汉语者，略带土音，非不可识也。

《录》又云：苗家不祀神，只取所宰牛角，县诸厅壁。其有"天地君亲师"神位者，皆汉民变苗之类。

中国、日本之文，下行而先右；满洲、蒙古之文，下行而先左；希伯来、腊丁之文左行；婆罗门、阿剌伯之文右行。固知造字之人，仓颉、梵、佉卢〔外〕，更当有人也。

日本井手三郎为余言：古今万国，何以独无自下而上之文乎？

余曰：有之，《周易》是也。故彖之初九以至上九，皆逆数也。本乎地者亲下，本乎天者亲上。六爻之中以三、四爻为人，能亲乎上，则有天之象焉。故"乾"即"天"字，而先作下画，以次而上，即大人与天地合德之义也。孔子曰下学上达、知我其天，其《易》义之奥（啧）〔赜〕乎！

《云南通志》云：唐阿町隐居山谷，撰爨字如科斗，二年始成，字母一千八百四十，曰号韪书，爨人至今习之。按此未知与缅文异同。俞荫甫《茶香室四钞》云。据此，则云南别有一种文字。

或问曰：六爻既分象三才矣，何以长短大小如一乎？余曰：此合德之谓也。德合，则地不必卑于天，人不必小于地，故上下一如也。释氏言“平等”；而《周易》之天地人六爻相同，亦可谓“平等”之极矣。故读《周易》者，见仁见智，何所往而不通乎！《系辞》云周流六虚，--之爻皆虚位也；虚，故无不平也。

元郑杓《衍极》卷五云：今西域人以金丝矾寺药熬水，濡以绢帛，盛以小缶，用竹聿饮而横书之。则竹聿亦可以行墨。余谓濡以绢帛，正与今日用丝绵贮墨之法相近。而西人所用笔墨，则今时又异矣。

苏易简《文房四谱》卷三云：西域无纸笔，但有墨。彼人以墨磨之甚浓，以瓦合成竹节，即其砚也；彼国人以指夹贝叶或藤皮，掌藏墨研，以竹笔书梵字。横读成文，盖顺叶之长短也。常见梵僧沸唇缓颊，历眸之间，数行俱下。然则以竹为笔，固天竹之旧法度。周以前，中国之笔亦当如此，故字从“竹”；后乃加以兔毫也。

《衍极》卷四又云：今西洋马入儿等国人，以长细铦刀，右手执用，托以左拇指，横刻贝叶为字。此与古人刀书相近。

《洛阳伽蓝记》卷五引宋云《冢记》云：朱驹波国，食则麺麦；不立屠杀，食肉者以自死肉。风俗言音，与于阗相似；文字，与波罗门同。

智广《悉昙字记》云：雪山之北，傍临葱岭，胡人居焉。其字元制有异，以境邻天竺，文字参涉其文，粗有增损。

王恽《玉堂嘉话》云：宋校正《礼部韵说》，“廿”字本音“入”，今人作“二十”字用。

按:“廿”字今皆读如“念”,惟广东尚多读“入”声。

《大唐西域记》卷一云:羯霜那国,字源简略,本二十馀言,一本作“三十馀”。转而相生,其流渐广。初有书记,竖读其文。递相传授,师资无替。

按:“字源”,当即字母。其云“竖读”,则与《史记》所记画草旁行者不同,不知是何等文字也。又,睹货逻国字源一十五言,转而相生,用之备物。书以横读,自左向右。此则必系字母并合之法矣,但非梵书耳。

《智论》云一切字皆是无字,能作一切字。此言以音併合而成也。天方二十九字母,其第二十八之“坑喏目巴”,与二十三之”□喏目”,为一字二音,故合之亦称二十八字。蒋湘南《游艺录》以为如《一切经音义》所载,《大般涅槃经》之“庵”“恶”二字,为“恶”“阿”两字之馀音。

余谓:西洋各国所行之字母,或多、或少,而大致不出二十六字。余颇疑“m”即重“n”之音,“w”即重“v”之音,实馀音之类也。俟见精于西国文字者询之。

宋释赞宁《高僧传》卷三云:雪山之北是胡山,之南名婆罗门国。与胡绝,书语不同。从羯霜那国,字源本二十馀言,转而相生,其流漫广。其书竖读,同震旦欤?至吐货罗,言音渐异,字本廿五言,其书横读。度葱岭南,迦毕试国,言字同吐货罗。以上杂类为胡也。若印度言字,梵天所制,本十七言,演而遂广,号青藏焉。有十二章,教授童蒙。大成五明伦,大抵与胡不同。五印度境弥亘既遥,安无少异乎?

汪刚木《四声切韵考补正》，以“侵、寝、沁、缉”、“覃、感、勘、合”、“谈、敢、阚、盍”、“盐、俭、艳、叶”、“添、忝、㮇、帖”、“严、俨、酽、叶”、“咸、嫌、陷、洽”、“衔、槛、鉴、狎”、“凡、范、梵、之”等韵，为有开口无合口。不知此诸韵皆合口音也。今江西南康、赣州两府，及广东通省，读以上各韵皆合口。可证古人以“咸”“凡”与“寒”“删”异者，正为此耳。刚木，(淅)〔浙〕人，不晓各省方音，故有此误。

《文选》，班孟坚《封燕然山铭》：“蹑冒顿之区落。”“区落”，李崇贤无注。

余谓：“区落”，盖即单于帐殿之称。“区”，读如“欧”。元人“窝耳朵”、“斡耳”，皆“区落”之音转。

日本人称拔都大王所建庭，曰“金党”；酒卷鸥公有《金党史》。沈子培刑部云，“金党”，即“斡(朵耳)〔耳朵〕”之对音。案：那珂通世《叙》云编述金斡耳朵之史。则“斡耳朵”三字，急呼为“党”，如沈君说。

《太平御览》卷六百十八引伏滔《北征记》曰：皇天场北，古时陶穴。晋时有人逐狐入穴，行十里许，得书二千馀卷。是当时得书，不止魏安釐王冢也。又，一百八十引《郡国志》曰：虢州杨震宅西，有龙望原。南崖有太尉公藏书窟。太元初，人逐兽入穴，见古书二千馀卷。

《御览》又一百七十六引《羊头山记》云：太学堂，洛阳南关阳门外，长十丈、广三丈。堂前石经四部，本碑凡四十八枚，《尚书》、《周易》、《公羊》十六碑。南《礼记》五碑，东《论语》三条。有谏议大夫马日磾、议郎蔡邕名。

《经传释词》云，“为”犹“谓”也。予于《庄子》又得一证。《庄子·天运篇》：子贡曰，三王五帝之治天下不同，其系声名一也。而先生独以为非圣人，如何哉？老聃曰，小子少进。子何以谓不同。“以谓”，即“以为”也。宋人多用“以谓”字，盖本诸此。

李心传《丙子学易编·与黄直卿书》云：古书与本义暗合者，妄意亦欲表出之。如《汉玄儒娄先生碑》云“父安贫守贱，不可荣以禄”之类。直卿《复书》云：古书可以互见，正当拈出。前辈考经，此类亦多。据此，则以汉碑证经，宋人之旧学也。

隋章安顶法师《涅槃经疏》第十二云，十四音书缺二字。梁武足“涅槃”二字，引经云所言字者即是“涅槃”。

开善云，于十二字中只取十字，除后“庵”“痾”，谓是馀声。故经释“炮”音，便云于十四音，是究竟义。更取下“鲁”、“留”、“卢”、“楼”四音，足为十四，插著中心，谓“阿、阿、伊、伊、忧、忧、鲁、留、卢、楼、哩、黳”等。

庄严复解前十二为复音，后五五相随；又取后三三相对中四字，中四字“耶啰和赊”，足前五成六、足上成十二；取“罗娑婆诃罗”为一迟音，“鲁留卢楼”为一速音；是为十四。

观师弹梁武云，“涅槃”，亦云“槃利涅隶槃那”，此则六字；亦云“般涅槃那”，此则四字。何故止取两字足之？按：唐以前译音，专取省文，此亦可见。

弹开善云，除“庵”“痾”二字，足“鲁”“留”“卢”“楼”四字，若

“鲁”“留”“卢”“楼”是音者，何不在音次第，而在字后安之？弹庄严云，经文现云十四音，何时云以字足音？音、字用异，何得相混？

又，河西以前十二即是十二音；取后四字合为二音。古经本云“梨楼梨楼”，即是四字为二音。足前为十四。又梵本音字，不言音，今十二字或十六字，随世所用。

又一解云，初十二字有三事，一字、二语、三音，因此字以为言论端首，然后方及馀字。故言字本初半字者，世法名半字，佛性名满字。

又云，梵本无半、满之言。河西云，十二字喻之如饭；后二十五字喻之如羹；后九字摄持诸句，如守门人，亦如璎珞。后九字亦字亦音。“鲁”“留”下之二字，童蒙所不习学。吸气舌根，是第三，明诸字所因，皆有差别。故“迦”“佉”等是舌本声，“多”“他”等是舌上声，“吒”“咤”等是舌头声，“波”“颇”等是唇间声，“遮”“车”等是齿间声。故言皆因舌齿别。

余按：此以“卢”“楼”二字为童蒙所不习，盖音莫先于唇，至舌根已甚难。而中国之四声，则皆分别于未出喉以前，尤非童蒙所宜习。艾约瑟以为中国言语八千年转变矣。

蒙古文翻译，今时已鲜有精通者。同治甲戌，考蒙古翻译。中书有宝香石者，倩（入伐）〔人代〕考；代者曰：必得第一以报命。盖应试者共十九人，皆倩此人译而传钞也。既受香石重贿，则以误译者予十八人，而自书不误者。既投卷，而阅卷大臣三人，举不识蒙文。则互相核对，以同者为不误，以异者为误。吏部咨文适应取十八名，而宝香石所倩代者竟不取。盛伯希祭酒云。

日本太朝臣安万侣,撰《古事记》,其《序》作于和(同)〔铜〕五年,当中国唐睿宗太极元年。其讼,云“於姓”;日下,谓“久沙诃”;于名带字,谓“多罗斯”。

按:“玖沙诃”,今作“ㄅㄝㄌ”,即“日下”之义;“多罗斯”,今作“ㄆㄘㄡ”,即“带字”之义。此文作于天平以前,是吉备真备假名未作,不知其时民间若何书写。且“ㄝㄌ”实“日”之下转音,“多罗”即“带字”之缓读。此可证日本与中国,不独文字可通,即语言亦为同类也。

英吉利称印度文为“山西掘愓”,近多译作“山西吉”,非具足也。近时婆罗门教用耙批鸦切。黎语,佛教仍用山西(握)〔掘〕的语。日本高楠顺次郎《梵文学教科书序》云:梵学之名,起于梵学之一、称婆罗门立壁者。别有一种,即佉卢虱吒,此所谓北方之文字,而名八克多利亚之巴利耙黎语。故编者反对山西掘愓称梵语。今假从世之通称,名此书为梵文字云。盖今时以巴利为婆罗门文字,遂以山西掘愓之婆罗门古文,专属梵学矣。《新译火器考》作“汕士库力特”。

英人威廉士著《散斯克小文典》,日本栗原重冬译之①。石川舜台序之云:“散斯克”者,印度古文;而本邦所传《悉昙章》,盖是矣。其纵续为文,疑系支那人之更改;按:此未必然。印度决无有纵续之法。然悉昙之不尽吻合斯克者,无他,誊写数千万人,继历数百千年,而跋涉数百千万里,运笔转讹,生此小异耳。

① 自“新译火器考……”至此,共三句,原刊皆作注语。今据意将后二句改作正文。

又云:印度古昔之制,其经书必用散斯克。其极终至并他杂书,亦散斯克而外,不许用之。而异体殊文,以通俗者,固在也。阿怒伽王父频婆沙罗,始许用巴里文,尔后曰榜葛刺、曰温土斯旦,皆相通用。现如(土)〔士〕人游于印度、欧洲,获诸体文而归,即翻译之局,先刻小文典,以其字典及大文典,曰巴、曰榜、曰温,续续译之。

按:日本此事未知已竣事否?今中国设“方言”、“同文”诸馆,而于同洲文字如印度、孟加拉、阿喇伯等,皆漫不加察,亦学术之隘也。

汉高帝,楚人,故为楚歌;犹庄舄之越吟也。释文莹《湘山野录》,记钱□[①]唱《还乡歌》,而父老不晓。乃高揭吴喉,唱山歌,以意见词,曰:“你辈见侬底欢喜,吴人谓“侬”为我。别我一般滋味子,呼“味”为“寐”。永在我侬心子里。”止歌阕,合声赓赞,欢感闾里。此以知土音之感人也。若王茂弘之弹指兰阇,又以能通胡语,而胡人感悦。则为政者无忘土风,而兼通殊俗,固其要矣。

《佛本行集经》第十一卷:何、伊、优、哩、(鸣)〔呜〕、迦、法、伽、咺、啊、遮、车、阇、社,若吒咤茶嗏啱多他陀幢那敱颇婆婆麼耶啰逻婆嗐沙娑啢,无和会声。释可洪《新集藏经音义随函录》卷十四云:此十四音,长声中少两字,短声中少七字,译主讹略也。如文殊问经,具足显之也。

余按:此经既无“鲁、留、卢、楼”和合音,而“阿、伊、优、哩、呜”

① “□”,此处原刊空白一字位置。应是““镠”字。

五字并阙短声,其讹略显而易见。故竺国音学,古则必《悉昙章》为据,今则以散斯克为据,各经中字门当以此绳之。不必以译主偶疏,转增疑闷也。

《三国志注》:孙亮时有山阴朱育,依体像类,造作异字千名以上。

宋真宗《佛说四十二章经注》云:判命不死难。"不"字当为"必"字,盖传之讹也。据西戎、南蛮语音,呼"必"为"不"。按:此知宋真宗颇留意方音也。

《皇舆西域图志》四十八云:回地历代教主墓前,多树碑石,名"塔哩克塔"。实大书深刻,与内地无殊。惟不事墨搨流传,故回地有碑而无帖。

《明史》:武宗于佛经梵语,无不通晓;习韃靼语,自名"忽必烈";习清宗语,自名"妙吉敖烂";习番僧语,自名"领古班丹"。

马国翰辑葛洪《要用字苑》:祇衼,巨儿之移反;法服也。或作"竭支",或作"僧迦支",或作"僧迦鸱",梵言讹转也。《四分律音义》。据此,则稚川留心竺译,不独洞悉丹经也。

《朱子语类》一百三十云:介甫解佛经亦不是。解"揭帝",云揭其所以为帝者而示之。不知此是胡言语。

按《通鉴考异》,唐僖宗广明元年,侯昌业疏曰:"陛下暂停戏赏,救接苍生,于殿内立揭谛道场,以财帛供养诸佛。"此疏,《北梦琐言》以为庸僧伪作,《困学纪闻》以为田令孜党伪作。然可知"揭谛"二字,唐末已有解说。要可谓不通译学之甚者也。

冯登府《十三经诂答问》云:孔子周流列国,论说多方俗言。

"如其仁","如"即"不如",齐人语;"不迁怒","迁怒"齐人语;"思而不学则殆","殆"疑齐人语;并见《公羊传注》。

"赤之适齐","适","之"也哉;"秦以市贾多得为'夃'";并见《说文》。

"患得之楚",俗语;"文莫",犹俗言"文";见《论语注疏》。

"病间曰愈也",楚病愈者谓之"差",或谓之"閒";"博奕",簙,谓之蔽,秦晋之间谓之博;围棋,谓之奕,齐鲁之间皆谓之奕;"说而不绎改也",自山而东或曰"怿";并见《方言》。

"居、吾语汝",读姬姓之"姬",齐鲁之间语助,见《檀弓注》。

"其诸异乎人之求之与","其诸"、齐鲁间语,见《公羊传》。

余按:孔子周流,未经秦、楚。杨雄《方言》,只记汉俗,不(开)〔关〕周人。要之,子所雅言,诗书执礼;自是之外,宜操土风。则《论语》一书,诸贤所记,固宜多齐、鲁语矣。

又,《丹铅总录》引晋栾肇《论语驳》云:燕、齐以"勉强"为"文莫"。

北凉道泰译《入大乘论》卷下云:如来法身,为化众生,有四方便。一者多柭多罗波罗比地,二者多柭多罗尼比玖,三者阿亶多波罗比致,四者阿亶多罗比致。《自注》云此四深妙,秦言无以译之,故存梵本耳。

按:译语者当知此意;然道泰宜以秦言比况训释大意,不然则全书或因此而义阂,安用译乎?

唐一行《大日经义释》卷一云:梵本,"嗜多"是大声,"啰尾多"是小声,"涅瞿衫"者是长声又兼多声。所以具足言之,欲显总持境界、无所不了,对此方文字难以具翻也。此则声明之学,为中土所无,译家遇此,毋庸强解可也。

孙穆《鸡林类事》云:高丽方言,(调)〔谓〕白曰"汉",谓水曰"没",井曰"乌没",热水曰"泥根没",冷水曰"时根(法)〔没〕"。余按:蒙古人称河为"没辇",亦作"沐涟"。是高丽语不独与满洲相近,亦与蒙鞑相通也。俟再考。

德意志国人花之安《自西徂东》卷四云:亚细亚洲之巴比伦,专精天文数学。大约神农、伏羲皆诞生于此。盖当日"四象""八卦"皆于此呈图,名"天地"、名"乾坤"者通合巴比伦之方言也。《尔雅》释太岁在甲曰"阏逢",乙曰"旃蒙",及"柔兆"、"强圉"、"摄提格"、"单阏"及《史记》太初元年年名"焉逢摄提格",凡此皆巴比伦之方言也。

然此书又云巴比伦自昔既失其书,后掘地得之。然则何以能知其古言如此?尚当质诸西国博通之士耳。

中国文理,一字读二音者,古亦有之。倪思宽《读书记》卷八云:一字读二音,见于唐石经。《诗》"于三十里",唐石经"于州里三十";"维物",唐石经作"州维物"。若读"州"为"悉合反",则是四言之诗,杂以三言之句,不谐声度,安得成章?故知以一字读二音也。

其二字读一音者，则所在多有。李文贞《榕村语录》卷十七云：买朱钼密州，两字切音也，按：当云“合音”。莒夷也，语译而通。余按：“寿梦”之为“乘”，亦是此类。古人用译语，或略或详，然二合之例，已于此见端矣。

林寿图《启东录》五曰：百济王所治城曰“固麻”。《北史》谓“居拔城”，即固麻城。以满洲语译对，“固麻”为“格们”转音。《旧唐书》云王居有东、西两城。“居拔”即满洲城之“卓巴”；两城皆王都，故均以“格们”称之。其曰“建居拔”者，“建”字乃汉文，《通考》误连“建居拔”三字为城名。按此，则古百济语，与今满洲语有可通处。

又云：《唐书》、《五代史》，新罗立金真平女善德为王，宗室大臣乙祭总知政事。蒙古语谓全部之“部”曰“伊济”，与“乙祭”音近。是新罗语又可通蒙古语；然此条尚候考定也。

张行孚《说文发疑》云：或谓《周礼》“外史谕书名于四方”，“书名”者，文字之声音也。如列国各用方言，则外史所谕者何事？愚按外史所谕，不过每方命数人整饬其形声之大略，使之无甚悬殊，犹今学使整饬各方之文学而已。必不能使数千里之声，尽归一律也。原注：按今时用韵能归一律者，以韵有成书也。古无韵书，安能一律？(殷)〔段〕懋堂谓古有韵书而今佚者，不足据。

卷九　笔记中

知过轩日钞*

十六年来，复观当时所记，乃几无一条可存者。所谓“吾犹昔人、非昔人”也，何独观河皱面、知其迁变哉？

又（十）〔一〕年阅之，亦尚有可采处。真念念迁变也。①

壬午八月二十四日②，夜读《诗·节南山》篇：“家父作诵，以究王讻。”《传》云：家父，大夫也。《疏》云：作诗刺王而自称字者，诗人之情，其道〔不一〕，或微加讽谕，或指斥愆咎，或隐匿姓名，或自显官字，期于申写下情，冀上改悟而已。此家父尽忠竭诚，不惮诛罚，故自载字焉。嗟乎！尹氏秉均，姻亚膴仕，国既卒斩，而谏书不闻。家父独披露上陈下情，伏死而谏，信乎龙、比之亚矣。王肃邪佞，恶足语此？乃引人臣不显谏之说，巧为诋諆，谬哉！

《十月之交》，《正义》曰：日月之食，于算可推而知。则是虽数自当然，而云为异者，人君者位贵居尊，恐其志移心易，圣人假之灵

---

* 据《青鹤》杂志连刊者录入。《文芸阁先生全集》题作《读书札记》，疑系编者代加，而非文氏所题。两本条文，少数或此有彼无、或此无彼有；条文次第亦若干后先不同。此篇正文撰作时间，起于壬午（光绪八年）八月二十四日，约迄于光绪十二、三年际。

① 此二条题记，当是文氏历经十六年及又一年之后，重阅旧稿而补题者。

② “日”青鹤本无此字，兹据《文芸阁先生全集》本补。

神,作为鉴戒耳。夫以昭昭大明,(臣)〔照〕临下土,忽尔歼亡,俾昼作夜,其为怪异,莫斯之甚。故有伐鼓用币之仪、贬膳去乐之数,皆所以重天变、警人君者也。而天道深远,有时而验,或亦人之祸衅偶与相逢,故圣人得因其变常,假为劝戒,使智达之士识先圣之深情,中下之主信妖祥以自惧。但神道可以助教,而不可以为教,神之则惑众,去之则害宜,故其言若有若无,其事若信若不信,期于大通而已矣。经典之文不明言(休咎)〔咎恶〕,而公〔羊〕家董仲舒何休及刘歆等以为发无不应,是知言征祥之义,未悟劝沮之方。

此段议论明通,诚足救占验谶纬家之失。而后世之谓“天变不足畏”者,其亦非智达之士矣。本日有因彗星修省之谕,而推步家咸谓彗星亦可实测,与人事无与,因读《诗疏》,故详录之。

傅武仲毅《迪志诗》云:“二事败业,多疾我力。如彼遵衢,则罔所极。二志靡成,聿劳我心。如彼兼听,则溷于音。”此与东坡诗“多好竟无成,不精安用夥”,皆足为志学不一者之药石也。余性颇病此,故书以自警。《淮南子·诠言训》云贾多端则贫,工多技则穷,心不一也。亦此意。

《朱子语类》:或曰,自秦汉以来诸儒皆不识这“敬”字,直至程子方说得亲切。曰,程子说得如此亲切了,近世程沙随犹非之。

愚案,《曲礼》:毋不敬。郑《注》云:礼主于敬。夫人无可以去礼之时,即无可以不主于敬之时。此与程子主一无适之说有何差别?岂可不细[1]绎先贤之书,而慢谓无识“敬”字者乎?或人之心粗,而学亦陋矣。

① “细”,《文芸阁先生全集》排印本作“细”。

《朱子语类》云:“敬”,莫把做一件事看,只是收拾自家精神,专一在此。今看来诸公所以不进,缘是但知说道格物,却于自家相[①]骨上煞欠阙精神,意思都恁地不专一,所以工夫恁地不精锐,未说到有甚底事,分自家志虑,只是观山玩水也,煞引出了心。那得似教他常在里面,好如世上一等闲物事,一切都绝意,虽似不近人情,要之如此方好。

朱子答林择之云:先圣说克己复礼。寻常讲说,于“礼”字每不快意,必训作“理”字然后已。今乃知其精微缜密,非常情所及耳。此即凌次仲原“礼”之意。凡《语类》、《文集》各条,皆从《朱子全书》抄出,故未注卷数。

《朱子语类》云:与好谐戏者处,即自觉言语多为所引也。

又云:问璘,昨日卧云庵中何所为?璘曰,归时日已莫,不曾观书,静坐而已。先生举横渠“六有”说:言有教、动有法、昼有为、宵有得、息有养、瞬有存。以为虽静坐,亦有所存主,始得,不然,兀兀而已。

又云[②]:伊川亦有时教人静坐,然孔、孟以上却无此说。要须从上推寻,见得静坐与观理两不相妨,乃为的当耳。

《乐书要录》论三分损益通诸弦管云:琴不择长短,但调取一

---

① “相”,《文芸阁先生全集》本作“根”。

② “又云”,《文芸阁先生全集》本作“答潘谦之云”。

弦、与黄钟同声，即于其上分作三分，捻却一分而弹之，即与六寸林钟声合。又于中更分作三分、而益一分捻之，即与八寸太簇声合。如此展转，终于十二，与律吕相并，遂无毫厘之差。琵琶、尺八、横笛之属，并亦准此。明知三分损益，冥数相符，理出自然，非由造作。

论历八相生意云：声无形象，默识者希也。故假以管寸之数，历八相生。古贤立此术者，欲令不知音者有推求之理。使其所历满七，即知有七声；既知有七声所在，然后从宫却向商，从商修角，次及变徵、徵、羽、变宫；如此为次，乃识音调。此是修涂辙推求之法。若知音者，则不要藉此术，但随所逢遇，遂便施为，自然宫商暗合。

按：此二条，皆极浅显，有益于学乐者。

袁清容《庆元路鄞县学记》云：世祖皇帝景崇学校[①]。定国子监学成宪，皆东南儒先；而朱文公所说，咸取以为经史模楷。于是中州万里之内外，家有其书。然而急近功者剿取其近似，以为口耳之实。天人礼乐，损益消长，切于施为，所宜精思而熟考者，一以为凡近迂缓而不讲；至于修身养心，或相背戾而不相似，则缘饰俨默[②]，望之莫窥其涘际。夫明绝学以承先圣之统，可谓难矣。弊生于苟易，守其说而湮其本，将不胜其弊。

案：此时尊崇朱子之学未久，而已有此弊，信乎偏胜则不能无失也。我朝推阐天人，讲明礼乐，钜儒博学，信非前代所及，而于修身养心，或废而不讲，不又将弊生于苟难乎？

---

① “景”字青鹤本原刊作“□”，兹据《文芸阁先生全集》本补。

② “俨默”，《文芸阁先生全集》本作“俨然”。

袁清容《马元帅防倭记》云：泰定二年冬十月，倭人以舟至海口。于是行省佥曰：非马公孰得当是选？公乘驿至县，即宣谕上意，始疑骇不肯承命，反复申谕，讫如教。

此为定海泊舣之始。马元帅名未详，俟考。

《朱子语类》云：人有知不善之不当为，及临事又为之，只是知之未至。人知乌喙之杀人、不可食，断然不食，是真知之也。程子"谈虎色变"一条，亦与此意同。

《朱子文集》：王近思问，平时无事，是非之辨，似不能惑。事至而应，则陷于非者十七八。虽随即追悔，后来之失，又只如故。今欲临事时，所谓可喜、可怪、可畏、可沮者不能移其平时之心，其道何由？曰，此是本心陷溺之久，义理浸灌未透之病。且宜读书穷理，常不间断，则物欲之心自不能胜，而本心之义理安且固矣。

钱塘张道《旧唐书疑义》四卷，订讹校阙，不在吴兰亭、沈世①下。惟谓则天不当立纪，未谙史例。其第二卷目中有"地理志"一条，而卷中未见，当是刊本佚脱也。

段茂堂《古文尚书撰异》云：《今文尚书》"钦明文塞"，"塞"字从"土"。或改从"心"，作"寋"。傅合《说文解字考》，《诗·燕燕》、《定之方中》、《常武》字皆作"塞"。而魏碑"钦明文塞"刻画可稽。凡古书字迹，即审定讹缪改窜尚当慎，安可偏据许氏一书，因许书所无，则尽改古籍所有，以为尊许？因许书字各有本义，则尽

---

① 《文芸阁先生全集》本作"吴兰庭、沈世泊"。按宋吴缜撰《新唐书纠谬》，清沈炳震辑有《新旧唐书合钞》。

改假借之字,勒归本字?如用"寋"改"蹇",其意改假借归本字也。不思"蹇"实非故训乎?六书假借可废乎?《诗》、《书》可尽改、古籍面目可尽失乎?举此为言小学者破惑。

按:段茂堂专精《说文》,而不肯据《说文》以改经典如此。此有〔鉴〕于惠定宇之弊而改之者。

《古文尚书撰异》又云:"敬授民时",自来无作"人时"者,历引诸书证之,既得之矣;惟以为卫包所改,且云包以"民时"字在卷首,非他"民"字可比,乃竟改为"人时",此则臆度之词。若然,则"黎民于变"之"民"字,更在前矣,包何以不改乎?何失之眉睫也!

《朱子语类》云:克己亦别无巧法,譬如孤军猝遇强敌,只得尽力舍死向前而已,尚何问哉?

朱子答杜仁仲云:既知其病,即内自讼而亟改之耳,何暇呫呫诵言以咎既往之失,而求改过之名哉?今不亟改而徒言之,又自表其未有改之之实也,则是病中生病,名外取名,不但无益而已。

《朱子语类》云:人须是有廉耻。孟子曰:耻之于人,大矣。耻便是羞恶之心,人有耻则能有所不为。今有一样人,不能安贫,其气销屈,以至立脚不住。不知廉耻,亦何所不至?因举吕舍人诗云:"逢人即有求,所以百事非。"

按:后来顾亭林以"行己有耻"为为学之要,实朱子有以发之。

又云:学者当常以"志士不忘在沟壑"为念,则道义重而计较死生之心轻矣。况衣食至微末事，不得未必死，亦何用犯义犯分、役心役志、营营以求之邪？某观今人因不能咬菜根而违其本心者众矣，可不戒哉！

又云：轻重是非他人，最学者大病。是是他是，非是他非，于我何所预？且管自家。

阅《吹网录》六卷，吴中叶调生撰。其书校订古籍，与劳格《读书杂识》相近；校《通鉴》一卷尤多可采。惟"卷一"中解经者寥寥数条，且多录前人成说，无甚发明，则殊可不必尔。

叶调生《鸥陂渔话》，录其朋旧李子仙语曰：学问之事，当与胜己者较；功名之事，当与不胜己者较。按：二语本之桂林陈文恭公。子仙盖举以教人耳。

王建《凉州行》云："蕃人旧日不耕犁，相学如今种禾黍。"又云："洛阳家家学胡乐。"此于"变夷"、"变夏"言之了然，诗人之诗也。

江慎修《律吕新义序》，指陈十弊，谓人声即天地之中声，其论卓然不磨。惜其援引河洛，推究算术，转生学者迷惘之失，正与所言"截管候气"之弊相等。至谓声律之理，体为宫商角徵羽，用为徵羽宫商角，则自古习乐者未尝为此言。来者难诬，何立说之易也！

陶渊明《止酒诗》、韩昌黎《送孟东野序》，皆诗文中之野调，为全集之累不少，且以贻误后生，断不可学。《墨子·所染篇》，已开此派①。

《淮南子·诠言训》，多道家之旨。惟云邪与正相伤，欲与性相害，不可两立，一置一废，故圣人损欲而从事于性，数语甚精当，虽讲学家无以过之。

又云：羽翼美者伤骨骸，枝叶美者害根茎。能两美者，天下无之也。——此亦足为华而不实者之戒。

又云：员之中规，方之中矩，行成獸，止成文。——此"獸"字，当系"獻"字之讹。注云：有谓古礼执羔麋鹿，取其跽乳、群而不党。恐近于迂曲，未知刘端临补校有说否？愚意如此，姑录以俟检。

《淮南子·兵略训》，"山高寻云，豁肆无景"二语，其造句炼字，颇似晋、宋人文法。

又云：击其犹犹，陵其与与。案：即"犹豫"之异文也②。狐疑、犹豫，皆以双声为义。不必强释为兽名也。

又云：心诚则支体亲刃。案："刃"字，当通作"韧"，俟考。

又云：始(知)〔如〕狐狸，彼故轻来；合如兕虎，敌故奔走。案：

① 此二句注语，青鹤本无，兹据《文芸阁先生全集》本补。

② "文也"二字，青鹤本无，兹据《文芸阁先生全集》本补。此句，青鹤本原作"即犹豫之异"。

“虎”、“走”非韵，“走”字当读如“趣”。

又云：险隘不乘，上陵必下[1]。“上”字，当是“丘”字之讹。

《大戴礼·少间篇》云：天政曰正，地政曰生，人政曰辨。孔羿轩注曰：辨，别也。愚尝(受)〔爱〕《孙子》“分数明”一语，以为政治学问皆可以此理之。得斯语，可证斯义。

宋人以“儒行十五，儒皆过乎中庸”，谓非夫子语。孔羿轩力诋之，云：“儒行”云者，固言儒者之行，未尝目为时中之至行也。斯言良允。吾师番禺陈先生亦极好“儒行”，谓“博学以知服”一言，可以为学者法。然愚案李中孚《二曲集》中全录“儒行”一篇，极力表章，实在二先生之先，惜未见之也。

张皋文《丁小雅郑氏易注后定序》云：余往尝疑郑君笺《诗》，以婚期尽仲夏之前，于经无所征验。及就《归妹》之《注》考之，“六五”爻辰在卯二月中，辞曰帝乙归妹，以祉元吉；“九四”爻辰在午五月中，辞曰归妹愆期。然后知《笺》义盖出于此。

又尝疑雷震百里以象诸侯，《周官》制则不合。及读晋康侯之《注》，诸侯有三捷之功，锡以乘马而广之，然后知《易》有三代之制。

按：皋文说《易》，颇病支离；而此二条，义乃明显，于郑意深有发明。

---

① 此二句，青鹤本作“险隘必乘，上陵必下”，《文芸阁先生全集》本作“险隘必乘，敌陵必下”。

《墨子·亲士篇》“今有五锥”至“太盛难守也”一段，似老氏之旨，然与上下文不贯，疑有错误。

《修身篇》曰：近者不亲，无务来远。亲戚不附，无务外交。事无终始，无务多业。举物而暗，无务博闻。

又云：名不可简而成也，誉不可巧而立也。此“简”字，当训为“苟简”。

《法仪篇》云：昔禹、汤、文、武，兼爱天下之百姓，率以尊天事（地）〔鬼〕，其利人多，故天福之。桀、纣、幽、厉，兼恶天下之百姓，率以诟天侮鬼，贼其人多，故天祸之。案[1]：《论语》云致孝鬼神，是事鬼之证；《书》云攘窃神祇之牺牷牲，是侮鬼之证。

《辞过篇》云：内无拘女，外无寡夫。案：古书多以“夫”与“妇”对文，“士”与“女”对文，此独以“女”与“夫”对举。与《孟子》“内无怨女，外无旷夫”，文义正同。

《尚贤篇》云：官无常贵，民无终贱。其大旨亦讥世卿也。

又云：使天下为善者可而劝也，为暴者可而沮也。案：“而”，犹“以”也。毕秋帆校本引《淮南子》高诱注云：“而”，“能”也，古通。“可”、“能”二字连用，于文为不辞。《非命篇》：则不可而不先立[2]义法。

---

① “案”下，《文芸阁先生全集》本有“书”字。

② “立”，青鹤本作“主”，兹据《文芸阁先生全集》本改。

文义与此正同。

《尚同篇》云:古者圣王明天鬼之所欲,不此字疑羡。避天鬼之所憎,以求兴天下之利,除天下之害。是以率天下之万民斋戒沐浴,洁为酒醴粢盛,以祭祀天鬼。

案:此说为今回[①]教、袄教之大旨,近于荒人事而听命鬼神。班《志》谓出于清庙之守,信夫!下文云祭祀不敢失时幾,听狱不敢不中,分财不敢不均。与袄家尤近。

《兼爱篇》云:视人家若其家,谁乱?视人国若其国,谁攻?又曰:圣人禁恶而劝爱。

其言甚美,不知视人犹己,豪杰所难;禁之不得,劝之不得,则必驱之以刑,而民愈相恶而不相爱,此大乱之道也。故圣王之治,但欲民之自爱,而不求民之兼爱。

又云:今若夫攻城野战,杀身为名,此天下百姓之所难也;苟君说之,则士众能为之。况于兼相利、交相利,则与此异,此何难之有?特上弗以为政、士不以为行故也。

此言尤误。夫自古之君,亦安有不欲民之相爱不相恶者乎?然而人各有私,正所以成其公;各爱其所爱,而世已大治。若使之兼爱,其政将何所施?亦将如何攻城野战、杀身为名之,以重赏购之邪?抑徒以虚言相市乎?均之必不能致而已矣。此不必读《非墨[②]篇》而知其说之立穷也。

---

① “回”,青鹤本原阙字作“□”,兹据《文芸阁先生全集》本补。
② “墨”,青鹤本原阙字作“□”,兹据《文芸阁先生全集》本补。

又云:天下恶人而贼人者,兼与、别与?即必曰,别也。然即之交别者,果生天下之大害者与?是故“别”非也。

按:《尸子》云,君臣父子上下长幼贵贱亲疏,皆得其分,曰“治”。爱得分,曰“仁”。施得分,曰“义”。虑得分,曰“智”。动得分[①],曰“适”。言得分,曰“信”。皆得其分,而后为成人。墨子以别为非,是使人各失其分也,是尸子所谓不成人也。

《非攻篇》:腑冷不反。毕《校》云:“冷”,当为“烂”。按:“腑冷”双声;疑当时语,不必改[②]。

又引《诗》曰:鱼水不务,陆将何及。“务”、“及”[③]二字,于韵不叶,必有误字。

又云:有神人面、鸟身,若瑾以侍,搤矢有苗之祥。“若瑾”二字,未详;“侍”,疑当作“示”。

又云:禹既已克有三苗焉,磨为山川。“磨”,疑当作“歷”。

又云:至乎夏王桀,天有辖命。毕云:“辖”,当是“诰”字。

案:上文“三苗大乱,天命殛之”;此文义相同。若作“诰命”,于义未显。疑当作“梏命”,或作“酷命”,与“革命”同意,俟考。

---

① “曰‘智’。动得分”,青鹤本原无此五字,兹据《文芸阁先生全集》本补。

② 青鹤本无此条,兹据《文芸阁先生全集》本补。

③ “务及”,青鹤本无此二字,兹据《文芸阁先生全集》本补。

又案:《非攻·下篇》,文多灵异,与伪今文《太誓》相近。疑当时已有纬谶之说。

《节用篇》云:昔[①]者圣王为法,曰丈夫年二十,毋敢不处家;女子年十五,毋敢不事人。此言不知何所本。

《节葬篇》:翁衰(经)〔绖〕。毕云:"翁",义未详。

案:"翁"字从"羽",当有"饰"义。俟考。"胡说"二字,亦出此篇,姑记之。《汉饶歌》"翁离",亦"饰"也。

《天志篇》云:其事上尊天,中事鬼神,下爱人。

案:《墨子》多单言"鬼",连言"鬼神"者甚少。此"神"字当羡文;以下文"上诟天、中诟鬼"证之可知。毕《校》谓"诟鬼"下当有"神"字,非也。

又云:磨为日月星辰。"磨",亦当为"歷"。

又云:差论蚤牙之士,比列其舟车之卒。

案"差论"[②]:"差",比也;"论",同"伦",列也。"差论",犹"比列"。"差论"下,当有"其"字。

《明鬼篇》引杜伯事,云:著在周之《春秋》。岂周史亦名《春秋》邪?

---

① "昔",《文芸阁先生全集》本作"古"。

② 此二字青鹤本无,兹据《文芸阁先生全集》本补。

又引燕子仪事，云：著在燕之《春秋》。疑“春秋”者，史之通称，墨子特随举之耳。下文又引诟[①]观辜事，云著在宋之《春秋》；引王里国事，云著在齐之《春秋》。

又云：此吾所以知商周之鬼也。“周”，当作“书”。又云：且禹书独鬼，而夏书不鬼。“禹”，当作“商”。此二字，疑转刻之误，故毕无校语。

又云：禽艾之道之曰，得玑无小，灭宗无大。“禽艾之道”四字，俟考[②]。

《天志篇》“綛处”之“綛”字[③]，《非乐（字）〔篇〕》“鏽然”之“鏽”字，皆《说文》、《玉篇》所无，录以俟考。

《非乐篇》云：当在乐之为物。“在”，察也。

《非命篇》引《仲虺之告》曰：我闻于夏，人矫天命，布命于下。此当为古书言命之始。阮文达《性命古训》，惜未引及。

又云[④]：禹之总德有之，曰允不著，惟天民不而葆。毕云：“而”，同“能”。既防凶心，天加之咎，不慎厥德，天命焉葆。“禹之总德”，

---

① “诟”，《文芸阁先生全集》本作“福”。

② 青鹤本无此条，兹据《文芸阁先生全集》本补。

③ 此句内二“綛”字，《文苑阁先生全集》本皆作“總”。

④ “云”下，《文芸阁先生全集》本有“引”字。

未知是《书》之篇名否？此条言命，又在《仲虺》前。

又云：命者，暴王所作，穷人所术，非人者之言也。案：“人”，与“仁”通。

《非儒篇》：取妻身迎，祗褍为仆。“祗褍”，双声字。

“有强执有命”至“不治则”一段，文意与上下不贯，疑是《非命篇》之文阑在此耳。

《非儒篇》述晏子讥孔子之言，知晏子墨家之祖也。

徐子远太守灏《通介堂经说》，释“剥床以辨”云：“辨”，读为“牑”，犹今所谓“床板”也。“剥床以足”、“剥床以辨”，皆就床说；“剥床以肤”，始就人身说。其义最精确，陈兰浦师深取之。然全书服膺为王氏，而取材未能（究）〔宏〕富；似此者不可多得。其论“褅”，不信郑君，且谓金鹗“七褅”之说为支离，则无识之甚也。

子远在京时，尝云，近得作《经说》二十馀册，拟刊其尤精者。惜其淹忽，不复可见。前年，复于其家得见所作《说文建首笺疏》，多精当，能发明小学通假之故。又见其《乐律考》，则以七音混入十二律，立论愈巧而愈觉支离，无甚足取。二书均未刊也。

《尧典》“析、因、夷、隩”四字，疑就四方之民性言之；未必尽关农事；即“（东平作秩）〔平秩东作〕”数语亦然。阮文达曾辨之。盖上文“授时”一语，已尽民间之事。此数节自是圣人平天成地之学，不可沾沾泥农事说之,转落边际。检各家论说皆然,窃不欲从也[①]。

“九族”之“九字,亦系泛举大数,不必依古、今文家说,求之异姓、同姓。汪容甫《释三九》篇可证也。杨升庵《丹铅(铄)〔录〕》已有此说。

陈思王《薤露篇》云:“愿得展功勤,输力于明君。怀此王佐才,慷慨独不群。”按:此义即杜少陵自比稷、契之所本。又云:“孔氏删诗书,王业粲已分。骋我径寸翰,流藻垂华芬。”此李太白希圣有作之所本。陈思之于文章[②],信鳞羽之有龙凤矣。且其功业不就,借辞翰以传千古,实以隐然自伤。则此一篇,殆无异渊明之自祭也。

癸未秋间,余客居杭州,偶于书肆中购得秀水朱建子《丧服制考》一本。《四库》列书目。观[③]其篇目,此书当有八卷,此仅其前四卷耳。其《自序》云:

“余少从学于俞渐川先生。先生好讲礼,课读之馀,时取婚丧祭葬之礼,进诸生考论之。故于古礼今制之同异,颇能识其一二。

“己丑元旦,供奉我高曾祖考之象于中堂。余以年老力衰,命儿孙修岁事,余则侍坐于影堂之侧。自朝至夕,清心对越者三昼夜,取《礼经》、《仪礼》、《家礼》诸书读之,忾焉僾焉[④],如我祖我父之耳提面命焉。

① 以上二条,青鹤本不载,兹据《文芸阁先生全集》本补。
② “文章”,《文芸阁先生全集》本作“文笔”。
③ “观”,《文芸阁先生全集》本作“仅观”。
④ “僾”,《文芸阁先生全集》本作“懮”。

“夫《礼经》凡四十九篇，而专言丧礼者十有三：《檀弓》、《曾子问》、《丧服小记》、《杂记》、《丧大记》、《奔丧》、《问丧》、《服（间）〔问〕》、《间传》、《三年问》、《丧服四制》；其他《曲礼》、《王制》、《礼器》、《玉藻》、《大传》、《少仪》诸篇，亦多言及丧礼焉。《仪礼》十七篇，而专言丧礼者四：《士丧礼》、《既夕礼》、《士虞礼》、《丧服》，经传其他《特牲馈食》、《少牢》、《聘礼》诸篇，亦多言及丧礼焉。孟子曰惟送死足以当大事。古人之于丧礼如此，其重且详也。

“夏、商以前，其制不可考矣。《周礼》、《仪礼》，为周公摄政六年所制，原情酌理，至精至密，可谓大备。自是而后，汉有石渠阁之议；晋虽崇清谈、尚老庄，而论丧服之儒独多亦独详。唐太宗命魏徵、令狐德棻等议贞观律，而定服制；萧嵩奉元宗敕，而修《开元礼》；至宋徽宗命续修新仪，而有《政和礼》；司马温公撰《书仪》；朱子定《家礼》。皆颁诸天下而行之当世者也。其他许敬宗、李义府上《显庆新礼》，刘集[①]删定《书仪》，聂崇义集《三礼图》，刘温叟撰《开宝通礼》，欧阳修纂《太常因革礼》，诸儒著述，文不一家。自汉迄今千八百馀年，虽代有损益，亦不过小过、不及之间。

“独至明太祖受命而兴，改制度，定礼乐，因革更易，秩然一变。然洪武初年，诏儒臣采朱子《家礼》为《大明令》一书，父斩衰母齐衰报[②]其服庶母缌三殇降等，大略皆存古制。自洪武七年，皇贵妃孙氏薨，上震悼，命群臣议丧礼、撰《孝慈录》，而亲为之序，古礼尽易。令[③]更制母服，斩同父，减报服，革殇礼；并罢齐衰三年，重者入斩，

① “集”，《文芸阁先生全集》本作“岳”。

② “报”下，《文芸阁先生全集》本有“如”字。

③ “易”，青鹤本原刊作“昌”，《文芸阁先生全集》本刊作“易令”。今据意改作“易令”。

轻者入期。后修《会典》,一如《孝慈录》,无所[1]增损。海内士大夫莫不兢兢由之,至于今不易。然三殇之礼废,而亲亲长长之道阙;为长子与众子等,嫡子为庶母杖而期,而正体之谊乖;庶子之为所生斩也,慈母、养母之皆斩也,嫁母、出母之并杖也,而尊尊贵贵之序失。

"昔我夫子生周之世、为周之民,尝论乐,而谓(或)〔武〕尽美[2]矣、未尽善也。安在生今之世,不可论今之礼,而况于易世乎?于是将服制之古有今无、古无今有、古重今轻、古轻今重者,皆[3]详考而备录焉;与诸儒之论议可采者,悉取而折衷焉;其间有不能无疑而顾商者,为臆说以附之,复为《杂问篇》以发明之;著《丧服制考》一编,以质之习礼者[4]。

"夫清兴七十馀年按:当作六十馀年。矣,列圣天子[5]文谟武烈,超越千古,而丧服大礼,犹因明制。昔汉至武帝太初元年,亦有天下七十馀年,乃始议明堂、改正朔、易服色。及今理学儒臣,有意厘而正之、以成一代礼制之盛乎?则是编[6]不无少助云。康熙四十八年岁在屠维赤奋若元宵后一日,秀水后学朱建子辰始氏自序。"

此书于礼制仅有规模,不及徐氏《读礼通考》之备与后来程氏《丧服足征记》之精。然其欲革《孝慈录》之非,以从《仪礼》之是,

---

① "所"下,《文芸阁先生全集》本有"发明"二字。

② "美",青鹤本原刊作"莫善",兹从《文芸阁先生全集》本改。

③ "皆",青鹤本原刊作"今",兹从《文芸阁先生全集》本改。

④ "者",青鹤本无此字,兹据《文芸阁先生全集》本补。

⑤ "列圣天子",青鹤本原刊作"圣天子",《文芸阁先生全集》本原刊作"列圣夫子"。兹据意改。

⑥ "编",青鹤本原刊作"篇",兹从《文芸阁先生全集》本。

则不刊之论也。惜四卷以下无从购觅耳[①]。按:《皇朝文献通考》及《四库存目》中,皆有此书,作"八卷";未知尚有刻本否[②]?为备录其序于此[③]。

《楚词》:"行比伯夷,置以为象兮。"此与赵邠卿自为寿藏,图季札、子产、晏婴、叔向四象居宾位,又自画其象居主位意同。足见古人室宇坟墓,无不悬古图象以示劝惩者。《鲁灵光殿赋》"上拟开阖"一段,可以解《天问》之意;武梁祠画象各石,可以解《橘颂》之意。周、汉相去不远也。

《通典》《乐类》,载魏公卿奏曰:于文"文"、"武"为"斌";臣等谨制乐舞,为《章斌之舞》。案:"斌"字,讹俗特甚,《说文》不载。而魏人至形之奏牍,名诸雅乐,何不通小学如是!殊不可解[④]。

"滋阳县",以山得名,"滋"字似不应从"水"。陶子政说。

《史记·五帝本纪》,《正义》引徐才宗《国都城记》一条。此书未详,俟考。

又,裴骃《集解》云案《太古冠冕图》云云,《太古冠冕图》亦未详何人所作。

又,《正义》引孔文(详)〔祥〕云:宋末,会稽修禹庙,于庙庭山

---

① "耳",青鹤本无此字,兹据《文芸阁先生全集》本补。

② 此句《文芸阁先生全集》本作"未知有名家刻本否"。

③ 青鹤本无此句,兹据《文芸阁先生全集》本补。又,自"按《皇朝文献通考》……"以下至此,《文芸阁先生全集》本皆作正文,不作注语。

④ 此条青鹤本不载,兹据《文芸阁先生全集》本补。

土中得五等圭璧百馀枚,形与《周礼》同,皆短小。此即禹会诸侯于会稽,执以礼山神而埋之,其璧今犹有在也。案:当时惜无人摹刻图式,遂使灵器虽见犹隐,良足深慨!孔文(详)〔祥〕,亦未详何时人,俟考。

又,裴骃《集解》引刘熙曰:南河,为〔九〕河[①]之最在南者;又,天子之位云云。此是刘熙《孟子注》[②]。《正义》又引《会稽旧记》,未详撰人;又引宋永初《山川记》[③]。

《通典》卷三十六《职官类》,自注云:汉、魏以降,逮于周、隋,既多无注解,或传写讹舛,有义理难明,虽研核莫辨。今但约其本史,聊存一代之制。他皆类此,览之者幸察焉。

案:君卿去六代不远,而其言如此,宜今日稽核官制之难矣。王西庄讥李延寿《南北史》于官制多误,则唐初已有不知者,更无怪君卿矣。以此观之,《周官》至今日犹可解者,实赖注解之力,读经者不得不归功于康成也。

《五帝本纪》,《正义》引《耆旧传》,记二条。[④]:舜厘降二女于妫汭之所及(帝)〔舜〕井等事[⑤]。此书未详何人所撰,俟考。按:"耆旧

---

① "为河",青鹤本无此二字,兹据《文芸阁先生全集》本补。

② 此二句,青鹤本原作"此是刘熙《孟子注》。又,天子之位云云,……",兹次第从《文芸阁先生全集》本。

③ 此三句,青鹤本皆作注语,兹据《文芸阁先生全集》本改作正文。

④ "二条",青鹤本无此二字注语,兹据《文芸阁先生全集》本补。

⑤ "及帝井等事",青鹤本无此五字,兹据《文芸阁先生全集》本补。

传云”,犹下云“故老传云”也,非书名[1]。又引《通史》二条,当是梁武帝《通史》。又引《舆地志》,当是顾野王书。

《唐王居士砖塔铭》中“肝食一麻”句,阅者多不得其解。余案原文云:励精七觉,仰十地而克勤;肝食一麻,欣六年之顦悴。“肝食”当作“旰食”[2],方与“励精”对,当时写者笔悮耳。“一麻”“一(栗)〔粟〕”,佛典屡见。

《夏本纪》,《正义》引《邹山记》;《索隐》引张须《九江图》。《正[3]义》又引《武阳记》。包轨著《弟子篇》。《正义》[4]。又引《古今地名》。又引《道书福地记》。

《正义》又引庾仲雍《汉水记》,又引徐才宗《国都记》。《索隐》又引张敖《地理记》。钱辛楣曰:张敖,不知何代人。《集解》又引《越传》。

陈兰甫师云:尝闻之座主程春海恩泽侍郎。侍郎,钱竹汀先生弟子也,尝以月夜与诸弟子奉竹汀先生舆于庭中,偶谈及蜀中盐井。先生历数数十井,云某井在某郡某县。以地志证之,皆不误。先生平生实未入蜀也。

案竹汀《养新录》,有记“赵善广画”一则。以不经意之人,而能

① 自“按……”至此共十六字注语,《文芸阁先生全集》本皆作正文。

② “当作旰食”,青鹤本无此四字,兹据《文芸阁先生全集》本补。

③ “正”,青鹤本脱刊此字,兹据《文芸阁先生全集》本补。

④ 此注语,青鹤本原作“色匦著第正义”,兹据《文芸阁先生全集》本改。

记其在某书某卷,其强记诚不可及。古称"行秘书",殆此类矣。

兰甫师云:王肃注经,既妄且悍。如《易·系》"其惟圣人乎",《经典释文》云:王肃本作"愚人"。后结始作"圣人"。《释文》称"王肃本",则他本皆不作"愚",自是王肃妄改其意,以为两句重复,嫌其赘也。不知《易·系》自有此种文法,如"天下何思"、"何虑"二语,亦一呼一应,肃又将何以改之?此等因其琐屑,故不以入《读书记》,然不可不知也。

《容斋三笔》,载冯道在晋天福中为上相,诏赐生辰器币,道以幼属流离,早丧父母,不记生日,恳辞。

阮文达晚年在籍,人有欲为之称寿者,文达以为无耻无礼[①],不(知)〔如〕遄死。上文有数语,当录入,俟检《研经室集》。岂有国恤之中,四方多事,而喋喋言寿者乎?若其渎货,又不足云矣。

《系年要录》:绍兴二十六年闰十月壬寅,诏内外见任官,因生日受所属庆贺之礼及与之者,各徒三年;赃重者依本法。自秦桧擅权,四方皆以其生日致馈。其后州郡监司率受此礼,极其僭侈。太学录范成象面对以为言,故以立法。然此以生日收受礼物者,乃秦桧之家法也。我朝亦屡有禁令,而奉行者不能遵承何哉?

《史记·殷本纪》云,伊尹从汤,言素王及九主之事。《集解》引刘向《别录》曰:九主者,有法君、专君、授君、劳君、等君、寄君、破

① "无礼",《文芸阁先生全集》本作"无理"。

君、国君、三岁社君，凡九品，图画其形。《索隐》云：按《注》，刘向《别录》所称“九主”，载之《七录》，名称甚奇，不知所凭据耳。廷式案：“《伊尹》〔五十一〕篇”，载《汉书·艺文志·道家》。更生之言，盖出此书也①。

《殷本纪》，《正义》又引《括地志》记比干事。案：此当更有所本。《括地志》，魏王泰所作，何由能知三代事乎？或“志”字是“象”字之讹；当出《河图括地象》耳。俟考。

《周本纪》，《正义》亦引《国都城记》。《秦本纪》，《正义》引《都城记》云：耿，嬴姓国也。又一条“梁伯国”云云。

《通典》一百八十五，引《隋东蕃风俗记》。

《秦本纪》，《正义》引夏侯《志》云：翁洲上有徐偃王城。“夏侯《志》”不知何书，俟考。

又，“初伏”，《正义》引《历忌释》云：伏者何？以金气伏藏之日云。

又，“以狗御(虫)〔蛊〕”，《正义》曰：《左传》云皿虫为(虫)〔蛊〕；顾野王云谷皆〔久〕积变为飞(虫)〔蛊〕也。

又引《庙记》一条。“缪公卒，葬雍”注。《始皇本纪》，《正义》亦引《庙记》一条。

---

① 此下，青鹤本有注语曰：“‘尹’字下原空一格。”似非文氏自注，而或者是《青鹤》编者之编注也。

《通典》卷一百八十八,《海南诸国序略》云:吴孙权遣宣化从事朱应、中郎康泰,使诸国。其所经及传(同)〔闻〕,则有百数十国,因立记传。案上文云:元鼎中,开百越,置日南郡。其徼外诸国,自武帝以来皆献见。后汉桓帝时,大秦、天竺皆由此道。则朱应、康泰必由日南郡取道大海抵大秦、天竺可知。是中国遣使西洋之始,与张骞凿空由昆仑取道者不同也。其所传记,必有可观;惜其全佚,无可考见也。

《通典》二百八十八,又引屈璆《道里记》云:林邑大浦,乃有五铜柱焉。屈璆,未详何时人。

《秦本纪》:武安君白起有罪,为士伍。《注》:如淳曰,尝有爵而以罪夺爵,皆称士伍。

案:此与后世除名为民相近。然使与士伍,则犹稍厚也。

《始皇本纪》亦引崔浩说。又引韦曜《吴书》一条。又引谢承《后汉书》一条。又引《广州记》一条。

始皇发卒攻嫪毐,战咸阳。宦官皆在战中,亦拜爵一级。是宦官受爵之始。然仅予一级,犹仅高于齐民耳。至汉桓帝攻杀梁冀,王侯并封,而宦者之贵极矣。

《始皇本纪》,《正义》引吴人《外国图》,云:亶州,去琅邪万里。又引《括地志》,"亶州"云云。不知当今何地也。吴人有《外国图》;《水经注》引《外国图》有"大齐"语,则晋时之《外国图》也。惜皆不传。

《始皇本纪》:德惠修长。《索隐》:王邵按张(微)〔徽〕所录《会稽南山秦始皇碑文》,“修”作“攸”。王邵说当是。《史记》注此,以金文考证史文之始。《索隐》考“(进守)〔追首〕高明”句云:今(按)〔检〕《会稽刻石》文,“(守)〔首〕”字作“道”。亦用作例[①]。

海宁许君子颂溎祥,见示江铁君《说文解字音韵表》十七卷、《卷首》一卷,系当时其大门中依江氏手稿影录者。乱后原书散佚,海内只此一本矣。今录段茂堂《序》于此。

《序》云:“余撰《六书音韵表》,析古音为十七部,其第二表既以《说文》九千馀字之形声分隶十七矣。东原师既殁,乃得其答余论韵书,书后附一条云:谐声字半主义、半主声。《说文》九千馀字,以义相统。今作谐声表,若尽取而列之,使以声相统,条贯而下如谱系,则亦必传之绝作也。余频年欲为之而未果。岁乙丑,乃属江子子兰谱之。略以第二表之列某声某声者为纲,而件系之;声复生声,则依其次第。三代音韵之书不可见,读是可识其梗概焉。其有此彼可两入、疑不能明者,略笺其意趣,使学者不以小异阂大同。江子用力甚勤,惜不令吾师一见也。己巳三月,段玉裁。”

又《弁言》一卷,录戴氏、段(字)〔氏〕之说,而以己说附后,云:“仓颉□[②]诵为黄帝史,肇兴文字。鸟迹兽迒,继以虫鱼,古古相积

① 以上自“秦本纪正义引夏侯志云……”至此各条,青鹤本未载,兹皆据《文芸阁先生全集》本补。

② “□”,青鹤本原刊此处空白一字位置。当是“沮”字。

屡变，盖行于周之始衰。许氏以为汉代暴秦，承用隶体，即大篆亦将废弃，故因当时之体，采通人之论，循古籀之迹，作《说文解字》。其意，盖《尚书》载尧以来、《史记》托始五帝之义，而以秦、汉小篆为主，则荀卿子'法后王'之义，取其适其时用也。六书之义，其始之也亦不同时，许氏叙既言之矣。盖当造字时，无形可象，而有事可指，则为指事，以少御多之法也。如'一''二'之为数之一二统焉；'上''下'之差，凡□[1]之上下统焉。其所统既多，则其字必少，理固然也。象形，则象一物之形而已。其不可以'日'为月、以'羊'为牛者，亦势固然也。故其字较多于指事之字。此二者，其始造字之所用也。既而事不可胜指，形不能偏象，则合二者为会意、为形声。于是有半形而半意焉，有声而兼意焉、不兼意焉，所以济指事、象形之穷，而用之不胜用者也。而形声尤便于滋益，故其体独多。论《说文解字》者，不悟其所以然之故，以为指事太少、形声太多，凡象形、会意之字，多傅会以为指事，而形声则又多傅会于会意。于是六书之义紊，而六书之体亦乖矣。自造字以来，字体屡变。许氏《说文解字》出，而六书之义明。后虽屡变，其本可循也。至于声音，亦有然者。楚语'於菟'，今无其语；吴言'矢胎'，兹少其音；闽语'非燕'，蛮言'异駃'，古音尚易识乎？许氏形声读若，多得其本音。后人多疑其皮傅穿凿，亦曾读其所谓博访通人，考之于'逺'为'远'有端绪者乎？盖其所从来者，与《易》、《诗》、《书》相表里，是以(籍)〔藉〕以审古音也。据《诗》三百篇之音，而核诸许氏每字之声，以类次之，不复为唐以后诸韵书所淆惑，许氏之功钜矣！所谓以秦汉为主者，如'迁豐居岐'，临水依山也，而假借'豐'字，周时以

① "□"，青鹤本原刊阙字作"■"。

水名地、以山名邑也；'澧'，'酆'及'郊'，皆汉家也。许氏以为庶务綦繁，假之不胜假，别造之而得理，故收列之。若因许氏而改经书之'豐'为'酆'、'歧'为'郊'，是据后以改前矣。至如'衰'之为'縗'，因借雨衣而加'系'为别；'它'之为'蛇'，因借自他而加'虫'以殊；皆识之以见变古蔑理之所由也。许氏有变例一字，建首其下，从某者，皆由之，得义其常也。独于'(乌)〔鸟〕'部不然，以所贵者皆象形，而类列之。故'舄'与'焉'，皆不云从'(乌)〔鸟〕'，而于'焉'字说解中明之也。段氏但申其所贵象形，不言变例，盖以形联，犹以义联也。'豳歧'之重之，亦重文之变例也。许氏欲明今之'邠郊'即古之'豳歧'字，故详说之。段氏遂以为踵背，欲移'豳歧'二字入山部，则其于(乌)〔鸟〕部三字，亦必悟其为变例矣。指事、象形、会意、形声四者，用以造字之法也。转注、假借二者，字既造而用之之法也。数字一义为转注，一字数义为假借，其说不可易矣。转注、假借二者，不能见于错画之中，则其为用字之法，又何疑哉！其不可以《说文解字》之部首，当建类一首之义，凡某之属皆从某，当同意相受之义者。许氏建类一首、〔同意相受〕二语，解古人转注之义，非申己所作《说文解字》之例也。许氏遵古六书而作《说文解字》，尚后有也。转注、假借之义在《周礼》，许氏《说文解字》之分别部居在后汉，安有周之保氏为后汉许氏作《说文解字》例哉？是故《尔雅》之'始也君也'等为建类一首，'初哉首基林烝天帝'等为同意相受。东原戴氏之说，诚如日月之出，而爝火可息矣。此条终恐未安。古人作字，所以利用也。有是物，有是事，因作字以命之。物日益众，事日益繁，故字亦日益多，而取孳乳为义也。许氏因屈中止句，与顾人人持十三说，甚信六书，故作《说文解字》以辨之。明古人造字之旨，即教人以造字之法也。非禁人以《说文解字》之外，不得复有字也。观于部首以下，有不列一字，曰‘而仍’、曰‘凡某之属皆从某’，即可知矣。支、脂、之之为三，真、臻、先与谆、文、欣、魂、痕之为二，皆陆氏之旧也。段氏谓前此未有发明其故者，遂矜为独得之秘，故于《说文解字》严分其介，以自殊异。凡许氏所合韵处，皆多方改使离之，而一部之与十二部亦不使相通。故‘𥄎’之读若‘秘’，改为‘逼’；‘肊’之‘乙声’，删去‘声’字，必之弋‘亦’声。而于开章‘一’篆，说解‘极一物’三字，即是一部、十二部、十五部合韵之理，于是绝不敢言其韵，直至‘亥’字下重文说之也。十二、十三两部之相通者，惟‘民’、‘昏’二字为梗，故力去‘昬’字，以就其说。而其尤苦心孤诣者，‘畀’字‘由’声。‘由’声，十五部也，而有‘緈’字从之得声；而“緈”即古“綦”字，在一部。遂改‘畀’字为‘由’声，以避十五部与一部之合音。凡此皆段氏之症结也。‘臼’从‘𦥑’、‘彐’，其形两开；‘畾’仅三‘田’，其形半取。分形可明，不必全字；半体已足，无庸省音。可知反‘丮’、反‘邑’，都已阙音；‘斮’声、‘饥’声，奚须析两？‘烼’得‘爂’声，明于籀体，‘□’①归‘谷’部，证以古文。便悟‘家’之取‘豭’、‘哭’之从‘狱’，必有强解，定有受之。‘㝵’为‘得’重，‘㝵’仍入‘寸’；‘羑’归‘𦍌’次，‘羑’复列‘羊’。一为古籀，一为小篆，部分虽隔，字必两归。或篆体未收，存诸他解；或重文不见，附在馀言。如‘洴’、‘睆’诸文，说中不废；‘燮’、‘逌’等字，解下附存。又况‘孌’有两音，‘戀’、‘嫋’同用；‘鞈’分双部，‘革’、‘鼓’俱收；‘矢’云似米，‘典’为大册，但存其说，不箸其文。且有说解之内，体用互陈；联贯之文，详略殊致。是故所以之字不必赘增，浑举之言无须画

① ‘□’，青鹤本原刊阙字作“■”。

一。‘耕’本‘来’音、‘食’先‘粒’读，不应删去，以失古音。‘犇’改从‘干’，毋增多解，不如仍旧，以免凿空。凡此之类，许无达例，段喜更张，今古代迁，难为理董。人隔数朝，无从面质；义有难释，必当阙疑。自持精淹，藐视古哲，改此改我，易彼作证，以己助己，古义遂亡。同我则标，不合斯讳；分韵无说，易古以通。戴已作俑，段遂效尤。凡此纰讹，略笺其失，非敢遂为蠶蠹之撼，实恐古人受诬，后学滋惑。既考古音，当究古籍，上据《三百》，中冯《说文》，下承陆氏。得其窾要，斧以斯之。偶有未谐，黄河一曲，舍此不讲。求诸阴阳，泥于喉舌；征诸字母，信彼等音。‘七类’、‘九类’，有入无平，不古不今，蓬心瓠落，难以程式，饷彼后贤。部分十七，大致已明，兹故不移，仍其旧贯。段氏论音，谓古无去，故谱诸书，平而上、入。今次《说文》，得声以贯。‘来’流为‘麦’，‘持’出于‘之’，‘而’为‘恧’音，‘丕’得‘不’读，古今音异，轻重难分。即如谱中，‘来’‘猷’在入，‘夕’‘恶’在平，若以区分，必成矛盾；不如合之，以省穿凿。沅意古音，有去无入，平轻去重。平引成上，去促成入。上、入之字，少于平、去，职是故耳。昔人语言，入皆成去，古音所沿，至今犹旧。非敢苟异，参之或然。此是谬论。若膺先生，由小学以通乎经学，功深力邃，择精语详，钻仰弥坚，高深莫罄，真集诸家之大成者。沅出入其门数十年，略窥豪末，所有异同之处，当时面质，亲许驳勘，故敢以蚍蜉之撼，效涓埃之诚。凡疏中不言‘沅案’者，皆先生所自注、或先生所说也。”

案：此书凡六百馀叶，几三十馀万言；每字皆有略疏。虽未必冠绝来学，亦不可废之书也。余师陈先生兰甫，亦有《说文声韵表》十七卷，但取简明，无疏证也。

武进吴晋望士模《诗经申义》十卷，李申耆《序》称其学沉潜于程、朱,而出入于诸家,一以躬行为本。故其书亦多推求文义,不务考订字句,于乾隆、嘉庆间学术自为一格。然其间经文稍艰涩者,皆略而不解,亦好以己见测度事情。是其一病。每篇皆具列经文,而以己说总释其后,略似□义[①]之例;而于字句不必尽释,又似宋人经义也。多取李光地之说,其宗旨亦颇相近[②]。

《项羽本纪》:汉王部五诸侯兵。《索隐》曰:颜师古不数三秦,谓常山、河南、韩、魏、殷。顾胤[③]意略同。按:顾说未详所出。

《项羽纪》,《正义》亦引崔浩说。

《索隐》,又引夏侯《新论》。(又引姚察[④]说。)

《正义》又引张华说。

又,"骏马名骓"。《正义》引顾野王云:青白色也。《释畜[⑤]》云仓白杂毛,骓也。顾说俟考。

又引。晋八王故事。□《江[⑥]表传》、《吴地志》。

---

① "□义",《文芸阁先生全集》本作"口义"。

② 自"每篇皆具列经文……"至此,共七句,《文芸阁先生全集》本作"每篇皆具列经文,多取李光地说,而以己说总释其后,略似口义之例;而于字句不必尽释,又似宋人经义也"。

③ "胤",青鹤本原刊作"淯",兹从《文芸阁先生全集》本作"胤"。

④ "察",青鹤本原无此字,兹据《文芸阁先生全集》本补。

⑤ "畜",青鹤本原无此字,兹据《文芸阁先生全集》本补。

⑥ "□江",青鹤本无此二字,兹据《文芸阁先生全集》本补。

又引孔文祥说。孔文祥,未详何时人。

《高祖本纪》,《正义》引《春秋握成图》云:刘媪梦赤鸟如龙,戏己,生(握)〔执〕嘉。此纬书,为后人附益之证。又引《诗含神雾》云云①。

《高祖本纪》,《索隐》亦引崔浩说。《正义》亦引一条。又,"旗帜皆赤"。《索隐》云:(稽)〔嵇〕康音"试",萧(读)〔该〕音"炽"。

《索隐》又引孔文祥说。又引范晔云:得城为"拔"。

《正义》又引《庙记》,又引一条。记霸城事。《索隐》又引《汉(书)宫殿疏》,又引姚察说。

又,"入蚀中"。《索隐》曰:孟康音"食"。王劭按《说文》作"鑩",器名也;地形似器,故名之。"栈道",《索隐》又引包恺音。又引崔浩说二条。《正义》又引乐产说。

又,"心善家令言",《索隐》云:(顾)〔颜〕氏按荀悦云云。(顾)〔颜〕氏,未详何人也。

又引晋刘宝云:善其发悟己心,因得尊崇父②号也。此当出刘宝《汉书驳议》。

又引刘显说。

---

① 此条,青鹤本未载,兹据《文芸阁先生全集》本补。

② "父",青鹤本原刊作"公",兹据《文芸阁先生全集》本改作"父"。

又引虞喜说。又，姚察按虞喜云云。《正义》又引李穆叔《赵记》。《正义》引司马彪说。

《吕后纪》，《索隐》引《汉宫阙疏》。

又引崔浩说。

《孝文纪》，《索隐》引崔浩云：木贯〔表〕柱四出，名“桓”；陈、楚俗，“桓”声近“和”。又云“和表”。此疑司马贞语。则①“华”与“和”又相讹也。又引②顾氏按邢承宗《西征赋注》云：甘泉，水名。

又引崔浩《汉律序》云：文帝除肉③刑，而宫不易；张斐注云：以淫乱人族(类)〔序〕，故不易之也。按：“崔浩”下，当脱“案”字。

又云顾胤④按《尔雅》：孤竹、北户、西王母、〔日〕下，谓之“四荒”也。

又云顾氏按司马彪云：结，谓车辙回旋⑤错结也。

又引姚察说。

又云顾野王云：元元，犹“喁喁”，可怜爱貌。

---

① “则”，青鹤本原刊无此字，兹据《文芸阁先生全集》本补。
② “引”，青鹤本原刊作“云”，兹据《文芸阁先生全集》本改。
③ “肉”，青鹤本原刊作“内”，兹据《文芸阁先生全集》本改。
④ “胤”，青鹤本原刊作“淯”，兹据《文芸阁先生全集》本改。
⑤ “旋”，青鹤本原刊阙此字作空格，兹据《文芸阁先生全集》本补。

又,“中大夫令勉”。《索隐》曰:虞世南以此称中大夫令,是史家追书耳。颜游秦,以令是姓,勉是名,为中大夫。据《风俗通》,令姓,令尹子文之后。

“句注”。《索隐》曰:伏俨“句”音“俱”,包恺音“钩”。

又《集解》,骃案如淳曰:《长安图》“细柳仓在渭北”。《索隐》又引崔浩说。

又“顾氏案”云云,又引刘德说。

《宋史》:嘉祐四年,诏享景灵宫太庙习仪,自今并于尚书省。先是,集贤校理邵必言:“《周官·小宗伯》‘凡王之会同甸役祷祠肄仪为位’,郑氏《注》云若今时肄仪司徒府。今习宫庙仪,而启室登殿,拜则小挹、奠则虚爵,乐舞柷敔舞备行缀,慢亵神灵,莫斯为甚!宜移尚书省,以比汉司徒府。”从之。

仁宗时,学者尚多醇笃,故犹能遵用旧说如此。邵必能考礼典以正当时,亦胜于刘公是欧阳永叔之好为异说也。

嘉定陈诗庭《读书证疑》卷六云:《说文》“儿”[①],仁人也,古文奇字“人”也,象形。孔子曰在人下,故诘屈。义颇难解。案此非仁义之“仁人”,盖即果核中仁之“仁”,与“目”同义。贾侍中说“(巳意)〔意巳〕”:“巳”,实也,象形。“意巳”,即“意苢”也。今云“薏

① 按即《说文》“儿”部首字“儿”之篆文。

又引杜恕《笃论》云：考实性行，莫过于乡闾。校才选能，莫善于对策。后世所以二者并行也。愚谓二者当兼用，不当偏废，庶符事举言扬之例。

薛士龙《召对札子》云："方今国威未振，民力未充[①]；而虏人之情，传闻常多失实。陛下再造之心，虽不可暂忘；而进取之事，其实未容轻议。"《宋史》本传载其《上王炎书》云："为今之计，莫若以仁义纪纲为本；至于用兵，请俟十年之后可也。"

当孝宗时，金方大治，宋实不足以灭之。士龙之言，诚深谋至计，不可以为迂也。此永嘉之学所以为有用也。

储大文《存砚堂集》，《书溯洋先生之墓》云：孝廉燕昆绳[②]王先生、南丰质人梁先生，胥[③]学于冰叔先生。按：昆绳[④]为冰叔弟子，余所未知；近戴子高撰《颜李学记》，亦未知及此[⑤]否。俟考。

余举《吾妻镜》书名问日本冈千仞振衣；又见其诗集中有集我妻氏语，因问其命得氏之故。

振衣答云："吾妻"，地名，函根以东总称。日本武尊皇子东征时，风波荡舟，茫无所从，橘姬代皇子投海而死。及凯旋过碓[⑥]井岭时，东望叹曰："吾妻不能共归。"故相传称关东曰"我妻"。《我妻

① "充"，《文芸阁先生全集》本作"支"。
② "绳"，《文芸阁先生全集》本作"绍"。
③ "胥"，《文芸阁先生全集》本作"昔"。
④ "绳"，《文芸阁先生全集》本作"绍"。
⑤ "此"，《文芸阁先生全集》本作"与"。
⑥ "碓"，《文芸阁先生全集》本作"硅"。

镜》,犹曰《关东通鉴》。此书当时实录日记类。以和文,中土人不能读;和文亦芜杂,千仞辈亦倦读不能终卷。惟以镰仓此关东源赖朝开幕府之地。实录证古者必取云云。

然则翁广平撰《吾妻镜补》记日本一国事者,实未知二字之义也。

日本人称高丽为“韩人”。又以(韩)〔朝〕鲜分为三,曰高丽、曰任那、曰信罗,称“三韩”云云;非指辰韩、马韩、弁韩也。

余又举《日本国史》问之。冈振衣云:“此为水户藩义公所修,此人即师事朱舜水,开史局,聘诸儒,积百馀年之力始成。文献无可征,故搜索遗书甚力。此书实为敝邦大典云云。”按:书凡二百六十卷。余曾于友人座中见之,惜未检阅一过也。

陈磐生谓余云:“壹”、“壺”二字,中藏“吉”、“凶”二字。盖在天为阴阳,在人为吉凶,此作《易》之道也。此言有精义。

曹籀《籀书》云:言天则舌向上,言地则舌弛下,言我则音收于内,言汝则音出于外。此非原文,约其意耳。

按:此数言极有理致。推之言我之字,为“吾”、“(召)〔余〕”、“予”,其①言音皆由外而内;言汝之字,为“尔”、“子”、“卿”,音皆由内而外。求之乡谈音②,证之外洋,无不皆然。余别有说,此不具。声音先而文字后,此尤显显者也。

---

① “其”,青鹤本原刊作“卬”,兹从《文芸阁先生全集》本改。

② “乡谈音”,《文芸阁先生全集》本作“乡音”。

《金史》“(谱)〔谙〕班勃极烈”,即“大贝勒”也。“(谱)〔谙〕班”,今国语读如“谟巴”,①非“戈什按班”之“按班”也。“勃极烈”,即“贝勒”,译字互异耳。

又,“猛安谋克”。“猛安”即国语之“明安”,华言“千”也;“谋克”,今译语作“木科”,族也。此官盖即元之“千户”矣。

“光被四表,格于上下”,易实甫谓“表”读如“谱”,与“下”为韵。此说可怪,实甫诚不识古音②。

钱辛楣《元史氏族表》“达鲁乃蛮氏”,当即“答禄乃蛮氏”。一音之转,而误分为二,此考之未谛③者。又“曲书律”,黄文献碑作“曲出禄”,云:太阳可汗之弟,敞温其季子也。又,“别的因”,据碑,曾为陈州、唐州、信阳府达鲁花赤;后乐陈州土俗之美,因家焉。此皆有关考证,而《表》皆不载。

又,“延寿”,《表》云阴阳④县达鲁花赤,碑云彰德等处长官司达鲁花赤。“与权”,《表》云至正二年进士,而不⑤载其官,碑云今秘书监管勾,亦未知其终何官也。余⑥实未见《黄文献集》,此据《永乐大典》卷一万九千六百九十五所引。

---

① 此句,《文芸阁先生全集》本作“今国语读如此,谙,谟也”。

② 此句,青鹤本原刊未载,兹据《文芸阁先生全集》本补。

③ “谛”,《文芸阁先生全集》本作“精”。

④ “阴阳”,《文芸阁先生全集》本作“阳阴”。

⑤ “不”,青鹤本原刊作“其”,兹从《文芸阁先生全集》本改。

⑥ “余”,青鹤本原刊无此字,兹据《文芸阁先生全集》本补。

《辽史·后妃传》:吴主李昪献猛火油,以水沃之愈炽。此殆与今西洋所制火水油相近,惜其法不传也。

《辽史》载天祚文妃萧瑟瑟讽谏歌二章。其一云:"丞相来朝兮剑佩鸣,千官侧目兮寂无声。养成外患兮嗟何及,祸尽忠臣兮罚不明。亲戚并居兮屏藩位[1],私门潜畜兮爪牙兵。可怜往代兮秦天子,犹向宫中兮望太平。"

按:此歌每句去一"兮"字,即七言律也。不成格调,必出后人附会。如杨升庵《云南志》记阿槛主诗之类。或本是七律,修史者恶其不古,作此狡狯也。

《续高僧传》有"俞"姓,注"丑救切"。其后称"俞生"与"畜生"音同。此"俞"姓即今长沙"奝"姓也,字仍作"俞";与《元和姓纂》异。

宋李上交《近事会元》云:唐文宗太和九年十二月,敕诸道州府不得私置历日版。是印刷之事,唐时盖已有之。

---

① 自"养成外患"至此三句,青鹤本作"屏位"二字。据《全集》本补。

知过轩随笔*

杜诗“寿酒赛城隍”。姜西溟《湛园札记》云:《北史》,慕容俨守郢州,城中先有祠一所,俗号城隍神。此城隍(城)〔神〕始见史传。按:《困学纪闻》已引之。《隋志·五行志》云,梁武陵王(纪)〔祀〕祭城隍神,将烹牛,有赤蛇绕牛口。《陔馀丛考》云,《唐文粹》有李阳冰《缙云县城隍记》,谓城隍神,祀典所无,惟吴越有之。是唐初尚未列于祀典。《张曲江集》有《祭洪州城隍神文》,《杜牧集》有《祭城隍神祈雨文》,羊士谔有《城隍庙赛雨诗》,此条赵所未引。则唐中叶各州郡皆有城隍。陆放翁《宁德县城隍庙记》所谓“唐以来郡县皆祭城隍”是也。《宋史》,张南轩治桂林,见土地祠,令毁之,曰:此祠不经,自(在)〔有〕城隍在。或有〔云〕:既有社,莫不须城隍否? 曰:城隍亦赘也,然载在祀典。是宋时已久入祀典也。

余谓:《华严经》晋译本,已多言城神。疑城隍神即附会此说,必在晋、宋以后。王敬哉《冬夜笺记》以为出于《易经》“城复于隍”,特“城隍”二字之所始耳。欧阳文忠《集古录》云,阳冰所记,云城隍神祀典无之、吴越有尔。然今非止吴越,天下皆有;而县则少也。《石墨镌华》云,欧阳公云县犹少,今则无县无之矣。钱辛楣

---

* 据长沙《大公报》。《大公报》用马天驷氏收藏稿本移录,于一九一九年七月间刊载。

《潜研堂金石文跋尾》云，城隍之神，不见于古。《左传》，祀宗用马于四墉，又云祈于四〔墉〕。杜预以为：墉，城也。城隍之□祀也，其滥觞于斯乎？王兰泉《金石萃编》云，五代梁初，吴越钱镠尝于镇泉军今绍兴府。卧龙山上重建墙〔隍〕庙，奏请以故唐右卫将军总管庞玉为墙隍神、封崇福侯、撰文并敕勒石庙中。文见《绍兴府志》及钱文瀚《吴越钱氏志》。称“墙隍”者，避朱梁讳。

唐时下第举子，有不令再举者。《黄文江集·御试诗》自注云：昭宗乾宁二年，崔凝考定进士张贻宪等二十五人，复命所司覆试。内出四题，乃《曲直不相入赋》、《良弓献问赋》、《询于刍荛诗》、《品物咸熙诗》。赵观文、程晏、崔赏、崔仁宝等四人，并卢(瞻)〔赡〕、韦说、封渭、韦希震、张〔蠙〕、黄滔、卢鼎、王贞白、沈崧、陈晓、李龟祯等十一人，并与及第。其张贻宪、孙溥、李光序、李枢、李途等五人，且令(下落)〔落下〕，许后再举。其崔砺、苏楷、杜承昭、郑稼等四人，不令再举。内一人卢赓，称疾不至；宣令舁入，又云华阴省亲。其父渥进状乞落下。故就试只二十四人也。

按：许再举者，犹今制磨勘革去举人，有许其原名应试之例。不令再举者，犹今制覆试革去举人、进士，有并不准改名应试之例也。

《容斋四笔》云，贻宪等六人，讫唐末不复缀榜。盖是时不糊名，一黜之后，主司不敢再收拾也。

《文献通考·选举》：乾宁二年进士二十五人，重放一十五人，落下十人。按《通考》，唐武宗会昌五年进士二十七人，复试落下八人。按《黄文江集》，则乾宁二年亦复试也，惟是科再放及第，故《通考》特志之。

《陔馀丛考》云，唐武后天授元年二月，策问贡举人于洛阳数日。此殿试之始。

武后后无复殿试。穆宗时始令知贡举官先以所取及第进士姓名、文卷(□)〔先〕送中书复阅,非令于殿陛再试也。宋太祖开宝五年,礼部送到进士安守亮等,上召对讲武殿,始下诏放榜。此殿陛之榜之始。

今按黄文江《御试诗》云:"已(□)〔表〕隋珠各自携,更从琼殿立丹梯。九华灯作三条烛,万(□)〔乘〕君(□)〔悬〕四首题。"又云:"六曹三省列簪裾,丹诏宣来试士初。不是玉皇疑羽客,要(敢)〔教〕金榜带天书。"结句"御目四篇酬九百,敢从灯下略踌躇",合前首"三条烛"句观之,则是时殿试盖已给烛。《陔馀丛考》以为科场给烛起于五代窦贞固,亦未得其实。是乾宁二年复试,实在省殿,且另放榜。黄集又有《放榜日》诗,自注云:其年当日奏试。后唐同光三年于翰林院复试,不在此例。云崧以为始于开宝,疑误。

郭茂倩《乐府诗集》卷二十一曰:后魏之世,有簸逻回歌,其曲多可汗之辞。皆燕、魏之际鲜卑歌歌辞,虏音不可晓解,盖大角曲也。

按:周、齐间,通鲜卑语者甚多,至后周时遂已不可晓解,盖鲜卑语至唐已亡矣。卷二十五云:北虏呼主为可汗,吐谷浑又慕容别种。知此歌燕、魏之际鲜卑歌也。其词虏音,竟不可晓。此指"慕容可汗","吐谷浑"等六歌言之。

颜习斋论治不及学校,余尝讥之。然同时郁仪臣、陆桴亭言之颇有本末。

仪臣与桴亭书云:欲使学宫之讲习,即备朝廷六部之职业;师门之授受,即为乡国五教之仪型。其规模已甚宏美。

桴亭答书，尤深悉历代教学之是非。荆公以来，见及此者鲜矣。

其词曰：儒治之所以不同于吏治者，只为(□)〔一〕起手便不同。儒治从教化上做起，吏治从(行)〔刑〕政上做起。秦以前，儒治也。秦以后，吏治也。其原本，只在学校之兴废而已。

今夫人有(改)〔欲〕为梓匠轮舆者，则其父兄必使之从游于梓匠轮舆之师，学为方圆平直。而梓匠轮舆之师，亦必俨然执规矩准绳而告之，告之以孰为方、孰为圆、孰为平直。三年而学就，而〔后〕离师而游、执(行)〔器〕而运。

学校亦然。(虽)〔欲〕使之修己、治人，必使之学修己、治人之道，然后使之居得(□)〔为〕之位。三代以上，所以久安长治者，此道得也。

自秦废先王学校之制，有(改)〔欲〕学法令者，以吏为师，后世相沿，虽制度代有变更，究不出“吏治”二字，则亦行秦之法而已。三代之制，未有能复之者，况于制度之变更，则尤可慨焉。

秦制，学法令者，以吏为师。秦特法令未善耳；若法令善，则学而后入政，犹孔子所谓“道之以政、齐之以刑”也。

至汉，则不然。虽有学校，而无学校之制，(将)〔听〕天下自为学术，而上之人从而与用之。故汉治最杂，有用儒治者，有用黄老者，有用申韩刑名者。然汉虽未能以学校教人，亦未尝以教化坏天下之人才也。

晋、唐以后，则又不然。治天下，初未需文章词赋，而教人学作文章词赋；至于学成而售矣，则又使之委而去之，而用吾所谓居官之法律。

是学校之制，三代善教，秦不善教，汉不用教，而晋、唐则又教坏人才而复用之也。呜呼！亦可慨矣。然则欲复三代之制，非改良学校，亦何可哉！①

词牌之《苏幕遮》，唐人亦作“苏摩遮”。《张燕公集》有《苏摩遮》五首，其词云：“摩遮出自海西胡，琉璃宝服紫髯胡。闻道皇恩环宇宙，来将歌舞助欢娱。亿岁乐。”按：每首之下皆注此三字。“绣装帕额宝花冠，夷歌伎舞借人看。自能激水成阴气，不虑今年寒不寒。”“腊月凝阴积帝台，豪歌急鼓送寒来。油囊取得天河水，将添上寿万年杯。”“寒气宜人最可怜，故将寒水散庭前。惟愿圣君无限寿，长取新年续旧年。”“昭成皇后帝家亲，荣乐诸人不比伦。往日霜前花委地，今年雪后树逢春。”绎其词意，盖即“泼寒胡”之戏。然云激水成阴气及花冠歌舞之属，亦巫家祈禳之事也。

《陔馀丛考》云卷三十八：本朝国语，以“阿”、“厄”、“漪”起。而余随征缅甸，军中翻译缅文，亦多“阿”、“喀”、“拉”等书。

赵云崧《陔馀丛考》三十三：《辍耕录》，元大德间，有回回巨商卖红剌石一块于官，重一两二钱，直中统钞十四万锭，用嵌帽顶。累朝皇帝正旦及天寿节大朝贺，则服用之。又，河南王卜怜吉歹，尝郊行。天暖，欲易凉帽，左右捧笠侍。风吹堕石上，跌碎御赐玉顶。王不嗔责。又有猴盗者，在韶州旅邸，服绣衣，琢玉为帽顶。《元史》，仁宗为皇太子时，淮东宣慰使撒都，献七宝帽顶，却之。据此，则帽之有顶，元制已然。然《辽史·重元传》，兴宗赐重元四顶

① 此条并见于《知过轩随录》。末二句，《知过轩随录》作“非致力学校，亦何从哉”。

帽、二色袍。则帽顶之制,并始于辽矣。

《尔雅注》:两头蛇,江东呼"越王约发",言其所变也。《海录碎事》卷廿二下。疑当时越人断发之馀,仍结两辫,故有"两头蛇"之喻矣。

司马彪《续汉书》:灵帝好胡服、胡饭,京师贵戚皆竞为之。《北堂书钞》一百四十五。《续汉书·五行志》:灵帝好胡服、胡帐、胡床、胡坐、胡饭、胡箜篌、胡笛、胡舞,京师贵戚皆竞为之。此服妖也。

《隋志·纬候类》,有《王子年歌》一卷。《南史》:齐太祖,讳道成,姓萧氏。未受命时,王子年作歌云:"欲知其姓草肃肃,谷中最细低头熟,鳞身甲体永兴福。"又云:"金刀利刃齐刈之。"子年,晋人。此歌当出此书。

郭茂倩《乐府诗集》卷二十一云:北狄诸国,皆马上作乐。故自汉以来,北狄乐总鼓吹署。其后分为二部:有箫笳者,为鼓吹,用之朝会、道路;有鼓角者,为横吹,用之军中,马上所奏者是也。又云:横吹有双角,即胡乐也。汉博望侯张骞入西域,传其法于西京,唯得《摩诃兜勒》一曲。李延年因胡曲,更造新声二十八解,乘兴以为武舞。又云:大鼓十五曲,小鼓九曲,大角七曲。其辞并本之鲜卑。卷六十一云:杂曲者,或缘于佛、老,或出于夷虏。卷十六:刘瓛定军礼,云鼓吹未知其始也,汉班雄溯野既有之矣。

按:溯源"溯野",则其始可知;刘瓛收入五礼,故讳言北狄传来耳。

《乐府诗集》三十五又云:"企喻",本北歌。《唐书·乐志》曰:北狄乐,其可知者鲜卑、吐谷浑、部落稽三国,皆马上乐也。后魏乐府始有北歌,即所谓"真人代歌"是也。周、隋世与西凉乐杂奏,今存者五十三章;其名可解者六章,"慕容可汗"、"吐谷浑"、"部落稽"、"钜鹿公主"、"白净皇太子"、"企喻"是也。

《云麓漫钞》卷十二云:古之礼乐,于野人尚有可仿佛者。今之响铁,即编钟。今之舞蛮牌,即古武舞。舞三台与(□)〔调〕笑,即古文舞。盖古(武)〔舞〕皆有行缀。自胡舞入中国,"大曲"、"(杯)〔柘〕枝"之类是也,古舞亡矣;今反以三台为简淡。

曹子建《飞龙篇》:授我仙药,神皇所造。教我服食,还精补脑。按:服食家言"还精补脑",合气、清净家亦俱言"还精补脑",道家之说如此,内视之功,灼然同于实验矣。

《汉米巫祭酒张普题字》,凡七行,六十三字。文云:熹平二年三月天卒鬼兵胡九阙二字仙历道成元施延正一元布□伯气定召祭酒张普萌生赵广王盛黄长杨奉等诣受微经十二卷祭酒约施天师道法无极才。按:"正一""天师"四字皆见于此。

叶奕包《金石录补》卷三云:《范史·刘焉传》,顺帝时,张陵客于蜀,造作符书;受其道者,出米五斗。陵传子衡,衡传子鲁。学者初名"鬼卒",后号"祭酒"。注云,熹平中,妖贼大起汉中,张修为太平道,张角为五斗米道。使病人处净室思过;祭酒以老子五千言都习,为请祷之法。

此碑题于熹平,与《传》、《注》合,且有"天师道法"、"祭酒"、

“鬼兵”等;“受(激)〔微〕经”云云,应是妖党相传授受,而“胡九”者只入党之人也。桓、灵之际,汉祚已衰,妖贼横行,觋巫尤剧;巴郡太守樊敏禅亦有“米巫殉虐”之语。

《后汉书·襄楷传》:顺帝初,琅琊宫崇诣阙,上其师于吉于曲阳泉水上所得神书百七十卷,号《太平清领书》。其言以阴阳五行为家,而多巫觋杂语。有司奏崇所上妖妄不经,乃收藏之。后张角颇有其书焉。

按:章怀《注》引《太〔平〕经典帝王篇》,真人问神人“何故生子少”,天师曰施不得其(袁)〔意〕耳。是“天师”之名即出于《太平经》。

《王子安集》有《寻道观》诗,自注云:其观即昌利观,张天师居也。《文献通考》载唐天宝六载以后,天师子孙嗣真教,册赠天师为太师。是在子安时,道陵子孙尚无袭职。至宋祥符间,王钦若为张正随奏立授箓院及上清观;而“昌利观”之名,世无复有知之者矣。

宋赵彦卫《云麓漫钞》卷四:古人戴冠,上衣,下裳。衣则直,领则宽,裳则裙。秦、汉始用今道士之服。盖张天师汉人,遵家祖之〔制〕。周武帝始易为袍,上领、下襕、穿袖,幞头、穿鞋,取便武事。五代以来,幞头则长其脚,袍则宽其袖,今之公服是也。或云古之中衣,即今僧寺行者直掇,亦古逢掖之衣。按《晋书·儒林传》,有人着靴骑驴至门外向刘延世;又,《毛宝传》,宝与祖焕战,血流灌靴。是晋人已着靴。特用之朝廷,或自周武帝始耳。据《陔馀丛考》云,北朝靴已盛行,历举慕容永娄太后、杨愔、乐陵王百年、琅琊王俨诸事。则魏、齐时人多着靴，且用以入朝。赵氏言始于周武，亦未谛也。

《漫钞》卷三云：幞头之制，本曰简，亦曰折。以三尺皁绢制，后裹发。晋、宋曰幕。后周武帝遂裁去四脚，名曰幞头，逐日就头裹之，又名折上巾。

唐马周请以罗代绢，二脚系于上前，法武也；二脚挂于后，法文也；两边各为三折，法三才；又加巾子。制度不一。隋大业十年，吏部尚书牛宏上疏曰，裹头者，内宜著巾子，以桐木为之，内外黑漆。唐武德中，尚平头小样者，证圣二年，则天临朝，以丝葛为之，赐百官，呼为武家样。自唐中叶后，诸帝改制，其簟二脚，或圆、或阔，用丝弦为骨，稍翘翘矣。臣庶多效之，戴亦不妨就枕。陈宏画明皇裹头坦腹仰卧吹玉笛图，又郑谷诗云“玉阶春冷未摧班，暂拂尘衣就笏眠”，其便如此。

唐末丧乱，自乾符后，宫娥(官)〔宦〕官皆用木围头，以纸绢为衬，用铜铁为骨，就其上制成戴之，取缓急之便、不暇如平时对镜系裹也。僖宗爱之，遂制成进御。

五代帝王，多裹朝天幞头，二脚上翘。四方僭位之主，各创花样。或朝上而反折于下；或如团扇、蕉扇之状，合抱于前。伪孟蜀始以漆纱为之。至刘汉祖，始仕晋为并州衙校，裹幞头，左右长尺馀，横直之、不复上翘；迄今不改。国初时，脚不甚长，巾子势头向前；今两脚加长，而巾势反仰向后矣。

姊崎正治《上世印度宗教史》第七章：纪元谓耶苏纪元。前五、六世纪之间，刷新思想之中，以一人之组织而发达于后世者，有二种，曰佛教、曰耆那教。

耆那之教，盖耆那之先师巴鲁希注数百年前之所组织，至巴鲁得马纳,大成之;先佛佗出,信之者多。及耆那死后,即自分派。其正统弟子之间,有七人各生意见、不能统一。其后二百年,詹多拉固布达王之时,南方教徒主张裸体修行,北方信徒与异流,此空衣派、白衣派之别。二者各编成经典,北方教徒主半麦喀达语,南方用其地方言。

又云:苦行、厉行,即耆那教异于佛教之特点。

杜诗:"莫徭射雁弯桑弓。"刘梦得(言)〔诗〕《莫猺一作徭。歌》(□)〔曰〕:"莫猺(□□□)〔自生长〕,名字(□□□)〔无符端〕。市易杂鲛人,婚姻通木客。星居(□)〔占〕泉眼,火(耕)〔种〕开山(□)〔脊〕。夜渡(数十)〔千〕仞豁,(食)〔含〕沙(卜)〔不〕能射。"□□□□,猺人也。

余尝疑"莫猺"二字,急读之,即成"苗"音。是苗、猺当同□□。或以所居□别,沿袭异名耳。今贵州、广西多曰"苗",湖南、广东多曰"猺"。梦得又有《连州腊日观莫猺猎西山》诗。

《后汉书·岑彭传》:将军徭伟镇淮阳。《注》引《风俗通》曰:东越(□)〔王〕徭,勾践之后,(□)〔其〕后徭为(性)〔姓〕。

《隋书·地理志·长沙郡》:杂(□)〔有〕(胡)〔夷〕蜒,名曰莫徭。自言其先祖〔有功〕,(常从征)〔常免徭役〕,故以为名。案:□附言"莫徭"二字字义,不足信。

鸦片烟之禁,道光朝最重,后遂有名无实,势所不得不然。林文忠所谓"无可筹之饷、无可练之兵"者,未尝不切中其弊。如今日也,时势虽殊,则例未改。故官员之以吃鸦片被劾者,不曰有烟瘾,而曰嗜好甚重。“嗜好”二字,遂为“鸦片”之替代字矣。

沈幼丹劾道员刘咸、杜文澜,以其嗜鸦片也。于时宁藩孙衣言、苏藩勒方锜之烟瘾,尤过于刘、杜;然孙氏弟锵鸣,为沈会试房师,勒又京师故交,则勿劾也。

刘坤一任江督,以嗜鸦片为言者所弹;彭刚直查覆,言有之。顾前乃开缺,而后则复任,朝廷不问其戒食与否。

自明以来,阿芙蓉本入药品,房中家用之,冒病者用之。京师翰、詹衙门吸烟者十之一,部曹则十之二三矣,外省候补各员则十之六七矣。

倭韩之役,督师刘坤一、北洋王文韶,皆吃烟大户也。分统如郭宝昌、李光久辈,亦多有此癖。说者谓中国兵士非不能战,战亦或小胜,顾一日战则一日失瘾,非歇息两日不能补瘾,而倭人则连日进逼不少懈,故无不逃遁溃散者。

余曾行建昌山中,有一村落,人家二十馀,烟馆四家。又往来吴、楚间,舆夫无不吃烟者。中国岁销印度烟叶至九千馀万金,而自产之烟不在此数。国穷民弱,黄树斋、林少穆两君所虑,岂谓过哉!

又闻鸦片之用,上达闱苑,故九江有“福寿膏”之供。兴献病时,且特受此赐。故公卿百执事不复如昔时之讳言。明末政令不纲,谅莫可考!①

印度女士某,论印度古今妇女地位云:

古之印度,未生梅奴,原注:印度古人也,婆罗门贵族,实创人民分类

① 此下原有“姊崎正治《上世印度宗教史》……”一条,与本篇上文已载者重复,故删去以省篇幅。

之陋规。释迦牟尼佛起,主一切平等之说,即显辟梅奴分类之谬。按:“梅奴”,他书多作“马努”。未创类规,以我观之,当高出希腊、罗马古时者数等。

希腊教化,以国宰人,人为国家之奴仆。当国者欲民悉存忠君爱国之心,不为室家之累所移、儿女之情所夺,故轻视女子,不使与男子平等,而使操作苦工。且不许见外人,幽闭深闺,宴席亦不得与,以教女子。为从古未闻之事。

罗马妇女之地位,亦不能优于希腊。虽当时亦有以大贤大德名者,但按罗马律法,妇女无自立之名分,又无自专之权利也。

观印度《维达古经》,知古印度女子之地位,贤于希腊、罗马远甚。

又云:梅奴律法时,祭师之权渐大,多设教规礼仪以自尊。教规最重者,死后之祭祀,谓人死无子则为饿鬼。自有此说,凡娶妻不生子者,例准停妻再娶、或广蓄姬妾;印度女子之地位,渐即卑微。

自回教人征服印度后,民人染回习,视女子愈轻,而女子之地位从此荡然无存。不独身受桎梏,不能自立;心亦桎梏,而不能自由。真可怜之至矣!女士所言如此。

按:女士所称印度古时新娘必及笄而始嫁;迎之夫家,成亲之日,待之为大宾,视之为大礼。此则中国自古及今未尝有改。

然女学不兴,则女子之地位渐即卑微,亦陵夷使然也。欲求风俗厚、人才盛,必自振女学始。班昭《女诫》云:但教男而不教女,不亦蔽于彼此之数乎?见《后汉书·列女传》。

《大智度论》卷九十九云:女身无所系属,则受恶名。女人之体,幼则从父母,少则从夫,老则从子。是印度古制“女子三从”,正不异中国也。

《史记·封禅书》:汉高祖令祝官立蚩尤之祠于长安。长安置祠祝官、女巫。其梁巫,祠天、地、天社、天水、房中、堂上之属。晋巫,祠五帝、东君、云中、司命、巫社、巫〔祠〕、族人、先炊之属。《索隐》:《广雅》云,东君,日也。王逸注《楚辞》:云中,云也。东君、云中,亦见《归藏易》也。《周礼》:以(槱)〔樵〕燎祠司命。郑众云,司命,文昌四星也。《正义》:先炊,古炊母之神也。秦巫,祠社主、巫保、族累(累)之属。《索隐》:社主,即上文三社之主。荆巫,祠堂下、巫先、司命、施糜之属。九天巫,祠九天。《索隐》:《三辅故事》云,胡巫事九天于神明台。

按:当时巫教盛行各国,至于如此。且其所祀之神,亦大略相近。是以《楚辞》所有东君、云中、司命,晋巫亦复祠之。

故中国之巫教,即日本之神教。自有儒术,而巫教仅为斋祝之官,不能如罗马、犹太之祭司动司生杀也。

后世之道教,乃巫术之末流,而非清净之本旨。惟神之名称,则或取诸释、或取诸仙,与秦、汉时所祠之神有递嬗矣。

祠天取诸胡巫,疑当时婆罗门之说已由匈奴转入中国,在休屠金人之先。休屠金人为自在天像,非佛也。

秦诅楚文,诅诸巫咸,久湫亚驼,疑巫教当祀巫咸为大神[①]。

① 自"鸦片烟之禁……"至此,共四条,长沙《大公报》一九一九年八月下旬原刊系归入《芳荪室笔记》(即《芸阁偶记》)内,疑误置。今据原刊次第及此四条内容,姑缀于《知过轩随笔》之末。

知过轩随录*

唐李廓《长安少年行》诗见《乐府诗集》卷九："好胜耽长行，天明烛满楼。留人看独脚，赌马换偏头。""独脚"、"偏头"，盖长行中名色。

元梁益《诗传旁通》"逆暑迎寒"条云：《集传》所引"王氏曰"，盖荆公王介甫及子雱元泽父子之说。是临川之新经义，朱子亦采用之。

宋孙觌《鸿庆居士集·翰林学士莫俦墓志铭》云：政和三年大比，试廷中，徽宗擢为第一。越日，特奏名筹，第一人适与公同姓名。徽宗曰：非其伦也，名实混矣。命去偏旁，名"寿"。此同时同姓名者，而连日奏名皆第一，异矣。本朝于成龙荐于成龙，亦可异①。

元陆文圭《墙东类稿》卷三《策问·儒学吏治篇》云：自周礼有

---

* 据《文芸阁先生全集》本录入。

① 此下原刊有"颜习斋论治不及学校……"一条，其内容与《知过轩随笔》已载者重复，故删去以省篇幅。

道得民,治得民之说,而儒始以吏为对。自秦人焚六经,以法令为师,而儒大为吏所摈。自汉人以经术饰吏事,而儒又为吏所假。

泗上亭长布衣时,萧、曹以为吏掾,故酂侯入秦相府,先收图籍,而不收博士所掌之书;平阳侯相齐,避堂犹舍盖公,而不用齐老先生之说。规模大略可见。乃翁素不修文学,而萧、曹赞之;彼随(河)〔何〕、郦食其之徒,正复说客之靡耳。何儒之有?

周勃、霍光,皆厚重可托之人。然勃少文。尝东向坐,召诸生"趣为我语",其不逊如此。一旦逮捕,行千金狱吏,吏以牍背示之,幸而获免,乃叹知"狱吏为贵"。霍光不学,谓儒生多窭人子,喜妄说狂言,心尝嫉之。一妄男子诣阙,公卿错愕,不敢发言,京兆尹引《春秋》断之。光乃叹曰,公卿当用有经术、明大谊者。可笑也已。

《史》言:高祖开基,萧、曹为冠;孝宣中兴,丙、魏有声。丙、魏与萧、曹又自不同。少卿学《诗》、《礼》皆通大义,弱翁学《易》,对策高第;皆稍习儒业。因孝宣好法律刑名,故相业止此耳。太子常侍宴,请用儒生。帝作色曰:汉家自有制度,奈何纯任德教?乱我者,太子也。以当时观之,孝宣之言为过;然元帝以后,孔光、张禹用事,依阿恍惚,党奸误国,卒为宣帝所料。用儒之弊,一至此哉!

虽然,汉儒守章句,非科第之秀才也。汉吏长子孙,非案牍之吏员也。走马看花、浮薄是习,雁行钳步、贪墨是营,唐人又愧汉人矣。内翰条贯阳裁太甚,中书吏额纷争不息,宋人又愧唐人矣。

元永嘉文信《题云林竹诗》见倪瓒《清闷阁集》:"粲粲碧玉枝,托根在昆仑。日出四海静,影拂青云端。君王爱直节,树之黄金门。华繁实且多,持以慰青鸾。"

《后汉书·窦融列传》《弟子固附传》:中元十六年,骑都尉来苗、护乌桓校尉文穆,将大原、雁门、代郡、上谷、渔阳、右北平、定襄郡兵,及乌桓、鲜卑万一千骑,出平城塞。又云:来苗、文穆至匈奴河,水上,虏皆奔走,无所获。

《文献通考·经籍门》"唐人诗集":文丙诗一卷。陈氏曰:称"布衣文丙"所著,不详何人。按:此出《书录解题》。

《后汉书·马融传》,《注》引裴氏《广州记》。即裴渊。

高湛《养生论》:王叔和性沉静,好著述。考核遗文,采摭群论,撰成《脉经》十卷;编次张仲景《方论》,编为三十六卷。大行于世。

皇甫谧自序《甲乙经》曰:"近代王叔和按黄皇《内经》十八卷、《(今)〔金〕针经》九卷、《素问》九卷其义深奥,又有明堂、孔穴、针灸《治要》三部,同归文多重复、错互非一。甘露中,吾病风,加苦聋。《百日方》、《治要》皆浅近,乃撰三部,使事类相从,删其浮辞,去其重复,论其精要,为十二卷。"

徐春甫《古今医统》:殷浩尝览《本草》、《方书》,手不释卷。按《医学入门》:殷浩妙解经脉,著《方书》。见《图书集成·艺术典》卷五百二十五。

《古今图书集成·艺术典》六百三十七卷,载岩电道人《神眼经》云:鹤形龟息,弃书往康庐,而得神仙。此讳"匡"为"康",盖真宋人书。

原注云：吕洞宾，唐天宝十四年四月十四日巳时生。幼习儒业，进士出身。开元中，授江州德化县令。真人鹤形龟息，虎体龙腮，凤眼而耸，双眉入鬓，头阔身长，顶华阳冠，身披唐衣，似汉张子房形容。一日私行，徐步至庐山。道逢钟离真人，同悬葫芦，悟"一饭黄粱"之语，遂弃官修道。后受天仙，道号"纯阳子"。

按：注以纯阳生于天宝，而开元中已任县令，可谓巨谬。特钟、吕相遇，道书多不详其地，此书独称其在匡庐，录之可以增名山之故实耳。

吾尝谓：名山列岳，多栖真灵。其关道术者，盖不可胜记。然一山而兼宏扬三教者，则惟匡庐为异。

于晋、宋间，则释慧远倡开莲社，净土之大宗也。雷次宗、周续之等阐明经义，则唐疏之先声也。自南唐设国学，而二徐、欧、晏辈皆出于江西，开北宋之文治。至周子衍太极，而考亭与象山宣讲此地，实道学之宏规。况前有吴真君，后有吕纯阳，又道家之巨擘也。馀事殷繁，不及悉记。前修既懿，来者方兴，足以壮彭蠡之波光，比空峒之圣迹矣。

《古今事类外集》卷十四，引《言行录》：范延贵为殿直，押兵过金陵。张忠定为守，因问，天使沿路来，还曾见好官员？延贵曰，昨过袁州，见萍乡邑宰张晞颜者，虽不识之，知其好官员也。自入县境，驿传桥道皆完葺，田莱垦辟，野无惰农。及至邑，则廛市无赌博，市易不敢喧争。夜宿邸中，闻更鼓分明。以是知其美政也。

《图书集成·星命部》《杂录》之四，引《甲乙剩言》：都下有抄前定命者。其辞皆七言,而村鄙若今市井盲词之类。其言,自父母妻子兄弟、贵贱、庚甲皆具。人皆狂骇,以为神也。虽三公九卿,莫不从风而靡,以为此邵尧夫再来也。不知此皆从京师日者购其年庚履历,预为撰集,使人身自觅索,以骇眩之耳。如余未尝以命问京师日者,则觅之不复有此命矣。且未有文理村鄙若此,而足以定人贵贱寿夭者也。其事易见,何不少察,而明堕于其伪术乎?

《吉凶时日善恶宿曜经·七曜直日历品》,列诸国人呼七曜如后:

日曜太阳　胡名"蜜"。波斯名"曜森勿"。天竺名"阿你泥以切底耶"。

月曜太阴　胡名"莫"。波斯名"娄祸森勿"。天竺名"苏上声摩"。

火曜荧惑　胡名"云汉"。波斯名"势森勿"。天竺名"盎哦啰迦"。

水曜辰星　胡名"咥"丁逸切。波斯名"掣森勿"。天竺名"部引[①]陀"。

木曜岁星　胡名"鹘勿斯"。波斯名"本森勿"。天竺名"勿哩诃娑跛底丁以切"。

金曜太白　胡名"那歇"。波斯名"数森勿"。天竺名"戍羯罗"。

土曜镇星　胡名"枳浣"。波斯名"翕森勿"。天竺名"赊乃以室折罗"。

① "引"字,《文芸阁先生全集》本原刊作小字若注语例,兹改作正文。

《晋中兴书·百官公卿注》云:惠帝在东宫,以舍人四人才学美者,与中庶子,共治文书者也。然则"百官公卿注",为《中兴书》篇名矣。六十六。又引《晋中兴书·百官公卿志》。同上。

束皙《发蒙记》曰:獭,以猿为妇。《海录碎事》二十二上。

陆云《笑林》:昔有人,尝食蔬茹,忽食羊肉。梦五脏神曰,羊踏破菜园。《海录碎事》卷六。

晋刘滔母《答吴国书》:胡桃,本生西羌。外刚朴,内柔甘,质似古贤,欲以奉贡。《海录碎事》卷廿二下。"刘滔",当作"钮滔"。

叶奕苞书《金石录补》卷七云:按羲之卒于晋穆帝升平五年。后二年,为哀帝兴宁二年,《黄庭》始降于世,则非王书可知。

唐刘言史《送婆罗门归本国》诗:"刹利王孙字迦摄,竹锥横写叱萝叶。遥知汉地未有经,手牵白马绕天行。龟兹碛西胡雪黑,大师冻死来不得。地尽年深始到船,海里更行三十国。行多耳断金环落,冉冉悠悠不停脚。马死经留却去时,往来应尽一生期。出漠独行人绝处,碛西天漏雨丝丝。"是唐时婆罗门僧亦颇游中国。然诗中起句云"刹利王孙",又用"白马驮经"事,则仍是释教中之婆罗门也。见《全唐诗》。

《蜀志》十四:蒋斌弟显为太仆,钟会叹其才学。

唐李嘉祐《暮春宜阳郡斋愁坐忽枉刘七传御新诗因以酬答》诗云："子规夜夜啼槠叶，远道逢春半是愁。芳草伴人还易老，落花随水亦东流。山临睥睨恒多雨，地接潇湘畏及秋。唯羡君为周柱史，手执黄叶到沧洲。"

唐韦端己《袁州作》诗云："家家生计只琴书，一郡清风似鲁儒。山色东南连紫府，水声西北属洪都。烟霞尽入新诗卷，郭邑闲开古画图。正是江村春酒熟，更闻春鸟劝提壶。"吾郡唐时科第最盛，读端己诗，可想见一时风气也。端己又有《题袁州谢秀才所居》诗，云："主人年少已能诗。""谢秀才"，名不传，为端己所称，自是才士。

郑守愚有《作尉鄠郊送进士潘为下第南归》诗，云："归去宜春春水深，麦秋梅雨过湘阴。"是亦为袁州人。

周朴有《宜春再访芳公言公幽斋写怀叙事因赠长言一首》，云："入门长恐先师在，香印纱灯似昔年。涧路萦回斋处远，松堂虚豁讲声圆。顷为弟子曾同社，今忝星郎更契缘。愿流一瓯春有味，中材话旧亦潸然。"是太朴曾在袁州读书，且入释门为弟子也。

吾家自太高祖以前，居萍乡湘东市。唐李嘉祐《送张观一作"劝"。归袁州》诗云："羡尔湘东去，烟花尚可亲。"疑张观萍乡人也。

元陆文圭《墙东类稿》卷五《玉田词源稿序》云："词"，与"辞"字通用。《说文》云，意内而言外也。意生言，言生声，声生律，律生词,故曲生焉。《花间》以前无杂谱,秦、周以后无雅声,源远而派别也。西秦玉田张君,著《词源》上下卷,推五音之数,演六律之谱,按月纪节,赋情咏物。自称得声律之学于守斋杨公、南溪徐公。淳祐景定间,王侯邸馆,歌舞升平;君生处乐郊,不知老之将至。梨园白发,吴宫蛾眉,馀情哀思,听者泪落;君亦因是弃家,客游无方,三十年矣。昔柳河东铭姜秘书,闵王孙之故态;铭马淑妇,感讴者之新声。言外之意,异世谁复知者?览君词卷,抚几三叹!

宋胡之翰《春乡遗稿·萍乡即事诗》云:"地接长沙近,乡名自古闻。毛山千嶂雪,玉女一堆云。拱木扶宵上,飞泉触石分。霜风萍实老,目断楚江渍。"

宋孙觌《鸿庆居士集》卷三,《萍乡县》云:"云梦青邱蟠楚薮,萍实江边大如斗。故垒摧颓百战馀,旧事流传千载后。青崖半裂苍兕吼,空陂突过黄狐走。山深日落少人行,寂寥鸣蜩嘒高柳。江湖一梦三年久,慰我漂零一杯酒。群盗须降汉赤眉,故侯今作秦黔首。"

宋葛立方《归愚集》,有《象戏赋》一篇:"摧车伏马,袭劲兵兮;河壖夜渡,竟斫营兮。"知宋时象戏,已与今同。象兵、马兵、步兵者,印度之制,屡见释典。今或书作"相"字,讹也。

宋吴潜《应诏上封事九事录》《许国公奏议》一:"臣谨按程灏之学,自南渡后,门弟子之仅存者三人。其一侯师圣,师圣传之胡安国父子,安国之子宏传之张栻,此湖湘一支也。其一尹彦明,彦明传之祁宽，宽之后无传焉。其一杨时，时传之罗仲素，仲素传之李侗，李侗传之朱熹，此闽中一支也。其后至孝宗朝吕祖谦，乃得陆九渊于省试。九渊既仕，自名其学，抗衡朱熹，号为象山；传之杨简，号为慈湖，而行其学于四明矣。"

白香山《自题酒库诗》云："身更求何事？天将富此翁。"自注云：刘仁轨诗云天将富此翁，以一醉为富也。

按："一醉为富"，盖戏用《诗·(大)〔小〕雅》"壹醉日富"语。唐人用经，往往如此。杜诗："致远思恐泥。"亦以"泥"为"泥涂"之"泥"也。皆与经训不相比附。白乐天又有《尝黄醅新酎忆微之》诗："枕麹贫如富。"自注："《诗》云：'一醉日富。'"凡两处皆作"一醉"，与今本作"壹醉"异。

唐胡直钧《太常观阅骠国新乐》诗："转规回绣面，曲折度文身。"

张祐《耍娘歌》："宜春花夜雪千枝，妃子偷得上密随。便唤耍娘歌一曲，六宫生老是蛾眉。"此歌殊不多见也。

曹子建《情诗》："游子叹黍离，处者歌式微。慷慨对嘉宾，凄怆内伤悲。"此思王怀汉之诗也，其词隐、其志晦矣。

李文饶《重忆山居诗·罗浮山》一首，自注引裴渊《广州记》：罗浮山，是蓬莱边山浮来。又引《茅君内传》云：山下有七十二长溪。

《唐会要》：贞观元年，敕现在京官文武职事五品以上子、按："子"下当脱"弟"字。有性爱学书及有书性者，听于弘文馆内学书。其书法内出。其年有二十四人入馆。敕虞世南、欧阳询教示楷法。

李绅诗《忆东湖》：《南昌志》：洪州城内有大湖，通章江，名曰"东湖"。"菱歌罢唱鹢舟回，雪鹭银鸥左右来。霞散浦边云锦截，月升湖面镜波开。鱼惊翠羽金鳞跃，莲脱红衣紫菂摧。淮口值春偏怅望，数株临水是寒梅。"

李廓《镜听词》，自注云：古之镜听，犹今之瓢卦也。按："瓢卦"二字俟考。诗首句云："匣中取镜辞灶王。""灶王"二字，今犹沿之。

唐徐夤有《贡馀秘色茶盏诗》，警句云："古镜破苔尝席上，嫩荷涵露别江溃。"

姚合《恶神行雨》诗："凶神扇簸恶神行，汹涌挨排白雾生。风(挚)〔击水〕凹波扑凸，雨潈山口地嵌坑。龙喷黑气翻腾滚，鬼掣红光劈划揁。原注：音征，引也。哮吼忽雷声揭石，满天啾唧闹轰轰。"此等诗，真恶诗，不知少监何故有此恶札、且使流传至今？

宋叶廷珪《海录碎事》载刘昭禹《夏雨》诗云："对面雷瞋树，当街雨趁人。"唐、宋人用"趁"字，即今俗语之"赶"字。《全唐诗》裴晋公夏日所作《对雨》诗，亦有"对面雷嗔树，当街雨趁人"二句，当是相传互异。亦恶诗也。岂雨诗竟难得佳语耶？

唐周朴《读前集诗》云："殷璠裁鉴《英灵集》，颇觉同才得旨深。何事后来高仲武,品题《间气》未公心?”费屺怀得宋本《中兴间气集》,(重开)〔无诸〕;然见当时议论已如此。

徐夤,字昭梦。《司直巡官(无诸)移到玫瑰花〔重开〕》诗云:“芳菲移到越王台,最似蔷薇好并栽。秾艳尽怜胜彩绘,嘉名谁赠作玫瑰。春藏锦绣风吹折,天染琼瑶日照开。为报朱衣早邀客,莫教零落委苍苔。”案:玫瑰种必自南洋来,故广东(天)〔有〕之,他处罕见。

唐时“长行”之戏,今已不传。赵抟有《废长行诗》,见《全唐诗》。自注云:辨其惑于无益之戏,而不务恤民也。是唐时盛传此戏,与明末之“马吊”、今时之“麻雀”,殆相似矣。

诗云:“紫牙镂合方如斗,二十四星衔月口。贵人迷此华筵中,运木手交如战斗。不算劳神运枯木,且废为官恤茕独。门前有吏吓孤穷,欲诉门深抱冤哭。耳厌人催坐衙早,才闻此戏身先到。理人似爱长行心,天下安平多草草。何当化局为明镜,挂在高堂辨邪正?何当化子作笔锋,常在手中行法令?莫令终日迷如此,不治生民负天子。”

又,李廓《长安少年行》诗见《乐府诗集》卷九:“好胜耽长行,天明烛满楼。留人看独脚,赌马换偏头。”“独脚”、“偏头”,盖“长行”中名色。

唐符载初隐庐山,后辟西川,掌书院。有《题李八百洞》诗云:“太极之年混沌坼,此山亦是神仙宅。后世何人来飞升?紫阳真人李八百。”

又,《陔馀丛考》“八仙”条云:铁拐李,史传并无其人。惟《宋史·陈(湜)〔从〕信传》:有李八百者,自言八百岁。从信事之甚谨,冀传其术,竟无所得。又《魏汉津传》:自言师事唐人李八百,授此丹鼎之术。则宋时本有“李八百”者在人耳目间,然不言其跛而铁拐也。

余记东坡诗云:“何当共遇李八百,相携白发分刀圭。”“李八百”之名,(因)〔固〕眩赫于北宋。然瓯北似未见符载诗也。

贯休《送僧归日本》诗,自注:有僧游日本,云彼只有三寺。上寺名“兜率”,国王供养;中寺名“浮上”,极品官人供养;下寺名“祇上寺”,风俗供养。有德行,即渐迁上也。

潘唐有《下第归宜春酬黄颇饯别诗》。是潘唐亦袁州人。

王森父诸城人。《石门碑醳》,载《文冈碑》:

郡丞潞国文冈睎堰役,同邑尉舜

都张海、临洮魏机、东口李焘,淳熙

丁未仲春十有三日来游。

芗　　屑*

《宗镜录》卷二:司马彪云,性者,人之本也。蔡邕云,性者,心之本也。

《宗镜录》卷四十六:周宏正释"三玄"云,《易》判八卦阴阳凶吉,此约"有明玄";《老子》虚融,此约"无明玄";《庄子》自然,此约"有无明玄"。

晋王凝之妻谢氏,拟嵇中散诗曰:"遥望山上松,隆冬不能凋。愿想游下憩,瞻彼万仞条。腾跃未能升,顿足俟王乔。时哉不我与,大运所飘(飘)〔飖〕。"《艺文类聚》八十八。

晋竺僧度,姓王,名晞,字元宗,东莞人也。虽少出孤微,而天姿秀发。独与母居,孝事尽礼。年十六,求郡杨德慎女,亦乃衣冠之家。女字苕华,容貌端正,又善坟籍,与度同年。未及成礼,苕华母亡;顷之,苕华父又亡;度母亦卒。度睹世代无常,忽然感悟。乃舍俗出家,避地游学。

---

* 据《文芸阁先生全集》本。若干条目有重见于别篇笔记者,酌情删略以省篇幅。内附诗稿一首,则入《诗录》卷内。

苕华服毕,自惟三从之义,无独立之道。乃与度书,谓发肤不可伤毁,宗祀不可颓废。令其顾世教,改远志,曜翘之姿于盛明之世,远慰祖考之灵,近慰人神之愿。并赠诗五首。其一篇曰:"大道自无穷,天地长且久。巨石故叵消,芥子亦难数。人生一世间,飘若风过牖。荣华岂不茂?日夕就雕朽。川上有馀吟,日斜思鼓缶。清音可娱耳,滋味可适口。罗纨可饰躯,华冠可耀首。安事自剪削,耽空以害有?不道妾区区,但令君恒后。"

度答书云云,中云:若能悬契,同归于泥洹矣。又报诗五篇。度既志怀匪石,不可回转,苕华感悟,亦起深信。《高僧传》卷四。

《易》:"震惊百里,不丧匕鬯。"《集解》引郑《注》云:雷发声闻于百里,古者诸侯之象。诸侯之出,号令能警戒其国疆之内,则守其宗庙社稷,为之祭主,不亡其匕与鬯也。

《易》有太极。郑《注》云:极中之道,淳和未分之气也。《文选注》十九。按:此陆子静之所本。

《九师道训》曰:"遁而能飞,吉孰大焉。"《文选·七启·注》。张平子《思玄赋》云:"利飞遁以保名。"

余谓:《论语》"色斯举矣,翔而后集",飞遁之义也。凤皇翔于千仞兮,览德辉而下之。苟无明王,则寥廓高翔已耳。遁世无闷,非君子之所乐欤?

《郡国志》曰:金河府青台,方山北五里。文明太后恒与六宫游戏,因歌曰:"青台雀、青台雀,缘山采花额颈著。"《太平御览》一百七十八引。案:此所引《后魏郡国志》也。余按:此歌不见于他书,明冯惟讷《诗纪》亦失载。

释宝唱《比邱尼传》:齐集善寺慧绪尼,本姓闾邱,高平人。自移集善寺,足不入第者数年。后入斋,斋竟,自索纸笔作诗,曰:"世人或不知,呼我作老周。忽请作七日,禅斋不得休。"案:尼僧诗传世至少,故录之。诗中所云"老周",亦不知何所谓也。

《华严经》卷四十一《十定品》云:譬如月轮,阎浮提人见其形小而亦不减,月中住者见其形大而亦不增。此言月中有人住,则月非死地球也。

卷五十《如来出现品》云:风轮能持水轮,水轮能持大地,令不散坏。是故说地轮依水轮,水轮依风轮,风轮依虚空,虚空无所依;虽无所依,能令三千大千世界而得安住。

佛说《处胞胎经》。今西人所作蜡人,肖胎中变化,每七日一变,正与经合。佛具一切智,岂不信哉!

《通典·礼二十四》,引《孙子兵法》云:有巾、有盖,谓之武刚车。武刚车为先驱。又为属车、轻车,为后殿也。案:今所传《孙子》十三篇,无此文,其文亦不类。录以俟考。

又云:孙子八阵,有革车之阵。

《类聚》九十二,张显《(析)〔折〕言》曰:万雀不及一凤皇,众星不如一月明。

嵇含《遇蚃赋》引谚曰：过满百，为蚃所螫。《御览》七百四十二。此后世功过格“十过”、“百过”之所出。

《图墓书》曰：冢前左右，有小冈如投筭，相连数里，名为导引冈。葬之出富贵。又曰：经言，葬遇沈冈，远至二十年，皆绝世无后。葬遇浮冈，随世沉浮，著土必安，终无灾厄。葬遇飞冈，奕世富贵，亦出神仙。《艺〔文〕类聚（文）》卷六。

《图墓书》曰：一岗三头相连，无有头尾，狂颠绝世。《太平御览》七百三十九。

《图墓书》曰：青鸟乃默，皆圣人也，记人生死所由。《御览》四百一。

鸠摩罗什、僧肇等所注《维摩诘经》，颇言外国风俗，今集而录之：

《方便品》，肇曰：外国诸部曲皆立三老，有德者为执法人，以决乡讼、摄长幼也。

又曰：外国淫人别立聚落，凡豫士流目不暂顾。

又曰：刹利，王种也。秦言“田主”。劫初，人食地味，转食自然粳米。后人情渐伪，各有封殖，遂立有德者处平分田。此王者之始也。故相承为名焉。

又曰：婆罗门别有经书，世世相承，以道学为业。或在家，或出家苦行。

又，什曰：外国法，取历世忠良，耆长有德者，用为内官，化正宫女也。

《弟子品》:“外道六师,富兰那迦叶”,什曰:迦叶,母姓;富兰那,字也。“末伽梨,拘赊梨子”,什曰:末伽梨,字也;拘赊梨,是其母也。“删阇夜,毗罗胝子”,什曰:删阇夜,字也;毗罗胝,母名也。“尼犍陀,若提子”,什曰:尼犍陀,字也;若提,母名也。按:六师之中,四兼母名。此只外国之风俗矣。

又,什曰:近毗耶离城,有园林。林中有水,水名猕猴池。园林中有僧房,是毗耶离三精舍之一也。

《问疾品》,什曰:外道经书,唯知有三大病,不知地大。佛法中说四大病。

又曰:外国法,从生至终,所作福业,一一书记。若命终时,傍人为说,令其恃福心,不忧畏也。

《不思议品》,肇曰:由旬,天竺里数名也。上由旬,六十里;中由旬,五十里;下由旬,四十里。

《观众生品》,什曰:如有方寸金刚,数十里内石壁之表,所有形色,悉于是现。

《佛道品》,什曰:外国破敌得胜,(刚)〔则〕竖胜幡。

又曰:外国有奇妙药草,或似人形,或似(像)〔象〕、马形。(以)〔似〕象、马者,有人乘之,径凌虚而去。或但见闻此药,众病即消。

《香积佛品》:“长者主月盖。”什曰:彼国无王,唯五百居士共治国政。今言主,众所推也。肇曰:毗耶离国无有君主,唯有五百长者共理国事。月盖,众所推重,故名主。

《初学记》卷三云:按《尔雅》曰蟋蟀蛬,刘劭注云谓蜊蜻也,孙炎云梁国谓之蛬,郭璞云今促织也。

按:此列刘劭说在孙、郭之前。未知即撰《人物志》之刘劭否?又,谢启昆《小学考》亦未载此,可补其缺也。《初学记》引刘昭《幼童传》,亦作"刘劭"。此当是魏刘劭,作《赵都赋》者也。

《后汉书·儒林·尹敏传》:何谓察察而遇斯患乎。刘原父曰:案文"谓"当作"为",后人不晓,"为"、"谓"多相乱也。

廷式案:宋人文字,"以为"多作"以谓",本此。

《初学记》卷三,阮籍《大人先生歌》曰:"阳和微弱阴气竭,海冻不流绵絮折,呼吸不通寒冽冽。"

《类聚》九十(一)〔二〕,《春秋保乾》曰:江充之害,其萌,反舌鸟入殿。"《保乾》",当是"《保乾图》"。纬书有汉武帝时事,则谓"始于哀平"者,犹非最早之时也。

《通典》五十四,载秦始皇自泰山阳至巅,立石颂德,文曰:"事天以礼,立身以义。事父以孝,成人以仁。四守之内,莫不郡县。四属八蛮,咸来贡职。人庶蕃息,天禄永得。刻石改号。"《注》云:文出《晋太康郡国志》。按:此文不类秦文,其述礼义仁孝,亦非秦法也。然词意与《伪古文尚书》正相类。盖当时别有此种风尚,不独伪《尚书》、伪《家语》,且伪秦碑矣。

《俗说》曰:桓玄作诗,思不来,辄作鼓吹。既而思得,云鸣鹄响长(隼)〔皐〕。叹曰,鼓吹固自来人思。《类聚》六十八。奸雄举止,要自异人。

山东蓬莱、〔莱〕阳有“初”姓。相传云本姓“祁”，以误书作“初”，遂改姓“初”。恐非也。《永乐大典》卷二千四百六，引《千姓篇》云：“初”，出何氏《姓苑》，宋初房举贤良方正。然则何承天书已载此姓矣。又引《氏族略》云：宋初房举贤良方正，熙宣登科，密州人。元丰初西美，郓州人。初汝为登州人。然则“初”本山东之旧姓矣，特久无名人，故俗语流为丹青耳。

近人如张姚、殷李、陆费、许邓，皆新并合之双姓。

满洲萨克达氏，自云本姓“祖”，乃祖士雅之后。瓜尔佳，自云姓“关”。完颜，自云姓“王”。他塔喇，自云姓“唐”。

宋翔凤《过庭录》卷十曰：《公羊》昭十五年《疏》云何氏之说以“资”为“取”云云，说在《孝经疏》。又，定四年《疏》亦云云、说具于《孝经疏》。按：此两疏，则有《公羊疏》，又有《孝经疏》。《公羊疏》不著撰人名氏，宋董逌以为“徐彦”。《隋经籍志》，有《孝经讲疏》六卷，徐孝克撰。“孝克”，或彦字。然不可考矣。

廷式案：文二年《疏》，其天子九虞者异义，左氏说亦有成文云云之说《左氏传疏》，然则作疏《公羊》者，岂又疏《左氏》乎？宋氏偶未检耳。疑其所言，谓孔冲远《正义》耳。

《通典》六十一，载武后延载元年，出绣袍赐文武三品以上官，其袍文各有训诫，又铭其襟背，各为八字回文。其词曰：“忠正贞直崇庆荣职”,“文昌翊政勋彰庆陟”,“懿冲顺彰义忠慎光”,“廉正躬奉谦感忠勇”。此正仿南海女子《般革鉴铭》也。“翊政”当作“政翊”,“感”当作“盛”,于韵始谐。

《北堂书钞》卷九十七引《邹衍别传》云:邹子博识,善叙事,有禹、益之鸿才。道深东海,名重西山。日月不能乱其晖,金玉无以比其贵。案:群书所引别传,惟东方朔,西汉人。此乃为周人作别传,可怪也。察其文笔,当在晋、宋以后,盖《关尹内传》之类也。

《北堂书钞》卷一百引《稽康集》,康著《游山九吟》云云。此乃李康之事,陈氏误改作“稽康”。其他若此者正多。

《书抄》一百四,《郑氏婚礼谒文赞》云:“九子之墨,藏于松烟,本性长生,子孙(图)〔围〕边。”

《御览》八百三十,《郑氏婚礼谒文赞》曰:“长命之缕,女工所缺七字。……为例。”

八百三十六,《郭氏疑亦当作“郑氏”。婚礼谒赞文》曰:“金钱为质,所历长久,金取和明,钱用不止。”

九百一十三,《郑氏婚礼谒文赞》曰:“含利为兽,兽而能谦,礼义乃食,口无饥侃。”

按:此书马氏《玉函山房》辑之,古雅可诵。又,《晋书·礼志》云古者婚冠皆有醮。郑氏醮文三首具存,可读。

《类聚》九十二,《郑氏婚礼谒文赞》曰:鸳鸯鸟,雄雌相类,飞止相近。

《书抄》一百十一:蔡文琰在左贤王部伍中,春月登胡殿,感笳之音,怀《凯风》之思,作诗言志,曰:"胡笳动兮边马鸣,孤雁归兮声嘤嘤。"案:此二语,不见《十八拍》中,固伪作也。

《书抄》一百三十六:秦嘉妇《与夫书》云,今奉越布手巾二枚。又云,今奉旄牛尾拂一枚,可拂尘垢。

《御览》七百六十:秦嘉妇[①]《与夫书》云,今奉金错碗一枚,可以盛书水;琉璃碗一枚,可以服药酒。卷七百十七:秦嘉妇《与夫书》曰,今奉严器,中几物具。

《御览》六百九十七:秦嘉妇与夫之书曰,今奉细布袜一量。

《书抄》又引高文惠妇《与文惠书》云:今奉织成襪一量。《御览》八百十六,引作"袜一量"。

《御览》六百八十八:高惠文妇《与惠文书》曰,今奉总帢拾枚。《御览》六百九十七:高文惠妇《与文惠书》曰,今联奉组生履一量。

钮滔母《与从祖虞光禄书》曰:赐琉璃碗。

《晋书·食货志》不载盐志。唯《北堂书抄》一百四十六引《晋令》云:凡民不得私煮盐,犯者四岁刑,主吏二岁刑。又引《晋中兴书》,太元三年诏曰:盐者,国之大利。以此推之,知自西晋已禁私煮,而东晋则大资国用矣。不知唐修晋史,何以不置一辞?此知其疏也。郭(晓)〔璞〕有《盐池赋》,《类聚》录之。《御览》八百六十五引《晋太康地记》曰:梓潼县出伞子盐。《广志》曰:盐多侧于海滨,但未必千里相比耳。

---

① 此下直至此条末,原刊皆用小字若注语例。兹改作正文。

河东有印成盐，西方有石子盐，皆生于水。北湖中有青盐。五原有紫盐。波斯国有白盐，如细石子。《晋太康地志》曰：安邑有司盐都尉，别领兵五千。

又案《晋书·职官志》云：盐铁金银铜锡，始平(光)〔之〕竹园、别都、宫室、园(苑)囿，皆不为属国。知西晋之时，制侯国不得擅盐铁之利而已。

国初之儒，都由史学入，故说经颇粗，而堂奥闳深。乾、嘉诸儒之学，多由小学入，故说经颇的，而气象狭小。主持一代学术者，当知之。

南北朝杀戮士大夫，故生其时者气多危苦，佛教之所以盛也。宋、明优容士大夫，故生其时者气多舒畅，儒术之所以盛也。

《艺文类聚》八十八，引《阴符经》曰：火生于木，祸发必克。据此，则欧阳率更已见此书，非李筌伪造也；褚登(喜)〔善〕写本，或亦可信。然以词意观之，实非唐以前书耳。

释慧琳《一切经音义》卷六，引《太公六韬》云：友之友，谓之朋；朋之朋，谓之党。《御览》一百五十七亦引之，下有"党之党，谓之群"之语。引之一语。按："朋党"二字，当出于此。

陆机《与弟云书》曰：张骞为汉使外国十八年，得涂林安石榴也。《类聚》八十六。

慧琳《一切经音义》卷八，"揿打"："打"，丁德耿切。陆法言云，都挺反；吴言，今不取也。按：此等恐出附益，非琳本书。是日本所传“吴音”，指《广韵》而言。今其国僧家唪经，犹有汉音、吴音之别。

汉李陵诗曰：“凤皇鸣高岗，有翼不好飞。安知凤皇德，贵其来见稀。”

张湛《养生要集》十卷，著录《隋志》。书已久佚。今略为集录，以存一家之举。

《文选》二十一《注》，《养生要论》曰：龟、鹤寿有千载之数，性寿之物也。道家之言，鹤曲颈而息，龟潜匿而睡。此即其所以为。服气养性者法焉。

《初学记》卷四，《养生要集》曰：术，味苦，小温，生汉中南郑山谷，五月五日采之。《御览》八百三十九，《养生要集》曰：粳，稻属也。稻，亦粳之总名也。道家方药，有用稻米、粳米，此则是两物也。稻米，粒白如霜，味苦，主温，服之令人多痰、无肌肤。粳米，味甘，主利脏、长肌肤、好颜色。《初学记》卷二十七、《御览》八百四十一，《养生要集》曰：麻子，味甘，无毒，主补中益气，服之令人肥健。麻子一名麻蒉，一名麻勃。《御览》一百四十一亦引之。

《文选》五十三《注》，《养生要》曰：大蒜勿食，荤辛害目。

《御览》七百二十，《养生要》曰：旦起，东向坐，以两手相摩令热，以手摩额上至顶上，满二九止，名曰“存泥丸”。又，清旦初起，以两手引两耳，极上下之，二七止，令人不聋。次缩鼻闭气，右手从头上引左手，二七止。次引两发鬓，举之，令人血气流通，头不白。又摩手令热，以摩身体，从上至下，名“干浴”，令人胜风寒，时气寒热、头痛百病皆除。

卷二十八,《养生要集》:南阳张平子云,冬至,阳气归内腹中,热气入胃,易消化。又曰:通历数家等法,推考其纪,从上古天元来,讫十一月甲子夜半朔冬至,日月若连璧。

《初学记》二十七,《养生要集》曰:粳米,味酸。

太史公《素王妙论》曰:诸称富者,非贵其身得志也,乃贵恩覆子孙而泽及乡里也。

又曰:黄帝设五法,布之天下,用之无穷。盖世有能知者,莫不尊亲。如范子可谓晓之矣;子贡、吕不韦之徒颇预焉。自是以后,无其人,旷绝二百有馀年。管子设轻重九府,行伊尹之术,则桓公以霸,九合诸侯,一匡天下。范蠡为越相,三江五湖之间,民富国强,率以擒吴;功成而弗居,变名易姓,之陶,自谓"朱公",行十术之计,二十一年之间,三至千万,再散与贫。

按:此即《货殖传》之本意。伊尹"素王九主"之法,此其一也。后世以商贾立国者,可观诸此。

《晋起居注》曰:武帝咸宁元年,诏曰,男子皇甫谧,沉静履素,守学好古,与流俗异趣,其以谧为太子中庶子。《御览》三百四十五。"男子",盖处士布衣之称。孔融称"鲁国男子",是此类也。今《晋书》作"处士",转失其实。

《太平御览》六百四十五引《世说》曰:桓宣武之诛袁真也,未当其罪,世以为冤焉。袁真在寿春,尝与宣武一妾妊焉,生元。及篡,亦覆桓族。识者以为天理之所至。此条,今本《世说》脱去。

又,三百六十,引《续搜神记》曰:袁真在豫(洲)〔州〕,遣妓女。

纪陵送阿薛、阿郭、阿马三妓与桓宣武。至经时，三人半夜共出庭前观望。忽见一流星，从天直堕盆水中，莹然明静。薛、郭二人更以瓢酌水，皆不得。阿马最后取，星正入瓢中，便饮之。即觉有娠，遂生桓南郡。按：此与所引《世说》不同，然可知桓玄之母为马姓也。

《六韬》曰：方胥铁棓，重十二斤，柄长五尺，千二百枚。一名大棓。此条见《御览》三百五十七，录以备考。许叔重曾注《六韬》，他书所未见也。

《御览》二百九十云：《武侯兵法》曰，军有七禁，一曰轻，二曰慢，三曰盗，四曰欺，五曰背，六曰乱，七曰误。此治军之禁也云云。凡四百言。此真节制之师，非如后世《心书》伪托之可比也。

又，三百十三：《诸葛亮兵法》曰，山陵之战，不逆其高。水上之战，不逆其流。草上之战，不涉其深。平地之战，不涉其虚。此兵之利也。故战斗之利，唯气形也。

《晋书·职官志》曰：陈勰为文帝所待，特有才用，明解军令。及蜀破，令勰受诸葛亮围阵用兵倚伏之法，又甲乙校标帜之制，勰悉谙练之。是武侯兵法，晋时实有传之者。

焦里堂《易馀籥》录俗语云：叶落归根。《文选·杂诗·注》引《翼奉风角》云：木落归本。

余按：此非俗语所出也。《坛经》云：叶落归根，来时无口。俗语盖本诸此。里堂不甚检释氏书，故忘所从出耳。

颖容《释例》曰:舜居西域,本曰妫汭。《御览》一百六十八。

颖容《春秋例》曰:著述之事,前有司马迁、杨雄,后有郑众、班固,近即马融、郑元。其所著述,违《正义》者,略举一两事以言之。迁《史记》不识毕公,文王之子,而言与同周姓。杨雄《法言》,不识六十四卦,云所从来尚矣。《御览》六百六。

颖容曰:(阚)〔阙〕者,上有所失,下得书之于(阚)〔阙〕,所于求论誉于人,故谓之"(阚)〔阙〕"矣。《(永)〔水〕经·谷水篇·注》。

《春秋左传》桓五年《正义》:颖子严以龙见即是五月。《释例》曰:《月令》之书,出自吕不韦,其意在于秦制,非古典也。颖氏因之,以为龙见五月。又云:《传》称秋火云,此秋节,颖氏之五月。

颖氏以为再命称人。襄二十一年《正义》引《释例》。

孙仲寄妹临亡书曰:镜与粉盘与郎,香奁与若,欲令其行身如明镜、纯如粉、誉如香。《御览》七百一十七。按《魏志·臧霸传》:孙毓,字仲,泰山人。此当是毓作。严铁桥《全晋文》失载。

又按:当是(对)〔刘〕宋之孙仲之。

《邺洛鼎峙记》曰:卢道虔后妻元氏升堂讲《老子道经》,虔弟元明隔纱帷以听之。《御览》五百十七。

《范子》曰:《周髀》云,冬至三光(徵)〔微〕,夏至三光盛。《御览》二十三。据此,则《周髀》一书,计然已引之,真周时古籍也。然“夏至三光盛”一语,今本《周髀》乃佚之。

余前得世祖御制《(袁)〔哀〕皇后栋鄂氏行状》,既恭录入《知过轩随笔》,证以吴梅村祭酒诗,李仲约学士从余处转知,固昭然矣。

兹又见释法性箧中传抄诗十八首,云相传为圣人证佛后作,未知确否。姑摘录三首。

一云:“朕为天下山河主,忧国治民事苦烦。百年三万六千日,不及僧家半日闲。”

一云:“只因当初一念(之)差,黄袍换却紫袈裟。我本西方一衲子,因何落在帝王家?”

一云:“十八年来不自由,征南伐北几时休。我今拍手归西去,那管千秋与万秋。”《续指月录》卷十九:玉林通琇禅师到京,闻森首座为上净发,即命众集薪烧森。上遽许蓄发,乃止。按:琇到京,在顺治庚子,此十七年事也。董含《三冈识略》云:世祖自制释号,曰“慧橐”。

盛京藏列圣御容,有高宗携容妃和卓氏射鹿图:鹿前已著射,高宗骑追之,顾而取箭,容妃驰马以箭致之。高宗绘画毕,有“每年曝晒时,将军、都统当敬避”云。此条,盛伯希祭酒述延树南尚书所说。又,李仲约侍郎云:高宗晚年绘《行乐图》,必于容妃偕。及道光时,以不便崇奉,悉改为《倚石图》,此闻之潘文勤者。

据此二说,知王闿运文集《补列女传》一篇称孝圣宪皇后赐容妃自尽者,乃齐东野人之语也。

宋王得臣《麈史》云:闽中呼梯为"陔";"陔","阶"之讹也。鞋为"脚";"脚","屩"之讹也。

此深得方俗语音转变之故。"陔"、"阶"迭韵,"脚"、"屩"双声。凡转变之道,不出于此;而双声尤多。

今潮州呼饭为邦勇切。余谓:古无轻唇音。"饭",盖读为"板",故转为邦勇切矣。广州称子为"仔"。"仔",亦"子"之双声也。

各处方音不同,而皆有合于古。有王者起,取其轻重缓急而列之为表,亦察于人伦之要道也。

嘉应州人读"弓",与"宫"音不同,甚合《广韵》。

吾乡人读"八庚"音多"七阳",甚合古韵。

广州音之最清者,"萧"、"肴"、"豪",三部秩然。其最不佳者"七虞"音,与"四豪"多相混。如"杜"、"道","苏"、"骚","庐"、"劳"之类,并(言)〔音〕同矣。

佛法为出世间法,不独与儒异,与道亦异。此不能强合者也。然既译梵文为华言,则不得不取其相近,故经论之中,往往与老、庄相出入者,其文义语句略有相似故也。今姑就《肇论》中摘其用《老》、《庄》者,摘录如左。

《物不迁论》:中人未分于存亡,下士抚掌而弗顾。憨山《注》:

二语出《老子》“中士闻道,〔若存若亡;下士闻道,〕大笑之”。

又云:故仲尼曰,回也见新,交臂非故。《注》:义引《庄子》“仲尼谓颜回曰,吾与汝交一臂而失之,可不哀欤”。

又云:野马飘鼓而不动。《注》:“野马”,出《庄子》。

又云:庄生之所以藏山,仲尼之所以临川。

又云:故经云“正言似反”。按:此称《老子》为“经”。

又云:成山假就于始篑。此用《论语》。

修途托始于初步。此用《老子》“千里之行始于足下”。

《不真空论》云:是以戒具立强名之文,园林托指马之况。此用《老子》“强名曰道”、《庄子》“以指喻指之非指,以马喻马之非马”义。

又,《般若无名论》用“为学日损”语。

按:相宗之说,庄、老盖甚得之,宜译“唯识”者往往有取也①。

《困学纪闻》卷十曰:《太平御览》九百八十三引《苏子》曰,兰以芳自烧,膏以明自燔,翠以羽殃身,蚌以珠致破。苏子能为此言,而不能保其身。《汉书》楚老父之言,本此。

廷式案:此《苏子》,乃晋苏彦作,非苏秦也。王伯厚误,而注家亦未正之。《艺文类聚》八十四、八十八,并引《苏子》。

《东塾读书记》,“郑学”一卷引“甄表状”,为甄表所作。案:渊明《圣贤群辅录》明引魏明帝《甄表状》,“甄表”非姓名也。此条实

① 上条(“广州音之最清者……”)与本条(“佛法为出世间法……”),文氏于本篇之末又重写此两条,内容相同,仅文字小有异。今已取为校雠,又为省篇幅计,将篇末重出之两条删略。

乃大误,当作书孝直兄弟改之。

张石洲《蒙古游牧记》,探幽索隐,实为奇作。惟必以后魏为俄罗斯产,以乌洛侯为俄罗斯地,实为大谬。“俄罗斯”之名,明以前所未有。又其译音,以“罗”字为重,“俄”字特发端半音耳,与“乌洛”音不相近。且俄之西伯利亚部,开辟仅百馀年,何必推至千年前,以为属俄罗斯乎!君子无隅。由言此条,盖不止白圭之玷也。

满(州)〔洲〕之初,实与高丽同出“天女”“朱果”之属,与东史所载略相近也。故其俗厚重而知礼。其(语)〔与〕蒙古同者,乃明时与中国隔绝而先通蒙古,故致之耳。

兰甫师云:满洲之地,当汉上新台县。此以地理水道参考而得者,确不可易。《源流考》所不及详者也。

满洲语多有与高丽出入者。当询博识者详考之。

梵语“调伏”,曰“毗腻那”;“已调伏”,曰“毗腻多”。见《华严(诰)〔经〕》卷三。今欧罗巴语,凡现作与已作异名,盖本之印度也。

梵语称中国为“支那”,今西洋各国转为“差那”,实则“秦”字之转音也。始皇威震殊俗,至今犹沿其号。犹蒙古称中国为“汉人”、南洋各岛称中国为“唐人”矣。

沈子培《蒙古源流事证》,“卷六”先成,持以示余。明肌擘理,自来读译语诸书者所未到。摘其最佳者,录数条于后。

“旋带兵以征三万人”。《注》云:《续文献通考》,纪鞑靼西部诸营甚详,可互证明。今录其文而释之。其所纪,皆右翼下属部阿拉克汗以后事也。其文曰,西部长曰应诏不,曰阿鲁秃斯,曰满官嗔。应诏以下,分十营,曰阿速,曰哈剌慎,曰舍安邱,曰孛来,曰当剌罕儿,曰失保慎,曰八儿敖,曰荒花旦,曰奴毋嗔,曰答不乃麻。旧属亦不剌。亦不剌遁海西,遂分散;惟(塔)〔哈〕剌慎一营独全。按“应诏不”,即此书之“永谢布”也。所属之“阿速”,即“阿苏特”。“哈剌慎”,即“喀喇沁”,后文所谓“巴雅思哈勒占据永谢布之匕鄂拓克‘喀喇沁’而居”也。“当剌罕儿”,即此书之“唐拉克尔”。“失保慎”,即后文拜桑固尔所占据之“锡包沁”。“孛来”,疑下文之“布喇哈特”。又云,阿鲁秃斯部分七营,旧亦属亦不剌;今属古囊,合为四营,曰孛合〔斯、曰〕偶甚、曰叭哈思纳、曰打郎,众至七万。按“孛合斯”者,此文之“布喀斯”也。“偶甚”者,“乌格斯”之音转。“打郎”者,“达拉特”也。又云,满官嗔部,下分八营,旧属火薛;今〔属〕漫俺答,合为六营,曰多罗土闷、曰畏吾儿、曰吾甚、曰(以)〔叭〕要、曰尤鲁、曰土吉剌,众可四万。按“多罗土闷”者,此书之“多伦土默特”,后文所谓“阿勒坦汗占据十二土默特而居”;今归化城之土默特、喜峰口之土默特,皆其后也。“满官嗔”,即此书之“蒙郭勒津”,为火薛之遗人,与永谢布、鄂亦多斯,并大俺答资以盛强,可补此书所不备。此书原译“吉囊路俺答以蒙郭勒津统土默特”,此殆以土默特统蒙郭勒津也。“畏吾儿”,即后文之“卫郭尔沁”。“吾甚”,当即下文之“土默特杭锦”。“叭要”者,后蒙古之“三巴岳特”部属,屡见于国初绥服蒙古之时。“土吉剌”者,“王吉剌”之误,即下文之“鸿吉剌特”;与“乌古古新”,皆元时旧部也。“(吾)

〔尤〕鲁”,即国初绥服吾鲁特部乌喇特,今在四十八旗之列。

又云:《续文献通考》云又东有冈留、罕哈、尔嗔三部,即明人所谓“三卫”。《武备志》:鞑靼译语,泰宁卫,曰“往流”;福馀卫,曰“我著”;朵颜卫,曰“五两暗”。“冈留”者,“往流”之对音,即“泰宁”之蒙语。“罕哈”者,“五两暗”即“吾良哈”之对音;“尔嗔”者,即“我著”之对音;即“朵颜”、“福馀”之蒙语也。

《文子·自然篇》曰:乱国若盛,治国若虚。观于汉、唐之末世,斯言良信。古文以盛虚属人才言,然不如以物力言也。

汉末风俗侈泰,见《魏志·和洽传·注》。唐末时势豪华,见韦端已《浣花集》。明末亦然,南都(土)〔士〕大夫声色是务,而国社为墟矣。

《晋书·艺术·索纯传》曰:攻乎异端,戒在害已。疑晋时《论语》别本有作斯“害已”也,故纯用之。

《艺文类聚》卷十五,《列女传》曰:黄帝妃嫫母,于四妃之班居下,貌甚(寝)〔丑〕而最贤,心每自退。按:今《列女传》无《嫫母传》,当是佚脱。

《大藏音义》卷八十云:“翳说罗”,唐言即“高丽”。其国也,共事鸡神,首戴鸡翎,故云鸡贵也。此今制花翎之所始。其云“戴翎”,则非如戏剧中之竖插也。

《肇论》:旋岚偃岳而常静。“岚”字已见于此。《大藏音义》谓始于后魏,非也。余记“梵”字出于西域。后汉名“梵”者三人:一高梵;其二人急切间不记忆矣。然此“岚”字似作“大风”解,与后世“岚”字不同。

慧[①]〔琳〕《一切经音义》卷二十:《人伦龟镜》云,凡[②]〔痣〕有黑色者,有朱色者。赤者为上,福德吉祥之相。黑者其次,生在隐闭衣覆处则吉,显露或不吉。《崇文总目》有“《人伦宝鉴卜法》一卷”,即此等书。

慧琳《一切经音义》卷四十一云:“苏莫遮”,西戎胡语也,正云“苏磨遮”。此戏,本出西龟兹国,至今日犹有此曲。此即浑脱、大面、拨头之类也。或作兽面、或象鬼神,假作种种面具形状;或以泥水沾洒行人;或持绳索、搭钩,捉人为戏。每年七月初,公行此戏;七(月)〔日〕乃停。土俗相传,云常以此法攘厌,驱赶罗刹恶鬼食啖人民之灾也。按:今满洲典礼“纱帽一作“(撤)〔撒〕麻”。太太”,盖出于此。“(撤)〔撒〕麻”、“纱帽”,皆“苏磨”之转音也。

《括地志》:瀚海,小海名也。在流沙大碛西北、同罗突屈北数百里;南去长安五千三百里。秦筑长城,经此海南,东西长亘匈奴中。有数河流入此海,独逻河、悉陵河、金河等并流入焉。北庭有瀚海镇,取此为名也。慧琳《一切经音义》卷二十。

李仲约侍郎以“杭爱山”为“瀚海”之转音,与此说异,亦与别家之说不同。

---

① “慧”下,原刊空一字。

② “凡”下,原刊空一字。

李陵《与苏武诗》曰:“有鸟西南飞,熠熠似苍鹰。朝发天地隅,暮宿日南陵。欲寄一言书,记之笺彩缯。”此必后人所托,但不知《御览》采自何书也。

王渔洋《池北偶谈》卷六十云:宋任忠厚惇,坐上书人籍,久不得调,投时相启云:“笼中翦羽,仰看白鸟之翔;岸侧沉舟,坐阅千帆之过。”盖用白乐天诗“沉舟侧畔千帆过,病树前头万木春”语。

按:此条,渔洋标题云《表语用乐天诗》。是忘其“笼中翦羽”二句,乃用韩昌黎诗“剪翎送笼中,使看白鸟翔”语也。以白对韩,可谓极工。渔洋偶失记耳。

湖北有“桃花夫人庙”,祀息夫人。题诗者多讥讽语;朱兰坡独作文一篇,据《列女传》,以息夫人死节者也,当庙食千古。其说固可传。余按宋之问有《息夫人》诗云:“可怜楚破息,肠断息夫人。仍为泉下骨,不作楚王嫔。王宠今莫盛,息君情更亲。情亲怨生别,一朝俱杀身。”是亦用刘更生说,而不信《左传》。岂当时息妫与息夫人固两人耶,抑古、今文之异同迥不相合耶?

《文房四谱》曰:司马消难不知书,书架上徒设空乘。时人云“黄乘之经赤轴之史”。按:今人常以空乘迭成套,旁写书名,而非真书。乃司马消之传派也。

道家有《九大天神章》,凡九卷。

陈元靓《岁时广记》卷十二,引《蕙亩拾英集》“鸳鸯灯”事。

元微之《酬乐天》诗:“元诗驳杂真难辨。”自注云:“后辈好伪作余诗,流传诸处。自到会稽,已有人写宫词百篇及杂诗两卷,皆云是予所撰。及手勘验,无一篇是者。”以此推之,知唐时有此风气。《太白集》中,伪作尤夥,宜有待于后人辨证者也。

元微之《和乐天送客游岭南》诗,自注云:“交、广间,南极浸高,北极浸低;图规度外,星辰至众,大如五曜者数十,皆不在《星经》。”按:近人以北极出地高下定纬度,疑唐人已有之。

“翠碧鸟”见《韩冬郎集》,可对“白丹花”见《陆桴亭集》。

宋《刘左史文集》刘安节,《州郡立学皆置学官》篇云:愚谓三舍之法,规宾兴为不足,视科举为有馀。何以言之?宾兴之法,详于行而略于言;三舍之法,详于言而略于行。三舍之法,屡试而后补;科举之法,一试而得之。

又云:尝闻唐太宗之言曰,井田,则周公之制,不可行也。井田立,故贫富无相临之势,是以公道行焉。井田废,则贫富有竞利之心,是以私道行焉。公道行者,是非得真;私道行者,是非失正。然则乡举里选之制,后世其不可复矣。

又云:三舍之法,行于太学。而太学之员,才二千馀尔。远方之地,距京师者或数千里,而后就学。昔者,吴起啮母臂以请从师于曾子。曾子薄之。阳城为国子司业,一日令于诸生,去而觐亲者盖不啻数千人。夫学所以学忠与孝也。今太学之制,告假者限之一年。而预上舍者,必终岁而后可得。窃恐有孝如何蕃者,有不得预兹选矣。其仲尼设科于鲁,从者盖三千人。至于七十二弟子之列，则鲁人居其半；其次，莫如齐、卫，鲁之邻国也。夫千里从师，古人之能事；而他国之士从师孔子，犹未若齐、卫之盛。况四方之士，远京师者或数千里乎！故为今之计，莫若推三舍之法以行于天下。

卢邈。《永乐大典》引《宜春志》：卢邈，唐末寄举湖南□[①]第，献四文诗二百首[②]。

《图书集成·艺术典》五百九十一：

一旬内三位、四位，为公、为卿。年月日时在旬内是也。又兼逢官星，又见贵人，纳音相生，正合此格。

五行中自生自旺，不富即贵。金，辛巳自生，癸酉自旺。木，己自生，辛自旺。水，甲申自生，丙子自旺。火，丙寅〔自〕生，戊午自旺。土，戊申自生，庚子自旺。若命带自生自旺，便见(享)〔亨〕通；若休困死绝者，必不发。

杜少陵诗："陂陀金虾蟆，出见盖有由。"注家多以安禄山当之，盖误也。余按《满湘录》云：唐高宗患头风，宫人有自陈世业医术，请修药饵者，帝许之。初穿地置药炉，忽有一虾蟆跃出，色如黄金，背有朱书"武"字。帝颇惊异，命放于苑池。宫人别穿地，得虾蟆如初。帝深以为不祥。武后竟(军)〔革〕命。此杜诗所用，盖其时杨氏宠幸，少陵恐其为武后之续，故以此托讽耳。

---

① "□"，原刊此处空一字。

② 此条下，原有诗作《次韵山根虎之助归国留别之作》一首，兹从略，改移入本书《诗录》卷内。

阙题笔记*

一

晋宋仪注：贵人待贱人，贱人拜，贵人揖。《左传》（宣）〔成〕十六年《疏》。

二

《三国志·朱然传》：然字义封。治姊子也。本姓施氏。初，治未有子，然年十三，乃启策，乞以为嗣。策命丹阳郡以羊酒召然，然到吴，策优以礼贺。案，近世多姑子归宗，盖用此例。

三

《朱子语类》七十八：义刚问，贽用生物，恐有飞走。曰，以物束缚之，故不至飞走。此条可无用问答也。

卷八十三，云：如迁、固之史，大概只是计较利害。范晔更低，

---

* 皆据稿本摘录。自（一）至（六），分别录自不同稿册。其各撰时，未得确考，约略而言，第（一）、（二）、（三），似在光绪十六至十九年间；第（四），在光绪十九至二十年间；第（五）、第（六），则疑其皆中年向晚、或晚年时期之作也。兹以原稿各册皆无题签，故为代拟今题，而统名之曰“阙题笔记”。

只主张做贼底;后来他自做,却败。

八十七,云:五方之民,言语不通,却有暗合处。盖是风气之中,有自然之理,便有自然之字,非人力所能安排;如"福"与"備"通。

九十,云:如今祀天地山川,神塑观像以祭,极无义理。木之。

九十一,云:三代之君,见大臣,多立。汉初犹立见大臣,如赞者云天子为丞相起。后世君太尊,臣太卑。

九十四:直卿云,通《书》,便可上接《语》、《孟》。曰,比《语》、《孟》较分晓精深,结构得密。《语》、《孟》说得较阔。方子。

九十七:今人呼墓地前为"明堂"。伊以《集》中书为"券台",南轩欲改之。某云,不可。后见唐人文字中言某朝诏改为"券台"。

《许迈别传》:迈有道术,烧香皆五色烟出。后莫知所在。《类聚》八十。

《抱朴子·内篇》曰:灶之神,每月晦日,辄上天言人罪状。大者夺纪,纪者三百日也;小者夺筭,筭者一日也。同上。

魏殷臣《鲸鱼镫赋》。按:"臣"当作"巨";"魏"字,"晋"之误也。八十。《赋》云:"大秦美焉,乃观乃详,写载其形,托于金灯。"是不知东溟有鲸也。

《荀采传》。爽之女。八十。

蔡谟《与弟书》。八十。

陆机《晋书》。七十九。

钮滔母孙氏《箜篌赋》。四十四。

陶融妻陈氏《筝赋》。四十四。

《类聚》卷五十，陈江总《广州刺史欧阳頠墓志》曰："家公习尚书少府孺高于汉册……""家公"二字，非志例。盖率更令所改也。

王珉《答徐邈书》。《类聚》四十九。

晋裴希声《侍中嵇侯碑》。四十八。

《袁子》曰：魏家置吏部尚书，专选天下百官云云。四十八。

晋齐王攸《太傅箴》。四十六。

《罗湖野录》，圆禅师《渔父词》："本自潇湘一钓客，自东自西自南北。只把孤舟为屋宅，无宽窄，幕天席地人难测。　顷闻四海停戈革，金门懒去投书策。时向滩头歌月白，真高格，浮名浮利谁拘得！"按：此即《渔家傲》词也。《宋诗纪事》九十二，录为《渔父词》两首，似误。

四

蒡雀弁。蘹，乌蕵。莱，菟荄。蘩，菟蒵。蒩，灌。

蔏芋荧。蔜，苗。茏，天蘥。须，葑苁。薜，牡蘩。

虃，百足。垂，比叶。（茳）〔菽〕，小叶。姚茎，涂荠。《释草》①。

《毛诗》：茑与女萝。《吕览·精通篇》，高氏注（"司"）〔"丝"〕，作"葛与女萝"。说《诗》②。

---

① 此二字，原系自"蒡雀弁……"至此一节之天头眉批。按，《释草》，即《尔雅·释草》。文氏此节中所录草名，于《尔雅》原书皆无郭注、或郭注"未详"，而邢疏亦无文者。

② 此二字，原系"《毛诗》：茑与……"条之天头眉批。以下凡条末括号内者多同此例，不一一出注。

"用":无鄦先生说云,象并头船也。

《吕览·谕大篇》云:《夏书》曰,天子之德广运,〔乃圣〕乃神,乃武乃文。高诱《注》云:逸《书》也。逸《书》。

又云:《商书》曰,五世之庙,可以观怪。高诱《注》云:逸《书》。谕山大水大生大物。庙者鬼神之所在,五世久远,故于其所观魅物之怪异也。又云:万夫之长,可以生谋。高诱注云:长,大也。大故可以成奇谋也。逸《书》。

《淮南子·主术训》:君人之道,其犹零星之尸也,俨然玄默而吉祥受福。

《管子》卷十六:婢子曰,诗有之,浩浩者水,育育者鱼。未有家室,而安召我居?逸《诗》。

《管子》卷十六:语曰,泽命不渝,信也。房玄龄注云:谓恩泽之命,不有渝变,如此者信也。说《诗》。

《吕览·当染篇》云:孔子学于老聃、孟苏夔、靖叔。

《吕览·行论篇》云:诗曰,将欲毁之,必重累之;将欲踣之,必高举之。高诱《注》云:诗,逸《诗》也。逸《诗》。

《吕览·求人篇》云:晋人欲攻郑,令叔向聘焉,视其有人与无人。子产为之诗曰，子惠思我，褰裳涉洧；子不我思，岂无他士？叔向归曰，郑有人，子产在焉，不可攻也；秦、荆近，其诗有异心，不可攻也。高诱注云：郑近秦与荆也。其诗云“子不我思，岂无他人”，将事秦与荆，故曰有异心，不可攻也。说《诗》。

《吕览·壹行篇》，高诱《注》引《诗》“鹑之奔奔”，作“贲贲”；云：贲，色不纯也。说《诗》。

《吕览·慎人篇》云：舜自为诗曰，普天之下，莫非王土，率土之滨，莫非王臣。所以见尽有之也。说《诗》。

《吕览·谕大篇》，高诱《注》云：鼍鱼皮可作鼓，《诗》云鼍鼓䡙䡙。案：今本《毛诗》作“逢逢”。说《诗》。

《吕览·知分篇》云：晏子曰，崔子！子独不为夫诗乎？诗曰，莫莫葛藟，延于条枚。凯弟君子，求福不回。婴且可以回而求福乎？子惟之矣。高诱《注》云：《诗·大雅·旱麓》之卒章。莫莫，葛藟之皃。延蔓于条枚之上，得其性也。乐易之君子，求福不以邪道，顺于天（理）〔性〕，以正直受大福。案：“延于条枚”，见《韩诗外传》二，则此所引当是《韩诗》。说《诗》。

《吕览·爱士篇》云：此《诗》之所谓曰君君子则正，以行其德；君贱人则宽，以尽其力者也。高诱《注》云：此逸《诗》也。逸《诗》。

《吕览·尊师篇》云：吴王阖闾师伍子胥、文之仪。高《注》：文氏,之仪名。越王句践师范蠡、大夫种。高《注》:大夫种,姓文,字禽,楚郢人。《文氏世录》补一条。

《吕览·古乐篇》,高《注》引《论语》曰:文王为西伯,三分天下有其二,以服事殷。较今本《论语》多"文王为西伯"五字,疑高氏所据或系齐《论语》文。

《当务篇》云:纣之同母三人,其长曰微子启,其次曰中衍,其次曰受德[1]。受德乃纣也。

五

【上阙】读去声,世作"哨",或作"涉",皆非是。《苕溪渔隐丛话》载李易安论云:欧阳永叔、苏子瞻,学际天人。作为小歌词,直如酌蠡水于大海。然皆句读不葺之诗耳,又往往不协音律。今征之此注,是坡老未尝不讲音律也。

《辽史·太祖纪下》:神册五年正月乙丑,始制契丹大字。九月己丑朔壬寅,大字成,诏颁行之。《考证》按陶宗仪《书史会要》云,辽太祖用汉人,教以隶书之半增损之,制契丹字数千,以代刻木之约。《永乐大典》引《纪异录》:渤海既平,乃制契丹大字三千馀言。则制字在天显元年,与史异。

唐咸通六年,从六月迄十月,于长安城右卫西明寺、日本留学

① "受德"二字之旁,原稿各加有墨圈。

僧圆载法师院，求写杂法门等目录，有西川印子《唐韵》一部五卷、同印子《玉篇》一部三十卷。“西川印子”，未详。岂西蜀刻本欤？若然，则懿宗时西蜀已有刻书，不始于母氏矣。俟再考。

六

唐李长者《华严经论会释》卷五云：“胜智立，法幢竖；建大慈，心坚固；摧慢山，游宝路；藉莲台，成妙悟。”是有韵语。

又，《见佛差别篇》云：“诸馀外道还，见佛与己同类。”

又云：“豁达唯神，恬怕应真。情亡智立，想绝悲存。圆声遐布，陋根受益。一雨普滋，百卉齐得。如空谷响，称击成音。诸机获益，任智无心。刹那无际，焉存古今！”亦有韵语。

刘宋天竺三藏求那跋陀译《佛说老母女六英经》，三百六十四字，为有韵之文。

重野安绎《成斋文集·明治字典序》云：议者或欲废汉字，或欲限字以便事。夫字者，孳也，滋益而生，至于无穷。故有一物则有一字，字各有其义，以理为类。欧、米缀字，与汉字何异？字岂可限乎？且我用汉字二千年矣，音训并行，以为语言；今而欲废之，是老聃复结绳之说耳，可言而不可行。已抄。

《孟襄阳集·九日得新字诗》：“初九未成句，重阳即此晨。”是“九日”唐人亦有称“初九”者。然原注云，“初九”一作“九日”。疑作“九日”者近是。此条入“初一日”条。

《汉书·王莽传中》云:中郎区博谏莽。师古注:区,音一侯反。按:今惟广东、西有区姓,当是其后。

《匡张孔马传》,《赞》云:自孝武兴学,公孙弘以儒相,其后蔡义、(常)〔韦〕贤、玄成、匡衡、张禹、翟方进、孔光、平当、马宫,及当子晏,咸以儒宗居宰相位。服儒衣冠,孟康曰:方领逢掖之衣。传先王语,其醖籍可也;然皆持禄保位,被阿谀之讥。彼以古人之迹见绳,乌能胜其任乎!按:《孝经》"非先王之法服不敢服"云云、《孟子》"服尧之服"云云,皆服、言、行并称,孟坚深得此意。上半入卷十七"儒服"条。

《外戚传·高祖吕皇后传》:戚夫人舂且歌曰:"子为王,母为虏,终日舂薄暮,常与死为伍。相离三千里,当谁使告语?"按:此歌后四句,实五言之祖也。"舂"字断句,非五言也①。

《王吉传》:吉少时学问,居长安。东家有大枣树,垂吉庭中。吉妇取枣以啖吉。按:杜诗"堂前扑枣任西邻,无食无儿一妇人",用此故事。

《翟方进传》:丞相进见,圣主御坐为起,在舆为下。师古曰:《汉旧仪》云,皇帝见丞相起,谒者赞称曰皇帝为丞相起,起立乃坐。皇帝在道,丞相近谒,谒者赞称曰皇帝为丞相下舆,立乃升车。

又,李寻奏记曰:辅湛没。张晏曰:北斗第四星旁一小星曰"辅"。

① 该条天头另画有一墨圈,似意在删弃。

又,翟义曰:欲名都尉自送,则如勿收耶?师古曰:言若都尉自送至狱,不如本不收治。案:以“如”为“不如”,虽本《公羊》,施于此《传》,殊属不合。翟义之意,盖疑夏恢欲为刘立计,使都尉自送,则与非收治者同,故反诘之也。

师古曰:《说文解字》云,“宙”,舟舆所极履也。《司马相如传》注。此可为“由”即古文“轴”之证。入“‘由’字”条。考《说文》。

苏子曰:行务应规,出虑投矩。见《文选》陆士衡《乐府》注。“苏子”,苏彦也。

《北堂书钞》百四十五引《续汉书》:灵帝好胡服、胡饭、侯头之制。按《释名》卷五《释衣服》云,齐人谓如衫而小袖曰“侯头”。侯头,犹言“解渎”,臂直通之言也。灵帝初封解渎亭侯。民效帝小袖,故以是“解渎”称之耳。

又,《释名》:鞾,跨也,两足各以一跨骑也;本胡服,赵武灵王服之。入“赵武灵胡服”条。

《文选》,陈孔璋《为曹洪与魏文书》:“摅八阵之列。”李《注》引《杂兵书》曰:八阵,一曰方阵,二曰圜阵,三曰牡阵,四曰牝阵,五曰冲阵,六曰轮阵,七曰浮沮阵,八曰雁行阵。此与诸葛武侯之八阵图同名异实。

李石《续博物志》卷十:阿萨部多蠵虫鹿,剖其(内)〔肉〕,重迭以石压之,沥汁,税。阿萨,盖即突厥可萨部。

又卷五:孟诜云,葡萄不问土地,但收之酿酒,皆得美好。入“蒲萄”条。

又,酒杯藤,出西域,云云。出张骞《出关志》。《出关志》,未见著录,俟考。

卷六:牡丹,初不载文字,唯以药见《本草》。唐则天以后,洛花始盛,沈宋元白亦不及也。刘梦得有咏鱼朝恩宅牡丹,但云“一发千朵”;谢灵运言,永嘉竹间多牡丹。今越花不及洛花远甚。或曰,灵运之所谓牡丹,今之芍药,特盛于吴越。

卷七:孔安国撰孔子弟子七十二人。刘向传列仙,亦七十二人。皇甫士安撰高士,亦七十二人。陈长文撰耆旧,亦七十二人。入《晋艺文志》。

又,卷四云:宋齐邱乃字“超回”,不自量如此。按:《穆参军集》亦讥宋齐邱之命名。

又云:“不可”为“叵”,“如是”为“尔”,“之乎”为“诸”,西域二字之音,切字之原也。入《枝语》卷十二。

宋元时袁州人:

东坡《洞仙歌·序》云:宜春潘明叔云,蜀王与花蕊夫人避暑摩诃池上,赋《洞仙歌》,其词不见于世。

元《草堂诗馀》有宜春黄水村《解连环调春梦词》一首。

高鸿渐。字善□,萍乡人。有集。

胡安之,朱子弟子。见《朱子语类》。字叔慈。萍乡人。

欧阳中立。袁州人。司马光门人,入党籍。

《古尊宿语录》卷四十五:真净禅师送一禅者袁州丐,往袁州行丐也①。云,佛子之心,丝豪不挂。无底篮子,骊珠满泻。袁州城里,任人著价。异日归来,倒骑铁马。

刘禹锡《机汲记》:锻铁为器,外廉如鼎耳,内键如乐鼓。牝牡相函,转于两端。走于索上,且受汲具。及泉而修绠下垂,盈器而圆轴上引。

《史记·大宛列传》,太史公曰:《禹本记》言河出昆仑。昆仑其高二千五百馀里,日月所相避隐为光明也。其上有醴泉瑶池。案:此与释家所言须弥悉同。盖秦以前与西域早通,故传闻其说。佛典每谓佛法周时已至中国,殆不悉虚耳。

李德裕《文章论》云:沈休文独以音韵为切,轻重为难,夫文旨既妙,岂以音韵为病哉!江南唯于五言为妙,故休文长于音韵,而谓灵均以来此秘未睹,不亦诬人甚矣。古人辞高者,盖以言妙而适情,不取于音韵。原注:曹植《七哀诗》有"徊"、"泥"、"谐"、"依"四韵;王粲诗有"攀"、"安"三韵。班固《汉书·赞》及当时辞赋多用协韵,"猗与元勋、□□举信"是也。意尽而止,成篇不拘于只耦。《文选》诗有五韵、七韵、十一韵、十三韵、二十一韵者。今之文字,四韵、六韵以至百韵,无有只者。

---

① 此句注语,原系天头眉批。

按：赞皇以音韵为协韵，与休文所说四声异。近时纪文达编休文所作诗赋，乃考沈韵，殆沿其误。至成篇必耦，乾隆间彭文勤进呈诗册有只韵者，高宗命改作耦韵，谓自唐以来所无。正合赞皇之说[①]。大君词赋之学，亦精深如此。

梁僧伽婆罗译《解脱道论》卷九云：五神通，世间神通，有漏色界，系凡夫共；若善神通，学人及凡夫共；或阿罗汉，无记神通。五神通不于无色界生。入"五通"条。

《左传》襄二十八年，《正义》：优俳，一物而二名。今之散乐戏为可笑之语而令人之笑，是也。宋太尉袁淑，取古之文章令人笑者，次而题之，名曰《俳谐集》。

《君奭》，《疏》云：《(周)〔燕〕世家》云，召公奭与周同姓姬氏。谯周曰：周之支族。谯周考校古史，不能知其所出。

《书·吕刑》，《正义》：汉除肉刑，〔除〕墨、劓、剕耳，宫刑犹在。近代反逆缘坐，男子十五以下不应死者，皆宫之。大隋开皇之初，始除男子宫刑，妇女犹闭于宫。按：钱辛楣以此《疏》称"大隋"，为冲远抄袭旧疏之据。

又云：今律，和合御药、误不如本方，御幸舟船、误不牢固，罪皆死；乏军兴者，斩。

又《舜典》，《传》言"黄金"：皆是(金)〔今〕之铜。

---

① 自"谓自唐……"至此，共二句，初作"盖(编按："盖"下原有"精"字，乙去。)于唐律之学精矣"。

《费誓》,《疏》亦云:今律,乏军兴者斩。

《春秋》襄二十九年《左氏传》:吴公子札……见叔孙穆子,说之。谓穆子曰,子……好善而不能择人。即《正义》曰:昔有当涂贵邳国,公苏威尝问曰,知人是善,然后好之。何以言其不能择人?有曰,好善仁择人,鉴虽有仁心,鉴不周物,故好而不能择也。刘炫以此言亦有所切于彼。

又:祇见疏也。《正义》曰:《论语》云"多见其不知量〔也〕",服虔本作"祇〔见〕"。晋宋杜本皆作"多"。古人"多"、"祇"同音。张衡《西京赋》云"炙炮伙,清酤多,皇恩溥,洪德施","施"与"多"为韵。此类众矣。按:今本《西京赋》,"多"作"敍"。

《敕修百丈清规》卷五:选日既定,隔宿剃头,顶心留发。《注》:名曰周罗。梵语"周罗",此云小结也。入"剃头"条。

《答苏武书》:孟子曰,千年一圣,五百年一贤;贤圣未出,其中有命世者。

卷四十,任彦昇《别大司马记室笺》,注曰:《阮籍奏记》曰,群英翘首,俊贤抗足。

又,《东观汉记》,太史官曰:耿况千载而一遇者也。是《东观记》亦有论。

《牟子理惑论》云:"师旷弹琴,俟知音之在后。"东坡诗"后有知音可废弹”，用此。

又云：“吾尝游于阗之国，数与沙门道人相见。”以此观之，汉时于阗已为佛国矣；不可以后入之回教，转疑其始也。

四十七，陆机《汉高祖功臣赞》：“奇谋六奋，嘉虑四回。”《注》：宋仲子《法言注》曰，张良为高祖画策六，陈平出奇策四，皆权谋，非正也。机之此言，有符仲子说。

画墁杂录*

杜诗:“自是众木乱纷纷,海棕高知身出群。”东坡诗“乔松百尺不自觉,企而亲者蓬与蒿”,由此脱胎。

周栎园《赖古堂诗》卷八,自注云:槃瓠之馀,错处于虔、漳、潮之间,以槃、蓝为姓。又云:汀治初造,砍大树千馀。其树皆山都所居。山都有三种,下曰猪都,中曰人都,其高者为鸟都。即如人形而卑小,男妇自为配偶。猪都皆身如猪;鸟都人首能言,闻其声、不见其形;人都或时见形。当伐木时,有术者周元大,能禹步为厉术,以古合、赤索围木而砍之。树仆,剖其中,三都皆不能化,执而煮之于镬内。余谓:三都,盖即所谓山中木客矣。今湖南、江西两省,伐木者必禹步作咒,湖南簰客尤通符咒,殆传周元大之遗术欤?

卷十二,《章邱追怀李中麓前辈》诗,自注云:公称其客有济南胡春,以鹅管作笛,有穿云裂石声。长于竹声者,旁观叹歔而已。予过章邱,犹见有为此技者。又云:公常作《宝剑记》,自言音韵匀停,远出《琵琶》上。《琵琶》惟“雁鱼锦”、“梁州序”、“四朝元”、及

* 据文廷式手稿。原稿一册,书衣有墨写“画墁杂录”四字,书根有墨写“稿”字。册内尚有未成诗稿二句及《平等说》一篇,今分别另予编入《诗录》与《文录》卷内。其撰时,似在庚辛间,即光绪二十六年以后。

“甘州歌”等六七阕为可，馀皆松懈；更用韵差池。何至神其事，曰作《记》时烛光合，遂名其楼为“瑞光”耶？已抄。入《谭录》。

孙氏《履斋示儿篇》，引司马公《切韵图》“杯彼贝不”，何煌曰：《切韵图》作“奔本奔不”，今作“杯彼贝”者，传写误也。余按：孙奕，宋人，不应有误。今宋季昭重刻绍定本《切韵指掌图》仍是“杯彼贝不”；而“奔本奔”下但有“笔必”二字，无“不”字。未知何氏所见何书也。

屈复《弱水诗·过贞贤堂》，自注云：二曲李先生颙，辞诏讲学，门弟子三千人。所著有《反身录》。当事表其闾曰“贞贤里”。岁丙寅，予年十九，冰雪中扶病晋谒，尼止者一邑同声。予侄孙佩玉友人刘伯容先登龙门，又退有后言，竟废然而返。德修谤兴，古亦有之；且东家某可念，亦未有甚至此者。后欲再访，而先生谢世。是非真伪，盖棺论定。年少卤莽，存此识悔。后有鄠县王澄川心敬，亦辞诏，即二曲门人也。

按：二曲被谤，未知何事。余曾为关中彭氏校刊《二曲集》，尽读其书，要是乡里笃实人也。丙寅，为康熙二十五年。据此，则悔翁生于康熙七年戊申；乾隆丙辰，举博学鸿词时，年六十九矣。已抄。

日本熊本县，有游泳术。其学分三段，初曰踏水术，次曰吞水术，末曰忘水术。踏水者，弄潮泅水之浅技。至吞水，则如两军相当，气吞劲敌，虽洪波大澜亦陵躐之；然犹有水之见存也。至忘水术，则《列子》所记吕梁之夫与齐俱入、与没俱出者检校改正。相类。

盖淡然不知其为水,虽处涛渊,如在陆矣。学此者必先习禅定,久之而后有效。今犹间有能之者。故熊本一县中,大半皆通释理,由习此异术者多也。

《般若波罗蜜多心经》两称“舍利子”,而无问答之辞。唐释靖迈《疏》,以“舍利子”为对扬之宾,亦未明其故。予按:舍利子,虽中小乘之学,而空色之论,分晰最精。姚秦昙摩耶舍等译《舍利弗阿毗昙论》,开卷即言,内六入:眼入、耳入、鼻入、舌入、身入、意入;外六入:色入、声入、香入、味入、触入、法入。皆《心经》之所空也。是观世音大士此《经》,正对《阿毗昙论》而作,故不及他人,而专向舍利尊者也。已入《谭录》。

唐元奘译《阿毗达磨集异门足论·三法品》云:电光喻心,云何? 答,如世事说苾刍,当知世有一类补。特伽罗居阿练若,或居树下,或住空闲,精勤修习,证得寂静心定。依是定心,能永断五顺下分,结得不还果;受上化生,即住上界,得般涅槃,不复还生欲界。如遇夏分至秋初时,从大空台,电光发已,辄现色像,速还隐没,彼已薄心,名电光喻。余谓:心与电为同类,此说可证。

唐沙门一行《大毗卢遮那成佛经疏》第二云:商羯罗,是摩醯首罗,别名黑天,梵音噜捺罗。是自在天眷属梵天后,是世间所奉尊神。然佛法中梵王离欲,无有后妃。

又云:围陀是梵王所演四种明论。于彼种类中,梵王犹如佛,四韦陀典犹如十二部经。已用。

卷一云：复计时者，谓计一切天地如瑰，皆以时为因。如彼偈言，时来众生熟，时至则催促。时能觉悟于人，是故时为因。更有人言，虽一切人物非时所作，然时是不变因。是实有法，细故不可见。以花实等果，故可知有时。何以故？见果知有因，故此时法不坏，故常亦以不观时自性，故生如是妄计也。

又云：或言地为万物之因，以一切众生万物依地得生，故以不观地之自性。仁从众缘和合生，故生是见。次有计水能生万物，火、风亦尔。或计万物从空而生，谓空是真解脱因。宜应俱养承事，皆应广说。《经》云"瑜伽我"者，谓学定者计此内心相应之理，以为真我，常住不动，真性湛然。唯此是究竟道，离于因果，不观以自性，故如是见生，以为真我。入"外道"条。

卷四云：时分者，西方历法，昼夜各有卅时，一一时别有名号。已用[①]。言宿直者，谓廿七宿也。分周天作十二房，犹如此间十二次。每次有九足。周天凡一百八足。每宿均得四足，即是月行一日程；经廿七日，即月行一周天也。依历算之月所在之宿，即是此宿直日。宿有上、中、下性，刚柔躁静不同；所作法事，亦宜相顺。已用。不知较中土减何宿，阙疑、待考。晋译《一切如来正法秘密箧印心陀罗尼经》，云二十八宿罗喉诸星，不言二十七宿。

又云：地神是女天。

卷十九云：遇去劫初，素里耶火大梵王下世间，作牛形，而行淫欲。已用。

---

① 此注，原系天头眉批。

《澄观华严经疏》四十七,云:迦湿弥罗,晋译为罽宾;此翻为阿谁入,即末由乞地之所。

独逸哲学与佛教之比较入《枝语》①。

比较十二则:

一、毗陀文字与阿梅洛士、黑希倭多士②。

二、地论师与米多列士③派。

三、时论师等与比达哥辣士④派。

四、尼阁耶与遏礼也的古⑤。

五、吠檀多与扒鲁米尼跌士⑥。

六、卫世思伽与恩必多古列士⑦与跌麽库利达士⑧。

七、数论与阿奈气沙谷辣士⑨与跌加而多⑩。

八、斫婆迦派与诡辩学派与嘘牟⑪……

九、佛陀与连古辣跌士⑫与堪度⑬——士批诺揸⑭与马鸣——

---

① 本条内所用省略号(……)与连接号(——)系文氏手稿中原有者,故仍照录。

② "阿梅洛士、黑希倭多士",原系行旁所注译音,正行原为日文。

③ "米多列士",同上。

④ "比达哥辣士",同上。

⑤ "遏礼也的古",同上。

⑥ "扒鲁米尼跌士",同上。

⑦ "恩必多古列士",原系行旁所注译音,正行原为日文。

⑧ "跌麽库利达士",同上。

⑨ "阿奈气沙谷辣士",同上。

⑩ "跌加而多",同上。

⑪ "嘘牟",同上。

⑫ "连古辣跌士",同上。

⑬ "堪度",同上。

⑭ "士批诺揸",同上。

来普尼仔[①]与龙树之[②]华严——堪度之[③]与世亲——《三藏经》与不拉度[④]之《会话篇》——

十、世亲与堪度之[⑤]认识论——

十一、不拉度[⑥]与写铃骨[⑦]与真言。

十二、阿立士多而[⑧]与哈格鲁[⑨]与智觊——哈格鲁[⑩]与索边哈威而[⑪]与哈鲁独曼[⑫]此今人。

人与起信论之[⑬]真如无明一心。

印度四元素等，如地论师、服水论师、火论师、风仙论师、口力论师；而希腊学派〔米利都〕[⑭]学派，〔泰利斯〕[⑮]以水为原理，〔阿那克西曼德〕[⑯]以〔“无限者”〕[⑰]为原理，〔阿那克西米尼〕[⑱]以空气为

---

① “来普尼仔”，同上。
② “之”，原为日文。
③ “堪度”，原系行旁所注译音，正行原为日文。“之”，原为日文。
④ “不拉度”，同上。
⑤ “堪度”，同上。“之”，原为日文。
⑥ “不拉度”，同上。
⑦ “写铃骨”，同上。
⑧ “阿立士多而”，同上。
⑨ “哈格鲁”，同上。
⑩ “哈格鲁”，同上。
⑪ “索边哈威而”，同上。
⑫ “哈鲁独曼”，同上。
⑬ “之”，原为日文。
⑭ “米利都”，原文为日文，兹据意译补。按即文氏上条所言“米多列士”。
⑮ “泰利斯”，同上。
⑯ “阿那克西曼德”，同上。
⑰ “无限者”，原稿此处空白阙文，兹据意增补。
⑱ “阿那克西米尼”，原文为日文，兹据意译补。

原理。

时论师、方论师、虚空论师、无回论师，对希腊哲学〔毕达哥拉斯〕[①]派。

六派中之尼阎耶，希腊〔哲〕学中对〔克兰尼学派、巴门尼德、芝诺〕[②]，如〔埃利亚学派〕[③]，是即辨证法起源。

优婆尼沙士“假有分出论”，此吠檀陀派分出论。而希腊对之宾〔巴门尼德〕[④]。彼曰万物皆流转进步。盖东、西共后来形而上学之发达，此谓系统之思想。

经验学派生唯物论是，即胜论师如是。对希腊〔恩培多克勒、德谟克利特〕[⑤]，如分子论是。

唯心学派、经验学派，二派若综合欲建一大真理，必为二元论。数论派起，彼〔赫拉克利特〕[⑥]唱万有分出之假有实有，又胜论派唱万有实有。彼若主张根本的多元分出论，此于物的原理自性、心的原理并存。自然势实，印度哲学二原论之始；而恰对希腊之〔阿那

---

① “毕达哥拉斯”，同上。按即文氏上文所言“比达哥辣士”。

② “克兰尼学派、巴门尼德、芝诺”，原文为日文，兹据意译补。按巴门尼德，即文氏上文所言“扒鲁米尼跌士”。

③ “埃利亚学派”，同上。按即文氏前文所言“遏礼也的古”。

④ “巴门尼德”，同上。按巴门尼德，即文氏上文所言“扒鲁米尼跌士”。

⑤ “恩培多克勒、德谟克利特”，原文为日文，兹据意译补。按即文氏前文所言之“恩必多古利士”、“跌麽库利达士”。

⑥ “赫拉克利特”，原为日文，据意译补。

克萨哥拉〕①。而数论乃佛教绝待一元论之先驱;〔阿那克萨哥拉〕②恰于希腊初二元论亦〔卢克莱修〕③之先驱。

高楠顺次郎讲演佛陀所用言语云:纪元七百八十年至八百四年之时,波斯之捏士多利亚派耶苏宣教师景净、景教僧亚达摩。

弥尼诃,messiuk,译言神使也。摩西④。

---

① "阿那克萨哥拉",原文为日文,兹据意译补。按即文氏前文所言"阿奈气沙谷辣士"。

② "阿那克萨哥拉",原文为日文,兹据意译补。按即文氏前文所言"阿奈气沙谷辣士"。

③ "卢克莱修",同上。按即文氏前言之"连古辣跌士"。

④ "摩西"二字,原系天头眉批。

伐山取材*

《礼记·射义》:公罔之裘。郑注云:发声也。《正义》曰:公罔,人姓。裘,名也。之,语助。按:六朝时父子多同名"之"者,并用此例。

《缁衣》:王言如丝,其出如纶。《注》:纶,今有秩,啬夫所佩也。《正义》引张华云:纶,如宛转绳。

西人之教,由天以及人,故其说宏大,而每失之幻。中国之教,由人而溯天,故其说切实,而不失之愚。《中庸》曰:君子之道,造端乎夫妇,及其至也,察乎天地。

《表记》,《正义》引《元命苞》云:三王有失,故立三教以相变。夏人之立教以忠,其失野。故救野莫若敬。殷人之立教以敬,其失鬼。救鬼莫若文。周人之立教以文,其失荡。救荡莫若忠。如此循环,周而复始。

---

* 据文廷式手稿。原稿一册,书衣有墨书题签曰"伐山取材"。册内所载,尚有诗作、词作若干首,已分别另予编入《诗录》、《词录》卷内;兹专录其笔记部分。其撰时,似在光绪二十六年庚子以后。

《表记》:子曰,虞夏之道,寡怨于民。殷周之道,不胜其弊。子曰,虞夏之质,殷周之文,至矣。后世虽有作者,虞帝弗可及也已矣。

《明堂位》:伊耆氏之乐。《注》云:伊耆氏,古天子,有天下之号也。今有姓伊耆氏者。《正义》以伊耆氏为神农,是不用郑义。

《乐记》:治乱以相。《注》:相,即拊也。亦以节奏,拊者,以韦为表,装之以穅。穅,一名相;因以名焉。今齐人或谓穅为相。《正义》曰:郑必知相为拊者。按《书传》云,以韦为鼓,谓之搏拊。《白虎通》引《尚书大传》:拊,革著以穅。郑以此知也。今《书传》无"著穅"之文。按此即《尚书大传》唐初已不全矣。今人纷纷辑录,未必能得其真也。

《学记》,郑《注》:武王践阼,召师尚父而问焉。曰,昔黄帝颛顼之道存乎?意亦忽不可得见与?师尚父曰,在丹书。王欲闻之,则斋矣。王斋三日,端冕;师尚父亦端冕,奉书而入。《正义》曰:今捡《大戴礼》,唯云"帝颛顼之道",无"黄"字。或郑见古本,不与今同;或后人足"黄"字耳。云"师尚父亦端冕"者,案《大戴礼》无此文,郑所加也。

《双溪醉隐集》,《金莲花甸》诗,注云:金河界其中,东汇为龙涡。唐诗"金河"当指此,非照连河也。

鲁备四代之乐。《明堂位》。

杜诗:“天阙象纬逼,云外衣裳冷。”或以“天阙”与“云外”不对。于是一作“天阙”,一作“天阅”;且异说纷纷,有谓少陵少作、炼字未稳者。余按:太白《口号赠杨征君》五律云:“云外留丹壑,天书降紫泥。”太白以“云外”对“天书”,则少陵以“云外”对“天阙”必矣。疑“外”者寝室之称,不作虚字用也。入《谈录》。

《曲礼下》,《正义》:案《地统书括地象》云,地中央曰昆仑,又云其东南方五千里曰神州。以此言之,昆仑在西北,别统四方九州;其神州者,是昆仑东南一州耳;于一州中更分为九州,《禹贡》之九州是也。又《春秋纬》云:紫微为天帝。“北极耀魄宝”是也。

《檀弓》“君子曰终,小人曰死”,可以证伏息义。

《曲礼上》:礼不违嫌名。《正义》曰:案汉和帝名肇,不改京兆郡;魏武帝名操,陈思王诗云“修阪造云月”。是不讳嫌名。此可证“大可切”之误。

《檀弓》:舜葬于苍梧之野。郑《注》:舜征有苗而死,因留葬焉。《正义》曰:郑案《淮南子》云舜征三苗而遂死苍梧。案《尚书》,窜三苗于三危,在西裔。今舜征有苗乃死于苍梧者,张逸答焦氏问云:初窜西裔,(复)〔后〕分之在(三)〔南〕野。入“三苗”条。

《服问》,释“罪多而刑五”,(择)〔释〕文:“罪”者,或作“辠”,正字也。秦始皇以其似“皇”字,改为“罪”也。

《服问》:君之母非夫人,则群臣无服。郑注云:《春秋》之义,有以小君服之者。时若小君在,则益不可。《正义》曰:郑既以正礼言之,又引春秋之时不依正礼者,有以为小君之服,服其妾母者。是文公四年夫人风氏薨,是僖公之母成风也;又昭十一年夫人归氏薨,是昭公之母齐归也;皆乱世之法,非正礼也。案《异义》云,妾子立为君,得尊其母、立以为夫人否?今《春秋公羊》既说妾子立为君,母得称夫人,故上堂称妾,屈于适也;下堂称夫人,尊于国也。云子不得爵命父妾、子为君得爵命其母者,以妾“以妾”二字,当捡《校勘记》①。在奉,授于尊者,有所因缘故也。《穀梁传》曰,鲁僖公妾母成风为夫人,是子爵于母,以妾为妻,非礼也。故《春秋左氏》说成风妾得立为夫人,母以子贵,礼也。许君谨案:舜为天子,瞽瞍为士,起于士庶者不得爵父母也。至于鲁僖公得尊母成风为小君,经无讥文,从《公羊》、《左氏》之说。郑则从《穀梁》之说。故《异议》驳云:父为长子三年,为众子期,明无二适也。女君卒,继摄其事耳,不得复立为夫人,如郑驳之言。则此言“春秋小君服之者”,是灼然非礼也。

《大学》:一人贪戾。郑《注》:戾之言利也。《春秋传》曰,登戾之。《正义》曰:《公羊传》为“登来”,郑所引《公羊》本为“登戾之”,以“来”为“戾”,与《公羊》本不同也。

《儒行》,《正义》:防叔奔鲁,至孔子五世,应从鲁冠。而犹著殷章甫冠者,以立为制法之主,故有异于人。所行之事,多用殷礼,不

① 此二句注语,原系天头眉批。

与寻常同也。且《曲礼》从新国之法，只谓礼仪法(服)〔用〕，未必衣服尽从也。此义不及郑注。

《日知录》二十：晋惠帝时，庐江杜嵩作《壬子春秋》。“壬子”，元康二年，贾后弑杨太后于金墉城之岁。按：当是《任子春秋》，顾君误也。入《补晋志》。

《曲礼下》：医不三世。《正义》曰：又说云“三世”者，一曰黄帝针灸，二曰神农本草，三曰素女脉诀，又云夫子脉诀。是医术亦或托诸孔子也。

王叔和，名雍。沈子培说。

东坡《小饮公谨舟中》诗云：“坐观邸报谈迂叟。”自注：是日座中观邸报云云。此“邸报”二字入诗之始。

郎瑛引徐整《长历》云：北斗下有二阴星。入“辅星”条。

朝衡，日本人。开元中，奉币来朝。慕中华之风，因留，为改名“朝衡”。历使中国。此句疑有误。永泰二年，为安南都护。时生蛮侵得化、龙武二州境，诏朝衡往劳之。《安南志略》九。李太白有《哭晁卿衡》七绝，即此人。

《安南国志》十四，记兵制，“游军”有“铁林都”、“铁舰都”。“铁舰”二字始此。以名考之，殆海军也。惜不详其制度。

《辍耕录》十七:《玉台》诗“入门时左顾,但见双鸳央,鸳央七十二,罗列自来行”;孟东野《和蔷薇歌》“仙机轧轧飞凤皇,花开七十有二行”;皆用“七十二”,不知何所祖。

刘向《列仙传》:七十二人。孔子弟子:七十二人。

皇甫谧《高士传》:七十二人。

张伯雨《句曲外史集》卷中,《题吕氏园馆诗》云:“微雨催开茧粟花。”此用姜白石《侧犯》词:“微雨、正茧粟枝头咏新句。”延刻姜《集》作“茧栗”者,误也。

缅甸分四部。今海商三部已为英属。

华人商郎古海口者,约万馀人,皆豪富。答齐泠之北,为西基小国,居民五千馀人。东界菩蕾,西界廓尔喀。由西基北踪高岭,则至前藏。惟岭之最卑者亦高七百尺。三冬积雪,人不可越;夏秋间可度,约二十日程。藏人之贩于斯者,岁以千计。又由西基、菩蕾可通滇省。加尔古答土酋颇以英国政治为不然。桑代那哥,地属法国。康熙廿三年,蒙古王亚郎克散所让给者。蕞尔十馀里,介英属间。英禁火葬。巴达那,地出公烟,民奉回教。提诺布尔,英兵戍所。桑肋河,发源中印度,千馀里,入恒河。蒲哂尔,属旁甲喇省。贝那罗斯,地产姑烟,印度人称为圣城,滨恒河,佛诞生地。

苏纳尔,始见山冈。依喇亚巴,为中印度首府。有城垣。东距加尔古答、西距孟买、北距那奥尔,适当其中。城内蒙古第三王亚克巴故宫尚在。北印度董古喇道旁,有城名亚格喇,辟门十六,为蒙古后朝建都之所。加西亚巴,乃东印度与北印度火车分界之处,有戴兰城。《印度纪行》。

前田慧云言：己亥年，佛兰西人礼氏自喜得《无著菩萨大乘密严经》于尼罗河侧。此欧人能读大乘之始，亦佛教西渐之兆也。

洪武二年四月，征回回历官郜阿里等十一人至京师，议历法。按：回人或名穆哈默，或名阿里，盖皆取其教贤哲旧号，与耶苏教同。洪武三十一年，罢回回钦天监。

《文选》：阳文之与敦洽。按《吕氏春秋》云，敦颜而土色者忍丑。是"敦"字之义。《楚辞·招魂》：敦脄血拇。

陆喜《自叙》云：观子政《洪范》而作《古今历》，览蒋子通《万机》而作《审机》。附《陆云传》。

《传》云：吴平又作《西州清论》，传于世。借称诸葛孔明以行其书也。入《晋艺文志》内。

木村一步译《万国历史·希腊史》云：希腊人，以言语征之，与罗马同族。希腊人，伊太利人之祖先，元同住亚细亚，阿利安人种初生之地。当于纪元前二千〔年〕前后迁居欧罗巴，然后其一支族移住希腊半岛，又一支族迁移伊太利半岛云。

春秋有赤狄、白狄。此亦以颜色分人种。然白狄姬姓子爵，则亦与周为同类也。

西施、郑旦:《吴越春秋》,进吴之辞云,越王勾践,窃有二遗女。此西洋所谓政治之女也。

处女之剑术,非受于人也,而忽自有之。陈音之言曰:道出于天,事在于人,人之所习,无有不神。

束皙《发蒙记》曰:獭以猿为妇。《海录碎事》卷廿二上。《补晋志》注①。

唐法,丧柩不得入邮。同上②卷廿一。

杜预《要集》:凡挽天子六绋,诸侯四、大夫二、士一。入《补晋书志》③。

孔融临终诗云:"河溃蚁孔端,山坏由猿穴。"并同上④。他书未见。

晋刘滔母答吴国书:胡桃,本生西羌。外刚朴,内柔甘,质似古贤,欲以奉贡。廿二下⑤。案即钮滔。

---

① 此句,原系天头眉批。句下并加有"、"记号。

② 指《海录碎事》。

③ 此句,原稿为天头所加"、"记号。以与前"束皙《发蒙记》曰……"条天头眉批后所加记号相同,因据意改写为"入《补晋书志》"。

④ 此"并同上",指此条与上条"杜预《要集》……"皆引自《海录碎事》卷廿一。

⑤ 指引自《海录碎事》卷廿二下。

晋令:阆中县置黄甘守吏一人。同上①。

嵇含《瓜赋》:"世云三芝,瓜处一焉,谓之土芝。"同上②。

夜游女子,萤火也。此伏尸之精。烧香辟之。若入人家,其色青者吉,红者有祸殃。出《玉箱杂记》。同上③。按:此知萤火即磷火矣。

晋应硕《祝社文》:"有肉如墀,有酒如江。"卷六④。

南蛮赤土国以甘蔗作酒,杂以紫瓜根,酒色黄赤。亦名椰浆为酒。同上⑤。按:赤土,今暹罗国也。

以下抄《满洲地志》:

满浑种族,居黑龙江之下流及松花江沿岸;支那人所谓"使犬鄂鲁春"。此族虽以渔猎为业,而生活比通古斯大进步。

牧丹江。瑚尔哈河之别名。

金之博索路,在鸭绿江右岸。咸平路,在开原县之南、铁岭县之北。肇州,在拉林河之东。

天者,群言之极。记是《礼记·注》,俟捡。

---

① 指引自《海录碎事》卷廿二下。

② 指引自《海录碎事》卷廿二下。

③ 指引自《海录碎事》卷廿二下。

④ 指引自《海录碎事》卷六。

⑤ 指引自《海录碎事》卷六。

清野勉韩图《纯理批判解说》云:实践理性批判大主义,与儒教率性复初之说酷似。已〔入〕《枝语》。

汉班超纪功碑,岳锺琪镌"焕彩沟"三字于碑上,而毁其大半;唐《东封朝觐颂》,明林焞镌"忠孝廉节"四字于碑上,而毁碑之三四。古今不解事人往往如此,真文字之厄运也。

《石鼓文》,聚讼至纷。陈兰甫京卿云:此不必考据,但其篆法之妙,实在《峄山碑》上,识者当自知之。

余案:杨大瓢《铁函斋书跋》云:"朱竹垞太史纂《石鼓考》三卷,而不为之辨。余则以为虽类小篆,而混元之气不在《铜盘铭》、《坛山石刻》下,实希世之宝也。何纷纷聚讼为!"此言得之。

刘禹锡《赠白乐天》,两联用两"高"字:"雪里高山头白早"、"于公必有高门庆"。自注曰:"高山"本高,"高门"使之高;"高"义不同。是唐人亦甚忌重字。

谢茂东《诗家直说》曰:两联忌重字;或犯首尾,可矣。子美曰:"江阁邀宾许马迎","醉于马上往来轻";王维曰:"尚衣方进翠云裘","万国衣冠拜冕旒"。二公重字,不害为大家。

《晋书·孝友传》云:晋氏始自中朝,适于江左,虽百六之灾遄及,而君子之道未消。孝悌名流,犹为继踵。

余谓:五胡之乱,中国不亡,盖以此也。孝悌之道,君子之道也。

地动之义，古书言之者，《白虎通》最详。其言曰：天道所以左旋，地道右周，何以为？天地动而不别，行而不离。言动言行，与《易》言动静不失其时，义正相应。

志赞□言，拳匪之咒有十馀种。记其二：“面对东南山，弥勒摩勒请下来。”“一心敬请唐僧、沙僧、八戒、悟空。”其所祀神，则蜀汉之关、张及赵子龙也。腰系红带，头裹红巾。战时至死不知人事。

李木斋言，据西报：拳匪有战死卧地上者，一二日间，西兵行过，尸犹跃而搏人。

余案：《楚词·国殇》云“首（虽）〔身〕离兮心不惩”，其事其志，要可悯念。

黄仲则诗“五剧车声走若雷”。“五剧”字，用《尔雅·释宫·注》。

南宋严蕊词：“去也终须去，住也何曾住？若得山花插满头，莫问奴归处。”此用山谷词也。山谷《步蟾宫》词后半阕云：“不如随我归云际，共作个、住山活计。照清溪，匀粉面，插山花，算终胜风尘滋味。”故蕊词首句云“不是爱风尘”也。当时青楼颇能歌名人词曲，故信手拈来，皆有风致。

俄罗斯人著《清俄字典》，其言云：唐代以上，亚细亚东部多系中国文字，满洲、渤海两地皆用之；传至日本、高丽，亦兼习焉。

唐一行《大日经义释》卷一云：“萨埵”，据正义当云“索哆”。

此“索哆”者，是“忍乐修行、坚持不舍”义也。然声明有如是法；若论文字，其义虽正，音韵或不流便者，漫取便安之故。世论师谓为“萨埵”，欲传习字，随顺其辞。按：此例亦谈译学者所当知也。

又云：梵本“噜多”是大声，“啰尾多”是小声；“涅瞿祈”者，是长声，又兼多声。所以具是言之，欲显总持境界、无所不了。对此方文字，难以具翻也。

卷二云：“摩奴阇”者，《智度》翻为“人”，即是人执也。具译当言“人生”。此是自是天外道部类。“计人”，即从人生，故以“人”为名。唐三藏云，意生非也；“末那”是意，今云“末奴”，声转义别，误耳。按：“末奴”，当即“摩奴”，上下文异。已入《枝语》。

《胡综别传》曰：时有掘地得铜匣，长二尺七寸。开之，得白玉如意。所执处，皆刻螭、蝉等形。时人莫知其由。吴大帝以综多识，乃问之。综答云：昔秦始皇东游，以金陵有王者气，乃凿诸山冈起处，埋宝物以当王者之气。此抑是乎？《类聚》七十。

阮葵生《茶馀客话》卷二云：宋初有何朝宗者，萍乡人，十八岁登第。太祖曰，此人未有须，恐未老成，不宜与第，且令读书。至太祖末，始登第。未知所出何书，俟考。

《长阿含》云：人有七种[①]，金、银、青、黄、赤、黑、紫等。《义楚六帖》卷十四。入《枝语》。

《开元祠部式》云：五世祖元皇帝，四月二十四日忌。贞皇后独

---

① “种”下，原有“色”字，乙去。

孤氏，三月六日忌。六世祖景皇帝丙，九月十九日忌。景烈皇后梁氏，五月七日忌。七世祖（皇帝光）〔光皇帝〕天赐，九月八日忌。光懿皇后贾氏，九月九日忌。八世祖宣皇帝熙，十二月十三日忌。宣庄皇后张氏，六月三日忌。在位陵号、国忌讳、帝号、年号、后号忌，异事反乱。《义楚六帖》卷十三。末句，原本疑有误。

《万行首楞严经》云：上品魔为君，下品魔为民，各各为成无上道。末法之时，魔民炽盛，广行贪爱，为善知识。今人舍爱见坑，失善拦路，人天减少，增诸恶道。《义楚》十三。

《倭汉朗咏集》，录惟奋亲王唐时人。诗："相如昔挑文君得，莫使帘中子细听。""挑"字，亦读去声。入"'挑'字"条。

杨孝先《交阯异物志》。九十二①。

《苏子》曰：夫人生一世，若晓露之托桐叶耳，其与几何？《类聚》八十八。

晋庾儵《大槐赋》。八十八。卷九：庾儵《冰井赋》。

晋许询诗曰："青松凝素髓，秋菊落芳英。"八十八。

晋荀勖《蒲萄赋》。八十七。

---

① "九十二"，指《艺文类聚》卷九十二。按：自此下引《类聚》者共五十三条，当皆为文氏补辑《补晋书艺文志》之稿。

《袁子正书》曰：岁比不登，唯得卖枣栗瓜梨。八十七。

《晋令》曰：诸宫有秩栀(者)〔子〕者，守护一人。八十九。

《抱朴子·军术》。九十。

江逌《竹赋》。八十九。

竺法真《罗山(记)〔疏〕》。九十九。

竺法真《登罗山疏》。八十七、九十一、九十四。

晋钮滔毋《与从弟孝徵书》。九十。

《苏子》曰：车渠、玛瑙，出于荒外；今冀州之土，曾未得其奇也。《类聚》八十四。

晋庾肃之《玉赞》。同上八十三。

晋苏彦《浮萍赋》。八十二。

吴苏彦《芙渠赋》。同上。

晋傅统妻《菊花颂》。八十一。又《芍药花颂》。同上。辛女《燕颂》。九十(一)〔二〕①。

晋王淑之《兰菊铭》。同上②。

晋王叔之《翟雉赋》。九十。

晋苏彦《舜华诗序》,八十九。《女贞颂》。同上。

晋羊(缴)〔徽〕《木槿赋》。同上。

晋傅选《(文)〔蚊〕赋》。九十七。

晋王恽妻锺夫人《莺赋》。九十二。

李颙《涉湖诗》。九。

晋苏彦《楠榴枕铭》。七十。

晋孔宁子《水赞》。八。

王羲之《游四郡记》曰:永宁县界海中,有松门。西岸及屿上皆生松,故曰"松门"。《类聚》八十八。

《阴符经》曰:火生于木,祸发必克。同上。

左九嫔《涪沤赋》。八。

张敷曰:平邱有甘楂。八十六。

王导《麈尾铭》。六十九。

晋王庆《钓鱼赋》。九十六。

杜预《奏事》。九十四。

《苏子》曰:微生与妇人期,不来。水至,抱梁柱而死。卷九。

卞敬宗《沟井赞》。九。

江逌《谏凿北池表》。九。

晋苏彦《于西陵观涛诗》。九。

远法师《庐山记》。八、七。

---

① 自"又《芍药花颂》"至此,原为行旁补写者。

② 此"同上",系指与"晋傅统妻《菊花颂》"条同引自《类聚》卷八十一。

桓玄《登荆山诗》。七。

伏滔《游庐山序》。七。

王珣《虎丘记》。八。

顾恺之《虎丘山序》。八。

东晋李秀《四维赋》。七十四。

何劭《王弼传》曰:弼性好弘理,乐游宴,解音律,善投壶。七十四。

傅元《华岳铭序》。七。

殷仲堪《酒盘铭》。七十三。

晋许询《竹扇诗》曰:"良工眇芳林,妙思触物骋。蔑疑秋翼蝉,团取望舒景。"六十九。

晋陶侃《相风赋》。六十八。

晋刘柔妻王氏《灵寿杖铭》。六十九。

晋苏彦《邛竹杖铭》。同上。

晋刘谧之《与天公笺》。六十七。

晋欧阳建《登橹赋》。六十三。

王珉《答徐邈书》。六十二。

荀勖《中经簿》云:《易子夏传》四卷,或云丁宽所作。《唐会要》,《开元中尚书礼部奏议》。入《晋艺文志》。

纯常子枝语选抄*

【文德滋世兄,法和长子,于丙子五月十七日,出示其三伯父云阁先生手录自著《纯常子枝语》,计“经部”四册、“史部”五册、“子部”四册、“集部”三册、“教派”十册、“政治”七册、“舆地人种”三册、“术数”三册、“语言文字”五册,又以册标题者十七册。

云阁为庚寅榜眼,与吾师载克尘夫子同年。以大考第一,升内阁侍读学士。甲午中日战后,弹劾李文忠失职,以此去官,卒于萍乡,时论惜之。

兹先就“政治”各册,摘录数则如左。】

留　　髪

《永乐大典》卷一万四千一百二十五,“剃”字韵下,有元人《净髪须知》二卷,乃薙匠书也。有帝王剃髮及各色人剃髮祝词,鄙俚可笑。

唯中有《大元新话》云:按大元体例,世图改变,别有数名,还有一答头、二答头、三答头、一字额、大开门、花钵蕉、大圆额、小圆额、

---

* 据“适园藏稿”摘抄稿本。原抄者之小序,以及标注(或标明某几条摘自何类稿册,或加注于某条小题之下)、附批(“景铭按”云云,附缀某条后者),皆印作楷体,复用【】括出,以区别于文氏本稿(印作宋体)。

银锭、打索绾角儿、打辫绾角儿、三川钵浪、七川钵浪、川著练缒儿云云。

盖元时薙髪，与今制异。

今时幼孩初留髪时，亦有各种不同，至成丁后，则皆薙前半髪、留后半髪。日本人以为一半类僧，理或然邪？

《法苑珠林》卷十，"鬄髪"部，引《佛本行经》云，须曼那华化作净髪人。是净髪二字所本。

又，元至元二年《敕修百丈清规》卷五云，选日既定，则隔宿剃头，顶心留髪。注云，名曰周罗。梵语周罗，此云小结也。

余谓"花钵蕉"，盖即小结之类。

伸　舌

陈昙《邝斋杂记》云，西藏番民见汉官，卸帽顶礼，伸舌者三。见达赖、班禅与大头人，同以伸舌为礼。真异俗也。

堂　子

国朝堂子之祭，事近秘密，至今汉讲官不侍班。

满讲官侍班者言，祭时灯烛皆灭，亦可异也。

礼亲王昭梿《啸亭杂录》，以为祭邓子龙。

杨宾《柳边纪略》云：奉天多邓将军庙。将军名佐，成化间人。按《四镇三关志》，邓佐者，定辽前卫指挥使也。成化三年，随总兵施英，按奉集堡，遇敌二千馀。佐率五百骑败之，复追至树遮里，峻山峭壁中鏖战。忽有一校策马退走，众遂溃，乃下马步战，久之，知不可为，遂自刎。守臣上其事，立祀辽阳，都御史吴祯为撰碑记。或曰，京中堂子所祀，亦将军云。

案《大清一统志》，邓将军祠在辽阳州城南。明宏治间，为都指挥使邓佐建。

是邓佐为有明死事之臣，且有庙于辽阳矣。

彭孙贻《客舍偶闻》云，九月朔当是康熙戊申岁，驾出东直门，迎邓将军神主入大内，黄幄列舆辇前，上亲拜祭。询诸故老："邓将军何人，乃劳万乘躬祭？"或曰："将军，岛帅毛文龙部下，善斗，战没，有神灵，立庙岛上。太祖起兵时，战急甚危，求庇于神，显灵脱于难，立庙辽阳。每祭必先之，元旦亦先必谒庙，躬奠致敬。否则宫中时时为厉。"按毛文龙与太祖同时，其部将战没立庙，未必为太祖所祷祀。此说似非事实。或曰："将军，明之有功将帅，战没海上者也。"考明将帅死辽事无邓将军其人者。按此不知邓佐之事。万历征朝鲜，副将邓子龙，数有功，战死海上，岂其神耶？将军英烈，没而有神，固宜。

查慎行《人海记》云，元旦堂祭，乃邓将军庙也。在朝门之巽隅。自车驾外，侍从皆匍匐而入，非亲昵不随行。将军讳子龙，南昌人，万历中副总兵。

刘献廷《广阳杂记》曰，梁质人汾云，今堂子所祀邓将军，讳子龙，江西南昌、丰城之间人。事母至孝。入行伍，以功得官。后起为辽东游击将军，死王事云。

是以堂子为祭邓子龙，其说较确。

又，沈国元《从信录》云，万历二十六年十一月，副将邓子龙以剿倭阵亡。

伍袁萃《林居漫录》云，倭寇朝鲜，昆田邢公往救，副将杨元与倭战，大败，遁回。会倭酋死，其将引众去。遣副将邓子龙蹑之，亦败没。竟以平倭大捷闻，冒滥恩赏焉。

按《东西年表》，万历戊戌，平秀吉卒，朝鲜平。

西人短髮长鬚

《万国通史》前编《罗马志》云，古人鬚髮，任其生长。创为每日薙面之法者，赛披僾也。沿至海特理安皇帝之世，人恒剪髮使短，而薙其鬚。海特理安面有疤痕，留鬚不去，大臣从而效之。

然则今西人短髮长鬚，实用海特理安之遗制也。

辫　髮

史梦兰《止园笔谈》三，金人辫髮，见于《宋史·刘锜传》。明朱国桢《涌幢小品》云，元人入主中国，为士者辫髮短衣，效其言语衣服。则辫髮金元皆同。

郑麟趾《高丽史》，言蒙古俗，剃顶至额，方其形，留髮于中，谓之开剃。与金元制异。

剃　度

临川吴铎，有《净髮须知》一卷，专言释家剃度规则。与《永乐大典》所载迥异。

印度婚姻之礼

萧齐僧伽跋陀罗，译《善见律毗婆沙》，第十二云：折林者，男子与女结誓，或以香华、槟榔，更相往还饷致，言以此结亲，何以故？香华、槟榔者，皆从林出，故名折林。

按此可见印度婚姻之礼。

《南方草木状》云：槟榔，味苦涩。以扶留藤古贲灰并食，则滑美。下气，消谷。出林邑。彼人以为贵。婚族客必先进。若邂逅不设,用相嫌恨。一名宾门药钱。

今粤俗,用槟榔为婚聘之礼,盖沿于印度;亦用以为款姻之礼,则本诸林邑也。

愚民弱民非计

秦之焚书,所以愚民也。愚民之术,后世以科目,乃民亦遂以自愚,非朝廷之独智也。

秦之销兵,所以弱民也。后世禁民挟弓矢,禁民用火器,亦未尝不略师其智,特不若秦政之苛耳。

然欧洲各国,其治属地之法,则与秦法相似。

俄之待波兰,禁报馆,不设学堂,人人知之矣。

至俄人于海参威[①],英人于缅甸及滇边土司,法人于越南,皆禁民用军器。不独火器也,即刀矛之属,亦不得私藏焉。其所以弱民者,尤酷于秦,今时人或未尽知之也。

其谓欧洲各国皆欲开民之智、尽人之才者,乃教士之言,非其政府之实意也。

然秦始皇销锋镝,而陈涉、吴广并起;元顺帝禁汉人、南人、高丽人不得执持军器至元三年四月,而韩林儿、刘福通并兴。秦、元皆旋踵而亡。岂必器械之强,遂足箝制天下哉?

免贡鲥鱼

康熙二十二年,山东按察使司参议张能鳞,奏请免贡鲥[②]

---

① 按"海参威",江苏广陵古籍刻印社1990年据双照楼旧版整理补刊影印本《纯常子枝语》(以下简称"《枝语》广陵刻本")卷二十二,亦收此条,作"海参崴"。

② 按此字原作"鳞",宜属原抄者之笔误,《枝语》广陵刻本卷二十六收此条,作"鲥"。据改。

鱼。云：

蒙阴、沂水等处，挑选健马，准备飞递。伏思一鲥之味，何关轻重？天厨滋味万品，何取一鱼？窃计鲥鱼产于江南，扬子江达于京师，计程二千五百馀里。进贡之员，每三十里一塘，竖立旗竿，日则悬旌，夜则悬灯。计备马三千馀匹，役夫数千人云云。

奏入，奉旨"永免进供"。

此疏与《陋轩诗》，恰可互证。

警察缘起

今西人于都邑乡市，皆设巡捕。日本，则谓之警察厅。实《周官》"条狼氏"之职，执鞭以趋辟，亦其事也。

近时有欲效西制者，而难其名。

余意，欲取汉制"街弹"名之。

《周官》：里宰以岁时合耦于锄。郑《注》：锄者，里宰治处也。若今街弹之室。于此合耦，使相佐助。《正义》云：汉时在街置室，简弹一里之民。

王伯厚《汉制考》曰：《金石录》，汉都乡正街弹碑在汝州界，故昆阳城中。其岁月略可见，盖中平二年正月。而其额题"都乡正街弹碑"，莫知其为何碑也。《水经》，鲁阳县有南阳乡正卫弹劝碑。《隶释》亦以为"卫弹碑"。盖未考此《注》也。

《醉枣尉刘熊碑》云：愍念蒸民，劳苦不均。为作正弹，造设门更。

余谓："正"即"乡正"，"弹"即"街弹"。

开宝寺塔

欧阳兖公《归田录》卷一：开宝寺塔，在京师诸塔中最高，而制度甚精。都料匠预浩所造也。塔初成,望之不正,而势倾西北。人怪问之。浩曰:“京师地平,无山①,而多西北风。吹之不百年,当正也。”其用心之精如此。国朝以来木工一人而已。至今工人以预都料为法。有《木②经》三卷行于世。世传浩惟一女,年十馀岁,每卧则交手于胸,为结构状,如此逾年,撰成《木经》三卷,今行于世者是也。

按《营造法式》、《梓人遗制》均未有引《木经》者,盖其书失传久矣。

寺庙数

王逋《蚓庵琐语》,载康熙六年七月礼部题奏:

臣等计算直隶各省巡抚造送册内,敕建大寺庙共六千七十三处,小寺庙共六千四百九处,私建大寺庙八千四百八十五处,小寺庙共五万八千六百八十二处,僧共一十一万二百九十二名,道士共二万一千二百八十二名,尼姑共八千六百十五名。以上通共寺庙七万九千六百二十二处,僧道尼姑共一十四万一百九十三名③。

沈赤然《寒夜丛谈》云:今海内承平又百数十年,不知天下私建寺庙又增若干,僧道女尼又添几倍?

---

①② 按此“山”及“木”字原作“人”、“本”,宜属原抄者之笔误,《枝语》广陵刻本卷四十收此条,作“山”及“木”。据改。

③ 按“敕建大寺庙共六千七十三处,小寺庙共六千四百九处,私建大寺庙八千四百八十五处,小寺庙共五万八千六百八十二处,僧共一十一万二百九十二名,道士共二万一千二百八十二名,尼姑共八千六百十五”等数汇算,寺庙总数似宜为七万九千六百四十九处,僧道尼姑总数似宜为共一十四万一百八十九名。文氏谓“以上通共寺庙七万九千六百二十二处,僧道尼姑共一十四万一百九十三名”(《枝语》广陵刻本卷廿八,亦同),或有笔误耶,俟核。

然余闻洪杨之乱，专毁寺庙。乱平以来，虽颇修葺，尚不及乾嘉间十之三四。

即以吾乡庐山论之，乱前寺庙殆过百馀，今重修者不及二十，是其征也。

黄公度《日本国志》云：万延元年，德川齐昭所上防海疏云，统宇内寺宇，禅宗一万九千三百八，密宗一万一千一百一，遍教六万七千一百，源空教十四万二千，融通派一千五百一，向派本愿门徒四万五千，东本愿门徒八万八千三百九十四，专修门徒七千五百二十，日莲教八万三千，合共四十六万四千九百四十二寺[①]。维新后，有增减。

考北魏一万三千寺。唐武宗废浮屠法，毁寺四千六百、招提兰若四万。而宋景德中，天下二万五千寺；元祐，三万五千寺。见孔平仲《谈苑》。

元至元二十八年，天下寺宇四万二千三百一十八区，见《续文献通考》。然尚不及日本十分之一也。

然以康熙之数计之，则过于元祐者已一倍有馀矣。

秦所以有天下

明张燧《千百年眼》卷四云：七国争天下，莫不招致四方游士。然六国所用相，皆其宗族及国人。独秦则不然。始与谋国开伯业也，魏人公孙鞅也。其他若楼缓，赵人；张仪、魏冉、范雎，皆魏人；

---

① 倭寺总数，按“禅宗一万九千三百八，密宗一万一千一百一，遍教六万七千一百，源空教十四万二千，融通派一千五百一，向派本愿门徒四万五千，东本愿门徒八万八千三百九十四，专修门徒七千五百二十，日莲教八万三千”诸数汇计，似宜总为四十六万四千九百二十四寺。文氏谓“合共四十六万四千九百四十二寺”（《枝语》广陵刻本卷廿八，亦同），或有笔误耶，俟核。

蔡泽,燕人;吕不韦,韩人;李斯,楚人。皆委国听之不疑。卒所以有天下者,诸人之力也。

如　　意

今朝廷凡大庆贺事,大臣皆递如意。或以玉为之,或以竹木为之,亦间有以金为之者。惟"如意"之名,莫详所自始。

《倭名类聚抄》卷五"僧坊具"门引梁刘孺有《如意铭》。

按《梁书》,刘孺字孝稚,有文集二十卷。今已失传。

狩谷望之《笺注》云:按《释氏要览》,如意,梵云"阿那律",秦言"如意"。《指归》云,古之爪杖也。或骨角竹木刻作人手指爪,柄可长三尺许。或脊背痒,手所不到,用以搔抓,如人之意,故曰如意。如意,见大安寺资财帐"西宫记御斋会"条、"大舍人寮、图书寮、内藏寮等式北山抄朝贺"条。

是如意之名,出自释家,与数珠之沿用释典者,不相远也。

义山诗云:"如何铁如意,独自与姚苌。"姚苌故事,见《十六国春秋》。是晋时已有如意。

《广弘明集》云:梁武帝以水晶如意赐昭明太子。其谢表云:"式是道仪所须,白玉照彩,方斯非贵;珊瑚挺质,匹此未珍。"是梁时如意,已多用玉。

《净名经义抄》云:牛呞罗汉说法时,以有口病,恐大众生轻,龙现爪,以遮口。因作如意,犹象龙爪。见《义楚六帖》二十二。

班　　指

乌台诗案,王诜又送弓一张、箭十只、包指十个,与轼。

包指,即今班指,盖声之转。

人　口

俞理初《地丁原始篇》，记顺治初年，一千六十三万馀口。至顺治十八年，二千一百六万八千六百九丁。是十馀年间，孳生已过一倍。

至康熙二十一年，一千九百四十三万二千七百五十三丁，乃转减于顺治十八年，则三藩用兵，死亡者多也。

至康熙六十年，二千七百三十五万五千四百六十二丁；雍正二年，二千四百八十五万四千九百十八丁。此四年中，不增而减，则不可解。

自雍正五年，丁粮派于各地粮内，其后编审，宜稍得实。

乾隆八年，一万三百五万口；至二十九年，二万五百五十九万一千一十七丁。是二十年间，孳生又得一倍。

三十七年，遂停五年编审，而令督抚岁终奏报民数。至五十七年，凡三万七百四十六万七千二百馀名口。

嘉庆十七年，户部册三万六千一百六十九万一千二百三十一名口。《石渠馀纪》云"京师满蒙汉丁、档掌于八饷[①]俸饷处，外藩札萨克丁、档掌于理藩院"者，尚不在此数。而安徽一省三千四百十六万八千五十九丁口。

今考《东华录》：

道光二年民数，三万七千二百四十五万七千五百三十九名口。

道光二十九年，除甘肃、江苏、浙江、福建未报外，各省通共大小男妇四万一千二百九十八万六千六百四十九名口；

---

① 按此处"八饷"，宜属原抄者之误笔，依文义应是"八旗"。《枝语》广陵刻本卷三十五收此条，亦作"八旗"。

道光三十年，合计天下民数，除江苏、福建等处未经册报外，奉天等省通共大小男妇四万一千四百四十九万三千八百九十九名口；

然则合未报之省计之，当及五万万矣。

咸丰三年，除江苏、湖北、湖南未经册报外，直隶等省按此以直隶为首，则奉天亦不在内大小男妇共二万九千七百六十二万六千五百五十六名口。兵事方殷，稽核或未实焉。

迄今又将五十年，生齿之繁，尤过于昔。

以吾萍乡一县计之，民数已一百九十馀万。邻近浏阳、万载等县，每县民数皆在二百万上下。约其大数，江西通省人数必过七千万，较之道光三十年，尚当加倍。推之二十二行省，丁口殆不下十万万矣。

而西人乃以四万万约之，中国学者亦自称为四万万人之国，岂不诬哉？

九　　卿

本朝九卿之制，道光以前未定。

蒋超伯《南漘楛话》云：咸丰戊午夏，会讯故相耆英一案，大学士、六部、九卿会议。主稿者枢堂。时焦太仆佑瀛领班，遍检档册，并无指定何项衙门为九卿。阮葵生《茶馀客话》所云“六部、都、通、大，为九卿”，亦得自传闻，非确证也。焦君与家幼竹太守锡授，议请于枢堂，除六部及四品以下衙门外，以都察院、通政司、大理寺、太常寺、太仆寺、光禄寺、顺天府尹、宗人府丞、理藩院九项衙门当之。议遂定。

按今制，裁去通政司衙门，则会议时，九卿之数仍不足矣。且理藩院有满堂而无汉堂,于制终为未备。自当以鸿胪寺列九卿,方合汉制。

挑　虾

韩泰华《无事为福斋随笔》云:乾清门侍卫差使,谓之挑虾。家有顺治十八年《缙绅》册,上刻"御前一等虾某、二等虾某、三等虾某"。则"虾"是清语官名。

余按"虾",今官书多作"辖",即侍卫之译语。北语"虾"、"辖"同音。然"墨勒根虾"之名,见国史名臣传者,固未尽改也。顺治十八年《绪绅》册,余于潘文勤公家曾见之。

【兹再将"史部"摘录如下。】

尚书衔在大学士前

光绪二十年六月廿六日,上谕:"徐用仪补授军机大臣。"

军机大臣,言"补授",前此所未有也。

又,是月命户部尚书翁同龢、礼部尚书李鸿藻,会议倭韩事。覆奏时,两尚书列衔亲王大学士前。亦前此所未有也。闻折奏仍系军机处主稿,缮折后,两尚书皆未见云。

电奏归总理衙门

以电奏归总理各国事务衙门代奏,而总署之权,过于明之通政使矣。通政使之权,止于压阁一二日。而总署,则遂可不奏也。

以兵事归总理衙门电寄,而总署之权,过于明之本兵矣。明之本兵,不过制各军之进退。而总署之权,则兼其炮之放否、船之行否,而亦制之,且能与闻其饷事也。

而且总署之用财,非户部所能知;兼海军言。总署之保案,非吏部所能核。

紊职分而败国家,究亦未得一真通交涉之才,为可叹也。余甲午有一疏,请明职分,即指总署而言。

支　那

西人称中国为支那。各国音皆略异。然实本印度文,故仍作支那,或作脂那。

《翻译名义集》云,一曰支那,赞美此方衣冠文物;二曰指难,此云边鄙。

要之,皆后起义也。于字音,当为"秦"字之转。余前卷已言之。近人亦颇有同余说者。

又按《翻译名义集》云,震旦,或曰真丹。《楼炭经》云,葱河以东,名为震旦,以日初出,耀于东隅故。

余谓,震旦,与支那亦一声之转。谓日出东隅者,实附会"震旦"字义。观《楼炭经》,指葱河以东言之,则明以地言,亦"秦"音之转耳。

唐李长者《华严经论》卷二十六云,震旦国,亦曰支提那,此云思惟,以其国人多所思虑,以立其名,即是今汉国也。

按强立国名,必无之理。惟云"支提那"者,盖"提那"二字,皆是馀音,犹"腊丁"之亦称"腊底诺"矣。

《历代三宝记》曰,五天目东国,总言脂那,或云真丹,或作震旦,此盖取声有楚夏耳。《翻译名义集》云,或云旃丹。

唐释道宣《释迦方志》卷上云,雪山以东,至于东海,名人主地唯和畅，俗行仁义，安土重迁，是至那国，即古所谓振旦国也。

岂称中国为振旦、为至那，亦印度古今语耶？振旦即震旦，至那即支那。

唐释智昇《续古今译经图纪》曰，印度国俗，呼广府为支那，名帝京为摩诃支那。

余按摩诃，大也。《翻译名义集》以“摩诃支那”译大唐，不如智昇之确。

《开元释教录》卷七云，大支那国，旧名真丹、振旦者，并非正音，无义可译，惟知是此神州之总名也。

既云“无义可译”，则其为“秦”字之转音，名从主人，益可信矣。《古教汇参》“预言征实”一条，以秦指中国，或有所受之也。

萨　满

《满洲源流考》卷十八云：《北盟录》，女真言语萨满满洲语，师巫也。旧作珊蛮，今改正者，女巫妪也。

按，萨满、珊蛮，皆苏幕之转音。《文献通考》卷二百卌六云，高昌妇人戴油帽，谓之苏幕遮。盖因“幕遮”二字附会，似误。

西　瓜

《艺文类聚》“瓜果”类引《广志》，已有“燉煌瓜”。然则西瓜入中国，似不始于五代。

杨用修云：“余尝疑《本草》‘瓜’类不载西瓜，后读五代胡峤《陷虏记》，见《五代史》“四夷”附录。峤于回纥得瓜种，结实大如斗，名曰西瓜，则西瓜由峤入中国也。”此说殆未足据。

菠薐菜

《太平广记》四百十一:菜之菠薐者,本西国中有僧,自彼将其于来,如苜蓿、蒲萄因张骞而至也。菠薐,本是颇陵国将〔来〕,语讹耳。出《嘉语录》。

《困学纪闻[①]》二十:唐《西域传》,末禄有军达、泥婆、罗献、波稜,皆菜名。原注:张文潜谓,波稜,自坡陵国来。

按,末禄在大食国东。军达菜,今广东有之,俗名猪婆菜。

【兹将"集部"摘录如下。】

家产税

《晋书·刘超传》曰:出补句容令,推诚于物,为百姓所怀。常年赋税,主者常自四出,结评百姓[②]家资。至超,但作大函,村别付之,使各自书家产,投函中讫,送还县。百姓依实告上,课输所入,有逾常年。

按,此即宋人手实之法。是东晋时,已有家产税也。

【景铭按,常年用评价法,至此用呈报法。】

家屋税

唐德宗时,赵赞请税间架、算除陌。其法,屋二架为间,上等价

---

① 按此"闻"原作"困",宜属原抄者之笔误,《枝语》广陵刻本卷三十二收此条亦作"闻"。据改。

② 按此"姓"原作"事",宜属原抄者之笔误,《枝语》广陵刻本卷二收此条亦作"姓"。据改。

每间出钱二千,中等一千,下等五百。或贫无他财,独守故业,坐多屋,出算者动数十万,人不胜其苦。匿一间者,杖六十;告者赏钱五十贯,取于其家。除陌法,公私贸易一贯,旧算二十,加等算为五十,给与他物,或两者约钱为率算之。市牙各给印纸,人买卖,随署记,翌日合算之。有交易了用印牙者,给其私簿。无私簿者,投状自夺。其有隐钱百者,没入二千,杖六十;告者十千,取其家资。法既行,而主人、市牙得专其柄,率多隐盗。公私所入,曾不得半。怨声喧然。(至)至兴元〔元〕年正月,放罢。

案此等法,外夷现行之。兵事起,乏用[1],则人人请行之。晋、唐不足怪。然能卫民、能富民,外夷略有其本。若上下之情不通,无事而恣意搜括,半以供滥支,半以肥滑吏,则不知爱民之甚者矣。

【景铭按,"满洲国"近征户别税,有类于所得税,亦有类于家屋税、家产税。设无所得、又无财产,实无纳税能力者,则移往殖边,令其开垦,每县之中,约摊数百户往边。不能耕种者,则死于边地。此辽阳窦中一告我者。民大学生袁汝赞之岳父。】

苏摩遮【与前"萨满"条参看。】

唐张说《苏摩遮》诗云:"摩遮本出海西胡,琉璃宝服紫髯胡。"又云:"绣装(拍)〔帕〕额宝花冠,夷歌妓舞借人看。自能激水成阴气,不虑今(朝)〔年〕寒不寒。"似苏摩遮即泼寒胡之戏。

又按慧琳《一切经音义》卷四十一云:苏幕遮,西戎胡语也。正云飒磨遮。此戏本出西龟兹国,至今犹有此曲,此国浑脱大面拨头之一也。或作兽面,或象鬼神,假作种种面具形状,或以泥水沾洒

---

① 按此"用"原作"兴",宜属原抄者之笔误,《枝语》广陵刻本卷二收此条亦作"用"。据改。

行人,或持羂索搭钩捉人为戏。每年七月初,公行此戏,七日乃停。土俗相传云,常以此法禳厌,驱趁罗刹恶鬼食啖人民之灾也。

按,今满洲典礼跳神之纱帽一作撒麻太太,盖出于此。纱帽、撒麻,皆飒磨之转音也。姚元之《竹叶亭杂记》作萨吗。吴振臣《宁古答记略》作叉马。

毡　　拿【与前"支那"条参看。】

今欧罗巴人称中国为毡拿,或为占泥,皆支那之转音。

近时言译语者,以支那当为"秦"字之合音。中国唯秦威烈最盛,故西人至今以称中土。

余则谓,若作"秦"音,正当是姚秦之"秦",非始皇也。

姚秦译经最多,天竺人以支那译其国名,西洋又从印度译之,故展转不可知耳。

又案唐李长者《华严经论》卷廿六云,震旦国,亦曰支提那国,此名思惟,以其国人多所思虑,多所计度,故以立其名,即是今汉国也。

据此,则支那为支提那之省文,其名乃印度人强名中国者,窃恐不然。

又《法苑珠林》卷九引《佛本行经》,称大秦国书为邪寐尼书。

邪寐尼,亦"秦"字之转音矣。英人称中国,音与邪寐尼近。

医　　学

元《安默庵集》四,《医学谕诸生》文云:医学有源,尚矣。设官立教,见于《周官》。下及近代,稍复古制。至于我朝,上自京师,以至列郡州县,各设师弟子员,比于儒学。此盖惠活元元,博施济众之仁也。

余尝谓,元人重农事,讲医学,实一代之善政。后世所宜取法者也。

然默庵任医掌教,而能诏诸生勤学长问,恪慎其业,亦可谓知所务矣。

【兹将"杂记"摘录如下。】

皇帝入教

天主教中言:明庄烈帝太子入教时,教中取名公斯达。皇后周氏,亦入教。甲申之变,法兰西王路易起兵救明,兵未出而病卒。然不言庄烈帝入教。

余记"文秉《烈皇小识》言庄烈奉天主教"[①],今以教中之言证之,或传闻偶误也。

教士又言:圣祖欲入教,当时主教者以教例不能有妾,故未许。或言圣祖允斥妃嫔,唯有白妃未能走,然后尽奉天主教者。

当时天算之学,兼采西人。圣祖道大能容,幾馀格物,询审及之,正未可知,亦不必以为讳也。

公斯达,音与君士但丁相近,教中古贤名。

又闻明庄烈多招西洋人能造火器者东来。乃明祚已亡,其道经俄国入蒙古境者,咸为本朝所留,国初红衣大炮之类皆此等人造也,适以为新主之资,岂非天哉。

---

① 文氏尝据文秉《烈皇小识》而记明庄烈帝入天主教,参见《枝语》广陵刻本卷二十、卷二十二等处。

八股误国

屈复《弱水诗集·戊戌春日杂兴》自注云:"李贼僭位日,午门帖书云,'谨具大明江山一座、崇祯夫妇二名,奉申贽敬。眷晚生文八股顿首百拜'。"

明末人嫉科名中人误国,故兼嫉八股。

有清以来,再废再复,然八股之气脉亦必不久矣。

至"谨具江山"者,又别有所在,八股固不必专任其咎也。

【景铭按,文云阁记此言时,八股尚未废。岂意八股废后仅三十年,而国亦将不保矣!】

祭太庙诗

文宗晚年,祭太庙诗有句云:"一杯冷酒千年泪,数点残灯万姓膏。"忧民如此,宜贼之不足平也。先大夫恒诵之。

宣宗好梵呗

宣宗好梵呗,又好焰口经。无事时,恒于宫中演之,妃嫔中亦有习之者,喃喃之声达旦。盛伯希祭酒为予言。

史难尽信

杂史之类,虽文笔俚鄙,识见猥下,然后世必有取焉。以其记载当时之事,足资考证也。

乃若十馀年来,则秉笔之徒,大率市井。其受重资而任编纂者,意主于谀,固不必论矣。

如近日所刻《中兴名臣事略》者,则唯誉曾门,而于各军之得失、将帅之功罪，皆不能言。其无墓铭志传可抄者，则官资之迁转、年月之先后，殆无不误也。其体例之谬，又不待言。

至中东一役，则有作《战纪》者，则英人李提摩太者嘱其所役蔡姓为〔之〕。蔡于京朝事懵无所知，行妄而性鄙，素受合肥豢养，至是又予以重赀。于是改易原电，颠倒是非，无所不至。纪事而诬，深可痛恨。

丹徒姚氏，复有所作，较翔实矣。然详于阃外而略于朝廷，此其见闻之不及，无足怪者。至谓京师有召三品以上大员之事，则传闻之巨谬。

不知自甲申后，朝廷以会议为大禁。惟议文庙从祀，偶一行之，此不得已也。

余曾嘱御史谢希铨请之，陆润庠由江西试差回又再请之，皆不报。唯和议定后，饬诸臣诣内阁观硃谕耳。

甲午之事，余不及记。乙未二月以后之事，友人沈中书桐，时寓余斋中，曾一二载之，于各衙门司员、各省公车颇详。近阅邸抄，沈凤楼已以道员分发直隶。

高丽忠于明

高丽忠于明。至有清以来，虽云内属，特羁縻之而已，未能得其心也。

偶阅高丽人诗，多思故明之作。摘录其一二于此。

江华李昌《行台录·夜与古欢谈明季事感而有赋》云："辽蓟山川满眼来，启祯遗迹使人哀。将军意气空传首，元老精忠尚乞骸。门户竟为千古戒，封疆岂少一时才。凄凉野史亭前语，逆旅寒灯酹酒杯。"

天水姜文瓛《北游续草·途中谈万历东援古事》云:“安危机决不占旌,东援曾劳启此程。上国藩维关大势,狡奴封贡匿深情。帷筹尚有征辽策,车马如闻渡浿声。萧瑟风泉千载意,天教江汉尽东倾。”

三百年矣,而其士大夫之言如此。明人之待藩属、固疆圉者,未可厚非也。

【兹将教门摘录如下。】

红胡子教

奉天则红胡子教盛行。

魏叔亭《天涯闻见录》云,红胡即红娘教。明崇祯十三年,河南杞县绳妓红娘子作乱。绳妓者,踏软索也。红娘授徒千馀。后以传业多男人,遂更名红胡子。

余按:绳妓,今江湖间多有之。红胡子教信然诺,果生死,与卖伎派别。魏氏所言,未详其据。

【景铭按,余幼时在闽,曾见有踏软索者。】

在理教

在理教,或又作在礼教。

闻其徒言,道光间有邱姓老儒创之,不茹烟,不饮酒,人多归从,因以为教,如是而已。

荒尾则言,其徒死时,奉红灯一围,在里画一圈,言皆在此里。是白莲之支派。

则其字当作“在里”。言“礼”与“理”者,皆欺人之说也。

余又闻其教中规条,有尽日默诵"观世音菩萨"语,或云以佛家六字真言为服气之法。教中人不与教外人婚姻。

曾有娶教外人者,夜祀神,为所娶女窥伺,得其妖幻,欲杀之灭口,后竟出之。人乃始悉其教之异。荒尾以为白莲馀孽,殆不诬也。天津人呼之为白尾道。

日本佐藤宏《支那新论》云,白莲会,佛教之变派,最行于北京、天津。而其一派为红灯派,今渐浸润山东、直隶、山西等处。

清江浦近建一礼堂,亦有方丈,剃髪如僧。又闻其教中人对人自称"礼门"。则作"礼"字者较多,然皆以为名耳。

湖北亦有红灯教。光绪初,涂宗瀛任湖广总督时,此教人谋袭破武昌举事。事泄,诛戮甚众。其馀党有逃至交广间者。

川湘之间,又有灯花教。习其教者斋戒向灯花礼拜七日,而灯花大如车轮,于是更学幻术,自言可避枪炮。

广东又有红莲教,亦以符录传授。

此等皆白莲教之支流馀裔也。

辛卯,在教朝阳叛民,其所奉者为金丹教,亦曰金丹道。今热河一道,尚有传习之者。

《书抄》一百五十八引《三十国春秋》曰:京兆刘弘,挟左道于天机第五山,燃灯悬镜于山穴中,以为光明。盖与今日红灯教类相似。

附录:"适园藏稿"抄本《纯常子枝语选抄》跋语

清文廷式《纯常子枝语》,世所熟称者,有稿本及据以影印者(如台北文海出版社有限公司"清代稿本百种汇刊"影印本),有刻本(如民国双照楼版。台北文海出版社刊印赵铁寒编《文芸阁廷式先生全集》所收录者,又江苏广陵古籍刻印社所影印者,均据该版),以及抄本(如"三好斋"抄本)等。而其由来,殊甚单一,盖胥出于所谓“四十册本”（原徐行可所藏稿本之以册标记者，都四十册）。

此册《纯常子枝语选抄》，系北京图书馆之珍藏，吾初睹于1982年冬，距今三十馀载矣，而当时惊喜，忆犹如昨。之所以惊喜者，则为其别有根源，与所谓“四十册本”迥异也。

《纯常子枝语选抄》，“适园藏稿”摘抄稿本一册。所用为“适园”特制笺册，半叶八行，版心镌“适园藏稿”四字。计抄三十二叶。首叶首行，上题“纯常子枝语选抄”，下署原作者名“文廷式”。乃从文廷式所著《纯常子枝语》手稿选抄，共摘得三十七条。草体墨迹，直行急书。抄者前有小序，自述缘起。抄录之际，又间加标注（或标明某几条摘自何类稿册，或加注于某条小题之下），偶附批语（“景铭按”云云，缀于条后，计有四处）。

而其所摘抄之《纯常子枝语》手稿，据抄者“景铭”氏之小序所述，乃于丙子（1936年）五月十七日，承“文德滋世兄”（廷式九弟文龢之长子），“出示其三伯父云阁先生手录自著《纯常子枝语》，计‘经部’四册、‘史部’五册、‘子部’四册、‘集部’三册、‘教派’十册、‘政治’七册、‘舆地人种’三册、‘术数’三册、‘语言文字’五册，又以册标题者十七册”。

遂可知文氏生前手稿，至少已累积六十一册（可谓之“六十一册本”）。

不仅规模远超所谓“四十册本”，即相比文氏尝自记之《纯常子枝语》稿本目录（“经部共伍本、史部共伍本、子部共肆本、集部共叁本、政治共陆本、教派共拾本、语言文字共陆本、术数共贰本、舆地人种附共贰本”，合计得四十三册。即所谓“四十三册本”），亦显已变动。

试予列表,俾便说明:

稿本名称	"六十一册本"	"四十三册本"	"四十册本"
撰著体例	已分类者44册 另标册者17册	已分类者43册	标册者40册
分类次序	1经部 2史部 3子部 4集部 5教派 6政治 7舆地人种 8术数 9语言文字 10"杂记"(待分类)	1经部 2史部 3子部 4集部 5政治 6教派 7语言文字 8术数 9舆地(人种附)	未分类
分类册数	经部4册 史部5册 子部4册 集部3册 教派10册 政治7册 舆地人种3册 术数3册 语言文字5册 待分类17册	经部5册 史部5册 子部4册 集部3册 教派10册 政治6册 舆地(人种附)2册 术数2册 语言文字6册	未分类, 以册标记者 共40册。

是"六十一册本"较之"四十三册本"、"四十册本",不仅收录内容陡然激增(多出18册或21册);并且厘裁修订,精益求精。

倘将《纯常子枝语选抄》所摘卅七条,在"六十一册本"与"四十册本"中之分别位置,列作表式,仔细对照,则文氏晚年如何重新整理《纯常子枝语》全稿,总体改造意向暨具体调整程度,尤其表露分明。

条文/位置	“六十一册本”	“四十册本”
尚书衔在大学士前	史部	第九册(卷九)
电奏归总理衙门	史部	第九册(卷九)
支那	史部	第九册(卷九)
萨满	史部	第九册(卷九)
西瓜	史部	第廿一册(卷廿一)
菠薐菜	史部	第卅二册(卷卅二)
家产税	集部	第二册(卷二)
家屋税	集部	第二册(卷二)
苏摩遮	集部	第四册(卷四)
毡拿	集部	第四册(卷四)
医学	集部	第卅七册(卷卅七)
红翳子教	教派	无
在理教	教派	无
留髮	政治	第廿册(卷廿)
伸舌	政治	第卅三册(卷卅三)
堂子	政治	第卅三册(卷卅三)
西人短髮长鬚	政治	第卅三册(卷卅三)
辮髮	政治	第卅三册(卷卅三)
剃度	政治	第卅三册(卷卅三)
印度婚姻之礼	政治	第廿九册(卷廿九)
愚民弱民非计	政治	第廿二册(卷廿二)
免贡鲥鱼	政治	第廿六册(卷廿六)
警察缘起	政治	第廿六册(卷廿六)

续表

开宝寺塔	政治	第四十册(卷四十)
寺庙数	政治	第廿八册(卷廿八)
秦所以有天下	政治	第十三册(卷十三)
如意	政治	第卅七册(卷卅七)
班指	政治	第九册(卷九)
人口	政治	第卅五册(卷卅五)
九卿	政治	第卅七册(卷卅七)
挑虾	政治	第卅七册(卷卅七)
皇帝入教	“杂记”(待分类)	【第廿、廿二册(卷廿、廿二),事同说异】
八股误国	“杂记”(待分类)	无
祭太庙诗	“杂记”(待分类)	无
宣宗好梵呗	“杂记”(待分类)	无
史难尽信	“杂记”(待分类)	无
高丽忠于明	“杂记”(待分类)	第廿三册(卷廿二)

其修订痕迹极彰彰者,如论“皇帝入教”事。

“四十册本”之第廿册(卷廿),有曰:“中国帝王之信佛教者,始于汉明帝,而盛于梁武帝。至唐之武后、明之成祖,则皆以惨酷负咎之故,而欲求忏悔于佛者也。中国帝王之信天主教者,或云始于元定宗(见洪文卿《元史译文补证》),而继之者明庄烈帝(见文秉《烈皇小识》),然未译其书,未见于政事,则未知信其教者若何也。若大清圣祖之用天主教人而但采其历算,世宗之深通禅学而不杂于治术,其斯为用中于民者欤。”

“四十册本”之第廿二册(卷廿二),继曰:“文秉《烈皇小识》言明庄烈帝入天主教。余询诸教中人,则言庄烈帝未尝入教。其入教者,皇后周氏及太子耳。太子入教后,主教者以欧洲古圣王之名,名之公斯达。甲申之变,法兰西王路易起兵救明,兵未出而病卒,遂不果。”

逮《纯常子枝语选抄》所摘录之“六十一册本”,乃曰:“天主教中言:明庄烈帝太子入教时,教中取名公斯达。皇后周氏,亦入教。甲申之变,法兰西王路易起兵救明,兵未出而病卒。然不言庄烈帝入教。余记‘文秉《烈皇小识》言庄烈奉天主教’,今以教中之言证之,或传闻偶误也。教士又言:圣祖欲入教,当时主教者以教例不能有妾,故未许。或言圣祖允斥妃嫔,唯有白妃未能走,然后尽奉天主教者。当时天算之学,兼采西人。圣祖道大能容,幾馀格物,询审及之,正未可知,亦不必以为讳也。公斯达,音与君士但丁相近,教中古贤名。又闻明庄烈多招西洋人能造火器者东来。乃明祚已亡,其道经俄国入蒙古境者,咸为本朝所留,国初红衣大炮之类皆此等人造也,适以为新主之资,岂非天哉。”

一而再,再而三,事同说异,迭记而迭改焉。

而吾侪当加注意者,则非仅考据深浅,更在立论斡转,实臻至于“六十一册本”,然后庶几确定。

又宜补说者,“祭太庙诗”、“宣宗好梵呗”、“史难尽信”三条,曾由文龢(榜名廷楷,字法和)抄出,贴附于芸阁先生《闻尘偶记》稿本之末,复缀附跋曰:“以上三条,见于《纯常子枝语》第廿三册稿中,原注云‘记事各条可入之《闻尘偶记》’。甲子五月,龢记。”

甲子,即1924年。文龢殁于乙亥(1935年)。又一年后,值丙子之岁(1936年),“景铭”氏从文龢长子文德滋许,获观并摘录芸阁《纯常子枝语》手稿“六十一册本”,亦收此三条。

先后并抄及焉，唯文龢则谓此三条“见于《纯常子枝语》第廿三册稿中”，且谓原注“记事各条可入《闻尘偶记》”云。“景铭”氏则未提芸阁原注（参据该《纯常子枝语选抄》“摘录”诸条情形，凡文氏加注者无不照录），仅谓乃从《纯常子枝语》“六十一册本”中之“杂记”部分（待分类之以册标题者17册）内，“摘录”而得。彼此出处，其殆同乎、异乎？各条文字，遑论或有差别（如“史难尽信”条之“甲午”、“甲申”）。何敢率尔下判，不妨续为研究可矣。

至于《纯常子枝语选抄》之选抄者“景铭”氏，是否近代著名藏书家族、浙江南浔张氏“适园”之子弟？未敢必也，并祈候高明赐教。

（据2010年3月20日《广州日报》载刊，滕磊《儒商巨宅懿德堂》所述：南浔“适园”创建者张钧衡，字石铭，号适园主人，殁于1927年。子张乃熊、孙张珩，努力传承，所藏善本达1200部，包括宋刊本88部、元刊本74部。1941年为防日寇劫掠，藏书捐赠中央图书馆，今成为台湾“中央图书馆”古籍善本书库之基本库藏。）

要之文氏著述等身，而计划之大、卷帙之多、用力之勤、坚执之久，皆独以《纯常子枝语》为冠。自癸巳（光绪十九年，1893年）春间开笔，迄至甲辰（光绪三十年，1904年）仲秋逝世，十易寒暑，反复磨琢，精雕细刻，不厌其烦。惜夫未付剞劂，遽归道山。定稿足本，规模究竟若何、真貌到底恁样？终成近代学术一大谜案。生前遗稿，最接近足本规模者，固非“六十一册本”莫属。而“适园藏稿”抄本《纯常子枝语选抄》，虽条数寥寥，唯其恰恰摘自“六十一册本”也，故于深入了解文氏《纯常子枝语》撰著实情，意义非浅，岂不信然。

川沙汪叔子谨识

2014年5月25日于广州

卷十　笔记下

《东塾读书记》评语*

《东塾读书记》卷六第十四叶:《四库总目提要》云:“朱子从郑樵之说,不过攻《小序》耳。至于《诗》中训诂,用毛、郑者居多。”澧案:《朱子语类》云“文、武以《天保》以上治内,《采薇》以下治外,始于忧勤,终于逸乐。此四句尽说得好。”《小序》之精善,朱子未尝不称述之也。

文廷式评语:朱子攻《小序》,似无可偏护,不必强为说也,朱子虽有误,自不害为朱子。吾师处处为弥缝,转觉无谓耳。

《东塾读书记》卷九第十五叶:朱子之补《大学》,不必补也。然所补之说,则无可疑也。疑之者约有两端,一则以一旦豁然贯通,为不知何日也。然不读其上句云“至于用力之久乎,用力久者,必有贯通之一旦”,朱子安能为后人定其何日。而后人反疑其何日,适足见其未尝用力之久而已矣。

文廷式评语:一旦者,悟之说也,不必曲为解说也。此等皆我

* 据王欣夫《蛾术轩箧存善本书录》(鲍正鹄、徐鹏标点整理,上海古籍出版社 2002 年)“庚辛稿”卷三。谓文氏评点并题跋者,为“清番禺陈澧撰”、“《东塾读书记》十三卷又三卷(五册)”,“道希原本旧在刘氏嘉业堂普通书库中,因倩人传录”而得云云。似仅摘抄(且似专摘驳语),尚非文氏评语全部耶?文氏之跋,今另收于《文录》卷内。按,文氏记陈兰甫先生语录甚多,见氏所著《纯常子枝语》及多种笔记内,可参阅。

师过求斡旋处，适以开人不尽信从之端耳。

《东塾读书记》卷十一第一叶，论《尔雅》，谓：其后则有以汉代经注增入者，如《释训》“是刈是濩。濩，煮也”。此显然取之《毛传》矣。

文廷式评语：此语断不敢从。

《东塾读书记》卷十二第十一叶：《晏子春秋》毁诋孔子者五章，刘向第录以为非晏子言，疑后世辨士所为者。澧谓盖墨氏所妄造也。

文廷式评语：毫无实据。

《东塾读书记》卷十一第五叶：澧少时尝刻所作《六书说》，有人抄袭之，刻入彼所著书。

文廷式评语：此指林昌彝而言①。

---

① 《蛾术轩箧存善本书录》录文氏此评语讫，续曰“林氏《三礼通释》，相传抄袭他人之稿，得此而益可证信”云。

《陆操新义》圈点批语*

陆操新义

德国提督康贝　撰

弁　言

是书于同治五年战事后辑录发印，其大旨即本是年战事。先论一哨[①]自战、全营合战。次论不许乱发枪子；又敌兵虽有最捷之后膛枪，我兵亦应奋勇前攻，不可坐守。终论攻法以何种排列为最善。

是书既出，人皆争先快睹，屡次排印。及同治十三年第四次排印，虽加增改，尚有未尽。今光绪七年，参考近年战事，复又增加而第五次排印之。

因十年前德、法之战，所增见识，互有同异，故是编采折衷之

---

* 据文廷式手迹，题为编者代拟。原圈点批题于李氏木犀轩藏书《陆操新义》（上海同文书局据光绪甲申天津机器局摆印本缩印，卷上、卷下共二册）之“卷上”册内。文氏圈点，原有墨圈、墨点两种，今照式录之；批语，原皆墨书于天头，现根据内容移于文内，加黑鱼尾括号表示。

① “哨”，原印本作“队”，兹依徐建寅于李氏木犀轩藏本之上所加手校旁改墨迹作“哨”。下同不另注。又，原印本中凡属军队编制之“行”字，徐氏皆校改作“排”。

论，专以切用为主。今之陆战与古异，故操法亦异。如马兵亦应用以交锋，而不但冲散敌人；子母枪应令攒击一处，以取必胜。所以近年马兵、炮兵俱按此意改立新章。其步兵于同治十三年新定毛瑟枪，试验多年，至光绪三年始改定发枪章程，以臻尽善。而武备诸书论及发枪之事，犹言人人殊，故德军之训练亦未能一律。

然有数事已渐能折衷一是矣。其一，昔人谓敌在远处应击以枪。厥后渐知敌在远处或有房屋遮蔽，发枪无益。今知此时应用炮击，及己兵前攻逼近方可发枪。惟见有敌兵攒众及敌人炮行处，则可用枪遥击；其遥击只可派若干兵发枪，不可令全队发枪。其二，凡用守法时，只可在枪准用平线界内发枪；不必于用抛物线之远处，多耗子药。【此可知枪虽及远，无大益处。】

光绪五年西四月二十四日，德君谕颁步兵发枪之例，迄今营官照办、不准乱发。十年以来，详加试演，渐改步兵操法。因部颁之操法书屡有增改，凡一切设想之交锋事，无不具备；且十年前万不可用之旧法，无不列入。

是以近年宿将，往往各抒心得，以撷取操法之菁华，而别辑成书。然不过所辖之处奉行是书，一经升调，后任即改易其操法。

是以德国各军应操，一律交锋、一律发枪，为最要之事。其马、炮、步三种内最要者为步兵，尤应用一律之法以操熟之。则无论何处兵官，可以管辖此兵如臂使指矣。

今之知兵者俱论及操法应用一律。有一宿将云步兵应奉操法为经典，以为必胜之券。平时须人人娴习熟烂，视为性命。临阵时虽领兵者阵亡，而每兵犹知如何守、如何攻。故善操步兵者，不必用繁法，可随地随时变通之。法苟太繁，则交锋时不及出令调度、反有参差舛误之患矣。

今是书大旨，系将十年以来、各武备书所同之交锋新法，一一指明，俾读是书者可一律照以熟演，以备交锋之用。约举其最切用者有二十事：

一、列队之式。【略】

二、凡决胜负之步兵列队式。【略】

三、凡在林中交锋，或派小队用枪刃冲阵，以与发枪者偕进，用以驱敌至林之边界。既及边界，急列大众以发枪，亦不必用小队。凡在大林内交锋，用兵太多，反难取胜。如不得已而相遇于林内，则不必派多兵迎击，只统兵缓进以阻之，因决胜负必在林之边界也。有名将数人视林中交锋为要事，其实非是。

四、凡决胜负，不恃远处发枪，亦不恃命中之枪。只宜在相离不远处，虽枪准略差，仍可取中。惟须群枪攒击，务在必胜。故不用抛物线而用平线界内发枪。凡欲自远处击敌人之炮行及敌兵聚处，可于后面接应中分派前往以遥击之，勿派成行之前敌兼办此事以纷其心也。

五、若用巧妙之法以冀幸胜，与交锋之道实有大害。【略】

六、能管理兵丁勿乱发枪，为最要之事。操法章程，有数种发枪之法。或按令酌发，或全火线齐发，或散开之小综按令酌发，以上数法较良于每人按己意发枪，以乱耗子药。欲免乱耗子药，故必先于要约：每人按己意只准发若干子，不准多发；苟非意外急事，不准速发连发。

七、管理发枪者，须择要处攒击，而击之不必太久。其应击何处，由哨官作主。如非一哨全发而分为数排①，则须一排齐发。

① “排”，原印本皆作“行”，兹据徐建寅手校旁改作“排”。下同不另注。

八、欲易于管束发枪之事,则排之次序万不可乱。且别哨之兵,不可搀和于本哨。又须前面散行按己意发枪,能不添他行相助,愈久愈妙。【略】

九、欲决胜败,应用枪刃前冲,决不可令兵丁意中以为但发枪已可胜敌也。有许多次交锋,定须用此冲法,虽不能伤人,却能破敌之胆。【此则不必以胜敌,因枪刃非利器也。】凡村落树林或夜间或子药将罄时皆可用之,不可以为冒险而不用也。

十、凡不能攻而必用守法者,须作陆路暂筑之濠垒。而其用攻法时,惟既得进步恐不能坚稳时,方准用铧。然一用铧,则攻法改为守法矣。

十一、如敌兵既踞可恃之地势,决不可从其前面直攻,须先以多炮击乱之。但练守法时,须并演敌人从前面攻我,而我由濠垒冲出,以守法改为攻法,则兵丁自无败退之志。【地营自可用。】

十二、既用上法,发多炮以击乱敌兵,须乘敌兵未补缺时急为攻入。

十三、凡用攻法,须常思包抄敌兵之腋。如我用守法,而我腋无坚固处可恃、亦防敌之包抄,则宜用雁行阶级式以保之。

十四、凡马兵来攻时,步兵不必改式,只就原立之式速发多枪以御之。

十五、凡操法章程已有之式,不可大改,恐有妨碍。【如有精于军事者,似亦无妨大改。】

十六、今论者谓一哨应分四排,然无大益,不如仍用三排为妥。【略】

十七、如有数哨在一处前走用攻法……【略】

十八、今人谓一营行走之式,可改为横行走或直行走……【略】

仍不如会集行走之便于排开迎击。

十九、一营作前后两排之旧法,决不可用。

二十、如欲精练步兵以为迎敌之用,除要事外不可令习。其要事惟易于移动而不乱,易于排开以迎击,向前用攻,立定用守,退回不乱,不论如何情形,兵官可运诸掌而已。据历年战事所得见识,凡两国兵器相埒者,何国之兵灵便,即何国能制胜。所有一切巧妙排列之法,全无用处。若战时征调备兵以补额,恐太生疏,则其排列之式,愈简便愈稳当。【此可知阵法亦不必多。】但所有简便之法,必须操演极熟,或两排作前敌,或出队散开,均须不离兵官调度,不致参差杂乱。

盖其最切要者只在一哨之操演极熟;一哨既熟,则一营、一军可扩而充之矣。

西历一千八百八十一年,康贝识

卷一　一哨走动操法

按德国操练章程,凡排开走动之式……【略】俱令一闻号令立即变动。【略】但操练时形式不可呆板,须使各兵能自理会,而不使多费记忆。【略】

第一节　密行走队

【略】又如兵已惯习不按次之排开,任何改式,俱不紊乱,则应令各兵咸知赶速排开,以先敌发枪为莫大之益。【略】

第二节　散行操法

【略】大约排官于临战时入营,或与本排不相习;而哨官则平时训练其哨兵①,无论正兵、备兵皆所熟悉,是哨官可以鼓舞其勇气。故以一哨合为一体,最为要事。倘夹乱数哨人于一处,不识管带之人,而骤令前攻,必不易鼓其勇气。所以用攻法时,最要者为引火线之路,不令乱走乱发枪。【略】

【略】观以上情形,则应操之事如下:【略】七、用冲阵,能一气向前若干。【此即习走。】八、应演全哨聚拢,并力冲阵。【略】

第三节 管理发枪

【略】故凡操练时,应将一切管理发枪之事,逐一熟演;但须开火多次,方能熟悉。或云每兵散开时、可按己意交锋,虽亦有理,然不可信任太过,恐不能管理其发枪也。【此亦一说,然操练时则无法以使之。】

管理发枪应理会者六事:一、应选地势利便易于用枪之处。既须看前面无遮碍之物,又须自己有所蔽护。其蔽护不准每兵各随己意之便,而须一综共寻一蔽护之处。【略】

五、论发枪起讫之令:凡用攻法,起枪之时愈迟愈妙;用守法时,敌到平线界,恰为起枪之时。盖发枪者意在歼灭敌人,非恐吓敌人也。【略】【陆军最要之说。】

第四节 枪刃冲攻

【略】

军器附论

【略】但行军之要,首在养气,凡沮我兵之勇气者尽宜除去。【略】

① “哨兵”,原印本作“队”字,兹依徐建寅手校旁改作“哨兵”二字。

【略】布国自大选公伯仑布克起,历代以来,确见冲阵一事,与布国人性相宜。【大约中国人性尤相宜。凡用兵必随各处人性情,此事最要。】因枪与刀有双倍之猛利也。【略】

总之,各兵宜减轻衣物,而多带枪子为要。如日后另备一步兵军器,能与近世战法相合,必更有益。然须在操场演熟快快散开、快快冲阵等事,不论何种军器,总以此等事为最要。务令每兵自知不论何时何事何向,能阻能攻、能鼓其勇气以取必胜。

【冲阵,则宜兼习技击之法。此专就枪刃求效,不足惧矣①。】

卷二　一哨交锋操法

【略】总论交锋应藉地势:【略】

在平地操时,其发枪略可通融。而在藉地势处,定须严管发枪。哨官命其官弁,每发枪一次,须定所击之处,及若干标尺、挨发、速发、齐发等事,并告明何种击法有何用处,俾各官弁能分带兵丁以自管理之。其官弁再转告其辖下之兵,每换一交锋之法、交锋之地,必须略为休歇,令排官、综弁详告其兵以所以然之故,所以应换之故。【此即教以学问。】俾兵丁共知其大意,共知其用处,久之而理法愈明,兴致愈豪,勇气愈奋矣。【略】【孙子云"能愚士卒之耳目,使之无知",与此正不相妨。】

凡操交锋,可分为十一法:一曰守法,二曰攻法,三曰地势不同之退法,【无山战,何也?"地势不同",即山战也。】四曰御马兵法,五曰林战法,六曰窄地战法,七曰村坊战法,八曰堡垒战法,九曰虚挡法,十曰侦探法,十一曰仓卒应敌法。【略】

---

① 此条批语,原书于《军器附论》文后版中空白处。

其各种地势不同,均须逐一演习,勿常在相同之地多操。【略】

第一节 守法

凡哨官须格外用心练熟其官弁兵丁,使知德兵之制胜,全在用守法时之能尽其长。【略】

【略】如地势无可藏伏,则须速掘避枪之濠。【略】【此地营所以可用。】

【略】凡遮蔽之地太多不能远望,则不可太散开。宜挤近前进,而保护两腋为尤要。【略】

【略】故必待万不及发枪之时,方用冲阵之法御之。

第二节 攻法

【略】总以前有地势可遮蔽者先进,而无遮蔽者继进。此等渐进之法,为近年交锋最要之事。【略】

【略】虽各兵按己意发枪,较之按令齐发伤敌更多,然齐发则声势甚猛,可令敌人生畏;且齐发则可令众枪聚击应攻之处,故仍以齐发为良。【略】

【略】各书屡说近敌时不能用按令齐发之法,然总须设法试用,愈久愈妙,俾官弁可易于管束也。昔大佛里德有挨队①按令齐发,虽距敌数百步以内,我兵半已受伤,仍可于发枪后奋勇前冲。其时布国步兵,每分时仅发枪四五子,犹能于近敌时按令齐发。何况今之新枪便捷,有遮蔽处可择,且有俯伏之法,何难按令齐发乎?【临敌时恐究不易齐发。】

---

① “队”,原印本作“段”,兹依徐建寅手校旁改作“队”。

【略】既用冲法，万不可停，须直向前跑。既跑即不必发枪，惟有一意前冲而已。【略】【跑时能发一二次枪，有何不可？俟再考察。】

第三节　地势不同之退法

【略】凡有高低之地，前后两次新立之阵不远，即可成前后二火线交互迭退之法。【略】

【略】如敌兵在崎岖凹凸之地，乱走来追，我可用大半攻敌之旁，用小半择地以击其前，则大可取胜。此事亦须多演。可令作假敌者用各种走法以演之。又须每日末次操以此事，以熟习转败为胜之法。凡在崎岖处操演退走之事，应另派一弁带小综先退，以巡察后面地势情形。【略】

第四节　御马兵法

【略】只须定准发枪，必能御马兵，不必先为恐怖也。【略】

【略】凡大街或两行大树间之大路，万不可扎兵。因马兵无旁路可让，定须冲过也。设我兵正在此等路上经过，而有马兵冲来，只可急让于路旁，或树间、或路旁低处，藉地势以发枪击之，乃为有益。凡在此等路遇寻常马兵冲来，须避于马左以避其刀。若遇乌仑杆马队，须避于马右以避其杆。【略】【此处不甚得法。】

【略】凡哨成伍时，忽遇马兵来，莫妙于用两排前跪后站之四层，按令发枪；第三排分两半以赴左右。但此事必须熟演。【略】

第五节　林战法

【略】但有一哨从林中走过，则哨之四周须均有保卫，以防敌兵来袭。【略】

第六节　窄地战法

【略】凡敌人守窄路前口者，我应择一高处发炮，击入窄路；以占得此高处为攻法之要。或击其两翼以令其退入窄路。凡如此发枪以用冲法者，统领须详察敌兵之动静，俟敌兵一退，我全军即紧随追逐。此时可一齐进攻，不必留把后之大众矣。【略】

第七节　村坊战法

凡村庄及农舍中，演习殊非易事，因恐骚扰居民也。故但可常往观看形势，指示以日后遇此应如何办理。

其指示有五：一、为攻边守边之法。应示明守边为最要，用何法以使村边坚固、不被攻破。凡坚守之一段，其后面墙藩俱须改成曲屈路之门，令我兵前后相通，前敌者易于退伏，后路者易为接应。【略】

二、为村庄路口之攻法、守法。【略】

三、为村内所有钟楼寺塔及乡绅巨宅，用何法加坚，以代内堡之用。四、为村内如有一段可以坚守处，应用何法加其坚固。五、为有挤密之小综，在街巷如何交锋。【略】

凡有乱民须在大城街道弹压之者，先令不干涉之良民徙避，勿被乱民煽惑胁从。

其攻乱民，勿用空枪恐吓，须实用子药。但先申告诫令三次，再不投降，即发枪击之。倘略存姑息，乱民必益肆横。故先多发枪子，继用枪刃冲之。

倘街道有阻物，则由两旁房屋中兜转，或破壁以通之。在街道之转角处及高处，应扎兵守之。如我兵以挤密队过乱民所居之坊巷，则街道两边应多用散开之兵，以击伺击之敌人。此发枪者须靠壁而行，因苟有重物掷下，大约非靠壁下坠，可以不甚受伤也。但不可轻于拿人，只以枪刃刺之而已。

凡教训兵丁时，须令共知乱民非比他国敌忾之兵，惟有尽歼之一法。【西洋办乱民之法，其严如此！】但兵丁入室，万不可抢掠财物。除兵官令收粮食之外，即一草一木，亦不准擅取。凡有机会，必应教训其兵，常为正人君子，切不可抢掠奸淫，以丧官兵向来之品望。

第八节　堡垒战法

【略】其升梯急爬之法，尤为最要。因今之敌枪及远而命中，故欲破敌堡，必于黑夜各带长梯疾趋爬登以破之，则我兵之受伤较少。【用散炮台御敌者，当知此说。】近来深知用此法以破不连之子堡，犹愈于作平行道旷日持久而受伤者更多也。【略】

一、为守堡法：【略】凡守堡之兵，不必全住于堡内。须以大半人避伏于堡之左右，及后面敌炮不及之处，或有遮蔽之处。【略】凡敌人屡次来攻，我屡次击退之法须有变换。【略】

二、为攻堡法：【略】渐近敌堡，见有敌兵自壁上出头，即发枪击之。其馀步兵藉地势前进，愈近堡愈妙。随即派人窥探其堡之形势、人数及阻物。其攻处须在各堡所成线之凸角，以便两路攻入。【略】凡战时，足额之一哨攻一环堡，则一半发枪，一半冲入。其冲兵之前，亦有工兵以拆其阻物。如攻一开堡，则攻法不同。或一半绕后，以攻敌人之大众，而其馀发枪渡濠；或从后面冲入。须按地势为之，俱有工兵与之偕行。【略】

第九节　虚挡法

【略】如地多凹凸，恐一哨不能散开，则用半哨散开，而以又一半随于后。但接应之各综，须与火线相近。凡有如此虚挡之交锋，宜借凹凸之地势为较便，故操时亦宜于此等地演之。又因散开甚远，须预告以散开时仍须遥相接连，勿惑于迷路。虽战时一哨之兵尚不敷散开，而不得不以一哨演习之；或数哨之哨官商明合演，兼有假作敌兵之人。——则官兵更可共明其理法矣。【略】

第十节　侦探法

【略】凡欲为此[①]，须藉地势高低，以便渐近敌军。其最便者，在昧爽时攻入，忽然破其守线，择据一高阜以觇敌兵之虚实。【略】

第十一节　仓卒应敌法

【略】凡夜间劫营，枪内万不可有子药；如遇敌兵发枪，万不可还枪，只以冲法攻之；如不能攻，只可退回。【略】【此不甚可从。】

附：《陆操新义》目录

---

① “此”，系指该节上文所述在平地、山地及凹凸之地如何分别派出马、炮、步兵以实施侦探之法。

第二节　攻法

第三节　地势不同之退法

第四节　御马兵法

第五节　林战法

第六节　窄地战法

第七节　村坊战法

第八节　堡垒战法

第九节　虚挡法

第十节　侦察法

第十一节　仓卒应战法

——以上为第一册“卷上”

卷三　一营操法

第一节　一营走动法(第八图至第十三图)

第二节　一营交锋法

第三节　一营列阵法

第四节　一营用攻法

第五节　一营用守法退法

卷四　合军操法(第十四图至第十八图)

附录一　论一行所分综弁

附录二　操新兵作散开火线(第十九图)

附录三　大操时官弁规条

附录四　论一队人数

李凤苞:《陆操新义》译成书后

——以上第二册“卷下”

释典札记*

一、《出三藏记集》摘抄

《出三藏记集》卷第四(上)　梁释僧祐撰

《新集续撰失译杂经录第一》

祐总集众经,遍阅群录,新撰失译,犹多卷部,声实纷糅,尤难铨品。或一本数名,或一名数本;或妄加游字,以辞繁致殊;或撮半立题,以文省成异。至于书误益惑,乱甚棼丝。故知必也正名,于斯为急矣。

是以雠校历年,因而后定。其两卷以上凡二十六部,虽阙译人,悉是全典。其一卷以还五百馀部,率抄众经,全典盖寡。观其所抄,多出《四含》、《六度》、《道地》、《大集》、《出曜》、《贤愚》及

* 据《文芸阁先生全集》排印稿本,所标总题曰《出三藏记集卷第四(上)》。惟考其内容,则摘抄《出三藏记集》者未限"卷第四",并及"卷第五",且条数甚少。而泰半篇幅,实乃文氏阅《宗镜录》及《华严经》之札记批语。(另一条录密禅师书。又一条论"释文之例"评及《庄子》释文,则非释典。)故今改拟《释典札记》以为总题;又依其内容裁作三分部,各冠小题,曰"《出三藏记集》摘抄"、曰"《宗镜录》札记批语"、曰"《华严经》札记批语"。此篇撰作时间,依文氏篇中自记,当在光绪十六、十七两年间。

《譬喻》、《生经》，并割品截偈，撮略取义，强裂名号，仍成卷轴；至有题目浅拙，名与实乖。虽欲启学，实芜正典，其为愆谬，良足深诫。今悉标出本经，注之目下。抄略既分，全部自显。使沿波讨源，还得本译矣。

寻此录失源，多有入经，详其来也，岂天坠而地涌哉？将是汉、魏时来，岁久录亡；抑亦秦、凉宣梵，成文届止，或晋、宋近出，忽而未讲，译人之阙，殆由斯欤？

寻大法运流，世移六代，撰注群录，独见安公，以此无源，未足怪也。夫十二部经，应病成药；而传法沦昧，实可怅叹。祐所以杼轴于寻访，崎岖于纂录也。

但陋学谀闻，多所未周；明哲大士，惠缝其阙，言贵珙璧，况法施哉！

宝顶经一卷　永元元年出，时年九岁。

净土经七卷　永元元年出，时年九岁。

正顶经一卷　永元元年出，时年九岁。

法华经一卷　永元元年出，时年九岁。

药草经一卷　永元二年出，时年十岁。

太子经一卷　永元二年出，时年十岁。

波罗李经二卷　中兴元年出，时年十二。

优娄频经一卷　中兴元年出，时年十二。

盖益经二卷　天监元年出，时年十三。智远承旨。

般若得经一卷　天监元年出，时年十三。智远承旨。

华严璎珞经一卷　天监元年出，时年十三。智远承旨。

喻陀卫经一卷　天监四年台内华光殿出，时年十六。

阿那含经二卷　天监四年出，时年十六。

妙音师子吼经三卷　天监四年出，时年十六。借张家。

出乘师子吼经一卷　天监三年出，时年十五。

胜鬘经一卷　永元元年出，时年九岁。

优昙经一卷　永元元年出，时年九岁。

妙庄严经四卷　永元元年出，时年九岁。

维摩经一卷　江家出。

序出世经一卷

右二十一种经，凡三十五卷。

经如前件。齐末太学博士江泌处女尼子所出。

初，尼子年在齠龀，有时闭目静坐，诵出此经，或说上天，或称神授，发言通利，有如宿习。令人写出，俄而还止，经历旬朔，续后如前。京都道俗，咸传其异事。

今上敕见，而问其所以。其依事奉答，不异常人。然笃信正法，少修梵行。父母欲嫁之，誓而弗许。后遂出家，名僧法，住青园寺。

祐既收集正典，捡括异闻，事接耳目，就求省视。其家秘隐，不以见示；唯得《妙音师子吼经》三卷，以备疑经之录。

此尼以天监四年三月亡。有好事者得其文疏，前后所出经二十馀卷。厥舅孙质，以为真经，行疏劝化，收拾传写。既染毫牍，必存于世。

昔汉建安末，济阴丁氏之妻，忽如中疾，便能梵语；又求巫笔，自为梵书。复有西域梵人，见其此书，云是别经。推寻往古，不无此事。但义非金口，又无师译，取舍兼怀，故附之疑例。

《出三藏记集》录下卷第五

般若经问论集二十卷　即《大智论抄》。或云《要论》,或云《略论》,或云《释论》。

右一部凡二十卷,庐山沙门释慧远以《论》文繁秩,学者难究,故略要抄出。

二、《宗镜录》札记批语

《宗镜录》卷廿七引《禅经序》云:质微则势重,质重则势微。如地质重,故势不如水;水性重,故力不如火;火不如风;风不如心。心无形,故力最无上。

《宗镜录》廿八云:众生自心处,内有八瓣,和合成莲华。凡夫华无开发,圣者华已开发。此未开发华萼上有九孔,名"差别金刚门";此华茎上有一大孔,是名"大藏金刚门"。

又,二十九,引《法华方便品偈》云:正直舍方便,但说无上道。此正不指世间为正,不指萤火析智为正,不指灯炬体法智为正,不指星月道种智为正,乃指日光一切种智为正。

卷七云:菩萨亦修净世界愿,然后得之。以是故知因愿、受胜果。

卷九云:陆地生华,须曼提为第一;水中生华,青莲华为第一。

又云:释迦牟尼佛在阎浮提中,生在迦毗罗国,多游行东天竺六大城。有时飞到南天竺亿耳居士舍；有时暂来北天竺月氏国，降阿波罗罗龙王子；又至月氏国西，降女罗刹，佛在彼石窟中一宿，至今佛影犹在；有时暂飞至罽宾国隶跋陀仙人山上。

卷十：瞻蔔黄华树，阿输迦无忧华树，婆诃迦罗赤华树。

又云：佛亦不分明说五道。说五道者，是一切有部僧所说。婆蹉佛妒路部说，说有六道。

卷十一：般若波罗蜜，是菩萨摩诃萨法。佛何以告舍利弗，而不告菩萨？答曰：舍利弗于一切弟子中智慧最第一。舍利弗八岁升座，一切皆伏。

又云：金地国王死，其大夫人自投火积，求同一处。而此二人行报各异，生处殊绝。

大目速神足第一。

又问：何以初少为舍利弗说，后多为须菩提说？答曰：须菩提于弟子中得"无净三昧"最第一。无净三昧相，常观众生，不令心恼，多行怜愍。

又，舍利弗，母名。舍利弗者，秦言"子"也。时人贵重其母，于众女人中聪明第一。

又云：出入息中，有十六行。一、观入息，二、观出息，三、观息长息短，四、观息(偏)〔徧〕身，五、除诸身行，六、受喜，七、受乐，八者、受诸心行，九、作喜，十、心作摄，十一、心作解脱，十二、观无常，十三、观散怀，十四、观离欲，十五、观灭，十六、观弃舍。

又曰：无漏慧根，名般若波罗蜜。

又，须弥山，曰：边风起，不能令动；至大劫尽时，毗蓝风起，如吹烂草。

又云:大月氏弗迦罗城中,有一画师,名千那,到东方多利陀罗国。地理①。

又云:如绢如布,众缘合,故成。除丝除缕,则无绢布。

又云:法布施以四种四藏教人,一、修妒路藏,二、毗尼藏,三、阿毗昙藏,四、杂藏。略说以二种法教人,一、声闻法,二、摩诃衍法。

卷十二云:问曰,身有二种,粗身及细身。粗身无常;细身是神,世世常去,入五道中。答曰,此细身不可得。若有细身,应有处所可得。如五藏四龙,一一处中,求皆不可得。问曰,此细身渐细,初死时已去;若活时则不可得求。汝云"何能见",又此细身非五情能见能知,惟有神通圣人乃能得见。答曰,若尔者,与"无"无异。如人死时,舍此生阴,入中阴中,是时今世身灭,受中阴身,此无前后,灭时即生。譬如蜡作印,印泥,泥中受印,印即时坏,成坏一时,亦无前后。是时受中阴,中有授此中阴;受生阴,有汝言"细身"。而此中阴,中阴身无出无(人)〔入〕,譬如然镫,生灭相续,不常不断。

卷十五:菩萨于诸烦恼中,应当修忍,不应断结。何以故?若断结者,所失甚多,堕阿罗汉道中,与根败无异。是故遮而不断,以修忍辱,不随结使。

---

① 此二字,原系"又云大月氏国弗迦罗城中……"条之天头眉批。

卷十六:精进,名心数法,勤行不住,相随心行,共心生。或有觉有观,或无觉有观,或无觉无观。

又云:菩萨精进,修行一切善法,大悲为首。复次菩萨精进,以实相智慧为首。

角鸮。狝玃。

活地狱。黑绳地狱。合会地狱。阿鱼地狱。炭坑地狱。沸屎地狱。烧林地狱。摩诃波朗摩地狱。切利天。四天。他化自在天。楚众天。梵辅天。八炎火地狱。炭坑、沸屎、烧铜、(钊)〔剑〕林、乃道炼铁、刺林、碱沙、林橛。八寒冰地狱。頞浮陀、尼罗浮陀、呵罗罗空声、阿婆婆同上、睺睺、沤波罗、波朗摩、摩诃波头摩。

卷十七云:罗睺罗母,《本生经》中说释迦文菩萨有二夫人,一名瞿毗耶,二名耶输陀罗。耶输陀罗,罗睺母也。瞿毗耶是宝女,故不孕子。耶输陀罗以菩萨出家,夜自觉妊身,六年不产。诸释诘出:菩萨出家,何由有此?耶输陀罗言:“我无他罪。我所怀子,实是太子之所体胤。”诸释集议,闻王,欲如法治罪。瞿毗耶白王:“我常与共住,知其无罪,愿宽恕之。待其子生,知似父不,治之无晚。”佛六年苦行既满、初成佛时,其夜生。罗睺罗王见其似父,爱乐忘忧。

又云:一切烦恼皆能染著,何以俗名爱为味?答曰,爱与禅相似。禅则摄心坚信。爱心专著难舍,又于求禅时心专欲得。爱之为性,欲乐专求。欲禅定,不相违故。

卷十八云:三乘是实智慧,馀者皆是虚妄。如除摩梨山,一切无出旃檀木。

又云:外道经中,有听杀、盗、淫、妄语、饮酒。言为天祠咒杀,无罪。为行道故,若遇急难,自全而杀小人,无罪。又有急难,为行道故除全,馀者得盗以自全。除师归、国王、夫人、善知识者,馀者逼迫急难,得邪淫为师及父母、为牛、为身、为媒。故听妄语空乡;听饮石蜜酒,天祠中或听尝一滴二滴酒。佛法中则不然。

卷十九云:譬如龙王降雨,普遍天下,雨无差。则大树大草,根大,故多受;小树小草,根小,故少受。

又云:菩萨久信生死往来五道,不疾取涅槃。

又云:和合生者,无有自性。无自性,故是则为空言,故不可取。不可取相,是涅槃。

又云:多精进,故心散乱。摄心调柔,故名不意足。身念处、受〔念处〕、心〔念处〕、法念处,是为四念处。身应多观不净,受多观苦,心每观无常,法多观无我。

卷二十云:于作业中思最有力。

又云:以一慈心视之,如父如母如兄弟姐妹子侄知识,常求好事,欲令得利益安稳。如是心,遍满十方众生中。

卷廿三云:觉观能〔生〕三昧,亦能坏三昧。譬如风能生雨,亦能坏雨。三种善觉观能生初禅;得初禅时发大欢善觉观,故心散还失。是故但说觉观。

卷廿四云:如释迦牟尼佛,若先不行六年苦行,而呵言非道者,无人信受。是故自行苦行,过于馀人。成佛道时呵是,善行道人皆信受。是故亦波罗蜜后次第行声闻法。

又云:声闻法有量有限。自此已下,是诸佛法,甚深无量。菩萨未得,故言欲得此事,当学般若波罗蜜。

佛十力。如实如。以宿命智力,筹量众生光所从来。

又云:女人当不得转轮圣王,何况作佛。

又云:二种业,必受报业、不必受报业。

又云:佛游诸国,虽出家行乞,而五百乘车,载王取食业中生烦米随,饭百味羹。

又云:不如尽火随众生应生处处安置。

又问熟不熟义,可尔临死时、少许时心?云:何能胜终身行力?答曰:是心虽时顷少,而心力猛利,如火如毒;虽少,能成大事。是垂死时心,决定猛健,故胜百岁行力。是后心,名为大心。

释文之例,但解音义。惟《庄子·外物篇》"视若营四海",《释文》云:夫劳形役志以应世务,失其自然者也。故尧有亢体之喻,舜有卷缕之谈,周公类之走狼,仲尼比之逸狗,岂不或信哉!此条自为论议,与原书无涉,实释文之变例也。

世间二事不可得。若不可得,当知假名为世间。出世间,但为破世间。故说出世间。

卷廿八云:有二种菩萨。一者法性生身菩萨;二者为度众生,故方便受人法身,生净饭王家。是菩萨,坐树王下,具六神通。

波梨国四十比邱,俱行十二净行,来至佛所。佛为说厌行。佛问比邱:五恒河伽蓝牟佛萨罗由阿脂罗婆提摩醯,从所来处流入大海,其中间水为多少?又云:计一劫中,一人积骨,过于鞞浮罗大山。此山,天竺人常见。以易信,故说。地理①。

卷二十九云:又如吹贝,用气甚少,其音甚大。

又云:随喜生,胜于布施持戒。

又曰:有二种三昧,一种慧解脱分,二种共解脱分。前者慧解脱分不能入禅定,但说未到地中三昧。此中说共解脱分,具有禅定。解脱三昧有二种,一者离欲时得,二者求而得。

又云:禅定智慧,是法最妙。有此二行,所愿皆得。如鸟有两翼,能有所至。

又曰:身口意业寂灭不动,是为大精进。动者,为少精进。

又云:闻慧为少,思慧为大。思慧少,修慧大。修慧为少,方(使)〔便〕慧为大。

又云:菩萨初生,七日之中,裹以白毡,示诸相师。相师以古圣相书占之,以答王曰,我谶记法,若人有三十二相,在家当为转轮圣王,出家当得作佛。

卷三十云:阿育王小儿时,以所重土持用奉佛,得阎浮提王一日之中起八万塔。

又云:有二种愿,一者可得愿,二者不可得愿。不可得愿者,有人欲筹量虚空、尽其边际,及求时方边际等愿,皆不可得愿。可得愿者,钻木求火,穿地得水,修福得人天中生,乃至得诸佛法王,皆可得愿。

---

① 此二字,原系“波梨国四十比邱……”条之天头批语。

又云:有诸天衣,无有经纬,自然树出;光色轻软。

又云:六欲天者,四王天等于六天中间,别复有天,所谓持缨终天、戏忘天、心惠天、昌足天、乐见天。

又云:阿修罗力与三十三天等。

又云:禅定,名实智初门。令智慧澄静,能照诸法。若依禅言,能令瓦砾变为意珠。

卷三十一云:乐从苦因缘生,亦生苦果报。

又云:心不住,为无常相。

又云:内法名为六情,外法名为六尘。

又云:身观不净,受观是苦,心观无常,法观无我。

又云:空破一切法,已空亦应舍。故须是空空。

又云:随心不已,慈心则灭,邪心则生。

又云:金刚著龟骨上,以山羊角打破,则知不牢固。阿修罗王立大海中,膝出水上。以两手隐须弥顶,下向观忉利天善见城。

又云:实法中无度人。诸可说法,语言度人,皆是有为虚诳法。

又云:性名自有,不待因缘。若待因缘,则是作法,不名为性。诸法中皆无性,何以故?一切有为法,皆从因缘生。因缘生,则是作法。若不从因缘生,则是无法。如是一切诸法,性不可得,故名为性空。又云:毕竟空,则是性空。

又云:性有二种,一者总性,一者别性。

卷卅二云:用诸观法,如水得火。若灭诸观法,如火灭水冷,是名为如。

又云:佛说"心力为大"。以地有色、香、味、触,重故自无所作。

水少香，故动作胜地。火少香、味，故势胜于（火）〔水〕。风少色、香、味，故动作胜火。心无四事，故所为力大。

又云：一切生育成败，皆由于风。

卷三十三云：能利益众生，能离欲，故名为梵行慈心。

又云：四无量中，但说慈心。

又云：得慧眼，不见众生，尽灭一异相，舍离诸著，不受一切法，智慧自内灭，是名慧眼。但慧眼不能度众生，故生法眼。法眼全众生、得道证。

又云：《十二部经》诸经中，直说者名修多罗，所谓四阿舍、诸摩诃衍经及二百五十戒经。出《三藏》外，亦有诸经，皆名修多罗。诸经中偈名祇夜。优陀那者，名有法，佛必应说而无有闻者。尼陀那者，说诸佛法中本起因缘。

阿波陀那者，与世间相似，柔软浅语。

又云：迦毗罗婆仙人林，去迦毗罗婆城五十里。

卷三十四云：四天王衣重二两，忉利天衣重一两，夜摩天衣重十八铢，兜率陀天衣重十二铢，化乐天衣重六铢，他化自在天衣重三铢，色界天衣无重相。欲界天衣从树边生，无缕无织，譬如薄冰，光曜明净，有种种色。色界天衣纯金色，光明不可称知。

又云：般若波罗，实无碍法，集无量功德，故随其本愿，法法相续，无有见其灭者。譬如仰射虚空，箭去极远，人虽不见，要必当堕。

又云：如人念观世音菩萨，悉脱危难。

卷三十五云:四天王寿五百岁,为人间九百万岁。

三十五卷云“阿迦尼吒天”,即“阿迦腻吒天”,前后错出。

又云:二报人结使多杂,亦行男事,亦行女事,其心邪曲,难可勉济。

又:阿修罗其心不端,常疑于佛。

又云:能忍恶骂人,是为人中上。

又云:馀欲,犹不失智慧。淫欲会时,身心荒迷,无所省觉,深著自设。

又云:空中无色、无受想行(浅)〔识〕云云。此段,《心经》所本。

又,经云:一切皆不可得,但以名字说;名字亦不可见。此达摩所以不立文字也①。

卷卅六云:心数法有二种,一属爱,一属见。属爱,主名为爱;属见,主名为想。

又云:意有二种,一者念念灭,二者心相续。九十六种道,不说依意,故生识,但以依神为本。

又云:或说神常,或说一切法常。但灭时隐藏微细,非是无也;若得因缘,故还出。更无异说为是。人故说一切有为法皆是非法,无有常定。此似耶苏教说②。

又云:佛得一切智慧,故名为圣主。

又云:习者,随般若波罗蜜修习行观,不息不休,是名为习。

又云:心心数法无形。无形,故则无住处,以是故色不与受合。

---

① 此句,原系“又经云一切皆不可得……”条之天头眉批。

② 此句,原系“又云或说神常……”条之天头眉批。

卷卅七云：是萨婆若，菩萨深心欲得。

又云：何以但说五众、十二入，不说十八界、十二因缘？曰：应当说。或时诵者忘失。

又云：十智，为菩提。第十一、如实智，名为萨婆若。

又云：众生者著有见、无见，虚妄非实。譬如人行狭道，一边深水、一边大火，二边俱死。著有、著无，二事俱失。

又云：若诸法无常相，念念皆灭，则六情不能取六尘。所以者何？内心、外尘，俱无住，故不应得缘，不应得知，亦无修习因缘果报。

又云：譬如鱼子，母念则得生，不念则坏。

卷三十八云：下三天结使利而深，上三天结使深而不利，兜率天结使不深不利。所以者何？尝有菩萨说法，故色界诸天得道者不复来下；未得道者乐著禅味，以著味故，智慧亦钝。

又云："飏陀"者，秦言"善"。

又云：小乘法中，不说法身菩萨秘奥深法、无量不可思议神力，多说断结使，直取涅槃法。

又云：如阿弥陀佛先世作法藏，比邱佛将导(编)〔徧〕至十方永清净国，令选择净妙之国，以自庄严其国。

卷三十九云：持戒是不堕恶道根本。布施亦能不堕。

又云：离初禅、入二禅时，觉观为罪。入诸法实相中，一切诸观、诸见、诸法皆名为罪。粗桀罪业，无异，罪即是粗，不名为细。

又云：不可得空，即是诸法宾相。

又云：世界之外，无央数由旬，皆是虚空。空中常有风，肉眼与风相违,不能得遇见异世界。

又云:或时见色,不生污秽;不污秽,但生舍心。如是则肉眼无所施用。此即《中庸》之“知、仁、勇”也①。

卷四十云:菩萨以种种门入佛道,或从悲门、或从精进智慧门入佛道。

又云:坐禅人事所有力势不可思议。

又云:外道于此神通有二事错,一者起吾我心,二者著是神通。

又云:心柔软,故疾得禅定。佛皆号“觉华”。

卷四十二云:有二种菩萨,一者习禅定,二者学读。坐禅者得神通,学读者知分别文字。一字门者,一字一语,如地名“浮”。二字者,如水名“阇蓝”。三字名者,如水名“波尼蓝”。菩萨闻一字即入一切诸法实相中。如闻“阿”字,即知诸法从本已来无生;闻“头佉”,一切法中苦相生,即时生大悲心;闻“阿尼吒”,知一切法无常相,即时入道圣行。是二事毕竟空,故菩萨不于中住。此即汉学、宋学之分②。

又云:无来处,故集不可得。无去处,故散不可得。

又云:于智慧亦复远离。

卷四十三云:离二边,行中道,是为般若波罗蜜。

又曰:世间法或时因中说果、或时果中说因,无咎。

又云:无常亦有二种:一者念念灭,一切有为法,不过一念住。

---

① 此句,原系“又云或时见色不生污秽……”条之天头眉批。

② 此句,原系“卷四十二云有二种菩萨……”条之天头批语。

二者相续法坏，故名为无常。若火烧草木，如煎水消尽。按：此亦念念灭了，非二种也①。观常、无常，是二菩萨，皆堕取相中。

又云：若菩萨观外诸法皆无相。言我能作是观，以有我心残故，亦堕相中。前说无受三昧为“空”，此说不受三昧为“无相”。

又云：百八三昧，譬如大城，多有诸门；又如众川万流，皆归于海。

卷四十四云：佛以须菩提虽知诸佛法空，犹有所贵，不能观佛法如幻无所有，故说“汝观世间五众为空，我观佛法亦尔”。

又云：佛以须菩提为问主，语一切十方世界在会众生。

又云：因譬喻心，则乐著。如人从生端正，加以严饰，益其光莹。

又云，八背舍：内有色相、外观色，是初背舍；内无色相、外观色，是二背舍；净背舍身作证，是三背舍；过一切色相，故灭有对相，故一切异相不念，故入无边虚空边，是四背舍；过一切无边虚空处，入一切无边识处，是五背舍；过一切无边识处，入无所有处，是六背舍；过一切无所有处，入非有想、非无想处，是七背舍；过一切非有想、非无想处，入灭受想（定）〔处〕，是八背舍。

卷四十五云：“摩诃”，秦言“大”。“萨垂”，秦言“心”，或言“众生”。

又云：思惟道中用智多。见谛道中多用见忍，智随所忍。所以者何？忍功大故。

---

① 此十一字按语，原系“又云无常亦有二种……”条之天头眉批。

又云:常观诸法因缘和合生,无有自性,故则无痴心。

又云,佛告诸比邱:舍利弗所入出禅定,目连乃至不识其名。目连作大神力,举舍利弗带,而不能举。

又云:富楼那、舍利弗,此二人同是婆罗门,俱以母字为名。此二人佛法中俱大善,相问答,如《七车譬喻经》中,说己共为观,厚好共论理。

又云:大悲是菩萨根本。

卷四十六云:大乘,名毕竟清净六波罗蜜。

又云:若菩萨知诸法空寂灭相,而不舍本愿精进,是故名发大庄严。

又云:"般若波罗蜜"、"摩诃衍",一义,但名字异。

又云,大乘,天竺语名"摩诃衍"。

又云:若著空生悔,还失是道。譬如火起草中,得水则灭;若水中生火,则无物能灭。

卷四十七云:上以十八空释般若波罗蜜,今以百八三昧释禅波罗蜜。

又云:语名内有风发触七处,故有声;依声,故有语。

卷四十八云,四念处:一念处是内,内法中摄所谓"心";二念处是外,外法中摄所谓"受"与"法";一念处是内外,内外法中摄所谓"身"。

又云,身既安详,心无错乱,然后行不净观,安稳牢固。若先行不净观,狂,心错乱故。

又:经何等为字等、语等诸字入门?“阿”字门,一切法初不生故;“罗”字门,一切法离垢故;“波”字门,一切法第一义故。

又,“遮”字门、“那”字门、“逻”字门、“陀”字门云云。过“荼”无字可说。须菩提,是名陁罗尼门。

又云:四十二字,是一切字根本。初“阿”,后“荼”,中有四十。“赊多”,秦言“寂灭”。“呿伽”,秦言“虚空”。

又,“耶”,秦言“尽”。“颇罗”,秦言“果”。“遮罗地”,秦言“动”。

又云,日月岁节者:(曰)〔日〕名,从旦至旦初分、中分、后分;夜亦三分。一日一夜有三十时。春秋分时者:秋分时,十五时属昼,十五时属夜;馀时增减。五月,至昼十八时、夜十二时;十一月,至夜十八时,昼十二时。一月或三十日,或三十日半,或二十九日,或二十七日半。有四种月:一者日月,二者世间月,三者月月,四者星宿月。日月者,三十日半。世间月者,三十日。月月者,二十九日加六十二分之三十。星宿月者,二十七日加六十七分之二十一。闰月者,从日月、世间月二事中出,是名十三月。或十二月、或十三月,名一岁。是岁三百六十六日。周而复始。

卷四十九云:初地菩萨常行深心相。至七地中,乃能舍结。又云:实语者,是诸善之本生天因缘。

又,经云:何菩萨远离比邱尼,不共比邱尼住,乃至弹指顷亦不生念?是名远离比邱尼。论曰,是菩萨未得阿鞞跋致①。

又云:知恩,是大悲之本,开善业初门。于二地中,勤求莫懈。

---

① “日是菩萨未得阿鞞致”,此九字《文芸阁先生全集》本原刊作小字注语,今据意改作正文。

行者先求自度，然后度人。

卷五十云：无相，即是涅槃。可证，不可修。不可修，故不得言知。无生智者，初忍，后名智。粗者忍，细者智。

等定慧地者，菩萨于初三地，慧多定少，未能摄心，故后三地定多慧少；以是故不得入菩萨位。心寂灭者，菩萨涅槃，故于先五欲中折伏五情。意情难折，故今住七地，意情寂灭。不染爱者，菩萨虽于七地得智慧力，犹有先世因缘，有此肉身，入禅定不著，出禅定时有著气。

又云：菩萨生刹利、婆罗门二姓中生，此二种姓人所贵故。七佛中，初三佛憍陈如姓中生；次三佛，迦叶姓中生；释迦文尼佛，憍昙姓中生。第十地，名法云地，如大云澍雨连下无间，心自然生无量无边清净，诸佛法念念无量。

卷五十一云：有为法实相，即是无为法。

又云：六波罗蜜有二种，世间、出世间。世间者，是有为法，色法不同虚空。出世间者，与如法性实际智慧和合，故似如虚空。从得无生忍已后，无所分别，如虚空。

又云：色不到处，名为虚空。以是故无虚空。若实虚空，未有色时，应有虚空。

又云：若三界定实，常不虚妄，是摩诃衍不能摧破胜出。何以故？力等故。此条在前①。

僧祇，(奉)〔秦〕言“如”。阿，秦言“无”。

---

① 此句，原系“又云若三界定实……”条之天头眉批。

又云:离去相,去时不可得:离去时,去相不可得。

又云:此性深妙,云何可知?以色相力故可知。如火以烟为相,见烟则知有火。见今色无常破坏苦恼粗涩相,知其性尔。此卷释〔摩〕诃衍。音释云:摩诃衍,此云大乘。

卷五十二云:须菩提空行第一,常乐说空。须菩提声闻人德,不如菩萨。

经云:无常亦不失。论云:无常破常倒,不失断灭倒,是无常不失法,即是入实相门。

卷五十三云:诸佛断法爱,不立经贵,亦不庄严言语,但随应度者说。清净无垢,名菩提。阿罗蜜,秦言"远离"。波罗蜜,秦言"渡彼岸"。

又云:如有人破色令空,犹存本色想。譬如除厕作舍,今虽无厕,犹有不净想。若能知厕本无,幻化所作,则无厕想。无生,即是不二。阿鞞跋致,此云不退转。

又云:难行苦行,为希有事;众生见已欢喜,言菩萨为我等作此行。馀行虽深妙,人所不知,不能感物,故不说。此非中道①。

又云:佛是天地大主。地神欢喜我主今生,故使地大动。

卷五十四云:四天王者,东方名提多罗吒,秦言"治国",主乾闼婆及毗舍阇。南方名毗流离,西方名毗流波(又)〔叉〕,秦言"杂语",主诸龙王及富楼多那。北方名鞞沙门,(奉)〔秦〕言"多闻",主夜叉及罗刹释提桓因。释迦,秦言"能"。提婆,秦言"天"。因

① 此句,原系"又云难行苦行为希有事……"条之天头眉批。

提,秦言“主”。此间一梵天王,名尸弃,秦言“火”。

又云:如子爱敬父,故亦爱重于祖父。此用儒书①。

又云:汝莫于因时求果。

又云:应说如住义,何以故说不住?答曰,若能于五众中心离不住,则是住义。

又云:阿罗汉有九种,漏尽舍身时,名入无馀涅槃,过声闻辟支佛地,住菩萨地。有人言,天帝九百九十九门,门皆以六青衣夜叉守之。

又云:不得言有,不得言无,不得言有无,不得言非有非无。非有非无,亦无,一切心行处灭、言语道断故。

卷五十五云:阿难是第三转法轮,将能为大众师,是世尊近侍。

又云:不得法两,发心者退,未发者住。若得法两,发心者增长,未发者发。一华意树。

又经:菩萨不为受色学,不为灭色学,内外空故。论云:若菩萨观一切法虚空无障碍,此是学一切种智因果相似故。一切法相,即是如来。

又云,阿舍中说释提桓因得须陀洹者,异今释提桓因。今释提恒因是大菩萨。

卷五十六云,经:我昔于然灯佛时华严城内四衢道头,见佛闻法。

又,论云:梵天已上,更无有王。诸天是欲界天,诸梵是色界

① 此句,原系“又云如子爱敬父……”条之天头眉批。

天，伊赊那是大自在天王并其眷属。神仙有二种，或天、或人。天女者，是天帝释夫人舍脂等诸天女。

又云：昔摩伽陀国中，有婆罗门，名摩伽，姓侨尸迦，有福德大智慧；知友三十三人，共修福德。命终，皆生须弥山顶第二天上，摩伽婆罗门为天主，三十二人为辅臣。以此三十三人，故名为三十三天。佛唤其本姓，故言侨尸迦，或言天主，或言千眼等。“天主”二字所本①。

又云：魔名自在天主，虽以福德因缘生彼，而怀诸邪见，以欲界众生是己人民云云，是故起恨仇嫉。

又云：经中说，女人有五碍云云，是故佛此间说女人可得作佛，非不转女身也。

又云：先行相似法，后得真道。

卷五十七云：五波罗蜜是福德，般若波罗蜜是智慧。

卷五十八云：诸天命欲终时，五死相现。一者华冠萎，二者腋下汗出，三者蝇来著身，四者见更有天坐已坐处，五者自不落本座。数卷中屡言“刹利，大姓；婆罗门，大姓”。“刹利”，疑即“塞种”也。

又云：先有仙人所作咒术，所谓能知他人心：咒名抑叉尼，能飞行变化；咒名揵陀梨，能住寿过千岁万岁。

又，经云：四种兵，恶魔化作；频婆婆罗王四种兵所不类，波斯匿王四种兵亦不类，诸释子四种兵、诸梨昌四种兵皆亦不类。

又云：天甘露，味微细沾洽，能入毛孔。

① 此句，原系“又云昔摩伽佗国中……”条之天头眉批。

卷五十九云:摩尼宝珠,于玻瓈、金银、砗磲、码瑙、瑠璃、琥珀、金刚等中,是何等宝?答曰,有人言此宝珠从龙王脑中出;有人言是帝释所执金刚,用与阿修罗斗时,碎落阎浮提者;有人言诸过去久远佛舍利;有人言众生福德因缘,故自然有此珠。此宝名如意,无有定色。

又云:以不净观除贪欲,以慈悲心除瞋恚,以观因缘除愚痴。

又云:第六缥色,是虚空色。眼是身中第一,所用最贵。

又云:有为善法是行处,无为法是依止处。

又云:若但行般若,不行五法,则功德不具足,不美不妙。譬如愚人不识饮食种具,闻酱是众味主,便纯饮酱,失味致患。

又云:譬如阎浮提阿那婆达多池四大河流,一大河有五百小川归之,俱入大海。此即"阿达池"①。

卷六十云:般若正义有二种,一者生死肉身菩萨,二者出三界不生不死法性生身菩萨。

卷六十一云:一切智人中,佛第一胜。佛所知诸善根,必是实相。

又云:欲界中二处天及梵天王何以与多天俱?馀四天何以少?答曰,馀四处天宫殿在虚空中,不属地;五欲州染著深,故不□②多来。又,兜率天上常有补处菩萨说法,故不来。

卷六十二云:一切世间颠倒,颠倒果报,不实如幻如梦,无所

---

① 此句,原系"又云譬如阎浮提阿那婆达多池……"条之天头眉批。

② "□",此处原刊空白一字。

灭,故不断。

又云:诸法中随意作大小。如人急时,其心缩小;安(隐)〔稳〕富乐时,心则宽大。

又云:菩萨但行般若波罗蜜,则心散乱,不调顺,多生怪疑悔邪见。若与五波罗蜜和合行,则调柔不错,能成办众事。是故佛说一切诸善法,皆从因缘和合共生。

释迦文尼佛。白性。六情是利,六尘是钝;色等诸法是钝,慧等是利。语婆罗帝释身长十里。

又云:闻外道在家、出家法亦不破坏。

又云:佛法中善法名白,不善法名黑。

卷六十三云:欲摄口业,先摄意业。

又云:魔有四种,五众魔、烦恼魔、死魔、自在天子魔。四魔中,多烦恼魔、自在天子魔。

又云:缚空,解亦空。故诸法不缚不解。

又云:不净观,是初入门,非实观。是故不入十六圣行。是十六行中观无常若空无我,不观不净。

又云:有为法实相,即是无为法。有为法念念生灭,故无住时。住时无,故无现在世。

又云:如阿阇世王杀父之罪,蒙佛文殊师利善知识,故除其重罪,得为所说般若果报。此不可为训①。

又云:净有二种,一智慧净,二所缘法净。二净相待,离智净无缘净,离缘净无智净。所以者何?一切心心数法从缘生,无缘则智

① 此句,原系“又云如阿阇世王杀父……”条之天头眉批。

不生。又云:净不相续。

又云:不说无所有,但有自相空。毕竟空,即是毕竟清净,以人畏空,故言清净。毕竟空,但为破著心,故说非是实定。毕竟空,即是答道种智。

卷六十四云,经:须菩提,汝今更听我说微细碍。论云:细微相,不得入般若中。

又云:入禅定,观诸实相,得毕竟空智慧。是人不惜身命,何况外物?不须憍尸迦守护。

卷六十五,经云:六斋日,月八日、二十三日、十四、二十九日、十五日、三十日,诸天众会。

又,论云:若受持般若,犹有众患。譬如福也伫人,虽得利器,不能御难。色异诸天,身及衣服轻微,乃至无两数。

又云:如阎浮提人,以三因缘胜诸天及郁单越人。一者能断淫欲,二者强识念力,三者能精勤勇猛。

又云:初转法轮,八万诸天得无生法忍,阿若憍陈如一人得初道。今无量诸天得无生法忍,故说第二法轮转。

又云:譬如大雨,大树则多受,小树则少受。此说,耶苏经窃之①。

又云:有人说诸法有四种相,一者说有,二者说无,三者说亦有亦无,四者说非有非无。是中邪忆念故,四种邪行著此四法,故名为邪道。是中正忆念故,四种正行中不著,故名为正道。是中破非有非无,故名无法有法空。佛说乃至破非有非无,故说无有转、无有还。此乃说世间生法为转,说世间灭法为还。

---

① 此七字,原系"又云譬如大雨大树则多受……"条之天头眉批。

又云：今众生死，无到后世者。但五众先业因缘相续生，故名不到波罗蜜。临江舟中，阅至此卷，闻旃檀香甚烈，亦异事也。谨记。

又云：四念处，是四谛之初门。四谛，是四沙门果初门。

又云：多陀阿伽陀者，或言如来，或言如实说，或言如实知。凡九十波罗蜜，八十九为自然波罗蜜。论云：自然名佛。此用“道法自然”语意①。

卷六十六云：不能无所依止而有所舍。如尺蠖寻条，安前足，进后足，尽树端，更无所依止，还归本处。

卷六十七云：若菩萨不见色等诸法增减，如是悉名具足。又云：如大海水，百川万流，皆合一味。

又云：地是坚桐，何以言性？答曰，是相积习成性。譬如人瞋目，日习不已，则成恶习。或性、相异，如见烟知火，烟非火也；或相、性不异，如热是火相，亦是火性。此同《大戴礼》记孔子语：少成若天性，积惯成自然②。

又云：若人于众生取定相，故说言虚妄；非为世谛，故说虚妄。

又云：北方末后，人生于边地，恶世三毒炽盛，刀兵劫中，贤圣希少。此指北印度③。

又，经云：舍利弗，是深般若波罗蜜，佛般涅槃后，当至南方，从南方当转至西方，从西方当转至北方，是时北方当作佛事。舍利弗，我法盛时，无有灭相。舍利弗曰，佛言世尊是深般若波罗蜜，后

① 此句，原系“又云多陁阿伽陁者或言如来……”条之天头眉批。

② 此三句，原系“又云地是坚桐何以言性……”条之天头眉批。

③ 此句，原系“又云北方末后人生于边地……”条之天头眉批。

时当在北方广行、广行耶？佛言如是、如是，深般若波罗蜜后时在北方当广行。论释曰：佛出东方，于中说般若波罗蜜，度众生。然后于拘夷那竭双树下灭度，从东至南。如日月五星二十八宿，常得东至南，从南至西，西至北，围绕须弥山。

卷六十八云：魔，秦言“能夺命者”。

又，经云：是般若波罗蜜无文字。

又，论云：声闻人言声闻法中何所不有六足？阿毗昙及其论议，分别诸法相，即是般若波罗蜜；八十部律，即是尸罗波罗蜜；阿毗昙中分别诸禅解脱诸三昧等，即是禅波罗蜜；三藏本生中赞叹解脱布施、忍辱、精进，即是三波罗蜜；如是等种种因缘。舍般若波罗蜜，于声闻中求萨婆若，如人欲得坚实好木，舍其根茎，而取枝叶。

又云：佛法唯以智慧为本，不以苦为先。

卷六十九，经云：十二部经次第义，所谓修妒路，乃至优波提舍。

又云：小乘法中多说无常，大乘法中多说法空。

又云：念念灭，则无广狭增减差别。

又云：有坐禅人忆想分别，见是心如清净珠中缕，观白骨人中，见心次第相续生，或时见心在身，或见在缘，如无边识处。

卷七十云：佛破世间常颠倒，不破世间。

又云：得禅者宿命智力，乃见八万劫事。过是不复知，但见身。始中阴识，自思此识必应有因缘，宿命智所不纯知，但忆想分别有法，名世性，非五情所知，极细微，故于世性中初生觉，觉即是中阴识。从觉生我,从我生五种微尘,所谓色、声、香、味、触。世法是常法,无所从来,如是(僧侠经广)〔增狭减广〕说世性。复次有人说世间初边名微尘,以微细故,但待罪福因缘和合,故有身。有人言天主即是世界始,造作凶吉祸福天地万物,此法灭时,天还摄取,如是邪因,是世界边。此“天主”之说,今耶苏说犹若是①。有人说众生世世受苦乐尽,自到边。有人说国土世间八方有边,唯上、下无边。有人说下至十八地狱,上至有顶,上、下有边,八方无边。有人言神世间无边,国土世间有边。

又云:若身即是神,身灭、神亦灭,是邪见。说身异、神异,身灭、神常在,是边见。死后,有如去者。

又云:五众,是有为法;五众如,是无为法。

又云,不可思议者,毕竟空亦不可得。

又云:诸外道说今世,不说后世堕断灭中;有人说今世神人,后世堕常中。般若波罗蜜离二边,说中道。

卷七十一云:初染曰取,生爱曰著。不取不著,故名含受。

又云:众水会恒河,俱入大海。欲入海时,水势凑急。

又云:煖顶忍法,是小乘初门。菩萨忍法,是大乘初门。

又云:金翅鸟子始生,从一须弥过一须弥。菩萨亦如是。

又,经云:若江河大海,四边水断,是为洲。须菩提色亦如是前后际断。受想行识前后际断,乃至一切种智前后际断,以是断故,即是寂灭,即是妙宝。

又云:外道言诸法,从因趣果。般若无障无碍,因果相似。

---

① 此二句,原系天头眉批,今据其意及所刊位置,移录于此,改作注语。

又云:法无坏者,是法不从六波罗蜜来,故言无所从来;不入佛法中,故言无所去。

又云:无数无量,故语言道断。语言道断,故不可以行(色)〔识〕等诸法得。

卷七十二,经云:一如无二、无别。佛初成道时心乐嘿然,不乐说法。又,论云:般若波罗蜜中,分别诸法空是浅说;世间法即同涅槃,是深。达摩之教,不过如此①。

又云:佛子有五,皆从口生、法生。

又云:一切法是因缘,佛是果报。

又云:虚空不住虚空中。

又云:舍利弗虽受须菩提无退还语,亦自引佛法作难。若无退者尽,当作佛。何以说?有三乘,须菩提还,以如相四句破三乘。经云:如是四种,三乘人不可得。须菩提以毕竟空智慧破著三乘心。

卷七十三,经云:菩萨摩诃萨,乃至梦中亦不行十不善道。又云:坐卧行住,举足下足,安隐庠序,常念一心,视地而行。释《阿鞞跋致品》。"庠序"二字仅见,释作"出入来去等安庠一心",恐非经意②。恶秽。恶,过各切,粪秽也。又云:常人身中,有八万尸虫,侵食其身。

又,论云:菩萨乐法情深闻三乘法,若外道及世间法自心妙。故皆与般若和合,不破法相。如煮石蜜欲熟时,种种物内皆成不蜜。

又云:菩萨嘿然,魔即为说似道法。若观三十六种不净,若观

---

① 此二句,原系"卷七十二经云一如……"条之天头眉批。

② 此三句,原系天头眉批,今据所刊位置及其内容,改移录于此。

骨人,若出入息。因是道,得四禅、四无色定。

又,经云:阿鞞跋致菩萨,执金刚神王常随遂。《转不转品》。又云:一心常念,佛道不作咒术,合和诸药;不咒鬼神,合著男女。问其吉凶、男女禄相、寿命长短,何以故?是菩萨知诸法自相空,不行邪命而行净命。

又,论云:菩萨生富贵家,布施众生方便,作白衣,或作转轮圣王。

又云:诸佛神通力,非声闻辟支佛所及。如不可思议解脱经中,说舍利弗、目连、须菩提等,虽在佛左右,以无菩萨根,故不见是大菩萨会及所有神通力。

又云:一心不散乱,尽摄诸善法。

卷七十四云:自心中深入智慧,故是名自地证。

又云:阿鞞跋致菩萨得无量无边智慧,不与声闻辟支佛共行者,要先知而后行。

又云:若灭诸相,更不作愿生三界。此空是得道空,非但口说,是故言深。

又云:譬以泥为瓶,泥非即是瓶;不离泥有瓶,亦不得言无瓶。

卷七十五,经《深奥品》云:须菩提言心心数法不俱,云何?善根增益,佛说不用初心,亦不离初心;不用后心,亦不离后心。具是干慧地、性地、八人地、见地、薄地、离欲地、已作地、辟支佛地、菩萨地、佛地。以上是"十地"。

论云:虽有智慧,不得禅定水,故名干慧;于菩萨,则初发心乃至,未得顺忍。性地者,声闻人从煖法乃至世间第一法;于菩萨得顺忍、得禅定水。八人地者，从苦法忍乃至道，此忍，是十五心；于菩萨，则是无生法忍。见地者，初得圣果，所谓须陀洹果；于菩萨，则是阿鞞跋致地。薄地者，或须陀洹、或斯陀舍，欲界九种烦恼分断故；于菩萨，过阿鞞跋致地乃至，未成佛。离欲地者，离欲界诸烦恼，是名阿那舍；于菩萨得五神通。已作地诸品或作“已办地”①。者，声闻人得尽智、无生智、得阿罗汉；于菩萨，成就佛地。辟支佛地者，“辟支迦”，秦言“因缘”，亦名“觉”；观深因缘法成道。菩萨地者，从干慧地乃至离欲地如上说，复次菩萨地；从欢喜地乃至法云地，皆名菩萨地；有人言从发心来至金刚三昧，名菩萨地。佛地者，一切种智等诸佛法。

又云：如，名一切法实相；心实相，亦名如。

又云：身、口、意三业，因见闻觉知。因四种则心生。是心随因缘生。

舍利弗难：梦中尽日无异者，是梦中回向，应是实。若尽日著心取相，不名为回向；何况眠睡覆心。须菩提难答，问弥勒，弥勒但说空而不答。

又云：未来世，亦是一念所缘，亦非长远。

又，经《河天品》。经作《恒伽提婆品》。云：尔时有一女人，字恒伽提婆，从座起，偏袒右肩，右膝着地，合(乎)〔手〕白佛，言世尊，我当行六波罗蜜所净佛世界云云。世尊知是女人深心因缘，即时微笑，种种色光从口中出。阿难白佛：何因缘微笑？佛告阿难：是恒伽提婆姊，未来世中当作佛，劫名星宿，佛号金华。

论曰：恒伽是河名，提婆是天。经说女人五碍，不说不得受记。

---

① 此句注语，原系天头眉批，今据其意及所刊位置，移录于此。

锭光，即然镫佛。

卷七十六，经《学空不证品》云：譬如有翼之鸟，飞腾虚空而不堕坠，虽在空中，亦不住空。

论曰：初名学空，后是入空。因是学空，果是入空。

又云：如舍利弗六十劫求佛道，虽退转作阿罗汉，亦利根智慧，能为菩萨说大乘。

又云：六波罗蜜中，禅般若最大。如虽有星宿，日月最胜。

卷七十七云：四无量中，大悲是大乘之本。

又云：凡夫著我心，故有畏。菩萨我想断，故无所畏。

又云：未得无生法忍，用力艰难。譬如陆行，得已用力甚易。故无生法忍，诸菩萨所贵。

又云：婆蹉梵志问佛，“有我不？”佛不答“无我不”，亦不答“一切虽实，无我”。以梵志著心问，欲戏弄“无我”，故不答。

又云：所谓深清净，行菩萨道则无魔扰；不清净，为魔所坏。

又云：无为性者，所谓“如”。

卷七十八云：般若波罗蜜毕竟离相，见“有”“无”二俱过故。

又云：毕竟离，当知亦离空。若不离空，不名毕竟离。

又云：譬如四河未会大海，则有别名；入海，则无差别。

又云：众生空，故大庄严亦空。离，名为空。

又云：佛以须菩提为说法主，须菩提偏善说空。

又云：世界主者，欲界馀天主，众生多信有此天故。释《度空品》。

此亦“天主”之说①。

卷七十九，经云：除如，更无法可得。谁住如中？如尚不可得，何况住如。

论曰：菩萨有二因缘，一者观诸法空，二者不舍众生。

又云：一者悲，一者空，二事兼用。

经云《屡累品》：佛告阿难：一切法不与眼作对，法法不相见，法法不相知。

又云：如须持摩外道亦得闻持陀罗尼。般若在人心中，名为陀罗尼。

卷八十云：若有取毕竟空者，亦言非也。

又云：痴实相，即是智慧。

又云：菩萨或未得无生法忍，故诸烦恼风吹动愿树。尔时应求禅定乐，除却五欲乐。五欲乐除，故戒得清净。

卷八十一，经《六度相摄品》云：菩萨住禅波罗蜜，观色如聚沫，观受如泡，观想如野马，观行如芭蕉，观识如幻。“野马”二字，用《庄子》②。

天耳闻二种声音，若天、若人。

八背舍：内观色相，外观色，是初背舍；内无色相，外观色，二背舍；净背舍身作证，三背舍；过一切色相，灭有对相，不念种种相，故入无量虚空处，四背舍；过一切虚空处，入无边识处，五背舍；过一

① 此句，原系“又云世界主者欲界馀天主……”条之天头眉批。

② 此二句，原系“卷八十一经（六度相摄品）云……”条之天头眉批。

切识处，入无所有处，六背舍；过一切无所有处，入非有想、非无想处，七背舍；过一切非有想非无想处，入灭受想处，八背舍。

九次第定：离诸欲，离诸恶不善法，有觉，有观，离生喜乐，入初禅，乃至过非有想、非无想处，入灭受想，定，是名九次第定。

论曰：心调柔，故易得禅定。有人不因五法为主，但日夜精进，经行坐禅，常与心斗，以信等五力深御五盖。若心驰散，便摄令还。如与贼斗，乃至流汗。如是等人，得禅定从精进生。

又云：菩萨以十四空熏心，于“有”“无”中，了了不错，故不说后四空。

又云：摄诸心心数法一处和合，名为禅定。

卷八十二，经《方便品》云：众川分流，皆入于恒河，随入大海。

又云：虚诳如野马。

又云：譬如阎浮提众女人中，玉女宝第一，最上最妙。《论》亦未释①。

又云：不念色，乃至不念阿耨多罗三藐三菩提时，便得阿耨多罗三藐三菩提。以念，故著欲界、色界、无色界。不念，故无所著。不著，故不住不见；有法，可著可住。

又云：菩萨多有所学，实无所学。无际，是名实际。

又云：一切法不合不散。

论云：月是阴气，日是阳气，二气私合，故万物生长。是儒家说②。

又云：诸法寂灭相，无诸戏论，一切语言道断故。

---

① 此句，原系“又云譬如阎浮提众女人中……”条之天头眉批。

② 此句，原系“论云月是阴气……”条之天头眉批。

又云:菩萨闻佛亦无所得,故不贪贵佛,不轻贱馀人。于一切众生,其心平等。

又云:性不能生性,无性不能生无性,如是等破颠倒,得实论议。

又云:色等法无住处。如地住于水,水住于风,风住于空,空无所住,以本无住处,故一切都无住。此"盖天说"①。

卷八十三云:佛以大悲气,故说中根、钝根皆不得入。

又云:若"知"字门者,如文字"陀罗尼",中说"非"字,名"如法性",实际此中无文字。

又云:广慧者,道俗种种经书论议,于佛法中有无,无不悉知。深慧者,观一切法无碍无相,不可思议。世间深智慧者能知久远事,利中有衰,衰中有利。

又云:以般若力故,观禅定及禅定缘皆破坏。何以故?般若波罗蜜舍一切法不著相故。

又云:心有二种,一者念念生灭心;二者相续次第生,总名一心。以相续次第生故,虽多,名为一心。

又云:一切总相、别相中,通达名为法性。诸法本生处,名为性。地狱但有假名字,云何?当分别说有等。

卷八十四,经《三慧品》云:我以除其妄著世俗法,故说"有得"非第一义。

又云:随世俗法,有名相,实无著处。

---

① 此句,原系"又云色等法无住处……"条之天头眉批。

又云:诸法自相空中,前际不可得,何况说有后际。

又云:以何义名“波罗蜜”?佛言得第一度一切法到彼岸,以是义名。论曰:毗尼中有人,有众生,逐假名而结戒,为护佛法。故不观后世罪多少,又后世罪重、戒中便轻,如道人鞭打杀牛羊等罪重而戒轻;赞叹女人,戒中重,后世罪轻。

又云:譬如蜜婆私吒阿罗汉,五百世在猕猴中;今虽得阿罗汉,犹腾跳树木。孙陀梨梵志女杀身谤佛,恶名流布。又复三月食马麦。

又云:星宿日月不能照处,般若能照。

卷八十五,经《道树品》云:知世界众生亦无性,即是方便力。

论曰:畜生虽亦有如,因缘未发故。

又云:定力,故摄心一处不动,以助智慧。智慧力,故能如实观诸法相。

又云:须菩提问,世俗、第一义有异耶?若异,破坏法性故。是故言不异。世俗如,即是第一义如,众生不知是“如”故。

又释《菩萨行品》云:但以悲心故,及空智慧,为阿耨多罗三藐三菩提行,是名菩萨行。

又云:佛为良医,诸善根为药草,瞻病人为善知识。

卷八十六,经《(编)〔遍〕学品》云:将无尊事不得道耶?《净佛土品》:国云,将无尊事无戏论中戏作论邪?“将无”同之。“将无”亦当“如是”解①。

又云:菩萨摩诃萨(编)〔遍〕学诸道,得入菩萨位。

---

① 此二句,原系“卷八十六经编学品云……”条之天头眉批。

论曰:乃至作佛,常不生恶心,是故名无生忍。论者言得是忍,观一切法毕竟空断,缘心心数不生,是名无生忍。

又云:忍是久住,已入正定。

经云《三次第行品》:有法,是菩萨道;无法,是菩萨果。

论云:禅,依四禅住起。五神通亦如禅法,不受其味。

卷八十七,经学《三次第行品》云:新发意菩萨,应学六波罗蜜。

论曰:虽新发意,亦观深空,无咎。

又曰:有为有二种,一者色,二者无色。色法,破坏分别,乃至微尘,无有定实。无色法中,乃至无有,一念定实。

又曰:中人怨家,虽于我无用,而是佛道因缘。一切众生,皆是菩萨,福田能生大悲故。

又曰:先易后难,渐渐习学,名为次第。

经《一念具万行品》云:云何名无生法忍?知诸法相常不生,诸烦恼从本已来亦常不生,是菩萨住,是二忍。

又云:身精进,心精进,入初禅,乃至入第四禅,受种种神通力,能分一身为多身,乃至手扪摸日月。

论曰:初发心时,以著"有""无"心重故,渐渐次第行,令"有""无"悉舍,故无所不能。

卷八十八,经云《六喻品》:我本行菩萨道时,亦无有法,可得性。

论曰:远实相,故见诸佛菩萨;近实相,故见皆空。

经云《四摄品》:云何为四念处?菩萨摩诃萨观内身循身,观外身循身,观内外身循身,观勤精进以一心智慧,观身集因缘,观身灭,观身集生灭。行是道无所依,于世间无所受。受、心、法念处亦如是。

五根:信根,精进根,念根,定根,慧根。“五力”同。七觉分:念觉分,择法觉分,精进觉分,喜觉分,除息觉分,定觉分,舍觉分。

三三昧:空三昧门,无相〔三昧门〕,无作三昧门。空三昧,以空行、无我行摄心,是名空三昧。以寂灭行、离行摄心,为无相三昧。无常行、苦行摄心,为无作三昧。

四无碍智。义法、辞、乐、说。

十八不共法:一、诸佛身无失,二、口无失,三、念无失,四、无异想,五、无不定心,六、无不知舍心,七、欲无减,八、精进无减,九、念无减,十、慧无减,十一、解脱,方于中说般若波罗蜜,度众生,然后于拘夷那竭双行,十四、一切口业随智慧行,十五、一切意业随智慧行,十六、智慧却过去世无碍,十七、智慧知未来世无碍,十八、智慧却现在世无碍。

论曰:不轻(高)〔众〕生,不著心贵佛,一切法毕竟空故。

又曰:佛说世间种种性、恶性、善性、(大)〔火〕热性、水湿性……不应责其所以。恶性者恶欲。性先有,欲得因缘而生。性在内,欲在外。性重,欲轻。性难除,欲易舍。性深,〔欲〕浅。复有人言,欲常习增长,遂成为性;性亦能生欲。此用儒书①。

又曰:如罽宾国弥帝隶力利菩萨,手网缦。其父以为怪,以刀割之,言“我子何缘如鸟?”

又曰:天竺国人,于今故治肩膊令厚大、头上皆有结为好。此晋时天竺国俗②。

---

① 此句,原系“又曰佛说世间种种性……”条之天头眉批。

② 此句,原系“又曰天竺国人于今……”条之天头眉批。

卷八十九，经云《四摄品》，说八十随形好：眉如初生月，绀瑠璃色。身一时回，如象王。足去地四寸，而印文现。个如赤铜色，薄而润泽。威震一切。面不大长。唇赤如频婆果色。毛右旋。面满净如月。毛孔出香气。口出无上香。仪容如师子。行法如鹅王。头如摩陀那果。舌色赤。舌薄。毛红色。发长好。发不乱。发色如青珠。

又云：若知一字，乃至四十二字。一切语言皆入初字门，一切语言皆入第二字门，乃至第四十二字门。一字皆入四十二字，四十二字亦入一字。

论曰：如"阿"字为定，"阿"变为"罗"，亦变为"波"，如是尽入四十二字。四十二字入一字者，四十二字尽有"阿"分，"阿"分还入"阿"中。

经《善达品》云：众生但住名相虚妄忆想分别中。

又云：一切法皆是无相。

又云：如，名如，实不虚如。前后中亦尔。常不异，为知色如。

论曰：问曰，微尘细，故五情所不能得。圣人得天眼，则见？答曰，(失)〔天〕眼见虽细，是色相，故应当有分。若无分，则非色。非色，则天眼不见。以是故，天眼亦虚诳妄见。

卷九十，经《实际品》云：以不坏实际法，立众生于实际中。

又云：不著，故心不散，能生智慧。

论曰：死从生而有。有死，必有苦。是故知生定是苦本。菩萨既得苦因缘，复摧生因缘。有三种欲，有、色有、无色有。

又曰：业将识入胎。如风吹绝炎，空中而去，炎则依止于风。先世作人身时，然六识；故命终时，业将识入胎。

又曰:天竺语"删迦罗",秦言"行"。

又曰:菩萨求无名体,即时是明。

又曰:初生时未有诸烦恼。后自生贪欲瞋恚诸烦恼,覆真智慧。此用《孟子》"不失赤子之心"意①。

又曰:常住法相,是性空之异名,亦名诸法实相。

又曰:萨遮尼乾问佛,自念尽日有眠否?佛言,春末夏初,以时热,故小眠,除食患故。

卷九十一,经云:色性无,故不坏不随。乃至识亦如是。

又云:慳者,为说布施法。破戒者,为说持戒法。瞋者,为说忍辱法。懈怠者,为说精进法。乱想者,为说禅定法。愚痴者,为说智慧法。令众生住布施乃至智慧,然后为说圣法,能出苦。

又云:菩萨言,汝等修禅定心,不随觉观,心不驰散。断觉观,入初禅、二禅、三禅、四禅。

论云:大心人无所依止,而能发大庄严。

又曰:如安息国诸边地生者,皆是人身,愚不可教化。以"安息"为"边地",即前所指"北方"也②。

卷九十二,论曰:须菩提虽无言,经云"作是念"。而世尊以言答。

又曰:道,非道,平等即是道。诸法因果,不一、不异。宗门每言"平常心是道",盖出此③。

又曰:如常、无常是二边。常多生烦恼,故不用。无常能破颠

① 此句,原系"又曰初生时未有诸烦恼……"条之天头眉批。

② 此二句,原系"又曰如安息国诸边地生者……"条之天头眉批。

③ 此二句,原系"又曰道非道平等即是道……"条之天头眉批。

倒,故多用。事既成办,亦舍无常。

又曰:观诸法一相,烦恼不生,著心少故。是故多用是一。于实义中,一亦不用。若著一,即复是患。此所以不必问"一"归何处也①。

又曰:佛土者,百亿日月、百亿须弥山、百亿四天王等诸天,是名三千大千世界;如是等无量无边三千大千世界,名为一佛土。非寓言也②。

又云:众生利根,故便得诸法实相,如是等佛土庄严,名为净佛土,如阿弥陀等诸经中说。

又曰:一切心心数法得道时智慧,为大摄心中定,为大作业时思,为大受后世果报时业,力最大。

卷九十三,经云:风吹七宝之树,随所应度而出音声。

论曰:无相,名为无为法门。

又曰:如第三禅,遍净天六十人坐一针头而听法,不相妨碍。

又曰:有人言,饼种数五百,其味有百,是名百味;有人言,药草作欢喜丸,名百味③。

又曰:天竺国热,又以身臭,故以香涂身,供养诸佛及僧。

又曰:问曰,人从释迦文尼佛闻法,生疑者多。答曰,不顺其意,便言非佛。

又曰:发心如恒河沙,得阿鞞跋致者,若一若二。

---

① 此句,原系"又曰观诸法一相烦恼不生……"条之天头眉批。

② 此四字,原系"又曰佛土者百亿日月……"条条首天头之眉批。

③ 此条,《文芸阁先生全集》本原刊用小字若注语例,但独出成条,疑原是文氏于行间补书者。今据意改作正文。

卷九十四，经《必定品》云：菩萨摩诃萨行般若波罗蜜时，应起神通。作一切事，苦乐不染，游戏神通。

论曰：知肉眼力少，故方便。更求天眼方便力者，令他界四大来在身中。应以恐怖度者，示以地狱；应以欢喜度者，示以天堂。因天堂仅见缘时节。如白鹤取鱼，不失期会。“天堂”仅见①。

又曰：菩萨未名为佛。如月十四日、十五日，虽同为月，十四日不能令大海水潮，十五日光明盛满时能令大海水潮。

又云：佛说，爱能生后世身，故是苦因。爱断，苦则灭。

又云：世间第一法，名为性地。

又云：自性空是中道空，内外空等是小空，毕竟空、无所得空等是甚深空。

十八空中，佛但说自相空。

卷九十五云：断颠倒，即是圣人果。果，即是断。

经云《平等品》：是诸法平等相，我说是净。

须菩提白佛，言诸法无所有，性是中，何等是平等？

佛告须菩提，当知佛有大恩力，于诸法平等中，不动而分别诸法。

论曰：如人以指指月，不知者但视其指，而不视月。是故佛说诸法平等相，亦如是皆是世谛。世谛非实，但为成办事，故说。言分别诸法而仍不动也②。

又曰：诸佛如日出，不能令高者下、下者高，但能照明万物，令有眼者别识。

---

① 此句，原系“论曰知肉眼力少……”条内说“天堂”语之天头眉批。

② 此句，原系“经云《平等品》是诸法平等相……”条之天头眉批。

卷九十六:或有人言,诸法虽空,亦不尽空。如色空中有微尘根本在;如神通人坏色相,故石壁无碍。

又云:凡夫人虚妄,可无实事。圣人应有少许实。声闻人住持戒中,禅定摄心求涅槃,观内外身不净,是为身念处。辟支佛变化者,观十二因缘等诸法。菩萨变化者,六波罗蜜及二种神通。佛法变化者,一切种智无量佛法。

又云:佛分别一切有为法毕竟空,皆如化;惟有涅槃一法,非如化。

又云:(曰)〔日〕依须弥影翳,故名夜。此佛国历说之误①。

又云:译言常啼,萨陀波仑,至昙无竭所,彼中二处有般若,一、宝台上金牒书,二、昙无竭所说。

又云:值是杂行,师不应念其过失,但受般若法。

卷九十七,《萨陀波仑品》述昙无竭菩萨住众香城,云云。此篇,《楚辞·招魂》之类。言昙无竭与六万八千彩女,五欲具足,可知矣。

又,论曰:"郁伽陀",秦言"盛";"达摩",秦言"法"。昙无竭菩萨,号"法盛",在众香城中,其国难到。

又云:大海中龙,死相出时,如果熟应堕,金翅鸟则来食之。

卷九十八云:诸善法行时、思惟时,其味各异。萨陀波仑欲行布施味,是故求供养具。

又云:定心相现,是故魔惊。若菩萨心未定,未能动魔。

又云:佛说,有五不可思议。龙事所作,尚不可思议;何况天。如诸天及地狱中身,非是胎生身,罪福因缘,故和合便有。

---

① 此句,原系"又云曰依须弥影翳……"条之天头批语。

又云：如毗摩罗鞊经中说，爱、慢等诸烦恼，皆是佛道根本。

新发意菩萨，虽知空，而不能与空合。

卷九十九，经《昙无竭品》云：譬如春末月日中热时，有人见焰动逐之，求水望得。

论云：女身无所系属，则受恶名。女人之体，幼则从父母，少则从夫，老则从子。此用儒家说，与本经不合①。

又云：身力虽弱，以心强故，能办其事。

又云：虽入微妙三昧，而能还出，以大悲心牵故。

卷一百，经，“恒河”作“洹河”。

论云，有初观诸法平等，是因；决定心得般若，是果。

又云：无相，即是无边。无前际，无后际。

又云：海有二种。一者可度；一者绕须弥山，在九宝山里，广八万二千由旬，世间人不能得边。

又说“须弥”云云，日、月、五星、二十八宿及诸馀星围绕庄严。

又云：萨陀波仑广诵多闻，如阿难佛所说皆能持。

经《嘱累品》云：阿难！汝莫忘莫失，莫作最后断种人。

论曰：阿难，是随佛转法轮第三师。

佛知舍利弗寿短，故不嘱累。阿难曾作外道弟子，著草衣，求神仙。

又曰：诸佛常法，语不过三。若过三不从，执金刚神则以杵拟之。

---

① 此二句，原系“论云女身无所系属……”条之天头批语。

佛般涅槃后，阿难共大迦叶结集《三藏》，《三藏》正有三十万偈，并为九百六十万言。

又云：《略说》，有八十部。亦有二分。一者，摩偷罗国毗尼，含阿波陀那本生，有八十部。二者，罽宾国毗尼，除却本生阿波陀那，但取要用，作十部。

鸠摩罗什，以秦(孔)〔弘〕始岁至长安。四年，为姚天王出此《释论》；七年，乃讫。其中《兼出经》、《本禅经》、《戒律》、《百论》、《禅法要解》向五十万言，并此《释论》，一百五十万言。

光绪十七年八月十三日，读此《论》百卷竟。距去岁七月初读时，凡四百日矣。

三、《华严经》札记批语

《华严经》，《贤首品第十二》，之一云：或现梵志诸威仪，于彼众中为上首；或受五热，随日转；或持木狗及鹿戒；或著怀衣，奉事火，为化是等作导师；或有示谒诸天庙；或复示入恒河水。此是祆教①。

卷十七，《梵行品》：若诸菩萨能与如是观行相，应于诸法中不生二解，一切佛法疾得现前，初发心时，即得阿耨多罗三藐三菩提，知一切法即心自性，成就慧身，不由他悟。

又，初发心，《功德品》云：仰世界即是覆世界，〔覆世界〕即是仰

① 此句，原系“华严经贤首品第十二之一……”条之天头批语。

世界。尽知一切心网。

又云:此菩萨为不断一切如来种性,故发心;为充徧一切世界,故发心;为度脱一切世界众生,故发心;为悉知一切世界成坏,故发心;为一切众生垢净,故发心;为悉知一切世界三有清净,故发心;为悉知一切众生心乐烦恼习气,故发心;为悉知一切众生死此生彼,故发心;为悉知一切众生诸根方便,故发心;为悉知一切众生心行,故发心;为悉知一切众生之世智,故发心。

又云:有刹仰住或傍覆,粗妙广大无量种。菩萨一发最上心,悉能往诣皆无碍。

又云:一切世间惟是想,于中种种名差别。知想境界险且深,为现神通而救脱。

又云:知空无相无真实,而行其心不懈退。

卷十八,《明法品》云:菩萨摩诃萨已发一切智心,应离痴暗,精勤守护,无令放逸。

《十行品》云:佛法不异世间法,世间法不异佛法。佛法、世间法,无有杂乱,亦无差别。了知法界体性平等。

卷三十一,《十回向品》云:一切世间众生劫数妄想言语之所建立,神通愿力悉能示现。

卷三十八,《十地品》云:或时心欲于一字中,一切法句、言、音差别皆悉具足;或时心欲令不可说无量世界地、水、火、风四大聚中所有微尘,一一麈出,皆悉演出不可说法门。

卷七十二,《入法界品》云:昔日诸众生,种种行邪法,合掌恭敬礼,牛羊犬豚类。今闻王正法,悟解除邪见,了知苦乐报,悉从因缘起。

主峰密禅师书云:多生习,妄执以成喜怒哀乐。微细流注,真理虽然顿达,此情难以卒除。须长觉察,损之又损。如风顿止,波浪渐停[1]。

① 此条,《文芸阁先生全集》本原刊用小字若注语例,但独出成条。兹改作正文。

《孟子注疏》札记*

戊戌八月，习坎中借此遣日，略有数则可存者耳。

《孟子题辞》云：孟子闵悼尧、舜、汤、文、周、孔之业将遂（湼）〔湮〕微，正涂壅底，仁义荒怠；佞伪（弛）〔驰〕骋，红紫乱朱。于是则慕仲尼周流忧世，遂以儒道游于诸侯，思济斯民。

卷一，《注》云：圣人及大贤有道德者，王公侯伯及卿大夫咸愿以为师。孔子时，诸侯（闻）〔问〕疑质礼，若弟子之问师也。故《论语》以弟子名篇，而有"卫灵公"、"季氏"之篇。

"贤者而后乐此"。《注》云：谓修尧舜之道。按：儒家之说，以尧、舜为本，仲尼"祖述尧舜"是也。故此章孟子但引文王，而赵氏必推及尧舜。七篇之始，特著之也。

"仲尼重人类"。"始作俑者"，《注》。孟子亲亲而仁民，是重类之道。

---

* 据《文芸阁先生全集》本，原题作"孟子赵注札记"、"读《孟子赵岐注》札记"。今改题作"《孟子注疏》札记"。此篇撰作时间，依文氏序记，即在光绪二十四年"戊戌政变"之后，八月中下旬。

“无道桓文之事者”。《注》云:孔子之门徒诵述宓牺以来至文、武、周公之法制耳。

“时日害丧”。《注》:时,是也。日,乙卯日也。害,大也。汤临士众誓,言是日桀当大丧亡。

至伪孙《疏》曰:《尚书大传》云,桀云“天之有日,犹吾之有民。日有亡哉?日亡,则吾亦亡矣”。《尚书》孔安国《注》云,(此)〔比〕桀于日,(同)〔日〕是“日何时丧,我与女皆亡”,欲杀身以丧桀。《檀弓》云子卯不乐,郑《注》云,纣以甲子死,桀以乙卯亡也。

按:孙《疏》所引三说不同。吾谓“害”与“曷”通。

赵以“大”训“害”,与《尚书》他文不合。视“有此民,如天之有日”,民视桀如天之有日;据《尚书大传》语,则桀自比于天;据《尚书》伪孔《传》语,则民比桀于日。义皆未圆。

疑《大传》语本作“天之有日,犹民之有吾”,谓天以日为主,而民以吾为主也。“时日害丧”者,即因其自命为日,而蕲与之俱丧也。“吾”、“民”二字误倒,当订正。

“谨庠序之教”。按:孟子言“谨”,则战国之时非无庠序,但其教不谨,不能申以孝弟之义耳,故曰处士横议。

“今夫天下之人牧,未有不嗜杀人者”。按:读此,知《尉缭子》所谓“能杀士卒之半”者,乃真当时之风气,不必以为伪书也。

“齐集有其一”。按:“集”,犹“止”也。言齐止有九分一耳。《注》“集,会”,非是。

“天下之欲疾其君者，皆欲赴愬于王”。按：虞芮质成，而文王受命，由斯义也。《诗》曰：“中原有菽，庶民采之。螟蛉有子，(果赢)〔蜾蠃〕负之。”

“无恒产而有恒心者，惟士为能”。按：战国之士犹能如此，知庠序未尽废也。

“五亩之宅”云云。按：孟子与梁惠、齐宣两王道，其言皆不过如此。

然前使老者衣帛食肉，黎民不饥不寒，而敌人之侵陵、国用之縻费、仕宦之杂冗、游食之繁多，与夫垦田设学之规模、整军经武之制度，一概不讲，遂安然可以王哉？是谓迂阔，孟子亦何辞焉？

不知诵诗读书，不可不知其人。

荀子能议兵，孟子岂不如荀卿？《吕览》言垦令，孟子岂不如不韦之客？特其著之书，则专明儒家言，而不愿杂以兵家之术耳。“善战服上刑，任土地辟草莱者次之”，孟子深恶兵家之不本于儒术，而适成商鞅之“农战”也。

读书者因其所言，知其所不言，于知人论世之道，庶有得矣。

“太王事獯鬻”。《注》：獯鬻，北狄强者，今匈奴也。按：“獯鬻”、“猃狁”、“匈奴”，一音之转。

“仕者世禄”。《注》：贤者子孙必有土地。按：此与《春秋》讥世卿义，适以相备。

“贼仁者谓之‘贼’，贼义者谓之‘残’。残贼之人，谓之‘一夫’”。《注》：《书》云“独夫纣”，此之谓也。按：孟子盖引古书说，故云“谓之贼”、“谓之残”、“谓之一夫”，非己臆说也。

“归市者不止”、“从之者如归市”。《注》：言（众）〔乐〕随太王如归趋于市。

愚谓：“归市”，犹后世言“墟市”也。唐人诗每有“趁虚”之说。“归”、“虚”，一音之转，盖古语也。

“北宫黝似子夏”。按：子夏，文学之儒。而孟子之称北宫黝，则曰“视刺万乘之君若刺褐夫”，然则子夏固儒而侠者欤？

“以为无益而舍之者，不耘苗者也。助之长者，揠苗者也，非徒无益，而又害之”。

按：不舍、不揠，即直养之谓。赵《注》于此节皆以福禄释之，于义虽浅，然亦欲人自然无求以安其命。《礼记》“仁者养以之福”，是其所本。

“冉牛闵子颜渊，善言德行”。按：此于《论语》“四科”之“德行”，独不及仲弓。《孟子》七篇亦遂无及仲弓者。

疑荀卿为仲弓之传，而孟子为曾子之传，源流不甚相涉，故无得而述焉。姑志此以俟考。

“治亦进，乱亦进，伊尹也”。赵《注》曰：事非其君者，何伤也；使非其民者，何伤也。要欲为天理物、冀得行道而已矣。

按:此文,邠卿非以意衍之,必有所本。“为天理物”,伊尹之所以觉民也。

“乃所愿则学孔子也”。按:上文,公孙丑举圣门诸弟子而问孟子所安,孟子答以姑舍是;而此又言“愿学孔子”。其颜、闵、游、夏,非学孔子者欤?赵《注》以为“愿学孔子进退量时”,窃以为未尽也。

孟子任事之勇、救时之笃,实似伊尹,故篇中屡屡及之。而“何事非君”,则齐宣、梁惠异于桀,而不及于汤也;“何使非民”,则救死不瞻等于夏,而难同乎亳也。

不得已,展转于齐、梁、宋、鲁之间。道之不行,天未悔祸;不学孔子,将何学哉?

若颜、闵之徒,随孔子以周流,仕止久速,皆依圣人而不自为主,又事势之不同者也。孟子“愿学”之意,即以慨身世之穷,所谓“顾瞻无人,意欲施之”,又未尝不因此而见也。

伪孙《疏》云:大(底)〔抵〕(度)〔廋〕辞云者,如今呼笔为“管城子”,纸为“楮先生”,钱为“白水真人”、又为“阿堵物”之类是也。按:钱为“白水真人”,隐“泉”字也。未详所出,俟考。

“王不待大”。按:“王不待大”,孟子引汤武言。然汤武虽不大,必其邻无大国,乃能日积月累。王政既畅,而四方归之。

若逼近强邻,则以德行仁,而势有所压。鲁用孔子,而女乐馈于齐,不敢不受;滕文公信孟子,而齐人将筑(蔛)〔薛〕,不能不恐。徐偃王之仁义,未足以抗周穆;宋襄公之义战,不足以胜楚师。孟子所谓“强为善”而已矣。

故齐、梁不可用，而孟子“王道”之说亦卷而怀之矣。“万章问宋小国行仁政”章，可证。

“人役也”。《注》：为人所役者也。

按：人〔役〕，即《左传》所谓“役夫”、《晋书》载记所谓“奴才”也。

“坐于涂炭”。《注》：涂，泥；炭，墨也。以“墨”训“炭”，始此。

“柳下惠不恭”。《注》：柳下惠轻忽时人，禽兽畜之，无欲弹正之心，大不恭敬。

按：“于禽兽何难”，孟子亦有是语。柳下惠于偕不失，尚未至“禽兽畜人”，特无“弹正之心”，则孟子以为“不恭”之过。

揆之后世，东方朔、阮籍，盖其支流。处乱世者师之，亦庶乎可免已。“（油油）〔由由〕然”，即不轻忽之容貌。轻忽，未有能免者也。

“威天下不以兵革之利”。《注》：不为兵革之威，仗其道德而已矣。按：言“道德”，不如言“仁义”之切。下文“多助”、“寡助”，则孟子之大意在用群策群力也。

“天时”。《注》：谓时日支〔干〕五行旺相孤虚之属。

按：《荀子》言“孟子明于五行”，惟此处一见。

“寡人如就见者也”。按：“如”，犹“宜”也、“应”也。

“景子曰:内则父子、外则君臣,人之大伦也”。

按:景子,盖儒家,故孟子与之洽习;其言父子主恩、君臣主敬,亦合《孝经》“爱敬”之旨。

“爵一,齿一,德一”。

按:景子以齐宣为君,故对臣言。孟子以齐王为爵,故并齿、德数。

是以人君当知自处,而后大贤肯为之臣,虽不召,固臣也。

士君子当知所以自处,而后时王不得为之君,所敬客,非臣也。

孟子言“是或一道”,实则天下之达道。后世以儒为干禄之具,而斯道隐矣。

伪《疏》:《地理志》〔曰〕,代郡有灵邱县。按:齐何能有代郡地? 此误引。

“王驩为辅行”。〔辅〕,副使也。按:“副使”二字,本此。

“君子不以天下俭其亲”。按:此章驳墨子薄葬之说。

“悻悻然见于面”。《注》:《论》曰悻悻然小人哉。按:“悻悻然”,盖“硁硁”之异文。

“滕文公为世子”。《注》:古纪《世本》,录诸侯之世,滕国有考公麋与文公之父定公相直,其子元公弘与文公相直。似后世避讳,改“考公”为“定公”,以元公行文德故谓之“文公”也。

按:郃卿避乱之时犹携《世本》,甚不易得。然较“定公”、“文公”之谥,皆与孟子不合。

疑六国之时,称谓纷岐,传闻互异,加以秦焚以后,真伪殽讹。以此而推,即“齐滑”、“齐宣”之殊异,亦不能执《史记》以疑《孟子》也,就本书通之可矣。

伪孙《疏》云:鲁有“文公”、“定公”之号,周有“文王”、“定王”之名。其谥虽与滕君同称,其实盖不(然)〔無〕异焉。此等时文家枝蔓之辞,何足以称“正义”?不独《东塾读书记》所拈文理不通之十数条也。

“诸侯之礼,吾未之学也”。按:并时列国所存者,盖已仅有士丧礼矣。

“夏后氏五十而贡”节。《注》云:禹受禅于君,故夏称“后”。殷、周顺人心而征伐,故言“人”。

按:古昔之世,不以大位为尊,而富贵崇高,要必著其所以得之之理。

虞、夏既以揖让,汤、武革命,应乎天而顺乎人,其一代之称谓,即因当时之恒言。夏不以称“后”而益其尊,殷、周不以称“人”而见其卑也。

迨秦之灭六国也,上则非受之于周,下则非人心之所顺,徒以力服天下,民无以称之,而自尊曰“皇帝”。虽不二世而亡,而后世习以为故事。盖自是而神州之气象一大变矣。

赵《注》此节,或推测而得,或自有师传,然不可谓非三代之古谊也。

“暴君污吏慢其经界”。按:商鞅裂阡陌之类,是“慢其经界”。

“远方之人”。“远方”,即《论语》“有朋自远方来”之“来”义。俞荫甫以“方来”为“遍来”,非是。惟《易》“不(宣)〔宁〕方来”、《书》“作兄弟方来”之类,当从俞义。

“贤者与民并耕而食”节,《注》云:三皇之时,质朴无事,故道若此。“然则治天下独可耕且为与”,《注》云:孟子谓五帝以来,有礼义上下之事,不得复若三皇之道也。

余谓:孟子辟农家言,犹孔子斥樊迟“小人”之意。

大约道家述黄帝,农家述神农,而儒家述尧舜,间推及伏羲耳。孟、荀之流派皆如此。《大戴礼》“宰我问五帝德”一篇,是其证。邠卿深知此义,故语不离宗,非宋儒所能及也。

“是率天下而路也”。“路”,“路亶”也。故《赵注》以“羸”释之。

“兽蹄鸟迹之道”。“迹”,当作“远”,字之误也。

“之则以为爱无差等,施由亲始。”

按:(弟)〔夷〕子既言由亲始,差等已见矣。

(弟)〔夷〕子天性近儒,故求见孟子之笃也。孟子不与言爱,而与之言亲,亲进于爱,此即差等之自见者。

亲亲仁民,仁民爱物。亲与仁、与爱,甚似而不能无分。儒家晰理之精,所以为世教之至极也。

赵《注》“亲,爱也”,略欠分晓。

“非富天下也,为匹夫匹妇复仇也”。按:有国家者,一民之仇,即一国之仇,国以民为体也。失此义而不亡者,未之有也。

“君子之所养可知已矣”。《注》:谓君子养正气,不以入邪。按:“正气”二字,本此。

“知我者,其惟《春秋》乎?罪我者,其惟《春秋》乎”。《注》:孔子惧正道遂灭,故作《春秋》。因鲁史记,设素王之法,谓天子之事也。知我者,谓我正纲纪也。罪我者,谓时人见弹贬者,言孔子以《春秋》拨乱也。

按:孟子以《春秋》为天子之事,是与《公羊传》说。因“知我”、“罪我”,不独谓正纲纪、见弹贬者也。

五经之中,《易》为卜筮之书;《诗》、《书》皆昔人之作;《礼》则三代之遗制,存什一于千百者耳。夫子志作《春秋》,行在《孝经》。志者,立万世之政;行者,垂万世之教。苦读两经,则于孔子之政、教,思过半矣。

然以孝垂教,有人心者莫之敢非;而政则质文递嬗,王霸相承,世不一姓,多取便己者而用之,岂得不干《春秋》之诛绝乎?由汉以来,释《春秋》者皆不敢正言,固其宜也。汉家治杂王霸,况其下此者哉!

“天下之本在国”节。伪孙《疏》云:国家,文从“或”,又从“国”,为其或之也,故国之也。

按:文理不通至此! 即以"或"为"域"之古文,亦当明著其说。

"清斯濯缨"二句。《疏》云:清斯喻仁,浊斯喻不仁。亦不通之极。

"故善战者服上刑"。《注》:孟(者)〔子〕言天道重生。战者杀人,故使善战者服上刑。

按:"天道重生",即《易》所谓"天地之大德曰生"。此《注》善解《孟子》。"存(以)〔心〕养性"章,《注》亦云:天道好生,仁人亦好生,行与天合,故曰"所以事天"。

"嫂溺援之以手者,权也"。《注》:权者,反经而(言)〔善〕。

按:孟子言权者如此。君子反经与权,不相害也。

"事孰为大? 事亲为大"。言事亲大于事君也。《韩诗外传》载田过语,是其证。

"中也养不中,才也养不才"。《注》:当以养育教诲。

按:"养"字,古有"教"义。"庠"者,"养"也,犹"校"之训"教"。非独饮之、食之之谓也。《注》以"养育教诲"为言,深合孟子之旨。

"望道而未之见"。《注》:望道而未至。殷禄未尽,尚有贤臣;道未得至,故望而不致诛于纣也。按:据《注》,则经文当作"望未至",与今本异。

“予私淑诸人也”。按:“叔”,从“又”,有“取”义。“私淑”,与“窃取”意略近。《注》云“私善之〔于〕贤人”,于文为不辞。

“天下之言性(者)〔也〕则故而已矣”。案:“故”,犹“习”也。释氏所谓“因缘”,即求其故之说也。

“从先生者七十人”。按此,则曾子门徒亦以七十人为数。孟子曰“犹七十子之服孔子也”。(疑)疑“七十”亦非实数,如汪容甫释“三”、“九”之类。

“施施从外来”。《注》:“施施”,犹“扁扁”,喜悦之貌。按:“扁扁”,即《史记·信陵君传·赞》之“翩翩”;《诗·王风》“将其来施施”,亦即此义。

《孝经》言,严父莫大于配天,则周公之孝也。《孟子》言,贵为天子,富有天下,而不及顺于父母,则舜之孝也。“行在《孝经》”,自天子达于庶人,而大孝备也矣。

“五十而慕者”。按:《论语》“子曰五十以学《易》”。人寿大率百年;举五十,适得其中数。盖古人之成言如此。

“横政之所出,横民之所止”。按:“不直”之谓“横”。

“伯夷”一节。《注》云:孟子反复(善)〔美〕伯夷、伊尹、柳下惠之德,以为足以配于圣人,故数章陈之。犹诗人有所诵述,至于数四。

邠卿可谓善读《孟子》,且善说《诗》。柳子厚读《论语》,谓"尧曰"以下数章,夫子时时诵之,门人因于数章之首严而立之,亦斯意也。

"圣譬则力也"。《注》:圣人受天性,可庶几而不可及也。

余谓:《中庸》一篇,赞孔子之德。天命谓"性",因众庶所同而率性谓"道",修道谓"教"。非孔子所受之天命,不能如是也。致中和而天地位、万物育,岂人之所可庶几哉?

"诸侯恶其害己也,而皆去其籍"。《注》:今考之《礼记·王制》,则合矣。

按:"诸侯去其籍",则不独秦焚书矣。

孔子犹可学于郯,孟子则仅闻其略。当时文字之权,足以使诸侯惧畏。故孔子作《春秋》,乱臣贼子懔然斧钺。秦之坑儒,亦畏之也。

岂若后世言者自言,行者自行,使举世儒生习谀阿附,而时君因得视为瓿物,而恣睢于其间?五经存而非存,圣道尊而非尊,呜呼,谓之何哉!

"耕者之所获"节。《注》:农夫有上、中、下之次,亦有此五等,若今之斗食佐史除(史)〔吏〕也。按:邠卿亦以汉制况周制。

"不挟兄弟而友"。"兄弟",犹之后世言"亲戚"也。《注》云"兄弟有富贵者",似非。

“贵贵、尊贤,其义一也”。按:唯尊贤而后贵贵。但知其一,则偏矣。

“率天下之人而祸仁义”节。《注》:以告子转性为仁义,若转木为桮棬。

按:赵《注》用“转”字甚精。译释典者每言“转识成智”,即用此“转”字。

“告子曰:食、色,性也”。按:孟子不驳此语,意自可知。然食、色不可谓之恶也。且孟子以嗜炙为不在外,则亦未尝不以食为性矣。

“岂爱身不若桐梓哉?弗思甚也”。

孔子于“唐棣”之诗,则断之曰“未之思也”;孟子于此章,则曰“弗思甚也”。知求圣求贤之功,当从“思”始。“支那”二字,译为“善思惟”,然则应由“思”入道者,乃此邦正理也。

“於,答是也,何有”。赵《注》:“於”,音“乌”,叹辞也。

按:朱子不从之者。《论语》“於从政乎何有”,亦是上用“於”字、下用“何有”字。此等可依自例而得之也。

“由今之道,无变今之俗”。《注》:若不变更,虽得天下之政而治之,不能自安。

按:孟子言“变俗”仅见,然对慎子言,所以深辟强战广地之说。至秦以战得天下,然不变俗,则二世而亡。孟子“不能一朝居”之言，于是验矣。

“貉无城郭”。“行国”之言，始见《孟子》。

“君子不亮，恶乎执”。按：“君子不亮”者，“亮”与“谅”通，君子贞而不谅也。“恶乎执”者，恶乎执一也，举一而废百也。

“孙叔敖举于海”。《注》：叔敖隐处，耕于海滨。

按：孟子当别有所据。且期思之野，亦非海滨也。

“为机变之巧者，无所用耻焉”。《注》：今造机变阱陷之巧以攻战者，非古之正道也。取为一切可胜敌之宜，无以错于廉耻之心。

按：“为机变之巧者”，自指墨子而言。赵《注》以攻战之巧释之，正是此意。孔子疾始以火攻，孟子耻为机变之巧，皆仁人之用心，而体天地好生之德也。

“故王公不致敬尽礼”节。《注》：作者七人，隐各有方。伪《疏》引包咸、王弼二《注》。疑邠卿意与王合。

“宋句践”。《注》云：好以道德游，欲行其道者。

据《注》，则句践盖道家者流。《孟子》一书，未有与道家诘难之说；独此以“尊德乐道”、“独善兼善”教句践，所以道家之“和光同尘”也。邠卿之《注》，必有所本。

“附之以韩魏之家”。

按:此与“赵孟之所贵”,皆当时语。春秋时,晋最强,而三家迭掌晋国之政,故其言如此。“赵孟”者,犹后世所谓“张三李四”也;“韩魏之家”者,犹汉人所谓“金张许史”也。《论语》“孟公绰为赵魏老则优”,“赵魏”,亦三家之二。

“仁言不如仁声”,故《诗》不如《书》;“善政不如善教”,故周不如孔。政至于使民急公奉上,止矣;使民心悦诚服,其事固在立政之外。

“恒存乎疢疾之人,又力学,故能成德”。按:《注》以“力学”二字,释有德慧知术之故,深合经意。

“春秋无义战”。《注》:彼此相觉有(是非)〔善恶〕耳。按:“觉”,与“较”通。

“身不行道”章。《正义》引荀况云,有分义,则合天下而治;无分义,则一妻一妾而乱。亦与同意。

按:伪《疏》于制度名物多所未解,朱子已言之;其伪造《史记》之类,近人亦颇订正之。惟于孔子出处,尚不忽略;且引荀子之文亦较多。知宋人读书,较优于明人。若不题“孙奭”之名,而自为一书,虽不为佳构,要可备宋人解经之一种。惜乎其自托于名人,转滋黎邱之惑耳。

“而况于亲炙之者乎”。《注》:况于亲见而熏炙之者乎?按:晋、宋以后,译释典者多用“薰修”字,本此。

“高子曰:禹之声,尚文王之声”。

按:上章“孟子谓高子”,《注》云,高子,齐人。尝学于孟子,乡道而未明,去而学于他术。此章高子之意,盖谓禹之乐尚与“上”同。于文王之乐,意则谓禹之治高于文王之治也。

不言尧舜而言禹,疑赵《注》所谓“他术”者,墨子之术矣。墨子好言禹,且非乐,高子盖述之。孟子责其以茅塞心,宜矣。

“馆于上宫”。《注》:上宫,楼也。未详所本。

“君子之言也,不下带而道存焉”。《注》:皆在胸臆,吐口而言之,四体不与焉。

按:此中国言语之威仪。若四裔,则非摇其头项、动其手足,不足以喻其言矣。

“说大人则藐之”章。按:此必有所为而发。

撷芳录*

荒村读《易》，无书可证，仅恃石刻印本，字小多讹，聊以遣日而已。其研理之精、措辞之妙，间钞一二；偶有所见，随笔书之。匪以考经，忧患时心力以此寄耳。

戊戌九月记

孔颖达《周易正义序》云：若论住内住外之空、就能就所之说，斯乃义涉于释氏，非为教于孔门也。

《乾》：九三。王弼《注》云：上不在天，未可以安其尊也。下不在田，未可以宁其居也。

又云：竭智力而后免于咎。

“子曰同声相应”云云。《正义》云：亦有异类相感者，若磁石引针，琥珀拾芥，蚕吐丝而商弦绝，铜山崩而洛钟应。……非唯近事〔则〕相感，亦有远事〔遥〕相感者。若周时获麟，乃为汉高之应；汉时黄星，后为曹公之兆。二语太附会①。

---

* 据文廷式手稿。稿册封面题签曰“撷芳录　菩提流支偶写”。按“菩提流支”为梵语，华言“道希”也。

① 此句，原系“若周时获麟……”至“……曹公之兆”此二语天头之眉批。

王《注》:统而举之,乾体皆龙;别而叙之,各随其义。

“见龙在田,时舍也”。《注》:见而在田,必以时之通舍也。

按:“舍”、“塞”,双音。“通舍”,犹言“通塞”。《论语》“用之则行,舍之则藏”:“用”、“舍”,亦“通”、“塞”也。《正义》谓“辅嗣以‘通’解‘舍’,‘舍’是‘通’义”,似误。

《坤》:至柔而动也刚。《注》:柔而又圆,消之道也。

按:坤卦,即古文“地”字。地动、地圆之理,《大易》已肇其端。

《屯》:初九。《注》云:屯难之世,阴求于阳,弱求于强,民思其主之时也。

又云:不可以进,故磐桓也。非为宴安弃成务也。

《蒙》:上九……不利为寇。

按:圣人设辞,岂有利寇之爻?盖戒盗之义,故云“不利为寇”。“不利”云者,使其自省改也。

《需》:初九。《(注)〔疏〕》云:远难待时,(故)〔是〕未失常〔也〕。

《讼》:象……《正义》云:“有德司契”之文,出《老子经》。此不称“《道德经》”而称“《老子经》”,盖唐初之制。

《师》:贞。丈人。吉。无咎。《注》:兴役动众,无功,罪也。故吉乃无咎也。《正义》：无功罪者，监临师旅，当以威严，则有功劳，乃得无咎。

余按王辅嗣意，言兴役动众，无功则为罪；有功而吉，乃仅得无咎耳。《疏》义似隔。《集解》作“无功则罪”，是。

《比》：初六。《注》云：夫以不信为比之首，则祸莫大焉。故必有孚盈缶，然后乃得免比之咎。

《小畜》彖辞。《注》云：彖至论一卦之体，故曰“密云不雨”；象各言一爻之德，故曰“既雨既处”〔也〕。

《履》：初九，象曰……独行愿也。《注》：独行所愿，则物无犯〔也〕。

按：象言往而行己之所愿，所以济物，固不计物之犯我与否也。愿力既行，动而无咎，其惟“素履”乎！

《泰》：小往大来。吉亨。《正义》曰：此卦亨通之极，而四德不具者，物既太通，多失其节，故不得以为元始而利贞也。

王辅嗣亦以为“上下大通，则物失其节”。

嗟乎！黈纩塞耳，垂旒蔽明，岂无故哉！否极则泰。而当否之未倾，又遇泰之失节，于裁成辅相之道、概乎未之闻焉，则消长之机，恐不在此而在彼矣。龙战元黄，亦其命乱有以召之也。

《否》：初(九)〔六〕……以其汇，贞吉亨。

“泰初九”则“征”，“否初(九)〔六〕”则“贞”。一则成辅相之功,一则守辟难之道也。顾征者仅吉而已,而贞者乃言吉亨,盖居否之时,惟贞者乃可以待亨,十年而反,亦天道之常也。至否终则倾之时,而汇贞者乃汇亨矣。

不乱其群,则正气固;不荣其禄,则内志坚。天若欲济斯民,非大人、谁与属哉?

《同人》:同人曰。《注》云:利涉大川,非二之所能也,是乾之所行,故特曰"同人曰"。

按:王《注》是。"同人曰"三字,非羡文。"今文"解经,必求例之整齐,往往不可通者辄为改易,不可从也。

"同人于郊,志未得也"。《注》:楚人亡弓,不能忘楚,爱国愈甚,益为它灾。用"哀六年"《左传》。《正义》以为:与人疏远,和同之志,犹未得也。

《大有》:九二,大车以载,有攸往,无咎。

按:老子曰君子终日行不离辎重,盖合此爻之义。

《谦》:亨。君子有终。《正义》云:谦为诸行之善,是善之最极,而不言元与利贞及吉者,元是物首也、利贞是幹正也。于人既为谦退,何可为之首也?以谦下人,何以幹正于物?故不云元与利贞也。

按:谦虽六爻皆吉,而四德不备。惟君子既美其始,以谦终之,斯为吉耳。若小人而行之,其不为张禹之曲谨、胡广之中庸者几希。

“豫之时义大矣哉”。《正义》:凡于彖之末叹云“大哉”者,〔凡〕一十二卦。若“豫”、“旅”、“遁”、“姤”〔凡〕四卦,皆云时义。……“随”卦则云随时之义。

《随》:大亨,贞,无咎,而天下随时。《注》云:得时,则天下随之〔矣〕。随之所施,唯在于时也。

按:孟子曰不如待时;武王伐殷,尚有“于时未可”之叹。随有四德,故能不失时,虽向晦宴息,而昭于日月矣。

“王用亨于西山”。《注》:兑为西(山)〔方〕,山者途之险隔也。处西方而为不从,故王用通于西山。

按:辅嗣训“亨”如字,非是。此泥于上文“拘係〔之〕乃从”之义也。辅嗣读“拘係〔之〕乃从”绝句。

《释文》云,“亨”,陆许两反,祭也。窃谓读“许两”反则是,训“祭”则非。

此文“拘係之乃从维之”,实后世羁縻藩属之意。随义已成,而有不来者,不用征之,始与之羁縻勿绝而已。其来也,则飨之,即世一见之义也。西山者,西戎荒远;《穆天子传》是周时西域之事也。“乃从维之”:“(纵)〔从〕”字,犹《小过》“从或戕之”之“从”字;言从而维之也。

《蛊》:先甲三日,后甲三日。《正义》:既在有为之时,不可因仍旧令。……其褚氏、何氏、周氏等并同郑义,以为“甲”者、造作新令之日。“甲”前三日,取改过自新,故用“辛”〔也〕;“甲”后三日,取丁宁之义,故用“丁”〔也〕。

按:“象曰……终则有始”,是以甲为天干之始。郑义是;辅嗣以甲为创制之令,失经意矣。“终则有始”,《正义》云:甲为十日之首,创造之令〔为〕在后诸令之首。故汉时谓令之重者谓之“甲令”。依违王、郑之说,尤属非是。

“意承考也”。《注》云:干事之首,时有损益,不可尽承,故意承而已。

按:辅嗣此《注》甚精。宋时小人附会绍述,实不知“意承”之义。

《临》:九二,咸临,吉无不利。《注》:刚胜,则柔危。五体柔,非能同斯者也。

“象曰:……未顺命也”。《注》云:未可尽顺五命……有从有否……则君臣上下献可替否之义〔也〕。

《观》:象曰……先王以省方观民设教。《正义》云:省视万方,观看民之风俗,以设于教。

《噬嗑》:雷电合而章。

按:读“需卦”则知坎为云,读“噬嗑”则知离为电;云与水为类,电与火为类;四大之旨,《易》义备矣。

地可观者,莫可观于木;以木为风类,《易》固不用五行也。《大过》“象曰,泽灭木,大过”,亦以巽为木。

《贲》:六二,贲其须。《注》:须之为物,上附者也。循其所履以附于上,故曰“贲其须”〔也〕。《正义》曰:“贲其须”者,须是上(附)〔须〕于面,六二常上附于三,〔若〕似贲饰其须也。

愚案:“贲其须”者,须臾之谓也。得位而无应,宜有待而后行。故初九“舍车”,六二仍未能乘马也。《注》以“髭须”释之,似非。《归妹》“六三,归妹以须”,与此“须”字正同。

《剥》:彖曰……君子尚消息盈虚,天行也。《注》云:强亢激拂触忤以陨身,身既倾焉,功又不就,非君子之所尚也。

辅嗣此语,其有感于党锢诸贤乎?楚老惜兰芳,古今同慨。《正义》加“于无道之时”五字,尤为警切。

《复》:亨。……朋来无咎。《疏》:朋,谓阳也。〔反复〕众阳朋聚而来,则无咎〔也〕。若非阳众来,则有咎。

按:《易》义重朋、重群。故否泰皆以其汇,而复与蹇皆得其朋。

“七日来复”。《正义》云:观《注》之意……亦用《易纬》“六日七分”之义,同郑康成之说。

“复其见天地之心乎”。《注》云:凡动息则静,静非对动者也。语息则默,默非对语者也。然则天地虽大,富有万物,雷动风行,运化万变,寂然至无,是其本矣。

按:此说实用《老子》“万物芸芸、各复其根,归根曰静”之义。此卦一阳初复,见天地生物之心,岂“各复其本”之谓乎!清言虽佳,未合经旨。

《无妄》:天之命也。《注》云:天之教命,何可犯乎?

按:此以电为天之教命,故云“不可犯”。

《大畜》:刚上而尚贤,能止健,大正也。

按:《老子》一书,以柔弱为主,以不尚贤为使民不争,以日损为道,以致虚为极。而《大畜》彖辞则曰日新、曰尚贤、曰刚健笃实,处处与老氏之学相反。

辅嗣好玄言。夫玄者,幽也,于辉光之德果有合乎?

《朱子语类》释《大学》“在明明德”云:明其光明正大之德。于此卦庶有合耳。

《颐》:圣人养贤以及万民。《正义》云:有如虞舜五人,周武十人,汉帝张良、齐君管仲,此皆养得贤人,以为辅佐,政治世康,兆庶咸悦。此则“圣人养贤以及万民”之养也。

按:汉帝、齐君,何足以当圣人之象?唐人经义,措辞尚粗,不必以宋以后之法绳之。

“朵颐”。《正义》:朵,是动义,如手捉物,谓之“朵”〔也〕。此义俟考所本①。

“拂经于丘”。

按:《太元》有“干邱饴”字,盖用此义。《太玄》一书,虽无足取,然其拟《易》处至多,子云又小学专家,若以比附之例考经,未尝无近人用王莽《大诰》证《尚书》之益耳。

① 此句,原系“朵颐”条之天头眉批。

《大过》。《正义》曰:犹若圣人,过越常理,以拯患难。

“利有攸往”。《注》云:危而弗持,则将安用?故往乃亨。

按《史记》,孔子谓弟子曰:“国危若此,二三子何为不出!”夫危邦不入,而当孔棘且殆之时,乃使弟子仕乎?此亦圣人过越常理之一端,未可以中才以下行之也。

“过涉灭顶,凶,无咎”。《正义》曰:犹龙逢、比干,忧时危乱,不惧诛杀,直言深谏,以忤无道之主,遂至灭亡。其意则善,而功不成,复有何咎责?

按此卦“利有攸往,亨”,极其量则凶亦无咎,圣人救世之心切矣。若俭德避难者,又义有不同。玩占者审处之而已。

“习坎……维心亨”。

按:“维心”,即“惟心”之谓。遇险之时,惟恃一心不乱、以刚执中,乃能亨通也。

《离》:六二,黄离元吉。

按:黄者,日光。“离”象取“明两作”,则六二乃日象离中虚者火日外影之义。

《咸》:二气相应以相与。《注》云:是以亨也。

按:“是以亨”三字,本彖辞所有,如此即不须注。王《注》意在以经说经,惟求简要,而可简不简者尚往往有之。

“观其所感”。《注》云:凡感之为道,不能感非类〔者也〕。按:“至诚所感,金石为开”,非异类而何?王氏之义,于斯为阂。

“九四”。《注》:二体始相交感,以通其志,心神始感者也。“心神”二字,始见此《注》。“心力”二字,见《后汉书》云“仁人君子心力之为”。《正义》曰:辅嗣以四为心神。俟再考①。

“九四”。《正义》曰:未能忘怀息照,任夫自然。

按:此等亦近释氏之说。

《恒》彖辞:观其所恒,而天地万物之情可见矣。《注》云:天地万物之情,见于所恒也。按:此注亦可省。

“上六”。《注》云:〔夫〕静为躁君。

按:此用《老子》语;《疏》不详所出。

《遁》:“初六,遁尾,厉”云云。《注》云:处遁之时,不往何灾?而为遁尾,祸所及也。危至而后行,(难)〔虽〕可免乎厉,则勿用有攸往也。

“上九,肥遁”。《注》云:忧患不能累,矰缴不能及。

按:《注》兼用“肥遁”、“飞遁”之义,故云“矰缴不能及”。《正义》仅引“子夏传〔曰〕肥、饶裕也”,于《注》意尚未备。

---

① 此句,原系“九四。注:二体始……”条之天头眉批。

《大壮》:九三……君子用罔。《注》云:君子用之,以为罗已者也。

按:王《注》破"罔"为"网",特不箸"读为"、"读若"之例耳。

《晋》:康侯用锡马蕃庶。

按:"康侯"之义,与"宁侯"同。《洪范》"五福……三曰康宁",是"康"与"宁"义得相通。以天子言之,则谓之"宁侯";就诸侯言之,则称以"康侯"矣。

"九四,晋如鼫鼠"。《正义》引蔡邕《劝学篇》云:鼫鼠五能,不成一技。王《注》曰,能飞不能过屋,能缘不能穷木,能游不能度谷,能穴不能掩身,能走不能先人。

《劝学篇》有"王注",不知其名。《校勘记》云:宋本"王"作"术"。〔按〕卢召弓云《颜氏家训》作"不成技术",知"王"字误〔也〕。然则虽非"王注",而《劝学篇》之必有注,明矣。

《明夷》:君子以莅众,用晦而明。《注》云:藏明于内,乃得明也。显明于外,巧所避也。

按:"藏明",即"用晦";"晦而明",则君子之用心不欲愚民也。日入地中,继之以火。圣人之治天下,岂靳以"无为清净、民化不欺"者哉!"无为清净"二语,《正义》之说。

《家人》:象曰,风自火出,家人。《注》:由内以相成炽也。以"成"字释"风",以"炽"字释"火",可谓简要。

“王假有家，交相爱也”。

《淮南子》称尧舜之治，妇媚士依，应此爻之义。俟再捡[1]。

《睽》：睽之时用大矣哉。《注》：睽离之时，非小人所能用也。

按：小人同而不和，故不能用睽离之时。辅嗣之意，盖如此。“蹇之时用大矣哉”，《注》亦云“蹇难之时，非小人所能用也。”注“时用”之例盖如此。

“见恶人，无咎”。

按：“睽”之初，无应独立。虽位在下，仍不能不虑恶人之隐害。惟明见之，则彼不能密以谋我。此所以“无咎”也。《注》云“见恶人、乃得免咎”，当是此意。《正义》以为“不能和光同尘、则必为恶人所害”，见谓逊接之也，于义转隔。

“上九，睽孤”云云。

按：此等必当兼用郑、虞之义，乃可通。王《注》未能观象，是其所短。

《蹇》：利西南。不利东北。《注》云：西南，地也。东北，山也。

按：王《注》未知何据，《正义》亦未言其故。“解”卦，《正义》则云“西南、坤位”。

《蹇》：往蹇来连。《正义》曰：马云，连，亦难也。

按：王《注》云“往来皆难”，是与马意同。余谓“连”亦蹇也。

① 此句，原系“王假有家”条天头之眉批。

《楚辞》:“驴骡连蹇而齐足”。“连”、“蹇”迭均最近,故得相通。经变文见义耳。郑康成以为迟久之意,非是。

《解》彖辞:天地解,而雷雨作。雷雨作,而百果草木皆甲坼。

按:“云雷屯,君子以经纶”,所以经纶者,欲为天下免乎险也。“有攸往,夙吉”,即圣人不能为时、必不失时之义。

《损》:君子以惩忿窒欲。《正义》曰:夫人之情也,感物而动。境有顺逆,故情有忿欲。惩者,息其既往;窒者,闭其将来。忿、欲皆有往来,惩、(忿)〔窒〕互文而相足也。

按:此等文理皆颇摹仿辅嗣,当摘数条汇录之。

“九二”。《注》云:初九已损刚以顺〔柔〕,九二履中而复损己以益柔,则“剥”道成焉。《正义》曰:初九已损刚以益柔,为顺六四〔为初六〕;九二复损己以益六五为六二,则成“剥”卦矣。据此,则辅嗣亦偶用卦变之说。

《益》,《正义》引向秀云:明王之道,志在惠下。故取下谓之损,与下谓之益。又,“风雷、益”下引何晏说;引孟僖说,“僖”当作“喜”。向秀有《易注》①。

《夬》:居德则忌。《注》云:居德以明禁。

按:以“忌”为“禁”,又加“明”字,于义甚曲。“忌”,当作“疑忌”解。“居德则忌”者,未敢居之不疑也。“夬”有“决”义,而独于

① 此句,原系“《益》,‘正义’引向秀云……”条之天头眉批。

居德疑之,圣人之垂训深矣。

“象曰,君子夬夬,终无咎也”。《正义》曰:象云“无咎”,自释。“君子夬夬”,非经之无咎〔也〕。

按:经云“君子夬夬,独行,遇雨若濡,有愠,无咎”,象约其辞,仅加一“终”字,非释经而何?《正义》特以辅嗣《注》云君子处之,必能弃夫情累,决之不疑,故曰夬夬也。若不与众阳为群,而独行殊志,应于小人,则受其困焉。“遇雨若濡,有恨而无咎也”,于“夬夬”之后多一转折,遂以辅嗣为释经而象辞为不释经,其谬一至于此!所谓“宁道周、孔误,不言郑、服非”,固实有之,非过甚其辞也。

按“睽”卦云“遇雨则吉”,凡遇雨无悔吝之象。“若濡”,则受其泽矣。“有愠”者,忧心悄悄、愠于群小之谓。《正义》乃谓“濡湿其衣,自为怨恨,无咎责于人”,可哂之至!凡《易》言“无咎”者,岂能尽以“无咎责于人”为解哉?《困》“征凶无咎”,《注》亦云“以此而征凶,谁咎乎”,似亦未确。象惟《节》之“六三”,曰“又谁咎也”。

《姤》:初六……象曰,系于金柅,柔道牵也。

按:“牵”有“制”义;《注》云“有所牵系”,于义未备。

“以杞包瓜”。《注》:包瓜为物,系而不食。

按王义当作“匏瓜”;《正义》曰子夏传作“匏瓜”,辅嗣盖用其义。《释文》云子夏传作“苞瓜”,又与《正义》异,当系另据一本。

《萃》:亨。王假有庙。王《注》云:拥隔不通,无由得聚。聚之为事,其道必通。《正义》曰:天下崩离,则民怨神怒,虽复(亨)

〔享〕祀，与无庙同。王至大聚之时，孝德乃昭，始可谓之有庙矣。

按：辅嗣言“萃、亨”之义至精；《正义》说“有庙”，亦深得大义。

天下大聚，而后可言孝、可谓有庙，则周公营洛邑之事也。《孝经》言“严父莫大于配天”，而属之周公。盖武王虽克殷，顽民尚多，未肯大聚，不敢言有庙也。至“洛诰”而诞保受民、伻殷承叙、祝册惟告，斯其时矣，十六王而康始安之，岂独用武者虑坚凝之难哉！

《升》：象曰，地中生木，升。

按：巽为风，而《易》屡以木言。故五行与四大，虽中外殊说，而《易》理固无所不包也。《井》象：木上有水井。《渐》：山(下)〔上〕有木。

“升虚邑”。按：“虚”，当为“邱墟”之“墟”。辅嗣《注》云“莫之违距，故若升虚邑”，未释“虚”字。《正义》以为“若升空虚之邑”，似失经旨。《释文》曰“马云邱也”，得之。

《困》：有言不信。按：此必应解以兑为口舌之说。辅嗣言理遗象，于此等处持之太过。

《井》：象曰，巽乎水而上水，井。

按：此言巽取顺义。风在水下，故曰“上〔水〕、井”。王《注》“音举上之上”，失之。《正义》曰“巽为入、以木入于水”，恐非经义。

《革》：已日乃孚。《注》云：夫民可与习常，难与适变；可与乐成，难于虑始。故革之为道，即日不孚，已日乃孚〔也〕。

又云:悔吝之所生,生乎变动者也。革而当其悔,乃亡。

《鼎》:元吉。亨。《注》云:变而无制,乱可待也。法制应时,然后乃吉。贤愚有别、尊卑有序,然后乃亨。《正义》曰:亨饪成新,(则)〔能〕成新法。

《正义》又曰:鼎之为器,且有二义。一有亨饪之用,二有物象之法。故象曰"鼎象也",明〔其〕有法象〔也〕。《杂卦》曰"革,去故;而鼎,取新",明〔其〕亨饪有成新之用。

余谓:以此推之,《易》于卦义兼取二三者多矣。"井",取"井养"之义;而"旧井无禽",则陷穽之井也。"乾",取"乾健"之义;而"乾乾终日",则"乾惕"之"乾"也。"贲",取"贲饰"之义;而"贲其趾",则"贲偾"之"贲"也。读经者勿泥一解,可以通《易》之观象,且可以证古人之小学也。

《震》:不丧匕鬯。

按:"鬯",从"匕",疑亦匕之类。《正义》引郑及《诗传》说,于愚意均有未安。行箧无书,俟再考订。

"艮其背"。《注》:目无患也。

按:此道家之说。"艮"从"目",于小学之理亦合。

"君子以思不出其位"。《注》:各止其所,不侵官也。

按:辅嗣以官言"位",著其显者耳。《正义》但云"思虑所及、不出〔其〕己位",措语较细。

“列其夤,厉薰心”。《注》:危亡之忧,乃薰灼其心也。

余谓:薰灼其心,乃有危亡之忧;辅嗣语倒耳。

《渐》:彖曰,渐之进也。《注》:之于进也。

按:彖辞言“之卦”仅见。辅嗣之意,盖亦用“之卦”之说。《既济》“上六”,《注》亦云“既济道穷,则之于未济”。

《归妹》,《正义》曰:此卦以少承长,非是匹敌,明是妹从姊嫁。

余谓:彖辞言“归妹”、天地大义,人之终始。若仅随嫁,不足以当斯言。《咸》之卦义在相感,《归妹》之义重在嫁女,言各有当,不必以彼疑此也。长男少女,得相匹敌,王《注》但云“阴阳既合、长少又交”,《正义》何故支离其说乎?

《丰》:勿忧,宜日中。

按:“勿忧”,犹言“无忧”也。“宜日中”者,日尚未中也。至日中,则将昃,不能勿忧矣。此言文王与纣王之时乎?无忧者,惟文王于此卦见之。其初则明入地中,其末则“宜照天下”也。

“初九……虽旬无咎”。《注》:旬,均也。

按:辅嗣盖破“旬”为“均”。《释文》云“如字”,非也。“九三,丰其沛”,《注》云“沛,幡幔,所以御盛光”,是亦读“沛”为“旆”。

《旅》:旅之时义大矣哉。《注》:旅者,大散。物皆失其所居之时也。咸失其居,物愿所附,岂非知者有为之时?

《巽》:初六,进退,利武人之贞。

按:申命行事,非先以武,不能经行。象曰"进退",志疑也;"利武人之贞",志治也。

自古及今,凡欲申命行事者,未有不由于此者也。"履"卦云"武人为于大君","革"卦云"大人虎变",皆以用武为得位。后世乃有偃武修文之说,误之甚矣。

《兑》:刚中而柔外,说以利贞。

此与"内健外顺"义略相似,而有不同。圣人说民之道如此。

《涣》彖辞:利涉大川,乘木有功也。《正义》曰:先儒皆以此卦坎下巽上,以为乘木水上,涉川之象。……王不用象,直取况喻之义。

按:此亦以辅嗣不用象为太过。然《益》"彖曰……利涉大川,木道乃行",亦以木为巽象当而无水,故特于此传发之①。

《节》:苦节不可贞,其道穷也。《注》云:为节过苦,则物所不能堪也。物不能堪,则不可复正也。

按:物不堪则不可当。此"贞"字,当作"贞常"之义。

《中孚》:初九,虞吉。

按:"虞",当作"忧虞"解。言能虞防之,则吉也。《注》云"虞犹专也",其义未闻。

---

① 自"然《益》彖曰……"至此,手稿此节原系"《涣》彖辞……"条之天头眉批。

《小过》:象曰……君子以行过乎恭,丧过乎(恭)〔哀〕,用过乎俭。

按:"苦节不可贞",而世乱民病之时,则有不能不躬自厚而薄责于人者。"中孚"者,中道也。"小过"之时,则君子亦有过焉,过乃适得乎中也。《论语》曰"观过知仁",其即观此小过也欤?

"不及其君"。《论语》曰"过犹不及",故"小过"之爻,兼"不及"言。"象曰,不及其君,臣不可过也",明以"不及"代"过"字之义。又按:此爻《正义》全用《注》文,仅易一二字,殆不可解。唐人《正义》单行,故不得不录《注》欤?

《既济》:六四,繻有衣袽。《注》云:繻,宜曰"濡"。

按:王《注》破字之例,仅见于此。

《未济》:濡其尾,无攸利,不续终也。《注》云:济未济者,必有馀力〔也〕。

余谓:王允之诛董卓,魏孝明之杀尔朱荣,皆济而濡尾、无馀力者也。辅嗣此注,其明于治乱之故,深矣!①

《系辞》篇题,《正义》曰:分〔为〕上、下二篇者,何氏云上篇明"无",故曰"《易》有太极","太极"即"无"也;按:此可释朱、陆之争。又云"圣人以此洗心,退藏于密",是其"无"也。按:"密",何得言"无"?何氏说误。下篇明"幾",从"无"入"有",故云"知幾其神乎"。

---

① 此下,原有关于《易·系辞》笔记二条,文氏于天头眉批"此误录";今据意移入以下关于《系辞》之笔记内。

今(则)〔谓〕分为上、下,更无异义,〔有〕以简编重大,是以分之。

“易简而天下之理得矣”。韩康伯无注;而《正义》杂引《列子》、《老子》、《庄子》之言以释之,非说经之体。

《系辞》虽言性与天道,而孔子之说,究非聃、周。今以此章之《疏》观之,一则曰“用使圣人……法无为之化”,再则曰“圣人则隐迹藏用,事在无境”。此可以注《五千文》,而不必以之说《易》也。康伯纯用玄言已较多于辅嗣,冲远又从而益之,几如读向、郭之注《庄》矣。

“齐小大者存乎卦”。韩《注》云:齐,犹言辨也。

按:“齐”,何以有“辨”义?俟考。

“(辨)〔辩〕吉凶者存乎辞”。《注》云:吉凶之状见乎爻。至于悔吝无咎,其例一也。

按:“悔吝无咎”,何以一例?康伯以意说经,何不作《易例》明之?

《正义》曰“下历言五者之差”云云,至“……五也。于经数之为便,但于注理则乖。今并存焉,任后贤所释”。

按:冲远于康伯之《注》不尽从之,于此可见。

“忧悔吝者存乎介”。《注》:王弼曰,忧悔吝之时,其介不可慢也。

据此,则辅嗣所注《系辞》,晋时犹存。“大衍之数”,《注》亦引王弼说。

“安土敦乎仁,故能爱”。

记阳湖庄侍郎说,以此为圣人不思净土也。《易》义广大,何所不包?若处处以释理证之,亦无一字不可附会者。说经自有体裁,不必恣肆其言、使学者茫然丧其所怀来也。

若《毛诗稽古篇》以“西方美人”为“释迦”,则又误读《列子》,而别生枝节矣。

“阴阳不测之谓神”。韩《注》云:尝试论之曰,原夫两仪之运、万物之动,岂有使之然哉?莫不独化于太虚,故两而自造矣。造之非我,理自玄应;化之无主,数自冥运。故不知所以然。而况之神,是以明两仪以太极为始,言变化而称极乎神也。夫唯知天之所为者,穷理体化,坐忘遗照,至虚而善应,则以道为称;不思而玄览,则以神为名。盖资道而同乎道,由神而冥于神也。

按:此等即支道林《逍遥论》之类,实清谈之极敝。于注释中特加以论,西晋注《庄》乃始见之。后人欲刊辅嗣之野文,窃谓康伯之枝辞乃在所不取耳。

“大衍之数”。《注》引王弼说。《正义》曰:韩氏亲受业于王弼,承王弼之旨,故引王弼云,以证成其义。

窃疑王弼本有《系辞注》,晋时犹存,故韩得引之耳。

“神而明之,存乎其人”。《注》云:体神而明之,不假于象,故存乎其人。

按:经文无不假于象之义。康伯尊王学,故其言如此。

“系辞焉而命之”。韩《注》云：立卦之义则见于彖象，适时之功则存之爻辞，王氏之例详矣。

据此，则王氏《易注》亦当有例，而今佚之。

“盖取诸‘离’”。《注》：离，丽也。罔罟之用，必审物之所丽〔也〕。《正义》曰：案诸儒象卦制器，皆取卦之爻、象之体。今韩氏之意，直取卦名因以制器。案上《系》云“以制器者尚其象”，则取象不取名也。韩氏乃取名不取象，于义未善也。今既遵韩氏之学，且依此释之〔也〕。

按：疏不破注。此直斥其“义未善”，可谓直笔。然何不博采诸家之说以救其“未善”、而依而释之乎？“辅嗣《易》行无汉学”，非辅嗣之咎，而冲远之咎也。

“颜氏之子，其殆庶几乎”。韩《注》：在理则昧，造形而悟，颜子之分〔也〕。《正义》曰：颜子于幾理暗昧，故有不善之事。

按：康伯妄以颜子为“昧理”，《正义》遂实以“有不善之事”。读经粗率而徒为玄言，此等处转不及宋人措辞之细。

“外内使知惧”。韩《注》云：“遁”以远时为吉，“丰”以幽隐致凶，“渐”以高显为美，“明夷”以处昧利贞，此外内之戒也。《正义》曰：外内，犹隐显[①]。

---

① 自“颜氏之子其殆庶几乎”至此，共二条，原稿书于“《未济》：濡其尾……”条后。今据此二条天头眉批曰“此误录。此上(编按：“上”，当是“下”字之误写。)篇”。归入关于《易·系辞下》之笔记内，而改移至此。

“既有典常”。按:“既有”,犹言“尽有”。

“立人之道,曰仁与义”。

按:《论语》多言“仁”,而《孟子》兼言“仁”、“义”。《孟子》七篇中,无引《易》之说;《外篇》则有之。然言“仁义”,则尽《易》之人道矣。孟子通五经,岂未明《易》者哉?

“雷以动之”节,《(注)〔正义〕》引王肃说。

“终万物、始万物者,莫盛乎艮”。

按:“艮”,盖古“限”字,故为物之终始。《正义》曰,艮不言山,独举卦名者……终始万物于山义为微,故言艮而不言山也。“成言乎艮”。《正义》云:艮〔是〕东北方之卦〔也〕。〔东北〕在寅、丑之间。丑为前岁之末,寅为后岁之初,则是万物之所成终〔而所〕成始也。

《杂卦》:履,不处也。韩《注》亦引“王弼云履卦阳爻皆以不处其位为吉也”。此亦足为王有《系辞说卦注》之证。

“天行健”。《疏》:此不言“天行乾”而言“健”〔者〕,刘表云,详其名也。然则天(则)〔是〕体名,乾(是)〔则〕用名。

又,卷首《论易之三名》云:以无言之,存乎道体;以有言之,存乎器用。

余记《李二曲集》有《与顾亭林书》,考“体用”二字所自出,皆以为本于释典。然唐初人已屡用之,非至宋儒而始著也。

己卯春间，曾以问陈东塾师，东塾亦以为出释典；且云，释典不独“体用”二字佳，其“能所”二字亦“体用”之意，晰理尤细也。

《屯》：君子以经纶。《释文》：黄颖云，“经纶”，匡济也。

按：杜诗多用“经纶”字，本此。

《泰》：辅相天地之宜，以左右民。《正义》曰：天地之宜者，谓天地所生之物各有其宜。若《大司徒》云“其动物……植物……”及《职方》云扬州其贡宜稻麦、雍州其贡宜黍稷。若天气大同，则所宜相反。故人君辅助天地所宜之物，各安其性，得其宜。据物言之，故称宜(之)〔也〕。

按：《易》大象言农家者，惟此。《正义》能申明其说，故特录之。

《归妹》：君子以永终知敝。按：“永终”，即“天禄永终”之“永终”。尧之意使舜“永长其终”，四字用《易正义》。所以保天禄也。

“乾……为驳马”。《正义》引王廙说。

“故受之以大过”。《正义》引王肃说，而诋之曰“子雍……违经反义，莫此之尤”。

“复其见天地之心乎”。《正义》曰：天地非有主宰，何得有心？以人事之心，托天地以示法(耳)〔尔〕。按：此唐以前言天之义，凡言天有主宰者，亦不过以人事之心托天示法也。

《诗·卫风·河广》，《正义》引《易·同人》《注》云“天子诸侯后夫人不出”，又《易·鼎卦》《注》云“嫁于天子、虽失礼无出、道远之而已”。

此二条，当是郑康成《易注》，《鼎》“初(九)〔六〕……得妾以其子”，郑盖以“天子”当之。

《诗谱序》，《注》引“《艺论》云文王创基至于鲁僖”。此条近人辑《六艺论》者未引。

先儒云，祸从口出，患从口入。《颐》象辞，《正义》。

《公羊》庄二十四年《传》：夫人不偻。《注》云：妻事夫，有四义。鸡鸣縰笄而朝，君臣之礼也。三年恻隐，父子之恩也。图安危可否，兄弟之义也。枢机之内、(枕)〔寝〕席之上，朋友之道，不可纯以君臣之义责之。

按：邵公之说，必本纬书；与“三纲”之义，盖同出一源。

然妇之事夫，既不纯用君臣之义，亦难尽责父子之礼。则夫为妻纲，与君为臣纲、父为子纲即已不同。

愚意“三纲”之言，为释丧服而作，明不二斩之义；与“五常”之说，固有后先也①。

《公羊》僖三十一年《传》：鲁郊，非礼也。何《注》云：谓之“郊”者，天人相与交接之义也。《疏》曰：何氏以为《郊特牲》云“于郊，

---

① 此条天头有眉批曰“抄”。

故谓之郊”。《礼记》非正典,故不从之。康成亦以《明堂位》失之诬,《月令》为秦制,故汉人说经,《礼记》不甚尊崇;与宋人亦正相等。

文十年《传》:“狄”者何?长狄也。《注》云:盖长百尺。《疏》解曰:何氏盖取《关中记》云“秦始皇二十六年,有长人十二见于临洮,身长百尺,皆夷狄服。天诫若曰‘勿大为夷狄行,将灭其国’;始皇不知,反喜。是时初并六国,以为瑞,乃收天下兵器,铸作铜人十二象之”是也。其文《穀梁》、《左氏》与此长短不同者,不可强合。

按:《关中记》见各书所引者,有潘岳、陆机两书,皆远在邵公之后。此云邵公“取《关中记》”,于文为不辞。何氏云“盖长百尺”,“盖”者,疑辞,何以知其用秦之长狄证周之长狄乎?此等皆近附会,殆不可从。

伪孔安国《尚书序》云[①]:若好古博雅君子,与我同志,亦所不隐也。《正义》曰:《易》曰“谦谦君子”。仁者好谦,而孔君自作揄扬,云君子知己者,亦意在(后)〔教〕世,欲令人睹此言知己,传是深远。

据此,则冲远于此《序》辞气之间深有疑焉。观其斡旋之词,可知其微旨也。

其《虞书》篇题,《疏》云:“郑意师祖孔学……何意郑注《尚书》,亡逸并与孔异?篇数并与三家同?又刘歆、贾逵、马融之等并传孔学,云十六篇逸,与安国不同。”是冲远于伪《传》已详言其授受之无绪;至谓“散在民间,事虽久远,故得犹存”者,特以臆度之词断之,殆既奉诏作疏,疏不破注,故自不得不尔耳。

《禹贡》:荆州“沱潜既道”。《正义》云“郑注此,既引《尔雅》,

① 此条天头有眉批曰“已抄”。

乃云今南郡枝江县有沱水,其尾入江耳;首不于江出也。华容有夏水,首出江,尾入沔。盖此所谓'沱'〔也〕。'潜'则未闻"云云。然《地理志》及郑皆以荆、梁二州各有沱潜。又郭氏所解沱潜,唯据梁州,不言荆州。而孔"梁州"《注》云"沱潜发源此州,入荆州",以二州沱潜为一者。然彼州山水,古今不可移易。孔为武帝博士,《地理志》无容不知,盖以水从江汉出者皆曰'沱潜',但地势西高东下,虽于梁州合流,还从荆州分出,犹如济水入河、还从河出,故孔举大略为发源梁州耳。

此条甚知荆州之沱潜非梁州之沱潜,而疑孔传不合《地理志》;且身为博士,亲见图籍,何容迷闷若斯?冲远盖不欲明言,姑从盖阙。

《吕刑》"王享国百年",伪孔《传》云"穆王即位过四十矣"。《正义》曰"'穆王即位过四十'者,不知出何书也。《周本纪》云'穆王即位,春秋已五十矣。立五十五年,崩'。司马迁若在孔后,或当(别)〔各〕有所据"。是疑此书非安国作矣。否则,司马迁从安国受古文,何必云"若在孔后"乎!

其实后世之攻伪孔者,实自《正义》开之,固不仅《东塾读书记》所摘数条也。

《公羊》僖二十有四年《传》:不能乎母也。《疏》引郑康成"发墨守",而云"郑氏杂用三家,不苟从一"。此《疏》申何氏学,而以"不苟"称郑君,不易得也。

伪古文《尚书·咸有一德》:受天明命。《正义》曰:纬候之书,乃称有黄龙玄龟白鱼赤雀负图衔书以授圣人。正典无其事也。汉自哀、平之间，纬候始起，假托鬼神，妄称祥瑞。孔时未有其说；纵使时已有之，亦非孔所信也。

此条斥纬书为“假”、“妄”，在欧阳永叔之先。伪孔《传》既托之西汉时人，故于纬说不能博采。然犹时一有之，如箕星好风之类，特不显著耳。而宋人专辟谶纬，适合其意，故虽吴棫以后朱子疑之，犹得施行不废、历八百年，此亦其一端也①。

《书传》云：水火者，百姓之求饮食也；金木者，百姓之所兴作也；土者，万物之所资生也。是为人用。《洪范》，《正义》。

又云：五行，即五材也。

襄二十七年《左传》云天生五材，民并用之。

余谓：释典言四大，儒书言五行。四大者，出世之学；五行者，入世之学也。入世之学，专就人事而言，非有所不备也。

若近世用电、用以脱，则在五行之外；此古今之不同。释典又有地、水、火、风、空之说。电与以脱，其归真空欤？其非顽空之所有欤？抑皆以光学收之、归于火类欤？②

戊戌八月，寓湘潭一粟河唐氏家。坐对农亩，晴窗多暇，虽忧患中，而天君泰然。故读经哦诗，不废清课。己亥十月，重来长沙，检此残帙，恍如一梦。

道希自记。

---

① 此条天头有眉批曰“已钞”。

② 手稿此后犹有词三阕、诗五题十首，已予另编入本集诗词卷内，兹从略不录。

中国近代人物文集丛书

文廷式集

（增订本）

四

日记 杂著

汪叔子 编

中 华 书 局

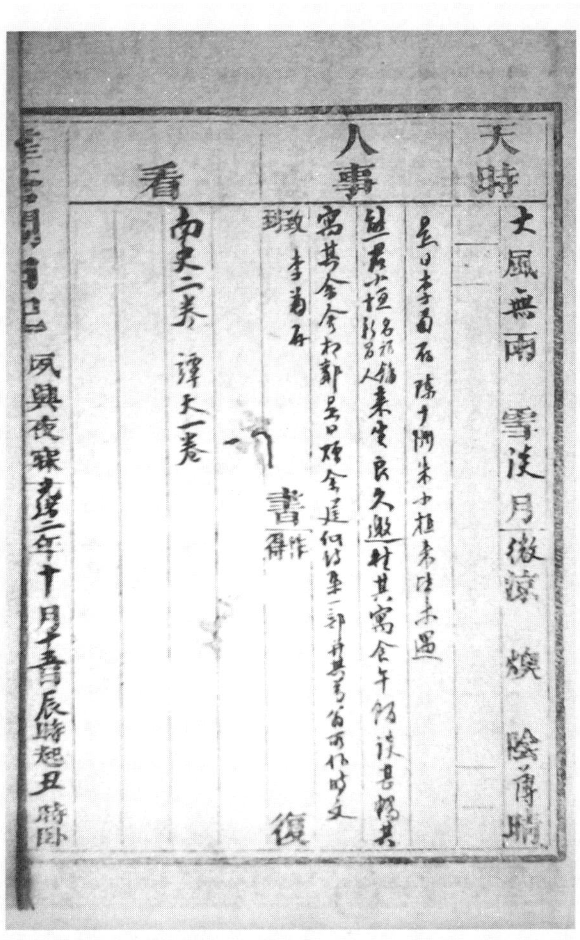

丙子日记

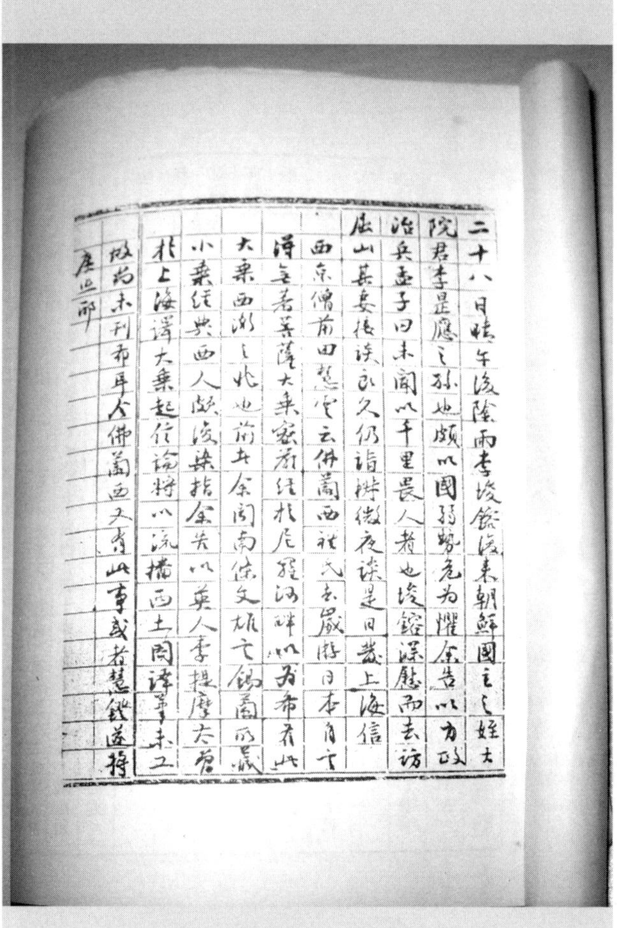

东游日记

铁木真帖木儿用兵论

洞庭獻新橘賦 以浮香外散美味中成為韻

當夫涼風晝習大火西流花開離菊樹老庭楸有新橘之遥獻知洞庭之已秋捧出金盤萬顆而勻如櫻薦粲然朱實千包而味異瓜浮爾其林間若纈叢裏初黄映朝暉而布葉經宵露而含漿饒美於鳳林之種降精於鶉火之鄉八月霜清見此離離之色千株煙暝傳來冉冉之香於是摘繁榮擷芳藹嘉並蒂於聯珠比貢珍於織貝盛湘竹以為籠束淮菁而作帶紛其可喜置穰橙楚柚之間獨有奇芳在沅芷澧蘭之

芳荪室律赋

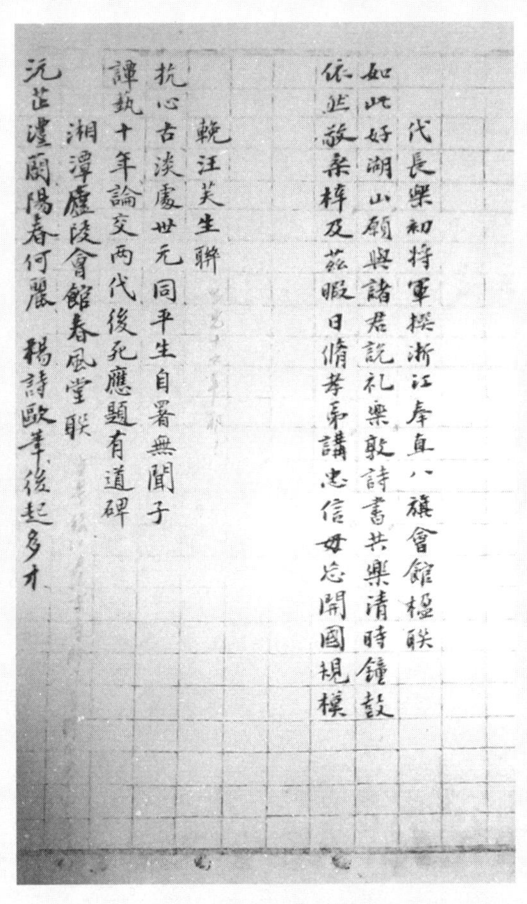

代長樂初將軍撰浙江奉直八旗會館楹聯

如此好湖山願與諸君說禮樂敦詩書共樂清時鐘鼓

依然故桑梓及茲暇日脩孝弟講忠信毋忘開國規模

輓汪芙生聯

抗心古淡處世元同平生自署無悶子

譚執十年論交兩代後死應題有道碑

湘潭廬陵會館春風堂聯

沅芷澧蘭陽春何麗　稱詩歐羊後起多才

代长乐初将军撰浙江奉直八旗会馆楹联

为慎卿四兄仁大人题联

与冈千仞笔话（载《观光记游》明治十九年“石鼓亭藏版”汉文和刊本）

手着々、皆次第ありと雖も、而かも敵に因て而して變ぜざる能はざる也。

予　但だ一代の治法を定むるは圍棋の敵に因て而して變ずるが若く然るべからざるに似たり、敝邦三十年來、稍や起色あるは、亦唯だ國是一定するに由る也。

文　貴國一姓相承くる二千餘年、故に先づ國是を定め、而る後漸々に修改す、敝邦今日の事は、其例に非ざる也、治法を定むる、今日に在り、列國の長を采り、千年の弊を救ふ、規模既に立たば、憲法自ら行はるゝ、亦難事に非ず、難ずる所の者は、接續の交、鎮撫の術に在る耳、英才ありて能く國を立てば、則ち一切擧て而して之を行ふ、次第必ず紊れず、君其れ之を待て。

予　機勢の變、先づ一掀天翻地の擧を要す、敝邦覇府の政、人心を厭かしめざる久し、故に必ず之を倒して、而る後國勢一變す、貴國今日此等の事、猶ほ同例を以て視るべきや否。

文　貴邦天皇を以て名と爲す、其の事順にして易し、故に數十志士、乃ち能く之を爲す、敝邦の例、同じきか、同じからざるか。

予　僕北京に在る日、長城に遊ぶ、過ぐる所州縣、摧殘治まらず、其の寺觀の若き、亦皆頽敗す、因りて思ふ、所謂千年の弊、康熙乾隆極盛の日と雖も、未だ嘗て革まらざる也、特に其の府帑羨餘あるを以て、一時の太平を粉飾するを得たる耳、今に於て此の不拔の弊を革めんと欲す、誠極めて容易ならず、之を敝邦三十年來の事に比するに、甚だ力を爲し難き者あり、折衝禦侮の策、希難と曰ふと雖も、僕は以て此の宿弊に比すれば、猶ほ言ひ易しと爲す、先生以て然りと爲さゞる乎。

文　僕之を憫ふこと久し、管子八觀の篇、國を視ふ者は當さに是の如くなるべき也、異日將さに君と一々其の詳を剖析し、且つ賢人君子を得て而して益を請はんとす、寧ろ數紙の空言能く了する所ならんや、兵力なければ則ち

与内藤湖南笔话（载《内藤湖南全集》日本东京1976年日文版）

卷十一　日记

丙子日记一*

光绪二年(1876年)丙子正月

初一日(1月26日)　阴,大风。

是岁,余春秋二十有一矣。顾视光景,良用惕然。礼先及叩贺大人讫,闲论读书,得《史通通释》(□)〔廿〕卷。

初二日(27日)　阴,仍大风,震撼林木。

读《元史·世祖纪》一卷、《通典》一卷。

初三日(28日)　阴,午间晴。

作《新春》诗一首,敬和大人用东坡韵之作。

初四日(29日)　晴。

读《通典》一卷、《日知录》二卷。

初五日(30日)　晴。

随大人下省。遂往三婶处。夜宿豫章会馆,与二母舅谈至夜分。

初六日(31日)　晴。

具□□谒母亲灵于永胜寺。归途往王子展处,托其代觅人钞补《大清会典·事例·兵部》九十八卷。夜宿六姑母家。阅《南汉

---

* 据文廷式手稿。按,文廷式光绪二年丙子所作日记稿今见存共三册,此其一,原无题,今题为编者拟加。

春秋》二卷。

初七日(2 月 1 日)　晴。

早往于穆若家,知晦若已成亲,月杪可回省。往二母舅处。早餐于江西会馆。遂归东渟,携《大清会典》两函归,到已薄暮矣。是日得江南信,知五姊又育一女。

初八日(2 日)　晴。

阅《海国图志》数十页、《大清会典·图》数百翻,读《元史·成宗纪》一卷、魏默深《禹贡图说》一本、杨懋建《禹贡新图说》数则。懋建称昆仑即须弥,与魏默深《海国图志》不合。其说魏氏为长。又读《通典》一卷《选举五》,见泽州刺史赵适《选举议》,知赵氏虽出新说以攻三《传》,究不能废《传》以谈经,犹胜宋孙、刘以后横生异说也。

是日,林妈自省回,言陈京圃丈人两日间可到。拟于廿一、二下省晋谒。

初九日(3 日)　阴。

点《隋书·高祖纪》、《炀帝、恭帝纪》凡五卷。读《元史·成宗纪》一卷。夜读《韩诗》。

亥刻,大人自省回,言已谒刘制军,许为设法。夜,为大人拟致英宫保信。

初十日(4 日)　阴晴各半。

大人饭后回省。是日立春,又先曾祖母忌日。拜祀毕,点《隋书·礼仪志》三卷,阅《海国图志》数十翻。入夜雨。

是日得江宁来信,即写回信。

十一日(5 日)　阴。

读《元史·成宗纪》一卷,点《隋书·礼仪志》二卷。

翻近人方濬(颐)〔师〕子严《蕉轩随录》一过。其间载国朝案牍,时有可观。至如考证,非其所长。如称宇文护母(阅)〔阎〕氏书,谓或云北齐令人代作,是并未读《周书》。又颇不满于阎百诗,恐子严所学,未能窥百诗之涯涘也。又谓阮芸台依附和坤,亦是齐东野语。

是日朝,程大姑夫自□包下省,绕道(未)〔来〕,刻许便去。

十二日(6日)　阴,天气晦昧。

遣苏喜下省送信。

点《隋书·礼仪志》一卷,读杜氏《通典》二卷、《元史·成宗纪》一卷。翻近人王韬所著《普法战纪》一周。其中用"乘舆"等字,颇非体例;又文章冗杂,无甚足取。惟其谓中国当备俄罗斯,尚为有见,然亦林文忠公所曾言者。至所载普国之强、俄国之渐窥东方,与欧洲诸国之强弱,尚足以资循览。夜,读《文选》十馀篇。

十三日(7日)　阴。

偶翻《玉海》,见其中所引《旧唐书》,颇有《校勘记》所未经引证者。因以三书对核,凡补正者六七条。迟日再当全校之。因念《太平广记》中所引《唐书》,皆在未修《新唐书》以前,他日亦当校勘。至《广记》卷三百二十九所记苏循事、云出《唐书》,则恐出薛居正《五代史》之《唐书》,非此本也。点《隋书·礼仪志》一卷、《音乐志》一卷,读《文选》数篇。

阅《邸报》,知今上于今年四月入学读书,以翁同龢、夏同善为师傅。并见两江总督沈葆桢为福建巡抚王凯泰请恤事。

夜,为大人缮寄英宫保信。

阅近人李光廷《汉西域图考》七卷。其地球全图作方形,与他家异;其所考证,亦鲜有特识。

十四日(8 日)　阴,风雨。

写寄大姊庐陵信一封。

读《通典》一卷。其言汉至唐“宰相”之职极典核,惟“平章政事”不详所始。阅《四库提要》,盈一卷。读陈兰师《东塾类汇》一卷,其例颇丛杂,盖非以为成书也。

午间,大人自省回。缮信一封。作《咏镜》诗一首。

十五日(9 日)　阴晴各半。

侍大人玩戏半日。是日祀先牧像。夜观火戏,闲谈,至四更始歇。

十六日(10 日)　晴。

偕凝禧侄步行至花埭,呼艇至省。半途憩畅福园,池馆为花埭冠,惜已零落。大人亦携荣姨下省。是日往三婶母家,坐片时,归豫章会馆。

翻《大清会典·事例》数十本,颇有所得。高邮王尚书云:“修此书与《周官》并行”,洵夫信矣。

是日,祝慕尧来。

十七日(11 日)　晴。

午间往魏叔平家,见京圃岳丈。遂往陈铁山家、冯吉㧑师家。归,步行往兰浦师处,谈二时许,论四部书,颇闻精理。

入夜始归。仍翻《大清会典·事例》数本。高宗纯皇帝论建储事及授受大典,洵旷古卓绝之事。录居内务府官属,今皆不见《缙绅》,谨录副纸。

是日,沈慰苍来。

十八日(12 日)　晴。

归东湆。竟日坐谈、无事。作《古渡》诗一首。

十九日(13日)　晴。

偶检《杜诗》。忆昔日闻于晦若云:《杜诗》七律无并句用同上、去、入者。今考之,殊不然也。如:"定有文章惊海内"、"竟日淹留佳客坐","内"、"坐"皆去声;"篱边老却陶潜菊"、"雪岭独看西日落","菊"、"落"皆入声;"却看妻子愁何在"、"白日放歌须纵酒","在"、〔"酒"〕皆上声;"沧海未全归禹贡"、"朝廷衮职虽多预","贡"、"预"皆去声;"春水船如天上坐"、"娟娟戏蝶过闲幔","坐"、"幔"皆去声。可证晦若之误。然晦若云本之朱竹垞,他日当检竹垞原说观之,恐未必如是也。

点《隋书·音乐志》二卷,读《元史·成宗纪》一卷。读《韩诗》十馀首,皆上口。

二十日(14日)　晴。

点《隋书·天文志》二卷。阅《通典》一卷,以之校勘《唐书》,颇有异同。君卿为唐人,位至宰辅,其言本朝事,当必可据。又以《玉海》所引《旧唐书》考证,凡得十馀条。

二十一日(15日)　晴。

点《隋书·天文志》一卷。阅辛楣先生《养新录》一本。

检郑夹漈《通志·艺文略》,极称隋《志》,(挤)〔擢〕之马、班之上,未免过当。然称其极有条绪,自是公论。又《校雠略》谓秦焚书而书存、诸儒穷经而经绝,亦务为高论。

读《文选》十馀篇。为五弟改文。

二十二日(16日)　晴。

内子下省省亲。得大哥京师来信,知病已痊愈,所事已将有成。六十日未得信,至是为之一快。

点《隋书·五行志》二卷、《食货志》一卷。阅兰甫师所著《声律通考》二卷，略解三分损益之理。是书凡十卷，师自谓用功最深；其《跋》撮举大意，盖师所自作，而托名于殷君者。读《元史·武宗纪》一卷。

夜，作京师回信。

二十三日(17日)　阴。

读《通典》一卷。点《隋书·刑法志》一卷、《百官志》一卷。《通典·职官类》引干宝《周礼注》凡三条，又有纠《隋书》及赵岐《三辅决录》皆误者。略翻《文献通考》，其按语均多精核。

夜作《古画》诗一首，《即景》诗二首。

二十四日(18日)　阴，风雨。

大人及荣姨自省回。

点《隋书·百官志》二卷。读《汉书》十馀篇。阅《礼记注》一卷、《海国图志》数卷。

二十五日(19日)　阴。

点《隋书·地理志》二卷。读《元史》十页。临帖一纸。

二十六日(20日)　阴。

点《隋书·地理志》一卷、《经籍志》一卷。

二十七日(21日)　风雨。

读《通典》二卷，点《隋书·经籍志》二卷。作《三国志小乐府》十首。

二十八日(22日)　风雨。

阅《中外见闻录》八卷。作《三国志小乐府》四十首。

二十九日(23日)　阴。

点《隋书·经籍志》一卷。读温飞卿、元遗山诗各数首。作《三国志小乐府》二十八首。

是日阅《邸抄》，知奉天将军改同总督，府尹改同巡抚，治中裁去、改作奉驿巡道，悉依崇实所奏；唯不裁兵部耳。台湾新设台北府、淡水、新竹二县。

三十日(24 日)　阴雨。

是日，内子自省回。

下省，到会馆。食于魏叔平家。夜，食于于晦若家，宿于子锡四哥家。晦若初由潮州回。

二　月

初一日(2 月 25 日)　阴雨。

往书坊，购得徐文公《初学记》一部、乐莲裳《耳食录》一部。食于王子展家，围棋数局。仍宿于子锡家。

初二日(26 日)　阴雨。

"粤秀"题为"君在传摈"三句；代人作文一篇。归东滘。

初三日(27 日)　阴雨。

点《隋书·列传》三卷。读《昌谷集》数页、《温飞卿集》数页。

初四日(28 日)　阴雨。

点《隋书·列传》二卷。读《通典》一卷。作诗一首。翻《宋名臣言行录》数卷、《国朝先正事略》数卷。

初五日(29 日)　阴雨。

读《元史·武宗纪》一卷。点《隋书·列传》六卷。读《苏文忠集》十馀篇。

初六日(3 月 1 日)　阴雨。

点《隋书·列传》五卷。习字一开。

初七日(2 日)　阴雨。

二母舅暨凝禧侄来，大人祝寿之日。是日，点《隋书·列传》二卷,读《通典》一卷。

初八日(3日) 阴。

大人寿辰。魏叔平、祝慕尧、沈誉华来,子锡、月亭兄俱来。

是日,"菊坡"甄别;代人作《赵充国论》一篇。

初九日(4日) 阴。

随大人下省,二姊亦去。午后,欲应王子展约,与二母舅同行,至大彰街遇大雨,却回会馆。阅小说数卷。

是日,始闻雷声。

初十日(5日) 雨。

入城,到二舅处。夜饭于晦若家,宿子锡家。是日惊蛰。

十一日(6日) 阴雨。

见徐子远翁。饭后往魏、祝、□数处谢寿,遂至外舅陈京圃家。夜宿三婶母家。

十二日(7日) 阴。

归东洨。午刻大雨。作《读李长吉歌诗题后》一首。

十三日(8日) 阴雨,下午偶晴。

点《隋书·列传》五卷,读《文选》数篇。

十四日(9日) 阴。

得二姊信。遣芗祥下省种痘。为国藩司(故)〔改〕文二篇。点《隋书·列传》四卷。涉猎《满汉名臣列传》数传;知四川总督始于黄文襄也。是日高祖母生忌。

十五日(10日) 早雨,辰刻晴。

不见日久,鸟鹊之声喜甚。点《隋书·列传》六卷。阅近人李次青《国朝先正事略》数卷。是书固是传作,惜伤未备。如于文襄、成克巩之相业、张文毅之节操,皆未见书也。

十六日(11日) 阴。

祖壮烈公忌日。大人自省回。得二姊信并诗稿,抄录凡千馀字。作制艺一篇,文颇奇恣,但使事拉杂、用笔粗疏耳。题为《学而优则仕》。

十七日(12日) 阴。

点《隋书·列传》三卷。习字数百。大人下省。读《文选》数页。夜亥刻尽时,琼姨育一弟,甚肥白可爱。

十八日(13日) 阴雨。

点《隋书·列传》十四卷。《隋书》毕。作字数百。

十九日(14日) 阴。

二母舅暨凝禧侄来,祝慕尧亦来。大人自省回。十弟取名廷雄,字光生。

读《明史》四十一卷、《通典》二卷。读熟《文选》诗十首。

二十日(15日) 阴雨。

读《明史》七卷。作《听莺曲》一首。作字数百。

始读《论语注疏》,以皇氏及《注疏》本,合朱子《集注》读之。其不备者,考诸《四书释地》、《乡党图考》诸书。皇氏标名云,袁宏字叔度。案《晋书》:袁宏字彦伯。疑莫能明。而《释文》又云:袁乔字彦叔。疑别一人也。每日读四五章而已。

二十一日(16日) 大雨竟日。

先祖母忌辰。读《元史·仁宗纪》一卷、《明史》十七卷、《论语》三章。

按:邢昺疏“道千乘之国”章,释马融称名包氏不称名之例,则知凡注皆本称名,如皇氏,后人妄删之耳。又如“鲜矣有仁”,多“有”字,已从皇氏为是。阮宫保《校勘记》亦云。又程子云人性中只有仁义礼智，曷尝有孝弟来？终是语病，无怪为人攻讦。又朱子谓“道千乘”章其义循环相因，亦牵强。又读卢学士《锺山札记》、《龙城札记》数页，其录徐□信《月令辨》亦似强词也。

阅《史通通释》一卷，其《世家》一篇极明畅，不知文达何以不全取。

二十二日(17 日)　阴。

读《明史》四卷。随大人下省，往四哥处送行。与二舅谈至夜分。阅小说数卷。

二十三日(18 日)　阴雨。

携芗祥自省回。读《明史》三卷毕，往于晦若处，谈二时许。见林明仲所作《晋书部曲督考》，甚详博；晦若为之驳正，尤典核也。

二十四日(19 日)　阴。

读《明史》四卷。始习《说文》，每日写六十字。读《通典》一卷。

作诗咏檀道济、谢晦事，有句云：“虚有夷吾容里克，竟教周勃讨陈平”，自诩确论。

二十五日(20 日)　阴。

读《明史》六卷。读《论语》，见皇氏颇有胜朱子处，且非邢《疏》所及。如“慎终追远、信近于义”等，咸具别解，颇能融洽也。

二十六日(21 日)　早晴。

大人携二姊自省回，带回先祖大人《日记》，至己未二月十二，盖十六则嘉应州城陷殉难矣。又赎先母大人遗物回。是日读《明史》六卷。

二十七日(22 日)　阴。

读《明史》四卷。二姊生日。

闻故友[1]冯植甫明日葬,急于下省。适四哥将往湖南、船行止花埭,因与二嫂、四嫂另呼艇来东滘话别,附其艇到花埭。夜,因大雨不克至省。谈至五更。闻二哥被劾,为之不欢。

二十八日(23 日) 阴雨。

到[2]省,始知植甫非葬日,盖其聘妻张氏过门守贞,因即其柩成服也。往吊慰其家,未遇,回至东滘。读《明史》二卷。

二十九日(24 日) 阴。

读《明史》五卷。作《读赵孟頫传》诗四首。是日大人下省。

三十日(25 日) 晴。

读《明史》十三卷。阅赵瓯北《廿二史札记》数十页。作《读王昭仪〈满江红〉词》七绝四首。

三 月每日读《论语》、写《说文》,不具录[3]。

初一日(3 月 26 日) 阴。

读《明史》六卷。是日大风。作时文一篇。阅朱竹垞词一卷。

初二日(27 日) 阴雨。

大人自省回。读《明史》六卷。读《元史·成宗纪》一卷。

初三日(28 日) 阴。

读《明史》六卷。阅《通典》一卷。阅《宋史》一卷。

初四日(29 日) 阴。

读《明史》五卷。二舅有信自省来,并寄《剑南集》回。

作《宦官女谒论》一篇,议论颇畅,凡一千字。

---

① “闻故友”三字旁,原有补批“此二十八事”。当是文氏日记误记二十八日之事于“二十七日”条下,故云。

② “阴雨。到”三字旁,原有补批“此廿九日事”。

③ 此二句共十一字,原系“三月”下之补批。

初五日(30日)

读《明史》十卷。读《文选》数页。

作《元世祖》诗一首。诗云:"辑难同起孰能当,扫荡群雄统驭长。历定《授时》天有度,图成《王会》地无疆。百年制度兼夸夏,一代威皇迈汉唐。气数莫将常理论,佳兵好货亦兴王。"起二句尚嫌荏弱,俟改。

初六日(31日) 阴。

阅《明史》八卷。写字一开。

初七日(4月1日) 大雨竟日。

阅《明史》七卷。写字一开。观《杨诚斋集》半部。作书寄大哥京师。

初八日(2日) 阴,入夜雨。

读《明史》十一卷。阅近人郑献甫《诗集》,运辞自然,(冥)〔寓〕意深稳,亦成一家言。

初九日(3日) 大雨竟日。

读《明史》六卷。阅杜氏《通典》一卷,知骑都尉乃仪同三司所改。接大姊庐陵信。

初十日(4日) 阴。

读《明史》六卷。是日清明。家祭毕,阅《苏文忠公集》数十页。入夜雨。

十一日(5日) 阴。

先母忌日。偕五弟、六弟、平侄下省,拜应讫,往京圃丈处,谈一时许。往二舅处,偕回会馆。入夜小雨。是日在船中读《明史》七卷。

十二日(6 日)　阴。

接大哥信,知所事已成。作《红梅》诗。辰刻回东滘。是日内子生日。饭后大人下省。读《明史》四卷。

十三日(7 日)　晴。

夜见月,五十日以来所未有也。读《明史》十卷。作《柳线》诗一首。

十四日(8 日)　晴。

偕二姊及内子下省。阅《明史》一卷。往五舅母处送行,遂往于晦若处。夜饭后,往觅王子展于竹平安馆,观奕一枰。归宿文子锡家,与文耀南谈至五更。

十五日(9 日)　阴。

偕于晦若、林明仲往陈兰浦老师处,谈至五点钟,遂往倪仲麟家奕棋。饭后入□[①]海门,仍宿文子锡家。阅《明史》一卷。

十六日(10 日)　阴雨。

早归会馆。饭后偕二姊及内子并携六弟、七弟、八弟归东滘。阅《明史》四卷。

十七日(11 日)　晴。

十弟弥月。是日子锡四兄来,大人自省回。读《明史》六卷。作诗一首。

十八日(12 日)　晴,饭后阴。

读《明史》五卷。作信一封寄江西萍乡。是日五舅母舟行,陈裕及简妈附,往庐陵接大姊来粤,因其家事棼如也。

① 疑似“静”字。

十九日(13 日)　阴雨。

大人下省。阅《明史》八卷。读《杜诗》数页。

二十日(14 日)　晴。

阅《明史》十卷。作诗一首。温《文选》诗数十首。写寄叶家信一封。

二十一日(15 日)　晴。

内子坠胎。阅《明史》八卷。

二十二日(16 日)　晴,饭后大风雨,下午晴。

阅《明史》十五卷。

二十三日(17 日)　晴,饭后大风雨,下午晴。

阅《明史》十六卷。

二十四日(18 日)　晴,饭后大风雨,下午晴。

阅《明史》十卷,是日《明史》读毕。作制艺一篇。读《元史》四卷。夜四更尽五更始,荣姨得一妹。

二十五日(19 日)　晴,饭后大风雨,倾刻晴。

先祖母生日,拈香讫。大人自省回。读《元史》四卷。作《阅桂林霜传奇》七绝四首。

二十六日(20 日)　阴。

读《元史》三卷。脚生疮。

二十七日(21 日)　晴。

脚疮甚剧。读《元史》二卷。阅《海国图志》数十页。见《元史》伯颜请尽杀汉人张、王、刘、李、赵五家,殊可笑也。写寄大哥信一封。

木生来,谈数时。伊自潮州十九到广东,即久欲往,以事未暇也。

二十八日(22 日)　晴。

脚疮小愈。饭后凝禧来,偕之下省。遂入城,往二舅处,二舅他往不见。遂往宿子锡四哥家,四哥已往顺德矣。是日二嫂等往水东,启程。

二十九日(23 日)　晴。

早往于晦若处,偕往菊坡书院,听兰甫老师讲。到者五十馀人,林明仲、饶辅心咸在焉。往回看木生兄。归往二舅家。夜与祝慕尧食面于饭馆;遂往王子展家,与倪仲麟、于晦若奕,章子良亦来。仍宿子锡家。

四　月

初一日(4 月 24 日)　晴。

与二舅、凝禧侄还东渚。

初二日(25 日)　晴。

读尤西堂《明史小乐府》数十章,皆尽;事出《明史》外者甚多,其时《明史》犹未修成也。读《元史》十卷;见《河渠志》“卑职”二字凡两见。

初三日(26 日)　晴。

读《元史》六卷。陈孝直、孝坚、于晦若、穆若、王子展、林明仲皆来,畅谈竟日。大人赠之以诗,与之饭,五点钟始散归。

初四日(27 日)　晴。

读《元史》四卷。读《文选》数十页。

初五日(28 日)　晴。

大人下省。读《辽金元三史国语解》一卷、《元史》三卷。读钱竹汀《潜研堂诗集·元史杂诗》二十首,略能上口。

初六日(29 日)　晴。

大人有信回，云见刘制军商议往广西事。遂作寄江西信一封。读《元史》四卷。阅《国朝先正事略》数十页。

初七日(30日) 微雨。

读《元史》十卷。阅《国朝先正事略》数十页。脚疮已渐次尽愈矣。

初八日(5月1日) 晴。

午后大人自省回。阅《杜诗》数十页。读《元(宗)〔史〕》六卷。作《素馨斜吊古》诗一首。

初九日(2日) 晴。

读《元史》十五卷。检书。阅吴任臣《十国春秋》数卷。作字数百。

初十日(3日) 晴。

读《元史》三卷。二舅来，坐谈时许。阅《礼记注疏》十馀页。夜打网，颇得鱼虾。

十一日(4日) 晴。

读《元史》七卷。为五弟改文数篇。韩某来，陪坐时许。

十二日(5日) 晴。

读《元史》六卷。阅《思适斋集》数卷。是日木生来。

十三日(6日) 晴。

有事下省，遂往二舅、京圃外舅家。饭于晦若家，奕棋数局。

十四日(7日) 晴。

与二舅同往购眼镜三具，《陶渊明集》、《柳宗元集》各一卷。是早，往大姑母、六姑母家。早饭于二舅家。带回胡丹山诗数本，以为笑剧，即作"南华李可作顶戴"、"尿壶压得死蜈蚣"者也。夜，泛舟沿溪行。

十五日(8日)　晴。

读《元史》十卷。表兄邱某来谈良久。作诗一首。读《诚斋集》数卷。是日六妹始病。

十六日(9日)　晴,大风。

本日棋会于许稚麟家,而以风色不佳不往。读《元史》二十馀卷。是日搬寓楼下。

十七日(10日)　晴,仍风。

读《元史》八卷,《元史》于是日读毕矣。

十八日(11日)　晴。

读《金史》八卷。拟作《金史宰辅表》,以补其阙。阅《皇极经世》一卷,知邵子所算十二万年由积时起。

十九日(12日)　晴。

读《金史》七卷。作制艺一篇。

二十日(13日)　晴。

岐山来。荣姨做满月,侍饮毕。偕岐山、治平与六弟泛舟港边。沿港而上,得花园,略有树木,回荡对岸,有树荫亩许。于其旁罾鱼,不得;扶石拾螃蜞,得十馀。更登树而坐,薄暮归。阅《金史》三卷。夜仍于门前罾鱼,得鳊鱼一尾、鲈鱼一尾,大人烹而食之;得虾几一斛。四更馀,有微雨,始休;仍肆炊煮小鱼而侑酒。大人作七绝二首,命和。

二十一日(14日)　雨。

大人偕岐山侄下省。阅《金史》七卷。作小札寄省三函。

二十二日(15日)　晴。

苏喜自省回。大人有信,知省中因旗人闹事、几生罢市。晦若书来,知代购得《通典》、《续通典》矣。京圃外舅有书来,命代觅西席,并黄冈书院甄别卷四百馀命阅定甲乙。阅《金史》十四卷。阅卷五十篇。

二十三日(16日) 晴。

阅卷五十篇。读《金史》二卷、《四库提要》数十页。

二十四日(17日) 晴。

阅卷四十篇,《欧阳文忠集》数十页。读《金史》三卷。是日六妹生日。

二十五日(18日) 阴,有风;大雨。

阅卷二百馀篇。读《渔洋菁华录》数十首、《金史》一卷。

二十六日(19日) 阴,仍风。

阅卷数十篇。读《金史》三卷。偶翻《提要》至金《王寂集》,谓其出守蔡州,未详本末。愚案:事见《金史·河渠志》也。

二十七日(20日) 晴。

大人自省回。早起编定甲乙。午间偕内子下省。遂往晦若处。夜往子展处。阅《持静斋书目》百馀页、《铁崖乐府》十馀页。与晦若奕一局、张子良奕一局。夜宿子锡家,不成寐,五更始安卧。

廿八日(21日) 晴。

早起,已十一点矣。遂往"菊坡"。归歇于晦若家,偕孝直行。独出东门谒先母柩。归宿于外舅家。

二十九日(22日) 晴。

早起,往二舅处,同出城。是夕宿于会馆。阅新闻纸数十张。知俄罗斯已取霍罕;又香港泊夸人兵船数十艘,甚可异也。又闻京师亢旱如常;久不得大哥书,良悒悒。又闻四川已拆去夷人天主堂,汉口又将拆却,差强人意。

五　月

初一日(5月23日)　晴。

饭后,偕内子回东渚,凝禧侄亦来。到顷许,龙船出港,因得暂观。

初二日(24日)　阴。

入夜大雨。读《金史》三卷。阅《提要》数十页。亦有龙船一条入港。

初三日(25日)　晴。

凝禧去。作诗一首。有龙船三条入港,颇喧嚷。读《金史》二卷。

初四日(26日)　晴。

仍有龙船三条。读《金史》五卷,《文选》、《玉台新咏》数页。

初五日(27日)　晴。

祀先毕,行贺礼。是日有龙船二条入港,不过楼下,然亦近可睹佳。大人作叶子戏竟日。夜仍作叶子戏。是日凝禧来。

初六日(28日)　晴。

凝禧去。阅《金史》六卷、《提要》数十页。是日,龙船入、谢酒,凡六条。

初七日(29日)　晴。

阅《金史》二卷。程家二只老表来,留之住,谈至夜分,兼打鱼。

初八日(30日)　晴。

饭后偕二表、三表同下省。夜饭于大姑母家。宿于子锡家。夜坐至晓。

初九日(31日)　晴。

晨往京圃外舅家。早饭于二母舅家。遂往于晦若处,谈良久;

同往王子展处。遂往张子梁处。遂同往徐蓉夫处,弈棋一局。夜宿子锡家。

初十日(6月1日) 晴。

晓起,与二母舅、子锡四哥同回乡。三点钟始去。阅《四库全书提要》数十页。

十一日(2日) 晴。

二姊及荣姨下省。写殿卷一开。阅《金史》三卷。

十二日(3日) 晴。

阅《金史》三卷。习字一开。阅《提要》数十页。

十三日(4日) 晴。

午后大雨。夜饭后二姊暨荣姨回;闻三叔已寄回叶氏所托寄银,甚喜。读《金史》一卷。为内子写扇一柄,顺作《游仙》诗廿二首书之。

十四日(5日) 晴。

读《金史》三卷。为二姊书扇一柄,现作论宫闱诗二十八首书之,皆随作随写,无一字经稿也。

十五日(6日) 晴。

读《金史》五卷。作制艺一篇。阅《提要》十馀页。

十六日(7日) 晴。

下省,至中途忽风雨,顷仍晴。到会馆,入城。饭于二母舅处。宿于子锡兄处。

十七日(8日) 晴。

早往大姑母处拜寿。遂往于晦若处。热甚,不复行,上"学海堂"竹阴中奕棋数局,即饭于其家。夜往倪云癯处,有三数人在座,亦奕棋数局。夜仍宿子锡兄处。

十八日(9日) 晴。

饭后回乡。是日陈孝直诸君约饭“学海堂”,辞之。读《金史》二卷。

十九日(10日) 晴。

读《金史》三卷。阅《提要》一卷。作诗五首。读《元遗山诗》盈二卷。

二十日(11日) 晴。

读《金史》六卷。习字一张。

二十一日(12日) 晴。

读《金史》五卷。习字一开。作诗四首。

二十二日(13日) 晴。

读《金史》十六卷,是日毕。凝禧来,旋去。二老表同来,顷刻亦去。

二十三日(14日) 晴。

午间大雨。读《旧五代史》二十卷。检书竟日。

二十四日(15日) 午后□雨,早晚晴。

读《五代史》十八卷。检书竟日。

二十五日(16日) 晴。午间大雨。

读《五代史》十八卷。习字一开。

二十六日(17日) 晴。

下省。于舟中读《五代史》四卷。遂往晦若处。晦若已行;与穆若谈良久。京圃外舅促予往,亦往谈时许。宿子锡家。阅《鲒(琦)〔埼〕亭外集》十馀卷。

二十七日(18日) 晴。

午间乍雨,广东人谓之“白撞雨”者也。午后往兰甫师处,托其为先母作碑铭。归仍宿子锡家。

二十八日(19日) 晴。

出东门,谒先母柩,遂定漆工,与凝禧侄同往。饭后拟回东滘,至二舅处,忽又“白撞雨”,俄遂大雨,薄暮始晴。呼船回东滘,水紧船缓,几夜始到。是日阅《五代史》十卷。

二十九日(20日) 晴。

阅《五代史》二十卷。写字一开。

三十日(21日) 晴。

夏至。阅《五代史》三十五卷。写信二封。得沈芷邨来信,伊亦甚不得意也;遂作回书。夜尤热。阅《鲒(琦)〔埼〕亭集》数十页。

闰　月

初一日(6月22日) 晴。

阅《五代史》二十五卷,是日薛《史》阅毕矣。读孔羿轩《(礼)〔经〕学卮言》十馀页;《公羊通义叙》一篇,义蕴宏深,若其永年,钱、戴不克专美矣。

初二日(6月23日) 早起,大风雨,顷许间晴。

大人下省。简妈自江宁来,言彼处事甚悉。作寄五姊夫信一封。阅金榜《礼笺》、程瑶田《禹贡三江考》、《戴东原集》、全谢山《经史(答问)〔问答〕》各数十页。

丙子日记二*

我不敢仿我友自逸①。

光绪二年十月

十五日(1876年11月30日)

辰时起,丑时卧。

天时:大风、无雨、淡月,微凉、薄晴。

人事:是日,李菊存、陈十洲、朱小樵来,皆未遇。熊君小垣名福镛,新昌人。来,坐良久,邀往其寓、食午饭,谈甚畅。其寓(其)〔及〕余舍相邻。是日赠余《莛仙诗集》一部、并其尊翁所作时文。致李菊存书。

看《南史》二卷、《谭天》一卷。读《文选》数页。写字三百。无恙、不劳。

---

* 据文廷式手稿。按文氏光绪二年丙子所作日记稿本今见存共三册,此亦其一;原无题,今题为编者拟加。此稿系用"靠苍阁日记"紫印笺本书写,笺叶之上原印有"天时"(内分"风"、"雨"、"雪"、"月"、"凉"、"燠"、"阴"、"晴"等小项)、"人事"(内附"致"或"到"某某"书"、"作"或"得"某某"复"等通讯小项)、"看"、"读"、"写"、"作"等六大栏,版心又印有"年"、"月"、"日"、何"时起",何"时卧"、"静坐"几次、"恙"、"劳"、"逸"等项。文氏日记即依此各栏各项填写。

① 此句系文氏自书于日记稿册封面之题辞。按:乃以陈澧为榜样也。参见文氏《菊坡精舍谒先师陈兰甫京卿祠》自注,见本书《诗录》卷。

十六日(12月1日)

巳时起,丑时卧。

天时:大风、微雨、有月,甚凉,午后阴,晨薄晴。是日较前数日寒气愈深,渐可衣裘。

人事:辰刻菊存来,同往小桓处。欲往回候十洲,未遣人探之,已外出。即归;黄豪伯亦同往。致广东家书。

看《元诗选》十馀页、《南史》二卷、《谭天》一卷、时文数篇。读《小畜集》数页。写字一开。作《读史》诗四首七绝、《秋忆》诗三首七律、《题张雄臣竹里调弦图》诗一首七古。无恙、渐劳。

十七日(2日)

辰时起,丑时卧。

天时:终风。夜见深月。重阴。

人事:熊小垣来,坐竟日。早间小樵亦来,言菊存押书画事已将妥。遂留二君晚餐,二更后始散。致李子为书。

看:《南史》二卷、《皇朝通典》一卷、时文数篇、熊小恒诗一卷、《微尚斋诗集》数页。凡四卷,代州冯志沂撰。又读《集》一卷[1]。写字一开。临北魏碑壹开。闻[2]朱小樵述殷竹坞、宋□□湖北、熊某湖北学问甚深。无恙。

十八日(3日)

辰时起,丑时卧。

天时:大风终日。重阴。

人事:早起往菊存处,未遇。菊存来,邀同往小樵处,不遇,少待。闻小樵在范辛陪处,便往觅之,遂留饭范君家,啖羊鸭。菊存

---

① 此句,原系前句"数页"二字旁侧之补批语。

② "闻"字,系改原印栏名"作"而书。

押书画事又少变,听之而已。致朱小樵书。

看:《谭天》一卷,《南史》三卷,时文数篇,《经义述闻》二十馀页。读凌次仲《梅边吹笛谱》数页。读《后汉书》一卷。写字一百、行书一百。无恙。

十九日(4日)

辰时起。

天时:无风无雨。明月。半阴、薄晴。

人事:朱小樵、李菊存、龚祝将、梅同苏、熊小园皆来,便留食饭。同苏、祝将先去,小樵、菊存饭后去。小垣二更后良久乃去;谈其旧日办团练事甚畅。致李菊存、朱小樵书。得熊小垣《和秋怀》诗三首。

看:《申报》六张。孙麟趾《好玉词》、《继鸳词》、《凤箫词》、《叩门词》凡数十首,亦稍有可取者,惜非名家之技。麟趾又有《说梦》、《秋露》、《折柳》、《倚阑》、《问鹤》等词各一卷,未暇阅也。麟趾字清瑞,苏州人。《南史》四卷。《数理精蕴》一卷。

读《庾子山集》十馀页。写楷书二百馀、行书百馀。静坐少时。无恙。

二十日(5日)

辰时起。丑时卧。

天时:早微雨。有月。浓阴,半晴。

人事:巳刻,袁山兄到,由南康初三起程;便邀至同寓。饭后菊存来,云小樵见约,辄去,盖仍押书画事也。菊存即去。与袁山兄谈竟日。晚饭后小樵来,近三更始去。到小樵书。

看:《南史》十页,《墨馀录》数页,《几何原本》二十页。读《小谟觞馆集》数页。写:因袁山兄来,未写字。无恙。

廿一日(6日)

巳时起,丑时卧。

天时:有月。薄晴。

人事:午后,菊存、小垣来。夜,与二君同往小樵处,便归,与豪伯谈良久。华少云早来,由抚州十三起程,昨日始到。其弟未起旱,尚未到也。少云昨来相觅未得云。到菊存、小樵书。作菊存复。

看:《南史》二卷,《南史》毕。陈恪勤《沧洲集》数页。《国朝先正事略》数十页。阅《几何》数段。写楷书三百。

廿二日(7日)

辰时起,丑时卧。

天时:有月。日晴。

人事:偕小垣、豪伯同访华少云,便酌于“苏香居”。夜谈甚久。陶稚箕偕新建胡君忘其号。来;菊存亦来。是日爽楼生日也。又往“浣薇轩”。阅《西沚集》数页。到小樵书。

看:《几何》数则。《两岐成案》数十页。读《小谟觞馆集》数页、宋诗数首。作诗一首。《萤火》,七律。无恙。

廿三日(8日)

巳时起,丑时卧。

天时:夜大风。朗月。日晴。

人事:早起,小坡来;小垣来;华少云、幼云偕来,幼云即将往粤就亲矣。小坡邀夜饭,同席者豪伯、小坡、菊存、小樵、家兄袁山也。散席后仍至寓中,谈至夜深。到菊存书。作菊存复。

看:《西沚集》数页。《几何》数则。《申报》四张。《笔算便览》数页。写楷书三百。作《蚊雷》七律诗一首。得熊小垣兄赠诗二首。无恙。

廿四日(9日)

辰时起,丑时卧。

天时:大北风。日晴。

人事:往梅家。晤华少云、幼云,遂同饭于其处。又偕少云同往小樵处,适豪伯在坐,俄顷朱意如亦来,便同豪伯同归。致:家信一封。到:菊存书,借《海国图志》。作菊存复。

看:《笔算便览》数页。《槐厅载笔》两卷。袁山兄时文二十馀篇。读:时艺十馀篇。《徐孝穆集》十页。写春联十馀付,为梅宅写也。无恙。

廿五日(10日)

辰时起,子时卧。

天时:息风。寒凉。大晴。

人事:菊存来。华再云来。再云便留住,与谈学问中事,伊甚有意,因借《词律》一部携去,盖其两日内即将启程矣。小樵亦来,坐片刻。致华少云书。

看:《汉学师承记》一卷。《绝妙好词》、《词律》各数十页。《几何原本》数则。读《曝书亭集》十馀页。写楷书一百。

廿六日(11日)

辰时起,丑时卧。

天时:大晴。

人事:闻学院荐豪伯事已成。偕菊存同访张缦卿,不遇。因访李秀峰,谈良久。晚饭于小樵〔处〕。归遇欧阳既斋,颇有奇趣,不意太行之崭绝如是也。

看:《笔算便览》数页。《汉学师承记》数页。《防海新论》十卷。制艺十馀篇。作:和熊小垣兄赠七律二首云:“读罢莛仙诗六卷,斯文今复见斯人。羡君才调书衔凤,愧我词章楦作麟。胜业因耳闻夙慧,华严劫后有闲身。索居卒得依王翰,千万何须更买邻。”“五十平头犹跌宕,可怜君亦是奇颠。曾游鄂渚经三醉,忆别扬州又几年。红烛夜倾桑落酒,紫骝春袅柘枝鞭。如何不向蓬山去,潦倒江湖作散仙。”

廿七日(12 日)

辰时起,子时卧。

天时:半阴,日晴。

人事:傍晚菊存始来,至二更方去。欲谋赎书之举,实以方窘,未能全应命也。

看:《笔算便览》数页。时艺数篇。《汉书》数篇。《微尚斋诗集》数页。读《全唐文》两卷。写楷书三百。

廿八日(13 日)

辰时起,丑时卧。

天时:大晴。

人事:菊存、小樵并着人来邀。饭后即往,遂如约与小樵奕棋二局,皆败,盖彼已进矣。适晚饭边豪伯亦来,遂与之同路回。到菊存、小樵书。

看:《数学心得》数页。《化学鉴原》一卷。读:《皇朝经世文编》数页。时艺数篇。《全唐文》数十篇,约二卷。写楷书五百馀。

廿九日(14 日)

辰时起,子时卧。

天时:甚晴。

人事:是日绝无往来之客,惟小坡在家兄处稍坐片刻耳。

看:《笔算便览》数页。《谈天》数页。《化学鉴原》二十页。时艺数篇。写字二千,为袁山兄钞本。

卅日(15 日)

巳时起,丑时卧。

天时:夜大风。微雨。日晴。

人事:菊存、凌云来。早间闻熊小坡云:小垣病重,即与菊存同往视疾,疑为夹阴伤寒也。便与小坡、袁山议遣丁告其家,促其子来。晚,袁山兄设馔,遂与小坡同饮;褚季斋亦适来,便亦同饮。豪伯往学院处,知奏保事已定矣。夜风飕然,读书掩卷,喟然叹寡过之未能,恐修名之不立也。且数日以来,夜寐而不能夙兴,弥以滋愧。

看:桐城相国《语录》二卷。《化学鉴原》数页。写字七百馀。

十一月

初一日(12 月 16 日)

天时:大风。

人事:是日,与豪伯谈良久;菊存、小樵皆来;吃午饭,二更后始散。年事已迫,百为无成,抚枕伤怀,怅然何已!

看:《数学精详》数页。《申报》二张。时文数篇。《阴符经》十馀页。读《扬子法言》十三篇、《文中子》五卷。写字一千二百。

初二日(17 日)

辰时起,子时卧。

天时:日晴。

人事:午后偕豪伯同往张谨甫处,遂留吃晚饭;人甚儒生,阅其所藏书目,亦良富已。饭毕,往小樵处,适意如、菊存在坐,三更始归。路遇梅华卿、同苏,便同回寓,谈顷许始去。

看:《全唐文》元稹所作十馀页。《微尚斋诗》数页。时艺二篇。写字八百。

初三日(18日)

辰时起。

天时:日晴。

人事:杨厚庵表姊丈邀午饭,同席者凡七人,无足谈者;肴甚丰美,二更许始散。与袁山兄坐谈良久。是早,李秀峰来,谈一时许。致菊存书。得菊存复。

看:《数学精详》十数页。《微尚斋集》数页。《宋学渊源记》三卷,其《李因笃传》卷上九页四行,云崑山顾炎武至关中,主其家,甲申、乙酉之间,与炎武冒锋刃,间关至燕,言两谒愍帝攒宫。而任景曜《跋》云:张石洲《阎潜邱年谱》称是书载李天生于甲申、乙酉间云云,今《李天生传》无此语,或石洲所见为郑堂未定之本欤?云自刻之而忘之,可笑也。

闻[1]:粥厂昨日踹死十四人,今晨复毙一人;丁抚杀小安始末;袁山兄述刘声渠及岘庄寒苦事。无恙。

初四日(19日)

辰时起,子时卧。

天时:日晴。

人事:饭后小樵来,因同往华少云处,不遇。便自往菊存处。晚吃点心于某馆。遂到小樵处借《算学精详》、徐氏《算书》归。是日杨辉山尚未归也。

看:《算学精详》数页。《汉学师承记》数十页。《宋学渊源记》

---

① "闻",系改原印栏名"写"而书。

二卷。《练兵实纪》六卷。

初五日(20 日)

辰时起,丑时卧。

天时:半阴半晴。

人事:饭时,小樵遣人来邀往,盖杨辉山已归也。辉山便约晚饭,遂至夜始归。于座见菊存。夜与小樵同归,小樵三鼓始去。到小樵书。

看:《饮水词》全帙。《古微堂诗集》数十首。《数学精详》数页。

初六日(21 日)

辰时起,丑时卧。

天时:大晴。冬至。

人事:饭后,小樵来,坐片刻。小樵去,辉山即来,袁山兄附其船已定矣。是日与袁山兄谈良久。到爽楼南安来书。

看:《饮水词》数首。孔㢡轩《大戴礼注》数页。《笔算便览》三页。《数学精详》七页。《道德经》数页。《全唐文》数十页。殿试策近人作者数本。读《全唐文》皮日休作、孙樵作数十篇。写小楷二千二百有奇。作词一首。无恙。

初七日(22 日)

辰时起,丑时卧。

天时:淡月。甚凉。天阴。

人事:小樵来。杨晖山来。菊存来,晚饭后始去。与袁山兄坐良久,因其将去也,为之拉晖山伴,晖山亦将解贡入京耳。得家中信,知一切了却。□晦若已去四川者矣,别愈远矣。是日到小垣处看病,其子已到。到家书。

看:《数学精详》数页,夜至五更后,思之多不通者。《全唐文》十馀页。写字一千一百有奇。作《题王楚溪湖上采菱图·木兰花慢》词一首,《蕉斋集印图》七绝一首。

初八日(23 日)

辰时起,丑时卧。

天时:天阴。

人事:袁山兄下船,三点钟去。便往小樵处,约杨晖山饭。遂行至“新丰行”小酌,夜深始散。

看:《湖海文传》十馀页。《数学精详》十馀页。写字四百。

初九日(24 日)

辰时起,子时卧。

天时:日晴。

人事:往漳江门船上,与袁山兄坐谈良久。遂往建德观杨家。即到菊存处,坐良久,始归。致晦若,四川;梅少岩、沈芷郁、志伯愚、仲鲁,京师书。

看:《墨子》数十页。《数学精详》十馀页。读《全唐文》十馀页。无恙。

初十日(25 日)

辰时起,丑时卧。

天时:大雾。日晴。

人事:往小樵处;约杨晖山,不到。与蔡东孙同往陶稚箕处送行,适稚箕来辞行,相左。即与东孙到松隐道人处奕棋二局。闻王晋侯常往此处,遣人约之,不到。路遇稚箕,邀归晚饭,畅谈;菊存亦来。

看:《数学精详》十馀页。试帖十馀页。《全唐诗》数十页。作

《步陶稚箕留别韵》五律四首。

十一日(26日)

辰时起,寅时卧。

天时:日晴。

人事:陶稚箕邀午饭,同席者章滁山、蔡东孙、欧阳元熙、并三四人。谈至三更许始散。是日李秀峰来,亦坐良久。致杨厚庵书。

看:陶稚箕骈体数篇。《数学精详》十馀页。《数理精蕴》数页。《湖海文传》二卷。

作词一首:《浪淘沙》:"窗下叶声干,时入深寒。乍闻云雁响前滩。似诉天涯风雷旱,行路原难。　　斗转玉缸残,细数更阑。月光斜透卷帘看。却恐嫦娥应笑我,一样愁单。"

十二日(27日)

辰时起,子时卧。

天时:无风。晶晴。冬已深矣,犹未下雪,重裘则汗,殊为可异。

人事:早餐后,到漳江门外送袁山及晖山行。顺即往稚箕舟上送行,谈片刻。稚箕盖由九江往湘江也,同行者为萧仲谟。仲谟,芗泉之子。余闻芗泉宏奖善类,今其子几虑饥寒,彦昇绝交之论所由作也。

看:《湖海文传》数卷。《数学精详》十馀页。《沧洲诗集》数首。写字百馀。无恙。

十三日(28日)

天时:大雾。大月。日晴。

人事:晚饭后菊存来,踏月同到小樵处,夜深始归回。秀峰亦踏月到我处辞行,惜未遇也。

看:《数理精详》十馀页。《赵瓯北集》十馀页。写字三百馀。

十四日(29日)

辰时起,子时卧。

天时:无风。大月。日晴。

人事:同豪伯往秀峰处,不遇。即往菊存处。午后,仍偕菊存往秀峰处,因秀峰将归都昌也。晚饭毕,便与秀峰步回,到小樵处,着棋一局,踏月由东湖堧归。

看:陈用光《太乙斋文集》凡十卷。数十篇。《前汉纪》二卷。读:《文选》数篇。

十五日(30日)

天时:大晴。

人事:缦卿来,早饭始去。致家书一封。

看:《北史》三卷。《数学精详》数页。写字二百。

十六日(31日)

巳时起,寅时卧。

人事:章滁山来。滁山者,名浚,能作草书,年已七十一矣。在稚箕处同席,今来见诣也。谈及陈懿叔事,甚了了。尚步行,健甚。

看:滁山所著诗数十首。《北史》二卷。读《文选》数篇。写楷书二百。

十七日(1877年1月1日)

辰时起,丑时卧。

天时:日晴。

人事:是日到西山一行,傍晚始赶入城。闻铁庚来访,未之遇也。

看:《北史》一本。时艺数篇。写行书数纸。

十八日(2日)

辰时起,子时卧。

天时:日晴。

人事:华少云书来,言行将去矣。恐相见未必何日,辄约往“桂华斋”小酌,意良殷然,二更后始归。离合之感,频日送行,甚黯然也。

看:《汉书》数页。《全唐文》数页。《数理精蕴》十馀段。《代微积拾级》十馀页。

十九日(3日)

辰时起,丑时卧。

天时:日晴。

人事:同豪伯、小樵到张谨甫处,便同到小樵处,坐良久,始归。致菊存书。

看《数学精详》十馀页。写字一百有馀。

二十日(4日)

巳时起,寅时卧。

天时:北风。大晴。

人事:数日已来,豪伯行期已定,为之黯然。桂靖如来小坐片刻,即去。

看:《全唐文》十馀页。《北史》二卷。《数理精蕴》十馀页。作:拟《咏怀》诗一首,不工,不复作。

廿一日(5日)

辰时起,寅时卧。

天时:北风。日晴。是日始觉较冷于前矣。

人事:约与豪伯送行,便在小樵处小酌。胡铁庚适来,遂邀范辛陪,同小饮。夜久始归。致菊存书。

看:《数理精蕴》数十页,《北史》二卷。《算式》十二页。读制艺数篇。写字一开。

廿二日(6日)

辰时起,子时卧。

天时:大风。日晴。

人事:小樵来,坐片刻即去。

看:《李迈堂集》数百篇。迈堂文本不高,然由苦功入,终胜他辈,惜未成耳。见其论张江陵事,甚佳。又力劝庐陵欧阳氏刻《五代史记注》,意亦可美。并跋《钱辛楣集》,亦颇佳。考陈友谅伪印,亦甚核。

读《北史》四卷。作《阮芸台十三经注疏跋》。

廿三日(7日)

辰时起,子时卧。

天时:日晴。

人事:与豪伯同往小樵处。早往菊存处。合小樵到松隐道人处,奕棋二局,一胜一负。闻王晋侯已去广西矣。桂靖如来,遂留夜饭。

看:《算式》数页。《数理精蕴》数页。读《文选》数页。写字一开。

廿四日(8日)

辰时起,子时卧。

天时:大晴。

人事:桂佩蘅靖如饭后始去。便往杨家,见程氏大表姊嫁况家者,谈二时许,乃归。晚饭后,靖如仍来,同往小樵处,三更始归。

看:《申报》五纸。《浙西六家词》数首。《中西纪事》一本。

廿五日[①](1877年1月9日)

豪伯将启程,因趋船不及,仍来借榻。是日因风寒小恙。晚(闻)〔间〕与豪伯往小樵处,坐良久。

阅:《同馆爵里谥法考》一本。《先正事略》数十页。《粤氛纪事》一本。

① 此日日记,原稿系书于上日日记之馀留空白处,故未按印笺栏目填写。

丙子日记三*

光绪二年十一月

二十六日(1877年1月10日)

辰时起,子时卧。

天时:微风。稍燠。日晴。癸未。

人事:是日廷英生日。早送黄君豪伯行。遂访李君菊存,即同到朱君小樵处。小樵约移寓同居,已许之矣。晚饭后始归。是日亦到梅宅拜寿。致杨厚庵书。

看:《穆天子传》五卷全阅一过。孙渊如《芳茂集》十馀页。王采薇《长离阁集》数页。《抱朴子》二十页。《尸子》、《牟子》各数页。读:《吴梅村集》数页。《浙西六家词》数首。静坐一次。微有恙。自逸。

太岁在丙子年建子月二十七日(11日)

辰时起,子时卧。

天时:北风,夜大北风。日晴。三更后浓云密布,急风怒吼,知冬深矣。甲申。

---

* 据文廷式手稿,按文氏光绪二年丙子所作日记稿本。今见存三册,此亦其一。原无题,今题为编者拟加。此稿系用"靠苍阁日记"紫印笺本书写,与前录之《丙子日记(二)》同。

人事：蔡东荪来，谈良久。“周同福”书店伙计来索帐，未有以应也；伊亦良久乃去。心不能定，读书未有入处。岁已暮矣，将如之何？致朱小樵、李菊存书。得菊存复。

看：顾亭林《大清一统志案说》一卷。是书凡十六卷，题曰“顾亭林先生原本，徐乾学健庵纂，吴兆宜显令钞”，乃道光丁亥张青选以排字板印于邗上者。虽工议论，恐非出自亭林也。欧阳忞《舆地广记》二卷。《代微积拾级》五页。《数学精详》数页。读：《北史》三卷。制艺数篇。《梅村集》十馀页。写小楷二页。作《旅馆咏镫花》词一首，调寄《六幺花十八》：“小寒中帘幕，风声峭，霜华薄。情怀落寞，闷想阑干约。金缸似解愁人意，深红开一萼。飞蛾休扑，紫钗休拨，寒宵伴人不落。料无好事、报来比灵鹊。锦衾闲却薰垆冷，此间浑是错。”

丙子年子月二十八日（12 日）

辰时起，丑时卧。

天时：飔风。甚凉。午后阴。薄晴。乙酉。

人事：是日先慈忌日，具衣冠到定慧庵拜叩。回，陈榕卿、张缦卿偕来，坐良久乃去。步至“浣薇轩”小坐。过东湖边，浪高二三尺，转忆江海劳人也。到菊存、小樵书。作两处复。

看：《北史·列传》二卷。制艺数篇。《东白堂词选》数十页。《国朝先正事略》三十馀页。读：《吴梅村集》十许页。孙星衍《今文尚书疏》三卷。写字二百，行书一百有馀。无恙。

廿九日（13 日）

辰时起。

天时：稍息风。日晴。丙戌。

人事：晨，陈榕卿来。俄李菊存、朱小樵来。同往“浣薇轩”，仍到小樵处，薄暮始归。得《申报》七张，有数快事：一英宫保起用乌鲁木齐都统，一新疆已将次一律肃清，一俄罗斯与英吉利仍构兵端①。

看：汪衡斋《算学》十馀页。《东华录》十馀页。书已全检起，故所阅特少。读：孙星衍《书疏》五卷。《抱朴子·外篇》二十页。写楷书一百六十馀，行书百馀。无恙。

十二月

朔日（14 日）

卯时起，丑时卧。

天时：大风。薄晴。丁亥。

人事：是日早起欲搬屋，钱不足。往寻老菊，值伊亦迫促。因同到小樵处。二更始归宿。作家书一封。深夜始寝。

看：《北史·列传》二卷。时艺数篇。读《文选》数篇。

初二日（15 日）

辰时起，丑时卧。

天时：尖风。四更雪。浓阴。午晴。戊子。

人事：饭后往拜胡廪鸿，盖精青乌术者也。约明日同往西山。其年七十五矣，新建人。旋即往"谦吉昇"，其主者已他出矣，便归。

看：《国朝先正事略》数十篇，《随园随笔》数十卷，及沈豫所著书百馀页。作群书跋语数篇。

初三日（16 日）

辰时起，丑时卧。

天时：大风。巳刻至午刻密雨。浓阴。己丑。

---

① 此下原稿损缺约十馀字。

人事:早起到杨家,欲偕胡君往西山。胡君怕风,不克去,便谈剧良久。早餐杨家,毕,到菊存处。便往小樵处,不遇。归,闻小樵已来过,并送借款来。岁暮旅人,得此深可感也。

看:《皇朝武功纪盛》四卷。《陔馀丛考》二卷。《申报》数纸:知崇朴山已故,斯人才识甚高,大非俗比,年寿不永,可惜也。读周稚圭词数阕。微恙。

初四日(17日)

辰时起,丑时卧。

天时:息风。朗晴。庚寅。

人事:是日移与小樵同居。程榕卿来,少选去。朱意如亦来,小樵为设午馔。是日将书箱三具寄梅(来)〔宅〕。到小樵书。

看:《词综》数十页。李四香《天元勾股细草》五页。《北史》三卷。读:《全唐诗》数页。写小楷二百。微恙。

初五日(18日)

辰时起,丑时卧。

天时:息风。午后、晚间雨。天阴。辛卯。

人事:早偕小樵到菊存处,便回。饭后蔡东孙来,久之去。看坟杨氏兄弟来,夜始去。

看:《北史》三卷。《邹征君遗书》十馀页。李四香《开方说》十页。《天元勾股细草》数页。读《文选》数篇。写楷书二百。

初六日(19日)

辰时起,丑时卧。

天时:凄风、苦雨。沉阴。壬辰。

人事:早间,书店伙计同福来索书债,良久始去,仍无以应也。晚间,与小樵同谱天元三乘方一纸。

看:《北史》一卷。《天元开方》数页。《定例汇编》十馀本。读《周稚圭集》十馀页。写楷书二百。

初七日(20 日)

辰时起。

天时:息风。有月。天晴。癸巳。

人事:范辛陪来,顷去。与小樵谱棋片刻。朱意如傍晚来,顷即去。遣人约符君明日往西山。

看:《天元开方》数页。《则古昔斋算学》数页。《汉魏百三名家集》数十页。读时艺二十遍。写楷书一百。

初八日(21 日)

卯时起,子时卧。

天时:午后北风。日晴。甲午。

人事:早迎符灵峰来,遂与小樵同到西山。历观十馀处,至厚冈垅小憩,仍渡河回寓。是日,有道士同往其处看地。灵峰之言,半皆操纵,乃欲于山腰寻穴,弥为可笑。但终是七十七老翁,故敬之。

看:《天元开方》一卷。《北史》一卷。读《文选》十馀页。

初九日(22 日)

辰时起,子时卧。

天时:微风。日晴。乙未。

人事:早与小樵同往火神庙,觅形家廖某,不遇。午间又闻顾节侯荐舒悦山精堪舆,仍步数里觅之。彼乃有河图合九之言。小樵云:斯真谬说,惟闻"合十",何得减一乎?是日至梅家。归,购得红梅二株。到梅滋圃江南书。

看:《天元开方》十馀页。时艺数篇。《北史》二卷。写小楷三百。

初十日(23 日)

卯时起,子时卧。

天时:大风。半阴、半晴。丙申。

人事:是日仍觅形家数人,皆无肯往西山者。遂乃备糇粮,为自行入山之计。晚间菊存、意如来,皆辄去。致杨厚庵、黄豪伯书。

看:《北史》四卷。《算术》十页。读《文选》一卷。写小楷五百。

十一日(24 日)

卯时起,亥时卧。

天时:大风。夜密雨。有雪。浓阴。丁酉。

人事:天沈阴,小樵欲止,余决意往。渡江,午刻至长春道院。约二十里。二杨已在。道士名清凡;有老道人名立峰,盖小樵廿年前之友也,叙旧始识。遂饭毕,纵览各山,约十里许。北风浩然,振举衣袂。墟墓之间,阒无生气。暝深乃返。所察之地,皆鲜当也。同二杨往耳。夜与道人谈山中事,并及鸟兽尣尳,谓六月间《申报》云南昌有野马,盖真也。

看:梁茝邻《退庵随笔》数卷。其学甚杂,盖承芸台、晓岚、覃豁之绪馀,故不能画一。至偏袒《古文尚书》,则用苏斋之短矣。惟纪河漕诸事,为身所经历,故有可取。

作《感事》诗一首,得之枕上:"效尤谁遣售前欺,金币频年饲岛夷。唐室终当擒颉利,柔然宁复使牟提。珠盘玉敦风流重,蜃市鲛宫变幻迷。海水万重天咫尺,几时都护出安西。"

十二日(25 日)

寅时起,亥时卧。

天时:大风。晨微雨。深阴。戊戌。

人事:早饭后,始略行。近山,风猛甚,峰巅几可掀人。约上下山得二十里,行越山头盖四五十。有名为形势者,半属似是而非。惟闻观对岸之地,曾有浅殡八十年而衣服绝无损败,毋论骨肉,则地气似厚,或可免水蚁,姑存之。薄暮仍行数山,过方姑娘葬处,又观夏氏之坟,又阅明坟七八处。至交几山,有豺卧于范某坟前,欠伸而起,数人呼而逐之。其行甚速,俄越数峰。其初起时,同符小狗,至此辄大于洋狗矣。花面(撩)〔獠〕牙,形弥恶也。回院言之村人,则云:前十馀日才食一十三岁之男,昨日又杀两猪也。仍宿道院。

看:《退庵随笔》数十页。《数学精详》十页。

十三日(26 日)

卯时起,子时卧。

天时:大风。薄晴。己亥。

人事:晨起见日,喜甚。同小樵跑至李家埔莲花山。望形势绝佳,惟闻难购。西山积雪,白入云际,日力尚薄,相映弥朗,亦一佳景。饭后仍行十馀里,渡河归。摩挲娄妃墓碣,盖咸丰四年邓仁堃所立,仍复拆毁,毋论第二碑矣。道士亦同回寓。

看《申报》三纸。《四元玉鉴》数页。

十四日(27 日)

辰时起,子时卧。

天时:北风。大雪。沉阴、沉晴。庚子。

人事:道士在寓中,不能出。寒甚,吃药酒数杯。绝无馀事矣。竟日大雪,夜未息。

看:《北史》一卷。时文数篇。读《文选》十馀页。写字近一百。

十五日(28 日)

辰时起,子时卧。

天时:大雪。浓阴。辛丑。

人事:饭后到菊存处,良久始回。道士到,说买地事,似有成。大雪竟日,平地尺许,亦大观也。得家信,知五姊夫于十一月初五日到广东。到家书及爽楼书。

看:《抚豫宣化录》一卷。时文数篇。

十六日(29 日)

辰时起,丑时卧。

天时:止雪。见月。小晴。壬寅。

人事:晨作家书毕。道士回,则熊姓已增价至百吊矣。俄接萍乡来书并银十元,促回家应试,便定期十九日归萍乡。到景垣叔书。作家书复。

看:《形家言》数十页。《海国图志》数页。

十七日(30 日)

卯时起,丑时卧。

天时:北风。竟日雨。无月。浓阴。癸卯。

人事:晨检书籍。饭后到梅家、杨家、李家,归。夜,菊存携四肴来饯行,三更始去。道士还山。致子锡兄、兰甫师、岳丈书。

看:时文数十篇。律赋数篇。读《徐孝穆集》十馀页。

十八日(31 日)

辰时起,子时卧。

天时:微风。久雨。微月。沉阴。甲辰。

人事:往梅宅及菊存处。将书都寄杨家。傅亦凡来小坐。借到杨宅银十两。致厚斋书。

看:时文四篇。律赋三篇。《四书集注》一卷。写家信三封。

十九日(2 月 1 日)

卯时起,亥时卧。

天时:北风。竟日雨。固阴。乙巳。

人事:启行。因雪后筠州道阻,故由临江。车一辆,同行者萍乡来人李某而已。燕子窝打尖,寓斜浦"上谌"店。沿途避雨,行四十八里,未出南昌界。是日车行石道,甚劳,衣尽沾雨。

看:时文十馀篇。律赋数篇。

二十日(2 日)

寅时起,亥时卧。

天时:大北风。大雨。密阴。丙午。

人事:早起大雨。饭后启行。泥深尺许、陷车,加之大雨,衣衾尽湿。行十二里,至侯敦铺,寓"茂生"店。因天阴,不敢行;亦竟无雨。尚是南昌界。

看:时文数十篇。《对数比例》数页。

廿一日(3 日)

卯时起,亥时卧。

天时:大风、大雨。丁未。

人事:早起微雨,即行。渡水后,大雨,衣衾尽湿,遂至夜不止。行十八里,宿"广福禧——广生"店。有长沙朱仁荣同寓,略谈,即款。持簿手中作字,故不能楷。

看:时文数十篇。

廿二日(4 日)

寅时起,戌时卧。

天时:大北风。无雨。见月。竟晴。戊申。

人事:是日早起竟晴,喜甚。打尖于大江口;寓于丰城县内“怡和”店。行五十里。车夫欲(剳)〔搭〕船,余不允。道中遇饥民,携男牵妇,良可悼叹。

看:时文数十篇。

己酉。(光绪二年十二月二十三日,1877 年 2 月 5 日)

庚戌。(二十四日,6 日)

辛亥。(二十五日,7 日)

壬子。(二十六日,8 日)

癸丑。(二十七日,9 日)

甲寅。(二十八日,10 日)

乙卯。(二十九日,11 日)

丙辰。(三十日,12 日)

丁巳。(光绪三年正月初一日,13 日)

戊午[1]。(光绪三年丁丑正月初二日,1877 年 2 月 14 日)

① 自“己酉”至“戊午”,此十日,原稿皆仅记日期干支,别无文字。

南旋日记*

光绪十二年丙戌(1886年)四月

二十八日(5月31日)

出都。是日晴。早起发行李,巳刻开车。

到志仲鲁家稍坐,剃头、吃饭、下棋。长乐初都统出谈,谓余"何以急行?"自言"身衰发白,恐不再见",颇凄然也。午尽伯愚回,知仲鲁留饭,颇可熹。知今日朝考题亦太泄漏矣;题为徐用仪所儗,用仪非进士出身,而儗题亦向来所无也。

出东便门,得词一首:"九十韶光如梦里,寸寸关河,寸寸销魂地。落日野田黄蝶起,古槐丛荻摇深翠。　惆怅玉箫催别意,蕙些兰骚,未是伤心事。重叠泪痕缄锦字,人生只有情难死。"调寄《蝶恋花》。

酉刻到通州。昨书致张棪君,已代定四舟:吾与莘伯同舟,内人一舟,陈伯严一舟,约同行者有朱利斋开懋、姚敬熙等又一舟。价发官价,颇可省,然甚不忍,已允舟人重赏矣。夜与伯严、莘伯谈至四更,甚畅。

是日杨叔峤锐、张巽之孝谦、张勉堂祖劢以及华再云辉、李谦六

---

* 据《文芸阁先生全集》排印稿本。

翊烦来送行，皆见。

二十九日(6月1日)

早到通州署，晤张棪君兆丰，谈一时许，遂早餐始归舟。午刻开船，到苏庄泊舟，晚饭。与伯严、莘伯谈竟日；晚饭后同登岸，步行三里许。远树人家，天涯芳草，(轻)〔轻〕风扑面，浅水映衣，皆年来红尘马粪中未有之景致，足乐也。舟仍开行，二更始歇，泊马头。是日行九十里。

五　月

初一日(6月2日)　晴，夜雨；晚西北风颇顺。

舟行百一十里，泊柴村，在河心未近岸也。夜与伯严谈达旦。是日早餐泊香河县。

初二日(3日)　早阴，午晴，傍晚大风雨。

早饭泊杨村。晚避风雨泊桃花口，乡人赛神演剧，以雨而散。与伯严诸人谈竟日。是日舟行一百里许。与莘伯联句五古一首。夜与利斋、莘伯谈，三更睡。

初三日(4日)　早晴。

行三十馀里到天津。栈伙到船，言“海晏”轮船今日入口。乃与舟人商，驳至轮船边(船上)〔上船〕，每船加以四千文。

作致志伯愚、仲鲁信一封。

追念来时与六妹至此，初离轮舟，喜泛小水，昕夕谈论，琴书可娱。余谓之云：今去广东已六千里，人生行止安有定期？回忆前尘，恍如昨梦。妹闻斯语，有恻于怀，同望南云，潸焉欲涕。孰意熛轮不停，尺波电谢，兰慧犹在，馨尘已灭。重履斯境，恻怛如何！沉郁不怡，殆将累日；欲为追悼词一首，尚未成也。

近日水浅，轮船不能泊紫竹林，泊土坝。未刻上船，得房舱两间:家眷一间,余与伯严、莘伯同一间。夜大风雨,二更息。

初四日(5 日) 晴。

巳刻开船,未刻出口。得词一首:“水远天长,重到处,风景触目堪伤。旧愁新恨、并作一片凄凉。海水万重摇绿影,星河不动夜苍苍。感琴亡,有谁知我元鬓成霜? 凭(兰)〔阑〕所思何限,叹鸾飘凤泊,莫问行藏。南来北去相将,防身雄剑尚在,只牛斗无灵漫吐铓。归来也,咏纫兰旧赋,不尽怀湘。”调寄《瑶台聚八仙》。此词顺笔直书,未经琢磨,俟暇日改定也。

伯严病两日,今日小愈。是日风甚定,同舟无晕眩者。

与朱励斋开懋谈西边事。励斋谓青海中皆游牧无种植,圣祖闭玉门已绝其来路也。又云左文襄所设义塾,惜奉行者不善,回子肄业者皆募人代替也。

初五日(6 日) 晴。

辰刻起。巳刻过烟台,未停轮。夜过黑水洋;海水如镜,新月一钩,北洋七度,此为最安恬矣。

得《拟古宫词》一首:“秋鹰劲翮帚波旋,喜见云章第一篇。秘殿乌毫尖褪损,河阳才笔总如泉。”

是日作象戏数局,无聊特甚。

初六日(7 日) 晴,忽雾,午后始散;稍风。

船亦尚安。夜子初到上海,以夜不入口。

初七日(8 日) 晴。

辰刻泊岸。宿“长发栈”。林有在上海,乃外舅陈公遣来见接者,甚佳也。

与伯严、莘伯早饭“聚丰园”。午间到《申报》馆晤钱昕伯秀才,游静安寺。未刻回栈。觅李希朗,见之;觅李洛才,前五日始回江也。夜往"鸿桂轩"观剧。游申园时遇旧歌者,观剧时因召之,然心绪恶劣,强欢不怡,姜白石词云"老夫无味已多时",殆为我道也。

初八日(9日) 晴,有风。

辰刻赵伯藏子密、江叔海瀚、易由甫顺豫来。申刻偕伯严、莘伯同游张园、申园。夜大风雨。

初九日(10日) 大雨竟日。

夜伯藏招饮,四更归栈。

得《拟古宫词》一首:"新制冰床学水嬉,海龙华服称銮仪。的卢跃过檀溪后,愁绝东风解冻时。"

初十日(11日) 阴,午间薄晴。

易由甫招饮,王子诠亦见招。夜伯严招集至宝树街,三更归栈。

叔翘由京来,云坐武昌轮船甚苦。

"广利"船到;先下行李。作家信及致志伯愚、仲鲁信。

十一日(12日) 阴,午间薄晴。

"广利"轮船以货未齐,十三乃开行也。

与莘伯、伯严同到虹口阅外国马戏。驰骤敏捷,颇足观览。象虎驯伏,失其威重,令人不喜。有阿非利加洲之狮,狭面长目,鬣毛不厚,绝无可畏,异于图画;昔黄豪伯楙材尝告我如是,不虚也。

晚饭"聚丰园";送伯严下长江轮船,四更始回。易由甫招饮,不赴。

十二日(13日) 晴。

数日皆颇凉,人多衣绵、夹者,余独不耐,衣夏衣,然殊为人诧也。

叔峤来,同往书铺;叔峤之兄听彝聪亦同行。购得《汪氏学行记》一部，乃汪喜孙所辑当时誉美汪中之语及往还手札。实甫到，往候之不遇。又偕同江叔海瀚、叔翘、莘伯到格致书院。旋共乘马车游静安寺、张园，薄暮回栈。

听彝谓剑阁乃上古人功所为，其土皆三合土也。又谓蚩尤雾，盖如今之黄烟。今之世乃颇似五帝之世耳。此说自不悉非。又遇浙人查燕绪字翼甫者于书铺，赠以其师张裕钊所著《濂亭文钞》。此书余固曾见之，乃一平平学语者耳，然张季直诸人方奉为家法、尊为本师也。见张燮，承赠所著《翻切简可编》二卷，分阴、阳、上、去、入，而不知上、去、入皆有阴阳，不足取也。

十三日(14 日)　晴。

早叔峤来，亦于是日下"江孚"轮船取道回蜀矣。偕听彝、叔峤、莘伯同到各书铺购书数种。酉刻登舟，微雨，舟仍未启行也。

听彝为余言，宰我乃墨家，其短丧、论社、昼寝之说皆极似；此自有见。余尝谓樊迟近农家，子贡近纵横家，冉伯牛近道家，子路近法家，九流之长皆萃于孔氏之门也。听彝又云：撰《尧典》者乃彭祖畴。盖畴即彭祖之字伯寿也，孔子愿比老彭即指此；谓为八百岁者，其子孙传至商，享国八百年也。伊尝为文以考之，此自可备一说。

十四日(15 日)　阴雨。

巳刻开船。出口后风浪颇剧，入夜尤甚，舟中多呕吐者；四更许大风忽起，颠簸不安。

十五日(16 日)

寅刻风浪极烈，余与莘伯幸皆不吐；午间稍定。舟傍山行，不敢放大洋也；以载米故绕入温州。是晚泊温州口，月色尚佳，云物颇恶，仍虑有风也。

温州民多开山田，种薯芋；地力之尽如此，大吏犹以谓荒未尽垦，误矣。

阅释圆通日本人《佛国历象论》二卷。此书谓地有恒高、天动地静，皆拘守旧说；其谓回历、西历皆出于梵历，则不刊之论也。

偶得《海上对月》诗一首。夜四更有雾。

十六日(17日)　阴雨。

巳刻入温州口，午刻泊船。此邦山水雄秀，足壮南服；炮台守御，未便详悉也。申刻雨止。与莘伯、赖云芝鹤年，广西乙亥举人。同登岸，入自北门，街衢泥泞，艰于行步。同饭"徐振兴"酒楼，有馔不佳，亦各饱饫也。夜浓云密布，不见月色。

又得《拟古宫词》一首："内廷宣入赵家妆，别调歌喉最擅场。羯鼓花奴齐敛手，听人演说蔡中郎。"

十七日(18日)　晴。

辰刻，偕莘伯命小舟游江心孤屿。东为龙翔寺；西为兴庆寺，宋高宗驻跸之所；中为江心寺。皆未能深入。江心寺之东稍偏为先信国公祠，有塑像，又刻石像，有阮文达、谢蕴山、秦小岘、杨炳诗刻，有明吴自新诗刻。阮文达诗七律一首，后四句云："朱鸟西台人尽哭，红羊南海劫全收。可怜此屿无多地，曾抵杭州与汴州。"祠之东为浩然楼故址，今为英国领事所居矣。又有卓忠贞祠，故明兵部侍郎也。又有陆公祠，不能入。屿之尽处为谢公亭。亭甚小，石刻谢康乐像，云本之宋刻，未知类否。轮舟将发，与莘伯急归，未暇留题也。

得《登江心屿谒先信国祠》五古一首："孤屿悬中流，光灵肃遗庙。维舟申严谒，往迹恻追吊。炎宋昔将烬，义烈奋才效。间关奉孱主，奔窜穷海峤。终类青城悲，莫赴黄幡召。柴市血犹碧，西台哭谁告？凄风历朝代，馀烈激忠孝。先臣殉程乡，旧俗还祠祷。同揆耿在昔，名节诚继绍。时危砥柱折，天定溟渤沼。蘋蘩荐芳馨，矢怀向神诰。”

时近午初出温州口，南风波平，舟不摇簸。入夜月色更佳。舱中暑(熟)〔热〕不能成寐，望月达旦；水程过福州矣。

十八日(19日)　晴。

天光晶明，渔舟满海。傍晚过厦门。夜阴，三更后月色颇佳，望月不(暝)〔瞑〕；暑热弥甚。

十九日(20日)　晴。

戌刻到香港。遂偕莘伯同登岸，寓“泰来栈”，行李眷属亦俱(上)〔下〕船，三更许始定。此数日皆无风浪之恶，不易得也；惟在舟中舱，暑热可畏，亦是一苦。

二十日(21日)　晴。

余在香港暂息一日，莘伯先下省。午初食荔枝、香蕉，离粤已一年馀矣。

闻长少伯谓回回及俄人多呼中国人为“乞塔”。按此即《元秘史》之“乞塔”。特“乞塔”者，“契丹”之转音也；英吉利语呼中国为“差泥”，“差泥”者，“支那”之转音也。由西域通者呼中国为“契丹”，由印度通者呼中国为“支那”，皆从其朔也，而译音者往往讹误，不得其解矣。因阅翻译书，有未谛者，故附识于此。

读日本人撰《六物新志》，中“木乃伊”一种，乃数千年之骷髅也，其订陶宗仪《辍耕录》之误甚详，可广异闻。

余此行出温州，时薄暮，见江豚数百腾掷吹浪，而数日来天色清朗，风定波平，可知物性之占，有时不验。

又得《拟古宫词》一首：“鼎湖龙去已多年，重见昭宫版筑篇。

珍重惠陵纯孝意,大官休省水衡钱。”

二十一日(22日) 晴。

附汉口轮船到广州。巳刻开行,申初抵西城内陶家巷旧寓。将泊舟时忽大风雨,顷刻止。入室触目戚心,殊难为怀。

星海、延秋闻余到,邀往“同兴居“酒馆一叙。子展在坐;晦若由广西回才四日,亦在座。故雨重逢,亦客中一乐也。遂与星海、晦若同宿于延秋所寓之烟浒楼,谈至天明。

赋得《蝶恋花》词一首:“密雾浓云围绣幕,常替花愁,忍向花轻薄?但愿西风吹不落,不妨鸾凤长飘泊。　　梦里姑山看绰约,九折肠回,应有香魂觉。万种闲愁无处着,黄昏雀踏金铃索。”

见大哥神气如昨,新生之侄亦颇肥大,可喜。

二十二日(23日) 大雨。

往谒外舅陈公京圃,谈二时许,仍回烟浒楼。同宿者仍昨夜四人,天明始寝。妻弟朴诚来,不遇。

二十三日(24日) 晴。午间大雨。

外舅邀饮,傍晚回寓早宿。

几日来延秋诸人发电问姚桱甫病,未得回信也。顷连日赵季和、王子展、朱棣垞来,皆不遇。又,赵伯藏忽来粤,异甚。

二十四日(25日) 晴。

申刻到潘子祥处;其女出见,自失母后尤觉可怜。到王子展处。朱棣垞邀晚餐,座有延秋、星海、晦若、莘伯、孝直,暨川东人王雪丞,杨叔峤所誉也。晤汪(美)〔芙〕生,谈顷许。散后与晦若同宿星海处,夜热多蚊,皆不成寐。

二十五日(26日) 早雨旋霁。

偕星海同访伯藏,遂访徐次舟、陶子政,皆见。又偕子政同访陈庆笙，谈至傍晚。星海邀聚“同兴居”，延秋、孝直、子展、莘伯皆同席。星海征一歌者，次舟、子展、伯藏皆有所征；惜来此呆坐，无复闻清歌，有异沪上耳。晦若以未满服故不来。三更散归。

二十六日（27日） 晴。

巳刻大雨即止。热极，未出门。夜往王中之家，伊新丧耦不能来也。

二十七日（28日） 晴。

未刻星海来，同到红棉寺清谈一晌。外舅约食晚饭，同席者延秋、星海、伯藏、魏叔平及现署番禺县陈汉章起倬，二更散。夜热尤甚，不能成寐。夜作京信二封。

复得《拟古宫词》一首：“玉叶琼花写碧绡，上清粉本试兰翘。词臣未解长秋意，拟就题诗愧舜韶。”

赵伯藏以明日早行，不及送之矣。张延秋赠我七十金，遂决同行。作答五叔父信一封。午赵季和来，不遇。

二十八日（29日） 晴。

饭后往拜陈孝直、念孙、冯萼楼、俞秀珊、陶春海、石星巢，皆见。转入梁星海处；同到陈庆笙处。季和约“同兴居”晚饭，子展、星海同席，仅四人。三更散归。

二十九日（30日） 晴。

往拜倪豹岑侍郎文蔚、于晦若、渊若、沈芷邻，往吊王中之，皆见。到外舅寓小坐。延秋生日，同人公祝于王子展家，在坐者：晦若、孝直、石星巢、冯萼楼、赵季和、朱棣垞、汪莘伯、星海、子展，三更散归。

是日检点书籍，务少携，以行踪无定，省盘费也。延秋谓我必于今年回粤，可谓失其用心。

陈庆笙谓天下之事无过于气，此为未识本原。倪豹岑乃为龚易图不平，言其被劾，尚有馀愤。又云不考中书恐妨捐纳，此是政事当然之理。又云冯子材侥幸一战，朝廷不知其罪。如此等论，可谓无识之至。

三十日(1886 年 7 月 1 日)　晴。

黄杰夫、冯萼楼招饮，不赴。午后大风雨，入夜不止。发行李交延秋处。

六　月

初一日(7 月 2 日)　早晴，午后大风雨。

表姊来，病尚未愈也。芷邻、晦若、孝直来，皆见。往莘伯、庆笙、外舅处辞行。闻"富顺"船已开行，须改搭船也。

初二日(3 日)　晴。

朴臣来。饭后去往三婶处。旋往烟浒楼，延秋已他出。拜冯萼楼，见之；折入星海处，延秋到，约晚饭"同兴居"。"福山"轮船，或云尚可、或云不佳，议论不定。晦若、孝直、萼楼同席，四更始散。

子展病瘧甚，偕星海看之，嘱其请假，而子展以疑谤之时，有所不敢。外官之难如此，可叹也。

隔墙闹贼已屡。余四更归，甫食许，而邻人喧呼捉贼。缉捕之废弛可见矣。

自回粤以来，心绪虽恶，然佩菊有心，飞遁已篮，故身世之感转觉怡然。此近日所得，前此未有。盖天花着身，而禅心亦定矣。如是求益，岂有涯量！

旋乡日记*

光绪十二年六月

初三日(1886年7月4日)　晴。

往外舅处辞行。即过梁星海、汪莘伯、陈庆笙处小坐。莘伯、庆笙同我登观音山,入红棉寺稍坐。入夜归。

初四日(5日)　晴,热。

卯刻到烟浒楼。偕张延秋、于晦若、梁星海、陈孝直同到黄埔。登"福山"轮船,船极小,且热,又行李甚少而勒我补水脚,非所愿也。作家书,遂决意改搭法公司〔船〕矣。

俞秀珊送至黄埔,备饭饯行。陈逸山又邀饭实学馆。勉强应酬而已。

夜子刻,轮船开行。所住舱近火舱,热不可耐。迁席蓬面,又受驱逐。真平生未有之苦也。

初五日(6日)　晴。

辰刻到香港。与星海、晦若登岸。入"鸿安栈"。早饭"万芳楼"。晦若探法公司〔船〕未到。余决意上栈稍住待之。是夜,三人同宿栈中。

---

* 据文廷式手稿。

初六日(7日)　早晴。

星海生日,同人公祝于"品升楼"。未刻,大风雨。申刻,"福山"船开行。余与晦若遂留待他船也。

初七日(8日)　阴雨,西风甚大。

余与晦若由香港渡回省。申刻到陶家巷寓宅。与大哥谈至四更,始寝。

初八日(9日)

仍同晦若附渡船到香港;渊若亦来。东南风大作,大雨。申刻到港,见日光矣。闻法公司船已到,明日开行。是夜,仍宿"鸿安栈"。

初九日(10日)　阴晴不定。

饭后,偕晦若、渊若同游港中兵头花园。申刻,上法公司船,船名"亚华"。夜,东南风大作,月色乍阴。

初十日(11日)　阴雨,东南风。

寅刻启行。酉刻过汕头。船稍颠簸。

十一日(12日)　晴,东北风。

申刻过福州头。夜,风力较大,不能成寐,阅《汉书》三卷。

十二日(13日)　晴,风定。

申刻至吴淞口。余与晦若搭书信船,夜到沪,寓"泰安栈"。

延秋、星海已于初十日到。是日,延秋行李已上"顺和"轮船,将入都矣。余与星海邀饯延秋,酣饮达旦。伯藏亦在沪,因并邀之。

十三日(14日)　晴。

早送延秋上船。午后与星海同乘马车游申园、张园。孔静航邀晚饮,赴之。

读《申报》,见"明年亲政"之谕。

十四日(15日) 晴。

"高升"船到,与晦若同到看船。下午同星海、晦若仍乘马车浪游。夜,晦若上船;月色甚佳,复与星海乘马车到申园、张园一游。夜深始寝。

饯晦若于"聚丰园"。

十五日(16日) 晴,风甚大。

日中未出门。晚与晦若同饭"聚丰园"。星海邀观剧于"天仙"茶园。夜月微暗,四更始寝。

十六日(17日) 晴,热。

早与星海送晦若开船。早饭于"聚丰园"。饭后,同到张园,避暑、午睡。薄暮归。夜间游至二更归栈。

得《拟古宫词》一首:"锦绣堆边海子桥,西风黄叶异前朝。朱墙圈后行骢断,十顷荷花锁玉娇。"

王祎《华川卮辞》亦颇有一二可采,而惜其所见者浅。

十七日(18日) 晴。

作信二封。与星海游各书肆。晚饭"聚丰园"。夜,月色大佳,复与星海乘马车游静安寺。四更归栈。

得《拟古宫词》一首:"窄袖蛮靴学试鞍,娇羞常怯转旋难。更看戎服离奇处,翠顶朱缨异样冠。"

十八日(19日) 晴。

以星海回粤尚未有船,暂留两日。星海约饯妓者王雅卿家,二更散。伯藏约乘车踏月,遂复至静安寺一游。

得词一首,调寄《长相思》。词云:"君意深,妾意深,两意相同莫两心。愁多恐不禁。　待他生,耐今生,待得他生愿始成。如何忘得卿?”

十九日(20日)　晴,酷热。

与(联)星海联句,得词三首,一寄延秋,一寄仲鲁,一寄实甫。作家信三封;致仲鲁、庆笙、实甫信各一封。是夜星海入城住。余兴会萧索,独坐旅馆,遂不他出。

阅《说文发疑》毕。张君读《说文》甚精细。其论“假借”、“转注”,乃适与我意合,可喜也。

寄仲鲁一词,颇有本事,姑录于此。调寄《绿意》,词云:“湘花梦影,可西风昨夜、几回吹醒?星海。曾记盈盈,楼上黄昏,瞥见游春鞭镫。道羲。开窗笑语红襟燕,道莫负海棠栖稳。星。天涯别有桃源,误了琼枝芳信。羲。　太息琴丝笛谱,纵弹尽,不似旧时人听。星。暮雨萧萧,此日江南,帘卷疏花微病。羲。香垆薰彻相思字,又半晌月明更静。星。只无聊、白雁横天,说与凄凉风景。羲。”此词为平康朱秀卿作。朱,常熟人,风致流动。十年前一见仲鲁,以身许之,坚约再三,终以不果。后归常熟纪某。今又新寡,重来沪上,偶于歌筵见之。笃想故人,愿传芳信。嗟乎!萧萧风雨,岂梦花梢?絮果泥因,顿成飘泊,此亦至无聊之事矣。销暑无俚,与星海拈而咏之。篇中“桃源”,盖仲鲁有妾,旧名阿桃,因以调侃之也。

阅《申报》,知诸王大臣吁请暂缓撤帘,不允。圣德母仪,无待韩琦之请,可以高轶古人。惟忆同治十二年,下诏归政,当时惟协办大学士全庆奏云:“圣学未成,请暂缓撤帘。”折入留中,遂鲜知之者。然深识者皆许其乃心社稷也。

是日热至九十五度。

二十日(21 日)　晴。

星海出城,闻"谏当"船是夜将开,约我今日同下船。遂定搭"泰和"轮船。捡行李半日。夜饭,余饯星海于兆荣里。亥刻,星海送我上船,谈至夜深,星海始归,"谏当"船亦以明日寅刻启程矣。

劝星海以"沉思读书、虚心应世",伊皆不以为然,惟欲以聪明颠倒时人、盛气凌隶一世而已。此才亦良可惜,为之浩叹。

知四月十四日"安信"寓处甚乐。

二十一日(22 日)

丑刻舟行。辰刻大风雨,舟过通州、江阴。傍晚薄晴。夜大雨,戌刻到镇江。舟行甚缓。

闻颍州、宁国两府,三四年来,种罂粟甚多。颍州尤得法,每年销至五六十万金。又闻中国南土如不参假,色味即与印度来者所差无几。惜业之者多参以芝麻汁,故每个只得六七成,所以不能与外来者为敌也。

二十二日(23 日)　晴。

卯刻过江宁。午刻小泊芜湖。

得《蝶恋花》词一首:"绛树容仪谁得比?月魄晶莹,况有他生慧。翦取秋波天意思,罗衣暮雨娇云腻。　恼杀西窗红蜡泪,未到天明,已是心将碎。袖里彩鸾书一纸,伯舆自可为情死。"

未刻舟复行。

读《孙子》、《吴子》,点勘一过。校订数处,皆凭臆说,无书可检也。

戌亥间舟过大通。

姚配中《周易阐元》,其释"元"字,颇有思致。惟未尽举《易》中所有"元"字释之,是其一病。且"元"与"一",固有不同,姚亦未能晰也。

二十三日(24日)　晴。

辰刻过安庆。连山迭青,平田绚绿,又将到吾乡矣。十年踪迹,泛梗浮槎,靡知所届。酉刻到九江。寓"长发"栈,甚逼仄。剃头洗澡讫,因将由旱道入省,亲检行李,夜分始寝。作信一封。卧不成寐。

二十四日(25日)　晴。

辰刻启行,过湖三十里。俗名"七里湖"、"八里湖"。水宽十馀里,庐山在其东。景色致佳,然烈日当空,船狭人众,山川之娱不敌行役之苦也。

午尖沙河镇。过南桥、枫树岭。夜宿于王老门"会新"店,未出德化县界。

天气酷暑,舆夫茧足。每一名到省定价二千四百文,复为行栈刻(叩)〔扣〕以助差事,殊为可悯。

稻田自本月初四后未得雨,村民祈求者甚多。

是日傍庐山行。岚光纯黛,处处扑目。较己卯年冬日过此,积雪满山,又是一景。山灵笑人,诚所不免;东坡默祝,余亦效之耳。

计程,水陆共行七十里。

夜不成寐,补录旧作《菩萨蛮》一首:"春风二月花秾处,木兰开拆香如雾。此际最魂销,此时云意娇。　红霞深夜嚼,芳凤灵犀觉。何以报君情?锦衾秋月明。"

二十五日(26日)　晴。

卯刻启行。山风送凉,朝日未上,飘然作出尘想。

行十五里,至马皇岭,早餐。米色至恶,食不下咽。又数里至马颈,入德安县界。又十馀里,地名五扇门。渡江舟行八里许,到德安县城，入迎恩门。午餐于“隆盛”店。

记前八年于县中宿“清和”馆避雪，一日未行。今重过此，徘徊店门，无复识之者。余犹忆当时寓其东房，房至湫隘；闷坐阅《圆觉经》，至“一身归四大”数语，稍有所悟。观河皱面，可慨人也。

又行三十里，至伊兰，入建昌界，宿焉。是日行八十里。

得《望庐山有作》一首：“十年南北劳车马，销铄幽兰悲旷野。朅来又复思故乡，笋舆更过庐山下。庐山高高高入云，奇秀远从衡霍分。下浸明湖纯黛色，上干紫极拥祥雰。密祷明神发深契，梦中赠我金如意。谁能发书为占梦，为吉为凶竟何用。人生三十非少年，前程浩荡总关天。会从乐奏钧天后，重忆书求宛委前。”

二十六日（27日） 晴。

卯刻启行。早餐张水铺。午尖建昌县。由杨绿亭过渡，行二十里。天气酷热，舆夫病痧颇甚，遂止宿三歇渡，未出建昌界也。是日行五十里。

沿途草树丛杂，而半属不才。疑种植之利未尽也。又土人云：九江、建昌二府不能种罂粟，盖未得种法耳，非民之知本务也。

《孙子》“行百里而争利”数语，盖教人疾行趋利之法。“擒三将军”、“蹶上将军”，自属敌言；魏武谓为擒云云，不得其解。

吾乡山水清拔，风俗醇茂，为南省之冠。而近时人物，特为颓靡。盖自戴文端开妨贤病国之风，曹振镛继之，秉钧者二十年，天下实受其弊。其后如潘世恩、彭蕴章之流，皆一脉相传者也。庸回柄国，其不亡者，恃德泽之厚耳。至吾乡后起之士，亦颇沿大庾之遗风。程矞采之谬妄、李鸿宾之奸邪、陈孚恩之党附、胡家玉之贪黩，固不足道。即有叨窃恩命，内列卿贰、外膺疆寄者，皆无寸功之可录、无一事之可书。处非其据，莫甚于此。今其来者，抑又滔滔。

而乡人犹谓省运不佳，或又谓巧宦之无术，而不自愧人才之消乏、节气之颓败、从仕者之庸妄负国家，可耻孰甚！因览庐阜之嵚崎，而太息于人才之不竞，故附记于此。

连日南风，幸由陆行，若附船则此时犹未出姑塘也。

批阅张皋文《词选》一过。是第二次评本也，当时点勘语浑不记忆矣。

建昌之南，于二十四日得雨，稻田颇佳。

二十七日(28日)　晴。

寅刻起，循行江边，有童子趋而歌曰："郎有心来妾有心，不怕山高水也深。"此亦近时之谣谚也。《庄子》每用"来"字为语词，此其遗音欤？

卯刻行，渡江十里，尖于塔树。又十里，为梨子冈；过此，则新建界矣。午间稍歇于慈姑汛。

过落花，问望江湖地名，惟"长发"饭店妇人知之，云此此去仅十里许，有小港，见勒少仲河督葬处，乃在道旁，可谓违葬法矣。

晚宿皋桥村。是日酷暑，殊不可耐，想过一百分①矣。道行八十里。

二十八日(29日)　晴。

行二十里，渡江，到省。

询李洛才，已往上海。遂于西大街"喻三盛"店卸车。旋到王氏姐家、梅氏姐家，皆见。回三眼井寓所。九弟聪颖可爱；馀家事则不可问也。晤梅筱岩侍郎，谈刻许。

---

① "一百分"，似指温度计上华氏一百度。

二十九日(30 日) 晴。

谒定慧庵先考妣寄庄。回,到晋侯姊丈家。早餐毕,往拜署布政使,未见。回,至爽楼姊丈处;夜宿。

七　月

初一日(31 日) 晴。

在爽楼家,竟日与二姊、五姊斗牌。夜三更始歇。作信四封。

闻九弟前岁作联,能以"既克商二年",对"先立夏三日",颇有巧思。冀其他日有所成就。

初二日(8 月 1 日) 早晴。

自到江边雇船,得官板子一只。船主姓颜,莲花厅人;价十一千,实船行扣其一千也。

回"三顺"客店发行李。回梅宅早餐,旋到三眼井寓宅,遂下船。爽楼、晋侯来送行,谈二刻许。

连日酷热南风,登舟后忽起北风,甚爽利。未刻开。行半时,西方雷电风雨大作,维舟避之。俄顷风雨满江。雨止,仍行。泊生米汛,有厘金卡。新建界。水程三十里。

复阅《吕氏春秋》。毕《校》简陋之甚,且有谬误可笑者。

读《元和姓纂》,云晋有樗里璠著《春秋土地记》三卷。此条当补采入余所著《补晋书艺文志》中。然恐是"京相璠"之误,林氏偶误记也。俟考。

初三日(2 日) 早阴颇凉。

舟行内江,无风浪之苦,又酣睡初足,倚篷窗读书,尽十馀卷,为出门以来最适之境。惟风从西南来,舟行极迟,亦是一闷。

申刻晴,行三十里至四棚,南昌界,小泊,大风忽作,俄而大雨。遂止不行。忆丙子年五月过此维舟,飓风竟夕。今泊此又大风,亦可异也。此处有厘金卡。自开船至此行六十里,已三受稽查矣。

阅《姓纂》一过、《吕氏春秋》五卷,皆加墨。《吕氏春秋·序》意,与《史记》叙传同意。而后半羼入他篇文字,致不可解。卢氏已言之。毕《校》未言其故。未知刘氏、梁氏、陈氏补校曾及之否?

夜雨萧瑟,篷窗听之,清人肺肝。惟感时之心、怀人之思,枨触纷纭,不能自已。西窗翦烛,重话斯时,又增他日一番回忆耳。

得《点绛唇》词一首:“倦客萧然,缁尘已失荷衣素。五湖何处,欲买扁舟去? 况有知音,未觉琴心苦。空江雨,有人愁绪,伴我征魂住。”

初四日(3 日) 晴,西南风。

终日纤行。申刻大雨,维舟避之。雨稍止,风转东北来,舟行稍适。行六十里,过丰城。夜行五里,泊王三坝。

唐德宗时天下兵七十六万,穆宗时至九十九万,而唐乃弥弱。宋太祖时兵才三十七万,真宗时至一(万)〔百〕二十五万,而宋乃浸衰。盖自古兵多未有不贫、贫则未有不弱者。

且额兵之无用,几千年于此矣。食民之食,夺民之利,其害乃过于游民。是以乾隆增兵,而阿文成争之,诚有远见。

然蠹国之甚者,尤莫如旗兵。养育兵额已屡增矣,生息之银已屡发矣,而生计之蹙日甚,伎艺之不息、风气之偷惰亦日甚。咸丰间以国用支绌,裁其半饷,虽权宜之制,适足以示旷废之罚。

而往岁薛允升署兵部侍郎,希醇亲王重视旗人之旨,乃奏请复王公奉饷、旗兵全俸。谕令各省筹画,复奏者多有难词。边宝泉由陕抚调豫抚,奏对复力陈外省之支绌、民生之穷蹙。事几不行矣。

而鹿传霖调任陕抚,适于宝泉召对之次日奏到,云陕西可节省银十万以听指拨。山西巡抚刚毅者,鄙小人也,亦愿旗丁之充裕,奏对时亦力陈之。于是太后乃不信外臣，特降明旨，俸饷全复旧制。阎敬铭虽庸陋，犹力争之。而额勒和布、孙毓汶等承旨退矣。每年所费共多二百八十馀万，而户部所存之款闻不及七百万。额勒和布语人云：我等为两年计，岂必顾其后乎？

于时赵御史尔巽嘱余属稿、约朝臣辞俸，余又另为具疏请争之，事皆不行。今检行箧中得旧稿残纸，因录其事之大略如此。

此事之行也，惟惇亲王力辞加俸，不允；徐桐欲辞而未敢发。盛伯希谓余云"此所谓回光返照者"，然亦竟不敢争也。

得《拟古宫词》一首："千门锁钥重严宸，东苑关防一倍真。廿载垂衣勤俭德，愧无椽笔写光尘。"

阅《吕氏春秋》二十一卷，皆加墨。陈云庄谓"此书欲为秦制法"，信也。盖秦以兵农法术取天下，而不韦欲其既得之后以道家儒家治之也。孰意收其效者，乃在刘氏哉！

补录庚午年旧作《绝句》云："折得幽兰学楚吟，秋风秋雨一庐深。碧云易暮琴音寂，每对明镫惜此心。"

搜求故纸，怅触新怀，复和一首，诗云："鬓丝禅榻自沉吟，花落无端丈室深。夜静镫寒一惆怅，天龙与我共初心。"

亥刻风顺，舟仍开行。又十五里，泊黄景山，有炮船。大雨，五更不止。

初五日（4 日）　阴；午后晴、热。

南风甚燥，意颇不适。辰刻舟行，至午刻才十里耳。又十里，泊于前港。夜子，大风雨，舟漏。卧不成寐。

初六日（5 日）　晴，南风甚厉。

体颇不适，连日服藿香丸，乃稍畅耳。意急、行缓，余行役每如是，殆命欤？未刻雨，西风大作，行廿里，泊樟树镇。有厘金卡。

《七夕用李义山诗韵》:“采葛诗成怨别离,天孙况是隔年期。乍看银汉波平夜,更忆红巾泪溢时。阊阖风高前路远,支机石赠此生迟。天池易涸相思在,拚结春蚕死后丝。”

阅《四十二章经》钞本。尼慧禅《注》,标举名理,援引释典,颇有可观。慧禅,顾姓,吴人,嘉庆间出家;又尝为《楞严四本论》,未之见也。

初七日(6日) 晴,申刻暴雨,顷刻复晴,南风甚大。

行十里,入袁江。又二十里,过临江府治,未停船。又五里,泊大王庙。是日烦躁稍愈;惟腹泻数次,此求而得之者。夜不成寐。

初八日(7日) 晴,酷热大苦。

行二十五里,小泊滩头。所过墟市瓦屋鳞次,山水清丽,田畴开辟,自是锦绣之区。惟当盛暑之时,阻风逆水,日仅二三十里,余性(忭)〔卞〕急,诚所不耐。虽山川淑姿,未遑领略耳。又二十里,泊长阑。

余旧录希姓为一卷,续《皇朝通志·略》之后。如番禺之神姓、羽姓,南宁之鸡姓,平凉之道姓,直隶之酒姓,皆罕见之尤者。日来阅《元和姓纂》,因检光绪丙戌春季《搢绅》簿,则有赏姓、直隶吴桥县丞赏文辉,庐陵人。介姓、邢台西黄司巡检介尚志,山西永济人。郜姓、宝应教谕郜长濬、东台教谕郜长安,皆江宁人。密姓、邹平训导密云祥,沂州人。矫姓、青城教谕矫希廉,莱州人。降姓、平定乐平乡教谕降荣,汾州人。雒姓、闻喜典史雒祥光,陕西泾阳人。智姓、兰仪教谕智照之,陈州人。前录中已载元氏之智寿格,此复载。兀姓、密县训导兀焕勋,陕州人。虎姓、汝宁训导虎载阳,开封人。前录已载虎坤元,此复载。信姓、金县训导信中选,平凉人。暨姓、邵武训导暨锡畴,建宁人。仰姓、浙江开化县金竹岭巡检仰朝瑜,安徽无为州人。竺姓、淳安训导竺士彦,宁波人。宾姓、瑞州府经历宾承培,湘潭人。又□平训导宾显益，桂林人。炳姓、湖南清泉县新城司巡检炳遂，湖北荆州人。庐姓、湖南永兴县典史庐汝湘，四川汉川人。幹姓、雅安教谕幹纪崇，成都人。撒姓、花县典史撒圣徽，直隶庆云人。山姓、封川知县山民，黄县人。奕姓、广东石城县凌(禄)〔绿〕司巡检奕福臻，会稽人。玉姓、广西永宁州学正玉琢光，浔州人。自姓、云南开化府同知司狱自福庆，四川会理人。青姓，邵阳县典史青玉祥，绵竹人①。皆近时之希姓也。又奉天有太史姓：光绪乙酉举人太史桂。汉军有回姓：光绪癸未进士回长廉。宝庆有咼姓，贵州有芶姓，自云与"苟"异。南宁有犬姓，直隶有建姓，长沙有龠姓②。

谱牒之学，唐以前专门之学也。虽附会攀援，谅所不免，而类族辨物之意深焉。元、明以来，门第不讲，朝廷猥陋，家世芜秽者往往入仕。如今仕宦中之吴树梅、吴树棻、柏锦林，皆身家不清者也。郡县之姓氏，天子不知；有报民数者，亦循例造册，未尝稽查也。嗟乎！后非民不立，其不相通贯如此，非士大夫不学使之然哉！故余谓定氏族、正方言，皆勒为成书、颁之天下，皆天子所有事也。今时则四民之业且犹不讲，守御之方尚犹不知，固未暇及此矣。

夜不成寐。

初九日(8日)　晴。无风，天气尤热。

舟子负纤，其苦可知。余虽焦急之至，亦不忍过于督饬也。

自晨至晌午，到黄土镇，才十里。又纤行五里。舟人多病暑，偃息不行。俄得东北风，张帆颇迅。二十里，过铁树下。又五里，过水北墟。巡检驻处。俗名罗坊司。又十里，过牛爪湾，已暝矣。又十里，至老鸦堰，止泊。

---

① "青姓邵阳县典史青玉祥，绵竹人"等字，原稿书于天头，今据意插补于此。

② 自"宝庆有咼姓"至此，共五句，原稿书于天头，今据意插补于此。

作《李德裕论》一篇，凡四千言，文多不录。

初十日(9日)　晴，热，无风。

十里至郭家湾。又十馀里至石碑塘。登岸小憩。有勇台祠，不知所祀何神也。申刻微雨。又纤行十里许，西北风大作；行十里许，近新喻县治，风愈大，遂暂泊避之。仍纤行，至新喻县，有厘卡。南风大起。风定，仍饬夜行，又五里，泊叶家坝。月色水光，上下辉映，天气新凉。清安之境，亦颇增人累欷耳。

道旁见傀儡戏，得杂诗一首："寓人面目太寒酸，赢得村童拍手看。如此登场殊不愧，可怜不及沐猴冠。"

读《庄子郭象注》五卷。

十一日(10日)　晴。

舟行，自卯至午，到白米渡，得三十五里。以昨午增纤夫二人，故稍速也。江程有滩，雨后水长，不甚高峻。水清见石，游鱼可数。杂树连山，异香时发。酷暑未退，舟人邪许之声与蝉鸣相间矣。又三十里，泊袁家渡，有二樟树，乃新喻、分宜分界处也。

得杂诗一首："仙家酒浥金茎露，梦里华雕玉叶云。吹彻参差秋未老，好将明月寄湘君。"

《江上见月》五古一首："千里命严驾，江路正夷犹。夕阴停归楫，明月照清流。颢气远相接，沧波渺难收。层山若障列，遥树似烟浮。微微玉绳转，肃肃金飙遒。孤情感逝川，高思驰林丘。兰芷芳已歇，桂华不可求。揽衾怅遥夜，关河良阻修。"

读《庄子》五卷、《管子》二卷，皆加墨。

十二日(11日)　晴。

卯刻开船。午间至分宜县。分宜之山，雄秀绵密，非临江所能及。又二十里至仓山，有厘卡。有仓山娘子庙，闻香火极盛也；有桥，名春晖桥。又十里，至赏钱湾，舟子举故事，不足记录。又五里，泊卢家堰。

读《管子》十六卷，皆加墨。《管子》纯法家言，而间推本于道家。陈振孙谓"似非法家"，蒙所未喻。如谓"君必蕲于胜民"之类，颇觉太驳；然读《八观》一篇，为之心折，管子真天下才也。

夜，独起看月，不寐。

十三日（12 日）　晴。

行五里，至滨江。水浅开驳，以舟人尚载盐七引故也。申刻大雷雨，顷刻开霁。又二十里到江山村，入宜春界。又三十里到石壁村，止泊。明日可到府城，计行期十三日矣。

读《管子》六卷，皆加墨。

《江行遇雨》五律一首："昔余风雨夕，往往梦江湖。及此新秋序，兼之旅客孤。滩声惊午枕，云影暗深芦。举目悲身世，浮沉雁鹜俱。"

袁州，在唐为文人之渊薮，不独卢肇、易重以科名取重当世，如郑谷、唐廪，其文集选本皆著录《唐书·艺文志》。先曾王父曾偕友人搜采袁州唐人集，尚裒然得十六卷，可谓盛矣。

而宋以后，转不及吉、抚诸郡。此由教法不立，而吾乡民食富饶、闭户自给，故少游学之士，风气不开，学术尤陋。余于丙子回籍，时由陆路，箧书甚简，欲假《汉书》，而县中竟不可得。制举之误人，士夫之不学，殆当两任其咎。而学政之奏陈江西文风者，则每举萍乡为最，此尤可愧也。

重履斯境，嘉山川之清雄，懿人材之颖秀，畅田野之垦辟，而惜乎寂寥无声，冀后来之迈往也。东南数十州，蕴而未发、而其气郁勃可以骞踔者，以吾袁为最，意其有待乎？

一路滩坝甚多，故两日风顺，而未能畅行。夜月色如白昼，独坐玩之，四更始寝。

十四日（13 日） 晴。

行十里，至萝冈。水尤浅，又开驳船。农家筑坝过多，舟行苦之，然水不遗利，亦可美也。又三十里，到袁州府治。

阅《楞严经》。此书余前阅之，已十年矣。观河皱面，深用自惊。然此书引譬之理，大半儿戏，证之以实，有无俟驳难者。盖后来释子贪于作文，又晋、宋间人习尚元谈，崇有体无，衍为烦说，其委尽归之佛。故精深之旨，每汩于华妙之文。达摩不立文字，盖由深鉴此弊。朱子谓"一桶水倒来倒去"，犹未知其致此之由也。

得杂诗二首："大地山河本妙明，狂华客慧偶然生。美人赠我苕华玉，皎皎婵娟鉴至诚。""天上星辰自有灵，森森万颗嵌空青。此身那及东方朔，骑取蜚龙入杳冥。"

泊秀江桥下。夜移泊北门外。袁江本名秀江，俗名为袁江也。有厘卡。

夜月色正佳，惟无风。四更后始稍凉，暂得甘寝。已雇空车轿，明晨启行。

十五日（14 日） 晴。午间薄阴。

西风送凉，肩舆中尚不甚苦。行四十里，尖于萝冈。又十里，到分界铺，入萍乡界。又三十里，宿于新六铺。

袁州不雨四十馀日，田禾半槁。若再十日不雨，宜春将报荒矣。萍乡则水田多不忧旱，稻田犹甚美也。

沿途烟馆极多，以妓女卖烟者至强拉行客。风气败坏至此，而地方官漠若无闻。此余前十年归时尚不至此者也，为之一叹。店铺中卖饭之米亦不如前矣。夜雨。

十六日（15日） 阴雨竟日。

屡入茶亭避雨，行李亦少沾濡。早餐于芦溪司。至云居铺，于舆中与七弟相遇，问之，云昨接其母信，遂以今日启程回省云。留谈片时，赠以行资，作一书致五弟。

行六十里，入县城。到家，各房伯叔父及兄弟皆见。闻余至，甚喜；又闻明日将行，皆谓太速。余云：八九月即来，当久住也。呼廷飏来，问大姊家事。伊云昨接大姊信，已和息。颇为之慰。剑寿伯邀食晚饭。夜，与佐才兄、金生兄、喜生弟谈，四更尽始寝。夜雨甚大，晚稻必丰收矣。

先壮烈祠，以经费不足，尚未特建，仅于老祠堂中分一席地，不足以符圣旨"专祠"之制。蠹然内疚，愧汗无极。

十七日（16日） 阴。

寅刻即起。景云叔邀食早饭。巳末启行。三十里至湘东：余祖迁萍时初居于此。又五里，至黄花铺。又一里许，为先曾祖妣林恭人迁葬之所，以香烛修谒。又十五里，至牛汤铺，止宿。是日天气颇凉，舆中尚不觉苦也。

阅李清照《漱玉词》，拟作《点绛唇》一首："惜别经年，惜惜长忆卿知否？依偎罗袖，蜜意花房逗。　　借看钗鸾，私掐纤纤手。端详久，眉痕依旧，只是黎涡瘦。"

夜蚊虫太多，达旦不寐。

十八日（17日） 晴，热。

寅刻起。行十五里至新关下，早餐。过关，即湖南醴陵界。行二十五里，至醴陵县治，午尖。县无城廓，街衢尚热闹，田野尚垦辟，与吾乡大致相近。茶馆以女子鬻茶，亦同于昨日。又二十里，过源泉亭。又二十里，宿清江铺。道路极平整修洁，问之土人，云廪生周立铨者为之，可嘉也。是日役夫颇疲，余极力敦促，加以酒钱，始行八十里，然投宿时日已暝矣。

拟龚定庵词一首，调寄《好事近》，词云："一片碧云西，梦里瑶姬宛在。整顿平生心事，向婵娟低拜。 鲛绡别泪凝红冰，犹忆旧时态。道是不曾消瘦，但频拈罗带。"

夜二更宿。天将明时颇凉，渐有秋意矣。

十九日（18日） 晴，热。

卯初启行，十里至捎冈铺，早餐。又十四里许，入湘潭县界，有界石。又十六里许，憩朱田铺。又三十里至招真铺。此三十里道程甚长，殆近四十里矣。舆夫力弱，余时步行，始得少速。又七里，宿马家山。沐浴更衣，已昏黑矣。是日行七十七里，去长沙尚六十三里。

湘潭晚稻极佳。年丰则民气自靖。吾乡六月间村民肆掠，乃因禁用小钱、办理不善所致，非因饥也。

朱田铺再行十里，为龙头铺。龙头铺再三里许，有一桥，过桥即善化界。

二十日（19日） 晴。

卯初启行，六十三里到长沙府治。长沙城小而促。洪匪之乱，围攻南门而不能拔，则守将之得人，非地理之胜也。

萍乡之水，独归洞庭，而山势亦趋长沙。故元时改为州，隶湖广行中书省，此因山水之自然也。

二十一日（20日）

以后，另为《客湘日记》。

湘行日记*

光绪十四年戊子正月

二十日(1888 年 3 月 2 日)　晴。

往徐尚书师、李仲约学士、缪筱珊编修、乔茂薳户部、李向五中书等处辞行,又回拜潘伯寅尚书。

入城到刘镐仲同年处小坐,得外洋舆图一册,其兄鹤伯所遗也。余取之以求译者,庶可通晓。夜检书,阅《江村销夏录》三卷。

闻武清有李见讨者,为在礼党之首。一县之首耳,恐非合数省而言。去岁法人诱之入天主教,李见讨不从。其名甚奇;"在礼"一教之用意亦未易测也。又闻其教所诵经,惟"观世音菩萨"五字。饭毕必横置其箸,不饮酒,不吸烟,其暗号甚多。延序堂以为必为患,盛伯希不谓然,沈子培则以为将来恃以抗天主教者,赖此等人也。各说不同,并录之以俟其后。

二十一日(3 日)　晴。

乔茂薳、赵季和、晋锡侯、延煦堂来。煦堂赠我以洋枪,可喜也。黄仲弢、袁爽秋、沈子培招饯于松筠庵,仲鲁、苐卿、蒯礼卿、刘黻卿、王旭庄同席。申刻,潘峄琴侍读、区鹏霄、沈敬甫两中书、沈笔香员外、孔镜航郎中招饯于鹏霄家,伯愚、仲鲁、延秋、柽甫同席。夜四更入城。

---

* 据《文芸阁先生全集》。

接梅爽楼河南信，知其将来京，然予已不及待矣。

茂蘐言西藏事甚亟，文树南尚能不贪财，不好色；然午间阅邸报，已著来京矣。

二十二日(4日)　晴。

李向吾、袁爽秋、刘镐仲、李仲约学士、孚伯兰员外来，茂蘐赠书，伯兰赠赆，皆可感也。宗室伯羲祭酒、润斋吏部、瓜尔佳氏之西湄户部、敏斋工部、锡侯员外招饯于"富庆堂"，伯愚、仲鲁、煦堂同坐，二更散。诸君仍到寓稍谭乃去，情意殷挚，良慰旅情。

是日仍与乐初年伯诸人等校射二时许。夜检书至四更。蒯礼卿招饯，不克赴。

二十三日(5日)　晴。

乔茂蘐、景东甫来送行。午刻与仲鲁同出都，行二十馀里，宿俞家围"东陞"客店。与村民谈，言前岁大水，有大龟三由村中过，可异也。

二十四日(6日)　晴。

早尖于安平，晚宿于蔡村之"洪德"店，行百三十里。晚饭后与仲鲁偕行，观村民演剧。

车中得《贺新郎》词一首："别拟《西洲曲》，有佳人高楼窈窕，靓妆幽独。楼上春云千万叠，楼底春波如縠。梳洗罢，卷帘游目：采采芙蓉愁日暮，又天涯芳草江南绿；看对对、鸳鸯浴。　侍儿料理裙腰幅，道带围近日宽尽，眉峰常蹙。欲解明珰聊寄远，将解又还重束。须不羡陈娇金屋，一霎长门辞翠辇，怨君王已失苕华玉。为此意，更踯躅！"此词拟苏，窃自谓有数分肖之也。

二十五日(7日)　微阴，有风。

行八十五里。早餐浦口之"魁元"店，夜宿天津紫竹林之"佛照楼”。

计此路往来凡十一次矣，自癸酉迄今已十六年，不独观河皱面，吾今非昔，即世事之推迁，亦诚有不可知者，岂独鲁史之怪颓岸、沮授之慨黄河已哉！中宵枨触，可胜三叹。

阅《时报》，云南地震，死者万人。

二十六日(8日)　晴。

作信数封。有温州船到津，乃由香港开行者，无房舱，故不搭。

陈养源知府允颐、汪子渊孝廉学瀚来。子渊为人辑《皇朝经世文续编》，已阅近人著述二百馀种，当有可观；惜所为者非其人也。

二十七日(9日)　晴。

回拜汪子渊、陈养原，皆见。子渊、养原招饮“德顺”酒馆，李秋田金镛知府、佘翼斋主事思诒、佘澂甫昌宇诸人在坐，二更回寓。

见子渊所辑《经世文续编》底稿，尚有法。

李秋田言东北事甚悉，闻漠河开厂事，不能调兵，颇谓棘手。

二十八日(10日)　晴。

午间同仲鲁访子渊，旋回寓。晚饭养源家，李秋田、佘澂甫、佘翼斋来，不晤。

夜与仲鲁、子渊同到翼斋处，观所携德国所绘舆图，共九十五张，极精，惜不能通其文字。又观英国所绘海道图，于天津、烟台一带，皆中国海图所未核。佘翼斋新送快船由外国回，言水师学生极有用。

陈养源述崇厚在俄情形，言其初尚能持论，后乃急于蒇事，有请皆从；又以俄索兵费不多，喜出望外，自谓不世之功，急于还京，且冀不次之赏矣。此其大端之最谬者。至谓与白彦虎同宴会，与受逼迫而成约等词，皆不当，事情出于附会云。养源当时同在俄国，所言当得其实。

二十九日（11日） 晴。

午刻“高陞”轮船到。晚饭后与仲鲁同上船，搭客尚不多，甚宽敞也。

余翼斋来谈良久。其言多陈因；惟谓江西磁器当另开一窑，专仿西式，为发售外洋之用，此语颇可采。

三十日（12日） 晴。

卯刻开行。至大沽口，待潮一时许，未刻出口，风静波平，舟行稳速；丑刻，北风大作，簸荡异常。

二　月

初一（13日） 晴。

午刻风止。晨过烟台。夜微有雾，黑水洋中波浪甚静。

初二日（14日） 阴。

夜午到上海，寓洋泾桥“泰安”栈。

得《桂殿秋》词一首：“吹玉笛，倚江干，十年春思已阑珊。晓风残月无多地，便作天涯柳絮看。”（合）〔余〕前岁与梁星海、伯严、由甫、辛伯诸人游此，去岁复来，及今访之，则余与伯严、星海、辛伯诸人之故人皆已他去，故有柳絮之慨也。

初三日（15日） 晴，有风。

与仲鲁同访昕伯诸人。夜观剧。作信二封，以菜子、药物寄广东。

傍晚游申园，车马已稀；旁有西园，余所未到，格局略近申园，绝无邱壑。

夜温《周易·下经》一册。天将曙，微雨、轻雷。

初四日(16日)　阴雨,甚寒。

写小楷二千馀。仲鲁招饮于"清和坊",一更回寓。闻有沈姓者来招饮,不知何人也。见陈家仆黄泰,知家中安稳,惟赤溪地太僻左耳。温《周易》毕。夜雨止。

阅《申报》,言黄河春水已发,中牟以下岌岌可危,心甚忧之。作五古一首。

近岁稍涉世事,每多怅触,欲拟白香山《秦中吟》,为新乐府以写之,卒卒未暇,姑先列其题于此,俟他日补作焉。

《修三苑》,讽土木也。《鼎折足》,讥在位者非其人也。《特奏官》,讥海军报效也。《弃朝鲜》,讥失高丽也。《卫西藏》,惧失时也。《购铁舰》,虑将帅也。《郑州叹》,罪张曜、成孚也。《薪不属》,惧危难也。《民教争》,防世变也。此事必贻祸数百年,戕害万千亿,知之而不可奈何。《污池鱼》,惩朘削也。《虎当关》,惩关吏也。《父子博》,讥阎敬铭之理财也。《越甲鸣》,讥李鸿章之款敌也。《开琼州》,虑武事也。武事不振,琼州、台湾终为人有,故虑之。《白头叹》,思变帖括也。《中原菽》,恐失民也。洋人诱民以教、用民以财,较之威逼,尤为深狡,故诗以警之。《大婚礼》,虑宦官之渐进也。《观不解》,讥部例之太繁也。则例太繁,则权在胥吏,故讥之。《太阿柄》,刺赏罚失宜也。近岁台湾、越南之役,赏罚未当,故刺之。《反舌(鸣)〔鸣〕》,刺言官也。初失之杂,而是非混淆。近失之怯,而菇世不敢。加以朝廷愎谏已甚,一无所采。故两讥之。《洋税增》,讥失利权也。《怀魏公》,思韩琦之贤也。《贺循议》,虑失礼也。《胡三制》,戒服妖也。《墨学兴》,戒邪说也。近世每以洋学附会墨学,岂无相近,而推之于古,亦贤之过也。

此所拟题,尚有未尽,亦尚有未定者。加以深微之思,出以沉警之笔，播诸后人，亦一代得失之林也。

初五日（17日）　阴。午后薄晴；夜雨。

陈锡荣参将左定招晚飧，途中同舟相识者。夜上“元和”轮船宿。

初六日（18日）　大北风，早雨，甚寒。

寅刻开行。过通州、江阴，夜午始至镇江停泊。

初七日（19日）　晴。

已初到江宁。未刻小舟到水西门。入城，寓平市街“广聚”客栈。夜阅放翁诗、《盐法纪略》，四更后寝。

初八日（20日）　晴。

偕仲鲁同至秦淮茶馆。王木斋来寓不见，觅至茶馆，相见甚欢。俄而，易由甫、黄仲方来，惊喜之至。遂同回寓。晚餐“新兴楼”。由甫登舟后忽来。夜木斋、由甫皆宿寓中，联句联词，天明未瞑，亦客中一乐也。

初九日（21日）　晴。

偕由甫、木斋同谒曾文正祠，祠不甚壮丽，楹联亦绝无佳者。旋谒诸葛忠武祠，有陶靖节附祀，不可解也。由甫夜始登舟，木斋二更后去。

作《忆俞恪士》诗三首：“才士谁如恪士清，一生惆怅为多情。晓风残月江头路，长忆骖驹送我行。去岁余由江宁入都，恪士、木斋策马追至下关，为余送行，时轮舟将发矣。”“月娥缥渺更婵娟，不落楞严第二仙。我为梅花甘下拜，云光十色护鸾笺。”“同是华严悟后身，天花如雨亦微尘。惟留一种心光在，翻尽天池见此人。”

余久欲作一七言古诗以赠恪士，心繁意杂，恐不足状其云光五色也。重到江宁，枨触不已，聊写三绝，未尽所怀，然沧海微禽，吾心不化，读至此恪士亦当为之挥泪不止矣。惟是羲之笔法，略本之卫夫人，而褉帖一篇，终不及和南数字，殊自愧凡拙耳。

初十日（22日） 晴。

往拜易由甫舟中，适将来，遇诸涂，同回寓中。饭后同登雨花台，一城形势历历可指，遥望三山在隐约间。同游者尚有梅埰，字石卿，武陵人。入城游胡氏愚园，堆石颇多，失之迫窄；池水已绿，梅、柳致佳。园主呼丁献茶果，意颇不恶。

归寓，愷麓生龄已来，与由甫、木斋谭至夜分始去。连日鞍马尚不甚疲，惜由甫将行，游兴减矣。

阅汪梅村《悔翁笔记》六卷，言地理颇有可采，如"秦三十六郡"、"唐府兵"诸条。馀未宏博。

十一日（23日） 晴。

由甫来，即登舟，饭后往拜许仙屏布政、梁亚甫庆和大使、愷麓生同知、刘宝真毓麟拔贡，皆见。木斋招饮家中，仲鲁、宝真同坐。由甫忽自舟中驰马来，欢甚；二更后散。仙屏、亚甫来，亚甫赠倭刀一柄，甚佳。木斋赠余书数种，皆近人著作，有足采览。

十二日（24日） 晴。

许仙屏布政招饮，二更散；前太常寺少卿胡聘之在坐。

阅管同异之《因寄轩文集》、徐鼒《未灰斋文集》，皆有可采。为江宁高氏题《瓮芳录》，词一首，调寄《台城路》。

十三日（25日） 阴，大风。

偕刘宝真、王木斋同游卧佛寺、四松园、薛（卢）〔庐〕、清凉山诸处。遂登城，芜湖之山，近在眉睫，回望钟阜，云气苍然，亦壮观也。

宝真言去年云南有与英吉利战事，盖彼欲袭我腾越，守边者知而御之，故胜；及奏报则言胜摆夷耳。此说得之史念祖家，俟访实之。若然,则今年以后滇边殆不可闲矣。

十四日(26 日)　雨,入夜不止。

阅《癸巳存稿》,其中言“盱眙”一条太纡曲。阅憨山和尚《金刚经决疑》一卷,说多明晰,胜于他家注释,惟于释典文法嫌尚有小误耳。

补录题《瓮芳录》词于此:“烽烟已净闻钟鼓,开编尚堪零涕。大地平沈,长星昼出,虎口逃生何计?微臣自异,列八瓮庭前,举家同死。碧血谁收,千年魂魄化精卫。　　凄凄石城遗曲,更堪枨触我,无限伤喟。傅燮孤儿,阳原后裔,一样悲凉身世。年光逝水,问汉上铜仙,几回清泪?听(微)〔徽〕荒鸡,揽衾中夜起。”

作七绝一首,《雨夜》:“萍踪漂泊亦萧疏,不向文君问酒垆。一种江南春雨夜,绛笺银蜡自钞书。”

阅《唐人万首绝句选》。

十五日(27 日)　雨,午后止。入夜月色致佳。

许仙屏世伯招入署中,畅谈竟日,三更回寓。仙屏述鲍武襄始末甚详:其初,应募时,以貌寝不得挑;穷困欲自裁,赖黄翼升救之。后于曾营充喀什,犯法将斩,李元度救之。卒成大功。其劳绩多为人所攘;及剿捻之役,刘铭传败而武襄大胜,乃反被诬,几不得免,遂决志引病。此皆纪载所未悉者。今者大树飘零,家难弥急,闻其遗孤在狱,病妇雉经,固非朝廷之本意;而刻薄之人,诚不足与论事理也。

十六日(28 日)　阴。

偕葆真、木斋同游莫愁湖。湖上曾公阁,修尚未毕工;花光柳色,春气宜人。

葆真言溧阳之丝,为江南之冠,馀皆不及浙丝;江北之米,江南资之,农夫终岁耕,无一日之积云。

昨仙屏布政云,有善占天者言,四月黄水当入江南界。余谓以人事言之,亦所必然;特望天心仁爱,或不尔耳。姑识于此,以观后验。

温《尚书》一册。

十七日(29 日) 阴,入夜大雨。

是日出城,至下关候船,宿"联陞"客栈。

十八日(30 日) 早晴。

辰刻"元和"船到,仍与仲鲁附船溯江。薄暮过大通。是日东风。

十九日(31 日) 阴。

寅刻过安庆。未刻泊九江,申刻开行。舟中阅潘氏《读史镜古篇》,随手抄录之书,不知何人以之祸梨枣也。

二十日(4 月 1 日) 阴,北风。

辰刻到汉口。午刻坐红船过江,宿斗级营"保和"客栈。

武昌府李芗垣太守遣人来招寓署中,遂往拜之,畅谈至夜分始归栈。家兄袁山在署,将往河工投效,余力沮之,未知能听否。晤南通州范仲霖优贡钟,昔常闻之,张蔼卿、俞恪士、刘葆真屡称其才,今始见之也。阅电报,知伯愚竟未记名道府,鸾台凤阁终当胜粗官邪?此亦可见事有定命也。夜微雨。

二十一日(2 日) 阴。

李芗垣来。温《尚书》二十八篇毕。夜读《庄子》四篇。以《寿昌乘》交芗垣刊之。

二十二日(3 日) 晴。

偕仲鲁同移府署。

阅《汪梅村诗词集》，于咸丰、同治间事颇有见闻，惜才分稍隘，未足抒其胸臆耳；词笔尤近粗率。

二十三日(4日)　雨。

仲鲁过江拜客。由甫忽来，伊于昨日始到汉口也，喜甚。遂冒雨同游曾文正祠，谈至薄暮始散。由甫去而仲鲁回，竟不得见。夜与芗垣、仲霖谈至四鼓。是日清明。

二十四日(5日)　晴。

发家信。与袁山兄暨仲霖同访黄鹤楼遗址。午间督署遣人来云，明日有轮船赴湘，遂与仲鲁稍商行事。夜仍与芗垣、仲霖谭至丑刻。得伯愚信。

二十五日(6日)　晴。

卯刻登舟，船名“知津”；仲鲁送至船。巳刻开行，戌刻泊邓家口，水程一百五十馀里。温《郑君诗谱》、《毛诗传笺》。

得《拟古宫词》一首：“凤阁春深电笑时，昭容舞袖御床垂。《霓裳》未习浑闲事，自取邠王小管吹。”

又，前数日所作一首，补录于此：“河伯轩窗透碧纱，神光入户湛兰芽。春风不解伤心地，一夕齐开白奈花。”

二十六日(7日)　晴。

温《毛传笺》。终觉郑《笺》多缭绕处，犹前十年之见也。

行程二百馀里，夜泊新堤镇。因拖带二船，故轮行颇缓，又后船惮于夜行，故早泊也。

天气骤暖，余体气素壮，不能御绵。岸绿如洗，波净如平，云光鸟影，宛在衣袂，良时佳哉，春游畅矣。

夜不成寐，作《拟古宫词》一首：“鹎鵊声催夜未央，高烧银蜡照严装。台前特设朱墩坐，为召昭仪读奏章。”

二十七日(8 日)　晴,夜雨。

东北风颇顺。午间过岳州。晡时于鹿角洲逮及易由甫之舟,各于船舷以手相语,(憯)〔惜〕其取道常德,不能同行也。戌刻,泊晴江湾,行二百四十里。温《毛诗传笺》数百叶。《毛传》有“或曰”,又有疑而未定之辞,足证当有附益。子、丑间风雨大作。

二十八日(9 日)　阴。早雨,大北风,夜东北风尤大。

泊靖港。温《毛诗传笺》毕。康成笺注《雅》多有演成口义者,盖后世《正义》文体所昉;其笺《小雅》尤多幽愤之词,陈京卿师《东塾读书记》曾言之矣。

二十九日(10 日)　阴雨。

到省,寓永丰仓“泰临”栈。仆人以余待之不厚,径去不顾,可恨之至;僵坐驿馆而已。作信数封。

三　月

初一日(4 月 11 日)　晴。

访伯严,云往平江未还。赴乡托龚苏田借得一仆。

夜读《列子》,其理与佛学太近,真疑魏晋人伪作也;惟刘向目录已有此书,不可解。

昔贾似道于宋末为官田,其害及数十世。今又于赋役为新法,受其害者更不知当几世也,可叹之至!

初二日(12 日)　阴,大雨。

未能出门。温《尔雅》一册。

初三日(13 日)　阴。

投各处信,约次日往拜。访皮麓云不遇。吊唶周、何两姻亲丧。

初四日(14 日)　晴。

移居城内富正街“森发”店。往拜伯严,知是日回,出门未见。

晤罗顺循。补作寄李黼堂信。

初五日(15日)　晴。

夜微雨。往拜豫东屏臬使未晤;见其侄荫樾亭,人极循谨。往〔拜〕郭筠仙侍郎,以演剧称寿,未见。夜宿伯严处,谈至四更。

初六日(16日)　晴。

拜杨厚庵宫保,忠诚肫笃人也,述台湾事不矜不诉,尤不可得;年六十七矣,精力尚有可为。访程伯翰不遇。

初七日(17日)　晴。

仍往拜豫臬使,见之。旋即往拜李黼堂方伯。其所撰《耆献类征》已成书;目虽瞽,记忆之性尚佳。作寄仲鲁信。

初八日(18日)　晴。

往拜郭侍郎,留饮观剧。谈及裕庄毅祠事,连日诸君子皆以为然,知事有成。夜饮陈伯严家,遂留宿。晤程伯翰,伊痛诋近日刘沅、王闿运诸人学术,甚有见。得仲鲁信。

初九日(19日)　阴。

同恪士闲游肆中,夜宿恪士处。杨宫保、李黼堂来,皆不晤。

初十日(20日)　晴。

李黼堂来。

十一日(21日)　晴。

阅黼堂作赠余集。其中《梦痕录》一卷,述在吾乡事甚详;《明论》二卷,则目废后作,论虽不深,亦颇有合于事情者。

是日先慈忌日。涂稚蘅招饮不赴。

十二日(22日)　大雷雨。

未出门。

十三日(23 日)　晴。

樾亭招饮,伯严暨萧叔衡在坐。早间闻星海由粤到,狂喜,未终席即往访之。一见异常惊喜,遂留宿乡间,四更始寝。

星海述梁僧宝家难事,大可骇怪。又谓闻之张孝达云,僧宝竟改隶英吉利籍,自造小轮船牟利;此亦恐出忌者之口也。

十四日(24 日)　晴。

偕星海同访伯严、樾亭、伯翰、麓云,仍回宿伯严家。麓云不遇;伯翰夜到伯严处畅谈,四更始散。

十五日(25 日)　晴。

杨厚庵宫保来栈,稍谈,余偕星海同往拜之。伯严招饮贾太傅祠,樾亭、重伯、麓云、恪士诸人在坐。散后宿恪士家。午后微雨,入夜方止。郭筠仙来谈一时许。

十六日(26 日)　晴。

往看星海。闻其昨夜大醉,力戒劝止酒,恐不能也,遂移寓乡中。偕星海同游朱氏园,值其宴客,遂昂然入坐;园中绣毬花大开,馀皆未花也。

十七日(27 日)　阴。

小极。杨厚庵招饮,不赴。

十八日(28 日)　阴。

杨芝仙来正仪,厚庵宫保之家嗣也。拜郭筠仙未见。到伯严、恪士处稍谈。

十九日(29 日)　早晴,午后风雨。

拜重伯未晤。

重阅《绝妙好词》,觉南宋人词亦颇有习气。近人不善学之,颇足厌也。

二十日(30日)　雨。

偕星海入城。重伯招饮,王壬秋、俞恪士、陈伯严、罗顺循正钧在坐。壬秋语不离势利,余面斥其鄙;罗、陈诸人,王氏之仆隶也,闻之极为不平。席散后仍与星海宿伯严家。伯严词多悖谬,余以故交聊优容之,然兰枯柳衰,咏渊明之诗,诚欲多谢少年之相知耳。

二十一日(5月1日)　晴。

回拜杨芝仙、郭筠仙,皆见。星海赴左子异筵席,大醉而归。夜与同榻,酒气甚(酒勳)〔醺醺〕,可笑也。

二十二日(2日)　晴。

早餐〔后〕访樾亭、重伯,皆见。得仲鲁书。

二十三日(3日)　雨,微寒。

访李黼堂,语谈良久;见其请裕庄毅祠稿,至是凡三易矣。作书六七封,托星海代寄。

二十四日(4日)　雨。

偕星海入城。伯严、重伯诸人邀余与星(伯)〔海〕刘忠壮祠观剧,二更后散,宿伯严处。樾亭、芝仙来。

二十五日(5日)　大雨。立夏。

郭筠仙侍郎招饮,陈伯严、俞尧衢诸人同席。余急于送星海之行,未终席而去。夜与星海谈至三鼓;作送星海词一首。

二十六日(6日)　大雨。

送星海登舟,巳刻开行。皮麓云招饮不赴。是日水几入城,送行极苦。

二十七日(7日)　雨。

得仲鲁信,知其决不来湘,遂定日内回鄂。

二十八日(8 日)　雨。

访樾亭,定初四日偕行;遂往杨、郭、李、陈各处辞行。是日知裕庄毅祠禀已递(故)〔过〕也。

二十九日(9 日)　雨。

仍往辞行,晤伯翰。

三十日(10 日)　雨。

杨芝仙来送行。是日"福安"轮船到省。

四　月

初一日(5 月 11 日)　晴。

李黼堂来送行,病瞽远来,又赠菜、赠书,意甚殷厚。

初二日(12 日)　晴。

访樾亭,同往重伯处,遂偕上"福安"船。船甚大,遂定其中舱,又与之约初六启程也。

初三日(13 日)

访恪士、伯严,稍坐。阅杨芝仙所赠《长江图》、《奏议》;闻其欲于九江造船厂及机器局,此说乃与李仲约相合也。

初四日(14 日)　晴,晚间微雨。

初五日(15 日)　早晴,午后大雨。

往候樾亭,欲将行李登舟,而樾亭以诸事未集,拟迟一日。午后苏田招饯家中。夜检书。晤陈苏生曾佑同年于县署中,文章华赡,吐属名贵,真清士也。

初六日(16 日)　晴。

仍访樾亭,欲同登舟,而"福安"船以故欲改十三日行矣。闻其意欲待曾氏之戚袁某者,又陈湜欲其拖带余尧衢,是以迟延,可恨之至。

初七日(17 日)　晴。

仍访樾亭,嘱其以排单告仲鲁稍迟之故;余又欲先借“福安”驶至湖北,于日内开行,樾亭云商之重伯,事未可也。

初八日(18 日)　晴。

访樾亭、伯严、恪士,皆见。炎热异常,大类入伏。阅《楞严经合辙》一册。

初九日(19 日)　晴。

作小楷千馀。异常之热。

初十日(20 日)　晴。

入夜大风,骤雨、雷电。日间发痧,颇委顿。

十一日(21 日)　晴。

余督行李登舟。天气大寒,极似初冬,时气不正,行旅之患也。早饭樾亭处。苏生为刻“道希”二字印章见赠,刀法斩绝,极类汉印,可宝也。

十二日(22 日)　晴。

十三日(23 日)　晴。

舟中闻改十六开行,焦灼之至,樾亭亦无如何也。

十四日(24 日)　晴。

阅《李文恭奏议》十馀册,其才甚敏,然非能任大事者。

十五日(25 日)　晴,午后雨。

仍到乡间小坐,阅《陆宣公奏议》。

十六日(26 日)　雨。

偕樾亭仍登舟。申刻略开,上溯十里,仍泊原处。入夜始知明日开行之信,盖是日曾家有婚事,群往贺喜,故竟不能成行也。

十七日(27 日)　晴。

舟已发火矣，而管带杨思庆者忽来，言曾总督之孙女将坐此船，欲余等移舟，情殊可恨。商之樾亭，亦甚怒。“庆云”船小，昨日始到，又闻拖带袁某二船，故意甚不欲。然事无如何，亦只好从之而已。

十八日(28日)　晴。

早移“庆云”船；管带梁冠臣，粤人也。苏生、樾亭同早饭城中酒肆。午后开行，约百馀里，泊芦陵潭。是日樾亭得仲鲁书，知初九已去鄂矣。

十九日(29日)　晴，热。

午刻过洞庭湖，夜泊嘉鱼县属之红庙。

二十日(30日)　晴。

申刻抵汉口，即过江访李芗垣。得仲鲁留信，又得其十六日上海电信，计已启程入都矣。夜宿芗垣署中，与芗垣、袁山、仲霖夜谈。见柳省塘思诚进士。

二十一日(31日)　晴。

芗垣招饮，樾亭、省塘同席。作信寄仲鲁、星海，仍电致伯愚。夜仍宿芗垣署中。

二十二日(6月1日)　晴。

樾亭之亲戚璞琢之参将璞玉招饮，并为照小影，用干电甚速也。拜左笏卿山长，稍坐。辞芗垣过江，芗垣赆行，辞之不得，受之颇愧耳。夜热不能寐。

二十三日(2日)

天明大风起，舟不能行。午后偕樾亭同过汉阳，登晴川阁望江，惊风动天，万窍怒号，足洗烦懑。晚饭汉口之“金玉楼”酒肆。二更归舟。作《登晴川阁望江汉》七律一首。

二十四日(3 日)　晴。

辰刻开船,行三百馀里,泊漳阳口,蕲州属。温《仪礼》七篇。

二十五日(4 日)　晴。

申刻过九江,夜泊马当。温《仪礼》完毕。

二十六日(5 日)　晴。

行三百馀里,泊大通。与樾亭登岸,观其廛市萧条,不类近江镇市也。阅《楞严经》。

二十七日(6 日)　阴。

船本两轮,坏其一,又所拖带两船皆重载,故其行颇缓。申刻过芜湖,夜泊牛形河,通和州含山之水也。夜东风大作,大雨。阅《楞严经》毕。

二十八日(7 日)　风大,不能开行;雨亦时作时止。闷甚。

夜拟秦少游词,得《满庭芳》一首:"蘸水兰红,黏天草绿,征帆初(遇)〔过〕潇湘。别时不觉,别后转凄凉。前路烟波浩渺,行行远触绪堪伤。云间雁,月明孤影,愁绝楚天长。　　思量,他日事,心期暗卜,镫穗成双。但千万丁宁,莫损年芳。稳系同心结子,便鸳鸯头白何妨!风兼雨,梦魂难度,攲枕听寒江。"此词微具北宋体。然以示王木斋,又将谓有(作)〔所〕指矣。岂非痴人前不宜说梦乎!明到金陵,将以示之,为一笑也。

与樾亭联句五言长律一首。

二十九日(1888 年 6 月 8 日)　薄晴。

到江宁,寓状元境"集贤"栈。……①

① 赵排稿本此处有编者注语曰"下阙"。

旋江日记*

光绪十七年五月

四日(1891年6月10日)

未刻,由广东省城启程。用"广济"小轮拖带,行二十里,泊石门。

是日大雨;申刻开霁。

初五日(11日)

卯刻开行。北风,西水转急。小轮机器既旧且坏,迟缓异常。不得已作书致子展,请易一船来:未知能如愿否。行五十馀里,泊官窑,已薄(冥)〔暝〕矣。

阅《朱子语类》卷一百四一卷,述自己用功处,令人悚然。其惬心者,略节一二于后:

某所以读书自觉得力者,只是不先立论。方子。

三十年前长进;三十年后长进得不多。涧。

某旧年思量义理未透,直是不能睡。初看子夏先传,后倦,一

---

* 据《青鹤》刊本录入,原题《旅江日记》。按《萍乡文氏五修族谱》收该日记稿影迹,实乃"旋江日记",故为改正。又按,文氏日记,唯返粤或归赣题称用"旋"(如南旋日记、旋乡日记、旋江日记等)。至于并非故乡本贯,则或"行"或"游",或"轺"或"客"题之(如湘行日记、东游日记、南轺日记、客湘日记等)。正名建义,分别甚严也。

章凡三四夜,穷究到明,彻夜闻杜鹃声。过。

三更(后)后得子展书云:遣"紫电"船,明日赶来拖带。

初六日(12日) 晴。

卯刻开行。小轮搁浅一时许。是日行四十里,泊庙头。

读《朱子语录》三卷。

夜大风。闻"紫电"船已到西南相待矣。

初七日(13日) 大雨竟日,晚止。

南风甚顺。"紫电"船竟未来。舟行六十里许,泊四会南港汛。

读《朱子语类》一卷。日来自录《补晋书艺文志·丙部》,每日数千言,手腕欲脱。殊自笑也。作五律一首,题为《粤江雨望》,已录入文集。

夜有小(轮)〔船〕同泊。问之,乃厘局遣往清远提饷之船也。因往说其拖带,强而后可。

初八日(14日) 阴雨,北风。

卯刻行。遣"广济"(轮)〔船〕归。小轮拖带甚捷,行百二十里,夜抵清远县泊。

读《朱子语类》八卷。读语类胜于读文集,以精神如告也。朱子谓读《论语》较有益于《诗》、《易》,即此意。

得诗一首,《舟行清远、英德,宿雨新霁,山川清峭》:"征雁归犹昔,峡猿声未远。山川互超忽,岁月何悠缅。岩悬彩旭鲜,林带残露泫。烟稠识村近,帆欹知岸转。沧波坐移人,前尘若在眼。(和)〔扣〕舷歌屡发,(恍)〔采〕若心未展。渺然忆同怀,望云寄微款。"

初九日(15日) 晴,东北风。

卯刻开行。午刻入峡,泊峡山寺(雨)〔两〕刻许。丙子曾登此山;今以暑热,不复继前躅矣。行六十五里,泊白鹤汛。

读《朱子语类》四卷。论谢太傅处，未叶余心。太傅大半是英雄，朱子错看了也。作邹唐蓂妻《静宜轩遗稿》序一首。

初十日(16日)　晴，午后南风甚顺。

行一百里许，泊黄城口汛。

读《朱子语类》八卷。救荒之政，别纸记之。对孝宗语，言将帅多由内官。余读封事时已考之，更当作一文，详论南宋任将始末也。

十一日(17日)　晴，无风。

行七十里许。申刻过英德；夜泊妙味〔汛〕。“妙味”二字，据舟人口音；恐未谛，俟考。

读《朱子语类》四卷。言《大学》纲领处，则朱氏一家之学也。

十二日(18日)　晴，无风。

行六十里，晚泊隆(顺)〔頭〕引。三字亦恐未真。

读《朱子语类》四卷。自达摩入中国，而释氏之学一变；慧能出，而心学盛行。宋一代儒家，皆取佛学而改头换面者也；周子却兼有道家。然自是之后，儒者能卓然自立者，殊不乏人，此则得其益而不受其害者也。但使五伦不废，世法恒存，何必斥庄、老，诋刹利，而后为儒者卫道之功哉？昔戴子高致书陈兰甫师云，当尽阅释藏，摘其蹈袭儒家之言，尽发其覆。余阅释典多矣，未见其依附中国之迹也。

十三日(19日)　阴，午间微有南风。

过朱子畲通守船，停舟略谈；托其带邹唐蓂信，并其妻诗集三册。申、酉间风雨并作、是日行六十馀里，泊大坑口。

读《朱子语类》四卷。朱子极严紧，而及门诸人似皆不足以启发，宜所以传之不谛也。临褚河南书《圣教序》，毕一过。

十四日(20 日) 阴,未、申间大雨。

行五十馀里,泊罂子窑。

读《朱子语类》五卷。论取士一卷,其弊至今日甚一日,不知将来何所底止也。

十五日(21 日) 晴,无风。

行六十馀里,泊河西尾,去(诏)〔韶〕州城五里。

读《朱子语类》三卷,使人悚然时光之迅速,恐淹留而无成也。朱子训寿昌处,深通禅学,名儒固博通如是。

十六日(22 日) 晴。

寅刻到(韻)〔韶〕州至清关。

从周侄来。(谈)〔旋〕往拜张翰卿大守赓飏。归舟,甘子元之子开臣来,张翰卿来,刘芝寿来。午饭从周侄司狱署中。夜饭张翰卿府署中。

二更归舟,月白如昼。苦热不能成寐,读《朱子语类》一卷。

会馆首事云,已定戏及筵席,留明日上半日,莫开(船)〔行〕也。

十七日(23 日) 晴。

晨至江西会馆,首事刘姓等八人皆集;有广东知县尹育堂在坐,乃因事来(韻)〔韶〕者,熟识也。演楚南如意班;请张翰卿见陪。余半席即行,诸人皆送至舟中,时午刻矣。

开船后热极,为启程以来所未有。申刻起西南风,入晚转大。戌、亥间始泊;船行五十里许,泊处名下壖。

读《朱子语类》三卷。训门人语多痛切,数十世后如见其心,来学所当奉为矩矱也。论兵刑处,则寥寥数纸,未满所资之意。

十八日(24 日) 阴,午后大雨。

舟行约五十里,傍晚过杨溪汛,泊江口。舟人云,水程七十,殆未确也。

读《朱子语类》三卷。论治道一卷，可谓洞见本原；“随时”二字，则大旨取之老氏。

十九日（25 日）　晴。

午后抵乐昌。

往盐埠拜姚俊卿䓫学博，沈芷邻之弟少麟亦在此。〔旋〕往拜方总兵友升，已由新开路赴郴州矣。问之俊卿，以为此路必难开就；而张委员光祯在省时为余言，则以为必成。姑俟之耳。俊卿邀晚饭。埠中小有园（地）〔池〕；是日余颇不适，得此聊以避暑。二更后回舟，已雇定泷船矣。

读《朱子语类》五卷。

二十日（26 日）　阴雨。

俊卿、少麟来送。巳刻开行。泷船局促，为行役之至苦；若韩昌黎、李公垂所述之险，则殊不尔也。行六十里，泊白马泷下。

二十一日（27 日）　阴，未、申间大雨。

行一百里，泊罗家渡。过韩泷时，登庙一阅，龛黑帐霉，令人悄然。

二十二日（28 日）　晴，申刻一霎雨。

巳末抵平石，宿“广生”店，夜不成寐。

二十三日（29 日）　晴。

行四十五里，至大坪。途中峻岭颇多，楚、粤分疆，山脉顿异。到店后大雨，天气骤凉，酣眠竟夕。

二十四日（30 日）　晴。

尖于良田。偕陈树屏阅其家祖茔，所谓“螃蟹形”者。

傍晚到郴州，寓“大生”店。晚饭后，妇弟陈璞臣来。行李未到,借帐被为榻,虮虱极多,睡不安寝。

廿五日(7月1日) 晴。

午间行李始到。晚宿璞臣家,寓在西塔街,是日到,拜陈家各房,晤少山、炼臣、伯修、鼎臣、翰臣诸人。

廿六日(2日) 阴。

为人作字甚多,夜回店宿。

廿七日(3日) 阴雨。

偕璞臣、少山、炼臣游叉鱼亭,遂由白鹿堂、护碑亭登苏仙岭。山极高,韩昌黎云郴州如在天上,此山又郴州之最高者。归途笋舆忽散,余冒雨奔下,足力极健,尚可为济胜具也。访义帝冢,游橘井。是日陈氏招饮者四处,(均)〔皆〕不能终席矣。

舆中得《登山》绝句一首:"山鸟招人一再呼,登山聊问意何如。凌云直上三千级,猛觉迢迢与我疏。"夜宿璞臣家。

廿八日(4日) 晴。

登舟,由小船到瓦窑坪。伯修请早餐。少臣诸人送至苏桥;璞臣、树屏、鼎臣送至瓦窑坪。树屏忽大病,吐泻数十次。(坐)〔夜〕谭未寝。

廿九日(5日) 晴,午后大雨。

舟行二百馀里,泊十八湾,过耒阳二十里矣。

读《大乘起信论纂注》一卷。阅《东方交涉记》十二卷。以英人论俄事,而曲英直俄,甚矣俄人之狡也!

六　月

初一日(7月6日) 阴,微雨。

舟行三百七十里;夜半过衡州。

读《大乘起信论》毕。此书以"止观"教人入手。其所云"施门”,即“檀波罗蜜”;“戒门”,即“尸〔罗〕波罗蜜”;“忍门”,即“羼提波罗蜜”;“进门”,即“毗梨耶波罗蜜”;“止观门”,即“禅波罗蜜”也。马鸣已专重禅,不待达摩矣。

初二日(7 日)　晴。

抵橘洲。

初三日(8 日)　晴。

抵湘潭,寓袁州宾馆。袁安臣来,醴陵人,侯选训导,前在萍故交也。

初四日(1891 年 7 月 9 日)　晴。

移寓石阳宾馆,同人以余原(藉)〔籍〕庐陵,而袁馆太小,故见邀。馆中祀信国公。

南轺日记*

癸巳(光绪十九年)七月

初二日壬午(1893年8月13日)　阴。

辰刻由粉子胡同启程,至谢公祠赴同乡饯席,旋出新义门。午间大雨,片刻即止,凉风袭衣,大有秋意。申刻尖于长新店,水灾初过,颓垣断壁,塞路横蹊。徐东甫前辈会澧已先待良久矣。晚宿良乡县城外,行李二更甫到。是日行七十里。知县刘焕。

初三日(14日)　晴。

卯刻启行。

二十三里过弘恩寺,憩舆少息。入寺略观,规度宏丽。寺僧以讼事牵绕,寂无一人。有长年告余曰:此明崇祯太子出家处也。太子以康熙时来归,圣祖为之立庙。按正殿旁有碑,侍讲学士觉罗吴拜撰文,雍正八年立,亦云圣祖巡幸此地。凡亡国之君,世子踪迹莫考,皆云托迹缁流。胜国一朝,建文遁迹于苍梧,唐藩潜身于台峤,并此而三矣。

又二里至窦店。又十五里过琉璃桥。工程伟丽;经水之后,略有冲损。又二十五里宿涿州城外。知州赵文粹。

---

* 据《青鹤》刊本录入。《青鹤》谓系从叶恭绰借钞。

初四日（15 日） 晴。

三十里至三家店打尖，方巳刻也。途中泥甚泞，知昨日雨矣。又三十里住新城县。

县吏张丙哲蓬莱人，字泷西。郊迓，又至馆拜谒。询之，知涿州、新城水灾极重，方办急赈，待哺者数万人。

连日所行官路，皆被水淤塞，舆行田禾及草树间，欹仄危苦，莫可名状。夜雨。

初五日（16 日） 阴雨，颇凉，未刻雨霁。

晨起，由南关登小舟行八里许，起陆。行堤上约二三里，至十里铺。又登舟行二十里，至白沟河。又二十里，舟泊雄县，起居驿馆。

知县王金铭以办赈未来。浑河水决，田庄被淹者不可胜计。昔时辙迹，沦入洪波。灌海微禽，变化何遽！苇港纷歧，水虫跳聒，似江南矣。

《释禅波罗》卷一之下云：行时非说时，说时非行时。此台教禅也。某大师云：说取行不得的，行取说不得的。此达摩禅也。会意人当自知之。

初六日（17 日） 晴。

舟行约二十里，登陆。行十馀里，尖于郑州。又行四十里，宿任邱县。知县王惠兰，字仲芳，山东人，癸未进士。

雄县道中得诗一首："燕赵积高地，今同泽国忧。连桥低泛水，高树上行舟。策怅河防拙，颜为道殣羞。是日道旁有饥死一人，已不可救。云中叫新雁，嗟尔稻粱谋。"夜梦甚异。

初七日（18 日） 晴。

丑刻起行，四十里至崇德屯；俗呼"三十里铺"。又三十里至河间府城，早尖，方巳初也。出河间城数里，浓柳夹堤，路平如掌，浅水萦带左右，水外麦豆黄碧，一望无涯，风景最宜可爱。三十里至桑林铺。又三十里至献县止宿。知县苗玉珂，字韵轩，山东临朐人，来迓。

初八日(19日)　晴。

卯刻启程。四十里至阜庄驿打尖，地属交河县。知县蒋文霖，阳湖人，以赴省未来。又五十里宿阜城县。知县福清吴长钊字勉吾，癸未进士。来迓。至阜庄驿换马；又有直隶练勇营都司包长清，遣勇四名护送。

早起甚凉，午间西风送爽，箯舆甚适。盛伯希前辈数云，途中舆夫，不习抬轿，每日必蹉跌数次。余行至此七日矣，而役夫皆矫健，泥潦塞途，绕道涉水，亦无怨言，颇觉伯希之言不实。或过此未可知耳。惟德州最劣，如盛言。

到馆一时许，同行者俱鼾睡。余细读《智者大师释波罗密》一卷。竟，出户一观，红日在檐，万籁皆寂，惟树上蝉声与鸟声，历历入耳，不知身在何处、是何境界也，殊有境、智两冥之意。

自京师至王家营大道，余壬午十一月奔丧回粤，偕雪门长兄同行，及今十二年，如一梦耳！人生如白驹过隙，世事如傀儡登场，何足苦控抟邪？

初九日(20日)　晴，午后稍热。

寅刻起行，五十里至景州早尖。知州王兆骐，阳湖人。又四十里，已入山东界。德州知州王修。安徽人，癸未进士。遣人办尖站。小坐，又二十里至州。知州及参将赵得华渡河来迓；粮道恩焘亦遣丁来迓。申刻住宿。

舆中读太白七古，其沉郁极处，则神气飞扬，知其笔意与余略相似也。义山诗有当句(有)对七律一首,自是创格,近人撰杂体诗者遗之。

徐东甫前辈言,皇上虽盛暑,召对臣工,亦不御扇。本朝家法之严如此。

王筱珊知州言,今年黄河于五月间决二百丈,至今未复;然较去年灾略轻云。

恩粮道叔涵送食物、小菜各八色,收其半,谢之。是日体中微有不适,服午时茶。

初十日(21日) 晴。

天明启行,都司周世文出送。五十里至曲录村打尖。又三十里至平原县,知县程兆祥迎送。又二十五里住宿,地名平原,至二十里铺。

仆人云,余所居室,前次随志仲鲁前辈经行时,有盛伯希祭酒题诗。亟欲观之,则已为办差者洗去,裱新纸矣,怅然!

是日大风,尘沙眯目。体中尤不适,服厚朴花,略愈。旧例典江南试者,由此处起,应行湖路至浦口。自甲子以后,安徽驿栈未复,故皆行山路,至王家营。此次由徐东甫前辈致信福中丞,亦援甲子以来之例云。服霍香正气丸。

余幼时学无师法,读钱辛楣先生《潜研堂集》,乃得门径。今途中复读此书,服其用力之勤,见闻之博,非洪景庐、王伯厚之所能及,无论馀子也。记陈兰甫师云,辛楣先生舆地、职官之学,不独前无古人,兼恐后无来者,岂不信然耶?

十一日(22日) 晴,风大而燥。

舆中甚不适。行五十里至瑜成桥打尖,禹城县属地。知县丁兆德。贵筑人。备行馆,略驻。又行五十里至晏城驿住宿,齐河县属地。知县胡寅恭，湖北汉阳人，遣人来迓。癸酉举人。是日始知山东、河南两省主考名姓。山西尚未知也。既有报者，云是薛宝辰、高枡。夜服苏合丸。

入山东境以来，办差厅壁所挂四条，皆抚搨古彝器。盖潍县陈介卿之遗风也。

考差之卷，乾隆间曾明发等第。戴吟梅《藤阴杂记》载朱丕烈考三等，放江南试差，是也。翁覃溪《翁氏家事略记》，亦自记其考差等第名次。至乾隆中年，则不发矣。至道光朝，宣宗必问曰：尔记所取何人否？对曰：某某。宣宗即不悦，恐其漏泄也。复稍长，知此意，遇问则对曰：不复记忆。宣宗乃喜。及穆宗以冲龄践祚，太后临朝，则拆弥封之事，军机大臣任之。癸亥以后，凡放某省差，皆由军机大臣拟正拟陪，候上点定。此高阳相国为余言之，必不误也。光绪初年尚仍其例。至近日亲政后，则多出自特简，臣不得与闻者矣。

向来阅考试试差卷，仅派八人。近以与试人多，添派十人。今年阅卷，有志伯愚阁学锐、汪柳门侍郎鸣銮诸人，故所传之信较确。惟余卷则未有见之者；或以为福相国所取第三，亦无的证也。然十人所取之第一，则刘世安福、刘学谦昆、吴士鉴孙、高照喆陈学棻、刘福姚李端棻、戴鸿慈阿克丹、邹福保洪、李盛铎汪、谢佩贤志、熊亦奇王文锦，皆有实据；而其中得试差者，仅刘福姚及邹、谢三人。足知事由宸断，非臣僚所能擅拟矣。

十二日（23 日）　晴，风定。

晨启行。二十里至齐河县，小歇渡河，三十里至妬姬庙早尖。壬午年行此至辛苦，故此地最所记忆。又三十五里至崮山，换夫马小歇。又十五里，宿章峡镇。

渡河以后，即入山，为长清县属地。至章峡，知县吴焕臣名鸿章，永平人。同年来迓。此地至长清县城五十里，以有谱谊，故欲一见，可感也。

《渡河》五律一首："马首见山色，王程渡向南。曾闻曲防誓，宁信阏流贪。风静波犹动，天暒影不涵。朝阳起人意，堤柳绿毵毵。"

又《山行舆中口占》一首："山川最是初秋好，日淡风轻称葛衣。已过伏时河欲细，未经霜信树犹肥。岸埼积石马碲碎，路转隔林蝉声微。地僻忽逢贤地主……"结句改"遮眼文书浑懒阅，柳阴阴处又斜晖"。

是日咳嗽略愈，夜不服药。

读《天召智者大师释禅波罗蜜次第法门》十卷，竟，皆加墨。

十三日（24日） 晴。

卯刻启行，吴焕臣来送行。六十里至殿台打尖。沿途村落稍多，较壬午时略繁盛矣。暑气较盛，岂渡河后地气顿殊邪？又五十里至泰安府城，知府康数、字仲抚，甘肃安定人，壬戌进士。知县毛澂、字叔沄、四川人，庚辰进士。参将恒明字月亭，正红旗满洲人，韩佳氏。来迓。宿南关。

《释禅波罗蜜》卷，亦有"床敷"二字，即今人所谓"床铺"也。古无轻唇音，益信。

钱辛楣先生记性最佳，为本朝第一人。其集中记赵居广画一条，可得其概。陈兰甫师述程春海侍郎之言云：辛楣先生晚年掌紫阳书院，曾以月夜与诸弟子谭论。偶及盐井事，先生历举盐井名目多寡，利弊洞若观火。（第）〔弟〕子有不信者，归捡四川、云南《通志》，则一一不爽。而先生平生踪迹，未尝至川、滇也。其博闻（疆）〔彊〕识、而又留心经济如此。

读《潜研堂集》，辛楣先生生于雍正戊申。以此推之，则卒于嘉庆九年，年七十七。诸书或云七十九者，误。《续疑年录》不误。

余于癸未由粤赴浙道中，阅王西庄《蛾述编》八十馀卷。大抵西庄之说，与迮鹤寿之驳，皆如群盲扪象，无有是处；或人人所共知，而说之累纸不尽。今此书为仆人窃卖，余亦不复阅也。以之拟赵瓯北《陔馀丛考》，相去悬隔，无论《养新录》矣。世言史学，乃以钱、王并称，岂由婚姻得齐名乎？

国朝人攻伪《古文尚书》，既确得证据，无可疑矣；而于伪今文《太誓》，则不信马季长之说，而深以为真。钱辛楣、王怀祖，皆大儒也，而不辨文体，不讲经义，繁引博证，以辩"《太誓》后得"之言。余谓若《大传》、《史记》所载为真《太誓》，则与《孟子》所引大不合；且《尚书》于祥异之事不甚侈陈，《禹贡》一篇，但云"锡圭告成"，《高宗彤日》唯曰"越有(雊)〔雊〕雉"，何得有"舟跃白鱼"、"军呼苍兕"而滥入二十八篇，为孔子所不删者乎？龚定庵经学本非专家，而其《太誓答问》一篇，则诚可作嘉定、高邮之诤友也。

十四日(25日)　晴，热。

辰刻启行，知府、参将暨各官皆列送。行二十馀里，渡汶水，过徂峡山下。岱色苍劲，非复土山戴石之比，令人追忆孙明复、石守道耿介之风。又十馀里，尖于崔家庄。晚宿羊流店，新泰县属境。知县徐致愉宜兴人，甲辰世兄弟也，举人，宛平籍。以目疾未来。

是日行一百五里。山路崎岖，颇形劳顿。途中两见莲花，芳香清郁，出京以来所未睹也。伤风未愈，又不欲服药，闷甚。

齐河驿中，闻有巡抚家人，携千金礼物还京，为太夫(大)〔人〕寿者，夜被劫掠，尚未破案。昨问恒参将，亦谓今年劫案颇多，幸皆获盗过半云。各省捕务废(施)〔弛〕，邪党日滋，行旅者皆有戒心。

此当求正本清源之术也。

事动于幾,其觉无机,而误觉者稀。噫!不赖此明微,其孰知气强之非?作《觉幾铭》。

羊流店为羊叔子故里,辛楣先生有诗。

十五日乙未(26日) 晴,西南风。

舆中甚凉。宿疾颇愈。至翟家庄早尖。过新泰县城,换夫马。未刻至崁阳驿止宿。仍新泰县境。是日行八十里。连山若波,浅沙如砥,陆程之佳境也。

入泰安以来,民多瘻瘠;语音低而不洪,略有数音与江北相近。

词章之学,国初极盛,有明人之神韵风采,而一去其轻佻粗犷之习。王、朱并称,济以博赡,徐子亦群趟雅正,实为盛治之音。至沈归愚诸人出,谬托正宗,全无诗意,变才人为学究,其咎良有所归。于时文网稍密,才智之士,悉心经史,而不复留意篇章,故文体日归平实,而诗中之比兴亡矣。得名诸家,词意皆浅,典丽可喜,而识度未闻。乱离以来,始复有讲求才翰者;然气萧而词杂,且多脉洛不清。巨刃摩天,之乎未知,将谁企也!

乾、嘉间诗,亦间有比兴者,在深思者察之,百中可得一二也。

经史之学,以考据而明;诗文之才,则不由于考据,在养胸中之性情,而多读古文之名作,以求其神志气韵之所才。公开必读之上口,乃皆得一篇之益。(石)〔否〕则虽能为之注解征引,亦无益也。国朝诸先辈讲考据家,大抵以(自)〔目〕治者多,而以口诵者少,故文式平浅,而诗亦变化无多。不可不知其弊也。因儿辈欲学词章,故写此,他日示之。

十六日(27日) 晴。

早尖蒙阴县。知县濮贤恪迎送。字兰如,溧水人,现任河南开封府知府文暹之子。晚宿垛庄司。沂水县属地。知县锡元，镶红旗人，字会一，丁丑庶吉士，原任广西臬司佛尼国春之子。是日行一百一十里。山岭蒨深，林木葱蔚，山之西麓为费县属境矣。

濮大令言：今年山东盗贼横行。曹州府、镇皆能捕贼，则竟与开仗，互有胜负。前月嘉祥县有贼，扮作官兵营弁，往拜知县，携有伪造印文。知县见之，于是忽起肆劫。至今尚未破案。又，新例：官民皆不能领买洋枪，而盗贼人人有之，故往往不敌。徐东甫前辈言，此即流寇之机也。余以为然。

阅《科场条例》：嘉庆十年，给事中汪镛奏请毋专重三场；咸丰元年，给事中王茂荫奏请毋专重头场。世风学术之变，于此可见。

山东一省，内官有尚书、侍郎、府尹、三品卿、开坊翰林，而外任则督、抚、藩、臬及盐运司皆无之。道员实缺者，亦惟吾房师李子嘉肇锡一人，现任云南迤道。东甫前辈偶谈及，云山东人自嘲曰："夫道一而已矣。"济宁孙尚书当国十年，而同乡寥落如此，或谓其偏重乡谊，未必然矣。

十七日(28日)　晴。

(晨)〔辰〕刻启行。四十五里至青驼寺，(蔺)〔蘭〕山县属地。早尖后，又行四十五里，至伴城。舆夫云，已出山矣。与徐东甫前辈各宿一馆，以地无大屋舍也。知县许颂鼎遣人办馆。颂鼎字子缦，海宁人，丁卯举人。余与其弟湘祥素习也。

自泰安道中见赴省试者，坐两人网车甚多。数日以来，终日行，未遇一车一骑北上者。道路寥落如此，知仕官、商贾尽由海道；轮船揽载之利日丰，而中原愈萧条矣。

偶占五绝二首："槐枣连山密，云烟过海新。六飞南幸路，千里不逢人。""村兵出相迓，面目犷以黑。将毋咫尺间，化作绿林客？"

阅竹垞诗，每至不转韵之七古，便觉弱而稚。才力固有所使耶？

十八日（29日） 阴，未刻微雨。

早行，渡沂水，至沂州府城。知县许子曼以下皆迎送。子曼言，今年秋成甚佳，盗贼则时有也。薄暮仍渡沂水，宿李家庄。青嶂初辞，碧波始见，疏雨洒衣，慄然有江乡之思。是日行九十里。府经历张鸿声，号誉久。沂州营都司陈开勋，号子建。

沂州地颇繁庶。即以兰山一县而论，行程两驿，每村落皆人烟稠密，井里开辟，颇有江北之风。黄河改道以来，此处与淮、徐接壤，易于濡染。记龚定庵"渡黄河"绝句在《己亥杂诗》内。云："安用迂儒谈故道，犁然天地（副）〔划〕民风。"至今日又知其说之未谛，立论固未易易也。夜四更雨。

十九日（30日） 阴。

寅刻启行。五十里至郯城之十里铺，打尖。饭后十里过郯城县城外。又五十里至红花铺，止宿，已申末酉初矣。薄暮微雨。地仍属郯县界。知县仓尔爽，河南中牟人，仓景愉之子。是日勇营护送甚殷勤，沿途翼肩舆而行者不下数十人。

记壬午十一月廿一日，自李家庄启程，途中遇灵辌，题湖北候补道官衔。比至红花铺入栈，则壁间题字犹湿，凡绝句四首。第二首云："朝夕从亲十八年，吟诗学赋绿窗前。何期转饷扬州去，一旦睽离隔九天。"余时荒遽，亦不甚记忆，雪门长兄志之。又其旁注云："余父之渊，需次湖北十馀年，今年夏以解饷赴扬州，卒于差所"云云。末署"渤海女史张秀君题"，知为张香涛中丞之胞侄女也。后与张蔼卿华奎谈及，知为黄仲弢绍箕编修续弦聘定之夫人。及余第六妹适周芸生编修，遂与往来，面质之而信。今重来至此，则店主以析产分店为两，房舍皆已改观；而余十二年仆仆南北，亦将四十矣。人生到处皆陈迹，岂不信哉？

余出都门时，作七律一首，得起四句，今续成之："九朝文献重三吴，常譬人材海孕珠。况是明时须黼黻，要令奇士出菰芦。不才恐负文章责，经乱庶几民物苏。雨后西山添爽气，山灵知我素心无？"

二十日（31日） 阴晴不定。

丑刻启程。行六十里，尖于峒峿镇，宿迁县属地。知县柏贵丁丑进士，旗人。托故不来。已入江南境，而绝无入境情形。徐东甫前辈以为未之有也。午后又行六十里，住顺河集，去县城六里。是日清淮马步队迎候甚整。行馆之劣，以宿迁为最。

夜宿迁县来见，言今年收成甚佳。

二十一日（9月1日） 雨，薄暮大雨，幸已到驿馆矣。

早尖养花集，仍宿迁县界。晚宿众兴驿。代理桃源县知县谢国恩字湛青，馀姚人。来迓。

宿迁、桃源之间，野旷人稀，树木繁茂。问之舆夫，言尚无种罂粟者，故不及丰、沛、萧、砀之生计，理或然也。

项羽破秦，不收图籍，故不能定都关中。其亡国之基，在都彭城一事耳，他皆其末者也。余少时曾纵论之，凡数千言，指当时形势颇详，惜稿已失去。舆中偶忆及之，作五绝一首，隐括其语："四战淮徐地，何须衣锦旋。大王学兵法，失学《地形》篇。"

阅《申报》，知京师初二、三日仍大雨。今年水灾正未有艾，可虑之至。

二十二日（2日） 阴，有风，薄暮雨。

天明启行。早尖鱼沟渡，故黄河运河。晡时到清江浦，清河知县翁延年湘(泽)〔潭〕人来谒。旋登舟,未开行。

途中武员迎送甚殷,合字营及淮扬镇标皆列队齐整。惟漕督松椿,知有徐东甫侍郎出差,而绝不言请圣安,可谓慢矣。余素知其人,故伊有帖来迓,仅以一片答之。

连日所行之境,绿杨万树,红蓼丛生,愈繁(蜜)〔密〕处,愈觉萧疏。乃知天地间自有此种清瑟之物,风疏雨骤,尤似秋深。余本野性,对此辄有江湖之思。微吟二句云:“每当荻苇萧森处,便有江湖浩荡心。”盖深知世变之巨,将来非一手一足之力所能挽。自维薄植,谨当力守“难进易退”四字,庶可保其驽拙耳。

江宁遣巡捕来接。从九程迪蕃,江西新建人;把总马廷标,江宁人。

二十三日(3 日)　早晴,午后阴。

巳刻开船。东北风,一时许到淮安府,小泊御诗亭下,水程三十里。知府张球、甘肃人,辛亥举人;广东知县张璿之兄。山阳县知县程鑫号仙舫,安徽人。来见舟中。是日合字营全队列送江干。章合才之旧队也,部伍甚整。统带舒永胜。薄暮又开船。行四十里,泊平桥,仍山阳县界。

读戴东原《孟子(正)〔字〕义疏证》,说宋儒流弊处,诚有洞中症结者;汉学家或不必扬其波,言宋学者则当引为诤友也。

闻淮安府知府言,梅小岩姻伯已于六月间去世,闻之黯然。先人旧交,加以懿戚,日就凋落矣。小岩河帅年六十九。其生在道光乙酉,与先君同庚,而驻世多逾十年,仕宦屡至二品,可以无恨。其平生可传处:(孰)〔熟〕精天算,考究地图;每至一任,必实力办事;罢官之后,家无馀财,此皆其可传者也。其绘黄河地图,余友人张季直云,二百年来莫有明晰似此者。其为人推服如此。

购《淮安府志》阅之，于漕监河务，叙述皆简净有法，独惜于近日军事未暇致详耳。

萧令裕《清河县疆域沿革表自序》，见《淮安艺文志》卷八。谓清河以泗水得名，泗水与淮水合流也。淮以北为泗口，古淮、泗之会。淮以南为淮阴，古镇县之地。自元泰定间河夺汴渠以入泗，而泗口之名没。自明宏治间河绝北流以入淮，而淮阴之地潴然。古淮阴实跨今清河之宇；古泗口亦正得角城之名。角城、淮阴，中隔一水。《水经注》、《齐书·州郡志》历有据依云云。其说甚辨，惜未得其书阅之。令裕，嘉庆间淮安人。

二十四日(4 日)　晴。

舟行四十里，至宝应县。知县俞熙德清人，荫甫年伯之堂侄。来迓，暂泊一时许。又行二十里，至刘家堡上泊，仍宝应县境。是日南风，舟行颇缓。江宁遣小轮船来拖带，以时日尚不促迫，遣之去。

二十五日(5 日)　晴，南风。

舟行四十馀里，入高邮州界。知州陆铣字弼臣，浙江人。来见。又行六十里，戌刻泊高邮州城外。

读《同文韵统》毕。以守温之三十六字母，比附天竺字母处，最为明晰。惟“髯”字为“日”字所出，余未能读。注云：“髯”字为“麻”韵。开口呼半齿音，入“真、文”韵。以“恩”、“因”、“温”、“云”四字收声，则开口呼为“髯—恩”，齐齿呼为“人”，合口呼为“如—温”，撮口呼为“犉”。而“日”字即“人”字之入声，故“日”字出于“髯”字母也。然则“人”字当读如广东音之“仁”字欤？

二十六日(6 日)　晴，东南风。

大舟行甚缓。知州送出境外。行五十里，泊邵公堤畔。记壬午泊舟于此，夜遇大风，与雪门长兄竟夜不寐，相顾凄恻也。

潘文勤语余云：著书须及早；一入仕途，此事便废矣。陈兰甫师亦云：三十岁后之日月，迁逝甚速。余自廿七八岁以前，读书绝不作著述想。偶有所得，亦旋即忘之。及今读书，则攻坚、理繁两途，皆有所不暇。忽忽将四十矣，一事不成，二毛已见，奈何！春间以病困，友人多以年事不克见顾，奄顿之际，时取短书观览，辄复写录一二，迄今已得六七卷。审谛观之，乃正周永年所谓"落书摊之物"耳。黄山谷尝取兵家言"并敌一向，千里杀将"二语，以为有如此劲悍，而后可以读书。倘得数岁之暇，自问犹可有成；特不知天竟如何，命竟如何。书此以当息壤。

二十七日（7 日） 早晴，午间甚热，晡时风雨交作，夜雨止。

终日东南风甚大。寅刻开船。至未刻仅行十二里，停泊，尚未过邵伯湖也。

是日来求见者数人，皆峻拒不见。未知近日各省官吏何以如此不知礼律，抑有何事而必需于途中求见，真所不解，令人怅悒。

二十八日（8 日） 丑、寅间大雨，雨止，阴转西北风。

天明开行。巳刻到扬州。知府许宝书及甘泉、江都两知县甘泉县李孟康、江都县林之蘅昨已来接，未见，今日则皆往镇江见巡抚矣。稍泊启行，又二十里至三汊河。江督刘岘庄尚书已遣小轮船三号来接，定明日天明开行，由瓜步渡江。是日武员迎迓者甚多，参将彭仁寿再三求见，拒之。夜雨。

余不甚解音律，而读书则能言其所以然。日来因问策撰乐律一条，详览论家之书，则作乐之原，惟戴鄂士《音分古义》深明其所以然。至隋、唐以后之乐，则先师陈兰甫先生《声律通考》，实能披郤导窾，非诸家所及。后世有欲振兴乐教者，据两书所言，参以声学之理，依永和声之盛，或可得其百一乎？

徐新田多沿凌次仲之误,谓律自律,而声自声。此不过如谈音韵者,谓喉舌齿牙五音,与字母不相涉耳。要之只是空论。汪仲伊以"知乐大儒"推之;仲伊亦好此等笼侗之说,笼侗之说笼罩人者也。

龚定庵绝句,沈子培以为其源出于袁随园;审观之不然,乃出于黄太冲也。

二十九日(9日) 阴雨。

用小轮船拖行,午刻到仪征,稍停。知县朱江遣人来。江西举人。出大江,西北风紧,波荡船颇摇动。酉刻尽,乃抵观音门,炮船厂南数里。止泊,去江宁尚二十里也。是日水程约百馀里。入夜大雨;雨止,大风。

昨阅《申报》,知都中七月间屡得大雨。直隶水灾,尚未艾也,奈何!《申报》载梅小岩姻丈以六月十八日辞世。拟作挽联,以梅文穆、李恭毅二人比之,一言其算法,一美其政绩也。计出闱后寄去太迟,因以中止。

久不填慢词。夜雨空江,寂寥无寐,拈《庆宫春》调,依谱一首。姜白石曾赋此阕,云过句涂稿乃定,无益而不能自已。余作诗文素不属稿,才不逮白石而又粗率如此,宜其不工也,聊以寄意而已:"(峯)〔岸〕苇平潮,渚莲销粉,暮云做尽秋色。凉入空江,萧萧夜雨,短篷清溜自滴。记曾分手,黯春绪垂杨未碧。山围依旧,偏是孤灯,照愁清夕。　　旅怀坐对茫茫,白发新添,此情谁识?连环解赠,凌波去后,岭竹斑痕犹积。袖罗香减,怅天远难凭雁帛。初寒清警,幽梦醒时,隔江闻笛。"

八　月

初一日庚戌(9月10日) 大风雨。

巳刻到江宁,泊舟旱西门外。知府以下皆来请见,辞之。未刻登岸。地主设行馆于毗卢庵，曾忠襄募建之佛刹也。供给所总办知府罗章云有事乞见，与东甫前辈同见于舟中，亦无甚事也。监临奎乐峰中丞俊亦以是日到宁。

初二日(11日)　晴。

行馆无事，读《南华》十数篇，视窗前日影已过午矣。来问候者多人，晚阅门簿，乃始知之。

初三日(12日)　晴，热。

读《南华》毕。读《朱子文集》数卷。《答吕伯恭书》云：卷三十三。《董氏诗》，建阳有板本，旦夕托人寻访纳去。其间考证极博，但不见所出，使人未敢安耳。近人辑《三家诗》者，颇疑董氏，不知朱子已先疑之矣。

初四日(13日)　早阴，午后晴。

仍甚热，且多蚊。北方天气信优于南方也。读《朱子文集》数卷。写对联十馀副。

初五日(14日)　阴雨，稍凉。

略检书籍，得读《庄子》数篇，如闻鱼山梵音矣。

初六日(15日)　晴。

巳刻赴江宁府署。督、抚、学政以下跪请圣安毕，稍坐，同人望阙叩头；又略坐，司、道以下参堂。毕，偕徐东甫前辈入闱。内监试、收掌皆来见。未刻掣签分房。申刻各房官来见。

内监试：林文炳号质侯，福建人，甲戌进士。

房官：吴镜沆镇洋县知县。河南光州人，庚午顺天举人；粤生。

江苏知县：龙璋字念先，湖南攸县人，丙子举人；砚仙。

安徽知县：梁涛观季沅，四川大竹人，己卯举人，癸未进士。

安徽知县：顾仲安山东聊城人，壬午举人，壬辰进士；篪庭。

江苏知县：葛祥熊宿迁知县。浙江人，壬午举人，庚寅进士；豫斋。

定远县知县：郑葆清湖北黄冈人，丙子举人，癸未进士；德夫。

甘泉县知县：汪懋琨山东济南人，丙子举人，丙戌进士；瑶廷。

江苏知县：王庆埏浙江会稽人，戊子举人，壬辰进士；履安。

江苏知县：徐树锷湖南长沙人，丙子优贡，乙酉顺天举人；定生。

安徽知县：戴朝普湖南长沙人，乙酉举人，丙戌进士；秉召。

江苏知县：孙友萼山东郯城人，癸酉举人，壬辰进士；花楼。

安徽知县：陈瑜贵州贵阳人，壬午优贡举人，壬辰进士；豹初。

江苏知县：蒋子蕃浙江奉化人，癸酉拔贡举人，曾随使日本，茱卿。

江苏补县：黄金钺广东顺德人，癸酉举人，癸未进士；祐伯。

江苏知县：柯劭憼山东胶州人，乙亥举人，己丑进士；敬儒。

江苏知县：邓暹经湖南冈州人，壬午举人；梓琴。

江苏知县：陈焴四川南阳州人，己卯举人，庚寅进士；榕龕。

江苏知县：张祖纶湖南长沙人，壬午举人；坦臣。

内收掌：钱锡宾浙江仁和人，乙亥举人，高邮州知州；鸿士。

初七日(16 日)　阴。

回拜各房；斟酌头场题目，皆例行事而已。读《参同契考异》一卷。

初八日(17 日)　阴雨，午间止。

刊刷题纸，一万九千馀纸。晚见监临，知应试者实到一万七千九百馀人，以恩科人数较少，南数省例然。南省凡应试者，或本县有宾兴费，或祖祠有考试费，皆计三年所入，仅供给发。每遇恩科，则或减半，或竟不发，故寒士往往因此不能赴试。

闻顺天乡试考官消息。

以《古今姓氏书辨证》所引邵思《姓解》，核对《古佚丛书》刊本，皆今本所有，信北宋以来旧帙也。

初九日（18日） 晴。

为房官作联、扇十数事。读《能改斋漫录》数卷。晚得沪报，知友人中张巽之、刘静皆、朱艾卿、刘葆良、吴颖芝诸同年，皆分校顺天乡试。

初十日（19日） 晴，热。

稍歇半日。仍应酬写扇、对。夜四更始睡。

十一日（20日） 晴。

卯刻发《五经》题。仍得房官写十份，刻板刷二万张许。是日忌辰，至夜三鼓始发题纸与监临，略疲乏矣。闻闱中尚安静，可喜也。

第九房徐定生和余《出都》诗。余提笔复和一首，虽不甚佳，而自喜其敏，姑录于后："壮才飞辔策天吴，郑重论文字似珠。肯让君家老骑省，还依故事小长芦。瑶光焰聚英灵在，沧海波回士气疏。重向东南话畴昔，元龙豪兴未应无。"

十二日（21日） 晴。

夜睡稍迟，目力微觉耗乏，此前数年所未有也。

十三日（22日） 阴，午后晴。

江南今年天气，早晚甚凉，午间辄热，殊觉不适。

始有试卷。坐堂上与房官同校。是日所荐，不及十卷。

自道光朝专尚墨卷，其时以排字诠题坚卓为上。咸丰间，略重尤、王派，词藻炜如。同治及光绪初年，则低吟密咏，其清者妥帖铿锵，不清者则肤烂满纸而已。十年以来，又复一变：不拘格律，是风气之佳处；而不能切题，渐流于廓与杂；而文理不清，则亦士人心术之忧也。

阅卷以后,不写日记。其有可记者,略录数则于后。

自十三(9 月 22 日)阅卷,至廿三(10 月 2 日),已荐来头场卷七百二十三本矣。大约近时八股风气最杂。其言《说文》及别解者,皆向来所有,不足为奇,而大致总多以"圣人防后世"立论,于是题为"美尧舜",而文则皆作维《春秋》及防封神、防篡窃等类,不一而足。次题"上纬天时",则言电线、气球。三题,理境题也,而体者则言驱夷狄、攻异教者十卷而七,而且其词大半吐露而不蕴藉。以此知江南、北人眼光心力,犹有可用,亦复可虑,在于当位者之善为裁成而已。

(八)〔九〕月初五日(10 月 14 日),止;共阅第一场卷八百七十本。末一本,乃第十三房荐,"恭"字八十九号,甚佳,即取中矣。三场合荐,而第一场文字已甚玮丽。有"发"字十九号一卷下江,(属)〔屡〕弃而屡取之;及三场对策,颇详博,而每道必总笼数语,则多不甚合。午间复阅,总校其第一、二场,均繁富,又策已对十之八,姑仍取之矣。及置案头,则十八房所荐三场卷适到。取阅之,第一卷为"发"字五十一号,则五策与"发"十九卷字字雷同,遂(章)〔竟〕撤去。"发"五十一卷第一、二场本不取,其策誊字极劣,亦必不能细阅,而恰于此时相值,致此卷不能取中,亦不可谓非怪事也。

自九月初六日(10 月 15 日),馀各房补荐三场,于是忙不可解。凡阅三场卷至千馀,而不自以为倦,可谓喜事者矣,一笑。

九　月

十六日(10 月 25 日)

知五弟廷梴中式江西榜第十七名举人,为之稍慰。

十　月

初三日(11 月 10 日)

登舟,行十馀里,泊下关。“江安”轮船拖行。

初四日(11 日)　晴。

行六十里,泊西洲头。早起轮船上煤,未行。

初五日(1893 年 11 月 12 日)　晴。

午过西梁山。

途中与迪光弟、味琴侄谈萍乡家事,深虑不才之子弟颇有其人;欲整顿家中义学祠费,为教养之地,惜力尚未能也。

东游日记*

余昔时舟车南北咸有程记，闲居讲肄亦有日历，博辩古今，综观人物，致足乐也。既而思之：明镜之照，不留其影；飞鸟之过，孰遗其音？课诸己也，人命存于呼吸；观诸物也，万象著于森罗。盖可以无记而记、不言而言也。于是辍翰二十馀年。岁暮远游，扁舟寂寥，属有纸笔，又复写记。江山犹昔，风雪萧然，非有好怀，聊以永日。过恒河而皱面，未改童心；题汉腊以编年，敢忘旧学？

己亥十二月，萍乡纯常子书①

光绪二十五年己亥十二月

初三日（1900 年 1 月 3 日）

由长沙省会起程。北风甚大，午阴。舟行二十里，泊下矶港。

初四日（4 日）　阴，北风。

舟行五十里，泊靖港。途遇"永吉"汽船。询之，乃十月中搁浅，日来水长五尺，甫能动轮，将仍赴湘潭也。

靖港龙王庙，顾亭林以为塑明太祖像极似。余去年春间与陶榘林观察同往观之，香烟薰绕，不见真容，且经兵劫后重塑者，亦必

* 据《文芸阁先生全集》排印稿本。

① 此节题记，原有标题作"小引"，疑系《全集》本编者拟加者，兹略去。

不若前。今不复诣矣。

初五日(5日)　大风雪。

舟不能行,仍泊靖港。

初六日(6日)　晴。

是日小寒节。舟行五十里,过湘阴。又三里许,北风大作,遂泊舟不行。

湘阴濒江,有洞庭庙、伏波庙,未知其所祀即马将军否,未暇问也。

初七日(7日)

天明行十里许,北风大作,继以雨雪,舟不得进,遂泊黄茅滩。夜甚寒,二更后有月色。

初八日(8日)　早阴;巳刻风定,天气明澈;夜月澄霁,惟霜气寒冽。

舟行百馀里,泊岳州南津港。

《夜渡洞庭》五律一首:“雪月幻湖光,空明夜气长。荒洲时见火,迴浪远疑霜。枯苇迎征棹,饥乌集去樯。荆吴路修阻,游子漫思乡。”

又口占七绝一首:“舟人祈福向灵君,我有狂言愿彻闻。借取重湖八百里,肆吾十万水犀军。”

初九日(9日)　晴,南风。

移舟泊岳州城外。问轮船公司,昨始开两轮赴武昌。一“永清”,一“问津”。拟别附民船,旋闻公司有电促“问津”来岳州,姑待之。

午间由岳阳门入城。城中商瘠民贫,不抵一壮县也。积雪初化,泥深难涉。出南门归舟。夜风定月朗,读书可娱。岳州亦新设邮政局,作家书付之。

初十日(10 日)　晴，东北风。

候轮舟未至。

乘筹访鲁肃墓。墓题“吴鲁公肃墓”五字，光绪十五年巴陵知县某所题，可谓不典。土人相传，棺悬穴中，未入土也。

旋至小乔墓。入门有庙。庙左有冢，冢高十尺，题“二乔墓”；墓上女贞木一株。环冢有回廊，廊尽一室，题曰“欢轩”，用《江表传》语也。府、县《志》以为二乔姐妹合葬于此。近年有岳州知府沈廷锳者，集赀修此轩亭，改题“小桥”。同一不可考，何必改作乎？

鲁肃墓，《寰宇纪》、《舆地纪胜》必应载之，惜行箧并未携也。道士钟姓，强聒不已，兴尽回舟。范致明《岳阳风土记》有鲁将军庙，无鲁将军墓①。

《清平乐题巴陵二乔墓》：“巴邱停棹，香冢聊凭吊。眉样君山青未了，一例湘娥缥缈。　　当年夫婿英雄，而今荒草吴宫。休问芳魂在否，年年点缀东风。”起二句一作“佩环声杳，日暮巴陵道”。

十一日(11 日)　晴，南风。

若初九日不待轮舟，此日亦可到鄂矣。天时人事，岂可量哉？

登岳阳楼，观木、石刻，恶札满壁；张得天之书、江太常之诗昱，差强人意耳。记其官为太常，与太常卿江蘩，先后未知误否，俟检。是乾隆间人②。

出南门游宫仙亭。仙书吕纯阳言：“惟有城南柳树精，分明知我神仙过”，盖即此地。荒冢累累，杨柳萎矣。正殿祀岳鄂王，报平杨么之功云。《岳阳风土记》作“松树”；记杨么是太湖贼。而此庙碑言是洞

① 此二句注语，原载天头，今据意插录于此。

② 此五句注语，原载天头，今据意插录于此。

庭,或误。当检史证之①。庙颇倾圮,久驻兵弁,新移城陵矶,以开埠通商之故。登楼四顾,形势历历:前对君山,沧波重重;后瞰金鹅,伸颈欲啄。或云吴三桂用兵之处也,废炮数墩,犹在高岭。岳城客山高,主山低,故利于侨寓②。

闻"新裕"小轮开行,急附舟登程。夜泊城陵矶。洋关虽开,商贾寥寥。闻十月以来,关税才二百金耳。

十二日(12日)　晴,南风。

晨起开轮,夜泊簰洲。过宝塔洲时,轮舟拖带之巴杆船装载有数百捆纸,查验还税,停滞一时许。薄暮转东北风。

十三日(13日)　晴,北风。

申刻到汉口,寓《汉报》馆。

阅各报,始知山东乱事已蔓及直隶。又闻法人要索各款,殆不可从;四川又有连陷四城之说;意大利事虽不遽起,亦未敉平。百忧攒心,四郊多垒,夜不成寐,但玩月色。

王把总言,大汽船往宜昌者,近已绕道城陵矶,可载客。若如其言,则余滞岳州时,已失(付)〔附〕一船矣;恐议之而未行,不足据也。

十四日(14日)　晴。

宗北平招饮西菜馆,景维行招饮"月华楼"。作书致沈乙庵,索《大藏经》字函第十帙,未得复。

光州有举人梁元太,字肇川,"太"或是"泰"字。奇士也,年已五十。北平为余言之。

---

① 此五句注语,原载天头,今据意插录于此。

② 此三句注语,原载天头,今据意插录于此。

十五日(15日)　晴。

沈子培刑部渡江见访。日本濑川领事邀早餐。访郑苏龛同年。与培、苏两君畅谈竟日。夜亥刻附“璲和”轮舟开行。

郑苏龛诵其挽江建霞诗,有句云“不出固应全首领,独存真欲裂衣冠”,语意沉愤,真不易得也。

十六日(16日)　早晴。

巳刻过九江,泊舟一时许。午后北风大作,虽江行而有泛海之势,白日亦晦昧无色。夜过安庆。

同舟陈户部,昌昙,字立堂。稍谈片刻。言湖南有黄菊圃者,能通太乙数,人以生年月日时请算,黄但检书中七八字与观,则始终备矣。曾闻蔡伯浩粮道言之,亦以为甚验也。

十七日(17日)　阴。

平明过芜湖,巳刻过江宁。又三十里许,见乌龙山新修炮垒,用本山土筑,色与山同。先是光绪初元,余游江宁,寓梅筱岩姻丈署中,时官江宁布政使司。曾偕其子侄同至乌龙山,观所筑炮台及机厂;时统兵者为吴筱轩提督长庆。后炮台屡改,机厂亦移。前时用黑色,兼在山下,今则两层各有炮座。若以西法论之,未知今昔优绌若何?然使敌舰得攻此垒,则金陵已在掌握中矣。薄暮抵镇江。

十八日(18日)　阴,微雨。

午刻到上海。实甫八弟尚寓汪甘卿家,访之,知白隆已行。夜寓“长春”栈。

十九日(19日)　阴。

于实甫弟处遇日本人本田幸之助,诗人也,评量古今,而以杭堇甫、厉樊榭二人为宗主。近时东人诗学由清淡改浓缛,极有可观,森槐南与本田、野口三人,其标帜也。

遂游张园;藏园已拆毁,惟红梅二株依然。拜客数家。晚赴素行招饮。与希元、小沂、实甫夜谭,甚眠迟也。

二十日(20日) 雨。

二十一日(21日) 早晴顷许,终日沈阴。

徐仲虎、姚子芳来,均不遇。夜沈小沂来。

二十二日(22日) 晴。

偕希元、实甫游愚园,遇苏理文由非洲回,述英、脱战争事。晚登“杏花楼”小酌。

见利马窦《天文髓》二十卷抄本,颇讲占验,盖伪书;有天启八年吾乡欧姓一序,亦不足据。

二十三日(23日) 阴雨。

晤英吉利副领事白尔,能华言,谈商事甚悉。

日本总领事署理小田切万寿之助,为王爵棠中丞作六十寿联,属实甫弟书之,联云:“持节至波罗海边,三疏乞雄师,岳立早孚天下望;举觞看皖公山色,五云晖岁朔,江声为贺使君来。”爵棠以元日生,明岁年六十。甲午使俄一役,已定请兵购船诸事,为人所尼,几以获咎,其事可称也。

晚郑陶斋来谈。

二十四日(24日) 阴,夜雪雹,寒甚。

阅报,将聚集百僚,知国必有大政矣。

二十五日(25日) 阴霾雨雪。

午间《中外日报》馆传单:已为穆宗立嗣。子芳来言,法人尚有他信,已调兵东来,未知信否。若各国干预内政,则大势可危也。

上御宇二十五年,勤俭忧劳,盖无一日得天下之奉,今乃脱然高蹈,所谓黄屋非尧心者,庶几见之,天容永固,当自此始尔。

二十六日(26 日) 午间薄晴。

闻中外人心愤激,闲坊冷市论议亦复纷呶。国事民情,隐忧何极!

二十七日(27 日) 竟日雨,夜大雨雪。

阅报,知寓沪绅商及耶苏教会有电至译署,请上仍亲政。又郑陶斋来,言得盛杏荪京卿电云:大厦非竹头木屑所能支也。

二十八日(28 日) 大雪,午后止。

往实甫弟许,途中玉树交枝,璀璨天地,亦奇景也。

汪穰卿来,言得湖北信,郑苏龛、梁星海将赴都伏阙上书,未知确否。晚间又闻希元言,昨寓沪之绅商发电者,皆交南洋查办;其列名于首者为经观察元善,业已被逮云。

二十九日(29 日) 晴。

午间得京电:皇太后懿旨饬部检查万寿典礼,以皇上明年六月二十六日为三旬万寿庆辰故也。薄海臣民当可稍慰,数日以来汹汹之甚,或冀少息乎?

子芳约迁居兴申里,若东游不果,当移居耳。夜街市悬灯颇盛,今岁沪上商贾获利者多,故无窘迫气象。

阅《日本略历本》,一月一日四方拜,亦男子桑弧蓬矢之志,此礼俗之可纪者。黄公度《日本国志》未载,是当补也。《倭名类聚钞》以此为庶人礼。

三十日(30 日) 阴雨竟日。

午间闻明年皇上三旬万寿,以正科作恩科,馀一切祝嘏典礼概不举行。是日迁居兴申里。夜子芳招饮李宅。

宗人文范夫言,苏州文姓元时有改冯姓者,故至今有冯姓冢墓文姓兼祭之。又言自文文肃后,家训但许耕读,不许入仕,故至今二百馀年,未尝有一人名列播绅者。

光绪二十六年庚子正月

初一日(31日) 阴,午后微雨。

伯元、虞裳、素行、希元、子芳、甘卿诸君并来,实甫弟亦来。晚餐李伯元家。

初二日(2月1日) 早晴,少顷阴雨。

三日以来爆竹声稀,以英人禁之之故。天雨迷闷,游人冷落,沪上新年所未有也。

三日(2日) 雨。

略往交友各家贺年。午后游张园,士女畏雨,无一人至者。池水初活,远树蒙烟,小桥一弯,荡漾粼翠,乃真有园林景象,胜于平日也。晤日本领事小田切君。是日阅报,知王公近臣均荷万寿推恩之赐。

四日(3日) 薄晴,寒甚。

山根虎臣以诗送余东游,有"沧海横流悲故国,蓬莱清浅泛孤舟"之句,合作也。西村时彦亦见赠五律一首。晚晤王木斋,云志伯愚侍郎由乌里亚苏台见寄《唐阙特勤碑》一纸。音问阒然,俄已四载,万里之隔,有如晤语,喜复(帐)〔怅〕也。

五日(4日) 立春,晴。

访客数处。夜集"杏花楼",同人为希元贺生日也。

六日(5日) 晴。

偕木斋游张园、愚园。木斋送《阙特勤碑》来。自《双溪醉隐集》后,见者颇稀,近年始有搨本。行箧无《唐书》,惮于考记。《辽史》有"夷离堇",则"勤"、"堇"之音,固东北夷虏所有也。碑右边有字一行,当是突厥文,惜不可识。

七日(6日)　晴。

访徐仲虎京卿,略谭。借阅新译《法律医学》,乃西人之《洗冤录》也;其中异同甚多,且西人身理,实有与中国异者。国家设医院、改刑律,此等书宜汇同参考,更以年年所得修改之,此明慎之法也。

夜阴,数日以来寒甚。素行招饮酒楼,亥初始散。

八日(7日)　晴。

日本"山城丸"到。定附之东行,因到各知交处辞行。傍晚陶斋招饮。

九日(8日)　晴,入夜雨。

仲虎、楚卿、子芳、木斋并来。穰卿、幼宜招饮。余易斋招饮未赴,其来函云善夫在座。余不知善夫何人,询之穰卿,乃知为宋芝洞改字也。

口占一首:"腊破春归江上晴,水边篱落未闻莺。剑囊琴箧粗料理,又作东溟万里行。"

十日(9日)　晴。

笏臣、楚卿招饮。小田切领事招饮,兼赆行。陶斋、子芳、纶卿、小沂诸君来送行;夜戌刻登舟,舟中复与诸君子畅谈。希元独送至长崎,交谊可感。

十一日(10日)　晴。

辰刻开船。水色自黄而青、而黑,舟行安稳。余左目红肿,避风不能登篷顶眺望,亦一苦也。

十二日(11日)　晴。

申刻见五岛山。亥刻抵长崎,月色佳朗;有医人登舟,验舟中人身体,言有病人,故是夜不得登岸。

十三日（12日）

医者来四五人，乃定舟中病人非疫气也，舟始入港；若有疫气，则当停泊港口十许日矣。窃以为定例之未善，他日各国必当更改，此时医学未精，故无善法耳。

偕希元至酒楼馆酌，饱啖鲸鱼，笑拈梅蕊，良用破寂。饭后投“三井”洋行书，晤伊泽良立；复游长崎商品陈列所，瓷漆丝竹之品良多。上诹访山观格兰脱手植树，树则成阴，而其人往矣。又观诹访神社，知日本神教与中国祭山川、祭社稷之类同出一源。

目病未瘳，游览殊草草，申刻回舟。希元附“西京丸”返沪。五点钟许，舟仍开行；月明风净，夜眠安善。

《长崎小泊》一首：“未甘华发老风尘，鳌眼波红更问津。云锁神山盘俊鹘，风回玄海有潜鳞。可无徐市行时俗，如见田横岛上人。酒所忽惊春浩荡，梅穠松翠及时新。”

十四日（13日）　晴。

晨抵马关，所谓赤间关也，有古庙，为合肥媾和地。余目疾畏风，亦不愿经此辱地损人神智，遂不登岸。马关对海地名“门司”，市廛修整；日本人言十年前绝无居民，知成邑成都，在人为耳。

十二点钟开行。南望筑肥前后，北窥安艺周防，萨摩、长门，岩户森列，秋津一州宛在眉目也。内海风景，行人比之长江；海水湛碧，群山背峙，斯为异矣。

十五日（14日）　晴。

晨抵神户，同文会中人中西正树君已由东京来迓，可感也。饭后理事官欧阳立斋同年到旅馆相晤，因入署稍谈。旋浴温泉，登酒楼。当垆之人婉娈宜客，又呼艺妓五六，鹍弦象拨，齐奏和歌，翩舞应答，疑若可解。月色皎白，深夜始归。

岩内君云：日本樱花，非梨非杏。然曾游四川峨眉山中见之，又经奉天金州，此花亦繁；虽振艳于神山，非绝迹于震旦，特无言自芳，未经题品耳。暇日当检《广群芳谱》、《全芳备祖》诸书证之。

十六日（15 日） 晴。

午后游大坂，偕李君凤年及中西君同行，历游书肆，观炮台及陆军团队所。晚酌于中国酒楼，三更许归。神户雨雪。

十七日（16 日） 晴。

午间乘汽车，欧阳立斋暨翻译李君凤年并送至车栈。是日过西京等处，行八百馀里。外览之景，以琵琶湖为最佳。

电机所发，无物不应；亦深悟惟心之学：不隔形骸，默参消息，未防渗漏，使人身毛皆竖。

十八日（17 日） 晴。

晨至日本都城，即江户旧地，今为东京。永井、白岩、国友、田冈、本田、田边、田锅诸君已在车边相迓，握手道故，欣然语笑。木斋遣车来，因先至旅馆，乃往相见；三年之别，沧海生桑，絮谈久之，宏琐兼及。田边、白岩邀至酒馆，选舞征歌，漏深始散；木斋仍同至旅中，稍谈而别。

十九日（18 日） 大雨。

早起偕白岩访同文会诸君。午饭于使馆。饭后至华族会馆，近卫公爵、长冈子爵在此相待，叙谈少时。登三王山啜茗，东指美洲，南临沧海，北望北海道，而西则吾中国也。《管子·海王》之篇，孰知其意哉？永井禾原君招饮“香雪轩”楼，同集者森槐大来南、本田幸之助、田边为三郎、永坂周二，暨永井君之弟三桥，又白岩、岩永，共九人，作诗数章，情韵交美。

二十日(19日) 晴。

清浦奎吾约谈片刻,外部次官高平略谈。往观上议院,规模亦颇宏敞;演说选举事甚久,惜吾不解东语,未知其意所在也。饭后往拜南条文雄,未遇。亦往候中西正树君,不遇而归。内藤虎之助来谈甚久。

各国制度无纯美亦无尽非;立法而行,又随时斟酌损益之,斯为美耳。左右佩剑,相笑不休,我所不取。若参以宗教家之言,预揣不可知之事,以为治道在是,则尤矮人观场,只见其不知量也。

二十一日(20日) 阴。

发中国信。永井禾原来谈。偕白岩子云游上野动物院。上野之地,乔木参竦,山谷回互,气象极有可观。而动物院殊未满人意:鸟无灵鹫,兽缺雄狮,独角之符拔、四手之猩猩并未得见,大蛇绝无,巨象惟一;惟熊类数头,鬃鬣狞猛,差足壮观瞻耳。

旋游帝国图书馆。阅书者百馀人;检其篇目,余所欲(赌)〔睹〕之书亦近百种,因购其目录而归。椒微招饭"红叶"馆,夜深始散。

二十二日(21日)

早访野岐君,见;因访本田种竹:图书四壁,皆华文,宋、元、明、清四朝集部略近百种;又,所游之地,皆携断瓦文石而归。其好事可熹也。

南条文雄君见顾,匆匆略叙数语,约改日畅谈。佐佐友房来寓,去岁游欧洲归,纵论大势,以为英不战俄而战脱者,以其形势相近、利害所重也;又谓英之沙侯为第一流人,德之国主英伟无匹。其说如此,要之真欲用世者也。

二十三日(22日) 晴。

早访椒微。午赴野岐约。席散往下议院观议。归游书肆,购哲学书数种。

阅《东京图书馆一览》，有宋槧《大唐西域记》、《啸堂集古录》，及朝鲜人写本洪凤汉等《东国文献备考》二百三十五卷。颇欲往观，俟诸异日。《帝国图书馆和、汉书书名目录》又有安南吴士连《大越史记》，全书皆关亚洲故实，欲并观之。

二十四日(23日) 晴。

拜松平正直，见。偕椒微往观博物院，衣有裲裆，乐有箜篌、阮咸，图籍有宋本《广韵》、宋本《圣惠方》，皆足供考古者之玩。列藩之金银货币，各邦之尺度权量，则学者所有事也。馀虽搜罗未富，而用意固善。此院为凡有国所宜设，盖禹铸九鼎以知神奸，此其遗意矣。

晚饭"星冈"茶寮，夜深乃散。欧阳立斋由神户到东京。

二十五日(24日) 晴。

偕椒微、笠斋赴大森观梅花，天时太寒，花事未盛，然树古、干古，山亭空嵌，致足乐也。日本内务大臣西乡从道约见，未赴。晚归得家信；又实甫弟见寄《念奴娇》词一首，笔意壮阔。

二十六日(25日) 晴。

往拜福岛。午间近藤氏招饮宅中，同集者清浦、近卫、野岐、矢野、田边、白岩诸君；余与椒微、孔怀，三汉人耳。乐奏能狂；言剧名《舟办庆》、《媪之酒》，凡二出。《舟办庆》者演源朝臣避难之事，《媪之酒》则为老妪盗酒，大致与中国演剧同类，惟声调迥别耳。

薄暮往佐原希元家，见其母及弟妹，门庭虽小，喜其辑睦。

二十七日(26日) 晴。

偕立斋游横滨，商市殷阗不及上海之半。饭冯孔怀家，旋偕游植物公会。四点半钟，由汽车回东京。福泽捨次郎招饮；闻得北京电,山东土人有与德意志铁路工兵开衅之事。晚至椒微处,谭至深夜。

二十八日(27日)　晴。

诣椒微、立斋处,畅谈竟日。见椒微所购小学校博物器具,叹为有心人也。是日发上海信。

二十九日(28日)　晴,大风。

近卫招览华族学校,今改为学习院,有初学、中等、高等三种,体操、剑击、步武亦兼有陆军规模,惟每年经费仅八万银圆,尚觉规模未廓也。旋诣益孝田家,略谭归。本田、小林来,均未见。

二　月

初一日(3月1日)

内藤来,同往晤大内青峦,洞下居士也,赠余《洞宗联珠集》。日本佛法,曹洞盛于临济:曹洞宗之寺一万六千,临济宗仅六千而已。大内所藏唐人写经甚多,有朝野鱼养及僧空海所书,皆可宝也。

又偕中西君同诣大隈重信,日本前执政也。久谈后,观其园中养花,凡数千种,有印度、非洲各品,色皆奇艳,灵秀之气,何所蔑有?以此知造物之无私也。然果有造物者乎?

晚至椒微处谭。归阅《僧史略》,赞宁文笔,盖五代末大家,其所著作,非契嵩、文莹所能及也。

是日阅上海报,知故人盛伯希祭酒逝世,才志未伸,风流顿绝,为之伤感者久之。

二日(2日)　微雨,午后阴。

应伊藤博文侯之约,往谈一时许。政事才也,然神识未有过人处。

晚赴近卫霞山之招，设席伊家。出所藏《源顺倭汉抄》稿本两卷，书法甚精，千馀年来字画完好，真宝物也。又出其先人家熙《唐六典校本》底稿数十册，博引群书，字字校勘，凡二十年，乃成此书。晚得宋本，与所校处八九相应。日本改革以来，官制颇善，当时大臣能通知古今，故未易及矣。

又在椒微处见影刻唐人写本《丧服小记疏义》一卷，无正文。

三日（3日）　晴。

偕椒微、子云往"红叶"馆，为三岛毅贺生日，见宗重望、樱井熊太郎诸人。晚集于"密多里亚"酒馆。是日内藤来，见赠《日本美术史》、南条《梵本阿弥陀经讲义》诸书；言《金七十论会本》，亦大内青峦撰也，题他人名耳。

四日（4日）　晴。

早餐野崎家，忽地震，窗棂格格有声，日本习以为常，有一月七八震者；房屋率低下，多用竹木少用砖石，亦以此也。

福岛安正来。大坂石埭约晚餐。石埭作诗、知医，未至中国，而甚慕华风，饮食居室皆用华制，颇得其似，亦可异也。森泰二郎、本田幸之助、速水一孔同集。

五日（5日）　晴。

板垣退助日本从二位伯爵、片冈健吉等约谈，皆自由党人也，必欲余谈政事，余无所言，略问其党中意旨而已。访森大来、重野成斋，并不遇。晚宫崎招饮。

六日（6日）　晴。

访冈千仞，十七年前广东旧友也，颓然老矣，而劬书犹甚。问其子业成否，以笔答曰：大学堂卒业，已考文科。然老夫所学汉土之学，不知今何所为大学、何所为文科也。

午后南条文雄来。余询印土近教，皆一一告我，此当今佛门龙象也。余劝其著一书，以唯识宗遍摄近日哲学各派宗旨，南条以为然。

益田孝君招晚饭，偕椒微往，近卫、清浦诸人同集。夜归，椒微来寓久谈。是日子云以病入医院调理。

七日(7日)　晴。

往观印刷局，见湖北托制之银纸，款识未精，纸张较大，虑不便行用也。龟谷行来。

八日(8日)　阴，微雨。

接希元、实甫信，言近日上海颇汹汹也。

往观裁判所。余问清浦司法：日本判狱用陪审官否？清浦言陪审官无益；荷兰判狱无陪审，今日本采荷兰法亦不用。余记井上毅《梧阴文稿》亦曾论之。日本虽取法于荷兰，实发端于井上也。

冈千仞约同游小西湖，重野安绎在焉，尚有老者数人，亦有丽人三人，略谈数刻。

是日在椒微处遍阅上海各报。

余问重野，欲得日本《兰陵王破阵乐》谱，前者近卫公固言可得也。重野未言及乐谱事，以笔答云：此间有雅乐部，明治以后属式部职宫中官署，存肄不失隋唐乐之旧，外有高丽乐，大抵与《唐书·乐志》同。丽乐，今朝鲜亦不传。

九日(9日)　晴。

福岛安正约观陆军学校中之幼年、中央、士官三学校。归，西乡重道又约相见，偕冯孔怀往谈片时。晚与椒微谈至夜深；见其所购唐、宋写经数本，及宋刻《大藏》零本。

西乡言：治国以民兵为本，而民兵以警察署为本。日本初办警察时，由鹿耳岛始，皆选精兵为之，后幸有成，而推之通国云。

十日（10日） 晴。

内藤虎次郎约至上野公园三宜亭，岛地默雷寓东京市麹町区中六番町六番地、村上专精本乡区弥生町三番地、高楠顺次郎芝城山町四、藤井宣正、梅原融、岛田蕃根、高乔本吉、田代直树、松冈又五郎、上田三德诸人同集。岛田氏广求中土所佚释典，唐、宋、辽、金皆有。寄归杨仁山重刊。藤井撰《佛教史》。村上、岛地皆颇有传书。高楠年甚壮，而能通十数国语言文字，真奇士也。诸人约晚餐西洋酒楼。宫崎来稍谈。

十一日（11日） 阴晴不定。

岛田蕃根来。申刻，汉学家四十馀人邀余集于八百松间，仿柏梁体赋诗。余起句云："海山葱笼云气开。"森槐以南携诗来，重迭"颍"、"昺"韵七古。余即席和之。"颍"韵云："平生所遇无不适，未暇雌雄较抗颍。""昺"韵结句云："愿将秃笔写名都，自压爞煌记刘昺。"仓卒之间，颇赖腹笥未贫也。是日同集者：重野安绎、冈千仞、森泰二郎、长尾槙太郎、末松青萍子爵、末松名谦澄①。荒浪市平、藤田达芳、日下东作、成濑温、内藤虎次郎、岩谷修、饭尾麒太郎、松前让、龟谷行操岸、上柴原和、薄井龙之、大畑弘国、田代真树、入江为守子爵、速水一孔、手岛知德、本田幸之助、滨村藏六诸人，大抵皆名士。有失去名纸者，不能悉记。

十二日（12日） 晴。

后藤邀往作书。座中有田水女士，云学汉文二十年，学《易》十馀年，颇通筮法，曾在日本天皇宫中教皇女读书。诣医院观子云

---

① 此句注语，原载天头，今据意插录于此。

病，虽无痛楚，神气尚弱。往椒微处剧谈。

以《礼记孔疏》，证此间由内府所影刻写本之《丧服小记子本疏义》，乃知真梁皇侃疏也："三髽"、"脱服"等说，皆与释文正义所引皇说合。冲远疏成之后，六朝旧疏荡然，得此一卷，真希珍也。《日本访古志》既未之载，黎纯斋、杨惺吾亦未之见，异哉！

购得《义楚六帖》一部。虽释家类书，而引儒书正不少。晁氏《读书志》曾载其目，洪遵《泉志》亦引之；近数百年来我中土遂无述及此书者，盖佚之久矣。书成于后周时，所见古书正多，可宝贵也。是日地震。

十三日（13 日）　晴。

来客甚多，酬对颇苦。午间偕中西正树君游爱岩山，遂入德川氏第七代、第九代墓祠略观，制度颇壮，幕府威福，尚可想见。速水一孔来。椒微来夜谈。

十四日（14 日）　阴，午后大雨，入夜不止。

偕中西正树君，同访犬养毅，赠我日本匕首一具，三百年前作也。夜始归寓。

十五日（15 日）　晴。

得实甫弟信。松前让来，将归北海道也。与椒微、孔怀晚间集于"湖月楼"。有艺妓属意于优伶者，席间屡出其照像与之接吻，又执笔作书寄之。问之，则此妓亦曾在学堂肄业者也。中川义弥言：近来国中风气，男子购妓者像，则往往秘藏，不敢示人；闺阁中购优伶像，则归呈诸父母之前，亦不见责。深叹习俗之弊云。

十六日（16 日）　晴。

得王子展书。长尾槙太郎、手枭知德、岛田翰林〔来〕，岛田约往观其所藏。午后往看白岩子云，病已霍然矣。

诣内藤寓，见古筝谱、觱篥谱，未暇借钞。

诣岛田家，见绍兴九年九月十五日绍兴府雕造之《毛诗》单疏本：凡四十七册，每半叶十五行，每行之字参差不齐。又《尚书》单疏本，则北宋端拱本，日本皇室图书寮所藏，而岛田借出者也。此单疏本，中土早佚于元、明交替之间。两“疏”行数并同，惟“北宋”每段提行，而“绍兴本”《诗疏》则空一格接写，此其异也。又有《左传》单疏本，名为唐抄，余疑其自宋本抄出，未暇考也。

又有旧抄本《论语》，皇侃疏。宋刻开元《史记》尤精：每半叶十行，每行大字十八，小字二十三；《列传》中，《老子》在《伯夷》前；题“建安黄氏”刻本。

又有宋刻《经进东坡文集事略》共六十卷，题“迪功郎新任绍兴府嵊县主簿臣郎晔上进”。其注即郎晔作，所谓“事略”也。每半叶十二行，每行二十一字。记张金吾之《爱日精庐藏书志》有此书二十九卷，而此则六十卷，完善信可宝贵。

又有《新雕入篆说文正字》一卷，仅《说文》部首耳；后题“高丽国十四叶辛巳岁藏书，大宋建中靖国元年，大辽乾统元年”。据《朝鲜史略》，则“辛巳岁”乃高丽肃宗六年也。所题如此，其奉宋、辽正朔，可谓谨矣。

又，宋高宗御笔草书《韵宝》五卷，依礼部韵写草字大刻，旁注楷字；卷末题“赵与懃监刊”，当是宋宗室也。

又，卷子本唐人抄《汉书·杨雄传》一卷，前半失去数页，自“反骚”前数行起。《反离骚》“恐日薄于西山”句“恐”上有“何”字，“奚必云女彼高邱”句无“云”字，皆胜于今本。

又，仿唐抄《文选》无注本二卷，自《高唐赋》后数行起，至颜延年《太子释奠诗》记忆未真，或尚有一二首。止；后写“文选卷第十”。

《神女赋》,实是“玉梦”,此抄分明。然唐人诗云“止有襄山忆梦中”,则唐人固有作“王梦”者,未可据此卷为定论也。张茂先《励志诗》:“田盘于游”,此抄作“出般于游”;“出”字较胜,与下句“居”字相应。

又,北宋本《太平御览》一千卷,无所阙佚,真稀世之珍。台本《荀子》、宋刻《庄子成玄英疏》、宋刻《广韵》,皆黎纯斋《古佚丛书》之所本。《成玄英疏》有黎莼斋《跋》;所存仅五卷耳,后五卷则以坊刻足成者也。其馀《杜诗》、《苏诗》、《柳文》、蜀本《黄山谷集》,宋、元刻本颇夥;《道藏》四千馀卷,弘治本亦具足。又有《文馆词林》第六百七十八卷,在黎刻之外。

天已薄暝,不能悉观。岛田之书,言有家宪不许出户。匆匆一览,仅就记忆所及略书于此。箧中又未携《汉书》、《文选》,未知有误否也。余托其代抄《毛诗、左传疏》、《东坡文集》、宋高宗《韵宝》及《文馆词林》数种,已面相允,明当筹款付之。又岛田云,所作有《宋本论衡校记》。中土所刊《论衡·禄命篇》,缺去一叶。惜匆匆亦未得览也。

是夜地震良久。

又记《毛诗》单疏、《左传》单疏本卷末皆有“金泽文库”印,盖库中旧书也。金泽文库书已散矣;足利文库,虽千年旧地,今所藏宋、元板本亦不多。德川氏幕府旧藏枫山书,今悉入日本帝室,归图书寮,即本国人亦不许假阅。岛田恒借公事入内,故得纵观云。按《江户名所图会》卷六云:金泽文库旧址,在阿弥陀院之后,相传越后守平显时营建。内纳和、汉群书,儒书用墨印,佛书用朱印,印文楷字,竖“金泽文库”四字。后上杉安房守宪实执事时再兴;其后荒废,书籍散失。今所见两《单疏》,后皆墨印,真当时文库之遗。

北条氏九叶繁昌，敦崇学问，其所藏庋犹足沾溉后人。幕府之世，固未可尽非也。《左传疏》“金泽文库”四字亦摹写，则非库中原书。

十七日（17日） 阴。

偕内藤往那珂通世家，白鸟库吉、桑原骘藏在座，观《景教碑》影本。

余尝立说，据《贞元释教录》，唐人称景净为“弥尸诃教”，即碑之“弥施诃”。弥施诃者，摩西之异译，近译又作梅瑟，实犹太教之古圣也。此为犹太教之古碑。而近时杨荣鋕、洪钧等皆坚信西人，以景教为基督教之聂斯托尔派，殆近附会。前曾与高楠顺次郎往复辩论，今那珂、白鸟亦与高楠同，皆误信西说。余曰：景尊弥施诃者，“弥施诃”必其名也，明西洋人阳玛诺释为“救世”，希伯来语。近时杨荣鋕释为“弥撒”，高楠说同。文义皆非。阿罗诃者，阿喇伯人称天神语，摩西旧称，回教沿之。若以为基督教，则碑中用西里亚文字，而称天独袭阿拉伯语，岂可通乎？诸君皆无以应，惟勉徇西人之信而已。余谓：纵为聂斯托尔派所立，则谓聂派祧耶苏而述摩西可也，谓此《碑》为耶苏教则决非也。余说详《枝语》，今不赘论。

那珂著《支那通史》；近专考元史地理，将刻成书。白（鸣）〔鸟〕赠余以所撰《唐阙特勤碑考》一卷，惜以德文行之，余不能读。又言今土耳其文与古突厥文大异，惟英人某者潜心考索，竟能读古突厥文，亦可熹也。

手岛知德招饮，偕椒微同往，夜分始归。

十八日（18日） 阴雨。

偕椒微重至岛田家。岛田有小疾。其所藏古书，未及详阅，欲见其明抄本《宋会要》及《文馆词林》，则请俟异日也。见宋本《庄子郭象注》，“镜”字、“殷”字避讳，“慎”字不避讳，必在孝宗以前；

宋本不足,以元刻补之,各得其半。又林尧叟《春秋直解》亦宋刻。又元刻《杨仲弘集》,有范德机《序》,字体略带行书,凡四册。又有北宋本《说文》、元刻郝天挺注《唐诗鼓吹》小字本。皆精善。

《次韵内藤虎次郎见赠之作》:“七国三边正纠纷,惊猿失木雁呼群。逍遥旷野思遗世,缥缈仙山忽见君。奇字每询刘贡父,兵谋还忆杜司勋。灵芝圈草今犹昔,重理蜻洲百代文。”

十九日(19日) 阴晴不定,申刻雪霰。

同文会诸友招宴于“偕乐园”,用中国肴馔,近卫、长冈、榎本及犬养、中西、田锅等凡十七八人。

是日,偕中川至浅草“朝仓”书肆,阅购书籍。闻近年有福建力钧者来购旧本书,斥三千馀金,故列肆中所存已无多矣。力钧曾撰《槟榔屿志》,余见其书。

上藤一记作《儒道管见》一书,求余阅定。其言儒学甚正,而合古训。解《中庸》“未发”云:非谓无思无为、寂然不动之谓,谓性情弗激于物、而和顺之时也。解《孟子》“性善”云:谓人皆有善质,导而成之,则甚而圣人亦可至焉。皆与《东塾读书记》之说相合,是真知儒术者也。

二十日(20日) 晴。

往上野“琳瑯阁”购书,有宋本《太平圣惠方》及影抄宋本《千金方》等书,以价昂未收也。往视子云,疾已全瘳矣。

二十一日(21日) 阴雨。

岛田来,见影抄北宋本《论衡》、《新序》等书。冯孔怀招宴伊家,手岛同坐。内藤炳卿来,未见。

二十二日(22日) 雨。

宫崎寅藏、黎觉人同年各招饮。

二十三日（23 日）　晴暖，始有春意。

清浦奎吾、松平正直、佐佐友房同招饮于“红叶”馆。

二十四日（24 日）　阴雨。

二十五日（25 日）

招椒微、子云、觉人、秋水诸人同集于冯孔怀家；子云不至。

二十六日（26 日）　晴，大风。

剑堂招饮。夜地震。

平尾光字田水。女史来，言为余筮得《（晋易）〔易·晋〕》之互体《蹇卦》；因覆车伤手，故久未来。嘱余稍留以避连蹇之患。余曰：独不见爻辞云“利西南”乎？此东方，余未宜久处也。

二十七日（27 日）　晴。

访子云。晚偕椒微至“湖月楼”小饮。小室重弘来，兼赠余七律三首。李埈镕来，未见。

二十八日（28 日）　晴，午后阴雨。

李埈镕复来，朝鲜国主[①]之侄，大院君李昰应之孙也，颇以国弱势危为惧。余告以力政治兵，孟子曰，未闻以千里畏人者也。埈镕深[②]慰而去。

访屈山，其妻接谈良久。仍诣椒微夜谈。是日发上海信。

西京僧前田慧云，云：佛兰西礼氏[③]去岁游日本，自言得《无著菩萨大乘密严经》于尼罗河畔，以为希有。此《大乘》西潮之兆也。前者余闻南条文雄言，锡兰所藏《小乘》经典，西人颇复染指。余告

---

① “主”，《文芸阁先生全集》本误刊作“王”，此据文氏手迹影印件改正。

② “深”，《文芸阁先生全集》本误刊作“甚”，此据文氏手迹影印件改正。

③ “佛兰西礼氏”，《文芸阁先生全集》本漏刊作“佛兰西氏”，此据文氏手迹影印件补正。

以英人李提摩太曾于上海译《大乘起信论》,将以流播西土,因译笔未工,故尚未刊布耳。今佛兰西又有此事,或者慧镫遂将广照耶?

二十九日(29 日) 阴。

阅上海报,无甚要事,知讹言将息矣。

三十日(30 日) 晴。

佐佐友房招饮"狐鳗亭",为食鳗之地,而以狐为名,不可解也。冈本监辅赠所著《铁鞭书》,凡四卷,已刻者仅一卷耳;崇儒重道,力戒浮薄,真鞭辟近里者,宜其不合时宜也。绪方二三来,明日当赴西京去。又中川克一即席赠诗一章五古,余依韵答之。

三 月

初一日(31 日) 晴暖。

天气昭朗,因游植物院。种类甚多,勾萌始达,然皆有向荣之意,足使人知生理之条畅也。往品川访花未开。小酌于西洋料理。日本凡酒馆称"料理"。今用之,亦名从主人之义。晚偕椒微、中川同饮于"绿屋"。

二日(4 月 1 日) 阴雨,入夜大雨。

偕二三人游三皇山,啜茗。庙中方有神事,道士绿挥落挥[①]。落梅满地,樱花已开一树矣。

三日(2 日) 晴。

椒微脩曲水故事,偕余约日本文士三十馀人,宴于向岛之"植半楼",到者二十四人,尽欢而散。

四日(3 日) 晴暖。

偕宫崎访头山,不遇。诣(淑)〔椒〕微(徵),夜谈。

---

① 此句,《文芸阁先生全集》本原刊如此。俟考。

五日(4日)　晴。

内藤虎次郎来谈。言日本变政所以能稍有成效者,以外势不迫之故;且其弊亦甚多,外人或谓事事皆美者误也。椒微招饮“绿屋”。

阅唐释义从《三大部补注》,援引赅洽,立义坚确,台宗大书也。当嘱(扬)〔杨〕仁山刻补入《藏》,与《辅行传》、《法华文句义》等书并传。窥基《〔成〕唯识论述记》,为慈恩宗要书,且无此书,则《唯识论》竟不可读,此尤不可不急刊者也。

六日(5日)　晴。

早起游上野,观樱花,开者十之五六。樱花无香,其色亦在碧桃、海棠之间,惟以能以高树发繁花是其绝胜处。日本以樱为花王者,盖东方樱树至多,每连植数千万株,花时为云,绵蔓十里,故无能与之匹者。然则“王者”之称,徒以党众故也。使仅以一二株生人家庭院,则不过如丁香、海棠聊供赏玩;若深山榛莽偶著此花,则必不及空谷幽兰芳香自远也。日本人有《樱谱》,或以樱为扶桑,或以樱为樱桃之异种,后说胜矣。中川义弥以为在福建曾见两株。合之岩内所言,则奉天、四川、福建皆有之,疑中国物土所宜,惟既不结实,其花又不足供簪戴,故植之者希耳。

走别椒微、子云。申刻发新桥,来送者二十许人,友谊可感。夜将晓到冈崎。

七日(6日)　早晴。

道(遇)〔過〕西京、大阪等,遂以午刻抵神户。招笠斋、中川及李仪亭登山小饮;笠斋复招饮于“风月馆”。俄而风雨大作,夜深方止。艺妓十弦、名酒再酌,良客中佳况也。鸟居赫雄来。夜宿笠斋许。

八日(7日)　阴,午后晴。

仍乘"山城丸"归沪。得永井禾原信,已抵横滨,颇惜未一见也。早十点钟开行。

九日(8日)　晴。

晓抵门司,船泊三时许。夜午抵长崎。

十日(9日)　晴。

舟泊长崎。薄暮雨。酉刻开行。晚间略有风浪,同舟有呕哕者。

十一日(10日)　阴,日本人所谓"昙天"也,向晚稍晴。

是日风力甚微,舟行平稳。

十二日(11日)

寅刻雾下,停舟不行。辰刻日出乃行。午刻到上海,希元、实甫、井手君来接,因得知一切事。旋偕诣小田切领事,略谈,知日本外部已先有电告小田切矣。夜宿昌寿里。夜深大雨。

十三日(12日)　阴雨。

小沂、楚卿诸人来。王木斋来。

十四日(13日)　晴。

小田切来。午后游愚园,落红满地,江南春事已无多矣。薄暮到张园,晤余易斋、沈爱苍,立谈片时。晚曾紫庵招饮酒楼,偕希元、实甫往。夜雨。

十五日(14日)　雨。

迁居兴申里。

十六日(1900年4月15日)　雨。

叶浩吾来夜谈。连日天气沉闷,微觉不适。

诣井手谈。余言:日本近时政策,不论东方大局事有应办与否,但先以抑进步党为主,其他皆可缓也。进步党之意见,亦不论东大陆之事能办与否,但可以倾政府者,无不为也。故余在东京不敢谈时事,固由不在位不谋政,亦知诸君之无暇及此也。井手拍手认可,而颇不满于其国执政云。

卷十二　译述上

新译列国政治通考*

新译列国政治通考叙

叙曰:此书凡"学校"、"军制"、"官制"、"刑律"、"礼俗"、"商务"、"税则"、"国用"、"邦交"、"邮电"、"宗教",凡十一门,为书二百二十卷。书成于光绪二十一年,迄今又数年矣。

原夫五洲之大势,日新月异而不可知。近数年来,学术之变、交涉之繁,较之昔时,又不啻倍蓰。占躔度者喜光景之新,游艺林者惊论议之变。然则此书其可靳置矣乎?虽然,沿流而讨原,循根而求末,要学者所不废也。

道光以来,志外邦者,以《瀛寰志略》、《海国图志》为最著。顾徐书确而太简,魏书繁而近枝;且唯明地舆,鲜及制度。江南制造局所译各书,兵制稍详,典章从略。译署曾译法国律例,又非通行各邦。今时坊间所编西学"丛书"、西国"通考",要皆以制造局所译声、光、电学等书掎摭数条,诧为新学;而于国政、民风、宗教各事,

---

* 《新译列国政治通考》(光绪癸卯年夏上海蜚英书局石印本,共二十四册),原书不著撰译者名。兹据书首文廷式署名之《叙》所言,知为文氏主持编辑译述,"书成于光绪二十一年",而"助编辑者,泗州杨士钧采南之力为多"。本集收其叙、目录并节录部分内容。

了无所得。学者欲考东、西洋制度文物与夫治兵理财之大要，难哉！

乃者诏书改试士之制，专以外国政治为一条。于是时流翕然欲有所习，而苦无依据。其各国史志，间有译本，要颇详于事迹而无当于章程；"游记"等篇，尤为漏略。

此书虽尚有遗阙，而于学校、官制、军制、国用诸门，则大之如英、法、俄、德，小之至于阿根廷、乌拉乖等邦，无不详悉具载。又如十年前各国之国债，与夫金银出入之数、商务物产之盈虚，皆可按牒而稽。又各国学校之多寡异同，则今日之建造大小诸学堂所当效法也。各国选举议员之法制，则异日立宪垂制所当取资也。其他可为法鉴者，尚不一而足。学者由是而深思之，则千百年之改革、五大洲之形势，亦彰彰著明矣。语曰："前事之不忘，后事之师。"此书其亦在"不忘"、"可师"之列欤！

书多荟蕞前人成说，又所采极博，故不复著所从出书名。助编辑者，泗州杨士钧采南之力为多。

刊既成，遂率笔而为之叙。

光绪二十八年二月萍乡文廷式撰

新译列国政治通考总目

学校门	二十四则①
军制门	三十则
官制门	十六则
刑律门	十二则

① 按此《总目》内的"则"数，实即卷数。如"学校门"二十四则，即自卷一至卷二十四，共二十四卷。其余各门，依此类推。

礼俗门　　二十四则
商务门　　四十六则
税则门　　八则
国用门　　四十四则
邦交门　　四则
邮电门　　四则
宗教门　　八则

新译列国政治通考目录

卷一目录

学校门

总论教化【节录】[1]

五洲种族【节录】

总论学校【节录】

身才　养身力保脑力　脑才　记性之灵　判类之灵　学须根基　歇工换工　学中规例　服学生之道　赏罚

卷二目录

论名目

记性分二端　见识　想象　记藏发习练

卷三目录

论学校所关至要

① “【节录】”为编者所加，表示此篇文字在下文“《新译列国政治通考》【节录】”部分中已酌予摘录。下同者不另注。

卷四目录

卷五目录

卷六目录

卷七目录

两途　英国两大书院　英分三类及学科教员　光学及各学名家　入学年岁　医院　该斯医院　伦敦多医院　伦敦各会【节录】 英国义塾

卷八目录

试士之法　藏书院博物院　索莫尔赛德府癫狂院　阿廉立养老院恤孤院　陈物院　衒奇会　英大学院人才　女才日兴　才女问学

卷九目录

地方会【节录】 东方文会【节录】 格致会【节录】 学人会教会　小学会　英文　敖斯物大书院　赫来士阿斯必铎学馆学生　大书院即博物院　英俗五岁入学　船政学堂　〔医学〕【节录】 英伦学风　玲干士恩院

卷十目录

伦敦病房医院　学士名望及著作　大博物院　西学源流【节录】 各学缘起　理学源流【节录】 工商富国【节录】 作史【节录】

卷十一目录

普国初基学堂

比利时初学学堂

瑞士兰学堂

奥国初学堂

德国中学堂

卷十二目录

卷十三目录

卷十四目录

卷十五目录

墨西哥学校

委内瑞辣共和国

可仑比亚共和国

厦阿那属地

秘鲁共和国

坡利非亚共和国

智利共和国

卷十六目录

巴西共和国

陆军学堂分五等　巴西立国及学校

乌拉乖共和国

阿根廷共和国

学校三等　各种学堂

古巴岛

纽萨威耳士学校

君士兰学校

南澳大利亚学校

算学初学堂　初学地理　略深地理　维多利亚学堂　台斯美学校　纽齐伦学校

卷十七目录

日本学校

日本设学及初学学堂　上下二等学堂　头等大学堂　专门学生数　师范学校　教员修费　历年学堂及教习及学生数　设工艺

卷十八目录

卷十九目录

挪威学校

挪威文学　阿加苏士公所公学　各处学校　公学大学

丹麦学校

文学称盛　各等学塾　校数学生数识字人数

卷二十目录

比利时学校

历年受学人数　国学及视学官　初学等校数教习数及学生数　初学堂经费　二等学堂　头等学堂　大学堂　铁路学堂　民立大学堂　官立私立各学学生数　第一等学堂学生游历　学生以家产捐入学堂　教习学堂　下等学堂　武备学堂　各营垒有学堂　研究行船航海学堂　农政及兽医学堂　绘图学堂分三等　音律学堂　都城医会　都城格物诗文油画镌刻音乐诸会　都城大动物院及手艺器象等院　比国多藏书院　国纪院　各学校数学生数及识字人数学校经费　比国文化较衰　藏书馆

荷兰学校

各学校数经费及学生与识字人数　头等学堂及讲经学堂教习数学生数　各学及识字人数　大学小学

卷二十一目录

德国学校

布拜邦各学　德国律禁迟学　德国重学　外国留学生　巴威利亚邦各学　萨索尼邦各学　德人教法尤良　都城书库　地图局　都中设文词会　德儒劬学　普鲁士各学规制　普鲁士历年校数教习数及学生数　味典白邦各学　巴伦邦各学　耽士达各学　石西

邦博学院　梅格林邦各学　拿搔邦各学　孛黎棉各学　法良法邦各学　麦西努比亚阿比西尼公所及德人立国　国人皆学【节录】大书院数与民数比较

卷二十二目录

法国学校

学部官司　小学校师范学校数及受学人数教员数　第一等及二等学堂　第二等学堂　初学堂分三等　官立私立中等及男女二等学堂　计民数设初学堂　教会男女学堂　教会初学堂及教习学堂　识字人数　第一等学堂　受学人众　大学小学　发明各学

奥斯马加学校

学堂四等　学校数教习数学生数　三等学堂分为三　第二等学校数教员数学生数　第一等学堂　特开学堂　头等次等学堂　官立各学　马加各学　初学堂数教员数学生数　幼童学堂数教员数学生数　学堂四种　朝廷劝学

瑞士国学校

整理学事　遍设学堂　城乡各学

卷二十三目录

意大利学校

意人兴学　初学学堂　第二等学堂　第一等及各学学堂　教习学堂　官立私立学堂　比较受学人数　各学校数学生数及经费　捐贴经费文教盛行　习日本文　都灵文学　各处学塾　各处公所

墨尔得岛氏　意国文教

葡萄牙学校

卷二十四目录

卷二十五目录

卷二十六目录

英国兵目规制八款

英国军衣食用章程十款

英国兵官服役章程二款

英国军士信札章程二款

英国兵丁职守八款

英国提镇协营各营巡查章程十四款

英国军营杂工一款

英国炮台章程二款

英国军马章程二十款

英国军医院十一款

卷二十七目录

英国陆路运兵五款

英国铁路运兵九款

英国船舶运兵章程六十二款

英国船舶运马章程七款

卷二十八目录

英国陆军水师武职相当品级十二款

英国陆兵官与领事官相当品级五款

英国将军等官职守二十一款

英国副将以下各兵官及兵丁之职守二十八款

卷二十九目录

英国兵官餐饭章程三款

卷三十目录

卷三十一目录

卷三十二目录

卷三十三目录

卷三十四目录

卷三十五目录

军装院

一居食输运署　二枪炮药弹货物署　三衣服署　四炮台军工署　五订立契券署

军饷院

卷三十六目录

英国营制

发给收储粮货物　照管营中田宅器物　转运兵马粮货

卷三十七目录

总理军火官　卫生法　医院　兵医杂务　协制　兵士迁调章程　更调　营兵退归作头等藏兵　头等藏兵复充营兵　添充营职留营例　二十一年满后复留营中　十二年期满遇战章程　兵部饬令当职章程　限内身故　斥辞兵丁

卷三十八目录

英国协制买马

英国协制军衣戎服

英国协制军装

马兵　马炮兵　战场炮兵　炮台炮兵　步兵

卷三十九目录

英国协制粮食

畜养马匹　煤炭煤油　每日给发煤炭煤油火与兵官兵丁章程　营垒篷帐等物

卷四十目录

卷四十一目录

卷四十二目录

卷四十三目录

卷四十四目录

卷四十五目录

卷四十六目录

卷四十七目录

卷四十八目录

卷四十九目录

卷五十目录

卷五十一目录

俄国排炮铁甲兵船

双炮台莫纳独铁甲兵船　单炮台莫纳独铁甲兵船　活炮台圆形船　钢面快船

卷五十二目录

炮器原始考

炮军原始考

欧洲各国讲求炮法炮军

欧洲各国炮军日精

英吉利

法兰西

本鲁斯

奥斯马加

卷五十三目录

俄罗斯

各国炮兵

英国炮军

法国炮军

德国炮军

奥国炮军

卷五十四目录

俄国炮军

训练炮军法　炮军择地法　临阵炮法　论炮之功用

卷五十五目录

卷五十六目录

卷五十七目录

卷五十八目录

卷五十九目录

卷六十目录

诸制　俄主继立之法

卷六十一目录

土耳机官制

土耳机君主世及之法及各大臣各局之制　土耳机君主专制之权　王亲妃嫔之制及祭司元魁诸职三长官属官之责任　土耳机崇奉之教及宰相教主之权限　各部各省之官职

荷兰官制

君主继立之法及上下议院之制　办事八衙署　十一省议事局兵船武官及上下枢密院之关系　属部酋长及各省地方官　噶罗巴办事员

瑞典官制

君主权限及上议院选举法　下议院选举法及其权限　阁臣及八大衙门　二十六省总裁及各专局之制　刑官制度

瑙威官制

瑙威自立之议院及各衙署　讯堂制度　瑞典国政治法度　国土特权及议院所议之事项　瑙威制度与瑞典异同之例

西班牙官制

君主世及纳妃及议院之制度权限　阁部之官员职任　各省议院　律例衙门　国王权限及近世纪中叛乱之情形

卷六十二目录

葡萄牙官制

上下议院及办事七衙门　两院员数及办理民案衙门

希腊官制

卷六十三目录

卷六十四目录

卷六十五目录

米利坚合众国官制总述

国体政体及三大权七大部之制　上议院　下议院　议会改议定例　各邦邦会　讯案堂　陆兵制度　海兵制度　联邦选举官员之制及总统选举之法与其责任　七部之例

卷六十六目录

理刑官员　选举两院员绅规例及其权限　两院议事定例及辅院之制　土司院　刑律之异　邦会政务新例　总统与议院之关系议会议事期限　议院员绅权限　议院修改事项　禁止黑奴及他国人入籍之例　美国财赋及国债之数　国会体制　邦会体制　会讯规例　水部六房　可伦比亚政治制度

卷六十七目录

日本官制

日本变法以前国势及变法之由　古代官制及维新后议院之制维新以后官制

越南官制

历代选举法　国王左右近臣　其次近臣　执政及武帅之制文官等次　近侍之官等次　方镇等次　乡官等次　僧官等次　道官等次　外官迁升　随时改革之官制　暹罗官制　缅甸官制　俾路芝官制　阿富汗政治

卷六十八目录

波斯官制

卷六十九目录

卷七十目录

卷七十一目录

卷七十二目录

卷七十三目录

卷七十四目录

卷七十五目录

卷七十六目录

卷七十七目录

卷七十八目录

卷七十九目录

卷八十目录

卷八十一目录

卷八十二目录

卷八十三目录

卷八十四目录

私第饮宴　命妇衣饰　见他国君主与在本国同　终身不得见君

卷八十五目录

出外避暑

客寓避暑　轮船出游　围猎　别墅避暑　茶会　诞辰馈送　无事闲游　登车之制　下乡游览

国君相见礼

奥、俄两王与德王相见之礼

卷八十六目录

冠礼　朋友缔交仪　名刺附拜谒仪制　拜会仪制　尊卑次序礼　皇家仪制　妇女朝觐礼　男子朝觐礼　乡饮礼　宴饮　婚礼　午后迎客仪(住)〔注〕

卷八十七目录

丧礼　杂礼

卷八十八目录

洗礼　叩拜礼　年齿　忏圣总期　任职发誓　受膏礼　纪律

卷八十九目录

舆服制度

俄罗斯制　英制　普鲁士制　君临(仪)〔议〕院礼　接待使臣礼　声炮迎送定例　旗帜　埃及古制　希腊古制

卷九十目录

卷九十一目录

卷九十二目录

卷九十三目录

卷九十四目录

卷九十五目录

卷九十六目录

卷九十七目录

卷九十八目录

卷九十九目录

卷一百目录

卷百一目录

卷百二目录

卷百三目录

卷百四目录

卷百五目录

卷百六目录

卷百七目录

卷百八目录

粉浆:埃罗鲁得粉　脱比阿加粉　谢高米　　香料:桂皮　豆蔻　丁香　逼绵头　胡椒　红胡椒　姜　加大盂　文纳辣　孩儿蕙　壳而燕夺　爱纳斯　芥辣　　糖料:甘蔗

卷百九目录

汤饮:茶【节录】　麻点　葛加　加非　葛哥　葡萄　霍伯司　果类:橘　柠檬　葡萄　无花果　杏子　枣　石榴　忒墨领　香蕉　波罗蜜　核桃　白兰齐乎那忒　希格里那忒　栗子　杏仁　椰子　　饮食:葱头　豆　油　酒　苧麻　黄麻　棉花　周脱　新锡兰麻　不纳麻　小吕宋黄麻　撦捺草　　制油:棕树油　椰子油　萆麻子油　橄榄油　燥麻油　蔓青油　胡麻油　杂油　染料:靛　茜草根　苏木　亚那妥　苏玛格　红蓝花　姜黄　弗史的客　苦耳西特伦

卷百十目录

木料:梦好格尼　乌木　黄杨　檀香　枫柏　戈枪矛戟　花梨　黑核桃　蛇木缎木　力能微得　杉　　胶香:橡皮　木他尔　阿喇伯树胶　樟脑　　药皮:金鸡奶　甲司甲而利辣皮　吉庄皮　毒药鸦片【节录】　菸　捺克司复米甲　　杂种药材:芦会　甘草　吐药　大黄　撦辣　野菊花　洒塞不勒来息那　　杂植物:哥染苏捺脱　哥鸡拉捺脱　买金捺脱　蟹眼软木　钠养钾养　地茶藤　竹　芦　败斯忒

卷百十一目录

第三卷活物商务

兽皮:虎　豹　折骑骉　狨猫　羚猇狮　猫　豺狼　红狐狸　十字架狐狸　银狐狸　加杀客狐狸　狮　犽　银鼠　貂　密克狮　美国貂　臭猫　背姆马得　美国臭猫　獭　美国獭　熊　热猲　白衔猪　黄佛狸　点斑海狗　海狸　松鼠　珍珠猪兔　狈猕　小羊皮　麝　雪鼻猫

卷百十二目录

制油动物:鲸鱼　海狗　各种兽油　　食用动物:牛乳油　牛乳饼　腊肉火腿　羊毛　赖马皮　发　马鬃　野猪　鲸骨　象牙骨　鸟

水族:鳣　鳚　珠　　虫类:蚕　蜂　呀呓米虫　珊瑚

第四卷金类非金类

金类非金类:铁　黄金　铂　银　水银　锡　白铜　铅　锌　铝　锑　铋　钴　镍　钾　锰　铬　煤　石　盐　杂物　宝石　金钢石

卷百十三目录

铜器　金银器　晚近机具【节录】　火轮汽机　印度造纸法　钟表　乐器　镜附眼镜　格致器具

卷百十四目录

第二册手艺制造来原

商务原始【节录】　工作原始　太古工作原始　上古工作原始　巴比伦埃细利亚　埃及【节录】　非利息亚　希腊　罗马

卷百十五目录

中古工作原始【节录】　晚近工作原始【节录】　农政　磨粉制食　畜牧屠羊　园圃　酒　旅寓

卷百十六目录

石工瓦工　船制　车工　绳工　磁　玻璃　肥皂蜡烛　纺织工作　染材　像真花草　皮　毛皮

卷百十七目录

梳篦　帽　矿　炼金　炼铅　炼铁　车　锁钥　利器　枪炮【节录】　镀锡　铜铁绳丝　锯附锉凿钻刨　钮扣　镀金银法　铸铁钉　造钉　网罟

卷百十八目录

第三册商务盛衰更革

论上古商务【节录】　非利息亚　亚苏利亚巴比伦　茄弗痴埃及　以的努比唵

卷百十九目录

希腊　罗马　依丢黎亚　裴相的姆　阿喇伯　回人占西班牙考　回人占阿非利加洲考　回人占西息力考　〔译史氏曰〕【节录】

卷百二十目录

罗马分裂考　佛尼斯　哲奴鸦　各小国　葡萄牙　西班牙

卷百二十一目录

卷百二十二目录

卷百二十三目录

卷百二十四目录

卷百二十五目录

卷百二十六目录

卷百二十七目录

卷百二十八目录

卷百二十九目录

卷百三十目录

卷百三十一目录

卷百三十二目录

卷百三十三目录

卷百三十四目录

卷百三十五目录

卷百三十六目录

卷百三十七目录

卷百三十八目录

卷百三十九目录

卷百四十目录

卷百四十一目录

卷百四十二目录

卷百四十三目录

卷百四十四目录

卷百四十五目录

卷百四十六目录

卷百四十七目录

卷百四十八目录

卷百四十九目录

卷百五十目录

卷百五十一目录

卷百五十二目录

卷百五十三目录

卷百五十四目录

卷百五十五目录

卷百五十六目录

卷百五十七目录

新奇秘制药水税　铸银器税　市沽金银器皿什物税　砖瓦税　砺石税　冠饰手套等税　材料税　煤税　铁税　材木税　蜡油税　勃而立辣税　羊毛税　丝税　麻货税　棉絮税　黄麻税　靛青税　种子税

卷百五十八目录

英国赋税沿革考

人丁税　店铺贾肆税　小律师状师等税　银行钞票税　拍卖税　交易物产估价税　出租房屋税　典铺税

卷百五十九目录

肩贩税　运客税　马车税　水车税　马房税　火轮船税　火轮车税　田宅财产俸禄税

卷百六十目录

遗书税　承受遗产之税　拍卖货物税　保火险税　保海船并船中货物税　火炉税　窗税　房租税　车税　银制器皿税　家内侍从男佣税　女佣税　马税　驰马税

卷百六十一目录

国用门

论国债

各国所负国债【节录】

卷百六十二目录

卷百六十三目录

卷百六十四目录

卷百六十五目录

卷百六十六目录

卷百六十七目录

卷百六十八目录

卷百六十九目录

卷百七十目录

卷百七十一目录

卷百七十二目录

卷百七十三目录

卷百七十四目录

卷百七十五目录

卷百七十六目录

卷百七十七目录

卷百七十八目录

卷百七十九目录

卷百八十目录

卷百八十一目录

日本国出入用款

越南国度支

暹罗国度支

缅甸国度支

南洋诸岛度支

卷百八十二目录

波斯国度支【节录】

亚剌伯出入度支

印度度支

卷百八十三目录

埃及国出入用款【节录】

努比亚国度支

阿比西尼国度支

突尼斯藩部度支

阿尔及耳藩部度支

摩洛哥国度支

卷百八十四目录

撒哈拉沙漠度支

苏藤邦度支

塞内冈比亚国度支

几内亚部度支

里般里亚共和国度支

阿非利加南土度支

好望角一名高老尼土角度支

英属开泼考劳尼部亦海中藩部之一度支

阿非利加诸岛度支

卷百八十五目录

俄属北亚美利加度支

英属北亚美利加度支

英属完哥哇海屿度支

英属纽布伦绥克度支

英属挪瓦士哥些度支

卷百八十六目录

英属孛陵斯挹骨海屿度支

英属纽法文润海屿度支

洨顿墨拉邦度支

森利尼凡达邦度支

况陶劳斯邦度支

尼楷来骱邦

考士搭利加邦

卷百八十七目录

歪阿那出入款项

秘鲁共和国出入款项

坡利非亚共和国出入款项

智利共和国出入度支

亚真田公邦出入度支一作阿根廷

巴拉圭共和国度支

乌拉乖共和国度支

卷百八十八目录

澳大利亚群岛度支

卷百八十九目录

新稍四华尔司藩部度支

卷百九十目录

维多利亚藩部度支

卷百九十一目录

昆斯兰藩部度支

南澳大利亚部度支

西澳大利亚部度支

卷百九十二目录

西印度度支

度明尼加属部度支

古巴岛度支

卷百九十三目录

卷百九十四目录

卷百九十五目录

卷百九十六目录

卷百九十七目录

卷百九十八目录

卷百九十九目录

卷二百目录

法兰西国　俄罗斯国　奥斯马加国　美利坚合众国收款　美利坚合众国产值　印度国　瑞典国　维克多利亚英属　尼伍扫资外耳司英属

卷二百一目录

各国官商各银行存贮钱数西纪一千八百十六年六月底止

各国金银钱等数轻重其金银钱悉系曩年之价值

奥斯马加

卷二百二目录

丹麦　瑞典挪威　法兰西　德意志　荷兰　葡萄牙　俄罗斯

卷二百三目录

土耳其　墨西哥　美利坚　阿根廷

卷二百四目录

巴西　智利　噶兰皮雅此非美国之噶兰皮雅省，乃南美洲之国名也　秘鲁　印度　日本

卷二百五目录

邦交门

首卷　论总理

第一章（第一款）　论公法之原

第二章（第二款至第十五款）　论性理与文教由渐而明

第三章（第十六款至第二十二款）　论用邦交公法之理

第四章（第二十三款） 论邦交公法之源流

第二卷 论各邦自有分当得者与分当为之事所有之改变

第五章（第二十四款至第二十九款） 论各邦应得自主之分

第六章（第三十款至第三十三款） 论分当守产业与地

第七章（第三十四款至第三十六款） 论属地

第八章（第三十七款至第三十八款） 论设律法之分与行律法之事

第九章（第三十九款至第四十九款） 论以律法治人与定人入籍

卷二百六目录

第十章（第五十款至第八十七款） 论邦交私法

第三卷 论邦交中海上通商之公法

第十一章（第八十八款至第九十四款） 论大海与管大海之事情近海与管近海事情各律法

第十二章（第九十五款至第九十七款） 论巡查海面与管理公用之海

第十三章（第九十八款） 论海盗

第十四章（第九十九款至第一百一款） 论贩黑人为奴

第十五章（第一百二款至第一百十四款） 论船属于何国即为何国管理 论通商船之所属

第十六章（第一百十五款至第一百二十四款） 论邦交公法所论理应保护海面之事

第十七章（第一百二十五款至第一百二十七款） 论海面通商公法之源流

第四卷　论各邦在和好者彼此当得当为之事

第十八章（第一百二十八款）　论各邦交涉内分当为之事之总理

第十九章（第一百二十九款至第一百三十九款）　论派公使与商立和约之分

第二十章（第一百四十款）　论邦交公法相关之和约

卷二百七目录

第二十一章（第一百四十一款至第一百四十七款）　论办理交涉事内之公使分当得与分当为之事

第二十二章（第一百四十八款至第一百五十二款）　论领事

第二十三章（第一百五十三款至第一百五十四款）　论权与干(与)〔预〕

第二十四章（第一百五十五款至第一百六十款止）　论和好各法两国彼此有所商让劝和评理商议各事

第二十五章（第一百六十一款至第一百六十八款）　论和与战之间　论如法报复

第五卷　论战事与所有一切之关系

第二十六章（第一百六十九款）　总论各国战事　战法之要

第二十七章（第一百七十款至第一百七十一款）　论战事与民人之相关

第二十八章（第一百七十二款）　论战事分类又有合法不合法之别

第二十九章（第一百七十三款至第一百七十五款）　论报知战事

卷二百八目录

第四十章（第二百九十六款至第二百九十九款） 论战事已毕复归于好

第四十一章（第三百款至第三百二款） 论立和约

第四十二章（第三百三款至第三百十款） 论立和约后事附卷九款

卷二百九目录

邮电门

各国电报邮政多寡并出入各费数目

英吉利国

亚细亚洲英国属地

印度

锡兰岛

萨爱泼里司

喀纳塔

西印度群岛

特力尼达

札迈克

巴佈达

康杜辣

抔耳牟德

卷二百十目录

澳大利亚洲英国属地

维克多利亚

卷二百十一目录

卷二百十二目录

卷二百十三目录

卷二百十四目录

各教圣书【节录】

圣书之解【节录】

圣书出处

翻绎圣书

印度教书

费大书

佛教书

喝捍教书

迷地亚与波斯教书

犹太教书

耶苏教书

回教书

卷二百十五目录

各国大教有八

犹太耶苏回回印度佛教源流

有书教

无书教

国教与人教分别之谬

卷二百十六目录

〔亚〕细亚洲

满洲蒙古西藏

日本

越南

卷二百十七目录

卷二百十八目录

卷二百十九目录

丹麦国

比利时

荷兰

瑞士

意大利

土耳机

卷二百二十目录

希腊

埃澳尼恩海屿

阿非利加洲

埃及

阿尔及耳

几内亚

金滨

助罗四

高老尼土角

南北亚美利加洲

俄属地

加那他

新布伦瑞克

美利坚合众国

墨西哥

西印度

巴西

新译列国政治通考【节录】

卷　一

学校门:总论教化

有天地,然后有万物。有万物,然后有兆民。民之初生,榛榛狉狉,与禽兽无大异。有圣人出,开物成务,而后始得各遂其生,以长、以育、以饮食而教诲之,使之渐进于礼义。于是百物大备,而聪明日启。

西史分剖判以降为三,曰上古、中古、近古。

上古,概皆野蛮。其民茹毛饮血,食肉寝皮,颛蒙无知,鸿濛未辟。久之,而渐有智识。谕以祸福,而知所畏惧;诰以吉凶,而知所趋避。

中古,则有贤圣之君在上,以抚治斯民。虽文章制度,灿然可观,而犹未尽臻乎美备。

近古,则寰宇中地几无不为足迹所至。研究物理,而知其所以然。昭而日月星辰,幽而鬼神昼夜,无不可以测度。于是智识顿进,学术大开,百工技艺,日精一日。欧、美盛隆,已造其极。

然则古暗而今明,岂不由世运成之欤?世运之盛衰,由乎教化之隆污。教化之隆污,由乎人才之升降。观泰西之所以兴者,学其可不讲哉?!

学校门:五洲种族

地球之上,寒热虽殊,而无不可居之处。生民之中,种类虽别,而无不可教之人。天下人类,亦不一矣。有欲以皮色、毛发为分者。发有黑、白、赤三色,然未足以概之。其以皮色为别者,凡有五种,黄色、白色、黑色、紫色、铜色,原其始祖,各有不同。有以人之头骨格式分之者,亦区为五种,一曰高加索,一曰蒙古里阿,一曰(谛)〔以〕谛号比亚,一曰亚美利亚,一曰巫来由。

高加索种,头圆,骨匀,额高低适中,颧狭而不露,齿齐面长,鼻准向下略弯,口下,颔丰;容色则黑、白、赤皆有。在印度、阿喇伯者黑,在丹麦、瑞典、挪威者略赤,发淡、睛蓝。亚洲西方今古居民,及阿人之居地中海岸与撒哈沙漠者,皆此类也。

蒙古里阿种,头方,颧露,鼻小,面阔而扁,眼长,口圆,发黑直而柔,无部须。多居亚洲中之东南、东北两隅。欧洲北方之芬兰、拉孛兰,美洲之兀林兰,土民皆属此种。

以谛号比亚种,概属黑人。头尖,额耸,颧露,鼻大,龈长,颚阔,齿槎枒现于外……①

〔巫来由种〕头笨而重,面狭而小。鼻扁,几与两颧平。唇厚肥缩。发黑而卷。居于阿洲之南。凡印度洋、太平洋、澳大利亚诸岛屿土民,皆属此种。

亚美利加种,骨格略肖蒙古种人。两颧高高露,较蒙古种略圆而弯。目深而圆,面阔不扁。由侧面观之,耳目口鼻似乎凸起,其实不然。天生深陷,鼻高于口殊无几也。皮色或红,或

---

① 此处,疑原刊有脱文。

红铜色，或黑，或略黑，皆为天气变迁而然。发与蒙古种无异。无颔下髭，即或有之，亦鬑鬑数十茎耳。美洲自抑士归莫外，余皆属此种。

夫人类不一，而有教化以划一整齐之，数千年之后，安见其不出于大同哉？

学校门：总论学校

学校主义，虽各不同，而究其所归，乃令人之天资、知识，一齐增长。盖天资、人力，两者相通。天资既敏，而无以教之，则（力人）〔人力〕未至，知识未启。惟有学问以济之，书史以浚之，则中材可为上智。所以陶淑涵濡，不可偏废者也。

夫人之灵明，五官百体，皆以操练而精。然必欲于格致、历算、方言俗语、象纬舆图、制造、绘画等事，无不讲求，悉擅其长，才全业备，则恐身才、灵才皆不能及。身才，如视、听、言、动，五官之司是也。灵才，如觉、悟、记、思之类是也，而全在乎脑。当时德人与他国士子考核学问，谓“能全者不过数种”，即其所言之理。

倘见解不一，必致会悟纷歧。因施教与受教者，才能有限，灵敏无多。故同是耳也，辨音律、定五声，不能妙于听矣；同是目也，混朱碧、淆五色，不能妙于视矣。当其初，耳、目虽皆受教，但其于听、于视皆难擅长。或脑中之明，能精算学，而舌钝不能习语言；能娴于口才，而心浅不能知格致。故欲令世人于一切学问博览兼收，未免扞格而不通。设如其人之才，心思迟钝，而必欲使其敏捷，则虽施教者多费时日，其势亦有所不能。且天下之事，大抵不同。善耕者不必其善织，能读者不必其能商。但求精一艺之长，可为世用，足矣。

然欲精一艺,不能自精,必有使之精者而后可。此学校之所由兴也。有英人言,学校之意,不但令一己获益,亦能令他人各得所用,所谓淑身而后先世、立己而后立人者,其即此意也欤!

卷　六

学校门:英国学校考

学校缘起

西纪一千八百七十年以前,英国学塾皆教会及民间所设。于时文教未盛,人慵向学,民间不识字者甚多。

迨一千八百七十年,议事院订新律五条。其一,各官民须建学塾,以便各处幼童入塾读书。其二,如民间有贫寒子弟,膏火不给者,即令入此学塾。其三,学塾所需经费,皆就本属捐资建筑。其四,凡有纳税捐费者,就中遴选数人,立为董事,料理学塾事宜。其五,凡父母不准其子弟入塾读书,一经董事查出,即照定律议罚。

自有此五律颁行以后,学塾日见兴盛。凡此诸塾,即权舆于中国之义塾,泰西之所谓乡塾也。特立例綦严,人咸自奋。上之所好,下必趋焉。草偃风行,固如是夫。

卷　七

学校门:英国学校考

实学课士

英国大小学校中,专务实学,而不尚虚文。

其实学之见端,则征之于制造,施之于测量,必俱有实效,足供民用,乃得国家褒美,声称始著。若有以新法特创一物者,得世专其利。如天文、地理、电学、火学、气学、光学、化学、重学,皆为实学。其始先以杂技之小者,彰其功用,继而自可由小以至大。

如由天文,知日月五星距地之远近,行动之迟速;日月合(壁)〔璧〕,日月交食,彗星、杂星,何时伏见;以及风云雷雨何所由来。由地理知万物之由生,山水之远近,邦国之多寡。由电学知天地间何物生电,何物可以防电。由火学知金木之类何以生火,何以无火,何以防火。由气学知各气之轻重,因而创气球、造气钟,上可凌空,下可入海,以之察物、救人、观山、探海。由光学知日月各星本各有光及他杂光之力,因而创灯戏,变光彩,辨何物之光最明。由化学、重学,辨五金之气,识珍宝之苗,知水火之力,因而创火机,制轮船、火车,以省人力。日行千(人)〔里〕,功比万人,穿山航海,掘地浚河,陶冶制造,以及耕织,无往而非火机,诚利器也。

然无一不由实学而来。西国虽不以词赋取人,而商贾亦多彬雅,无不通文理者,斯可取也。

卷　七

学校门:英国学校考

伦敦各会

伦敦通城立有各会,凡一百三十九处。如天文会、地理会、图书会、歌唱会、生灵会、花木会、音乐会、医学会、务教会、照相会、耕种会、机理会、哺乳会、算学会、书卷会、施医会、理学会、兵友会、格物会、化学会、教读会、救生船会、救遭火灾人会、救出监苦民会、救街市遭险人会、保养牲口会、救养子女会、养孤子会、养伤兵会、养聋哑会、养瞽者会及经卷会等。

每会皆有公社，高楼大厦，宏敞壮观。各皆数千人，首领则世爵富室充之，按年分捐公款。

如天文考有新星，地理察得新地，格物、化学测出新理，花木访见新种，或思新法，或拟新章，或访新工、新物、新事，皆彼此知会，齐集辩论，务求其通。

此等设会本旨，专心于一艺之中，精益求精，学问日进而无穷，心思日用而愈出。宜其学术之超乎他国也。

卷　九

学校门:英国学校考

地　方　会

英国有稽考民风会，察舆论、取清议，以辅乡校所不及。主持其间者，皆学校中人。凡乡邦治道之得失、本国政令之当否，何者宜急，何者宜缓，举可达己所见，于众聚时述而议之。

会无定所，必于国中著名之区。一千八百七十七年，集于理伏尔布拉——英国大海口，在诸口中居于次。论及童子读书，谓凡不欲令幼童入塾者，必宜强之。为教习者，更宜广搜博采，为后日备问之需。则学校盛隆，人才自可辈出。

议及医道，谓议院宜上请君命，创制条规，凡尘氛雾气与一切恶臭易染人疾者，必遵化学之法消除之。不然，恐人多疾。

语及贸易，谓泰西各国养兵太广，若为设备，各国往来者少，最易启衅。究其故，皆因交易寡而征税多。果能于各国税务，各国皆从减取，人民往来者众，货税征收者轻，则和睦可永敦，争端可永息，而兵亦可裁。

海船出洋，船工遇险，多不测。船沉之事小，人溺之事大，多缘船体不坚。宜奏请遣官巡察船体，稍有不坚，不准放洋。此为顾惜民命起见。

阿非利加洲中地，当开道商路；贫人银钱存于钱铺中生息，实为裕国便民，贫人银钱赖以不竭，无须复向人借贷。

次论宜禁贩售鸦片。谓鸦片流毒甚烈，如父子相继，至三世即不能再育子嗣。故禁之不可稍缓。

其余关于政治及教育之事，均可集议，定其可否。其裨益于国计民生者甚大。

卷　九

学校门：英国学校考

东方文会

泰西诸雄国，专攻亚西亚洲各国文学，实繁有徒。近日设立东方文会。于一千八百七十三年七月间，会中学士大集于法京，共相砥砺观摩，讨论文策，以期集思广益。

更选人将汉史译成，俾人共知中国上下数千年间政治之得失、风俗之美恶、国势之盛衰，真可谓深思熟虑矣。

在会者皆泰西各国士人。外有法国女学士一人、日本文士数人。所有论著，务窥其大，群相钦佩。会凡八日始竣。订于后一年一集，或在英京、或在法京。此泰西以文会友之意欤？

卷　九

学校门:英国学校考

格　致　会

英国设立格致会。第四十六年,集议于戈拉斯钩城。会长安得烈,为英西阿尔兰人。开会之处,为巨绅别墅,具泉石花木之胜。聚者约二千人,国家议院中绅士十余亦与焉。

会长先论述格致之事。谓:"今而后,各书院中应将格致之学详训诸生。即科场诸士子,不第读古人籍、效他人学问,亦应自抒己才,稽考新学,以辅世导民。

"或恐格致之学弗能持久,以予观之,无害也。今天下各国于此学均有进益。亚细亚洲为先,北阿非利加洲次之,近日多机轮,格致之功,较前为速,咸于我阿洲。是则是效,然所用之能,非但赖此水、火二气之力,水、火之外,当尚有可用之奇能。斯能也,譬之山瀑飞泉,岭头融雪,终年不息。格致之力,永无穷竭,亦犹是也。即使山煤用尽,机学亦能仍旧如此,方不害我之格致也。今德、法二国,从亚卑斯山下二河河名"理诺"、"罗诺",导以长流,不舍昼夜,亦即此意。

"诸君其无虑铁尽煤空、难以为继,而忧我英国机器之或失也。昔奈端,英人也;造机器者瓦德,亦英人也。英之格致有素矣。吾人其仍专心致志,谨勤奋励,又乌惧他国人能胜于我哉!"

卷　九

学校门:英国学校考

医　学

语云:“医不三世,不服其药。”又曰:“三折肱,为良医。”诚重其事也。《周官》,医师之职有四,属于天官冢宰。汉亦以大医汤官,隶少府,统于丞相御史,犹有《周官》遗意。后世等于艺术,舍太医院外,官吏不复过问,以致贤愚溷杂,疵类百出。

泰西医学,设为专科。学之必致十年,考之必由历试。立法有七,曰穷理,曰化学,曰解剖,曰生理,曰病理,曰药性,曰治疗。学者穷究详审,尽其所长,官为考验,始令其治病。如毕始利之于化学,波卢平之于解剖,舍仇田之于内外治疗,占拿之于牛痘,真甫之于迷蒙,皆彼土之佼佼者也。

化学为用甚广,不止于卫生。解剖之说,《灵枢》载之。班固记诸翟义量度五藏之事,铜人针灸见于古书。后世不加考究,遂蹈臆度之弊。

考西医治诸病之法二十有四,而大要有六,曰漏泄,曰分解,曰清凉,曰收酸,曰强壮,曰缓挛;与中国名异实同。

承气下燥,猪苓利水,瓜蒂吐宿,即漏泄也。麻黄表邪,桃仁去瘀,即分解也。芩连白虎,去烦去渴,即清凉也。四逆救急,余粮固脱,即收酸也。理中补虚,助弱即强,即强壮也。桂附芍草之治拘急,即缓挛也。

其他和气通血,尚不乖于六法。即脑气筋之论,华人诧为创说。考《内经·素问》云“上气不足,脑为之不满”,又云“髓者,以脑为主”。《脉要精微论》云“脑者,精明之府。头倾视深,精神将夺”。足与西说相发明。

西人言,右肝左脾,下有甜肉,实为创论。尝见西医治病,其接骨、去金镞、割瘤、泄肿诸法,较中国尤胜。

盖西人医学,无不由解剖实验而得,故外科尤为擅长;而脉学一道,实非西人所能望。惟右肝左脾及脾下有甜肉,为未经人道。尝见西医治病,惟接骨、〔去〕金镞、割瘤、泄肿诸法,视中国较胜。其余内症药损者,概以铁酒鱼油,热者沃之以冰,寒者烘之以火,就病治病,不察所由。好异者轻于一试,鲜不为其所误。此中外嗜好不同,脏腑强弱亦异,不可执一以强。治眼疡伤损各科为长,惟治内症是其所短。

卷　十

学校门:英国学校考

西学源流

人才出于学校,而古今学术之源流亦于以判焉。

古时天文之士,考求象纬,必推验灾祥,此实大谬;然由此而人益勤于测候。方士徧觅延年却死之药,讲求黄白点化之术,浮而不实,徒托空谈,然由此而益明物之本质。

一千二三百年,欧洲人始知有罗经,四百年后始用之。自有罗经以指南,舟人历险不惊,航海极远。自鸣钟,亦出于是时。

凡诸造作,所最要者,义德瓦第四时,英人加斯敦,自意大利北方,始镂版印书,嘉惠后学。自此书籍日繁,人才日盛。

自古文字语言,屡有变易。一千四百余年前,国人半习萨索尼语。英主查力末年,始操本国旧音。前此,教王擅权,愚弄其民。

王虞民之陷溺，智识暗昧，爰立学舍书院教民，俾民神智日生，不囿于邪说。王渐延接儒士，使国人矜式。

一千五百年，风气日开，识见渐广。哥仑波新觅美洲。哥伯尼新测地球动理。

一千五百八十年九月，英船主德勒克，自英过麦折伦峡，入太平洋，过好望角而回，始行地球一周，证地球实为圆体。

英王显理第七时，始造纸以丝毛。

以利沙伯时，画技传神，冠于诸国；治格致学者，精微真实，历代深详。此时英相倍根所著之书，使后学愈知考察象纬术数。

惟医者未能深究病(深)〔源〕、熟观脏腑，喜立异方，尝试而已。遇疫疠，则焚火于衢。贮香花于房中，不知启辟窗牖，使达空气；视天气晴朗，始一开之。秽物聚地，污浊满路，不知洗濯其身、择水而饮。以故疫症流行，灾及群生。

都铎尔朝末年，语言文字，变化与今略同。时刊印希腊、罗马书，讲明切究，俾国中文教日兴。当以沙伯利时，诸文人所著诗文，俱臻美善，至今无以过也。儒林中名流辈出，如惕伯加，如斯本色，如拉勒，如舌克斯克，如倍根，如呼格，皆知名于时。所著书，不尚文采，切于事理，至今谈者犹追慕其流风。

斯时已有堪比日、阿斯佛二大书院，提倡风雅，为文教之领袖。

一千六百二十二年，国中始行新闻纸。此后三十余年间，国中人士考察之学以及词章著述，彬彬日盛。盖兵戈扰攘之秋，愈益讲求余事，后及于此，亦势也。

格物家测验天地功用、万物化生，实事求是，不贵悬揣。于是哈尔非始为血胳周流之学。以其切于身也，理虽易明，实性命之要，人鲜有信者。至一千六百五十七年，其说大行，医术为之一变。

观象仪器,其制更精,其术益验。无何,而哈略测日面有黑点,又有人测水星过日面,为今时新法之证。

文人学士,书翰尤美。诗家首推密尔敦,作《失乐园》一篇,凡十二卷。是为一代诗人之冠,风雅日甚。著书家以撒尔敦为最。国家政教纷更,异端蜂起;彼独不以好恶为是非,载笔得传,信于后世。教士亦言行粹然。风俗人心,于焉大正。

一千六百六十一年,大兴天文历算之学。英王特建一会所,多集象纬历算之士于其中,给以厚饩。尤著名之士,曰包依尔,曰何格,曰丸立斯,曰巴罗,曰哈力。而始为光学者,曰钮敦。兼通象纬历学、创作远镜者,曰客勒格力。先为反照之器,明行星、定星旋转排列之理者,曰弗蓝斯得。哈力,始考察彗星往还,别一轨道,按时而至。一千六百七十五年,英始建观星台,宏钜高敞,甲于海内。

性理之学,亦为最盛。曰骆克者,著书有名。

一千七百五十三年,有哈力孙者,修正时表,舟行大洋,可测经度。献于朝,议院酬以二万金。

塞耳辨斯伦,家设有博物院,古器宝玩、奇轶英书甚夥。朝廷出赀购之,今伦敦大博物院肇始于此。

学问技巧之事日盛。斯米敦建一塔于依的斯敦海中磐石,顶置一灯,以为标识,光能烛远,俾舟楫知所趋避。

一千七百六十九年,始开煤矿。中有水,以火轮机器汲之。始用火轮机器以织布,民间大有裨益。于是国中器用,机巧便捷,精美绝伦,民间纺织,事速工倍。盖今国中诸事有益者,莫妙于火轮舟车。制是器者,其人名瓦的,巧慧之士也。

是时航海觅新地者,一曰拜仑,一曰瓦力斯,一曰加德力,一曰古克。周行地球,古克最著名,直至南半球高纬度处,环历审视,而知地理之士所云“南方更有大洲”者谬也。用医术治舟人，使不生疾。一千七百六十九年，至南半洋，测金星过太阳面。定新西兰岛，得澳大利亚东海滨，为英之属地。普鲁斯，远行至亚比西尼，(深)〔探〕尼罗河源。希尔尼，通北冰洋。

当是时，英之士人，学问更精。天文士黑尔舌，测得新行星，名于拉纳。一千七百八十九年，作大远镜，能测前所未见之天空列宿。

一千七百九十六年，医士日纳尔，立一医痘法。

论物质之学，著名者曰伯利斯力，曰迦文的。司外中史记者，曰罗伯森，曰吉本。作诗歌者，曰哥德斯米，曰捌尔纳斯，曰苟伯，曰加拉比。能刻镂者，曰赔更，曰邦斯，曰弗拉斯曼。能绘画者，曰来纳德斯，曰鲁米尼，曰空斯德。著书述国政商贾贸易事宜者，曰亚当斯密。

来克斯，始首立礼拜日入塾，以教人子弟贫不能读书者。今此法行于英之遍地。

一千八百七年，始用气学，以煤气代烛，遍照伦敦通衢，光明如昼。后十年，他处皆然。通都大邑，光辉朗耀，几如不夜之城，奸宄为之屏迹。

一千八百十六年，士人带非，制一灯球，令入矿开采者不伤身命。国中各处设立官塾。

一千八百四十年，立公私信局，国人便之。

迩来人士，讲求各学，精益求精。学校中著名之儒，无不各擅所长。如精于天文者，为侯金嗣、贺荫德。精于地理者，为伊文士、欧多恩、李嘉资、武阿文。精于制造者，为马勒、志文思。精于算学者，为毕力佛、夏礼、古洛色。精于电学者，为阿丹思、花士德。精于化学者，为葛兰登。精于医学者，为白罗斯、席木庵。精于光学者，为司柏的、丁达。探历冰海者，为阿丹尼。能造火车铁路者，为阿格沙得。识花草虫鱼者，为阿拉满、边多安、贺克立、胡格尔。

英国上下千余年，所有人才，略会萃于此矣。

卷 十

学校门：英国学校考

理学源流

（兰）〔英〕格兰创行理学，始于理得。

理得幼时，溺于普人谓“物形皆幻，等于浮泡”之说。逮长，稍闻物实非幻，乃大翻前议。其论谓：人能悉此万物之形，半由目察，半由心测。如目以司见，而所见无一非物真实之形；耳以司闻，而所闻无一非物真实之声。众皆甚是其言。

嗣有苏格兰人斯都瓦得继之，生平尊尚理得之学，间为更正，广集群思，以为此人性中固有之能力也。

近日英国善言理学之人，以斯本塞耳为首，近译《天演论》，作“斯宾塞尔”。析分可知与不可知为二。可知者，乃万物外见之粗质；不可知者，乃万物内蕴之精微。夫万物精微，本亦一物，而无形无体之可见；及其化成万物，已昭昭在人耳目间，故格致家能以得诸见闻而测知之。格致学中所论原质，虽非人思力所能知、所能测，而要皆实有，更无疑义。万物化成，皆原于此无形可测之一物，则此一物为本、而万物为末，明矣。以无形之一物，而成此有形之诸物，能力甚大，变化无端，一至于有形，已属能知而可测矣。呜呼，其理不亦微妙哉！

由是遂有苏格兰之理学书院，中专设性理教习之师，以启迪士子。斯本塞尔之学，近人名之为“天演学”。

卷　十

学校门:英国学校考

工商富国

我朝乾隆年间,英人斯米得,为苏格兰书院性理教习。著有一书,专论富国之本,甚为时人所推许。

富国之原,或言多聚财货,或言广辟土地。而斯米得概以为非,惟以民勤工作为本务。其言曰:俗尚勤,复多机器;凡有碍于商贾之政,国家皆为铲削靡遗。如是必器物坚好,贸易流通,将不求富而自富矣。

富非多金之谓。凡人生不可无之物,能令家给户足,是即富国。凡生财之道,君相宜听民之自谋,莫为遏止。国家利在通商。闭关固拒,适自囿而已,所受之损,殆非浅鲜。是以泰西于各学之外,于商贾一道,尤研究深切也。

卷　十

学校门:英国学校考

作　史

泰西各国,皆不设史官。朝廷政事,儒士为之纪载。是草野一家之私史,非国家之官史也。故所记多识小而略大,详近而遗远,通今而昧古,体例不及中国之美备。大抵自各邦开国以来二千年之事迹,一二册已足了之。

惟地志与国史相表里。英国设立书院,生徒肄业,地、史二学,童而习之。故于国家大政事、大典章、大沿革,人人知之,以素所诵读也。

英士托马斯木，曾作《英史》，慕维廉为译华文，以传于世。今计凡以英文著史之人，其间杰出者甚多。如英人休摩所著《英史》，叙载雅正，兼擅三长。基本所著《后罗马史》，雍容彩丽。近又有马高来者，其所著之《英史》，字句警炼，几掩前人。他若班哥罗甫，著《美史》；摩德利，著《荷兰开国记》，皆能详明博赡，毋忝作家。

史之体，以国政为纲领，礼乐、征伐、法令、政刑悉详载而靡遗。英史尤首重教会。国中大政，无事不与教会相关，故叙述不容简略。西史多用编年体，有本纪而无列传。名人事迹，虽偶一见之，令人有未备之憾。

泰西立国，大端有三，曰君主、曰民主、曰君民共主。称谓既殊，权位各别，因此启君民之争者，纷(不)〔纷〕不一。故作史者每于此往复论辨，以寄其深意焉。

卷 十 四

学校门：美国学校

哈佛华童肄业总局

哈佛城，前时曾有我国幼童肄业总局。所遣幼童，凡一百二十人。有总办、有教习、有翻译，为之约束、教导。幼童以二人一班，分居各绅士家，随其子弟入塾，就傅肄习西国语言文字。每童学费，岁需四百金。三阅月一次，来局教习，课以华文。每次以十二人为率，十四日为期，循环依序，周而复始。每日卯正夙兴，亥初就寝。其读书写字、讲解文艺，皆有定规。写寄家书，亦有定期，月计两次。

此局创始者，为丰顺丁日昌抚部；议撤者，为南丰吴嘉美侍讲。

卷十四

学校门：美国学校

论列各学

美国文学与教化虽分，而实以版籍之众寡为学校之多少。大抵一邑中，满一千二百人者，则设医士、教士、牧师各一。其有人数倍于此者，则医士等亦倍焉。

美国立例，户口至四五十，人数在三四百者，则立一小学。小学亦分两等，有教终年者，有教半年者。教半年者，分冬、夏季。如冬季，则延男师教授男女；夏季，则男者习农事，别延女师专教女子焉。

小学之外，邦中幼学八百，大学三，又大公学三四所。大公学者，即圣、医、律三学也。每年总费银约三百万。

其各学之事，由邦之正副二总统与学长八人，共为一学院，以理学政之事。八人者，归二总统与议士同时选定，循序为长。每届一年，则为长者退，别选一人以补其数。既盈八年，前选者俱出，为满一任。

夫国以民为本，民以食为天。仓廪实而知礼节，衣食足而知荣辱。学校之设，所以宣教化之源，懋廉耻之实，依仁据义，易俗移风，实于此是赖焉。

美之讲求学术，先由教士开其端，后由国家收其效。凡有土地者，得民则昌，失民则亡。当开基之日，幅员褊狭，民物无多。乃不数十年，疆宇日辟，庶产日繁，珍奇集于四方，财利充乎府库，勃然而兴，遂成大国。其故何哉？得民悦学之效也。

所以采风者但考其民之多寡，即可觇其国之兴衰。孔子于卫民既庶之后，即继以富之、教之。然则学校者，国家所最亟者也。

泰西学校规模，至详且备。各种学问，无不以幼学为始基。所有象纬、舆图、历算、格致、律例、性理、吏治、武备、机器、制造，以及化学、光学、声学、电学、重学、医学……无不兼程并进，博采旁搜。其致力专，其用心细，进而不已，造乎其极。今日习之学，他日即可措之事。使兵、刑、工、农之官，皆幼学壮行，无学非所用、用非所学之病，此泰西学术之善也。

至于文章诗史，亦所不废。古人应对，专尚辞令。向之所称，"言之无文，行而不远"。泰西各邦，朝聘盟会，往来无间。其所以折冲敦槃之际、周旋坛坫之间，何尝不恃辩才捷给、有以箝其口而夺之气哉！

每岁学塾之费，进款若干，出款若干，悉官为经理。有清单悬之国门，刊之日报。阖境之人，无不周知。一有侵蚀，清议随之。无朘削之弊，无蒙蔽之虞。其国势振兴，宜矣。

卷十四

学校门：美国学校

仿效善法

泰西诸国，见有善法，则必互相仿效，不以袭取为嫌也。即如美国，所师法于德国者有二，一政事，一音乐。

美国之政，即循德国南方瑞士三支派之法，向来不立国王，自民得主。此三支派，一名乌利，一名瑞士，一名罗敦。瑞士民风，不愿受人管辖。居处高山,人不易到。欲使之服属殊难,逮后以十余支派成为一国。每支遴选官长,聚议一切。国中规矩律例,俱系众订。事无巨细,咸视舆论为断。非如他国之赏罚黜陟,悉由一人之喜怒也。自宋、元以迄于今,从未立王。所以,美国自乾隆年间创立国基,极生羡慕心,至今国政仿佛似之。

其二为音乐。泰西诸国,最精于音乐者,德与意大利也。美所喜者,尤在于德。一千八百七十七年五月,新那城有一大乐会,吹笛箫、弹琴瑟者百人,歌唱者八百人。此倡彼和,抑扬抗坠,俱中音节,不爽丝毫。环而听者数千人。使人气和心平,不啻成连移情于海上也。德国能作至美之乐,近有著名者三人,曰必得和芬,曰巴哥,曰娃哥挪,所作之乐,无不各臻妙美。〔美〕因德人来居者多,往往聆其新声,得其节奏。故至今德国音乐行于美邦。

音乐一道,于学校中所当专习,其用甚广,或用于战场,或用于会堂,或用于朝聘宴享、宾朋酬酢之间。虽艺事,而学寓焉。声音之道,泰西之所重也。

卷二十一

学校门:德国学校

国人皆学

近今欧洲学校,以德国为最盛;人才之出于学校者,亦以德国为最多。盖其国之制,无地无学,无事无学,无人不学。乡则有乡塾,郡则有郡学。其国境内,无论在邑在野,无不为之立学。文则有仕学院,武则有武学院,农则有农政院,工则有技艺院,商则有通商院。四民之业,无不有学。其他,欲为师者则有师范院,欲传教者则有宣教院；又如实学院、格物院、船政院、丹青院、律乐院……凡有一事，必有一专学以教之，虽欲不精，不可得矣。

男固有学，而女亦有学；平人固有学，而疲癃残疾聋瞽暗哑无不有学。孤子无父母者，童子有罪者，皆设一学以收教之。且其国之公令，八岁以上不入学者，罪其父母。故食德之毛，践德之土，必入德之学矣。

夫质犹田亩，而学犹开垦也。虽有膏腴，不垦则荒。虽有才良，不学则废。国无不垦之地，则米粟不胜食。国无不学之人，则贤材不胜用。

国之盛衰系乎人。德国学校之盛如此，将见人才辈出，国势日隆。且也德国之兵，皆出学校，是以人知向义，有勇知方，战无不胜，攻无不克，而雄视欧洲矣。

卷五十五

官制门:英国官制考

英王世及之法

天生烝民，作之君，作之师，公孤卿贰牧伯守令，皆所以治民者也。

西国有“君主”、“民主”、“君民共主”之分。言治术者，以帝为首，称为“君主”；次则称王，为“君民共主”；再次则为总统，称为“民主”。称号虽殊，其尊则一。但以国为大小，而不以称号为尊卑。

英国现系女王统治，于英则称王，于印度则称帝。凡泰西定制，国家政事既归其人，为王为帝，无分男女，其权则一。

天下各国，皇帝之权，有无限制者，如中国、俄罗斯等国是也；

有有限制者,如法、美等国是也。英国皇帝,亦系有限制之权。因前代早定成例,凡议政院能定国王之权何者可为、何者不可为。

但英王之权虽有限制,然犹归继统世及,非如法、美君主为百姓所举、每数年便一易也。

凡为英王者,皆为王家之子孙。天潢支派,奕叶相承,世代递传。王死,则立长子。无长,则立次子。无男,则传于女。如无所出,则传其弟。弟死,则传于侄。男女立嗣,无所区别,然其嗣命为王,必先男而后女。

卷五十五

官制门:英国官制考

英王权限

今之女王,名"维多利亚"。译即"蒙上帝恩为英伦苏格兰阿尔兰之君主",又称为"保持教会之使者"。至一千八百五十九年,印度之地隶入版图,国家因上君主尊号曰"印度皇帝",今之徽称即"英国君主印度皇帝"也。

考议政院定例,英王必耶苏教中人。若皇家子嗣为天主教中人,或娶天主教女为妻,或其女嫁天主教者,均不得嗣统为王。

王权虽有限制,然其权甚大。能赦人罪,能锡人爵,五等爵悉由君主颁给。又,凡赏功如宝星功牌等奖锡,君主亦能独断行之。如英人受他国皇帝赏赠功职,必须先请命于本国君主,俟允准而后可受,不得擅自主裁。英王又有简派钦使、接纳钦使及交战事,立和约,铸造钱币之权。更能遣散旧议员、招集新议员。凡此政令,实国家教会官职水陆军务之一大统领也。

然其权虽尊,不能一人专治,大半由议政院诸大臣相与裁成辅相。故议院中众论相同,君主即不得与诸大臣抗执。如君主与亲任大臣不遵议院之定例,则凡有举动,议院即不肯为之筹办。国中度支,即其一也。从前英例,一年中所入税款,君主可任取若干分,为王家自用,余为国家经费。今此例已改,凡税务全归议院料理,酌取若干为君主一年之禄俸,余交度支院为国家经费。故每岁酌给皇家金钱三十八万五十枚,余充公用。

今之英王,向有赘婿,为德国公爵。有位无权,仅奉国婿之名而已,不得分毫干预政事。盖非王家所生,且非本国之人故也。

英王长子、长女,照例称王、称公主。若次子、次女,亦称王、称公主,不过沿历代相传之习,有长在前,不能绍统也。

英王之子,至二十一岁,例封公爵。惟君主子女不得任己意嫁娶。如逾二十五岁,欲娶妻、适人,必先报知内阁大臣,须俟一年之中议院诸员皆无异言,然后可成眷属。

论者谓,英皇之权,虽有限制,然果能才德兼优,而为大小臣工所钦仰者,则权似更能增大也。

卷七十一

刑律门:英国律例译序*

此从英国律例译出,有纲、有目。纲为总例,目为释例。统分总例若干条、释例若干条,而释例则附(缓)〔总〕例之下。

查泰西刑罪,近数十年,概从轻减;且按理原情,无畸轻畸重之

---

* 按此篇为《新译列国政治通考》《刑律门》之首篇,原无题,今题“英国律例译序”六字为编者拟加。

弊,此其得也。然世异变,势殊俗,殆无不易之道。

此书条目纷繁。有论罪似在一条,而用意微有出入者。因只取其要义,而略论之。亦依原定编次,分总例四十八条。

卷九十六

礼俗门:欧洲风俗杂志

公　　会

泰西各国,每等皆有公会。

商人,有商务会。兵官,有兵官会。议事院每一班人,又有一班之会。格物士,有格物会。读书人,有文学会。天文士,有天文会。地学士,有地理会。制造人,有制造会。……

其会皆建大屋。长廊高厦,广榭深堂,较中国公所、会馆,可胜数倍。在会者,可至会馆中读书,习学各艺,借榻居处,请客招宴,议事论公,会集同志,考究得失。

今英吉利一国,共有会馆五十六所,其最巨者,为上、下议政院,可容十万余人。其余德、法、意、奥,无不有之。有数国之人,集成一会,凡遇议事,可以招之即来者。此固风之自然,虽或有党祸之嫌,可以辅国家之不足也。

其外又有刺客会。如俄之希利尼党、法之密密教党,皆有会馆,惟不在本国,而在他国。如俄党会馆在英、法二国,法党在英、意二国。踪迹诡秘,聚散无常,专与国家为仇。故朝廷垂为厉禁,然终不能销声匿迹。即前者德、法之战,法国有密密教人潜助德国,通报消息。法军之败,半由此(能)来,〔非〕独德人用兵之能也。

卷九十九

礼俗门:德意志风俗

德意志风俗译序*

此书系英人梅蔑所作,专论德国伯灵京都大略风俗。

据言,德国自胜法以来,纲纪文章,兴起甚速。伯灵京都,向仅为普国京城,今则为各邦总会,治平景象,日上蒸蒸,多为乡曲之民迁居京邑者。故近来风俗,较二十年前,大相悬绝。

京城百姓,分为数等。王公侯伯子男为一等,显位文员兵官为一等,自商人工匠以下又为一等。若牧竖走卒,品斯下矣。

上等之人,不肯交下等之人。惟富商大贾,可以往来。若寻常贫贱之人,虽极意逢迎,不能望见达官颜色。

即著名读书之人,亦罕有登公卿之庭平揖抗礼者。在上位者,多骄侈自大,不肯折节下交。在英、法各国,文人学士往往与大臣订交,或咨询政事,见之措施。惟德国则不然,官自为尊类,皆高视阔步,藐视一切。虽读书名彦、学富五车,而当轴富贵骄人,欲于野径间而遇贵人麾盖,则年中仅见,真空谷足音也。

惟其人能祸福朝廷者,虽无职位之荣,而爵员大臣皆重视之。其余文武大官与教师之品尊望重者,则与上等人亦相交际,联契合之欢。若官不过一命、位不过一秩,风尘下吏,碌碌无所短长,则在上者必轻视之,不屑宴会为欢,订酒醴笙簧之雅。是以中等、下等之人,每多粗率。

在富商大贾,囊橐既充,每欲与上位者缔交,不惜以黄金相要。

* 此篇为《礼俗门:德意志风俗》首篇,原无题,今题"德意志风俗译序"系编者拟加。

语愿输贵人之庭，冀得上通声气，下浃性情。若蒙青眼，则荣胜登龙。以为瞬息之间，可以声价十倍。其有贵人之涎其重利者，往往将子女与之联姻。亦有不肯下交者，殷富之商，必多方笼络。先纳巨金以买爵秩，然后低首下心，乞怜于搢绅阀阅之门。有愿称假子，求假父之吹嘘者；有愿作门生，望先生之下顾者。如此种种，殊为君子所羞称。薄俗浇风，言之齿冷。

上等贵人，每与中上等人谈论，称谓间往往自形其尊大，不免颐指气使，骄慢难堪。其称人也，则直呼其职其名。如其本操贱业，名某，即直指其业并其名而称之。其自称也，则自举官衔述之，惟恐不尽，以显贵贱之不同。京中富人甚少，其贵者又皆藐视平民，欲以功名自翊，凡一切交际，皆不免薄待宾客。

总之，德国上等人，虽极清贵，而食俸不多，不及英、美十分之五。惟所生子女，皆以贵人目之。虽未尝授以职位，而叨其荫庇，身价自高。考英、美、法国，爵员其罔替者，不过长子世袭，其余庶子仍为齐民。德国则庶子诸女一例尊贵，金枝玉叶，皆不寻常。

京城中最富者，以犹太人为多。若辈或开货铺，或设银行，或建轮船铁路公司。终岁所余，囊橐殆满，比之邓、石，犹有过之。因此间与上等人往来，联亲结友；亦有得国家功名者。贵极而富，富极而贵，天下大抵如是。穷措大落寞蓬庐，宜其与死邻望九阍而叹息也。

富人交结贵官之后，又皆欺侮贫贱。忘却有向来杵臼之交，一判云泥，即白眼若不相识。人情势利，天下皆同，揆之中西，若出一辙。而所谓以气节自持、身名自重者，安可得哉？

上下数等之人，办事皆极认真。为读、为商、为农、为工，皆实事求是，兀兀孳孳，以望其速成，而于游玩偷惰之心，在所从缓。故国人容貌，每多疾首蹙额，盖感诸中而形之外也。

礼仪粗率。虽当筵席饮膳、屋室安眠之际，仍必高谈阔论，旁若无人，更有呼唱喧哗、恬不为怪者。英、法之人辄非笑之，而德人终不能改也。中途行走，攘往熙来，不肯逊让，每有彼此相撞、卒至殴詈者。吃烟一事，本为不近人情，苟有妇女在前，更宜敛迹。德人则漫无顾忌，虽席上、车中、船中，妇女在座，而吞云吐雾，呼吸依然。大餐之时，刀叉并用，然刀所以割物、叉所以取物。德人竟有以刀取肉，即送入口者。

但国人虽不知礼仪，而礼仪书籍甚多，皆载日用所行之事，特国人未之察耳。

卷 一 百

礼俗门：缅甸(族)〔俗〕

缅甸人，与希墨来亚山东境之人相仿佛。性粗鄙，肌肤淡棕色，发粗黑而长。

除缅甸本人之外，土族甚多，大半居山中。其要者有二族，一曰山族，二曰改形族。改形族更为粗陋，绝无教化，如野兽。山族，则稍知礼义，与暹罗人相同。其女人之权，与男子无异，可以出门交友，可以见官，随意所之，不能禁，不若印度之拘于闺阁也。

按缅甸本君主之国，所有各族，均为缅王统属。国律残酷，另有刑人之所。民间性命，轻若鸿毛。国中及无施无不畏之官，无定职、无袭爵，升降黜革，均任缅王之命。有朝披袍冕、暮涸渔樵者，有子入枢机、父褫鞶带者。其官职大小，于衣上绣有金线。最卑者金线三条，加一级则加金线三条，如六条、九条、十二条、十五条，至二十一条而止;惟君王有金线二十四条。臣民皆无自主之权,一举一动,须禀知君主。如赴外邦,君主不许,即无可如何。

今缅甸统于印度,臣服于英,已历四十余年。国中已无君主,昔年积习,大为变更。易俗移风,颇有胜于从前者,欧洲人又均至是邦通商、传教,应因者因之,应革者革之。

然其俗亦有不逮从前者,则吸食鸦片,其一端也。其地土性最宜罂粟。昔时缅国例禁綦严,人莫敢犯。至归英统辖,其禁遂弛。民贪,广行种植。价廉而物夥,闾里男妇,皆得供其呼吸。以人数均之,昔居四之一,今则几至无人不嗜。耗精则惰,竭赀则贫。既惰且贫,何能自立?积弊已深,殊难猝禁,英拟重值以困之。顾此虽非英人之所教,然习与性成,鲜知自爱,亦民间之巨害也。

卷百三

礼俗门:依司基玛俗

依司基玛,在北冰洋极寒之地,阿非利加及亚细亚洲之北。地方数万里,在寒道六十度至六十七度,冰雪不融。过此度即为北极,非独无人,且无禽兽。盖北寒道有人类之处,至此而止也。

其族类甚多,散居数万里。能耐寒。其聚俗之由,不能考所自始。【下略】

通境不知纺织之法,亦难种植,故无棉花蚕丝之布,衣服一律用皮。又无针线,〔针〕以骨与角为之,线以筋条为之。【下略】

终身不知洗衣,亦无澡沐之事,故肌肤黑垢,秽气彰闻,如入蜣螂城中,避之惟恐不速。

严冬居室中,室以巨石或兽骨为之;或掘雪作屋,敲冰置窗,为

暂栖之计。夏以兽皮支帐居焉。家室迁移无定。【下略】

俟冰泮,始出营生,非渔即猎。地无(不)〔禾〕谷,即有草木萌芽,既出旋凋。草则仅有枯根,木则仅有小果。故民于渔猎外,无所事事。盖不毛之地,固不能乞灵于一二也。

海中多鲸鱼。居民每获大鲸,肉则充糗糒,皮则制裳衣,肥肉及油则燃灯或以为炊煮之需,骨则造屋或则渔猎器具。

所造之船,仅寻丈,以骨作架,外蔽以皮。【中略】地面冰面之上,坚而且滑,运货或用拖船,以犬拽之。其船用坚皮制成,中有骨架支撑。【中略】所造捕鲸之具,如箭、如钩、如钻、如刀,或以石、或以骨为之,虽不甚锋利,亦灵巧可观。因地无铜铁,只可磨击之功,就事论事,已难乎其制造矣。【下略】

数十年来,欧人争至其地。其土人灵明,易学外事。见欧人所唱之曲、所弈之棋、所绘之像,皆能仿佛效之。若施以教化,可入高明之域。惜有其才而无其用,所谓投明珠于潴泽、弃楠梓于荒山也。

俗尚信鬼。以为天下无论何处,必有阴阳,阳者为物,阴者为鬼。如一树必有一树之鬼,一草必有一草之鬼,一山必有一山之鬼。推之鸟兽器物,无不皆然,而总归大鬼所统。其于“天主”之说,则茫然不知。又谓世界之上,地凡数层。所居地下,复有世界;而顶上亦有世界。但下界温暖,上界极寒。今所居之地,下必有大柱支撑。倘大柱朽坏,恐天上之人一齐倾倒,人将化为齑粉。须仗大鬼之力,为之扶持,始免是厄。其识见如此,亦不知其说所自始也。

人一夫一妇,无娶妾之事。尚信实,同辈中无欺诈诬窃之风。惟见异类之人,则必当谋害。境中各自成家,各为自主。无君主、官府、酋长，故无管辖之人。幸同族者，和气无争，患难相济，缓急相扶持。偶有匮乏，同族之人必分给之。故虽无君上，而风俗敦庞，性情一致，熙熙皞皞，真怀、葛之民与！

(人土)〔土人〕捕猎之下，或得大鱼，或得大兽，必遍分各族；其人虽未与捕猎之役，亦得给之；惟小物则不能遍给矣。

客至，无寒暄语，亦无迎送节目。间有知己者，互以鼻尖相触磨，为亲爱之极。然此风亦不常见，非各族皆有。

要之，俗尚虽陋，而质朴仁让，犹上古之遗。合天下观之，彼泱泱大国，有君主、有政令者多矣，而欺诳凭陵强弱攻夺，其视此无君之国，果何如哉！

卷 百 七

商务门：英国商务书绪论*

泰西各国，最重商务，贸易一道，讲求益精。盖所以阜民(则)〔财〕、充国库也。

英吉利一国，向本关闭自守，绝不知商，市廛贸易之间，无从详考。近日讲求商政，京城、各地方皆开设商务学堂，教习通商规则，以便贸易。因此有精于商务之人，特著一书，以教本国学生，并教导各处商人，获益非浅鲜。

或谓：行商贸易，殊不为难。不必如何讲求，亦可作小负贩，以逐蝇头之利。

岂知商政极重，欲精此道，不但须明旧日所传商政，并宜讲求

* 题内“英国”二字，前录《新译列国政治通考目录》中作“英人”。

近日通商新法。如各种货物增出愈多,则新法更为繁琐。知乎此者,不但贸易之道日益繁兴,更可使朝野上下,渐期富足。

古时人所有货物,较现今尚少,因其不讲货物之来历、销路之宏通。现今之人,虽大半亦拘成见,然其中有明于贸易、较他人识见增多者,因此市面之兴衰、货物之增益,一切新法,皆由此等人从中考究而得。即以数事为证:

一千八百七十二年,有英国医士在新加坡游玩,见土人手持一斧。其柄非木、非皮,不知何物。遂询土人,略知出处。于是购此柄,寄回英国。由博学士考究,始知其为橡树所制。其质柔软,可以伸缩自如。于是橡树所制之器,又为新法。

时印度格克得海口,有油铺主,一日见油瓶之外盘有根丝,缕缕明晰,大奇之。适制绳工匠某亦来,同视,皆以为奇。遂将此物寄呈英国考究。知此根丝可以制布作袋、作衣物;倘与蚕丝拼合同制,不知者亦视为真丝,不知有根丝参入其间也。自后日益讲求,采取根丝制造布匹,通行国中。今北鄙苏格兰一带商务,根丝一项,亦为入款大宗。

一千八百七十八年,新金山开水沟,地中露有石英。中有一人,见石英中有明耀射眼之物,查得此中有金,遂用新法取出。向来取金,皆用淘汰之法。至此,即以石英捣碎,并加他法练出。此法既行,商务中又获大益。

一千八百五十年,有美国人在教堂墙上见有红色,娇艳可观,因询本堂牧师。据言,此系本土人在山中取来,不知何物。其人遂追究此物,至采取之处审视,知此为铅硫矿,即朱砂也。此石鲜红,可为要用。于是朱砂一物,日渐风行,物多价贱,民用称便,商务又增一益。

一千八百六十七年，有农人在亚非利加南鄙、英属枚壳来奈地方，见幼孩手持一石，光彩发越，为他人所见，欲购之。幼孩之母，即将此石举赠。其人遂持此石至都会之地，遍示众人，知为金钢宝石，可值金钱五百枚。好学者即踪迹小孩得石处，博检详收，得石不少。风行之后，商务又为一新。

又有英国帆船，驶赴巴西国。见其埠头不甚讲求，潮送舟行，撞入岸侧，舟易触损。忽见舟旁有细草，若为包护，舟与岸触，不致损伤，异之。后回英国，舟旁尚有此草。有本国人之制帚者见之，取为制帚，大为合用。因向巴西国采购此草，制帚售人，商务又增一益。

一百年前，英国有贩木棉赴英者。时(美)〔英〕国但守旧法，不能将棉花制物。后有艺术士造得以棉纺纱织布各器具，于是制布分棉成功极易，棉花销数极多，英国织布生业独胜他国，商务又为一新。

以上数端，皆系创法，可以广人心之知识，求货物之来源。如此等留心商务、讲稽物理之人，自与贸易场中，大为获益。故国家欲期商政之兴，须多设商务学堂，招集聪明子弟入堂肄习。天地生材，必有所用。有前未呈材、今忽用世者，有前不知用、今可取材者。凡各物之来由，知识之新启，均须讲求阅历而得。苟能如此，则财阜国富，天下无弃材，而民间有乐利矣。

商学之要，约分数端。凡地学、金石学、地理学、植物学、生物学，此五种，都与商务相关。此书所论商务，不外五种学问。商人虽不进商务学堂，苟见此书，亦可明晰行商要理。

此书共分四册。第一册言货物材料来源，第二册言手艺制造之来源，第三册言古今商务兴衰沿革更变，第四册言近今商务。四册之要，大略如此。其详如左。

卷百九

商务门：汤饮

茶

茶本中国、日本国土产。近日浙江、安徽、湖北、福建各处，皆以产茶为业。

茶有红、绿二品。中国人喜绿，西人喜红。然绿茶出口，或运至美国者岁亦不少。红茶多出于福建。

从前西人所用之茶，皆运自中国。近来印度国锡兰海岛亦多种茶，该处茶叶甚为兴旺。然因种者尚少，故西人之茶大半仍购自中国。不过中国茶叶年减一年，印度茶叶则年增一年耳。

西人尚论者谓：中国之茶，并非无端衰败，实因种茶者不肯讲求新法。前出之茶，极为西人所赏；今则仍为旧日之树，所结茶叶力已不佳、味亦渐劣。自当另分新树，将旧枝拔去，则茶或可以变美。更有业此者利心太重，每以劣茶和入佳者之中，致佳者亦劣，西人知之，辄裹足不前。并非因锡兰各处出茶，致中国之茶衰败。若仍能恪守是法，不和劣品，广植新枝，则中国茶叶必胜他处，厥味独良，他处终不能胜也。且中制茶皆以人力，印度茶则以机器制之，匀而且速。中国亦当仿效之。若复不知变更、整顿新章，则茶叶日衰，数十年后，将不可问矣。

数年以来，南亚美利加之巴西国，及澳大利亚，皆种茶树。通计茶叶实广，因西人无不用茶；即中国人之用茶者，视为日用所必需，与柴米油盐并重。识者谓：茶叶一项，风行最易。三百年前，仅行与中国、日本;未几,四处通行,如欧洲、南北美洲、澳大利亚洲四处,西人多嗜之。此即最易销行之证。

茶之一物,有消渴生润之功,虽多饮有湿,然益多损少,不若酒之易于害人。华人之茶馆,在通衢大市中则几于十家三处,如西人之酒馆然。但茶馆之在中国,不过行于南方,北境则寥罕见也。

卷一百十

商务门:毒药鸦片

此物本波斯国并欧洲南鄙、小亚细亚土产。今埃及、阿喇伯、印度、中国皆专种之。印度所产,大半运至中国。其最佳之品,出土耳其。

今泰西及亚美利加各国,只用以治病;惟东方诸国吸之。

卷百十三

商务门:晚近机具【节录】

尝考西历一千年以后,泰西名人代作,实事求是,必探其精。于代数、三角法等算法,深入显出,融会贯通;而于重学一门,尤为讲究。是以汽力之用,得以附丽而成。及一千八百余年,精力皆专,制度咸备,去古法以化新法,集小成以为大成,而新法变通,更复有加无已。此巧艺之所以成也。

卷百十四

商务门:第二册手艺制造来原

商务原始

上古之时,商务本不讲求;而格致之学可与商政相关,茫无体会。所有器用,皆以人力为之。每日所奏之工,成物非易,只足敷一时一处之用。虽市廛贸易,可通有无,而出物无多,仅堪自给。故当时人民稀少,生养难资。

今格致之学益精,凡制造艺术,如编织缝纫、锯斫钻击,及舟车器械,日用所需,无不以机代人工,取资于是。由是人数日多,以生以养。当时人少而患不足者,今则人众不患无余。可见格致一门,关乎治理之原,为商务首先之要。

是册专论古今工作,大旨仍不外乎通商:而究其所以当然,仍由格致而得。若无格致,依旧鸿蒙。

泰西风气之开,较中国独后。初时闭关自守,聚一隅中,局促如辕下驹。运动货物,以背承之。舟船不行,泅水负物,亦承背项,以泳以游。之际虽能负贩,为数不多。

其后见树木可浮,较人更轻,思欲以木负物渡水,而斧钺未备,斫伐为难。嗣土人于山中得铁,知可以熔化为斫木之具,聪明微启。乃创铁为斧,伐木入水,载沉载浮,尚不知造舟为梁也。厥后智巧日开,始知舟船之制,又知帆楫之用,虽所造之舟不佳,而运物已为利便。

若夫陆运之法,当时不过人力,路又不平,挽推未便。如一物一千零八十磅,挽推之力须七百五十八磅。后以物置木板推之,但须力六百二十二磅。若以肥皂或油涂抹,使其滑泽,但须力一百八十二磅。若木板下承以小轮，只需力三十四磅。今火轮之法，则三四磅之力，已可挽之而行。此亦由渐观成之效。

说者谓西人之巧，亦属寻常。其初浑朴无知，皆安简陋。在二百年以前，始有创造。自是而后，明人代作，心思愈用而愈精，新法日增而日广。数百年来，革故取新，至近日大开风教。凡制造工作，为无上上乘；而博学之儒，犹以为未足，无日不殚心竭虑于格致之理，精益求精。此生未竟之功，则贻之子孙，俾终先志。于是技无不精，而人无不富矣。

即如煤、铁二物，初行之际，已为利便。然但知煤之可焚、铁之可击耳。至于煤之可造染色、煮水汽，铁之可以熔坚钢、制利器，则非以穷理之功，不能至此。

故言商务者，必当自格致始。

第一册已将地上所生之物，详考其原。此册则专言工技。盖天下万物必有所用，然非以人之心力为之，则一弃材耳。

泰西古时，学问不过史书记载之功，并无究心格致者。一自罗马衰败，新国鼎兴，相传数百年，专以富强为计。何国能求新法，则制造必良。一人创之于前，众人行之于后，务使有利无弊，遗憾全消。

故欲期商政之兴，当期制造之美；欲期制造之美，当期格致之精。制造、格致，彼此相维，不可偏废。彼迂儒不知探索，每谓圣贤功业，不言利财。岂知《大学》一书，亦重府库生财之道？圣门如子贡，且以货殖称。然则通商一端，亦非寻常学问也。

卷百十四

商务门:上古工作原始

埃及【节录】

【上略】绎史氏曰:观埃及国当日风气教化、制度文字、工作巧艺,皆胜人一筹。因数千年前,民朴无知,不似今人之智巧相传、心思日辟,而彼之智力已能如此。若生乎今时,其才力有不可思议者。然此时人类虽多,各自分疆而治,最兴盛者莫如埃及。其人既无授受,何以能得师承?乃今则风气极衰,一败涂地,岂当时人皆明达,今则人尽愚蒙,彼苍故设此上下颠倒之局以敝埃及而兴他邦乎?抑或清明灵秀之气尽行发泄,钟于古而不钟于今乎?不可解已。

卷百十五

商务门:中古工作原始【节录】

【上略】论世者谓:中古之时,欧洲草昧虽开,文明未焕。而教化之美、风俗之醇,以及学问心思之巧,当首推西班牙,其余皆承其风,加以通变。然今日英、法、德、美诸国反出其上者,否泰循环之理有当然也。

卷百十五

商务门:晚近工作原始【节录】

【上略】论世者谓:欧洲于数百年前,道路不辟、田野不治。今则荒地皆辟;各处道路宽平整洁;桥梁坚固,或以木,或以铁,或以石;

虽穷僻之区,亦皆修治精良,一无遗憾。觇其国者,可悟兴衰之理,知欧洲之盛,非无自而来也。

虽然,人力之施,不能强天心之定也;智巧之用,不能胜仁义之功也。

欧洲富强风气,虽开于西班牙一国,乃近日以来,英、法、德之国鼎起,文明工作,驾而上之。各国翕然从风,互相矜式。于是天地格致制造之学,日习日精,数国人心皆归于一,有不富庶者乎?不惟此也。欧人既至美洲,美洲之兴风气尤速。他日或胜于欧洲,亦未可知。

盖近水者多智,心灵易动,遇事更张,苟有一利可图,不惮多方(龙)〔垄〕断。此西国之盛,亦其不拘成见、善为变通之所致也。

卷百十七

商务门:枪炮【节录】

【上略】近时大局变更,均尚技巧。不第制造枪炮,年盛一年;即铜铁之为别用者,工作翻新,智巧心思,宛若别开世界。

铁甲、铁皮,有厚数尺者,有薄如纸者,皆任机器轧之;大小方圆,指挥如意。今时辰表中所有旋转铁丝,俗名"油丝"者,皆极精极细之钢所制。每斤粗铁,价值无多,若制为表中钢丝,则每斤可值英金数百元,以工作久而人力烦也。击铁之槌,向本用手操持,但轻者可执,重者即不可执。今机器已行,自能锤铁,每锤有重数吨或数十吨者。

不但此也。制造铜铁之具,皆可以机代工。向之不能为者,今则可以为之。于是货物日多,人工日省,国富民足。转移之术,有心者盍推广行之。

卷百十八

商务门:第三册商务盛衰更革

论上古商务【节录】

【上略】此册专论商务历来沿革。惟上古荒远,征实殊难,故浑噩之时、洪荒之世,未能考信者,阙焉不详。但从欧洲立国之初,记载其事,并将近日商务,比较兴衰。观此,即可见风俗之变更、政治之得失焉。

夫贸易一道,关系非轻。自古至今,或社稷危亡,或国家兴起,凡疆域广促、教化隆替、人民聚散、气象变更,皆与商务有相关之理。论世者幸勿易视之也。【下略】

卷百十九

商务门:回人占阿非利加洲考——回人占西息力考【节录】

【上略】译史氏曰:回人初盛之时,欧洲英、法诸邦皆未兴起。故阿喇伯教化,独冠各邦。踪迹所到,劝导有方,百姓无不顺从,资其乐利。其后蔓延益广,如阿非利加洲之西、北、东三面,皆有回人错处其间,建设埠头城垣,开凿道路,以兴农桑之利。迄今阿洲商埠,大半为回人所开。虽代远年湮,犹有古迹遗留。父老谈天,每乐道古之事,遥溯渊源。

即亚洲之印度、中国,回人皆传教而来,万里征途,不辞劳苦。中国之有回教,始于唐初;天主教之东来,反在其后也。

卷百二十

商务门:今俗城乡沿革考

中古之时,公、侯、伯、子、男,有爵大臣,皆有采邑。所居赐第,规模庄丽,稍亚王宫。该大臣退息之余,汤沐优游,养尊处贵。惟城垣之制尚少,故虽守卫崇庸之地,而四维平坦,有戍垒而少垣墙。惊起仓皇,抵御仍须人力。且其时民居简陋,土墙篷牖,板屋茅茨,金宣碧焕之观,曾无寓目。

中古以降,大臣之权渐杀。故家旧族,日就凌夷,蔓草荒烟,只堪凭吊。此际商务日懋,民俗改观,藏富于民,制度大备。于是兴土木,尚经营,屋尽飞翚,城多列雉,有备无患,气象为之一新。

不但此也。新城既增,旧城又改;民居多用砖石,木制无多。且开浚阴沟,辟宽道路,轨容五马,堞表双螭。如英、法等国京城、省城,阴沟之中,可以一人入内,粪除污秽。巴黎斯城中,则更令海水流入,洗去浊垢,然后流出。故居民虽多,无触臭之虞,有安居之乐。阴沟既精,街道遂洁,无藏垢纳污之所,即无河鱼腹疾之忧。

中古之世,路灯不行。夜行者每遇月堕星稀,如行漆室中,暗中摸索。末季始燃油灯,或至深夜不光,或遇大风而息。至今俗,法国始用煤气灯,英、德各国效之;其后更用电气灯,灿烂光明,如入不夜城中,须眉朗朗可数。

伦敦京城,居民约五百余万。于数十年前,房屋尚有古制。一千八百八十五年以后,渐改新观。即有一二未改之屋,亦由工部购回,拆卸重建。因旧屋基址不广,街道狭隘,阴沟充塞,居民杂投秽物,臭味蒸郁,生有疫蛆在空气中。此等蛆虫,若无秽气,不能生长。人感受之,必致疾病。经医生屡次考察,其旧屋一隅中,每年一千人须病五六十人，死者须二三十人。若清洁之区，则只死十余人。此即街屋不广之弊。故工部局专司粪除途路、展建民房，务使一律改观，非仅为体制堂皇起见也。

至乡间官道，今俗之初，稍为修改，然山高水下，尚如蜀道之难。其一律展宽，则自法王拿破仑第一始。

拿破仑勤于武略，好大喜功，每率兵赴德国、意国、西班牙、葡萄牙各国，争城掠地，东荡西除，无有宁岁。而兵经之地，或鱼梁蛤井，若咏接裳；或鸟道蚕丛，忧防挂石。临深履险，每叹行路之难。一千八百有五年，拿破仑始立志展宽兵路四五条。其一条最大者，为山不龙兵，遂建平桥二百六十余处，或凿山洞，或轰石坳。有山路一处，自岭开下可六千六百余尺。工程之巨，可想而知。从此欧洲马路，年多一年，今则有铁路济之，真精益求精者矣。

查铁路之行，为日甚近。一千八百三十年，英人史低文师，始于纳佛坡城造铁路，通至慢质四忒城。此后各处效尤，纷纷建造。其山海阻隔之处，或海底通道，或山中凿洞，更或越岭而过。今美国有铁路一处，须越高山，其上其下，曲折盘旋，如"之"字。故虽高数百丈，而化险为夷，并不虑其覆辙。其海底通车之故，因海水湍急，万难建桥，故在此岸凿空地底，由海下地中直达彼岸。工作虽大，不暇计也。铁道最大山洞，从法国瑞士兰通至意国者为最钜，在爱奥不司山岭之下；最大海洞，在英国锡芬河底。今自英至法，有海相隔。法人欲从海底通车，而英国火轮公司尚未议允。英国迷泥海峡、美国纽约，两处有大桥，一溜长虹，高排横亘，无论大小火船，皆可从桥下往来，毫无阻碍。此桥之极大者。举此一斑，余可想见。

以上皆今俗之事，较中古世运已大有更张，此西人之所以善为变通、合乎时而不拘于古也。

卷百二十七

商务门:中国通商路【节录】

自吉林、朝鲜、中国北洋,南至东洋,迤逦而至中国南洋,以迄安南国东京湾以南,谓之中国通商路。

中国内地贸易颇大,素未运至海外。近数十年,始开海禁,与各国通商。濒海一带颇辽阔,海口亦多;近日内外通商口岸约有二十埠。出口货,以丝、茶、棉、糖为大宗。以中国之地大物博,观今日之出口货,产值甚微耳。良以执政者不思振作,开垦务农,以尽地利故也。

国内多形胜地。江湖地势,于商贩亦称便捷。铁路虽有,亦甚微。近闻拟自粤东开铁路以达上海,由上海以达武昌,由武昌以达天津,上接帝都。而大议未成,业难猝办。

中国于他日苟能极力整顿,广建铁路,(今)〔令〕各处省会城镇皆相联络,使通声气,商旅朝发夕至;由名省大会之区,建铁路以达各海口商埠;兴矿产之利,则中国当为天下第一通商大国矣。今因循若是,如梦未觉,讵不惜哉!【下略】

卷百三十六

商务门:论英国工艺为各国之长【节录】

【上略】考近今八十年,英国人民增多二千万,然其饮食起居,皆丰厚于曩日。况其壤地褊小,据三岛于西海之滨,虽有李悝,亦难尽地力、务稼穑以赡亿兆之众。今英国如此其富者,何也?盖讲求工艺故也。设使专事农务,则此数千万众之贫困饥饿不复可问矣。马迁曰“用贫求富,农不如工”,岂不然哉!

卷百三十六

商务门:论德国商务兴旺之故

究德国商务之所以兴旺,实因近数十年内讲求矿务与机器制造等事所致也。且德国与意大利交界处,有大小岭,难于商贩,嗣于山中凿一洞,开通孔道,货物之由德而意者,皆由此道,其便利可知,并可由意大利而直达地中海。商务因此更盛。商货中最多者莫如糖,国家亦于其间曲为保护。凡他国糖之进口者皆有税,本国糖之出口者皆无税;不但无税也,每年之间,国家必筹贴若干款。盖欲其兴,必先尽其量,而糖贾因之日盛矣。

考德国与西班牙通商之盛,由于酒贾。有一种烈酒,用山薯所制者,西班牙酒贾常(败)〔贩〕此酒,与本处之葡萄酒相和出售。德国酒贾盛行,而商务因之更盛。

德国各货,间有为价甚廉者,因得畅(消)〔销〕无滞。然其中亦未必尽系坚固之物,往往不能耐久,新时颇美观,稍久则坏矣。

商务之兴,又因其所设学校之善。如农务学堂讲求树艺之道,工艺学堂讲求机器纺织等事,商务学堂讲经商服贾、货殖贵贱之理,皆所以兴旺商务也。

呜呼!世有抚有一邦而长贫困、长贫困而欲兴商务者,曷不取法于此哉!

卷百六十一

国用门:各国所负国债【节录】

泰西各国,值帑藏空乏或军需竭蹶,多向民间借贷,亦有贷诸邻国者。以上贷下,或谓非政体所宜。然泰西诸邦已习为故常,无国无之。今统核各国国债,合诸名数而计之。【下略】

以此观之,国债之多,未有如英国者。然不能谓债多之国为最贫也,英则负债最多,而国则最富。土耳其较之于英国,债虽略少,而人人知其贫乏不能自存。

中国素无国债,近始有焉。合三百兆人民计之,每人仅派三卞士而已。然中国借债于他邦,其利必百分之八;使无洋人经理税关,西人犹未肯贷也。英国虽每人派至二十六镑,而国债之利,仅为百分之二三。西人倚信,无不乐于借贷。即国债一项,亦可觇国势之强弱焉。

卷百六十三

国用门:西纪一千八百六十年至一千八百七十三年欧罗巴洲商款盈绌总论【节录】

民食之盈亏,恃地利;民财之多寡,恃经营。以地中之物,供地面之用。天之生材,本无少缺,特患不能取而出之、推而行之。此之所余,彼之所乏,则商务不兴之故也。

欧洲商务,向本不齐,众暴寡,强凌弱,各相吞并。及英、法并起,渐有持平之政,与各国相交。一千八百四十六年,英国议设商务章程,俾归一致。五十四年,又与美国订立通商务条约,凡五金出入口岸,彼此均不收税,以广招徕。六十年,又与法国议减关税之价。自是而德意志、意大利、奥地利亚、荷兰相继订约,彼此减税,以便商人。逮七十年,则欧洲全境皆并立一约,如一家焉。自是贸易繁兴,多财善贾,如草木之繁萌,不能遏止。

迨七十年以后,盛极复衰,又将关税加重。其率由旧章者,惟中国、英国、荷国、丹国。于是商务稍形减色,由泰入否,时势为之一变。

俄罗斯加增口税,在一千八百七十七年。其时国中货物云屯,皆远商之物,无从禁止,故加税以困之。奥、意两国加税,在七十八年;德国,七十九年;法国,在八十一年;英属加那大及比利时国,在八十七年;西班牙则不增不减,故商务顿加四倍。

盖欧洲人惟善于变动,一事之间,无久守成章之理。商务局面,岁各不同。即使有利无弊之政,亦必故为更张,以观其利弊之所在。《论语》曰“知者动”,欧人其善动者欤?

卷百六十三

国用门:论军费【节录】

说者谓:观今各国大局,皆有争胜之心,不肯稍形退让。若再阅数百年,不知成何世界?势必至备无可备、精不复精而止。或者天心悔祸,降灾于人,俾利器尽无可用。然此亦不必然也。即今国本皆虚,商民日困,必思所以挽回之法,以期补救于将来。若一意任其迁流,则国本日空,其患将何所底止哉!

卷百七十一

国用门:法国出入各款下【节录】

欧洲列国,每岁度支,往往出多入寡。其故,因设官繁密,事不兼摄，给禄丰盈，食浮于人，以致经费常患不足，然秩虽崇而事克办，国中大小臣工无不守法而尚廉。其在官者，皆民之望；执政大臣，或且以民之可否为去留。

又其每岁榷政征取，具有常度，丝毫不得朘民脂膏。其所谓库臣者，不过综厥大纲而已。因循蒙蔽、侵冒婪索之弊，一切无之。【下略】

至于国家度支匮绌，例向民间借贷而偿其息，谓之"国债"。其息银，即以每岁所征税饷项下，按本扣除。大抵军兴之际，费用浩繁，则国债骤增；事定，乃得逐年递减。亦有阅时过久，而民间自乐蠲免者，此亦如中国捐输之例。计一千八百六十四年，法用兵于俄，所借各地民庶本银，盈千累万，近年始得稍轻。

自古圣人之行王政者观之，鲜不谓国不可为国矣。然在欧洲诸国，成例如此，不足为病也。以是知财也者，不患上下相通，特患上下交征。国债一端，术虽近乎杂霸，然不得已而行之，亦可赖以济兵食、便转输，无临事支绌之虞，而有一时权宜之用。与设厘厂以病民、开捐局以鬻官，果孰得孰失哉！诚能取与信、出纳平，开源以节流，调盈以剂虚，则一国之利，悉归诸公。君之富藏于民，家之实通于国，下足而上无不足，谓非古之道哉！

卷百七十五

国用门：意大利国出入各款【节录】

意大利国户曹请罢钞票，概用现钱；现钱不足，拟称贷民财，需佛朗一千五百兆以补其短绌。

或谓以钞票作银，实为病民之政，美、意诸国，次第罢之，洵知所务矣。然泰西各邦行之，实便于商旅，未有议其失者，则在上之以信结民心而已。苟国帑空虚，而欲以此济目前之急，则非善全之道也。

卷百七十六

国用门:葡萄牙国出入各款【节录】

葡萄牙国户曹核计,自一千八百七十年六月至八十年六月所入之款,共计英金五十二兆三十四万九千七百七十二镑;所出之款,共计英金六十六兆三十五万六千八百八十二镑。两数相权,尚短金钱十四兆七千一百十镑。

所短数中,有筑路之费三兆十二万六千二百二十镑,增造铁路之费三兆七十三万二千二百二十二镑,杂项公费五兆五十二万四千六百六十八镑。是皆有益之举,目前所费有限,日后享利无穷,迥非造战船、购枪炮所能埒。因富国与强兵,自分两途。用兵则利害参半;专讲富国以利商民,则有利无害者也。合三大宗计之,共费十二兆三十八万三千一百十镑;以所短之数相抵,仅亏一兆六十二万四千镑。然则补救将来,亦未晚也。

卷百八十二

国用门:波斯国度支【节录】

波斯古为强国,今则久以削弱。北境多并于俄,西境半入土耳其,南境亦叛而自立。土宇分裂,国势寖衰。

近来稍有振兴之象。一千八百七十三年,波君游历泰西。既归,拟兴筑铁路,创行轮车;设立钱局,铸造金银,以除积弊,并延奥国人司其事。又于各处遍设邮局。一切皆以西法为依归。苟得实心以行实政,当不难复古昔之盛也。

卷百八十三

国用门:埃及国出入用款【节录】

【上略】与亚剌伯、印度贸易,以高塞尔苏彝士为总埔。自地中海至印度,有按期开驶轮船。

埃及,为英国最东属邦东西往来所必由之路。由亚勒撒得至加意罗会城,经历荒野,直抵苏彝士口,皆陆路,英人向筑铁路,运载迅捷。顾尼禄河水盛涨之时,轨路往往为所淹没。

法人里息,乃设法以凿通海道,辟苏彝士土腰四百余里,以利船行。埃及遂为各邦之孔道。行旅至此,不必易舟。设有事于东方,调战舶、运饷糈、载兵士,需时无几。欧洲之人,群称里息之功为不可没也,河道既开,酿酒相贺。然特为东方之患矣。

卷二百十四

宗教门:各教圣书　圣书之解【节录】

西国各教圣书,皆得自东方,从未有出自欧洲者。

圣书之解,欲定一书为圣书,初不易易,惟熟览欧洲与东方各教之书,始可以定。说者谓书中有上帝默示圣人云云者,其书即可称为圣书。不知书中从未有上帝默示之说,即有之,亦属后人假托。如必以上帝默示者为圣书,则佛教、儒教、道教各书与《旧约》俱不得称为圣书。今姑以各教所传之书,人人所尊重信服,而其所重之品节德性等事,又无不于人事有关者,谓之圣书。【中略】

按:中国圣书,西人以"四书五经"及《孝经》为重。且谓:《孝经》感人,在"五经"之上;《易经》中,尤有格致之语。其于道教,则谓《道德经》意思深长,寓有劝善之意。第老子之道,为万物之理,前之人已尽知之,非出自老子云云。且以老子之生而已老为奇,因举俄国古之勇士尼摩音,生时亦发白须长,以证其传闻之误。然此本轶事,可以存而不论。

卷二百十六

宗教门:波斯

波斯所奉,以天方教为主,亦有数部尊崇别教。各首邑有犹太教,阿尔美尼教,阿难四都利亚教,并沙比亚人奉星辰教。

又有随意思想教,约有二三十万人,谓之苏斐士教士。分数等,上等曰毋西扺,极为贵重,仅不过三四人而已;次等曰西哥西依四兰,主执法。此外各城均有马拉司教士,其人与法朗西往时教士相仿佛,自谋衣食,但有修行之名,而无礼义之实。

又有崇奉火教者,即左罗亚司端之徒,马拉司呼之为“赅勃尔司”。大半散居于各处,人数无多,统波斯全国计之,约二千三百户。

波斯教学,为亚喇伯所传,至今仍守旧法。迩来七八十年间,文教宏敷,蒙昧日启。交接周旋,渐有礼义。

惟穷乡僻处、绳枢瓮牖之子,皆不入塾读书。上院人皆入博学院中肄业,其师以哥冷教书为贵。书中具有无数异说,无论智愚之人俱为其所锢蔽。其书转辗传钞,并无刻本,近始以活字板排印。将来塾师颁行教读之法,必大有更革。

有一博学院,名曰“依司巴可玛”,规模宏巨,屋宇峥嵘,在一邦中称为巨擘。其次则有“希拉止”,又其次则为“买希夺”。凡来负笈从师者,皆习亚拉伯文字、天方教律例,及其教中诸书各学,另有教法学法。有一种教规,最为微妙,非下学所得预闻。其名曰“美尔着依白拉依玛”。每学之中,各有一长一副,执掌教法及学中出入用度。师无阶级，惟教士有上、下两等。入座讲书，任人来听；所收生徒，任其自至。师无束脩，以多人尊重者为重。

城中礼拜寺，颇为崇宏。乌拉美亚邑，为古名人赵劳阿始端所生之地，其人始创古巫术教。

按，波斯教法之祖，曰琐罗斯的。纪元年五百五十一，著述经书，称波斯之圣。其说谓有二神以统宇宙。一曰和尔摩，为善神；一曰亚利慢，为恶神。二神各欲行其志，争斗不止。一千、二千岁之后，和尔摩大捷，而天下之恶皆消。又曰：公道者，赴乐土之梯航；虽暴恶者，苟能悔过，净刷尘心，则亦得受无限幸福。日月福，以和尔摩大能力造之，不可不崇敬。如地、水、火、风，亦当加敬。故太阳以下，诸神列于祀典者甚多。国人皆奉其教。至纪元七百年代，始信摩哈默教。

原波斯之初教，盖源与印度之婆罗门，本与儒教相近。故其国势隆盛，法度礼仪有可观者。及回教兴，舍旧从新，惑之甚者也。以至残忍酷虐之风，千载如一日，弑君父，戕骨肉，无所顾忌。呜呼，岂非奉教之失哉！

卷二百十七

宗教门：法兰西【节录】

天生烝民，作之君，作之师。君也者，所以保育无方；师也者，所以教养兼至。皆使之归于至中至正，而人人赖以立命。

上古，以圣人而在天子之位，故国常治，而民常安。自后世判为两途，道统既分，而学术亦殊，于是各教兴焉。

儒、释、道三教而外，则有挑筋教、景教、祆教、回教、希腊教、天主教、耶稣教，纷然角立，各为门户，而互争如水火。

天主、耶稣,同出一源,而有新、旧之异,各恃其党,并力掊击,至于焚戮诛殛,祸延数十世。呜呼!何其烈欤!然究其大旨,同归于事天、爱人、修身、克己;卒之有是非同异之争者,由私见未泯也。

今各教之在天壤间,有盛有衰,有兴有灭,亦随人事世运互为消长。更数千百年,天主、耶稣两教,未知其何如。总之,道以人而立,人以道而存。人不绝,则道亦不灭。人外无道,道外无人。道者,一而已矣。数千百年之后,各教合一,而道乃大同。

卷二百二十

宗教门:各国传教余论两则【节录】

天主、耶稣、希腊各教,名目不同,源流则一,悉本摩西"十诫",以罪福之说,乐取于人,以为善。其说平易浅近,愚夫村妇,皆能循途守辙。补赏罚之不及,佐礼义所未行,立法本善。

而千百年来,党同伐异,仇敌相寻。人民苦锋镝,原野厌膏血。不能以慈悲锁杀伐,而以门户酿干戈,变本加厉,实非教主始愿所及。——近来俄、土之战,其尤著者也。至教士之擅权、教民之梗化,已成尾大不掉之势。意大利尊之,而国库匮乏;西班牙尊之,而内乱频仍;法兰西尊之,而党人固结。

西人之有识者,知为祸变之端,思有以驾驭之。故意大利乘法国兵败罗马都城撤师赴援之时,遂进据罗马,收教堂产业,而并吞之机动矣。普鲁士绳以新法,废其教堂,阻其宣讲;奥斯玛加定教士不得干预国事,停其公费,而排斥之令严矣。荷兰则更改书院章程,不受教士约束,不令先读教书;德意志则致书教王,以监督为煽惑人心、违背国法,而屏除之政行矣。即法、英二国,崇奉天主,亦称其教规不善。美国学士鲁苏及浮特勒耳,皆有书数万言,痛诋教士。徒以积习相沿,无术以善其后。

窃谓:天主教士,至于今日,已成强弩之末。教事与政事,已显判两途,不足以把持是非。仅传教各方,以尽厥所司而已。

卷十三　译述下

铁木真帖木儿用兵论*

铁木真帖木儿用兵论序校译初稿

此书论于成吉思汗时代之蒙古韃靼人及帖木儿时代之中央亚细亚人之兵法及攻略，而故俄国陆军中将兼参谋本部兵事讲究会议员密哈以儿·伊克这威的·宜万宁氏之所著。氏于一千八百七十四年使兵事讲究会评论此书，而不幸不见此书之公刊捐馆，实其年九月二十七日也。

兵事讲究会认此书之有益，且重作者之纪念，决议而嘱予使校正之，且以其会费发兑之。予今完其嘱托，方印刷之。兹略述氏之勋劳及其著述之苦心，示以此书之价值及功用。盖氏之勤务上之事业则表明此书之功用者也。

宜万宁氏者，这儿尼哥夫县之贵族，以一千八百零一年生。初

---

* 此书系俄人宜万宁氏撰著，俄人哥利的因氏题序，日本参谋本部原译（殆译成日文乎），日人佐原笃分氏汉译（译成汉文），文氏校译。今选取其序、总说、目录，据文氏手书校译初稿（犹见"硬译"痕迹）影迹；附收王礼培题记，据王氏手书于文氏校译初稿册端之题记影迹（均见《萍乡文氏五修族谱》）。此书之正文内容，另据《纯常子枝语》（江苏广陵古籍刻印社1990年整理补刊双照楼版影印本）所引录此书之改译稿（文笔已臻雅驯），为摘钞若干（文氏相关考证等随抄不删，以见此书于元史研究之价值），并酌加小题。

学于第一兵学校，卒学科优等，入炮队。一千八百二十二年为炮兵第十三旅团士官试补。一千八百二十五年兼勤皇帝之屯田兵参谋部。一千八百三十年会从兄之丧，为经纪家事辞职。一千八百三十一年再出，任炮兵第五联队少尉补。翌年以命入新设皇立陆军大学校，即今所谓参谋本部所管尼哥拉以大学校，修兵学。一千八百三十四年，以少尉卒学科，出校之时，以学术优等，擢任中尉，属参谋本部，且勤务步兵第三军团。一千八百三十五年任大尉，转任参谋本部勤务特设奥伦杯格军团。翌年补该军团步兵第二十二师团衣粮官。

其勤劳于奥伦杯格地方，即始一千八百三十五年，除一千八百四十一年乃至一千八百五十二年之十二年间，驻在该境者前后八年，此际以著兵书，学术上大有所得。

一千八百三十九年任中佐。自其年亘翌年，从征基华，而后著《远征记》。一千八百七十四年参谋本部兵事讲究会捐其会费，梓之、公刊之。

氏奉职于奥伦杯格军团，冬季冒风雪远征基华，害其健康。历久，遂为痼疾。

一千八百四十年基华远征军凯旋之后，转任参谋本部第一局。一千八百四十七年迁任大佐。翌年，为亲军及各旅团后备豫备全军参谋长事务所附参谋官。一千八百五十二年补步兵第一军团署理衣粮总官。

一千八百五十三年，为财产省出仕，补管理奇尔稽思党民临时会议顾问官。遂为该党民管理长，再奉职于中央亚细亚。留心奇尔稽思党民之政治，专图进其幸福。即察其风俗，兴利除害，严豫防西伯里恶疫。饥馑之际，设保全贫〔民〕之法，以赈恤贫民、以救济其他凡百之祸难,颇有人心。遂掌握政权之实力。一读氏所著之《内部部给夫党志》,则得知氏之用心于党民之政治深切,且通晓民情风俗。

宜万宁氏受命从奇尔稽思迁高加索,为高加索总督之特务委员。关于数回之远征,及高加索军左翼兵之战事,以军功,一千八百五十七年为陆军少将。明年,补画定俄、土两国境线委员。六十二年,为陆军大臣及参谋本部衣粮总官之辅翼员。六十四年,任编制铁路及水路运兵规则委员长。六十六年升任陆军中将,兼补搜集俄国铁路实况要报委员长。六十八年为参谋本部所设之铁路及水路运兵会议会议党议员。七十一年为参谋本部兵事讲究会议员。

然氏鞅掌王事于俄国东西各地,就中驻留奇尔稽思旷原之时,再害其健康。尔来身体渐次衰弱。七十二年以后,病疴益加重复,不得一日之爽快。七十四年,欲养病归其乡里这儿尼哥夫县。九月二十六日,拟赴彼得堡府,更发往其乡里,行程仅四十俄里,抵亚历山土罗喀村,翌日,罹心脏痿痹之重症,溘焉逝矣。年七十三。

氏为人品行方直,才气颖敏,学识该博,勉励不倦,且谨慎不忽其职务。有著书若干,皆有益。诚可谓盖棺后之荣誉。

氏所撰著兵书中,重要者,《基华远征记》及此书也。

《基华远征记》,记当年行军之事情,最精密。而其材料,则宜万宁氏及与远征诸人之所搜集纂录。

而此书即《铁木真帖木儿用兵论》,据最有名之东邦史家及俄国人、外国人等研究东邦古今之事和专门家之所说,一千八百三十六年、四十五年及四十六年,登载参谋本部所刊之《兵事新闻》,又登录其要领于为兵学校生徒所发兑之新闻纸。而后,氏增补其篇章,殆四倍之。七十四年,手记之,使参谋本部兵事讲究会评论之。

此外,氏之著述中有用者,《内部部给夫党志》及《速记法》之二书,及《兵事新闻》、《兵事汇报》、《帝属俄国地学协会报》报告、其他之诸新闻已登之论说等也。

要之,氏所著书关兵事者浩繁,比其鞅掌军务之功劳,不让一步,可称双美矣。《速记法》,氏所发明,其在陆军大学校之时所实用也。氏又为地学协会员及工艺会员。

此书即《铁木真帖木儿用兵论》,分为二编。

第一编,搜辑成吉思汗之伟业。

第二编,叙帖木儿之事迹。

两编各有次序。即成吉思汗及帖木儿当时生活,其外政、内政、兵部之制度,其在亚细亚之臣属,及服从民之区别、军制、兵法,军制之总则及其细目,军装、布阵及列序、运兵、交战之形状,兵员之组织及管理法,官制、长幼之序,军纪及兵士之气象、养兵法,其他成吉思汗及帖木儿战略之性质及伎俩,并行军战争之实况等,悉录之不遗。

又,此书所说,皆凭据已译英、法两国语之东邦原史中最良书,并以讨究东邦事物著名之僧耶经夫、备去林、苦利哥里叶夫、沙留麻亚男爵、托孙男爵、汉美尔、其他喀拉无浔、速吕威预夫等之著书。

而今日武官之推论晚近之兵法及兵学之解说,且辑录中央亚细亚所崛起之二大豪杰之传记者,盖以此书为第一。

而此书所论,历史上及兵史上,于欧罗巴及亚细亚,并于俄罗斯一国,有重要之关系。而其于兵史之功用为最大。

乃于历史上谓之:此辑录所讲究,有遭遇国家危急存亡之机运,奇奇怪怪之一年代,及欲并吞全世界、否则虽至少欲并吞亚细亚、欧罗巴之攻略者将达其志之时代、之形势。

又由兵史上观之:成吉思汗及帖木儿完成其一大攻略之理,非如希腊人、罗马人及后世之攻略家用编制整顿之步兵者。而中央亚细亚之蕃民,虽其兵制固异样,用其行伍井然、规律严肃。且当时欧亚两洲列国无比之骑兵之故,可得察之。

盖其用中央亚细亚蕃民始完成并吞欧亚诸国之伟业者,莫他则端,成吉思汗、帖木儿其人卓越古今之英雄,且于其外政内政及兵政上有绝叹之才略也。

此书又于俄国之历史有大关系。今举其要。

第一,解说俄罗斯受蒙古鞑靼人袭击之时,成吉思汗虽不亲执号令其师,其攻战因施行自家之术略,人莫不制服者、国莫不击破者,势如斯,俄国不能不并吞之理由。

第二,说鞑靼人当初害俄国者,则他日助俄国之理。换言,即鞑靼人羁縻俄国之业,俄国学其兵法之几分。而其所学得之兵法,传至彼得大帝之时,而其改革以前却用此兵法为侵攘鞑靼人之具之理矣。

吾曹于宜氏之著书潜心可玩味者有二。即宜氏所辑录,皆据东邦之史书,及汲汲讨究东邦事物近世学者之所说。而俄国史家传说之无明征者,一切不采录之。宜氏所自说,而如蒙古鞑靼人攻略俄国之兵务上事件,从来俄国史中所已见,虽然,武官之叙之者未曾有之。而今此书谙知古今中央亚细亚蕃民之风俗之一将官,宜氏之所著,是其一也。

又此书使吾曹知悉,中央亚细亚人民中,曩日合从成吉思汗及帖木儿之幕下,为亚细亚及欧罗巴之祸害;今则隶属俄国之管下,祈泰平幸福，向后于亚细亚为俄国屏障之种民之古今之风俗。是其二也。

就此书之全体谓之：此书所载蒙古鞑靼人攻略俄国之事实，与基僧院之纪录所编修之俄国史，所载一也。然由兵战之事观之，颇异其趣矣。

以一千二百四十年及四十一年成吉思汗之嫡孙拔都征讨俄罗斯、波兰、细拉西亚、摩拉维亚、洪噶利等，长驱出亚得略的海之远征记事，可证此事也。盖其记事虽简约，所叙述着实，而其所论辨亦确当也。

夫成吉思汗之希图，则在欲为攻略全欧洲，十八年间出师凡十八次，而此拔都之远征，即其第一次也。然世子窝阔台殂死之后，内讧寻起，金党中汗之遗志，悉属画饼。拔都第一次之远征，偶为婪尾结末之出师，是诚欧洲之幸福也。

又由其所载蒙古鞑靼人，及中央亚细亚人民古今之风俗观之，此书所记今后参考之讲究俄国在亚细亚属地人民之制御法，将来所裨益亦非尠少矣。

今临结了此序文，更评此书，则见解正核，论旨平允，言语雅洁而不浮华，文章明快有味。又概言之，此书为于俄国兵史上著大之显象，且贵重之者，复不容疑也矣。

一千八百七十五年四月

俄国参谋本部兵事讲究会议员、

陆军中将侯爵哥利的因　识

铁木真帖木儿用兵论总说校译初稿

凡通观世界，用时日仅少，而攻略土地广大，如成吉思汗时代之蒙古鞑靼人,及帖木儿时代之中央亚细亚诸民者,古来未曾有之也。

夫成吉思汗即位之初,其从属之户数,约一万三千。而终其服从之种族,其数至七百二十之多,其言语宗教概不同一。故汗之子孙统辖现今之支那地方、印度之一部、高丽、中央亚细亚全部、现今俄罗斯之大半,及印度、叶夫拉土两河间之南亚细亚。而攻略此等地方仅于六七十年间。

顾略有如斯巨大之地,且攻必取之、战必胜之者,非有他由,盖当时蒙古之武器,比他更锐利且适实用,兵制整备,军纪严肃,又将校之画策精巧,且长于兵法、战略等之所致也。

但以该民现今之状况观之,当时整顿兵制张皇武威等事,固意料所不到。虽然,亦非无此例。乃一千八百三十年至四十年间,罗马法王之兵及其僧侣,在罗马府陷攻围中。见之者,有谁不怪二千年前此府有精练之兵,所到制胜,尽并有沿地中海之地方之事者。今想像蒙古人往昔之状况,盖与此同一话柄乎。

蒙古人所以攻战之异常者,其概用骑兵,而其数数十万之多。而其运动之巧,使用之于今日,可以得动才三四千之兵之沙漠旷原上,绰绰有馀裕是也。

世人称成吉思汗、帖木儿之进战攻略之时代,曰残虐苛酷之世界。虽然,凡世上欲掌握最第一贵重之权力者,当睥睨一世,期其大捷,固不能免有残忍酷薄之所为。

试观斯巴尔达人,杀戮曾所爱养自己之伊罗土人种者,非不足一再乎?又观亚里斯的里之弟子、马基顿之亚历山德,非掠夺斐维府、诛杀池留府之住民、不欲降之地概(抗)〔坑〕全府乎?又如凯撒之于加留里亚,其暴行亦不下马基顿之亚历山德。皆可以见英雄之残虐苛酷，殆无大差。

前人往往记载蒙古鞑靼人之残酷。予以为或可有出记者传闻之误者。

何者？蒙古鞑靼人于自家之利益上，觉农工商贾之不足时，不啻妨害为彼等却保护之。加之如宗教之流派，蒙古人一切不问之。马留哥·波罗，尝仕忽必烈汗为显官，巡回各地。其记录曰：成吉思汗一族之封内，例之于达夫里斯、撒马尔干、噶什喀尔、支那等，见耶苏宗徒多。就中如唐古特之都府甘皮安，此府恐不现在。宏壮美丽，其住民多有拜偶像之习俗，加之其教法即邪宗。然却有更宏壮之耶苏寺院三所①。又曰：哥必诺恐此即哈布尔乎之地，以磨钢制美镜。《马留哥·波罗纪行》第二十三叶乃至五十叶参照。

马留哥·波罗侍忽必烈者凡二十年。据其实录，则汗深用意其属民之生活之改良，章章明白也。

今揭其大要，即支那南州及北部间，计往来之便，通凿大沟，不由海□，得运搬商品。又国内大道设驿递，且发纸币，支那地方殆无不通之所。亦可以见忽必烈之政府为人民所信。又派出委员，国内各地，使视察民情，有五谷不熟、家畜之疫病、其他祸灾等之地方，不止〔不〕征收租税，却给与许多之恩恤救助。《马留哥·波罗纪行》百十一叶乃至百六十四叶参照。

又，拔都据俄国南方多脑河，乃至窝尔瓦河，及乌剌尔河之旷

---

① 自“马留哥·波罗，尝仕忽必烈汗为显官……”至此一节，文氏改译并论列之者，见《纯常子枝语》，曰“西人马留哥波罗，尝仕元世祖时，巡视各地。其纪行书有曰：‘于成吉思汗一族之封内观之，达夫里斯、撒马尔干、喀什噶尔、支那等处，耶苏宗徒甚多。又如唐古特之都府甘皮安，宏壮美丽，其居民多拜偶像，其教法盛行邪宗（按此耶苏教徒所指为邪宗耳）。然却有尤宏壮之耶苏寺院三所’。按此可知也里可温派人，元时固所在多有矣。”

原,及奇尔稽思旷原之一部。勉使管下之游牧民能营生计,乃割地与之。其地即从南进北划绵带分割之。仍人民皆从气候之变换,南行送冬季,至春季北行,寄旅至俄国林带之地方。八月而南归送冬月。而虑冬季缺乏食粮之患,从事耕耘种艺,勉农作故,五谷之收获亦粗足,为之防害之方法亦粗备,以是人民皆得免饥寒。

如几里么之盐湖,及其他叶留顿、斯哥叶盐湖等,亦为政府岁入之一科目。设谷仓为豫备凶荒等,详于汗之诏敕也。其筑造,盖在金党起之时。何者?以一千二百四十六年,回览鞑靼人占据地方之布拉诺·喀留比尼之《纪行》中,既有谷仓之说也。一千二百四十六年、布拉诺·喀留比尼《鞑靼人占据地方纪行》,一千二百五十三年、留部留苦威斯之《纪行》,及一千八百三十六年乃至五十二年、约是布·波留波苦之《纪行》参照。

租税亦有各种。又苦拉布汗据波斯,驱逐亚沙新土民所信之邪教,保护基督宗徒,助学术之进步。

又由下文所揭之宫室乃陆军职制成吉思汗之诸兵亦为同一之制,殆无疑矣观之,蒙古鞑靼兵非无节制之兵,顾有适漂泊民一定之组织。当时其兵比他国之兵更优,犹今日欧洲常备兵比亚细亚、亚斐利加之军队胜。

由此观之,成吉思汗一家之政治,其初乃为其属民兴利益莫大。其族类智识日进,风俗月开,超较于当时,可推知矣。

故成吉思汗之诸兵,及武器队伍之组织,军纪兵学、兵法战略,就帖木儿□,述之于第二编。皆比他国为胜,不可不察矣。是数十年间,所向无敌之理也。

且蒙古鞑靼及中央亚细亚之人民,常倾意战伐,所攻之城邑,若不欲降,则诛罚惨酷,人人莫不震慑。初蒙古鞑靼人攻略逞其意，不啻遵奉公法，其宣战复不求名义，徒逼敌要降促贡。若有拒者，蹂躏其地，逐其国王，或杀戮之。是所略取之邦土，若干合之为一大国，以成吉思汗之四子各封一国，即有四大国。

夫蒙古韃靼及中央亚细亚之人民，如一书所记载，隔住远无粮无水之墟地，又一般人口鲜少，然现出非常之势力，是颇因军制之宜足压服蛮民，且使彼等得一致连合矣。然彼蛮民等饱逸好自由，常以为欲保之，则宁不如逐水草移徙，乃常寄旅游牧数千里之旷野，不土著。顾驱此蛮民，使属自己之管下，设一定之制度，编成一大陆军，军纪严肃，使莫所犯，其人之富气力军略政治行政之才果何如！

成吉思汗之服从游牧中央亚细亚广漠之地之诸蛮夷，用如何之策略乎？其交战支那及花剌子模之士丹摩哈美土等之纪事简单，史册不足征之。至帖木儿之事迹，从初所凭据多，记载稍得明确矣。

蒙古韃靼人及中央亚细亚诸民之历史，于我俄人为最紧要。盖俄国为彼辈压迫者及二百年之久。又其后凡三百年间，常交通或争斗。当时我东西边境，故动有为彼所并吞之患，常严武备，警戒彼之侵入。此事，我俄人之意想、气质、风俗及文武之间所遗之痕迹不鲜，是势之不得已者。而彼之彼得大帝之石心铁肠毫无所屈挠。然未能全削去韃靼人压制之痕迹及争斗与其蛮民之踪。至今日而我俄国与亚细亚之关系大异昔日，多服从我属下，得示我威权矣。

今方修蒙古韃靼人及中央亚细亚诸民之史，证左甚少，故特欲录成吉思汗及帖木儿时代人民之兵法武术之景况。

夫成吉思汗及帖木儿能编兵、能统御之，临战能冲敌之要地，又巧避妨碍，气力雄壮、规模宏大，其有深谋远虑，固可比肩于古今之名将。

当录蒙古鞑靼人及中央亚细亚诸民兵法武术之景况，附录一二军纪，然今无地图之细密者，又二将所跋涉地方之名称多不审。加之山河都府当时或为有名之地，今已失名，若异其称者亦有之。故不能说列当时之实况如目击。而进兵某地之事由，为进行原野所运动之时限，其他作交兵之图案等，都莫尽其委曲之由。但关涉中央亚细亚地方之传说日加多，故划山野及其通路、山河、湖海、古迹、都府村落之名称有二样。

例之支那之都北京、蒙古人名之云谦贝里克 Kcmbelik。又乌刺尔河，即昔人呼之云狄克 Tik。黑龙江即乌尔瑾牟伦 Urgunmurun。而托托尔，即鞑靼之误音，盖支那本无 R 之音声，故有此误。府名、河名等亦不能无误谬之患。例之，则托孙氏用南音，耶经夫氏用北音，故又有音声之别异。即托孙氏之所谓东关城头登府东修泾，是耶经夫氏之所谓唐苦堇尼城塔东府土因那条基尼也。

列记蒙古语、加尔摸克语、支那语、奇尔稽思语等，将来期述得更详密二将军进军攻略之纪事。

今方编述成吉思汗时代之蒙古鞑靼人及帖木儿时代之中央亚细亚诸民之兵法武术及其远征之实录。以二将之时世有相异，分为二编，第一编为成吉思汗之传，第二编为帖木儿之传。

铁木真帖木儿用兵论目录校译初稿

① 自此篇篇题至此第一编标题，文氏原稿作“铁木真帖木儿用兵论前编目录　铁木真时代蒙古鞑靼人之兵法并武术”。今据意酌改，以使目录格式前后一致。

第十六章　帖木儿攻略他邦之军政及其民政规则

第十七章　一千三百九十一年帖木儿攻伐金党特夫、托木伊希

第十八章　帖木儿攻伐印度

第十九章　支那侵攻军备

第廿章　结论

附:王礼培题记*

此《铁木真帖木儿用兵论》原书面载"俄罗斯人宜万宁著,日本国参谋本部原译,佐原笃分译汉文,萍乡文廷式治定",为廷式手笔。廷式所著书,皆此红丝格写。甲子六月曝书杂记。湘乡王礼培。

铁木真帖木儿用兵论校译改稿摘钞

成吉思汗政教律令述论之一

元太祖之事,洪文卿《译补元史》记之稍详。然论者或谓其有攻战之略,无制作之才,未能如拿破仑之定国律也。

余按俄罗斯人所著《铁木真帖木儿用兵论》卷一云:蒙古无固有之文字。成吉思汗取畏吾儿之字母增减,使童蒙学之。又以蒙古语编辑律令。此律令用钢版镌刻,平时秘藏之,每新汗即位之日及其他大事各诸侯会同之时,则取阅决事。此惯例今尚存于波斯云。

然则太祖定制之才亦不易及。而其律令所以秘不示人者,盖

* 原题于《铁木真帖木儿用兵论》之文氏校译初稿册端。篇末钤有白文方章曰"礼培私印"。甲子,应是一九二四年。

兵略存焉。《元史·虞伯生传》所谓脱卜赤颜，或兼有此律令矣。柯九思《宫词》自注云，凡大宴，世臣掌金匮之书，必陈祖宗大札撒以为训。其说亦与此合。

成吉思汗政教律令述论之二

宜万宁《铁木真帖木儿用兵论》云：蒙古本游牧之蛮夷，其不重宗教固无足怪，其邻邦支那人亦置之不论。

然成吉思汗于宗教所施政略，洵可谓斟酌时势者。

彼生于基督教民与回回教民苦战欧洲之世。洞知此宗教之诳惑及同宗异派之竞争，能通其情势，且长于政治之才。故以宗教为酿恨之端，并不容之，而实有统一世界之志。于是百宗同一保护，而待之绝无亲疏厚薄之殊。又深知僧侣能笼络民心，故特加保护。

如战于花拉思模士丹之时，所以保护者甚厚，故彼国僧徒归服者不少。乃设禁令，使宗教之徒，甲派不得害乙派。而成吉思汗自不偏信何等宗教。凡有才识之人，不问何教，皆得立于汗之朝。

其关政事宗教法，发布于成吉思汗子孙之世者，今人所得知者如左。

一、可畏仰创造天地唯一天帝。事天帝，即给予生死祸福且取舍我所祷者也。一旦知天神唯一而非二，则容忍宗派，可任事物知觉之所向。

二、回回教大僧正诵可兰经文者，回回教僧徒净洗遗骸者，有信神祈念之闻望者，医员或乞丐等，可以免租税劳役及为公众之义务事。

三、非选立于诸侯将军等之克里尔搭伊会议，不得为汗，若犯此禁者，可处死刑。由公选为汗者，以成吉思汗一族中、教育最完、知识最博、材能最著，超拔之人为限。其有违法度之大本被剥汗之尊位者，并其亲戚及其扈从，可并囚之。所以囚之者，一则罚其酿此乱端，一则绝其报复之患也。惟失汗位者及其党辈，必给衣食及普通物件，毋使缺乏，特不许他人与之交通。

于蒙古袭汗位者，特限于成吉思汗之后嗣及苗裔。汗崩，则国之缙绅著白色之丧服，诣宰相，而后选名可为嗣君之人，祈誓上帝，而后扶掖新汗至宫殿或帐幕中央铺设黑毡之所，使之坐，告之曰：举首望太阳，汝所自知写影无尽之造物，在位中能遵天帝所指示，其威权崇赫非在地上者之类。汝若违天帝之意，则受罚被罪，所馀者只今所坐之一毡而已。汗于是有所问曰："汝等奉朕命乎？朕有所命，无论何地不敢辞乎？汝等恭敬谨慎跪朕之前乎？朕有所杀戮不敢拒乎?"则皆曰："臣等敢不奉命。"汗乃断言曰："然则自今朕言如刀剑矣。"大臣等乃拥汗摇动之于毡上，明示民庶以大位定之事。而后使陛玉座。毕此仪，大臣乃释丧服，更红衣束带。

立汗之法，行于蒙古以来，弊害颇多，为祸乱之本，终致蒙古之灭亡。成吉思汗遗命立窝阔台时，憬然若有所悟，如欲废弃此法例者云。

四、成吉思汗戒其后世子孙，禁饰位号，唯使称汗。又谓汗于接臣下谈论之间，宜用实名。盖忧后世子孙喜谀而好佞也。又谓花拉子模士丹以骄谄致败，而以彼乃以地上神影之爵自夸，是为覆辙。然成吉思汗子孙在波斯者概不遵守此遗训云。

五、蒙古本无文字。成吉思汗取畏吾尔之假名，使儿童学之。又使编辑亚沙即乌尔克亚沙之律令,以蒙古语此律令镌刻钢板。平时秘藏之,汗即位之日及有大事之时,诸侯会集,乃取亚沙决事。此惯例今尚存于波斯云。

成吉思汗律令中有明示交战及围城法者。汗之子孙久久遵奉亚沙不止,犹回回教民于可兰经文每定时日使朗读之于大众中。蒙古现行例中,类成吉思汗律令者多。顾支那人当编法例引用亚沙者也。此律令不知至今尚秘藏于支那及蒙古否。

宜万宁又谓,回回宗教大憎他宗,颇涉猖狂。故欲得俊杰如帖木儿者,为重使之杠杆得利。所以帖木儿异于成吉思汗之趣向也。盖成吉思汗虽何等之宗教未尝偏倚,而使其军人生攻略之热心者,全由别种之法矣。

成吉思汗灭鞑靼事辨驳

俄人宜万宁《铁木真用兵论》自注云:成吉思汗歼灭鞑靼种民殆无噍类之说,是一二史家所传,而托孙氏信之。然此说有甚难信者。何也?杀尽人口众多之种人,极非易事。例之绝灭犹太人之举,欧洲诸国屡屡为之,然不啻尽归无效,至今其种人犹蔓延世界一也。

若实有鏖杀鞑靼种人之事,何有其名尚存于支那、鞑靼人初迁徙流寓于支那边外。亚细亚之西部及欧洲之理乎?且欧洲大陆,蒙古未来袭前,固未知鞑靼之有无者也。

夫攻略家杀抗敌之种民,然服从者必不杀。如鞑靼民富饶,而其户数达七万,党派亦分数个。此数派中岂无少少心服者乎?若谓诸派悉相抗敌、无一降者,则吾曹之意想所不及也。

盖成吉思汗制鞑靼时,戮其不服而抚循其服者以为己用,此可无疑。且尝为三万骑之将与惹拉尔乌浔交战于波米羊地方之克特克,即鞑靼人,而成吉思汗之宠臣也。

故亚细亚西部及欧洲轰其勇名者,不外鞑靼之兵。因考昔时亚细亚西部概称欧洲人云佛郎哥人。盖凡破亚剌非亚兵而绝其侵略之喀尔尔马尔德里及其部兵皆是佛郎哥人,因此等在彼十字军中最为骁勇之故,是以其名特著也。鞑靼之名,震于欧洲大陆,与此例正同矣。

支那北境种族中,最勇烈者名托托尔,其民分四种,曰蒙古、曰克烈、曰泰赤乌、曰鞑靼,游牧兴安岭及鄂尔昆河之间。

成吉思汗用卜筮事考述

耶律楚材精于卜筮。宜万宁《铁木真用兵论》记之云:成吉思汗每远征,必从楚材,使占星位,言其得失,又为勘查其所占筮信否,使灼羊支,以助政略。灼羊支,乃中央亚细亚蕃民之筮法,至今尚存云。

按孟珙《蒙鞑备录》曰,凡占卜吉凶、进退杀伐,每用羊骨扇以火铁椎椎之,看其兆坼,以决大事,类龟卜也。即灼羊支之事矣。

《卜记》引杨方《五经钩沉》云,东夷之人以牛骨占事,呈示吉凶。《晋书》夫馀国若有军事,杀牛祭天,以其蹄占吉凶。用牛、用羊,则东北之异也。《卜记》不详何人所撰,陶宗仪《说郛》载之。

今世又传《耶律学士步天歌》,盖星命之学,亦用十二宫分,而本集不载。

《梦溪笔谈》卷十八云,西戎用羊卜,谓之跋焦。卜师,谓之厮乩。以艾灼羊髀骨,视其兆,谓之死跋焦。又有先咒粟以食羊,羊食其粟则自摇其首,乃杀羊视其五脏,谓之生跋焦,土人尤神之。

吴处厚《青箱杂记》云,《史记》称四夷各异卜。《汉书》称粤人以鸡卜,又有鸟卜。东女国以十一月为正,至十月令巫者赍酒肴诣山中,散糟麦于空中,大咒呼。俄顷有鸟如雉,飞入巫者怀中,即割其腹视之,有一谷米,岁必登;若有霜雪,则多异灾。

铁木真时代占验事考述

回教亦颇信占验之事。俄人宜万宁《铁木真用兵论》,记摩哈美土之言曰"待星位更迭而幸福之时机到"云云,是其证也。希腊罗马诸名将亦好用豫言家说。又云,当千二百六十二年,克拉克欲袭波克塔土时,克拉克之占星者左祖阿巴设土宗派,言曰,"星位不利。今若袭阿巴设土,马匹毙,恶疫发军中,太阳不出,雨不降,暴风起,大地震,壤土覆,地味疲瘠,百物不生,克拉克不逾年将死"云云。克拉克于是召亚里宗派之占星者问之,谓"某言可信否"。则曰:"否、否,克拉克若袭波克塔土,必可克之。"克拉克从之,果获波克塔土。

按此可知军中当重人事,而占验之说,吉凶迥殊,亦各国之所同也。

洪钧译补元史纪事核正

《元史译文证补·拔都补传》云,"合围物拉的迷尔,戊戌春,城破。北至锡第河。复北趋诺拂郭罗特,未及城百数十里而退。"俄史云,林木掩蔽。华而甫云,时天暖雪消,道路泥泞而退。

按俄人宜万宁《铁木真用兵论》云:拔都到诺布哥罗特即诺拂郭罗特之道程不过二百馀里,而决意旋陈者,以三月下旬化雪所阻。不然,则四月中旬可达诺布哥罗特矣。计蒙古兵蹈人迹未到之积雪,自里亚撒北行者已不下一千俄里也。其可以堪此行军者,特蓄士骑兵而已，然亦颇屈挠云。征之于史，拔都旋军之地，名伊克那特伊十字架之地，今亦未审所在。彼盖由设利克尔道，先渡设利克湖冰，而后向波拉河者也。何者？湖冰比林中径路尤便。故伊克那特伊十字架当在波拉河岸、距诺布哥罗特百九十俄里之处。于波拉河之右岸，有一村名伊克那特伊。又稍偏于诺木哥尔特地，有斯巴斯克维及波哥罗的特克维之二村。拔都旋中军之地，盖近村落之近傍乎？又蒙古之一军，向窝罗足克及窝尔台进直道者，其先锋当时已到克列斯特特伊，于是如旋军者云。此并足为洪书之证。

宜万宁又云：拔都旋军之事，俄国史家记之者殆少。故文卿所译亦不能详也。

又云“庚子冬，拔都攻计掖甫，克之”。

按宜万宁云：几维夫，即计掖甫之异译。俄之南都也。何日归蒙古之有，史亦未详。史曰几维夫以一千二百四十年尼哥林祭日为蒙古所略取云云。然尼哥林祭有五月九日及十二月六日之二祭，今不能质言之。若以为五月九日蒙古兵渡土尼伯尔河，而围该都之举当在甚久以前也。又几维夫不得长支其围，则蒙古兵当于土尼伯尔冰解而河涨之时渡之，以起围城之工者也。若然，则实可惊愕。何者？土尼伯尔河幅不狭，当河水涨时，如率数万兵马济之，其艰苦为何如！乃据史家所说，其会几维夫城下之蒙古兵如云如雨，山川草木悉无不兵者，车轮辚轹之声，钟鼓鞺鞳之音，马嘶驼叫，声震阖城，至不能辨人语云。夫部勒此大军于春候涨溢之时径渡大河，果遵何法？此又不能无疑者也。按喀拉木仁氏以几维夫落城为十二月六日，波列窝伊氏以为五月九日，大僧正维夫克尼氏亦云十二月六日，乌斯特里亚罗乌氏以为五月九日。又据罗乌连奇维夫氏以该府之降服为一千二百三十九年十二月九日，又伊克那奇维夫氏《日录》亦同其说。史家聚讼如此，然亦足见俄人之精研史学也。洪氏据华而甫说云西十二月六日。又土尼伯尔河，洪书作帖尼博尔河。

又云“贝尔困倭耳默次城，诱战不出”。

按倭耳默次，宜万宁书作阿耳密特。云蒙古人欲诱致城兵于平原，然耶罗斯拉夫更事多，不肯陷其术。于是蒙古乱射火箭入城，须臾火起，风烈火盛，城欲陷。有逃降敌军者，蒙古兵斩其首，缚之马尾，巡行府旁，欲激怒城兵。城兵果愤，请战。耶罗斯拉夫不许，兵士有恨之者。乃下严命禁突战。彼达即贝达遂分兵驰击摩拉维亚之州郡，而围城之兵半减。耶(苏)〔罗〕斯拉夫窥敌警备稍弛，六月二十四日乘夜突出袭之，克之，蒙古将某死焉。多桑书云，或谓贝达此役阵列亡，盖误。翌日士卒号泣行葬仪，又鏖杀囚虏为牺牲祭之。后三日，蒙古兵为合拔都撤阵赴匈牙利。

又，“奇卜察克酋库滩”，宜万宁作波罗夫特伊凡两见皆同人之酋长克丹。

又“辛丑春，守喀而巴拉山隘将逃归”。宜万宁云：破喀尔巴特山之守兵，进当时所谓俄罗斯门者，即们喀奇及瓮克窝尔之间道，而侵入匈牙利。

又“速不台亦自东南逾山涉险，合于大军”。自注云“此语西书所无，因欲合于《速不台传》漷宁河之战故云”。

按宜万宁云:彼达于六月下旬,七月上旬之交,经过所谓匈牙利门即喀尔巴特山峡自注:即耶布龙喀乎?侵入匈牙利。速不台及阔端亦自摩尔达维亚来会之。是西书记此事甚明晰,洪偶未之见耳。

"赛育河",宜万宁作沙伊阿河,《元史》作漷泞河。

按宜万宁言此河幅广,沮洳多。或漷宁当作漷泞,乃以义名之,非译其音耶。

卷十四　律赋*

洞庭献新橘赋以“浮香外散、美味中成”为韵

当夫凉风昼习，大火西流；花开篱菊，树老庭楸。有新橘之遥献，知洞庭之已秋。捧出金盘万颗，而匀如樱荐；粲然朱实千包，而味异瓜浮。

尔其林间若缬，丛里初黄，映朝晖而布叶，经宵露而含浆。媲美于凤林之种，降精于鹑火之乡。八月霜清，见此离离之色；千株烟暝，传来冉冉之香。

于是摘繁荣，撷芳蔼。嘉并蒂于联珠，比贡珍于织贝。盛湘竹以为笼，束淮菁而作带。纷其可喜，置穰橙邓柚之间；独有奇芳，在沅芷澧兰之外。

于时漏静金铺，商流玉管。风南荣而不薰，日西陆而渐短。际此尝新之节，果出炎荒；恰当时献之来，甘分宾馆。乍逾淮水，启缄而玉质依然；得贡天家，剖实而琼浆初散。

斯橘也，实南州之甘旨；斯献也，见远方之顺轨。如巨粟之荐祠，异琼茅之包匦。香含乎云梦之烟，品重乎江陵之市。所以厥包锡贡，特详扬域之殊珍；受命不迁，曾见楚臣之颂美。

况乎岁暮将寒，路遥可畏。禀潇湘之异姿，受风露之清气。占

---

* 此卷皆据文氏清稿本《芳荪室律赋》录入。

硕果而无惭，登华堂而独贵。将万里而遥传，岂孤芳之自慰？及时而荐，非徒仙杏之增华；有美在中，何让盐梅之调味。

彼乎献桃春暖，献荔尘红，献芹则恍游鲁泮，献梅则记美唐宫。曷若此地曾张乐，物类怀忠，无雕饰而取重，抱馨香而莫同。银雁初飞，霜讯过君山而外；铜龙乍入，露华浮朵殿之中。

盖其精分璇宿，色丽珠英，杂丹枫而并焕，连翠篠而敷荣。故能上赍瑶阙，作贡蓬瀛，萃楚水吴山之秀，俪南金东箭之名。倘教移植夫上林，更征茂育；窃愿长承夫渥泽，共荷裁成。

先器识而后文艺赋以题为韵

溯初唐之文运，有四杰之高骞。英辞霮其云布，嘉誉葩以星连。虽未臻于实腹，亦难得而比肩。所以杜老论诗，犹美当时之体；岂独子昂变调，能开一代之先？

然而翥鹤才高，雕虫技累。恒多月露之词，莫尽风云之致。视其表则错采而镂金，叩其中则朱浮而紫伪。粲然锦组，美观而共誉其章；譬彼玙璠，不琢而未能成器。

是以李敬元誉之于前，裴行俭言之最直。谓奇才之目不虚，而远到之期未得；衔露既集乎愆尤，浮躁又输乎静默。献鹦赋江夏之筵，感鹏记长沙之国。远怀前哲，既文盛而福微；毋令后人，悼高才而寡识。

且夫士也者，志希贤圣，动合矩规，当戒虚车之诮，岂滋败絮之疑？固必学文于馀力，尤当藏器而待时。倘见道而因言，夐乎尚矣；如得末而遗本，偏其反而。

故言其先也，中设金心，断资银手，如祭海而先河，如登山而先阜。惟器则渊静有容，惟识则鉴明无垢。器资识而扬辉在庭，识辅器而纳约自牖。敢学魏王之匏落，大而无庸；须同颜子之铸成，忽焉在后。

至于繁辞缛丽，绮组缤纷，盖绘事之后素，亦植田之后芸。文比忠质而在末，艺为文德之所分。知木本而水源，亹亹乎道兼乎器；焕春华于秋实，彬彬乎质有其文。

是诚相士之经，知言之慧，不徒四子之箴，兼订千秋之弊。不然，则序阁名高，悬河笔锐，秋霖之旧赋恢奇，沧海之联吟伟丽。江河不废，信文苑之雄师；兰菊长芳，袭楚骚之苗裔。虽未能守吾道于千秋，不犹得擅殊尤于一艺也哉！

我圣朝教泽覃敷，学林广布，皆有本而有文，咸遵道而遵路。将以仰荷甄陶，同循榘度。是以辟门吁俊，可并征舜典之篇；学道储材，不复拟仲舒之赋。

制器尚象赋以“以制器者尚其象”为韵，有序

按《易·系辞》云：以制器者尚其象。程子曰：制器作事，当体乎象。盖推器言事，其类尤广，虞氏之义，则取变动。如后文所谓，盖取诸离之类是也。要之《易》之为书，无所不备，而其义则取变易为多。观其象辞，足以知万物之状。此圣人制器之所本，而亦后王异器械之所以出也。故约其义而赋之：

道即万殊，事原一理。既易知而易能，实资生而资始。有象以见乎阴阳，有器以垂乎法纪。是以卦画开羲，图书畀姒。粲著者遂成万物，或假人为；化生者必本五行，要惟天以。

原夫太始初开，敦庞未替，人游沕穆之天，史载摄提之世。污尊而饮，岂重仪文；聚叶为衣，借资障蔽。行未假夫舟车，约何须乎符契？鸿荒朴略，常留太古之风；龙德正中，群仰圣人之制。

尔乃仰察天文，俯循地利。律度初成，文明出治。道拟乎是训是行，理酌乎不参不贰。炳然合璧之规，允矣结绳之字。直欲与天合撰，神而明之存乎人；岂徒任物推移，形而下者谓之器。

见诸涣而为舟，取诸随而乘马。耒耜则得诸益焉，佃渔则法诸离也。推之介石攻坚，革金作冶，转蓬可制夫车轮，掬水渐开夫杯斝。器制焉而愈多，象尚焉而无假。兴物以前民用，盖因所利而利焉；仰观而奉天时，有莫之为而为者。

参伍非淆,变通贵当。需岂值乎泥沙,震不惊乎匕鬯。戒亡马于中孚,考系牛于无妄。丰亨宜扩其规模,蒙昧更期乎草创。绣裳既备,试看宗彝藻火之华;甘醴既陈,何必元酒太羹之尚?

盖以器为利用,象本无私。造器者信游于艺,观象者亦玩乎辞。博学于文,昭其制也;效法乎上,无以尚之。近取身而远取物,折中矩而周中规。一时之圣作,成功信堪贻厥;万世之工师,善事必先利其。

我皇上道著登三,功符兼两。礼为器而约之弥精,道合器而推之愈广。所以物荷甄陶,民资教养。共仰无偏无党,愿依天子之光;岂徒汝翼汝为,欲观古人之象。

木从绳赋以“惟木从绳则正”为韵

稽名言于说命，喻从谏之单辞。如木材之既美，更绳削之攸施。何虞偭越，爰设矩规。是训是行，恒守图书之诫；有桢有干，遂为廊庙之姿。敢违于贤弼嘉谟，拙谋予亦；愿法于良工善斫，求旧人惟。

当其植干幽岩，抱奇空谷，文梓青牛，贞松白鹿。荫十亩而轮囷，阅千年而森肃。栋隆可用，知大任其难胜；樗散岂同，徒不材而为福。何意文章不露，□□[①]处士之藏锋；仍教斤斧相寻，群诧工师之得木。

尔乃众材具、百物供，体殊臃肿，理辨横纵。欲成五凤之楼，爰求嘉植；载以万牛之辇，方庆登庸。然使考工未习，代斫徒逢。追曲则背乎绳墨，为度则竞夫周容。将见偭矩求荣，聊同世好；正恐长材受屈，亦不汝从。

惟是置之水臬，度以规棱。将作求其法，工倕尽其能。改错之讥可免，割圜之度堪征。虽万变而不穷，全模自具；如一毫其或枉，大厦谁胜？毋使不雕，负此干霄之木；试看如矢，真为系日之绳。

绳界木而无偏，木受绳而相得。丁丁而可用铦锋，录录而初施

① 此处原稿空白两字位置，似犹欲斟酌而后填补者。

镂刻。当时直干，已无枉尺之形；此日高才，群仰扶倾之德。岂烦背窳而就攻，愿藉奋斤而督墨。举世赖求功之伟，有干有年；千秋培久道之基，是效是则。

是盖引彼攻坚，譬诸学圣，事纵殊途，理堪借镜。松筠愿葆其贞姿；杞柳敢戕其本性？然孰若我皇上律度彰身，丝纶秉政，民和逾伐木之章，贤用拟督绳之盛。所以无偏无党，群瞻锡福而诚民；惟一惟精，共仰执中而居正。

蒲轮车赋以"以蒲裹轮取其安"为韵,有序

按《汉书·儒林传》:赵绾、王臧请立明堂,不能就其事,乃言师申公。于是上使之束帛加璧,安车以蒲裹轮,驾驷迎申公。《续汉书·舆服志》云:公卿中二千石二千石他出乘安车。又云:公乘安车则前后并马□[①]乘。《通典》云:后汉制,公卿乘安车。朱斑轮,飞軨,倚鹿较,伏熊轼。则虽安车仍不得用蒲轮也。盖当时武帝以申公年老,特创此制。以蒲裹轮,既轻且速。后世有"进贤车"之类,殆其遗意与?又按《史记·平准书》,当时马贵,士大夫或乘牛车。而申公独驾驷,其为优礼也,至矣。故嘉申公力行之对,与汉武重儒之意,为作斯赋。其辞曰:

缅汉武之崇贤,懿申公之践履。议明堂以习朝,制安车而殊轨。循鲁道而纡徐,望咸阳而戾止。宠逾乎良马之章,事轶乎升舆之美。信大略之独殊,致隆平其有以。

夫其别故里、涉长途,随弟子、戒仆夫,驾何须乎青驷,迹何滞乎白驹?既展軨之初试,倚夹毂而相扶。爰求故老,爰谘硕儒。九畴访道,八达成衢。思轻车之遵路,异泽马之长趋。驾必求乎上驷,制特创乎编蒲。

---

① 此处原稿空白一字位置,似犹欲查核而后填补者。按当是"立"字。

尔其为制也,漆灂如环,膏盛有輠。辀硕典而不挠,辐广深而适可。定式崇与较崇,宜勿倾而勿陊。将安和乎高年,更辉煌乎道左。中十尺而能平,外四斿而相裹。

采舆人之法则,取董泽之青匀。铁轨之坚良曷用,金根之华饰焉陈?度闲闲之驿路,驰坦坦之龙鳞。坚韧足以适道,柔滑足以安身。山石岂虞其荦确,关津咸讶其逡巡。非大儒与耆德,孰克乘乎此轮。

尔其晋召伯宗,冲车失矩;秦用范雎,藏车受侮。岂如事美于西京、儒征乎东鲁?饰以进贤之冠,优于纳谏之鼓。盖生乎礼仪之邦,遇乎文明之主。将前席以致词,宜下车而有取。

故其千里不远,一言可师。固揽辔而有志,亦驭朽其能知。虑马力之易尽,恐人谋之尚奇,戒跅弛之为用,悯甐敝以致危。虽难抑乎侈志,实不忘乎善规。诚足以继伏生于济南,而启郑君于不其也。

后世迎之伏弩,载以和銮。或崇德之有制,□□□□□□[①];然名德之未遇,徒宠荣其已殚。是以远稽汉史,慨想儒坛。聊赋蒲轮之盛诚,美乎臣主之俱安。

---

① 此处原稿空白六字位置,似犹欲斟酌而后填补者。

仁义为巢赋以“高而益安动而益固”为韵，有序

按陆贾《新语·辅政篇》曰：圣人居高处下，则以仁义为巢；乘危履倾，则以圣贤为杖。夫集身于仁义而资用于圣贤，此至安至固之道也。《说文》曰：鸟在木上曰巢。《小尔雅·广诂》曰：鸟之所乳，谓之巢。盖取类于瞻乌爰止之思，而隐望夫以燕翼子之实。信乎能以诗书悟主、而不欲竟以马上治之者哉！故谨述其意，以为斯赋。其辞曰：

昔陆大夫生当秦汉，学慕伊皋，想休风于韬铎，笑竞利于锥刀。型仁不作，守义徒劳。咏黄鸟之止邱隅，善原可择；断白蛇而得天下，论自无高。

乃独述古昔、怀伊祁，道隆于沕穆，俗化乎雍熙。有巢林之止足，无巢幕之倾危。地可栖鸾，喜盛时之咸若；人谁歌凤，讥从政之殆而？

夫以鸟之有巢也，集苇弥勤，择林粗适。常未雨而绸缪，每非时而擘画。迎阳而暖气先回，向岁而吉日可获。颇类橧居之世，各遂其生；何虞苕折之时，非徒无益？

惟仁也，群伦在宥，善政从宽。无生不育，有卵皆完。如凤将雏，仁还在抱；如鸡桴粥，仁必先难。依仁而古道犹存，鹑居可托；怀仁而蘧庐不远，燕处皆安。

惟义也，世泯诈虞，物资理董。御暴雨之摽摇，似慈云之帡幪。由义而举，鹯击何妨；化义而来，鸮音无懵。义风远播，群瞻夫上际下蟠；义问昭宣，细及乎蜎飞蠕动。

既而仁声广被，义路无歧。信巢高之能稳，亦巢簇之堪窥。何虑何思，地借一枝之峻；无偏无党，人遵九达之逵。游道德之平林，民知感矣；托性情之安宅，室岂远而？

当夫雉集防罗，鸴拚戢翮，乍绕树而无依，或抢榆而自惜。以智取者机危，以力雄者祸积。岂如仁得安居、义求上策？无一物不沾之惠，咸与维新；占六爻皆吉之辞，谦能受益。

我皇上仁政渊涵，义声景附，亭育而函夏皆熙，光被而阳春同煦。所以鹊有巢而化行，凤来巢而泽布。九畴既叙，四时看玉烛之调；众志同坚，亿载仰金汤之固。

齐七政赋以“明主法天用齐七政”为韵

懿夫虞帝之世，帝德广运，泰阶聿平。既星辉而云烂，亦地平而天成。爰乃察五纬、定七衡，历验乎周规折矩，详审乎朔虚气盈。仰观天道之无私，难名荡荡；用测天行之不息，在上明明。

原夫七政之在天也，赤极环周，紫微为转。或错行而代明，或远观而近取。日丽天而一度稍迟，月会日而三旬可数。近于地者，为水与金；远于地者，曰火、木、土。虽速率、迟率之攸殊，而本轮、均轮之堪睹。惟不测于无穷，宜有常于得主。

乃候桐圭，乃占蓂蓂。选玉质而不渝，制横箫而允洽。仪设乎三辰四游，时纪乎五子六甲。赤道、黄道，证其斜交；白环、黑环，观其互压。后世述盖天之学，无此专精；《周髀》候北极之枢，兹焉取法。

璇玑既设，玉烛无愆。虽术推乎元始，实道法乎自然。二曜之弦望，晦明可观其度；五星之伏留，顺疾悉应其躔。齐不齐以至于齐，既顺时而推策；正不正而使之正，诚稽古以同天。

若使昧乎象限之分，妄说黄钟之统。大圜大矩，未解操觚；左旋右旋，徒滋聚讼。则廿四气已莫解推移，而十二宫亦嫌其错综。求天地未分之始，孰得而知；绎乾坤凿度之经，终归无用。

孰若此详觇玉策、细刮金鎞，机转运以观其旋复，衡持正而察其高低？如七属以观人，刚柔互证；如七音之调乐，律吕堪稽。是以测天体之不同，九重昭列；由地心而起数，万汇皆齐。

若夫置闰或讹，验差尤密，《灵宪》绍其传，《授时》殊其术。不烦为合以验天，要可因时而得实。马融之专言北斗，则囿于方隅；伏生则并及四时，亦疑于泛滥。故紬绎于书言，当钩稽乎密率。尝仰观夫三百馀度，而粲列者盈千；应总计夫一十九年，而置闰者凡七。

圣世治迈虞琴，道隆轩镜。卿云昼舒，德宿宵映。七经传精一之模，七纬应昇平之盛。所以瞻云就日，万邦殷向化之忱；合璧联珠，八表仰法天之政。

德星聚赋以“五百里贤人聚”为韵，有序

按《世说·德行门》：陈太邱父子谒荀朗陵，荀使叔慈应门。慈明行酒馀，六龙下食。时太史奏真人东行。刘孝标《注》引檀道鸾《续晋阳秋》云：陈仲弓从诸子侄造荀父子；于时德星聚，太史奏五百里贤人聚。又《太平御览》引《异苑》亦略同。此事不载《后汉书·荀淑陈寔传》，而忽录于《续晋阳秋》，盖不足深信；范蔚宗及见《世说》，亦不录“真人东行”之语，其识卓矣。然李郃占星，知益州之来使；严陵共宿，烦太史之窥天。附会之辞，古原不免；况此推崇名德、扬厉高贤，固已流为丹青，亦何伤于稗俗？又按《史记》云：天精而见景星。景星者，德星也。其状无常，常出有道之国。汉自安帝以后，其不足致景星，明矣。而风俗之美、贤人之众，实冠后世。或者世传斯语，以见贤才之足贵、且以讥世主之不能用乎？千载已遥，孤怀曷寄？唐何类瑜已有斯作，今更广而赋之。其词曰：

德动高天，星明下土。人为后汉之英，象见颍川之部。虽附会而无稽，实流传而自古。无假张衡之宪，景曜纷罗；仰瞻太皞之墟，光芒迸吐。何愧汝南作相，共称君子之三；几疑昴宿观河，忽化老人之五。

方陈仲弓之诣荀季和也，各罢微官，同居故籍。十亩非遥，一廛顿隔。太邱清德二难，并使将车；颍水高贤八子，同知敬客。于

焉才庆联镳，祥符合璧。云欲映而成黄，室乍虚而生白。粲然可数，已胜珠履之三千；生有自来，实应金书之五百。

尔其象著三垣，度征七纪。异郎位之光微，随帝车而柄指。管窥忽讶，变苍曜于中宫；锦散何繁，照殊辉于颍水。九霄而乍解其躔，三舍而未看其徙。金精石质，莫名于太史之占；纬映经明，并集于高阳之里。

纷如烛射，灿若珠联。皎皎而祥光乍焕，离离而碎玉同鲜。异兴运之聚乎东井，类文明之聚乎奎躔。惟其德盖乎世，是以星回于天。所以苞灵曜之真纯，蔡氏犹称乎文范；赞颍滨之有蔚，范书长想夫名贤。

然而景星虽动，盛德未伸。国少纬天之略，人藏应数之真。使其聚而在上，德亦有邻。远继云台之宿，近扶帝座之辰。何至涂高魏阙、史慨虞宾？箕舌奋谗夫之口，斗牛无庇德之神。故考遗编于华、谢，辄思耆德于荀、陈。少微为处士之祥，诚无愧色；大厦赖群材而构，长想斯人。

盖其气禀地灵，识澄天宇，精神烛于无形，光彩灿而作睹。然岂如圣世，巩固丕基、诞膺多祜。大德布而四海咸和，福星明而万邦受矩。献天保九如之颂，方看二曜同明；迈商家一德之谟，更卜五星重聚。

涟漪濯明月赋以“水上风起天边月圆”为韵

当夫纤云不生、微波方沘，枫未落而先疏，菊含英而初蕊。人静三更，辉同千里。明漪澈底，漾不夜之珠光；华月初临，映方流之玉水。

其始也，隐约遥空，徘徊叠嶂。一曲方升，半弦可望。带柳影而初匀，隔松阴而如障。谁能久待，停瑶轸于闺中；此际相思，盼飞轮于海上。

既乃辞岭峤，入帘栊。娟娟照夜，暧暧流空。桦烛收彩，兰镫罢红。乍流光于天半，旋倒影于池中。丹桂香时，正浥金茎之露；青蘋开处，微吹华殿之风。

明月皎然，涟漪如此。荡千古之尘昏，鉴一泓之水止。碧海回车，望舒洗髓。试问琼楼玉宇，高处何如；但看银甃冰壶，纤埃不起。

一濯而羲轮无滓，再濯而秦镜方镌。岂濯缨之去垢，如濯魄之沉渊。真濯心于溟涬，异濯足于长川。洗濯何须，聊借绿漪而鉴影；光明不染，依然皎月之当天。

尔乃乐其澄洁，对此沦涟，觉此心之如洗，与皓魄而同鲜。候雁方回，云蓝似纸；纤鳞乍濯，波小如钱。长留一鉴之辉，何分今古；荡此双珠之象，悟彻中边。

懿其穆穆金波，澄澄玉阙。魄净逾明，池深不淈。倘惊鱼而水浑，将映蟾而光没。昭然明矣，何殊如练之江；清且涟猗，为沐在霄之月。

方今化光寰宇，道被垓埏。舜琴时抚，轩镜高悬。太液之澄波浩渺，上林之风景清妍。淑气昭明，共仰卿云之五色；周区涤濯，常瞻彩晕之双圆。

性习相近远赋

溯资生于沕穆，同元气之氤氲。既受形而成象，乃逐见而增闻。如镜斯鉴，如香可薰。性虽无三品之异，习则有九流之分。蕃变者一本万殊，无徒纷乎世务；赅存者百骸七窍，宜先治乎天君。

当夫性之近也，降衷有恒，懿德好是。萃两大之精，合五常之美。有火然泉达之宜充；岂蠕动蜎飞之敢拟？惟日其迈，节性以复其初；与生俱来，率性而循其轨。坦坦叶安贞之吉，迹践幽人；存存实道义之门，心犹赤子。

既为习诱，则遂远而。初由耳目，渐及心思。不曰坚乎，磷无伤于璞玉；慎所染也，慨常致于素丝。蓬若生麻，则不扶自植；禾之成米，则有善当为。倘极之希圣希天，敻乎尚已；第勉于诚通诚复，能者从之。

于是的尔而分，沛然莫御。既舜、跖之殊趋，遂越、秦之相距。水万流而同出泉源，丝五色而并生机杼。性善无二，谁能是训是行；习惯自然，遂异同胞同与。故天之生材有道，非独尔殊；而人之因物而迁，亦固其所。

且夫性虽判乎刚柔，习亦资乎健顺。近焉者非谓其遂同，远焉者亦期其各进。天心占一画之初，月色悟千潭之印。只抱素以存真，盍追群而孟晋？是以绎孟母三迁之意，真能行所当行；读《汉书》九等之分，尤贵慎之又慎也。

皇上质由天亶，道契言诠。德新则日日又日，仁至则渊渊其渊。性训乎生民，共忘乎雕凿；习资乎子物，共荷夫甄陶。唯上知而不矜，足以有临也；更法天而为大，民无能名焉。

天秩有礼赋

天生性情，礼有根柢。淆然者或似纷纭，灿然者各存肯綮。分五等而殊名，顺四时而代递。一元布化，圣人仰以观于天；万类不齐，先王悉以归之礼。

当夫世纪摄提，民安浑默，人游熙皞之天，地类华胥之国。鼎彝未判夫崇卑，耕凿尽忘乎知识。伏羲十二□①之教，如昧如明；□②皇九十代而还，不离不即。

然而法象效灵，图书焕宝。卑高陈而位有其仪，光华泄而物宣其藻。羔羊跽乳而孝明，鸿雁分行而节好。观于桥仰梓俯，则知称情以立文；验于山高水深，则知率性之谓道。七教既成，五庸斯召。笾豆寖加，车旗有耀。为章分璪火之华，营室异栋阿之要。周旋皆中乎矩规，朝觐亦分乎享頫。盖秩之文为軿爵軿，自异其等威；而秩之训为常恒常，亦讵同奥妙？

或谓剖斗折衡，去粃存米。圭何析乎躬桓，级何歧乎堂陛？凡列品之攸殊，皆伪端之滋起。同奏乎蒉桴土鼓，焉用宫商？共安乎燔黍脾豚，何须酒醴？天下皆饮乎太和，斯世亦存夫大体。

不知本身作的，以德为车，道原造化，理本太初。天无言而示

---

①② 两处原稿皆空白一字位置，似犹欲斟酌而后填补者。

之则，礼有序而存乎书。三百三千，天经久著；九命七命，礼意何如？本乎天以体乾作，睹者云行雨施；得于礼斯谓履于，变乎瞉饮鹑居。

逮乎缘饰弥工，律经互综，阴阳杂于五行，文质尚乎三统。掬手之饮，爰肇杯棬；鼓腹之歌，遂开雅颂。礼因时为损益，虽不知其然而然；天以道为昭垂，当常思无用之用。

我皇上仁声普溢，义问昭宣，身修以礼，道本于天。纳斯民于轨物，悟至理于言诠。固已接虞舜之心传，执中抱一；岂徒述皋谟之旧说，则古称先。

拟唐王泠然初月赋

观乎碧空乍澄，新月初起，应弦望而不爽，测盈虚而可指。非珠彩之方胎，岂玦痕之能拟？

故其微含亮质，稍吐清光。带曲如映，钩垂有芒。晕薄而初生鱼子，辉纤而偶惊雁行。倏腾海上，渐照中唐。尔其皓魄呈象，轻风送凉，随玉绳而低转，修金阙而未央。春星带而生色，微云过而暂藏。发妍思于谢氏，托遥感于陈王。

于时娟娟静夜，皎皎疏櫺，桂未华而先蕊，兰有叶而微馨。隔珠箔而能透，感瑶琴而欲停。吟露华之浥浥，怅风响之泠泠。

况有羁怀远塞，番戍经年，吹芦管而声激，卜桐圭而候迁。盼芳讯而莫寄，见素晖之忽悬。亦复有怀莫遣，睹景凄然。

若乃小山招隐，空江可渔，野色暝入，幅巾步徐。引芳樽以自荐，吹短笛而相於。虽清晖之未满，喜乐事之方初。

俄而轮辐将斜，镜函欲没。揽芳晖而未休，咏馀波而将歇。燕栖玳瑁之梁，人忆芙蓉之阙。怨易徂之清夜，岂留景于明月。

然而的尔殊形，浑然太素。默验乎消长之机，静参乎缩赢之数。惟哉生而示冲，始纯常而贞固；葆洁白于谦怀，乃濡毫而作赋。

卷十五　联语

代长乐初将军撰浙江奉直八旗会馆楹联*

如此好湖山，愿与诸君说礼乐、敦诗书，共乐清时钟鼓；
依然敬桑梓，及兹暇日修孝弟、讲忠信，毋忘开国规模。

挽汪芙生联

抗心古淡，处世元同，平生自署无闻子；
谭艺十年，论交两代①，后死应题有道碑。

湘潭庐陵会馆春风堂联

沅芷澧兰，阳春何丽；
杨诗欧笔，后起多才。

---

* 此联及以下至《文昌馆对联》各首，皆据徐藏稿册录入。

① "两代"，吴恭亨《对联话》录此联作"两世"。

萍乡文昌宫联

我知科名以人重；
神其阴骘与天同[①]。

梦山楹联

有问直须弥勒答；
此情唯许漆园知。

集峄山碑字寿孙莱山师六十

年方金石,功在邦国；
帝称经德,史纪世家。

集　　唐

人间本自无灵匹；孟郊
年少因何有旅愁。李商隐

① 顾家相《五馀读书廛随笔》记此联,下幅作“帝其阴骘与天通”。又,吴恭亨《对联话》录此联,作“我知功名以人重,帝其阴骘与天通”。

文昌馆对联*

大千春色在眉头，看扇影衣香、重游赡部；
五万莺花如梦里，任丁歌甲舞、沉醉昆仑。

贺李鸿章七十寿辰联**

天佑圣清，锡公难老；
相有大度，保我后生。

受业年愚侄文廷式

为□慎卿题联***

慎卿四兄仁大人属书：

北辰紫宫，谢恩拜德；
南山黄竹，获寿保年。

乙未季夏，萍乡文廷式书

---

* 按李伯元《南亭四话》，记“庆乐园联”，谓：“北京歌楼有庆乐园者，中有旧联云：‘大千秋色在眉头，看遍翠暖珠香，重游赡部；十万春华如梦里，记取丁歌甲舞，曾醉昆仑。’或曰是吴梅村先生手笔。”俟考。

** 据《合肥相国七十赐寿图》（光绪十八年孟春海军石印书局刊本）录入。原无题，今联题为编者代拟。

*** 据手迹原件照片（许智范先生见赠）录入。慎卿，其人未详。联题为编者拟加。

挽李仲约侍郎师*

鲁连蹈海、杞妇崩城，其志节精诚，当世殆无与匹；
任昉美名、谢安高韵，即文章志节，后人犹或知归。

赠薛华培联**

次申四兄世大人法家正字：
南天柱立勋名大；
东海门高德荫深。
道希弟文廷式

赠□明樵联***

明樵仁兄姻大人□：
酒瓶在手六国印；

---

* 据徐藏稿册录入。

** 据《萍乡文氏五修族谱》（承文军勇先生寄赠）卷五所载之文氏手迹照片。原题“文廷式手书对联”，兹为酌改今题。薛华培，四川兴文人，江苏巡抚薛焕第三子，字次申。官至道员。

*** 据《萍乡文氏五修族谱》（承文军勇先生寄赠）卷五所载之文氏手迹照片。上款末一字，影迹模糊不能辨。原以“文廷式书法作品”为题，兹为酌改今题。明樵，其人未详。

花气上身一品衣。

文廷式道羲

赠文蔚才联*

世事雄才能预算；
人生后福固难量。

蔚才贤侄属

道希

题山水联**

残雪楼台山向背；
夕阳城郊(山)〔水〕西东。

道希文廷式

---

* 此副联语，系由李笠农先生录示，云从文氏后裔处尝亲见此联，为文氏殁前不久所书。文蔚才，为文廷式之族侄辈。联题为编者拟加。

** 据刘宗道钞示者录入。谓原件为山西平遥县某君收藏。“落款‘道希文廷式’，盖有文廷式印一个，庚寅榜眼印章一个”（刘宗道先生1986年12月5日致编者函）。联题为编者拟加。

附：萍乡石井信国第书斋楹联*

半窗明月墨花香

* 楹联原件今不存。据“信国第”主人后裔文士丹先生回忆录示，谓仅得上幅（“半窗明月墨花香”）。石井，地名，今属萍乡市湘东区老关乡。“信国第”为石井文氏大族之居宅。当时属题联者，其名俟考。联题系编者拟加。顷据高洪年先生研究（见所撰《文廷式半联“半窗明月墨花香”考辨》，载2007年萍乡市语委主办期刊《语言文字》者，承高洪年先生寄赠；载2010年8月《萍乡高等专科学校学报》第27卷第4期者，承何东萍先生寄赠电子版），谓“半窗明月墨花香”句，“‘香’字属平声”，应是下幅。并引录邹晓明、王绍雄《吉安发现曹秀先手书青花嵌铭瓷楹联》（载《光明日报》2000年6月28日）曰：“一幅由清四库全书总裁曹秀先手书，以木底青花瓷嵌铭对联，在江西吉安市郊的一村民家中发现。这幅对联用行书写就：‘一榻清风书叶舞，半窗明月墨花香。’曹秀先乾隆进士，江西新建人，历任翰林院编修、国子监祭酒、内阁学士、礼部尚书等职，并由乾隆钦命，出任四库全书总裁”云云。然则是否文廷式手笔，非绝无疑问也。奈除文士丹先生回忆录示者之外，别无他源，莫能校证。暂效郭隗，置诸附录，倘供讨论，或备参览。

卷十六　笔谈

与冈千仞笔话*

日本明治十八年一月十八日（清光绪十年十二月三日，1885年1月18日）

微阴。出观市街。……归舍，二客来见：一徐次舟赓(陞)〔陛〕，一文(希道)〔道希〕(程)〔廷〕式。

曰：见贵著于亦槎氏[①]，不禁佩服。

余[②]曰：域外人疏远，聊因所著为通名姓之资耳。

二人[③]曰：贵国学欧、米，以三千年礼义之邦，一旦弃其旧，不可痛惜乎？

余曰：(弊)〔敝〕邦国是，在取万国之长，而补其短。试言一端：(弊)〔敝〕邦改服制。弟野人、野服，新旧唯其所欲；弟不欲趋时，故

---

* 冈千仞，字振衣，日本宫城县人。日本近代著名学者。于清光绪十年五月来华，历游沪、杭、京、津等地，继南下广东，十一月三十日抵穗。在穗期间，与文廷式缔交，多次晤谈。冈氏旋以病东返扶桑。越岁，整理在华笔记，成《观光纪游》十卷。本篇即据《观光纪游》（明治十九年八月冈氏家刻"石鼓亭藏版"汉文和刊本）节录，篇题系今编者代拟。又，冈氏原书以日本明治历标记日期，而附注清光绪年日。今仍遵其例，但补加公历日期，系缀其后，俾便读者省阅。

① 冈氏自述："余是游赍法兰西志、米利坚志、尊攘纪事各五十部，纪事补遗、藏名山房杂著各一百部，以充赠遗。"此处"贵著"云云，即指冈氏上述著作。"亦槎氏"，即张焕斗，字亦槎，时官广东，管理机器局。冈氏抵穗之初，张亦槎尝为冈氏谋借寓舍。

② "余"，即冈氏自称。

③ "二人"，即徐赓陛、文廷式。

用旧服。此服长袖缓带，坐作不便。且立国尚武，此服第一不可手火枪。故断乎废旧服，一仿欧、米。

曰：欧、米戎事精练，工艺巧妙。唯伦理纲常，东洋自有万古不可易者，不可一日弃我而取彼。

余曰：伦理纲常，圣人之所以继天立极。我东洋各国之卓出万国，实在于此也。此外东西互有长短，平心夷考，东洋短所十中七八，西洋短所十中一二。此(弊)〔敝〕邦之所以取彼长而补我短也。

问我邦神道古典，及西教行否，余一一书实以答。

既而二人太息曰：祖宗辟国日千里，威武行于海内外。而上下恬熙，不见兵革，二百年于今，一旦海警，致是狓猖。不可长息乎！

谈至日晡。馆人曰，二人皆孝廉，以才学闻。

廿日（五日，20日）

午后，(希道)〔道希〕、次舟来访。共过李若农文田。不在，入一室以待。(希道)〔道希〕问韩事，语渐犯人。

余曰：此事不足为异。若使天不开火枪、轮舰、电信诸机器，则东西二洋，国锁其疆，民安其业，各乐百年无事，征之二三十年前可知也。今也欧人破此天荒，此蒙叟所谓凿破浑沌七窍者。试见机器未开以前，欧人岂能航九万里之波涛，大舰巨炮，吓东洋各国，以充其欲壑如今日乎？而今也东洋开此器，资此用；朝鲜蕞尔小国，势不能自立。自今而后，此等变，旦暮接踵，亦不可知！

(希道)〔道希〕默然。已而若农出见。

廿五日（十日，25日）

冒雨，过次舟。亦槎、(希道)〔道希〕在。供点心。共赴王观察之招。见一山突起，为越秀山。山有五层楼大悲阁，为城中胜地。

(希道)〔道希〕曰：不雨，则一临极万里之目。

至,则观察弟某出接。就一室与三人笔话。

余问中土街衢偪仄,古来如此否。

(希道)〔道希〕曰:唐宋以后,城市之制败坏,遂致今日。

余曰:在昔英京,街巷狭窄,风气郁塞,恶疾盛行,人民死亡略尽。遂一变城市之制,今龙动是也。

曰:城中多瘟疫,实如所论,此不可不一变者。唯如朝野惯习为常何!

(希道)〔道希〕有俊才,好论时事,反覆究论,言言剀切。唯涉外事,茫在五里雾中。余正辞直答,彼愈激。

余直曰:《大学》一书,修己治人之道悉矣。而论其修己,则曰"格致"、曰"诚正";论其治人,则曰"新民"、曰"作新民"、曰"日日新"。说"新"字,不一而足。而中人不讲格致之学,唯旧之守,余不知何谓?

(希道)〔道希〕不复言。盖中人死执经书,若悬空论事,则纷然驳击;退引经书一二语折之,不敢妄争。纳谏自牖之义,不可不知。

二月十日(十二月廿六日,2 月 10 日)

拟明日发此①。……

(希道)〔道希〕来别,曰:自今书信往来,永订文字之交。又曰:法人某自柬埔寨探南掌缅甸,入中土,历滇、蜀数省,草游记,翻译方成;奇事百出,极为珍籍,惜未刻。

此间所见士人,唯(希道)〔道希〕才气俊发,议论慷慨,尤用心家国之事,必为他日伟器。

---

① 指冈氏拟于次日乘船离穗。

与内藤湖南笔话*

在上海……与文氏[①]之第一次谈话如下。

予[②]:久闻大名,不意今蒙枉过,实喜出望外。仆此次之游踪,先经京、津,在津得与严、王二君晤见。闻沪上多士,皆精通洋务者,若得承先生绍介而遍访之,则幸甚焉。

文[③]:伯乐所过,冀北群空。仆恐不足当君之意也。

予:先生即为仆所言者。桓温问豪杰于王景略,岂非当面错过豪杰乎?

文:君不败于枋头,仆不思慕东晋,何可以此相戏?况君至此已达十日,岂可以一二可谈之士奉渎高听乎?

予:国人某,昨由武昌归沪,其云谒见张香涛制军之状,礼数甚

---

* 内藤氏,本名虎次郎,字炳卿,号湖南。日本秋田县人。日本近代著名学者。内藤氏于明治三十二年初次来华。其《己亥鸿爪纪略》自记:是年十月五日离天津乘舟南下,九日抵上海。十二日,"佐原笃介氏来访,并约明日与文廷式同来"。十三日,"午后,佐原氏偕文氏来,笔话数刻去",云云。是知文氏与内藤氏此首次笔话之时间,在明治三十二年十月十三日(清光绪二十五年九月初九日,1899 年 10 月 13 日)之下午。此次笔谈内容,见载于《内藤湖南全集》第二卷(日本东京 1976 年日文版)《燕山楚水》内,原刊为日文,承刘方先生赐赠原刊影印件。本篇及有关参考资料,承吴杰先生赐助译出。篇题系今编者代拟。

① 即文廷式。

② 即内藤湖南自称。

③ 即文廷式。

繁,颇异所闻。敝国近来此事疏简,达官贵人亦皆通名刺即得相见,故国人大都已不娴于繁重之礼仪,彼亦以此颇受烦苦。由此琐事而推及其余,贵国维新之事,似犹未可以时日待而言之矣。

文:禅家有云,水浅不是泊船处。贵国之贤哲,岂可以南皮尚书决吾国之隆替,而津津乐道哉!

予:豪杰之士,其不待文王者,而踵起于草莽,果可指日为期乎?

文:若不得其时,则十年百年,或未可期。然若得乎其时且得乎其势,则诚可谓如泰山之云,不崇朝而天下皆雨也。

予:姑以敝国之事为例,百年以降,志士仁人,杀身取义,盖不下数十百辈,而后有维新之变,且其影响得可如此之迅疾也。若坐待时机,则将奈斯民涂炭者何!

文:既当知其例之所同,又当知其例之所异,然则时机或不远矣。

予:以先生之所见,如其时机果至,则当从何处着手?

文:近人所议与贵国联合者,欲借贵国之兵力耳,此诚不足道也。余意当以贵国之人才,办有用之事,纲举而目张,或可使来者有成例之可循。此乃敝国汲汲所冀得幸存于同洲之大要,先生以为然否?

予:借兵力之论,不过一时权宜之计;贵国革弊之事,则非一时权宜之计所能济。欲用吾国之人办理诸事,以成一定之例,先生所见甚是。然吾邦人而通晓贵国之情弊者,未必甚多;若悉循敝国之成例而行之于贵国,则未免枘凿。殷鉴不远,见在台湾。

文:权实兼施,因革互用,贵国之士若肯相助以为条理,则主其事者,亦必当有以权衡之也。

予:抑将以一纸之令,而欲使全国尽奉行之乎?是则即去岁维新之举失败之所由。其着手之次第,仆愿恭闻高教。

文:今日而若言次第,则无次第也,此实须待临时而为因应者,若弈棋然也。国手落子,虽着着皆有次第,而亦不能不因敌之变而变也。

予:然一代治法之定,则不可似围棋之因敌而变者。敝国三十年来,稍有起色,亦唯国是一定之故也。

文:贵国一姓相承二千馀年,故可先定国是,而后徐徐改之。敝国今日之事,则非其例也。盖治法之厘定,其在今日,采列国之长,救千年之弊,规模既立,宪法自行,实亦非难事。其所难者,在递嬗之际、尊攘之术耳。若如英才得以立国,则一切举而行之,诸所次第,必不紊乱,君其待之。

予:时运之变,先当有掀天翻地之举。敝国幕府之政,久为人心所厌,故必倾覆之,而后国势一变。贵国今日此等之事,未识亦犹可作如是观否?

文:贵国以天皇之名为号召,其事顺而行易,故数十志士,乃能为功。敝国情形,同之乎,抑或异之乎?

予:仆在北京之时,曾往游长城,而所过州县,皆残敝不治,即其寺观,亦皆颓败。因以思之,所谓千年之弊,虽在康熙、乾隆极盛之日,亦未尝革除也。特其以府帑馀羡,得以粉饰一时之太平耳。今而欲革此根深蒂固之弊,谈何容易!衡之以敝国三十年来之事,其有甚难为力者也。立折冲御侮之策,虽曰至难,然比之于此革除积弊,仆犹以为易事也。先生以为然否?

文:仆持此见亦久矣,《管子·八观篇》谓“觇国者当如是也”。异日将与先生一一剖析其详。且得贤人君子而为请益,岂数纸空言所能了哉。无兵则国且不足以立,更有何治法乎?此难易之说,诚仆获教既多者。然今日适有登临之约,他日当续为求教。请辞。

附　录

文廷式自述诗词联文撰目辑录

本目录辑收文廷式所尝自述撰作之诗词联文，范围以单篇为限（非单篇，而属专著专集者，另移至《文廷式著书知见目录》）。略依撰时，编次登录。篇名遵用文氏原记，偶失题者，酌为代拟，后缀＊号，用示区别。

稿成于卅馀年前，原系拙编《文廷式集》附录之一，以解诸卷之间“互见”之困（例如若干诗文，《日记》、《笔记》等卷已有述及，《诗录》、《词录》、《文录》等卷是否再收，不收则不全，收则将重复；倘不收而仅见校注，亦恐不能遍及；等等），兼欲为读者稍添检索之方便也。唯于初版时以全书篇幅有限，抽出撤下，未随付梓。

嗣后屡闻读者责备（《诗录》、《词录》等卷收录何以未全），或承蒙代为“辑佚”（从《日记》等卷中“辑佚”，以补同书《诗录》、《词录》等卷之阙）。厚谢雅意之馀，不禁莞尔。

故此次《文廷式集》增订之际，小作修订，仍予补入，庶免续致误会。虽然，学养浅薄，兹稿疏漏之处，殷盼方家指正。

甲午夏日，川沙汪叔子述于广州

诗

绝句(折得幽兰学楚吟)*

《旋乡日记》光绪十二年七月初四日自记“搜求故纸”所得,“补录庚午年旧作绝句云……”

按,庚午,同治九年也。

新春

《丙子日记》光绪二年正月初三日自记“作《新春》诗一首,敬和大人用东坡韵之作”。

咏镜

《丙子日记》光绪二年正月十四日自记“作《咏镜》诗一首”。

古渡

《丙子日记》光绪二年正月十八日自记“作《古渡》诗一首”。

古画

《丙子日记》光绪二年正月廿三日自记“作《古画》诗一首”。

即景

《丙子日记》光绪二年正月廿三日自记“作《即景》诗二首”。

三国志小乐府

《丙子日记》光绪二年正月廿七日自记“作《三国志小乐府》诗

十首”。

《丙子日记》光绪二年正月廿八日自记“作《三国志小乐府》诗四十首”。

《丙子日记》光绪二年正月廿九日自记“作《三国志小乐府》诗二十八首”。

读李长吉歌诗题后

《丙子日记》光绪二年二月十二日自记“作《读李长吉歌诗题后》一首”。

听莺曲

《丙子日记》光绪二年二月二十日自记“作《听莺曲》一首”。

咏檀道济谢晦事*

《丙子日记》光绪二年二月廿四日自记“作诗咏檀道济、谢晦事,有句云‘虚有夷吾容里克,竟教周勃谢陈平’,自诩确论”。

读赵孟頫传

《丙子日记》光绪二年二月廿九日自记“作《读赵孟頫传》诗四首”。

读王昭仪满江红词

《丙子日记》光绪二年二月三十日自记“作《读王昭仪满江红词》七绝四首”。

元世祖

《丙子日记》光绪二年三月初五日自记“作《元世祖》诗一首。诗云……”

红梅

《丙子日记》光绪二年三月十二日自记“作《红梅》诗”。

柳线

《丙子日记》光绪二年三月十三日自记“作《柳线》诗一首”。

阅桂林霜传奇

《丙子日记》光绪二年三月廿五日自记“作《阅桂林霜传奇》七绝四首”。

素馨斜吊古

《丙子日记》光绪二年四月初八日自记“作《素馨斜吊古》诗一首”。

敬和大人夜罾鱼虾肆炊烹食佐酒诗韵*

《丙子日记》光绪二年四月廿日自记“夜仍于门前罾鱼,得鳊鱼一尾、鲈鱼一尾,大人烹而食之;得虾几一斛。四更馀,有微雨,始休;仍肆炊煮小鱼而侑酒。大人作七绝二首,命和”。

游仙诗

《丙子日记》光绪二年五月十三日自记“为内子写扇一柄,顺作

《游仙诗》廿二首书之”。

论宫闺诗

《丙子日记》光绪二年二月十四日自记“为二姊书扇一柄,现作论宫闺诗二十八首书之,皆随作随写,无一字经稿也”。

读史

《丙子日记》光绪二年十月十六日自记“作《读史》诗四首(七绝)”。

秋忆

《丙子日记》光绪二年十月十六日自记作“《秋忆》诗三首(七律)”。

题张雄臣竹里调弦图

《丙子日记》光绪二年十月十六日自记“《题张雄臣竹里调弦图》诗一首(七古)”。

萤火

《丙子日记》光绪二年十月廿二日自记“作诗一首(《萤火》,七律)”。

蚊雷

《丙子日记》光绪二年十月廿三日自记“作《蚊雷》七律诗一首”。

和熊小垣兄赠七律二首

《丙子日记》光绪二年十月廿三日自记“得熊小垣兄赠诗二首”。

《丙子日记》光绪二年十月廿六日自记“作《和熊小垣兄赠七律二首》云……”

题王楚溪蕉斋集印图

《丙子日记》光绪二年十一月初七日自记“作《题王楚溪湖上采菱图·木兰花慢》词一首”讫,续记作“《蕉斋集印图》七绝一首”。

步陶稚箕留别韵

《丙子日记》光绪二年十一月十一日自记“作《步陶稚箕留别韵》五律四首”。

咏怀

《丙子日记》光绪二年十一月二十自记“拟《咏怀》诗一首,不工,不复作”。

感事(效尤谁遣售前欺)

《丙子日记》光绪二年十二月十一日自记“作《感事》诗一首,得之枕上……”

与莘伯联句五古一首*

《南旋日记》光绪十二年五月初二日自记“与莘伯联句五古一首”。

拟古宫词(秋鹰劲翮帚波旋)

《南旋日记》光绪十二年五月初五日自记“得《拟古宫词》一首……”

拟古宫词(新制冰床学水嬉)

《南旋日记》光绪十二年五月初九日自记“得《拟古宫词》一首……”

海上对月

《南旋日记》光绪十二年五月十五日自记“偶得《海上对月》诗一首”。

拟古宫词(内廷宣入赵家妆)

《南旋日记》光绪十二年五月十六日自记“又得《拟古宫词》一首……”

登江心屿谒先信国公祠

《南旋日记》光绪十二年五月十七日自记“得《登江心屿谒先信国公祠》五古一首……”

拟古宫词(鼎湖龙去已多年)

《南旋日记》光绪十二年五月二十日自记“又得《拟古宫词》一首……”

拟古宫词(玉叶琼花写碧绡)

《南旋日记》光绪十二年五月二十七日自记“复得《拟古宫词》一首……”

拟古宫词(锦绣堆边海子桥)

《旋乡日记》光绪十二年六月十六日自记“得《拟古宫词》一首……”

拟古宫词(窄袖蛮靴学试鞍)

《旋乡日记》光绪十二年六月十七日自记“得《拟古宫词》一首……”

望庐山有作

《旋乡日记》光绪十二年六月廿五日自记“得《望庐山有作》一首……”

拟古宫词(千门锁钥重严宸)

《旋乡日记》光绪十二年七月初四日自记“得《拟古宫词》一首……”

绝句(鬓丝禅榻自沉吟)

《旋乡日记》光绪十二年七月初四日补录庚午年旧作《绝句(折得幽兰学楚吟……)》讫,续自记曰:“搜求故纸,枨触新怀,复和一首,诗云……”

七夕用李义山诗韵

《旋乡日记》光绪十二年七月初六日自记吟得“《七夕用李义山诗韵》……”

道旁见傀儡戏得杂诗一首

《旋乡日记》光绪十二年七月初十日自记“道旁见傀儡戏，得杂诗一首……”

杂诗（仙家酒浥金茎露）

《旋乡日记》光绪十二年七月十一日自记“得杂诗一首……”

江上见月

《旋乡日记》光绪十二年七月十一日又自记得“《江上见月》五古一首……”

江行遇雨

《旋乡日记》光绪十二年七月十三日自记吟得“《江行遇雨》五律一首……”

杂诗（大地山河本妙明）

杂诗（天上星辰自有灵）

《旋乡日记》光绪十二年七月十四日自记“得杂诗二首……”

河防忧*

《湘行日记》光绪十四年二月初四日自记“阅《申报》，言黄河春水已发，中牟以下岌岌可危，心甚忧之。作五古一首”。

新乐府

《湘行日记》光绪十四年二月初四日又自记“近岁稍涉世事，每多怅触，欲拟白香山《秦中吟》，为新乐府以写之，卒卒未暇，姑先列其题于此，俟他日补作焉。《修三苑》，讽土木也。《鼎折足》，讥在位者非其人也。《特奏官》，讥海军报效也。《弃朝鲜》，讥失高丽也。《卫西藏》，惧失时也。《购铁舰》，虑将帅也。《郑州叹》，罪张曜、成孚也。《薪不属》，惧危难也。《民教争》，防世变也。此事必贻祸数百年，戕害万千亿，知之而不可奈何。《污池鱼》，惩朘削也。《虎当天》，惩关吏也。《父子博》，讥阎敬铭之理财也。《越甲鸣》，讥李鸿章之款敌也。《开琼州》，虑武事也。武事不振，琼州、台湾终为人有，故虑之。《白头叹》，思变帖括也。《中原菽》，恐失民也。洋人诱民以教、用民以财，较之威逼，尤为深狡，故诗以警之。《大婚礼》，虑宦官之渐进也。《观不解》，讥部例之太繁也。则例太繁，则权在胥吏，故讥之。《太阿柄》，刺赏罚失宜也。近岁台湾、越南之役，赏罚未当，故刺之。《反舌鸣》，刺言官也。初失之杂，而是非混淆。近失之怯，而菇世不敢。加以朝廷愎谏已甚，一无所采。故两讥之。《洋税增》，讥失利权也。《怀魏公》，思韩琦之贤也。《贺循议》，虑失礼也。《胡三制》，戒服妖也。《墨学兴》，戒邪说也。近世每以洋学附会墨学，岂无相近，而推之于古，亦贤之过也。此所拟题，尚有未尽，亦尚有未定者。加以深微之思，出以沈警之笔，播诸后人，亦一代得失之林也”。

忆俞恪士

《湘行日记》光绪十四年二月初九日自记“作《忆俞恪士》诗三首……”继复自述“余久欲作一七言古诗以赠恪士，心繁意杂，恐不足状其云光五色也。重到江宁，怅触不已，聊写三绝，未尽所怀，然沧海微禽,吾心不化,读至此恪士亦当为之挥泪不止矣。惟是羲之笔法,略本之卫夫人,而禊帖一篇,终不及和南数字,殊自愧凡拙耳”。

雨夜

《湘行日记》光绪十四年二月十四日又自记“作七绝一首,《雨夜》……”

拟古宫词(凤阁春深电笑时)

《湘行日记》光绪十四年二月廿五日自记“得《拟古宫词》一首……”

拟古宫词(河伯轩窗透碧纱)

《湘行日记》光绪十四年二月廿五日并自记“又前数日所作一首,补录于此……”

《芸阁偶记》谓“壬午春,有琉璃厂卖古董白姓者,由阉宦李莲英引入大内,遂得幸于禧后,月馀始出。旋禧后有疾。安后密察之,乃知有孕。遂召礼邸入宫,问以废后之理。礼邸对曰:此事不可为,愿我太后明哲保身。礼邸遂辞出。是夕,安后崩,遗体为三尺耳。其崩也,乃禧后知其事泄,以缩筋药酒饮之”。继自述“此事宗室某为余言之甚详。故余《宫词》有‘东风不改伤心事,一夕齐开百禁花’之句云”。

拟古宫词(鹎鹈声催夜未央)

《湘行日记》光绪十四年二月廿六日自记“夜不成寐,作《拟古宫词》一首……"

登晴川阁望江汉

《湘行日记》光绪十四年四月廿三日自记"天明大风起,舟不能行。午后偕樾亭同过汉阳,登晴川阁望江,惊风动天,万窍怒号,足洗烦懑。晚饭汉口之'金玉楼'酒肆。二更归舟。作《登晴川阁望江汉》七律一首"。

按,似即《诗录》卷中所收之《大风登晴川阁望江汉》。

粤江雨望

《旋江日记》光绪十七年五月初七日自记"作五律一首,题为《粤江雨望》,已录入文集"。

舟行清远英德宿雨新霁山川清峭

《旋江日记》光绪十七年五月初八日自记"得诗一首,《舟行清远、英德,宿雨新霁,山川清峭》……"

登山

《旋江日记》光绪十七年五月廿七日自记"阴雨。偕璞臣、少山、炼臣游叉鱼亭,遂由白鹿堂、护碑亭登苏仙岭","舆中得《登山》绝句一首……"

雄县道中

《南轺日记》光绪十九年七月初六日自记"雄县道中得诗一首……"

渡河

《南轺日记》光绪十九年七月十二日自记“晨启行。二十里到齐河县,小歇渡河”,“渡河以后,即入山,为长清县属地”,自录“《渡河》五律一首……”

山行舆中口占

《南轺日记》光绪十九年七月十二日记复自录“又《山行舆中口占》一首……”

杂诗(槐枣连山密)*

杂诗(村兵出相迓)*

《南轺日记》光绪十九年七月十七日自记“数日以来,终日行,未遇一车一骑北上者。道路寥落如此,知仕官、商贾尽由海道;轮船揽载之利日丰,而中原愈萧条矣。偶占五绝二首……”

奉命典试江南出都门作

《南轺日记》光绪十九年七月初二自记“辰刻由粉子胡同启程,至谢公祠赴同乡饯席,旋出新义门”。十九日行至郯城县,自记“余出都门时,作七律一首,得起四句;今续成之……”

杂诗(四战淮徐地)*

《南轺日记》光绪十九年七月廿一日自记少时曾纵论项羽亡国之基在都彭城一事,惜稿已失去。是日“舆中偶忆及之,作五绝一首,隐括其语……”

零句(每当荻苇萧森处,便有江湖浩荡心)*

《南轺日记》光绪十九年七月廿二日自记:"连日所行之境,绿杨万树,红蓼丛生,愈繁(蜜)〔密〕处,愈觉萧疏。乃知天地间自有此种清瑟之物,风疏雨骤,尤似深秋。余本野性,对此辄有江湖之思。微吟二句:'每当荻苇萧森处,便有江湖浩荡心。'盖深知世变之巨,将来非一手一足之力所能挽。自维薄植,谨当力守'难进易退'四字,庶可保其驽拙耳。"

徐定生世丈和余《出都》诗复和一首答之*

《南轺日记》光绪十九年八月十一日,江南乡试闱中,自记"第九房徐定生和余《出都》诗,余提笔复和一首,虽不甚佳,而自喜其敏,姑录于后……"

夜渡洞庭

绝句(舟人祈福向灵君)*

《东游日记》光绪廿五年十二月初八日自记作"《夜渡洞庭》五律一首……又口占七绝一首……"

绝句(腊破春归江上晴)*

《东游日记》光绪廿六年正月初八日自记"日本'山城丸'到,定附之东行"。初九日自录"口占一首……"翌日乃记"夜戌刻登舟"东游焉。

长崎小泊

《东游日记》光绪廿六年正月十三日自录所吟"《长崎小泊》一

首……”

仿柏梁体赋诗起句*

奉和森槐南重迭颍昺韵七古*

《东游日记》光绪廿六年二月十一日，在东瀛，自记“申刻，汉学家四十馀人邀余集于八百松间，仿柏梁体赋诗。余起句云：‘海山葱笼云气开。’森槐以南携诗来，重迭‘颍’‘昺’韵七古。余即席和之。‘颍’韵云‘平生所遇无不适，未暇雌雄较抗颍’；‘昺’韵结句云‘愿将秃笔写名都，自压燉煌记刘昺’。仓卒之间，颇赖腹笥未贫也”。

次韵内藤虎次郎见赠之作

《东游日记》光绪廿六年二月十八日，在东瀛，自录所作“《次韵内藤虎次郎见赠之作》……”

中川克一即席赠诗依韵答之*

《东游日记》光绪廿六年二月三十曰，在东瀛，自记“佐佐友房招饮‘狐鳗亭”，“中川克一即席赠诗一章五古，余依韵答之。”

挽张延秋诗*

《致于式枚书三十二》自谓“初五日忽得伯愚、仲鲁来电，知张延秋于初三日病故，良可悼惜”，“拟作挽诗一二章”云云。

五律（华筵列明烛）*

五律（江介瞻周道）*

《致于式枚书六十七》自谓“昨归，夜不能寐，得诗二首。清我兄改之、和之，并请诸君子和之”。录抄所呈者，即“五律二首奉赠采生大兄并谂容民伯时巽之诸君子录请诲正”。第一首曰：“华筵列明烛，并坐心悠哉。话旧频移席，消寒数举杯。元侯能礼士，幕府况多才。郁郁春陵卉，将为知者开。”第二首不全，仅存十六字云“江介瞻周道，殷忧望远图。未沉河伯璧，空”。

谈仙诗

《致于式枚书四十六》自谓“近作有《谈仙诗》五百字，伯严极赏之”云云。

拟义山诗

《致于式枚书四十八》自谓“病中无人，又拟义山一诗，别纸录寄吾兄赏之”。

夜坐

《致于式枚书六十》自谓“弟平生无他事长于人，唯常循止足之分。兹晨迁擢，已非所期。吾乡郑都官诗云‘五湖烟水非无意，未去难忘国士知’。但欲夙夜图一当以报国家，则奉身而行，得所借口。此语仅为吾兄言之；容民而外，慎勿使一人闻之，哂其迂妄也”。

《致于式枚书六十五》自谓“近作有《夜坐》绝句诗，第五首云‘五湖烟水非无意，未去难忘国士知。我诵宜阳旧诗句，治装应待受降时’。可谓言如符契矣”。

寄古城坦堂诗笺

《致汪康年梁启超麦孟华书》,自谓“别有寄古城坦堂诗笺一封,乞转交为盼”云。

阙题诗作*

《丙子日记》光绪二年二月初四日,三月十七、廿日,四月十五日,五月初三日,均自记“作诗一首”。五月十九日自记“作诗五首”。五月廿一日自记“作诗四首”。

《湘行日记》光绪十四年四月廿八日自记“与樾亭联句五言长律一首”。

《东游日记》光绪廿六年正月十九日自记“永井禾原招饮‘香雪轩’楼,同集者森槐大来南、本田幸之助、田边为三郎、永坂周二,暨永井君之弟三桥,又白岩、岩永,共九人,作诗数章,情韵交美”。

《致于式枚书二十四》自谓“今日偶得七律一首,别纸录寄,请烦改削”。

词

浣溪沙(十里杨花接谢桥)

浣溪沙(银汉西流月色阴)

《纯常子枝语》自述“十馀年前,为友人书扇,顷复见之,乃当时所作《浣溪沙》词二首也。感其藏弆之久,姑录存之。词云……是词癸酉秋间初过江南作。时克复未久,故有旧树新巢之感也”。

按,癸酉,同治十二年也。

木兰花慢·题王楚溪湖上采菱图

《丙子日记》光绪二年十一月初七日自记“作《题王楚溪湖上采菱图。木兰花慢》词一首”。

浪淘沙(窗下叶声干)

《丙子日记》光绪二年十一月十一日自记“作词一首,《浪淘沙》……”

六幺花十八·旅馆咏灯花

《丙子日记》光绪二年十一月廿七日自记“作《旅馆咏灯花》词一首,词寄《六幺花十八》……”

蝶恋花(九十韶光如梦里)

《南旋日记》光绪十二年四月二十八日自记“出东便门,得词一首……调寄《蝶恋花》”。

瑶台聚八仙(水远天长)

《南旋日记》光绪十二年五月初三日自记追念六妹,“欲为追悼词一首,尚未成也”。

《南旋日记》光绪十二年五月初四日自记“得词一首……调寄《瑶台聚八仙》”。

蝶恋花(密雾浓云围绣幕)

《南旋日记》光绪十二年五月廿一日自记“赋得《蝶恋花》词一首……”

长相思(君意深,妾意深)

《旋乡日记》光绪十二年六月十八日自记“得词一首,调寄《长相思》……”

绿意(湘花梦影)

《旋乡日记》光绪十二年六月十九日自记“与星海联句,得词三首,一寄延秋,一寄仲鲁,一寄实甫”。又记“寄仲鲁一词,颇有本事,姑录于此。调寄《绿意》,词云……此词为平康朱秀卿作”云云。

蝶恋花(绛树容仪谁得比)

《旋乡日记》光绪十二年六月廿二日自记“得《蝶恋花》词一首……”

菩萨蛮(春风二月花秾处)

《旋乡日记》光绪十二年六月廿四日自记“夜不成寐,补录旧作《菩萨蛮》一首……”

点绛唇(倦客萧然)

《旋乡日记》光绪十二年七月初三日自记“得《点绛唇》词一首……”

点绛唇(惜别经年)

《旋乡日记》光绪十二年七月十七日自记“阅李清照《漱玉词》,拟作《点绛唇》一首……”

好事近(一片碧云西)

《旋乡日记》光绪十二年七月十八日自记“拟龚定庵词一首,调寄《好事近》。词云……”

贺新郎(别拟西洲曲)

《湘行日记》光绪十四年正月廿四日自记“车中得《贺新郎》词一首……此词拟苏,窃自谓有数分肖之也”。

桂殿秋(吹玉笛,倚江干)

《湘行日记》光绪十四年二月初二日自记“得《桂殿秋》词一首……”

台城路·为江宁高氏题《瓮芳录》

《湘行日记》光绪十四年二月十二日自记“为江宁高氏题《瓮芳录》,词一首,调寄《旧城路》”。至十四日,续记“补录题《瓮芳录》词于此……”

台城路·湘中送星海还粤*

《湘行日记》光绪十四年三月廿五日自记“郭筠仙侍郎招饮,陈伯严、俞尧衢诸人同席。余急于送星海之行,未终席而去。夜与星海谈至三鼓,作送星海词一首”。廿六日自记“大雨。送星海登舟,已刻开行。皮麓云招饮不赴。是日水几入城,送行极苦”。

按,似即《词录》卷中所收之《台城路·湘中送星海还粤》。

满庭芳(蘸水兰红)

《湘行日记》光绪十四年四月廿八日自记“夜拟秦少游词,得《满庭芳》一首……此词微具北宋体。然以示王木斋,又将谓有(作)〔所〕指矣。岂非痴人前不宜说梦乎!明到金陵,将以示之,为一笑也。”

高阳台·为江建霞题太常仙蝶图

《纯常子枝语》自记“太常仙蝶,乾隆以来,故实颇多。癸巳三月,余于江建霞标编修斋中见之,四足钩吻能饮,与记载悉符。建霞绘图,索题。余题《高阳台》词一首云……”

按,癸巳,光绪十九年也。

庆宫春(岸苇平潮)

《南轺日记》光绪十九年七月廿九日自记“久不填慢词。夜雨空江,寂寥无寐,拈《庆宫春》调,依谱一首。姜白石曾赋此阕,云过旬涂稿乃定,无益而不能自已。余作诗文素不属稿,才不逮白石而又粗率如此,宜其不工也,聊以寄意而已……”

清平乐·题巴陵二乔墓

《东游日记》光绪廿五年十二月初十日自记游巴陵二乔墓,并自录所作“《清平乐·题巴陵二乔墓》……”

摸鱼儿(句)

《冬夜绝句》之第六首:“叔度汪汪千顷波,伯鸾遁迹五噫歌。我今重走邯郸道,奈尔吴船听雨何。”篇尾自注曰:“黄公度、梁星海今夏同在金陵,游宴致乐,有《吴船听雨图》记之;曾联句填《摸鱼儿》词一阕,余有句云:‘人易老,办桐帽棕鞋,不走邯郸道。’今颇自愧其言也。”

阙题词作*

《丙子日记》光绪二年十一月初六日自记“作词一首”。

《旋乡日记》光绪十二年六月十九日自记“与星海联句,得词三首,一寄延秋,一寄仲鲁,一寄实甫”。但仅自录“调寄《绿意》”之“寄仲鲁一词”全篇。另“一寄延秋”、“一寄实甫”者阙录。

《湘行日记》光绪十四年二月初八日自记“夜木斋、由甫皆宿寓中,联句联词,天明未瞑,亦客中一乐也”。

《致于式枚书四十六》自谓近作“又有词五六首。天寒未能写寄”云云。

联

梅宅春联*

《丙子日记》光绪二年十月廿四日自记“写春联十馀付,为梅宅写也”。

戏拟枢臣对*

《志林》记阎敬铭(字丹初)、张之万(字子青)古稀之年同入军机,孙毓汶(字莱山)、乌拉布(字少云)查办外案经年不返,人摘其表字,为拟对句曰“丹青不知老将至,云山况是客中过”。文氏因自述:“余谓《唐书》所云左相宣威沙漠、右相驰誉丹表,于此时亦略似之,惜其不能驰誉耳。”

偶得花鸟对*

《芗屑》自记“翠碧鸟（见《韩冬郎集》）可对白丹花（见《陆桴亭集》）”。

戏似督抚对*

《致于式枚书五十九》，谓“鄂督事三奏皆明发”，“将来唐抚之铜，与之并称，则为‘铜铁郎舅’，可与‘冰玉翁婿’作对矣”。

挽梅小岩姻丈*

《南轺日记》光绪十九年七月廿三日自记“闻淮安府知府言，梅小岩姻伯已于六月间去世，闻之黯然”云云。廿九日续记“《申报》载梅小岩姻丈以六月十八日辞世。拟作挽联，以梅文穆、李恭毅二人比之，一言其算法，一美其政绩也。计出闱后寄去太迟，因以中止”。

应酬癸巳恩科江南乡试房官诸联*

《南轺日记》光绪十九年八月初四日自记“写对联十馀副”。初六日入闱，初九日续记“为房官作联、扇十数事”，初十日再记“仍应酬写扇、对”。

挽李仲约侍郎师

《闻尘偶记》自述：“李若农侍郎文田学问赅洽，晚节尤特立不苟。将死，语不及私，惟谆谆以朝局为虑”，“故余挽联以‘鲁连蹈海，杞妇崩城’拟之，沈子培刑部挽联以‘威公泪尽，苌叔心孤’拟之，皆所谓知其深者也”。

戏应官名对*

《闻尘偶记》自述:"大学士福锟兼内务府大臣,总办蚕桑事,其加衔为'绮花馆提调'。时有以官名作对者,举此求偶,余以'翰林院编修'对之,咸叹为工雅。"

文

都彭城为项羽亡国之基*

少作。《南轺日记》光绪十九年七月廿一日自记"项羽破秦,不收图籍,故不能定都关中。其亡国之基,在都彭城一事耳,他皆其末者也。余少时曾纵论之,凡数千言,指当时形势颇详,惜稿已失去"云云。是日舆中追忆及之,遂作五绝诗一首,隐括该文大意,曰:"四战淮徐地,何须衣锦旋?大王学兵法,失学《地形》篇!"

释"君在傧……"*

《丙子日记》光绪二年二月初二日自记粤秀书院课试题"君在傧"三句;又记代人作文一篇。

按,似是自作一篇之外,又代人作一篇。

赵充国论

《丙子日记》光绪二年二月初八日自记菊坡精舍甄别;又记代人作《赵充国论》一篇。

按,似亦是自作一篇之外,再代人作一篇。

学而优则仕

《丙子日记》光绪二年二月十六日自记以此题作制艺一篇，自评“文颇奇恣，但使事拉杂、用笔粗疏耳”。

宦官女谒论

《丙子日记》光绪二年三月初四日自记“作《宦官女谒论》一篇，议论颇畅，凡一千字”。

阮芸台十三经注疏跋

《丙子日记》光绪二年十一月廿二日自记“作《阮芸台十三经注疏跋》”。

代孙家鼐草撰单懋谦墓志稿*

见《越缦堂日记批注》，光绪己卯光绪五年八月十一日，李慈铭记“单懋谦卒于家”条之下，文氏批注有曰：“单卒后，托孙寿州师为墓志，师转属余”云云。

代赵尔巽草拟请发译俄罗斯进呈书籍折稿*

见《纯常子枝语》曰，“道光朝俄罗斯进呈书籍图说，今存总理衙门者凡六百八十本。光绪乙酉光绪十一年，余为赵次山御史尔巽草奏，请发出翻译。旋据总署复奏，以为旧书不如新书之详备，俄书立论又不如英德法三国，可不必译。事遂中止”云云。

代赵尔巽草拟请俸饷勿复旧制折稿*

《旋乡日记》光绪十二年七月初四日，自记“往岁薛允升署兵部侍郎，希醇亲王重视旗人之旨，乃奏请复王公奉饷、旗兵全俸”，太后“特降明旨,俸饷全复旧制”。“于时赵御史尔巽嘱余属稿、约朝臣辞俸;余又别为具疏请争之;事皆不行。今检行箧中得旧稿残纸,因录其事之大略如此”。

李德裕论

《旋乡日记》光绪十二年七月初九日自记“作《李德裕论》一篇,凡四千言”。

静宜轩遗稿序

《旋江日记》光绪十七年五月初九日自记“作邹唐蓂妻《静宜轩遗稿》序一首”。继于十三日记“过朱子畬通守船,停舟略谈;托其带邹唐蓂信,并其妻诗集三册”。

南宋任将始末考论*

《旋江日记》光绪十七年五月初十日自记“读《朱子语类》八卷。救荒之政,别纸记之。对孝宗语,言将帅多由内官。余读封事时,已考之;更当作一文,详论南宋任将始末也”。

赣籍官绅请开航江西小轮船公呈*

《致于式枚书卅九》谓“吾乡欲行小轮船;接同乡公信,原呈无故将弟等在京姓名亲到,亦只可听之。比又闻为江督所驳,未知信否;北洋曾见原呈否?幸告我”。

按,是虽事先不知而“被列名”,但既知之,仍予默认,且为探讯疏通焉。

觉几铭

《南轺日记》光绪十九年七月十四日自记"作《觉几铭》",并录该《铭》全文曰:"事动于几,其觉无机,而误觉者稀。噫!不赖此明微,其孰知气强之非?"

光绪癸巳恩科江南乡试策问拟答稿

《南轺日记》光绪十九年七月廿八日自记"日来因问策撰乐律一条,详览论家之书"。

释儒

见《纯常子枝语》所称,"余另有《释儒》一篇详之"云云。

明性

见《黄帝政教考》所称,"按人性本于日,故能有光。余曾作《明性》一篇,发明斯义,当附于此"云云。

阙题文稿*

《丙子日记》三月初一日自记"作时文一篇";三月廿四、四月十九、五月十五日,又自记各"作制艺一篇"。十二月初二日自记"作群书跋语数篇"。

文廷式著书知见目录

兹取旧稿《文廷式著作知见目录草编》重行改作而成。

文氏生平，撰述宏富。其作品之单篇零稿，或手迹犹存，或散见别刊，既已酌述于抽编《文廷式集》各卷校注，复取其尝自记撰况者纳入《文廷式自述诗词联文撰目辑录》矣。

是以兹编专收文氏之专著专集、成典成册者，亦仅仅大概而已。试循四部，条其书目；稍效七略，撮其指意。间有标题未详，今予代拟者，则缀以 * 号，庶避混同。而孤陋寡闻，疏漏难免，仍敬祈识者教正是幸。

本编属草之际，参考钱仲联前辈先生所撰《文芸阁先生年谱》、《文芸阁先生年谱补正》（皆于《同声月刊》揭载），《文芸阁先生年谱》（广陵古籍刻印社四卷传写本），《文廷式著作表》（《明清诗文研究丛刊（第一辑）》刊载）及《文廷式年谱》（《中华文史论丛》一九八二年第四辑刊登），获益良多。此次修订，又承蒙何东萍先生寄赠文廷式研究资料多种，文军勇先生寄赠《萍乡文氏五修族谱》，赐助匪浅，并此谨申谢意。

甲午夏日，川沙汪叔子序于广州

逸书

朱丝栏“文宝楼”稿本一册，书衣墨签如此。今存。

按，皆集《尚书》之佚文也。

周官政要

据翁同龢记，尝于光绪二十七年冬亲阅是书，谓系费念慈与孙诒让、文廷式同订，盖比附周官而行新法之书云云。

按，疑即下录《周礼政要》一书。

周礼政要

有光绪壬寅瑞安普通学堂刊本；光绪二十八年冬武昌刻本；光绪甲辰仲春上海同文社评点铅印本（以上三本皆作二卷）；萃新书社铅印本；民国二十三年八月陕西通志馆《关中丛书》据官书局刻本（按似即光绪二十八年武昌刻本）重校排印本（此本裁作四卷）。皆题瑞安孙诒让撰。

按是书卷首孙氏自叙，作二卷、都四十篇；并述缘起有曰，“友人以余尝治周礼，属捃摭其与西政合者，甄辑之，以备财择”，因作此书云云。

证以翁氏所见《周官政要》稿本，记为费念慈与孙氏、文氏同订；且文氏手稿今见存者尚有五篇，曰《友任》、曰《巫恒》、曰《官属》、曰《布教》、曰《史学》，与今《周礼政要》内各篇，体裁文义，并皆相合。

然则孙氏所言“友人”云云，或即翁氏所记之费、文两人；而翁氏所见之《周官政要》，亦殆即《周礼政要》之底稿欤。

三古战例

见《纯常子枝语》所称，"余欲采三传及经典中所记军事仁义之属，编为三古战例，以补军礼之阙。用王政者，或有取焉"云云。其成书与否，及卷数、存佚，不详。

手钞校批徐氏律吕臆说*

乌丝栏稿本一册，今存。

按《律吕臆说》，是书原作者为徐养原。

左传正义杂记

《易培基民国二十年存在南方之文氏著作稿目》（按下称"《易氏藏稿目》"。）著录藏有稿本一册，当即是赵铁寒编《文芸阁（廷式）先生全集》（按下称"赵编《全集》"）之《读书札记》部分内已影印收入者。

傅斯年图书馆藏有抄本《左传正义杂记》一册，或即易氏之旧藏。今存。

又，另已收入《纯常子枝语》。

经义丛钞续编

美国芝加哥大学远东图书馆藏手稿一册。"锦泰号制"笺册，半叶十行。书衣墨签，题曰："经义丛钞续编"；右下自记"道羲手录"，并缀钤私印二方，白文曰"文廷式印"，朱文曰"道羲"。内文系抄录"陈瑑春秋岁星算例"，计抄廿一叶。

按，陈瑑，清代人（已言及"钱氏辛楣"云云）。所论乃以《春秋》纪年而测算岁星、太岁所在也。

群经撰句例

见《纯常子枝语》所称,"余尝欲为群经撰句例一书,惜匆匆未暇也"云云。其成书与否,及卷数、存佚,不详。

双声譬况字考

见《纯常子枝语》所称,"余曾作双声譬况字考详言之"云云。其卷数及存佚不详。

天下各国古今字样

见《纯常子枝语》所称,"余尝欲辑天下各国古今字样为一书"云云。其成书与否,及卷数、存佚,不详。

周氏汉书注补正考订*

见《纯常子枝语》所称,"长沙周荇农阁学(寿昌)补注两汉书,余为考订数十条。今附著余说者,惟蔡邕传作十意,余以为不作志者,避桓帝讳一条耳"云云。今存佚俟考。

按周寿昌撰有《汉书注补正》。

补晋书艺文志

《萍乡文氏四修族谱》(按下称"《四修族谱》")、《昭萍志略·人物志、艺文志》并著录,皆题作"补晋书艺文志补"。

武作成编《清史稿艺文志补编》著录作"六卷"。

文氏《纯常子枝语》自称"余所撰《晋书艺文志》"。文氏《国朝诸人著述目录补编》自为著录,作"四卷"。又,文氏《旋江日记》尝记有自录《补晋书艺文志》之《丙部》云云。

有清宣统元年己酉长沙刊本，系按四部裁分，作"甲部一"、"乙部上二"、"乙部下三"、"丙部上四"、"丙部下五"、"丁部六"，共六篇。

叶德辉《观古堂藏书目》著录藏有"宣统庚戌湖南活字排印本"、"五卷"。

曾连载于《船山学报》(月刊)。

有民国廿五——廿六年上海开明书店《廿五史补编》排印本，及一九五七年中华书局据开明版重印本；又赵编《全集》据开明本复印收入；皆裁作六卷。

钱仲联先生《文廷式年谱》尝谓，"湖北省图书馆藏有手稿"。

按，文氏此书之手稿四卷，据《中国古籍善本书目》著录，今存于上海图书馆。

晋书补逸

《易氏藏稿目》著录藏有稿本一册。

美国芝加哥大学远东图书馆藏有手稿，"汇昌"笺册一册，半叶九行。首叶首行，题曰"晋书补逸"。正文七叶。

按，系从邓粲晋纪、王隐晋书、虞预晋书、晋阳秋、汉晋春秋、车频秦书、中兴书、八王故事，文士传、名士传、晋诸公赞、竹林七贤论，世语，王氏谱，赵吴郡行状，以及王舒传，王含、王彬、范汪、桓温、王澄等别传，辑录晋世佚事也。

补金史宰执表

文氏《国朝诸人箸述目录补编》自为著录，作"一卷"。

文氏《丙子日记》记有拟作《金史宰辅表》云云，当即同书。

今存佚不详。

元史录正

《四修族谱》、《昭萍志略·人物志》并著录。

李苏菲《萍乡三学者生卒及其著述》著录作“元史录”。

其卷数及存佚不详。

元史详节

文氏参与门存倡和诗，有《自题〈元史详节〉复用前韵》七律一首：“曾见兵威过铁门，角端遗事记南村。时来瀚海风云变，运去和林鸟雀喧。乞瓦绵城追战绩，班朱河水壮英魂。四千年内论人杰，俯仰犹钦霸烈存。”知确撰此书，且似已完稿。唯卷数及存佚不详。

又，与上录“《元史录正》”，是否同书异称，并无可考。

元史西北地附录考（第一次稿）

朱格稿本一册，书衣墨签如此，今存。

按，其内容与下录《元史西北地附录考》不同。

元史西北地附录考

赵编《全集》据原易培基藏稿本排印收入，为一卷。

傅斯年图书馆藏《元史西北地附录考》稿本一册，今存。似即易氏旧藏也。

按，钱仲联先生《文芸阁先生年谱补正》据叶恭绰录示，记《易氏藏稿目》著录藏有“元史西北地附考”稿本一册，当即是此。

袁昶《安般簃集》卷己《酬文道希》诗自注，称文氏撰《西域释地》云云,或即同书。

通鉴注地理今释

见文氏致于式枚函所称。成书与否,及卷数、存佚,均未详。

手批李氏稿本元朝秘史注*

李文田撰《元朝秘史注》稿本四册,文氏手批,今俱存。

有袁昶《渐西邨舍丛书》十五卷刊本《元秘史注》,李文田注,文氏、袁昶之评识列于书眉。

三代会要

文氏《怀旧绝句十首》第四首之小序,自记"新会陈庆笙秀才树镛""常与余同纂《五代会要》,发凡起例,规模粲然,惜因人事而辍"。

又见《纯常子枝语》所称,"余尝欲撰《三代会要》,荟经学之大成。知难而退;然尚思集众材为一编,以为后王取法"云云。其后果成书与否,及卷数、存佚,不详。

张仁蠡谓,《黄帝政教考》、《轩辕氏征文》、《伊尹事录》三种,当为此《三代会要》一书之别出者云云。俟考。

黄帝政教考

李苏菲《萍乡三学者生卒及其著述》著录,未记卷数。

有"环天室日记"红格稿本一册。书衣墨签题"黄帝政教考",旁复书"第一次稿";并书有卷目,初写共九卷附一卷,继改写共十二篇,——当是文氏之写作计划。然此册内实未分卷,且似未完。姑称之为《黄帝政教考(第一次稿)》。今存。

《黄帝政教考(第一次稿)》,尝为张仁蠡过录,并附跋语。该钞本一册,今存。

另有“环天室日记”红格稿本一册,及“重修史志稿”绿格稿本一册,书衣皆无墨签,而检其内容并专考黄帝政教,当是上录《黄帝政教考(第一次稿)》稿册之续。今俱存。

按张仁蠡谓,文氏之属稿成否莫可访求者,有《环天室日记》一种云云。殆是《黄帝政教考》之讹传误闻,以文氏此《考》属稿所用为“环天室日记”笺册也。

轩辕氏征文

李苏菲《萍乡三学者生卒及其著述》著录作“轩辕氏微文”,未记卷数。

有朱格稿本一册,书衣墨签题“轩辕氏征文(壹)”。今存。

伊尹事录

李苏菲《萍乡三学者生卒及其著述》著录。

文氏《纯常子枝语》自谓“余撰《伊尹事录》”云云。

有朱格稿本一册,书衣墨签题“伊尹事录一卷(知过轩箸书之一)”;内夹附《伊尹为庖说》手稿一篇两叶。今存。

张仁蠡据此稿册录副之钞本一册(有张仁蠡跋尾),今存。

另有“知论物斋钞书”钞本一册,首叶钤有“徐海铎”朱文长方名章。今存。

元会要

文氏《知过轩随录》(美国芝加哥大学远东图书馆藏稿本,标注光绪“壬午”年开撰者)自谓,《元经世大典·马政》辑得一卷,“余已录入《元会要》中”云云。卷数、存佚,未详。

按文氏致于式枚函尝谓,“到浙后,拟即开手做《元史会要》”云云。是否同书异名,俟考。

经世大典集本

文氏《国朝诸人箸述目录补编》自为著录,作“二十卷”。而《纯常子枝语》则记作“二十四卷”,谓“元经世大典,明叶文庄菉竹堂书目尚载之,不知何时佚去。余于永乐大典及群书所引集成二十四卷,仅存崖略而已”,云云。——似是初成二十卷,嗣后复有增辑,乃得二十四卷。

《易氏藏稿目》著录藏有《经世大典》稿本三册,今存佚不详。

何东萍《日本所藏文廷式书目》记有“经世大典残卷,元赵世延等奉敕辑,清文廷式辑钞本,京大人文研东方”;“经世大典辑本二卷,清文廷式辑,清钞本,罗氏雪堂藏书遗珍,京大人文研东方”。宜皆犹存。

何东萍《中国国家图书馆馆藏文廷式书目》,记文氏所辑“《经世大典》(清钞本)”,又为“王荣国主编罗氏雪堂藏书遗珍七本册收录”,“中华全国图书馆文献缩微复制中心,北京,2001”。

元典章马政集本

文氏《知过轩随录》(芝加哥大学藏稿本,壬午开撰者),谓“《元经世大典·马政》云(见《永乐大典》一万一千六百七十八):国朝肇基朔方……云云。凡一卷,甚详备。余已录入《元会要》中。今特钞其序于此”。

又见《广仓学窘丛书》甲类第一集《大元马政记》附柯劭忞跋语所称。盖柯氏犹及亲见是稿并取为校雠用。今存佚不详。

元高丽纪事集本

元代画塑记集本

大元仓库记集本

大元毡罽工物记集本

大元官制杂记集本

以上五种,俱刊于《广仓学窘丛书》甲类第二集,各作一卷。

按《大元官制杂记》又有上海古籍出版社 1995 年《续修四库全书》影印本。

元太常集礼辑本

李苏菲《萍乡三学者生卒及其著述》著录“一卷”。

按已收入《纯常子枝语》内,并谓“余于永乐大典辑得元太常集礼一卷”云云。

又按,以上《经世大典》、《元典章马政》、《元高丽纪事》、《元代画塑记》、《大元仓库记》、《大元毡罽工物记》、《大元官制杂记》、《元太常集礼》等诸种辑集,殆或胥在文氏《元会要》纲目之内,是耶非耶,质诸高明。

辽金元三朝会要

文氏《致于式枚书》自谓:“弟甚欲作《辽金元三朝会要》”,“他日终当成之”云云。

食货通考

文氏致于式枚函内，又尝自述：“《食货通考》，古今未有成书。私意欲尽为网罗，勒成巨帙，未尝不可单行也”云云。

经史百家制度集本

文氏《国朝诸人箸述目录补编》自为著录，作“一卷”。

赵编《全集》据李宗侗藏稿本一卷影印收入。

另有原德化李氏木犀轩藏光绪钞本一卷，今存。

中兴政要辑本

《振绮堂丛书》二集（光绪二十年汪氏刊本）收入，作一卷。

近年又有《丛书集成续编》影印本（台湾新文丰出版公司 1989 年，上海书店出版社 1994 年）。

宏词纲要集本

宋状元及第图集本

以上两种，有原德化李氏木犀轩藏钞本，各一卷。系与《经史百家制度集本》一卷、《交州记集本》一卷合册，册端有李盛铎于清光绪甲午春手书题记。今俱存。

御制解惑篇

李苏菲《萍乡三学者生卒及其著述》著录作“解惑篇”，未记卷数。

《易氏藏稿目》著录藏有稿本一册。

傅斯年图书馆藏善本图籍书目，内有《御制解惑篇》稿本一册，宜即易氏旧藏。今存。

按《纯常子枝语》收载有文氏所辑之《御制解惑篇》,当即此书。盖从李文田处钞得,而文氏复加跋语,有所考证焉。

会典图说

见《纯常子枝语》所称,"水道提纲卷十四德安县之博阳水,一统志作傅阳川,盖即俗名金带河,出县西南豹子岩之水也。今已湮流。故余修会典图说,不复补入"云云。

按文氏尝直会典馆职,此当是补修者。其所撰具体篇目及存佚不详。

光绪癸巳恩科江南闱墨

何东萍《日本所藏文廷式书目》记:"江南闱墨光绪癸巳恩科不分卷,清徐会澧、清文廷式同辑,衡鉴堂刊闱墨八种,京大人文研东方"。

新译列国政治通考

二百二十卷,另目录一卷。有光绪癸卯上海蜚英书局石印本,二十四册。不著撰译名。据是书所载文氏署名之序,及序之内容,知为文氏主持编译。

刑法通考

朱丝栏"汇昌"稿本一册,今存。

志林

赵编《全集》据李宗侗藏稿本排印收入,为一卷。

又民国成都昌福公司《满清野史(五编)》排印收入,题作"知过轩随录",为一卷。

又尝连载于《青鹤》杂志,题作"知过轩随笔",乃据叶恭绰藏钞本刊出。

知过轩谭屑

《易氏藏稿目》著录藏有稿本一册。

按李苏菲《萍乡三学者生卒及其著述》,著录有"谭屑"一种,未记卷数。或即同书。

李宗侗藏稿本一册,应即《易氏藏稿目》著录者。今存佚不详。

王尔敏尝据李藏稿册过录,抄本一册今存。由《萍乡文氏五修族谱》影印收入。另排印发表于《近代中国》(第十八辑,上海社会科学院出版社,2008),王尔敏、陈绛标点注释。

闻尘偶记

《四修族谱》、《昭萍志略·人物志》皆著录。

曾刊登于《青鹤》杂志,系据叶恭绰所藏钞本揭载。

又曾刊登于《大风半月刊》,不全;阿英编《甲午中日战争文学集》曾节录排印收入。所据底本均不详。

原叶景葵藏有钞本一册,谓"钞者颇多讹字"云。今存佚不详。

原文氏后人家藏稿本一册,书衣墨签题"闻尘偶记(一卷)",内有文龢朱笔校批,末复贴附文龢手书补录一纸。当即汪曾武《萍乡文道希学士事略》所称"闻尘偶记一卷",谓为文龢购归、藏于家者。今存。

中国社会科学院近代史研究所编《近代史资料》总第四十四号

全文排印收入者,及中国史学会主编《中国近代史资料丛刊·中日战争》节录排印收入者,咸据此稿册为底本。

原李氏木犀轩藏吉州欧阳氏南云精舍钞本一册,卷首有李盛铎手书题识,谓此本系吉水欧阳集甫从廷式群季处钞得、因以见示、并录副见诒云云。今存。

原邓之诚藏清代佚名抄本一册。钤有“文如居士金石长寿印”。并有邓氏批校多处。今存。

按叶景葵《卷庵书跋》谓,“又见《思简楼拟刊秘本书目》,有道希所著《闻尘偶记后编》一卷、《续》二卷”云云,然叶氏亦未能搜见。今其存佚不详。

芸阁偶记

有稿本一册,不全,今存。

民国长沙《大公报》据马天驷氏藏稿本(似是全本,且内容有所不同。)连载刊出。

按朱德裳《三十年闻见录》曰,“民国元年黄克强至长沙,有持文廷式笔记求售者,二小册,蝇头小书,道希亲笔也。约二百叶,仅易银二百两,可哀矣。其中京朝事甚多。诋慈禧为淫狐再世,殊伤新学家身分。李悉伯在京师时骂赵扮叔为庸妄小人,王湘绮肆无忌惮,皆笔记中语也”,云云。此曰笔记稿本二册,今存佚未能考。而据朱氏所转述其中内容,似亦是《闻尘偶记》或《芸阁偶记》之别稿欤,故附志于此。

另有钞本二册,题作“随手录”,而又名“芸阁偶记”,署作者为清文廷式撰。今存。内容俟考。

读史随录

朱丝栏“汇昌”稿本一册,今存。

按,是册书衣墨签四字,末一字残损,臆测当是“录”字,故此著录作“读史随录”。

手批杨氏远志斋史话*

何东萍《中国国家图书馆藏文廷式书目》记:“清杨以贞著《远志斋史话》六卷,缩微制品一盘,35mm,文廷式批,孙依言题识,薛时雨题识,俞樾批。全国图书馆文献缩微中心,北京,2004”。

丙子日记*

朱丝栏“含英阁”稿本一册,又紫印“靠苍阁日记”稿本二册,均记光绪丙子年事。今俱存。

南旋日记

《易氏藏稿目》著录藏有稿本一册。

傅斯年图书馆藏善本图籍书目内有南旋日记稿本一册,今存。当即是赵编《全集》排印收入者所据之底本。

叶恭绰藏有钞本一册,系从易氏藏稿本转录者,今存佚不详。

旋乡日记

“琉璃厂秀文斋”朱格稿本一册,书衣题墨曰:“旋乡日记(知过轩录)。”今存。

客湘日记

据《旋乡日记》称,光绪十二年六月“二十一日以后另为‘客湘日记’”云云。今存佚不详。

湘行日记

赵编《全集》据李宗侗藏稿本排印收入。

按《易氏藏稿目》著录藏有《日记》稿本一册,疑即是此。

旋江日记

《易氏藏稿目》著录藏有稿本一册。

美国芝加哥大学远东图书馆藏有手稿(“懿文斋”制笺册,半叶九行)一册,宜即原易氏藏稿本。

叶恭绰尝从易氏藏稿本迻录,藏有钞本一册,今存佚不详。

《青鹤》杂志曾刊登《旅江日记》一卷,系据叶藏钞本揭载,当即是同书。唯“旅”乃钞误字。审察文氏自题书名影迹,实为“旋江日记”。

吴轺日记

《易氏藏稿目》著录藏有稿本一册,按当即是后来李宗侗于《大陆杂志》发表《文芸阁〈吴轺日记〉手稿跋》所称者。

叶恭绰从易藏稿本录副,藏有钞本一册,今存佚不详。

《青鹤》杂志曾刊登《南轺日记》一卷,系据叶藏钞本揭载,当即为同书。

乙未日记*

见《闻尘偶记》所称,“时和议几沮。先是忧危日甚,人不聊生，至是士庶之心益愤，旦夕汹汹，其详余别有日记"云云。则知所记乃光绪二十一年反对《马关条约》事也。其卷数及存佚不详。

东游日记

《易氏藏稿目》著录藏有稿本一册。

傅斯年图书馆藏东游日记稿本一册，今存。宜即是赵编《全集》排印收入所据之原李宗侗藏稿本。

越缦堂日记批注

曾刊载于《青鹤杂志》。

又已收入《纯常子枝语》，专作一卷。

按《越缦堂日记》，李慈铭撰。

文氏世录

《四修族谱》、《昭萍志略·人物志》皆著录。

汪曾武《萍乡文道希学士事略》著录，作"一卷"，谓稿为文龢购归、藏于家云云。今存佚不详。

按，文氏别种稿本中，尚见间有条文，天头批曰"当入文氏世录"云云，则知确有是书，且犹有其佚文可辑也。

氏族略考

见《纯常子枝语》所称，"余曾箸氏族略考一书"云云。其卷数及存佚不详。

姓氏书

见《纯常子枝语》所称,“余尝欲撰姓氏书,徧征天下谱牒,存其实证,去其淆讹,以今地望系之;其祠庙婚姻之事,悉先箸于册,而官为稽考。亦类族辨物之要政也”云云。其成书与否,及卷数、存佚,不详。

希姓

见《旋乡日记》所称,“余旧录希姓为一卷,续皇朝通志略之后”云云。

盖专辑录姓氏之罕见者。其后似续有补录增葺。然终于积成若干卷,及今存佚,不详。

按《纯常子枝语》中,尚多有载录希姓之条文,当属此书内之内容耶。

历代舆地通考

文氏尝自述于致于式枚函内:“刘侍郎嘱作《通鉴注地理今释》,此书亦颇少;然窃谓用功既不能少,则不若径作《历代舆地通考》矣”云云。

交州记集本

赵编《全集》据李宗侗藏稿本一卷影印收入。

又,原李氏木犀轩藏钞本一卷,今存。

地理丛考幽州集本

赵编《全集》据李宗侗藏稿本排印收入。

按又已收入《纯常子枝语》。

寿昌乘集本

文氏《国朝诸人箸述目录补编》自为著录,作“二卷”。

文氏《湘行日记》,有“以寿昌乘交芗垣刊之”之语。——当时刊行与否,不详。

有光绪丁未武昌柯氏息园刻本。据其卷尾柯逢时跋语,似借陈士可毅所藏写本以付梓者。

朱士嘉《中国地方志综录》(商务印书馆一九五八年增订重印版),谓湖北省图书馆藏有清钞本。疑即柯氏跋语所言之陈氏藏写本。

另,原李氏木犀轩藏钞本一册,今存。

何东萍《中国国家图书馆馆藏文廷式书目》谓国图犹藏有“毛装抄本 1 册”。

大德南海志 *

何东萍《中国国家图书馆馆藏文廷式书目》记元代大德年间吕桂孙修《南海京》二十卷,“陈金林等据北京图书馆藏残本及清文廷式等辑自《永乐大典》之材料汇为十卷,卷十内有艺文。线装影印本。上海师范大学图书馆,1986”。

国朝艺文志

见文氏《国朝诸人箸述目录补编》之题记所称,“余录国朝艺文志,凡四库未箸录者,皆列其目,凡得三千种、十一万卷有奇”,云云。知已成书者也,今存佚不详。

国朝诸人箸述目录补编

国朝名人箸述目补

以上两种，皆文氏自补其《国朝艺文志》之阙而续编者也。赵编《全集》据李宗侗藏稿本（似即今归傅斯年图书馆者）均予影印收入，并代加总题曰“清人著述目录”。

又，《国朝诸人箸述目录补编》，另有佚名钞本一册，今存。

清人箸述目录

《易氏藏稿目》著录藏有稿本七册。其存佚，及其内容与前录《国朝艺文志》、《国朝诸人箸述目录补编》、《国朝名人箸述目补》三种是否即同，均俟考。

国朝史学丛书目录

史学丛书附刻目录

《国朝史学丛书目录》四卷，《史学丛书附刻目录》不分卷，合订稿本一册，今存。原稿册书衣未加题签，今据册内叶心所书者著录。

知过轩目录

《易氏藏稿目》著录藏有稿本一册；原叶恭绰藏有钞本一册，乃据易藏稿本假录。今存佚均不详。

道藏目录

《易氏藏稿目》著录藏有稿本一册。

文海出版社有限公司《图书目录(1980年)》称某大藏书家所藏文氏稿本中有关于“释道经典目录”者,其道经目录部分;及赵编《全集》之《出版简介》称李玄伯所藏文氏稿本有《道藏经目》;似皆即是指此原易氏藏稿本。

叶恭绰藏有钞本一册,系从易藏稿本过录,今存佚不详。

傅斯年图书馆藏有“道藏经板”稿本二册,宜即同书。

按《纯常子枝语》及《芸阁偶记》,均记有光绪癸巳与徐仲虎同游西安门外大光明殿,访观道藏存版,并嘱道士代钞咸丰五年点检道藏存板目录云云,殆即此书。

春秋学术考

李苏菲《萍乡三学者生卒及其著述》著录,作“十卷”。

汪曾武《萍乡文道希学士事略》,谓“稿本十册”,为文龢购归,藏于家云云。今存佚不详。

诸子杂记

李苏菲《萍乡三学者生卒及其著述》著录。

《易氏藏稿目》著录藏有稿本一册,似即是赵编《全集》影印及排印收入者(在《读书札记》内,接《左传正义杂记》后)所据之李宗侗藏稿本。

按后者条文,亦颇见于《纯常子枝语》。

傅斯年图书馆藏有诸子杂记抄本一册。今存。或即易、李旧藏。

儒佛互假义文考*

见《纯常子枝语》所称，“余尝欲取释藏中用儒籍，与儒门中杂禅学者，详搜广集，勒成一书，以著其变易之迹。惜人事纷冗，未暇为之”，云云。其成书与否，及卷数、存佚，不详。

读《孟子赵岐注》札记

赵编《全集》据李宗侗藏稿本排印收入，作一卷，标题如此。是否文氏手书，俟考。

按，察其内容，似宜题作“孟子注疏札记”。

陈兰甫先生语录

李苏菲《萍乡三学者生卒及其著述》、江梦梅《文道希先生别传》皆著录作“一卷”。今存佚不详。

按《纯常子枝语》中颇记陈澧语录，或即是此书之散稿。

手批陈氏东塾读书记*

王欣夫《蛾术轩箧存善本书录》记之，并摘钞文氏评语若干（似非其全）与跋（书于光绪己丑）。谓文氏评点、题跋者，为“清番禺陈澧撰”、“《东塾读书记》十三卷又三卷（五册）”，“道希原本旧在刘氏嘉业堂普通书库中，因倩人传录”而得云云。

老子校语

武作成《清史稿艺文志补编》著录，曰“不分卷”。存佚不详。

何东萍《日本所藏文廷式书目》记有“老子校语一卷”，“影民国五十八年打字本，无求备斋老子集成续编八十七，京大人文研东方”。

按,“校语”、“枝语”,是否同书,孰为确名,俟考。

手批庄子*

原书初藏于徐行可,经张仁蠡手而转归汪兆铭(书末有张仁蠡手书附跋),寄存陈群泽存书库,后“泽存书库图书收归南京国立中央图书馆,1949 年大部分善本运抵台湾”,“文廷式手批《庄子》也在其中”(何东萍《谈〈纯常子枝语〉之出版》)。

金刚经注解

见江梦梅《文道希先生别传》所称,谓是晚年家居时之作。存佚不详。

释典札记*

赵编《全集》据李宗侗藏稿本排印收入,为一卷,题作“出三藏记集卷第四(上)”,——是否文氏之旧,不详。而检其内容,则摘钞《出三藏记集》者仅一小部分,又不限于“卷第四(上)”;至另大半篇幅,乃文氏读《宗镜录》及《华严经》等之笔记也。

按文海出版社有限公司《图书目录(1980 年),称于某大藏书家所藏文氏稿本中,发现有关于“释道经典目录”者,其释典目录部分,疑即指此札记中摘钞《出三藏记集》者。

维摩语

《四修族谱》、《昭萍志略·人物志》并著录。其卷数及存佚不详。

按李苏菲《萍乡三学者生卒及其著述》，著录作“正维摩语”，似误。

墨子格术解

李苏菲《萍乡三学者生卒及其著述》著录。

《易氏藏稿目》著录藏有稿本一册，今存佚不详。

手批陆操新义*

按《陆操新义》四卷，德国康贝氏原撰，李凤苞译述。文氏手批者，为原李氏木犀轩藏、徐建寅手校之光绪十年甲申聚珍巾箱本（共二册，今皆存）之第一册。

铁木真帖木儿用兵论

见文海出版社有限公司《图书目录（1980年）》所称，谓于某大藏书家所藏文氏稿本中发现，“此书俄人原著，日本参谋本部汉译，文氏润色之。其中保存成吉思汗帖木儿用兵西征珍贵史料颇多，极有史学价值”云云。

傅斯年图书馆珍藏善本图籍书目内，有红格稿本（有王礼培题记）一册（不全），今存。宜即文海出版社有限公司《图书目录（1980年）》所称者。据王礼培题记，兼审察文氏译笔影迹，此书应是俄人宜万宁氏撰，俄人哥利的因氏序，日本参谋本部原译（殆译为日文乎），日人佐原笃分氏汉译（译成中文），文廷式校译。此册似尚是文氏校译初稿，“硬译”痕迹显然。

按《纯常子枝语》屡引俄人宜万宁氏所著《铁木真帖木儿用兵论》，即此书。则宜属文氏改译之稿，文笔已臻雅驯矣。

志怪集本

见《补晋书艺文志》所称。按该《志》"祖台之《志怪》二卷"条下,文氏注曰"初学记、北堂书钞、太平御览、太平广记引此书凡数十条,余集为一卷"云云。今存佚不详。

纯常子枝语

《四修族谱》、《昭萍志略·人物志》著录,俱云"三十二卷"。

《易氏藏稿目》著录藏有稿本九册。按当即是今归李宗侗所藏者;李谓,"余藏有枝语手写稿数册,甚为杂乱"云云,则应是《枝语》之草稿本也。

文海出版社有限公司《图书目录(1980年)》称,从"某大藏书家"所藏文氏稿本数十册中,经整理分类,内得"纯常子枝语剩稿","计四六六则,体质裁性同于枝语。陈群于民国三十二年初刻枝语时,未见原稿之全部,致有遗漏。此次整理补刊,合成全盘。'剩稿'之名,本社所题,非文氏之旧",云云。似即是据李宗侗藏《枝语》稿本及别种文氏稿册中汇辑而得者。然迄未见发表,不悉其详。

按傅斯年图书馆珍藏善本图籍书目内有《纯常子枝语》稿本八册,今存,应是李宗侗旧藏者。

叶恭绰藏有据易藏稿本录副之钞本九册,存佚不详。

钱仲联先生《文芸阁先生年谱补正》曾曰,前南京中央图书馆藏有《枝语》稿本一册。今存佚俟考。

原徐行可藏稿本之以册标记者,都四十册(所谓"四十册本")。继经张仁蠡之手,归于汪兆铭;当时张仁蠡曾书跋尾。后改归前南京中央图书馆收藏。今存台湾。近年有文海出版社有限公司《清代稿本百种汇编》影印本行世。

徐行可让购时,尝录副本自存。今存佚不详。

又当时徐振五亦曾钞录副本一部,即“三好斋”写本,计四函,三十六册,今存。

汪兆铭于1943年尝出赀将该四十册稿本交姜文卿刻书处雕版,由李霈秋任校勘,陈氏泽存书库印行。裁作四十卷。有汪兆铭序(所谓“双照楼版”)。

1962年,扬州广陵古籍刻印社据此双照楼版片,删去汪兆铭序,重印线装本行世;1979年再印,增入钱仲联先生所撰之序及该社代编之目录;1990年复有影印本(所谓“广陵印本”)。

2002年上海古籍出版社《续修四库全书》亦有影印本。

赵编《全集》据1943年双照楼版初印本复印收入,亦删去汪兆铭序。

按汪兆铭序称,闻诸李霈秋言,“文氏稿本,都四十册,封面册数,皆其手署,实为最后足本。《昭萍志略》云三十二卷,非其全也。间有为人传钞,或二十馀册,或九册,非初稿即零帙,均不如此本之完备”云云。其曰“实为最后足本”,不确。殊不如张仁蠡所题跋尾,以为兹稿本乃系文氏“随手编写分册,先后时日,间有可稽,而部居杂厕,未为定箸”云云,差得其实。

盖文氏此“四十册本”之稿,虽已非原始草稿,然亦犹未是“最后足本”。依文氏计划,尚将按经、史、子、集及教派、政治等等予以分类部居,重行诠编,而后杀青也。详见下录文氏自书《枝语》稿册目录及文氏后人家藏稿本之说明。

又按汪兆铭序谓,“惟稿似未经写定,其中各条,颇多复见。有议为之整理、然后付印者。然所谓整理,纵极慎重,终不免以意为之,其有当于著者之意否,未可知也。故决一仍原稿,不加更易,俾读者各以意得之。仅于显知为讹夺字,且有书可检对者,始为校正之而已”,云云。其曰“一仍原稿”,亦非事实。

今取“四十册本”之文海影印手稿,以与“双照楼版”刻本雠校,乃知刻本于原稿妄加删斫之处,殊属非尠。原稿条文天头多有“某条当入某门、某类”之批语,借此可窥文氏意中重编定稿之次第大梗,颇足珍贵也。刻本则于此等批语概予削弃。尤其如《哀许袁》(五律一首)、《重有感》(七律四首)等文氏愤吟之作(手稿原写于《纯常子枝语》“四十册本”之第卅三册、“韦应物有示全真元常诗”条之前),爱国忧时,激情磅礴,不啻庚子事变“诗史”,亦均被“双照楼版”刻本妄为砍却,后来“广陵印本”等并皆沿袭失载。是以知汪兆铭序所谓“一仍原稿”、所谓“李君霈秋躬任校勘,极审慎”云云,并虚妄之言而已。

汪曾武《萍乡文道希学士事略》曰,“纯常子枝语稿本二十馀册”,为文龢购归,藏于家云云。

据《纯常子枝语选钞》(“适园藏稿”钞稿本一册,今存)之选钞者自序,文龢家藏之《枝语》稿本,则嗣后不止“二十余册”,计有六十一册(所谓“六十一册本”)之多。该序谓,承文龢之长子文德滋于丙子(按当是一九三六年)夏间,“出示其三伯父云阁先生手录自著纯常子枝语,计经部四册,史部五册,子部四册,集部三册,教派十册,政治七册,舆地人种三册,术数三册,语言文字五册,又以册标题者十七册。兹先就政治各册摘录数则如左”,云云。(按其下又有摘录自史部、集部等各册者,总共选钞三十七条。)以上文龢家藏《枝语》稿本六十一册者,今存。是否包括汪曾武所言“二十馀册”,待考。

另，文氏晚年所撰诗文稿册，内附录自著稿本目录，于《纯常子枝语》目下，记有“经部共伍本，史部共伍本，子部共肆本，集部共叁本，政治共陆本，教派共拾本，语言文字共陆本，术数共贰本，舆地（人种附）共贰本”。计之总得四十三本（所谓“四十三册本”）。其门类次第及各类册数，与上录文龢家藏六十一册者，略有小异。或者是否有所重出，不得而知。

虽然，文氏殁前最后手定之《枝语》足本规模，于兹四十三册者与六十一册者，当可具见矣。

撷芳录

朱格稿本一册，书衣墨签题“撷芳录（菩提流支偶写）”。今存。

按文氏晚年所撰诗文稿本内附录自著稿本目录，记有“撷芳录壹本”，当即指此。

罗霄山人醉语

《易氏藏稿目》著录藏有稿本一册。存佚不详。

叶恭绰尝借易藏稿本迻录，藏有钞本一册。存佚未详。

曾排印刊载于《同声月刊》。

赵编《全集》据《同声月刊》所载者复印收入，作一卷。

按李苏菲《萍乡三学者生卒及其著述》著录作“罗霄醉语”，当是同书。

寄言

朱丝栏“忆洪泰”稿本一册，书衣墨题“寄言（罗霄山人稿）”。今存。

琴风馀谭

汪曾武《萍乡文道希学士事略》著录,曰“一卷”,谓稿为文龢购归,藏于家云云。今存佚未详。

叶恭绰藏有钞本一册。存佚不详。

曾排印刊载于《同声月刊》。

赵编《全集》据《同声月刊》所登,复印收入,为一卷。

按李苏菲《萍乡三学者生卒及其著述》,著录作“琴风馀韵录”、“一卷”。当是同书。

伐山取材

朱格稿本一册,书衣墨签题如是。今存。

芗屑

赵编《全集》据李宗侗藏稿本排印收入,为一卷。

傅斯年图书馆藏善本图籍目录,有“美意延年室钞书(芗屑)”稿本二册。今存。

美意延年室杂钞

《四修族谱》、《昭萍志略·人物志》及李苏菲《萍乡三学者生卒及其著述》并著录。

《易氏藏稿目》著录藏有《美意延年室钞书》稿本二册,或即是赵编《全集》之《出版简介》所称今李玄伯收藏之《美意延年室丛钞》稿本(未详册数)。

按以上曰“杂钞”、曰“钞书”、曰“丛钞”,疑皆同书。又与《芗屑》是否同书异称,并待核。

芸阁丛谭

民国长沙《大公报》据马天驷氏藏稿本连载刊出。马氏藏稿本卷数、存佚，不详。

芳荪室谭录

《四修族谱》、《昭萍志略·人物志》及李苏菲《萍乡三学者生卒及其著述》并著录，然皆未记卷数。

叶景葵曰，尝见《思简楼拟刊秘本书目》有道希所著"芳荪室谭录七卷"云云。然叶氏亦未能搜见其书。今存佚不详。

按，今存文氏笔记稿册中，间见有条文天头批曰"某条当入谭录"云云者，似即是此书之佚文，犹或可辑得一二也。

知过轩日抄

曾刊登于《青鹤》杂志，系据叶恭绰藏抄本揭载。

赵编《全集》据李宗侗藏稿本排印收入，在《读书札记》部分内，单出而复标小题曰"读书札记"；内容与《青鹤》本小异。

傅斯年图书馆藏有知过轩日录稿本一册。是否同书，俟核。

知过轩随笔

民国长沙《大公报》据马天驷氏藏稿本连载登刊。马氏藏稿本原卷数、册数，及今之存佚，均不详。

文氏《芗屑》尝自谓"余前得世祖御制《（袁）〔哀〕皇后栋鄂氏行状》，既已恭录入《知过轩随笔》"云云。然检《大公报》所刊马氏藏稿本，未见此内容。则可推知此《知过轩随笔》必犹另有稿册若干，待访。

按此为文氏学术考证笔记，与《青鹤》杂志所载之《知过轩随笔》，内容全异。后者实即《志林》，专记京朝时事，见前录“《志林》”条。

知过轩随录

《知过轩随录》此书，乃钞《永乐大曲》中诗文及说部之冷僻者，得千馀纸云云。见《纯常子枝语》所称。

李苏菲《萍乡三学者生卒及其著述》著录，未记卷数。

汪曾武《萍乡文道希学士事略》著录“四卷”，谓稿为文龢购归，藏于家云云。今存佚不详。

《易氏藏稿目》著录藏有稿本六册，后归李宗侗。（叶恭绰尝从易氏藏稿本假录，钞得五册，钞本存佚不详。）

赵编《全集》之《出版简介》，谓已收入该《全集》者，有“知过轩随录四卷”。

另，文海出版社有限公司《图书目录（1980年）》，亦谓赵编《全集》之《永乐大典辑佚书》部分，原即“保存于知过轩随录稿本中”。

赵编《全集》据李宗侗藏稿本影印及排印，实际编成者，为《永乐大典辑佚书》一卷（内容多已见《纯常子枝语》）与《知过轩随录》一卷（非辑自《永乐大典》，乃读他书之笔记）。唯篇幅，似尚未达到文氏自谓之“千馀纸”。

傅斯年图书馆珍藏善本图籍书目，内有知过轩随录稿本一册，当是李宗侗旧藏之一。今存。

美国芝加哥大学远东图书馆藏有知过轩随录稿本二册。皆用“懿文斋”笺册（半叶九行）。其一，封面有他人题记曰“文道希知过轩随录（此文君手抄本也）”。首页首行，文氏自题曰“知过轩随录”、“萍乡文廷式”、“壬午”。钤有“文廷式”朱文印。内容为读书笔记，亦有辑录《永乐大典》者。其二，首页首行，文氏自题“知过轩随录之十八”、“萍乡文廷式”。内容系钞录候选州判曹廷杰报告密探俄界情形之禀帖（光绪十一年十月二十五日禀报，二十六日奉批）。按应即《芸阁丛谭》所尝言及之“曹廷杰《侦探俄悉毕里部记》”。

西谛（郑振铎）旧藏稿本九册，有文氏自题墨签曰“知过轩随录”，其内容则钞录法人晁西士加尼所撰《印度支那探查记》十六卷。今存。按，宜即《纯常子枝语》尝屡言及之“晁西士加尼《远印度探地记》”。

民国成都昌福公司排印本《满清野史（五编）》所收《知过轩随录》一卷，则实即《志林》也，已见前录“《志林》”条。

书墁杂篇

傅斯年图书馆藏善本图籍目录，有“书墁杂篇”稿本二册。今存。

画墁杂录

《四修族谱》、《昭萍志略·人物志》及李苏菲《萍乡三学者生卒及其著述》并著录。

有朱格稿本一册，书衣墨签即题“画墁杂录”。今存。

萝窗杂录

文氏晚年所撰诗文稿册，内附录自著稿本目录，记有“萝窗杂录壹本”。今存佚不详。

西斋随笔

傅斯年图书馆藏善本图籍目录，有“西斋随笔(验方杂录/州乘搜遗/雪按丛钞)”稿本一册，今存。“验方杂录”、“州乘搜遗”、“雪按丛钞”，殆是书中之诸篇章名，待核。

杂说

李苏菲《萍乡三学者生卒及其著述》著录。

《易氏藏稿目》著录藏有稿本一册，存佚未详。

叶恭绰尝从易氏录副，藏有钞本一册。今存佚亦不详。

杂记

李苏菲《萍乡三学者生卒及其著述》著录。

《易氏藏稿目》著录藏有稿本一册。

傅斯年图书馆藏“抄本文道希杂记”一册，今存。

全齐梁文校本*

见《纯常子枝语》所称，“严铁桥编上古三代秦汉三国晋南北朝文，广州刻本未竣工，余曾代校齐梁数册”，云云。

按，其曰“广州刻本”者，当指严书之光绪丁亥广雅书局刻本也。

全上古三代秦汉三国晋南北朝文辑补*

亦见《纯常子枝语》所称，“严铁桥编全上古至先唐文，编辑既富，遗漏亦多。余尝欲辑而补之，尚可四五十卷，匆匆未有暇也”云云。其后果成与否,及卷数、存佚,不详。

按《枝语》中尚就三代以前略举严书之遗漏者。

湘报汇编

有《湘报汇编之一:湘报文编》(三卷),光绪二十八年上海铸古斋铅印本一册行世。不著编人。印本卷端所载《湘报汇编序》(无署名)与今存文氏稿册内《湘报汇编序》手稿相契合,又据该《序》之内容及语气,知此书为文氏所编。

按其《例言》曰,系仿《昭明文选》例,以文体分类,汇辑《湘报》。共分七门,首文编,"次集录所采中外各报之论等属之",次文牍,次讲义,次章程,次问答,次诗歌。"先出文编,其馀六门陆续印出,以成完璧"云云。然自《文编》外,迄皆未能搜见,其另六门果已印行与否,不详。

卢挚疏斋集集本

文氏《国朝诸人箸述目录补编》自为著录,曰"一卷"。

按《纯常子枝语》称,"元卢疏斋集已佚,然永乐大典载之极夥。余尝集而录之,诗文各数十篇,尚可得二、三卷",云云。卷数不同,未知孰确。今存佚不详。

又按赵编《全集》之《永乐大典辑佚书》排印部分,于"元卢疏斋集"条下,仅录《大中大夫潭州路总管张公墓志铭》一篇,则仅豹皮一斑耳。

二曲集校本*

见《画墁杂录》所称,"余曾为关中彭氏校刊二曲集";又《罗霄山人醉语》谓“李二曲《四书反身录》,余曾为陕西彭兵备校刻之”云云。

按,李颙著作,有光绪三年石阳彭家麟重刊之《二曲全集》廿六卷、《百年纪略》一卷、《四书反身录》八卷、首一卷。文氏校刊之本,或即是此。

奏议

《四修族谱》著录,作“二卷”。

《昭萍志略·人物志》著录,作“六卷”。

胡思敬《戊戌履霜录》,记文氏光绪乙未南归过沪上,尝失去奏稿二册云。

文氏晚年所撰诗文稿册内,附录自著稿本目录,记有“奏议共叁本”。

赵编《全集》据李宗侗藏稿本所载者影印及排印收入,汇编为“奏议一卷”。

傅斯年图书馆藏文氏“奏议”稿本三册。今存。

芳荪室文录

民国长沙《大公报》据马天驷氏藏稿本连载。按仅录《连珠》一篇。

知过轩文稿

《四修族谱》、《昭萍志略·人物志》并著录。其卷数及存佚不详。

补过轩文集

《四修族谱》、《昭萍志略·人物志》及李苏菲《萍乡三学者生卒及其著述》俱著录。其卷数及存佚不详。或者与下录之《补过轩文稿》实即同书。

补过轩文稿

有朱丝栏“松竹斋”稿本一册，书衣有墨签作“补过轩文稿（第三册）”。今存。

其前应有之“第一册”、“第二册”；其后尚有续册否；总为若干册；及存佚与否，均不详。

纯常子文录

文氏晚年所撰诗文稿册，内附录自著稿本目录，记有“纯常子文录共肆本”。

傅斯年图书馆藏有“纯常子文录”稿本一册，今存。

纯常子文稿

朱格稿本一册，书衣墨签题如是。今存。

另傅斯年图书馆藏善本图籍目录，亦记有稿本四册，今并存。

纯常文稿

朱格稿本一册，书衣墨签如此。今存。

阙题文稿*

朱丝栏“松竹斋”稿本一册，封面未作题签。今存。

阙题诗文稿*

朱丝栏“大昌元制”稿本一册,又绿丝栏“同听秋声馆”稿本一册,封面皆无题签。今俱存。

阙题诗文笔记稿*

绿格“重修史志稿”稿本一册,书衣未加题签。今存。

阙题笔记诗词稿*

朱格稿本二册,均封面不加标题。今并存。

阙题笔记稿*

朱丝栏“遂盦随笔”稿本二册,又朱丝栏“威凤楼”稿本一册,又朱格稿本一册,书衣咸无题签。今悉存。

纯常子文集

见赵编《全集》之《出版简介》所称,谓李宗侗藏稿本中,“纵有一二册全部是诗,封面却题作‘纯常子文集’”,云云。按,当皆已影印辑收入赵编《全集》之《知过轩诗钞》部分内。

自编文集*

见《旋江日记》所称,“作五律一首,题为《粤江雨望》,已录入文集”云云。

是知文氏生时已自编有文集。惟此所录入者则诗作也,岂兹“文集”乃专收诗作、如赵编《全集》之《出版简介》所言?抑或诗文并收?又,其集名、卷数、稿本册数,及存佚,皆无可考。

按文海出版社有限公司《图书目录(1980年)》,称于某大藏书家(按当即李宗侗)处发现文氏遗稿数十册,经整理分类,内得"各体文章五十篇"云云。则似是从诸种稿册之中汇辑而得者。惟迄未见发表,无由得悉其详。

自编诗集*

见文氏律诗《柬蒯礼卿检讨前辈(光典)索诗集》所称,"悬知咏史笔,不暇定吾文"云云。知文氏生时自编已有诗集。但其集名、卷数、稿本册数,及存佚,不得其详。

傅斯年图书馆藏有"抄本文道希诗集"一册,又"文道希诗稿抄本"一册,皆存。是否即赵编《全集》所录,待核。

按,《易氏藏稿目》著录藏有诗文稿本九册;原叶恭绰曾据以录副,钞得八册。易藏诗文稿册中之诗稿,似悉已为赵编《全集》收录;唯文稿则赵编《全集》全不见录,或者确如赵编《全集》之《出版简介》所言,虽有稿本题作"文集"者,而册内则有诗无文耶?俟考。叶藏钞本,存佚不详。

云起轩诗钞

《四修族谱》著录,未记卷数。其原稿本存佚不详。

原李氏木犀轩藏吉水欧阳氏南云精舍钞本一叶,今存。惟其所钞则只得起首半叶。虽然,系欧阳氏从文氏群季处迻录,如其中乃以诗体分类,首编七律,等等,犹可藉窥文氏原稿之一斑矣。

云起轩诗录

陈诗(子言)编,一卷,有光绪三十四年刊本一册。

按钱仲联先生《文廷式年谱》附记文氏著目,有"云起轩诗钞(有排印本)"云云。其"钞"字,或系"录"之误欤。

芳荪室诗钞

民国长沙《大公报》据马天驷氏藏稿本连载刊出。

文道希先生遗诗

《皇朝续文献通考》著录"一卷"。

有叶恭绰辑民国十八年聚珍本一册。

知过轩诗集

赵铁寒编,在赵编《全集》内,系据李宗侗藏稿本汇辑影印及排印,为一卷。又题作"知过轩诗钞"。

清宫词

李苏菲《萍乡三学者生卒及其著述》著录,未记卷数。

广益书局1913年印行、惟一居士编《清宫词》,收有文廷式、吴士鉴等作品(据郑方泽编《中国近代文学史事编年》,吉林人民出版社1983年版记载)。

按,文氏诗作,有七绝组诗,总题曰"拟古宫词",又曰"历代宫词"者。以今见存者汇辑之,犹不下数十首。疑即是此。待核。

云起轩词

有民国甲戌秋南京王氏娱生轩影印手稿本。

原稿本一册,曾藏王德楷家,今存佚不详。

云起轩词钞

《四修族谱》、《昭萍志略・人物志》并著录。

《清史稿艺文志》著录“一卷”。

原燕京大学图书馆藏佚名氏钞本(朱丝栏“荣宝斋”稿本)一册,今存。

有光绪三十三年南陵徐氏《怀豳杂俎》校刻本。

民国二十六年上海开明书店据此徐刻本收入陈乃乾辑《清名家词》排印本内。

有民国长沙振华书局排印之善化汪守圻校勘本。

按《西谛藏书目录》著录有“光绪二十一年刊本”云云,疑其所记刊印年份有误,俟检。

重校集评云起轩词

重校集评云起轩词补遗

龙沐勋校辑,各一卷。载于《同声月刊》。

按系据王氏影印手稿本与徐氏校刻本二本汇校,并增以辑补若干首。

芳荪室词录

民国长沙《大公报》据马天驷氏藏稿本连载刊出。

按内录《沪上集》、《岁寒集》各一卷,卷首皆有文氏小序。

芳荪室律赋

朱丝栏“荣宝斋”清稿本一册,书衣墨签如此。今存。

芸阁先生书牍

龙沐勋据叶恭绰所藏钞本编为二卷,揭载于《同声月刊》。

按叶恭绰似据叶景葵氏所藏原件抄得。叶景葵所藏原件,今存佚不详。

萍乡文氏遗书

见《同声月刊》第二卷第五号《词林近讯》所称,萍乡文道希先生遗著纯常子枝语四十卷,比闻汪兆铭方为校刻,"并拟汇刊文氏所撰《黄帝政教考》一卷,《补晋书艺文志》六卷,《文道希遗诗》一卷,《云起轩词钞》一卷,《闻尘偶记》、《知过轩日钞》、《知过轩随笔》、《越缦堂日记批注》、《南轺日记》、《旋江日记》各一卷,为《萍乡文氏遗书》云"。然此似仅属计划,其后并未见有实行。

文芸阁(廷式)先生全集

赵铁寒编,文海出版社有限公司《近代中国史料丛刊续编》本,共十册。

内收文氏著作,计《知过轩诗集》(又作"知过轩诗钞")一卷(据稿本汇辑影印,少数排印),《云起轩词》一卷(似据《清名家词》刊本复印),《南旋日记》、《湘行日记》、《东游日记》各一卷(皆据稿本排印),《奏议》一卷(据稿本汇辑,大部影印,少数排印),《书牍》二卷(据《同声月刊》复印),《志林》一卷(据稿本排印),《琴风馀谭》、《罗霄山人醉语》各一卷(皆据《同声月刊》复印),《芗屑》一卷(据稿本排印),《知过轩随录》一卷(据稿本汇辑,半影印,半排印),《读书札记》一卷(据稿本汇辑,大部影印,少数排印),《孟子赵注札记》一卷(据稿本排印),《永乐大典辑佚书》一卷(据稿本汇辑,半影印,半排印),《出三藏记集卷第四(上)》一卷(据稿本排印),《元史西北地附录考》一卷(据稿本排印),《补晋书艺文志》六卷(据开明《廿五史补编》刊本复印),《清人著述目录》一卷(据《国朝诸人著述目录补编》、《国朝名人著述目补》等稿本汇辑影印),《纯常子枝语》四十卷(据双照楼版刻本复印)。

按该《全集》之《出版简介》谓,凡所据稿本,皆李宗侗所藏稿本也。

《出版简介》又谓,尚有未及收入者,"如词话、重集评云起轩词、云起轩词补遗、吴韶日记、文章(原注:文氏不以文章名,流传甚少,当是生平所作不多),再加玄伯先生所藏原稿,过于潦草,还未梳理清楚的,如美意延年室丛钞、道藏经目等",犹拟"另出文廷式全集补遗二册或四册"云云。

《出版简介》又谓,文氏著作之"已成而散佚,有待于访求,未及收录于本全集者:《文氏世录》一卷,《经世大典辑本》、《旋江日记》、《南轺日记》、《越缦堂日记批注》、《画墁杂录》各若干卷,《芳荪室谭录》七卷,《闻尘偶记》一卷或正续四卷";"成书与否待考者:《春秋学术考》、《元史录正》、《知过轩日钞》、《知过轩随笔》、《维摩语》各若干卷"云云。

附抄书目九种

文廷式手记自著稿册目录

纯常子文录　共肆本

奏议　共叁本

萝窗杂录　壹本

文廷式集

撷芳录　壹本

纯常子枝语

经部　共伍本

史部　共伍本

子部　共肆本

集部　共叁本

政治　共陆本

教派　共拾本

语言文字　共陆本

术数　共弍本

舆地(人种附)　共弍本

萍乡文氏四修族谱所记文廷式著作目录

《萍乡文氏四修族谱》著录者,据钱仲联先生《文芸阁先生年谱补正》所引,计有:

补晋书艺文志

元史录正

文氏世录

闻尘偶记

奏议　二卷

纯常子枝语　三十二卷

画墁杂录

芳荪室谭录

美意延年室杂钞

维摩语

知过轩文稿

补过轩文集

云起轩诗钞、词钞

昭萍志略所记文廷式著作目录

《昭萍志略·人物志·文廷式传》曰：

著有《补晋书艺文志》、《云起轩词钞》，均刊行。

《纯常子枝语》三十二卷、《奏议》六卷、《画墁杂录》、《知过轩文稿》、《芳荪室谭录》、《美意延年室杂钞》、《补过轩文集》、《元史录正》、《维摩语》、《文氏世录》、《闻尘偶记》，待刊。

又曰：癸巳恩科，充江南乡试副考官，所取多名下士。闻近人丛刊中，有梓其《南轺日记》者。

汪曾武所记文廷式著作目录

汪曾武《萍乡文道希学士事略》，据文龢所录示者，记曰：

所著《补晋书艺文志》，已行于世。

《纯常子枝语》稿本二十馀册，《知过轩随录》四卷，《琴风馀谭》一卷，《闻尘偶记》一卷，《春秋学术考》稿本十册，《文氏世录》一卷。君殁，散佚殆尽。既为其弟法和九表弟名龢者以重价购归，未付剞劂，至今藏于家。

其《云起轩词》，先为门人南陵徐乃昌所刊，久为后学师承矣。

遗诗先印若干首，己巳，门人番禺叶恭绰广为搜集，辑成巨帙，仿影宋本刊行。

李苏菲所记文廷式著作目录

李苏菲《萍乡三学者生卒及其著述》，著录文氏著作曰：

中兴政要，一卷，浙江汪氏振绮堂刻本。

大元仓库记，大元画塑记，大元氈罽工物记，大元官制杂记，以上各一卷，广仓学窘丛书本。

补晋书艺文志，六卷，宣统己酉，长沙刻本；民国丙子，开明书店二十五史附录本。

文道希先生诗集，一卷，民国己巳，番禺叶公绰刊本。

云起轩词钞，一卷，南京王氏娱生轩影印手稿本，南陵徐乃昌怀豳杂俎本。

纯常子枝语，四十卷，民国癸未，南京刊本。

闻尘偶记，南轺日记，旅江日记，知过轩日钞，以上各一卷，青鹤季刊连载。

元大常集礼，琴风馀韵录，陈兰甫先生语录，各一卷。

奏议，二卷。

春秋学术考，十卷。

黄帝政教考，轩辕氏微文，伊尹事录，画墁杂录，芳荪室谭录，美意延年室杂钞，正维摩语，元史录，清宫词，罗霄醉语，经世文典辑本，东游日记，道藏目录，诸子杂记，墨子格术解，解惑篇，知过轩随录，补过轩文集，谭屑，杂说，杂记，以上各若干卷。

易培基所藏文廷式稿本目录

易培基民国二十年存在南方之文氏著作稿目，据钱仲联先生得叶恭绰录示而著录于《文芸阁先生年谱补正》中者，计有稿本：

左传正义杂记　一册

晋书补逸　一册

元史西北地附考　一册

经世大典　三册

旋江日记　一册　（叶恭绰录副一册）

吴轺日记　一册　（叶恭绰录副一册）

南旋日记　一册　（叶恭绰录副一册）

东游日记　一册

日记　一册

知过轩目录　一册　（叶恭绰录副一册）

清人著述目录　七册

道藏目录　一册　（叶恭绰录副一册）

诸子杂记　一册

墨子格术解　一册

解惑篇　一册

纯常子枝语　九册　（叶恭绰录副九册）

罗霄山人醉语　一册　（叶恭绰录副一册）

知过轩随录　六册　（叶恭绰钞得五册）

知过轩谭屑　一册

美意延年室钞书　二册

杂说　一册　（叶恭绰录副一册）

杂记　一册

诗文稿　九册　（叶恭绰钞得八册）

钱仲联先生《文廷式年谱》谓，“叶遐庵先生曰：‘先生（按指文氏）遗稿有手稿，有钞本，有传钞本。手稿及钞本有不少散失在外，法和所购，仅一小部分耳。易寅村培基，民国二十年（一九三一）存在南方之文氏著作稿，凡二十三种，五十三册。’叶先生已钞者凡九种（按，检核《文芸阁先生年谱补正》所引，叶氏已钞者为十种），未钞者易氏有无遗失，及存在何处，皆不可知。又易氏所藏，有一部分存北京及长沙者，不在此二十三种之数。”（按，自“未钞者”云云以下六句，检核《文芸阁先生年谱补正》，知亦是叶恭绰之言。）

按，易氏所藏文氏手稿，继归易氏之婿李宗侗收藏，惟似已非其全。赵编《全集》所收，凡采自稿本者，即皆据此。李氏殁后，闻藏书散出，今尚有存于台湾省者（参见《傅斯年图书馆藏文廷式书目》）。

傅斯年图书馆藏文廷式书目*

善本书

善本－集部－别集类/善本－子部－杂家类－杂考

纯常子文稿

清文廷式撰/文氏稿本钞本/共39册/子目如下：

抄本左传正义杂记（纯常子文稿第10册）

元史西北地附录考（纯常子文稿第26册）

南旋日记（纯常子文稿第16册）

东游日记（纯常子文稿第17册）

道藏经板（纯常子文稿第22—23册）

国朝诸人著述目录补编（纯常子文稿第27册）

国朝名人著述目补（纯常子文稿第28册）

诸子杂记抄本（纯常子文稿第9册）

---

* 据《傅斯年图书馆珍藏善本图籍书目数据库》（承何东萍先生寄赠电子文件）撮要抄出。

纯常子枝语(纯常子文稿第29—36册)

美意延年室钞书(芗屑)(纯常子文稿第24—25册)

抄本文道希杂记(纯常子文稿第8册)

书墁杂篇(纯常子文稿第11—13册)

知过轩随录(纯常子文稿第14册)

知过轩日录(纯常子文稿第15册)

西斋随笔(验方杂录/州乘搜遗/雪按丛钞)(纯常子文稿第21册)

奏议(纯常子文稿第18—20册)

纯常子文稿(纯常子文稿第1—4册)

纯常子文录(纯常子文稿第5册)

抄本文道希诗集(纯常子文稿第6册)

文道希诗稿抄本(纯常子文稿第7册)

附录:

1.迟盦集杜诗(纯常子文稿第37册)

【迟盦集杜诗/孙毓汶(封(27625E)题:孙文恪师集杜诗)】

2.辽金元姓谱(纯常子文稿第38册)

【辽金元姓谱/周春】

3.御制解惑篇(纯常子文稿第39册)

善本-子部-兵家类

铁木真帖木儿用兵论

宜万宁　撰/　哥利的因　序/

日本参谋本部　原译/佐原笃分　译/文廷式　译/

文廷式集

文氏稿本/1 册

古籍线装书

大元仓库记　一卷

文廷式辑/民国六年仓圣明智大学学术丛编排印本/1 册

中兴政要　一卷

文廷式辑/清光绪二十年(1894)泉唐汪氏振绮堂丛书二集排印本/1 册

纯常子枝语　四十卷

文廷式撰/民国三十二年(1943)刊朱印本/16 册

云起轩词钞　一卷

文廷式撰/清光绪三十三年(1907)南陵徐氏怀豳杂俎刊本/1 册

京沪及日本藏文廷式书目简编*

一、中国国家图书馆馆藏文廷式书目简编

补晋书艺文志

文廷式编。六卷。清宣统元年长沙线装铅印本。

黄帝政教考

文廷式纂。线装蓝格抄本 1 册。

---

* 据何东萍采辑《中国国家图书馆馆藏文廷式书目》、《上海图书馆馆藏文廷式书目》、《日本所藏文廷式书目》(以上三种合称《文廷式著作目录》,载于《萍乡文氏五修族谱》卷五。该《族谱》承文军勇先生寄赠)撮要抄出。

元女兵法

文廷式纂。线装抄本 1 册。实即黄帝兵法。

伊尹事录

文廷式撰。蓝格抄本 1 册。另余嘉锡线装抄本 1 册。

经世大典

文廷式辑录。清抄本。收入王荣国主编罗氏雪堂藏书遗珍。缩微制品。

中兴政要

文廷式辑。光绪廿年泉唐汪氏振绮堂丛书二集线装刻本。另收入丛书集成续编,影印本,台湾新文丰出版公司 1989 年版、上海书店出版社 1994 年版。

中日甲午战争

文廷式等著。台北广文书局中国近代内乱外祸历史故事丛书本,1967 年版、1981 年版。

闻尘偶记

文廷式撰。收入清王炳耀辑中日战辑选录,台北大通书局 1995 年台湾文献史料丛刊第四辑。

远志斋史话

清杨以贞著,六卷。文廷式批。缩微制品。

寿昌乘

文廷式辑自永乐大典。湖北图书馆缩微制品;另有毛装抄本 1 册;武昌柯氏刻本;中华书局宋元方志丛刊据柯氏刻本影印本。

大德南海志

元吕桂孙修,二十卷。陈金林等据北京图书馆藏残本及清文廷式等所辑,汇为十卷,上海师范大学图书馆 1986 年影印本。

国朝诸人著述目录补编

文廷式撰。线装绿丝栏抄本1册。

永乐大典广字韵

文廷式辑抄。文氏家抄本,三卷,2册。另有缩微制品。

知过轩随录

文廷式辑。不分卷。稿本9册,另有缩微制品。

知过轩随录

文廷式辑。一卷。成都昌福公司民国六年满清野史五编线装铅印再版本。

纯常子枝语

文廷式撰。影印稿本(台北文海出版社有限公司清代稿本百种汇刊影印手稿本,10册,3398页);民国双照楼版(廿四卷朱印12册本,四十卷16册本);江苏广陵古籍刻印社本(1962年16册本,1979年24册本);线装抄本(61册)。

谏止中东和议奏疏

文廷式撰。四卷。香港书局1895年线装铅印本。

云起轩词钞

文廷式撰。徐乃昌辑。光绪三十三年线装刻本、宣统三年怀豳杂俎线装刻本。另有上海正中书局1947年清十一家词钞线装铅印本。

云起轩词

文廷式撰。南京王氏娱生轩1934年线装影印手稿本。另有上海开明书局1937年清名家词平装铅印本。

重校集评云起轩词

文廷式著。龙沐勋校辑。附文芸阁先生词话及云起轩词评校补编。南京同声月刊社1943年单行本。

云起轩诗录

文廷式撰。清光绪三十四年线装铅印本。

文道希先生遗诗

文廷式撰。叶恭绰辑。1929 年线装铅印本。

文廷式的诗、词、日记

周松平主编中国近代名家名作宝库王国维黄遵宪文廷式卷，内蒙古人民出版社 2000 年。

文芸阁(廷式)先生全集

文廷式撰。赵铁寒编。台北文海出版社 1975 年。

文廷式集

文廷式撰。汪叔子编。中华书局 1993 年。

文芸阁先生年谱

钱仲联编。四卷 2 册抄本，扬州古旧书店 1967 年。

二、上海图书馆馆藏文廷式书目简编

补晋书艺文志

文廷式撰。清宣统元年，长沙。

中兴政要

文廷式辑。上海书店出版社 1994 年。

大元官制杂记

文廷式辑。上海古籍出版社 1995 年续修四库全书影印本。

纯常子枝语

文廷式撰。民国三十二年版；江苏广陵古籍刻印社 1962 年影印本；上海古籍出版社 1995 年续修四库全书影印本。

云起轩词钞

文廷式撰。徐乃昌光绪三十三年刻本,上海古籍出版社 1995 年续修四库全书影印本。

云起轩词

文廷式撰。1933 年影印本。

云起轩诗录

文廷式撰。清光绪三十四年铅印本。

文道希先生遗诗

文廷式撰。1929 年铅印本,上海古籍出版社 1995 年续修四库全书影印本。

三、日本所藏文廷式书目简编

补晋书艺文志六卷

文廷式撰。清宣统元年长沙排印本【高知大、东大东文研、京大人文研东方】;二十五史补编本【东北大、新潟大、大阪府立中之岛、东大东文研、京大人文研东方东洋文库】。

经世大典残卷

文廷式辑抄本。【京大人文研东方】

经世大典辑本二卷

文廷式辑。清抄本。罗氏雪堂藏书遗珍史部。【京大人文研东方】

中兴政要

文廷式辑。光绪廿年泉唐汪氏振绮堂丛书二集线装刻本。【京大人文研东方、东洋文库】

江南闱墨光绪癸巳恩科

清徐会澧、文廷式同辑,不分卷。衡鉴堂刊闱墨八种。【京大人文研东方】

闻尘偶记

文廷式撰。甲午中日战争文学集第四卷,散文。【神外大】

永乐大典残七百五十二卷目录一卷附永乐大典辑佚书一卷

文廷式辑。1986年台北大化书局重编,影印本。【京大人文研东方】

老子枝语一卷

文廷式撰。影印1969年打字本,无求备斋老子集成续编八十七。【京大人文研东方】

纯常子枝语

文廷式撰。清代稿本百种汇刊影印本;江苏广陵古籍刻印社1979年影印本。【京大人文研东方】

联衔纠参督臣植党疏

文廷式等撰。甲午中日战争文学集第四卷,散文。【神外大】

谏止中东和议奏疏

文廷式等撰。四卷。香港书局1895年石印本。【东洋文库】

翠楼吟

文廷式撰。中午中日战争文学集第一卷,诗词。【神外大】

云起轩词

文廷式撰。清名家词【京大人文研东方】;据光绪二十八年序,萍乡文氏刊本排印,百部丛书集成之豫章丛书本【东北大、立命馆大学、京大人文研东方】。

云起轩词钞

文廷式撰。光绪三十三年怀豳杂俎刊本。【京大人文研东方】

文道希先生遗诗

文廷式撰。1929年叶恭绰刊本。【京大人文研东方】

文芸阁(廷式)先生全集

文廷式撰。赵铁寒编。台北文海出版社1975年。【京大人文研东方】

文廷式集

文廷式撰。汪叔子编。中华书局1993年。【京大人文研东方】

芝加哥大学藏文廷式手稿概况*

至芝加哥大学图书馆,查阅文廷式"知过轩随录"手稿,该稿共分五卷,因系原稿,纸质年久脆弱,芝大只准参阅,不获复印,又因涉及版权,只准部分照相,不准全卷照相。

五卷手稿内容,简述于后:

卷一:"知过轩随录",共31双面页(即一大张折成两面),读书摘记和感想。

卷二:"知过轩随录之十八",共57双面页,密探俄中边界地形兵力报告。

卷三:"晋书补遗",共7双页,读晋书思考心得。

卷四:"经义丛钞续编",共21双页,推算春秋岁星年代。

卷五:"旅江日记",共10双页,从广东省城乘轮船启程到湘潭,一月日记。

---

* 据文楚凤(文缉熙曾孙女)、钟焕成(文缉熙曾孙婿)2006年3月31日致文永昌(文廷直之子)函(承文永昌先生寄赠复印件)摘抄。

文廷式传略

文廷式(1856—1904),字道羲(羲亦作爔、兮、溪、希),一字云阁(又作芸阁),号纯常,又号叔子、芗德、葆岩、匡庐山人、罗霄山人等。江西萍乡县(今萍乡市)人。清咸丰六年十一月二十六日(公元1856年12月23日),生于广东潮州府,时其祖文晟正署该府知府事。以父、祖久宦粤省,遂亦自幼生长岭南,曾自咏有“岭南即是吾乡”之句。

咸丰九年(1859),太平军石郭宗部攻嘉应州,廷式祖文晟方以惠州知府护篆该州,竭力拒守,城破被戕,清廷谥壮烈。廷式是年四岁,以随母先行潜逃出城得免。及七岁,其父文星瑞摄罗定州事,陈金刚部义军凡三次围城,皆濒于危,鼓角之声、仓皇之状,予廷式印记极深。

既发蒙受书,多聪颖。爱《文选》,时时私读,尝以此为塾师所责。继入广州学海堂,季课大考,四季咸第一。同治十一年(1872)十七岁,始从学陈澧门下,为菊坡精舍高材生。

嗣以屡踬场屋,而家渐贫薄,遂出游幕,初依吴长庆帐下,继入张树声府中,居积年。光绪八年(1882)八月,以附监生领顺天乡荐,中式第三名,声誉稍著。渐与都中清流辈交接。唯于清流之鄙薄洋务,乃不以为然。当是时,洋务繁兴,廷式亦颇醉心于兹。致友人信中，有“试思今之亟者孰如洋务”之言；又批评世之谈时务者大抵虚憍恃气之人多、谈洋务者大半犹是外行。因孜孜考研西学、尤好读几何格致之书，一时科学先进如徐寿徐建寅父子、黄楙材等，俱与相接为友。光绪十二年(1886)，粤督张之洞将开译书局，即拟聘廷式与康有为为董理，既而不果。然廷式“西学”之已邀时望，拈此约略可知。

光绪十五年(1889)，德宗大婚。他他拉氏姐妹以瑾嫔珍嫔入侍，亟获宠幸。继进授妃位。廷式以世交旧谊，与二妃季父长善、兄弟志锐、志钧等情好甚笃，且于二妃前居家时尝为之授读，又为预筹入宫邀宠之谋。迨德宗亲政伊始、帝党厥形初肇，廷式自成为内中一员。其仕途遭际，不数年间，亦缘此而迅进捷升。是年夏，得翁同龢、汪鸣銮援手，考试内阁中书夺魁。十六年(1890)春闱，复倚翁、汪、潘祖荫等汲引，甲榜获隽、殿试一甲第二。读卷大臣拆弥封，奏廷式名，光绪帝当殿宣语竟曰：“此人有名，作得好！”是光绪帝固先已由珍瑾嫔处心识廷式其人久矣。旋授职翰林院编修，又任国史馆协修、会典馆纂修、本衙门撰文等。十九年(1893)，以宸断特派，充江南乡试副考官。二十年(1894)，大考翰詹，复看阅卷时，德宗专书硃谕干预，钦定廷式一等头名，超擢翰林院侍读学士，兼日讲起居注官。寻又派稽查右翼宗学、教习庶吉士、协同内阁看本、署大理寺正卿等。一时“圣眷”渥厚，引人注目。

虽如是，倘论廷式之思想，犹别有异，而未可遽与帝党他人作同日语。光绪十九年(1893)廷式与人笺内，已谓“吾中国将来，能差胜印度、不化为奴婢沙虫者，必有奇伟绝特之士纠集民会，联为一气，而后差可自立”。明岁，又与郑孝胥、郑观应辈雁帛往还论开议院行立宪事。唯当光绪二十年(1894)六月初四，廷式以学士、讲官首上疏总论时政,则或者未便如私函之可晓畅无碍也,乃云时势之积弊甚深而亟宜留意者,大端有三:曰人材、曰民事、曰洋务。于人材,则请停捐纳、严甄别。于民事,则请垦荒田、讲水利、并厘卡、通货物、抵制洋货,以恤农、以卫商。于洋务,则谓中国立国之根本与西人异,尚礼义而绌诈伪、重公分而抑私情,此数千年治法之防大,不得与洋人合者也。民情达而无不伸之气、政事实而无虚饰之文,此洋人之所长,而中国当略采其意者也。至于工艺器械之精利、营陈步伐之整齐,则中国古制颇与之同,相时制宜、去损取益,固不必震而惊之矣。

既而甲午战争起。藉乎全国人民反对日本侵略之爱国运动大潮推动,光绪帝党向慈禧后党之政争亦日趋激烈。廷式言战尤不遗馀力。六月十日,廷式建陈明赏罚、增海军、审邦交、戒观望四策,献纳于朝。八月,疏请饬海军与倭决战。十月,复奏谓现在陆路既无可恃之兵,救急之计,惟有饬派洋员汉诺根驰赴海军、率领铁甲各舰,直赴大连湾一带截击倭船、断其后路。

战事初期,北洋大臣李鸿章执兵柄,多败绩。廷式偕志锐暨台馆诸人,屡上封事,厉词痛劾,指斥李鸿章贻误军国,罪无可辞。又纠弹枢臣与疆臣各怀异志、但欲求和,请旨将枢臣及北洋大臣交部严加议处。光绪帝欲起用恭亲王任战局,而宫谏、枢议俱格不行,乃阴令帝党发动朝争。八月二十九日,诸翰林、庶常等集商于全浙会馆,约联衔吁请,越日折上,恭亲王因得以出山,是折列名者五十七人,属稿者即廷式也。

九月初九,廷式偕李盛铎于松筠庵邀众再议合词封奏,次日遂呈递翰苑三十八人折,请拒款议,而密连英、德,资其兵费、使伐倭人,以为转危为安在此一举。

十二月，廷式复奏请特撤张荫桓等议和使臣还京，示天下以必战之意。略谓：向之屡败者，李鸿章及其党为之耳。今既命刘坤一视师、吴大澂出关，湘军锐士万众一心，当专倚畀以壹诸将视听、明黜陟以作诸将精神，勿以前敌之小胜负而轻于变计，宜待倭狡愤不能自忍，而后成师而出、全力制之，则一胜之后形势自生。是冬，廷式并有迁都以筹持久抗战之说，又尝告谢希铨侍御请召三品以上大臣廷议和战国是。而皆未闻报可。

来春，李鸿章奉旨赴东议约，日本索地索款，勒逼无厌。廷式再三几谏，力请撤使绝议，有“辱国病民莫此为甚”之痛语；尤亟言割台之事，断不可从。二、三月间，与署台湾巡抚唐景崧往返电商，谋画所以保台之计。

及《马关条约》签订，电讯至京，总署秘之，廷式既约戴鸿慈等上疏争之，并录约章遍示同人，倡言于众，使共争之于朝。时逢乙未会试之期，公车赴考，群聚辇下。江南举人联署上书拒约，廷式预为之点窜呈稿。又江西孝廉一百二十人之公呈，廷式家人文廷楷、文廷桡、文景清、彭树华等名姓，均显列其上，至若友朋、同乡辈弗论焉。都察院于各直省公车纷纷上书阻款，初犹难之，故迟迟不以代达。四月初三，廷式乃片劾都察院壅上听、抑公议。德宗览奏，命廷寄问之，察院堂官始惧，四月初六日起，诸呈乃得陆续分批而悉上。奈事挫于后党之压迫，光绪帝终不得已而违心准约。廷式不胜悲愤，是月末稍，请假回籍修墓，出都南下，将行，填《虞美人》一阕：“无情潮水声呜咽，夜夜鹃啼血。几番芳讯问天涯，不道明朝已是隔墙花……”犹伤台湾之被强割于倭也。

八月，假满回京供职。适值维新派康有为、梁启超等在都拟开强学会未成，廷式遂相协创建，与有力焉。盖廷式与康党诸子，彼

为先,请旨董劝民间妥筹兴办。并严参疆臣迟延挠阻开矿,请特派查矿大臣、延请泰西矿师,调查全国矿情,然后降布诏书,准民集资开办、官为保护,商力不足、酌提官款助之,减轻矿税、二十分而取一。廷式又以为治天下之大事不外养、教二端,养民兼须教士。而由古之选举、科目迄近之保举、捐纳,类皆断断于取士之虚名、不求教士之实理,是亦失在本源而图其枝叶也。乃谓经济大原在学问、学问根柢在图书,世变事殊,所值时不同、所用书亦异。而近今虽如《洋务要言》、《盛世危言》等著,并多论说各限方隅、事物未云明备。处此事变迭生、海飞潮沓之世,国有大疑,士大夫及诸卿相辈遂于图新由旧罔知注措,徒叹乎乏才,则其弊固在于不学。廷式因而奏言,宜应特建文馆、汇纂西书,择其邦交、国用、商务、兵学诸切要事宜,分部别居,随译随编,钩元加论,御笔点定,以萃万国之图书、成一王之大法,庶几上行下效,人才辈出,边情洋务,众皆昭晰云。

待廷式见逐归野,其言乃益恣肆无忌。光绪二十二年(1896)夏,旅次沪渎,与梁启超、麦孟华、汪康年诸人欢叙,说群说会。两三年间,其笔记时事,臧否朝政,愈以立议院达民情、兴学校作人才为立国富强之大本;究研泰西学术,及于民主、平等、廓密尼士(按当即 Communisme)、莎舍尔德玛噶里(按当即 Social démocratie)。至称扬《抱朴子》所引述鲍生"无君"之说,亦以为其论甚伟、未可尽非,如西人之用议院亦足以治之。

光绪二十三年(1897)岁末,德人逼索胶州湾。康有为入都谋变法,中路与廷式晤于申江,有所密议;廷式授之秘札数通,以为康氏潜结内廷作先容。论者或以为兹事信疑难测,然其时珍、瑾二妃已然复位,而廷式与妃兄志锐、志钧等仍联系未辍,并偕志钧在赣伙股兴矿。迨“百日维新”期间,又有二妃之弟志锜暗侦宫中秘讯输告康党之实情。则兹事亦未必无征也。

明年戊戌(光绪二十四年,1898)春三月康有为发起保国会于京师,廷式亲弟廷楷、廷桡等咸题名与会。四月,德宗宣布变法,“百日维新”揭幕。廷式于是月尝与张之洞、沈曾植、费念慈共游焦山,宿仰止轩,观杨继盛手卷,题诗其后有云:“东下蛟鼍为谁怒,南飞乌鹊夜频惊。寂寥忠愍祠边宿,想见英灵发大声。”按明代杨继盛,以直谏著称,忠愍其谥号。而廷式曩日在都频频集众议政之处,及强学书局、保国会皆屡借以为大会之地,曰松筠庵者,亦即杨继盛之生前故居而又身后奉祀之所也。

夏秋间,廷式返籍扫坟,将偕乡梓士绅创学堂、倡新学,奔走于湘、鄂省会。而七、八月之交,顽固派倾力反扑,黑云盖地、浊浪喧天,京城政局顿然翻覆。八月初三日,乃仍由御史杨崇伊发难,上折攻讦新政,吁请皇太后训政。折内并诬劾廷式前与康有为等立强学会,虽经革逐、不思悔过,又创大同学会,外奉广东叛民孙文为主、内奉康有为为主,蛊惑人心,紊乱朝局。初六日,戊戌政变猝作,慈禧再出训政。发卒围南海馆,逮捕康有为不获,搜出书函百馀封。其中即有廷式致康氏信件洋洋数千言,亦为逻者以辞句诸多失检、语涉不经不敬而上闻。初十日,遂有谕军机大臣等电寄江督、赣抚,令密饬访拿文廷式押解来京。同日,伪诏又称德宗有疾,并旨命追捕孙文。其时新党俊杰留京者谭嗣同等,多被缚下狱,既而有戊戌六君子之殉难。廷式则西走潇湘,匿迹湘潭。

荒村蓬舍,习坎之中,廷式翫经遣忧,其眷怀德宗之思固勿已矣,唯形诸楮墨,笔札之内,竟亦犹然有非议帝制者。如谓虞夏揖让、汤武革命,皆应天顺人,厥民尊之,曰后曰人。逮秦灭六国,徒以力服天下，民无以称之，而自尊曰“皇帝”，后世习为故事，自是而神州气象一大变矣云云。可谓矛盾自讼。冬，迁避上海。

时新党言治者，皆喜援引东邻明治维新为张本。廷式与日本人士交游，亦积有年月。青年时代即结识冈千仞于广州，颇询以蜻洲变法之得失。彼时中、法交镝于南疆，廷式远虑则已及异日东方倭、韩之衅。甲午东寇侵华，廷式愤恨之至。而战后，帝俄威逼之势甚嚣尘上，光绪二十四年（1898）首夏，日本领事小田切纠合华绅郑观应等，鼓吹宜仿日本变法、立宪自强，联合英、美、日诸邦同御帝俄，拟在华筹开亚细亚协会，廷式介入个中，亦颇积极。翌年，又尝与宫崎寅藏、平山周、白岩龙平、内藤湖南等交会于沪上。光绪二十六年（1900）新正，廷式乃应日本同文会之邀，渡海东行而有扶桑游。考察彼邦新政，极加留心；与东瀛学苑酬唱，情文并茂。然于日本政界巨头迭相招致约谈，则淡漠处之，终缄口弗与之言时事。唯东人宫崎寅藏，党与孙文，聚义密图中华革命大业，是岁初，为助革命派起义事有广州之行。既返东京，廷式乃勿惮嫌疑，而于酬酢十分繁忙之际，三旬之中，竟四度和宫畸聚谈或出行。更且秘晤孙文，议商举事。

廷式于孙文之党，原亦斥为反叛不道，兴中会“乙未广州之役”甫败，廷式尝疏请严予制缉。然自夺职退居林下，数年之后，时迁情移，持论亦随之改易，转而以为殆亦是列强分割之祸急、中国民心觉悟之先端欤，无复以“匪”、“逆”污之矣。及光绪二十六年（1900）春暮，廷式归自日本。入夏，华北义和团起；八国联军大举入侵，神州赤县，存亡危殆；唐才常等得康、孙两党支持，阴集志士，谋起事汉皋，行革命而求救国。廷式与才常故相知，才常戊戌年（光绪二十四年，1898）编刊《湘报》，廷式亟赞赏之；廷式庚子（光绪二十六年,1900)游东,才常偕狄葆贤为之饯行。才常暗设自立会起事机关,廷式之姻族亦有加入者。兹岁六月初间,廷式潜行入湘,秘居长沙南门外,邀约富有山堂头领张尧卿为辅佐,散票纠人,将为孙文革命派延揽会党之众。旋遭清廷当地鹰犬发觉,湘抚当饬密拿,廷式闻警远飏。七月,在沪出席唐才常等发起之“中国国会”。已而自立军败,才常等就义,廷式亦名入是案捕单中,为湘抚以孙文之党、叛反凶逆之罪奏闻。九月朔日,奉硃批特旨:文廷式着严拿务获、即行正法。

唯廷式虽已一度跻身革命行列,对于义和团,虽以“拳匪”称之,亦犹以为拼死抗击外寇,其事其志,要可悯念;而于德宗知遇之感激、于封建帝制之依恋,究未能斩断情缘。七月至九月,其咏“庚子事变”之诗,如“北狩烽烟越几时,西行旗鼓更堪悲。朝廷衮职尊蓝面,河朔兵符授赤眉。目断汾流惟雁过,心惊沧海有龙移。孤臣泪洒荒江畔,忍痛新裁变雅诗”等类,大抵犹不离乎所谓屈《骚》忠悃之窠臼也。自后革命风潮此伏彼起、春风野火越燃越炽,廷式则“生怕袜罗尘涴,黄昏深下犀帷”,遂未闻再现于革命实践矣。

光绪二十八年(1902),中外传言清廷王大臣有议请复起用廷式者,而廷式时已息影湖海,专意著述。然爱国忧时之心不泯,犹殷殷以借镜西法、立宪垂制为望,又与友人申发《周官》古义以阐论新政方略。二十九年(1903),廷式在萍乡约合县绅段鑫、黎景淑等发起备价收回当地上株岭铁矿。该矿原系清廷循照安源煤矿成例,定为政府国有,派员官办,于后派款无着,事遂中止。至是年藉廷式等倡议之力,乃将该矿收回全归县有,以地主不一,统名之曰地方团体公有矿泉。明年,出赴南昌、金陵,继留连申江五旬,与朋侪游处,尚以在野言野自况。旋以病归萍乡。八月二十四日,卒于里第，年才四十九岁。

廷式文采奇丽，学问淹博，为晚清重要之词家、诗人兼学者。清季论词，向以常、浙诸派称大宗，而廷式不尚苟同，推崇辛、刘，深以流俗辈拟古之癖、柔靡之风、枯寂之旨为恶，谓当斐然有作者之意，写抒溯古涵今之思、甄综百代之怀。晚年手定《云起轩词》一卷。朱孝臧尝比之“拔戟异军成特起”，足为近世词坛之上独树一帜之大家。诗，平生所咏约有千首，亦多感时之作。殁后他人辑有《云起轩诗录》、《文道希先生遗诗》等行世。廷式治学，以史见长。光绪中叶，尝与盛昱、李文田、洪钧等提倡西北史地研究，一时风尚甚盛。其史著，《补晋书艺文志》有刊本，犹有《元史西北地坿录考》及《黄帝政教考》、《伊尹事录》等多种。而廷式涉猎极广，凡当时中学、旧学及西学、新学，各门各类，鲜勿论及，而每具特识。其笔记杂著，由是夥颐沉沉；身后散佚不少，今见在者，著名者如《纯常子枝语》、《闻尘偶记》等已刊者而外，未及整理梓行之稿册尚堪以数十计。近人赵铁寒摭取文氏遗篇，纂为《全集》，然阙漏殊多，未足称备，当俟后来者继为之搜辑重编可也。

兹篇原载《江西社会科学》(1985年第5期)。所述文氏生平，仅止概貌掠影，若绘画之速写，殆无免乎粗疏。《文廷式集》初版时未及随印。今该集增订再版，稍扩附录，仍取补入，仅为订正文字少许。矧乃少作，存旧是宜。至于知人论世，自惟识浅，敬希方家，赐示教言。

甲午秋日，川沙汪叔子记于羊城

文廷式年表稿

此旧作也。知人论世，谈何容易。故当时标题，特著“稿”字，以示尚非完善，待续改之也。

今越卅馀载矣，取重阅之，初觉可添加者极多。为因文氏某年月日有某言某行或晤某访某之类史料，学界近年颇有发现。第若广罗遍纳，则将性质顿变，势成年谱长编；尤其篇幅激增，殆逾王婆脚布。

继复思之，倘就年表体例而论，则文氏生平主要事迹，梗概既已略具，诚又何妨小补而未必重构。固然非无亟需深究之处，亦当别撰考据之书，另行畅述可焉，毋庸苛责年表。

于是校订一过，补苴罅漏若干。

盖愚愿区区，原亦仅在聊备读者简易便捷之用而已。

即标题亦不再易，依然称“稿”。并缘自知学涉仍浅，失妥定犹不少，殷盼方家指正，庶期不断改进也。

甲午孟秋，申江汪叔子记于穗城

文廷式，字云阁（又作芸阁），一字道羲（羲或作爔、兮、溪、希），号纯常子，又号叔子、葆岩、芗德、菩提流支、匡庐山人、罗霄山人等。清江西萍乡县（今萍乡市）城区花庙前人，祖籍该县归圣乡怀信里二图。

萍乡文氏，自明代正德、嘉靖间迁来萍乡，至廷式，历十世，为县中望族。

其曾祖守元，邑附贡生。候选训导。著有《请业录》、《融谷诗草》等。

其祖晟，嘉庆举人。大挑知县分发广东，历府州县十四任，仕至惠州府知府。著有《宜亭诗草》、《系言》、《经解》等。其祖母刘氏，为刘凤诰（金门）次女。

其父星瑞，道光举人。捐分福建候补同知，留粤帮办军务。署罗定直隶州知州。保升道员，加盐运使衔，署高廉分巡兵备道。著有《啸剑山房诗钞》。

其母彭氏，广东候补知县彭巽长女，为星瑞正妻。生子五：长廷俊（太学生，候选郎中）、次昺生（夭）、三廷式、四廷伟（殇）、五廷桡（光绪癸巳举人，直隶州州同）。女七，即廷式之长姊贞秀（字庐陵萧厚植）、二姊静芳（适鄱阳王庆康）、三及四姊殇、五姊蕙芳（适南昌梅任元）、六妹晚芳（适永明周銮诒）、七妹（适善化何柱臣）。

其父星瑞又纳侧室二。

侧室简氏，生子五，为廷式之六弟廷彦（太学生，捐分广东，补用盐课大使）、七弟廷秀（监生）、八弟廷华（光绪丁酉举人，江苏候补知县）、九弟廷楷（光绪甲午举人，官至资政院议员）、十一弟廷采（安徽候补知县）。女三，长适南昌喻恭孚，次殇，三适萍乡彭树华。

又侧室简氏，生子一，为廷式之十弟廷雄，出嗣星耀（星瑞堂弟）为子，改名廷直（郡附贡生，报捐知县）。

廷式正妻陈氏，湖南郴州籍广州府通判调署嘉应直隶州知州陈善圻第三女。生子二：长永誉（附荫生，历保知县，以直隶州用。

有《天倪室集》。聚吴县费念慈长女)、次敦书(早夭)。女一,归仪征李九龄。

廷式侧室罗氏,粤籍。

廷式外室龚氏,湘籍。生子三:永谐、永诚、永谛。永谛,又名克俭,字公直,官陆军少将、立法院秘书。

清咸丰六年丙辰(公元1856年)　一岁

十一月二十六日(公历十二月二十三日)辰时,廷式生于广东潮州府。嫡出。行三。时其祖晟以惠州知府而署潮州府知府事。

咸丰八年戊午(1858年)　三岁

本年,其祖晟调署嘉应州知州,廷式随往。

本年,其父星瑞捐纳同知,分发福建,乞假省亲至嘉应州,助晟剿捕长安义军,继留粤帮办军务。

咸丰九年己未(1859年)　四岁

二月初四日,太平军石郭宗部进抵嘉应州。五日,攻城。是夜,其母彭氏以其祖晟之命,携廷俊、廷式潜逃出城,奔潮州。晟踞城拒守,十六日,城破被戕。其父星瑞时在惠州,请兵救援,以兴宁县城解围之役称捷,为粤督黄宗汉奏准免补同知,以知府留粤补用。并奏准文晟以道员阵亡例优恤,予嘉应州建立专祠。

咸丰十年庚申(1860年)　五岁

本年,其父星瑞尝奉派至肇庆、梧州领兵作战。

咸丰十一年辛酉（1861年）　六岁

本年，其父星瑞以候补知府散居广州，廷式随亲居穗。

秋，星瑞纂辑旧作，编成《啸剑山房诗钞》。继受委署罗定直隶州知州事，廷式随往。

清同治元年壬戌（1862年）　七岁

时已从塾师李□□（禹九）就学。爱《文选》，时时私读，尝以此为塾师所责。

冬，其父星瑞离州赴穗请饷，而陈金刚部义军至州，集兵数万围城。其母彭氏部署守城抵抗。三日后，义军撤围。

同治二年癸亥（1863年）　八岁

其父星瑞在罗定州知州任。

上年及本年，陈金刚部义军凡三次围城，清兵城守皆濒于危。鼓角之声、仓皇之状，于廷式印记殊深。

同治三年甲子（1864年）　九岁

其父星瑞在罗定州知州任，至四月卸篆。后保升道员，加盐运使衔，署高廉分巡兵备道，年时未详。

同治四年乙丑（1865年）　十岁

某日，与同学为试律课会，得题《鸿雁几时到》，作诗有“凉风起燕赵，秋水隔江淮”一联，为父执仁和冯少蘅许为诗人吐属。

同治五年丙寅(1866年)　十一岁

本年,赣抚刘坤一,据萍乡士绅禀请,奏准于该邑为文晟建立专祠。

同治九年庚午(1870年)　十五岁

三月,其母彭氏卒。

本年,其父星瑞《啸剑山房诗钞》在穗刊成。

本年初学词,凡为数十阕。又尝承父命,初谒徐灏(子远),谈论至洽。

同治十年辛未(1871年)　十六岁

其兄廷俊由南美洲秘鲁国倦游归来,伤足,不良于行。廷式平日但知读书,不亲细务,而事兄周至。

同治十一年壬申(1872年)　十七岁

其父星瑞在高廉兵备道任,捕杀密谋起事之天地会首领廖三晚。又办平粜赈灾。

廷式在广州,先已入学海堂,为高材生。本年始从学陈澧门下,为菊坡精舍弟子,与于式枚、温仲和、汪兆铨等同窗。读钱大昕《潜研堂集》而得史学门径。又好算学。

是年,据都察院奏报嘉应州籍广西补用知州李学恂等遣仆递呈为文晟请谥,旨准追谥壮烈。

同治十二年癸酉(1873年)　十八岁

秋,初过江南,时距太平军之役不远,金陵克复未久,故有旧树新巢之感，为友人书扇，尝填《浣溪沙》二首（“十里杨花”、“银汉西流”）。继入都，应顺天乡试，未售。

清光绪元年乙亥（1875年）　二十岁

春，有《湘妃怨》诗。

曾北上。旅次过金陵，时姻丈梅启照官江宁布政使，因即寓其署中。又偕梅氏子侄同游乌龙山，观炮台及机厂。

旋至京。在京与徐灏同寓保安寺，晨夕讲贯，凡五阅月。又与李智俦结交。

本年，其父星瑞因怂恿官府弛禁开赌被即行革职。

光绪二年丙子（1876年）　二十一岁

春夏在粤。时已娶陈氏为妻。于菊坡精舍听讲之馀，又尝在粤秀书院应课。读乙部之书甚勤。又阅《海国图志》、《普法战纪》等，渐已熟知五洲大势并泰西富强之状。

闰五月，返赣。为亡母灵柩卜地营葬事，居南昌。与黄楙材交往颇密。又忧慨时事，博览算学及化学、天文、军事、海防之书。

旋以萍乡来信促回家应试，于十二月十九日离南昌，去往萍乡，返籍应小试。

本年，作有日记，今存三册。

光绪三年丁丑（1877年）　二十二岁

秋，卧病南昌东湖。

旋归粤。始与陈树镛、梁鼎芬论交。编修张鼎华，为梁鼎芬舅父，闻廷式名，来顾于光孝寺，遂亦成友好。

又以世谊故,自少年时即已与广州将军长善及其嗣子志锐、伍志钧熟习,情好弥笃,得偕张鼎华、梁鼎芬、于式枚等并为长善署中壶园之常客。

时粤中交游,又有李文田、叶衍兰、陶福祥、姚礼泰,林国赓、国赞昆仲等人。

光绪五年己卯(1879年)　二十四岁

是春,有"体用"之问于陈东塾师。

上年(光绪四年)及本年,寄寓广州光孝寺,颇勤于写白折、作试帖。

秋,应试南昌,始与陈三立订交。

冬,返粤。

本年,张鼎华初识康有为于西樵山,继为之扬誉于粤省士夫间,康由是稍有名。廷式与康氏结识,或即因张之中介而在本年。

光绪六年庚辰(1880年)　二十五岁

在粤。九月某日,大雨,宿于同学陈树镛家。秉烛夜谈,共论清代经学,欲取陈氏之《诗》、胡氏之《仪礼》、孙氏之《公羊》、柳氏之《穀梁》、刘氏之《论语》、焦氏之《孟子》、郝氏之《尔雅》,刻为一集;以《礼记》孔氏之疏甚善,惟《周官》无书,因劝树镛成之;而焦氏疏《孟子》未尽完善,则拟别为注疏而身任之。

本年,《补晋书艺文志》已有成稿。

光绪七年辛巳(1881年)　二十六岁

二月初七日,长子永誉生。

七月，在穗有致友人书，以为今之亟务孰如洋务，颇不满于当时清流之鄙薄洋务。

秋，在粤有《拟汇刻历代史志凡例》之作。

光绪八年壬午（1882年）　二十七岁

正月，陈澧卒。

春，在广州，旋北上赴试。

过天津，初晤徐建寅，聆其所论各国大势、水师利弊，叹为一时无两之才。按廷式前至沪时，已与建寅之父寿（雪村）结识，屡相见。故此次过天津，遂往晤之。

入都，寓志钧家。

夏秋间，在京致友人书，批评近今谈时事者大抵虚憍恃气之人多，谈洋务者大半犹是外行；而盛称徐建寅与黄楙材为洋务英材。

八月，以附监生领顺天乡荐，中式第三名。

八月二十四日，《知过轩日钞》开笔。时又欲纂《食货通考》、作《辽金元三朝会要》等。盖是始有撰述之志矣。

九月三十日，其父星瑞卒于粤。十一月上旬，既得讣讯，遂偕兄廷俊奔丧南返。

光绪九年癸未（1883年）　二十八岁

八月，由粤抵浙。

是月，赣抚潘蔚奏准，予文晟原籍萍乡建祠，列入该县祀典。

秋，客居杭州。时拟着手为《元史会要》、《通鉴注地理今释》。

冬，返至粤。以吴长庆之荐，又以与张华奎为故交兼壬午乡试同年，乃入两广总督张树声幕府。按廷式初尝以家贫，客江浦庆军统领吴长庆幕中,其年时未能确考;华奎,则树声之子也。

十月,手录法人晃西士加尼《印度支那探查记》。

是冬,又杂录时事,开撰《志林》。题记自申,必求"字字从实"。

光绪十年甲申(1884 年)　二十九岁

春在粤,仍居张树声幕中。

至秋,泛海北上入都。

九月二十九日,经沪返抵粤省。

十二月初三日,偕徐赓陛往访旅穗之日本学者冈千仞。嗣与冈氏数次晤会笔谈,颇询以蜻洲变法之得失。

同月,为汪瑔《随山馆诗》撰序。

光绪十一年乙酉(1885 年)　三十岁

年初在粤。春,过上海。继入京。

在都,名动公卿,有小刘金门之目。又与郑孝胥齐名。偕都中胜流盛昱、袁昶、沈曾植曾桐兄弟、蒯光典、王颂蔚、陈炽、张孝谦、杨锐等游。

时中法和约签订。夏秋间,致友人信中,颇言愤慨。而于善后之策,以铁路、水师二者为尤亟。

七月初,有《齐天乐》咏荷之词,慰赠梁鼎芬,时梁氏罢官将出都。

秋冬间,尝拟汇钞洋务书,又倩志锐借《永乐大典》读之。嗣从盛昱假得原钱辛楣藏本《蒙文元朝秘史》,与李文田各录副一部。

十月,次子敦书生。

本年在京尝为御史赵尔巽草奏稿,请将总署所存道光朝俄罗斯进呈书籍发出翻译，又请勿复王公奉饷旗兵全饷事。

光绪十二年丙戌(1886年)　三十一岁

元旦，初次在京度岁。

正月初三日，次子敦书殇。

是春，康有为在粤因张鼎华说两广总督张之洞，请开局译西书。张之洞然之，拟托康与廷式为董理。既而局事不果。

本年参加会试，落第。然与王懿荣、张謇、曾之撰并有四大公车之称。

时尝以太监李莲英将随醇亲王奕譞视师天津事，谋于志锐，欲得人谏止之；又作书劝盛昱上言。朱一新拟上疏劾李莲英，亦以疏稿见商于廷式。

四月二十八日，出都。与汪兆铨、陈三立偕行南下，五月初六日至沪。在沪，尝与王韬聚饮，又往观格致书院。继与汪兆铨同舟行海，于五月廿一日抵穗。六月初四日，复离广州回籍。途中点读诸子书。又太息赣省人才之消乏，谓是风气不开、科举误人之故也。旋经南昌，于十六日归至萍乡。十八日入湖南，二十日到长沙。自四月廿八至此日，作有《南旋日记》、《旋乡日记》。

夏秋在湘，晤王闿运、郭嵩焘诸人，又尝偕陈三立、僧寄禅等预与碧湖诗社活动。有《客湘日记》记之。

冬，仍返萍乡。

光绪十三年丁亥(1887年)　三十二岁

正月初间，赴至南昌。

夏在长沙，与王闿运、郭嵩焘、陈三立等游。旋取道金陵北上。

八月十五日到京,寓志钧处。

时志锐任詹事,协办翰林院事。乙酉、丙戌及本年在京时,遂因志锐而获借阅院藏《永乐大典》残本三百馀册,集《经世大典》遗文得六七卷;又钞其诗文及说部之冷僻者得千馀纸,为《知过轩随录》。并与志锐共检翰苑所存《四库》进呈原本,得悉当时删改违碍字句之情状。

本年,与郑观应相识。

光绪十四年戊子(1888年)　三十三岁

正月,在京。两广总督张之洞电招掌教惠州。以张氏非心之所服,又粤东士习嚣杂、变故方起、非可久居,乃函嘱梁鼎芬代辞。

正月二十三日,偕志钧出都南行。二月二日,浮海至沪。时欲拟白香山《秦中吟》,为新乐府以刺时事,已撰列诸题,详为构思矣。二十九日,溯江达长沙。在湘,尝谒郭嵩焘、杨岳斌,又与陈三立、皮锡瑞、梁鼎芬、俞明震、罗顺循、曾广钧等游;而于王闿运则曾于宴席之间,以其语不离势利,乃面斥其鄙。四月十八日离湘,经汉口;廿九日下碇江宁。自正月廿三至此日,有《湘行日记》。

旋赴浙省。秋,在杭州,颇病。九月,闻张鼎华病故之讯,有诗哭之。

冬,北行。腊月中旬,长善卒,电报传至。在都协助志锐于广济寺设为灵位,成服致哀。

本年十月初五日,西后为德宗择婚,定他他拉氏姐妹为瑾嫔、珍嫔。两嫔即志锐、志钧之妹,廷式尝授之读。

光绪十五年己丑(1889年)　三十四岁

二月,德宗大婚;瑾、珍嫔受册封礼。当初入宫时,廷式预谓其兄志锐,曰宜书张华《女史箴》教之。嗣两嫔携以入宫,太后、皇后果见而赏识,命再书两份进呈。

在京,与黄遵宪纳交。

是春应礼部试,不第。

孟夏,致友人书中,慨言科举之制,“千馀年来以此耗士人精力”,然语及己身,犹谓仍当再试。又欲出洋五年究习泰西兵学,曰但有一二真实本领,不愧于人,用与不用、不复计较,即胜于仅仅读几卷书、便令人称知名士也。

五月杪,考试内阁中书,夺占魁首。按,卷为汪鸣銮所取,未拆名封,而翁同龢即曰:“或者江西名士文廷式乎?”

六月,初谒李鸿藻、翁同龢。

九月出都。时方草《西域释地》。

南下至苏州,与郑文焯、王闿运、易顺鼎等游吟。又到南昌。旋返广州。

光绪十六年庚寅(1890年)　三十五岁

闰二月,经沪入都。时已受聘于江西书院。

三月初三日,偕张謇往谒翁同龢。初八日应礼部试入场。四月十日会榜揭晓,中式第二百六十一名贡士。同日,户部带引见。十六日,新贡士复试。次日翁同龢等奉派阅卷,廷式卷为嵩申所录,翁与潘祖荫、汪鸣銮力赞取以为压卷,遂定廷式为复试一等第一名。翁氏私撰《阅卷记》,于廷式名下,自注曰“中书门人”,盖指廷式上年考取内阁中书出于翁氏门下也。二十一日,赴殿试。二十四日，殿试读卷进呈御览，翁氏等拆弥封奏至廷式之名，德宗宣语曰："此人有名，作得好！"乃钦定殿试一甲第二名。

四月二十五日，传胪。得赐进士及第，授翰林院编修。

二十六日，礼部恩荣宴。廷式与吴鲁、吴荫培，鼎甲三人不行叩拜礼，而代以揖；廷式且引《说文》义与礼部司员久辩。观者愕然。

五月，以殿试策内"闾面"二字笔误，颇遭外间物议。厂肆贴联，至有"斯'文'扫地"之讥。七月，御史刘纶襄遂上疏劾及之。谕命调查原卷，继查属实，诸读卷大臣均奉旨交部议处。

八月初七日，诣翁同龢，辞行。旋出都假归。道出天津，李鸿章大加礼遇，资赠甚丰腆。既而返粤。

光绪十七年辛卯（1891年）　三十六岁

春，在广州。至菊坡精舍谒先师陈澧祠，有诗悼之。

五月四日，由穗起程，溯北江，入湖南，六月初三日抵湘潭。途次有《旋江日记》历记之。

旋返萍乡，归里祀祖。继至南昌，祭扫父母茔地于西山。

自上年七月初至本年八月十三日，读《宗镜录》一百卷竟，作有札记。

光绪十八年壬辰（1892年）　三十七岁

岁初，值李鸿章七十生辰，撰寿联上之，曰"天佑圣清，锡公难老；相有大度，保我后生"，而自署称"受业年愚侄"。

正月，离赣北上。二月，过镇江，与梁鼎芬晤。旋至都。

本年会试，堂侄缉熙中式进士。

四月，散馆考试，列一等第十名。时张佩纶欲议联姻，以幼妹亦已出阁，乃函于式枚请谢之。

五月初三日，引见庚寅科散馆人员。得旨业经授职（翰林院编修）。

闰六月初六日，偕志锐、左绍佐、延煦同游极乐寺，望西山，有诗。

时志锐方营谋驻外星使之任，并拟邀廷式与之偕行。廷式亦有意从之，藉考西洋兵事国体之学。已而志锐出使事不谐，遂罢。

闰六月十八日，与王颂蔚、刘岳云、冯煦、蒯光典、江标、费念慈、李盛铎、黄绍箕、叶昌炽、缪荃荪及沈曾植曾桐兄弟等，并应李文田之招，游宴于天宁寺。

是月，重录少作《补晋书艺文志》，盖写定稿本也。

秋，为《畅志诗》，自顾身世，并抒怀言志。共十首，凡近千言。

秋冬间，曾与蒯光典力请于翰林院掌院学士，欲续修词林典故以存典制，而不可得。

十一月，派充会典馆画图处汉协修官。

本年，赣省士绅递呈抚院，公请倡行小轮船，署名之内，未经征询而列有廷式。廷式事后既知，以为“亦只可听之”。

又，萍乡大安里有邓海山，聚会党九千馀人举旗起义，旋失败。是冬，廷式致友人信言及此事，虽指以为“匪”，然又谓地方官“奏报颇不实”，往“剿”之官兵“亦极为骚扰”。

又，本年以来，《知过轩谭屑》已经开撰，颇记时事，自谓“此日记之类，文笔尚未检点，不足示人，藏之家塾，以备百年后考察风气而已”。

岁暮，病。

光绪十九年癸巳(1893年)　三十八岁

正月,有致友人书,论及徐建寅《德国议院章程序》,谓其前半诚杰作,后半稍懦耳。又谓,吾中国将来,能差胜印度、不化为奴婢虫沙者,必有奇伟绝特之士,纠集民会、联为一气,而后差可自立。此时未有端倪;十数年后,且看变故若何。因而用之,百年之后,可以大效。疆场之事,无可挽回;此则匹夫之微,与有责焉耳矣!

去冬迄兹春,颇病。病中时邀徐建寅作伴。家计窘困,亦屡得徐氏接济。

病中温经,读《左传正义》一过,有札记。又时取短书观览,辄复写录一二,得六七卷。按,似即《纯常子枝语》开撰伊始也。

春暮夏初,时与熊亦奇、李盛铎同在广济寺日日写白折、作试帖。

四月十五日,诣保和殿考试试差。

六月十八日,偕徐建寅同游西安门外大光明殿,观《道藏》存板。并拟纠合同人谋补板印行。

六月二十二日,奉派本年恩科江南乡试副考官。事出意外,盖廷式考试试差未入前列,而得此优差,实由德宗"宸断"也。

七月初二日,启程出都。八月初一日至江宁。及考差事毕,乞假回籍修墓。十月初三日离宁,溯江西上。自七月初二至十月初五,有《南轺日记》,记所历程及试闱之事。

冬,在赣。

光绪二十年甲午(1894年)　三十九岁

正月初一日,瑾、珍二嫔得晋封为妃。又,二十五日,谕以内阁学士志锐着补授礼部右侍郎。志锐,即二妃之兄也。

二月十九日，还至京师，赴阙请安，得召见。

三月七日，致于式枚函云，自去年以来，随时所录，已有《纯常子枝语》积至九册。

三月二十六日，诣保和殿翰詹大考。二十七日，未阅卷前，德宗朱笔特写“文廷式一等”五字交下阅卷房。是日阅卷，遂定廷式为第一名。二十八日，翁同龢等奉派复看大考卷时，德宗又两次传下口谕：除第一及另束五本毋动外，馀皆可动。

四月初三日，往谒翁同龢。

四月初五日引见。初八日，大考榜发，得一等第一名。是日上谕：此次考试翰詹各员，经阅卷大臣等校阅进呈，朕复详加披览，亲定等第。其考列一等之编修文廷式，着以侍读学士升用，先换顶戴。

四月十一日，宴集本年会试公车诸名士皮锡瑞、张謇、杨锐、孙诒让昆仲等。按，本年会试，廷式派充磨勘试卷官。

十二日，会试揭榜。谓皮锡瑞与孙诒让下第为人才消长之机。检《东塾集》一册赠皮氏，以粤东陈澧相许。

十五日，赴考试试差。

二十三日，奉旨补授翰林院侍读学士。

二十五日，谢实授侍读学士恩。

四月杪、五月初，翁同龢倩人缮书进呈《连珠》，廷式所撰稿也。

五月初五日，端午节，是日获德宗召见。

初七日，往谒翁同龢。

二十六日，谢充日讲起居注官恩。继复奉派教习庶吉士，本衙门撰文，又派协同内阁批本，充国史馆协修，加四级，覃恩加一级，其时未详，附系于此。

六月，东事初起。

初一日，偕李盛铎往谒翁同龢。

初四日，就整饬人材、民事、洋务之积弊，上敬陈管见折，附请饬北洋大臣妥理朝鲜事局片。奏上，得获德宗召见。同日上谕，即据廷式奏请，着停止道府捐例，并饬令督抚举参劣员。

初八日，谒翁同龢未见，留书一本《东方时局论略》，系英国高丽总税务司邓铿所著。

初十日，上朝鲜事机危迫条陈应办事宜折。

十五日（一说初十日），侍值文华殿。是日，日本代理使臣小村寿太郎谨见。有诗纪之。

二十日与志锐往谒翁同龢，二十三日又与汪鸣銮再往，皆不晤。

是月下旬，作有战事已开请饬在事大臣力祛壅弊折稿。

七月朔，对日本宣战诏下。

初五日，上敌纵飘忽宜预筹防剿折，附奏丁汝昌贻误事机请旨革职片、邵友濂张惶失措请旨开缺台抚片。

十八日，与张謇先后往谒翁同龢，剧谈时事。

中旬，致友人函，论时局云：十年以来，文武娱嬉，酿成昏浊世界。一旦有事，瞠目张口而不知所为，固在意中。但恐因以驿骚，或致吴广、陈胜啸聚泽中，则忧方始耳。

二十六日，上请振刷军士激励帅臣折，又片请派李秉衡往津察看李鸿章病情。

是月，康有为以所著《新学伪经考》遭劾，朝命粤督查究禁毁。因偕沈曾植、盛昱、黄绍箕等驰电广东提学使徐琪营救。同月，朱一新卒，有诗悼之。

八月初四至初八日，请假五天。

初八日，往谒翁同龢，翁答未见。

二十日，上请饬海军与倭决战折，附奏参张之万庇私忘公片，又劾盛宣怀请旨开缺，并请擢用奋战之林国祥。

二十九日，集议同官于全浙会馆，草折稿，欲联名奏请起用恭亲王。

九月初一日，黎明至西苑门递折。系廷式领衔，约集侍讲学士秦绶章、侍讲樊恭煦等共五十七人，合词吁请特起重臣以维国脉。折上，得旨召见，德宗谕以事属可行云。同日，恭亲王遂获起用，着在内廷行走，又着管理总署，并总理海军事务，会同办理军务。

初四日，翰苑三十五人联衔参劾督臣植党营私贻误军国，乞恩罢斥。折内严辞纠弹李鸿章。廷式虽未列名，而当时外间传闻，谓必是廷式主持所上。

初六日，疏陈军事危急，非先除内奸难御外侮。又请查办卫汝贵，并请褒奖洋将汉诺根。

初八日，偕李盛铎邀约翰院诸人赴谢公祠，会商联衔奏阻款议及倪英人相助事。

初九日，上请密联英德以御倭人折，廷式主稿并领衔，合侍讲学士文海、秦绶章等共三十八人连名同奏。旨命传询。

十二日，以军务紧急，上疏敬举人材，朝荐裕庚、徐建寅、黄遵宪三人以资器使。

下旬，有和议不宜太易敬陈愚见折，及请查办盛宣怀、请任汉诺根令攻仁川、请祀邓世昌等片，奏陈于朝。又拟联衔具陈夷情狡诈宜斥奸说以振国威。

三十日，奏寇侵大邦事机危迫请严饬枢臣以维国脉折，又疏劾龚照瑗贻误戎机。

十月初十日，西后寿庆之期。作有《慈寿无量庆赞》稿。

十二日，上言请饬派洋员速率铁甲出海以救眉急。

十九日，有封事奏上，而留中未发，翁同龢以为内必有故。

二十九日，西后降谕，贬瑾、珍二妃为贵人，谓有祈请干预种种劣迹云。

十一月初一日，上封奏，厉劾孙毓汶。次日，西后召见枢臣，乃谓言者杂遝，如昨论孙某，语涉狂诞，事定，当将此辈整顿。又谓二妃种种骄纵、肆无忌惮。

初三日，奉派稽察右翼宗学。同日，有旨令志锐回京，其在热河召营练军事宜著毋庸举办。

初八日，谕赏志锐副都统衔，出为乌里雅苏台参赞大臣，令驰驿前往。志锐旋登程赴任，廷式及盛昱、王鹏运等赋词送之。

十二月初二日，御史安维峻疏劾枢臣无状，请斩李鸿章，谓和议乃皇太后旨意，而李莲英实左右之，并有皇太后归政久、若遇事牵制何以对祖宗天下之语。是疏之上，廷式实主其事。安以是得重谴，褫职戍军台。廷式集银万馀，以送其行。

十七日，奏请饬令刘坤一驻扎天津整饬军务，又请扩充办理湖北枪炮厂，又请饬议和大臣张荫桓、邵友濂体察情形预杜后患。

二十六日，上贼情险诈请申天威以作士气折，附奏息借洋款请饬张之洞筹办、请严谴陈湜以统一事权、请破格用人以作新士气等片。

是月，始撰《琴风馀谭》。

冬，以东事危迫，力主迁都以筹持久抗战之说。又尝告御史谢希铨请朝廷三品以上会议和战国是。

岁暮,有《冬夜绝句》组诗。

本年间,尝与郑观应、郑孝胥往返雁书,论开议院行立宪事。

光绪二十一年乙未(1895年)　四十岁

正月初一日,有《乙未元日口占》七绝二首。

十五日,有《元夜》绝句。

十七日,上海军失律请将在事人员分别惩处折。又以时势阽危,疏请恳恩录用旧臣以维大局,举荐崇绮、黄体芳、盛昱三人。

十九日,旨授李鸿章为头等全权大臣,赴东议和。

二月十四日,奏言:和战皆不可恃,请饬廷臣详密筹议以扶危局。又附请详查海军失事及军火采买等情事。

三月初一日,上和议难成请速断大计以抒天下之愤折,附片请开学校讲习武事。

旋请假。

十二日,假满诣阙请安。是日,上倭攻台湾请饬使臣据理争论折,又附片请勿轻许倭人条款。谓今日台湾之事尤为存亡所关,若许约割弃,四方之人,谁不解体,不独各国环起之可虑也。

十四日,又有封事一件奏上。

二十三日,中日和约在马关画诺。

二十五日,偕侍读学士秦绶章、左庶子戴鸿慈、右庶子陈兆文,联名上倭人要挟过甚请饬使臣展缓商议折。亟陈和约万不可允,有辱国病民莫此为甚之痛语。且以为若从其约,彼既永远驻兵,则我购船置械,皆得谓之违约,虽欲变法自强,其道无由。此次缴械交俘,以后召募,民谁肯应?不知更以何者立国、何恃而与各国周旋?此约若行,大变可计日待也。

上月及本月间，又与署台湾巡抚唐景崧往返电商拒款保台之事。

三月二十八日，《马关条约》递呈至京。

三十日，往谒翁同龢，长谈抵暮。

时总署事极秘密，廷式则得闻于一二同志，故知之独先独确。都中多未见及约款，廷式乃录之，遍示同人。又昌言于众人，使共争之。内外大小臣工，纷纷交章谏止和议。本年会试，各省赴试公车集聚辇下，亦群起具呈争款事，往诣都察院请代递。江南举人五十四名，以汪曾武为首，联衔公呈；廷式预为之点窜呈稿，以曾武者，即廷式表弟也。又江西孝廉百二十人所递公呈，列名者文廷楷、文廷桡、文景清、彭树华等亦皆廷式之家人。都察院初难之，故迟迟不上。

四月初三日，偕戴鸿慈联名再上和约断难遽就战事尤当预备折，并附片参劾都察院壅上听抑公议。旨命廷寄问之，察院堂官始惧，诸多呈文乃不数日而得悉上。

当是时，朝野激愤，旦夕汹汹，和议几沮。廷式尝作有日记记之。

初八日，清廷批准《马关条约》。

十一日，奏请赏假回籍修墓。得旨：着赏假三个月回籍修墓。或曰，盖因廷式主战拒约，倡众力争，指斥权贵，不遗馀力，西后议欲重谴，李鸿章嗛之尤甚，欲中以奇祸。盛昱闻其谋，遂劝令少避。

十四日，中日双方使臣在烟台换约。

十五日，往谒翁同龢，辞行。

按，上年及本年间，国事危急，李鸿藻屡询廷式以时事，凡廷式所论说，鸿藻亦每是之。

又,或曰,廷式又尝往见刘坤一,告以宫中秘情,请力争约款,以遏慈禧拟行废立之谋。

旋出都南归。将行,有《虞美人》一阕寄怀。又与沈曾植、王鹏运等唱和赠答,皆慨咏时事。

五月,在沪,与于式枚、梁鼎芬、易顺鼎等遇,忧患之中,而获友朋聚首之乐。又晤王韬,放言三代以后,必议成于下,而后施行于上。

十八日,应黄承暄招邀,偕梁鼎芬、李有棻同至上海县署宴饮。

继离沪,舟行抵江宁。日与张之洞畅叙。又偕黄遵宪、梁鼎芬、王德楷诸人饮集秦淮,填词唱酬,有《吴船听雨图》记之。

三十日,赴督署,张之洞设宴招饮,同座者有冯子材、翁曾桂等。

闰五月初,与黄遵宪等饮集钟山。时廷式将行,遵宪为诗送之。

初三日,往谒张之洞,辞行。

初四日,起程离宁赴赣。初六日,江行抵浔。初十日,达至南昌。

在南昌,与皮锡瑞纵谈时事,皮氏时方主持南昌经训书院。

又与赣省当道筹商,倡议开格致书院。盖见江西人才多为时文所汩没,慨然有动于中,思所以振兴之。欲将豫章、友教各书院专课时文者,分为数科,课以有用之学。远师安定分斋设学之意,近取泰西无事无学之制。一为文学科,一为政事科,一为言语科,一为艺学科,一为格致科,一为杂学科,一为陆军科,一为海军科。精延教习,详定课程,文与武合,士与商通。并欲酌开机器矿务局,以资书院经费,而救地方贫困。一切章程,皆精考泰西成效,仿而行之。

六月，将离赣北上，皮锡瑞有词赠之。

旋过金陵，至上海。江海关道黄祖络，上海县知县黄承暄宴之于味莼园。离沪登船时，失去衣箱三只，内有紧要公文。继函请上海县饬捕严缉，未获。或曰所失箱中有奏稿，语侵李鸿章，且言涉离间，后入于鸿章之手，鸿章并以密白慈禧云。

秋，入都销假。

在都，与陈炽、沈曾植、康有为、梁启超等筹议倡学会、开风气、讲变法。频集同志，游宴鼓励。又，三日一会于松筠庵，来者日众。

八月二十四日，以袁世凯、徐世昌将赴津练兵，偕同志诸人夜饯观剧。康有为有诗纪之，时伊亦将出都南下也。

九月初七日，往谒翁同龢。

十六日，上折请维持汉阳铁厂。

九、十月间，京师强学书局成立，有“副董”之名。该局宗旨，以讲中国自强之学为要。时李提摩太亦参预局事，盛称廷式能锐意讲求新法。

十月十五日，瑾、珍二妃奉懿旨著先复位号。

十七日，吏部右侍郎汪鸣銮、户部右侍郎长麟，以屡次召对之时“信口妄言，迹近离间”之罪由，谕令着革职永不叙用。

十九日，上时势艰危请饬中外大臣力图振作折，附片请整顿海军，请派大臣制缉广东会匪，请饬查办江西州县吏治。

二十一日，李文田卒。当病笃时，尝执廷式手，言李鸿章、李莲英、孙毓汶、张荫桓等各怀不逞，图变朝局，嘱令慎戒。廷式作挽联，以“鲁连蹈海，杞妇崩城”拟之。

十一月十二日，傍晚，往遏翁同龢，长谈。按是日晨间，瑾珍二妃行受册宝礼,复妃位号。

二十六日,以年届四十,有自警之诗。

十二月初七日,御史杨崇伊疏劾强学书局植党营私。都察院奉旨查明封禁。该局旋于初九日为察院封禁。

十一日,上外交日繁请开馆编译西书折。旋有御史胡孚宸疏陈书局有益人才、请饬筹设以裨时局,经总署议复,是月二十一日,旨命开官书局。

是年萍乡大灾。廷式为请于张之洞,谋借官帑赈粜。十二月,朝命报可,发帑十万赈萍乡灾。

岁暮,有《冬夜绝句》组诗,乃续上年同题之作也。又为消寒会,约王鹏运为艳词,托体风怀,暗咏时事。

本年,主持编译之《新译列国政治通考》成稿,计学校、军制、官制、刑律、礼俗、商务、税则、国用、邦交、邮电、宗教凡十一门,都二百二十卷。

光绪二十二年丙申(1896年)　四十一岁

元旦,有《试笔》诗三首。

正月十三日,翁同龢、孙家鼐奉旨停止毓庆宫入直。又恭亲王迭蒙太后赏假养病已历一月。

二十一日,强学书局改为官书局,旨命孙家鼐管理。廷式应孙之邀,董理书局,兼主持局内译书事。

下旬,尝因争提调事与掌院有违言。

二十八日,请假五日。李鸿藻知之,即遣人问曰:果有疾耶?断勿续假。

是月,始笔时事为《闻尘偶记》。

二月初四日，假满诣阙请安。同日，上条陈养民事宜折，附片纠参疆臣迟延挠阻开矿，又请增添俄文东文教习及学生，请整修京师街道。次日，陈其璋亦疏言矿事；乃有旨，据廷式及其璋之奏，通谕各督抚疆臣着广开矿务。

十六日，内监寇连材以言事被戮于市。

十七日，有明发谕旨：御史杨崇伊奏词臣不孚众望请立予罢斥一折，据称翰林院侍读学士文廷式，遇事生风，常于松筠庵广集同类，互相标榜，议论时政，联名执奏。并有与太监文姓结为兄弟情事等语。文廷式与内监往来，虽无实据，事出有因。且该员于每次召见时，语多狂妄，其平日不知谨慎，已可概见。文廷式着即革职，永不叙用，并驱逐回籍，不准在京逗留。此系从轻办理；在廷臣工，务当共知儆戒，毋得自蹈愆尤。

时廷式方草条陈教士事宜折稿，并拟上疏广论刑法之苛，请除其极刑。皆未就而已遭夺职。

又廷式既罢黜，报界尝载谣言，谓俄国公使邀聘廷式率中国文士数十人赴彼邦教习孔教云云，一时传流颇广。

旋出都南下。留居沪上五十日，与汪康年、梁启超、麦孟华、陈三立等欢叙，说群说会。过金陵，缪荃荪、张謇、郑孝胥招饮吴园。

六月，至汉皋。

八月，经长沙，返萍乡。时已集股开设广泰福煤号，独办萍煤，输供汉阳铁厂之需。是月中，与铁厂来萍委员卢洪昶连日会谈，议定明分暗合添一商办之法。

九月，始撰《罗霄山人醉语》。

十月，赴鄂。九日，在汉与郑观应续商煤事。继东下去沪。

十二月，在湘。有《谈仙诗》，五百字长篇之作。

除夕，有《戏题》二首。

光绪二十三年丁酉（1897年）　四十二岁

春间，自湘返萍乡，旋至上海。

四月，入金陵。与张謇晤。继往汉口。入秋，返赣，居南昌。

七月，于邸钞见李鸿藻饰终之典，私作挽诗，自存集中。

冬，在沪。与李提摩太遇，尝相与论宗教等事。时李氏方自英国复来沪继任广学会总干事。

又闻粤中故人如叶衍兰、陶福祥辈先后凋谢，填《霜叶飞》词。

本年在沪，又曾与汪康年晤谈时事。汪告以是年三月珍妃复以乞添护从之故，触太后怒。及西后威逼德宗降旨革职圈禁载澍事。按，汪氏时主办《时务报》，而廷式为该报董事。

十月，德国侵占胶州湾。为感赋《翠楼吟》词。

同月，经元善、严信厚、郑观应及梁启超等议立中国女学堂于上海。因偕妻陈氏、族兄炜、九弟廷楷等赞助之。按，廷式又参加农学会，亦附系于此。

时康有为北上赴京师，道经申江，来寓访晤。廷式与之商议时政，并授以密札数通，或曰即为康至都交通宫禁作先容地也。

十二月，返萍乡暂住。以广泰福煤号亏折过重，遂一并作价顶与湖北铁厂。旋入湘。

本年五月，《条陈养民事宜折》传钞稿由《皇朝经世文三编》（陈忠倚编）收入发表。嗣后为多种经世文集转录刊载。

光绪二十四年戊戌（1898年）　四十三岁

正月初三日，李鸿章、翁同龢、荣禄、廖寿恒、张荫桓等奉旨于总署召康有为问话。

初七日，有《戊戌人日作》七绝一首。

旋去湘入鄂。舟次靖港，尝与陶榘林同往游观当地龙王庙，盖顾亭林以为塑明太祖像极似者也。

二月，在汉口，为表弟汪曾武点定其《味莼词》稿，并题辞简端。继赴沪上。

三月二十二日，康有为于京师倡立保国会。廷式弟廷华、廷楷，侄景清，及姻亲冒广生等，时应春闱试在都，皆题名与会。

闰三月七日，偕郑官应、何嗣焜、郑孝胥等邀约在沪士绅张謇、江标、汪康年、李智俦等，并日人小田切等，共二十人，集会于郑官应寓所，议筹立亚细亚协会。

十日，置酒招邀同人，再议协会事。

四月，晤沈曾植。尝极论三藏义谛，拈慈悲二字，作世出世间一切图相，根器殊异，于此可见。又同游时诵及"双悬日月照乾坤"句，谓世间至此，非此无由定国。又论及康有为，曰：此伧耳，何能为？

是月，溯江西上。经镇江，同张之洞、沈曾植、费念慈游焦山，宿仰止轩，观明杨继盛手札。有题诗。

同月，德宗诏定国是，宣布变法。

仲夏，至湘。在湘与陈宝箴有所谋划，并为之荐举维新人才。于谭嗣同、唐才常等创办之《湘报》，亦亟称道之。

是时，传闻有将起用廷式之讯。

六月二十四日，得沈曾植来书，论时局，谓世事非变法不可为，而深忧变法之机将被康有为卤莽灭裂，中生变阻。廷式既览，以为数月以来情形，此函颇得其实。

七月中元,回籍扫墓,归萍乡。谒晤县令顾家相,并集议于地方诸绅,谋开学堂,兴新学。下旬,赴鄂,往筹学堂经费,不果。

八月初一日,回萍。与总办萍乡官煤局委员筹商资助学堂经费事,未妥。

初三日,御史杨崇伊上密折,递西后,攻劾廷式自甲午之战昌言用兵,遂致割地赔款,继假托忠愤,与康有为等号召浮薄,创立南北强学会,既经封禁,乃不思悔过,又创大同学会,外奉孙文为主、内奉康有为为主,先在湖南省城开讲,又由康氏及梁启超来京讲学,蛊惑士心,专以讪谤朝廷为事,不知何缘,引入内廷,变更成法,紊乱朝局,且引用东人伊藤博文,将专政柄。因奏恳皇太后即日训政,密拿严办大同会中人,庶皇上仰承懿训,天下转危为安云云。

初五日,离萍,经醴陵入长沙。

初六日,西后宣诏再出训政,德宗遭囚瀛台。是日,兵围京师南海会馆捕康有为不获,搜检所遗函札,得廷式致康氏长信洋洋数千言,其中辞句诸多“失检”,颇涉“不经不敬”,逻者遂以之上闻。

初十日,有密谕电寄江督刘坤一、署赣抚翁曾桂,令密饬访拿文廷式,押解来京。同日,诏称德宗有疾,又旨命密捕孙文。

十一日,杨崇伊封奏请召荣禄入京及饬李鸿章署理北洋,折内再次攻劾廷式。

十五日,天津报界披露清廷拿捕文廷式之秘旨。

九月初二日,香港新闻界发表上海电讯,报导文廷式被清廷旨命捉拿消息。

初五日,上海报纸登载关于廷式行踪之传闻,谓已不在江西原籍矣。

上月至本月间,自长沙迁避至湘潭,匿居于一粟河唐氏家。僻村农舍,习坎之中,阅《孟子注疏》,作有札记。又读经哦诗,撰《撷芳录》一卷。

秋冬之交,藉蔡乃煌策划之力,由族兄炜、族嫂冒氏夫妇护送,潜行经长沙至汉口。

十月初,得在汉之日人绪方有邻氏筹划之助,获乘日船天龙川丸,离汉东下,族兄炜、族嫂冒氏夫妇与九弟廷楷护送偕行。

初六日,抵达上海。

冬,以东行扶桑之计划未获日本外交部允许,遂留沪。是时,报章犹纷纷猜测廷式遭捕缘由,而中外颇有已被拿获及逮捕家族之谣,至有业经正法于南昌之讹言,又盛传东走日本之说。

光绪二十五年己亥(1899年)　四十四岁

正月二十五日,游龙华。

二月二十日,再游龙华。有《齐天乐》词记之。

三月初十,妻陈氏卒。

四月十八日,赴“一品香”,宗方小太郎、中西正树招饮也。应邀出席者并有汪康年、唐才常、张通典、狄葆贤、毕永年等人。

是月,作有《落花》诗十二首。

六月十一日,宫崎寅藏偕井手三郎来访。时宫崎自长崎赴香港,昨日船过上海,暂泊申江。

十二日,偕白岩龙平至船上,回访宫崎寅藏。按,宫崎所乘之船于翌日即启椗去。

夏秋间,尝代拟折稿,以意大利逼索三门湾,请调废员杨文骏来浙襄理海防事宜。此稿继由浙抚刘树棠改定上奏。

重阳日,偕佐原笃介往访内藤虎次郎,笔话数刻,颇谈维新改革之事。时内藤任《万朝报》记者,初次来华至沪。

十月,自上海到长沙。

二十三日,皮锡瑞来访。

十一月,偕宗方小太郎、幸冈太郎、绪方有邻等,欲在湘纠合官绅,谋办同文分会,先开同文学堂,继设报馆。未成。

十二月初三日,自长沙起程。是日始,开笔作《东游日记》。

十三日,舟行抵汉。寓《汉报》馆。

在汉,日人宗北平及日本领事濑川先后招饮。又与沈曾植、郑孝胥晤谈。

十五日,乘轮船离汉。十八日,至上海。

二十三日,晤英国副领事白尔。

在沪,又与沈小沂、郑观应、徐建寅等聚晤。时已定东游日本之行。

本年,忆念故交,有《怀旧绝句十首》。

光绪二十六年庚子(1900 年)　四十五岁

新年,在沪度岁。

正月初十日,登日船山城丸。十一日,离沪,应日本同文会之邀,往赴日本访问。行前,日本总领事小田切招饮并赆行;又前数日间,郑观应、汪康年、唐才常、狄葆贤、沈小沂、徐建寅等皆饯送之。

十二日,舟泊长崎。

十四日,经马关,以系李鸿章媾和之地,遂不登岸。

十五日,抵神户,登岸。十八日,乘车至东京。清廷驻东京使臣李盛铎、驻神户理事官欧阳述,以系廷式旧友,故于廷式在日本期间,款接及陪游,甚为殷勤。

访日期间,广泛参观政治、经济、文化各种领域之资本主义新政事业,于日人变政维新之经验教训,颇加考究。与日本学界文坛,相互探讨学术,彼此酬唱文字,情谊甚洽。而日本政界钜子要人,如近卫公爵、长冈子爵、外交部次官高平、内务大臣西乡从道及伊藤博文、大隈重信、犬养毅、板桓退助等,纷纷邀叙约谈,则冷淡应之,坚持戒言时事。

在东京,与宫崎寅藏晤谈、会饮及出行,三旬之中凡有四次。按,二月上旬(公历三月上旬),廷式尝与孙文晤,告以“山东的义和团有发动起事的迹象。如果能到四、五月举事,便将给予我党以可乘的良机”云云。孙听后大喜,盖孙氏时方筹划广州武装起义事也。廷式于二月五日日记,记有“晚宫崎招饮”,或者即在宫崎处酒宴上与孙文遇,而作斯语。俟考。

又,朝鲜李埈镕两次来访。首次未遇,复来乃晤。埈镕,朝鲜国王之侄,大院君李昰应之孙也,颇以国弱势危为惧。遂引孟子曰未闻以千里畏人者也,而告以宜力政治兵。埈镕深慰而去。

三月初六日,离东京。初七日,至神户。初八日,仍乘山城丸归国。

十二日,舟抵上海。弟廷华及井手三郎等来接。旋偕诣小田切,知日本外交部已先有电告小田切矣。

十三日,沈小沂、狄葆贤诸人来访。

十四日,小田切来访。

十六日,诣井手三郎,谈日本近时政策。又与叶瀚夜谈。自上年十二月初三日至本年此日,作有《东游日记》。

本月,传闻沪上名捕廷式及宋伯鲁、汪康年、唐才常、毕永年等八人。

夏，在沪尝领衔与唐才常联十四省人名，通电欧美日本诸国政府，诫勿生鲸吞瓜分中国之心，而应力保光绪皇帝出宫迁都、复政执政、推行新政。

六月初，有长沙之行。匿居长沙南门外，邀约富有会头领张尧卿，散票纠伙。旋为当地官府发觉，湘抚俞廉三饬命密拿。遂离长沙。

七月，在沪参加唐才常等发起之“中国国会”。

二十七日，自立军汉口起义失败，唐才常等殉难。

八月，有《忆旧游·秋雁》词。

闰八月二十一日，湘抚俞廉三上密折，谓革员文廷式行踪诡秘，且据唐才中供称系是孙文之党，因请示“该犯如再潜踪入境，可否立刻拘拿，审实正法”。

九月初一日，俞廉三该折得奉朱批特旨：文廷式着严拿务获，即行正法。

秋冬间，有七律组诗感咏时事。

本年，《自强论》、《吏治论》，以“纯常子”署名，为郑观应收入《盛世危言》庚子增订八卷本中附录发表。

光绪二十七年辛丑（1901年）　四十六岁

元旦，有《辛丑新年》五律二首。

六月，贺郑观应六十生辰，为作寿序一首。

九月，至金陵，与陈三立晤，并偕游莫愁湖。

继返赣，至南昌，归萍乡。

冬，与费念慈、孙诒让同订之《周官政要》稿成，盖比附周官而行新法之书。又编定本年词作,为《沪上集》。

十二月初一日,以《蒙文元朝秘史》十二卷抄本一部,寄赠内藤虎次郎。附函自谓:闭门却扫,不与世事。

是月,为《芸阁偶记叙》。

光绪二十八年壬寅(1902年)　四十七岁

春,居南昌。旋赴上海。

二月,《新译列国政治通考》既付梓,为撰叙言一篇。

是月,日本报纸刊载传闻,谓中朝王大臣有荐举起复之讯。

三月,为欧阳述《浩山集》题加评语,兼论新旧诗派。旋返萍乡。

夏,参与金陵诗社,为迭门存韵,与陈三立、欧阳述、易顺鼎、僧寄禅等寄笺唱和。

七月,病中读黄漳浦《七夕洗心篇》,慨然而作五律组诗(十二首)。

十月,词作《岁寒集》编定,撰自序。

十二月,撰《云起轩词自序》。

本年,《湘报汇编之一:湘报文编》,由上海铸古斋铅印出版。

光绪二十九年癸卯(1903年)　四十八岁

五月,《新译列国政治通考》由上海蜚英书局石印出版。

本年,在萍乡偕县绅段鑫、黎景淑发起备价收回本邑上株岭铁矿。按该矿原系官办,嗣以派款无着而中止。是年既经廷式等发起备价收回,全归县有,以地主不一,乃统名之曰地方团体公有矿泉。

又本年诏改科举,因有《科举变制戏题人试卷后》七绝一首。

光绪三十年甲辰(1904年)　四十九岁

春,自萍乡至南昌。与沈曾植相见,沈时官南昌知府。

四月初五日,与黄澍芬晤,言殊非昔。

是月,与陈三立由南昌同舟抵金陵。旋饮秦淮别去,至上海。

与陈诗同游张园,品核人物,因出示去冬在萍所作《山居》诸篇,谓效皮陆,在野言野。

五月,以西后七旬寿庆,谕凡戊戌案内革职者皆开复,通饬缉逸并监管者概省释。传闻大臣或有议起廷式官者。

在沪留连五旬,旋以病归,过长沙,返萍乡。

晚年家居,常闭目静坐,默诵《金刚经》,作有《金刚经注解》。

八月二十四日子时,卒于萍乡城内关帝庙寓所。故无疾也,日晡时,犹作书与陈三立、王德楷。既寝,夜中胸闷上气,姬某按抑定,挥手曰止,遂瞑。

陈三立、郑孝胥、夏敬观、僧寄禅等挽之以诗,严复、杨士琦、王存善等挽之以联。内藤虎次郎撰文悼之。

十一月,葬于邑北杨岐山普通寺后。墓为廷式之"子永誉、永谐、永诚、永谛率孙彧徨、彰循、德徵、徕徽等谨立"。沈曾植为撰墓表,以"有清元儒,东洲先觉"誉之。

文廷式传记资料选辑

文廷式之传记资料，有必读者，有参考者。

若《文廷式年谱》(钱仲联前辈先生撰，发表于《中华文史论丛》者)、若《文廷式传》(汤志钧前辈先生撰，收入于其《戊戌变法人物传稿》内)，皆萃聚学界前辈研究之精华。是属必读，不言而喻者也。

本辑所收，则似属参考者多已。

盖百馀年来，于文氏言行，记之、载之，简牍匪鲜；忆及、谈及，篇幅岂少。兹为选录卅馀种(另附缀《诗录》、《词录》等卷后者，尚有数篇，不在此列)，聊备学界采择之用。陋见浅识，倘有疏失，敬祈专家、读者，毋吝赐示教言。

至其资料产生年时，或文氏生前，或文氏身后。形成方式，或家乘私藏，或方志公布。材料来源，或亲友见闻，或后辈传述。出品制造，或史家探求，或学者评说。而见仁见智，固难一致。传信传疑，间或互歧。语曰，偏听暗，兼听明。是在研究者如何细心考辨、切实求证耳。

甲午夏日，汪叔子叙于广州

文缉熙自陈家世履历*

（清光绪十八年会试中式后刻入同年齿录）

文缉熙，字廷扬，一字味琴，号励勤。

行二。

【按：缉熙为维邦次子，故曰“行二”，是家中之小排行也。其在族中之大排行，据《萍乡文氏五修族谱》载，为“行二十七”。】

咸丰癸丑年十月二十四日吉时生。

【按：《萍乡文氏五修族谱》载缉熙生于道光二十八年戊申十月二十四日子时，殁于光绪二十一年己未（此误，应是乙未）六月二十四日卯时。《昭萍志略》（民国时期萍乡县志）之《人物志》，有缉熙列传，谓光绪二十一年卒，“年四十有八”，依此

---

* 据《光绪十八年壬辰科会试同年齿录》（该年京师刻本）整理抄出，并代拟今题。按，文缉熙，为文廷式之堂侄。是篇虽为缉熙自陈个人家世，不啻萍乡文氏阖族简谱。盖该族谱牒，第三次纂于光绪十年（1884），自后迄至清亡，未曾再修；第四次已在民国十一年（1922）矣。间隔数十载，差堪填空白、补族况者，其殆唯一在兹乎。尔况廷式与缉熙叔侄关系紧密。廷式《南轺日记》，光绪十九年十月初五日，自宁旋赣舟中，记途中与“味琴侄”谈萍乡家事，深虑不才之子弟颇有其人；欲整顿家中义学祠费，为教养之地云云。所言“味琴侄”，即缉熙（字味琴）。廷式又有《望九华山示从子缉熙（缉熙以进士官安徽将补东流县知县缺）》诗，“苍颜奇服郁秋烟，广坐吾知孟万年。江水滔滔映岩色，此流惟许阿咸贤”。其称缉熙曰“侄”、曰“从子”，诚属近亲一脉。并借孟嘉、阮咸为譬，极见器重。壬辰会试，缉熙高中，廷式亦正任职翰院，叔侄欢聚京师。《齿录》公开付梓，官场士林通晓。当是时，家族盛事（明清两代登进士者，萍乡文氏似仅廷式、缉熙二人耳。王尔敏《萍乡文氏五修族谱序》谓“同一时期，萍乡人才辈出，廷式之外，又有文缉熙者，于光绪十八年考中三甲进士，虽是三甲，不为弱也，若名相曾国藩亦是三甲出身，何妨于学问功业”云），春风得意，贺客满门，亲情年谊，廷式安得漠不关心？《齿录》焉能瞑弗寓目？（廷式《芸阁偶记》录及吴士鉴所吟宫词，便谓“吴絅斋编修士鉴，与吾侄缉熙壬辰会试同年”云云，可为佐证。）然则此中所述，必无大谬。尤其涉及廷式一支者，理当不误。倘研究文廷式身世，确可供备稽考焉。

推计,生年亦在道光戊申。然报考年龄与实际年龄或有差异,乃科举时代潜规则,毋庸惊诧者。如廷式《芸阁偶记》记“巡抚谭继洵七十六,或言实年八十”。又如张元济之生年,尝见伊会试中式后刻入同年录者,并与家族所记相违,殆类同欤。】

江西袁州府萍乡县学优廪生。民籍。

乡试中式第七十七名。

【按:《昭萍志略·人物志·列传·文缉熙》,谓由廪贡生中式光绪己丑科举人。己丑,光绪十五年也。】

会试中式第二百九十五名。殿试第三甲第□□□名。朝考第三等第□□□名。钦点即用知县,签分安徽。

【按:“殿试第三甲第□□□名、朝考第三等第□□□名”,后两“第”字下,原刊皆留空三字位置。缉熙会试中式,在光绪十八年壬辰科。《昭萍志略·人物志·选举志》谓壬辰成进士,以即用知县分发安徽。又,缉熙通籍后,历充癸巳(光绪十九年)、甲午(光绪二十年)科江南乡试同考官,加同知衔。光绪二十一年初授霍邱县知县,调署盱眙县知县,甫上任,中途构疾而卒。并见《昭萍志略》。】

基　　祖	时	汉蜀太守文翁裔,唐指挥使、轻车都尉,镇守江西,籍隶吉安永新。事迹载人文纪略。
始迁湘东祖	必达	明正德间,自永新固塘市田,徙居萍乡湘东。
二十三世祖	礼国	明邑庠生。
二十四世祖	达魁	明官典史。

始迁城内祖	成德	授经历职。
太太高祖	学	廪贡生。任信丰县训导。敕封儒林郎。懿行详县府志。
		【按:学即廷式之太高祖。】
太太高祖妣	氏朱	敕封安人。
	孙	敕封安人。
太太高伯祖	山	邑庠生。授州同职。
太高祖	集柽	候选州同。敕授儒林郎。诰赠奉直大夫。晋赠朝议大夫。懿行详县府志。
		【按:集柽即廷式之高祖。】
太高祖妣	氏陈	恩旌五世同堂。诰封太宜人。晋赠恭人。淑德详县府志。
太高伯叔祖	诣柽	廪生。
	期柽	邑庠生。
	钦柽	监生。
	述柽	监生。授州同职。
	遵柽	监生。
	造柽	监生。
	近柽	监生。
高祖	膺元	庚子副贡。候选训导。貤赠奉政大夫。著有《服斋诗草》,县志入选。
		【按:膺元为廷式之胞曾叔祖。】
高祖妣	氏宋	貤赠宜人。
胞高伯祖	国元	附贡生。著有《夏庵文稿》。事详县志。
	华元	廪生。貤赠登仕郎。著有《湘潮诗稿》。

		县志入选。
	和元	广东按察司经历，署惠州府同知，加二级。诰授奉直大夫。宦业详县志。
	调元	直隶清河县知县。宦业详县志。
	鼎元	刑部南监司狱。
	守元	附贡生。诰赠奉直大夫。晋赠朝议大夫。著有《请业录》、《融谷诗草》、《四塞纪略赋》、《试帖课存》。懿行详县府志。【按：守元即廷式之曾祖。】
堂高伯祖	兆元	监生。
	廷元	庠生。
	鹏元	监生。
	象元	监生。
	子元	庠生。
	抡元	监生。
	占元	监生。
	扬元	
	振元	监生。
	丹元	庠生。
曾祖	莹	邑增生。
曾祖妣	氏谭	旌表孝节。
堂曾伯叔祖	焕	乾隆庚子举人。候选卫千总。
	辉	业儒
	燿	湖北候补县丞，署施南府经历。
	熯	从九。

煌　　广西龙州厅照磨，署宜山县知县，江州汉堂。貤赠奉直大夫。

照　　候选州同。诰赠中议大夫。

焘　　从九。

熊　　从九。

烇　　布政司理问。

爔　　优增生。敕赠征仕郎。著有《叠字双名赋》。

杰　　从九。

烜　　福建福安县知县。宦业详县志。

骞　　郡附生。诰赠奉直大夫。

晟　　嘉庆己卯举人。考取景山官学教习。大挑一等，以知县用，分发广东。补授茂名县知县，调补番禺县知县，升补南雄直隶州知州，特授惠州府知府。咸丰九年，署嘉应州事。逆匪陷城，力战殉难。奉上谕，照道员例从优议恤，给予全葬银两；入祀京师昭忠祠，并准于该州城内及本籍建立专祠，春秋致祭；世袭骑都尉、恩骑尉罔替；赐谥壮烈，御制碑文，宣付史馆。旌赠中宪大夫。著有《宜亭诗草》。忠烈详县府志及江省通志。

【按：晟即廷式之祖父。】

鸿　　道光乙酉举人。考取景山官教习。大挑一等，以知县用，分发东河。历任泉河通

		判、济宁州州判，借补陈留县县丞。著有《味澹轩诗草》，县府志入选。
	鹄	恩贡生。六品衔候选直隶州州判。懿行详县府志。
	鸾	廪贡生。选用训导。历署南昌、鄱阳、乐平等县训导，九江府教授。
族曾伯叔祖	灿	增生。
	典	
	熛	
	煋	从九。
	烨	监生。
祖	增祜	监生。诰赠武功将军。
祖妣	氏李	诰赠夫人。戊辰解元、直隶候补知县炳春公女。
堂伯叔祖	增龄	监生。
	增禧	即选九品。
	师邵	从九。
	运开	候选州吏目。
	师泌	
	师杰	貤赠修职郎。
	增荣	庠生。
	运亨	候选巡检。
	师贞	貤赠修职郎。
	朝桢	优增生。诰赠奉直大夫。
	运昌	业儒。

师善　六品衔广东候补主簿。

师仁　貤赠征仕郎。

增魁　庠生。

运光　布政司理问。诰赠奉直大夫。

复敦　邑附生。

运明　诰赠奉直大夫。

运隆　候选州同。诰封中宪大夫。

师传　貤赠修职郎。

明　从九。

星成　从九。

星光　业儒。

运铨　军功七品。

运长　军功七品。

星瑞　道光甲辰恩科举人。分发福建同知。军功保升知府,奏留广东。署理罗定直隶州知州。赏戴花翎,广东候补道,署理高廉兵备道,盐运使衔。著有《啸剑山房诗草》十三卷。

【按:星瑞,晟次子,即廷式之父。】

星霄　监生。议叙八品。

星辉　广东博茂场盐课大使,在任候选通判,钦加盐提举衔。

【按:星辉,晟第三子,即廷式之叔父。】

星显　议叙八品。

	星焕	军功保举从九，归部选用。
	星魁	从九。
	运兴	议叙八品。貤赠修职郎。
	星耀	增贡生。中书科中书。敕授征仕郎。
	运成	军功八品。
	星昭	现任广西横州知州，补用同知直隶州，钦加知府衔。 【按：星昭，晟第五子，亦为廷式之叔父。】
	星奎	从九。
	星台	业儒。
	星庚	
族伯叔祖	安城	
	静城	
	金城	敕赠武略骑尉。
	连城	
	香城	从九
	增福	从九。
父	维邦	附贡生。五品衔。例授奉直大夫。貤赠振威将军。诰赠儒林郎。
母	氏颜	例封宜人。貤赠夫人。诰赠孺人。翰林院庶吉士、改户部主事、仓场七省坐粮厅培天公胞侄，从九职钟琮公女，太学生醴源公胞妹。
胞伯	维翰	监生。诰封征仕郎。

	维城	从九。
	维藩	监生。诰封武功将军。
堂伯叔	臣	
	舒鋐	九品。
	广生	
	镇	庠生。军功八品。
	有生	
	丙生	
	琳生	
	澍泉	从九。
	锡海	从九。
	舒锦	国子监典籍。
	鐻	业儒。
	承离	蓝翎五品衔广东候补巡检，历署碧甲、平政、水西巡检。
	秉魁	庠生。蓝翎把总。
	承英	从九。
	锡纯	蓝翎同知衔，加二级。诰授中宪大夫。
	克成	军功五品。
	善庆	盐提举衔，广东候补通判。
	锡勋	监生。军功八品。
	承锦	州同，加二级。
	树霖	
	锡庆	从九。
	化成	同治丁卯举人。南康县教谕，在部候选知

州。己丑会试,额满见遗,挑取誊录。

廷俊　承袭骑都尉。候选郎中。

【按:廷俊,星瑞长子,彭氏出,即廷式之胞兄。】

化彰　候选县丞。

化光　从九。

一中　邑附生。

化钧　邑附生。

斗　广东候补盐经历。

一林　邑附生。

绍荣　知府衔福建候补同知。

锡珍　候选府经历。

化南　邑附生。

廷训

一峰　五品衔候选道库大使。

廷献　业儒。

廷诒

奎

炜　湖南补用府,候补同知,赏戴蓝翎。

一馨　邑附生。

廷式　光绪壬午北闱亚元。己丑考取内阁中书第一,记名到阁行走。庚寅一甲第二名进士,钦点翰林院编修,加二级。

【按:廷式为星瑞之第三子,彭氏出。】

一椿　军功八品。

廷弼　业儒。

廷诰

一柱　蓝翎拔补外委。

廷诏

廷桡　邑附生。

【按:廷桡,星瑞第五子,彭氏出。即廷式之胞弟。又名彤。】

一声　业儒。

廷彦　广东候补盐课大使。

【按:廷彦即廷式之六弟。】

一贤

一士

廷英　监生。

【按:廷英应即廷秀。廷秀为廷式之七弟。】

廷华　邑附生。

【按:廷华即廷式之八弟。】

廷楷　郡廪生。

【按:廷楷即廷式之九弟。谱名廷良。又名龢。】

廷雄

【按:廷雄即廷式之十弟。廷式《丙子日记》,光绪二年十七日,记"荣姨育一弟";十九日,记"大人自省回。十弟取名

廷雄”。出继星耀为子，改名廷直。星耀，爔次子，星瑞堂弟。】

廷采

【按：廷采即廷式之十一弟。廷采，亦作廷宷。又名启。】

绍爵　业儒。

荣生

一鹤

慰慈

一和

槐生

族伯叔　开泰

锡

衔

方来　庠生。保举千总。历任芦溪汛外委，分宜把总，萍乡千总，赏戴蓝翎。

钊　九品。

铨　从九。

镐

潮　岁贡生。候选教谕。

锦

方陶　九品职军功，赏加五品衔。

方铨　军功六品。铎九品。

锟　军功保举同知。

锋

	鋐	
	钰	九品。
胞　　兄	敬熙	府道试冠军。邑附生。分省补用县丞，注选知县，襄办乌鲁木齐。都帅恭折奏积劳病故，蒙奏准照例赐恤。嫂氏颜，监生醴源公女，从九职廷桢妹，守志待旌。
嫡堂兄弟	雍熙	业儒。
	辉祥	花翎二品顶戴，陕西补用参将，借补商州营都司，调补潼关游击。
	从周	广东韶州府司狱。
	奋熙	邑附生。
	丙熙	邑附生。
	辉云	陕西候补把总。
	辉光	业儒。
堂 兄 弟	吉昌	从九。
	士才	云南候补巡检。
	从德	广西迁龙寨巡检。
	思敏	候选未入。
	际熙	监生。
	绍熙	监生。
	俊才	
	振鑫	业儒，屡拔前茅。
	从说	业儒。
	从读	业儒。
	从谟	监生。

	英才	业儒。
	祥芳	业儒。
	斗才	业儒。
	怀才	业儒。
	逢吉	幼读。
	觐霖	幼读。
	蕃升	幼读。
	邦龢	幼读。
	纶书	幼读。
族兄弟	汝南	军功六品。
	洪源	
	洪锐	
	如海	监生。
	乃麒	邑附生。
	德洋	业儒。
	云涛	
	如泉	
胞侄	绍箕	恩荫监生，肄业期满考验，以县丞分省补用。
	绍裘	从九。
	绍承	幼读。
嫡堂侄	绍棻	
	绍德	
	绍文	
	绍□	

【按:原刊此“绍”下留空一字位置。】

绍□

【按:原刊此“绍”下留空一字位置。】

绍□

【按:原刊此“绍”下留空一字位置。】

太祖姑母　　适五坡下宋公焯,未嫁,夫殁,守志。邑侯鞠,予额褒颂,并立传。存家乘。

姑　　母　一　适湘东、候选州同、貤赠奉直大夫萧公名文翰子,监生九龄公。

一　字庐陵县、广东候补同知萧公灿章长子,候选县丞厚植公。未嫁,夫殁,守志。两广总督瑞,奏请准予及旌表事,详府县志。

【按:此即廷式之长姊。名贞秀。】

一　适鄱阳县、丙辰进士、布政使衔、广西左江兵备道、旌赠大仆寺卿王公达材四子,邑增生庆康公。

【按:此即廷式之二姊。名静芳。】

一　适南昌县、壬子进士、翰林院庶吉士、头品顶戴、兵部右侍郎、历任浙江巡抚、河东道总督、强勇巴图鲁梅公启照次子,江苏候补知府任元公。

【按:此即廷式之五姊。名蕙芳。】

一　适湖南永明县、丁丑进士、翰林院编修、广东副主考周公銮诒。

【按:此即廷式之六妹。名晚芳。】

	一	适南昌县、丙辰进士、翰林院庶吉士喻公秉绶子，恭孚公。 【按：此即廷式之庶长妹。】
胞　姊　妹	一	适白竺、五品衔陈公其钰子，业儒芳瑞。
	一	适反田、监生刘公鸿文子，业儒、屡拔前茅斯盛。
	一	适邑西、监生谢公接祖子，华喜。
	一	适邑北王家坊、从九职李德荣。
亲　姊　妹	一	适小桥下、监生邓名成童。守节，待旌。
	一	适下双、邑附生刘名景瞟。
	一	适大安里、州同职蔡公炳璜子，良翰。
	一	适青溪、优贡、朝考一等、广西北流县知县甘公宝贤孙，监生名汝治。守节，待旌。
侄　　　女	一	字邑西小桥下、翰林院待诏衔陈公□□子，业儒。 【按："公"下原刊留空二字位置。】
妻	氏杨	狮子岭、从九职杨公本基次女，郡庠生荣焕、从九职荣生、荣衔妹。
子	绍云	幼读。 【按：绍云，又名群。为廷式之堂侄孙。】
	绍志	幼。 【按：绍志，又名倬。为廷式之堂侄孙。】

族繁,不及备载。

世居城内义井坊。

文廷式申报履历档案*

(清光绪二十年递呈御览)

文廷式,现年三十九岁,江西萍乡县人。由附监生光绪八年壬午科顺天乡试中式举人。十五年考取内阁中书。十六年庚寅恩科会试中式进士,殿试一甲第二名,授职编修。十八年散馆一等第十名。是年十一月充会典馆协修官。十九年,充江南乡试副考官。本年三月大考一等第一名,四月初五日引见,初八日奉旨"文廷式着以侍读学士升用,先换顶戴"。二十三日奉旨补授翰林院侍读学士。

文廷式手书人名地址三种**

一、《寄言》所录日本人名地址

清浦奎吾(奎堂)

松平正直

小田切万寿之助(富卿)

绪方有邻(二三)

---

* 据秦国经主编《清代官员履历档案全编》,华东师范大学出版社 1997 年版。转录自何东萍《云起轩词笺注》,岳麓书社 2011 年版。《笺注》未标篇题,仅曰"秦国经主编《清代官员履历档案全编·光绪朝》载"。兹依其实际性质,为代拟今题。标点微有调整。内所称"本年",应是光绪二十年。

** 据文廷式稿本《寄言》、《补过轩文稿(第三册)》辑录。

井口忠次郎(鉴卿)

诸井[1]六郎

深泽暹

永井久一郎(禾原)　　(邮船会社)

辻武熊(剑堂)

石川性静

小曾根

橘三郎

金岛[2]文四郎

平山周

井深仲卿

三木录次郎

白岩龙[3]平

小川金三郎

佐原笃介

田冈岭云

山根虎臣

牧卷次郎

宗北平

井口素行(三郎)

船津辰一郎

---

① "井",初作"津"。

② "岛",初作"泽"。

③ "龙",初作"隆"。

小田切屋达伊利　　　（虹口同德里第二家）

二、《寄言》所录中国人名地址

南京　奇望街　　矿务局　　　　江宁矿局

三石山人　　东湖

　　　　碧湘街龚鞅辛龚欲仳①

长沙　　浏阳门龚八太

　　　　永兴典巷内龚

三、《补过轩文稿(第三册)》所录人名地址

寄太仓西门内高桥东首汪探花第

近世人物志文廷式史料金梁辑*

《李慈铭日记》光绪八年九月十三日："顺天乡试揭晓，第三江西人文廷式，云是近日有文誉者。"

《王闿运日记》光绪十三年五月七日："文廷式道溪来约会谈，至则已出游矣。与长者期约而不信，未必自知其非也。"又光绪十四年三月二十日："重伯会文道溪、梁星海、陈伯严、罗顺孙饮谈，重伯言文道溪无礼，众皆不然之，未知何如也。陈子浚来言，文以余言彼与醇王倡和，疑其讥己，故盛气相陵，则余戏谑之过，谈中其隐

① 按，文氏《致宗方小太郎书(一)》，谓"弟到湘后，如有赐函(或友人见寄之信)，乞转寄'长沙省城外碧湘街龚永昌木厂收下转交文永誉收启'，必能收到"云云。见《书简》卷。或可参考。

* 转录自赵铁寒编《文芸阁(廷式)先生全集》第一册《文廷式传记资料》。原题作"文廷式轶事(采自金梁辑近世人物志)"。今篇题及标点稍有调整。

故耳。”又光绪二十年四月十八日：“大考单第一即间阘也，实为可笑。此人必革，第一例不善终也。”

《翁同龢日记》光绪十五年五月二十四日：“考试中书，汪柳门所取为第一名。余曰：‘或者江西名士文廷式乎？’榜发果然。”又光绪十六年四月十七日：“阅贡士复试卷，见嵩犊山处一本挺拔有伟气，余与伯寅、柳门力赞取为压卷，遂定，拆弥封，文廷式一等一。”又：“殿试阅卷进呈，第二文廷式。上云，‘此人有名，作得好！’”又：“恩荣宴，鼎甲不愿行叩拜，文廷式力言古者拜非稽首，引《说文》字义为辨。迨余等出，而鼎甲三揖，余答一揖，观者愕然。徐相欲传三人至翰林院申斥之，其实何足道。”又：“外间以文廷式得鼎甲，颇有物论。”又光绪二十年[①]三月二十五日：“大考卷下，传旨第一毋动，馀皆可动。”

《叶昌炽日记》光绪二十年九月八日：“道希、木斋约赴谢公祠，议联衔奏阻款议，及邀英人助顺。”又：“道希主稿，请联英德以拒日。”

清故翰林学士文公墓志铭*

【正面所勒文字】

---

① “光绪二十年”，《文芸阁（廷式）先生全集》、金梁《近世人物志》均作“光绪二十一年”。按，大考翰詹，实在光绪二十年，故予改之。

* 据文廷式墓志铭。原刻于石版，仅存一版（所载志文未全），双面均勒文字（正面篆体，背面楷体）。撰题者不详。按，此三十馀年前，吾偕同李科友（时任江西省博物馆考古队队长）、黄建忠（时任萍乡市委宣传部副部长）、李笠农（时任教于鸡冠山中学）等，经探询杨岐山林场老职工，从该林场食堂灶边柴草堆下灰土中寻出，为文廷式墓（李笠农先生为吾言，文廷式墓毁于1962年）中随葬品之唯一犹存文物。当即嘱请李笠农先生妥为保护，并转告萍乡市文博部门尽快接收。迨返南昌后，蒙李科友先生寄赠该墓志铭之摄影照片。旋又接到李笠农先生来函，蒙寄赠该墓志铭之初拓本（系李笠农先生以“蝉翅搨”法亲手所拓），并告知该墓志铭原版已移送市博物馆云（今由萍乡市博物馆珍藏）。

清故翰林学士文公墓志铭

【背面所勒文字】

皇清诰授中宪大夫晋封资政大夫翰林院侍读学士文公墓志铭

公讳廷式，字云阁，一字道羲。江西萍乡县人。以咸丰六年丙辰十一月二十六日辰时生。由附监生中式光绪壬午科顺天乡试举人。己丑考取内阁中书。庚寅恩科进士，殿试一甲第二名，赐进士及第，授翰林院编修。壬辰散馆一等，奉旨“业经授职”。充会典馆协修。癸巳恩科江南乡试副考官。甲午御试翰詹一等第一名，升授翰林院侍读学士、日讲起居注官。甲午会试磨勘试卷官。教习庶吉士。协同内阁批本。稽察右翼宗学。国史馆协修。加四级，覃恩加一级。光绪三十年甲辰八月二十四日子时，卒于家。

曾祖讳守元，邑附贡生，候选训导。

祖讳晟，赐谥壮烈。嘉庆己卯恩科举人。广东惠州府知府，调署嘉应直隶州知州。咸丰己未，守城殉难。【下缺】

文廷式墓碑墓联*

【文廷式墓碑】

诰授中宪大夫晋封资政大夫日讲起居注官翰林侍读学士显考文公讳廷式府君之墓

【文廷式墓碑左右两侧的石刻墓联】

青简尚新，宿草将列；

鸱鸮东徙，松槚成行①。

---

* 据《萍乡文氏五修族谱》卷一《廷式公墓》所述，摘录收入。

① 此联下幅，《萍乡文氏五修族谱》作“鸱号东徒松贾成行”，似有误。兹据辞意酌改。

【文廷式墓前华表上所刻墓联】

卜兆取兹方,故实未湮,皇览从今当补记;

表轩终有待,乡贤如接,龙冈吉日更题辞。

清翰林院侍读学士文君云阁墓表沈曾植*

光绪三十年甲辰夏,萍乡卝竭。越八月,星贯于文氏之宫,有光赫然。庚午,服集其舍,故翰林侍读学士文君云阁卒于里第。故无疾也。日晡时,作书与陈伯严、王木斋,已而进粥,粥罢就寝。夜中胸闷上气,姬某按抑定,挥手曰:止。遂瞑。君于幽明昼夜之故,贞观洞明其去来,宜有大远恒常者。一旦洒然竟逝,呜呼!超化所及,岂常识所能臆测哉?

余以文字言议与君契,相识廿年,上下古今,无所不尽。尝窃以为先汉微言,东京纬候,魏晋元风,宋元儒理,以君识学所积,专精一业,无不足以名家。顾君以资平议而已,终不屑屑纂述。君才于史部为尤长,穷其所至,亭林、竹汀,不难鼎足。晚颇亦有意于是,而日薄崦嵫,盛业不究,竹帛所存,千百什一。呜呼,其命也已!

君所论内外学术,儒佛元理,东西教本,人才升降,政治强弱之故,演奇而归平,积微以稽著,于古学无所阿,今学无所阿。九州百世以观之,呜呼,岂得谓非有清元儒,东洲先觉者哉?后世绝学复昌,当有贵君如吾言者。

君生咸丰丙辰,卒光绪甲辰,年四十九岁。其敭历,则光绪壬午科顺天乡试举人,庚寅科一甲第二名进士,授职编修。乙未岁大考翰詹,一等一名,擢侍读学士。以盛名抗直,为忌者中之,罢官。

---

* 据《同声月刊》第二卷第十二号。题下原署"沈曾植遗稿"。原刊已作断句,今予酌改标点,并为分段。

戊戌政变,几陷不测。及今岁恩诏旷荡,大臣或议起君官,而君逝。至君行事,当在国史,非尺碣所能详于概,言其大者。

铭曰:山有夷兮川竭,至人不再兮至言不灭。穹壤矢之,有如皎日。

萍乡文氏四修族谱文廷式传*

廷式,星瑞次子。字道希,号云阁。行八十三。郡院冠军。邑附监生。光绪壬午顺天乡试中式第三名举人。己丑钦取内阁中书第一。庚寅恩科进士,复试一等第一,殿试一甲第二名及第。授职翰林院编修。充国史馆协修,会典馆纂修,本衙门撰文。癸巳恩科江南乡试副考官。甲午御试翰詹一等第一,升授翰林院侍读学士,兼日讲起居注官。特派稽查右翼宗学。甲午会试磨勘试卷官。教习庶吉士。协同内阁批本。署大理寺正卿。加四级,覃恩加一级。诰授中宪大夫,晋授资政大夫。生于咸丰六年丙辰十一月二十六日辰时,卒于光绪三十年甲辰八月二十四日子时。葬邑北杨岐山凤形,有碑志。

配湖南郴州任广东广州府通判调署嘉应直隶州知州陈善圻三女,诰封夫人。生于咸丰九年己未三月十二日吉时,卒于光绪二十五年己亥三月初十日丑时。葬新建西山王家乡。子二:永誉;敦书夭。女一,适江苏仪征江西试用知县李九龄。侧室罗氏,生于同治十二年癸酉〔十一月〕①十三日吉时。

---

* 据《萍乡文氏四修族谱》卷三《文廷式传》(见岳麓书社 2011 年版、何东萍《云起轩词笺注》附录所载),节录收入。标点稍有调整。

① “十一月”三字,据《萍乡文氏五修族谱》卷二所记补入。

萍乡文氏四修族谱序文正邦*

吾族自吉郡迁居萍邑。遭明季变乱,谱牒散失。

自乾隆丁巳,就先人笔记小册,核诸庐陵富田老谱,修辑以来,终清之世,凡三修。旧序犹存,可考其经过之情形焉。

今岁,族长星海及合族人士佥谋续修,以编纂属正邦。正邦感于世族之谱牒饰而不信,浮而不实,乃细思先民真意之所在,弁斯言以质诸后贤。

民国十一年岁次壬戌冬月,十二世孙正邦谨撰

萍乡文氏四修族谱序陈三立**

萍乡文氏,于吾江西为著姓。其原盖出于蜀之文翁。当后唐同光时,有时公者,以帐前指使来为镇,遂家于永新之固塘,信国公其十四世孙也。明正嘉间,始徙萍乡之湘东下市,最后乃析居县城,仍世有闻。

余友云阁同年,尝为余称述其祖壮烈公死事状,节概凛凛,追文山矣。其尊人官粤,循声播闻,亦炳然有文翁之遗焉。而云阁博览强记,文采斐蔚。年少掇高第①,为天子侍从臣,有名。才气横

---

* 据《萍乡文氏五修族谱》卷一排印所载。原无分段及标点。兹予节录收入,并酌为分段及标点。文正邦,廷弼长子,运栓(烜子)之孙,(烜、运栓、廷弼,均见前录《文绰熙自陈家世履历》。烜为守元次子,晟为守元第六子。晟即文廷式之祖父。)乃文廷式(族中辈份为十一世孙)之堂侄。

** 据《同声月刊》第二卷第十二号。题下原署"陈三立遗稿"。原刊已作断句。兹予节录收入,并酌改标点。

① "第",《同声月刊》原刊作"科"。兹据陈三立该《序》手书原稿影迹(见《萍乡文氏五修族谱》卷一),校订为"第"。

溢，高睨大谈，不可一世。与余交尤笃。虽不竟用以死，然固奇杰非常人也。【下略】

民国十一年壬戌冬月穀旦，义宁陈三立敬撰

昭萍志略文廷式列传*

文廷式，字芸阁，一字道爔。为壮烈公晟之孙，资政大夫高廉兵备道星瑞之子。附监生。光绪壬午中式顺天乡试举人。天才超轶，读书十行俱下，过目不忘，尤长于史学。誉噪京师，名公卿争欲与之纳交。

己丑钦取内阁中书第一名。庚寅恩科成进士，复试一等第一名，殿试一甲第二名及第。授翰林院编修。旋充国史馆协修，会典馆纂修，本衙门撰文。癸巳恩科，充江南乡试副考官，所取多名下士。甲午御试翰詹，取一等第一名，升授翰林院侍读学士，兼日讲起居注官。特派稽察右翼宗学。甲午会试磨勘试卷官。教习庶吉士。协同内阁批本。署大理寺正卿。加四级，覃恩加一级。

负一时重望，遇事敢言。甲午中东和议，日人要挟过甚。廷式职司记注，一再陈谏，极言其不可从，有“辱国病民，莫此为甚”等语。而揭参首辅，语尤激厉。奏稿流传都下，见者以为贾太傅痛哭流泪之言不是过也。然卒以抗直为忌者所中，罢官归里，杜门不出。戊戌政变，几陷不测。至癸卯恩诏浩荡，大臣有议起廷式官者，而廷式遽于甲辰八月逝世矣，朝野惜之。其行实已宣付史馆，不复赘录。

---

* 据《昭萍志略》（刘洪辟修，李有鋆等纂，民国二十四年刊本）之《人物志·列传·文廷式》节录收入。

昭萍志略举人表*

光绪八年壬午:文廷式北闱中式。详"进士"〔表〕。

昭萍志略进士表**

光绪十六年庚寅:文廷式,城区花庙前人,第一甲第二名进士及第,授职编修。仕至翰林院侍读学士,兼日讲起居注官,大理寺正卿。有传。

昭萍志略封赠表***

文廷式二品,翰林院侍读学士,大理寺正卿,加四级,覃恩加一级。诰授中宪大夫,晋授资政大夫。

文廷式传胡思敬撰****

文廷式,字芸阁,号道希。江西萍乡人。

初以举人入京会试,即负才名,与王懿荣、张謇、曾之撰称"四大公车"。庚寅举进士,翁同龢得其策卷,置一甲第二,声誉噪起。

假归,道出天津,李鸿章大加礼遇,资赠甚丰腆。

及甲午假满还朝,夷祸初起,主战,反劾鸿章畏葸,挟夷自重。鸿章嗛之,欲中以奇祸。盛昱闻其谋,劝令少避。乃乞假回籍修墓。

---

* 据《昭萍志略·选举志·举人表》摘录收入。

** 据《昭萍志略·选举志·进士表》摘录收入。

*** 据《昭萍志略·仕籍志·封赠表》摘录收入。

**** 转录自何东萍《云起轩词笺注》,原注出处在《碑传集补》卷九《翰詹》。今标点稍有调整,并酌予分段。

上海道刘麒祥，鸿章姻党也，闻其来，迎入署中，备极款洽。临别失行装四簏，麒祥为缉获之，扃钥完好如故。及归启视，他贵重物具在，唯亡去奏稿二册，中一疏语涉离间，甫脱草未上也。麒祥得之，大喜，以献鸿章，密白太后，且授意御史杨崇伊劾之，遂削职。

始珍妃、瑾妃幼时，随父任居广州，从廷式受学。甲午大考翰詹，上亲擢廷式第一，由编修迁翰林侍读学士，二妃力也。康有为戊戌入都，过上海，得廷式密札数通，交通宫禁，约事成援之出山。事觉，密旨令江西捕治，逸去，不知所之。

萍乡文道希学士事略汪曾武撰*

文君道希讳廷式，号芸阁，江西萍乡人。

祖讳晟，娶同邑刘宫保金门公次女，为先祖妣太恭人胞妹。晟公官广东，守惠州，调嘉应。咸丰己未，遭寇难，殉焉。朝廷闵其节，予谥壮烈。

父讳星瑞，击贼复仇，官粤东罗定州，擢高廉道。

君为观察公第三子。髫年明敏，博识多闻，才识闳通。为陈兰浦先生入室弟子。

初入吴武壮军幕，旋佐粤督张靖达幕。文檄敏赡，同辈钦服。

光绪庚寅成进士，以一甲二名授编修。癸巳恩科，典试江南，得人最盛。甲午大考翰詹，超擢侍读学士。

维时外交丛脞，内政不饬。孝钦显皇后纵欲恣肆，景皇帝慑其威，朝政不能自主。君感激宸知，屡上封事，直言极谏，有“何以见列祖列宗于地下”之语。后怒，投其折于地，议重谴。君遂乞假。

---

* 据《词学季刊》第二卷第一号之《词林文苑》栏所载。原刊仅作断句。兹为标点，并酌予分段。按此篇后又尝登载于《国风》第二卷第四期（1940年10月），文字略异。

朋侪服其知幾,究不免丙申之削职。乃反沪,陶情诗酒。

戊戌政变,太后怒责珍妃。妃为广东将军长善女,君曾授书者也。虑后威之不测,走日本,与扶桑诗人游。迨庚子拳匪难作,两宫西狩,乃归之沪上,旋反萍乡。甲辰夏,复游沪,流连五旬。八月,走湘中,病殁客邸,年四十有九。

君躯干雄伟,浓眉皤腹,耳白如欧公。晚号纯常子,自著《纯常子枝语》,引《庄子》"纯纯常常,以底于狂",寓感伤之意也。

生平抱负奇玮,撰述宏富。公车入都,名动公卿,有"小刘金门"之目。寻擢巍科,迁讲幄侍从,九重知遇,与金门宫保后先济美。

时值中日议和,输款割地。君忧愤世变,潜心时务,举凡朝政得失,臣工贤否,谠论指斥,绝无顾忌。终为群小侧目,将出其构陷之计,欲置死地[①]。君乃走日本,二年归国,卒以忧伤憔悴,赍志而亡。是可悲已!

予与君为中表兄弟。乙未计偕入都,叙述戚谊,备荷爱挚。

促予填词,王君幼遐、沈君子培[②],引为同调;予之得解音律者,君之教也。既而相遇沪上,为之点窜《味莼词稿》。

旋游日本归国,见君气宇不如畴昔,而挥麈雄谈,辟易千人之概,尚不改其常度。予以游幕武昌,匆遽别去,君之走湘,未之知也,讵料遂成永诀耶!又讵[③]料卒后七年,清祚竟斩,迄今海宇棼乱,不可收拾耶!

① "终为群小侧目,将出其构陷之计,欲置死地",此三句,《国风》作"终为群小侧目,屡思摧落。及宫闱之隙生,新旧之争炽,向所侧目者,得出其构陷之计,欲致死地"。

② "王君幼遐、沈君子培",《国风》作"王君幼遐、况君夔笙、沈君子培"。

③ "讵",《词学季刊》原刊作"距",兹依《国风》所刊为改作"讵"。

老友唐蔚芝谱兄[①]，征君行状，询之九弟，仅示著作目录，乃就所知者，杂缀成篇，以报蔚芝。回思往事，不仅人琴之痛，益增沧桑之感也[②]。

庚午八月，年愚表弟太仓汪曾武谨述

清代鼎甲录文廷式事略朱沛莲撰*

文廷式，江西萍乡人。字芸阁，号道希。咸丰六年生。

光绪十六年庚寅殿试一甲二名，授编修。先以举人于十五年考中书，获第一。及殿试，阅卷进呈，名列第二，德宗曰："此人有名，作得好！"

十九年六月，为江南乡试副考官。旋迁侍读。

二十年，大考翰詹，名列一等一名，超擢侍读学士。六月，疏言捐纳非经久之制，请概行停止，得旨"先行停止道府"。尝劾孙毓汶，诋訾过当，德宗予以宽容；但慈禧恶其逆己意，以其语涉荒诞，欲加整饬。二十一年四月，赏假三月回籍修墓。

二十二年二月，奏言各省开办矿务，疆臣任意迁延，或藉端阻挠，推原其故，皆由畏葸。旋为杨崇伊参劾。当以廷式不孚众望，遇事生风，并与文姓太监结为兄弟，奏对狂妄，不知谨慎，革职永不录用，并予驱逐回籍，不准在京逗留。

二十四年八月，慈禧再垂帘，电饬刘督坤一密饬访拿未获。廿六年九月，又着湘抚俞廉三严拿务获、即行正法。于是流徙江湖，

---

① "老友唐蔚芝谱兄"，《国风》作"老友唐尚书蔚芝谱兄"。

② 此结尾两句，《国风》作"岂仅人琴之痛，益增沧桑之感矣"。

* 转录自赵铁寒编《文芸阁先生全集》。原刊篇题作"文廷式事略（采自朱沛莲撰清代鼎甲录）"。今篇题及标点稍有调整，并酌予分段。

赍志以殁。

廷式才华迈群，工骈体，文词挺拔有伟气，意境尤高，诗备各体。劝帝变法维新图强，颇为慈禧及守旧派所痛恶。斥革后，遂致潦倒而终。三十年卒，年四十有九岁。时人惜之。有《云起轩诗文录》、《词钞》。

清画家诗史“文廷式”章李濬之撰*

文廷式，字道希，号芸阁，晚号纯常子。萍乡人。光绪庚寅榜眼。官侍讲学士。受德宗知遇，屡有奏陈。戊戌政变，虑遭不测，出亡日本。吟啸适情，间作山水。

中国人名大辞典“文廷式”条**

文廷式，萍乡人。字芸阁，号道希，自号纯常子。光绪进士，授编修。德宗超授侍讲学士。以劝后变法褫职。戊戌后，流徙江湖以死。工骈体，文词超拔，意境尤高，诗备各体。

近代诗人小传稿“文廷式”条汪辟疆撰***

文廷式(1856—1904)，字芸阁，号道希，又号纯常子，江西萍乡人。光绪进士，授编修，德宗朝超擢侍讲学士，以劝后变法褫职。

---

* 摘自《清画家诗史》，宁津李濬之编辑，1930年线装本。按，是书编者自谓光绪丙午始辑，阅二十有五年，至民国庚午刊竣云。丙午，即光绪三十二年，犹在文廷式殁后才二年也。又，“间作山水”句，核于同书别章（例如“徐琪”章，云“善花卉，间作山水小景”），则可知乃言绘事，谓文氏亦略晓丹青，间作山水之画。故李濬之以“画家”目之，录入兹书。

** 据《中国人名大辞典》，商务印书馆1940年。

*** 据《汪辟疆文集》，上海古籍出版社1988年。

戊戌后，流徙江湖以死。道希以文章气节负一时清望，长短句得苏、辛之遗，诗则知者甚稀，实则力追浣花，有《诸将》、《咏古》之遗意。文氏隶籍萍乡，与湘中文士交往甚密，故宗派略从同也。又工骈体文，意境尤高。

近代名人小传“文廷式”篇 沃邱仲子撰*

清文人多宗儒家，其笺释诸子，亦只及训诂音义。

独廷式攻墨、庄，探其义旨，动得窾要。故其行狂越，盖亦菲薄儒术之流也。

字芸阁。取庄子语，自号纯常子。江西人。生于粤。

幼慧绝。及长，日尽万言，终身弗忘。

以一甲进士，授编修。甲午，大考翰詹，阅卷大臣拟第三，德宗特拔第一，超授侍讲学士。

慈宁侍奄寇联材者，颇读书，素嫉其侪辈所为。廷式因与论交，属其劝后变法，且为具草。联材遽上之，诛死。适廷式方讲学松筠庵，所论颇涉官吏黜陟。杨崇伊劾之，遂褫职，永不叙用。

戊戌后，且令地方官管束。然其踪迹飘忽，竟流徙江湖，憔悴以死。

廷式旧授志锐兄妹读。珍、瑾皆于帝前道其博雅，遂邀特拔，然亦只赏其文学而已。遽自负有内援，将跻权要。无识者或趋附之，竟为声气主盟。观其濒殁所为词，有悔心矣。

文工骈俪。散体摹庄，虽多奥词，而气不足以达之。词超拔，意境尤高。诗备各体。

---

* 据沃邱仲子《近代名人小传》，台湾文海出版社《近代中国史料丛刊》本。沃邱仲子，即费行简。

文廷式小传齐赫文斯基撰*

文廷式，即文道希(1856—1904)。大臣和学者。江西萍乡县人。1890年中进士，授翰林院庶吉士，后任翰林院修撰。与盛昱交谊甚密，并得其奥援。文廷式在他的学术研究工作中特别注意蒙古史，并在这方面著有若干有价值的作品。他反对缔结马关和约，因而招致慈禧的深刻憎恶，同时，慈禧之所以憎恶他，还由于他博得了皇帝载湉和少时从他受业的两位皇妃的欢心。1896年3月，慈禧找了个冠冕堂皇的借口，革去了他在翰林院的一切官衔和职位。1898年宫廷政变后，他被迫逃亡日本。

文道希先生别传江梦梅撰**

文先生名道希，亦署道羲，讳廷式，号芸阁。晚号纯常子，撰有《纯常子枝语》四十卷。

其家系出庐江。唐时有官洪州者，遂家焉。明时，再迁萍乡。今乃蔚为望族。

曾祖守元，以孝义闻，有《请业录》、《融谷诗草》行世。生子九。祖晟，原名凤，居四。知惠州，调嘉应州守，殉寇难，赐谥壮烈。遗有《嘉应守城日记》残稿一卷。生子三。父星瑞，居一。以军功擢官高廉道。刊有《啸剑山房集》。生子九，而先生居三。一门四代，人各有集，人文之盛，旷世罕见。

---

* 据《中国变法维新运动和康有为》，(前苏联)齐赫文斯基著，三联书店1962年。系该书的一条注文(见该书之《附注》，第323页)，原无题。今为酌加篇题。

** 据《萍乡文物(第一辑)》(萍乡县文献委员会编印，民国三十七年一月铅印本)所载收入。标点稍有调整，并酌为分段。

先生少时随宦岭南。受业陈兰甫之门。曾手记《陈兰甫先生语录》一卷,藉知学术渊源所自。

以贫故,初游江浦,客庐江,入吴武壮军。武壮为荐入粤督张靖达幕,以能文名一时。

光绪壬午,先生年廿七,与其长兄雪门同游京师,举顺天乡试。比闻父凶讯,相偕奔丧回粤。

逾年,先生再度游京师。以博学洽闻,喜为议论,当时公卿士大夫多折节与之交。

至己丑,钦取内阁中书第一。其明年庚寅,始成进士,以一甲第二授编修。

癸巳恩科,主考江南,得人最盛。此行作有《南轺日记》一卷。

甲午,任会试磨勘试卷官。乙未,大考翰詹,以一等第一,授翰林院侍读学士,兼日讲起居注官。特派稽察右翼宗学,教习庶吉士,协同内阁批本,署大理寺正卿。

先生居宦以来,感激宸知,对于国政,多所论列。故先后所上封事,颇为时人所盛称,亦为权臣所最惮。

会甲午中日事起,李鸿章总理内外诸事,知国势积弱,惧不欲战。朝士惶然,无以为计。独先生纠合翰林院三十六人联名奏参,诏夺李本兼各职,更命立功自效,中外耸然。而先生终以直言触西后怒,忌者复乘机中伤之。

丙申,御史杨崇伊上疏纠劾,同时太监寇连材言事案发,亦遭波及,诏准给假返里省亲。未几,竟削籍,南归。

及戊戌政变,帝被幽禁,六君子罹于难,康、梁遁海外,诸大臣之为帝党者,惴惴以为忧。帝所嬖珍妃,素不惬西后意,至是亦遭重谴。先生以曾授妃书故,为讦者所罗织,拟置以死,诏密捕之。

京友探悉，致电湖督张之洞云："天之将丧斯文也。"张覆电云："文不在兹。"盖张素重先生才，早为戒行。而先生固已潜行入湘矣，居长沙同乡某家。

某固候补官也，至是闻有诏捕文，乃私谋邀功赏，亟往湘抚陈宝箴署告密。先生于陈三立为同年，交最善，故其父亦敬爱之。乃暗授计于三立，微服入某家，促其行。先生遂变服东渡扶桑。是役也，候补道蔡汝锽及兄嫂冒氏夫人赞划庇护，厥功尤多。

迨庚子联军难作，京师陷，帝后西狩，朝局为之一变。先生感慨自伤，乃悄然遄返沪上。酒场人散，辄往往取诗词寄意，诗尚六朝，词近稼轩，皆卓然有以自异。

辛丑，应友人招，重揽金陵之胜。旋归萍乡，浩然有终老林下之志。甲辰夏复游沪，旋转湘，返萍。八月某夕，忽中风殁于萍乡城内关帝庙，盖寓所也。

沈《墓表》云"卒于里第"，陈诗《序》、汪《事略》云"殁于湘中"，皆一时误传也。

先生躯伟而不修，头大，耳白，肩甚广，声亮如洪钟，目夜间能视物，而观书十行俱下，皆异常人。

生平于学无不窥，持论多已见。

尝云："序记之文，韩、柳犹用奇字。庐陵以后，湛然清澈。盖文章之变，出于自然，非一代人作意为之也。"深合文化进步之义。

与李芋仙书，论桐城派古文之弊，颇能中其窾要。

又于《罗霄山人醉语》中，曾畅论中国文字改革之意见。在晚清之世，可谓特识。

至于子史之学，域外之书，所识尤博。

故赏之者称为博雅通儒，忌之者斥入杂家。

晚年家居，常闭目静坐，默诵《金刚经》。作有《金刚经注解》。

然自削籍以来，文酒自放，遗心世务，乘间命笔，撰述特多。就余所知，不下四十馀种。造作等身，是岂常人所能及哉！然乡人传说，先生殁后，所有遗稿俱为其姬某携入长沙。世变频仍，散失殆尽。证以叶恭绰、易培基、徐行可等先后搜集所得，大抵出自湘中，则知此语或不虚也。

先生墓在萍乡县北杨岐山普通寺后，宋时杨岐宗派之发祥地，最称形胜。

其友嘉兴沈（增）〔曾〕植为作墓表，有云："以君识学所积，专精一业，无不足以名家，顾君以资平议而已。"盖所以深知而深惜之也。

追和文道希王半塘题扇三姝媚词并跋汪曾武撰*

离群情味苦。况春归愁看，乱红飞舞。只慰相思，把素纨，贻我遍题名句。洗尽繁华，还细认、墨痕堆絮。谁写闲愁，绝调姜、张，自成千古。　　回首江亭联步，记选韵花间，探芳村路。续梦迷茫，问雪泥鸿爪，酒醒何处？好挂轻帆，偏怕触、沧江烟雾。且待逢君商略，重寻旧谱。

---

* 据《词学季刊》第二卷第二号（民国廿四年一月十六日出版）之图版插页所载汪曾武手书影迹录出，补拟今题，并予标点。按该图版插页之上右，为王鹏运手书题扇原件照片（"道希南归，赋三姝媚见寄，依韵和之，戊戌至日作"，"怀人心正苦……"一阕）。上左，为文廷式手书题扇原件照片（"三姝媚・王幼霞御史以春柳词索和未答，又有送行之作，赋此和之"，"乙未五月，录请仲虎表弟词坛正拍。廷式呈稿"。所书"莺啼春思苦……"一阕，见《词录》卷）。中部为汪曾武此追和之词并跋，手书原件照片（末行署名"曾武"二字上，并加钤有"曾武"朱印一方）。下部为《词学季刊》之说明："王半塘（鹏运）、文道希（廷式）手书词扇"；"汪曾武题"；"汪仲武先生摄赠"。又按"乙丑"，1925年。

道希表兄与余同为萍乡刘金门宫保曾外孙。乙未计偕北上,道希适大考翰詹第一,超擢侍读学士。时值中日之役,直省公车上书言事,为余点窜奏稿。旋以遇事直谏,见忤西宫,乞假南归,京朝士大夫赋诗祖饯。途次谱《三姝媚》书纨扇寄赠。半塘侍御并写和词,促游海上,以续诗盟。依调奉酬,即和原韵,兼寄夔笙、乙盦于京师,时光绪戊戌夏五月也。越二十七年,乙丑检付装潢,故人皆宿草矣。

五月下澣,曾武并志

文芸阁吴韬日记手稿跋李宗侗撰*

舍间与文府的关系甚为密切,有两代的世交。这些皆见于文韵阁丈《高阳李文正师挽诗》序中。序曰:"己丑岁,余考内阁中书,文正与汉军徐协揆、常熟翁尚书、钱塘汪侍郎实阅卷,取余卷第一,始得谒见。公道光甲辰举人,与先大夫同年。及余入翰林,公又为教习师,故数接谈宴,奖劝兼至。甲午乙未国事危急,公不恤下问,凡所论说,公每是之。"

丈在未入翰林以前,曾在广州将军长善家中授读,所教者即珍妃姐妹也。故当殿(式)〔试〕前十名策,进呈时,德宗阅后曾说,"第二名的名字我知道,他很有才气",盖即闻之珍妃也。

甲午后,中日战起,丈时上奏章,号称敢言,因此遂为旧派所排挤,终至被参劾而去。

余藏有《日记》数册,但多残缺不全,唯此册独完全,因为发表。

丈文采虽极有名,但闻陈寅恪兄言,其相貌极粗俗,有类屠夫。

---

* 转录自赵铁寒编《文芸阁(廷式)先生全集》。题下原注:"李宗侗撰。《大陆杂志》第三十二卷第四期。"今标点及分段稍有调整。

他曾在陈府闲居,与寅恪兄之父伯严丈极友善。伯严丈在文学士遗诗〔序〕中亦言:“余屡转涉穷海,老病复迫之,残夜孤呻中,追忆君箕踞挥麈,高睨大谈,往往揣君声音笑貌,浓眉皤腹,辟易千人之概以自壮。”足见寅恪之言不误也。

寅恪又言:丈有便秘病,每四五日始大便一次,便时甚苦,每呼叫如屠牛。足证丈之素不注意卫生也如此。

在政治上既受打击,而又不注意卫生,遂只享年四十九岁,一代才人良可悲也。然如陈伯严丈所言:“况厄于一时,愈伸于百世,是岂足道哉!”亦诗序中语。丈对于光绪新政颇有关系,而《清史稿》竟未为立传,可怪也。

丈另有一部巨作名曰《纯常子枝语》,余藏有手写稿数册,甚为杂乱。湖北徐君行可,藏书家也,得有其清稿,则已分门别类;在抗战中,陈群曾购得,为之用木刻刊行。叶誉虎先生曾购得一部,以之见示,与原稿相校,并无不同之处,只原稿未分类,而刻本已分类矣。门类甚多,如宗教、语言、民族等等,皆丈所旧订者也。

关于丈之被革职,见《翁文恭日记》光绪二十二年二月十七日:“昨杨崇伊参文廷式折呈慈览,今日发下,谕将文廷式革职,永不叙用,驱逐回籍。”附识于此。

闻尘偶记跋叶景葵撰*

余弱冠前在杭,得见道希先生,见其躯干魁硕,以后未得再见。

道希博闻强记,在光绪朝为新进之朝阳鸣凤,其文稿必多,今均散佚。《记》中云“有《枝语》”、“有《日记》”。又见《思简楼拟刊

---

* 转录自赵铁寒编《文芸阁(廷式)先生全集》,篇题原作“题文道希闻尘偶记(采自叶景葵撰卷庵书跋)”。今标点稍有调整。

秘本书目》,有道希所著《芳荪室谈录》七卷,《闻尘偶记后编》一卷、续二卷。此次均无所见,仅搜得此一册,既未列入《拟刊目》中,或已刊行,亦未可知,但为绝版之希见书矣。钞者颇多讹字,意改之,不能尽。辛巳四月十八日,景葵记。

道希博览,记性极佳。余幼时闻其能背诵《三通》,大约言之过甚。殿试时对策有"闾阎而"三字,误落"阎"字,乃以"而"字改作"面"。已拟以前三名进呈,磨勘官以"闾面"为疑。翁常熟曰:"'闾面'甚典雅,而以对'檐牙'。"磨勘者语塞,乃以第二人及第。时人呼为"闾面"榜眼。是时权贵颇以植党为事,争挟名士以自重,常熟尤为风气之先。此《记》述甲午以后之朝局,并未以举主之故,偏袒常熟,其斯为直谅多闻之君子欤?

纯常子枝语序钱仲联撰*

晚清学者开派标宗者,文芸阁、王半塘、朱古微巍然鼎峙,称巨匠。然以词人而为学人,并身系政局之重者,则独推芸阁。

芸阁名廷式,字道希,江西萍乡人。德宗朝,慈禧持国柄,国势益衰。芸阁为瑾、珍二妃之师,缘是为德宗所知。光绪庚寅成进士,殿试一甲第二名及第,出帝傅翁同龢门。官编修,擢侍读学士。屡上封事论时政。

甲午中日战起,芸阁阴助同龢主战之议,为忌者所中,罢官。戊戌政变,几陷不测,东走秋津洲,为彼洲学者内藤虎诸君所重。返国后,益侘傺不自聊。以光绪甲辰殁于萍乡。年才四十有九。

---

* 据《纯常子枝语》,江苏广陵古籍刻印社"整理补刊双照楼版影印"(1990年3月第一次印刷)本。篇题原作"序"。直行刻印。原无分段标点,今酌予补加,并代拟今题。

芸阁博学强识，四部俱深入其奥。王湘绮号以杂家。然杂家者流，固刘、班所谓兼儒墨、合名法、知国体之有此、见王治之无不贯者。吕氏、淮南，久为世重，殊不足以贬芸阁也。

芸阁遗稿《纯常子枝语》四十册，旧为徐行可所藏。癸未岁汪氏双照楼始为锓板行世。李佩秋董校订之役。此巨帙，芸阁殆未最后厘定，故次第较乱。刊行时，胥存其本真。板庋金陵，历经沧桑，中有散失。近岁广陵古籍刻印社始归其板于维扬，整理重印，补雕其缺(亦)〔页〕，并撰索引，为分类探究之便。读者于此舍其糟粕，撷其精英，则此书之有裨于论古者非尠。

印成，嘱余片言弁首。余惟《枝语》全书，阐说经传，论证九流，校订文字，评品诗词，记述朝章国故、士林交往、域外见闻，旁涉释藏道笈、耶回之书、天步历算之学，下及《疑龙》、《撼龙》之流，可谓沉沉夥颐。方之往古，盖伯厚、亭林、辛楣诸家之亚；求之并世，较沈乙庵《海日楼札丛》，虽精湛或逊，而广博差同。朱古微《望江南》词《题芸阁词集》，谓其“拔戟异军成特起，非关词派有西江，兀傲故难双”者，推许虽至，仅域于词尔，固未足以概芸阁之全也。

芸阁所著，《枝语》外，杂记零种曾载于《青鹤》杂志、《同声》月刊，番禺叶氏曾刊其《遗诗》，南陵徐氏刻其《云起轩词钞》于《怀豳杂俎》中，江宁王氏又影印其手写词稿。

其生平行谊，见沈乙庵撰《文芸阁墓表》、《昭萍志略·人物志》本传及拙撰《文廷式年谱》，知人论世者可取资焉。

一九七九年四月，钱仲联序于江苏师范学院

文道希先生遗诗序陈三立撰*

吾友萍乡文道希学士既殁，门下士徐君积馀为刊《云起轩词》若干卷，盛传海内矣。今岁叶君玉甫复搜刊君遗诗若干卷，以君朋辈故旧仅存者莫余若，属序其端。

君天秉卓荦，博闻强记，才气不可一世。余始逐试南昌，得交君，俱少年耳。越三岁，同乡举，同计偕，居京师。君不第，已名动公卿。寻擢巍科，超迁讲幄，侍从声光，赫然倾天下。

当是时，国军新挫于岛邻，输款割地，几不国。君激世变，益究中外之务。凡时政得失、列位贤不肖，慷慨陈论，指斥权贵人尤力，为所侧目久矣。及肇宫闱之隙，狃新旧之争，务归罪于君，媒孽构陷，屡欲挤之死地，脱身走日本乃免。

夫熏以香自烧，膏以明自销。自古贤人才士，怀负奇伟，动与祸会，遭戮辱屏弃摧落者不可胜数。况厄于一时，愈伸于百世，是岂足道哉？

久之，君返自东瀛，复时与君游聚。过金陵，必主余家，流连啸咏，意气不衰。最后饮秦淮别去，遂永诀。

君撰著宏富，诗词特鳞爪耳。然君博极群书，诗乃清空华妙，不挦扯故实以自襮。尝推为独追杜司勋，波澜莫二，即身世飘泊，亦颇肖似之，此可悬诸天壤、俟定论者也。

独是君殁未十岁，国步骤改，九宇沸扰。余屡转徙穷海，老病

* 据《文道希先生遗诗》，民国己巳叶恭绰辑集，仿宋活字刊印本。原无标点及分段。今为标点并酌予分段，俾便读者。按，寒斋插架此本，购自广州古籍书店，从原钤藏书印章知为陈元（字右原，号白云山人）旧藏。天头间作批注，即卷首诸序，亦已加墨点断句。兹篇及下篇（陈诗之序）标点，颇借鉴焉。

复迫之。残夜孤呻中，追忆君箕踞挥麈，高睨大谈，往往揣君声音笑貌，浓眉皤腹，辟易千人之概以自壮。无如斯人不复得，景光之不可把玩，读君诗，益缠兴亡离合死生、博一瞬之感也。

己巳五月，义宁陈三立

文道希先生诗集序陈诗撰*

夫诗者，持也。兴观群怨，范围弗过；品汇事物，曲成弗遗。其大旨达于《书》，通于《易》。可以从政，可以处变，绍先启后，连抃而无穷。居守正，行载义，粤稽往哲，固如斯矣。

今者叶君遐庵，刊《文道希先生遗诗》，督序于余。余少生长于粤，知文氏先世宦粤事甚详，后又得从道希先生游，谊不容辞，援笔述之。

先生曾祖讳守元，敦诗尚义，称于乡闾。

祖讳晟，守惠州，调嘉应。咸丰时，遭寇殉难。

父讳星瑞，击贼复仇，官至高廉道。

先生幼而惇敏，长益闳通，为陈兰甫先生高足，词采轶侪辈。

光绪庚寅成进士，以一甲第二，授编修。癸巳恩科，典江南乡试，考核务求才实，是科得人为盛。旋擢侍读学士。感激帝知，屡上封事，太后憎之。丙申削职南归。

戊戌政变，太后怒责珍妃。珍妃者，广州将军长善女，先生尝授书者也。虑祸及，走日本，与扶桑诗人游处。庚子乃归国。

是秋，余从吴彦复师至沪，居于邻巷，袖诗抠谒。先生一见奖成不遗。记诗有"神山风雨走孤鸾"句，尤为先生激赏。时八国师

---

* 据《文道希先生遗诗》，叶恭绰辑集，民国己巳仿宋活字本。原无标点分段。兹为酌予分段，补加标点。标点之际，参考编者收藏陈元批注本对于卷首诸序之断句。

旅凌突中原，日薄崦嵫，翠华西狩。余作《太清乐府》纪时事，先生见许，谓似二李。

会合肥相国北上议和，先生赋《感事》诗，有“无分麻鞋迎道左，收京还望李西平”句。又《和陶》诗，有“乞食偶得饱，高卧亦似仙”句。泽畔行吟，不忘忠悃，有古贤风烈矣。

先生旋归萍乡。甲辰夏，复至沪，同游张园，品核人物。因出示《山居》诸篇，谓效皮、陆，在野言野。秋八月，复游湘中，病卒，年四十九。

先生修躯山立，耳白似欧公。既得其名，未得其寿，弥可慨矣。原号芸阁，晚号纯常子，自著《纯常子》一书，用庄子“纯纯常常，乃底于狂”之语，寓感伤也。

初家贫，薄游江浦，客吾邑吴武壮军中，武壮为荐入粤督张靖达幕，居积年，文檄敏赡，同辈推服。先生既没，公子永誉公达，以诸生抱学穷居，亦历佐粤、皖段少沧、沈子培两提学幕，有声于时。

先生四世，人人有集，一门风雅，江介所稀，谈者比之乌衣王氏。余近纂《皖雅》，兼及名宦，斠录遗诗，用光简册。

遐庵与先生累代通家，当黄钟毁弃、瓦釜雷鸣之日，独能捐金搜刻全集，诚可谓守道不变、好行其义者矣。

己巳六月，庐江后学陈诗

寒柳堂记梦未定稿陈寅恪撰*

《清季士大夫之清流浊流之分野及其兴替》：

盖当马关和约成后，凡爱国之人，有是非之心者，无不反

---

* 据《寒柳堂记梦未定稿(补)》(收载于陈寅恪《寒柳堂集》，三联书店2001年)。

对……况先君挚友、姻亲梁星海丈(鼎芬)则以劾合肥罢职,文芸阁丈(廷式)则在京为主战派之重要人物,并是力攻合肥之人。

《戊戌政变与先祖先君之关系》:

……复次,兹有可附言者,即先君救免文芸阁丈廷式一事。戊戌政变未发,即先祖先君尚未革职以前之短时间,军机处廷寄两江总督,谓文氏当在上海一带。又寄江西巡抚,谓文氏或在江西原籍萍乡,迅速拿解来京。其实文丈既不在上海,又不在江西,而与其夫人同寓长沙。先君既探知密旨,以三百金赠文丈,嘱其速赴上海。而先祖发令,命长沙县缉捕。长沙县至其家,不见踪迹。复以为文丈在妓院宴席,遂围妓院搜索之,亦不获。文丈后由沪东游日本,赍同、光朝盛流李文田、沈曾植等所定之蒙古元秘史对音本。日本那珂通世因之撰《成吉思汗实录》一书,此开日本治蒙古史之先路也。先君所撰《文芸阁学士同年挽词》六首之四云:"元礼终亡命,邠卿辱大儒。孰传钟室语,几索酒家胡。祸兴机先伏,烟涛梦自孤。光芒接三岛,自注:君尝游日本。留得口中珠。"其第一联上句用《史记》九二《淮阴侯列传》,下句指长沙先搜妓院事。末二句指传播同光盛流之学于东瀛也。

先祖散原老人轶事数则 陈小从撰*

追捕文廷式的密诏下达湖南抚署,先生正避难长沙,隐于某处。

---

* 转录自李江《文廷式东渡考》(登载于《萍乡教育学院报》1992年增刊《纪念文廷式诞辰一百三十五周年学术讨论会论文专辑》)。谓学系摘录于陈小从《先祖散原老人轶事数则》,"引自1982年《江西文史资料》第三辑"。按陈小从系陈三立之孙女。所称"先生"即文廷式,所称"曾祖父"及陈宝箴,所称"祖父"即陈三立。

曾祖及祖父是知情的。(祖父与文的交谊颇厚,同为乡试同年。)为了救文廷式,曾祖和祖父将该项密诏压住不传达,一方面派心腹人员通知他火速转移,曾赠送纹银二百两作为路费。估计已经安全转移了,然后宣布缉捕令,并且派捕快、兵勇,虚张声势去执行"捉拿钦犯"的任务。

附抄目录二种

《文芸阁(廷式)先生全集·文廷式传记资料》目录

文廷式事略(采自朱莲沛撰清代鼎甲录)

题文道希闻尘偶记(采自叶景葵撰卷庵书跋)

文芸阁吴韬日记手稿跋(李宗侗撰大陆杂志第三十二卷第四期)

文廷式轶事(采自金梁辑近世人物志)

萍乡文氏四修族谱序(陈三立遗稿)

清翰林院侍读学士文君云阁墓表(沈曾植遗稿)

文廷式小传(采自昭萍志略)

文廷式传(采自胡思敬撰退庐文集)

按此为赵铁寒编《文芸阁(廷式)先生全集》附载之《文廷式传记资料》,计收八种。

《云起轩词笺注·文廷式传记资料》目录

《萍乡文氏四修族谱》卷三《文廷式》

沈曾植《清翰林院侍读学士文君云阁墓表》

陈三立《萍乡文氏四修族谱序》

陈三立《文学士遗诗序》

刘洪辟《昭萍志略·文廷式传》

胡思敬《文廷式传》

朱莲沛《清代鼎甲录·文廷式事略》

叶景葵《卷庵书跋》之题《闻尘偶记》

汪曾武《萍乡文道希学士事略》

李宗侗《文芸阁〈吴韶日记〉手稿跋》

汪辟疆《近代人物小传稿·文廷式》

金梁辑《近世人物志·文廷式》

叶恭绰《题文道希先生遗诗后》

夏承焘《文芸阁先生年谱序》

叶恭绰《文道希先生遗诗序》

陈诗《文道希先生遗诗序》

徐乃昌《文道希先生遗诗题词》

秦国经主编《清代官员履历档案全编·光绪朝》

陈寅恪《寒柳堂记梦未定稿(补)》

按此为何东萍著《云起轩词笺注》附载之《文廷式传记资料》,计收十九种。